Informatik-Fachberichte 256

Herausgeber: W. Brauer
im Auftrag der Gesellschaft für Informatik (GI)

W. Pillmann   A. Jaeschke (Hrsg.)

Informatik für den Umweltschutz

5. Symposium
Wien, Österreich, 19.-21. September 1990
Proceedings

Springer-Verlag Berlin Heidelberg GmbH

Herausgeber

W. Pillmann
Österreichisches Bundesinstitut für Gesundheitswesen
Stubenring 6, A-1010 Wien

A. Jaeschke
Kernforschungszentrum Karlsruhe GmbH
Institut für Datenverarbeitung in der Technik
Postfach 3640, D-7500 Karlsruhe

Veranstalter

Gesellschaft für Informatik (GI)
Österreichische Computer-Gesellschaft (OCG)
Österreichisches Bundesinstitut für Gesundheitswesen (ÖBIG)

Mitveranstalter

Bundesministerium für Wissenschaft und Forschung, Wien
Magistrat der Stadt Wien, MA 22 – Umweltschutz
Senat der Technischen Universität Wien

CR Subject Classification (1987): J.1-3, H.4

ISBN 978-3-540-53171-5   ISBN 978-3-642-76081-5 (eBook)
DOI 10.1007/978-3-642-76081-5

Informatik für den Umweltschutz

Einleitung

Die Ausgangsbedingungen zur Realisierung von Maßnahmen zum Schutz der Umwelt sind günstig. In industrialisierten Ländern erachten eine Vielzahl von Befragten Umweltschutz als die Aufgabe mit der höchsten Priorität. Die Verringerung der Umweltbelastung und die Herstellung und nachhaltige Erhaltung lokaler, regionaler und globaler Gleichgewichte ist eine in Gesellschaft und Politik vorrangige Aufgabe und eine wissenschaftliche, organisatorische und technologische Herausforderung geworden.

Die Erkenntnisse über Zusammenhänge zwischen festen, flüssigen und gasförmigen Emissionen mit Immissionen, die über die Belastungen der Luft, der Gewässer, der Böden und der Nahrung zur Beeinträchtigung oder Schädigung der Umwelt und der menschlichen Gesundheit führen, haben im vergangenen Jahrzehnt wesentlich zugenommen. Die daran anschließenden symptomatischen Therapien vor allem in der Umweltschutztechnik zeigen beachtliche Erfolge. Dazu gehören Emissionsminderungen bei Fahrzeugen und in Verbrennungsprozessen, Abwasserbehandlung und Gewässerschutz, Abfalltrennung, Recycling, Sonderabfallbehandlung und die geeignete Gestaltung von Produktionsprozessen.

Fraglich ist, ob mit diesen Lösungen Probleme, die fast unmerklich langsam ablaufende, dynamische Entwicklungen betreffen – wie z.B. Störungen der Waldökosysteme und mögliche Änderungen des Weltklimas –, zeitgerecht bekämpft werden können. Es gilt eine Antwort auf die Frage zu finden, wie derzeit die Schlüsselaufgaben zur nachhaltigen Bewahrung unserer Umwelt wirtschaftlich und sozial verträglich gelöst werden können.

Strategien zu solchen Lösungen sind durch vermehrtes Wissen über Fakten und Zusammenhänge besser beantwortbar. Das Systembild auf der folgenden Seite veranschaulicht einen Regelkreis, über den die Minderung menschlich verursachter Umweltbelastungen durch aufbereitete Daten und Informationen für die Bevölkerung, die Administration und die Politik verbessert werden soll. Durch Information über die Umwelt könnte jener Wahrnehmungsprozeß, der in den wenigen Jahren der Erkenntnis- und Handlungsfähigkeit jedes Menschen ein umweltgerechtes Handeln bewirkt, begünstigt werden.

Zum Tagungsband

Mit dem vorliegenden Fachbericht wird der aktuelle Stand der Informatikanwendungen für Zwecke des Umweltschutzes dokumentiert. Damit wird ein Einblick in die Fülle der Möglichkeiten geleistet, auf deren Grundlage Systemzusammenhänge erkannt, Prognosen erstellt und geeignete Maßnahmen zur Minderung der Umweltbelastung entwickelt werden können.

Die Tagungsbeiträge bieten vielfältige Hinweise zur Planung und Realisierung von Systemen zur Umweltdatenverarbeitung. Sie enthalten sowohl Anregungen und Ideen als auch Beschreibungen praktisch realisierter Systeme. Für die mit Umweltschutzaufgaben Beschäftigten aus der Verwaltung, der Industrie, den in wissenschaftlichen Einrichtungen tätigen Personen und anderen an Umweltfragen Interessierten besteht damit eine umfangreiche Materialiensammlung.

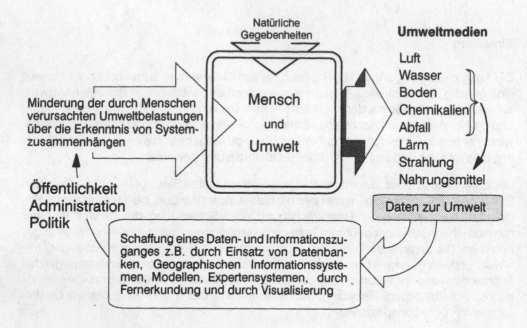

Natürliche
Gegebenheiten

Umweltmedien

Luft
Wasser
Boden
Chemikalien
Abfall
Lärm
Strahlung
Nahrungsmittel

Mensch
und
Umwelt

Minderung der durch Menschen
verursachten Umweltbelastungen
über die Erkenntnis von System-
zusammenhängen

Öffentlichkeit
Administration
Politik

Daten zur Umwelt

Schaffung eines Daten- und Informationszu-
ganges z.B. durch Einsatz von Datenbanken, Geographischen Informationssystemen, Modellen, Expertensystemen, durch
Fernerkundung und durch Visualisierung

Gliederung der Tagungsbeiträge

Mit der deutlich werdenden Zunahme von anwendungsbezogenen Arbeiten war es für
uns Herausgeber eine Herausforderung, einen Mittelweg zwischen einer strengen, infor-
matikbezogenen Gliederung und der Einteilung nach Umweltgesichtspunkten zu finden
und dadurch eine bessere Orientierung in der Fülle des Materials zu ermöglichen. Die gewählten Sachgruppen sind:

DB	Datenbanken	LUG	Luftgüte – Überwachung, Prognose und Bewertung
DBA	Datenbankanwendung	MMS	Methoden und Werkzeuge für Modellierung und Simulation
EX	Expertensysteme		
FE	Fernerkundung	MS	Modellbildung und Simulation
GIS	Geographische Informations- systeme	MWG	Möglichkeiten, Wirkungen, Risiken und Grenzen der Informationsverarbeitung
LKA	Landesweite und kommunale Informatik-Anwendungen	UIS	Umweltinformationssysteme
		VIS	Visualisierung

Die Gleichberechtigung dieser Gruppierungen soll durch die alphabetische Reihung zum
Ausdruck kommen. Der methodische und inhaltliche Zugang zu den Beiträgen wird zusätzlich zur Sachgruppengliederung durch ein Stichwortregister mit über 600 Begriffen
mit Informatik- und Umweltbezug geschaffen.

Ein Sachbereich, der aus der Umweltschutzproblematik nicht auszuklammern ist, wird
erstmalig in einem eigenen Kapitel behandelt. Es ist dies die Diskussion über "Möglichkeiten, Wirkungen, Risiken und Grenzen der Informationsverarbeitung". Zur Schaffung
eines aktuellen Überblicks wurde in den Tagungsband das Tutorial über "Expertensysteme im Umweltschutz" mit aufgenommen.

Ausblick

Die Reihe der bisherigen Symposien zeigte, daß die Informationstechnologie einen breiten Einsatzbereich zur Gewinnung von Erkenntnissen über Systemzusammenhänge und zur Überwachung und Sanierung der Umwelt findet. Bei dem großen Umfang möglicher umweltrelevanter Anwendungen und der zur Verfügung stehenden Informatikmethoden wird es notwendig sein, die entstandenen Anwendungen auf ihren praktischen Nutzen hin zu prüfen. Eine vertiefte und aufrichtige Diskussion der Sinnhaftigkeit, Machbarkeit und Nutzbarkeit der Informatikanwendungen im Umweltbereich könnte das Aufgabenspektrum in diesem wichtigen Teilbereich positiv gestalten.

Dank für Unterstützung

Die fachlichen Grundlagen für das Symposium entwickelten sich im Laufe der Veranstaltungsreihe. Stellvertretend für alle Autoren, die durch ihre wissenschaftliche Arbeit diese Entwicklung mitgestaltet haben, stehen die Herren Bernd Page, Andreas Jaeschke und Werner Geiger als Herausgeber der bisherigen Tagungsberichte.

Wesentlich gefördert wurde die Tagung durch die Mitveranstalter: das Bundesministerium für Wissenschaft und Forschung, der Magistrat der Stadt Wien und die Technische Universität Wien durch die Bereitstellung der Tagungsräume und der finanziellen Mittel. Die Mitglieder des Programmkomitees, meine Mitarbeiter, die Leitung am Österreichischen Bundesinstitut für Gesundheitswesen und die Partner in der Österreichischen Computer-Gesellschaft halfen bei der Vorbereitung und Durchführung der Tagung durch Rat und Tat.

Das Verständnis und die Mitarbeit meiner Frau Adelheid während aller Phasen der Tagungsvorbereitung verstärkte meine Zuversicht, über die Schaffung von Informationsgrundlagen zur Lösung komplexer Fragen der Belastungsminderung und Schadensbekämpfung im Umweltschutz beitragen zu können.

Wien, im August 1990   **Werner Pillmann**

Programmkomitee

F. Arnold	*Bundesforschungsanstalt für Naturschutz und Landschaftsökologie, Bonn*
A. Baumewerd-Ahlmann	*Mechatronik, Universität Dortmund*
W. Geiger	*Kernforschungszentrum Karlsruhe*
M. Hälker-Küsters	*Siemens AG, München*
A. Jaeschke	*Kernforschungszentrum Karlsruhe*
L. Neugebauer	*Universität Stuttgart*
B. Page	*Universität Hamburg*
J. Pietsch	*Techn. Univ. Hamburg-Harburg*
W. Pillmann	*Österr. Bundesinstitut für Gesundheitswesen, Wien*
E. R. Reichl	*Universität Linz*
N. Rozsenich	*BM für Wissenschaft und Forschung, Wien*
A. Schwabl	*Universität Hamburg*
J. Seggelke	*Umweltbundesamt, Berlin*
K.-H. Simon	*Gesamthochschule Kassel*

Literaturhinweise

Die Beiträge der vorangegangenen Symposien sind in den folgenden
Tagungsbänden publiziert:

Informatik im Umweltschutz
4. Symposium Karlsruhe, November 1989
Jaeschke A., Geiger W., Page B. (Hrsg.)
Informatik-Fachberichte 228, Springer-Verlag, 1989

Informatikanwendungen im Umweltbereich
Fachgespräch anläßlich der GI-Tagung 1988
Proceedings, in Valk R. (Hrsg.), Band I
Informatik-Fachberichte 187, Springer-Verlag, 1989

Informatikanwendungen im Umweltbereich
2. Symposium Karlsruhe, November 1987
Jaeschke A., Page B. (Hrsg.)
Informatik-Fachberichte 170, Springer-Verlag, 1988

Informatikanwendungen im Umweltbereich
Kolloquium im KfK, September 1986
Jaeschke A., Page B. (Hrsg.), KfK-Bericht Nr. 4223
Kernforschungszentrum Karlsruhe, 1987

Inhaltsverzeichnis

EX   Expertensysteme

FE   Fernerkundung

GIS   Geographische Informationssysteme

MMS   Methoden und Werkzeuge für Modellierung und Simulation

MS   Modellbildung und Simulation

VIS   Visualisierung

Register

Arbeitskreis "Umweltdatenbanken" - Ziele und erste Ergebnisse

Horst Kremers
Senatsverwaltung für
Stadtentwicklung und
Umweltschutz, Berlin

Mark P. Line
Fachrichtung Geographie
Universität des Saarlandes
Saarbrücken

Leonore Neugebauer
IPVR
Universität Stuttgart

Rolf Riethmüller
GKSS Forschungszentrum
Geesthacht

Wilhelm Windhorst
Projektzentrum
Ökosystemforschung
Universität Kiel

Kurzfassung

In diesem Beitrag wird der GI-Arbeitskreis "Umweltdatenbanken - Entwurfs- und Implementierungsaspekte" vorgestellt: die Motivation, aus der heraus wir diesen Arbeitskreis gegründet haben, das, was wir bisher getan haben und die Ergebnisse, die daraus entstanden sind. Aus den Beiträgen verschiedener Arbeitskreismitglieder werden die Forderungen abgeleitet, die umweltbezogene Anwendungen an Datenbanksysteme stellen. Anschließend werden neue Entwicklungen im Bereich der Datenbanksysteme darauf hin untersucht, ob und in wieweit sie diesen Forderungen genügen.

1. Einleitung: Motivation für den AK "Umweltdatenbanken"

Um die Probleme der Umwelt durch vorhandene Eingriffe des Menschen in die Natur wie Industrieanlagen, Besiedlung oder Verkehrswegenetz zu erfassen und zu verstehen, sowie die Einwirkung neuer Projekte auf die Umwelt vorhersagen zu können, werden vielfältige Daten benötigt. Das sind einerseits Daten über die Projekte (Produktionsverfahren, Beschreibung der emittierten Schadstoffe, Entnahme von Ressourcen aus der Umwelt, Anbindung über Verkehrswege) und andererseits Aufzeichnungen des Ist-Zustands der Umwelt, z.B. durch unterschiedlichste Meßreihen. Außerdem kommen noch (Land-) Karten sowie Netzpläne (Verkehrswege, andere Infrastruktur) als Bezug und für Visualisierungen hinzu.

Da die anfallenden Datenmengen -- zumindest insgesamt -- sehr umfangreich sind, fast immer größere Mengen gleichartiger Daten anfallen und die Daten alle in irgendeiner Weise zueinander in Bezug stehen, bietet sich die Speicherung und Weiterverarbeitung dieser Daten als *Datenbank* (DB) innerhalb eines *Datenbanksystems* (DBS) an. So werden eine einheitliche Datenstrukturen gewährleistet und auch alle anderen Vorteile von DBS können genutzt werden. Diese Vorteile sind u.a. kontrollierter Mehrbenutzerbetrieb, Zugangskontrollen, Datensicherung und Recovery und Transaktionsverwaltung. Dies trifft auf so unterschiedliche Projekte wie Wattenmeer [BKLM90], Ökosystemforschung [WSSM89], Verbreitung von Tierarten [ReWa90] und Schadstoffverfolgung im Grundwasser [Neug89] zu. Diese und weitere Beispiele sind in der Zusammenfassung der Beiträge auf den Arbeitskreissitzungen [Neug90a] zu finden.

Für Anwendungen im Umweltbereich kommen nur auf dem Markt erhältliche DBS in Frage, weil zumindest das fertige System auch durch Nicht-Informatiker betreibbar sein muß. Diese Systeme sind jedoch für kommerzielle Anwendungen ausgelegt und erfüllen die Anforderungen umweltbezogener Projekte an vielen Stellen nur unzureichend. Aus dieser Situation heraus bildete sich der Arbeitskreis "Umweltdatenbanken - Entwurfs- und Implementierungsaspekte" innerhalb der GI-Fachgruppe 4.6.1 "Informatik im Umweltbereich", dessen wesentliche Anliegen sind:

- Erfahrungsaustausch über den Einsatz vorhandener DBS im Umweltbereich,

- Formulierung von Anforderungen an DBS für umweltbezogene Anwendungen,

- Austausch von Erfahrungen und Anregungen über selbstimplementierte Erweiterungen für kommerzielle DBS.

In diesem Beitrag werden zunächst in Kapitel 2 die Eigenschaften verschiedenster Umweltdaten zusammengestellt. Daraus werden im Kapitel 3 die Anforderungen an sog. *Umweltdatenbanksysteme* abgeleitet. Im vierten Kapitel werden Geo-Informationssysteme näher untersucht. Implementierungen von Geo-Informationssystemen werden auf dem Markt schon häufiger angeboten. In Kapitel 5 schließlich werden neue Konzepte für DBS auf ihre Brauchbarkeit innerhalb der Umweltanwendungen hin untersucht. Ausblick und Literaturliste geben weitere Hinweise auf Lösungen für Probleme in diesem Arbeitsgebiet.

2. Eigenschaften von Umweltdaten

Als Grundlage für unsere Forderungen an Umwelt-DBS müssen wir zunächst festlegen, welche Daten wir im Arbeitskreis zu den Umweltdaten zählen wollen, welche Eigenschaften diese Daten -- alle oder nur Teilklassen dieser Daten -- auszeichnen und welches die typischen Operationen bzw. Anwendungen auf Umweltdaten sind.

2.1 Begriffsdefinitionen und Abgrenzung

Ein eher informelles Ergebnis der bisherigen Gespräche im Arbeitskreis ist die Tatsache, daß auch (oder fairerweise: erst recht) in Expertenkreisen keine Einigkeit darüber herrscht, was unter dem Begriff *Umweltdaten* zu verstehen ist. Schon für die weitere Diskussion im vorliegenden Beitrag muß deswegen für ein begriffliches Gerüst gesorgt werden -- auch wenn es sich als kurzlebiges Provisorium erweisen sollte. Ein solches Gerüst muß aber ohnehin jedem Versuch vorausgehen, einen Anforderungskatalog für die computergestützte Verwaltung und Nutzung von Umweltdaten zusammenzutragen.

2.1.1 Raumbezogenheit von Umweltdaten

Umwelt ist ein räumlicher Begriff; Daten, die sich auf die Umwelt beziehen, sind also schon von der Definition her raumbezogen. Es wird sich außerdem in der Folge herausstellen, daß die Raumbezogenheit von Umweltdaten an allen Fronten (d.h. im Hinblick auf Datenerfassung und -pflege, Speicherung, Ausgabe und vor allem Abfrage und Datenanalyse) unangenehme bis technisch noch unlösbare Schwierigkeiten mit sich bringt. Um diese großen konzeptuellen Unterschiede zwischen raumbezogenen und nicht-raumbezogenen Umweltdaten besonders herauszustreichen, werden hier die ersteren als umweltbezogenen, die letzteren als umweltrelevanten Daten bezeichnet. Durch die Betonung des definitorischen Zusammenhangs zwischen Umweltbezogenheit und Raumbezogenheit soll außerdem der leichten aber spürbaren Neigung entgegen gewirkt werden, hauptsächlich nicht-raumbezogene Daten unter dem Begriff Umweltdaten zu verstehen.

2.1.2 Umweltbezogene Daten

Der Bezug von Daten auf die Umwelt -- der Raumbezug dieser Daten -- erfolgt letztendlich über eine von zwei Verfahren: entweder werden die Raumkoordinaten auf einer relativ niedrigen Granularitätsstufe explizit angegeben, oder nur implizit.

Im ersten Fall werden die Daten auf solche durch kartesische oder geodätische Koordinaten definierte, geometrische Objekte wie Punkte, Linien oder Polygone bezogen. Die Definitionen solcher geometrischer Objekte werden als Vektor-, Geometrie- oder Topologiedaten bezeichnet. Umweltbezogene Daten, die sich auf Vektordefinitionen beziehen, werden wir als vektorbezogene Umweltdaten bezeichnen.

Im zweiten Fall ergeben sich die Raumkoordinaten aus der Anordnung der umweltbezogenen Daten selbst. Obwohl ein solcher impliziter Bezug auch auf regelmäßig verteilte Linien- oder Polygonobjekte durchaus möglich wäre, werden solche Daten so gut wie immer verstanden als auf ein regelmäßiges Punktgitter bezogen. Umweltbezogene Daten, die sich auf ein solches Punktgitter beziehen, werden wir als rasterbezogene Umweltdaten bezeichnen.

2.1.3 Umweltrelevante Daten

Daten, die zwar im Umweltschutz oder in der Umweltforschung erhoben, verwaltet und genutzt werden jedoch nicht raumbezogen sind, werden wir als umweltrelevante Daten bezeichnen. Es erscheint weder möglich noch wünschenswert, weitere Einschränkungen zu machen, was als umweltrelevant gelten könnte. Für die weitere Untergliederung solcher Daten gelten also die üblichen Kategorien der modernen Informationstechnologie. Im Wesentlichen sind dies

- tabellarisch erfaßbare Daten,

- statistische Daten, auch politische Informationen wie Bevölkerungsdichte, Ländergrenzen,

- komplexe Objekte und

- Text- und Bilddaten.

Es kommt auch vor, daß ein Datum -- je nach Kontext bzw. Darstellung -- in beide Kategorien gehört, z.B. bei der Erzeugung von Karten aus umweltrelevanten Daten.

2.1.4 "Thematische" Daten

In den bisherigen Ausführungen in diesem Abschnitt ist von einer bestimmten Sichtweise bzgl. der Repräsentation raumbezogener Daten stillschweigend ausgegangen worden: geometrische Objekte werden als Attribute der "eigentlichen" Umweltdaten aufgefaßt. Der umgekehrte Weg ist allerdings genauso denkbar: daß die geometrischen Objekte selbst durch Datenwerte attributiert werden. Diese zweite Denkweise ist besonders in vektororientierten Geo-Informationssystemen häufig anzutreffen -- in diesem Fall werden die "eigentlichen" Daten in Anlehnung an die kartographische Terminologie als thematische Daten bezeichnet.

Da beim heutigen Stand der Technik manchmal tatsächlich eine physikalische Trennung zwischen dem raumbezogenen und dem nicht-raumbezogenen Teil eines Datenbestands vorgenommen wird (werden muß), werden wir diesen Begriff auch im Folgenden verwenden für den nicht-raumbezogenen Teil raumbezogener Daten.

2.1.5 Zeitbezogene Daten

Neben dem Raumbezug spielt auch der Zeitbezug in Umwelt-DBS eine wichtige Rolle, z.B. bei jeder Art von Meßreihen. Der Zeitbezug ist jedoch einfacher zu handhaben, weil er eindimensional ist. In [SnAh85] werden verschiedene Möglichkeiten besprochen, Zeit in DBS darzustellen. Dennoch bieten viele kommerziell verfügbare DBS heute noch keine ausreichenden Werkzeuge, alle Aspekte der Zeit zu modellieren die in DBS auftreten können:

• Datums- und Uhrzeitangaben. Einige DBS (z.B: [INGR89]) bieten zumindest einen Datentyp für Datum und Uhrzeit an mit dem auch eine Art 'Zeitarithmetik' betrieben werden kann, d.h. Addition und Subtraktion auf Zeitintervallen und Datums-/Uhrzeitangaben.

• Zeit als Basis für Meßparameter. Hier ist Zeit praktisch eine vierte Dimension zur räumlichen Ausdehnung. Viele typische umweltbezogene Daten bestehen neben dem eigentlichen (Meß-) Parameter aus Ortsangabe, Zeitangabe und (Versuchs-) Kontext.

• Versionen von Objekten. Dieser Zeitaspekt ist von der DBS-Forschung als wichtig erkannt und man beginnt, ihn in experimentelle Systeme einzubeziehen (siehe Kap. 5). Von kommerziellen Systemen wird Versionsverwaltung bisher nicht unterstützt.

• Modellierung von dynamischen Vorgängen als Integritätsbedingungen, wie Vorher-Nachher-Bedingungen. Auch dieses Konzept hält gerade erst in die experimentellen Systeme Einzug.

2.2 Relationale und Semantische Datenmodelle

Obwohl es möglich ist, vektorbezogene Umweltdaten vollständig im relationalen Datenmodell unterzubringen, leidet ein solches Vorgehen unter erheblichen Performanzmängeln im interaktiven Betrieb. Die Komplexität der notwendigen Anfrageformulierungen (z.B. für die Verschneidung zweier Polygone) würde außerdem die Möglichkeit einer Ad-hoc-Abfrage über die räumlichen Beziehungen so gut wie ausschließen.

Auch in anderen Bereichen – vor allem CAD/CAM und VLDB (siehe z.B. [Hard87], [PiAn86]) -- sind solche Probleme des klassischen Relationenmodells erkannt worden. Die Reaktionen auf diese Probleme sind in verschiedenen Bereichen verschieden ausgefallen. Im Bereich CAD/CAM führen die Performanzprobleme zur Bildung von komplexen Objekten auf der konzeptuellen Ebene, was etwa eine Bildung von Clustern auf der physikalischen Ebene zur Folge hat. Die meisten solcher Überlegungen scheinen die Anreicherung der semantischen Ausdrucksstärke des konzeptuellen Datenmodells gemeinsam zu haben, obschon die vorgeschlagenen Erweiterungen manchmal stark divergieren. Eine solche semantische Anreicherung -- man spricht ja auch schon von "semantischen" Datenmodellen -- mit der (hoffentlich) damit einhergehenden Nachvollziehung auf der physikalischen Ebene scheint auch genau das zu sein, was für die Behandlung vektorbezogener Daten im Endeffekt notwendig ist.

Damit kann dann mehr Intelligenz in die Werkzeuge zu verlagert werden, um sich Kapazität für die wirklich anpassungsbedürftigen Funktionsbereiche freizuhalten. Die Behandlung vektorbezogener Daten muß also letztendlich Teil des konzeptuellen Datenmodells werden, und muß aus Performanzgründen auch die entsprechenden Konsequenzen auf der physikalischen Ebene nach sich ziehen.

Einige schon implementierte Beispiele erweiterter DBS werden weiter unten erläutert, sowie einige Ausführungen über eine mögliche Konvergenzstrategie vieler Semantikerweiterungen unter dem Stichwort *Objekt-Orientiertes Datenbanksystem* (OODBS).

2.3 Eigenschaften von Umweltdaten

Die Eigenschaften von Umweltdaten, die erhoben werden, um unsere Umwelt zu beschreiben und zu bewerten, sind so vielfältig und komplex wie unsere Umwelt selbst. Ihre Erhebung und vorgesehene Nutzung orientiert sich zunehmend an dem Umstand, daß die natürlichen Ressourcen, die bislang in uneingeschränkter Quantität und Qualität zur Verfügung standen, knapper werden bzw. schon knapp sind. Daten zur Umwelt sollen dazu beitragen, die Nutzung der natürlichen Ressourcen so zu gestalten, daß die verbleibende Belastungen unserer Umwelt minimiert werden und die natürlichen Ressourcen nachhaltig zur Verfügung stehen.

Bei der Gliederung von Umweltdaten und der damit verbundenen Zuordnung von Eigenschaften ist es sinnvoll, sich an den grundsätzlichen Funktionsweisen unserer Umwelt zu orientieren. Im Weiteren wird davon ausgegangen, daß die Wirkung einer Maßnahme (Belastung) im Umweltbereich abhängig ist von Art und Umfang der Belastung, dem Verbreitungsmuster (Transport) der Belastung und der Empfindlichkeit der betroffenen Umwelt gegenüber der Belastung. Das hier zugrundegelegte Konzept ist in Abbildung 2.1 dargestellt.

2.3.1 Daten zur Belastung

Quelle für Belastungen der Umwelt sind die Rückstände von Stoffen/Energie die im Rahmen der Umwandlung von Eingangsprodukten bei der Produktion, bei der Konsumption (Nutzung) und der Destruktion (Abbau) von Produkten freigesetzt werden. Hierzu gehören Daten (in der Regel Messungen) zur Emission (Qualität und Quantität) von Stoffen und Energie in Atmosphäre, Wasser und Boden. Im Rahmen dieser Erfassung entstehen Zeitreihendaten die möglichst lange Zeiträume erfassen sollten und ausreichend dokumentiert sein müssen. Mit dem Ziel, eine emissionsärmere Produktion zu realisieren, be- und entstehen im Bereich Umwelttechnik Daten (Datenbanken), die Betrieben Produktionsalternativen mit Konstruktionszeichnungen und Informationen über entsprechende Vertreiber anbieten (z.B. [HaHR90], [Fuhr90]).

2.3.2 Daten zum Transport

Art und Umfang des Stoff-, Produkt- oder Energietransportes entscheiden darüber, welche Teile der Umwelt (Luft, Wasser oder Boden) wie belastet werden und welche räumliche Verbreitung erreicht wird (s. auch [Stre90]). Diese wiederum ist entscheidend für den Maßstab, mit dem die Empfindlichkeit der Umwelt erfaßt werden muß, um korrekte Aussagen bei der Wirkungsanalyse erhalten zu können. Im Gegensatz zu den meist kontinuierlich in die Umwelt entlassenen Rückständen aus Produktion, Konsumption, Destruktion, werden bei Transportunfällen bzw. bei Produktionsstörungen kurzfristig große Mengen von Stoffen und Energie unkontrolliert freigesetzt. Strategien und Maßnahmen zur Vermeidung bzw. zur Behebung von Unfallschäden benötigen neben Daten zur Menge und Gefährlichkeit von Stoffen Informationen zum Unfallrisiko der verschiedenen Transportwege, um im Rahmen von Sicherheitsvorschriften und Handlungsanweisungen die Unfallrisiken minimieren zu können (s. auch [MuPS86]). Sind die Daten aus dem Bereich 'Belastung' in der Regel noch scharfe Meßdaten, kann die Verteilung der Stoffe vielfach nur abgeschätzt werden. Zur Absicherung dieser Schätzungen werden häufig Meßnetze betrieben, die dann Stützpunkte bei der Interpolation der räumlichen Stoffverteilung sind. Bedingt durch diesen Vorgang verlieren Daten zum Transport an Aussageschärfe, was bei der weiteren Verwendung durch Angabe eines Gültigkeitsbereiches berücksichtigt werden muß.

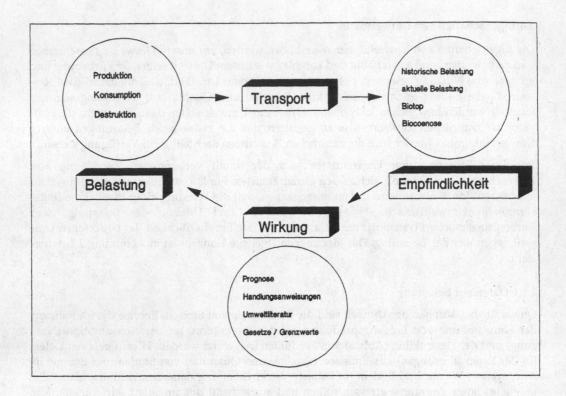

Bild 2.1: Gliederung von Umweltdaten

2.3.3 Daten zur Empfindlichkeit

Die Daten, die zur Erfassung der Empfindlichkeit der Umwelt gegenüber Belastungen erhoben werden, lassen sich in die Themengebiete historische Belastung, aktuelle Belastung, Biotop und Biocoenose untergliedern. Die herausragende Eigenschaft dieser Datengruppe ist, daß eine Erfassung und Interpretation dieser Daten erst möglich ist, wenn ein räumlicher Bezug hergestellt ist, der sich an der Struktur der Umwelt, die sich aus Biotop und Biocoenose zusammensetzt, und am Wirkungsbereich einer Belastung orientiert. Zu nennen sind in diesem Zusammenhang beispielsweise Bodenkarten, Vegetationskarten oder auch Karten zur faunistischen Artenvielfalt und Artenverbreitung sowie Karten zur Gewässergüte. Da sich die Empfindlichkeit der Umwelt in der Regel nicht nur mit einer Eigenschaft faßbar ist, müssen häufig mehrere Informationsschichten, unter Berücksichtigung verschiedener Maßstabsanforderungen, überlagert werden. Der räumliche Bezug läßt sich demnach nicht auf vorgegebene Maßstäbe reduzieren, sondern muß in Abhängigkeit von Art und Verbreitung der Belastung wählbar sein. Weiterhin ist zu berücksichtigen, daß bei der Überlagerung von Eigenschaften und der Anpassung der Maßstäbe erhebliche Informationsverluste auftreten können.

2.3.4 Daten zur Wirkung

Lassen sich die Daten der drei vorangegangenen Abschnitte mit Hilfe der verschiedensten Meßmethoden erfassen bzw. beschreiben, handelt es sich bei den Daten, die im Rahmen der Wirkungsanalyse entstehen, um die Verknüpfung aller Informationen, die zu Prognosen,

Handlungsanweisungen oder auch Gesetzen führen, die dann in Regel das Ziel verfolgen, die Belastung und/oder die Empfindlichkeit der Umwelt zu verringern. Als Hilfsmittel bei der Verknüpfung der Faktendaten mit den Regeln und Vorschriften aus Literaturdatenbanken können Modelle und Expertensysteme eingesetzt werden. Diese Auswertungen sind dann Anwendungen, die den jeweiligen Interessen des Nutzers angepaßt sein müssen.

3. Anforderungen an Umweltdatenbanksysteme

In diesem Kapitel werden die Erwartungen beschrieben, die von vielen Nutzern (s.u.) an DBS gestellt werden, die sich für die Speicherung und Weiterverarbeitung von Umweltdatenbanken eignen. Damit verbunden ist auch eine Beschreibung der Ausgangssituation, in die Umwelt-DBS hineinpassen müssen.

3.1 Ziele

Die Zielsetzung bei der Entwicklung und dem Aufbau von Umweltdatenbanksystemen ist die Speicherung von Daten mit der dazugehörigen Dokumentation, die dann direkt im Rahmen von weitergehenden Auswertungen genutzt werden können. Da die Erhebung der Daten bislang, und wohl auch zukünftig, durch verschiedene gesellschaftliche Gruppen erfolgt, kommt der Dokumentation der Daten und der Verwendung von möglichst naturgemäßen Datenmodellen besondere Bedeutung zu, da dies die Voraussetzung für den möglichst einfachen Datenaustausch ist. Unter Berücksichtigung des zukünftig wachsenden Nutzerkreises und dem wachsenden Umfang der einzubeziehenden Datenbanken wird es notwendig sein, fragestellungsorientierte Auswahlsysteme zu entwickeln, die dem Nutzer nur die Informationen zur Verfügung stellen, die zur Beantwortung des Problems benötigt werden. Der Gebrauchswert dieser Systeme hängt dabei von der Transparenz der Auswahlstrategie ab, die gewährleisten muß, daß keine relevanten Daten ausgelassen werden. Aufbauend auf dieser Basis wird es dann auch möglich sein, nutzer- und problemorientierte Teilinformationssysteme zu entwickeln, wie sie zum Beispiel bei Polizei und Feuerwehr in Zusammenhang mit Umweltunfällen benötigt werden.

3.2 Geeignete Datenmodelle

Das Relationale Datenmodell ist im Prinzip geeignet zur Modellierung für Meßwerte, da sich z.B. Meßreihen gut als Tabellen (entspricht Relationen) abspeichern lassen. Es fehlen jedoch Möglichkeiten, Hierarchien auszudrücken, z.B. Versuchsbeschreibungen und Daten zu den Versuchen, Versuche mit mehreren Meßreihen. Außerdem fehlen geeignete Konstrukte, mehrdimensionale Meßbasen abzuspeichern wie z.B. dreidimensionale Raumpunkte und in vielen Systemen sogar noch ein geeigneter Zeitdatentyp. Für Meßwertdatenbanken könnten DBS, die auf dem NF^2-Modell (Non-First Normal Form) basieren [ScSc83; ScWe87, SPSW90], eine gewisse Abhilfe schaffen.

Werden chemische Stoffdaten gespeichert, muß der Aufbau von Molekülen erkennbar bleiben. Hier fehlen geeignete Datenstrukturen und Suchalgorithmen darauf, wie z.B. für beliebige funktionale Gruppen in Molekülen. Hier werden keine Hierarchien sondern beliebige Netze benötigt. Sowohl Hierarchien als auch Netze werden bei der Darstellung von Produktionsverfahren und Stoff-/Produktströmen benötigt.

Es fehlt die Möglichkeit, gewisse Relationen gegenüber anderen auszuzeichnen, z.B. als Meßwertrelation, als Stoffdatenrelation, als Geo-Relation, um an sie bestimmte Anforderungen zu stellen bezüglich Attributanzahl und Typen und um sie damit bestimmten Operationen zugänglich zu machen. Es fehlt die Möglichkeit, für diese Relationen neue Operationen zur Weiterverarbeitung wie geometrische Operatoren, Plausibilitätsprüfungen oder Validierung zu definieren. Ansätze zur Lösung des letzten Problems werden im Kapitel 5 aufgezeigt.

3.3 Datenkompatibilität

Neben der rein technischen Transferierbarkeit der Informationen von einer Datenbank zur anderen sind bei jedem Datentransfer Konsistenzprüfungen durchzuführen, die gewährleisten, daß die Bearbeitung von Anfragen auch inhaltlich korrekt erfolgt. Dies kann nur auf der Basis einer umfangreichen Dokumentation der erfaßten Daten erfolgen. Umweltdatenbanksysteme sollten deshalb softwareseitig eine Minimaldokumention der gespeicherten Daten fordern und unterstützen. Müssen Daten verwendet werden, die den gestellten Ansprüchen nicht gerecht werden, ist eine Kennzeichnung dieser Daten mit einer Abschätzung der Vertrauenswürdigkeit dieser Daten gegenüber dem restlichen Datenbestand notwendig.

3.4 Nutzerkreis

Der potentielle Nutzerkreis von Umweltdatenbanken reicht von Entscheidungsträgern in Industrie, Verwaltung und Politik über ausführende Organe wie Handwerk, Polizei oder Feuerwehr bis hin zu Touristen, die über die Besonderheiten von Naturschutzgebieten informiert werden. Je nach Nutzer wird auf unterschiedliche Umweltdaten zurückgegriffen. Im produzierenden Gewerbe werden Daten zur Emission bei der Herstellung von Gütern, sowie Informationen über alternative Produktionsmöglichkeiten, die den gesetzlichen Vorschriften genügen, benötigt (wie etwa [Fuhr90], [HaHr90]). Umwelttechnikdatenbanken bilden hier die Schnittstelle zwischen den Betrieben mit Emissionsproblemen und dem Angebot an Minerungstechnolgie auf dem Markt. Bei Stör- und Unfällen benötigen die eingeschalteten Dienststellen wie z.B. Feuerwehr und Polizei Informationen über Menge und Gefährlichkeit der ausgetretenen Stoffe, der hierdurch gefährdete Regionen sowie Handlungsanweisungen zur Schadensbegrenzung (wie in [MuPS86]). Entscheidungsträger in Politik und Verwaltung sind hingegen verantwortlich für den Erlaß von Grenzwerten, Gesetzen und Handlungsanweisungen. Dieser Nutzergruppe müssen hierzu wissenschaftlich abgesicherte Daten und Prognosen zur Wirkung von Umweltbelastungen zur Verfügung gestellt werden. Ebenfalls in der Politik, auf allen Hierarchie-Ebenen (Kommune, Kreis, Bezirk, Land, Region, Nation, International,) werden Umweltdaten als Grundlage für Entscheidungen über zukünftige Trends und Einzelmaßnahmen benötigt.

4. Geo-Informationssysteme - Grundlagen

Als Inhalt von Geo-Informationssystemen sollen hier diejenigen Systeme verstanden werden, die als Grundlagen für raumbezogene Aussagen in verschiedenen Fachinformationssystemen Anwendung finden. Der Begriff *Geo-Informationssystem* (GIS) wird häufig als äquivalent zu Produkten in diesem Bereich angesehen. Hier steht die diesen *Produkten* zugrundeliegende Struktur und Methodik zur Diskussion.

Der Raumbezug wird hierbei durch die Verwendung vorgegebener Koordinatensysteme hergestellt (Lage, Höhe). Damit wird gleichzeitig Metrik und Topologie der Darstellung definiert. Die erfaßten Geo-Objekte lassen sich nach ihren geometrischen Dimensionen klassifizieren in die Typen Punkt, Linie, Fläche, Volumen. Neben die hier implizit zugrundegelegten vektororientierten Darstellungen tritt noch eine rasterorientierte Darstellung, die sowohl als Basiselement bei der Definition von Volumen- oder Flächenelementen angewendet wird als auch in ihren hochauflösenden Diskretisierungsstufen als Bildverarbeitung Einsatz findet.

Diese raumbezogenen Objekte (Grundstücke, Verkehrswege, statistische/ administrative Gebiete etc.) lassen sich insgesamt, in Teilen oder in Aggregationen mit Attributen versehen und erlauben damit Beschreibungen sehr unterschiedlicher Sachverhalte. Nach den Fachgebieten der Geowissenschaften und den Standard-Kartenwerken früherer analoger Herstellungsverfahren sind als Basisinformationen hier insbesondere zu nennen: Topographie, Hydrographie, Bodenkunde und Geologie.

In einer nächsten Stufe treten Informationen der administrativen, organisatorischen bzw. rechtsbezogenen Aussagen hinzu. Neben der Erhebung von Ist-Situationen werden Soll-Situationen im Rahmen von Planungsaussagen aufgezeigt. Hier ist dann auch der Ansatzpunkt, an dem ökologische Wirkungen und Bewertungen im sozio-ökonomischen Zusammenhang dem damit entstehenden Informationssystem seine überaus komplexe Struktur geben.

Entsprechend der allgemeinen Struktur von Informationssystemen lassen sich die Bereiche *Daten* (Erfassung, Speicherung, Beschreibuung, Relationen), *funktionale Verarbeitung* (Prüfung, Modellierung, Auswertung) und *Darstellung* (Visualisierung, Liste, Graphik) betrachten.

Zu diesen drei Bereichen sollen im folgenden produktunabhängige Grundlagen und exemplarische Anwendungen im Sinne von [Bart89] angesprochen werden. Die Literaturhinweise geben dabei einen Einstieg in dieses seit vielen Jahren intensiv bearbeitete Fachgebiet, insbesondere [SCAC89] und [Vink90].

4.1 Daten

Für die Bereiche des Umweltschutzes besteht insbesondere der Bedarf der Auskunft und Nutzung von Daten aus GIS. Der Bereich *Auskunft* wird dabei nur als Systemteil zur direkten Endverarbeitung, d.h. ohne weitere Bearbeitung zur Ausgabe anzusehen sein. Bei der *Nutzung* von Daten aus GIS soll im allgemeinen dem Anwender die volle Datenstruktur und Verarbeitungsfunktionalität erhalten bleiben, da eigene Daten mit den Grundlagendaten logisch verknüpft und in funktionale Beziehung zueinander gesetzt werden sollen.

Nationale und internationale Aktivitäten zur Bereitstellung von Basisdaten können hier nicht annähernd einzeln angemerkt werden. Zusammenstellungen mit Beschreibungen finden sich exemplarisch in einer Dokumentation zum CORINE-Programm (Coordination of Information on the Environment) [CORI85] oder in [Klit86].

Für den Gebrauch in lokalen und regionalen Informationssystemen wird auf die Verfahren ALK (Automatisierte Liegenschaftskarte) und ATKIS (Amtliches Topographisch-Kartographisches Informationssystem) hingewiesen. Die Automatisierte Liegenschaftskarte bietet die Erfassung, Zuordnung und Darstellung kleinräumiger Details [BVDI87], [Sche88] Das ATKIS-Verfahren wird insbesondere für die Maßstabsbereiche 1: 25 000 bis 1 : 1 000 000 vorgesehen. Die für das ATKIS-Verfahren aktuell vorgelegte Gesamtdokumentation [ATKI89] enthält das "Digitale Landschaftsmodell" mit seinen Strukturen, Beziehungen und Attributverzeichnissen für alle in diesem Kontext definierten Geo-Objekte.

Die Darstellung zur graphischen Ausgabe (Digitales Kartographisches Modell) wird separat vom Landschaftsmodell vorgegeben und erlaubt die Berücksichtigung von unterschiedlichen Ausgabemedien, von Aspekten der kartographischen Generalisierung sowie von fachspezifischen Anforderungen der Gestaltung. Der offene, objekt-orientierte Ansatz bei der Modellbildung dieses Systems erlaubt die Verwendung mit entsprechenden Konzepten und Techniken der Informatik.

Neben den vorstehend genannten Methoden und Verfahren der Beschreibung von geobezogenen Informationen auf der vektororientierten Struktur der Graphik sind die rasterorientierten Verfahren der Bildverarbeitung zu erwähnen. Bilder von Flugzeugen oder Satelliten in der Aufnahmetechnik der Photographie oder digitaler Sensoren gehören damit auch zu den Basisinformationen von GIS.

4.2 Datenbanken

Einen weiten Raum in der Diskussion um Fragen der optimalen Implementation von GIS nimmt die Frage des Einsatzes von Datenbanksystemen ein. Aufgrund der sehr komplexen Strukturen und den vielfältigen Beziehungen zwischen den Geo-Objekten wird dieser Bereich den Nicht-Standard-Datenbanken zugeordnet.

Probleme der Konsistenzerhaltung bei Fortführung des Datenbestandes liegen dabei nicht nur im syntaktischen Bereich der Gewährleistunng der Darstellung nach einer dem Datenmmodell zugrundegelegten Normalform sondern zu wesentlichen Teilen auch im semantischen Bereich, zu dem die Datenbank-Standards bezogen auf die Behandlung geometriebezogener Konsistenzbedingungen bisher selbst elementare Ansätze nicht erkennen lassen.

In dieser Situation finden sich dann bei den unterschiedlichen Implementationen sowohl Datenverwaltungssysteme, die in prozeduralen Sprachen realisiert werden, als auch SQL-basierte Systeme.

Die Trennung der Daten der geometrischen Definition von Geo-Objekten von den Daten der attributiven Zuordnung von Fachinformationen zu diesen wird in den einzelnen Systemen (Produkten) an sehr unterschiedlicher Stelle und mit unterschiedlichen Mitteln vollzogen.

4.3 Funktionale Verarbeitung

Von den Grundlagen her sind sehr viele Anwendungen bei der Aufstellung von Umwelt-Informationssystemen darstellungsorientiert. Auswertemöglichkeiten werden noch sehr oft durch einzelne Programmmodule implementiert, die aufgabenspezifisch erstellt und beschrieben werden.

Neben das Datenmodell tritt als systembeschreibendes Merkmal notwendigerweise das Funktionsmodell.

Für Teilsysteme im Detail und für Großsysteme in der Übersicht werden Ansätze zur Darstellung einer Funktionsstruktur gemacht [Berr87], [Streh90] für die Behandlung von Interpolationsfunktionen vgl. [Neug90]. Neben der Notwendigkeit der entsprechenden Unterstützung durch Techniken des Software-Engineering besteht jedoch ein hoher Bedarf an methodischer Erarbeitung der Funktionsstruktur für große, heterogene Informationssysteme. Diese Strukturierung kann sich nicht in der Darstellung einer Aufruf-Struktur erschöpfen sondern erfordert *Typisierungen* der Funktionen nach den beteiligten Datenarten (Geometrische Funnktionen, Topologie, Metrik), nach statistischen / mathematischen Funktionen (Bewertungsfunktionen etc.), Darstellungen der Relationen zwischen Funktionen, sowie die Möglichkeiten der Nachvollziehbarkeit komplexer Funktionsfolgen (Bewertungspfade, Komplexitätsreduktion) mit entsprechenden Mitteln der Informatik.

4.4 Darstellung

Für die Erarbeitung von Modellen und Techniken der Visualisierung von Inhalten von GIS hat sich innerhalb der Geowissenschaften das Gebiet der Kartographie etabliert. Das kartographische Modell in ATKIS wurde unter 4.1 bereits angesprochen. Eine zusammenfassende Übersicht mit Beispielen zur Umweltkartographie findet sich in [Meis89]. Da in den überwiegenden Fällen der Anwendungen eine Visualisierung auf farbgraphische Art vorgesehen wird ist bereits in der Phase des Systementwurfes ein separat geführter Signaturenkatalog vorzusehen.

4.5 Entwurf von Großsystemen

Die in anderen Fachgebieten (Planung, Vermessungswesen, Bodenkunde, Geophysik etc.) dokumentierte Erfahrung beim Aufbau von GIS sind eine unabdingbare Voraussetzung beim Aufbau von Umweltinformationssystemen. Dort vorgeschlagene Datenstrukturen lassen sich im Rahmen verteilter, vernetzter Systeme erweitern. Die in solchen Systemen vorhandenen Informationen werden zum Teil als amtliche digitale Kartenwerke geführt und bieten damit einen hohen Aktualitätsstand bei weiträumiger Verfügbarkeit. Die Einbettung dieser Systeme in einen Informationsverbund und das Zusammenwirken der verschiedenen geobezogenen Informationen zu einem Bodeninformationssystem wurde in [NiUM90] entworfen.

Über Benchmarks, die im Detail die Performance-Aspekte verschiedener Implementationen offenlegen und damit eine leistungsorientierte Vergleichbarkeit der Produkte unterschiedlicher Hersteller erlauben, steht nur ungenügende Information zur Verfügung.

Die Benutzer solcher Basissysteme erwarten die Bereitstellung einer Schnittstelle zur fachspezifischen Anwendung, die eine Artikulation über Geo-Objekte nach Art, Menge und Funktion erlaubt und weitgehende Unterstützung bei der Spezifikation der graphischen Darstellung fachbezogener Ergebnisse bietet. Erste Vorschläge in diese Richtung (vgl. [Neum88]) bieten eine interessante Perspektive.

5. Neue, zukünftige Systeme

Als Konsens verschiedener Diskussionen innerhalb des Arbeitskreises (vergl. [Neug90a]) ergab sich, daß objekt-orientierte DBS eine bessere Unterstützung für viele Umwelt-Anwendungen bieten könnte als herkömmliche DBS, weil sich damit viele komplexe Umwelt-Objekte besser modellieren ließen.

5.1 Objekt-Orientierte Datenbanksysteme

Alle für *Objekt-Orientierte DBS* (OODBS) im 'Object-Oriented Database System Manifesto' [ABDD90] aufgestellten Mindestanforderungen werden auch von den sog. Erweiterbaren DBS (siehe Kap. 5.2) erfüllt, bzw. diese Systeme lassen sich so erweitern, daß sie diesen Anforderungen genügen. Zu diesen Anforderungen zählt zunächst die Forderung, daß sie alle Eigenschaften der bisherigen (relationalen) DBS auch besitzen. Zusätzlich kommen u.a. die Forderungen nach der Unterstützung komplexer Objekte, Hierarchien und Vererbung von Eigenschaften der Objektattribute hinzu. Wichtig ist auch die Forderung, daß die Anfrage- und Datenmanipulationssprache berechnungsuniversell sein soll. Diese Forderung ist aber erfüllt, sobald man neue Operationen auf den Daten mit Hilfe einer berechnungsuniversellen höheren Programmiersprache definieren kann. Da bei den OODBS auch die Forderung nach Erweiterbarkeit gestellt ist und andererseits sich die meisten erweiterbaren DBS auch objekt-orientiert nennen, gelten die meisten im nächsten Unterkapitel genannten Punkte auch für OODBS und sollen hier nicht zweimal aufgeführt werden.

5.2 Erweiterbare Datenbanksysteme

Als Forschungsprototypen sind in verschiedenen Arbeitsgruppen mehrere sog. *Erweiterbare DBS* (EDBS) entstanden. Hierbei handelt es sich - grob gesagt - um Relationale DBS, die auf verschiedene Weise durch den Benutzer ergänzt werden können oder müssen (z.B. im System EXODUS [CDFG86]), wie durch neue Datentypen, neue Operationen oder eingebettete Prozeduren, neue Speicherstrukturen und Zugriffspfade oder die Verwendung neuartiger Speichermedien.

Für die Betrachtungen in dieser Ausarbeitung wurden fünf Systeme ausgewählt, bei denen die Implementierung schon fortgeschritten ist. Es handelt sich um die Systeme EXODUS [CDFG86], POSTGRES [StRH90, StRo86], Starburst [HCLM90, SCFL86], GENESIS [BBGS88] und DASDBS [ScWe87, SPSW90]. Alle diese Systeme bieten dem Benutzer die Möglichkeit, Datentypen - auch für komplexe bzw. strukturierte Objekte - zu definieren und Operationen oder Funktionen darauf, meist über die Syntax der *abstrakten Datentypen* (ADT). Zusätzlich können für diese Datentypen neuartige Speicherstrukturen und / oder Zugriffspfade angelegt werden. Einige Systeme bieten noch mehr Erweiterungen, Einzelheiten sind der Tabelle 4.1 zu entnehmen, die mit Hilfe der angegebenen Literatur zusammengestellt wurde. Im oberen Teil der Tabelle sind die echten Erweiterungen aufgelistet, im mittleren Teil die Forderungen, die auch an herkömmliche DBS schon gestellt aber häufig nicht erfüllt wurden, und im unteren Abschnitt werden Angaben zur Implementierung der Erweiterung gemacht.

Sind nun solche oder ähnliche EDBS geeignete Systeme für einige oder alle Umwelt-DBS ?

Die Möglichkeiten, eigene Datentypen - auch komplexe Objekte - sowie Operationen und Speicherstrukturen bzw. Zugriffspfade darauf zu definieren, sind für viele Systeme wie Meßwert-DB [Neug89] oder DB, die umfangreiche Karten enthalten [BKLM90] oder chemische Stoffdaten [MuPS86] wichtige Hilfsmittel. Damit können dann akzeptable Antwortzeiten erreicht werden und wichtige zusätzliche Funktionen einbezogen werden wie Inter- und Extrapolation oder Verfahren für die Suche auf chemischen Strukturen.

Die Möglichkeit, neue Speichermedien zu verwenden zu können, ist wichtig, wenn große Mengen Daten anfallen, die nicht mehr verändert werden, wie z.B. Bilder aller Art. Neue Speichermedien können u.U. auch dann effizient genutzt werden, wenn dies nicht explizit vorgesehen ist, aber umfangreiche Erweiterungen bzw. Änderungen bei der Implementierung physischer Speicherstrukturen und Zugriffspfade möglich ist.

Für große Systeme wie [BKLM90] ist so ein System dann sicher eine gute Lösung, bei kleinen unabhängigen Systemen ist wahrscheinlich der Erstellungsaufwand recht hoch, insbesondere bei solchen Systemen, die von vorn herein einen sog. *Datenbankimplementierer* (DBI) benötigen. Für kleinere Systeme wäre sicherlich eine abgemagerte Version -- auch mit an einigen Stellen eingeschränkter Funktionalität --, die aber einfacher zu bedienen ist, besser geeignet. Eher geeignet wäre auch ein System ähnlich wie POSTGRES [StRo86, StRH90], das auch ohne oder mit wenigen Erweiterungen voll funktionsfähig ist.

Es ist i.a. nicht notwendig, daß ein System alle Anforderungen erfüllt. Hier ist die Kernel-Architektur von DASDBS [SPSW90, Wolf90] mit verschiedenen Ergänzungen für unterschiedlichee Anwendungen eine gute Alternative. Auch die Modularität der meisten EDBS kommt uns hier entgegen; so lassen sich mit vertretbarem Aufwand eine Art "Schablonen" für Klassen von Anwendungen wie z.B. chemische Stoffdatenbanken, Datenbanken für wenige Meßreihen oder für einfache (Schad-) Stoffverfolgung herstellen.

	EXODUS	POSTGRES	Starburst	GENESIS	DASDBS
Definition von Datentypen	x	x	x	x	x
Präsentation von Datentypen		x			
Abstrakte Datentypen (ADT)	x	x	x	x	x
komplexe Objekte	x	x	x	x	x
benutzerdef. Operationen / Funktionen	x	x	x		(x)
physische Speicherstrukturen	(x)		x	x	(x)
Zugriffspfade	x	x	x		x
Speichermedien: Optische Platten		x	x		
Integritätsbedingungen, Trigger		x	x		
Versionenverwaltung	x	x			
auch als verteiltes DBS		(x)	(x)		
geschachtelte Transaktionen	x				x
Regeln, Deduktion		x	x		x**
Modularität des Systems	x		x*	x	
DBI erforderlich	x		x	x	x

(x): eingeschränkt möglich / nur im Entwurf
* : für Erweiterungen
** : Wissensrepräsentation

Tabelle 4.1: Charakteristika verschiedener EDBS

5.3 Anforderungen an DBS für Umweltanwendungen

Um effizient als Grundlage für ein Umwelt-System eingesetzt werden zu können, muß ein EDBS bzw. eine darauf implementierte "Schablone" aber noch folgende zusätzliche Voraussetzungen erfüllen.

1. Das System muß auf mehreren gängigen Betriebssystemen und Rechnern verschiedener Größenordnungen (PC, Workstation, Mainframe) verfügbar sein. Eine Anpassung an neue Betriebssysteme, Ausgabemedien etc. durch den Hersteller muß über einen längeren Zeitraum hinweg gewährleistet sein. Das System muß eine gewisse Hardwareunabhängigkeit besitzen, also auf Hardware, insbesondere auch Ausgabemedien verschiedener Hersteller laufen.

2. In der Erstellungsphase sind häufig noch Entwurfs- und Implementierungsarbeiten notwendig, die nur von Informatik-Fachpersonal durchgeführt werden können. Aber zumindest in der Betriebsphase muß das System von den Anwendern selbst wartbar sein.

3. Das System sollte im Endausbau komfortable Benutzerschnittstellen bieten. Es sollten Werkzeuge zur Gestaltung solcher Schnittstellen angeboten werden.

4. Graphische Ausgabe ist wünschenswert. Eine Kopplung mit einem GIS wäre ideal, wie es z.B. System 9 [PeSp88], das ist ein GIS mit einem unterliegenden relationalen DBS.

5. Das System sollte in einer verteilten Umgebung verfügbar sein. Bisher wurde dies nur in [SCFL86] und [StRH90] angedeutet.

6. Ausblick

Mit der Entwicklung größerer und schnellerer Speichermedien sowie schnellerer Prozessoren gibt es wieder auch für die Erweiterung von DBS neuen Spielraum. So können jetzt die Aspekte und Eigenschaften, von denen es sich in den Arbeitskreissitzungen herausgestellt hat, daß sie wünschenswert oder sogar notwendig für unsere Anwendungen sind, in die Gestaltung neuer DBS einfließen. Insbesondere handelt es sich dabei um Objekt-Orientiertheit, Anpaßbarkeit (Erweiterbarkeit) an spezielle Bedürfnisse einzelner Anwendungen bezüglich Speicherstrukturen und Zugriffspfade, Einbettung zusätzlicher anwendungsspezifischer Funktionen, Versionenkontrolle und komfortablere Ein- und Ausgabemöglichkeiten.

Es gibt in der Forschung interessante Entwicklungen neuer DBS, die unseren Anforderungen und Wünschen näher kommen als die auf dem Markt derzeit verfügbaren Systeme. Wir sollten sie nutzen, sobald es möglich ist. Bis dahin müssen wir uns mit kommerziellen DBS behelfen, auch weil der Übergang von einem kommerziellen DBS zu einem EDBS oder OODBS sehr viel einfacher sein wird als der Übergang von einer Datensammlung auf Dateiebene zu einem DBS.

Sobald solche Systeme zur Verfügung stehen, wird sich die Themenstellung des Arbeitskreises dahingehend verändern, welche Systeme für welche Anwendungen am besten geeignet sind, wie das Problem der kleineren Anwendungen bzw. Projekte anzugehen ist und wie wir andere Entwicklungen wie Multi-Media-DBS einbeziehen wollen.

Danksagung

An dieser Stelle möchten wir allen aktiven Arbeitskreismitgliedern danken, die mit Vorträgen, Diskussionsbeiträgen oder durch Hilfe bei der Organisation unserer Sitzungen diesen Beitrag erst möglich gemacht haben.

Literatur

[ABDD90] Malcolm Atkinson, Francois Bancilhon, David DeWitt, Klaus Dittrich, David Maier, Stanley Zdonik: **The Object-Oriented Database System Manifesto**; in: Datenbank-Rundbrief, Mitteilungsblatt der GI-Fachgruppe Datenbanken, Ausgabe 5 - Mai 1990, pp. 28-36

[ATKI89] **ATKIS: Amtliches Topographisch-Kartographisches Informationssystem**; Gesamtdokumentation; Landesvermessungsamt Nordrhein-Westfalen, Bonn 1989

[Bart89] Bartelme, Norbert: **GIS-Technology. Geoinformationssysteme, Landinformationssysteme und ihre Grundlagen**; Springer-Verlag, Berlin 1989.

[BBGS88] D.S. Batory, J.R. Barnett, J.F. Garza, K.P. Smith, K. Tsukuda, B.C. Twichell, T.E. Wise: **GENESIS: An Extensible Database Management System**; in: IEEE Transactions on Software Engineering, Vol. 14, No. 11, November 1988, pp. 1711-1730

[Berr87] Berry, J.K.: **Fundamental Operations in Computer-Assisted Map Analysis**; in: Int. J. Geographical Information Systems 1(1987)(2) pp. 119-136

[BKLM90] K.-H. van Bernem, H.L. Krasemann, A. Lisken, A. Müller, S. Patzig, R. Riethmüller: **Das Wattenmeerinformationssystems WATiS**; in: [Neug90a]

[BVDI87] **Ausbau des Liegenschaftskatasters zu einem Mehrzweckkataster für Umweltschutzbelange**; BDVI-Forum 3/1987, pp. 175-181

[CDFG86] Michael J. Carey, David J. DeWitt, Daniel Frank, Goetz Graefe, Joel E. Richardson, Eugene J. Shekita, M. Muralikrishna: **The Architecture of the EXODUS Extensible DBMS: A Preliminary Report**; Computer Sciences Technical Report #644, May 1986, Computer Sciences Department, University of Wisconsin-Madison

[CORI85] CORINE-Programm: **Mitteilung der Kommission an den Rat und das Europäische Parlament bezüglich des CORINE-Programms** - Zwischenergebnisse nach der halben Programmlaufzeit und Orientierung gemäß Artikel 3 der Ratsentscheidung vom 27. Juni 1985

[Fuhr90] Bodo Fuhrmann: **Datenbank Stand der Technik - Luftreinhaltung - STATEC**; in [Neug90a]

[Hard87] Martin Hardwich: **Why ROSE is Fast: Five Optimizations in the Design of an Experimental Database Systems for CAD/CAM Applications**; in: Proc. of ACM SIGMOD'87, San Francisco, May 27-29, 1987, pp. 292-298

[HCLM90] Laura M. Haas, Walter Chang, Guy M. Lohman, John McPherson, Paul F. Wilms, Georges Lapis, Bruce Lindsay, Hamid, Pirahesh, Michael J. Carey, Eugene Shekita: **Starburst Mid-Flight: As the Dust Clears**; in: IEEE Transactions on Knowledge and Data Engineering, Vol. 2, No. 1, March 1990, pp. 143-160

[HaHR90] D. Hackenberg, R. Hillenbrand, O. Rentz: **Test Data Bank for Environmental Emission Control Technologies**; in [Neug90a]

[INGR89] RTI INGRES: **INGRES/SQL Reference Manual**; Release 6, UNIX, April 1989,Relational Technology Inc.

[Klit86] Klitzing, F.v.: **Digitale Geometrische Daten**; Dokumentation für Raumordnung, Städtebau, Umwelt- und Landschaftsschutz; BfLR Seminare, Symposien, Arbeitspapiere, Heft 22, Bonn 1986

[LaAS89] Wolfgang Lausch, Robert Ackermann, Jörg-R. Strehz: **DESSTERR - ein Entscheidungsberatungssystem für technologisch-ökologische Koexistenz im Territorium**; in: Proc. 4. Symposium Informatik im Umweltschutz, Karlsruhe, 6.-8. November 1989, Informatik-Fachberichte 228, Springer-Verlag, Berlin 1989, pp. 156-170

[Meis89] **Konzept für einen Leitfaden zur Umweltkartographie**; B. Meissner (Hrsg.), Berliner Geowissenschaftliche Abhandlungen, Reihe C Band 11, 52 Seiten mit Karten, Berlin 1989

[MuPS86] A.J. Musgrave, B. Page, M. Stopp: **INFUCHS - Ein Informationssystem für Umweltchemikalien und Störfälle**; in: Informatik im Umweltschutz - Anwendungen und Perspektiven (B. Page, ed.), Oldenbourg-Verlag, München 1986, pp. 144-177

[Neug89] Leonore Neugebauer: **Datenbankunterstützung für ein langfristiges Umweltforschungsprojekt**; in: Proc. 4. Symposium Informatik im Umweltschutz, Karlsruhe, 6.-8. November 1989, Informatik-Fachberichte 228, Springer-Verlag, Berlin 1989, pp. 231-240

[Neug90] Neugebauer, Leonore: **Extending a Database to Support the Handling of Environmental Measurement Data**; in: Proc. Symp. on the Design and Implementation of Large Spatial Databases, Santa Barbara, Cal., July 17-18, 1989 (A. Buchmann et.al. eds.), LNCS Bd. 409, Springer-Verlag, Berlin 1990, pp. 147-165

[Neug90a] L. Neugebauer (Hrsg.): **Arbeitskreis Umweltdatenbanken - Beiträge zum zweiten und dritten AK-Treffen**; Informatik-Bericht der Universität Stuttgart, 1990

[Neum88] Neumann, Karl-H.: **Eine Geowissenschaftliche Datenbanksprache mit Benutzerdefinierbaren Geometrischen Datentypen**; Diss., TU Braunschweig 1988

[NiUM90] Der Niedersächsische Umweltminister: **Länderübergreifendes Bodeninformationssystem - Ein Vorschlag**; Ergebnisse einer Sonderarbeitsgruppe der Umweltminister-Konferenz; 40 Seiten, Niedersächsisches Umweltministerium, Hannover 1990

[PeSp88] Lars-Ole Pedersen, Richard Spooner: **Datenorganisation in System 9**, Bericht der Prime Wild GIS, Heerbrugg, Schweiz 1988

[PiAn86] P. Pistor, F. Anderson: **Designing a Generalized NF^2 Model With an SQL-Type Language Interface**; in : Proc 12th Int. Conf. on VLDB, Kyoto, Japan, August 25-28, 1986, pp. 278-285

[ReWa90] Ernst Rudolf Reichl, Winfried H. Walter: **ZOODAT - die tiergeographische Datenbank Österreichs**; in [Neug90a]

[SCAC89] Proceedings, 9th Int. Symp. on Computer-Assisted Cartography; Baltimore, Md., 1989

[Sche88] Schenk, E.: **Erweiterung und Aufwertung des Liegenschaftskatasters durch zusätzliche Daten und Verknüpfungsmerkmale - Beispiele und Entwicklungstendenzen -**; in: Zeitschrift für Vermessungswesen 9/10 1988 pp. 501-506

[SCFL86] P. Schwarz, W. Chang, J.C. Freytag, G. Lohman, J. McPherson, C. Mohan, H. Pirahesh: **Extensibility in the Starburst Database System**; in: Proc. of 1986 Int. Workshop on Object-Oriented Database Systens, September 23-26, 1986, Asilomar, Pacific Grove, Cal., pp. 85-92

[ScSc83] H.-J. Schek, M. Scholl: **Die NF^2-Relationenalgebra zur einheitlichen Manipulation externer konzeptueller und interner Datenstrukturen**; in: Sprachen für Datenbanken, Fachgespräch auf der 13. GI-Jahrestagung, Hamburg, Oktober 1983, pp. 113-133

[ScWe87] H.-J. Schek, G. Weikum: **DASDBS - Konzepte und Architektur eines neuartigen Datenbanksystems**; in: Informatik Forschung und Entwicklung 2, 1987, pp. 105-121

[SnAh85] Richard Snodgrass, Ilsoo Ahn: **A Taxonomy of Time in Databases**; in: Proc. of ACM -SIGMOD'85 Int. Conf. on Management of Data, Austin, Texas, 1985, pp. 236-246

[SPSW90] Hans-Joerg Schek, Heinz-Bernhard Paul, Marc H. Scholl, Gerhard Weikum: **The DASDBS Project: Objectives, Experiences, and Future Prospects**; in: IEEE Transactions on Knowledge and Data Engineering, Vol. 2, No. 1, March 1990, pp. 25-43

[Stre90] Strehz, Jörg-Ronald: **Zur Integration einer raumbezogenen Datenbasis im Entscheidungsberatungssystem zur Gestaltung abfallarmer Territorien (DESSTERR)**; in [Neug90a]

[StRH90] Michael Stonebraker, Lawrence A. Rowe, Michael Hirohama: **The Implementation of POSTGRES**; in: IEEE Transactions on Knowledge and Data Engineering, Vol. 2, No. 1, March 1990, pp. 125-142

[StRo86] Michael Stonebraker, Lawrence A. Rowe: **The Design of POSTGRES**; in: Proc. of ACM SIGMOD'86 Int. Conf. on Management of Data, Washington D.C., May 28-30, 1986, pp. 340-355

[Vink90] Proceedings, **Symp. Digitale Geowissenschaftliche Kartenwerke**; Würzburg 1989 (R. Vinken, Hrsg.), Geologisches Jahrbuch, Reihe A Bd. 122, Hannover 1990.

[Wolf90] Andreas Wolf: **The DASDBS GEO-Kernel, Concepts, Experiences, and the Second Step**; in: Proc. Symp. on the Design and Implementation of Large Spatial Databases, Santa Barbara, Cal., July 17-18, 1989 (A. Buchmann et.al. eds.), LNCS Bd. 409, Springer-Verlag, Berlin 1990, pp. 67-88

[WSSM89] W. Windhorst, W. Schaefer, A. Salski, M. Meyer: **Erfassung, Verwaltung und Auswertung von Daten im Projektzentrum Ökosystemforschung der Christian-Albrechts-Universität zu Kiel**; in: Proc. 4. Symposium Informatik im Umweltschutz, Karlsruhe, 6.-8. November 1989, Informatik-Fachberichte 228, Springer-Verlag, Berlin 1989, pp. 251-272

Entwurf eines Bioindikations-Datenbanksystems*

Hans-Peter Kriegel, Ralf Schneider

Praktische Informatik, Universität Bremen, D-2800 Bremen 33

Deskriptoren: Datenbanksysteme, Geographische Informationssysteme, Zugriffsstrukturen, Versionenverwaltung, Luftreinhaltung, Bioindikation, Umweltqualität

Zusammenfassung

Datenbanksysteme sind für die Informationsverarbeitung auf dem Umweltsektor unverzichtbare Konzepte der Informatik. In unserem interdisziplinären Projekt »Bioindikation« werden Flechten als spezielle Bioindikatoren für Umweltbelastung verwendet, wobei Farbänderungen und das flächenhafte Wachstum einer Flechte Indikatoren für die allgemeine Umweltqualität sind. Bei dieser Methode der Bioindikation ist zu beachten, daß nicht die Momentaufnahme einer Flechte, sondern das zeitliche Monitoring entscheidend ist. Zu diesem Zweck muß eine sehr große Menge von Daten mit zeitlicher und räumlicher Bezugsbasis in unserem Bioindikations-Datenbanksystem adäquat gespeichert und verwaltet werden. Für folgende drei Problemkreise beim Entwurf eines Bioindikations-Datenbanksystem stellen wir neue Konzepte und Verfahren vor. 1.) Realisierung eines komfortablen Zugriffs durch ein benutzerfreundliches Navigieren innerhalb des Bioindikations-Datenbanksystems mittels graphik-orientierter Anfragemöglichkeiten. 2.) Entwurf und Implementierung einer effizienten und komprimierten Versionenverwaltung für Farbbildaufnahmen. 3.) Effizienzsteigerung bei der Anfragebearbeitung durch Integration einer dynamischen Speicher- und Zugriffsarchitektur für variabel lange und komplex strukturierte Objekte in Nicht-Standard Datenbanksystemen.

1.) Biologisch-ökologische Grundlagen der Bioindikation

Im Zusammenhang mit steigender Verunreinigung der Umwelt wurden zahlreiche Verfahren erforscht, um gezielte Rückschlüsse auf Standortqualität, und hieraus auf die Gefährdung des Menschen, ziehen zu können. Zur Charakterisierung der Umweltqualität werden Bioindikatoren eingesetzt. Unter Bioindikatoren (Ellenberg 1974) verstehen wir Lebewesen, die das langfristige Zusammenwirken zahlreicher Umweltbedingungen anzeigen, aber auch auf plötzliche Veränderungen einer wichtigen Faktorengruppe reagieren.

Die Anwendbarkeit der Bioindikation basiert auf der Eigenschaft der Organismen, einwirkende natürliche und anthropogene Belastungen zu akkumulieren und über die Zeit integriert darzustellen. Pflanzliche Organismen sind im Vergleich zu chemisch-physikalischen Methoden gut als Bioindikatoren geeignet, da sie eine große Variabilität in der Empfindlichkeit gegenüber den verschiedenen Schadstoffen aufweisen (Kreeb 1974), und dadurch ein Bild der für die pflanzlichen Organismen relevanten Schadstoffsituation geben.

Zur ökologischen Beurteilung der Belastungssituation sind gerade die durch die Bioindikationsuntersuchungen gelieferten Informationen wichtig, da sie ökologischen Streß in seiner Gesamtheit offenlegen. Flechten werden als spezielle Bioindikatoren seit über fünfzehn Jahren erfolgreich eingesetzt (VDI 1987).

* Das diesem Bericht zugrunde liegende Vorhaben wurde mit Mitteln des Senators für Bildung, Wissenschaft und Kunst der Freien Hansestadt Bremen gefördert. Die Verantwortung für den Inhalt dieser Veröffentlichung liegt bei den Autoren

Als Untersuchungsobjekt dienen nicht nur natürlich vorkommende Flechtensynusien, sondern auch im Untersuchungsgebiet exponierte Transplantate. Untersuchungen in der Pflanzenökologie ergaben, daß besonders das flächenhafte Wachstum der Flechte eine wichtige Rolle zur Abschätzung der Umweltqualität spielt. Die Flechtentransplantate dienen als Überwachungssystem für die Umweltbelastung. Ein kontinuierliches Überwachungssystem auf der Basis von Bioindikatoren soll die Überwachung mittels chemisch-physikalischer Methoden ergänzen. Dies sind zusammengefaßt die biologisch-ökologischen Grundlagen unseres interdisziplinären Projektes »Bioindikation«, das unter der Leitung der Professoren W. Coy (Bildverarbeitung/Informatik), K.H. Kreeb (Pflanzenökologie/Biologie) und H.P. Kriegel (Datenbanksysteme/Informatik) stattfindet. Eine genauere Darstellung der biologisch-ökologischen Grundlagen ist im ersten Zwischenbericht (Coy, Kreeb und Kriegel 1990) dieses Projektes zu finden.

Gegenstand der Forschung ist zur Zeit, welche beobachtbaren Phänomäne an einer Flechte, Rückschlüsse auf die Umweltbelastung zulassen. So ist, wie oben erwähnt, das flächenhafte Wachstum der Flechte ein qualitatives und quantitatives Maß der Streßfaktoren der Flechte. Zusätzlich wird in unserem interdisziplinären Projekt untersucht, inwieweit ein geeignetes Bildverarbeitungssystem entwickelt werden kann, so daß Veränderungen indikationsrelevanter Farbbereiche innerhalb des Flechtentransplantats automatisiert zu erkennen sind. Indikationsrelevant bedeutet dabei, daß ein Farbbild aus genau solchen Farbbereichen besteht, die Umweltbelastung sichtbar, qualifizierbar und quantifizierbar machen. Bei dieser Methode der Bioindikation ist zu beachten, daß nicht die Momentaufnahme einer Flechte, sondern das zeitliche Monitoring entscheidend ist. Fundierte Aussagen über Umweltbelastungen können erst durch Vergleich des Entwicklungsunterschieds zwischen Transplantaten an verschiedenen Standorten in Langzeituntersuchungen getroffen werden.

Unsere Aufgabe in dem oben genannten interdisziplinären Projekt ist es, die Informationsflut von Daten mit zeitlicher und räumlicher Bezugsbasis in einem Bioindikations-Datenbanksystem zu speichern und zu verwalten. Diese Informationsmenge ist nur zu bewältigen bzw. "Datenfriedhöfe" können nur vermieden werden, wenn es gelingt, die Aufbereitung und Aggregation der anfallenden Daten zu verbessern (Page, Jaeschke und Pillmann 1990).

2.) Die Benutzerschnittstelle des Bioindikations-Datenbanksystems

Ein benutzerfreundliches Navigieren innerhalb des Bioindikations-Datenbanksystems und das gezielte und komfortable Suchen bestimmter Daten wird erst durch eine interaktive Graphikkomponente ermöglicht und unterstützt, siehe Bild 1. Diese Aussage sei durch folgendes Anwendungsbeispiel veranschaulicht: *Der Benutzer möchte die Momentaufnahme des indikationsrelevanten Farbbildes einer Flechte an einem Ort (x,y) zu einer bestimmten Zeit t am Bildschirm angezeigt haben:*

Im linken oberen Fenster von Bild 1 ist eine interaktive Standortspezifikation visualisiert, wobei dem Benutzer die folgenden vier Anfragestrategien zur Verfügung stehen: a) Angabe der Standortkoordinaten (x,y): Auf dem Bildschirm erscheint dann textuell die Menge der Verwaltungseinheiten, die diesen Standort enthalten. Der Benutzer kann sich dann die vom ihm ausgewählte Verwaltungseinheit graphisch ausgeben lassen. Optional können alle weiteren Standorte, die in diesem Verwaltungsbezirk liegen, graphisch angezeigt werden. Der spezifizierte Standort ist markiert. b) Angabe eines Verwaltungsbezirks (z.B. Bremen): Falls dem Benutzer nur der Verwaltungsbezirk bekannt ist, so kann er die offizielle Bezeichnung angeben. Dieser textuell spezifizierte Verwaltungsbezirk wird mit allen Transplantatstandorten, die in diesem enthalten sind, ausgegeben. Durch Anklicken eines bestimmten Standorts mit der Maus ist dieser spezifiziert und seine Koordinaten erscheinen in der Textzeile. c) Angabe eines Zoomwindows: Hierbei handelt es sich um eine räumliche Standortsuche, die ausgehend von einer benutzerspezifizierten Verwaltungseinheit die Möglichkeit bietet, durch Zooming einen bestimmten Standort auszuwählen. Nach Angabe eines Zoomwindows werden die Bezeichnungen aller Verwaltungseinheiten, die das Zoomwindow überlappen in der Textzeile ausgegeben. Analog zu a) kann sich dann der Benutzer die vom ihm ausgewählte Verwaltungseinheit mit all seinen Standorten graphisch ausgeben lassen. d) Hierarchischer Zoom: Durch Angabe eines Zoomwindows wird der größte Verwaltungsbezirk mit all seinen Standorten spezifiziert, der vollständig in diesem Zoomwindow liegt. In der Textzeile erscheint gleichzeitig die Bezeichnung dieses Verwaltungsbezirkes.

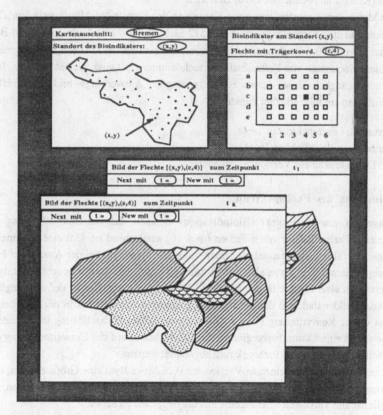

Bild 1: Graphikoberfläche des Bioindikations-Datenbanksystems

In unserer Bioindikationsanwendung werden an einem Standort mehrere Flechtentransplantate ausgesetzt. Damit können Ausfälle abgefangen werden, die durch Mensch, Tier bzw. Wind und Wetter verursacht werden. Außerdem ermöglicht erst eine größere Anzahl von Transplantaten an einem Standort eine statistische Bewertung bzw. Aussage über die Umweltbelastung. Die verschiedenen Flechten an einem Standort sind auf einem Träger angeordnet. Nach Angabe der Trägerkoordinate durch Anklicken mit der Maus oder durch interaktive Eingabe der Koordinaten ist eine Flechte eindeutig bestimmt (vgl. rechtes oberes Fenster von Bild 1. Als Voreinstellung wird die letzte Aufnahme dieser Flechte auf dem Bildschirm wiedergegeben. Bild 1 zeigt die Aufnahme der Flechte $[(x,y),(c,4)]$ zu den Zeitpunkten t_i und t_k, wobei die Schraffuren die indikationsrelevanten Farbbereiche symbolisieren sollen. Mit der Funktion 'New t' wird eine Aufnahme der Flechte zu einem anderen Zeitpunkt ausgewählt. Die Funktion 'Next t' bietet die Möglichkeit, die Aufnahmen einer Flechte zu verschiedenen Zeiten zu vergleichen, indem ein weiteres Fenster geöffnet wird, das die Flechtenaufnahme zum angegebenen Zeitpunkt enthält.

3) Komprimierte Versionenverwaltung von Farbbildaufnahmen

Da bei unserer Bioindikationsanwendung das zeitliche Monitoring einer Flechte von entscheidender Bedeutung ist, haben wir eine Methode entwickelt, mit der man eine Sequenz von Farbbildaufnahmen effizient verwalten und auswerten kann. Effizienz beziehen wir hier nicht nur auf die Geschwindigkeit des Suchens einer Aufnahme, sondern auch auf den Speicherbedarf. Insbesondere haben wir eine Methode zur Verdichtung der Informationsmenge entwickelt. Eine detaillierte Beschreibung dieser Versionenverwaltung ist in (Kriegel und Schneider 1990) zu finden.

Die Farbbildaufnahmen werden von einer Kamera in der Form einer Matrix geliefert. Diese Matrix, Bitmap genannt, hat eine Kantenlänge von 512 * 512 Einträgen und eine Farbtiefe von 24-Bit je Eintrag. Bei einer Anzahl von 250 Aufnahmen pro Flechte ergäbe sich ein ca. 200 Mega-Byte großes Datenvolumen. Um diese Sequenzen von Farbaufnahmen rechnerunterstützt auszuwerten, ist eine Informationsverdichtung unumgänglich. Unser Ansatz zur Steigerung der Auswertungs- und Anfrageeffizienz stützt sich im wesentlichen auf folgende drei Punkte:

- Verkleinerung des Farbspektrums
- Zusammenfassung gleichfarbiger Pixel
- Kompakte Datenstruktur zur Versionenverwaltung

3.1 Verkleinerung des Farbspektrums

Untersuchungen in unserem Projekt »Bioindikation« ergaben, daß zur Unterscheidung signifikanter Farbbereiche eine Farbauflösung von n-Farben ($n \leq 10$) ausreichend ist. Um eine allgemeine Anwendbarkeit unseres Verfahrens sicherzustellen, lassen wir einen Spielraum bei der Anzahl der Farben, indem wir zur Farbrepräsentation ein Byte, also n=256, zur Verfügung stellen. Damit schrumpft das Datenvolumen aller Versionen einer Flechte bereits auf ca. 65 Mega-Byte, einem Drittel der ursprünglichen Menge. Die eingehenden Bilder sind also durch einen entsprechenden Algorithmus in ein n-Farbenbild zu konvertieren. Bei dieser Konvertierung einer 24-Bit- in eine 1-Byte-Farbauflösung ist zu untersuchen und sicherzustellen, daß signifikante Farbregionen, die Rückschlüsse auf die Umweltbelastung ermöglichen, auch auf dieselbe Farbe im neuen Farbspektrum abgebildet werden.

Durch diesen Schritt hat jede einzelne Version mit 0.26 Mega-Byte eine Größe erreicht, die es erlaubt, je nach Hauptspeichergröße, einige Versionen im Hauptspeicher zu halten und auszuwerten. Unser Ziel ist es aber, möglichst alle Versionen einer Flechte im Hauptspeicher zu halten.

3.2 Zusammenfassung gleichfarbiger Pixel

Gleichfarbige Bereiche bedeuten in einer Matrixdarstellung, daß viele Pixel gleicher Farbe nebeneinander liegen. Diese Pixel können durch einen Quadtree-Algorithmus (Samet 1990) zu größeren Blöcken zusammengefaßt werden. Diese Blöcke können dann durch Z-Werte repräsentiert werden (Orenstein 1986). Bei diesem Algorithmus wird die Bildmatrix rekursiv in orthogonale Blöcke unterteilt, die je nach Lage durch eine entsprechende Bitsequenz repräsentiert werden. Diese Bitsequenz wird bei weiterer Teilung der Blöcke mit den Bitstrings der Teilblöcke zu den neuen Repräsentatoren (Z-Werten) konkateniert (Bild 2).

Der Algorithmus von Samet bildet aus einem gegebenen Pixelarray einen Quadtree, indem er die Matrix in einer NW-NE-SW-SE Reihenfolge traversiert und möglichst große Blöcke gleicher Einträge erzeugt. Für unser Verfahren haben wir diesen Algorithmus leicht modifiziert. So wird kein Baum, sondern eine lineare Liste erzeugt, da der Verwaltungsaufwand für einen Baum in unserer Anwendung nicht adäquat ist. Durch diese Blockbildung erwarten wir eine erhebliche Verringerung des Speicherplatzbedarfes, da, wie oben erwähnt, große gleichfarbige Bereiche zu erwarten sind. Empirische Untersuchungen müssen nun zeigen, wieviele Pixel einer Farbaufnahme bei unserer Bioindikationsanwendung im Durchschnitt zu größeren Blöcken zusammengefaßt werden. Dieser Wert ist umgekehrt proportional zur Speicherplatz-reduzierung

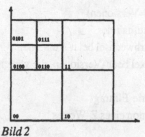

Bild 2

3.3 Kompakte Datenstruktur zur Versionenverwaltung von Farbbildaufnahmen

Die grundlegenden Überlegungen beim Entwurf unserer Versionenverwaltung waren einerseits, nicht jede Version einzeln im Sekundärspeicher zu hinterlegen, sondern nur eine einzige aktuelle, aus der sich alle vorangegangenen herleiten lassen, und andererseits, einen Speicherplatzbedarf für eine Versionensequenz einer Flechte zu erreichen, der im Hauptspeicher zu verwalten ist.

Bei unserer Versionenverwaltung von Farbenaufnahmen wird jedem Z-Wert eine Historie hinzugefügt, mit der sämtliche Farben, die der repräsentierte Bereich angenommen hat, rekonstruierbar sind. Jedem Z-Wert wird eine dynamische Liste von Tupeln mit je einem Zähler C und einem Farbeintrag F beigefügt. Der Zähler C gibt an, bei wievielen aufeinanderfolgenden Aufnahmen der Z-Wert F-farbig war. Soll eine Flechtenaufnahme in die Datenbank eingetragen werden, so wird durch den in 3.2 beschriebenen Algorithmus eine Liste von Z-Werten erzeugt, und die Farbhistorie mit C=1 und F=Farbe des Blocks initialisiert. Wird nun eine weitere Version dieser Flechte in die Datenbank eingefügt, so vergleicht ein Spatial-Join-Algorithmus (Orenstein 1986) die Z-Werte der beiden Versionen in aufsteigender Reihenfolge miteinander und generiert eine neue Liste, die einerseits die neu hinzukommende Version repräsentiert und andererseits die alten Farbinformationen nicht verliert.

Bei diesem Z-Wertvergleich sind folgende drei Fälle zu unterscheiden:

1.) Verfeinerung: Nur ein Teil des vom Z-Wert repräsentierten Bereiches ändert aufgrund der neuen Version die Farbe. Dies bedeutet, daß aus dem alten Z-Wert mindestens vier neue Z-Werte und für die farbveränderten Bereiche jeweils ein zusätzlicher Historie-Eintrag entstehen.

2.) Kompletter Wechsel: Falls der komplette Bereich seine Farbe innerhalb zweier Aufnahmen wechselt, entsteht kein neuer Z-Wert, sondern die Farbhistorie wird um einen Eintrag mit der neuen Farbe erweitert.

3.) Keine Veränderung: Behält der repräsentierte Bereich seine Farbe, wird nur der Zähler C inkrementiert, der für diesen Bereich die Anzahl der aufeinanderfolgenden Aufnahmen mit keinem Farbwechsel protokolliert.

Im Laufe der Zeit verfeinert sich also die Repräsentation einer Versionensequenz abhängig vom Grad der Farbveränderungen von einer Aufnahme zur nächsten.

3.4 Aufwandsabschätzung

Der Speicherplatzbedarf (Stor) einer Sequenz von Farbbildaufnahmen läßt sich wie folgt abschätzen:

$$Stor\ (n,N,f) = c_1 * (N / p_n * k_n) + c_2 * N / p_n \quad \text{Byte , wobei}$$

- n = Anzahl der Farbbildaufnahmen (=Versionen)
- N = Anzahl der Pixel einer Farbbildaufnahme
- k_n = durchschnittliche Anzahl der Farbwechsel bei n-Versionen
- p_n = durchschnittliche Anzahl der Pixel bei n-Versionen, die von einem Z-Wert repräsentiert werden
- f = Anzahl der zulässigen Farben
- c_1 = benötigte Bytes für einen Historie-Eintrag
- c_2 = benötigte Bytes zur Repräsentation eines Z-Wertes

In unserer Implementierung wird jeweils für das Farbspektrum und für den Zähler ein Byte zur Verfügung gestellt, d.h. die Konstante c_1 hat den Wert 2 und f ist kleiner gleich 256. In unserer Anwendung werden Farbbildaufnahmen von 512 * 512 Pixel verarbeitet, deshalb ist für die Konstante c_2 ein Wert von 3 ausreichend. Welche funktionale Abhängigkeit k_n und p_n von n haben, können nur empirische Untersuchungen zeigen. Im schlechtesten Fall ist $p_n = 1$ und $k_n = n$. Damit ist der Worstcase für den Speicherplatzbedarf bei 250 Versionen gleich 131 Mega-Byte. Das Eintreten des Worstcase ist in realen Anwendungen aber fast ausgeschlossen. In Worten bedeutet der Worstcase nämlich, daß es bei der ersten Aufnahme kein Pixel mit einem gleichfarbigen direkten Nachbarn (in Z-Ordnung) gegeben hat, und daß jedes Pixel in aufeinanderfolgenden Aufnahmen seine Farbe geändert hat.

Aufgrund von Simulationsuntersuchungen kann für p_n ein Wert von 64 und für k_n ein Wert von 16 angenommen werden. Unter dieser Annahme beträgt der Speicherplatzbedarf für 250 Versionen 0.14 Mega-Byte, also eine Reduktion um den Faktor 450 im Vergleich zur konventionellen Abspeicherung. Wie realitätsnah unsere Simulationen und Annahmen bei der Bioindikationsanwendung tatsächlich sind, kann nur ein praktischer Einsatz der Versionenverwaltung zeigen.

4.) Dynamische Speicher- und Zugriffsarchitektur für komplexe Objekte

Die im folgenden beschriebene Speicher- und Zugriffsstruktur ist integraler Bestandteil unseres Datenbankentwurfs. Für detailliertere Erläuterungen und Implementierungsaspekte verweisen wir auf (Kriegel et al. 1990).

4.1 Problemstellung

Die adäquate Modellierung und Speicherung von Daten in Anwendungen wie Geographischen Informationssystemen versucht man durch objektorientierte Ansätze zu erreichen. Das Ergebnis solcher Modellierungen kann man als Mengen semantisch gleichartiger komplexer Objekte auffassen, zwischen denen Beziehungen bestehen können. Ein solches Objekt wird als komplex bezeichnet, weil es eine variable Länge und eine beliebige interne Struktur besitzen kann. Diese Objekte lassen sich durch Eigenschaften charakterisieren, die explizit gespeichert oder mittels Funktionen ableitbar sind. In einem Geographischen Informationssystem kann ein komplexes Objekt eine Parzelle sein, deren Eigentümer eine explizit gespeicherte Eigenschaft ist und deren minimal umgebendes Rechteck eine ableitbare Eigenschaft ist. Eigenschaften können also u.a. auch räumliche und zeitliche Sachverhalte darstellen.

Wir gehen davon aus, daß es sinnvoll ist, einen schnellen Zugriff über eine Menge von Eigenschaften zu gewährleisten. Voraussetzung für einen schnellen Zugriff auf eine Menge von Daten ist die Existenz eines festen Wertebereichs (Domains) bezüglich dessen eine Clusterung der Daten möglich ist. In der Literatur findet man effiziente Zugriffsstrukturen für drei ausgewählte Domains: eindimensionale Punktdaten, mehrdimensionale Punktdaten und mehrdimensionale, achsenparallele Rechtecke. Wir gehen im folgenden davon aus, daß die Eigenschaften über die ein schneller Zugriff unterstützt werden soll (Indexeigenschaften), Werte aus genau einer der oben genannten Domains annehmen. Bei relationalen Datenbanksystemen müssen alle Eigenschaften explizit vorliegen und der Domain aller Eigenschaften muß ein eindimensionaler Punktraum sein. Die Standardtypen wie Integer, Real oder String erfüllen diese Forderung.

Ein komplexes Objekt besteht in unserem Vorschlag aus einer Menge (expliziter und impliziter) Indexeigenschaften und weiterer Eigenschaften, die durch beliebig lange (unstrukturierte) Byteketten dargestellt werden können, wie z.B. die Punkte eines Polygonzugs oder ein Text.

Man kann nun aus allen Indexeigenschaften einen (m-dimensionalen, $m \geq 1$) Superschlüssel bilden und die komplexen Objekte nach diesem Schlüssel durch eine Zugriffsstruktur organisieren. Problem dieser Vorgehensweise ist, daß das Leistungsverhalten jeder m-dimensionalen Zugriffsstruktur für ein großes m und bei Anfragen mit $n \ll m$ spezifizierten Schlüsselkomponenten degeneriert. Die andere Vorgehensweise, für jede Indexeigenschaft eine vollständige Zugriffsstruktur aufzubauen, zeigt bei der zu erwartenden Menge von Indizes i.a. sehr schlechtes Leistungsverhalten (Kriegel 1984) und erzeugt große Redundanz.

In Standard-DBMS sind ähnliche Probleme durch die Benutzung von Primär- (Cluster-) und invertierten Indizes gelöst worden. Das hier vorgestellte Speicherkonzept verallgemeinert dieses Konzept auf eine beliebige Mischung mehrdimensionaler Indizes. Dabei sind alle Indizes dynamisch, d.h. sie erlauben Einfügungen, Löschungen und Updates. Zudem können invertierte Indizes dynamisch angelegt und gelöscht werden. Dies ermöglicht eine flexible Nutzung von Indizes. Zusätzlich bleibt in der vorgestellten Konzeption die Verwaltung variabel langer Datensätze erhalten.

4.2 Konzeptioneller Entwurf

Die Objekte werden auf unterster Ebene als BYTE-String interpretiert. Die physische Clusterung der Objekte auf Datenseitenebene erfolgt über einen sogenannten Clusterindex, wobei als Cluster-Kriterium z.B. die Lage in einem zugrundeliegenden geometrischen Datenraum verwendet wird. Dieser Index ist letztendlich auch für Split bzw. Merge von Datenseiten und damit für die explizite Verteilung der Daten auf dem Sekundärspeicher verantwortlich. Daher sollte das Cluster-Kriterium, das vom Benutzer angegeben werden kann, sorgfältig ausgewählt werden. Zusätzliche invertierte Indizes ermöglichen einen Zugriff auf die Objekte über weitere Attribute. In Abhängigkeit von ihrer Länge werden kurze Objekte direkt in den Datenseiten abgespeichert, während lange Objekte über einen B⁺-Baum bzw. eine Variante davon verwaltet werden (Bayer und McCreight 1972). Im letzteren Fall wird das Objekt über einen entsprechenden Verweis innerhalb der Datenseiten referenziert (vgl. Bild 3).

In unserem Konzept legt ein Cluster-Kriterium für jeden Datensatz fest, wie seine relative Lage zu anderen Objekten ist. Ziel ist es, nahe beisammen liegende Objekte, die i.a. von Anfragen auch häufig zusammen angefordert werden, auch physisch nahe beisammen liegend, also möglichst innerhalb ein und derselben Datenseite, abzuspeichern und somit die Anfrageperformanz zu erhöhen. Die explizite Clusterung der Objekte, insbesondere beim Split einer Datenseite, bleibt jedoch stets, basierend auf der Auswertung des Cluster-Kriteriums, der Zugriffsstruktur selbst überlassen. Hierbei belegen Leistungstests ein äußerst effizientes Verhalten verschiedener Strukturen sowohl für Punkt- als auch für Raumobjekte (Kriegel, Schiwietz, Schneider, Seeger 1989). Das Cluster-Kriterium selbst wird im allgemeinen direkt einem oder mehreren Attributen der Objekte entsprechen, was, im Gegensatz zu bisherigen Ansätzen, jedoch nicht notwendig ist. Man kann sich beispielsweise auch eine (mehrstellige) Funktion über den Attributswerten oder sogar über dem Info-Teil des Objektes vorstellen. Als Beispiel hierfür wäre das Kriterium "Minimal umgebendes achsenparalleles Rechteck" bei der Speicherung von beliebigen Polygonen zu nennen. Hierbei wäre das Kriterium eine Funktion über den Eckpunkten des Polygons.

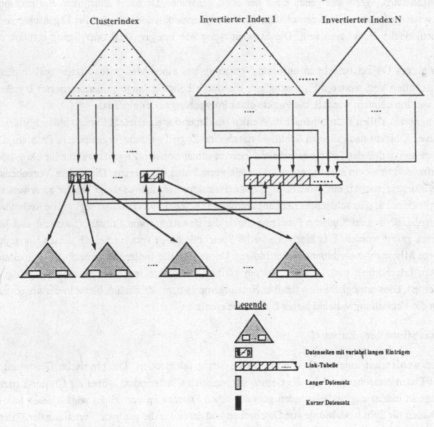

Bild 3: Speicher- und Zugriffsarchitektur

Die Objekte werden in den Datenseiten bezüglich des Clusterindex ordnungserhaltend abgespeichert. Aus diesem Grund ist es immer notwendig, einen Index eindeutig als Clusterindex zu spezifizieren. Dieser kann auch nicht geändert (auf einen anderen Index umgesetzt) oder gar gelöscht werden, ohne eine gesamte Reorganisation des Files zur Folge zu haben. Die invertierten Indizes, die die Suche über Sekundärschlüssel effizient gestalten sollen, müssen diese physische Clusterung des Clusterindex übernehmen, da jeder Datensatz nur ein einziges Mal abgespeichert werden soll. Werden nun jedem Eintrag der invertierten Indizes direkte Adressen bezüglich der Clusterung zugeordnet, so muß mit jeder Änderung innerhalb der clusternden Struktur, z.B.Split einer Datenseite, eine komplette Anpassung aller invertierten Indizes durchgeführt werden. Dies ist sehr aufwendig und unter Effizienzüberlegungen nicht akzeptabel. Daher machen wir den Vorschlag, die Referenzierung der Objekte aus den invertierten Indizes heraus über eine Linktabelle zu organisieren, die diese Reorganisation der kompletten Indizes vermeiden soll. Die Linktabelle ordnet jedem Datensatz, dargestellt durch sein (eindeutiges) Surrogat, eine Datenseite des

Clusterindexes zu, nämlich genau diejenige Datenseite, in welcher der Datensatz liegt. Die invertierten Indizes erhalten die Information über die Lage eines gesuchten Objektes, indem sie der unter dem Surrogat des gesuchten Objektes abgelegten Datenseitenreferenz folgen. Der Vorteil dieser Vorgehensweise wird sichtbar, wenn man sich nun eine Splitoperation auf der Clusterung betrachtet. Mußten bisher alle invertierten Indizes komplett angepaßt werden, so genügt es nun, die Datenseitenreferenzen der in die neue Datenseite übertragenen Objekte anzupassen. Durch diese Vorgehensweise benötigt man für jedes umgespeicherte Objekt nur einen Zugriff auf die Linktabelle. Als zusätzlicher Aufwand wird ausschließlich ein zusätzlicher Zugriff auf die Linktabelle nötig, falls ein Datensatz über einen invertierten Index gesucht wird. Die Größe dieser Linktabelle entspricht der Anzahl der verwalteten Objekte und muß daher dynamisch gehalten werden. Die Einträge sind Paare, bestehend aus einem objektspezifischen Surrogat und einer Adresse der entsprechenden Datenseite innerhalb des Clusterindex. Da auch die Linktabelle dynamisch organisiert werden muß, schlagen wir vor, ein ordnungserhaltendes Hashverfahren ohne Directory (Kriegel und Seeger 1986) über die Surrogatwerte zu verwenden.

4.3 Objektrepräsentation und Indexvergabe im Bioindikations-DBS

Die komplexen geometrischen Objekte, die in einer Bioindikationsdatenbank anfallen, wie z.B. die Standorte der Flechtentransplantate, die polygonalen Grenzen der Verwaltungseinheiten oder die einzelnen Farbbildaufnahmen der Flechten können in unsere Speicher- und Zugriffsarchitektur in natürlicher Weise integriert werden. Durch die Implementierung effizienter Punkt- und Raumzugriffsstrukturen wird zusätzlich eine schnelle Anfragebearbeitung ermöglicht.

Als Koordinatensystem für unsere Weltdaten benutzen wir die Gauß-Krüger-Koordinaten. Somit kann für die Menge der Transplantatstandorte ein 2-dimensionaler Clusterindex vergeben werden (vgl. Bild 3). Als 2-dimensionale Punktzugriffsstruktur integrieren wir in unser Gesamtsystem den Buddy-Baum (Seeger und Kriegel 1990). Diese Auswahl wurde aufgrund eines Leistungsvergleichs (Kriegel, Schiwietz, Schneider, Seeger 1989) getroffen, in dem der Buddy-Baum ein äußerst effizientes und robustes Leistungsverhalten zeigte. Es sei hier erwähnt, daß jedoch jede beliebige multidimensionale Punktzugriffsstruktur verwendet werden kann.

Die polygonalen Grenzen der Verwaltungseinheiten werden als geordnete Punktlisten abgelegt, wobei als Clusterindex für die räumliche Lage und Ausdehnung der Objekte das minimal umgebende achsenparallele Rechteck verwendet wird (vgl. Seeger und Kriegel 1988). Als Raumzugriffsstruktur für Rechtecke implementierten wir den R*-Baum, der sich in (Beckmann, Kriegel, Schneider und Seeger 1990) als effizienteste Raumzugriffsstruktur herausstellte. Als invertierter Index wird in unserem Bioindikations-Datenbanksystem die Bezeichnung der Verwaltungseinheiten vergeben.

Die Versionensequenz einer Flechte, also die Farbbildaufnahmen zu verschiedenen Zeitpunkten, werden durch eine Menge erweiterter Z-Werte (Z-Wert + Geschichte der Veränderungen einer Version zur nächsten) repräsentiert (vgl. Kap.3). Diese Menge ist in unserer Speicher- und Zugriffsarchitektur als Bytekette variabler Länge abgelegt (vgl. Bild 3). Als Clusterindex für die Versionensequenz einer Flechte wird der konkatenierte Schlüssel (Versionenidentifier = Standortkoordinate + Trägerkoordinate) verwendet. Zusätzlich vergeben wir einen 2-dimensionalen invertierten Index, bestehend aus Versionenidentifier und Zeitpunkt der Aufnahmen. Dieser invertierte Index bietet nun die Möglichkeit, Anfragen bezüglich Zeitpunkt einer Flechtenaufnahme zu stellen. So kann man z.B. überprüfen, zu welchen Aufnahmezeitpunkten das zeitliche Monitoring einer Flechte durch eine Versionensequenz abgebildet wurde.

Literaturverzeichnis

Bayer, R. & McCreight (1972), 'Organization and Maintenance of Large Orderec Indexes', Acta Informatica, Vol.1, No.3, 173-189.

Beckmann, N., H.P. Kriegel, R. Schneider & B. Seeger (1990) 'The R*-tree: An efficient and robust access method for points and rectangles', in Geographic Proceedings 1990 ACM/SIGMOD International Conference on Management of Data , Atlantic City, USA, May 23-25.

Coy, W., K.H. Kreeb & H.P. Kriegel (1990), ' Projekt »Bioindikation«, Bio-Indikationssysteme: Biologische Grundlagen und rechnerunterstützte Bearbeitung -Zwischenbericht', Universität Bremen.

Ellenberg, H. (1974), Zeigerwerte der Gefäßpflanzen Mitteleuropas, Scripta Geobotanica (9), Hrsg: Lehrstuhl für Geobotanik, Universität Siegen.

Kreeb, K.H. (1974), Ökophysilogie der Pflanzen. G.Fischer. Jena Stuttgart New York.

Kriegel, H.P. (1984), 'Performance comparison of index structures for multikey retrieval', Proc. ACM SIGMOD Int. Conf. on Management of Data, 186-196, 1984

Kriegel, H.P. & B. Seeger (1986), 'Multidimensional order preserving linear hashing with partial expansions', Proc. Int. Conf. on Database Theory, Lecture Notes in Computer Science 243, 203-220, 1986

Kriegel, H.P., P. Heep, S. Heep, M. Schiwietz, R. Schneider & B.Seeger (1990), 'Efficient Multi-Level Query Processing in Non-Standard Data Base Systems', Computer Science Technical Report 4/90, University of Bremen.

Kriegel, H.P., M. Schiwietz, R. Schneider & B.Seeger (1989), 'Performance Comparison of Point and Spatial Access Methods', in Proceedings "Symposium on the Design and Implementation of Large Spatial Databases", Santa Barbara, USA, 17.-18. Juli.

Kriegel H.P. & R.Schneider (1990), 'Effiziente und komprimierte Versionenverwaltung von Farbbildaufnahmen', Praktische Informatik, Technischer Bericht 5/90, Universität Bremen.

Orenstein, J.A (1986) 'Spatial Query Processing in an Object Oriented Database System', Proceedings 1986 ACM/SIGMOD International Conference on Management of Data, New York.

Page, B., A. Jaeschke & W. Pillmann (1990) 'Angewandte Informatik im Umweltschutz, Teil 1 & 2', Informatik Spektrum, Band 13, Heft 1+2, Februar 1990

Samet, H. (1990), Applications of Spatial Data Structures, Computer Graphics, Image Processing, and GIS, Addison-Wesley Publishing Company, Inc.

Seeger, B. & H.P. Kriegel (1990), 'The Buddy Tree: An Efficient and Robust Access Method for Spatial Dtabases', Proc. 16th Int. Conf. on Very Large Data Bases, Brisbane, Australia.

Seeger, B. & H.P. Kriegel (1988),'Techniques for Design and Implementation of Efficient Spatial Access Methods', in Proc. 14th Int. Conf. on Very Large Data Bases, 360-371.

VDI-Bericht 609 (1987), Bioindikation, Düsseldorf: VDI-Verlag

Anfragefunktionen für Umweltinformationssysteme

Norbert Fuhr

Technische Hochschule Darmstadt, Fachbereich Informatik

Karolinenplatz 5, D-6100 Darmstadt

Zusammenfassung

Bei der Entwicklung zukünftiger Umweltinformationssysteme müssen die besonderen Eigenschaften der zu speichernden Daten und die Art der zu beantwortenden Anfragen berücksichtigt werden. Die zu speichernden Daten sind häufig unsicher oder unvollständig und von heterogenen Strukturen und Darstellungsformen (Texte, Fakten, Abbildungen). Die interaktiven Anfragemöglichkeiten an Umweltinformationssysteme erfordern die Beantwortung vager Anfragen und die Möglichkeit zur Formulierung von Anfragen unabhängig von der Struktur und der Darstellungsform des gespeicherten Wissens. Zur Behandlung vager Anfragen und unsicherer Daten können Ansätze aus dem Information Retrieval angewendet werden. Die Behandlung heterogener Datenstrukturen wird durch das Konzept der objektorientierten Datenbanken ermöglicht. Bei der Entwicklung multimedialer Informationssysteme ist das Problem der Integration der verschiedenen Darstellungsformen bislang unzureichend gelöst. Zukünftige interaktive Informationssysteme erfordern gegenüber derzeit existierenden Datenbanksystemen eine wesentlich erweiterte Anfragefunktionalität wie z.B. Ranking, Browsing, Zooming, Relevance Feedback und aktives Systemverhalten. Abschließend wird auf die Notwendigkeit der empirischen Fundierung bei der Entwicklung von Informationssystemen für komplexe Anwendungsgebiete hingewiesen.

1 Anforderungen an zukünftige Umweltinformationssysteme

In diesem Beitrag werden Anforderungen und Lösungsansätze für die Anfragefunktionen von zukünftigen Umweltinformationssystemen (UIS) dargestellt.

Zunächst werden einige (für die Anfragefunktionen wichtige) Charakteristika der zu speichernden Daten beschrieben. Hierbei gilt es, die Semantik der Daten möglichst adäquat im Rechner zu repräsentieren:

- Daten in UIS (z.B. Meßwerte) sind häufig unsicher oder unvollständig. In herkömmlichen Datenbanksystemen werden solche Daten als Ausnahmefälle behandelt, im UIS sind sie dagegen eher die Regel. Auch bei der Verwaltung von Texten bleibt in praktisch eingesetzten Systemen durch die Beschränkung auf Zeichenkettensuche und boolesche Suchlogik die semantische Ebene unzureichend berücksichtigt [Fuhr 90c].

- UIS müssen das zu verwaltende Wissen in unterschiedlichen Darstellungsformen speichern können: als Text, als Fakten und als Elemente von wissensbasierten Repräsentationsformalismen. Schon bei der Speicherung von Fakten ergibt sich das Problem, daß eine Vielzahl von neuen Datentypen benötigt werden. Beispiele hierfür reichen von der Repräsentation von Meßwertreihen als stützpunktweise gegebene Funktion (mit entsprechenden Interpolationsmöglichkeiten) über geographischen Daten bis hin zu Wissensrepräsentationsformalismen wie logische Formeln oder semantische Netze.

- Die anfallenden Daten sind von heterogener Struktur. Diese Eigenschaft rührt zum einen von der unterschiedlichen Herkunft der Daten her, ist zum anderen aber auch durch den speziellen Anwendungskontext bedingt, aus dem die Daten stammen.

Bezüglich der Anfragen an zukünftige UIS werden vornehmlich die interaktiven Anfragemöglichkeiten betrachtet, da diese qualitativ neue Anforderungen an Informationssysteme stellen:

- Vage Anfragen: Entsprechend der Komplexität des Anwendungsgebietes kann der Informationsbedarf eines Benutzers im allgemeinen nicht durch eine einzige Frageformulierung korrekt und vollständig beschrieben werden. (Man denke z.B. an eine Frage wie „Welche Anzeichen gibt es für eine Nitratverseuchung des Grundwassers in Gebieten mit intensiver landwirtschaftlicher Nutzung?"). Herkömmliche Datenbanksysteme bieten keinerlei Unterstützung für vage Anfragen.
- Anfragen unabhängig von der Darstellungsform des erfragten Wissens: Für viele Anfragen ist es zunächst irrelevant, ob das erfragte Wissen in UIS als Text, Faktum oder als Teil eines Wissensrepräsentationsformalismus gespeichert ist.
- Anfragen unabhängig von der Struktur der gespeicherten Objekte: Bei herkömmlichen Informationssystemen wird davon ausgegangen, daß sich jede Anfrage auf Objekte mit einer bestimmten Struktur bezieht. Dagegen sollte z.B. eine stärker an Inhalten orientierte Anfrage nach einer bestimmten Eigenschaft einer Substanz auch solche Antworten liefern, bei denen die gesuchte Eigenschaft in Wechselwirkung mit anderen Eigenschaften betrachtet wird, und daher in unterschiedlichen Strukturen abgelegt ist.

2 Lösungsansätze

2.1 Ein konzeptuelles Modell für Umweltinformationssysteme

Wir stellen zunächst ein konzeptuelles Modell für UIS vor, das die wesentlichen Probleme bei der Konzeption solcher Systeme verdeutlichen soll. Dabei gehen wir von den Anforderungen der Anwendung aus und spezifizieren dann die benötigte Funktionalität des UIS. Diese Vorgehensweise steht im Gegensatz zu dem üblicherweise in der Informatik eingeschlagenen Weg, wo zunächst eine Entscheidung über das zu verwendende Basis-Informationssystem gefällt wird, und die spezifischen Probleme der Anwendung dann durch entsprechende Anwendungsprogramme gelöst werden müssen. Wir werden im folgenden zeigen, daß die Anforderungen an UIS nur unzureichend durch herkömmliche Datenbanksysteme abgedeckt werden, und daß die benötigte Funktionalität aber sinnvollerweise in das zugrundeliegende Informationssytem integriert werden sollte.

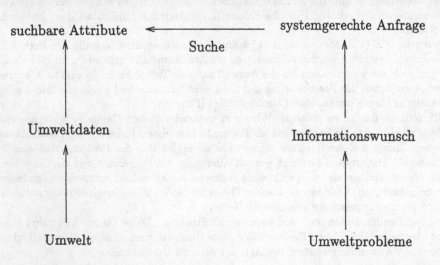

Abbildung 1: Konzeptuelles Modell für UIS

Abbildung 1 zeigt das hier zugrundegelegte konzeptuelle Modell. Beobachtungen der Umwelt liefern Umweltdaten. Dies können einfache Meßwerte oder daraus abgeleitete Daten sein, ebenso wie schriftliche Berichte, Texte von Verordnungen im Umweltbereich bis hin zu multimedialen Daten wie Fotografien, Landkarten, Tonaufzeichnungen und Bewegtbilder. Diese Daten sollen alle in einem UIS gespeichert werden. Auf der anderen Seite führt die Bearbeitung von Problemstellungen im Umweltbereich zu Informationswünschen der Benutzer, die mit Hilfe der verfügbaren Umweltdaten befriedigt werden sollen. Auf dieser Ebene können Fachleute die Informationssuche mit konventionellen Methoden durchführen, solange der Datenbestand noch für sie überschaubar bleibt. Demgegenüber ist ein UIS bezüglich der Art der zulässigen Anfragen stark beschränkt. Diese Beschränkung bestimmt die Leistungsfähigkeit eines UIS wesentlich. Im konzeptuellen Modell wird dieser Sachverhalt durch die Einführung einer zusätzlichen Repräsentationsebene festgehalten: Das Informationssystem verlangt die Formalisierung eines Informationswunsches in Form einer systemgerechten Anfrage. Auf der anderen Seite stellt die Erschließung der Umweltdaten eine begrenzte Menge von suchbaren Attributen zur Verfügung. Diese Unterscheidung zwischen gespeicherte Daten und suchbaren Attributen ist neu gegenüber herkömmlichen Datenbanken.

Bei formatierten Daten genügt es zur Modellierung der Semantik der Anwendung, wenn alle gespeicherten Daten auch suchbar sind. Bei anderen Arten von Daten ist diese Art der Suche aber unsinnig – dies würde etwa bedeuten, daß man einen Text vollständig in der Anfrage angeben muß, um den zugehörigen Datensatz zu finden. Somit werden spezielle Erschließungsverfahren für die verschiedenen Arten von zu speichernden Daten benötigt, um deren Semantik möglichst adäquat auf der Ebene der suchbaren Attribute zu repräsentieren. Durch die fortschreitende Technologie im Bereich der multimedialen Informationssysteme (siehe z.B. [Woelk & Kim 87], [Christodoulakis et al. 84] [Cordes et al. 89] wird wohl in absehbarer Zeit die Speicherung großer Mengen multimedialer Daten möglich sein. Demgegenüber wird die Erschließung dieser Daten das Hauptproblem bei der Realisierung solcher Informationssysteme darstellen.

Eine ähnliche Sichtweise auf die gespeicherten Daten wird auch im Rahmen von objektorientierten Datenbanken OODBn, (siehe z.B. [Dittrich 90], [Banerjee et al. 87]) diskutiert, wo zwischen den internen Daten eines Objektes und den nach außen sichtbaren Attributen unterschieden wird. Auf diese Attribute kann nur durch den Aufruf von Methoden des Objektes zugegriffen werden. Dabei bleibt verborgen, ob die Werte der Attribute bereits intern abgespeichert sind oder aber aus anderen Werten abgeleitet werden.

Anhand des konzeptuellen Modells lassen sich die Probleme der Unsicherheit der Daten und der Vagheit von Anfragen verdeutlichen. Schon die Erhebung der Umweltdaten ist mit Unsicherheit behaftet. Zum Beispiel sind elementare Meßwerte nur von einer begrenzten Genauigkeit. Ferner ist die Anzahl der Meßstationen begrenzt, so daß über die Region zwischen zwei Meßstationen keine exakten Aussagen gemacht werden können. Schließlich sind die Meßwerte aus den verschiedensten Gründen häufig unvollständig (z.B. für weiter zurückliegende Zeiträume oder durch den Ausfall eines Meßgerätes). Eine zweite Art von Unsicherheit resultiert aus der Ableitung der suchbaren Attribute aus den gespeicherten Daten. Zum Beispiel ist bei Texten die Repräsentation von deren Inhalt (z.B. durch Schlagworte) stets unsicher und unvollständig. Bei den anderen Arten von (nicht-formatierten) Daten wirft deren Repräsentation noch wesentlich größere Probleme auf. Ein Informationssystem sollte diese Unsicherheiten bei der Bearbeitung von Anfragen entsprechend berücksichtigen (siehe nächsten Abschnitt).

Auf der Seite der Fragen spielen Unsicherheit und Vagheit ebenfalls eine wichtige Rolle: Der Informationswunsch der im Zuge der Bearbeitung eines Umweltproblems geäußert wird, kann bereits wesentliche Aspekte des Problems unberücksichtigt lassen, so daß die Antwort hierauf das eigentliche Problem nicht löst. Im nächsten Schritt muß eine systemgerechte Anfrage formuliert werden. Da die natürliche Sprache weitaus mächtiger als irgendeine formale Anfragesprache ist, treten hier Informationsverluste auf. Bei komplexen Problemlösungsprozessen kommen insbesondere häufig vage Anfragen vor, die bei herkömmlichen Datenbanksystemen nicht zulässig sind. Eine Frage nach „hoher Nitratbelastung" muß daher bei solchen Systemen auf eine konkrete Wertebedingung abgebildet werden. Um sein eigentliches Ziel zu erreichen, muß der Benutzer dann mehrere Anfragen mit variierenden Wertebedingungen formulieren.

Zusammenfassend läßt sich also festhalten, daß wesentliche Merkmale zukünftigen UIS die Bereitstellung adäquater Erschließungsverfahren für multimediale Daten, die Möglichkeit zur Formulierung vager Anfragen und die Berücksichtigung der Unsicherheit der verwendeten Repräsentationen im Suchprozeß sein sollten.

2.2 Vage Anfragen und unsichere Daten

Im Information Retrieval beschäftigt man sich schon seit langem mit vagen Anfragen und unsicheren Daten im Zusammenhang mit der Suche in Texten. Im Gegensatz zu den heute in der Praxis verbreiteten Textretrievalsystemen mit ihren einfachen zeichenkettenorientierten Suchmöglichkeiten setzt man dabei computerlinguistische Texterschließungsverfahren wie Grund- und Stammformreduktion [Kuhlen 77], maschinenlesbare Wörterbücher [Salton 88] und robuste Parser [Metzler & Haas 89] ein. Man unterscheidet ferner zwischen Ansätzen mit freiem Vokabular, bei denen nur die im Text vorkommenden Terme (Einzelwörter und Nominalphrasen) suchbar sind (z.B. [Salton & Buckley 88]), und solchen mit kontrolliertem Thesaurus, wo einem Text Deskriptoren aus einem vorgegebenen Vokabular zugeteilt werden (z.B. [Lustig 86]). Die Unsicherheit der so gewonnenen Repräsentationen kann durch das derzeit in der Praxis fast ausschließlich eingesetzte boolesche Retrieval nicht berücksichtigt werden. Hierfür wurden speziell die probabilistischen Retrievalmodelle entwickelt [Rijsbergen 79] [Fuhr 88]. Bei diesen Modellen wird davon ausgegangen, daß einzelnen Frage-Dokument-Paaren vom jeweiligen Benutzer ein binäres Relevanzurteil zugeordnet wird, wobei die einzelnen Relevanzurteile als voneinander unabhängig angenommen werden. Aufgabe eines probabilistischen Modells ist es nun, für ein Frage-Dokument-Paar $(\underline{f}_k, \underline{d}_m)$ mit den Repräsentationen f_k und d_m die Relevanzwahrscheinlichkeit $P(R|f_k, d_m)$ zu schätzen. Dieser Wert gibt die Wahrscheinlichkeit an, daß ein zufällig gewähltes Frage-Dokument-Paar, das die Repräsentationen f_k und d_m besitzt, vom Benutzer als relevant beurteilt wird. Für eine Anfrage werden die Dokumente dann nach fallenden Relevanzwahrscheinlichkeiten geordnet ausgegeben. Man kann zeigen, daß dieses Ranking zu einer optimalen Retrievalqualität führt [Robertson 77].

Zur Schätzung der Relevanzwahrscheinlichkeit werden die probabilistischen Modelle in der Art eines Lernverfahrens angewendet. Ausgehend von einer Lernstichprobe von Frage-Dokument-Paaren mit zugehörigen Relevanzurteilen (Relevance Feedback) wird die Relevanzwahrscheinlichkeit für andere Frage-Dokument-Paare geschätzt. Hierzu werden aus den Daten der Lernstichprobe probabilistische Gewichte für die beteiligten Terme bestimmt, aus denen dann die Relevanzwahrscheinlichkeiten berechnet werden können. Dabei drückt das Indexierungsgewicht eines Terms dessen Unsicherheit bezüglich der Repräsentation des Dokumentinhalts aus, und im Fragetermgewicht kommt die Unsicherheit und Vagheit bezüglich der Frage zum Ausdruck [Fuhr 89].

Für vage Anfragen und unsichere Daten in Faktendatenbanken gibt es das Konzept der Fuzzy-Datenbanken [Buckles & Petry 82] und korrespondierend zu den im IR konkurrierenden Modellen Ansätze basierend auf dem Vektorraummodell [Motro 88] und dem probabilistischen Modell [Fuhr 90b]. Der probabilistische Ansatz soll hier kurz beschrieben werden. Unsichere Daten, wie z.B. Nullwerte oder disjunktive Informationen werden bei diesem Ansatz als Wahrscheinlichkeitsverteilungen über den entsprechenden Attributwerten repräsentiert. Durch dieses Vorgehen können in einem UIS Fehlertoleranzen von Meßwerten oder Streuungen von statistischen Daten adäquat modelliert werden. Vage Anfragen werden als Mengen von vagen Attributbedingungen behandelt. Eine einzelne Attributbedingung besteht dabei neben der Nennung eines Attributs entweder aus einem einstelligen Prädikat (wie z.B. „hoch", „niedrig", „mehrere") oder aus einem zweistelligen Prädikat (z.B. „ungefähr gleich", „kleiner", „größer") und einem Vergleichswert. Das System berechnet dann für den entsprechenden Attributwert eines gespeicherten Objektes ein probabilistisches Indexierungsgewicht bezüglich der vagen Attributbedingung. Zusätzlich kann der Benutzer die einzelnen Attributbedingungen seiner Anfrage unterschiedlich gewichten. Das System liefert dann eine nach fallenden Relevanzwahrscheinlichkeiten geordnete Liste von Antworten. Bei diesem Ansatz können die Attributwerte von beliebig komplexen Datentypen sein. Z.B. können die in

[Musgrave et al. 86] beschriebenen Methoden zur Suche nach chemisch ähnlichen Verbindungen zu einer vorgegebenen Substanz hier als vage Attributbedingung modelliert werden, wobei bei Gleichheit ein höheres Indexierungsgewicht vergeben wird als bei einer Verbindung, die nur ähnlich zu der angefragten ist.

Eine andere Strategie für vage Anfragen wird mit den Hypertext/Hypermedia-Ansätzen verfolgt [Conklin 87]: Beim Browsing kann von einem Informationsknoten zu inhaltlich verwandten Knoten übergegangen werden. Das in [Pintado & Tsichritzis 90] beschriebenen System SATELLITE wendet diese Strategie zum Navigieren in einer objektorientierten Datenbank an. Im Gegensatz zu den wesentlich spezifischeren Verknüpfungen bei Hypertext betrachtet SATELLITE allerdings nur die globalen Ähnlichkeiten von Objekten (analog zu dem Dokumenten-Clustering im Information Retrieval [Willett 88]), die auf der Basis einer vorgegebenen Funktion bestimmt wird. Die beiden Ansätze – Retrieval und Browsing – können als sich ergänzende Verfahren für vage Anfragen gesehen werden (s.a. [Fuhr 90a]).

Abschließend zu diesem Themenkomplex sei noch darauf hingewiesen, daß auch im Bereich der wissensbasierten Verfahren in der Künstlichen Intelligenz zunehmend probabilistische Ansätze zur Behandlung von Unsicherheit diskutiert werden. Als Weiterentwicklung von regelbasierten Ansätzen werden in [Pearl 86] probabilistische Netzwerke vorgestellt, die z.B. beim Einsatz in Diagnose-Expertensystemen ein unsicheres Schließen von Symptomen auf Ursachen ermöglichen. Bei dem in [Shastri 89] beschriebenen Ansatz zu Modellierung von vagen terminologischen Konzepten in semantischen Netzwerken werden Default–Annahmen probabilistische Gewichte zugeordnet.

2.3 Heterogene Datenstrukturen

Im Gegensatz zu den klassischen Datenmodellen (hierarchisches, Netzwerk- und relationales Modell) wird bei den objektorientierten Datenbanken das Konzept einer uniformen Struktur der zu speichernden Daten aufgegeben. Objekte mit gleichen Strukturen werden in Klassen zusammengefaßt, die Klassen sind in einer Vererbungshierarchie angeordnet. Dadurch erbt eine Klasse von den über ihr stehenden Klassen die Elemente der internen Struktur und die auf die Objekte der Klasse anwendbaren Methoden.

Für die Anfragefunktionalität von UIS sind folgende Eigenschaften von objektorientierten Datenbanken besonders interessant:

- Zusammengesetzte Objekte ermöglichen die gemeinsame Speicherung, Abfrage und Ausgabe von inhaltlich zusammengehörenden Daten – im Gegensatz etwa zu einer relationalen Datenbank, wo die Daten eines Objektes häufig über mehrere Relationen verteilt sind, die durch aufwendige Join-Operationen wieder zusammengeführt werden müssen.

- Das in [Kim 89] beschriebene Modell für Anfragen an OODBn nutzt die Objektklassenhierarchie in Form einer top-down Vorgehensweise, indem eine Anfrage sich stets auf eine Klasse mit all ihren Unterklassen bezieht; die Anfrage bezieht sich dann nur auf solche Attribute, die in allen angesprochenen Klassen vorkommen.

- Die bereits oben angesprochene Trennung von interner Darstellung und den extern sichtbaren Attributen eines Objektes wird bei [Schrefl & Neuhold 88] für eine bottom-up-Vorgehensweise zur Vereinfachung von Anfragen an OODBn ausgenutzt: Basierend auf der Idee der Integration von Datenbank-Schemata [Navathe et al. 86] werden hier äquivalente Methoden für unterschiedliche Objektklassen definiert, so daß Objekte verschiedener Klassen einheitlich angesprochen werden können.

Eine wesentliche Beschränkung der Anfragefunktionalität bei OODBn ergibt sich allerdings durch den Zwang zur strikten Betrachtung der Struktur der Daten: Bei dem o.g. Ansatz von Kim wird z.B. unterschieden, ob ein Attribut genau einen Wert oder eine Menge von Werten annehmen kann, so daß jeweils unterschiedliche Anfragen bezüglich dieses Attributes formuliert werden müssen.[1]

---

[1] Zwar könnte man hier das Problem umgehen, indem prinzipiell alle Attribute als mengenwertig deklariert werden. Damit würde man aber einen Teil der Konsistenzbedingungen der Datenbank aufgeben, die bei Änderungs- und Einfügeoperationen wichtig sind.

Mittels des o.g. Ansatzes von Schrefl und Neuhold könnte zwar diese Unterscheidung wieder aufgehoben werden, allerdings müßten dann explizit für alle betroffenen Objektklassen entsprechende Methoden definiert werden. Wünschenswert wäre stattdessen die implizite Bereitstellung von Methoden für interaktive Anfragen, die es erlauben, bis zu einem gewissen Grad die Struktur der Daten zu ignorieren. In [D'Atri & Tarantino 89] wird hierfür das Konzept der „Connection under Logical Independence" formuliert. Dabei gibt der Benutzer nur die Menge der ihn interessierenden Attribute an, und das System versucht (ggfs. in einem Klärungsdialog) daraus eine korrekte Anfrage mit Berücksichtigung der Datenstrukturen zu formulieren. Ein Beispiel für die Realisierung dieses Konzepts ist der Ansatz der „Universal Relation" für Anfragen an relationale Datenbanken [Maier et al. 84]. Für OODBn ist der Bedarf für einen entsprechenden Ansatz wegen der vielfältigen Strukturen der Objektklassen wesentlich größer, aber natürlich ist hier die Realisierung dieses Konzeptes auch ungleich schwieriger.

Der oben erwähnte Hypermedia-Browser SATELLITE ermöglicht ebenfalls das Ignorieren der Struktur der Objektklassen, aber hier ist aber keine so spezifische Suche wie bei formulierten Anfragen möglich.

2.4 Multimediale Informationssysteme

Entsprechend der Natur der anfallenden Daten muß ein UIS in der Lage sein, Wissen in verschiedenen Darstellungsformen zu speichern. Seit einigen Jahren wird an der Entwicklung solcher multimedialer Informationssysteme gearbeitet (siehe z.B. [Christodoulakis et al. 84] [Woelk & Kim 87]). Dabei hat man sich aber bislang hauptsächlich auf das Problem der Speicherung von multimedialen Objekten konzentriert und nur wenige Anfragefunktionen realisiert. Insbesondere beschränkt sich die Integration der verschiedenen Darstellungsformen im wesentlichen auf die gemeinsame Speicherung und Ausgabe, während Querverbindungen zwischen Daten in unterschiedlicher Darstellungsform nur über vordefinierte explizite Verknüpfungen möglich sind.

Abgesehen von einigen Arbeiten zu wissensbasierten Textretrievalsystemen (siehe z.B. [Fox 87]) wurden engere Kopplungen unterschiedlicher Darstellungsformen bislang hauptsächlich zwischen wissensbasierten Methoden und formatierten Daten unter dem Schlagwort „Wissensbanken" (Knowledge Base Management System) untersucht (siehe z.B. [Brodie & Mylopoulos 86]). Dabei werden im wesentlichen zwei Zielrichtungen verfolgt:

- Rein logische Wissensrepräsentationsformalismen werden entweder mit der Datenbank gekoppelt (z.B. Prolog, siehe [Bancilhon & Ramakrishnan 86]) oder direkt in diese integriert (z.B. zur korrekten Behandlung von Nullwerten oder disjunktiver Information, siehe [Reiter 84]).

- Die stärkere Berücksichtigung von terminologischem Wissen und Integritätsbedingungen in Datenbanken war das Hauptziel bei der Entwicklung von semantischen Datenmodellen [Hull & King 87], die durch die OODBn im wesentlichen abgelöst worden sind. Darauf aufbauend wird derzeit die Integration von logischen Formalismen untersucht (siehe z.B. [Kifer & Lausen 89]). Ein etwas anderer Ansatz wird bei dem in [Borgida et al. 89] beschriebenen Datenbanksystem verfolgt, das auf dem von KL-ONE [Brachman & Schmolze 85] her bekannten Konzept der semantischen Netzwerke basiert.

Ein bislang unzureichend gelöstes Problem ist die von Darstellungsform und Datenstruktur unabhängige Behandlung inhaltlich orientierter Anfragen: Für die Beispielfrage nach der Nitratbelastung kann in Texten mit diesem und ähnlichen Stichwörtern gesucht werden. Wenn dagegen zugleich in gespeicherten Meßwerten nach entsprechenden Informationen gesucht werden soll, dann muß z.B. ein Attribut wie Nitratgehalt in Kombination mit einer entsprechenden Wertebedingung spezifiziert werden.

Wünschenswert wäre eine Darstellungsformen–unabhängige Formulierung von Anfragen, die durch eine entsprechende wissensbasierte Komponente des Systems in entsprechende Anfragen für die verschiedenen Darstellungsformen übersetzt werden kann.

2.5 Interaktive Informationssysteme

Betrachtet man die Anfragefunktionalität derzeit existierender Informationssysteme, so erkennt man, daß diese in erster Linie im Hinblick auf die Schnittstelle zu Anwendungsprogrammen konzipiert wurde: Die angebotenen Funktionen folgen den Konzept der Stapelverarbeitung, wo auf eine korrekt formulierte Anfrage umgehend die endgültige Antwortmenge geliefert wird. Wesentliche Konzepte für interaktive Schnittstellen zu Informationsssystemen sind dagegen vage Frageformulierungen und eine iterative Vorgehensweise. Beispiele für die Berücksichtigung dieser Konzepte sind die genannten Verfahren im Information Retrieval, die mit Relevance Feedback arbeiten, und die Browsing-Strategien bei Hypertext/Hypermedia.

Basierend auf den herkömmlichen Systemschnittstellen wurden im Bereich der Faktendatenbanken bislang hauptsächlich drei Ansätze zur Gestaltung interaktiver Schnittstellen verfolgt (siehe auch [D'Atri & Tarantino 89]):

- Frageformulierungshilfen sollen dem Benutzer bei der Transformation seines Informationswunsches in eine korrekte Frageformulierung unterstützen (siehe z.B. die in Abschnitt 2.3 genannten Ansätze). Das System RABBIT ([Williams 84]) stellt die Konzepte der zugrundeliegenden Datenbank in Form eines semantischen Netzwerkes dar. Anstelle der Eingabe einer Frageformulierung navigiert der Benutzer in diesem Netz und identifiziert die für ihn relevanten Konzepte, aus denen das System dann die Anfrage an die Datenbank erstellt. Der in [Kracker & Neuhold 89] beschriebene „Knowledge Explorer" zielt dagegen in erster Linie auf die Lösung des Terminologie-Problems ab: Wenn die vom Benutzer genannten Begriffe nicht als Attribute in der Datenbank vorhanden sind, wird mit Hilfe eines zusätzlichen Wörterbuches und unter Berücksichtigung des Datenbankschemas versucht, im Dialog mit dem Benutzer die richtigen Attribute zu bestimmen.

- Datenbank-Browser zeigen stets einen Ausschnitt aus der Datenbank (mehrere benachbarte Tupel oder Objekte), wobei jeweils eine bestimmte Nachbarschaftsbeziehung zugrundegelegt wird. Durch Navigationsoperationen versucht der Benutzer, den gezeigten Ausschnitt auf die ihn interessierenden Elemente der Datenbank zu positionieren ([Motro et al. 88] [Stonebraker & Kalash 82] [Motro 86]). Häufig schränken aber die angebotenen Operationen und die vereinfachende Darstellung der Datenbankstruktur die Menge der möglichen Anfragen zu sehr ein.

- Das Konzept der Generalisierung kehrt die übliche top-down-Vorgehensweise von einer Frageformulierung zu konkreten Antwortobjekten um; stattdessen gibt der Benutzer ein Antwortobjekt vor, aus dem das System durch Generalisierung die eigentliche Anfrage ableitet. Der bekannteste Vertreter dieses Ansatzes ist das System „Query by Example" [Zloof 77].

Demgegenüber benötigen interaktive multimediale Informationssysteme weitere Anfragefunktionen, die teilweise auch tiefere Eingriffe in das zugrundeliegende System erfordern:

- Ranking von Antwortobjekten anstelle der Ausgabe einer festen Menge von Objekten ergibt sich als Konsequenz aus der Unsicherheit der verwendeten Repräsentationen bzw. der Vagheit der Anfragen. Beginnend mit den Objekten mit der höchsten Relevanzwahrscheinlichkeit kann der Benutzer die Liste der Objekte solange durchsehen, wie er das für sinvoll hält, ohne an einer bestimmten Stelle gezwungen zu sein, zur Anforderung weiterer Objekte umständlich seine Anfrage zu reformulieren.

- Auf Browsing als Suchstrategie wurde bereits mehrfach hingewiesen. Bezüglich der Art der Verknüpfung zwischen einzelnen Objekten kann man noch einerseits differenzieren zwischen typisierten und untypisierten Kanten, und andererseits zwischen globalen Verknüpfungen, zweier Objekte im Gegensatz zu Verknüpfungen, die von bestimmten Stellen innerhalb eines Objektes (z.B.einer Textpassage) ausgehen.

- Zooming erlaubt die Betrachtung von Objektmengen auf verschiedenen Abstraktionsniveaus. Obwohl diese Technik bislang hauptsächlich bei Hypertext–Systemen angewendet wird, läßt sie sich auch auf andere Darstellungsformen in multimedialen Informationssystemen übertragen, z.B. bei Fakten durch statistische Angaben über die Verteilung bestimmter Attributwerte.

- Relevance Feedback erlaubt die implizite Reformulierung der Anfrage. Zwar gehen die bislang im IR entwickelten Verfahren für Relevanz Feedback alle nur von einer globalen Beurteilung der Antwortobjekte auf der Grundlage einer zwei– oder mehrstufigen Relevanzskala aus. Es sind aber auch Ansätze denkbar, die eine differenziertere Beurteilung berücksichtigen können.

Schließlich sollten zukünftige UIS den Benutzern auch aktiv bei der Informationssuche unterstützen. In [Kaplan 82] wurde der Begriff des kooperativen Systems hierfür eingeführt. Solche Systeme versuchen von sich aus, Mißverständnisse zu korrigieren, Anfragen werden gegebenenfalls überbeantwortet, und das System macht Vorschläge für die Reformulierung der Anfrage.

3   Generelle Probleme

Die in diesem Beitrag diskutierten Anforderungen an UIS gründen sich zum einen auf die in der Literatur diskutierten Problemstellungen [Musgrave et al. 86] [Page & Seggelke 86] [Wittkowski 89] [Jaeschke et al. 89] [Page et al. 90], zum anderen auf die Ergebnisse eines in unserer Forschungsgruppe durchgeführten Projektes zu einem ähnlichen Anwendungsbereich (Projekt "Zugang zu Werkstoffdatenbanken: Benutzerforschung und Systementwurf", Laufzeit 1.8.1986 – 31.12.1987, gefördert vom BMWi). Im Rahmen dieses Projektes wurden 15 Recherchen an existierenden Werkstoffdatenbanken beobachtet, von denen 14 aus Sicht der Endbenutzer als Fehlschläge beurteilt wurden. Die Analyse der Recherchen ergab, daß die unzureichende Funktionalität der betrachteten Systeme hauptsächlich verantwortlich für dieses negative Ergebnis war [Ammersbach et al. 88a] [Ammersbach et al. 88b]. Für UIS sollten daher ähnliche empirische Studien durchgeführt werden, um fundierte Aussagen über die benötigte Funktionalität machen zu können. Dadurch können auch für Systeme, die mit herkömmlicher Datenbanktechnologie realisiert werden sollen, realistische Aussagen über die zu erwartende Leistungsfähigkeit gemacht werden.

Die Entwicklung neuartiger Informationssysteme für Umweltdatenbanken und ähnliche Anwendungen mit unsicherem Wissen, vagen Anfragen und heterogenen Informationsstrukturen stellt eine wichtige Herausforderung für die Informatik dar. Dabei müssen viele grundlegende Konzepte, die zu Zeiten der Batch-Verarbeitung im Hinblick auf die damals vorherrschenden Anwendungen als allgemeingültig formuliert wurden, nun revidiert werden. Zum Beispiel sind Kriterien wie Vollständigkeit und Korrektheit eines Verfahrens im Hinblick auf vage Anfragen und unsichere Daten von sekundärer Bedeutung. Die Bewertung der Effizienz eines Informationssystems wird zurücktreten hinter die Betrachtung der Effektivität, mit der das System den Benutzer bei der Lösung seiner eigentlichen Aufgabenstellung unterstützt. Sowohl die Konzeption als auch die Beurteilung solcher Systeme ist nur auf der Basis interdisziplinärer und empirischer Forschung sinnvoll (siehe auch [Coy 89] [Luft 89]).

Literatur

Ammersbach, K.; Fuhr, N.; Knorz, G. (1988a). Empirically Based Concepts for Materials Data Systems. In: *Proceedings of the 1988 CODATA Conference*. Karlsruhe, Germany.

Ammersbach, K.; Fuhr, N.; Knorz, G. (1988b). Empirisch gestützte Konzeption einer neuen Generation von Werkstoffdatenbanken. In: Deutsche Gesellschaft für Dokumentation (Hrsg.): *Deutscher Dokumentartag 1987*, S. 251–261. VCH Verlagsgesellschaft, Weinheim.

Bancilhon, F.; Ramakrishnan, R. (1986). An Amateur's Introduction to Recursive Query Processing Strategies. In: *Proceedings of the ACM SIGMOD International Conference on the Management of Data*, S. 16–52. ACM, New York.

Banerjee, J.; Chou, H.-T.; Garza, J.; Kim, W.; Woelk, D.; Ballou, N. (1987). Data Model Issues for Object-Oriented Applications. *ACM Transactions on Office Information Systems 5(1)*, S. 3–26.

Borgida, A.; Brachman, R.; McGuinness, D.; Resnick, L. (1989). CLASSIC: A Structural Data Model for Objects. In: *Proceedings of the ACM SIGMOD International Conference on the Management of Data*, S. 58–67. ACM, New York.

Brachman, R.; Schmolze, J. (1985). An Overview of the KL-ONE Knowledge Representation System. *Cognitive Science 9(2)*, S. 171–216.

Brodie, M.; Mylopoulos, J. (Hrsg.) (1986). *On Knowledge Base Management Systems*. Springer-Verlag, Berlin et al.

Buckles, B.; Petry, F. (1982). A Fuzzy Representation of Data for Relational Databases. *Fuzzy Sets and Systems 7*, S. 213–226.

Christodoulakis, S.; Vanderbroek, J.; Li, J.; Wan, S.; Wang, Y.; Papa, M.; Bertino, E. (1984). Development of a Multimedia Information System for an Office Environment. In: *Proceedings of the 10th International Conference on Very Large Datbases*, S. 261–271. Morgan Kaufman, Los Altos, Cal.

Conklin, J. (1987). Hypertext: An Introduction and Survey. *IEEE Computer 20(9)*, S. 17–41.

Cordes, R.; Hofmann, M.; Langendörfer, H.; Buck-Emden, R. (1989). The Use of Decomposition in an Object-Oriented Approach to Present and Represent Multimedia Documents. In: *Proceedings HICCS-22*, S. 820–827. IEEE, Los Angeles.

Coy, W. (1989). Brauchen wir eine Theorie der Informatik? *Informatik-Spektrum 12(5)*, S. 256–266.

D'Atri, A.; Tarantino, L. (1989). From Browsing to Querying. *IEEE Data Engineering 12(2)*, S. 46–53.

Dittrich, K. (1990). Object-Oriented Database Systems: The Next Miles of the Marathon. *Information Systems 15(1)*, S. 161–167.

Fox, M. (1987). Beyond the Knowledge Level. In: Kerschberg, L. (Hrsg.): *Proceedings From the First International Conference on Expert Database Systems*, S. 455–463. Benjamin Cummings, Menlo Park, Cal.

Fuhr, N. (1988). *Probabilistisches Indexing und Retrieval*. Dissertation, TH Darmstadt, Fachbereich Informatik. Zu beziehen von: Fachinformationszentrum Karlsruhe, D-7514 Eggenstein-Leopoldshafen.

Fuhr, N. (1989). Models for Retrieval with Probabilistic Indexing. *Information Processing and Management 25(1)*, S. 55–72.

Fuhr, N. (1990a). *Hypertext und Information Retrieval*. Erscheint in: Proceedings des GMD/GI-Workshops "Hypertext/Hypermedia '90".

Fuhr, N. (1990b). *A Probabilistic Framework for Vague Queries and Imprecise Information in Databases*.

Fuhr, N. (1990c). Zur Überwindung der Diskrepanz zwischen Retrievalforschung und -praxis. *Nachrichten fuer Dokumentation 41(1)*, S. 3–7.

Hull, R.; King, R. (1987). Semantic Database Modelling: Survey, Applications, and Research Issues. *ACM Computing Surveys 19(3)*, S. 201–260.

Jaeschke, A.; Geiger, W.; Page, B. (Hrsg.)(1989). *Informatik im Umweltschutz*, Berlin et al., Springer.

Kaplan, J. (1982). Cooperative Responses from a Portable Natural Language Query System. *Artificial Intelligence 19(2)*, S. 165–187.

Kifer, F.; Lausen, G. (1989). F-Logic: A Higher-Order Language for Reasoning About Objects, Inheritance, and Scheme. In: *Proceedings of the ACM SIGMOD International Conference on the Management of Data*, S. 134–146. ACM, New York.

Kim, W. (1989). A Model of Queries for Object-Oriented Databases. In: *Proceedings of the Fifteenth International Conference on Very Large Databases*, S. 423–432. Morgan Kaufman, Los Altos, Cal.

Kracker, M.; Neuhold, E. (1989). Schema Independent Query Formulation. In: F. Lochovsky (Hrsg.): *Proceedings of the 8th International Conference on Entity-Relationship Approach*, S. 233-247.

Kuhlen, R. (1977). *Experimentelle Morphologie in der Informationswissenschaft*. Verlag Dokumentation, München.

Luft, A. (1989). Informatik als Technikwissenschaft. Thesen zur Informatikentwicklung. *Informatik-Spektrum 12(5)*, S. 267-273.

Lustig, G. (Hrsg.) (1986). *Automatische Indexierung zwischen Forschung und Anwendung*. Olms, Hildesheim.

Maier, D.; Ullmann, J.; Vardi, M. (1984). On the Foundations of the Universal Relation Model. *ACM Transactions on Database Systems 9(2)*, S. 283-308.

Metzler, D.; Haas, S. (1989). The Constituent Object Parser: Syntactic Structure Matching for Information Retrieval. *ACM Transactions on Information Systems 7(3)*, S. 292-316.

Motro, A. (1986). BAROQUE: A Browser for Relational Databases. *ACM Transactions on Office Information Systems 4(2)*, S. 164-181.

Motro, A. (1988). VAGUE: A User Interface to Relational Databases that Permits Vague Queries. *ACM Transactions on Office Information Systems 6(3)*, S. 187-214.

Motro, A.; D'Atri, A.; Tarantino, L. (1988). The Design of KIVIEW: an Object-Oriented Browser. In: *Proceedings of the 2nd International Conference on Expert Database Systems*, S. 17-31.

Musgrave, A.; Page, B.; Stopp, M. (1986). INFUCHS - Ein Informationssystem für Umweltchemikalien, Chemieanlagen und Störfälle - Prototyp für die Entwicklung dialogorientierter Datenbankanwendungen im Umweltschutz. In: Page, B. (Hrsg.): *Informatik im Umweltschutz. Anwendungen und Perspektiven*, S. 144-177. Oldenbourg, München, Wien.

Navathe, S.; Elmasri, R.; Larson, J. (1986). Integrating User Views in Database Design. *IEEE Computer 19(1)*, S. 50-62.

Page, B.; Seggelke, J. (1986). UMPLIS - Ein umfassendes Informationssystem für den Umweltschutz - Erfahrungen aus 10 Jahren Entwicklungsarbeit. In: Page, B. (Hrsg.): *Informatik im Umweltschutz. Anwendungen und Perspektiven*, S. 178-192. Oldenbourg, München, Wien.

Page, B.; Jaeschke, A.; Pillmann, W. (1990). Angewandte Informatik im Umweltschutz. Teil 1. *Informatik Spektrum 13(1)*, S. 6-16.

Pearl, J. (1986). On Evidential Reasoning in a Hierarchy of Hypotheses. *Artificial Intelligence 28*, S. 9-15.

Pintado, X.; Tsichritzis, D. (1990). SaTellite: A Navigation Tool for Hypermedia. In: *Proceedings of the Conference on Office Information Systems*. ACM, New York.

Reiter, R. (1984). Towards a Logical Reconstruction of Relational Database Theory. In: Brodie, M.; Mylopoulos, J.; Schmidt, J. (Hrsg.): *On Conceptual Modelling*, S. 191-233. Springer, New York et al.

van Rijsbergen, C. (1979). *Information Retrieval*. Butterworths, London, 2. Auflage.

Robertson, S. (1977). The Probability Ranking Principle in IR. *Journal of Documentation 33*, S. 294-304.

Salton, G.; Buckley, C. (1988). Term Weighting Approaches in Automatic Text Retrieval. *Information Processing and Management 24(5)*, S. 513-523.

Salton, G. (1988). Automatic Text Indexing Using Complex Identifiers. In: *Proceedings of ACM Conference on Document Processing Systems (December 5-9, 1988, Santa Fe, New Mexico)*, S. 135-144. ACM, New York.

Schrefl, M.; Neuhold, E. (1988). Object Class Definition by Generalization using Upward Inheritance. In: *Fourth International Conference on Data Engineering*, S. 4-13. IEEE Computer Society, Los Angeles.

Shastri, L. (1989). Default Reasoning in Semantic Networks: A Formalization of Recognition and Inheritance. *Artificial Intelligence 39*, S. 283-355.

Stonebraker, M.; Kalash, J. (1982). Timber: a Sophisticated Database Browser. In: *Proceedings of the 8th International Conference on Very Large Databases*, S. 1–10. Morgan Kaufman, Los Altos, Cal.

Willett, P. (1988). Recent Trends in Hierarchic Document Clustering: A Critical Review. *Information Processing and Management 24(5)*, S. 577–597.

Williams, M. (1984). What makes RABBIT run? *International Journal on Man-Machine Studies 21*, S. 333–352.

Wittkowski, K. (1989). Knowledge Based Support for the Management of Statistical Databases. In: Rafanelli, M.; Klensin, J.; Svensson, P. (Hrsg.): *Statistical and Scientific Database Management*, S. 62–71. Springer, Berlin et al.

Woelk, D.; Kim, W. (1987). Multimedia Information Management in an Object-Oriented Database System. In: *Proceedings of the 13th VLDB Conference*, S. 319–329. Morgan Kaufman, Los Altos, Cal.

Zloof, M. (1977). Query-by-Example: A Data Base Language. *IBM Systems Journal 16(4)*, S. 324–343.

Natürlichsprachliches Zugangssystem zu Umweltdatenbanken

R. Becker*+   W. Gotterbarm*   A. Karduck*   D. Küpper*

F. Liske*   D. Rösner*

+IBM Deutschland GmbH   *Forschungsinstitut für
Wissenschaftliches Zentrum   anwendungsorientierte Wissensverarbeitung
Institut für wissensbasierte Systeme   (FAW) an der Universität Ulm
Postfach 80 08 80   Postfach 2060
D-7000 Stuttgart 80   D-7900 Ulm
Telefon (+49-711) 6695-646   Telefon (+49-731) 501-616
Earn/Bitnet: BECKER at DS0LILOG   Earn/Bitnet: <Nachname> at DULFAW1A

Zusammenfassung

Der Artikel gibt einen Überblick über das Projekt NAUDA (Natürlichsprachlicher Zugang zu Umweltdaten). Forschungsschwerpunkt ist die Unterstützung eines Benutzers, um diesem einen einfachen und effizienten Zugang zu Umweltdatenbanken zu ermöglichen und dabei nur minimale Aufmerksamkeit für die Bedienung des Systems selbst zu fordern. Nach einer kurzen Einführung in unsere Beispieldatenbank und die daraus resultierende Begriffswelt wird die Architektur des System vorgestellt. Diejenigen Systemkomponenten, die im Zentrum der Arbeiten stehen - Benutzerschnittstelle, Dialogsteuerung und Antworterweiterungskomponente - werden ausführlich behandelt.

1. Einführung

In den letzten Jahren ist die Qualität der Umwelt als Lebensgrundlage für Mensch, Tier und Pflanze zunehmend in den Mittelpunkt des Interesses von Öffentlichkeit, Politik und Verwaltung gerückt. Hierbei spielt die Wasser- und Abfallwirtschaft eine wichtige Rolle.

Ziel des am FAW[1] im Auftrag des Landes Baden-Württemberg und der IBM Deutschland GmbH durchgeführten Projektes NAUDA (NAtürlichsprachlicher Zugang zu UmweltDAten) ist es, einen natürlichsprachlichen Zugriff auf verteilte Umwelt-Datenbanken zu realisieren. Der natürlichsprachliche Zugang wird sich nicht auf die Übersetzung einer natürlichsprachlichen Anfrage in eine Datenbankabfragesprache beschränken, vielmehr wird auch ein Dialog über Struktur und Inhalt der Datenbank und das Aufbereiten der Ergebnisse einer Datenbankabfrage so erfolgen, daß dem Benutzer implizite Informationen zur Verfügung gestellt werden, die für die Beantwortung einer Frage relevant sind.

Als Anwendungsgebiet wurde die Wasser- und Abfallwirtschaft des Umweltministeriums des Landes Baden-Württemberg gewählt. Als Benutzergruppe sind Sachbearbeiter der jeweiligen Wasserwirtschaftsämter und Referenten im Umweltministerium vorgesehen. Die in enger Zusammenarbeit mit diesen Benutzergruppen gewonnenen Einsichten und Fragestellungen werden in einer prototypischen Implementierung des Wasserwirtschafts-Szenarios überprüft und validiert werden.

2. Die Wasser- und Abfallwirtschaftliche Arbeitsdatei des Umweltministeriums

Im Umweltministerium des Landes Baden-Württemberg wird eine wasser- und abfallwirtschaftliche Objektdatenbank (*Netzwerkdatenbank*) mit Überwachungssystem entwickelt. Diese Objektdatenbank dient der Erfassung und Auswertung von Daten im Bereich Wasser- und Abfallwirtschaft.

Wasser- und Abfallwirtschaftliche Objekte sind z.B.:

- Anlagen (z.B. Anlagen der Wasserversorgung, der Abwasserbeseitigung, der Abfallwirtschaft, flußbauliche Anlagen)

- Gebiete (z.B. Wasserschutzgebiete, Überschwemmungsgebiete)

- Gewässer

Jedes wasser- und abfallwirtschaftliche Objekt ist genau einer Objektart zugeordnet. Objektarten werden zu Objektgruppen und diese wieder zu Objektobergruppen zusammengefaßt. Somit erhält man eine Objekthierarchie wasser- und abfallwirtschaftlicher Objekte.

Für NAUDA war eine relationale Reimplementierung dieser Datenbank erforderlich. Sie enthält ca. 280 Tabellen.

---

[1]Forschungsinstitut für anwendungsorientierte Wissensverarbeitung

3. Komponenten des NAUDA-Systems

Die herkömmliche Formulierung von Anfragen an eine Umweltdatenbank geschieht üblicherweise mit formalen Abfragesprachen (z.B. SQL) oder Menüsteuerung. Der Benutzer muß sowohl diese Befehlssprache kennen als auch den Aufbau der entsprechenden Datenbank, z.B. Tabellen- und Spaltennamen. Natürlichsprachliche Schnittstellen erlauben es den Anwendern, (relationale) Datenbanken in deutscher Sprache abzufragen und somit möglichst schnell und effizient an die gewünschte Information zu gelangen [Nebel, Marburger 1982], [Trost et al. 1987], [Küpper et al. 1989].

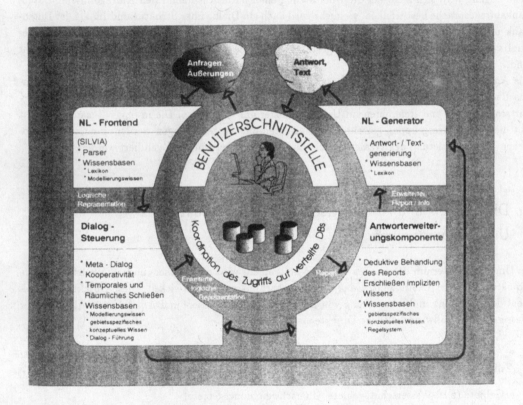

Bild 1: Architektur des NAUDA-Systems

Für das NAUDA-System wird eine auf X-Windows und OSF/Motif basierende *Benutzerschnittstelle* entwickelt. Aufgabe ist die übersichtliche Darstellung des Dialogverlaufs. Für Systemantworten, wie große Tabellen der Datenbank oder Kartenausschnitte, werden eigene Fenster vorgesehen. Äußerung des Benutzers werden an das NL-Frontend weitergegeben, Systemantworten kommen vom NL-Generator oder der Antworterweiterungskomponente.

Eine natürlichsprachliche Äußerung des Benutzers wird als erstes vom *NL-Frontend*[1] verarbeitet. Diese Komponente führt die syntaktische Analyse und eine erste semantische Auswertung durch. Die

---

[1]NL steht für Natural Language

als Ergebnis entstandene logische Repräsentation der Äußerung wird dann von der Dialogsteuerung weiterverarbeitet. Das NAUDA- Projekt konzentriert seine Arbeiten auf die Fragen der Benutzerschnittstelle, der Dialogsteuerung und der Antworterweiterungskomponente. Als Zugangssystem und Parser wird das System SILVIA [Lehmann 1989] eingesetzt. Dieser IBM-Forschungsprototyp ist in NAUDA an Sachgebiet und Datenbank anzupassen.

Die *Dialogsteuerung* ist für die Abwicklung einer kooperativen Interaktion mit dem Benutzer verantwortlich. Dabei soll der Benutzer von den Kommunikationsprinzipien ausgehen können, die er im Umgang mit Menschen gewöhnt ist [Grice 1975]. Die Äußerungen des Benutzers werden z.B. im Zusammenhang des bisherigen Dialoges interpretiert, um abzuleiten, welche Informationen dem Benutzer am besten weiterhelfen. Informationen, die direkt in der Datenbank enthalten sind, werden über die Zugriffskomponente angefordert. Sind noch Angaben des Benutzers erforderlich[2] oder will sich der Benutzer über die Struktur der Datenbank informieren, so stellt die Dialogsteuerung selbst den Inhalt der Systemantwort als logische Repräsentation zusammen und gibt sie direkt an den NL-Generator weiter.

Die *Zugriffskomponente* koordiniert den Datenbankzugriff. In der ersten Projektphase soll zunächst der Zugang zu einer relationalen Datenbank realisiert werden; erst danach ist die Erweiterung auf verteilte Datenbanken vorgesehen. In der Anwendungsdomäne ist in jedem Wasserwirtschaftsamt jeweils eine strukturgleiche Datenbank mit den lokalen Daten vorhanden. Das - beim Zugriff auf mehrere Datenbanken kombinierte - Ergebnis wird an die Antworterweiterungskomponente weitergegeben.

Die *Antworterweiterungskomponente* ergänzt die Antworten der Datenbank um implizites Wissen, sofern dies für die Befriedigung des Informationsbedarfs des Benutzers erforderlich ist. Dazu muß aufgrund des Wissens über Beziehungen und Wechselwirkungen im Sachgebiet und des Wissens über den Kenntnisstand des Benutzers geschlossen werden, welche impliziten Informationen der Benutzer nicht oder nur schwer selbst ableiten kann. Für die resultierende Informationsmenge wird entschieden, ob Text, eine Tabelle oder eine Grafik die geeignete Darstellungsform ist. Tabellen und Grafik werden direkt an die Benutzerschnittstelle übergeben, für Text wird lediglich eine logische Repräsentation aufgebaut, die dann an den NL-Generator weitergegeben wird. Da für den weiteren Dialog von Bedeutung ist, welche Informationen der Benutzer vom System bekommen hat, wird dies der Dialogsteuerung mitgeteilt.

Der *NL-Generator* erzeugt aus einer logischen Repräsentation eines Textinhaltes die sprachliche Oberflächenform einer Systemäußerung, die dann über die Benutzerschnittstelle ausgegeben wird.

3.1 Benutzerschnittstelle

Innerhalb der Mensch-Computer Interaktion muß zwischen dem *Mensch-Computer Dialog* und der *Mensch-Computer Schnittstelle* (Benutzeroberfläche) unterschieden werden. Der erste Begriff bezieht sich auf die Kommunikation zwischen einem menschlichen Benutzer und einem Computersystem, der zweite auf das Medium für diese Kommunikation.

Dieses Medium soll für unser Umweltinformationssystem als komfortable graphische Benutzerschnittstelle realisiert werden. Als Entwicklungsbasis soll X-Windows und OSF/Motif verwendet wer-

---

[2]z.B. zur Klärung oder zur Präzisierung

den. Das X-Window System erlaubt neben Netzwerktransparenz eine herstellerunabhängige Schnittstellenentwicklung. Es unterstützt mehrere, sich überlappende Windows (Fenster).

Die Architektur der Oberfläche könnte so aussehen, daß die Eingabe der natürlichsprachlichen Anfragen in einem anderen Window erfolgt als die Rückantworten des Systems. Die Rückantworten unseres Systems bestehen aus Texten und Tabellen. Vorstellbar ist die gleichzeitige Darstellung von mehreren Tabellen in unterschiedlichen Windows, um so den Lösungsweg und die Antworten des Systems bei komplexen Fragestellungen für den Benutzer noch transparenter zu machen. Zu einer komfortablen Mensch-Computer Schnittstelle gehören ebenfalls Hilfefunktionen, die dem Benutzer Auskunft über das Wissen und die Möglichkeiten des Systems geben. Dies ist nicht nur für ungeübte Benutzer, sondern wegen der Komplexität und des Informationsgehaltes heutiger Datenbanken auch für geübte Benutzer und Experten sinnvoll.

Weiterhin wird die Möglichkeit der Darstellung von geographischen Informationen in Form von topographischen Kartenausschnitten untersucht. Insbesondere in der Anwendungsdomäne Wasserwirtschaft spielen räumliche Aspekte eine wichtige Rolle, sodaß der visuellen Darstellung von Gebieten und Einrichtungen eine große Bedeutung zukommt und hierdurch weitere Möglichkeiten innerhalb der Mensch-Computer Kommunikation eröffnet werden können.

In der Umweltdatenbank sind Ortsangaben durch einen Koordinatenpunkt gegeben, der durch einen Hoch- und Rechtswert beschrieben wird, der auf einen Kartenausschnitt der jeweiligen Region Bezug nimmt. Viele der zu erwartenden Anfragen werden räumliche Aspekte beinhalten oder sich auf topologische oder metrische Relationen beziehen - wie *Himmelsrichtungen, innerhalb, außerhalb, links, entfernt, in der Nähe*. Es ist hilfreich, wenn die damit bezeichnete Region auf einem Kartenausschnitt markiert wird, um so vom Benutzer verifiziert werden zu können. Ist das Ergebnis der Anfrage eine Menge von Objekten, so können diese lagerichtig in den Kartenausschnitt eingetragen werden. Für eine Anfrage wie

"Liefere mir alle Kläranlagen südlich von Ulm.",

soll zunächst das Gebiet markiert werden, daß durch 'südlich von Ulm' eingegrenzt wird. Damit sollten Anschlußfragen wie

"Liefere mir auch Kläranlagen, die noch südlicher liegen."

möglich sein.

Schließlich wird auch die Möglichkeit der Selektion von in einem Kartenausschnitt symbolisch dargestellten Objekten mittels der Maus untersucht. Wird ein Objekt, wie z.B. eine Kläranlage selektiert (angewählt), könnten Informationen zu diesem Objekt ausgegeben, und Fragen, die sich auf dieses Objekt beziehen, gestellt werden. Ein Beispiel wäre die Frage

"Zeige mir alle Rechtsvorgänge zu dieser Kläranlage".

3.2 Dialogsteuerung

In der Dialogsteuerung sind alle die Funktionen zusammengefaßt, die erforderlich sind, damit der Benutzer das System quasi als 'künstlichen Assistenten' nutzen kann.

Grundvoraussetzung dafür sind die Kenntnis des Sachgebiets und das Wissen über den Gebrauch der Sprache. Letzteres schließt die Regeln der Kommunikation und die Berücksichtigung impliziter Äußerungen und Annahmen ein, um 'verstehen' zu können, was der Benutzer meint und andererseits nicht selbst Äußerungen zu erzeugen, aus denen der Benutzer falsche Schlüsse ziehen kann.

Beispielsweise enthält die Frage:

"Wieviele Kleinkläranlagen im Amtsbereich Reutlingen haben 3 Reinigungsstufen?"

die (impliziten) Annahmen, daß es im Amtsbereich Reutlingen Kleinkläranlagen gibt und daß die Anzahl der Reinigungsstufen gespeichert ist. Trifft eine dieser Annahmen nicht zu, würde ein Mensch darauf aufmerksam machen. Dieses Verhalten - die *Behandlung von Präsuppositionsverletzungen* - ist so typisch, daß implizite Annahmen als bestätigt betrachtet werden, sofern ihnen nicht widersprochen wird. Sollen Fehlschlüsse des Benutzers verhindert werden, so muß auch ein natürlichsprachliches Interface auf solche Fehlannahmen aufmerksam machen.

Ein weiterer Aspekt einer kooperativen Kommunikation ist die Fähigkeit zur *Überbeantwortung* [Wahlster et al. 1983], [Marburger 1988]. Überbeantwortung liegt vor, wenn eine Entscheidungsfrage, die mit *Nein* zu beantworten wäre, zusätzlich wie eine Welch- bzw. Wieviel-Frage beantwortet wird; z.B.: Frage:

"Hat die Kläranlage Reutlingen 2 Kontrollstellen?";

Antwort: "Nein, 5.". Überbeantwortung zählt zur Kooperativität, weil Menschen Fragen nach einem (Zahlen-) Wert oft als Entscheidungsfrage formulieren, wenn sie bereits einen bestimmten Wert erwarten.

Für unsere Anwendungen ist es allerdings nicht erforderlich, einen beliebigen Dialog führen zu können. Das System kann davon ausgehen, daß der Benutzer

- ein Informationsbedürfnis hat,

- am Dialog interessiert und damit aufmerksam ist,

- aufrichtig ist, also nicht versucht das System durch falsche oder bewußt ausgelassene Angaben zu täuschen.

Zur Aufgabe eines Assistenten gehört ferner die Mitarbeit an Problemlösungen und die Kenntnis der eigenen Fähigkeiten. Letzteres bedeutet für unser System, daß es mit dem Benutzer einen *Meta-Dialog* über die Struktur der Datenbank führen können muß, um etwa herauszufinden, ob diese die für eine Problemstellung relevante Information besitzt. Dies ist insbesondere von Bedeutung, weil wegen der Komplexität der Datenbank damit zu rechnen ist, daß ein Benutzer nicht die gesamte Struktur kennen kann.

Eine entsprechende Frage wäre z.B.:

"Wo finde ich Angaben über wassergefährdende Stoffe im Einzugsgebiet der Blau?".

Über die Namen der Tabellen oder Spalten der Datenbank - die sich in der Regel abfragen lassen[3] - ist diese Frage nicht ausreichend beantwortbar, da die Bedeutung der Einträge und insbesondere deren Beziehungen untereinander nicht enthalten sind. Diese müssen damit in einer Wissensbasis des Systems enthalten sein, um dem Benutzer eine Antwort der Art:

"Für Abfalldeponien sind zugelassene Abfälle gespeichert."

geben zu können, obwohl der Tabellenname Zugel_Abfaelle[4] nicht die Zeichenkette *Stoff* enthält.

Eine *Mitwirkung an einer Problemlösung* ist dann erforderlich, wenn der Benutzer ein Informationsbedürfnis hat, das noch unpräzise ist oder sich nicht direkt durch eine Datenbankanfrage beantworten läßt. In einem solchen Fall ist ein Dialog zwischen Benutzer und System erforderlich, bei dem das System weitere Angaben fordert und schließlich Vorschläge zur (evtl. teilweisen) Problemlösung unterbreitet. Akzeptiert der Benutzer diese Vorschläge, führt dies in der Regel zu Anfragen an die Datenbank. Eine Ablehnung kann dagegen zur weiteren Eingrenzung der Annahmen über die Benutzerziele genutzt werden.

3.3 Antworterweiterungskomponente

Die Vielfalt der komplexen logischen Zusammenhänge in der Umweltdatenbank macht es notwendig, dem Benutzer durch Inferenztechniken implizite Informationen zur Verfügung zu stellen (deduktive Behandlung von Anfragen). Dies ist von besonderer Bedeutung, weil diese Zusammenhänge auch wegen der Größe der Datenbank von einem Menschen allein kaum vollständig beherrscht werden können. Es ist vielmehr damit zu rechnen, daß für den Einzelnen lediglich begrenzte Ausschnitte bekannt sind. Andererseits erfordern die komplexen Beziehungen im Bereich Umweltschutz, daß für Entscheidungen auch Informationen aus Nachbargebieten herangezogen werden müssen. Diese können oft aber nur genutzt werden, wenn bekannt ist, wie diese Daten zu interpretieren sind. Beispielsweise würde es nicht ausreichen, auf die Frage

"Welche Stoffe wurden in Probe Nr. 192 gefunden?"

einfach nur die ermittelten Stoffe auszugeben. Für die korrekte Interpretation sind auch die Begleitumstände (z.B. Analyseverfahren, Probentemperatur) von Bedeutung. Ein weniger erfahrener Benutzer benötigt darüber hinaus die Information, welche Relevanz diese haben. So kann z.B. der Nachweis zweier Stoffe A und B in der Probe ein Indiz für ein Reaktionsprodukt C sein, für das das Analyseverfahren nicht sensitiv ist. Solche Schlußfolgerungen aus häufig sehr komplexen Zusammenhängen sollen in dieser Komponente abgeleitet werden. Diese Komponente braucht demnach zum einen neben den reinen Fakten aus der Umwelt-Datenbank eine Art Erfahrungsschatz oder Wissen, analog zum Wissen eines Experten. Dieses Regelwissen muß zusammen mit den erfahrenen Benutzern durch Interviews gewonnen werden (Wissensakquisition), und mit einem geeigneten Formalismus

---

[3]in SQL/DS z.B. in den Systemtabellen SYSTEM.SYSCATALOG und SYSTEM.SYSCOLUMNS
[4]wegen Beschränkung auf 18 Zeichen Abkürzung für "zugelassene Abfälle"

im System repräsentiert werden. Mittels Inferenzmechanismen wird auf dieses Regelwissen bei der Antworterweiterung zugegriffen.

Um zu vermeiden, daß die Ausgabe vieler impliziter Information vom Benutzer als lästig empfunden wird, muß die mehrfache Ausgabe gleichartiger Information verhindert werden. Auch Schlußfolgerungen, die der Benutzer leicht selbst ziehen kann, sollten vom System nicht noch einmal explizit gemacht werden. Grundlage dafür bildet das Partnermodell der Dialogsteuerung, in dem u.a. festgehalten wird, was der Benutzer aufgrund des bisherigen Dialogverlaufs weiß. Da sich dies mit jedem Schritt des Dialogs ändert, wird die Dialogsteuerung über die an den Benutzer ausgegebenen Informationen in Kenntnis gesetzt.

4. Nächste Schritte

Die Arbeiten des NAUDA-Projektes finden in ständigem Austausch mit den späteren Anwendern statt. Dieser Dialog hat zu vielen Punkten beigetragen, so z.B. zur Gebietsmodellierung und zur Präzisierung der möglichen Fragestellungen.

Sobald ein durchgängiger Prototyp des NAUDA-Systems zur Verfügung steht, wird eine Erprobung in einem Wasserwirtschaftsamt erfolgen.

Literaturverzeichnis

[Allen 1984]   Allen, James F.: Towards a General Theory of Action and Time. Computer Science Department, University of Rochester, Rochester, NY 14627, USA, in Artificial Intelligence 23 (1984), pp. 123 - 154.

[Bergmann, Gerlach 1987]   Bergmann, H.; Gerlach, M.: Semantisch- pragmatische Verabeitung von Äußerungen im natürlichsprachlichen Beratungssystem WISBER; WISBER Bericht Nr. 15; Universität Hamburg; November 1987.

[Brachman, Schmolze 1985] Brachman, Ronald J; Schmolze G.: An overview of the KL-ONE knowledge representation system; Cognitive Science 9(2), April-Juni 1985, S. 171-216.

[Buchmann et al. 1989]   Buchmann, A.; Günther, O.; Smith, T.R.; Wang, Y.-F.: Design and Implementation of Large Spatial Databases; in: First Symposium SSD '89, Proceedings, Santa Barbara, California, July 1989; Springer, Berlin.

[Grice 1975]   Grice, H.P.: Logic and Conversation in: Cole, P.; Morgan, J.L. (eds.): Syntax and Semantics Vol. 3: Speech Acts, Academic Press, N.Y.,1975, S.41-58.

[Habel, Pribbenow 1989]   Habel, Christopher; Pribbenow, Simone: Zum Verstehen räumlicher Ausdrücke des Deutschen – Transitivität räumlicher Relationen – IWBS Report 79, IBM Wissenschaftliches Zentrum, Institut für wissensbasierte Systeme, August 1989.

[Küpper et al. 1989]   Küpper, Detlef; Rösner, Dietmar; Striegl-Scherer, Andrea: Evaluations-
                         studie zu natürlichsprachlichen Zugangssystemen mit Deutsch als Inter-
                         aktionssprache. FAW-TR-89011, FAW Ulm, 7'89.

[Lehmann 1989]   Lehmann, Hubert: Natürlichsprachliche Abfragen von SQL-Daten-
                         banken; IBM-Kongress Wissensbasierte Systeme, Tagungsband, Würz-
                         burg 1989.

[Marburger 1988]   Marburger, Heinz: Generierung kooperativer natürlichsprachlicher Ant-
                         worten in einem Dialogsystem mit Zugang zu relationalen Datenbanken;
                         Dissertation, Saarbrücken 1988.

[Nebel, Marburger 1982] Nebel, Bernhard; Marburger, Heinz: Das natürlichsprachliche System
                         HAM-ANS: Intelligenter Zugriff auf heterogene Wissen- und Datenba-
                         sen. HAM-ANS Bericht ANS-7 August 1982.

[Pribbenow 1990]   Pribbenow, Simone: Phenomena of localization.
                         To appear in: P. Bosch/C.-R. Rollinger/R. Studer (eds.): Text Under-
                         standing in LILOG. Springer: Berlin, 1990.

[Retz-Schmidt 1986]   Retz-Schmidt, Gundula: Deictic and Intrinsic Use of Spatial Prepositi-
                         ons: A Multidisciplinary Comparision. SFB 314, Fachbereich 10, Infor-
                         matik, Universität des Saarlandes, Projekt VITRA, Memo Nr. 13, Dez.
                         1986.

[Trost et al. 1987]   Trost, Harald; Buchberger, Ernst; Heinz, Wolfgang; Hörtnagl, Christian;
                         Matiasek, Johannes: DATENBANK-DIALOG: A German Language In-
                         terface for Relational Databases. In: Applied Artifical Intelligence 1:
                         181-203; 1987 Hemisphere Publishing Corporation.

[Wahlster et al. 1983]   Wahlster, Wolfgang; Marburger, Heinz; Jameson, Anthony; Busemann,
                         Stefan: Over-Answering YES-NO Questions: Extended Responses in a
                         NL Interface to a Vision System; Proceedings of the Eight IJCAI, Karls-
                         ruhe 1983, S.8-12

DATENPUNKTPROZESSOR
eine objektorientierte Echtzeitdatenbank

Robert BARTA
Österreichisches Forschungszentrum Seibersdorf
2444 Seibersdorf, Österreich

Deskriptoren : On-line Datenbank, Prozeßdatenerfassung und -verarbeitung,
Landes-/kommunale Umweltinformationssystem

Zusammenfassung

Beim Aufbau bzw. Betrieb von Luftgütemeßnetzen fällt als Teilproblem die Speicherung
von Meßwerten, sowie von davon abgeleiteten Rechengrößen wie Pseudokomponenten
oder Mittelwerten an. Desweiteren sollen diese Größen laufend beobachtet und etwaige
Grenzwertüberschreitungen gemeldet werden.
In dem vorliegenden Artikel wird eine textuelle Beschreibungssprache vorgestellt, die
alle relevanten Aspekte einer diesbezüglichen Echtzeitdatenbank abdecken soll.
Neben den Konzepten der Beschreibungssprache wird anhand von Beispielen das dynamische Verhalten der Datenbank - der Datenpunktprozessor - beschrieben.

1. Konzepte der Datenbankbeschreibungssprache

Im folgenden sollen die grundlegenden Konzepte zur Beschreibung einer Echtzeitdatenbank
erläutert werden. Nach dem objektorientierten Ansatz sind dabei zuerst Werte und Wertefolgen zu identifizieren, diese selbst sind dann Teile von Datenbankobjekten.

1.1 Werte

Werte stellen eine qualitative oder quantitative Charakterisierung physikalischer Größen
oder Zustände dar. Dabei sollen folgende Attribute relevant sein:

(a) Mit der Art des Werts (Typ) ist ein Wertebereich gemeint. So kann etwa eine Größe
einen beliebigen Zahlenwert aus einem (abgeschlossenem) Intervall [a, b] annehmen oder
nur alle ganzen Zahlen aus [m, n]. Manchmal mag zur Beschreibung auch eine endliche
Menge von Zuständen natürlich sein.

(b) Die physikalische Einheit legt den Bezug eines reinen Zahlenwerts zu einem globalem
Einheitensystem fest.

(c) Zu jedem Wert gehört auch der Zeitpunkt der Wertentstehung.

(d) Speziell bei Analogwerten kann der Meß- bzw. Rechenfehler bedeutend sein, der die
Genauigkeit des Wertes angibt.

(e) Als weitere Metainformation ist die <u>Gültigkeit</u> eines Werts interessant, die durch äußere Umstände (zB. Plausibilität) den Wert in Frage stellt. Ähnlich wie der Meß- oder Rechenfehler muß auch sie bei Verknüpfungen von Werte propagiert werden.

(f) Die <u>Originalität</u> eines Wertes ist dann nicht mehr gegeben, wenn er nachträglich verändert wurde.

(g) Schließlich können noch - nicht im Datenpunktprozessor interpretierbare - Zusatzinformationen (wie Statusangaben einer Meßstelle) dem Wert beigefügt werden.

1.2 Wertefolgen

Eine endlich lange Folge $[w_1(t_{w_1}), w_2(t_{w_2}), ..., w_N(t_{w_N})]$ von Werten $w_1, ..., w_N$ gleichen Typs und Einheit wird Wertefolge F genannt, wenn die entsprechenden (absoluten) Entstehungszeiten t_{w_i} der Werte w_i absteigend sortiert sind, also $t_{w_i} \geq t_{w_{i+1}}$ für $1 \leq i \leq N-1$ gilt. w_1 ist dann der jüngste Wert; w_N der älteste.

N heißt die aktuelle (Daten-)Länge der Folge; $\Delta t = t_{w_1} - t_{w_N}$ heißt die zeitliche Länge (Dauer) der Folge. Außer der Bedingung $t_{w_i} \geq t_{w_{i+1}}$ gibt es keinerlei Einschränkungen bzgl. der Verteilungen der Werte auf der Zeitachse.

z.B. N = 3

$$\begin{array}{ccc} w_3 & w_2 & w_1 \end{array}$$

$$\xrightarrow{\hspace{5cm}} t$$

$$\begin{array}{ccc} t_{w_3} & t_{w_2} & t_{w_1} \end{array}$$

Die Indizierung ausgehend vom jüngsten Wert in Richtung älterer Werte (Retrospektivität) hat folgenden Grund: Da die Datenbasis immer rückblickend (kausal) agiert, d.h. den letzten (jüngsten) Wert und ausgehend davon ältere Werte anspricht, kann durch die gewählte Indizierungsrichtung immer eine konsistente Beschreibung ermöglicht werden. Die "drei letzten Werte" haben demnach immer die Indizes 1, 2 und 3. Bei umgekehrter Indizierungsrichtung wäre das nicht der Fall.

Neu anfallende Werte werden natürlicherweise am Anfang der Folge eingereiht; dabei ist aber eine Umindizierung notwendig:

$$\begin{aligned} F' &= F + w_{neu} \\ &= [w_1, w_2, w_3] + w_{neu} \\ &= [w_{neu}, w_1, w_2, w_3] \\ &= [w_1', w_2', w_3', w_4'] \end{aligned} \qquad also \quad w_i' = \begin{cases} w_{neu} & i = 1 \\ w_{i-1} & i \geq 2 \end{cases}$$

Die Zeitpunkte einer Folge müssen sich nicht notwendigerweise an der zentralen Zeit der Datenbasis orientieren, sie können auch von außen den Werten mitgegeben sein. Diese Folgen bilden damit einen eigenen (dezentralen) zeitlichen Ablauf, der parallel - aber nicht synchron - zur Datenbasiszeit voranschreitet.

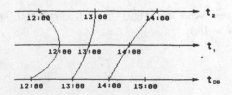

Zum Unterschied zur Datenbasiszeit ist der Zeitverlauf von Folgen mit dezentraler Zeit nicht stetig; ein neuer Wert mit einer neuen Zeitangabe bewirkt ein sprunghaftes Voranschreiten der dezentralen Zeit:

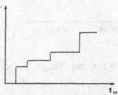

Einzig die Monotonie des Zeitverlaufs muß garantiert sein. Sollte nämlich ein neuer Wert mit einer neuen Zeit angeliefert werden, die vor der gerade gültigen Zeit liegt, müßte der Wert entsprechend eingeordnet werden. Damit ist aber die Kausalität der Datenbank nicht gewährbar, da bisherige Aktionen nicht mehr zurückgenommen werden können.

Genau betrachtet wird die Zeit der Datenbasis selbst auch nicht stetig verlaufen, da sie ebenfalls nur mit der endlichen Genauigkeit eines Digitalcomputers bestimmt werden kann. Konzeptionell soll aber die Auflösung als beliebig fein angenommen werden können.

Mit dem Zeitbezug im Zusammenhang steht auch die Frage, welche Werte die Wertefolge zwischen den vorgegebenen Stützstellen und nach dem jüngsten Wert annehmen soll. Dazu gibt es verschiedene Strategien:

- Die Wertefolge hat nur an den Stützstellen Werte, dazwischen existiert die Folge nicht (Diracmodulation).

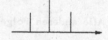

- Ein Wert der Folge gilt solange, bis ein neuer ihn außer Kraft setzt (Sample & Hold).

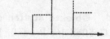

- Die Folge wird linear interpoliert (bzw. extrapoliert).

Weitere Interpolationsarten wie Newton-, Lagrange-, si-, Splines- oder B-Splines-interpolation werden dzt. nicht berücksichtigt.

Durch geeignete Wahl des Zeitbezugs und der Interpolationsmethode lassen sich vielfältige Eigenschaften von Wertefolgen spezifizieren. Im einfachsten Fall werden zu bestimmten Zeiten der Datenbasis Werte berechnet; sie sollen bis zu einer neuerlichen Berechnung gelten:

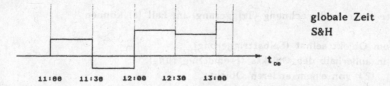

Will man andererseits eine Folge modellieren, die Meßwerte von einer entfernten Station repräsentiert, so wird die Zeit, die mit den Meßwerten mitgesandt wird, i.a. nicht mit der der Datenbasis übereinstimmen. Soll zusätzlich erzwungen werden, daß bei einer Anfrage an die Folge nicht ein alter Wert angeboten wird, darf man nur die Diracmodulation zulassen:

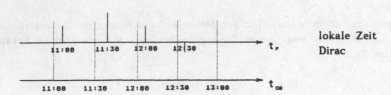

Eine Anfrage um 12:00 nach dem 12:00-Wert der Folge F liefert kein gültiges Ergebnis; der Wert ist ja noch nicht angekommen.

Man kann Folgen entweder zeitlich oder in ihrer Datenlänge beschränken. Das bedeutet, daß neu anfallende Werte in der Folge einen oder mehrere der ältesten Werte verdrängen können:

z.B. Δt_{max} = 30 min

$F = [w_1(10:30), w_2(10:20), w_3(10:00)]$
$F' = F + w(11:00) = [w(11:00), w_1(10:30)]$

Folgen, für die $\tau = t_{w_i} - t_{w_{i+1}}$ für $1 \leq i \leq N-1$ konstant ist, heißen gleichmäßig getaktete Folgen.

Folgen, für die $\tau_i = t_{w_i} - t_{w_{i+1}} < \tau$ für $1 \leq i \leq N-1$ und ein konstantes τ gilt, heißen beschränkt getaktete Folgen.

Alle anderen Folgen heißen ungetaktet.

1.3 Objekt

Objekte stellen die Bestandteile der Datenbasis dar und repräsentieren reale oder logische Größen im Prozeß. Jedes Objekt besteht im wesentlichen aus einem eindeutigen Namen, einer beschränkten Wertefolge und an Bedingungen geknüpften Aktionen.

Der Name identifiziert das Objekt innerhalb und außerhalb der Datenbasis.

Die Wertefolge enthält vergangene Werte des Objekts und kann von verschiedenen Quellen gespeist werden:

    (a) einer dem Objekt zugehörigen Berechnungsvorschrift (Selbstversorgung)
    (b) einer Zuweisung an das Objekt (Fremdversorgung)
        (b') von einem anderen Objekt
        (b'') von außerhalb der Datenbasis

Die Zeitpunkte einer Neuberechnung (Triggerung) im Fall (a) können

    (1) vom Objekt selbst (Selbsttriggerung)
    (2) von außerhalb des Objekts (Fremdtriggerung)
        (2') von einem anderen Objekt
        (2'') von außerhalb der Datenbasis

bestimmt sein.

Faßt man auch die Zuweisung als eine Art der Triggerung auf, so ergeben sich folgende sinnvolle Kombinationen:

	(a)	(b')	(b")
(1)	x		
(2')	x	x	
(2")	x		x

Die Aktionen für ein Objekt sind an feste Bedingungen geknüpft, die als erstes geprüft werden,
wenn das Objekt getriggert wird. Ergibt die Auswertung einer Bedingung der Wahrheitswert
'true', dann werden die entsprechenden Aktionen ausgeführt.

1.4 Datenbasis

Eine Ansammlung von Objekten bildet eine Datenbasis. Die Objekte selbst sind statisch,
d.h. in ihrer Verhaltensweise und ihrer Anzahl konstant.

Die einzelnen Objekte können voneinander entweder über den Zeitablauf abhängen (d.h. Objekt
A hat dieselbe Zeit wie B) oder über Wertzuweisungen gekoppelt sein. Das kann einerseits
durch eine Zuweisung von A nach B geschehen (forwarding) oder B berechnet selbst Werte
unter Verwendung von Werten von A (backwarding).

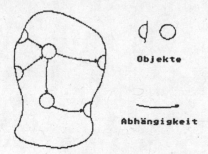

Objekte

Abhängigkeit

Da sich die Objekte selbst triggern (d.h. aktivieren) können, sorgt die Datenbasis dafür, daß
diese Objekte und die damit zusammengehörigen Aktionen interpretiert werden.

Das Objekt-Zeit-Diagramm zeigt eine Berechnung im Falle einer Triggerung:

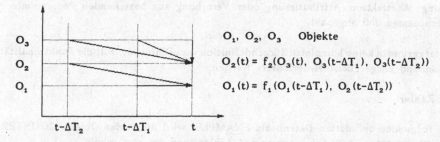

O_1, O_2, O_3 Objekte

$O_2(t) = f_2(O_3(t), O_3(t-\Delta T_1), O_3(t-\Delta T_2))$

$O_1(t) = f_1(O_1(t-\Delta T_1), O_2(t-\Delta T_2))$

Zum Zeitpunkt t triggern sich die Objekte O_1 und O_2 selbst und berechnen über die angegebenen Vorschriften aus aktuellen und vergangenen Werten jeweils $O_1(t)$ und $O_2(t)$, wobei
$O(t)$ den Wert des Objekts O zum Zeitpunkt t bezeichnet. Bei Abhängigkeiten der Form

$$O(t) = f (..., P(t), ..)$$

sorgt die Datenbasis für die notwendige Kausalität; das geht allerdings nur dann, wenn P(t) nicht wieder von O(t) abhängt, also

$$O(t) = f (..., O(t), ..)$$

Dann nämlich lassen sich die einzelnen Objekte nicht mehr kausal ordnen.

Zuweisungen zwischen Objekten werden im Objekt-Zeit-Diagramm so symbolisiert:

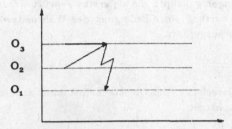

Dabei berechnet O_3, das gerade bearbeitet wird, auch über eine Rechenvorschrift aus aktuellen und vergangenen Werten von O_3 und O_2 einen neuen, der in diesem Fall O_1 zugewiesen wird.

Zuweisungen von außerhalb der Datenbasis werden folgendermaßen dargestellt:

2. Datenbankbeschreibungssprache (Data Description Language, DDL)

Die DDL ist einerseits die Umsetzung der oben besprochenen Konzepte, stellt andererseits aber auch die programmiertechnischen Mittel zur Verfügung, größere Datenbanken systematisch aufzubauen und in ein Gesamtsystem einzubetten. So werden die bewährten Mechanismen wie Modularisierung, Abstraktion, Attributierung oder Vererbung aus bestehenden Programmiersprachen übernommen und angepaßt.

Da hier aus Platzgründen keine komplette Sprachdefinition anzuführen ist, soll die Funktionalität der Sprache anhand einiger Beispiele erläutert werden.

2.1 einfacher Zähler

In der im folgenden definierten Datenbasis EXAMPLE1 wird durch das Objekt COUNTER ein Zähler realisiert, der alle 10 Sekunden seinen Zählerstand um eins erhöht.

```
database EXAMPLE1 is
    object COUNTER is
    stream
        component VALUE : integer range 0 .. 100;
            with VALUE(n+1) := 0                for n = 0;
            with VALUE(n+1) := VALUE(n) + 1  for n > 0;
        fluency = 1 sample;
        triggering from start every 10 seconds;
        when VALUE(n) >= VALUE'last =>
            trigger COUNTER with VALUE(n+1) := 0 for n >= 0;
    end COUNTER;
end EXAMPLE1;
```

Dazu wurde in der sog. stream-Klausel, die für die Eigenschaften der Wertefolge ausschlaggebend ist, eine Komponente namens VALUE definiert, deren Werte nur ganze Zahlen im Bereich von 0 bis 100 annehmen sollen:

```
        component VALUE : integer range 0 .. 100;
```

Anschließend daran sind Berechnungsvorschriften für den Fall einer (Selbst-)Triggerung des Objekts angegeben. n spielt dabei die Rolle einer logischen Zeit, die beim Start der Datenbank bei jedem Objekt mit 0 beginnt und mit jeder Triggerung des Objekts inkrementiert wird. So bedeutet

```
        with VALUE(n+1) := 0                for n = 0;
```

daß der Wert der VALUE-Komponente bei Datenbankstart auf 0 gesetzt wird. Für n > 0 kommt die zweite Regel zum Zug:

```
        with VALUE(n+1) := VALUE(n) + 1  for n > 0;
```

Mit

```
        fluency = 1 sample;
```

erzwingt man, daß nur ein einziger Wert der Wertefolge im Kurzzeitspeicher verbleiben soll; das Objekt hat also demnach keine Vergangenheit. Der Forderung, daß das Objekt sich alle 10 Sekunden von selbst aktivieren soll, wird durch

```
        triggering from start every 10 seconds;
```

Rechnung getragen. Schließlich wird in einer when-Klausel die Bedingung abgeprüft, wann die VALUE-Komponente ihren Maximalwert erreicht bzw. überschritten hat:

```
        when VALUE(n) >= VALUE'last =>
```

In diesem Fall wird das Objekt mit einer 0 getriggert:

```
        trigger COUNTER with VALUE(n+1) := 0 for n >= 0;
```

2.2 Archivierung von Regenwerten

Bei der Beobachtung von Niederschlagswerten sind nur diejenigen Zeiten interessant, in denen ein relevanter Niederschlag zu verzeichnen ist. Liefert ein entsprechender Sensor laufend Werte, so muß eine Schwelle in der Datenbasis dafür sorgen, daß bei niedrigen Werten die Aufzeichnungshäufigkeit gering ist, bei hohen Werten aber jeder Wert archiviert wird. Zu diesem Zweck gibt es in der Datenbank zwei Objekte namens RAIN—SENSOR und RELEVANT-RAIN. Aus programmiertechnischen Gründen wird das Objekt RAIN-SENSOR nicht auf einmal, sondern "auf Raten" definiert. Das ist immer dann notwendig, wenn eine wechselseitige Abhängigkeit zwischen Objekten besteht und - wie bei der DDL gefordert - jeder Bezug nur zu etwas vorher deklarierten erfolgen darf.

```
database EXAMPLE2 is
    object type RAIN is
        stream
            component VALUE : float range 0.0 .. 10.0;
            unit = "mm";
    end RAIN;

    object RAIN-SENSOR is              -- incomplete
        use RAIN;
        stream
            fluency = 2 samples;
            time    = foreign;
    end RAIN-SENSOR;

    object RELEVANT-RAIN is
        use RAIN;
        stream
            fluency = 1 sample;
            archival = 2 months;
            with VALUE(n+1) := RAIN-SENSOR.VALUE(n) for n >= 0;
        triggering OFTEN  = from start at RAIN-SENSOR.update;
        triggering SELDOM = every 30 minutes;
    end RELEVANT-RAIN;

    object RAIN-SENSOR is
        when VALUE(n-1) < 10.0 and VALUE(n) >= 10.0 =>
            RELEVANT-RAIN'trigger = OFTEN;
        when VALUE(n-1) >= 10.0 and VALUE(n) < 10.0 =>
            RELEVANT-RAIN'trigger = SELDOM;
    end RAIN-SENSOR;
end EXAMPLE2;
```

Neben den beiden Objekten ist auch noch ein Objekttyp namens RAIN zu finden. Dieser Typ stellt kein eigenständiges Objekt dar, sondern enthält nur die für Regen typischen Informationen, die dann an die Objekte weitergereicht werden können:

```
                    use RAIN;
```

Das Objekt RELEVANT—RAIN enthält zwei Triggermuster, die zusätzlich benannt sind, damit sie später einzeln angesprochen werden können. Der Trigger OFTEN ist im Gegensatz zu SELDOM von Anfang an aktiv:

```
            triggering OFTEN  = from start at RAIN-SENSOR.update;
```

und bewirkt, daß jedem Triggern von RAIN-SENSOR automatisch ein Triggern von RELEVANT-RAIN folgt. Der Sensor RAIN-SENSOR merkt sich nur die beiden letzten Meßwerte, die er zusammen mit den jeweiligen Zeitpunkten von einem externen Prozeß zugespielt bekommt:

```
            fluency = 2 samples;
            time    = foreign;
```

Passiert ein Wert die Schwelle 10.0 von unten nach oben

```
        when VALUE(n-1) < 10.0 and VALUE(n) >= 10.0 =>
```

dann wird das Triggermuster von RELEVANT—RAIN auf OFTEN geschaltet, sofern dieses nicht schon vorher aktiv war.

```
            RELEVANT-RAIN'trigger = OFTEN;
```

Beim Unterschreiten der Schwelle werden danach die Werte im 30-Minuten-Zyklus von RELEVANT-RAIN übernommen. Die Übernahme selbst ist durch

    with VALUE(n+1) := RAIN—SENSOR.VALUE(n) for n >= 0;

beschrieben, wobei RELEVANT-RAIN diese Werte 2 Monate lang archiviert:

    archival = 2 months;

2.3 Mittelwertbildung

In diesem Beispiel soll die zeitliche Mittelung von Meßwerten über eine halbe Stunde demonstriert werden. Dazu gibt es neben dem Sensor SO2-SENSOR noch ein Objekt SO2—HMW, das die Halbstundenmittelwerte (HMWs) repräsentiert.

```
      database EXAMPLE3 is
        object SO2-SENSOR is
          stream
               component SO2 : float range 0.0 .. 2.0;
               unit     = "mg/m3";
               fluency  = 1 hour;
               time     = foreign;
          end SO2-SENSOR;

        object SO2-HMW is
          stream
               component HMW : SO2-SENSOR.SO2'type;
                    with HMW(t) := mean (SO2-SENSOR.SO2 (t-30 minutes .. t ] );
               time     = SO2-SENSOR'time;
               fluency  = 1 sample;
               archival = 1 year;
            constant GW-Summer = 0.14;
            constant GW-Winter  = 0.30;
            triggering from start every 30 minutes;
            when Is-Summer and HMW(t) > GW-Summer =>
            trigger ALARM with STATE(n+1) := ON for n >= 0;
            when Is-Winter  and HMW(t) > GW-Winter  =>
            trigger ALARM with STATE(n+1) := ON for n >= 0;
          end SO2-HMW;
        end EXAMPLE3;
```

Das Objekt SO2-SENSOR erhält seine Meßwerte von einem externen Prozeß und behält sich alle Daten der letzten Stunde:

    fluency = 1 hour;

Das Objekt SO2-HMW besitzt die Komponente

    component HMW : SO2-SENSOR.SO2'type;

wobei mit 'type direkt auf denselben Typ bezuggenommen wird, den die SO2-Komponente des Sensors besitzt. Zusätzlich ist angegeben, wie sich die HMWs im Fall einer Triggerung zu berechnen haben:

    with HMW(t) := mean (SO2-SENSOR.SO2 (t-30 minutes .. t]);

Ausgehen vom jetzigen Zeitpunkt t wird über alle Werte des SO2-Sensors der letzten 30 Minuten gemittelt. Dabei bezeichnet (a, b] ein nach links offenes Intervall, d.h. daß ein Wert um a nicht mehr berücksichtigt wird. Die Basis für diese Zeitangaben, sowie auch für die

Triggerung

triggering from start every 30 minutes;

ist durch

time   = SO2-SENSOR'time;

gegeben und richtet sich demnach nach dem Zeitfortschritt, wie er vom externen Prozeß vorgegeben wird. Die berechneten HMWs selbst werden ein Jahr lang archiviert:

archival = 1 year;

Schließlich ist in dem Objekt noch eine einfache Grenzwertüberwachung vorgesehen. Dazu gibt es die Konstanten

constant GW-Summer = 0.14;

constant GW-Winter = 0.30;

die in einer when-Klausel - abhängig von der Jahreszeit - gegen den zuletzt berechneten HMW abgeprüft werden. Is-Summer und Is-Winter sind zwei Makros, in denen das laufende Datum mit dem Sommer- bzw. Winterbeginn verglichen werden und ALARM ist ein nicht näher beschriebenes Objekt.

3. Benutzeroberfläche

Neben der rein textuellen Sprache DDL wird es noch andere Methoden geben beim Aufbau aber auch während des Betriebs wesentliche Teile der Datenbank zu spezifizieren. So wird es eine graphische, mausorientierte Fensteroberfläche (siehe Bild) mit einem eigenen Editor für die Datenbank, sowie auch eine reduzierte masken- und menügesteuerte Version für den reinen Wartungsbetrieb geben, bei der man nicht die gesamte Funktionalität der DDL verstehen muß. In dieser sind nur vorher festgelegte Eigenschaften der Objekte (zB. Grenzwerte, Triggerraten) veränderbar. Außerdem soll die Benutzeroberfläche auf einem anderen Rechner als der Datenpunktprozessor selbst ablaufen.

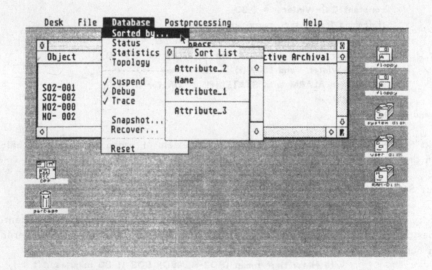

Benutzeroberfläche des Datenpunktprozessors

Data Management in Environmental Information Systems

Oliver Günther

FAW (Research Institute for Applied Knowledge Processing)

P. O. Box 20 60, 7900 Ulm, West Germany

Bitnet / EARN: GUENTHER@DULFAW1A

Abstract

In this paper, we discuss two techniques to facilitate the management of large amounts of data in environmental information systems. For the representation of environmental data we propose a concept called *spatial database views*. Here, an environmental database only contains atomic objects at the largest resolution available. Molecular objects (such as cities) are represented by means of database views. For efficient spatial access to the data we present a concept termed *oversize shelves*. Oversize shelves facilitate the handling of spatial databases with great variance in object sizes. Environmental databases often have this property because states and buildings, for example, may often be represented in the same database.

1. Introduction

Remote sensing is an important tool to obtain extensive data on various properties of the environment, such as temperature or vegetation. This data can be used in information systems that monitor, display, and predict the state of the environment. At FAW we are currently working on a project called RESEDA, where we employ knowledge-based techniques for the extraction of environmental information from digital raster images of the earth [Riek89]. These images can be obtained from airborne or spaceborne sensors.

This process is usually performed in three steps. First, traditional image processing and remote sensing algorithms are applied to the incoming sensor data in order to produce an image which is easier to interpret (*iconic image processing*). This step includes, for example, coordinate adjustment and scale correction of the recorded spectral data [Swai78]. Second, the data on the resulting image is condensed, grouped into objects, interpreted, and associated with geographic entities. It is not known how this process (called *symbolic image processing*) can be automated although the application of artificial intelligence (AI) techniques is now starting to yield some results in that direction [Desa89]. Third, the information obtained should be stored in a spatial database. This database may be a simple file system or a relational database, and it may be part of a geographic information system. Once again, no system is known to us where this step is performed automatically.

Parts of this work have been presented at the 4th International Symposium on Spatial Data Handling (Zürich, July 1990).

The development of techniques to automate these three steps is a research topic of extreme urgency as the demand for spatial interpretation capabilities grows much faster than the number of human experts in the field [Able87]. According to NASA, the amount of image information available per day will soon exceed the 10 TB (10^{13} Bytes) mark [NSF90].

If we use the recorded raster images as the only knowledge source for the data analysis, the results will be unsatisfactory [Schm88, Desa89]. We therefore advocate a knowledge-based approach where the system uses two kinds of knowledge for the image analysis. On the one hand, an attempt is made to capture *expert knowledge*, i.e. the experience of a human expert for remote sensing. Remote sensing experts use their experience to select and apply classification concepts, reflexion models, or statistical methods in order to extract the maximum amount of information from a particular image. We intend to elicit some of this knowledge and to encode it in a rule base. A typical application where the utilization of such expert knowledge is essential is the task of classifying geographical regions (such as deriving the land usage from the sensed spectral data). An expert is able to find out which kind of classification concept will be appropriate. For that purpose, Desachy [Desa89] describes a knowledge-based system with several hundred rules such as:

IF the region is situated on a southern slope
and its elevation is between 800 and 1500 m above sea level
THEN pine trees grow in this region.
(This rule holds with a certainty factor of 0.8.)

On the other hand, it is mandatory to utilize *geographic knowledge* for the image analysis. This geographic knowledge is stored in a spatial database [Buch90] or a geographic information system (GIS) [Smit87]. During the analysis, the spatial database is queried for data objects that occupy a certain location in space. For example, in order to interpret any subset of the image, one first retrieves all those objects from the database that overlap that particular subset. Then one may try to match each of those objects with one or several objects in the image and to identify any changes that have taken place. One may notice, for example, that rivers have slightly changed or that houses have been built or demolished. Finally, each of these changes is mapped back onto the spatial database.

In summary, the spatial database serves the image processing system in two roles. First, it acts as a *source* of the ancillary data that is required for the image interpretation process. Second, the spatial database is a *repository* for the new data that has been obtained as a result of the interpretation. From there, the results of the interpretation may be reviewed by the user or used as ancillary data for future image interpretations. In the sequel, we will discuss several issues that have to be taken into consideration by the designer of this spatial database.

2. Object Representation

A spatial database has to be able to represent a large variety of objects that are typically associated with a location and a spatial extension. Some of these objects may be atomic (e.g. a building), others may have a molecular structure (e.g. a city that is made up of several districts, which are each made up of numerous buildings). The exact notion of an object may vary from database to database.

In a spatial database, one could define an atomic object as the smallest semantic unit to be accessed. Note that this notion may have to revised dynamically because these atomic objects are not necessarily unsplittable. For example, if one chooses the borderline between France and West Germany as an atomic object and one query asks for the section of the borderline that is also part of Strasbourg's city border, one has to redefine the borderline as a molecular object having three components: the section of the borderline that coincides with the city border of Strasbourg, and the two remaining sections to the North and South of Strasbourg. To avoid such complications, it is often useful to atomize objects right away to a large degree.

Associated with each atomic object is a geometric entity representing its spatial extension (such as a line, point, curve, or polygon) and possibly a number of aspatial attribute values (population, display color, etc.). For the geometric representations there exists a large variety of spatial data structures that each support a certain class of spatial operators [Requ80, Günt88, Same89]. When choosing a data structure, it is important to take into account two things. First, one has to determine which operators are to be supported primarily. Second, one should examine how a chosen structure can be embedded into the spatial database system [Kemp87].

Molecular objects do not necessarily have a geometric entity associated with them because their geometric representation can often be inferred from the geometry of their components by means of generalization [McMa87, McMa88]. In many cases, however, this is not a practical solution. On the one hand, generalization algorithms are not advanced far enough to generate consistently "nice" geometric representations. On the other hand, sometimes one would like to use special geometric representations that can not be derived from the geometries of the components. An example for these so-called *semantic gaps* is the representation of cities that are often drawn as colored circles on small-scale maps. For the representation of molecular objects, one may resort to semantic networks [Luge89, Ch. 9] or object-oriented techniques [Luge89, Ch. 14; Ditt88].

Based on these considerations, we suggest the notion of *spatial database views* as a unified data model that can capture most of the semantics described above. In this concept, each atomic object is stored separately at the largest possible scale, together with the spatial location it is associated with. The collection of these atomic objects is stored physically on disk. All molecular objects are then defined as *views* of this database [Date81] and mainly exist at the virtual level. Beyond that, however, there is also the possibility of attaching a physical data record to each spatial view. This record may contain, for example, non-spatial attributes of the corresponding molecular object or information about its geometric representation in the case of semantic gaps.

An efficient implementation of spatial database views is based on the concept of *QUEL as a datatype* proposed by Stonebraker [Ston84]. QUEL is the query language of the relational database system INGRES [Ston76]. In *QUEL as a datatype*, the components of a molecular object can be represented by nested retrieve commands. Every retrieve command can in turn refer to another molecular object or just to an atomar object. I.e., the attributes of type QUEL serve as pointers to the components, whereas the other attributes are used for the representation of object-specific properties. In AI terminology this representation corresponds to a semantic net whose nodes each represent a frame and whose edges represent PART-OF relationships between those frames [Luge89, Ch. 9].

Figure 1 is a comprehensive example for such a spatial database view with eight relations. The text in italics behind the column names denotes the data type of a column, and the symbol $ is a reference to the current tuple (the expression *$.name*, for example refers to the attribute *name* of the tuple that contains this expression). *AA* is an abbreviation of *agricultural area*.

Building

Street (char)	Address (int)	Shape (QUEL)
Fischergasse	7	retrieve (Edge.all) where Edge.ID in {K1, K2, K3, K4}
...	...	...

Street

Name (char)	Shape (QUEL)	Buildings (QUEL)
Fischergasse	retrieve (Edge.all) where Edge.ID in {K5, K6, K7}	retrieve (Building.all) where Building.Street=$.Name

AA

ID (char)	Shape (QUEL)	Usage (char)
L2	retrieve (Edge.all) where Edge.ID in {K6, K9, K12}	Wheat
...	...	...

District

Name (char)	Shape (QUEL)	Streets (QUEL)
Lehr	retrieve (Edge.all) where Edge.ID in {K10, K8, K12}	retrieve (Street.all) where INTERSECT (Street.Shape, AREA-IN ($.Shape)) != {}
...	...	...

City

Name (char)	Districts (QUEL)	Population (int)	Rainfall (int)	Shape (QUEL)
Ulm	retrieve (District.all) where District.Name in {Fischerviertel, Lehr, Jungingen}	102000	22	retrieve (SUM (District.Shape)) where District.Name in $.Districts.Name
...	...	...	...	...

River

Name (char)	Shape (QUEL)
Donau	retrieve (Edge.all) where Edge.ID in {K7, K9, K11, K12, K13}
...	...

Edge

ID (char)	Vertices (QUEL)
K1	retrieve (Vertex.all) where Vertex.ID in {E2, E3}
K2	retrieve (Vertex.all) where Vertex.ID in {E3, E4}
...	...

Vertex

ID (char)	X (int)	Y (int)
E1	2	5
E2	3	1
E3	3	3
...	...	...

Fig. 1

Strictly speaking, in this example only the objects in the relation *Vertex* could be called atomar. All other objects are generated using retrieve commands and geometric operators (such as *INTERSECT*). Note that a *City* is defined as the *SUM* of its districts. Every district, on the other hand, is described by a given *Shape*; its *Streets* are then obtained as the result of a geometric intersection operation.

The main advantage of spatial views is the minimization of redundancy, which avoids contradictions. All entities, such as city borders, rivers, or buildings are stored on disk only once. This is very different from a collection of thematic maps where many entities (such as city borders) are represented simultaneously on several maps.

Thematic maps of different scales and areas may now be defined as spatial database views as well. In the definition of such a view one first selects those objects from the database that are stored in relations which are relevant to the specified theme and that are located in the query range (*selection*). Then one deletes those attributes from the tuples obtained that are not relevant to the specified theme (*projection*). Finally, one uses cartographic *generalization* techniques to transform the resulting set of objects into the desired scale.

For example, the following few statements that are based on the database scheme given in Fig. 1 generate a thematic map that contains all rivers, agricultural areas, and all cities with a population of more than 10,000. In addition, smaller cities and villages (with less than 10,000 inhabitants) are represented as dots. The text on the map includes the names of all cities and rivers on the map plus any information available on the amount of rainfall. *A* denotes the query range specified by the user, and *INTERSECT, AREA-IN, CENTER-OF-GRAVITY,* and *IN* are geometric operators.

retrieve (INTERSECT (River.Shape, A), River.Name)
where INTERSECT (River.Shape, A) != {}

retrieve (INTERSECT (AA.Shape, A))
where INTERSECT (AREA-IN (AA.Shape), A) != {}

retrieve (INTERSECT (City.Shape, A), City.Rainfall, City.Name)
where INTERSECT (AREA-IN (City.Shape), A) != {}
and City.Population > 10,000

retrieve (CENTER-OF-GRAVITY (City.Shape), City.Rainfall, City.Name)
where IN (CENTER-OF-GRAVITY (City.Shape), A)
and City.Population <= 10,000

3. Spatial Access Methods

Retrieval and update of environmental information is often based not only on the value of certain alphanumeric attributes but also on the spatial location of an object. In the case of the spatial database acting as a data source for remote sensing, for example, one may pose queries such as

retrieve all objects that are present at location(x, y)   (point search), or
retrieve all objects that intersect the rectangle R   (range search)

in order to obtain ancillary data about a region that is currently being interpreted. If the spatial database is used as a repository for newly derived data, one may perform operations such as

replace the borderline between parcel A and parcel B by the polygonal line Z, or
replace the point (3/4) by the point (3.1/4) in all borderlines

In all of these cases, it is necessary to retrieve those objects from the database that occupy a given location in space. Given a large number of objects in the spatial database, it is not efficient to check every single object for intersection with the search space. To support such search operations, one needs to use spatial index structures that enable the user to access the objects in a certain spatial neighbourhood very efficiently. These structures are typically either hash-based, such as the gridfile [Niev84], or tree-based, such as the R-tree [Gutt84].

By now, there exists a large variety of such structures; see [Günt88] or [Ooi88] for a survey. Due to a lack of comparative studies, however, it is not clear yet which structure has the best expected performance for a given application. It is an important issue for future research to classify spatial search applications according to a small set of parameters (such as database size, average object size, or object distribution), and to determine the most promising structures for a given set of parameters. For some initial results see [Ooi88, Free90, Krie90, Günt89b].

Unfortunately, at this point there are hardly any spatial access methods available that take both selection and generalization into account. As mentioned above, it is often required to answer a search query at a given scale. If all the data objects are stored only once at the largest possible scale (to avoid redundancy), one first has to perform a selection at that scale. Once the objects in the search range have been found, they have to be transformed into the desired scale by means of generalization. (Of course, it is also possible to proceed the other way round: first one transforms all objects in the database into the desired scale, then one selects the ones that overlap the search range. In most cases, however, this approach seems to be less efficient.)

In order to answer these kind of queries more efficiently, it would be advantageous if access methods took the desired scale a priori into account. A query referring to a smaller scale should require less time than the same search query at a larger scale. In other words, there should be a way to get a coarse (i.e., small-scale) answer to a search query rather quickly.

A first step into that direction is a new structure designed by Becker and Widmayer: the *PR-File* (Priority Rectangle File) [Beck90]. With the PR-File, the time to answer a range query only depends on the amount of data that is retrieved by the query. I.e., objects that are not in the search range or details that are irrelevant for the desired scale have no significant impact upon the response times. For geographic applications, this means that there is a positive correlation between the time to obtain a given thematic map at a given scale on the one hand and the size and scale of the map on the other hand.

Furthermore, it should be noted that many access methods are rather inefficient if object sizes vary widely, i.e., if one has to access both very large and very small objects at the same time [Six88]. In geographic applications where one has to access both states and buildings, for example, using the same access method, this problem may affect average performance in a major way.

The reasons for these inefficiencies depend on the particular properties of the various index structures. Most of these structures have originally been designed to manage point data only, i.e. to provide efficient spatial access to large sets of points. Usually, the points in the database are organized in a number of buckets, each of which corresponds to some partition of the data space. The buckets are then accessed by means of a search tree or some hashing scheme. In the case of the R-tree, for example, the buckets correspond to d-dimensional intervals and are accessed by means of a multiway search tree (Fig. 2).

Problems arise when these point access structures are modified to manage extended spatial objects such as polygons. As discussed in [Seeg88], there are three basic methods: *clipping*, where objects are divided along the partitioning lines (or hyperplanes) of the underlying access structure; *overlapping regions*, where the partitions corresponding to the buckets may overlap; and *transformation*, where extended spatial objects are mapped into higher-dimensional points.

Of course, transformation only works for relatively simple objects, such as rectangles. More complicated entities, such as arbitrary polygons (as they typically occur in geographic applications), can only be represented by means of their bounding boxes. The mapping of the actual polygon onto a higher-dimensional point is not practical [Niev85].

Overlapping region schemes, on the other hand, may be used for more complicated objects as well. Unfortunately, these schemes tend to experience major performance problems when the spatial database contains objects whose size is large relative to the total size of the data space. Each data object has to be assigned to exactly one bucket whose corresponding region has to be extended to cover the object. Large objects lead to large extensions and therefore to large overlaps between regions that correspond to different buckets. Eventually, the overlap between regions may become large enough to render the index inefficient: one ends up searching a significant portion of the whole index for a single point query. A well-known example where this behavior has been observed is the R-tree [Gutt84, Gree88].

In the case of clipping schemes, the problems with large objects are of a somewhat different nature. During insertion, each data object is divided along the partitioning hyperplanes of the access structure. This *fragmentation effect* is getting worse as the spatial database and its index continue to become more populated. As the index grows, the average size of the partitions corresponding to a bucket tends to decrease, and each new object is partitioned into a larger number of subobjects in the average. The net result of this fragmentation effect is not only an increase in the average search time but also an increase of the frequency of node overflows, which in turn leads to an increase in fragmentation, and so on. Such an endless loop may cause the whole index to collapse and therefore has to be avoided at all cost.

A good example for this kind of growth behavior is the *cell tree* [Günt88, Günt89a]. In the cell tree, the buckets correspond to d-dimensional convex polyhedra and are accessed by means of a multiway search tree (Fig. 3). New objects are first decomposed into a (small) number of convex components, which are then inserted into the cell tree one by one. When a component is inserted into the cell tree, it is usually decomposed into a number of cells, depending on the partitioning hyperplanes in the tree (Fig. 4). As shown in [Günt89b], the number of cells per component increases as the spatial database becomes more populated.

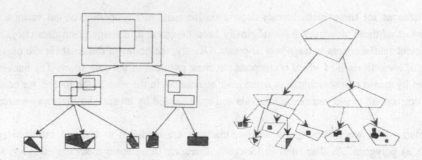

Fig. 2: R-tree with objects (shaded)   Fig. 3: Cell tree with cells (shaded)

Note that this fragmentation effect is essentially the *redundancy induced by region boundaries* as described by Orenstein [Oren89]. Although the cell tree does not store a copy of a cell in each intersecting partition, it *does* store cells belonging to the same object in more than one partition.

In order to minimize the negative implications of redundancy we propose a new concept called *oversize shelves* [Günt89c]. Each interior node N is enhanced by a short chain of extra disk pages which contain those cells that would have been fragmented too much by the insertion into the subtree under N (Fig. 5).

This concept is very similar to the idea of oversize shelves in a library. All those books that are too tall for the main shelf (i.e. the shelf where the rest of the books with the same call number are located) are put on a special oversize shelf. This saves space because the library can use shelves with a lower height for most of the books. On the other hand, library users may have to accept a small increase in search time because they have to search the oversize shelf as well if they do not find a book on the main shelf.

In the case of spatial index structures, the tradeoff is of a somewhat different nature. The storage of a cell on an oversize shelf decreases the number of leaf node entries and therefore the height of the tree (in the long run). On the other hand, each oversize shelf has to be searched whenever the corresponding tree node is involved in a search operation. Additional oversize shelves therefore tend to increase the average search time.

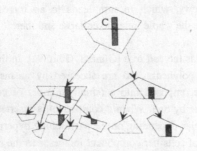

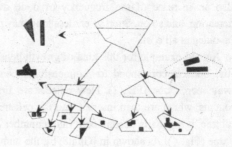

Fig. 4: C is partitioned into 4 subcells   Fig. 5: Cell tree + oversize shelves (dotted)

The decision if a new cell should be inserted into the subtree or stored on the oversize shelf is an optimization problem and depends on various parameters. For a detailed analysis of this optimization problem, see [Günt89c].

4. Conclusions

In this paper, we have discussed various techniques to manage large amounts of data in environmental information systems. Some major problems in environmental applications concern the hierarchical object structure and the great variance in object sizes. *Spatial database views* can be used to model object hierarchies and to avoid redundancies. *Oversize shelves* are useful for the storage of large objects that would be partitioned into a large number of fragments if they were inserted into the index structure as usual. An implementation of these concepts is currently in progress at FAW Ulm.

5. References

[Able87] R. Abler, The National Science Foundation National Center for Geographic Information and Analysis. *International Journal of Geographical Information Systems* 1, 4, 1987.

[Beck90] B. Becker, P. Widmayer, *Spatial Priority Search: An Access Technique for Scaleless Maps*, Manuscript, University of Freiburg, 1990.

[Buch90] A. Buchmann, O. Günther, T. R. Smith, Y.-F. Wang (eds.), *Design and Implementation of Large Spatial Databases*, Proceedings SSD'89, Lecture Notes in Computer Science No. 409, Springer-Verlag, 1990.

[Date81] C. Date, *An Introduction to Database Systems*, Vol. I, Addison-Wesley, Reading, Mass., 1981.

[Desa89] J. Desachy, ICARE: An Expert System for Automatic Mapping from Satellite Imagery, in: L.F. Pau (ed.), *Mapping and Spatial Modeling for Navigation*, Springer-Verlag, forthcoming.

[Ditt88] K. R. Dittrich (ed.), *Advances in object-oriented database systems*, Lecture Notes in Computer Science No. 334, Springer-Verlag, 1988.

[Free90] M. Freeston, A well-behaved structure for the storage of geometric objects. In [Buch90].

[Gree89] D. Greene, An implementation and performance analysis of spatial data access methods. In *Proceedings IEEE 5th International Conference on Data Engineering* (Los Angeles), 606-615, 1989.

[Günt88] O. Günther, *Efficient Structures for Geometric Data Management*, Lecture Notes in Computer Science No. 337, Springer-Verlag, 1988.

[Günt89a] O. Günther, The design of the cell tree: an object-oriented index structure for geometric databases. In *Proceedings IEEE 5th International Conference on Data Engineering* (Los Angeles), 598-605, 1989.

[Günt89b] O. Günther and J. Bilmes, The implementation of the cell tree: design alternatives and performance evaluation. In T. Härder (ed.), *Datenbanksysteme in Büro, Technik und Wissenschaft*, Informatik-Fachberichte No. 204, Springer-Verlag, 1989.

[Günt89c] O. Günther, Oversize shelves: a new concept to minimize redundancy in dynamic spatial database indices, FAW Technical Report FAW-TR-89013, December 1989.

[Gutt84] A. Guttman, R-trees: Dynamic index structure for spatial searching. In *Proc. of ACM SIGMOD Conference on Management of Data*, Boston, Ma., 1984.

[Kemp87] A. Kemper and M. Wallrath, An analysis of geometric modelling in database systems, *ACM Comp. Surveys* 19, 1, pp. 47-91, 1987.

[Krie90] H. P. Kriegel et al., A performance comparison of point and spatial access methods. In [Buch90].

[Luge89] G. F. Luger, and W. A. Stubblefield, *Artificial intelligence and the design of expert systems*, Benjamin/Cummings, 1989.

[McMa87] R. B. McMaster, Automated Line Generalization, *Cartographica* 24, 2, pp. 74-111, 1987.

[McMa88] R. B. McMaster, Cartographic Generalization in a Digital Environment: A Framework for Implementation in Geographic Information System. In *Proc. GIS/LIS Conference*, pp. 240-255, 1988.

[Niev84] J. Nievergelt, H. Hinterberger, and K. C. Sevcik, The grid file: an adaptable, symmetric multikey file structure, *ACM Trans. on Database Systems 9*, 1, pp. 38-71, 1984.

[NSF90] M. Brodie et al., *Database Systems: Achievements and Opportunities*, Report of the NSF Invitational Workshop on Future Directions in DBMS Research, June 1990.

[Oren86] J. A. Orenstein, Query processing in an object-oriented database system. In *Proc. of ACM SIGMOD Conference on Management of Data*, 1986.

[Oren89] J. A. Orenstein, Redundancy in spatial databases. In *Proc. of ACM SIGMOD Conference on Management of Data*, 1989.

[Ooi88] B. C. Ooi, *Efficient query processing in a geographic information system*, Ph. D. Dissertation, Department of Computer Science, Monash University, 1988.

[Requ80] A. A. G. Requicha, Representations for rigid solids: theory, methods, and systems, *ACM Computing Surveys 12*, 4, 1980.

[Riek89] W.-F. Riekert, Das RESEDA-Projekt: Ein wissensbasierter Ansatz zur Auswertung von Rasterbilddaten im Rahmen eines Umweltinformationssystems. In A. Jaeschke et al. (eds.), *Informatik im Umweltschutz*, Proc. 4. Symposium, Karlsruhe, Springer-Verlag, pp. 78-84, 1989.

[Same89] H. Samet, *The design and analysis of spatial data structures*, Addison-Wesley, 1989.

[Schm88] C. Schmullius, Klassifizierung einer Region mit Landsat-TM-Daten für Planung und Statistik. In *Untersuchung über grundsätzliche Möglichkeiten zur Nutzung von Fernerkundungsdaten im Umweltbereich*. Studie im Auftrag des Umweltministeriums Baden-Württemberg, Stuttgart 1988.

[Seeg88] B. Seeger and H. P. Kriegel, Techniques for design and implementation of efficient spatial access methods. In *Proceedings of the 14th International Conference on Very Large Databases* (Los Angeles). VLDB Endownment, Saratoga, Calif., 1988.

[Six88] H.-W. Six and P. Widmayer, Spatial searching in geometric databases. In *Proceedings IEEE 4th International Conference on Data Engineering* (Los Angeles), 496-503, 1988.

[Smit87] T. R. Smith, D. Peuquet, S. Menon, and P. Agarwal, KBGIS-II - A Knowledge-Based Geographical Information System, *Int. J. Geographical Information Systems*, Vol. 1, No. 2, 1987.

[Ston76] M. Stonebraker, E. Wong, P. Kreps, and G. Held, The Design and Implementation of INGRES, *ACM Trans. on Database Sys. 1*, 3, pp. 189-222, 1976.

[Ston84] M. Stonebraker, E. Anderson, E. Hanson, and B. Rubenstein, QUEL as a Data Type, *Proc. of ACM SIGMOD Conference on Management of Data*, June 1984.

[Swai78] P. H. Swain and S. M. Davis (eds.), *Remote Sensing: The Quantitative Approach*. McGraw-Hill, New York, 1978.

Funktionale Retrieval-Anforderungen an Umwelt-Datenbanken

Friedrich Mie

Institut für Integrierte Publikations- und Informationssysteme
Gesellschaft für Mathematik und Datenverarbeitung mbH (GMD)
Dolivostr. 15, D-6151 Darmstadt

Deskriptoren: Informationssysteme, Faktendatenbanken, Datenretrieval, Numerische Abfrage

Zusammenfassung

Für die heute in der Bundesrepublik öffentlich angebotenen Umwelt-Datenbanken hat jeder Hersteller seine eigene Datenbank-Software maßgeschneidert. Auch dort, wo ein relationales Datenbanksystem als Kern für eine Datenbank eingesetzt wurde, mußten vom Systementwickler spezielle Funktionen für das Daten-/Faktenretrieval und Zusatzprogramme für die Datenauswertung und -ausgabe implementiert werden.

Mit der Verfügbarkeit von objektorientierten Datenbankkonzepten, semantischen Datenmodellen und KI-Methoden der Wissensrepräsentation stellt sich die Frage, welche Funktionen ein Datenbanksystem für das **Faktenretrieval** bereitstellen soll. Die folgende Zusammenstellung ist als offene Liste benutzerseitiger Anforderungen zu verstehen, die sowohl Software-Ingenieure als auch Datenbank-Designer beim Aufbau neuer Umwelt-Datenbanken unterstützen kann.

Einleitung

Umwelt-Datenbanken zeichnen sich durch eine hohe Komplexität der Datenstruktur und durch vielfältige Arten von Informationen aus: Textuelle Informationen, codierte und numerische Merkmalswerte, Meßdaten, graphische und bildliche Informationen. Die daraus resultierenden Anforderungen an die Datenbank-Software werden von den heute kommerziell verfügbaren Software-Systemen nicht — oder nur mit erheblichem zusätzlichen Programmieraufwand — erfüllt, was zu einem Wildwuchs an maßgeschneiderten Systemen mit suboptimalen Retrievalfunktionen und uneinheitlichen Abfragesprachen führte.

DV-gestützte Informationsdienste im Bereich der **Literaturdokumentation** verwenden vorzugsweise Information-Retrieval-Systeme (IRS), die große Mengen von Textdaten in einer einfachen linearen Dateistruktur speichern und Recherchen mit Hilfe einer Deskriptororientierten Retrievalsprache auf effiziente Weise ermöglichen. Typische Eigenschaften solcher Systeme sind z.B. lange Felder variabler Länge, Freitextsuche mit Trunkierung von Suchbegriffen sowie mit Wort-Abstandsoperatoren.

Faktendatenbanken werden in der Regel mit Datenbankmanagementsystemen (DBMS) implementiert. Sie unterstützen — im Gegensatz zu einem IRS — die Verarbeitung numerischer Daten, erlauben eine Verknüpfung unterschiedlich strukturierter Dateien und erweisen sich flexibler bzgl. Datenstruktur und Datenänderungen. Typische Eigenschaften eines DBMS sind formatierte Felder, Verbundoperatoren (join) und Mehrbenutzer-Umgebung auch für das Updating.

Forschung und Entwicklung für die Verwaltung von Textdaten einerseits und für formatierte Datenbanksysteme andererseits sind traditionell getrennte Wege gegangen. Heute ist der Trend in Richtung Integration von DBMS und IRS zu beobachten, doch ist noch nicht abzusehen, inwieweit diese neuen Systeme für den Aufbau von Umwelt-Datenbanken geeignet sind.

Wichtig in dieser Phase der Entwicklung wäre die Einbeziehung von Benutzergruppen für die Spezifizierung der Anforderungen an ein DB+IR-System; denn bei den Faktendatenbanken entscheidet letztlich der Endbenutzer — das ist der Informationssuchende auf seinem Fachgebiet — über die Akzeptanz eines Informationssystems. Es ist der Wissenschaftler, Ingenieur oder Planer, der die Datenbank abfragt, nicht ein Systemspezialist als Informationsvermittler, wie das bei Online-Literaturrecherchen heute noch üblich ist.

Da sich das relationale Datenmodell in seiner jetzigen Form für die Verarbeitung von textuellen und numerischen Daten als zu restriktiv erweist, werden von Informatikern und Linguisten intensive Anstrengungen unternommen, mit objektorientierten Datenbankkonzepten, semantischen Datenmodellen und KI-Methoden zur Wissensrepräsentation große Mengen komplex strukturierter Daten in einem Rechner abzubilden. Mit der Realisierung solcher Konzepte ergeben sich auch für die Entwicklung von Umwelt-Datenbanken neue Möglichkeiten der Speicherung, Abfrage, Verarbeitung und Darstellung von Daten.

Bei der Datenbank-Abfrage sind folgende Nutzungsweisen zu unterscheiden:

- Bei der statischen Abfrage sind die Zielinformationen explizit gespeichert (**Datenretrieval**).

- Bei der dynamischen Abfrage werden die Zielinformationen im Laufe des Suchprozesses erzeugt (**Datenauswertung**).

Beides, die Arten von gespeicherten Informationen (strukturelle Merkmale) und die Nutzungsmöglichkeiten für die Abfrage (funktionelle Merkmale) bestimmen die Anforderungen an die verwendete Datenbank-Software.

Der vorliegende Beitrag greift einen Problembereich aus benutzerseitiger Sicht auf, der für den Aufbau von Umwelt-Datenbanken (aber nicht nur für diese) relevant ist:

- Welche Funktionen sollte ein Datenbanksystem für das Faktenretrieval bereitstellen?

Die Ausführungen beschränken sich auf Anforderungen, die nach heutigem Stand weder in Datenbank-, noch in Information-Retrieval-Systemen standardmäßig implementiert sind.

1. Abfrage und Verarbeitung von numerischen Werten in Gleitkommadarstellung

Wenn der Wertebereich eines Attributes (domain) über viele Zehnerpotenzen variiert, d.h. wenn für eine Eigenschaft sehr hohe und sehr niedrige Zahlenwerte vorkommen, verwendet man praktischerweise Zahlen in Gleitkommadarstellung. Einige Retrievalsysteme erlauben die Suche mit "numerischen Deskriptoren" in Form von ganzen und Dezimalzahlen; auch ist ein Wertevergleich mit metrischen Operatoren (größer, kleiner, gleich) möglich, doch eine Exponentialdarstellung ist nur in engen Grenzen erlaubt. DBMS lassen die Gleitkommastellung in der Regel zu, auch bei der Abfrage.

2. Automatische Konvertierung von Maßeinheiten nach Benutzervorgaben

Wissenschaftler und Ingenieure verschiedener Fachdisziplinen präferieren unterschiedliche Dimensionen für einzelne Meßgrößen. Zu Beginn oder während der Terminalsitzung sollte der Benutzer die Default-Einstellungen des Systems ändern können, so daß automatisch alle am Bildschirm angezeigten Werte in die gewünschten Maßeinheiten umgerechnet werden. Die vom Benutzer eingegebenen Maßeinheiten werden vom System in Verbindung mit seiner Benutzerkennung gespeichert und bewirken bei jeder Login-Prozedur die gewünschte individuelle Voreinstellung.

3. Bereichsabfrage

Im Umweltbereich gibt es häufig keine exakten Werte (einschließlich Fehlergrenzen), sondern Werteintervalle, sowohl bei den Soll-Werten einer gesetzlichen Regelung als auch bei den Ist-Werten von Meßgrößen. Daher muß das Datenbanksystem das Werteintervall — charakterisiert durch einen unteren und oberen Grenzwert — als Datentyp zulassen. Das Gleiche gilt für die Suche, d.h. es muß eine Abfrage in Form einer Wertzuweisung mit Wertebereich als Auswahlbedingung möglich sein.

Da der gesuchte Wertebereich mit einem gespeicherten Wertebereich zwischen 0 und 100 Prozent Übereinstimmung aufweisen kann, müssen für die Bereichsabfrage spezielle Operatoren verfügbar sein, die eine Differenzierung des Rechercheergebnisses von der relativen Lage eines gesuchten Wertebereichs zu den gespeicherten Wertebereichen zulassen; denn ein Suchintervall kann innerhalb, z.T. oberhalb und/oder z.T. unterhalb eines gespeicherten Wertebereichs liegen (partial range). Auch ein Prozentsatz für die Überlappung beider Wertebereiche kann als Suchparameter dienen, z.B. die Suche nach Gebieten, die den geforderten Qualitätsbereich zu mindestens 90 Prozent erfüllen.

4. Berücksichtigung leerer sowie multipler Datenfelder bei der Abfrage

Es gibt gesetzliche Regelungen, die für bestimmte Zustandsparameter von Schutzgütern Soll-Werte vorschreiben, andere verzichten darauf (z.B. das Bundesimmissionsschutzgesetz in Deutschland und das Luftreinhaltegesetz für Kesselanlagen in Österreich). Zum anderen fehlen in den Zustandserhebungen und Schadensinventuren häufig Meßwerte zu einzelnen Faktoren, oder fehlende Angaben über Meßbedingungen erschweren einen Vergleich der Umweltdaten.

Der Benutzer soll durch die Bereitstellung geeigneter Operatoren entscheiden können, ob die Auswahlbedingung streng erfüllt sein muß oder ob fehlende Werte (missing values) auch als Treffer gelten.

Häufig werden mehrere, miteinander konkurrierende Eigenschaftswerte ermittelt und veröffentlicht. Die damit auftretenden Probleme der Datenevaluierung können — zumindest in Teilbereichen — durch integrierte Anwendungsprogramme (Methodenbank) unterstützt werden. Sowohl diejenigen Benutzer, die einen "besten Wert" empfohlen haben möchten, als solche, die alle gespeicherten Werte für eine Bewertung benötigen, sollten das in der Suchfrage zum Ausdruck bringen können.

5. Parallelsuche in verschiedenen Dateien

Treten in einer Frage Auswahlbedingungen auf, die eine Suche in mehreren Dateien bzw. Tabellen notwendig machen, soll ein Operator temporär — d.h. während des Abfrageprozesses — eine Verknüpfung der Datensätze herstellen, deren Felder (hier Eigenschaften) den gleichen Inhalt (hier Eigenschaftswert) aufweisen. Eine solche Verknüpfung über Feldinhalte ist ein Charakteristikum relationaler Datenbanksysteme (join-Operator).

6. Verknüpfung von Datenbanken

Ein Umweltinformationssystem kann aus mehreren Datenbanken (multi databank) bestehen: Standards und Regeln, Umweltüberwachung (raum- und zeitabhängig, Rohdaten und aggregierte Daten), Störfall- und Katastrophen-Management, Umwelttechnik und -anlagen, Herstellerfirmen, Gremien, Experten (z.B. Toxikologen, Umweltberater), FuE-Vorhaben, Berichte und Gutachten, Recht und Rechtsprechung, Methoden und Modelle (Simulation, Prognose) etc. Durch Wahl geeigneter Schlüssel soll es möglich sein, das Ergebnis einer Abfrage in Datenbank A mit einer weiteren Abfrage in Datenbank B direkt zu verknüpfen (crossfile searching).

7. Abfrage mit Klasseneinteilung über die Häufigkeit des Vorkommens von Werten für eine Eigenschaft

Bei einer Abschätzung der weiteren Entwicklung eines vorgegebenen Umweltbereichs kann es für den Planer von Interesse sein, sich einen Überblick über die erfaßten Daten bzgl. einer bestimmten

Eigenschaft zu verschaffen.

Für eine solche Häufigkeitssuche (frequency search) legt der Benutzer für die ihn interessierende Eigenschaft die Intervallschritte fest und erhält zu jedem Wertebereich die Anzahl der erfaßten Objekte. Die Zielinformationen sollten in Form einer Tabelle und als Diagramm dargestellt werden können.

8. Abfrage nach Maximum, Minimum und benachbartem Wert für eine Eigenschaft

Die Ermittlung von Extrem- und Mittelwerten für eine Eigenschaft aus einer eingeschränkten oder uneingeschränkten Zielmenge sollte mit entsprechenden Suchoperatoren möglich sein, z.B. die Suche nach einem Gebiet mit dem geringsten Anteil eines Schadstoffs oder mit der höchsten Qualitätsstufe eines Schutzgutes.

Für den Fall, daß die Umweltdatenbank für einen gewünschten Eigenschaftswert keinen Treffer verzeichnet, sollte der Benutzer die Suche nach dem nächstliegenden Wert erweitern können (nearest neighbour search).

9. Abfrage von Eigenschaften mit Einflußgrößen

Umweltinformationen sind häufig von Einflußgrößen abhängig (z.B. Temperatur, Standort); dabei können ganze Meßreihen zu einer Eigenschaft auftreten. Die Abhängigkeit der Meßwerte von den Parameterwerten muß bei der Datenstrukturierung berücksichtigt werden, damit bei der Abfrage nicht ein Parameterwert, der zu Meßwert A gehört, mit Meßwert B kombiniert wird.

In Dokumentationssystemen mit flacher Datenstruktur ist es nur mit Tricks möglich, solche hierarchischen Teilstrukturen zu recherchieren (z.B. mit dem same sentence-Operator). In Datenbanksystemen gibt es damit im allgemeinen keine Schwierigkeiten, solange sich die Zahl der Einflußgrößen in Grenzen hält. Wünschenswert wäre darüberhinaus die Erfassung der funktionalen Abhängigkeit einer Eigenschaft von ihren Einflußgrößen (siehe folgende Abschnitte).

10. Selektion von bestimmten Eigenschaftskombinationen

Bei der Umweltüberwachung gibt es Kenngrößen, die als Funktionen mehrerer Meßgrößen bzw. Indikatoren definiert sind. Gefordert wird, daß eine solche Merkmalskombination direkt abgefragt werden kann. Informationstechnisch gesprochen muß ein DBMS eine Funktion als Datentyp verarbeiten können, bzw. funktionale Abhängigkeiten zwischen Attributen einer Relation berücksichtigen.

11. Datenaggregation und -reduktion

Im Meßprozeß fallen oft große Mengen von primären Daten an, die für einzelne Benutzer (z.B. Wissenschaftler) von Interesse sein können und daher auch gespeichert werden sollen (im Gegensatz zu Publikationen, wo große Tabellen aus Platzgründen nicht erscheinen), während andere Benutzer verdichtete Daten für eine spezielle Anwendung bevorzugen. Das System sollte statistische

Prozeduren zur Datenaggregation und -reduktion bereitstellen, die vom Benutzer durch einfache Parametrisierung angestoßen werden können.

12. Datengenerierung

In einem Umweltinformationssystem sollte eine Methodenbank integriert sein, in der Standardmethoden und mathematische Modellierungswerkzeuge, aber auch vom Benutzer entwickelte Programme zur Datenmanipulation zur Verfügung stehen.

Damit können fehlende Eigenschaftswerte gewonnen werden (Interpolation, Extrapolation, Simulation etc.) oder — mittels statistischer Analyse — vielleicht noch nicht bekannte Wirkungszusammenhänge über "verborgene Parameter" aufgespürt werden (statistische Inferenz).

Schlußbemerkung

Der vorliegende Funktionenkatalog macht deutlich, daß die komplexen Strukturen von Umwelt-Datenbanken eine neue Generation von Datenbanksystemem erfordern. Während für die statische Abfrage eine Integration der Retrievalfunktionen von IRS und DBMS die meisten Probleme lösen würde, gehen die Wünsche bei der dynamischen Nutzung mehr in Richtung CAE – Computer Aided Engineering. Das Informationssystem soll nicht nur als Dokumentationssystem Daten und Fakten bereithalten und wiedergeben, sondern zusätzlich mit integrierten Auswertungsprogrammen als **informationsverarbeitendes** System "neue" Daten und Fakten generieren. Objektorientierte verteilte Datenbanksysteme in Verbindung mit intelligenten Retrievalwerkzeugen und Benutzeroberflächen für Endbenutzer sind die Forschungsthemen, die die Entwicklung der Umwelt-Datenbanken in naher Zukunft bestimmen werden. Rechnergestützte Informationssuche, Analyse der recherchierten Daten und ihre Weiterverarbeitung entwickeln sich damit zu einem integralen Bestandteil wissenschaftlicher und planerischer Tätigkeiten.

Die vorliegenden Ausführungen beschränken sich auf Retrieval-Anforderungen an Umwelt-Datenbanken, darüberhinausgehende Fragen zur Schnittstellenproblematik wie z.B. Benutzeroberfläche, Dialog- und Organisationsstrukturen blieben unbeantwortet. Festzuhalten ist, daß mit einer Analyse vorhandener Datenbanken und der Ermittlung benutzerseitiger Anforderungen erst ein Schritt in die Richtung eines innovativen Systementwurfs getan wäre. In einem zweiten Schnitt müssen die aus den praktischen Erfahrungen gewonnenen Erkenntnisse in eine konkrete Strategie einer benutzerorienterten Systementwicklung umgesetzt werden.

Legt man dabei das Paradigma der Mensch-Maschine-Kooperation zugrunde, das das Kommunikationskonzept als wichtigen Teil einschließt, dann muß notwendigerweise über neue Formen der Betroffenenbeteiligung an der Festlegung der Benutzerkonventionen nachgedacht werden. Anders als die klassische Benutzerforschung, bei der die Betroffenen lediglich in der Analysephase als Forschungsobjekte einbezogen werden, sollen potentielle Benutzer im Sinne einer Betroffenenforschung als agierende Partner den gesamten Entwicklungsprozeß mitgestalten. So, wie der Umweltexperte versuchen muß, seine Informationsprobleme in einer für Laien verständlichen Form zu artikulieren, ist auch der Systemexperte gezwungen, dem "naiven" Benutzer die Möglichkeiten, aber auch die Beschränkungen der Computer-Fähigkeiten deutlich zu machen. Auf diese Weise können synergetische Effekte bewirken, daß komplexe Systeme auch von Endbenutzern akzeptiert werden.

WATiS - An Information System for Wadden Sea Research and Management

R. Riethmüller   A. Lisken   K-H. van Bernem   H.L. Krasemann   A. Müller

S. Patzig

GKSS - Forschungszentrum Geesthacht

Abstract

For the German Wadden Sea a sensible management concept has to be developed. Substantial and accurate knowledge about this ecosystem shall be achieved by several research projects. The Wadden Sea Information System WATiS is designed as an efficient and flexible tool to facilitate the information exchange among various research groups and administrative agencies.

In this paper we discuss several aspects which have to be considered for the development of such a system. The technical concept is outlined. The main tools are a relational database for data storage and geographical information systems for the handling of thematic maps. Much concern has been put on the close connection between these systems to guarantee an automatic data exchange and a consistent data set within the WATiS. To combine data from different research groups all data have to be well documented and the data structure has to be designed in close cooperation among the research groups and the staff of the information system.

1   Introduction

The Wadden Sea is one of the last large and relatively undisturbed ecosystems in Europe. Like coastal areas in general it has a strong significance well beyond its geographic boundary. It acts as a cleansing site for the North Sea, is a nursery for numerous species of fish, and provides feeding grounds for nearly all Palearctic species of wading birds and waterfowl (Ref. 1).

The Wadden Sea area has been settled and utilized by humans for a very long time. The influence of humans can lead to irreversible damage of this flat coastal area, which became obvious during the recent past. Only intensive administrative and political efforts based on a sensible management concept can protect the Wadden Sea in the future. Substantial and accurate knowledge about the pattern of the elements of the ecosystem, about the processes working in the system, about its natural and man-made stress and the risk resulting out of this stress, is essential for the development of a management concept. This results in an extensive need for research in many different disciplines. Therefore a lot of research projects have begun in the recent past (Ref. 2). These projects are conducted by scientists of many institutes in Northern Germany. For example physicists are trying to model the action of waves and currents, geologists try to understand the behavior of sediments and biologists make extensive field surveys of birds, seals, fish, and benthos organisms.

A main concern of the Wadden Sea research is the combination of the obtained data into an overall picture. This is the main goal of the Ecosystem Research Projects in Schleswig-Holstein and Niedersachsen. Many of the data are not only analysed by researchers but serve directly as an important information basis for management decisions. The Wadden Sea Information System WATiS is designed to be the central communication tool between various research and management projects (Fig. 1).

The following text shall describe which aspects have to be considered for the development of such a complex information system.

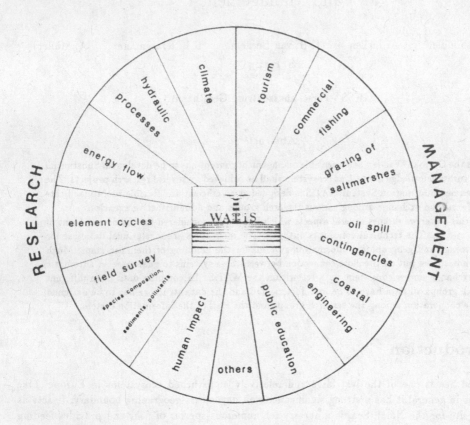

Figure 1: WATiS as a link between research and management

2 Task of WATiS

To make WATiS into more than just an accumulation of data but into a well working tool for interdisciplinary research and management attention must be paid to the following aspects:

- Technical Concept:

  The manifold interdisciplinary research activities result in a large amount of data. The Wadden Sea Information System WATiS is designed to first of all ensure the longterm and safe storage of these data. Both researchers and managers should be able to easily retrieve data under any aspect, even those which at present are not thought of. This means that the system has to be very flexibel. The close cooperation between research groups will be facilitated by providing easy access to all data.

- Management of Data:

  The data of an environmental information system can be divided into three groups:

a) itemvalues refering to a certain location,

b) data independent from a location (e.g. documentation of methods), and

c) locations with their coordinates.

This leads directly to the logical design of the central Wadden Sea Database WADABA, which is composed of three parts: itemvalues, documentation, and locations.

When developing an information system it is an obvious interest to set up a complete, consistent, and correct dataset. The formal part can be achieved with the help of an intelligent database system. The correctness of the data has to be checked by the researchers themselves.

In principle data are only useful if their origin is well documented. Therefore an important part of WATiS is the documentation of methods.

Most data in WATiS refer to a location which is ultimately described by its coordinates. An important tool for the display and analysis of spatial data is a Geographic Information System (GIS). In WATiS such GIS's are closely integrated. One of the most difficult problems in an information system like WATiS is to maintain one consistent set of coordinates valid for all projects. This paper puts a main emphasis on this topic.

- Combination of Data:

  As outlined in the introduction one of the main concerns of an interdisciplinary research project is the combination of different kinds of data into an overall picture. This is only possible if the researchers cooperate already during the planning of the projects and in the phase of data taking.

- Data Retrieval:

  WATiS should provide some tool for data retrieval which is easy to learn and handle by a person who is not familiar with details of computing techniques.

3 Technical Realization of WATiS

In WATiS each user at various research institutes and administrative agencies has his own computer for handling his data locally. At the same time all data from all projects are stored in a central database named WADABA at the GKSS Research Center.

It is possible to participate into WATiS with any computer and software, but WATiS recommends and supports mainly the following concept (Fig. 2, Ref. 7):

The user of WATiS is tied into the system with a personal computer (IBM-PS2, IBM-PC, or compatible systems). These local systems are connected with the central database WADABA in two different ways: via diskette or more comfortably via DATEX-P-net. All data stored in the WADABA can be combined and retrieved by the user in any desired excerpts.

For the input and output and simple handling of data in form of tables the user needs a local database system installed on his PC. WATiS supports both dBASEIII (Ref. 3) and the database manager under OS2/E (Ref. 4). OS2/E offers the additional advantage that its communication manager supports the transfer of data to other computers via many different networks to a central mainframe.

The central database WADABA has a key position in WATiS. It has to meet great demands concerning safety of the data, protection of data, and flexibility. At present a Relational Database Management System (RDBMS) is the best to fulfill those requirements. The system used in WATiS is DB2 (Ref. 5). It is installed on the GKSS mainframe IBM 3090/150 under the operating system

MVS/XA. One of its special characteristics is its well developed concept of data safety. The retrieval language of DB2 is standard SQL.

Data in form of tables can be directly transfered to the WADABA. The structure of the tables is designed in cooperation of the WATiS staff and the researchers thereby satisfying both the rules of efficient data management and the desires of the researchers. In any case of data transfer the structure of the tables is transfered as well. Thereby it is guaranteed that the transfer of data into the WADABA is unambiguous.

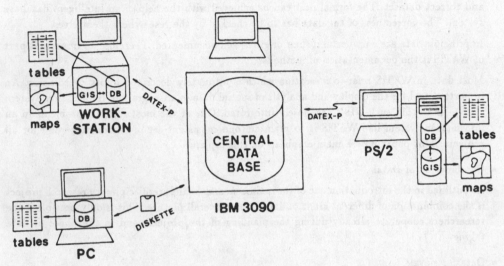

Figure 2: Technical Concept of WATiS

A considerable amount of data exists in the form of thematic maps. A thematic map consists of two parts: the coordinates of the topological objects and the information refering to those objects, the itemvalues. For the input and output and processing of such maps a GIS is integrated into WATiS. For WATiS the GIS ARC/INFO (Ref. 6) was chosen because it offers a versions running on a PC as well as on larger machines.

The data cannot be exchanged directly between database systems. There are differences in the definitions of variables and in the way they are stored in the database system. Software interface programs have been developed for the automatic data exchange in all directions. Especially the WADABA and the GIS are closely connected. This is a more complicated task and will be discussed in more detail (Chapter 4.2).

4 Management of Data

4.1 Database Design and Data Input

For a useful information system its dataset has to be complete, consistent, and correct. To achieve such a dataset in WATiS various steps of data structuring are applied.

Often users have planned their database for their specific purposes and a combination of their data with results from other projects is difficult. To avoid those problems the structure of the WADABA is designed by the WATiS staff together with the users. This is done by means of the Entity Relation Model (Ref. 8). First the users briefly describe their projects and the used methods, and present a complete list of their variables with expected ranges and confidence intervals. In a following discussion the variables are grouped in the entities of the project. Finally this results in the design of tables.

The rules of Codd (Ref. 9) are applied and the tables are fully normalized. This table structure minimizes storage space, is stable against changes of variables, and data have to be corrected at only one position within a table. The resulting network of tables is difficult to handle for the users. Therefore in some cases tables may be offered which are not normalized and consist of all desired variables. When transfered to the WADABA they are split into the normalized WADABA tables.

The final tables are defined in the WADABA by the WATiS staff. Their structure is transformed to the user's database system by the software interfaces. The researchers put in the data on their local computer. Since they know their data best they can most likely avoid input mistakes and develop procedures to check their data. Afterwards the data are transfered to the central WADABA. Here they are examined for formal completeness and consistency. This is supported by the 'referential integrity' tool of DB2 (Ref. 10).

The itemvalues can be formally combined with each other by the location and time of data taking. In addition they shall be used in analyses of any researcher and comparable to similar data presented by other groups. Therefore each itemvalue has to be precisely documented in the WADABA: a confidence interval, the method of data taking, and methods of subsequent applied analyses have to be given.

4.2   Handling of Coordinates

The data of most projects refer to spatial units called 'position' in WATiS, like for example islands, sands, certain areas of the mudflat, parts of the coastline, or bottom contour lines. These spatial units consist of topological objects like points, lines, or areas. All topological objects are described by their coordinates.

The goal is to have one complete and consistent set of coordinates valid for all projects. This is the basic information level to which all the rest of the data refer. Each point and each line in there occurs just once and at the same time is potentially connected with any number of itemvalues from different projects.

In WATiS these coordinates are stored on more than one computer: the complete set of coordinates in the relational database WADABA and excerpts locally in the GIS's. Problems arise both because the relational database and the GIS's handle coordinates differently and because the various GIS's don't communicate directly and are only connected via the WADABA.

4.2.1   Management of Coordinates in the WADABA

In the WADABA the data of each project are stored in a separate compartment. One compartment contains the information about locations: the list of the positions, their topological objects, and the coordinates. The data of all other projects are connected with this compartment via the label of the position where the datum was taken (Fig 3).

A position can consist of more than one topological object, an object can refer to several positions. Each object is composed of one or several lines. A line is defined by points and their straight connections. For simplification a point is defined to be a line as well consisting of just one point. An area is described by its surrounding line and a labelpoint within the area.

If someone wants to know the coordinates of a spatial unit, e.g. an island, he has to search for coordinates of the lines of the objects this unit is composed of. To make this search more efficient the Wadden Sea is devided into squares called tiles (Ref. 11) with a size of about nine square kilometres. Lines may occur in just one tile. If they extend beyond its border they are cut into two lines. Each line is uniquely defined by its tile- and linenumber. Furthermore it is characterized by several attributes like precision, scale, source and of course the coordinates of its points.

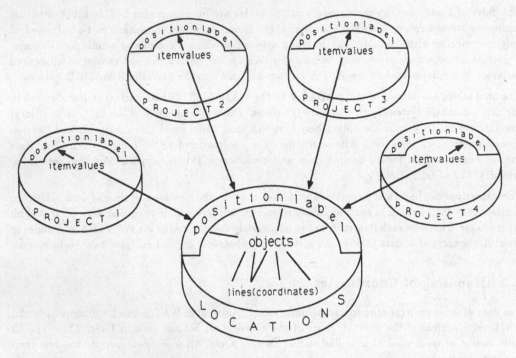

Figure 3: Relation of Coordinates and Itemvalues

4.2.2 Management of Coordinates in the GIS ARC/INFO

The task of a GIS is the handling of thematic maps. In ARC/INFO the information content of a map is composed of one or several covers. Each cover is divided into a part that contains the coordinates and a part that contains the itemvalues. Each topological object has an internal number which refers to its coordinates and also to its itemvalues. In addition a user can give each object a self-chosen user-id.

Since each cover is an independent and separate unit the same object can have different internal numbers in different covers. If the coordinates of this object are changed in one cover these changes are not automatically transfered to the others. In addition in WATiS there is not only one GIS on one computer but many GIS's on independent local systems which are not directly interconnected. Therefore it is impossible to guarantee the consistency of the coordinates within the WATiS with the means of the GIS alone.

4.2.3 Exchange of Coordinates between GIS and WADABA

The solution of the problem outlined above is to connect the GIS's over the WADABA which contains the entire set of topological objects and lines in WATiS. If a group adds an object it subsequently gets an unambiguous identification in the WADABA consisting of the tile- and linenumer.

To keep track of changes of topological objects and coordinates in the GIS's the objects are characterized by two numbers: the GIS user-ids and the combined tile- and linenumbers of the WADABA. When a cover is transfered from the WADABA to a GIS both numbers are set equal. The particular part of the WADABA that contains the coordinates of this cover is locked until its reload thereby avoiding inconsistencies caused by parallel work.

During the work on the GIS lines will be added, changed or split. The tile- and linenumbers from the WADABA remain unchanged during these procedures. During the reload of the cover into the WADABA the user-ids of the GIS are compared with the tile- and linenumbers in the WADABA. Changes can be recognized and treated in the following ways: 1.) New lines can be recognized by their missing tile- and linenumber. In the WADABA they get a new number. 2.) If a line was split into two or more pieces the resulting pieces all have the same tile- and linenumbers. Each piece gets its own number in the WADABA. The relation between the resulting lines and the objects are updated. 3.) If only coordinates were changed in the GIS the user-id is still equal to the tile- and linenumber in the WADABA but the new coordinates are different from the old ones. The changed line may replace the old one or may be added if the changes refer to just one special object.

An additional problem arises because the users of WATiS use several systems of coordinates. The Wadden Sea lies on the border between land and sea. For the land the Gauss-Krüger system, for the sea the UTM system is in use. In the WADABA all coordinates are kept in radiants defined on the European Datum. During an unload into local systems and the reload into the WADABA the coordinates are converted as desired by the GIS/WADABA interface (Ref.12).

The connection of GIS's and the WADABA keeps one consistent set of coordinates in the central WADABA which is valid for all projects participating into WATiS.

5 Combination of Data

The setup of a consistent and correct dataset is a necessary but not sufficient prerequisite for WATiS to act as a useful tool in ecosystem research and management. Many questions can only be addressed by the integrated analysis of data from different disciplines.

In the Wadden Sea various quantities fluctuate with the tide and vary considerably in spatial directions. To extend their range of validity they have to be inter- and extrapolated in time and space. The resulting uncertainties degrade the combined use of data from different projects if their sampling is not tuned with respect to each other.

From the very beginning this requires an intense cooperation of the projects, agreements about research goals, and the synchronization of time and place of data taking. The documentation of methods and the presentation of range and confidence intervals of data is crucial as well.

In the case of the Wadden Sea Research in Schleswig-Holstein this is achieved by regular meetings organized by the national park agency. The WATiS staff takes an active part in these processes by advising the researchers and by reinforcing discussion between different research groups.

6 Data Retrieval

As mentioned above the essential concept of WATiS is the central storage of all data and coordinates in the WADABA, which at the same time allows to work with data excerpts on local systems. For this purpose each user must know in which tables and variables he will find his desired data. The WADABA will contain a very large amount of tables and become very complex. Therefore it is necessary to guide the user through the WADABA with the help of a 'selection tree'. First the user can chose between projects, topics, locations and time ranges. Each path branches into more and more detailed subcategories until the user finally reaches the level of tables. Here he sets up an SQL statement to retrieve the desired data. The selection facility will be handled with the help of a menue (Fig. 4).

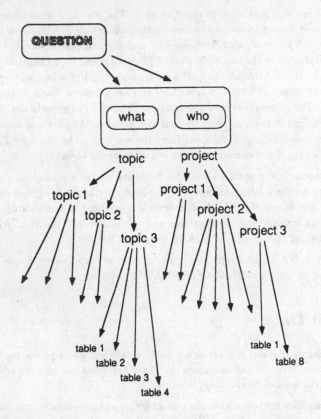

Figure 4: Part of the 'Selection Tree' guiding through the WADABA

7 Summary

Interdisciplinary research is necessary to provide the information basis for the development of a sensible management concept for the Wadden Sea. The Wadden Sea Information System WATiS is designed as an efficient and flexible tool to facilitate the information exchange among various research groups and administrative agencies.

WATiS allows the exchange of data in form of tables and maps. Besides the central safe and longterm storage of all data in the central database WADABA it offers the possibility of local data management and analysis. Closely integrated GIS's on the local systems allow the easy handling of thematic maps.

The database system and the logical design of the WADABA help to set up a complete and consistent data set. All data will be well documented. The requirements for data combination are discussed.

The retrieval of data will be facilitated by the use of a 'selection tree' that helps to find the desired variables by offering selection criteria over a menue.

Literature

[1] Landelijke Vereniging tot Behoud van de Waddenzee (Hrsg.): Wattenmeer. Ein Naturraum der Niederlande, Deutschlands und Dänemarks. Karl Wachholtz Verlag, Neumünster (1976).

[2] Ecosystem Research Projects:

Schleswig-Holstein:
Leuschner, Ch.: Ökosystemforschung im Schleswig-Holsteinischen Wattenmeer: Wissenschaftliche und Methodische Aspekte.

Niedersachsen:
Farke, H.: Ökosystemforschung im Nationalpark Niedersächsisches Wattenmeer.

Both in: Ökosystemforschung Wattenmeer. Texte des Umweltbundesamtes 7/90 (1990).

Thematische Kartierung. Sensitivitätskartierung des deutschen Wattenmeeres. UBA-Projekt 102 042 32.

Thematische Kartierung. Schadstoffkartierung des deutschen Wattenmeeres. UBA-Projekt 109 033 77.

[3] dBASEIII. Ashton Tate USA or Hahnstr. 70, Lyoner Stern, D 6000 Frankfurt 71

[4] OS2/E. In Germany BS2. Operating system for IBM PS2. IBM Deutschland GmbH, New-York-Ring 6, D 2000 Hamburg 60

[5] DB2. Relational Database Management System of the IBM corporation. Programing Publishing, P.O. Box 49023, San Jose CA 95161-9023, USA.

[6] ARC/INFO of the company ESRI. Environmental Research Institute, 380 New York Street, Reedland Ca 92373, USA, or ESRI, Ringstr. 7, D 8051 Kranzberg.

[7] von Bernem K.-H., H.L. Krasemann, A. Lisken, A. Müller, S. Patzig, R. Riethmüller: Das Wattenmeerinformationssystem WATiS. In: Ökosystemforschung Wattenmeer. Texte des Umweltbundesamtes 7/90 (1990).

[8] Chen, P.P.S.: The Entity-Relationship Model - Toward a Unified View of Data. ACM TODS 1 (1976) p. 9-36.

Mayr C.H., K.R. Dittrich, P.C. Lockemann: Datenbankentwurf. In: Lockemann, P.C., J.W. Schmidt (edts.). Datenbank Handbuch, Springer Verlag Berlin, Heidelberg, New York (1987).

[9] Codd, E.F.: A Relational Model of Data for Large Shared Data Banks. CACM 13 (1970) p. 377-387.

Codd, E.F.: Normalized database Structure. A brief tutorial. In: ACM SIGFIDET Workshop on Data Access and Control (1971) p. 1-17.

[10] IBM Database 2 Referential Integrity Usage Guide, IBM Corp. Publ.-No. GG24-3312-0 (1988).

[11] Burrough, P.A.: Principles of Geographical Information Systems for Land Resources Assessment, Clarendon Press, Oxford (1989) p. 33.

[12] The transformation program was provided by H. Klüger, Bundesamt für Seefahrt und Hydrographie Hamburg.

Datenorganisation und Datenanalyse bei der Untersuchung von Waldökosystemen

Wilfried Grossmann

Institut für Statistik und Informatik, Universität Wien

Universitätsstraße 5, 1010, Wien

Deskriptoren: Datenbankanwendung, Datenanalyse, Waldökosysteme

Zusammenfassung

Die Analyse von Waldökosystemen erfordert eine stärkere Integration der verschiedenen Ebenen der Datenerhebung und der Modellierung, genauso wie eine intensivere Koppelung von Daten und Modellen. Es wird dazu ein Datenbankkonzept für die Organisation von Erhebungsdaten vorgeschlagen, das diesen Anforderungen gerecht werden soll. Zur besseren Ausnutzung der in den Daten vorhandenen Information in den Modellen können statistische Methoden der Datenanalyse nützlich sein. Dies wird an Hand von einigen Beispielen demonstriert.

1. Allgemeine Bemerkungen

Ökologie versucht Vorgänge und Wechselwirkungen in der Natur in einem universellen Sinne zu verstehen. Vielfach ist die Methode dazu mehr beschreibend, Kausalität wird nicht funktional sondern verbal formuliert, Ausgangspunkt sind oft einzelne Ereignisse oder Probleme. Wenn auch diese Methode als Denkanstoß sehr wertvoll ist und zur Bewußtseinsbildung beiträgt, so ist es meist schwierig, damit reale Veränderungen in einer Gesellschaft, die sehr stark von abstrakten und quantitativen Wertvorstellungen, Organisationsformen und Zielen geprägt ist, zu erreichen.

Ein wesentlicher Nachteil der deskriptiven Analyse besteht darin, daß nur wenige Aspekte des Problems gleichzeitig berücksichtigt werden können und eine Verallgemeinerung über das Einzelereignis hinaus kaum objektiv abgeschätzt werden kann. Formale Methoden der Systemwissenschaften können in dieser Situation hilfreich sein, indem sie von Einzelereignissen abstrahieren und zu einer Objektivierung und Präzisierung der Diskussion über die Umwelt beitragen. Das vorhandene Methodenspektrum bewegt sich dabei zwischen den zwei Extremen der Darstellung der Umweltsituation durch Daten und der Beschreibung von Vorgängen durch abstrakte Modelle und ist umfangreich vorhanden. Daß die Situation dennoch vielfach als nicht befriedigend empfunden wird, scheint zum Teil daran zu liegen, daß diesen beiden Zugängen oft nicht miteinander sondern nebeneinander durchgeführt werden.

Umweltdaten geben einen Zustandsbericht, sei es im Sinne einer globalen Bestandsaufnahme (z.B. Meßnetze) oder einer Darstellung lokaler Episoden. Die Verknüpfung verschiedener Daten ist nur ansatzweise realisiert, einerseits deshalb weil Probleme in der Kompatibilität gegeben sind, andererseits weil zu wenig Arbeitskapazität einer wachsenden Menge von Daten gegenüber steht. Auch bei den Modellen gibt es die beiden Beschreibungsebenen, einerseits globale Modellierung, die sich meist des Werkzeuges der dynamischen Systeme bedient, andererseits mechanistische Modelle für einzelne Prozesse, deren Anwendung lokal und zeitlich beschränkt ist. Auch hier ist die Synthese der einzelnen Ebenen nur lückenhaft vorhanden. Die Kombination von Daten und Modellen beschränkt sich meist auf die Verwendung weniger, hoch aggregierter Größen. Eine Ursache ist sicherlich darin zu sehen, daß die kausalen mathematischen Analysen eher für globale Größen geeignet erscheinen, wo die Irregularität von Episoden keine Rolle spielt. Spezielle Modelle für einzelne Prozesse sind vielfach der Versuch für das Modell kontrollierte Versuchsbedingungen zu schaffen, was aber in der Natur praktisch nicht möglich ist. Die Lücke durch Imitationsmodelle zu schließen ist nur beschränkt sinnvoll, da solche Modelle wegen der großen Anzahl der Parameter kaum mehr in ihrem Verhalten analysiert werden können.

Eine derartige Analysesituation kann unter der Annahme von mehr oder weniger stabilen Entwicklungen zu durchaus befriedigenden Ergebnissen führen und wurde auch vielfach erfolgreich angewendet (vgl. z.B. (Shugart 1984) im Bereich der Waldökosysteme). Die Herausforderung an die formalen Methoden in den Umweltwissenschaften scheint jedoch heute darin zu liegen, daß man vielfach mit völlig neuen Problemen konfrontiert ist, für die es keine Vergleiche gibt. Die Anpassung globaler Modelle an die neuen Probleme, die sich aus der Umweltbelastung ergeben, mit herkömmlichen Modellierungsstrategien wird deshalb vielfach in Frage gestellt. Genauso schwierig ist es, kontrollierten Experimente für Einzelereignissen zu verallgemeinern, da auch dabei nur wenige Parameter im System kontrolliert werden, und es nicht klar ist, ob bisher als Nebenparameter geltende Variable nicht doch entscheidenden Einfluß auf das Verhalten haben können (z. B. synergistische oder antagonistische Effekte).

Zur Lösung dieses Problems scheint eine stärkere Zusammenführung von Daten und Modellen notwendig zu sein, genauso wie eine bessere Integration der unterschiedlichen Betrachtungsebenen. Voraussetzung dafür ist eine Datenorganisation, die nicht nur auf die aktuellen Verknüpfungen ausgerichtet ist, sondern auch neue Betrachtungsweisen erlaubt. Zur besseren Integration von Daten und Modellen können Methoden der statistischen Datenanalyse nützlich sein (Antonovsky et al. 1990). Von der Interpretation bedeutet das, daß das Systemmodell den Mittelwert eines (zufälligen) Prozesses beschreibt, das reale Verhalten wird durch die natürliche (zufällige) Variabilität der betrachteten Phänomene bestimmt, die sich aus den Daten ableiten muß. Diese Variabilität kann sich zu einem Teil aus räumlichen und zeitlichen Parametern erklären lassen, zum anderen eine unerklärte stochastische Komponente bedeuten. Der erste Fall ist für die Übertragung der Analyse von Einzelereignissen wesentlich.

Um dieses Ziel zu erreichen ist es notwendig, daß sich Datenerfassung und -Analyse an den folgenden beiden Punkten orientieren:

- Die Datenerfassung muß im Rahmen eines integrierten Gesamtkonzepts für ein spezifisches Teilsystem erfolgen.

- Bei den Analysen muß die Verallgemeinerung der Aussagen auf nichtbeobachtete Situationen im Vordergrund stehen.

Gut organisierte Ökosystemforschung wird sicherlich in der Zukunft wesentliche neue wissenschaftliche Erkenntnisse bringen, auch wenn die Erfolge einer derartigen Betrachtungsweise wahrscheinlich in vielen Bereichen nicht schnell zustande kommen werden. Sicherlich kann man mit strategisch besser konzipierter ökologischer Forschung manche Umweltprobleme in ihrer räumlichen und zeitlichen Verteilung noch transparenter machen und quantitativ besser abschätzen. Vom praktischen Standpunkt des Umweltschutzes ist es aber sinnlos auf solche Ergebnisse zu warten, denn es ist in hohem Maße unwahrscheinlich, daß neue Daten und neues Wissen den bisher bekannten Fakten und Resultaten von Einzelstudien widersprechen.

Im folgenden sollen am Beispiel der Untersuchung von Waldökosystemen einige Ansätze dargestellt werden, die versuchen, den oben angesprochenen Vorstellungen gerecht zu werden. Die Konzepte orientieren sich an Arbeiten, die im Rahmen von Forschungsprojekten im Lehrforst Rosalia der Universität für Bodenkultur durchgeführt wurden. Abschnitt 2 beschäftigt sich mit Fragen der Datenorganisation, der dritte Abschnitt zeigt einige Möglichkeiten für den Einsatz der Datenanalyse.

2. Datenorganisation zur Untersuchung von Waldökosystemen

2.1 Allgemeine Charakterisierung der Datensituation bei Waldökosystemen

Bei der Beschreibung von Waldökosystemen sind vom formalen Standpunkt aus drei Aspekte zu beachten: Flächenbezogenheit, Funktionalität und Dynamik. Der Flächenbezug ergibt sich in natürlicher Art und Weise, da ein Standort mit seinen besonderen Gegebenheiten (Boden, Vegetation, Klima, etc.) als die Untersuchungseinheit für das Ökosystem aufgefaßt werden kann. Die Analyse funktioneller Beziehungen zwischen den standörtlichen Größen ist wohl die Hauptaufgabe jeder Systembetrachtung, sei es von einem eher beschreibenden meist großräumigen oder einem kausal analytischen häufig kleinräumigen Standpunkt. Beide Betrachtungsweisen implizieren aber unmittelbar den dritten Aspekt: jede ökologische funktionale Betrachtung muß in einem zeitlichen Ablauf gesehen werden; diese zeitliche Dynamik kann dabei längerfristig (z.B. Jahre bei beschreibender Betrachtung) oder kurzfristig (Tage, Stunden in kausalen Analysen) sein.

Entsprechend den hier angedeuteten möglichen Ausprägungen in diesen drei Dimensionen sind auch die bei Untersuchungen anfallenden Daten von unterschiedlicher Struktur, die eine Zusammenführung zu einer ganzheitlichen Betrachtungsweise erschweren. Besonders gravierend sind die folgenden drei Punkte:

i) *Unterschiedliche Genauigkeit:* standörtliche Größen werden oft nur verbal, klassifikatorisch (z.B. Altersstruktur des Bestandes, Bodentypen, Vitalität) oder aber in Form von langfristigen Mittelwerten (z.B. klimatische Kennzeichnung) erfaßt, punktuelle Analysen geben exakt quantifizierte Werte der selben Größen für eine wohldefinierte Stelle.

ii) *Räumliche Unvollständigkeit:* vom Erhebungsaufwand her ist es praktisch unmöglich die Bedingungen eines kontrollierten Experimentes flächendeckend herzustellen. Damit sind viele interessierenden Größen nur unter wenigen denkbaren Möglichkeiten bekannt.

iii) *Zeitliche Unvollständigkeit:* aus technischen und aus Kostengründen sind nur bei wenigen Variablen und an wenigen Orten kontinuierliche Dauerregistrierungen möglich (z.B. klimatische Parameter, Immissionen). Die zur Verfügung stehenden Zeitreihen sind daher vielfach lokal und zeitlich lückenhaft.

Geographische Informationssysteme sind ein an sich natürliches Werkzeug, um der Flächenbezogenheit der Daten gerecht zu werden, auf Grund der Unvollständigkeit und der unterschiedlichen Genauigkeit scheint der Einsatz derartiger Systeme jedoch nicht immer zweckmäßig. Um die gewünschte Integration aller Daten zu erreichen ist es notwendig, derartige Informationssysteme durch weitere zu ergänzen, die den Gegebenheiten besser angepaßt sind. Eine Möglichkeit dazu ist die Verwendung relationaler Datenbanken zur Organisation der Erhebungsvariablen, die auch die Kompatibilität und die gegenseitige Verwendung der Daten ermöglicht.

2.2 Konzeptionelles Modell für Erhebungsvariablen

Üblicherweise ist die Analyse von Waldökosystemen an "Probeflächen" orientiert. Unter diesem Begriff sollen Kleinstandorte in der Größenordnung von $100 m^2$ (Meßpunkt) bis zu etwa 1 ha (Waldgesellschaft) verstanden werden, die als eine Untersuchungseinheit aufgefaßt werden können. Eine erste Grobanalyse der im Rahmen solcher Analysen anfallenden Daten legt eine Gliederung in 5 typische Bereiche nahe (vgl. auch das Konzept der Basisdaten von Ellenberg oder (Stark 1988)).

- *Daten zur Beschreibung der Probefläche*

  Diese Daten stellen die Verbindung zu den räumlich übergeordneten Informationen dar, die etwa in einem geographischen Informationssystem vorliegen. Meist handelt es sich dabei um Parameter, die auf der zeitlichen Skala als langfristig stabil angesehen werden. Sie bilden das allgemeine Hintergrundwissen über das Gebiet und dienen – so sie nicht im Rahmen der Untersuchung genauer erhoben werden – zur Ergänzung für nicht näher analysierte Parameter.

- *Daten von kontinuierlichen Meßstellen*

  Hier handelt es sich um Zeitreihen, die für einzelne Variablen das oben angesprochene globale Hintergrundwissen präzisieren. Üblicherweise fallen solche Daten in den Bereichen Meteorologie, Schadstoffe oder Hydrologie (Pegel) an.

- *Daten zur Beschreibung des Bodens*

  In diese Kategorie fallen physikalische und chemische Bodenanalysen, die auf Grund von Bodenproben in unterschiedlichen Profiltiefen ermittelt werden. In der Mehrzahl der Fälle werden solche punktuelle Daten repräsentativ für die Probefläche sein und zeitlich als langfristig stabil angesehen.

- *Daten zur Beschreibung des Bestandes*

  Darunter sollen Variable zur Vegetationsbeschreibung verstanden werden, die von der zeitlichen Skala her eine etwa jährlich erfaßbare Dynamik aufweisen und eher deskriptiver Natur sind. Ihre Erhebung erfolgt entweder relativ grob für eine gesamte Probefläche (z.B. Alter eines Bestandes, Zustandscharakterisierung) oder genauer an einzelnen Meßpunkten (z.B. Zuwächsen in einzelnen Jahren, biometrische Vermessungen).

- *Daten aus Einzelexperimenten*

  Dieser Bereich umfaßt alle Ergebnisse von Untersuchungen, die durch Zeit und Ort genau festgelegt sind, vielfach aufwendige Experimente erfordern und deren Dynamik meist kurzfristig und ortspezifisch ist (z.B. physiologische Experimente wie Photosyntheseleistung).

Wenn für alle Erhebungsvariable, die im Rahmen eines integrierten Versuchsprogrammes anfallen, die räumliche und zeitliche Genauigkeit festliegt, so bereitet die Umsetzung der oben genannten Daten in ein Relationsschema in dritter Normalform wenig Probleme. Es handelt sich dabei im Grunde um eine flache Tabellenstruktur. Auf der obersten Ebene steht die Charakterisierung der Probefläche, die durch einen Referenzpunkt in einem Koordinatensystem (z.B. Gauß–Krüger) an ein übergeordnetes geografisches Informationssystem angebunden werden kann. Auf der Probefläche selbst sind die Erhebungsdaten durch den Schlüssel, der sich aus relativer Lage auf der Fläche, Datum und Uhrzeit zusammensetzt, eindeutig identifiziert. Wesentlich für die Organisation der einzelnen Relationen vom praktischen Standpunkt ist, daß jede Relation nur Attribute enthält, die im Allgemeinen gemeinsam erhoben werden.

2.3 Implementierung und Vernetzung der Daten

Eine erste Version einer derartigen Datenbank wurde in SQL/DS auf der IBM 3090 des EDV-Zentrums der Universität Wien implementiert. Praktische Grundlage bildeten Daten, die im Rahmen von verschiedenen Forschungsprojekten im Lehrforst Rosalia der Universität für Bodenkultur erhoben wurden. Daten von kontinuierlichen Meßstellen stammen von zwei Meßtürmen, die die Ozonbelastung in drei Meßniveaus gemeinsam mit meteorologischen Variablen registrieren (Gasch et al. 1990). Daten zum Wasserhaushalt, der Bodenchemie und von Einzelexperimenten stammen von zwei Testflächen (Grossmann et al. 1990).

Der Vorteil der einfachen Struktur liegt in der Offenheit für praktisch alle Arten von Vernetzungen, die im Rahmen von Benutzersichten realisiert werden können. Bisher wurden Benutzersichten primär zur Durchführung von statistischen Analysen erstellt. Wesentlich ist es dabei eine vom sachlichen Standpunkt aus geeignete räumliche und zeitliche Homogenisierung zu erreichen. Die räumliche Homogenität wird durch die Bestimmung der relevanten Umgebungsgröße für einzelne Referenzpunkte erzeugt, die zeitliche ergibt sich durch Festlegung des zulässigen Zeitintervalls zwischen den Eintragungen. Weiters ist noch zu klären, ob in den gewählten Bereichen einzelne Werte oder Aggregationen (z.B. Mittelwerte) verwendet werden sollen. Programmtechnisch ist der räumliche Bezug durch eine Abfrage über die Koordinaten relativ einfach herstellbar, etwas komplexer gestaltet sich der zeitliche Bezug, wenn Daten mit einer unterschiedlichen zeitlichen Auflösung kombiniert werden sollen.

Das nachstehende Beispiel zeigt eine Abfrage und die daraus erzeugte Tabelle für den Kronenstatus von Bäumen, der durch Höhe des Kronenansatzes und die Kronenhöhe beschrieben wird, in Verbindung mit dem Bodenwassergehalt in 4 Schichten und dem pH–Wert des Bodens. Räumlichen wird auf den Baum bezogen, wobei Bodenmessungen im Umkreis von 2m berücksichtigt werden, als zeitliche Auflösung werden Jahre gewählt. Die Bodenwasserwerte und der pH–Wert werden für jedes Jahr über alle selektierten Eintragungen gemittelt. Jeder Vermessung für die Baumkrone werden jene Jahresmittel der Bodendaten zugeordnet, die zeitlich vor der Kroneneintragung dieser am nächsten sind.

```
select kr.pf,kr.x,kr.y,avg(kr.kans),avg(kr.khoe),avg(bc.pwa),bc.jr, -
                avg(bw.s20),avg(bw.s40),avg(bw.s60),avg(bw.s80),bw.jr -
from krone kr, bodchem bc, bowage bw -
where kr.jr=&1 and -
  bc.pf=kr.pf and bw.pf=kr.pf and -
(((bc.x between kr.x-&2 and kr.x+&2) and (bc.y between kr.y-&2 and kr.y+&2)) and -
  bc.jr = (select max(jr) from bodchem where jr <= kr.jr)) and -
(((bw.x between kr.x-&2 and kr.x+&2) and (bw.y between kr.y-&2 and kr.y+&2)) and -
  bw.jr = (select max(jr) from bowage  where jr <= kr.jr)) -
group by kr.pf,kr.x,kr.y,bc.jr,bw.jr
```

```
PF|     X|      Y|(KANS)|(KHOE)|(PWA)| ->JR| (S20)| (S40)| (S60)| (S80)| ->JR|
--|-------|-------|------|------|-----|-----|------|------|------|------|-----|
 1|-175.56| 111.99| 19.00| 12.00| 5.07| 1988| 24.95| 32.22| 27.32| 23.60| 1989|
 1|-126.05| 143.10| 15.00| 12.00| 4.75| 1988| 18.15| 17.68| 16.66| 15.11| 1989|
 1|-124.21| 143.92| 16.00|  9.00| 4.75| 1988| 18.15| 17.68| 16.66| 15.11| 1989|
```

Beispiel für eine Datenbankabfrage mit Ausgabe

2.4 Zukünftige Entwicklungen

Das oben vorgestellte Konzept ist bewußt auf Daten von Messungen eingeschränkt. Wenn höher aggregierte Daten verwendet werden (z.B. Monatsmittel bei meteorologischen Variablen, Daten von Inventuren), so sollten diese zweckmäßigerweise durch Vernetzung von verschiedenen Datenbanken zusammengeführt werden. Dies erscheint schon deshalb sinnvoll, weil die Unwiederholbarkeit der Natur praktisch keinen automatischen Vergleich von Werten erlaubt und daher Konsistenzprüfungen kaum möglich sind. Die erzwungene bewußte Zusammenführung von inhaltlich gleichen Daten soll Fehler verhindern. Es wird eine wichtige zukünftige Aufgabe sein, bei den aggregierten Daten, für die geografische Informationssysteme sicherlich das geeignete Hilfsmittel sind, eine Kompatibilität zu erreichen. Genauso bedeutend ist die Diskussion über eine Standardisierung von Meß- und Erhebungsmethoden bei den Daten von Probeflächen, um eine vollständige Kompatibilität zu erreichen.

3. Datenanalyse bei der Untersuchung von Waldökosystemen

Wie bereits in Abschnitt 1 erwähnt wurde ist es eine zentrale Aufgabe der Datenanalyse Hilfestellung bei der Analyse der Verteilung der interessierenden Größen in der Natur zu geben. Dabei sollte der Bezug auf das interessierende Modell gegeben sein, das je nach Typ unterschiedliche Anforderungen an die Daten stellt. Dementsprechend reichen die Aufgaben statistischer, datenanalytischer Methoden im Umweltbereich von einfachen Hilfsfunktionen bis hin zum selbständigen Analyseinstrument. Das Methodenspektrum ist dementsprechend äußerst vielfältig, von einfachen deskriptiven Verfahren bis hin zu komplexen Analysemethoden. Im folgenden sollen einige wesentlich erscheinenden Anwendungsbereiche diskutiert werden.

3.1 Explorative Datenanalyse für Einzelereignisse

Derartige Verfahren sind besonders zur effektiven Analyse von kontinuierlichen Meßreihen von Interesse. In einfacher Form sind sie ein Standardwerkzeug zur Überprüfung von Rohdaten. Eine systematische Anwendung von Methoden zur Erkennung von Irregularitäten von Daten wie z.B. Ausreißern kann aber auch inhaltlich interessanten Ereignisse aufzeigen (vgl. z.B. (Madansky 1988) für eine Zusammenstellung von Methoden). Die explorative Analyse erfüllt somit eine zur Datenvalidierung komplementäre Aufgabe, indem sie die Abweichungen von der Norm hervorhebt und dadurch Anlaß zum Überprüfen des Modells gibt.

Als ein Beispiel für die Anwendung derartiger Methoden soll die Analyse der Ozonbelastung im Rosaliengebirge angeführt werden. Es wurden Ausreißertests mit folgenden Variablen durchgeführt (Krapfenbauer 1989): Halbstundenmittel 0:00–5:00, 5:00–10:00, 10:00–17:00, 17:00–24:00, sowie absolute und relative Differenzen dieser Tagesabschnittsmittel. Es zeigt sich dabei, daß diese automatisierte Analyse imstande war sämtliche bereits vorher händisch festgestellten Extremepisoden zu erkennen. Der Vorteil dieser Methode liegt sicherlich darin, rasch den Blick auf wesentliche und interessante Ereignisse zu lenken. Sie kann auch relativ einfach in einem Onlinebetrieb realisiert werden.

Neben derartigen elementaren Verahren sind auch komplexere Methoden wie z.B. Regressionsdiagnose bei Modellen ein wesentliches Hilfsmittel, da extreme Residuen auf eine Abweichung von der Standardhypothese hindeuten.

3.2 Analyse der Verteilung von Daten und Parametern

Wenn man vom Konzept der lokalen Messung auf Probeflächen ausgeht und sie zur großflächigen Übertragung verwenden will, so ist es wesentlich die Verteilung auf den Probeflächen und die Unterschiede zwischen den Probeflächen zu kennen. Letzteres ist dabei eher Standardwissen der Ökologie als ersteres. Wenn aber die Varianz auf einem als einheitlich angesehenen Standortstyp in der selben Größenordnung ist, wie die Varianz zwischen Standorten, so ist eine Übertragung nach den herkömmlichen Methoden kaum möglich, die ursprünglich angenommene Differenzierung ist in Frage gestellt und neue bisher unbeachtete Einteilungskriterien müssen gefunden werden. Die Aussagekraft der Analyse für die lokale Abschätzung von Umweltschäden ist problematisch, da für eine Verbesserung der globalen Risikoabschätzung durch Modelle neue Wege beschritten werden müssen.

Ein typisches Beispiel ist der Wasserhaushalt eines Bestandes. Eine großflächige Erfassung ist aus der Wasserbilanz eines Einzugsgebietes mit einem vertretbaren Aufwand an Datenerhebungen zu ermitteln. Üblicherweise werden für die räumliche Varianz des Bodenwassers als Erklärungsgrößen der Bestand, das Alter des Bestandes, Bodentyp, Höhenlage und Exposition herangezogen. Versuche in der Rosalia zeigten jedoch, daß die Varianz auf einem bezüglich aller dieser Parameter homogenen Standort von derselben Größenordnung sein kann, wie jene zwischen unterschiedlichen Standorttypen, insbesondere in tieferen Schichten (Ulrich et al. (1990)). Damit ist die lokale Abschätzung aller vom Bodenwasser abhängigen Größen aber auf individueller Basis kaum mehr möglich. Diese würden noch weitere morphologische (Relief, Neigung) und pedologische (Deckschichten, Gründigkeit) Informationen benötigten, die in einem Raster von etwa 10m vorliegen müßten. Nachdem eine derartig feine Auflösung nur lokal möglich ist, können Methoden der Clusteranalyse und Faktorenanalyse dazu beitragen wesentliche neue Einteilungskriterien herauszufiltern (Heilig 1990).

3.3 Modellierung

Statistische, datengestützte Methoden der Modellierung werden normalerweise mit empirischen Modellen in Zusammenhang gebracht, denen allgemein weniger Erklärungskraft als den mathematisch mechanistischen Modellen zugeschrieben wird. Dabei wird allerdings vielfach übersehen, daß die mechanistische Modellierung komplexer Systeme eine Reihe von Problemen mit sich bringt. Die wesentlichsten dabei sind die Auswahl der zu betrachteten Größen und die Bestimmung der Parameter. Einen Ausweg kann hier die Methode der empirisch–mechanistischen Modellierung bieten (Phadke et al. 1977), die eine Kombination beider Standpunkte versucht. Wesentlichste Hilfsmittel dabei sind regressions- und zeitreihenanalytische Methoden.

Eine typische Anwendung solcher Verfahren ist die Modellierung von photochemischen Luftschadstoffen, insbesondere von Ozon. Im Gegensatz zu klassischen Schadstoffen, die meist einen klar definierten Emittenden aufweisen, trifft dies beim Ozon nicht zu. Der Reaktionsmechanismus in einer mit Primärschadstoffen entsprechend angereicherten Umgebung ist zwar im Prinzip verstanden (Krapfenbauer et al. 1990), eine direkte Anwendung dieses mechanistischen Modells unter natürlichen Gegebenheiten scheitert aber an den Möglichkeiten die Daten genügend genau zu erfassen. Aus diesem Grunde gibt es eine Reihe von Untersuchungen die versuchen, im Rahmen einer empirisch–mechanistischen Modellierung den Verlauf der Ozonkonzentration nachzubilden (Tiao 1983). Am einfachsten ist es dabei von der (leider mit großer Wahrscheinlichkeit richtigen) Hypothese auszugehen, daß die Ausgangssubstanzen zur Ozonbildung in ausreichendem Maße in der Luft vorhanden sind und meteorologische Parameter wie Temperatur, Strahlung, Feuchtigkeit und Wind den Reaktionsmechanismus beeinflussen. Eine derartige Vorgehensweise mit Daten von Meßtürmen im Rosaliengebirge brachte für die Tagesmittel der Ozonbelastung recht gute Ergebnisse. Das verwendete Modell war ein autoregressives Regressionsmodell mit Temperatur, Strahlung und Windgeschwindigkeiten (Krapfenbauer 1989). Für die Analyse von Schadstoffen ist jedoch nicht nur die durchschnittliche Belastung wesentlich, sondern die Modellierung von Spitzenereignissen. Um die tägliche Variation zu beschreiben wurden clusteranalysierte Methoden verwendet, die die Bedeutung von lokalen meteorologischen Übergangsphänomenen aufzeigten, die auf einer kleinräumigen Skala erfasst werden müssen. Daraus ergab sich eine erste Typologie von Tagesgängen der Ozonkonzentration (Grossmann 1990).

3.4 Planung von Versuchen

Wie aus den Beispielen der vorigen Abschnitte ersichtlich wurde, können Variable für großräumige und langfristige Betrachtungen sinnvoll sein, für eine unmittelbare kausalanalytische lokale (individuelle) Vorhersage aber kaum geeignet. Insbesondere scheint dies einen großen Bereich von physiologisch orientierten Größen zuzutreffen. Eine Konsequenz daraus ist, daß beim heutigen Stand des Wissens die Beobachtung und Interpretation an einzelnen Objekten weniger nützlich ist, als der Versuch ein statistisches Risiko zu definieren (vgl. Epidemiologie versus Medizin). Derzeit wird das Risiko in Modellen vielfach durch Reduktionsfaktoren der Form $(1 - x_{akt}/x_s)$ eingeführt, wobei x_s ein Schwellwert für die Größe ist und x_{akt} der aktuelle Wert (Shugart 1984). Es ist allerdings nicht klar, ob eine derartige Risikobewertung auch unter geänderten Umweltbelastungen sinnvoll ist. Statistische Methoden sollten dabei helfen, derartige Konzepte an neue Gegebenheiten zu adaptieren, indem man derartige globale Faktoren durch Wahrscheinlichkeiten für das individuelle Risiko ersetzt. Um das zu erreichen sind allerdings geeignete Versuchspläne bei der Datenerhebung notwendig. So soll z.B. zur Frage der Ozonbelastung in einem zukünftigen Projekt das Schwergewicht auf Versuchspläne gelegt werden, die eine lokale Abschätzung der Wahrscheinlichkeit von typischen Tagesgängen erlauben. Eine andere Anwendung der Risikodifferenzierung wurde von W.D. Grossmann im Rahmen seiner "Zeitkarten" (Bestimmung der Entwicklung des Risikos auf Flächen in der Zeit) gegeben (Grossmann 1990).

Literatur

Antonovsky M. Ya., Buchstaber V.M., Zubenko A.A.: System for statistical analysis of natural environment and climate monitoring data. Preprint IIASA (1990)

Gasch J., Krapfenbauer A.: Das Ozonmeßsystem in der Rosalia
Preprint, erscheint in Centralblatt für das gesamte Forstwesen (1990)

Grossmann W.D.: Modell- und Strategiegesteuerte geografische Karten für ökologische Forschung
In Österreichischer Staatspreis für angewandte Ökosystemforschung S 53–66 BMWuF Wien (1989)

Grossmann W.: Statistische Analyse der Ozonkonzentration im Lehrforst Rosalia
Preprint, erscheint in Centralblatt für das gesamte Forstwesen (1990)

Grossmann W., Heilig M., Wachsenegger G., Wagner H.: Basisdaten für ein Simulationsmodell eines Waldökosystems Projektbericht für das BMWuF Wien (1990)

Heilig M.: Methodische Möglichkeiten zur Simulation und Prognose des Niederschlags- und Abfluß-
vorganges kleiner Einzugsgebiete am Beispiel des Grasriegelgrabens
Preprint, erscheint in Centralblatt für das gesamte Forstwesen (1990)

Krapfenbauer A.: Ökosystemorientierte-kausalanalytische Studien zu Fragen des Phänomens Waldsterbens. Projektbericht für das BMWuF Wien (1989)

Krapfenbauer A., Gasch J., Davias O.: Luftverschmutzung Oxidantien –welche Hoffnung bleibt dem Wald? Eigenverlag Wien (1990)

Madansky A.: Prescriptions for Working Statisticians
Springer Texts in Statistics Springer, New York (1988)

Phadke M.S., Box G.E.P., Tiao G.C.: Empirical Mechanistic Modeling of Air Pollution
In: Analysis of Environmental Time Series S 91–100

Shugart H.H.: A Theory of Forest Dynamics
Springer New York (1984)

Stark M.: NFP 14 + Waldschäden und Luftverschmutzung
Bericht Scheizer Nationalfonds, Bern (1988)

Tiao G.C.: Use of Statistical Models in the Analysis of Environmental Data
American Statistician 37 S 459–470

Ulrich E., Heilig M., Grossmann W.: Hydrologische Untersuchungen im Lehrforst Rosalia
Preprint, erscheint in Centralblatt für das gesamte Forstwesen (1990)

Erfahrungen aus dem Aufbau und der Anwendung eines Naturschutzinformationssystems am Beispiel der "Biotopkartierung Wien"

Hans Klar

Magistrat der Stadt Wien, Magistratsabteilung 22 - Umweltschutz

Ebendorferstraße 4, 1082 Wien

Deskriptoren: Naturschutz, Biotopkartierung, GIS, Datenbankanwendung, Dateneingabe

Zusammenfassung

Die Biotopkartierung Wien stellt einen typischen Anwendungsfall für ein geographisches Informationssystem dar. Aus historischen Gründen wurde sie aber mit Hilfe traditioneller Datenbanksysteme realisiert. der Engpaß der Kartierung ist die Datenerfassung. Auch nach Abschluß der Feldarbeiten ist die schnelle und einfache Dateneingabe ein wesentlicher Punkt für die praktische Anwendbarkeit des Systems.

1. Voraussetzungen der Biotopkartierung Wien

Zum Planungszeitpunkt (1980 - 81) waren Biotopkartierungen in Österrreich nur ansatzweise vorhanden. EDV-gestützte Biotopkartierungen würden in der BRD gerade erst begonnen. Auf spezielle methodische Erfahrungen konnte man daher nur sehr beschränkt zurückgreifen. Allerdings gab es im Rechenzentrum der Stadt Wien eine Abteilung für "Graphische Datenverarbeitung" mit einer für damalige Verhältnisse sehr modernen Ausstattung. So waren leistungsfähige CAD-Systeme, A0-Plotter, Digitalisierbretter, Scanner mit Vektorisierprogrammen ect. bereits vorhanden. Nicht, oder nur sehr eingeschränkt war ein sogenanntes GIS verfügbar. Ein derartiges Programmpaket wurde inzwischen angeschafft ist aber noch nicht installiert.

2. Die fachlich bedingte Struktur der Biotopdaten

Aufgrund des flächenmäßig kleinen Erhebungsgebietes entschloß man sich zu einer sehr umfangreichen Datenaufnahme mit getrennten Erhebungen für jede Fachdisziplin. Dadurch sollte den unterschiedlichen methodischen Anforderungen der Vegetationskunde, Geomorphologie, Ornithologie, Herpetologie ect. Rechnung getragen werden. Diesen Bedürfnissen kommt das Landschaftsökologische Modell der Tophierarchie von Leser (1976) entgegen, das dann in einer Variation die Grundlage der Datenaufnahme und der Datenstruktur bildete. (Abb. 1)

Tatsächlich erhoben wurden die Phytotope, die Morphotope, die Hydrotope (als Ergänzung zu den Phytotopen), die Zoodaten (für jede Tiergruppe nach unterschiedlicher Methode), und die Stadtmikrochoren im dicht bebauten Stadtgebiet. Phytotope, Zoodaten, Morphotope, Hydrotope sollten in einem Expertengremium, nach der Erhebungsarbeit, zur nächst höheren Hierarchiebene, den Ökotopen, zusammengefaßt werden. Daraus ergibt sich eine sehr heterogene Datenstruktur, die ohne EDV kaum beherrschbar gewesen wäre und die die damals vorhandenen traditionellen Datenbanksysteme (mit nur geringer Unterstützung der Graphik) durchaus vor einige Probleme stellte. (Abb. 2)

3. Realisierung der Datenstruktur im Datenbanksystem

Realisiert sollte die Datenbank auf einer DEC-VAX 780 mit VMS werden. Als Datenbank stand vorerst nur der DATATRIEV von DEC zur Verfügung. Bedingung war allerdings eine Eingabe- und Auswertungsoberfläche die die Bedienung auch für völlig EDV-unkundige Personen ermöglichen sollte. Weiters sollte die Texteingabe so weit wie möglich vereinfacht und automatisiert werden, um den personellen Engpaß bei der Eingabe zu minimieren.

Daraus ergab sich, daß der DATATRIEVE nur sehr eingeschränkt verwendet werden konnte und zumindest die komplette Bedienungsoberfläche konventionell programmiert werden mußte. Der Zugang zu den Daten sollte so weit wie möglich auch ohne Graphik gesichert sein, aber die Graphik zumindest für die Ausgabe (Erstellung von Zeichnungen) in einer leicht bedienbaren Form integriert werden.

Realisiert wurde eine relationale Datenbank auf indexsequentieller Basis. Der geographische Zusammenhang wurde durch sogenannte "Referenzlisten" hergestellt, in der für jede "Topart" alle anderen, geographisch sich überlappenden "Toparten" eingetragen wurden. In den Datensicht- und Auswerteprogrammen können daher problemlos alle anderen gebietsbezogenen Informationen mitverwendet werden. (Abb. 3)

Um die ermittelten Tope schnell graphisch darstellen zu können wurden die graphischen Daten ebenfalls in die Datenbank integriert. Die Flächen, Linien, Punkte wurden als Objekt zu einem Satz oder einer Satzgruppe zusammengefaßt und mit einer eindeutigen Kennung versehen.

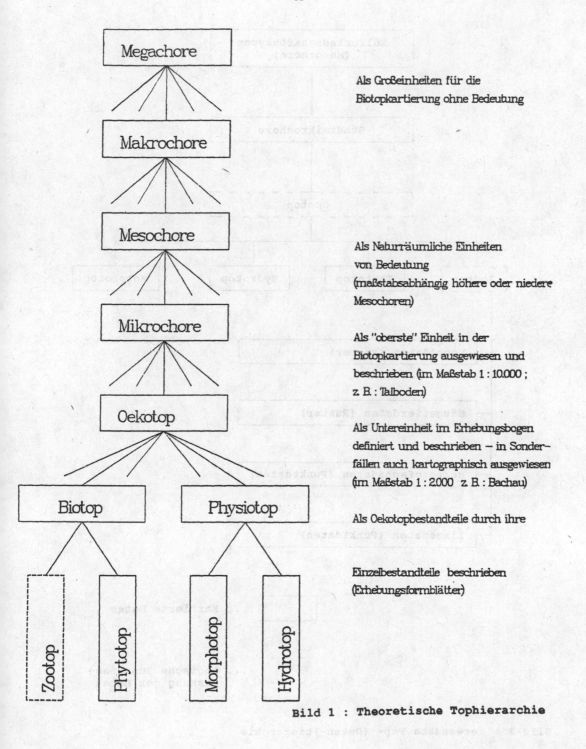

Als Größeneinheiten für die
Biotopkartierung ohne Bedeutung

Als Naturräumliche Einheiten
von Bedeutung
(maßstabsabhängig höhere oder niedere
Mesochoren)

Als "oberste" Einheit in der
Biotopkartierung ausgewiesen und
beschrieben (im Maßstab 1 : 10.000 ;
z. B. : Talboden)

Als Untereinheit im Erhebungsbogen
definiert und beschrieben – in Sonder-
fällen auch kartographisch ausgewiesen
(im Maßstab 1 : 2.000 z. B. : Bachau)

Als Oekotopbestandteile durch ihre

Einzelbestandteile beschrieben
(Erhebungsformblätter)

Bild 1 : Theoretische Tophierarchie

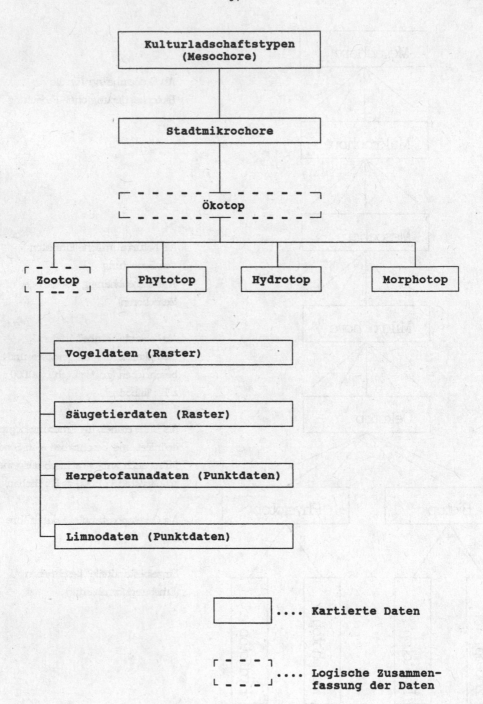

Bild 2 : Verwendete Top- (Daten-)hierarchie

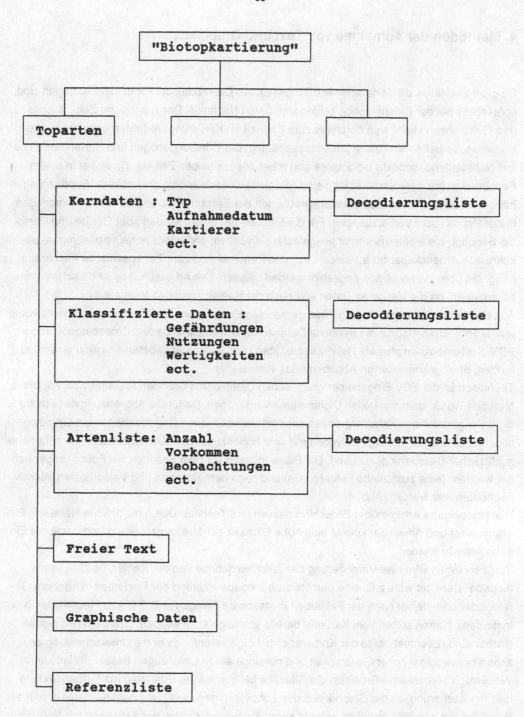

Bild 3 : Struktur der Datenbank

4. Methoden der Aufnahme von Text und Graphikdaten

So groß zweifellos die Vorteile einer EDV-gestützten Datenbank bei komplexen Anfragen sind, spätestens bei der Dateneingabe zeigen sich deren Nachteile. Der zusätzliche Zeit-, Arbeits- und Geldaufwand kann sich durchaus zum Engpaß im Kartierungsverfahren entwickeln. Die Kartierungsarbeiten sind meist jahreszeitabhängig. Die Erhebungsbögen und Karten treffen daher nicht laufend, sondern blockweise und meist alle zur selben Zeit ein. Da selbst in einem Fachbereich mehrere Kartierer tätig sind (die zumeist noch andere universitäre Verpflichtungen haben) ist aufgrund von Koordinationsproblemen der Zeitpunkt des Eintreffens der Unterlagen in der Praxis kaum vorherzusagen. Für die Eingabe der Daten werden aber Geräte und Personal benötigt, die einerseits immer ausgelastet sein sollen, anderseits nur eine bestimmte, beschränkte Arbeitskapazität aufweisen. Für das Personal sind zum Teil spezifische Fachkräfte nötig, die über Werkverträge angestellt werden müssen. Der Arbeitsumfang ist oft schwer vorherzusagen, da die Menge an Daten erst nach der Kartierungsarbeit feststeht.

Aus den bei der Biotopkartierung Wien gemachten Erfahrungen ist daher eine besonders vorbereitete Projektplanung für die Bereiche Datenaufnahme im Gelände und Dateneingabe in die EDV-Systeme zu empfehlen. Relativ späte, aber sehr strenge Abgabetermine sind einem laufenden, aber unkontrollierten Abgabemodus vorzuziehen.

Technisch ist die EDV-Eingabe der graphischen Daten durch Scannen realisiert worden. Diese Methode wurde dem manuellen Digitalisieren vorgezogen. Da für die Abgrenzung der Fläche nicht die geradlinigen Katastergrenzen sondern die natürlichen Gegebenheiten die Grundlage bildeten, entstanden kurvige Polygone mit sehr hoher Linienzahl. Der Nachteil ist ein sehr hoher zusätzlicher Bearbeitungsaufwand. Die Pläne müssen vor dem Scannen auf Folien umgezeichnet werden, (eine zusätzliche Fehlerquelle) und nach dem Scannen und Vektorisieren intensiv nachbearbeitet werden (Abb. 4).

Die Texteingabe erfolgte über Bildschirmmasken und Tastatur. Durch die örtliche Nähe von Programmierer und Anwender konnte eine hohe Effizienz der Maskensteuerung und damit der Eingabe erreicht werden.

Vorgeschlagen wird eine Verringerung der Zwischenschritte von der Kartierung zur Dateneingabe. Denkbar wäre z.B. eine unmittelbare Eingabe während der Feldarbeit in tragbare Geräte, oder unmittelbar nach der Feldarbeit in stationäre Anlagen (z.B. PC's zu Hause oder in den Instituten). Karten sollten vom Kartierer bereits so ausgefertigt werden, daß sie direkt digitalisierbar sind.(Eventuell sollte der Kartierer selbst digitalisieren, da er die Unterscheidung zwischen notwendiger hoher Genauigkeit und nur ungefähren Linienzügen besser treffen kann.) Wesentlich verbessern würde sich die Situation bei gemischter Erhebung mit Fernerkundung und Feldkartierung, da die Graphik aus den Luftbildern gewonnen und dem Kartierer bereits als Basis mit auf den Weg gegeben werden kann. Auch aus Gründen der Aktualität und Vollständigkeit wäre eine solche Kombination vorzuziehen.

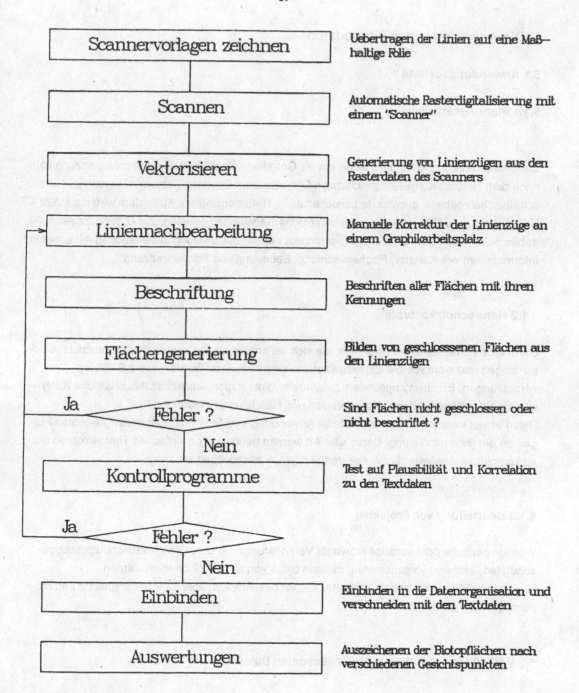

Scannervorlagen zeichnen	Uebertragen der Linien auf eine Maß— haltige Folie
Scannen	Automatische Rasterdigitalisierung mit einem "Scanner"
Vektorisieren	Generierung von Linienzügen aus den Rasterdaten des Scanners
Liniennachbearbeitung	Manuelle Korrektur der Linienzüge an einem Graphikarbeitsplatz
Beschriftung	Beschriften aller Flächen mit ihren Kennungen
Flächengenerierung	Bilden von geschlosssenen Flächen aus den Linienzügen
Ja — **Fehler ?** — Nein	Sind Flächen nicht geschlossen oder nicht beschriftet ?
Kontrollprogramme	Test auf Plausibilität und Korrelation zu den Textdaten
Ja — **Fehler ?** — Nein	
Einbinden	Einbinden in die Datenorganisation und verschneiden mit den Textdaten
Auswertungen	Auszeichenen der Biotopflächen nach verschiedenen Gesichtspunkten

Bild 4 : Arbeitsblauf der Dateneingabe

5. Die Anwendung der Biotopdaten

5.1 Anwendungsgebiete

5.1.1 Planungsarbeiten

Die Biotopkartierung dient unter anderem als Grundlage für die Erstellung und Abgrenzung von nach dem Naturschutzgesetz geschützten Gebieten oder Objekten (Naturschutzgebiete, Landschaftsschutzgebiete, geschützte Lanschaftsteile, Naturdenkmäler). Außerdem wird die MA22 - Umweltschutz zu Stellungnahmen zu den Flächenwidmungen gebeten. Zur Lösung dieser Aufgaben helfen thematische Überblickskarten aus der Biotopkartierung in Verbindung mit anderen Informationen wie Kataster, Flächenwidmung, Bebauung und Flächennutzung.

5.1.2 Naturschutzkonzepte

Darunter sind Konzepte zu verstehen, die sich mit speziellen Problemen des Naturschutzes beschäftigen und nicht von der Schutzgebietsplanung abgedeckt werden, wie z.B. Biotopvernetzungen, Ermittlung besonders gefährdeter Biotoptypen, landschaftshaushaltliche Analysen als Grundlage für Handlungsstrategien und Handlungsprioritäten.
Diese etwas verschwommen dargestellte Anwendung enthält in Wahrheit umfangreichsten Fragen an die Biotopkartierung. Daten aller Art werden benötigt. Von einfachen Themenkarten bis zu komplexen Analysen räumlicher Verteilungen, Verbindungen ect..

5.1.3 Beurteilung von Projekten

Werden bauliche oder sonstige relevante Veränderungen in durch das Naturschutzgesetz geschützten Gebieten vorgenommen, müssen diese von der MA22 beurteilt werden.
Hierbei werden auf ein enges, konkretes Gebiet beschränkte, aber sehr umfangreiche und möglichst genaue aktuelle Daten benötigt.

5.2 Verknüpfung der Biotopdaten mit anderen Daten

Aus den angeführten Anwendungen ist ersichtlich daß die Biotopkartierung allein nicht als ausreichende Informationsbasis dienen kann. Daher wird durch Einbeziehung aller naturschutzrelevanten Daten ein "Naturschutzinformationssystem" angestrebt. Wie im fogenden gezeigt wird, ist der Naturschutz selbst jedoch oft nur ein Aspekt einer viel komplexeren Betrachtungsweise im Rahmen von umweltorientierten Beurteilungverfahren.
Auch hier liegt der Engpaß wieder bei der Dateneingabe. Zumeist sind die Daten auf kleinmaß-

stäblichen Plänen in Büchern und Puplikationen oder auf Überblickskarten vorhanden. Der Aufwand, solche Unterlagen umzuzeichnen und von Spezialisten blockgenau digitalisieren zu lassen, entspricht oft weder vom Zeit- noch vom Kostenaufwand den Erfordernissen. Es muß daher die Möglichkeit bestehen, daß auch der ungeübte Anwender Daten aufnehmen (digitalisieren) und in das System integrieren kann. Mit der Integration sollte auch immer eine gute Dokumentation (zwingend) stattfinden, um eine Wiederverwendbarkeit zu ermöglichen, oder um die Entscheidung zur Elimination der Daten zu erleichtern.

Die Verknüpfung von graphischen Daten unterschiedlicher Informationsbereiche wird mit den meisten GIS-Paketen möglich gemacht. Allerdings ist bei größeren Datenmengen aufgrund der langen Rechenzeit in der Praxis kein interaktiver Betrieb möglich.

5.3 Integration der Biotopkartierung in ein Beurteilungsverfahren

Zur Beurteilung von Projekten und als methodische Richtlinie bei Entscheidungen wurde von der MA22 der Umweltleitfaden verfaßt. Die Position der Biotopkartierung in diesem Verfahren verdeutlicht sich am besten im sogenannten "Fenster zur Umwelt". (Abb. 5)

Aus fachlich-methodischen Gründen trennt sich die Beurteilung in verschiedene "Beurteilungkriterien". Die Erarbeitung dieser Kriterien erfolgt jedoch aus den "Beurteilungszuständen" (Ist-Zustand) der prognostizierten Einwirkung des Projektes und den Zielvorstellungen für das System. Daraus ergibt sich ein umfangreicher Wissensanspruch von dem was ist, was eventuell wird und nicht zuletzt was sein sollte.

Dei Biotopkartierung liefert dabei Daten über Untergrund, Tierwelt, Pflanzenwelt und wird vor allem für die Ermittlung des Lanschaftshaushaltes herangezogen. Aber auch andere Beurteilungkriterien benötigen diese Informationen z.B. Klimaveränderung, Flächenbedarf, Trennwirkung, Stadt- und Landschaftsbild.

Folgende Arbeitsschritte gelten als Leitlinie im Beurteilungverfahren:

o Beschreibung des Zustandes vor Verwirklichung des Vorhabens und Systemabgrenzung
  (= mögliches Einwirkungsgebiet)
o Ermittlung und Ableitung eines Zielsystems
o Beschreibung des Vorhabens und seiner (Aus)Wirkungen
o Beschreibung des Zustandes nach Verwirklichung des Vorhabens
o Entwicklung von Ausgleichs- und Ersatzmaßnahmen.

Aus diesen Darstellungen ist zu entnehmen, daß die Biotopdaten zwar einen wesentlichen, aber doch eher vergleichsweise geringen Teil aller notwendigen Informationen darstellen.

Beurteilungskriterien

Luftverunreinigung	Lärm, Erschütterungen
Wasserhaushalt	Flächenbedarf
Wasserverunreinigungen	Trennwirkung
Landschaftshaushalt	Stadt-u. Landschaftsbild
Klimaveränderungen	Abfall u. Energie

Beurteilungszustände

Bau, Anlage
Betrieb
* Produktion
* Versorgung
* Entsorgung

Ziele

Leitbilder
Richtwerte
Grenzwerte

Flächennutzung

Bauland, Grünland

Verkehr, Sondernutzungen

Flächenwidmung

W, GS, GB, IG
E, F, L, S
VB, SO

Ressourcen

Luft   Klima   Wasser
Boden   Untergrund
Tierwelt   Pflanzenwelt

Daseinsgrundfunktionen

Wohnen, Arbeiten, Bildung
Versorgung, Erholung
Kommunikation

Bild 5 : Fenster zur Umwelt

5.4 Beispiele für Fragestellungen

o Abgrenzungen eines Landschaftsschutzgebietes

Die Abgrenzungen ergeben sich aus dem Kataster, den Nutzungen und den Biotopdaten, wobei als Grundlage meist einfache Übersichtskarten genügen und die genaue Grenzziehung mit undifferenzierten aber großmaßstäblich Karten durchgeführt wird.

o Wiederverfüllung einer Schottergrube

Die Sichtung der Daten ergibt:

Die Grube ist mit Wasser gefüllt, es existiert keine submerse (untergetauchte) Vegetation, der Uferbereich ist mit einer typischen aber gewöhnlichen Schotterpioniervegetation bewachsen. Bemerkenswert ist lediglich, daß sich an einigen wenigen Stellen Rohrkolben und Schilf entwickelt (geschützt nach dem WR. Naturschutzgesetz).

Bei großräumiger Betrachtung zeigt sich allerdings, daß die Schottergrube im Zentrum eines Biotopnetzes liegt und in einer besonderen symmetrischen Beziehung zu einem biologisch sehr wertvollen ungestörten aufgelassenen Bahnhof steht. Am anderren Ende dieses Bahngeländes befindet sich ebenfalls eine aufgelassene Schottergrube, die allerdings schon einen ausgezeichneten Bewuchs aufweist.

Zur Prüfung der Alternativen wird die Wasserflächengröße (wichtig für die Nutzung als Badegewässer), das Tiefenprofil (wichtig für den potentiellen Bewuchs), das maximale Füllvolumen (Abschätzung der Ablösekosten) die Grundwasserbelastung in der Umgebung, die geschätzte Grundwasserbelastung durch Verfüllung oder durch Offenhaltung (Badebetrieb) benötigt.

6. Literatur

ARGE Biotopkartierung Wien : Erhebung schutzwürdiger und entwicklungsfähiger Landschaftsteile Wiens "Botopkartierung Wien" - Endbericht, 1988

Leser Hartmut, Landschaftsökologie
　　　UTB Ulmer Stuttgart, 1976

MA22 et al. : Umweltleitfaden - Grundstufe, 1989

ÖIR : Erfassung schutzwürdiger und entwicklungsfähiger Landschaftsteile und Elemente in Wien "Biotopkartierung" - Endbericht zum 1. Bearbeitungsabschnitt, 1981

Der Nutzen einer Tiergeographischen Datenbank für den Umweltschutz

Ernst Rudolf REICHL
Institut für Informatik
Johannes Kepler Universität Linz
Altenbergerstraße 69, A-4040 Linz
Tel. (0732)-2468-879

Das Wort "Umweltschutz" muß sich derzeit eine Begriffsverengung gefallen lassen zu einem "Schutz vor Umweltverschmutzung": Wahrlich ein wichtiger Aspekt, denn unsere Umwelt läuft seit geraumer Zeit Gefahr, verschmutzt, ja vergiftet zu werden. Aber eben nicht der einzige Aspekt von Umweltschutz! Umwelt kann man auch anders zerstören als durch ungeklärte Abwässer, Industrie-Abgase oder undichte Mülldeponien.

Auch "Umwelt-Datenbanken" sind mehr als eine bloße Dokumentation der Belastung von Luft, Wasser und Boden durch Schadstoffe.
Sie sollen auch Veränderungen dieser Umwelt, Schäden wie tragbare Veränderungen - seit er Ackerbauer geworden ist, verändert der Mensch ja seine Umwelt, und nicht immer nur zu ihrem Nachteil - festhalten bzw. erst erkennen lassen; sie sollen die Grundlagen liefern, beides, Schaden und tragbare Veränderungen, voneinander zu unterscheiden; und sie sollen diese Informationen rechtzeitig liefern, bevor noch irreversible Schäden entstehen.

Um Veränderungen festzustellen, braucht man Informationen aus zwei verschiedenen Zeitpunkten, "früher" und "jetzt", über den Bestand der Umwelt an einem bestimmten Ort. Man kann sie durch Messungen, also zumeist durch chemische Analysen, an der "unbelebten Umwelt", an Luft, Wasser und Boden gewinnen; man kann sie aber auch - und mit weniger Aufwand - durch Erfassung der "belebten Umwelt", Pflanzen und Tiere, an diesem Ort feststellen.

In Österreich mag es etwa 3.000 Pflanzenarten und etwa 30.000 Tierarten geben. Das Vorkommen oder Fehlen jeder einzelnen dieser 33.000 Arten an einem bestimmten Platz gibt aber Auskunft über eine ganz bestimmte Konstellation der "unbelebten Umwelt" an eben diesem Platz. Jede Veränderung dieser Umweltbedingungen führt zum Aussterben ganz bestimmter Tiere oder Pflanzen an diesem Ort, gegebenenfalls auch zum Zuwandern anderer Arten.

Im Prinzip bedeutet dies, daß unsere 33.000 Organismen-Arten nichts anderes sind als 33.000 verschiedene Meßgeräte für Umweltzustände - Meßgeräte, die über das ganze Land verteilt bereitstehen und nur noch registriert zu werden brauchen.

Dieses Registrieren und Dokumentieren besorgt in Österreich für die Tierwelt (die Daten für die Pflanzenwelt werden am Botanischen Institut der Universität Wien bei den Professoren F.Ehrendorfer und H.Niklfeld registriert) das Projekt "ZOODAT", das unter der Leitung des Verfassers seit 1972 am Institut für Informatik der Johannes-Kepler-Universität in Linz realisiert wurde und demnächst zum Kernstück (vielleicht sogar "Glanzstück", denn es ist derzeit die größte Tiergeographische Datenbank Europas) des eben entstehenden "Instituts für Umweltinformatik" in Linz werden wird.

Fast 1,4 Millionen Einzelbeobachtungen über die Tierwelt Österreichs enthält ZOODAT zur Zeit - eine imponierende Zahl, wenn man sich den dahinter stehenden Erfassungsaufwand vor Augen hält, aber noch lange nicht genug, wenn eine flächendeckende Gesamtdokumentation, und sei es nur eine einmalige Istbestandsaufnahme, unserer Tierwelt angestrebt werden soll. Die landschaftliche Vielfalt unseres Landes ist nun einmal - zu unserer Freude und zu der unserer Urlaubsgäste - gewaltig, und die Vielfalt unserer Tierwelt mit ihr. Östliche, aber auch skandinavische Länder haben es da einfacher. Wollten wir nur zwei unterschiedliche Biotope pro km² annehmen (sicher viel zu wenig) und rund 1000 in einem Biotop lebende Tierarten, so kämen wir für eine komplette Biotoperhebung Österreichs mit seinen 84.000 km² Fläche auf eine Datenmenge von fast 170 Millionen Einzelbeobachtungen für eine einzige, aber geographisch vollständige Bestandsaufnahme der Tierwelt Österreichs. Wir werden uns also mit einer viel grobkörnigeren Bestandserhebung zufrieden geben müssen und die mangelnde Detailtreue durch Einsatz statistischer Verfahren auszugleichen versuchen.

Vor der Datenspeicherung steht die Datenerfassung im Freiland. Sie erfordert in diesem Fall keinen teuren apparativen Aufwand, sie erfordert nur Kenner der Tier- und Pflanzenwelt, also Biologen, deren Ausbildung zwar zum Kanon unserer Universitäten gehört, deren universitäre Ausbildung aber leider nur selten in jene Richtung zielt, die hier gefragt ist: Arten zu erkennen und zu unterscheiden. So kommt es, daß der weitaus überwiegende Anteil der in ZOODAT gespeicherten Beobachtungsdaten von "Amateuren", "Hobby-Zoologen" stammt, die sich die nötige Artenkenntnis in ihrer Freizeit in ständigem Kontakt mit der Natur erworben haben und deren Arbeit auch die Berufszoologen höchste Anerkennung zollen. Diese Amateur-Forscher sind häufig in Arbeitsgemeinschaften an Museen zusammengeschlossen (in Oberösterreich z.B. an den naturkundlichen - entomologischen, botanischen, ornithologischen - Arbeitsgemeinschaften am O.Ö. Landesmuseum in Linz, mit regionalen Arbeitsgruppen in Steyr und Gmunden) und holen sich dort Anregungen und weiterbildende Informationen.

Amateuren kann man freilich nicht vorschreiben, was und wo sie beobachten sollen - sie tun ja etwas, "was sie gar nicht müßten". Daß ihre gesammelten Ergebnisse dennoch zu staunenswert vollständigen Gesamtdokumentationen zusammengestellt werden können, wie sie unsere ZOODAT in weiten Bereichen bietet, spricht für den Arbeitseifer und die wissenschaftliche Kompetenz dieser Idealisten, deren Leistung für die Umweltforschung oft viel zu wenig gewürdigt wird.

Welch aussagekräftige Informationen sich aus diesen mehr oder weniger zufällig zusammengetragenen Daten gewinnen lassen, mögen die beiden Verbreitungskarten von *Colias myrmidone*, einem der sieben in Österreich vorkommenden Heufalter (Gelblinge), zeigen. Die Art, die stets auf den Osten Österreichs beschränkt war (auch in Südtirol kommt sie nicht vor), ist in diesem Jahrhundert in ihrem Vorkommen radikal zurückgegangen und wird heute nur noch von wenigen Plätzen in Österreich gemeldet. Die beiden Karten zeigen eindringlich, daß der Rückgang in Oberösterreich schon vor dem Jahr 1950 eingesetzt hat, 1960 fast abgeschlossen war, daß dagegen in der Steiermark der Rückgang im wesentlichen zwischen 1950 und 1960 erfolgt ist, während er in Niederösterreich um 1960 gerade in vollem Gange war. Anthropogene Einflüsse dürften für diesen Rückgang nicht primär entscheidend sein.

Anders sieht es mit dem nahe verwandten Moorgelbling, *Colias palaeno*, aus. Er lebt ausschließlich auf Mooren, weil seine Futterpflanze, die Sumpfheidelbeere, nur dort gedeiht. Jede Trockenlegung eines Moors vernichtet einen weiteren Fundpunkt, bis die prächtige Art mit dem letzten Moor aus Österreich ganz verschwunden sein wird. Dafür werden wir einige Fichtenaufforstungen mehr haben, die dann - weil standortfremd - der nächste Orkan vernichtet.

Man mag, wenn man glaubt, zur Erfolgsgeneration zu gehören, einer einzelnen Schmetterlingsart nicht nachtrauern. Tatsächlich steht aber diese einzelne Art nur stellvertretend, weil besonders auffällig, für eine ganze Lebensgemeinschaft von Tieren (und natürlich auch Pflanzen), die ebenfalls vernichtet wird, wenn man ein Moor trockenlegt. Ein zum Alibi angelegter Tümpel bringt sie nicht wieder. Selbst die Wiederherstellung des ursprünglichen Biotops brächte die Arten nicht wieder, sofern nicht in ausreichender Nähe ähnliche Lebensräume fortbestanden haben, aus denen eine Wiederbesiedelung erfolgen kann.

Mannigfaltigkeit der Lebensräume, und eine räumliche Vernetzung dieser Lebensräume, ist also das, was erhalten bleiben muß, wenn unsere lebens- und liebenswerte Umwelt erhalten bleiben soll.

"Großräumiges Denken" ist hier nicht gefragt; natürliche Lebensräume sind kleinräumig, und gerade das macht unsere Arbeit in der Umweltdokumentation so aufwendig. Die Erstellung von "Biotop-Katastern", wie sie heute bereits in etlichen Ländern, auch in Österreich, in Angriff genommen wird, hat ja nicht nur die Auflistung solcher kleinräumiger Einheiten zu bedeuten, sondern auch die Inventarisierung ihres Bestandes an belebter Umwelt.

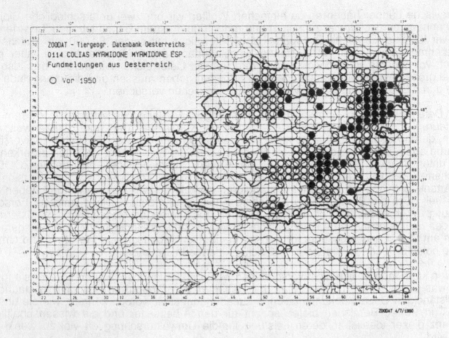

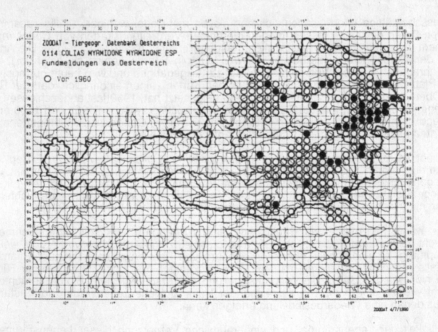

Fig.1: Das allmähliche Aussterben einer Schmetterlingsart *Colias myrmidone* in Österreich, dokumentiert aus Daten der Tiergeographischen Datenbank Österreichs "ZOODAT".

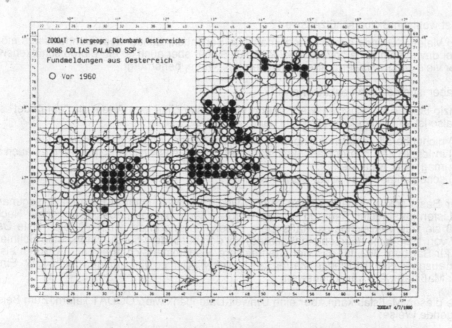

Fig.2: Der Moorgelbling *Colias palaeno* ist durch Trockenlegung von Hochmooren in seinem Bestand sehr gefährdet.

Fig.3: So könnte eine Gesamtdokumentation der Tierwelt Europas aussehen - hier das Vorkommen des Schmetterlings *Zygaena ephialtes* in Europa.

Wann ist wohl ein Biotop schützenswert?

Es mag vielerlei Gründe geben: Landschaftliche Schönheit, Schutz des Grundwassers mögen nur zwei davon sein; viele andere sind denkbar. Sicher aber auch ist ein Biotop schützenswert, wenn er viele schützenswerte Arten, Pflanzen oder Tiere, beherbergt.

Wann aber ist eine Tierart schützenswert?

Im Prinzip ist jede Art schützenswert; aber doch in erster Linie jene Arten, die "gefährdet" sind. Wann also ist eine Art gefährdet? Wohl dann, wenn sie

    a) nicht überall, sondern nur noch an wenigen Plätzen vorkommt; oder wenn sie
    b) in letzter Zeit in ihrer Häufigkeit stark zurückgeht, aus welchen Gründen dies auch sein
       mag; oder wenn sie
    c) schon immer eine Rarität war.

Auf der Basis solcher Überlegungen sind in vielen Ländern, auch in Österreich, sogenannte "Rote Listen gefährdeter Tierarten" erstellt worden, deren einziger, aber gravierender Nachteil ist, daß sie kein vergleichbares Maßsystem haben. So sind in der letzten "Roten Liste Österreichs" von 1983 (eine neue entsteht gerade) bei den besonders gut durchforschten Schmetterlingen für Salzburg 362, für das viel artenreichere Niederösterreich aber nur 170 Arten als gefährdet ausgewiesen. Ist Niederösterreichs Umwelt wirklich so viel weniger gefährdet? Ein objektiver Maßstab wäre wünschenswert.

Gerade diesen Maßstab kann aber eine Umwelt-Datenbank wie ZOODAT liefern. Zum Beispiel auf folgende Weise:

Gespeichert sind für jede einzelne Beobachtung einer Art der Fundort und das Funddatum. Vergröbert man diese Daten, indem man den Fundort auf ein bestimmtes Planquadrat reduziert, das Funddatum auf eine einfache Aussage "vor" oder "nach" einem bestimmten Fixdatum, so bekommt man genau jene Verbreitungskarten, von denen hier einige abgedruckt sind. Gefüllte Kreise geben die Zahl der Planquadrate, in denen die Art "jetzt" vorkommt, leere plus gefüllte Kreise die Zahl der Planquadrate, in denen sie "früher" vorkam. Aus diesen beiden Zahlen lassen sich recht einfach die vorhin unter a) bis b) genannten Kriterien quantifizieren. Die bessere oder schlechtere Durchforschung einer Artengruppe (oder eines Bundeslandes) lassen sich eliminieren, indem man die Zahlen auf jene der häufigsten Art dieser Gruppe bezieht.

So entstehen "Schutzwürdigkeitsindices", die in sauberer, quantitativer und vergleichbarer Weise dasselbe aussagen, was die Gefährdungsgrade der "Roten Listen" nur recht ungefähr andeuten.

Man braucht dazu freilich repräsentative Vergleichsdaten, aber ohne solche sollte man Umweltaussagen ohnehin kein objektives Mäntelchen umhängen. Solche hinreichend umfangreiche Daten liefert auch ZOODAT nicht für alle Tiergruppen. Am günstigsten liegt der Fall bei den Schmetterlingen, von denen allein aus Oberösterreich 240.000, aus Gesamtösterreich (einschließlich Südtirol) fast 950.000 Funddaten vorliegen. Die aus ZOODAT entnommenen bzw. berechneten Schutzwürdigkeitsindices der Schmetterlinge haben daher ein hohes Maß an Aussagekraft.

Wie aber kommt man von der Schutzwürdigkeit der Arten auf die Schutzwürdigkeit eines Biotops, den man erhalten will, und von dem möglicherweise noch kein einziger Beleg in ZOODAT existiert?

Man macht eine Biotoperhebung, indem man über eine seriöse Zeitspanne (sinnvoll ist ein ganzes Jahr, da viele Tiere oft nur ganz kurze Erscheinungszeiten haben) den Artenbestand feststellt.
Für Schmetterlinge - wie oben gesagt, wegen der besonders umfangreichen Vergleichsdaten bestens geeignet - ist der Anflug an mobile elektrische Klein-Lichtquellen dafür besonders günstig, bei anderen Gruppen sind es andere Fangmethoden, die einen guten Überblick über den Artenbestand an einem Biotop liefern.

Aus der Summe der Schutzwürdigkeitsindices der einzelnen Arten berechnet sich dann die Schutzwürdigkeit des Biotops. Die "vor Ort" gewonnenen Beobachtungsdaten gehen natürlich gleich wieder in den Datenbestand von ZOODAT ein.

Auch andere Staaten haben inzwischen ZOODAT-ähnliche Umwelt-Datenbanken errichtet oder wenigstens geplant. Ihre Zusammenfassung zu einem Datenverbund, der auch gesamt-europäische Auswertungen zulassen wird, soll unsere nächste Aufgabe sein. Weder Tierarten noch Umweltprobleme machen ja an Staatsgrenzen halt.

Ein 1984 in Linz abgehaltenes Symposium "Computers in Biogeography" hat erste Ansätze zur internationalen Vergleichbarkeit von nationalen biogeographischen Datenbanken gebracht. Seither haben Fachleute aus etlichen Ländern Linz besucht, um ZOODAT kennenzulernen und auf seine Übertragbarkeit auf eigene nationale Belange zu prüfen. Die Chancen für eine "europäische ZOODAT" stehen gut.

An Stelle einer Literatur-Übersicht:
Wer mehr über ZOODAT wissen möchte oder - noch besser - selbst an der Datensammlung mitarbeiten möchte, wende sich an das Institut für Informatik, Abteilung Informationssysteme, o.Univ.-Prof.Dr. Ernst R. Reichl, Johannes-Kepler-Universität Linz, Tel. (0732)-2468-879.

DUNGUS

Ein computerunterstütztes System zur Bemessung von Düngemaßnahmen in der Landwirtschaft

A. Eigner[*] E. Gaschler[*] M. Polaschek[**] E. Schikuta[**] G. Vinek[**]
[*]SUGANA-Zucker Ges.m.b.H., Wien
[**]Institut für Statistik und Informatik, Universität Wien

Deskriptoren: Datenbankanwendung, Düngemitteleinsatz

Zusammenfassung

Durch die steigende landwirtschaftliche Produktion und die damit verbundene Bodennutzung ergibt sich eine ständig wachsende Belastung der Umwelt durch Maßnahmen der Bodenbearbeitung. Besonders kritisch erscheint dabei der Einsatz großer Mengen von Düngemitteln, weil dadurch neben den Auswirkungen auf die Qualität des Erntegutes eine teilweise bedrohliche Belastung von Grund- und Oberflächenwässern bedingt ist. Ziel einer umweltbewußten Landwirtschaft muß es daher sein, Maßnahmen zur Entschärfung dieser Situation zu setzen.

Auf der Grundlage dieser Erfordernisse wurde das computergestützte System DUNGUS zur Düngerbemessung entwickelt. DUNGUS unterstützt die folgenden Tätigkeiten:

- Erfassung und Verwaltung aller relevanten Daten
- Verwaltung des Expertenwissens
- Empfehlung von Bodenbearbeitungsmaßnahmen
- Planung und Auswertung landwirtschaftlicher Versuche und statistische Datenanalyse
- Organisation und Administration

Durch den Einsatz des Systems konnte bereits im ersten Jahr eine Verbesserung der Düngeberatung hinsichtlich Qualität, Präzision und Flexibilität erzielt werden.

1. Motivation

Für das Pflanzenwachstum ist das Vorhandensein einer ganzen Reihe wichtiger Nährstoffe lebensnotwendig. Beim Betrachten eines natürlichen, unbeeinflußten Systems zeigt sich, daß die durch Pflanzen entzogenen Nährstoffe nach deren Absterben wieder dem Boden zugeführt werden und somit dem System erhalten bleiben (Kreislaufprinzip).

Bei der landwirtschaftlichen Produktion werden die für das Wachstum und Heranreifen der Feldfrüchte notwendigen Nährstoffe dem Boden entzogen. Mit der Ernte wird ein bestimmter Teil dieser Nährstoffe vom Feld transportiert. Um diese Nährstoffdefizit auszugleichen ist es notwendig, dem Boden die entzogenen Nährstoffmengen durch Düngung wieder zuzuführen. Die zu bemessende Düngermenge orientiert sich an einigen wichtigen Kenndaten des Feldes:

- Ergebnis der Bodenuntersuchung
- Nährstoffentzug durch die Ernte
- Ernterrückstände auf dem Feld
- Ausbringung von organischen Düngern
- Beregnungsmöglichkeit
- Boden- und Standortcharakteristika

Nach Vorliegen dieser Daten ist es möglich, dem Landwirt eine Düngeempfehlung für das betreffende Feld und eine bestimmte Feldfrucht zu erstellen.

Ziel dieser Düngeempfehlung ist es, unter Berücksichtigung der angeführten Kenngrößen jene Nährstoffmengen zu berechnen, die für die Erzielung des optimalen Ertrages bei bester Qualität notwendig sind. Diese Vorgangsweise verhindert eine unnötige Nährstoffanreicherung im Boden. Dies ist besonders beim Hauptnährstoff Stickstoff von größter Bedeutung, da eine über das notwendige Maß hinausgehende Stickstoffdüngung nachteilige Auswirkungen hat. In letzter Zeit tritt verstärkt das Problem der Nitratauswaschung auf, welches zur Belastung des Grundwassers führt und dieses für die Verwendung als Trinkwasser ungeeignet machen kann.

Aus betriebswirtschaftlicher Sicht stellt der Düngemitteleinsatz einen Produktionsfaktor dar, der mit erheblichen Kosten verbunden ist. Es ist daher die optimale Bemessung der notwendigen Düngemenge für den Landwirt auch von ökonomischem Interesse. Durch eine alle Einflußgrößen berücksichtigende Düngeempfehlung wird der Landwirt in seinen ökologischen und ökonomischen Entscheidungen unterstützt.

Die Nährstoffversorgung des Bodens und damit zusammenhängend die ausgebrachten Nährstoffe (Dünger) beeinflußen aber auch die heranreifenden Feldfrüchte maßgeblich. Nicht nur der Ertrag wird dadurch gesteuert, sondern auch die innere Qualität der Feldfrüchte. Als Beispiel kann die Qualität der von den Landwirten angelieferten Zuckerrüben genannt werden. Vor 20 Jahren zeigten die Ergebnisse zahlreicher Feldversuche einen Zusammenhang zwischen Stickstoffdüngung und Verarbeitungsqualität besteht. Bei höheren Stickstoffaufwandmengen kommt es zu einem Absinken des Zuckergehaltes in der Rübe.

Zur Erstellung der richtigen Düngeempfehlungen werden in einem eigens zu diesem Zweck eingerichteten Bodenlabor die relevanten Bodendaten (sowohl alle Hauptnährstoffe als auch Spurenelemente) mit Hilfe der EUF-Methode (Elektro-Ultrafiltration) bestimmt. Die Inanspruchnahme dieser Möglichkeiten ist den Landwirten freigestellt. Die Beobachtung zeigt, daß sie von fast allen Zuckerrübe anbauenden Landwirten genutzt werden. In Zahlen ausgedrückt bedeutet dies ein jährliches Aufkommen von derzeit 21000 Bodenproben. Um daraus Düngeempfehlungen erstellen zu können, ist es notwendig, die bereits genannten feldspezifischen Daten in jedem Einzelfall zu erheben und mit den im Bodenlabor anfallenden Analysewerten richtig zu verknüpfen.

Ein Ziel des zu beschreibenden Systems ist die rasche Erfassung und einfache Verwaltung aller relevanten Daten, um den Landwirt auf raschestem Weg nach der Bodenprobenziehung die betreffenden Düngeempfehlungen zukommen zu lassen.

Ein weiteres Ziel ist darin zu sehen, umfangreiche Auswertungen mit dem Datenmaterial durchzuführen zu können, um den Kenntnisstand der Bodenkunde und des Pflanzenbaus zu erweitern und so die Forderung nach einer umweltgerechten Landbewirtschaftung besser erfüllen zu können.

Durch die Komplexität der Zusammenhänge und das anfallende Datenvolumen ist eine wirkungsvolle und zeitgerechte Entscheidungsfindung nur mit Computerunterstützung zu bewältigen.

2. Das DUNGUS-System

Auf der Grundlage dieser Erfordernisse wurde ein computergestütztes System zur Düngebemessung (DUNGUS) entwickelt. Folgende Tätigkeiten werden durch DUNGUS unterstützt:

- Erfassung und Verwaltung aller relevanten Daten in einer relationalen Datenbank.

- Beschreibung und Verwaltung des Expertenwissens durch ein Regelsystem in einer Modellbank.

- Empfehlung von Bodenbearbeitungsmaßnahmen (Düngeempfehlung) für den landwirtschaftlichen Betrieb.

- Planung und Auswertung landwirtschaftlicher Versuche und statistische Datenanalyse

- Organisation und Administration

Die Struktur des Systems und die Einbettung in das landwirtschaftliche Umfeld wird durch folgende Abbildung veranschaulicht:

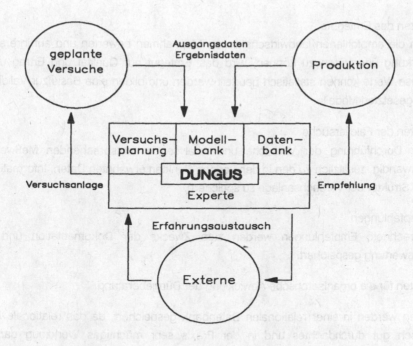

Bild 1: Struktur des Gesamtsystems

2.1 Datenbank

Die in der DUNGUS-Datenbank gespeicherten Daten lassen sich inhaltlich folgendermaßen gliedern:

- chemische Analysedaten der Bodenproben
  Die dem Feld entnommenen Bodenproben werden in einem Labor analysiert und die festgestellten Werte in die Datenbank übernommen. Hierbei besteht die Möglichkeit, die Messwerte nach bestimmten Kriterien (z.B. regionale und jahreszeitliche Grenzwerte, Abhängigkeiten) zu überprüfen und entsprechende Maßnahmen (z.B. Analyse-wiederholung) zu ergreifen.

- Daten der Feldbearbeitung
  Die vom Landwirt beabsichtigten Bodenbearbeitungsmaßnahmen und Angaben über die Fruchtfolge werden durch einen Fragebogen erfaßt und in die Datenbank übernommen.

- Daten regionaler Einflüsse
  Regionenspezifische Daten (z.B. Klima, Bodenart) können in der Datenbank erfaßt und zur Empfehlungsrechnung und Plausibilitätskontrolle von Analysewerten herangezogen werden.

- Daten des Ernteguts

  Um die empfohlenen landwirtschaftlichen Maßnahmen bewerten und auf ihre spezifische Wirkung überprüfen zu können, wird das Erntegut auf Qualität und Ertrag untersucht. Diese Werte können statistisch beurteilt werden und bilden eine Basis zur Validierung der eingesetzten Modelle.

- Daten der Feldversuche

  Zur Durchführung der Versuche und Analyse der entsprechenden Meßwerte ist es notwendig, zusätzlich zu den in den vorigen Punkten erwähnten Daten, Informationen über die Struktur der Versuchsanlage zu speichern.

- Empfehlungen

  Berechnete Empfehlungen werden zum Zwecke der Dokumentation und späteren Auswertung gespeichert.

- Daten für die organisatorische Abwicklung der Düngeberatung

Die Daten werden in einer relationalen Datenbank gespeichert, da das relationale Modell ein theoretisch gut durchdachtes und in der Praxis sehr mächtiges Werkzeug darstellt. Der strukturelle Aufbau der für die Empfehlungsrechnung notwendige Information läßt sich wie folgt darstellen:

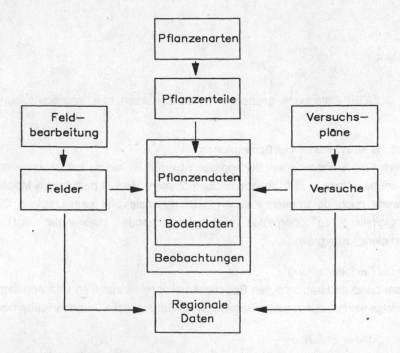

Bild 2: Struktur der Ausgangsdaten

Die Verwendung der Funktionen des Datenbanksystems erfolgt im Routinebetrieb über eine menügeführte Dialogschnittstelle. Zusätzlich stehen dem Benutzer die üblichen interaktiven Werkzeuge eines relationalen Datenbanksystems zur Verfügung, wodurch auch nicht vorhergesehene Anfragen und Datenmanipulationen ad hoc durchgeführt werden können.

2.2 Modellbank

Die Formulierung der Modelle erfolgt durch eine eigene Modellbeschreibungssprache. Ziel war es, eine Sprache zu entwerfen, die es dem EDV-ungeübten Benutzer ermöglicht, in einfacher, klarer und verständlicher Form Berechnungsvorschriften zu formulieren. Bei der für die maschinelle Verarbeitung notwendige Formalisierung der Sprache wurde versucht, die im Rahmen der Empfehlungsrechnung bisher verwendete Formulierungsmethodik weitgehend beizubehalten.

Die Merkmale der Sprache umfassen:

- Datentypen und strenge Typbindung
- Datenbankabfrage- und manipulationsmöglichkeiten
- Wertetabellen
- Entscheidungstabellen
- vordefinierte Funktionen
- Benutzerinteraktionen

Im Vordergrund der Entwicklung der Sprache stand die Integration von einfach zu formulierenden und dabei effizienten Datenbankzugriffen und Rechenoperationen. Während der Interpretation des Berechnungsmodells werden Informationen aus der Datenbank bezogen, den Berechnungsvorschriften entsprechend verknüpft, und Ergebnisse in die Datenbank abgelegt. Um den Benutzer nicht zu stark mit syntaktischen Regeln zu belasten, erfolgt die Erstellung und Wartung der Modelle weitgehend dialoggesteuert.

Die Modellbank unterstützt den Benutzer bei der Verwaltung und Erweiterung der erstellten Modelle.

2.3 Empfehlungsrechnung

Bei der Berechnung der Düngeempfehlung lassen sich zwei unterschiedliche Tätigkeiten unterscheiden. Die jeweiligen Modelle für die Düngerbemessung werden vom Experten in einer ersten Phase für speziell ausgewählte Datenkonstellationen evaluiert und bezüglich ihrer Sensitivität auf Parameterveränderungen untersucht. Erst in einer zweiten Phase werden sie für die Düngeempfehlung im Routinebetrieb eingesetzt. Dabei können für beliebig spezifizierbare Feldgruppen Empfehlungen vollautomatisch erstellt werden.

Die Trennung dieser beiden Betriebsmodi ist nicht streng. Auch im Routinebetrieb ist jederzeit die Möglichkeit der Benutzerinteraktion gegeben, um auf unplausibel erscheinende Ergebnisse zu reagieren. Es ist einerseits möglich, daß der Benutzer von sich aus den Routineablauf unterbricht, andererseits kann das Modell eine Benutzerinteraktion verlangen, wenn Ergebniswerte vorher festgelegten Bedingungen widersprechen.

2.4 Versuchsplanung

Aus den im Routinebetrieb laufend anfallenden Daten über Bodenzusammensetzung, Bodenbearbeitungsmaßnahmen, Düngereinsatz sowie den entsprechenden Ertrags- und Qualitätsmerkmalen des Erntegutes ist es möglich, mit Hilfe statistischer Verfahren teilweise jene Informationen über das Zusammenwirken dieser Größen zu erhalten, die notwendig sind, um adäquate Modelle für die Düngerbemessung erstellen zu können. In vielen Fällen sind diese Informationen jedoch nicht ausreichend, so daß es notwendig ist, zur Beantwortung gezielter Fragestellungen geplante Experimente durchzuführen.

Feldversuche werden angelegt, um Informationen über die Wirkung wohldefinierter Einflüsse auf ausgewählte Zielgrößen zu erhalten, wobei Unterschiede in diesen Zielgrößen beurteilt werden, die durch die Wirkung von in der Praxis relevanten Einflußkonstellationen entstehen. Statistisch geplante Versuche erlauben es, simultan die Wirkung mehrerer Einflußfaktoren zu prüfen, wobei jeder Faktor in mehreren Ausprägungen auftritt. Die Versuche werden so angelegt und kontrolliert, daß die allgemeinen Umwelteinflüsse auf alle Versuchseinheiten (Parzellen) möglichst gleichartig sind, so daß eventuell gefundene Unterschiede in den Zielgrößen als von den speziellen Einflüssen der Versuchsfaktoren hervorgerufen interpretiert werden können. Die aus einem Versuch erhaltenen Ergebniswerte werden mit Hilfe statistischer Verfahren (Schätz- und Testmethoden) analysiert und entsprechend interpretiert.

Die meisten Fragestellungen können nicht durch ein einziges Experiment ausreichend beantwortet werden, so daß es notwendig ist, Versuchsserien durchzuführen, in denen gleichartige Versuche an mehreren Orten und auch in mehreren Jahren angelegt werden.

In der DUNGUS-Datenbank werden für jeden geplanten Versuch jene Daten dokumentiert, die notwendig sind, um die Durchführung der Versuche organisatorisch zu unterstützen und die entsprechende Analyse der Ergebnisse zu ermöglichen. Zu diesen Daten gehören unter anderem die regionale und zeitliche Zuordnung des Versuches, der jeweils angewendete Versuchsplan, die Anzahl und Bedeutung der Faktoren und ihrer Stufen, die Zuordnung jeder durch eine Faktorstufenkombination charakterisierten Versuchseinheit zu einer Bodenparzelle (Randomisierung) sowie die Angabe der für jede Parzelle zu messenden Zielgrößen.

Nachdem die Werte der Zielgrößen erhoben und in der DUNGUS-Datenbank abgelegt sind, können die der Anlage der einzelnen Versuche entsprechenden statistischen Analysen durchgeführt werden und auch zusammenfassende Auswertungen von Versuchsserien über mehrere Orte und Jahre, wobei die vorliegenden regionalen und zeitlichen Informationen (beispielsweise Wetterdaten) in die Analyse mit einbezogen werden können.

Für die statistische Datenanalyse werden Standardpakete verwendet, wobei eine Schnittstelle für die Datenübernahme vorgesehen ist.

2.5 Organisation

Um einen reibungslosen Ablauf des Betriebes, zu gewährleisten unterstützt das System die folgenden routinemäßigen Vorgänge:

- Datenübernahme aus Labors und aus der auf einem Großrechner geführten Stamm-datenbank
physische Übernahmen der Daten in die Datenbank per Datenträger oder DFÜ
Kontrolle auf Korrektheit und Vollständigkeit

- Druck und Versand der Düngeempfehlungen
Übergabe der berechneten Empfehlungen an die Stammdatenbank zur Verrechnung und zum Massenversand
Lokaler Ausdruck von Empfehlungen

- Arbeitsdokumentation
Protokollierung aller Arbeitsvorgänge
Kontrolle bezüglich termingerechter Verfügbarkeit von Daten, Analyse- und Berechnungsergebnissen
Konsistenzsicherung der Datenbestände

3. Erfahrungen

Das System ist seit einem Jahr erfolgreich im Einsatz. Die leichte Anpaßbarkeit der Berechnungsmodelle ermöglichte die schnelle Einbettung und Anwendung neuen Wissens und sicherte dadurch einen hohen Grad an Präzision der Düngeempfehlungen.

Die interaktive Schnittstelle der DUNGUS-Datenbank erlaubte die schnelle und gezielte Beantwortung von Anfragen der Landwirte im Rahmen der Düngeberatung.

Es hat sich in der Praxis gezeigt, daß durch die Bestimmung individueller Düngemengen der Düngemitteleinsatz ohne Einbußen an Qualität und Ertrag des Erntegutes wesentlich reduziert werden kann.

4. Implementation

Das mehrbenutzerfähige System wurde unter UNIX®[*] entwickelt und läuft zur Zeit auf einem Personal Computer der oberen Leistungsklasse. Es baut auf einer relationalen Datenbank auf und bietet eine fensterorientierte Benutzeroberfläche. DUNGUS ist an eine zentrale Datenbank (Stammdaten landwirtschaftlicher Betriebe auf einer Großrechenanlage) und an das Laborinformationssystem TULABIS angekoppelt.

5. Literatur

Basisliteratur zu den dem System zugrundeliegenden Verfahren (im Text nicht zitiert).

Eifert J., et al.: EUF-nutrient contents required for optimal nutrition of grapes
    Plant and Soil 83, (1985) S 183-189

Eigner H. et al.: Feldversuche zur Optimierung der Stickstoffdüngung zu Getreide mittels EUF
    3. Int. EUF-Symp., (1988)

Fürstenfeld F.: Stickstoff- und Kaliumverfügbarkeit in norddeutschen Ackerböden bei
    Gülleanwendung - gemessen mittels Elektro-Ultrafiltration (EUF) - und ihre Bedeutung für die
    Ernährung der Zuckerrübe
    Dissertation, Universität Gießen, (1985)

Horn D.: Feldversuche zur Optimierung der Stickstoffdüngung zu Mais mittels EUF
    3. Int. EUF-Symp., (1988)

Kutscha-Lissberg P., et al.: Rapid determination of EUF-extractable nitrogen and Boron
    Plant and Soil 64, (1982) S 63-66

Maier J.: Optimierung der Stickstoffdüngung im Stärkkartoffelanbau Süddeutschlands mittels
    EUF
    3. Int. EUF-Symp., (1988)

Mengel K.: Bestimmung des verfügbaren Stickstoffs im Boden mittels Elektro-Ultrafiltration (EUF)
    VDLUFA - Schriftenreihe 24/87, (1987) S 21-30

Müller K.: Die EUF-Analyse - was sie ist und was sie kann
    Deutsches Weinbau-Jahrbuch 41, (1990) S 87 - 94

Nemeth K.: Die effektive und potentielle Nährstoffverfügbarkeit im Boden und ihre Bestimmung
    mit Elektro-Ultrafiltration (EUF)
    Habilitationsschrift, Universität Gießen, (1976)

---

[*] UNIX is a registered trademark of Bell Laboratories

Nemeth K., et al.: Bestimmung pflanzenverfügbarer Stickstoff-Fraktionen im Boden und Beurteilung des Stickstoff-Düngerbedarfs für die Zuckerrübe mit EUF
Zuckerind. 107, (1982) S 958-962

Recke H.: Kalium- und Stickstoffverfügbarkeit südniedersächsischer Standorte - bestimmt mittels Elektro-Ultrafiltration (EUF) - in Beziehung zu Ertrag und Qualität der Zuckerrübe
Dissertation, Universität Gießen, (1984)

Sinclair A.H.: A comparison of elctro-ultrafiltration and quantity/intensity measurements of soil potassium with its uptake by ryegrass in Scottish soils
Plant and Soil 64, (1982) S 85-94

Wicklicky, L.: Application of the EUF procedure in sugar best cultivation
Plant and Soil 64, (1982) S 115-127

Ziegler K.: Feldversuche zur Ermittlung der Stickstoffverfügbarkeit fränkischer Ackerböden zur weiteren Eichung des EUF-Verfahrens im Getreidebau
Dissertation, Universität Gießen, (1989)

Toxikokinetisches Modell- und Datenbanksystem als Hilfsmittel für die Interpretation industrietoxikologischer Probleme

Gerhard Wuenscher, Helma Kersting, Henning Heberer, Ingrid Westmeier
Arbeitshygienisches Zentrum der Chemischen Industrie DDR- Leuna PSF 31

Volker Wenzel, Manfred Flechsig, Eberhard Matthaeus
Akademie der Wissenschaften, Zentralinstitut für Kybernetik, Berlin

Deskriptoren: Toxikokinetik, Modellierung, Simulation, Datenbanken,
Risikobewertung

Zusammenfassung

Auf der Grundlage eines etablierten physiologisch orientierten Modellierungsansatzes für toxikokinetische   Erscheinungen flüchtiger Substanzen im Säugetierorganismus
ist eine toxikokinetische Modell- und Datenbank zu entwerfen, zu implementieren und unter besonderer Berücksichtigung der Toxikokinetik des Benzens zu validieren.
Eine Bestandsaufnahme der in der Literatur vorhandenen
Informationen (Struktur, Prozesse, Daten der Modelle)
führt zur Schaffung eines Objektwissen integrierenden Ar-
beitsmittels in der Hand der experimentell tätigen Toxikologen. Die physiologisch orientierte Struktur des
Transportsystems ist durch ein die Metabolisierung be-
schreibendes Subsystem ergänzt. Dieses Hybridmodell kann
zur Interpretation und Bewertung von Bildungsraten toxischer Metaboliten benutzt werden. Bei der Entwicklung
werden neben dem Biomonitoring (exponierter Arbeiter) vor
allem die Anforderungen tierexperimenteller Toxizitätsbewertung berücksichtigt. Der Modellierungsansatz erlaubt
Spezies-Extrapolationen und kann so entscheidend zur
Verbesserung der Toxizitätsbewertung beitragen. Hier sind
die entsprechenden Spezies-bezogenen Daten zu beschaffen
und einer kritischen Bewertung zu unterziehen.

1. Das konzeptuale Modell der Toxikologie

In der technisierten Welt sind die verschiedensten Biosysteme und eben
auch der Mensch durch freigesetzte Fremdstoffe kontaminiert. Hinsichtlich des Belastungsniveaus und der Art der chemischen Substanzen unterscheiden sich Arbeits- und Umwelt in der Regel. Unabhänig davon liegt

aber der Toxizitätsbewertung generell die gleiche Vorstellung zugrunde:

- Der in das Biosystem aufgenommene Schadstoff wird verteilt, transformiert und ausgeschieden.

- In Abhänigkeit von den toxikokinetischen Erscheinungen stellt sich im Zielorgan (target tissue) eine Konzentration des geschädigten Stoffes (dose) ein, die nur mittelbar das äußere Belastungsniveau widerspiegelt.

Die toxikodynamischen Vorgänge im Zielorgan (dose-effect-relationship) werden also nur dann zu verstehen sein, wenn die toxikokinetischen Erscheinnungen hinreichend zu klären sind (ANDERSEN 1989, CLEWELL 1989, GARGAS 1989).

Hierbei haben schon immer statistische und pharmakokinetische Modelle bei der Interpretation und Reduktion von Daten eine Rolle gespielt. Der vielgestaltigen Struktur des aus (Tier-)Experimenten und Feldstudien resultierenden Datenfonds können solche, auf die Anpassung einzelner Datensätze ausgerichteten Modelle nicht gerecht werden. Modelle werden von Toxikologen deshalb auch eher als Beiwerk der eigentlichen experimentellen, auf die Toxizitätsmechanismen ausgerichtete Arbeit angesehen. Soll die Akzeptanz des Modellierens innerhalb dieses Fachgebietes befördert werden, müssen Modelle angeboten werden, die sich strukturell an der Gesamtheit der vom Fachmann zu behandelnden Informationen orientieren. Diese Modelle haben Objektwissen zu integrieren, biologisch plausibel zu sein und sollten dabei helfen

- Experimente zu planen
- Hypothesen zu testen und
- Werte schwer meßbarer Variablen vorherzusagen.

In dem Maße wie bekannt wird, daß der experimentellen Arbeit (unangesprochenermaßen) ein KONZEPTUALES MODELL zugrunde liegt, das mathematisierbar und biologisch validierbar ist, sollte es möglich sein - entgegen gewisser Vorbehalte - die fachliche Arbeit interdisziplinär innerhalb eines Informatik-Konzeptes zu organisieren. Modellierung wird dann in nicht unbeträchtlichem Maße eine Diziplin, in der die experimentelle Arbeit abgewickelt und unterstützt werden kann. Eine entsprechende toxikokinetische Modell- und Datenbank (TOMODABA) sollte, theoretisches Wissen und experimentell Daten vereinend, als ein Arbeitsmittel des Fachmanns gelten können (RESCIGNO 1987).

2. Struktur und Prozesse des Simulationsmodells

Der Säugetier-Organismus ist strukturell vom Atmungs- und Kreislaufsystem bestimmt (wobei gerade in der Industrietoxikologie dem Atmungssystem als Aufnahmeweg besondere Bedeutung zukommt). Das Kreislaufsystem verbindet einzelne Kompartimente, die hinsichtlich der anatomisch-physiologischen Struktur und nicht nur phänomenologisch als Entitäten aufgefaßt werden können. Die Zirkulation des Blutes, die einzelnen Kompartimente verbindend, ist die bestimmende Struktur des

Modells. In einem BASISMODELL (s. Bild 1) werden bis zu acht Kompartimente berücksichtigt, die sich hinsichtlich des Stofftransportes als zu
unterscheidende Einheiten erweisen, weil diese sich entweder in den
organ-spezifischen Parametern (VOLUMINA, DURCHBLUTUNGs-Raten) oder den

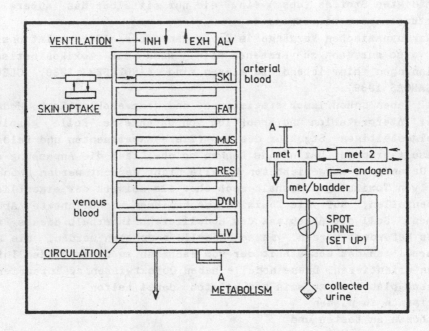

Bild 1: Struktur des Basismodells, das mit der Metabolisierungsstruk-
tur zusammen als Hybridmodell aufzufassen ist

substanz-spezifischen Parametern (VERTEILUNGS-KOEFFIZIENTEN) unterscheiden. Diese drei Größen bestimmen den Stofftransport zwischen Herz-
-Lunge-Herz und den Kompartimenten nach der Aufnahme während der Rezir-
kulation. Die Transportraten werden bestimmt durch den Konzentrationsausgleich im pro Zeiteinheit durch das Gewebe fließenden Blutteilvo-
lumen. Im abfließenden Blutelement stellt sich eine durch die Verteilungskoeffizienten bestimmte Konzentration ein. Die Annahme, daß in vi-
vo der Konzentrationsausgleich im Vergleich zur Kontaktzeit (Flußrate)
schnell genug erfolgt, scheint hinreichend gesichert. Die entsprechenden Daten zu Gewebevolumina und gewebespezifischer Durchblutung sind
verfügbar. Diese Größen lassen sich sogar aus Individuum- und spezies-
bezogenen Grundgrößen (z.B. Körpermaßen) ableiten. Die Prinzipien der
Allometrie sind hier anwendbar. Es gilt z. B.

Ventilationsrate QP (Liter/Std.)   Mensch (70 kg)   Ratte (0.2kg)
  QP =   15 * Körpergewicht (kg) ** 0.74   348   4.56
Gewicht der Lunge LG (kg)
  LG = 0.0115 * Körpergewicht (kg) ** 0.99   0.77   0.0023 .

Aber auch Daten, die den Stofftransport regieren, sind unter Berücksichtigung von Prinzipien der Thermodynamik (Löslichkeit) aus in-vitro-Messungen ableitbar. Es sind für etwa 100 in der Industrie genutzte flüchtige Substanzen (Lösungsmittel) Daten verfügbar.
Die Validität dieses Modellierungsansatzes ist unter verschiedensten Bedingungen im Vergleich von Experiment und Modell nachgewiesen worden (ANDERSEN 1987, DROZ 1989, FISEROVA-B. 1985, LUTZ 1985). Dabei ist vielfach beobachtet worden, daß nach abgeschlossener Verifizierung der Modellstruktur das Modell in Simulationsläufen das experimentell festgestellte Verhalten reproduziert, ohne daß die üblichen Prozeduren der Datenanpassung in Anspruch genommen werden. Das wäre ohnehin nur im begrenzten Umfang möglich, weil die Parameter einer objektbezogenen Plausibilität genügen müssen (physiologische Bereiche !). Systematische Abweichungen würden eher - im Sinne der Wechselbeziehung zwischen experimenteller Arbeit und Objektwissen/Modellierung - eine strukturelle Veränderung des Modells (Erkenntniszuwachs) auslösen müssen.

Uebersicht 1:   Modellierbare Kompartimente (Organe/Gewebe)

Aufnahme: Lunge /ALV/, Gastrointestinaltrakt, Haut/Unterhautgewebe,
          Peritoneum
Verteilung: stark durchblutetes Gewebe/VRG (Gehirn, Gastrointestinal-
            trakt) Muskelgewebe /MUS/, Fettgewebe /FAT/, schwach oder
            nicht durchblutetes Gewebe /RES/ (Knochenhartmasse, Zäh-
            ne...)
Metabolisierung/Ausscheidung: Lunge /ALV/, Leber /LIV/, Niere, Blase
Zielorgane: Gehirn /DYN/, Herz, Milz, Dickdarm, rotes und gelbes
            Knochenmark, Brustdrüsen, Placenta, Fötus

Die im Basismodell zu berücksichtigenden physiologischen Parameter sind der Ausgangspunkt für Interspezies-Extrapolation. Fülle und Inkonsistenz veröffentlichter Daten erfordern immer noch eine erhebliche Kompilationsleistung. Zwar existieren Sätze physiologischer Daten für einige Spezies (Maus/B6G3F1 mice, Ratte /F344 rat, Hamster /Golden syrian hamster, Kaninchen, Hund, Affe etc.), aber es sind viele Vergleiche und Plausibilitätsbetrachtungen nötig, um die Zuverlässigkeit der Daten einzuschätzen.
Natürlich sind die aus der biologischen Variabilität resultierende Variationsbereiche bei der Modellierung genau wie beim Experiment zu akzeptieren. Ein gegebener Variationsbereich soll aber mit Hilfe der Modellaussagen in seinen Konsequenzen beurteilbar sein.
In diesem Zusammenhang ist die Unsicherheit über die Durchblutung des Fettgewebes (das in der Regel aus ganz unterschiedlichen Körperbereichen stammend, zusammenfassend betrachtet wird) bedeutsam. Als Speicherkompartiment bestimmt es die Verweildauer des Schadstoffes im Organismus. Hier müssen besondere Anstrengungen zur Abklärung des Einflus-

Übersicht 2: Modellbezogene physiologische Parameter (n. TRAVIS 1990)

	Maus	Ratte	Mensch
Körpergewicht (kg)	0.025	0.25	70.0
Volumen der Magerkörpermasse (l)	0.018	0.18	50.0
Anteil Leber/LIV	0.055	0.04	0.026
Fettgewebe/FAT	0.10	0.07	0.190
Organe/VRG	0.05	0.05	0.05
Muskelgewebe/MUS	0.70	0.75	0.62
Herzzeitvolumen (l/min)	0.016	0.089	5.4
Perfusionsanteil Leber/LIV	0.25	0.25	0.26
Fettgewebe /FAT	0.09	0.09	0.06
Organe/VRG	0.51	0.51	0.44
Muskelgewebe/MUS	0.15	0.15	0.25
Alveolarventilation (l/min)	0.025	0.11	5.0

----

ses diese Unsicherheit auf das Modellverhalten unternommen werden. Die
Verteilungskoeffizienten besitzen zum Teil beträchtliche Variationsbereiche. Das trifft aber auch auf diejenigen zu, die im Referenzsystem
(Octanol / Wasser) unabhängig von biologischer Variation bestimmt worden sind:
      Benzen (Octanol / Wasser)   107.....218,
      Toluen (Octanol / Wasser)   128.... 870.
Die Einschätzung des Anteils biologischer und messungsbedingter Variation ist hier sehr wichtig. Bei der Modellierung kann von einer mes-
sungsbedingten Variation abgesehen werden, da das von der Beobachtung
unabhängige Biosystem modelliert wird. Wenn zu garantieren ist, daß
keine wesentlichen systematischen Abweichungen im Messverfahren existieren, sind gebildete Mittelwerte sehr gute Schätzungen der in-vivo
geltenden Verteilungskoeffizienten.

3. Die toxikokinetische Modell- und Datenbank

Das Modell- und Datenbanksystem wird unter dem Simulationssystem
SONCHES (WENZEL 1988, WUENSCHER 1990, WUENSCHER 1989) betrieben. Als
Software ist es implementierbar auf IBM - compatiblen Personalcomputern
und VAX-compatiblen Microrechnern (Betriebssystem VMS).
Das Simulationssystem gestattet in Nutzer-freundlicher Weise verschiedene Modellierungsoperationen auszuführen: einfacher Simulationslauf,
Verhaltensanalyse (vorgegebene Änderung von Parametern), Sensibili-
tätsanalyse und Monte-Carlo-Simulation (stochastische Änderung von Parametern).
Die Simulationsläufe werden aus einem Szenarioservice heraus gestartet
(s. Bild 2). Ein Szenario ist definiert durch Parameter,die das Biosys-

tem, die Substanz und die externe Umgebung beschreiben und wird durch ein aufrufbares Makro repräsentiert. Die entsprechenden Daten sind in Bibliotheken gespeichert. Die Datenbestände können hier gepflegt werden. Derartige Bibliotheken existieren auch für die Resultate der Simulation und der realen Experimente. Eine weitreichende Resultat-(Nach-) Verarbeitung gestattet die Vergleiche von Simulation und Experiment. Graphische Möglichkeiten der Resultatdarstellung erleichtern den Umgang mit dem System. Dabei werden nicht nur Zeitreihen, sondern auch verbale Kommentare der einzelnen Experimente verwaltet.

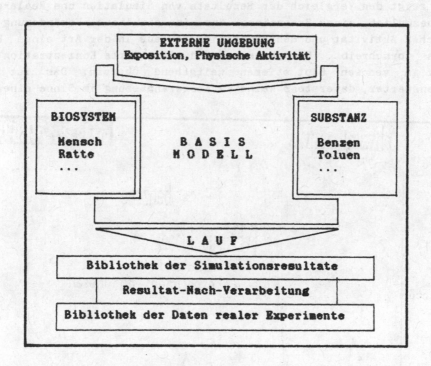

Bild 2: Schematische Darstellung zur Organisation der toxikokinetischen Modell- und Datenbank

Die Möglichkeiten innerhalb der TOMODABA sowohl objektbezogene Daten als auch Modellstrukturen verwalten bzw. entwickeln und für den Prozeß der Modellierung (Weiterentwicklung des Modells als Konsequenz eines Modell-Experiment-Vergleich) bereithalten zu können, unterstreichen den Werkzeugcharakter des Systems. Ein aktueller Aspekt der Modellierung der hier behandelten Biosysteme sind MONTE-CARLO-SIMULATIONEN. Die inter- und intraindividuelle Variabilität gehört zu den Grunderscheinungen der biologischen Systeme und es liegt nahe, dieses Verhalten zu simulieren (Monte-Carlo-Simulation). Innerhalb der TOMODABA sind bisher insbesondere die Einflußfaktoren (physische Aktivität, Expositionsprofile, Körperbau etc.) untersucht worden, die

die Variabilität der Daten des biologischen Monitorings exponierter Arbeiter beeinflussen (HEBERER 1989). Insbesondere das Simulieren gruppen-bezogener Daten ist wichtig, kann doch so der Zusammenhang zu den sehr oft als statistischen Maßzahlen vorliegenden experimentellen Daten hergestellt werden. Hier gibt es durch die Arbeit einer Schweizer Arbeitsgruppe vielversprechende Ergebnisse (DROZ 1989).

4. Der Vergleich von Simulations- und Realexperimenten

Bild 3 zeigt den Vergleich der Resultate von Simulation und Realexperiment bezüglich eines Szenarios, das eine simultane Veränderung der physischen Aktivität und des Expositionsniveaus in der Art eines Peak-Profils vorschreibt. Die gemessene und simultierte Konzentration von Benzen im venösen Blut stimmen weitgehend überein. Das ist umso bemerkenswerter, da erstens keine Parameteranpassung im Sinne eines em-

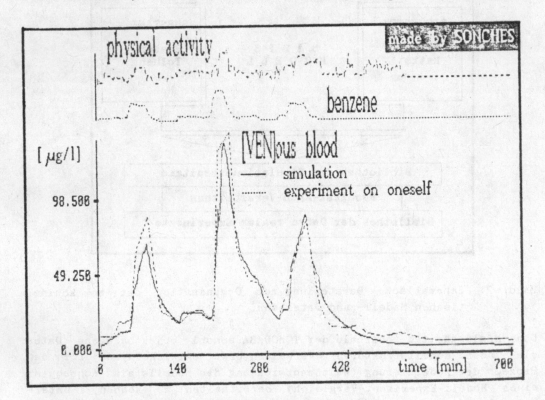

Bild 3: Vergleich der Resultate von Realexperiment und Simulation
- Konzentration von Benzen im venösen Blut -
Szenario: Simultane Veränderung der physischen Aktivität und
der Benzenexposition (Peak-förmiges Profil)
Expositionsbereich: 5...20 mg/m**3 (293 min)
Physische Aktivität: 20...80 Watt (Ergometer)

pirischen Modells erfolgte, sondern lediglich die physiologischen Parameter des Probanden eingestellt wurden und zweitens das Ergebnis des
Realexperiment durch einen vorab absolvierten Simulationslauf vorhergesagt worden ist.

Erfahrungen, die bei der Planung und Auswertung derartiger Experimente
(Selbstversuche in der Expositionskammer) zu sammeln waren, bestätigen
im vollen Umfang die These des konzeptualen Modells (s. Abschnitt 1).
In mehreren Fällen sind durch den Umgang mit dem Simulationsmodell
interessante, manchmal kontraintuitive Hypothesen formuliert worden,
die im Experiment Bestätigung fanden.So sind zum Beispiel die im Bild 3
dargestellten Maximalwerte unerwartet hoch . Außerdem ist der Mittelwert über den Expositionszeitraum höher, als dies die zeitgewichteten
Mittelwerte erwarten lassen. Ein nichtlineares Verhalten physiologischer Prozeße (Atmung, Kreislauf) verursacht, daß der zeitliche Verlauf der Werte der Belastungsgrößen den zeitgewichteten Mittelwert der
Benzenkonzentration beeinflußt.

5. Toxizitätsbewertung und Interspezies-Relation

Die physilogisch orientierten Modelle sind an sich durch den Modellierungsansatz prädestiniert, Zusammenhänge zwischen externer Exposition
und interner Dosis herzustellen; wobei insbesondere wegen sättigbarer
Biotransformationskapazität ein linearer Zusammenhang zwischen beiden
Größen nicht ohne weiteres vorausgesetzt werden kann. Da das Modell
dann auch speziesabhängigen Gegebenheiten des Organismus berücksichtigt, ist es als Mittel zur Interspezies-Extrapolation von Dosis-
Wirkungsbeziehungen verfügbar zu machen (siehe allometrische Beziehungen in Abschnitt 2). Diese Möglichkeiten des Modellierungsansatzes
auszuschöpfen, bedeutet, durch entsprechende Entwicklungsarbeit die
Leistungen der toxikokinetischen Modell- und Datenbank so verfügbar zu
machen, daß diese als Arbeitsmittel von Toxikologen akzeptiert werden
kann. Es ist möglich, einen großen Teil des bei der Toxizitätsbewertung
nötigen Objektwissens verfügbar zu halten, ohne dabei aber den Anspruch
zu formulieren, der an sich komplizierten Prozedur der Spezies-Extra-
polation mehr als nur eine methodische Basis zu geben.

Der Nutzen eines solchen toxikokinetischen Modell- und Datenbanksystems besteht darin, experimentelle Ergebnisse vergleichen zu können,
die unter verschiedensten Bedingungen erhalten worden sind. Die Konsistenz eines Informationspools zu einem bestimmten toxikologischen
Problem - meist sind Beobachtungen über mehrere Spezies hinweg zu
vereinen - kann wesentlich besser überprüft werden, wenn von der durch
physiologische und toxikokinetische Grundprozesse bestimmten Phänome-
nologie abstrahiert werden kann. Das betrifft vor allem Interspezies-
Extrapolationen im Zusammenhang mit der Bewertung von Dosis-Wirkungs-
Beziehungen. Hier ist man oft gezwungen, die Dosis (als Expositions-
surrogat) nachträglich durch allometrische Beziehungen auf andere Spe-

zies zu übertragen. Dabei wird nicht berücksichtigt, daß eigentlich die Grundprozesse dieser Skalierung bedürfen. Diese wirken in der durch das physiologisch orientierte Modell beschriebenen Struktur in dynamischer Weise zusammen, so daß die Dosis zu extrapolieren, keinesfalls als arithmetische Operation denkbar ist.

Bei den Substanzen, die vor allem in ihren Biotransformationsprodukten toxisch bedeutsam sind, ist der Gültigkeitsbereich des PB-PK-Modellie-rungsansatzes eigentlich ausgeschöpft. Hier sind in neuerer Zeit ver-stärkt Versuche zu beobachten, Hybridmodelle zu entwickeln:
- Das PB-PK-Submodell beschreibt -als bedeutsame nicht zu unterschät-zende Vorleistung - die Konzentration des Schadstoffes im metaboli-sierenden Organ (Leber, Lunge,etc.).
- Das Metabolisierungs - Submodell beschreibt die Konzentration der Metaboliten (toxische, reaktive) in einzelnen Kompartimenten. Die Wechselwirkung zwischen beiden Submodellen ist beträchtlich, da meist nichtlineare, sättigbare Metabolisierungswege unterstellt werden müssen. Dehalb ist von derartigen Hybridmodellen eine quantitative Aussage über das komplexe Geschehen der Biotransformation zu erwar-ten, wenn entsprechende experimentell abgeleitete Daten verfügbar sind. Es ist selbstverständlich, daß dabei die reaktiven Metabolite besondere Beachtung finden. Außerdem sind solche Hybridmodelle auch Voraussetzung für eine die Biotransformation einschließende Inter-spezies-Extraplation.

6. Literatur

ANDERSEN, M.E.: Tissue Dosimetry, Physiologically-Based Pharmacokinetic Modeling, and Cancer Risk Assessment´
Cell Biology and Toxicology 5(1989)4, 405-415

ANDERSEN,M.E.; MacNAUGHTON,M.G.; CLEWELL,H.J.; PAUSTENBACH,D.J.:
´Adjusting Exposure Limits for Long and Short Exposure Periods Using a Physiological Pharmacokinetic Model´
Am. Ind. Hyg. Assoc. J. 48/4 (1987) 335-343

CLEWELL,H.J.; ANDERSEN,M.E.: ´Dosimetric Modells:Physiologically Based Pharmacokinetics´
Health Physics 57(1989) Sup.1, 129-137

DROZ,P.O.; WU,M.M.; CUMBERLAND,W.G.; BERODE,M.:
´Variability in Biological Monitoring of Solvent Exposure. Development of a Population Physiological Model.´
Brit. J. Ind. Med. 46(1989), 447-460

DUNN, C.D.R.: A Biologist´s View of Mathematical Models in Hemo-poisis in "Mathematical Modeling of Cell Proliferation: Hem Regulation in Hemopoisis" (H.E. Wichmann, M. Löffler (Eds))
Boca Raton (Florida): RC Press 1985

FISHEROVA-BERGEROVA,V.: ´Toxicokinetics of Organic Solvents.´

Scand. J. Work. Environ. Health 11 (1985):suppl.1,7-21.

GARGAS,M.L.; ANDERSEN,M.E.: 'Physiologically Based Approaches
for Examining the Pharmacokinetics of Inhaled Vapors'
In: Toxicology of the Lung; D.E. Gardner et al.(Eds);
New York: Raven Press 1989

HEBERER,H.; WUENSCHER,G.; KERSTING,H.; WENZEL,V.; FLECHSIG,M.:
"Experience with a Simulation System and Chamber Experiments
in the Toxicokinetic Modelling of Benzen Exposure"
Proc. Int. Congress MEDICHEM Cracow 1989

LUTZ,R.J.; DEDRICK,R.L.: 'Physiological Pharmacokinetics: Relevance to Human Risk Assessment' In: New Approaches in Toxicity
and Their Application in Human Risk Assessment;
A.P. Li (Ed.) New York:Raven Press 1985

RESCIGNO,A.; BECK,J.S.: 'Use and Abuse of Models'
J. Pharmacokinetics Biopharmaceutics 15(1987) 327-344

TRAVIS, C.C.; QUILLEN, J.L.; ARMS, A.D.: Pharmacokinetics of Benzene
Toxicology and Applied Pharmacology 102(1990) 400-420

WENZEL,V.; MATTHAEUS,E.; FLECHSIG,M.: 'Generic Modelling in
SONCHES.' In: Proceedings of the International Symposium
held in Berlin (GDR) Sep. 1988, Sydow, A. et al (Eds)
Berlin: Akademie-Verlag 1988, part I., 129-124

WUENSCHER,G.; WENZEL,V.; FLECHSIG,M.; MATTHAEUS,E.: 'Simulation System SONCHES based Toxicokinetic Modelling as a
Tool in Biological Monitoring', ditto. part II., 332-335

WUENSCHER,G.; KERSTING,H.; HEBERER,H.; WESTMEIER,I.;
WENZEL,V.; FLECHSIG,M.; MATHAEUS,E.: 'Simulation System
'SONCHES' Based Toxicokinetic Model and Data Bank as Tool
in Biological Monitoring and Risk Assessment'
Science Total Environm., special issue 1989

WUENSCHER,G.; WENZEL,V.; FLECHSIG,M.; MATTHAEUS,E.: 'Toxicokinetic Modelling by Simulationsystem 'SONCHES'. What should
and can such a System do ?'
Syst.Anal.Model.Simul. 7(1990)6; in press

ALIS, Informationssystem für den Vollzug des Bundesimmissionsschutzgesetzes

R. Güttler, W. Kraß
Institut für Umweltinformatik
an der Fachhochschule des Saarlandes
Goebenstraße 40, 6600 Saarbrücken

Deskriptoren: UNIX, verteilte Datenbank, Aktionssteuerung, Bundesimmissionsschutz, Anlagen-informationssystem, Verwaltungsverfahren-Abbildung

Zusammenfassung

ALIS ist ein unter UNIX als verteilte ORACLE-Datenbank organisiertes Anlagenin-formationssystem, das die DV-Unterstützung der Verwaltungsverfahren und die Bereitstellung von Verwaltungsinstrumenten für die Überwachung des Vollzugs des Bundesimmissionsschutzgesetzes zur Verfügung stellt.

ALIS ist integrierbar in das Hessische Umweltinformations- und Beobachtungssy-stem (HUBIS); dynamisch anpaßbar bei Änderungen von Rechtsnormen, Zuständig-keiten, Aufgabenstellungen oder Verwaltungsabläufen; gewährleistet den Daten-schutz durch Kontrolle der Zugriffsrechte; ist bruchlos in die Arbeitsabläufe der Benutzer eingebettet; wird ausschließlich mit Menüs und Masken gesteuert und wird durch den Aktionsmanager aktionsgetrieben gesteuert.

1. Einleitung

Die Hauptaufgaben des Hessischen Ministeriums für Umwelt und Reaktorsicherheit (HMUR) in Wiesbaden im Bereich des Bundesimmissionsschutzgesetzes gliedern sich in

- die Überwachung des Vollzugs des BImSchG und
- die Durchführung von Genehmigungsverfahren

Die Durchführung der Aufgaben und Prüfungen wird von den nachgeordneten Be-hörden und Ämtern wahrgenommen. Diese gliedern sich in die Regierungspräsidien in Darmstadt, Gießen und Kassel, die staatlichen Gewerbeaufsichtsämter in Darm-

stadt, Frankfurt am Main, Fulda, Gießen, Kassel, Limburg, Marburg und Wiesbaden.
Zur Durchführung der Aufgaben muß oft auf den gleichen Datenbestand zurückge-
griffen werden (Genehmigungsbescheide, Meßberichte, ...) und Daten zwischen den
Behörden ausgetauscht werden. (Stellungnahmen, Briefe, ...).

Die durchzuführenden Verwaltungsaufgaben müssen landeseinheitlich nach dem
gleichen Schema durchgeführt werden.

Im Zuge der Aufgabenerledigung sind sehr viele Termine und Fristen zu wahren
(Wiedervorlage, Revisionen, Abgabe von Meßberichten, ...).

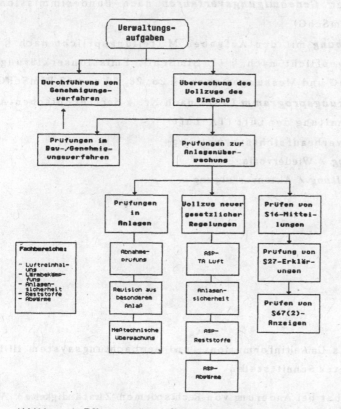

Abbildung 1: DV-unterstützte Verwaltungsaufgaben

Das Institut für Umweltinformatik wurde im Sommer 1989 vom Hessischen Ministerium für Umwelt und Reaktorsicherheit beauftragt, ein System zu erstellen, das
die Forderungen zur Unterstützung der Verwaltungsaufgaben erfüllt.

2. Ziele und Zweck aus Sicht des Auftraggebers

Wesentliches Ziel des Projektes "DV-gestütztes Anlageninformations-system" ist die Unterstützung der zuständigen Verwaltungsbehörden.

Die unterstützten Aufgabenbereiche sind :

- Durchführung der *Genehmigungsverfahren* nach Bundesimmissions-schutzgesetz (BImSchG)
- *Anlagenüberwachung* mit den Aufgaben Mitteilungspflicht nach § 16 BImSchG, Anzeigepflicht nach § 67 BImSchG, Emissionserklärungen nach § 27 BImSchG und Messungen nach §§ 26, 28, 29 und 52 BImSchG
- *Altanlagensanierungsprogramm* (ASP) nach Nr. 4 der Technischen An-leitung zur Reinhaltung der Luft (TA-Luft)
- *Statistik* der Gewerbeaufsichtsverwaltung
- *Terminüberwachung* / Wiedervorlage
- *Schriftstückverwaltung* / Aktenverfolgung

3. Anforderungen

ALIS ist :

- integrierbar in das Umweltinformations- und Beobachtungssystem HUBIS aufgrund definierter Schnittstellen

- dynamisch anpaßbar bei Änderung von Rechtsnormen, Zuständigkeiten, Auf-gabenstellungen und Verwaltungsabläufen

- gewährleistet den Datenschutz durch automatische Kontrolle von Zugriffs-rechten und Zugriffsprotokollierung

- ist in die Arbeitsabläufe der Benutzer bruchlos eingebettet

- Menü- und Maskensteuerung auf Benutzerklassen zugeschnitten; stellt kontextbezogene Hilfen zur Verfügung

- wird durch den Aktionsmanager und die Terminüberwachung vollständig akti-onsgetrieben gesteuert.

- ist als verteilte ORACLE-Datenbank (ANSI-SQL) unter UNIX System V (X/OPEN) realisiert.

4. Basis

ALIS wird auf DPX 2000-Rechnern der Firma BULL mit einem UNIX SVR3-kompatiblen Betriebssystem unter dem relationalen Datenbanksystem ORACLE Version 6 OLTP eingesetzt. Die Rechner in den einzelnen Behörden sind mittels Datex-P zu einem Netz verbunden um auf die verteilte ALIS-Datenbank zugreifen zu können.

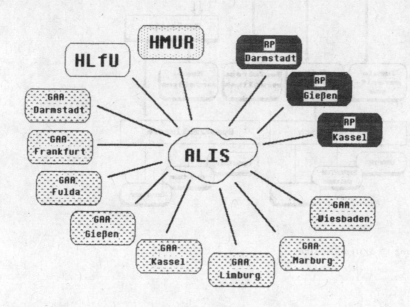

Abbildung 2: Das Kommunikationsnetz ALIS

5. Realisierung

ALIS wurde nach einer neuen Methode konzipiert, bei der der Ablauf eines Verfahrens nicht starr in das System einprogrammiert wird, sondern dynamisch änderbar in der Datenbank abgebildet wird.

Der Ablauf eines Verfahrens wird von einem Werkzeug, dem **Aktionsmanager**, vom

Start über Unterbrechungen bis zur Beendigung gesteuert.

Einzuhaltende Termine und Fristen werden in Kommunikation mit der **Terminüber-wachung** berücksichtigt.

Dem jeweiligen Benutzer wird das für seine **Benutzerklasse** definierte Menüsystem präsentiert.

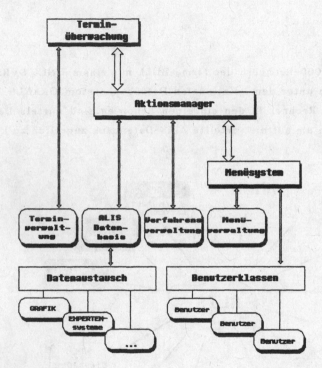

Abbildung 3: Systemübersicht

5.1. Die Terminüberwachung

Aufgaben

Die Terminüberwachung (TÜ) hat die Aufgabe, alle gesetzten Termine und Fristen zu überwachen. Ist ein Termin fällig, muß die TÜ eine Nachricht an den entsprechenden Benutzer senden. Konnte der Benutzer nicht angesprochen werden (z.B. Arbeitsplatz war nicht besetzt), muß entweder dessen Vertreter oder der System-verwalter benachrichtigt werden.

Die Kommunikation zwischen den einzelnen Rechnern im Netz wird durch die TÜ
gesteuert.

Start und Ende

Die TÜ wird einmalig für jeden Rechner gestartet. Dies geschieht nach dem "Hoch-
fahren" des Rechners. Beendet wird sie durch den "Shutdown-Prozeß" des Systems.

Arbeitsweise

Der Aktionsmanager läßt sich von der TÜ die für den jeweiligen Benutzer ausste-
henden Termine übermitteln. Termine, die von außen kommen (anderer Rechner),
werden dem zuständigen Benutzer mitgeteilt (z.B. Aufforderung zu einer Stellungnahme). Die TÜ teilt dem AM den Termin mit und dieser übernimmt das weitere
Vorgehen. Ist der Termin beim AM erledigt, so erfolgt eine Mitteilung an die TÜ
und der Termin wird als erledigt markiert.

5.2. Der Aktionsmanager

Aufgaben

Der Aktionsmanager (AM) ist ein Prozeß im zu realisierenden System, der die
Arbeitsschritte zu den einzelnen Verwaltungsverfahren steuert und überwacht. Für
den Be nutzer legt der AM für jedes gestartete Verfahren eine "Karteikarte" an.
Dort wird der Beginn, der Zustand, die Zugriffsrechte, der aktuelle Arbeitsschritt
(Aktionsschritt) usw. festgehalten. Der AM kann für einen Benutzer ein gestarte-
tes Verfahren "einfrieren" und jederzeit wieder aktivieren. Ist ein Verfahren akti
viert worden, so übernimmt der AM die Steuerung der nachfolgend notwendigen
Arbeitsschritte.

Start und Ende

Nachdem sich ein Benutzer am System angemeldet hat (LOGIN), erscheint das für
die Benutzerklasse definierte Hauptmenü. Jetzt kann der Benutzer ein neues Verfahren starten, ein "eingefrorenes" Verfahren "auftauen" oder ein anderes Modul,
z.B. Q-Office, ausführen.
Das Abmelden erfolgt über einen Menüpunkt.

Vorteile des Aktionsmanagers

Der AM steuert und überwacht nicht nur den Verfahrensablauf und die Programmsteuerung, sondern auch speziell definierte Funktionstasten. Betätigt der Benutzer
eine solche Taste, kann z.B. eine kontextbezogene Hilfe angezeigt werden, oder es
werden ausführlichere Daten zum Verfahren aufgerufen.
Der Ablauf eines Verfahrens kann ohne großen Aufwand geändert werden, da der
Ablauf vollständig in der Datenbank abgebildet ist. Eine Programmierung wird erst
bei Maskenänderungen notwendig.
Versionsänderungen können über den AM automatisiert werden, da zu den einzelnen Moduln Gültigkeitshorizonte überwacht werden. Ab einem bestimmten Datum
gilt einfach die neue Version. Durch Rücksetzen des Datums kann jedoch ein Verfahren auf die alte Weise durchgeführt werden.
Die Terminüberwachung kontrolliert alle Termine der Benutzer. Ist eine Frist ab-
gelaufen oder ist ein bestimmter Termin fällig, so wird der AM durch die Termin
überwachung angestoßen. Der AM besorgt sich alle Informationen zum Fortführen
des Verfahrens an der unter brochenen Stelle.

5.3. Das Menüsystem

Jeder Benutzer ist einer Benutzerklasse zugeordnet, mit der jede Hierarchie und
Zugriffsregelung abgebildet werden kann.

Nach dem Anmelden am System befindet sich der Benutzer in einem auf seine Benutzerklasse individuell zugeschnittenem Menü.

135

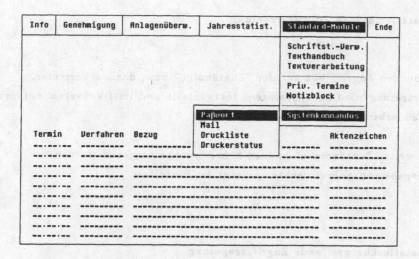

Abbildung 4: Beispiel-Menü

5.4. Zugriffsrechte / Zugriffsschutz – Konzept

Leitsatz:

Lesenden Zugriff auf eine Akte (Zugriff im Einzelfall) haben alle Mitarbeiter der Behörde; sofern sich Daten in Bearbeitung befinden, erfolgt der Zugriff nur mit Zustimmung des "Zuständigen" bzw. dessen Vertreters.

→ Abbildung des Ist-Zustandes in den Behörden
→ Protokollierung des Zugriffs
→ KEINE Personalüberwachung

Die Regelung des Zugriffs wird unterteilt in:

- dienststellenintern und
- dienststellenübergreifend

5.4.1. Dienststelleninterne Zugriffsregelung

- Schreibenden Zugriff hat nur der "Zuständige" bzw. dessen Vertreter.
  Die Vertretung wird behördenintern festgestellt und im DV-System entsprechend änderbar eingerichtet.

- Vom jeweils "Zuständigen" können Schreibrechte vergeben werden.
  Die Vergabe von Schreibrechten erfolgt im Einzelfall.

5.4.2. Dienststellenübergreifende Zugriffsregelung

- Auswertungen erfolgen unter Beachtung des Dienstweges.
  Über den zuvor geregelten Zugriff auf eine Akte im Einzelfall hinaus, werden dienststellenübergreifende Auswertungen benötigt. Diese erfolgen unter Beachtung des Dienstweges, sofern keine Standardisierung erfolgt.

  Der Zuständige bzw. die Dienststelle stellt Informationen zur Verfügung, um Mißinterpretationen zu vermeiden.
  Diese Vorgehensweise ist erforderlich, soweit ein Interpretationsbedarf der Daten vorliegt. Ist dies nicht der Fall, erfolgt der Zugriff direkt, wird allerdings protokolliert und kann abgefragt werden.

5.5. Datenschutz und Datensicherheit

Datenschutz:

Das System muß den Schutz der Rechte des Einzelnen wahren, selbst über die Preisgabe und Verwendung seiner Daten zu bestimmen.

Datensicherheit:

Die Daten müssen vor Verfälschung, Vernichtung oder Mißbrauch bewahrt werden.

Im Anlageninformationssystem ALIS wird der Datenschutz und die Datensicherheit gewährleistet durch

- die Verwaltung der Datenbestände im Datenbanksystem ORACLE
- das Benutzerklassenkonzept
  - -- Benutzerklassenspezifische Menüführung
  - -- Benutzerklassenspezifische Programmbenutzung
- die Kontrolle aller Verwaltungsverfahren durch den Aktionsmanager
- die Protokollierung des Zugriffs auf die Datenbestände
- das Verhindern des Zugriffs der Benutzer auf die UNIX-Betriebssystemebene

5.6. Aufwand

Der Aufwand für die Entwicklung beträgt ca. 50 Mitarbeiter-Monate.

6. Stand der Entwicklung

Systemtest

Der Systemtest wird durchgeführt, nachdem die Insatllation der Testumgebung (Rechner, Netz, Software) in den Pilotämtern erfolgt ist. (voraussichtlich August 1990)

Schulung

Die am Verfahrenstest beteiligten werden ab 20. August 1990 geschult.

Verfahrenstest

Im Anschluß an die Schulung wird der Verfahrenstest in den Pilotämtern durchgeführt.

Fertigstellung

Die erste Phase des Systems ALIS wird in 1990 fertiggestellt.

7.   **Aussichten - ALIS-Weiterentwicklung**

Entwicklungsschritte der Phase II:

-    Auswirkung der BImSchG-Novelle auf die bereits vorgesehenen Verwaltungs-
     verfahren

-    Schaffung von Standardauswertungen
     --   zur Ausübung der Fachaufsicht
     --   für planerische Zwecke
     --   für den Informationsaustausch in der Gewerbeaufsicht

-    Entgegennahme und Prüfung der Mitteilungen nach §16 BImSchG

-    Einbeziehung der TA Luft und sonstiger Materialien im Hinblick auf
     Stoffakten, Stoffumgangsdaten und den Stand der Technik

-    Unterstützung der Aufgaben nach der Störfallverordnung

-    Unterstützung der Abnahmeprüfung durch die Überwachungsbehörde

-    Prüfung der Emissionserklärung

MAGIS, ein Gefahrstoffinformationssystem für Industrie und Behörden

Kurt Kaiser, Klaus Dieter Mehler, Berthold Stocker

TechniDATA Gesellsch. f. techn. Datenverarbeitung mbH,

Robert-Bosch-Str. 20, 7778 Markdorf

Deskriptoren: Gefahrstoffdatenbank, Produktinformationssystem, Stoffaktenbank, Chemikaliendatenbank

Zusammenfassung

Gefahrstoffinformationssysteme, oder um austauschbare Begriffe wie Stoffdatenbanken, Chemikaliendatenbanken oder Produktinformations- systeme zu verwenden, sind unverzichtbare DV-Einrichtungen in der Informationslandschaft großer Unternehmen geworden.

Die Anforderungen an ein Unternehmen hinsichtlich der Information zu chemischen Produkten, ob in der Herstellung oder im Umgang, sind in den letzten Jahren ständig gestiegen. Die Anzahl der Personen, die beruflich mit Gefahrstoffen in Berührung kommen, ist heute so groß, daß die gesetzliche geforderte Kontrolle der sicherheitsrele- vanten Arbeitsvorgänge nur noch mit Unterstützung der EDV möglich ist.

Vor diesem Hintergrund hat die Firma TechniDATA ihr Gefahrstoffin- formationssystem MAGIS entwickelt. Über Besonderheiten sowie Ein- satzerfahrungen soll hier berichtet werden.

1. Historie

Anfang 1987 beauftragte die Hessische Zentrale für Datenverarbeitung (HZD) die Firma TechniDATA, die sogenannte Hessische Gefahrstoffdaten- bank (Datenbank der Länder) zu überarbeiten. Das von der HZD 1985 selbst konzipierte und auf dem Datenbanksystem ADABAS basierende Informationssystem war neben INFUCHS des Umweltbundesamtes eine der

ersten Versuche, für öffentliche Stellen ein Gefahrstoffinformations-
system zu schaffen. Die Überarbeitung gelang auch, aber aus Gründen,
die nur mit der allgemeinen Verwirrung auf dem Gefahrstoffsektor zu
tun haben können, wurde später das hessische Produkt gegen ein
nordrheinwestfälisches eingetauscht.

Die Firma TechniDATA nutzte die in jahrelangen Mühen erworbenen Kenntnisse auf dem Gefahrstoffsektor zur Entwicklung eines eigenen Gefahrstoffinformationssystems. Die Entwicklung wurde MAGIS getauft:
Modular-Adaptierbares-Gefahrstoff-Informations-System.

2.   Ausgangslage

Was verbirgt sich hinter MAGIS und warum haben wir der Vielzahl
existierender Gefahrstoffauskunftsysteme noch ein weiteres hinzugefügt?

Durch das Chemikaliengesetz, die Gefahrstoffverordnung und die
Technischen Regeln für Gefahrstoffe (TRGS), um die wesentlichsten
gesetzlichen Rahmenbedingungen zu nennen, werden eine Reihe von
Arbeiten in Unternehmen direkt beeinflußt. Dies betrifft u.a.

- die Anmeldung von neuen Stoffen oder Produkten
- die Informationspflicht gegenüber Mitarbeitern,
  Kunden und Behörden
- die Expositionsüberwachung am Arbeitsplatz
- die Verwendung von Ersatzstoffen
- die Bewertung, Einstufung und Kennzeichnung her-
  gestellter oder verwendeter Erzeugnisse
- die Verwendungs- und Beschäftigungsbeschränkungen
  bei bestimmten Stoffen
- die arbeitsmedizinische Vorsorge

Alle oben genannten Aufgaben setzen den Zugriff auf Stoffdaten voraus,
wobei in größeren Unternehmen eine Vielzahl von Abteilungen tangiert
sind. Eine zentrale Datenbank ist daher die geeignetste Informations-
quelle für sicherheits- und umweltrelevante Produktdaten in Unternehmen.
men.
Darüber hinaus verlangen die obigen Aufgaben, daß betriebsinterne
Informationen mit Stoffdaten verknüpft, verwaltet und verändert werden
können. Diese Kriterien schließen die Verwendung externer Gefahrstoff-

datenbanken aus. Die zahlreich am Markt vorhandenen PC-Lösungen wiederum bieten für den Gesamtkomplex nur Insellösungen, die früher oder später an ihre Grenzen stoßen.

3. Eigenschaften von MAGIS

Das Ziel war, mit MAGIS eine zentral einsetzbare Gefahrstoffdatenbank zu entwickeln, die sich flexibel veränderten betrieblichen und gesetzlichen Anforderungen anpassen läßt. Um die gewünschte Flexibilität mit MAGIS zu erreichen, wurden bestimmte Entwurfkriterien berücksichtigt.

3.1 Datenbankbasis

MAGIS ist unter Verwendung von Standard-Datenbanken entwickelt worden. Damit wird eine weitgehende Rechnerunabhängigkeit erreicht. Gleichzeitig können alle Werkzeuge, die für diese Datenbanken zur Verfügung stehen, auch für MAGIS genutzt werden. MAGIS ist zur Zeit auf ADABAS/Natural der Software AG und auf ORACLE/SQL*Forms der ORACLE Deutschland GmbH ablauffähig. Eine Lösung auf DB2-Basis ist in Diskussion.

3.2 Dateninhalte und Struktur

In der chemischen Industrie werden sicherheitsspezifische Informationen zu Stoffen im wesentlichen durch das DIN-Sicherheitsdatenblatt, in der Automobilindustrie z. B. nach dem VDA-Blatt 4787 charakterisiert. Demnächst wird es ein EG-Sicherheitsdatenblatt geben.

Dieser Vielfalt trägt MAGIS durch eine breit angelegte Informationsbasis Rechnung, in der der Informationsgehalt des DIN-Sicherheitsdatenblattes nur eine Untermenge darstellt. MAGIS gliedert sich in eine Rohdatenebene (Einzelmerkmale), Merkmalsgruppen und Funktionen. Alle Komponenten sind erweiterbar angelegt. Es gibt Datenbankbereiche für:

- Stoffidentifikationen, Synonyma und Fragmente
- Zusammensetzungen
- physikalisch/chemische Eigenschaften
- toxikologische/oekotoxikologische Eigenschaften

     - Handhabung und Umgang

     - Einstufung/Kennzeichnung etc.

Dazu kommen Klartexte, Quellenangaben, Glossare zur Informationserweiterung und für Prüfungen sowie Parametersätze für die Gestaltung der Benutzeroberfläche.

3.3 Variable Benutzeroberfläche, verschiedene Benutzerviews

Ein Informationssystem kann nicht als ein statisches System betrachtet werden. Es treten laufend geänderte oder neue Anforderungen an das System heran. Beispielsweise können sich durch Normierungsbestrebungen Einheiten ändern oder es kommen neue hinzu. Deshalb muß die Applikation in einigen Punkten von einem priviligierten Benutzer einfach änderbar sein. Bei MAGIS können ganze Masken über Parameter neu definiert oder erstellt werden. Darüber hinaus können Eigenschaften von Maskenfeldern, wie etwa Default-Werte, Hilfstexte, Plausibilitäten, Bereiche bei Zahlenwerten, Groß/Klein-Schreibung und die Verschlüsselung von Werten jederzeit geändert werden.

3.4 Glossare/Phrasentabellen

Die Datenerfassung stellt sowohl quantitativ als auch qualitativ ein großes Problem dar. So gibt ein Erfasser bei der Temperatureinheit "Grad C" an, ein anderer begnügt sich mit "C", wiederum ein weiterer vertippt sich und gibt ein "Grax C". Insbesondere bei Einheiten ist ein so großer Wildwuchs möglich, daß ein Vergleich der Werte nur nach langem Umrechnen möglich ist. Bei MAGIS kann jedem einzelnen Stoffmerkmal eine Menge von möglichen Werten, evtl. sogar nur einer unterlagert werden (Glossare). Darauf aufbauend erfolgt bei der Erfassung eine Überprüfung der Eingabe auf Korrektheit. Darüber hinaus kann sich der Erfasser auch die möglichen Werte anzeigen lassen und dann daraus einen Wert übernehmen (Phrasentabellen). Dies ist etwa bei Texten sinnvoll, die nicht nur aus wenigen Worten bestehen (R + S-Sätze). Glossare können sowohl zwingend als auch nur als Vorschlag definiert werden. Die Einschränkung der Eingabemöglichkeiten über Glossare und Phrasentabellen verbessert die Qualität der Datenbankinhalte erheblich.

3.5 Einbindung von Freitexten

Stoffdaten referenzieren häufig auf Untersuchungsergebnisse, die sich zwar in wenige prägnante Merkmale zusammenfassen, aber sich dadurch nicht vollständig beschreiben lassen. Die zusätzlichen Erläuterungen müssen aber auch verfügbar sein. Weiterhin bestehen Informationen zum Teil nur aus Texten, etwa Literaturquellen. Für die Repräsentation dieser Informationen stehen sog. Freitexte zur Verfügung. Die Texte werden mit einem frei wählbaren System-Editor erstellt und dann in die Datenbank geladen. Ein Vorteil liegt darin, daß sie eine beliebige Länge besitzen können und nicht an eine maximale Feldgrösse (bei ORACLE z.B. 240 Byte) gebunden sind. Zu jedem Merkmalsbereich, d.h. zu jeder Tabelle (etwa Stoffbestandteile oder Cancerogenität), können beliebig viele Freitexte erstellt werden. Zur besseren Gliederung der Texte können verschiedene Freitexttypen definiert werden, etwa "Bemerkung", "Wirkung" oder "Referenz". Im System können die Texte auf Tastendruck angezeigt werden.

Besondere Freitexte sind Schlüsseltexte. Dies sind Texte, die nicht direkt in einem Maskenfeld stehen, sondern über Schlüssel identifiziert werden. Als Beispiel hierzu können wieder R- und S-Sätze dienen. So bedeutet R08 "Feuergefahr bei Berührung mit brennbaren Stoffen". Auf der Maske erscheint nur die R08. Der Fachmann weiß, was dies bedeutet. Er benötigt keine weiteren Angaben. Jedoch kann jederzeit R08 auf Tastendruck zum eigentlichen Text aufgelöst werden. Diese Verschlüsselung ist für jedes Maskenfeld frei definierbar.

3.6 Konzepte zur effizienten Realisierung von Recherchen

Die Gefahrstoffdatenbank wird primär als Auskunftssystem eingesetzt. Hierbei tritt der Anwender an das System mit Fragestellungen heran, die zum einen auf einen bestimmten, bekannten Stoff, aber auch auf Gruppen von Stoffe abzielen, die bestimmte Merkmale besitzen. Eine solche Fragestellung wäre etwa "suche alle chlorhaltigen Stoffe, die von Hoechst geliefert werden". Bei der Untersuchung dieser Fragestellungen hat sich herauskristallisiert, daß die Anzahl der Merkmale nach denen gesucht wird, auf wenige beschränkt werden kann. Deshalb wurden die häufigsten Fragestellungen als elementare Recherchen fest implementiert. Die Recherchen ergeben immer eine Liste von Stoffen, wobei dann durch Auswahl eines Stoffes dessen Merkmale angezeigt werden. Darüber hinaus besteht aber für den Anwender die Möglichkeit weitere Recherchen in das System einzubringen. Zu einer Recherche wird zusätzlich ein Parameter angegeben, der das ausgewählte Kriterium eingrenzt. "Chlor" und "HOECHST" sind solche Parameter zu obiger Fragestellung. Diese Parameter können feste Werte, aber auch ungenauere Angaben sein, wie etwa "Stoffe, die Chlor im Namen besitzen". Zur Abdeckung letzterer Fragestellung ist die Angabe von sog. "wild cards" an beliebiger Stelle im Parameter möglich. Dazu wird das Sonderzeichen "%" verwendet. Der Parameter müßte also folgendermaßen lauten: "%chlor%".

Diese elementaren Recherchen können nun einzeln oder auch verknüpft durchgeführt werden. Die Verknüpfung ist durch die einschränkende Suche möglich. Der Anwender kann durch die wiederholte Anwendung von weiteren oder genaueren Recherchen das Ergebnis seiner Suche schrittweise eingrenzen und verbessern. Die Zwischenergebnisse werden dabei immer angezeigt. Durch dieses Vorgehen kann eine UND-Verknüpfung der elementaren Recherchen erreicht werden.

Desweiteren können Suchgruppen gebildet werden (z.B. "Krebserregende Stoffe"). Ein Stoff kann mehreren Suchgruppen zugeordnet werden. Eine Besonderheit bei den Gefahrstoffnamen ist die häufige Verwendung von Synonymen. Beispielsweise sind Amosit und Anthophyllit Synonyme für Asbest. Wird nun nach Amosit gesucht, so müssen natürlich die Stoffeigenschaften von Asbest dargestellt werden. Deshalb werden bei der Suche Synonyme mit berücksichtigt. Dies können sowohl echte Synonyme als auch nur verschiedene Schreibweisen sein.

Eine besondere Problematik stellt die Behandlung von Sonderzeichen, Worttrennung sowie Groß- und Kleinschreibung dar. Zur Lösung dieses Problems wird eine Normierung des eingegebenen Parameters eingesetzt. Bei den relevanten Recherchen wird deshalb nicht direkt über den Parameter, sondern über den normierten gesucht. Dies hat sich in der Praxis als sehr nützlich erwiesen.

3.7 Ausgabe variabler Formblätter

Bei Datenbanken gibt es oft das Problem, die im Rechner vorhandenen Daten in entsprechender Form auf Papier zu bringen. Es treten Probleme bei der Zusammenstellung und bei der Formatierung der Daten auf. Dazu kommt noch, daß meistens Ausdrücke gewünscht werden, die sich im Aufbau nach Bedarf ändern können. Dies gilt im besonderen für Gefahrstoffdatenbanken. In diesem Bereich müssen die Daten in Form von Datenblättern ausgegeben werden, die teilweise genormt, aber auch firmen- und abteilungsspezifisch sind.

Zur Lösung dieser Anforderungen wurde ein Report-Generator entwickelt. Mit diesem Tool können die Daten in strukturierter Form ausgegeben werden. Dabei kann die Struktur und der Inhalt des Ausdruckes frei definiert und variabel gestaltet werden. Der Anwender kann sich in einer einfachen Formatierungssprache beliebige Druckformate erstellen. Die Möglichkeiten dieser Formatierungssprache sind speziell auf die Problematik bei Gefahrstoffdatenbanken abgestimmt. Mit dem Report-Generator können sowohl ausgefeilte Formblätter als auch schnell erstellte Übersichten für Besprechungen realisiert werden. Der Report-Generator besteht aus der Formatierungssprache, einem Verwaltungsteil und dem Generierungsprogramm selbst.

3.8 Sicherheitskonzept für MAGIS

Die Daten in MAGIS unterliegen teilweise einer strengen, rechtlich notwendigen Geheimhaltung (gilt z.B. für die genaue chemische Zusammensetzung von Stoffen). Zu diesem Zweck wurde ein mehrstufiges Sicherheitskonzept entwickelt. Für jeden Benutzer wird ein Berechtigungsprofil erstellt. Dies enthält alle Angaben über dessen Zugriffsrechte.

Neben den üblichen Zugangsprüfungen zum Rechner und zum Informationssystem über Passwörter sind weitere Sicherheitsschranken realisiert. Es können Zugriffsrechte für jede einzelne Tabelle sowie auch mit Hilfe einer Sicherheitsstufe für jeden Datensatz definiert werden. Weiterhin können die Rechte für jeden einzelnen Zweig im Informationssystem getrennt vergeben werden. So dürfen auf die Verwaltungszweige, etwa auf die Verwaltung "Variable Oberfläche", nur dafür autorisierte Personen zugreifen.

4. Einsatzbereiche/Anwendungen

Als Benutzer des Systems kommen Sicherheits- und Umweltschutzbeauftragte, Chemiker, Betriebsärzte, Werkschutz, Werksfeuerwehr und Verwaltung in Betrieben sowie Mitarbeiter von Gewerbeaufsichten, Umweltschutzämtern und Berufsgenossenschaften in Frage. MAGIS ist so konzipiert, daß es sowohl als reine Gefahrstoffdatenbank als auch als Produktdatenbank verwendet werden kann.

MAGIS ist mehrfach eingesetzt. U.a. wurde es zur Grundlage der werksweiten Gefahrstoffinformationssysteme der Firmen Hoechst und BMW gemacht. Da es in beiden Firmen schon Vorläufer gab, erhielten die Sprößlinge bei BMW und Hoechst Eigennamen.

4.1 SITOX-2 der Hoechst AG

Die Firma Hoechst betreibt seit 1978 eine Stoffaktenbank, wobei die ursprüngliche Version auf Basis eines Textretrievalsystems konzipiert war. Im vergangenen Jahr wurde SITOX (das Kürzel geht auf "Sicherheit und Toxizität" zurück) auf Basis von MAGIS neu entwickelt. Der Kern von MAGIS blieb unverändert. Die Funktionsebene wurde um Hoechst-spezifische Funktionen erweitert.

Hauptaufgabe des Systems ist die Erstellung und Bearbeitung von DIN-Sicherheitsdatenblättern. Die nach DIN 52900 festgelegten Inhalte können mit Hilfe geeignet strukturierter Masken bearbeitet, recherchiert und versandfertig gedruckt werden. Daneben können die im Rahmen der Genehmigung eines Projektes (einer Anlage) notwendigen Stoffdaten zusammengestellt werden (Konzessionierung). Weitere Arbeitsgänge, die durch SITOX-2 unterstützt werden, sind Gefahrstoffkennzeichnung, Produktzusammensetzung und Registrierung sowie die Transportklassifizierung.

4.2 ZEUS der BMW AG

Ebenfalls in Jahr 1989 wurde von BMW die Realisierung des konzernweiten Gefahrstoffinformationssystems ZEUS (Zentrale Erfassung umweltgefährdender Stoffe) auf Basis von MAGIS in Auftrag gegeben. Das Anfang dieses Jahres in Betrieb gegangene System dient dazu, Informationen über Gefahrstoffe zu erheben, zu verifizieren und allen betroffenen Fachbereichen bereitzustellen.

Im Gegensatz zu Hoechst, wo praktisch an den Entstehungsorten Stoffinformationen erfaßt werden, erfolgt die Datenerfassung bei BMW zentral. Die zuständige Abteilung sorgt auch für die Freigabe der Informationen innerhalb BMW. Die Erfassung erfolgt über Masken, die analog zu den eingereichten VDA-Formblättern, DIN-Sicherheitsdatenblättern und BMW-spezifischen Formblättern gestaltet sind.

Auskünfte zu Stoffen oder Erzeugnissen können formblattspezifisch (nach dem VDA-Papier) oder fachbereichsspezifisch erfolgen. Bei der fachspezifischen Auskunft stehen spezielle Masken für Logistik, Feuerwehr und Gesundheitsdienst zur Verfügung.

In ZEUS sind ca. 25 sogenannte elementare Recherchemöglichkeiten fest implementiert, die auch miteinander verknüpft werden können. Damit werden die üblichen Fragestellungen, wie z.B. welche Kostenstelle chlorhaltige Stoffe einsetzt, beantwortet.

4.3 AIDA (Altstoff-Informations-Datenbank) des VCI

Der VCI-Ausschuß Technik und Umwelt hat 1989 die Entwicklung einer Datenbank zur Erfassung von Altstoffdaten (Chemikalien, die vor 1981 auf den Markt gekommen sind) initiiert.

Während die oben genannten Projekte direkte Verwandte von MAGIS sind, ist AIDA eher eine Nichte. Da AIDA auch auf PCs ablauffähig sein sollte, wurde eine entsprechend verkleinerte Version auf Basis von ORACLE entwickelt. AIDA ist mittlerweile bei den meisten Firmen der Großchemie im Einsatz (auf VAXen oder PCs). Lizenzen können unter bestimmten Voraussetzungen über die Initiative Umweltrelevante Altstoffe e.V., Frankfurt, erhalten werden.

AIDA hat im Prinzip die gleiche Funktionalität wie MAGIS, besitzt jedoch· eine eingeschränkte Datenbasis. Neben allgemeinen Identifikationsdaten werden zu den einzelnen Stoffen physikalisch/chemische Daten, toxikologische und oekotoxikologische Angaben, Einstufungen und Regelungen sowie Expositionsangaben gemacht.

Eine Besonderheit liegt darin, daß verschiedene Firmen getrennt Informationen für die gleiche Datenbasis zusammenstellen. Um Datenkonsistenz zu wahren, dürfen einzelne Firmen nur bestimmte CAS-Nummern bearbeiten.

5. Einsatzerfahrungen

Jede Datenbank ist nur so gut, wie ihr Inhalt es zuläßt. Das gilt auch und insbesondere für Gefahrstoffdatenbanken. Den Aufwand für die Schaffung einer nützlichen Datenbasis hat fast jeder der bisherigen Anwender unterschätzt. Sobald diese Datenbasis jedoch einmal vorhanden ist, wird der Nutzen schnell sichtbar.

Die weitgehende Verwendung von Glossaren und Standardphrasen hat sich als sehr nützlich erwiesen. Diese Möglichkeiten müssen allerdings von entsprechenden Fachleuten gut vorbereitet werden, da sonst bei Dateneingaben viele Fehler gemacht werden können.

Normiertes Suchen hat sich als unbedingt erforderlich erwiesen. Ebenso sind fest implementierte Recherchen vorzuziehen, da ihr Zeitaufwand und Rechnerbelastung vorsehbar sind.

Die implementierten Sicherheitskonzepte erwiesen sich in der Praxis als zu üppig bemessen.

Zu den erwähnenswerten Erfahrungen zählt auch die Portierung auf unterschiedliche Rechner. Entwickelt wurden die Systeme auf VAX unter VMS. Da die Anwender sehr unterschiedliche Hardware besitzen, wurden Portierungen auf verschiedene andere Rechner vorgenommen, etwa auf IBM-Rechner unter VM/CMS, Siemens-Rechner unter BS-2000 oder wie im Falle AIDA auf PC unter MS-DOS.
Insgesamt gab es überraschend wenig Schwierigkeiten. Die Implementierungswerkzeuge (vor allem die ORACLE-Tools) erwiesen sich als sehr portierfreundlich. Probleme gab es nur insoweit, als beispielsweise auf dem PC wesentliche Einschränkungen bezüglich des Speichers etwa gegenüber einer VAX existieren.

Informationssysteme zur Entscheidungsunterstützung bei der Handhabung gefährlicher Stoffe

Stoffdatenbank für Praktiker

Thomas Hornung
Nixdorf Computer AG
Geschäftsstelle Umwelttechnik
Mülheimer Straße 214
D-4100 Duisburg

Deskriptoren: Umwelt: Stoffdatenbank, Gefahrstoff, Gefahrenabwehr,
Gefahrgutkontrolle, Umweltinformationssystem,
Informatik: Datenbankanwendung, Kommunikationsmodell

Zusammenfassung

Kern ist eine Datenbank mit Fakten und Literaturinformationen. Über jeden Stoff gibt es über 200 Einzelangaben, die nach Schwerpunkten gegliedert sind.Den Anwendungsbezug stellen Lösungen mit benutzerorientierten Sichten für Feuerwehr, Polizei, Wasseraufsichtsbehörden und Gewerbeaufsichtsämtern sicher. Das System macht Fakten zu potentiell gefährlichen Stoffen in hoher Qualität sicher und schnell verfügbar. Die Darstellung der Daten orientiert sich an der Situation, in der der Verantwortliche über den Umgang mit diesen Stoffen entscheidet.

Die Qualität der Umwelt ist in den letzten Jahren immer mehr in den Mittelpunkt des Interesses von Öffentlichkeit und Politik gerückt. Unter anderem spiegelt sich diese Entwicklung in der zunehmend komplexen Umweltgesetzgebung wieder. Eine Erhebung des Umweltbundesamtes hat ergeben, daß in rund 250 umweltrelevanten Gesetzen insgesamt ca. 5000 Stoffnennungen und mehr als 9000 Synonyme vorkommen.

Kenntnis, Berücksichtigung und Einhaltung der Gesetzesfülle wird damit
zum Mengenproblem. Informationsgrundlage sind neben Gesetzestexten
u.a. die chemischen, physikalischen und toxikologischen Stoffdaten.
Umweltinformationssysteme helfen den Verantwortlichen in Behörden und
Industrie im Umgang mit umweltrelevanten Stoffen - bei der Gefahren-
vorbeugung und bei der Bewältigung von akuten Gefahren vor Ort. Gemäß
dieser Aufgabenstellung erschließt die Geschäftsstelle Umwelttechnik
der Nixdorf Computer AG Informationstechniken für den Einsatz im Umweltschutz und macht das erforderliche fachliche Know-How über die
Software- und Systemseite hinaus verfügbar.

Stoffdatenbank für Praktiker

Ausgangspunkt für die Aktivitäten der Geschäftsstelle war Mitte 1988
der Auftrag des Landes Nordrhein-Westfalen, unter Federführung des Mi-
nisters für Umwelt, Raumordnung und Landwirtschaft (MURL), an die Nixdorf Computer AG zum Aufbau eines Informationssystems über gefährliche
Stoffe. Durch Chemieunfälle war deutlich geworden, daß die Basis für
wirksame Schadensbekämpfung, schnell verfügbare Informationen über umweltrelevante Stoffe, nicht existierte.

Die Aufgabenträger der öffentlichen Hand in den Feldern Überwachung,
Genehmigung (Landesamt für Wasser und Abfall, Chemische Un-
tersuchungsämter, Gewerbeaufsichtsämter) und Gefahrenabwehr (Feuerwehr, Polizei) sind jedoch täglich mit dieser Materie befaßt. Ebenso
werden Stoffdaten von der Privatwirtschaft als Hilfsmittel zur geset-
zeskonformen und umweltgerechten Handhabung von Stoffen benötigt - sei
es bei der Herstellung, dem Transport oder der Entsorgung gefährlicher
Stoffe. Ausgerichtet an den Bedürfnissen dieser Zielgruppen wird so in
der Nixdorf Geschäftsstelle Umwelttechnik das Projekt "Informations-
und Kommunikationssystem Gefährliche/Umweltrelevante Stoffe", kurz
IGS, mit einer Zeitdauer von drei Jahren durchgeführt.

Kern von IGS ist eine Datenbank mit Fakten- und Literaturinformationen. Beim Füllen mit Daten werden bereits erhobene und verfügbare
Daten aus anderen Datenbanken benutzt. Ergebnisse aus der Ei-
genschaftsermittlung durch beauftragte wissenschaftliche Institute und
Eigenerhebungen aus Gesetzestexten und Fachliteratur runden die Datenbasis ab. Die Konsistenz der Daten aus den verschiedenen Quellen wird
durch einen Datenabgleich sichergestellt. Zur Zeit sind in der IGS-Da-

tenbank ca. 6000 identifizierte Reinstoffe mit über 16.000 Namensnen-
nungen mit bis zu 200 Einzelangaben pro Stoff verfügbar, die nach
Schwerpunkten gegliedert sind: Allgemeine Stoffidentifi-
kationsmerkmale, gesetzliche Richtlinien, chemische Zusammensetzung,
äußere Stoffbeschreibung, Toxikologie, Sicherheitshinweise, Transport
und Lagerung, usw.

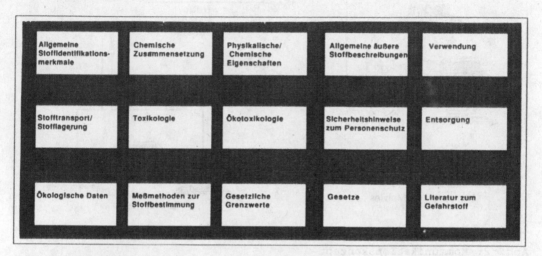

Abb. 1: Themenschwerpunkte der IGS-Datenbank

Den Anwendungsbezug von IGS stellen Pilotprojekte bei Feuerwehr, Polizei, Landesamt für Wasser und Abfall und Gewerbeaufsichtsämtern sicher. Eine wichtige Rolle für die angestrebte flächendeckende Lösung
spielen dabei die flexiblen Zugriffsmöglichkeiten auf das IGS-System
(siehe Abb. 2).

Ausgefeiltes Datenbankkonzept als Basis

Das IGS-Datenbankkonzept definiert allgemeine Richtlinien, um uni-
verselle, erweiterbare Datenbankobjekte erstellen zu können. Dies sind
Strukturen, in die nach vorgegebenen Regeln z.B. unterschiedliche Inhalte zu einem Themenkreis abgelegt werden können. Da die IGS-Datenbank im Endausbau Stoffakten zu mehr als 200 Merkmalen je Stoff enthalten wird, ist das Anlegen der geeigneten Struktur zum schnellen
Finden bzw. Wiederauffinden der Stoffakten unerläßlich. Innerhalb dieser Struktur sind neben einem Stoffdatum alle für die exakte Beschreibung bzw. für das Verständnis notwendigen Informationen wie Wertebereich, Dimension, Randbedingung, Umrechnung, Querverweise,
Quellenangabe, Erhebungsdatum, Historie u.v.m. abgelegt.

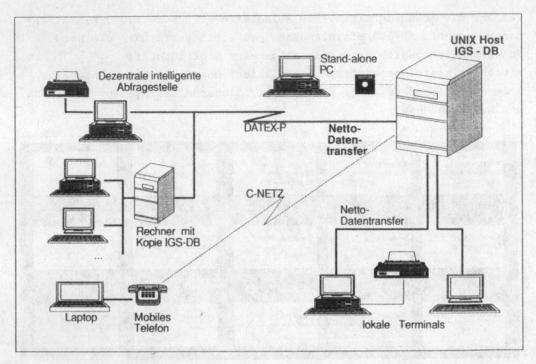

Abb. 2: Kommunikationskonzept

Um vorhandene Daten nicht nochmals zu erheben, wurde der Datenin-
tegration vorhandener Datenquellen der Vorzug gegeben. Bis heute stehen 10 Datenquellen für IGS zur Verfügung. Die Integration weiterer
Quellen in den IGS-Datenbestand wird permanent fortgeführt.

Qualität der Stoffinformation steht im Vordergrund

Die Problematik der Integration unterschiedlicher Datenquellen liegt
in der Stoffidentifikation. Da in den Datenquellen keine einheitlichen
Stoffnamen bzw. Numerierungssysteme verwendet werden, muß die Stoffidentifikation über Identifikationsmerkmale erfolgen.

Neben den Hauptidentifikationsmerkmalen wie Name, Nummer, Summenformel
etc. werden auch Hilfsidentifikationsmerkmale wie Erscheinigungsform,
physikalische Eigenschaft, Stoffart, usw. zur Identifikation herangezogen. Automatische EDV-Routinen unterstützen diese Arbeit. Im Zwei-
felsfall werden zwei Datensätze angelegt, um nicht durch das fehler-
hafte Zusammenführen unterschiedlicher Stoffe zu Fehlaussagen zu kommen. Alle durch die Zusammenführung gewonnenen Stoffnamen, Handelsna-

men, Produktnamen, Trivialnamen bzw. Stoffnummern werden unter dem Begriff Synonyme im System vereint. Als Hauptname wird in der Regel einer der chemischen Namen (IUPAC oder CAS-Index-Name) verwendet.

Die Stoffattribute der IGS-Datenbank werden zu Objekten nach Themenschwerpunkten zusammengefaßt. Innerhalb der IGS-Datenbank wurden 15 Themenschwerpunkte gebildet, die wiederum 5 Oberbegriffen zugeordnet wurden.

Unter einem Stoffattribut verstehen wir in diesem Zusammenhang ein Wertepaar bestehend aus Stoffwert und Nebeninformation (z.B. Stoffwert Flammpunktangabe für Anilin: 76 $^{\circ}$C / Nebeninformation: Nennung der Meßmethode und der Meßbedingungen für diesen Wert)

Breites Spektrum an Informationen

Neben den Informationen zu Reinstoffen werden über die Kooperation UBA (Umweltbundesamt) / BMU (Bundesminister für Umwelt) sowie MURL (Minister für Umwelt, Raumordnung und Landwirtschaft des Landes Nordrhein-Westfalen) / Nixdorf Computer AG die vom Verband der Chemischen Industrie (VCI) übergebenen DIN-Sicherheitsdatenblätter aus dem Projekt "umweltrelevante Altstoffe" in der Nixdorf Geschäftstelle Umwelttechnik EDV-mäßig erfaßt. Nach einer abschließenden Prüfung durch den Ersteller des Sicherheitsdatenblattes werden die Angaben in die IGS-Datenbank übernommen und stehen für die Anwendungen zur Verfügung. Bis heute liegen ca. 700 Sicherheitsdatenblätter in EDV-Form vor.

In Arbeitskreisen der Pilotprojekte wurden Gesetze und Verordnungen, Standardliteratur und Veröffentlichungen bestimmt, aus denen Stoffinformationen, Richt- und Grenzwerte etc. zu übernehmen sind. Es handelt sich um ca. 100 Quellen. Ein Teil der Daten wurden bereits erfaßt und steht mit dem nächsten Datenbank-release im März 1990 zur Verfügung.

Benutzerfreundliche Anwendungen

Im Vordergrund steht die Schaffung einer benutzerfreundlichen, auf den Vollzug abgestimmten Datenbank. Zugeschnitten auf die speziellen Bedürfnisse unterschiedlicher Anwendergruppen bei Datenzugriff und Bild-

schirmgestaltung sind verschiedene MS-DOS- und UNIX-Anwendungspro-
gramme verfügbar, die auf die IGS-Datenbank zugreifen.

In Pilotprojekten wird zur Zeit der praktische Einsatz bei Feuerwehr
(Abb. 3) und Polizei erprobt. Weitere Pilotprojekte bei Gewerbeaufsichtsämtern und Wasserbehörden folgen.

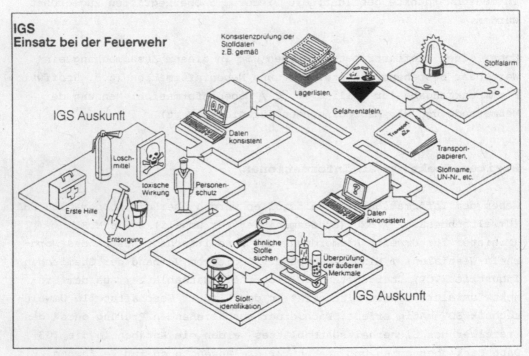

Abb. 3: Einsatzablauf bei der Feuerwehr

Beispiel: Programmablauf Gefahrgutüberwachung (GGV) / Gefah-
renabwehr

Stellvertretend für alle anderen Lösungen soll die Pilotanwendung für
die Gefahrgutüberwachung (GGV) nachfolgend genauer beschrieben werden.

Zur Unterstützung der Bereiche Gefahrgutkontrolle und Gefahrenabwehr
müssen neben den Stoffakten Angaben zu feuerwehrtaktischen Maßnahmen,
Erste-Hilfe-Maßnahmen, Absperradien bzw. die Vorschriften der Gefahrgutgesetzgebung hinterlegt sein.

Um die Gefahrgutgesetzgebung für die Stoffe in EDV-Form nutzbar zu machen, mußten die Gefahrgutgesetzgebungen GGVS und ADR, einschließlich

155

der Anlagen A und B, sowie der Ausnahmeverordnungen stoffspezifisch aufbereitet vorliegen. Der Programmablauf bei der Gefahrgutkontrolle stellt sich wie folgt dar:

Nach erfolgter Stoffidentifikation, Anwahl der Transportart und Nennung der Transportkriterien (z.B. volle oder leere Behälter, Radioaktivtransport, Transport nach GGVS bzw. ADR), werden die relevanten Vorschriften (Rn-Nummern) vom Programm selektiert und ausgegeben.

Die Vorschriften wurden für diese Anwendung so gekürzt, daß sie nur noch die vor Ort überprüfbaren Vorschriftenteile enthalten (in Form einer Checkliste). So kann vermieden werden, daß zu jeder Anfrage ein mehr als 100 Seiten starker Ausdruck ausgegeben wird. Mit Hilfe der Checkliste wird vom Einsatzbeamten die Ist-Soll-Bestandsaufnahme durchgeführt.

Anschließend werden die relevanten Abweichungen dem System mitgeteilt und der Rechner ermittelt die Verstoßkette, stellt den Bezug zum Bußgeldkatalog her, benennt die Verantwortlichen und erstellt den Kontrollbescheid.

Darüber hinaus ist die EDV-Lösung in der Lage,
- Zusammenladeverbote anhand der Doppelzettel zu erkennen,
- die Zugehörigkeit der Stoffe zu den Anhängen B.5 und B.8 und der entsprechenden Liste I bzw. II zu erkennen,
- die bestehenden Kleinmengenregelungen anzuwenden,
- die Freigrenzenmengen der Rn. 10011 anzuwenden,
- alle Beförderungsverbote bzw. Freistellungen von der Verordnung unter den genannten Randbedingungen zu berücksichtigen
- die erlaubten Transportarten (Tank, Tankcontainer, lose Schüttung, Stückgut) zu überprüfen.

Die GGVS- bzw. ADR-Ausnahmen wurden, soweit dies sinnvoll erschien und machbar war, den entsprechenden Randnummern zugeordnet. Wo dies nicht möglich war, wird eine stoffspezifische Liste aller relevanten Ausnahmen ausgegeben. Die Ausnahmetexte selbst sind in Volltextform verfügbar.

Einsatz auf Standard-Systemen

Die EDV-Anwendungen werden auf UNIX-Systemen unter der Sprache C entwickelt und sind auch auf MS-DOS-Rechner verfügbar. Als relationale, SQL-fähige Datenbanken kommen unter UNIX das Datenbanksystem DDB/4 der Nixdorf Computer AG und unter MS-DOS das Datenbanksystem Informix zum Einsatz. Die oben genannten Anwendungen werden zur Zeit auf MS-DOS-Rechnern erprobt.

Kontaktaufnahme:

Nixdorf Computer AG
Geschäftsstelle Umwelttechnik
Mülheimer Straße 214
4100 Duisburg
Tel.: 0203/3788-0
Fax : 0203/3788-105

Ansatz zur Optimierung des Informationsretrievals für Umweltchemikalien

Kristina Voigt, Joachim Benz*, Thomas Pepping

GSF/PUC
Ingolstädter Landstr. 1
8042 Neuherberg

*Gesamthochschule Kassel
Fachbereich 20
Nordbahnhofstr. 1A
3430 Witzenhausen

Deskriptoren: Datenbanken, Datenquellen, Kommunikationssoftware, Suchhilfesystem, Umweltchemikalien, Gefahrstoffe, Umweltthesaurus

Zusammenfassung

Um den Zugriff auf Informationen über Chemikalien zu ermöglichen und zu optimieren, wurden Datenbanken aufgebaut, die die Inhalte von Datenquellen erfassen (Datenbanken der Datenquellen). Da die Datenquellen in gedruckte Dokumente, z.B. Handbücher, Reports, Monographien, Firmenverzeichnisse etc. und in online Datenbanken sachlich aufgeteilt werden, erscheinen zwei Datenbanken:
DALI zur Erfassung der gedruckten Dokumente
DADB zur Erfassung der online Datenbanken
DALI enthält 400 Dokumente und DADB 214 Datenbanken.
Neben der Auswertung der Datenbank der Datenbanken wird der Aufbau eines sog. Suchhilfesystems beschrieben. Dieses System gibt dem Benutzer die Möglichkeit online Recherchen bei verschiedenen Hosts durchzuführen ohne Kenntnisse von Retrievalsprachen, Datenbankinhalten und Suchbegriffen. Dieses Suchhilfesystem besteht im wesentlichen aus drei Komponten: Einer Strategiekomponente, einer Kommunikationssoftware und einer lokalen Datenbasis, in der Informationen bezüglich der Inhalte der online Datenbanken und der Retrievalsprachen vorgehalten werden.

1. Einleitung

Eine Grundvoraussetzung für die effiziente Bewältigung des Problems
der Umweltchemikalien stellt die möglichst umfassende und vollständige
Erschließung bereits vorhandener Informationen über die in Frage stehenden Chemikalien dar. Dafür kann eine Vielzahl der unterschiedlichsten Informationsquellen vom Handbuch bis zur Datenbank
herangezogen werden. Um ein breites Spektrum möglicher Datenquellen
für Studien zur Umweltexposition sowie zum toxikologischen und ökoto-
xikologischen Verhalten chemischer Stoffe wirkungsvoll zu erschließen,
wurde in einer Kooperation zwischen der Projektgruppe Umweltgefährdungspotentiale von Chemikalien (PUC) der Gesellschaft für Strahlen-
und Umweltforschung (GSF) und dem Bayerischen Staatsministerium für
Landesentwicklung und Umweltfragen ein Forschungsvorhaben
"Informationssystem Umweltchemikalien" entwickelt (Voigt 1988).
Die bereits auf dem Markt befindlichen Datenbankführer sind zu breit
angelegt und decken die Thematik der Chemikalien nicht hinreichend ab
(CUADRA 1990), (Database 1990), (DIANEGUIDE 1990), (Dietz 1990),
(Ottahal 1989) In dem o.g. Forschungsprojekt werden Datenbanken der
Datenquellen für Umweltchemikalien konzipiert, erarbeitet und analy-
siert.

2. Datenbanken der Datenquellen

Da die Datenquellen in gedruckte Dokumente, z.B. Handbücher, Reports,
Monographien, Firmenverzeichnisse etc.und in online Datenbanken sach-
lich aufgeteilt werden, erscheinen zwei Datenbanken:
DALI zur Erfassung der gedruckten Dokumente
DADB zur Erfassung der online Datenbanken (Voigt 1989).
DALI hat 400 Einträge und in DADB sind 214 Datenbanken gespeichert.

2.1 Datenbank der Datenbanken DADB

Die herangezogenen Datenbanken sind alle unterschiedlich aufgebaut,
und man benötigt für jede Datenbank eine eigene Suchstrategie, um die
gewünschten Informationen zu erhalten. Darüberhinaus liegen die ange-

sprochenen Quellen bei unterschiedlichen Datenbankanbietern (Hosts)
auf. Jeder einzelne Host besitzt eine eigene Retrieval- ,d.h. Abfragesprache.
Aus dem oben Erwähnten folgt, daß man zur Zeit nicht nur über das naturwissenschaftliche Fachwissen, sondern auch über den Datenbankaufbau
und über Kenntnisse mehrerer Retrievalsprachen verfügen muß, um die
Vielzahl der Datenquellen effektiv nutzen zu können.

Man unterscheidet:
bibliographische Datenbanken (DB)
numerische oder Fakten-Datenbanken (DN)
Volltext Datenbanken (DF)

In den bibliographischen Datenbanken können nur die Zitate (mit und
ohne Kurzreferat), in denen sich die gewünschten Informationen befinden, abgefragt werden. Die relevanten Artikel müssen dann entweder
online bestellt oder über Bibliotheken beschafft werden.
Faktendatenbanken beinhalten Fakten, d.h. Daten in einer Zusammenfassung mit Zitatangabe. In Zweifelsfällen ist jedoch ebenfalls die
Beschaffung der Orginalliteratur angezeigt.
In Volltextdatenbanken werden die vollständigen Artikel abgespeichert
und können dementsprechend auch abgefragt werden. Diese Datenbanken
sind die teuersten.

Es wurden für unsere Problemstellung 214 Datenbanken ausgewertet, die
bei den Hosts CIS (Chemical Information Service), Datacentralen,
DATASTAR, DIALOG, DIMDI (Deutsches Institut für Medizinische Dokumen-
tation und Information), ECHO (European Communities Host
Organization), ESA (European Space Agency), Questel, STN (Scientific
and Technical Information Network) aufliegen.
Jeder Datenbankanbieter (Host) hat seine eigene Abfragesprache
(Retrievalsprache).

Folgende Tabelle zeigt die Hosts, deren Retrievalsprachen und die Verteilung der Chemikalien-relevanten Datenbanken auf die Hosts.

Tabelle 1: **Hosts, Retrievalsprachen und Verteilung**

Host	Retrievalsprache	Verteilung
CIS	CIS	28 Datenbank(en)
Datacentralen	Menuetechnik	1
Data-Star	DSO	43
DIALOG	DIALOG	40
DIMDI	GRIPS	24
ECHO	GRIPS	8
ESA	ESA-QUEST	21
Questel	QUESTEL-PLUS	13
STN	MESSENGER	36

2.2 Status der Datenbank der Datenbanken (DADB)

Die Datenbank ist mit der Software LARS (MIDAS, 1989) aufgebaut.
Die Datenbank umfaßt 30 Felder, die sachlich in verwaltungstechnische,
bibliographische und inhaltserschließende Felder aufzuteilen sind
(Voigt 1990).
Das wichtigste der sog. inhalterschließenden Felder ist das De-
skriptor- oder Schlagwort-Feld. Hierzu wurde ein Schlagwortkatalog,
der nach Sachgebieten geordnet ist, erarbeitet. Er erleichtert die gezielte Suche nach Informationen und Daten in den Datenquellen. Der Katalog stellt somit eine wesentliche Hilfe für eine kosten- und zeit-
effektive Recherche dar. Folgende Sachgebiete werden im sog. INFOSYS-
Thesaurus (Voigt 1988) abgedeckt: allgemeine Beschreibungen, Indices,
Identifikationsmerkmale, Angaben zur Verwendung, Ökonomische Daten,
Vorkommen in der Umwelt, PC-Eigenschaften, Abbau/Akkumulation, Ökotoxizität, Säugetier-Toxizität, Erfahrungen beim Menschen, Hinweise zum
Arbeitsschutz, sonstige Daten (Voigt 1989).

Eine Auswertung der Belegung der Datenbanken erfolgt durch das Aufzeigen des Status. Der Status einer Datenbank gibt an, wieviele Dokumente zu einem bestimmten Kriterium (hier: Schlagworte des INFOSYS-
Thesaurus) gefunden werden. Die graphische Auswertung in Form eines
Balkendiagramms zeigt die folgende Abbildung. Bei dieser graphischen
Darstellung werden aus Übersichtsgründen nur einige Parameter exemplarisch berücksichtigt.

Abbildung 1: Status der Datenbank der Datenbanken

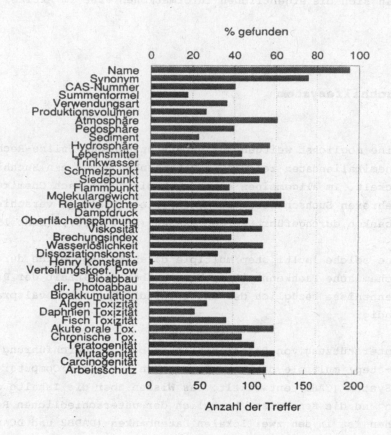

Die Recherche nach CAS-Nummern, dem eindeutigsten Identifizierungs-
merkmal für chemische Stoffe, ist nur bei 30 % aller Datenbanken möglich. Dieser Zustand ist verbesserungsbedürftig und wird auch schon
von einigen Datenbankherstellern bzw. Datenbankanbietern berücksichtigt. STN bietet inzwischen beispielsweise die großen Datenbanken
BIOSIS und BEILSTEIN mit CAS-Nummern an (STN 1990). Die meisten der
gängigen physikalisch-chemischen Eigenschaften sowie akute Säugetier-
toxizitäten sind relativ gut mit Daten belegt, während Ökotoxizität
und chronische Säugetier-Toxizitäten wesentlich geringere Belegungs-
dichten aufweisen. Die Wahrscheinlichkeit, Informationen über die
Mehrzahl der aufgeführten Kriterien zu erhalten, ist in bibliographischen Datenbanken erstaunlich hoch. Dieser Umstand ist durch das Retrieval in bibliographischen Datenbanken zu erklären. Alle Recherchen,
die sowohl ein Kriterium als auch eine Chemikalie enthalten, führen zu

einem Treffer. Hierbei ist jedoch zu beachten, daß man in bibliographischen Datenbasen nur die Zitate mit oder ohne Kurzreferat erhält
und man sich die eigentlichen Informationen erst im Artikel beschaffen
kann.

3. Suchhilfesystem

Für eine möglichst weitgehende Unterstützung der online-Recherche in
für Chemikaliendaten relevanten Datenbanken wurde ein Suchhilfesystem
entwickelt. Im allgemeinen setzt sich die Suche nach Chemikaliendaten
aus mehreren Suchschritten zusammen, die oftmals in verschiedenen
Datenbanken durchgeführt werden müssen (Benz 1988), (Benz 1989).

Um eine solche 'multi step/multiple database'-Recherche durchzuführen,
sind chemische Fachkenntnisse, Wissen über den Inhalt der Datenbanken
und Kenntnisse bezüglich der unterschiedlichen Retrievalsprachen
notwendig.

Zur Unterstützung von Fachspezialisten bei der Durchführung von
multi-step/ multiple-database-Recherchen wurde ein Computer Aided Search System (CASS) entwickelt. Das Wissen über die Inhalte der Datenbanken und die Kenntnisse bezüglich der unterschiedlichen Retrievalsprachen ist in den zwei lokalen Datenbanken (DADB2 und DCAS)
gespeichert. In Abbildung 2 sind wichtige Suchschritte des Ablaufs des
Suchhilfesystems dargestellt.

3.1 Kommunikationssoftware NPF-UNIX

NPF-UNIX ist ein Programm für die Kommunikation mit anderen Rechnern
(remote hosts), die über X.25-Netze erreichbar sind. Neben der Dialog-
fähigkeit besitzt NPF-UNIX folgende weitere wichtige Funktionen:
Zugangskontrolle, Accounting, Protokollierung des Dialogs, Automatische Abarbeitung von Login's und die Ausführung von Scripts. Mit
NPF-UNIX können Scripts, in denen bestimmte online-sessions vorformuliert sind, ausgeführt werden.

Abbildung 2: :

Wichtige Schritte zum Ablauf des Suchhilfesystems

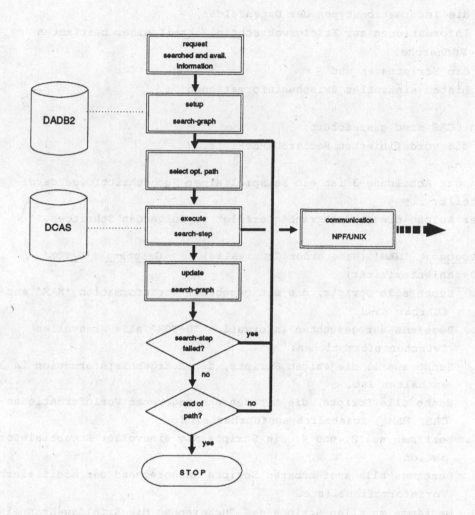

Diese Funktion ist notwendig für die Ausführung der Recherche Schritte durch das Suchhilfesystem. Die Script-Language (NSL) ermöglicht die Formulierung von Scripts, in denen die Ablaufsteuerung, Kommunikation und Ein-/Ausgabe oder Textanalyse und -manipulation vollständig vorformuliert werden können.

3.2 Datenbanken DADB2 und DCAS

In DADB2 sind gespeichert:
- die Datenfelder der unterschiedlichen online-Datenbanken,
- die Informationstypen der Datenfelder,
- Informationen zur Erfolgswahrscheinlichkeit einer bestimmten
  Recherche,
- die Scriptnamen und
- Listen sinnvoller Zwischeninformationen

In DCAS sind gespeichert:
- die vordefinierten Recherche-Scripts.

In der Abbildung 3 ist ein Beispiel einer Suchschrittfolge dargestellt.
Der Aufbau dieses Suchgraphen erfolgt in folgenden Schritten.

Gegeben: **'NAM'** (Name einer Chemikalie)   Gesucht: **'D_TOX'**
(Daphnientoxizität)

1. Suche alle Scripts, die mit gegebener Vorinformation 'NAM' ausführbar sind.
2. Bestimme zur gesuchten Information 'D-TOX' alle sinnvollen
   Zwischeninformationen.
3. Suche aus 1. diejenigen Scripts, deren Ergebnisinformation in 2.
   enthalten ist.
4. Suche alle Scripts, die mit den nun gegebenen Vorinformationen {
   CAS, NAM } zusätzlich ausführbar sind.
5. Bestimme aus 2. und 4. die Scripts mit sinnvoller Ergebnisinformation.
6. Bestimme alle ausführbaren Scripts entsprechend der modifizierten
   Vorinformationsliste.
7. Bestimme zu allen Scripts des Suchgraphen die Erfolgswahrscheinlichkeit.
8. Berechne den Pfad mit der größten Erfolgsaussicht und führe das
   erste Script dieses Pfades aus.

Abbildung 3: Beispiel eines Suchgraphen

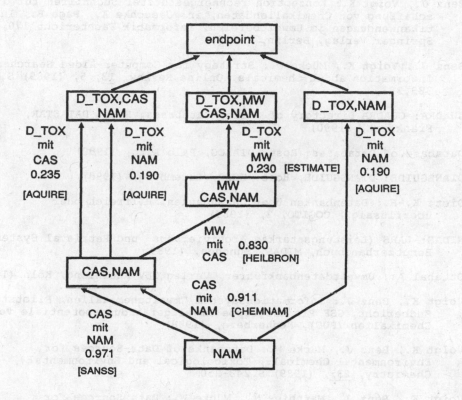

Somit ergibt sich der optimale Recherchepfad wie folgt:

Optimaler Pfad: **'NAM'** (Bekannt ist der Name der Chemikalie)

    -> **'NAM_CAS.SAN'** (ausgehend vom Namen wird die CAS-Nummer in

SANSS bei dem Datenbankanbieter CIS gesucht)

    -> **'CAS_DTOX.AQU'** (mit der CAS-Nummer wird die

Daphnientoxizität in AQUIRE gesucht)

    -> **'D-TOX'**

Erfolgswahrscheinlichkeit: **0,97**

Erstes auszuführendes Script: **NAM_CAS.SAN**

4. Literatur

Benz J., Voigt K.: Konzeption rechnergestützter Suchhilfen für die Beschaffung von Chemikaliendaten, in: Jaeschke A., Page B., Informatikanwendungen im Umweltbereich, Informatik Fachbericht 170,
Springer Verlag, Berlin, (1988)

Benz J., Voigt K., Mücke W.: Strategy for Computer-Aided Searches for
Information about Chemicals, Online Review, 13, 5, (1989) S.
383.393,

CUADRA: CUADRA Directory of Online Databases, Host: DATASTAR,
Frankfurt, (1990)

Database of Databases: Host: DIALOG, Palo Alto, (1990)

DIANEGUIDE: DIANEGUIDE, Host: ECHO, Luxemburg, (1990)

Dietz K.-H.: Datenbanken über Datenbanken, Hilfreich oder
überflüssig?, COGITO, 2, (1989)

MIDAS: LARS (Leistungsstarkes Archivierungs- und Retrieval System),
Benutzerhandbuch, MIDAS, München, (1989)

Ottahal A.: Umweltdatenbankführer, Verlag TÜV Rheinland, Köln (1989)

Voigt K., Benz J.: Informationssystem Umweltchemikalien, Pilotstudie,
Endbericht, GSF Projektgruppe Umweltgefährdungspotentiale von
Chemikalien (PUC), Neuherberg, (1988)

Voigt K., Benz J., Mücke W.: Databanks of Data-Sources for
Environmental Chemicals, Toxicological and Environmental
Chemistry, 23,, (1989) S.243-250

Voigt K., Benz J., Matthies M., Mücke W.: Data Sources for
Environmental Chemicals: Databank of Data-Sources and Strategy for
Computer-Aided Searches, Toxicological and Environmental
Chemistry, 25, (1990) S.221-236

Darstellung der Ergebnisse einer Untersuchung über den Einsatz von Expertensystemen im Bereich Umwelt

M. Collet, IUI, Göbenstraße 40, 6600 Saarbrücken
M. Hälker-Küsters, Siemens AG, Otto-Hahn Ring 6, 8000 München 83
M. Tischendorf, IKE, Pfaffenwaldring 31, 7000 Stuttgart 80

Einleitung

Der Arbeitskreis *Expertensysteme im Umweltschutz* hat sich die Aufgabe gestellt, eine Untersuchung über Planung, Realisierung und Einsatz von Expertensystemen im Umweltschutz innerhalb der Bundesrepublik durchzuführen. Zu diesem Zweck wurde ein Fragebogen entworfen, der es ermöglicht, vorhandene aber auch erst in Planung befindliche Expertensysteme nach anwendungs- und informatikorientierten Kriterien einzuordnen. Darüber hinaus wurden eingesetzte Methoden, Werkzeuge und Rechnerumgebungen ermittelt. Der Fragebogen und die Ergebnisse der Umfrage werden hier vorgestellt.

Vorgehensweise

Die Mitglieder des Arbeitskreises kannten 25 Entwicklungsstellen innerhalb der Bundesrepublik, die sich eventuell mit der Entwicklung von Expertensystemen in der Domäne Umweltschutz beschäftigen könnten. Die Entwicklungsgruppen waren entweder durch persönliche Kontakte oder durch Veröffentlichungen bekannt. Bei der Ermittlung dieser Projektgruppen ergaben sich zwei Fragen:

- Ist die erstellte Liste vollständig?

Von dem heutigen Standpunkt aus haben wir den Eindruck, die meisten Projekte erfaßt zu haben. Natürlich kann diese Frage nicht mit letzter Sicherheit beantwortet werden.

- Gehören die einzelnen Projekte in den Umweltbereich hinein?

Die Zuordnung der einzelnen Projekte zu der Domäne Umweltschutz kann in einzelnen Fällen recht schwierig sein. Fragen wie *'Was dient dem Schutz der Umwelt?'* oder *'Welche Forschungsarbeiten sind grundlegend für neue KI-Techniken, die dann beispielhaft auf Umweltprobleme angewandt werden?'* stellen sich, sollen aber an anderer Stelle behandelt werden.

Die Entwicklungsgruppen wurden von uns Ende 1989 angesprochen und gebeten, den Fragebogen auszufüllen. Die bis Mitte März 1990 beantworteten Fragebogen sind in der Auswertung berücksichtigt worden. Zur Auswertung kamen 16 ausgefüllte Fragebogen von Projekten, die letztendlich in den Bereich Umweltschutz eingeordnet werden konnten. In einigen Fällen erhielten wir keine Antwort. Auch nicht berücksichtigt wurden Projekte, die zu klein oder nicht mehr auf dem aktuellsten Stand waren.

Aufbau des Fragebogens

Der Fragebogen zur Einordnung der Expertensystemprojekte im Umweltschutz wurde wie folgt aufgebaut:

- Zunächst wurde das Ausfülldatum, der Projektname und die genaue Anschrift einschließlich Telefonnummer der Ansprechpartner verlangt.

- Um einen Einblick in das Entwickler- und Auftragsprofil zu bekommen, war der organisatorische Projektrahmen kurz zu skizzieren.

- Zur Einordnung des Projekts in der Umweltschutzproblematik sollte eine Projektkurzbeschreibung angefertigt werden. Dabei sollte auch auf den Projektstand, den bisherigen Entwicklungsaufwand und die Projektziele eingegangen werden.

- Um festzustellen, inwieweit die Anwenderproblematik in die Entwicklung der Systeme miteinfließt, sollte geklärt werden, wie konkret das Anwenderprofil ist, wie ihre Erwartungshaltung ist und wie auf eventuell auftretende Akzeptanzschwierigkeiten reagiert wird.

- Die Frage nach der Art, der Erfahrung und dem Umgang von Wissensquellen sollte ergründen, wann welche Wissensquellen mit welcher Häufigkeit und welchem Erfolg eingesetzt werden.

- Die wichtigsten Lösungsansätze waren kurz aufzuzeigen, um zu erfahren, inwieweit Expertensystem- bzw. konventionelle Techniken in den Projekten verwendet wurden. Außerdem sollte die Wahl der Expertensystem-Techniken begründet werden.

- Ein kurzer Umriß der Projektablaufschritte macht ersichtlich, inwieweit mit experimentellen oder konventionellen Projektentwicklungsrichtlinien gearbeitet wurde.

- Die Aufführung der Hardware sollte zeigen, welche Rechnerklassen bei der Entwicklung und Applikation zum Einsatz kommen.
  Ebenfalls war die Software zu nennen, um zu erfahren mit welcher Häufigkeit gekaufte oder selbst enwickelte Shells oder Programmiersprachen bei der Erstellung eingesetzt werden.
  Ausserdem sollte festgestellt werden, wieviele Expertensysteme auf Datenbanken zugreifen.

- Zu möglichen Wartungskonzepten und Weitergabekonditionen, sowie zu den weiteren Perspektiven sollte kurz Stellung genommen werden.

- Abschließend konnten noch weitergehende Literaturangaben über das Projekt gemacht werden.

Methodik der Auswertungen

Eine erste Durchsicht der Rückläufer ergab, daß eine absichtlich etwas unscharfe Formulierung bei der Ausfüllung der Fragebögen ein breites Spektrum der Interpretationen zuließ. Einerseits erhielten wir dadurch Anmerkungen, die bei strafferer Fragestellung unterblieben wären, auf der anderen Seite erschwerte gerade die Vielfalt der unterschiedlichen Angaben die Auswertung. In drei kritischen Fällen wurden die Ansprechpartner ein zweites Mal angesprochen, um aufgetretene Informationsdefizite zu korrigieren.

Als geeignete Methode, die Projekte vergleichbar gegenüberzustellen wurde eine Matrix gewählt. Jede Zeile beschreibt ein Projekt. Die Matrixspalten wurden aus den ausgewählten Punkten des Fragebogens gebildet. Die erstellte Matrix ist auf den letzten Seiten abgebildet.

Die Auswertungskriterien wurden erst anhand der ausgefüllten Fragebögen erstellt. Die Gewichtung, daß von den 9 Spalten 6 dem Bereich Informatik und nur 2 dem Bereich Umwelt zugeordnet werden können (die Spalte Auftraggeber ist nicht eindeutig zuzuordnen), ergab sich von selbst, zeigt aber, daß auch bei Umweltprojekten gilt, daß die Expertensystemfragen höher gewichtet werden, die Fragen des Umweltbereichs dagegen nur als Kriterien des Einsatzgebietes auftreten.

Es wurden die folgenden Begriffe in die Matrix aufgenommen:

AG/EW:	Der erste Eintrag bezieht sich auf den Auftraggeber, der zweite bezeichnet den Entwickler. Im Gegensatz zu den Angaben in den Steckbriefen werden hier Überbegriffe verwendet.
Domäne:	Hier findet sich die Einordnung des Projektes in eine Umweltdomäne.
Projektziel/-status:	Der Projektstatus kennzeichnet den Projektstand zu Beginn des Jahres 1990, das Projektziel bezeichnet das angestrebte Ziel.
Zielgruppe:	Hier werden die Anwender des Systems aufgeführt.
Implementierungsmethoden:	Hier sind die Werkzeuge und Programmiersprachen aufgeführt, mit denen die Software erstellt wurde.
Entwicklungsprozeß:	In dieser Spalte wird die Projektdurchführung angesprochen. Dabei werden zwei Einträge unterschieden:
	E dies bezeichnet eine eher experimentelle Durchführung im Gegensatz zum

	K 'konventionellen' Vorgehen, das heißt, der Definition von Projektschritten ähnlich des Software-Life-Cycles.
Wissensquellen:	Hier sind die verwendeten Wissensquellen aufgeführt.
Hardware:	Es werden Mainframe, Unix-System, Personal Computer und LISP-Maschine aufgeführt.
Dauer:	in dieser Spalte wird die angegebene Projektdauer notiert.

Auswertungen der Fragebögen

Im folgenden werden die Ergebnisse des Fragebogens zusammengefaßt. Oft werden bei einzelnen Aussagen %-Zahlen angegeben. Bei einer Reihe von Punkten sind Mehrfachnennungen möglich.

Auftraggeber

Der Großteil der Aufträge wird an Forschungsinstitute oder forschungsnahe Einrichtungen vergeben (64 %). Die Industrie erteilt in der Regel Inhouse-Aufträge für konkrete Produktentwicklungen oder beteiligt sich an Forschungsvorhaben, die auch staatlicherseits gefördert werden.

Entwickler

Hier spiegelt sich die Struktur der Auftraggeber wieder. Die Entwickler sind überwiegend in Forschungsinstituten zu suchen, 71 %. Die verbleibenden 29 % sind in der Industrie zu finden.

Domäne

Einige Projekte beschäftigen sich mit dem Bereitstellen von Methoden. Bei einem Projekt handelt es sich um das Untersuchen von Fuzzy-Set-Methoden, die auf Ökosysteme angewandt werden können. Weiter werden Methoden für die Entwicklung von Umweltinformationssystemen und für die Umweltverträglichkeitsprüfung entwickelt. In den anderen Projekten werden konkrete Problemlösungen erarbeitet. Die Probleme stammen aus folgenden Bereichen: Altlasten, Gefahrguttransport, Pflanzenschutz, Auswertung von Meßwerten und Bearbeitung von Verordnungen. Einige Domänen sind wissenschaftlich noch nicht ausgereift, wie beispielsweise das sehr heterogene Thema Altlasten. Daraus resultieren auch die manchmal wenig konkreten Anwenderprofile.

Projektdauer

Bemerkenswert ist der Umfang der Projekte, gerechnet in Mannjahren (MJ). Das umfangreichste Projekt umfaßte 6 MJ. Der Durchschnitt lag bei gut zwei MJ.

Projektstatus

Im Moment befinden sich etwa 25 % der Projekte in der ersten Phase (Machbarkeit, Konzeptphase), ein knappes Drittel der Projekte wird zur Zeit realisiert, während sich über 40 % der Projekte in der Pilotierungsphase befinden. Der relativ weite

Projektfortschritt zusammen mit der kurzen Bearbeitungszeit läßt den Schluß zu, daß sehr kleine Teilgebiete selektiert wurden.

Projektziel

Der überwiegende Teil der Projekte ist für den (Pilot-)Einsatz gedacht. Bei der Hälfte der Projekte wird als Ziel die Pilotierung angegeben. Etwa 25 % sollen zum Produkt weiterentwickelt werden, während die restlichen 25 % grundsätzliche Untersuchungen hinsichtlich der Einsetzbarkeit und Perspektiven sind.

Zielgruppe

Die Anwender sind zu 75 % in den Behörden zu finden. Zwei Projekte haben ihre Anwender in der Industrie. Dies sind die Gefahrguttransport-Expertensysteme. Ein Projekt fällt in den Universitätsbereich. An zweiter Stelle werden Ingenieurbüros genannt. Grüne Verbände erscheinen an keiner Stelle.

Es liegt bei einigen Projekten die Vermutung nahe, daß erst im Laufe der Entwicklung die Anwender konkretisiert werden. Hieraus resultieren folgende Gefahren: Für die zunächst breite Anwenderklasse ist das System nicht verwertbar. Die tatsächlich in Frage kommenden Anwender sind zahlenmäßig oft sehr gering. Die Lücke zwischen Experte und Anwender kann sehr groß sein, vielleicht zu groß. Hier können mögliche Ursachen für das Scheitern von Anwendungen liegen. In einigen Projekten wird viel Zeit aufgewendet, um geeignete Anwender zu finden.

Wissensquellen

In den meisten Projekten dienen als Wissensquellen Experten und Literatur. Hierbei handelt es sich auffallend oft um Gesetzestexte. In zwei Projekten wurde nur auf Literatur zurückgegriffen, in einem Projekt war ein Experte die alleinige Wissensquelle. In zwei Projekten wird das Wissen auch aus einer Datenbank bezogen. In zwei Fällen waren Wissensingenieur und Experte identisch.

Entwicklungsmethoden

Die entwickelten Expertensysteme wurden überwiegend mit gekauften oder selbstentwickelten Shells erstellt. Die am häufigsten eingesetzte Programmiersprache ist Prolog. Lisp wurde eingesetzt, wenn die gekaufte Shell bereits in Lisp programmiert war. Die Hälfte der untersuchten Anwendungen greift auf Datenbanken zu. In einem Projekt wurde Pascal als Programmiersprache gewählt.

Hardware

Knapp 50 % der Systeme wurden auf Unix-Workstations erstellt. Ein Projekt wurde auf einer Lisp-Maschine abgewickelt. Je 4 Projekte wurden auf Mainframe bzw. PC's entwickelt. Entwicklungsmaschine und Zielmaschine waren in den meisten Fällen identisch. Bei einem Projekt wird als Ablaufumgebung auch ein PC eingesetzt, wobei als Entwicklungsumgebung ein UNIX-System genannt wird, bei einem anderen Projekt dient als Ablaufumgebung ein PC, als Entwicklungsrechner diente ein Mainframe.

Entwicklungsmethode

Der überwiegende Teil, etwa 60 %, wurde experimentell entwickelt. Bei den anderen Projekten wurde in Anlehnung an konventionelle Entwicklungsprozesse vorgegangen, d.h. Problemanalyse, Leistungsbeschreibung usw.

Wartungskonzept

Zu keinem der Projekte lag ein konkretes Wartungskonzept vor. Wenn Aussagen zur Wartung gemacht wurden, waren sie allgemeiner Natur wie Wartung im Rahmen der Weiterentwicklung. Hier liegt noch ein zu lösendes Problem, das nicht trivial ist.

Verbindung Expertensystem- und konventionelle Programmiertechnik

Bei einer Reihe von Projekten ist der Expertensystemteil nur ein (kleiner) Teil des Gesamtprojekts.

Perspektiven für Umwelt-Expertensysteme

Auffallend bei den untersuchten Projekten ist die Tatsache, daß erst ein Projekt zu einem Produkt entwickelt worden ist. Das zeigt, daß die Laufzeit vieler Projekte zu kurz ist, um Realisierungen vorzulegen.

Das hat im Wesentlichen drei Gründe:

- Der Bereich Expertensysteme im Umweltschutz ist noch zu jung, als daß schon Projekte mit längerer Laufzeit existieren können

- Die Risikobereitschaft in dieses neue Gebiet zu investieren ist nicht besonders groß. Mit relativ kleinen Aufträgen wird dieses sehr umfangreiche und schlecht strukturierte Gebiet angegangen

- Die Auftraggeber sind noch sehr zurückhaltend bei der Vergabe, da noch keine Resultate anderer Projekte vorliegen

Es gibt in den untersuchten Projekten keine einheitliche Linie der Entwicklung, zum einen, weil die Domäne Umweltschutz sehr schwierig zu strukturieren ist und zum anderen, weil von Seiten der Informatik noch wenig Techniken und ausgereifte Tools zur Verfügung stehen, wie es zum Beispiel im kommerziellen Bereich mit den Datenbanken der Fall ist.

Deshalb müssen im Vorfeld der eigentlichen Entwicklung von Systemen größere Summen in die Grundlagenforschung investiert werden, was einen Durchbruch im industriellen Bereich erschwert.

Weitere Probleme zeichnen sich jetzt schon bei den Konzepten der Erstellung der Wissensbasen ab, die so auch für die Wartungskonzepte gelten werden: wie sollen schwer zu strukturierende Wissensbasen erstellt und wie auf dem laufenden gehalten werden? Dies gilt eigentlich generell für Wissensbasen aller Einsatzgebiete; im Bereich Umwelt, einer Fachdisziplin im Aufbruch und damit einem sich ständig verändernden und weiterentwickelnden Stand der Wissenschaft, kommt aber diesem Punkt eine wesentliche Bedeutung zu. Die Erstellung von Wissensbasen wird durch zwei Punkte erschwert:

1. Die natürlichen Zusammenhänge in der Umwelt sind komplex, schlecht strukturiert und zum Teil noch nicht genügend erforscht.

2. Unterschiedliche Verordnungen und gesetzliche Grundlagen in den Umweltämtern der jeweiligen Bundesländer behindern die Entwicklung einer gemeinsamen Basis.

Diesen Schwierigkeiten kann nur mit hohem Aufwand bei den Anwendern begegnet werden, wobei erst eine Infrastruktur geschaffen werden muß, damit Änderungen und Erweiterungen schneller erkannt und eingearbeitet werden können.

In vielen Umweltbehörden wird aus diesem Grund der Datenbanktechnik eine Vorreiterrolle zugedacht. Dies ist auf den ersten Blick sicher der richtige Weg, da in der Zukunft die Kombination von Datenbank- und Expertensystemtechnik die größten Aussichten auf Erfolg haben, allerdings werden durch dieses Vorgehen manche Projekte verzögert oder sogar aufgehoben.
Hieraus resultiert unter Umständen eine Gefahr für das gesamte Gebiet, denn bei solchen Randbedingungen kann der erhoffte Erfolg unter Umständen ausbleiben und somit auch die Folgeprojekte.

Anhang
Schema zur Einordnung von Expertensystem-Projekten
(Arbeitskreis Expertensysteme im Umweltschutz)
Datum:

Projektname:

Ansprechpartner
(hier können Personen aus unterschiedlichen Institutionen genannt werden)

Organisatorischer Rahmen:
Auftraggeber:
Experten:
Anwender:

Projektbeschreibung:
(Problembeschreibung, Projektziele, Vorgehensweise zur Lösung):

Anwender
Anwenderkreis:
Anwendererwartungen:
Akzeptanzschwierigkeiten: **Art der Wissensquellen** (z.B. Literatur, Institutionen,...):

Erfahrung mit den Wissensquellen:

Umgang mit den Wissensquellen:

Lösung
Wissensbasierter Teil:
  Grund für die Wahl der Expertensystem-Technik:
  Wissensrepräsentationsformen:

Konventioneller Teil:
(z.B. Schnittstellen zu anderen Anwendungen, Dialogkomponenten, Datenbanken, Netzwerken)

Projektablaufschritte:

Entwicklungsumgebung (gekaufte Tools, usw.)
Hardware:
Software:
Gründe für die Wahl der HW und SW:

Ablaufumgebung:

Projektstand:

Bisheriger Entwicklungsaufwand:

Wartungs- und Pflegekonzept:

Weitergabekonditionen:

Praktische Erfahrungen und Ergebnisse:

Perspektiven
Weitere Phasen oder Folgeprojekte:
Geschätzter Entwicklungsaufwand:

Literaturangaben (Publikationen über das Projekt):

Bemerkungen

Projekt	AG/EW	Domäne	Projektstatus Projektziel	Zielgruppe Anwender
ALTEXSYS	Industrie/ Industrie	Altlasten (GW)	Pilot/ Produkt	Behörden,I-Büros, große Landbesitzer
ALTRISK	Forschung Forschung	Altlasten (GW)	Abschlußphase/ KI-Methode einsetzbar (?)	(Behörden, I-Büros)
ASTRA	Industrie/ Industrie	Störfall VO	Pilot/ Produkt	Genehmigungs- behörden
BIO-EXPERT	Forschung Forschung	Fließgewässer Biotope	Konzeptphase/ XPS-Methode eingeschl.	Behörden, I-Büros
EXCEPT	Forschung/ Forschung	UVP	Prototyp/ Pilotierung	UVP-Bearbeiter, Behörden
UVP-BLP	Forschung Forschung	UVP-BLP	Prototyp Prototyp+Perspektive	Umweltämter
FST	Forschung Forschung	Ökosysteme	Machbarkeit, Bereitstellung von Tools	XPS-Entwicklung an- hand v. Ökosystem
GG-XPS	Industrie/ Industrie	Gefahrgut- transport	Prototyp Projekt	Werke des GB NK (intern)
IMIS	Forschung Forschung	Meßwerte zur Luftüberwachung	(Prototyp) Machbarkeitsstudie	(Behörden)
PRO-PLANT	Forschung Forschung	Pflanzenschutzmittel	Realisierung Prototyp Pilotierung	Landwirte Landwirtschaftsk.
WIFEX	Forschung Forschung	Pflanzenschutzmittel Winterweizen	Prototyp Pilotierung	Landwirte Landwirtschaftsk.
RESEDA	Behörde,Industrie/ FAW	Klassif. von Satelliten und Luftaufnahmen	Wissensaquis.+Systementw. Prototyp	Behörden
TRANSEC	Industrie/ Industrie	Gefahrgut- transport	Pilotierung Pilotierung	Industrie TÜV
WANDA	Behörde+Industrie FAW	Ausw. von chromatogr. Meßdaten	Konzeptphase Prototyp	Behörden
XGWS	Behörde Uni	Grundwasser	Pilotierung Pilotierung	Bürger Behörde
XHMA	Behörde Uni	Altlasten	Real. Erfassungskomp. Pilotierung	Kommunen
XUMA	Behörde+KFK KFK	Altlasten	Prototyp Produkt	LfU Sachbearbeiter
ZEUS	FAW/ FAW	Verwalten heterog. Umweltinformation	Prototyp	Referenten im Umweltministerium

Projekt	Implementierungs-methoden	Entwicklungs-prozeß	Wissensquellen	Hardware	Dauer
ALTEXSYS	XPS,DB-Tool	E	Experten, strukt. Unterlagen	Mainframe	2,5MJ
ALTRISK	konv. PASCAL	K	Experten, Literatur	PC	3,5MJ davon 1MJ PR
ASTRA XPS	eigene TOOLBOX	E	Experten Literatur	UNIX-System	3MJ
BIO-EXPERT	XPS,DB-Tool, Shell	K	Experten Literatur	PC 368	0,5MJ
EXCEPT	XPS in LISP implementiert	E	Literatur	Mainframe	2MJ
UVP-BLP	PROLOG	E	Experten, Literatur	PC	1,5MJ
FST	XPS,Fussy-Set	E	unsichere Daten, Expertenwissen, Lit.	Mainframe	1MJ
GG-XPS	XPS,DB	K	Datenbank Gesetze, Experten	UNIX-System Koppl. an Mainframe	2,2MJ
IMIS	XPS, eigene Software	K	Gesetze, Vorschriften	Mainframe	1,5MJ
PRO-PLANT	PROLOG, Shells DB-Tool	K	Experten Literatur	PC 386	4MJ
WIFEX	PROLOG	E	Experten Literatur	UNIX-System	1MJ
RESEDA	XPS-Shell, C, Geo.inform.System	K	Literatur Experten	UNIX-System	3MJ
TRANSEC	XPS-Shell, PROLOG, C	E	Literatur	UNIX-System	1,5MJ
WANDA	XPS-Tool, KEE	K	Umweltanalytiker Literatur	UNIX-System	2MJ
XGWS	PROLOG	E	Literatur Expertenwissen	UNIX-System	3MJ
XHMA	PROLOG, Datenbanken	E	Experte	UNIX-System	3MJ
XUMA	XPS-Shell, LISP	E	Experten, Akten, Literatur	LISP-Maschine	6MJ
ZEUS	konv. PASCAL, X-WINDOWS	E	Interviews, Gesetze Vorschriften	PS/2 später Workstation	1,5MJ

Expertensysteme im Umweltschutz

Tutorium

Oliver Günther   Knut Scheuer

Forschungsinstitut für anwendungsorientierte Wissensverarbeitung (FAW)
Postfach 2060, 7900 Ulm/Donau

1. Einführung

Als in den 50er und 60er Jahren die Grundlagen erarbeitet wurden für ein Forschungsgebiet, das sich den Namen *Künstliche Intelligenz (KI)* gegeben hat, hatte man sich hohe Ansprüche gesetzt. Computer sollten nicht mehr nur in klassischen kommerziellen oder technisch-wissenschaftlichen Anwendungen Verwendung finden, in denen typischerweise einfach strukturierte Datensätze (*Records*) mittels einfacher (insbesondere arithmetischer) Rechenoperationen miteinander verknüpft werden.

Ein vorrangiges Ziel der Künstlichen Intelligenz war und ist es, auch komplexere, weniger stark strukturierte Arten von Wissen zu repräsentieren und zu verarbeiten. Hierzu gehören symbolische mathematische Ausdrücke (wie z. B. Formeln oder Integrale) ebenso wie das Wissen über Spielstrategien (wie z. B. im Schach) oder die Kenntnis von Gegenständen und Situationen des täglichen Lebens. Dieser letzte Punkt spielt insbesondere auch eine wichtige Rolle beim automatischen Verstehen von natürlicher Sprache. Um ein Gespräch zwischen zwei Menschen verstehen zu können, ist es normalerweise unabdingbar, ein klares Verständnis von den Dingen zu haben, die uns in unserem täglichen Leben umgeben. Dies schließt nicht nur die rein äußerlichen Eigenschaften solcher Objekte ein, sondern insbesondere auch ein tiefergehendes Verständnis der Funktion und der Rolle eines solchen Objektes (wie z. B. eines Tisches). Nach Lenat ist das Problem hier, gerade das Wissen zu repräsentieren, „das man nicht in einem Lexikon nachschlagen kann". Dieser Aspekt der Repräsentation der Intension oder Semantik eines Objekts stellt die KI-Forschung noch immer vor neue Herausforderungen.

Im Umweltbereich ist in diesem Zusammenhang insbesondere die Repräsentation von Expertenwissen von Interesse. Die riesigen Mengen von Rohdaten, die uns bereits jetzt zur Verfügung stehen, müssen zunächst aufbereitet und komprimiert abgespeichert werden, bevor sie für die Entscheidungsunterstützung im Umweltbereich genutzt werden können. So werden z. B. im Bereich der Satellitenaufnahmen von der NASA in Bälde pro Tag 10 Terabytes an Bilddaten erwartet. Zur Weiterverwendung müssen diese Daten zunächst komprimiert und zu komplexeren semantischen Einheiten (Geo-Objekten) aggregiert werden. In Anbetracht der Tatsache, daß für solche Auswertungsaufgaben bei weitem nicht genügend geschulte Experten zur Verfügung stehen, ist zumindest die Möglichkeit der Teilautomatisierung solcher Arbeiten zu untersuchen.

Expertensysteme (oder besser: *wissensbasierte Systeme*) haben sich in den vergangenen Jahren als eines der vielversprechendsten Teilgebiete der KI etablieren können. Hier wird versucht, das Wissen von Experten über komplexe Zusammenhänge in Computern zu repräsentieren und so einem wesentlich erweiterten Benutzerkreis zur Verfügung zu stellen. Erste Anwendungen für wissensbasierte Systeme betrafen so unterschiedliche Probleme wie die Diagnose von bakteriellen Infektionen beim Menschen (MYCIN), die Konfiguration von Computersystemen (DEC-XCON) oder die Identifikation von geologischen Lagerstätten (PROSPECTOR) (Waterman 1986, Luger 1989).

Zu betonen ist hierbei, daß die bisher lauffähigen wissensbasierten Systeme im wesentlichen auf die Bearbeitung von Routinefällen beschränkt sind. Idealerweise werden die Experten somit von Routinearbeiten weitgehend entlastet und können sich verstärkt den schwierigen Fällen und anderen anspruchsvolleren Tätigkeiten zuwenden. Diese bessere Nutzung der verfügbaren Ressourcen (hier: der Zeit des Experten) kann gerade im Umweltschutz von großer gesellschaftlicher Bedeutung sein. Hier allerdings scheint es auch über die Verarbeitung von Rohdaten hinaus vielfältige Anwendungmöglichkeiten für Expertensysteme zu geben.

Andere Teilgebiete der KI-Forschung, die für Umweltanwendungen von Bedeutung sein werden, betreffen die Verarbeitung von *unsicherem Wissen* sowie die Verwaltung von *raumbezogenen Daten* und das *räumliche Schließen*. Diese Aspekte spielen bei der Speicherung und Verarbeitung von Umweltdaten oft eine wichtige Rolle und sollten nach Möglichkeit bereits beim Entwurf von wissensbasierten Systemen für den Umweltschutz mit in Betracht gezogen werden.

Wir gehen im folgenden zunächst kurz auf die gängige Architektur von wissensbasierten Systemen ein, bevor wir im Kapitel 3 auf die umweltrelevanten Aspekte der Expertensystemtechnologie zu sprechen kommen. Als praktische Beispiele für Expertensysteme im Umweltschutz präsentieren wir die Systeme XUMA, WANDA und EXCEPT.

2. Architektur von Expertensystemen

Ein Expertensystem besteht im wesentlichen aus fünf Komponenten: der Dialogkomponente als Benutzerschnittstelle, einer Wissensbasis, einer Problemlösungskomponente zur Kombination des verfügbaren Wissens für die Lösung eines gegebenen Problems, einer Erklärungskomponente zur Plausibilisierung der ermittelten Resultate gegenüber dem Benutzer, sowie einer Wissenserwerbskomponente zur Eingabe neuen Wissens und zur Editierung der Wissensbasis. Schematisch läßt sich die Architektur eines Expertensystems wie folgt darstellen.

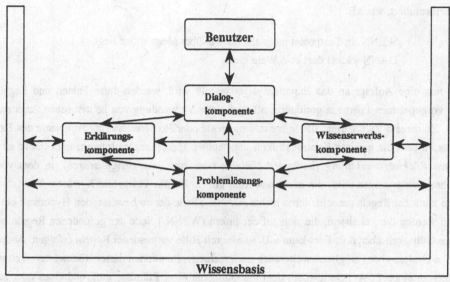

nach [Raulefs 1981]

Die *Benutzerschnittstelle* oder *Dialogkomponente* dient der Kommunikation des Benutzers mit dem wissensbasierten System. Vom Benutzer werden Anfragen an das System gestellt; dies sollte in vielen Anwendungen nach Möglichkeit auch in natürlicher Sprache erfolgen können. In einem anschließenden Dialog werden vom System oft zusätzliche Informationen vom Benutzer erfragt. Dies geschieht typischerweise dann, wenn das System eine Information benötigt, die nicht in der Wissensbasis enthalten ist. Schließlich wird das Ergebnis der Problembearbeitung an den Benutzer ausgegeben.

Zu jedem Zeitpunkt dieses Dialogs soll der Benutzer die Möglichkeit haben, vom System eine Erklärung für sein Vorgehen zu erhalten. Die Bearbeitung dieser Rückfragen wird von der *Erklärungskomponente* übernommen. Hier ist es insbesondere möglich, vom System über sogenannte *warum*-Fragen zu erfahren, warum eine Rückfrage an den Benutzer gestellt wird, d.h. wozu die angeforderte Information vom System benötigt wird. Darüber hinaus kann für sämtliche vom System ermittelten Resultate und Teilresultate nachgefragt werden, welche Daten und Regeln zu diesem Schluß geführt haben; hierzu dienen die sogenannten *wie*-Fragen.

Der eigentliche Prozeß der Problemlösung beruht ganz wesentlich auf der Problemlösungskomponente und der Wissensbasis. In der *Wissensbank* oder *Wissensbasis* werden einerseits *Daten* (hier oft auch *Fakten* genannt) abgelegt; manche dieser Daten gehören zu dem aktuell bearbeiteten Problem, andere sind fallunabhängig und haben eher langfristige Gültigkeit. Die Wissensbank eines Expertensystems zur Auswertung von Satellitenbildern mag Fakten enthalten, wie z.B. „Das Testgebiet X liegt zwischen 250m und 300m über Meereshöhe." Als Format wird oft auch eine Satzstruktur gewählt, die der Tabellenstruktur einer relationalen Datenbank nicht unähnlich ist. In vielen Anwendungen (insbesondere auch wenn das Verständnis natürlicher Sprache eine Rolle spielt) werden allerdings auch komplexere Mechanismen zur Wissensrepräsentation benötigt. An dieser Stelle seien nur einige der gängigsten Techniken als Stichworte erwähnt: Frames, Scripts, semantische Netze. Einen guten Überblick geben (Luger und Stubblefield 1989) oder (Habel 1990). Neben den Fakten enthält eine Wissensbank üblicherweise auch *Regeln*, die für die Problemlösung eine entscheidende Rolle spielen. Diese Regeln sind oft als WENN-DANN-

Regeln formuliert, wie z.B.

> WENN ein Testgebiet mehr als 2000 m über Meereshöhe liegt,
> DANN wächst dort kein Wein mehr.

Wenn nun eine Anfrage an das Expertensystem gestellt wird, werden diese Fakten und Regeln nach einem vorgegebenen Inferenzalgorithmus, oft auch unter Verwendung von heuristischen Ansätzen kombiniert. Zu diesem Zweck dient die *Inferenzkomponente* oder *Problemlösungskomponente* des Expertensystems, in dem die gesamte Kontrollstruktur abgelegt ist. Ein bekannter Inferenzalgorithmus ist die sogenannte *Rückwärtsverkettung (backward chaining* oder auch *goal-driven search)*, in dem von einer Hypothese ausgegangen wird, die es zu beweisen gilt (z. B. „Im Testgebiet X wächst Wein."). Hierzu werden zunächst Regeln gesucht, deren rechte (DANN-) Seite der zu beweisenden Hypothese entspricht. Sodann werden die Prämissen, die sich auf der linken (WENN-) Seite der gefundenen Regeln befinden auf ihre Gültigkeit überprüft. Dies kann u.U. wieder mit Hilfe vorhandener Regeln erfolgen. Andererseits kann das System aber - möglicherweise auch nach mehreren Iterationen dieser Rückwärtsverkettung über Regeln - an einen Punkt gelangen, an dem die Gültigkeit einer Prämisse aufgrund eines oder mehrerer Fakten eindeutig bestätigt oder widerlegt werden kann. Sollte dies nicht der Fall sein und sollte auch keine der verfügbaren Regeln mehr anwendbar sein, so fragt das System den Benutzer, ob die jeweilige Prämisse wahr oder falsch ist. Letztlich werden auf diese Weise sämtliche Zweige des sich ergebenden Suchbaumes abgearbeitet.

Einer der wichtigsten Aspekte der vorgestellten Architektur eines typischen Expertensystems ist sicherlich die Trennung von Daten und Wissen einerseits und der Kontrollstrukturen oder des Programms andererseits. Während sämtliches Wissen in der Wissensbank abgelegt ist, wird der Programmablauf ausschließlich durch die Inferenzkomponente bestimmt. Diese *nichtprozedurale Programmierung*, in der der Programmierer keinen direkten Einfluß auf den Programmablauf hat, ist ein fundamental anderer Ansatz als die in der klassischen Programmierung übliche enge logische Kopplung von Daten und Programm. Insbesondere ist so die einfache Änderung von Wissensinhalten möglich, ohne dabei in die Programmstruktur in irgendeiner Weise eingreifen zu müssen.

Dennoch ist das Hinzufügen oder Löschen von Wissen, insbesondere auch von Regeln, alles andere als unproblematisch. Zunächst muß in Zusammenarbeit mit dem Experten ein geeigneter Grundbestand an Regeln erarbeitet werden. Dieser Prozeß ist oft mit viel Mühe verbunden, zumal es meist schwierig ist, Experten zu finden, die willens und zeitlich in der Lage sind, bei dieser *Wissensakquisition* mitzuarbeiten. Oft erweist sich auch die gewählte Wissensrepräsentation als unzureichend, das Expertenwissen zu strukturieren, oder es zeigt sich, daß auch qualifizierte und kooperationswillige Experten nicht in der Lage sind, sämtliche Einflußfaktoren explizit zu benennen. Aufgrund dieser Probleme wurde in den vergangenen Jahren in den USA der Begriff des *Knowledge Acquisition Bottlenecks* geprägt.

Dieser komplizierte Vorgang der Wissensakquisition wird vom Expertensystem durch die sogenannte *Wissensakquisitions-* oder *Wissenserwerbskomponente* unterstützt. Eine gute Wissensakquitionskomponente geht aber über die reine Eingabeunterstützung für Regeln weit hinaus; insbesondere sollen bei der Einfügung von neuen Regeln auch mögliche Widersprüche aufgedeckt werden. In manchen

Fällen (MYCIN/TEIRESIAS) ist die Komponente auch in der Lage, aufgrund der vorliegenden Fakten neue Zusammenhänge zu finden und diese (in Abstimmung mit dem Benutzer) als Regeln zu formulieren und zu verwenden.

3. Wissensbasierte Techniken in Umweltinformationssystemen

An drei Beispielen soll gezeigt werden, wie unterschiedliche Probleme auf dem Gebiet des Umwelt-schutzes mit wissensbasierten Methoden angegangen werden können. Die vorgestellten Systeme sind alle Prototypen, die sich aber in unterschiedlichen Entwicklungsstadien befinden.

XUMA   (Weidemann 89)
(Expertensystem Umweltgefährlichkeit von Altlasten)
unterstützt die Beurteilung von Altlasten durch Gaswerke und Kokereien und deren Bewertung. Hier kommt ökologisches Wissen (z.B. Grenzwerte) zum Tragen.

WANDA   (Scheuer 90)
(Water Analysis Data Advisor)
ist ein System, das die Interpretation von Analysedaten bei Wasseruntersuchungen unterstützen soll. Kerndomäne ist die analytische Chemie.

EXCEPT   (Weiland 90)
(Expert System for Computer Aided Environmental Planning Tasks)
soll bei der Bauplanung die Umweltverträglichkeit prüfen und zu einer schnelleren und verbesserten Ent-scheidung verhelfen.

Die genannten Systeme werden im folgenden Abschnitt dazu benutzt, um anhand von Detailproblemen die Umsetzung von Wissen in eine formale Repräsentation zu erläutern. Genaueres über die Projekte erfährt der Leser aus den zitierten Quellen.

3.1 XUMA

XUMA wird derzeit am Institut für Datenverarbeitung in der Technik (IDT) des Kernforschungszentrums Karlsruhe (KfK) entwickelt. Es existiert ein relativ weit entwickelter Prototyp, der mit der Experten-systemshell ART und der Programmiersprache LISP auf einer LISP-Workstation TI Explorer II realisiert worden ist. Nach ersten Testerfahrungen wird die Arbeit an dem Prototyp zur Zeit fortgesetzt.

Ein wesentlicher Bestandteil des Systems sind Regeln, die entweder direktes Wissen enthalten oder die Wissen über anderweitig gespeichertes Wissen enthalten (sog. *Metawissen*). Fakten, die unter bestimmten Voraussetzungen gelten, können direkt durch eine WENN-DANN-Regel dargestellt werden, wie z.B.:

> WENN Boden- oder Abfallproben untersucht werden und deren Farbe blau,
> blaugrün oder grün ist
> DANN besteht Verdacht auf Cyanid.

Massendaten, die durch wohldefinierte Relationen miteinander verbunden sind, werden zweckmäßigerweise nicht in Regeln, sondern in Tabellen abgelegt. Ein Beispiel hierfür sind Stoffe, denen Grenzwerte zugeordnet werden. Manche Relationen gelten aber nur unter bestimmten Bedingungen, was sich wiederum gut mit Regeln darstellen läßt. Das folgende Beispiel zeigt, wie das Expertensystem in einer gegebenen Situation die geeigneten Tabellen selektiert.

> WENN ein Parameter einer Bodenuntersuchung zu beurteilen ist,
> DANN gelten die Prioritäten „Ackerboden-Tabelle" >„Tonsandstein-Standards">...

Dies ist ein Beispiel dafür, wie konventionelle Datenverarbeitung (Tabellen) mit wissensbasierten Techniken (Regeln) gekoppelt werden. Massendaten werden in XUMA in einer relationalen Datenbank (RTMS von TI) gehalten.

Man beachte, daß hier die Datenbank nicht nach einem fest vorgegebenen Programmablauf manipuliert wird. Die Inferenzkomponente wendet nach Faktenlage passende Regeln an, um neue Fakten zu generieren, u.a. auch durch Zugriff auf die Datenbank. XUMA verfügt über gut ausgebaute Dialog- und Wissenserwerbskomponenten. Über die Dialogkomponente werden die fallbezogenen Daten eingegeben. In diesem Beispiel wären dies die Fakten, daß es sich um Bodenproben mit blauer bis grüner Verfärbung handelt. Über die Wissensakquisitionskomponente wird domänenbezogenes Wissen eingegeben, d.h. die Regeln und Tabellen.

Probleme bei der Wissensakquisition bestehen in der Validierung der Daten und der Konsistenzerhaltung der Wissensbasis. Die Wissensakquisitionkomponente muß deswegen Widersprüche erkennen können und auch in der Lage sein, falsche Informationen wieder zu entfernen. Regelwissen zu prüfen ist dabei die schwierigste Aufgabe. XUMA baut bei seiner Wissensakquisitionkomponente auf ein 4-Phasenmodell auf: Auswahl, Eingabe, Test und Bestätigung. In der Testphase soll vor allem auch geprüft werden, ob alle vor der Regeleingabe vorhandenen Funktionen auch danach noch ablauffähig sind.

3.2 WANDA

WANDA ist ein hybrides Expertensystem, das auf Regeln und objektorientierter Programmierung basiert. Der Prototyp wird in KEE auf Workstations HP 9000/370 und IBM RT realisiert, befindet sich im Vergleich zu XUMA aber noch in der ersten Entwicklungsphase.

Um Substanzen analysieren zu können, muß der Analytiker sein Meßverfahren auf die zu untersuchenden Substanzen einstellen. In dem folgenden Beispiel wird gezeigt, wie das System aus den Probenbegleitdaten schließt, welche Substanzen verdächtig sind.

Hier kommen Regeln zum Einsatz, die *vorwärts* verkettet werden. In diesem Beispiel nehmen wir an, daß der Bediener das Faktum *„Probe stammt aus einem Maisanbaugebiet"* eingegeben hat.

> WENN die Probe aus einem Maisanbaugebiet stammt,
> DANN besteht Verdacht auf das Herbizid Atrazin.

WENN Atrazin als Substanz verdächtigt wird,

DANN besteht auch Verdacht auf den Metaboliten Hydroxyatrazin.

Durch die erste Regel ist das neue Faktum „*Es besteht Verdacht auf Atrazin*" erzeugt worden. Dadurch ist die Regel anwendbar, die das Faktum „*Es besteht der Verdacht auf Hydroxyatrazin*" erzeugt. Die Eingabe eines einzigen Faktums kann also zu einer Kaskade von Regelanwendungen führen („die Regeln feuern"), wodurch eine Fülle neuer Fakten erzeugt werden kann.

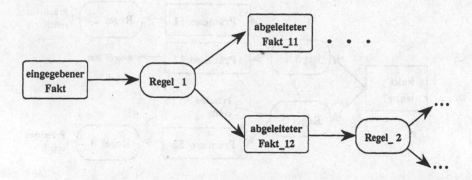

Schema der Vorwärtsverkettung von Regeln

Kennzeichen der Vorwärtsverkettung ist die Anwendung aller passenden Regeln. Die Suche nach passenden Regeln für die aktuell bekannten Fakten besorgt der Interpreter (Inferenzkomponente) des Expertensystems.

Substanzen werden identifiziert, indem Meßwerte mit Referenzen verglichen werden, die zuvor mit bekannten Substanzen und dem angewendeten Meßverfahren erzeugt worden sind. Im folgenden wird gezeigt, wie durch Rückwärtsverkettung ein Meßwert plausibilisiert wird. Die Rückwärtsverkettung ist ein Beweisvorgang, bei dem für ein zu prüfendes Faktum die notwendigen Voraussetzungen geprüft werden. Dies entspricht einer Rückwärtsanwendung von WENN-DANN-Regeln.

In diesem Beispiel wird davon ausgegangen, daß durch Vergleich mit einer Referenz ein Meßwert als Atrazin identifiziert wird. Dem System mögen dabei folgende Fakten in seiner Wissensbasis bekannt sein:

- die Probe stammt aus einem typischen *Maisanbaugebiet*
- das *Datum* der Probennahme ist April

        Die Substanz kann Atrazin sein,

WENN die Probe aus einem *Maisanbaugebiet* stammt

UND   die Probennahme zur Spritzzeit erfolgte.

        Mais wird gegen Unkräuter gespritzt,

WENN Datum zwischen März und Mai liegt.

Eine Substanz gilt als plausibilisiert, wenn alle Voraussetzungen einer Regel erfüllt sind. Oft stehen im

WENN-Teil wiederum Fakten, die bewiesen werden müssen. Hierfür muß wieder eine passende Regel aus der Wissensbasis gesucht werden. Diese Selektion übernimmt wiederum die Inferenzkomponente. In dem Beispiel kann die Bedingung *„Probennahme zur Spritzzeit"* durch Anwenden der zweiten Regel *„Datum der Probennahmen liegt zwischen März und Mai "* erfüllt werden. Im Gegensatz zur Vorwärts-verkettung stoppt der Prozeß bei der Rückwärtsverkettung nach der ersten gefundenen, vollständig an-wendbaren Regel. Das System hat dann *eine* Lösung gefunden, was nicht ausschließt, daß es noch weitere gibt.

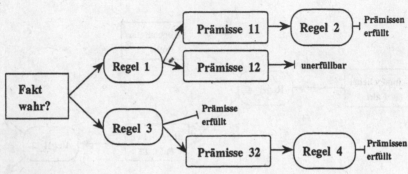

Schema der Rückwärtsverkettung von Regeln: Fakt konnte mit Regel 3 und 4 bewiesen werden

Rückwärtsschließen ist oft effizienter als Vorwärtsschließen, da nach Finden einer Lösung nicht immer wieder alle Regeln auf Anwendbarkeit inspiziert werden müssen. Der Nachteil liegt in der Undeterminiertheit, da die Lösung von der Auswahlstrategie des Regelinterpreters abhängt. Es ist aller-dings möglich, den Regelinterpreter erneut anzustoßen, um weitere Lösungen zu erzeugen.

Ein weiteres Thema der Wissensverarbeitung ist die Behandlung von unsicherem Wissen. Viele Fakten sind mit Unsicherheiten behaftet, genauso auch die Schlußfolgerungen. Bei kritischer Betrachtung des o.g. Beispieles wird klar, daß die Herkunft der Probe nicht das Enthaltensein einer Substanz erzwingt, sondern lediglich mit einer gewissen Wahrscheinlichkeit darauf hinweist. Die Verarbeitung unsicheren Wissens ist gegenwärtig ein wichtiger Forschungsschwerpunkt des WANDA-Projekts. Im WANDA-Prototyp sind bereits Komponenten enthalten, die nach dem Dempster/Shafer-Verfahren unsicheres Wissen verarbeiten. Andere Verfahren beruhen auf der Wahrscheinlichkeitstheorie oder benutzen Sicher-heitsfaktoren zur Bewertung von Fakten und Regeln.

3.3 EXCEPT

EXCEPT ist ein Kooperationsprojekt zwischen der TU Hamburg-Harburg und der IBM Deutschland GmbH. Die Projektlaufdauer ist von Juli 1989 bis Mitte 1992.

Das System soll die Umweltverträglichkeitsprüfung bei der kommunalen Planung unterstützen. Mit diesem Beispiel soll hier gezeigt werden, wie Daten geeignet modelliert werden können, um sie einer logischen Verarbeitung, z.B. zur Entscheidungsunterstützung, zugänglich zu machen.

Zur Erfüllung dieser Aufgabe ist es notwendig, Sachverhalte zu bewerten. Einzelne Faktoren werden hierzu in eine Struktur gebracht, die eine Bewertung unter der Sichtweise der Umweltverträglichkeit ermöglicht. Zunächst werden Sachaussagen in Wertaussagen überführt, was durch die Abbildung von Meßwerten in Skalenwerte geschehen kann. Meßwerte von bestimmten Schadstoffen lassen sich beispielsweise in die drei Klassen *unbelastet*, *belastet* und *hoch belastet* einteilen.

Um solche Wertaussagen bei der Weiterverarbeitung vergleichen zu können, werden Indikatorwerte gebildet. Die Indikatorwertbildung dient der *Bewertung* von Fakten für bestimmte Sichtweisen, während die Skalierung eher eine möglichst *neutrale Beurteilung* sein soll. Die o.g. Belastungsklassen lassen sich etwa auf die Indikatoren niedrig und hoch abbilden, wobei diese Bewertung sich auf die Gesundheitsschädlichkeit beziehen kann.

Indikatoren werden durch Regeln miteinander verknüpft und liefern dann neue Fakten. Mit zunehmender Aggregation werden die Inhalte kompakter, aber auch abstrakter. Aus einer Fülle von Einzeldaten wird letztendlich eine Entscheidung über die Umweltverträglichkeit gefällt.

4. Schlußbemerkungen

Expertensysteme sind kein Ersatz für die „konventionelle" Datenverarbeitung, sondern eine Ergänzung. Sie leisten oft gerade dann wertvolle Dienste, wenn schwach strukturierte, durch Symbole repräsentierte Daten vorliegen, die sich mit einem Programm herkömmlicher Bauart nur schwer verarbeiten lassen.

Ein zentrales Charakteristikum von wissensbasierten Systemen liegt in der Trennung von Kontrollstrukturen und Daten (Wissen). Expertensysteme beinhalten einen Interpreter, der das eingegebene Wissen gemäß einer vorgegebenen Strategie verarbeitet. Wissen wird im wesentlichen nur noch deklarativ eingegeben. Deklarative Wissenseingabe bedeutet, daß der Programmierer nur noch vorgibt, *was* getan werden soll, aber nicht mehr *wie* die Verarbeitung im einzelnen ablaufen soll.

Expertensysteme können in geeigneten Programmiersprachen wie LISP oder PROLOG geschrieben werden. Der Programmierer muß dann aber alle Komponenten, auch den Interpreter der Problemlösungskomponente, selbst bauen. Um effizienter Arbeiten zu können, werden oft „leere" Expertensysteme, sog. Shells, verwendet. Shells stellen als Rahmen bestimmte Standardfunktionen zur Verfügung, enthalten aber kein anwendungsspezifisches Wissen. Bei der Auswahl der Shell kommt es darauf an, daß das zu lösende Problem, die gewählte Wissensrepräsentation und die von der Shell angebotenen Funktionalitäten zueinander passen. Eine Shell kann das Software Engineering nicht ersetzen. Sorgfältige Analyse und Planung, wozu auch die Auswahl der Tools gehört, sowie ein guter Entwurf bleiben Grundvoraussetzung für den Erfolg. Das vielzitierte „Rapid Prototyping" ersetzt diese Tätigkeiten nicht, ist aber ein gutes Mittel, um neue Ansätze schnell und unkompliziert auf ihren praktischen Wert zu überprüfen. Shells sind allerdings teuer in der Anschaffung, stellen hohe Anforderungen an die Hard- und Software-Ressourcen und zeigen ein relativ schlechtes Laufzeitverhalten.

Ein großes Problem bleibt die Wissensakquisition. Zum einen ist es schwer, kundige und verfügbare Experten zu finden. Zum anderen ist es insbesondere auch problematisch, eine passende Repräsentation des akquirierten Wissens zu finden, die EDV- und Fachexperten gleichermaßen gut verstehen und die sich gut für die Transformation in eine von Expertensystemen verarbeitbare Form eignet. Fehlende Standardverfahren und nicht problemadäquate Shells machen heute noch einen wesentlichen Teil der Probleme aus.

5. Literaturhinweise

C. Habel: *Repräsentation von Wissen*, Informatik-Spektrum 13, S. 126-136, 1990.

G. F. Luger und W. A. Stubblefield: *Artificial Intelligence and the Design of Expert Systems*, Benjamin/Cummings, Redwood City, 1990.

P. Raulefs: *Methoden der künstlichen Intelligenz: Übersicht und Anwendungen in Expertensystemen*, in: W.Brauer (Hrsg.): *GI-11. Jahrestagung* Berlin 1981, S. 279 ff.

K. Scheuer, M.Spies,U.Verpoorten: *Systemkonzept des FAW-Projekts WANDA*, FAW-B-50002, FAW Ulm, 1990.

K.Scheuer, M.Spies, U.Verpoorten: *Wissensbasierte Meßdateninterpretation in der Wasseranalytik*, in: Informatik für den Umweltschutz, 5. Symp., Wien 19.-21.9.90 (Proceedings).

D.A.Waterman: *Expert Systems*, Addison-Wesley, 1986.

R.Weidemann, W.Geiger: *XUMA - Ein Assistent für die Beurteilung von Altlasten*, in: Informatik im Umweltschutz, 4. Symp., Karlsruhe 6-8.11.89. (Proceedings) S. 385-394.

U.Weiland, M.Hübner: *Das Projekt EXCEPT: Expert System for Computer-Aided Environmental Planning Tasks*, IWBS-Report 114, April 1990, IBM - Wissenschaftliches Zentrum, Stuttgart.

Ein Expertensystem zur Unterstützung der Bewertung in Umweltverträglichkeitsprüfungen

Martin Hübner
TU Hamburg-Harburg
Kasernenstr. 10
D-2100 Hamburg 90

Kai v. Luck
IBM Deutschland
Postfach 80 08 80
D-7000 Stuttgart 80

Ulrike Weiland
TU Hamburg-Harburg
Kasernenstr. 10
D-2100 Hamburg 90

Zusammenfassung

Im Projekt EXCEPT (Expert system for Computer-aided Environmental Planning Tasks) wird ein Expertensystem entwickelt, das die Durchführung von Umweltverträglichkeitsprüfungen im kommunalen Bereich auf inhaltlich – methodischer Ebene unterstützen soll. Der Schwerpunkt des Systems liegt dabei auf der Unterstützung der Umweltbewertung, insbesondere unter dem Aspekt einer transparenten und nachvollziehbaren Darstellung der Bewertungsvorgänge und -ergebnisse. Der erste, bereits realisierte Prototyp des Systems implementiert ein auf diese Anforderungen ausgerichtetes, generisches Repräsentationsmodell für Umweltbewertungsmethoden, welches in Zusammenarbeit von Informatikern und ÖkologInnen entwickelt wurde. Basierend auf diesem Modellierungsansatz werden vom System ein 'Wissenseditor', eine blackboard-basierte Inferenzkomponente zur Bewertungsdurchführung und verschiedene Erklärungskomponenten zur Verfügung gestellt. Das Repräsentationsmodell und die grundsätzliche Struktur der Systemkomponenten werden in dieser Arbeit beschrieben.

1 Einleitung

In Umweltverträglichkeitsprüfungen spielt - entsprechend ihrer Definition (z.B. [Summerer 1989]) - die **Bewertung** von aktuellen oder prognostizierten Umweltsituationen eine herausragende Rolle. Eine umweltverträgliche kommunale Planung kann nur auf der Grundlage einer Identifikation schutzwürdiger Bereiche, die ihrerseits auf Bewertungen beruht, und durch eine Bewertung von Vorhabenauswirkungen und -risiken auf die Umwelt erlangt werden.

Theoriedefizite in der Umweltplanung und speziell Defizite bei Bewertungen in Umweltverträglichkeitsprüfungen (UVP'en) machen qualitative Verbesserungen der UVP-Methodik und die Unterstützung der Bearbeitung von UVP'en erforderlich. Sowohl zur Unterstützung der UVP-Bearbeiter als auch zur Akzeptanzsteigerung seitens aller UVP-Beteiligten ist eine transparente Darstellung der Bewertungsschritte und der Bewertungsergebnisse erforderlich, vor allem, da Bewertungen von Umweltqualitäten auf der Grundlage unterschiedlicher Werthaltungen durchgeführt werden können und somit diskutierbar präsentiert werden müssen.

Im hier beschriebenen Projekt EXCEPT (als Kooperationsprojekt zwischen der TU Hamburg-Harburg und der IBM Deutschland) wird ein Expertensystem entwickelt, das die Durchführung von Umweltverträglichkeitsprüfungen im kommunalen Bereich auf inhaltlich – methodischer Ebene unterstützt, wobei der Schwerpunkt des Systems auf der Unterstützung der Umweltbewertung liegt.

Die Aufgaben des EXCEPT-Systems sind:

- die Bereitstellung von Wissen für den Bearbeiter (z.B. Bewertungsmethoden) in einer Wissensbasis

- die Unterstützung der Anwendung des Wissens für Bewertungsvorgänge innerhalb einer UVP, insbesondere bei der Auswahl der zu erhebenden Informationen und Anwendung von Bewertungsmethoden

- die Unterstützung der Erweiterung/Änderung der Wissensbasis

- die Erklärung der verwendeten Bewertungsmethoden und die Dokumentation der erfolgten Bewertungsvorgänge und deren Ergebnisse.

Das EXCEPT-System soll keinen starren, fest vorgegebenen Ablauf eines UVP-Verfahrens implizieren. Es ist vielmehr an ein Werkzeug gedacht, das in verschiedenen Phasen des UVP-Verfahrens eingesetzt werden kann, wobei ein benutzerorientierter 'Rahmen' an verschiedene kommunale UVP-Varianten anpassbar sein sollte.

Die folgenden Kapitel beschreiben die in einem ersten Prototypen realisierten Ansätze; einige Informationen zur bisherigen Implementierung und ein Ausblick auf die geplanten weiteren Arbeiten schließen sich an.

2 Repräsentation von Bewertungsmethoden

Eine wichtige Aufgabe des EXCEPT-Systems ist die generische, d.h. formal einheitliche Repräsentation von Bewertungsmethoden. Hierzu wurde ein Repräsentationsmodell entwickelt, welches die formalen Aspekte einer Bewertungsmethode von den inhaltlichen Aspekten trennt (vgl. auch [Weiland, Hübner 1990]).

2.1 Terminologie und Grundlagen

Im Rahmen des Repräsentationsmodells wird der Begriff des **Bewertungsanliegens** (im Sinne von [Bechmann 1988]) verwendet. Ein Bewertungsanliegen im Rahmen der Umweltbewertung wird hier zur Strukturierung des Wissens untergliedert in einen **Umweltbereich** (z.B. Boden, Luft, Mensch, ...) und eine Art der **Umweltwahrnehmung** (z.B. Vorbelastung, Empfindlichkeit, Schutzwürdigkeit ...).

Grundlage der Bewertung sind Informationen, die durch Messung oder Beobachtung erhoben werden. Die Strukturierung und Bewertung dieser Informationen geschieht durch **Indikatoren** [Pietsch 1983] (z.B. Blei-Gehalt des Schwebstaubs) hinsichtlich eines Bewertungsanliegens (z.B. Vorbelastung der Gesundheit). Die Gesamtbewertung des Bewertungsanliegens erfolgt i.a. durch Aggregation (Zusammenfassung) der bewerteten Indikatoren und evtl. anderer Bewertungsanliegen mittels wie auch immer gearteter **Aggregationsregeln** (z.B. Wenn-Dann-Regeln, 'gewichtete Summe', Matrizen, ...). Eine konkrete Bewertung bezieht sich dabei auf einen **Bewertungsgegenstand** (im Rahmen der

UVP oft ein bestimmtes Gebiet), wobei i.a. bei 'höheren' Aggregationsstufen eine gleichzeitige Aggregation von Bewertungsgegenständen zu neuen Bewertungsgegenständen (z.B. Vereinigung oder Schnitt von Flächen) notwendig wird.

Die Basis des Repräsentationsmodells bilden 'elementare' Methodenmodule; durch Kombination (Aggregation) dieser Module können vom Anwender beliebig komplexe Umweltbewertungsmethoden definiert werden. Gleichzeitig ergibt sich aus der modularen Struktur die Möglichkeit des Systems, jeden einzelnen Bewertungsschritt und die damit verbundene Werthaltung nachvollziehbar zu erklären und zu dokumentieren.

2.2 Methodenmodule

Der vorliegende EXCEPT-Prototyp stellt zwei verschiedene Methodenmodule zur Verfügung:

1. **Indikator – Bewertungsmodule** zur Bewertung eines einzelnen Indikators hinsichtlich eines Bewertungsanliegens (für einen Bewertungsgegenstand).

   Die Bewertung geschieht hier durch eine Bewertungsfunktion, angewendet auf erhobene Meß- oder Schätzwerte eines bestimmten Typs. Eine Bewertungsfunktion kann als eine mathematische Abbildung aufgefaßt werden, welche einem erhobenen Wert (Sachaussage) eine Wertstufe (Wertaussage) zuordnet. Bewertungsfunktionen sollten sowohl als reelle als auch als diskrete Funktion ('Skala' – 'Tabelle') definierbar sein. Die Wertstufenbildung erfolgt im letzteren Fall durch Aufzählung derjenigen Werte, welche eine Wertstufe (oder Klasse) bilden.

   Ein Beispiel für eine reelle Bewertungsfunktion nach [Heidbreder, Weiland 1984] findet sich in Abb. 1.

Blei $[\mu g/m^3]$	Wertstufe	Begründung
= 0,0	unbelastet	nicht gesundheitsschädigend
0,0 - 1,0	belastet	Gesundheitsschädigungen sind möglich
> 1,0	hoch belastet	Gesundheitsschädigungen sind zu erwarten

Abbildung 1: Die Bewertungsfunktion des Indikator-Bewertungsmoduls 'Blei-Gehalt des Schwebstaubs hinsichtlich der Vorbelastung der Gesundheit'

   Dabei wird eine Bewertung des Indikators 'Blei-Gehalt des Schwebstaubs' hinsichtlich des Bewertungsanliegens 'Vorbelastung der Gesundheit' vorgenommen. Eine andere Werthaltung, d.h. die Angabe anderer Wertstufengrenzen für denselben Indikator hinsichtlich desselben Bewertungsanliegens kann in das EXCEPT–System durch die Definition eines anderen Indikator-Bewertungsmoduls (unter Angabe des Autors) auf einfache Weise eingebracht werden.

   Die explizite Angabe des Bewertungsanliegens ermöglicht eine systemunterstützte Strukturierung und Anwendung von Indikator-Bewertungsmodulen bei gleichzeitiger Berücksichtigung von Wechselwirkungen zwischen Umweltbereichen (so könnte z.B. der Blei-Gehalt des Schwebstaubs ebenso hinsichtlich der Empfindlichkeit von Kulturgütern bewertet werden).

Zur Vergleichbarkeit von Wertaussagen ist es außerdem möglich, jede Wertstufe der Bewertungsfunktion auf eine andere Wertstufe für Aggregationszwecke abzubilden. Durch die Einführung dieses zusätzlichen Transformationsschritts können auch Wertaussagen von verschiedenen Bewertungsfunktionen mit unterschiedlicher Wertstufenanzahl auf die kleinste Zahl von Wertstufen normiert werden.

2. **Ordinale Aggregationsmodule** zur Bewertung eines Bewertungsanliegens durch Aggregation von Indikator-Bewertungsmodulen oder anderen ordinalen Aggregationsmodulen (für einen Bewertungsgegenstand).

Ein Ordinales Aggregationsmodul dient der Zusammenfassung von Bewertungen niederer Abstraktionsebenen zu einzelnen Wertstufen. Dieser Schritt stellt eine weitere Form der *Bewertung* dar, bei dem die Komplexität des gesamten Bewertungsvorgangs reduziert wird. Um die Nachvollziehbarkeit der Aggregation zu gewährleisten, wurde für den ersten EXCEPT–Prototypen das Schwergewicht auf **ordinale** Wertaussagen in der Form von WENN -/DANN – Regeln gelegt, wie sie z.B. in der Ökologischen Risikoanalyse (nach [Bachfischer et al. 1977]) verwendet werden.

Als ein Beispiel ist eine Bewertung der Vorbelastung der Gesundheit durch lungengängige Schwermetalle (1. Aggregationsstufe, Werthaltung: vorsorge-orientiert) anhand der Aggregationsregel für die Wertstufe ZU ERWARTEN in Abb. 2 gegeben (mögliche Wertstufen: AUSZUSCHLIESSEN, NICHT AUSZUSCHLIESSEN, ZU ERWARTEN).

Um eine weitreichende Benutzerunterstützung bei der Formulierung bzw. Änderung der Aggregationsregeln zu gewährleisten, wurde für die Regelstruktur die 'Disjunktive Normalform' gewählt. Auf diese Weise ist das System in der Lage, die benötigte Anzahl an Regeln (= Anzahl Wertstufen) automatisch zu erzeugen und die Eingabe / Änderung der Regelvorbedingungen durch einen graphischen 'Regeleditor' zu unterstützen (siehe 5).

Auch bei der Aggregation ist die Repräsentation unterschiedlicher Werthaltungen durch die Definition eines eigenen ordinalen Aggregationsmoduls möglich. Als Beispiel möge hier eine Beispiel-Aggregationsregel bei einer eher mathematischen Werthaltung (Mittelwert-Bildung) in Abb. 3 dienen (mögliche Wertstufen: GERING, MITTEL, HOCH).

Wenn	der Blei-Gehalt des Schwebstaubs hinsichtlich der Vorbelastung der Gesundheit als HOCH BELASTET eingestuft ist
oder	
	der Cadmium-Gehalt des Schwebstaubs hinsichtlich der Vorbelastung der Gesundheit als HOCH BELASTET eingestuft ist
dann	ist die Vorbelastung der Gesundheit durch lungengängige Schwermetalle (vorsorge-orientiert) ZU ERWARTEN.

Abbildung 2: Eine Aggregationsregel *(Regel-3)* für die Vorbelastung der Gesundheit durch lungengängige Schwermetalle (1. Aggregationsstufe, Werthaltung: vorsorge-orientiert)

Wenn		der Blei-Gehalt des Schwebstaubs hinsichtlich der Vorbelastung der Gesundheit als BELASTET eingestuft ist
	und	der Cadmium-Gehalt des Schwebstaubs hinsichtlich der Vorbelastung der Gesundheit als BELASTET eingestuft ist
oder		
		der Blei-Gehalt des Schwebstaubs hinsichtlich der Vorbelastung der Gesundheit als UNBELASTET eingestuft ist
	und	der Cadmium-Gehalt des Schwebstaubs hinsichtlich der Vorbelastung der Gesundheit als HOCH BELASTET eingestuft ist
oder		
		der Blei-Gehalt des Schwebstaubs hinsichtlich der Vorbelastung der Gesundheit als HOCH BELASTET eingestuft ist
	und	der Cadmium-Gehalt des Schwebstaubs hinsichtlich der Vorbelastung der Gesundheit als UNBELASTET eingestuft ist
dann		ist die Vorbelastung der Gesundheit durch lungengängige Schwermetalle (math.) MITTEL.

Abbildung 3: Eine Aggregationsregel *(Regel-2)* für die Vorbelastung der Gesundheit durch lungengängige Schwermetalle (1. Aggregationsstufe, Werthaltung: mathematisch)

3 Anwendung von Bewertungsmethoden

Bei der Anwendung der vom EXCEPT-System zur Verfügung gestellten Bewertungsmethoden (repräsentiert durch Methodenmodule) spielt die Vorgehensweise bei der Auswertung der Aggregationsregeln aus verschiedenen Gründen eine wichtige Rolle:

- Im Falle der Überbestimmtheit des Regelsatzes (mehrere Aggregationsregeln sind anwendbar, führen jedoch zu unterschiedlichen Bewertungsergebnissen) muß eine eindeutige Konfliktlösungsstrategie vorliegen.

- Das System muß in der Lage sein, trotz unvollständiger Datengrundlage die Ableitung eines Bewertungsergebnisses zu unterstützen (Datenbedarfsanalyse). Konkret bedeutet dies, für eine Vielzahl von möglichen Informationen (Meßwerten oder Bewertungen) eine "intelligente" Reihenfolge der Erhebung zu bestimmen.

Da die Nachvollziehbarkeit der Bewertungsvorgänge gefordert ist, wird die Regelauswertung im EXCEPT–System durch einen *Blackboard*-Ansatz realisiert (siehe 5), bei dem das Systemverhalten durch *explizit* dargestellte Konfliktlösungsstrategien in Verbindung mit Entscheidungszielen gesteuert wird. Die Strategien und Entscheidungsziele des vorliegenden EXCEPT–Prototypen sind z.B.:

- Strategie: Regelanalyse
mit Entscheidungszielen

  - Minimiere die Anzahl der zu erhebenden Informationen
  - Triff 'sichere' Entscheidungen, d.h. wähle im Konfliktfall die Wertstufe für den 'schlechtesten' Umweltzustand

- Strategie: Benutzer-Dialog
  mit Entscheidungsziel

  – Priorisiere Fragen zu Bewertungen niedriger Aggregationsebenen

Im Rahmen der Strategie **Benutzer-Dialog** werden dem Benutzer Fragen gestellt, deren Beantwortung die Eingabe eines Meß-/Schätzwertes bzw. einer Bewertung erfordert. Dabei hat er jederzeit die Möglichkeit, die Beantwortung einer Frage zu verweigern ("Weiß ich nicht!"), sich einen Überblick über vorhandene Informationen / Bewertungen zu verschaffen oder den Grund für eine Frage vom System zu erfragen. Eine Beispiel für eine vom System gestellte Frage findet sich in Abb. 4 ('R 9612 H 5613' bestimmt einen fiktiven Quadratkilometer durch Rechts- und Hochwertangabe).

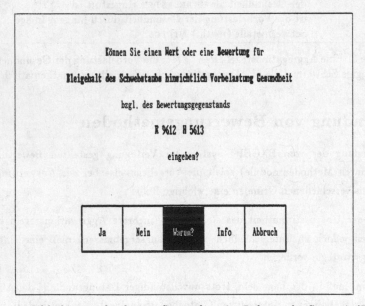

Abbildung 4: Bildschirmausdruck einer Systemfrage im Rahmen der Strategie 'Benutzer-Dialog'

Die Anwendung der Strategien bzw. Entscheidungsziele erfolgt durch eigene Bewertungsfunktionen, welche den Entscheidungszielen zugeordnet sind und die automatische Bewertung jeder Regel oder Frage (durch die Vergabe von 'Punkten') ermöglichen. Diese Bewertung dient allein zur Bestimmung der Priorität einer Regel bzw. Frage, d.h. zur Festlegung der Auswertungsreihenfolge.

4 Erklärungskomponenten

4.1 Hilfe – Funktionen

Dem Benutzer stehen jederzeit zwei Arten von 'Hilfe' – Funktionen zur Verfügung:

- *Globale Hilfe* zur Beantwortung der Frage: *Was ist zu tun?*

- *Lokale Hilfe* zur Beantwortung der Frage: *Was passiert, wenn ...?*
  (insbesondere für Auswahlentscheidungen)

Das System benutzt zur Erläuterung sowohl vordefinierte Texte als auch das aktuell im System befindliche Wissen.

4.2 Erklärung der Bewertungsmethoden

Da eine wesentliche Aufgabe des Systems die Bereitstellung von 'Wissen' darstellt, kommt der Erklärung der im System befindlichen Bewertungsmethoden sowohl die Aufgabe der Rechtfertigung des Systemverhaltens als auch eine didaktische Aufgabe zu. Der Benutzer kann diese Erklärungen sowohl unter dem zusammenfassenden Arbeitsbereich 'Information' als auch bei der Bearbeitung der einzelnen Methodenmodule bzw. deren Komponenten (Definieren, Verändern, Kopieren, Anzeigen, Umbenennen, Löschen) abrufen. Bei der Definition/Modifikation der Methodenmodule bzw. deren Komponenten (Umweltbereiche, Wahrnehmungsarten, Indikatoren, Wertstufenlisten, Einheiten) wird der Benutzer (Wissensingenieur) durch die Bereitstellung von Maskenfeldern für Kommentare, Begründungen etc. zur ausführlichen Dokumentation des Wissens aufgefordert. Das System benutzt diese Angaben bei Anwendung des Wissens zum gezielten Aufbau von quasi-umgangssprachlichen Erläuterungen (siehe 4.4).

4.3 Erklärung des Systemverhaltens

Der EXCEPT-Prototyp bietet zur Erklärung des Systemverhaltens bei der Regelauswertung die Möglichkeit der 'Warum'-Frage ('*Warum* stellst Du diese Frage?', siehe Abb. 4). Zur Beantwortung werden dem Benutzer alle Regel-Konjunktionen, die durch die Beantwortung der Frage verifiziert oder falsifiziert werden könnten, erläutert. Diese 'klassische' Erklärungskomponente (zurückgehend auf das MYCIN-System, beschrieben in [Shortliffe 1976] oder [Moore, Swartout 1988]) wird im EXCEPT-Ansatz durch die Erläuterung der verwendeten Strategien bzw. Entscheidungsziele einschließlich der vom System vorgenommenen Regel-Bewertungen zur Reihenfolgefeststellung erweitert werden.

4.4 Erklärung der abgeleiteten Bewertungen

Die Erklärung der abgeleiteten Bewertungen erfolgt zum einen quasi-umgangssprachlich (durch die Verwendung von 'Templates') sowie im Falle von erfolgten Aggregationen durch graphische Anzeige einer Baumstruktur.
Die Erklärungen der Beispiel-Bewertungen (Abb. 5, 6, 7) zeigen, daß zwar bei gleicher Datenlage unterschiedliche Bewertungsergebnisse abgeleitet werden können, die Gründe dafür jedoch transparent darstellbar sind.

5 Implementierung

Die verwendete Technologie beruht auf einer objekt-orientierten Wissensrepräsentation (KEE-Philosophie [Fikes, Kehler 1985]) unter Verwendung der Programmiersprache Common LISP.

Der Bleigehalt des Schwebstaubs hinsichtlich Vorbelastung Gesundheit wurde für R 9612 H 5613 als <hoch belastet>
eingestuft (Gesundheitsschädigungen sind zu erwarten) aufgrund des von Huebner angegebenen Wertes 1.2 [ug/cbm]
(Erhebungsort: R 9612 H 5613, Erhebungsdatum: 3.12.89, Erhebungsinstitution: LIS Essen).

Der Cadmiumgehalt des Schwebstaubs hinsichtlich Vorbelastung Gesundheit wurde für R 9612 H 5613 als
<unbelastet> eingestuft (nicht gesundheitsschädigend) aufgrund des von Huebner angegebenen Wertes 0 [ng/cbm]
(Erhebungsort: R 9612 H 5613, Erhebungsdatum: 5.12.89, Erhebungsinstitution: LIS Essen).

Abbildung 5: Vom EXCEPT-System erzeugte Erklärungen von Bewertungen, die anhand
von Indikator-Bewertungsmodulen abgeleitet wurden

Die Vorbelastung Gesundheit durch lungengängige Schwermetalle (vorsorge-orientiert) wurde für R 9612 H 5613 als
<zu erwarten> eingestuft aufgrund der Regel

Regel-3 Vorbelastung Gesundheit durch lungengängige Schwermetalle (vorsorge-orientiert)

mit der Bedingung

   W E N N
      der Bleigehalt des Schwebstaubs hinsichtlich Vorbelastung Gesundheit als hoch belastet eingestuft ist

   D A N N
      ist die Vorbelastung Gesundheit durch lungengängige Schwermetalle (vorsorge-orientiert) zu erwarten.

Abbildung 6: Vom EXCEPT-System erzeugte Erklärung der Bewertung der Vorbelastung
der Gesundheit bei vorsorge-orientierter Werthaltung

Diese Technik der Wissensrepräsentation ermöglicht die Unterscheidung verschiedener Wissensbasen; im EXCEPT-System werden je eine Wissensbasis für **Methoden** (Module und Komponenten), **Daten** (Bewertungsgegenstände und Werte) und **Bewertungen** (abgeleitet für die Daten anhand der Methoden) verwendet. Diese Trennung ermöglicht die Identifikation von Schnittstellen, die in einer späteren Projektphase zur Anbindung von Datenbanken führen könnte.

Für die Implementierung der Benutzerschnittstelle wurde auf der Basis von Common Windows ein Toolkit entwickelt, welches generische Menü-, Masken- und Graphikfunktionen sowie einen Texteditor beinhaltet. Auf diese Weise wird die einfache ('guided dialogue') Inspektion und Modifikation der Wissensbasen ermöglicht ('Wissenseditor' nach [Wielinga et al. 1988]).

Als Inferenzmaschine kommt ein Blackboard-System [Engelmore, Morgan 1988] zur Anwendung, welches ausgehend von [Hayes-Roth 1985] und [Isenberg, Hübner 1989] entwickelt wurde.

Das System wird entwickelt auf einer 6150-IBM RT Workstation mit dem Betriebssystem AIX (ein UNIX-Derivat), wobei als Zielsystem eine IBM PS/2 Maschine zum Einsatz kommen soll.

```
Die Vorbelastung Gesundheit durch lungengängige Schwermetalle (math.) wurde für R 9612 H 5613 als <mittel>
eingestuft  aufgrund der Regel


Regel-2 Vorbelastung Gesundheit durch lungengängige Schwermetalle (math.)

mit der Bedingung

   W E N N
         der Bleigehalt des Schwebstaubs hinsichtlich Vorbelastung Gesundheit als hoch belastet eingestuft ist
   und der Cadmiumgehalt des Schwebstaubs hinsichtlich Vorbelastung Gesundheit  als unbelastet eingestuft ist

   D A N N
         ist die Vorbelastung Gesundheit durch lungengängige Schwermetalle (math.) mittel.
```

Abbildung 7: Vom EXCEPT-System erzeugte Erklärung der Bewertung der Vorbelastung der Gesundheit bei mathematischer Werthaltung

6 Ausblick

Bei der Weiterentwicklung des Systems und weiterer 'Füllung' der Methodenwissensbasis ist, wie bisher, eine enge Zusammenarbeit zwischen Informatikern und ÖkologInnen notwendig, wobei folgende Schwerpunkte geplant sind:

- Die Erweiterung des Satzes an Strategien/Entscheidungszielen bzw. das Anbieten von Wahlmöglichkeiten zwischen Entscheidungszielen für den Benutzer

- Erweiterung des Systems um einen Modultyp 'kardinale Aggregationsmodule', falls sich aufgrund der Anforderungen aus der Praxis die Verwendung **kardinaler** Wertaussagen als unumgänglich erweisen sollte

- Entwicklung eines Modultyps für Bewertungen bei gleichzeitiger Aggregation von Bewertungsgegenständen

- Entwicklung einer Inferenzkomponente zur Dokumentationsgenerierung, d.h. der dokumentarischen Aufbereitung aller Bewertungsvorgänge für verschiedene Zielgruppen (z.B. Stadtrat, Umweltverbände, ...).

Der in dieser Arbeit vorgestellte EXCEPT-Prototyp hat sich jedoch als erste Realisierung eines Forschungsansatzes, der die Bereitstellung, Anwendung und Erklärung von *Bewertungswissen für die Umweltplanung* zum Ziel hat, als Werkzeug sowohl zur interdisziplinären Diskussion als auch zur experimentellen Validierung des Ansatzes bereits bewährt.

Literatur

[Bachfischer et al. 1977] Bachfischer, David, Kiemstedt, Aulig. Die ökologische Risikoanalyse als regionalplanerisches Entscheidungsinstrument in der Industrieregion Mittelfranken. *Landschaft + Stadt*, 4:145–161, 1977.

[Bechmann 1988] A. Bechmann. Grundlagen der Bewertung von Umweltauswirkungen. In Storm, Bunge (Hrsg.), *Handbuch der Umweltverträglichkeitsprüfung*, Berlin, 1988. Loseblattausgabe, Nr. 3510.

[Engelmore, Morgan 1988] Robert Engelmore, Tony Morgan (Hrsg.). *Blackboard Systems*. Addison-Wesley, Reading, Mass., 1988.

[Fikes, Kehler 1985] Richard Fikes, Tom Kehler. The Role of Frame-based Representation in Reasoning. *Communications of the ACM*, 28(9):904–920, 1985.

[Hayes-Roth 1985] Barbara Hayes-Roth. A blackboard architecture for control. *Artificial Intelligence Journal*, 26:251–321, 1985.

[Heidbreder, Weiland 1984] Barbara Heidbreder, Ulrike Weiland. *Bewertungssystem für Luftschadstoffe auf der Grundlage medizinischer Wirkungsuntersuchungen*. Diplomarbeit, Universität Essen, 1984.

[Isenberg, Hübner 1989] Randolf Isenberg, Martin Hübner. A combined object oriented and Blackboard based system for the simultaneous optimisation of lateness, lead time, utilization and inventory in CIM. In *Proceedings of the 2nd International Symposium on Systems Research, Informatics and Cybernetics*, Baden-Baden, Aug. 1989.

[Moore, Swartout 1988] Johanna D. Moore, William R. Swartout. *Explanation in Expert Systems: A Survey*. Research Report ISI/RR-88-228, ISI, University of Southern California, Dez. 1988.

[Pietsch 1983] Jürgen Pietsch. *Bewertungssystem für Umwelteinflüsse*. Wissenschaftliche Verlagsgesellschaft, Köln, 1983.

[Shortliffe 1976] Edward H. Shortliffe. *Computer Based Medical Consultations: MYCIN*. North-Holland, Amsterdam, Holland, 1976.

[Summerer 1989] S. Summerer. Der Begriff 'Umwelt'. In Storm, Bunge (Hrsg.), *Handbuch der Umweltverträglichkeitsprüfung*, Berlin, 1989. Loseblattausgabe, Nr. 0210.

[Weiland, Hübner 1990] Ulrike Weiland, Martin Hübner. *Das Projekt EXCEPT*. Forschungsbericht, IWBS, IBM Deutschland, 1990.

[Wielinga et al. 1988] B.J. Wielinga, B. Bredeweg, J.A. Breuker. Knowledge Acquisition for Expert Systems. In R.T. Nossum (Hrsg.), *Advanced Topics in Artificial Intelligence*, pages 96–124, Springer Lecture Notes in Computer Science 345, 1988.

Objektorientierte Modellierung in einem BMFT–Umweltprojekt:

Wissensbasierte Fehlerdiagnose von Kläranlagen

H. Langendörfer   J. Schönwälder   M. Hofmann

Institut für Betriebssysteme und Rechnerverbund, TU Braunschweig
Bültenweg 74/75, D-3300 Braunschweig

Deskriptoren: Abwasserreinigung, Kläranlagensteuerung, Expertensysteme, objektorientierte Modellierung, Wissensrepräsentation

Zusammenfassung

In unserem Beitrag beschreiben wir die Entwicklung eines Expertensystems, das den Betrieb und die Steuerung von Kläranlagen unterstützen soll. Aufbauend auf einer Analyse der Domäne wurde das System MOTES$_{DM}$[1] entwickelt, das verschiedene Wissensrepräsentationsformalismen zur Modellierung technischer Systeme zur Verfügung stellt. Anschließend benutzten wir das Werkzeug MOTES$_{DM}$, um für die Kläranlage Salzgitter-Bad ein Prototyp des Expertensystems zu entwickeln.

1   Motivation

Ein vordringliches Ziel bei der *Reinhaltung der Gewässer* ist die Verringerung der Schadstoffeinleitungen aus dem Abwasser. Diesem Zweck dienende *Kläranlagen* besitzen heutzutage meistens eine mechanische und eine biologische Reinigungsstufe. Durch Projekte und Vorhaben der Bundesregierung und der Länder soll der Anteil an Kläranlagen, die über eine *biologische Klärstufe* verfügen, in den nächsten Jahren noch wesentlich erhöht werden [Kays88]. Biologische und chemische Klärstufen dienen der Elimination von Stickstoff und Phosphaten aus dem Abwasser. Stickstoff wird in sogenannten Nitrifikations-/Denitrifikationsstufen entfernt; Phosphate werden in anaeroben Absetzbecken abgebaut.

Da die in einer Kläranlage mit biologischer Klärstufe ablaufenden Klärprozesse in hohem Maß voneinander abhängig sind, bedarf eine derartige Anlage einer angemessenen Steuerung. Eine vollständige, formale Beschreibung der gegenseitigen Abhängigkeiten ist allerdings unmöglich [KaLa88].

Einen großen Einfluß auf den Zustand der Anlage besitzen die schwankenden und nur schwierig vorhersagbaren Zulaufmengen. Die Zusammensetzungen der Zuläufe beeinflussen ebenfalls die Steuerung der Anlage wesentlich. Aufgrund dieser Komplexität wird eine optimale Steuerung der Anlage allein durch den Klärmeister — in Klärwerken zum reinen Kohlenstoffabbau ohne weiteres üblich — unmöglich, weil das dazu nötige biologische Wissen meist völlig fehlt. Daneben treten schon

---

[1]Modelling Technical Systems for Diagnosis and Monitoring

auf konventionellen Anlagen bei einer Vertretung des normalerweise zuständigen Klärmeisters (Urlaub, Krankheit) erfahrungsgemäß Probleme auf. Es ist daher nötig, von außen Expertenwissen zur Verfügung zu stellen. Dieses muß dem Klärmeister dann in adäquater Form zugänglich gemacht werden.

2 Projektziele

Aus diesen Gründen wurde Ende 1988 vom *BMFT* das Projekt *Betrieb und Steuerung von Kläranlagen* mit einer Laufzeit von drei Jahren genehmigt. Dieses Projekt wird gemeinsam vom Institut für Siedlungswasserwirtschaft (Leitung: Prof. Dr. Kayser) und dem Institut für Betriebssysteme und Rechnerverbund (Leitung: Prof. Dr. Langendörfer) der TU Braunschweig durchgeführt. Ziele des Projekts sind:

- Bereitstellen von Steuerungswissen in einer für den Klärmeister gut zugänglichen Form.

- Auswahl relevanter Daten aus der sehr großen Datenmenge.

- Realisierung eines Systems zur Warnung bei Störfällen, zur Diagnose von aufgetretenen Fehlern und zur Generierung von Behandlungsvorschlägen bei Störungen.

Die Hardware, auf der das fertige System ablaufen soll, besteht aus einem PC (Industriestandard). Das hat seinen Grund darin, daß einerseits eine preisgünstige Lösung auf konventioneller Hardware angestrebt werden muß und andererseits auf vielen Anlagen bereits derartige PCs – meist zur Datenerfassung und -haltung – eingesetzt werden.

Zur praktischen Erprobung des Systems wurde die Kläranlage Salzgitter–Bad gewählt (Bild 1). Diese Anlage (Einwohnergleichwert 35.000) besitzt die Besonderheit, daß dort (insbesondere bei Regen) sehr schnell starke Wassermengen auftreten können, d.h. der Wasserzulauf Q_0 weist starke Schwankungen auf. Außerdem besitzt die Anlage ein Belebungsbecken zur simultanen Nitrifikation/Denitrifikation. Eine biologische Phosphatelimination ist im Bau. Eingeleitet werden im wesentlichen häusliche Abwässer sowie Abwässer aus Kleinbetrieben. Industrielle Abwässer spielen keine Rolle. Für die Datenerfassung ist eine große Zahl an Meßfühlern installiert worden, die kontinuierlich Meßwerte liefern. Daneben werden eine Reihe von Kennwerten nach festen Zeitplänen im Labor ermittelt.

3 Bisheriger Projektverlauf

Am Beginn des Projekts (Frühjahr 1989) stand eine längere Phase der *Wissensakquisition*. Darunter verstehen wir die Phase der Erhebung, Analyse und Aufbereitung anwendungsspezifischen Wissens bis hin zur Datenmodellierung [Hart86]. Als Technik des Wissenserwerbs wurde das Interview sowohl in strukturierter als auch in unstrukturierter Form verwendet (für eine Übersicht über Methoden des Wissenserwerbs siehe [Schr89]). Als Experte stand ein Mitarbeiter des Instituts für Siedlungswasserwirtschaft zur Verfügung.

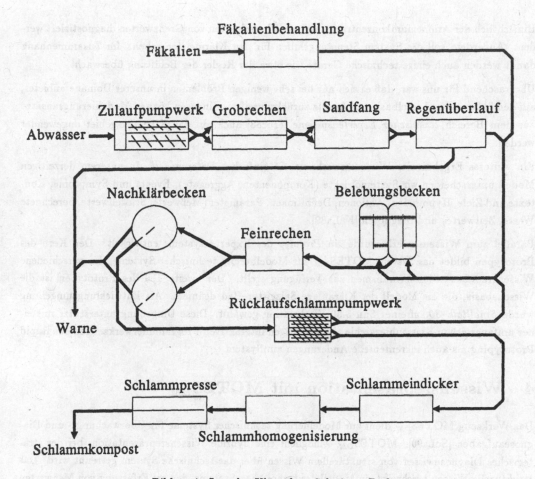

Bild 1: Aufbau der Kläranlage Salzgitter–Bad

In gemeinsamen Sitzungen stellte der Experte (Ingenieur) dem Wissensingenieur (Informatiker) die Domäne vor. Die Monologe des Experten wurden gegen Ende jeder Sitzung häufig von Fragen und Anmerkungen des Wissensingenieurs unterbrochen. In der zweiten Phase des Wissenserwerbs wurden dann Fragen (offene Probleme, Unklarheiten) an den Experten gerichtet, die dieser beantwortete. Sie waren oft Ausgangspunkte längerer Erklärungen. Beide Phasen sind der Technik des unstrukturierten Interviews zuzurechnen.

Nach einer vorläufigen Gliederung der Domäne wurde auf eine strukturierte Interviewtechnik umgeschaltet, in deren Mittelpunkt zwei Teilgebiete standen: *Ammonium (NH₄)* und *Schlammabtrieb*. Ein drittes wesentliches Gebiet, auf dem nun Wissen zur Verfügung steht, ist das des generellen Aufbaus einer Kläranlage.

Hinsichtlich des Schlammabtriebs konnten folgende Ziele identifiziert werden: Der Grund von Trübungen soll diagnostiziert werden können; das Sinken des Werts der Trockensubstanz im Reaktor soll diagnostiziert werden; Schlammabtrieb soll verhindert werden können. Ferner versuchen wir einige wichtige Konzentrationen im Belebungsbecken zu bestimmen und, wenn Schwellwerte überschritten werden, den Grund zu diagnostizieren.

Hinsichtlich der Ammoniumkonzentration soll ein Überschreiten von Grenzwerten diagnostiziert werden. Außerdem soll das System Steuerungshilfen für den Klärmeister geben. Im Zusammenhang damit werden auch einige technische Geräte wie etwa der Regler der Belüftung überwacht.

Überraschend für uns war, daß es sich nur bei sehr wenigen Problemen in unserer Domäne anbietet, auf den "klassischen" regelbasierten Ansatz zurückzugreifen. Hingegen können Modellierungsansätze aus dem Bereich *technischer Expertensysteme* [Früc88] auch auf das Klärwerksgebiet angewendet werden.

Ein weiteres Ergebnis des Wissenserwerbs ist ein einfaches *Datenmodell*. In unserem derzeitigen Modell unterscheiden wir Systemobjekte (Komponenten, Aggregate), Events und Symptome, Kontexte und Ziele, Hypothesen, Aktionen, Definitionen, Parameter (Meßwerte, Schwellwerte, berechnete Werte, Zeitwerte) und Diagnosen [KaLa89].

Parallel zum Wissenserwerb wurde ein *Prototyp* des Expertensystems entwickelt. Den Kern des Prototypen bildet das System MOTES$_{DM}$ zur Modellierung technischer Systeme, das verschiedene Wissensrepräsentationsformalismen zur Verfügung stellt. Der zweite Teil des Prototypen ist die Wissensbasis, die ein Modell der Kläranlage Salzgitter–Bad definiert. Als Entwicklungsumgebung wurde *Smalltalk–80* auf einer Sun 3-60 Workstation gewählt. Diese Umgebung unterstützt mit einer umfangreichen Klassenhierarchie und mächtigen interaktiven Programmierwerkzeugen das Rapid Prototyping als auch inkrementelle Änderungen am System.

4 Wissensrepräsentation mit MOTES$_{DM}$

Das Werkzeug MOTES$_{DM}$ dient zur Modellierung technischer Systeme für Überwachungs- und Diagnoseaufgaben [ScLa90]. MOTES$_{DM}$ ermöglicht eine hybride Wissensrepräsentation, bei der strategisches Diagnosewissen von strukturellem Wissen über das technische System getrennt wird. Das strukturelle Wissen beschreibt ein Modell des technischen Systems, das bei Erfassung von Meßwerten das Verhalten der intakten Anlage wiedergibt (Bild 2).

In der Anlage auftretende Störungen werden über die Meßwerte in das Modell übertragen und können hier zu Inkonsistenzen und unerlaubten Zuständen führen. Durch die Interpretation des Modellzustands mit Hilfe des strategischen Diagnosewissens werden auftretende Inkonsistenzen analysiert und dabei Fehlerdiagnosen generiert. Der Diagnoseprozeß wird also durch die Verwendung von assoziativem Diagnosewissen gesteuert. Die Benutzung von modellbasierten Diagnosetechniken [KlWi87] scheidet im hier vorliegenden Problembereich aus, da eine hierfür notwendige vollständige Struktur- und Verhaltensbeschreibung für die biologischen Prozesse in einer Kläranlage nicht gegeben werden kann.

Die realisierten Wissensrepräsentationsformalismen machen intensiven Gebrauch von objektorientierten Konzepten, wie sie im Bereich der Datenmodellierung für Informationssysteme seit längerem benutzt werden [Hofm88]. Allgemein bieten objektorientierte Modellierungsansätze eine auf einfachen Konzepten beruhende Möglichkeit zur Beschreibung komplexer Sachverhalte. Insbesondere stellen *Klassenbildung, Exemplare* und *Vererbung* ein mächtiges Abstraktionsinstrumentarium dar.

Zur Beschreibung des Modells des technischen Systems stellt MOTES$_{DM}$ eine *Komponentenbeschreibungssprache* und ein *Constraintsystem* zur Verfügung. Die Komponentenbeschreibungssprache

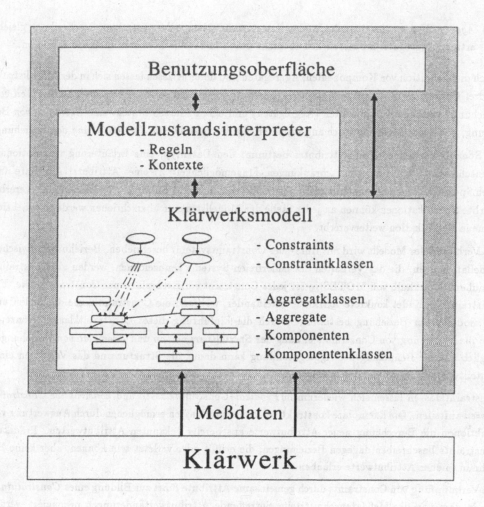

Bild 2: Aufbau von MOTES$_{DM}$

umfaßt Sprachmittel zur Beschreibung der Modellstruktur und Sprachmittel zur Spezifikation von Modellattributen. Die Modellstruktur wird durch die Definition von Komponenten, Komponentenklassen, Aggregaten und Aggregatklassen bestimmt:

- *Komponenten* stehen für elementare Objekte der betrachteten Anlage, die nicht weiter zerlegt werden. Der Zustand einer Komponente wird durch deren Attribute beschrieben. Jede Komponente ist ein Exemplar einer Komponentenklasse.

- *Komponentenklassen* dienen der abstrakten Beschreibung gleichartiger Komponenten. Jede Klasse kann mehrere Exemplare haben. Komponentenklassen können hierarchisch angeordnet werden, wodurch Komponentenklassen spezialisiert werden können.

- *Aggregate* sind zusammengesetzte Objekte. Sie umfassen andere Komponenten und Aggregate. Der Zustand eines Aggregats wird durch deren Attribute beschrieben. Jedes Aggregat ist ein Exemplar einer Aggregatklasse.

- *Aggregatklassen* dienen analog zu den Komponentenklassen der abstrakten Beschreibung gleichartiger Aggregate. Sie lassen sich ebenfalls durch hierarchische Anordnung spezialisieren.

Durch die Definition von Komponenten, Aggregaten und deren Klassen lassen sich in der Modellstruktur drei Beziehungen ausdrücken: zwischen einem Aggregat und seinen Teilen besteht eine *Teil_von* Beziehung, zwischen Komponenten (Aggregaten) und deren Klassen besteht eine *Exemplar_von* Beziehung, und zwischen hierarchisch angeordneten Klassen besteht eine *Spezialisierung_von* Beziehung.

Die Spezifikation eines Modellattributes bestimmt den Datentyp, eine Erläuterung und optionale Eigenschaften (Wertebereichseinschränkungen, Fragemöglichkeit,...) eines Attributs. Attribute und deren Spezifikationen werden entlang der *Spezialisierung_von* und *Exemplar_von* Beziehungen vererbt. Geerbte Spezifikationen können an jeder Stelle der Modellstruktur überschrieben werden, wobei sich die neue Spezifikation weitervererbt.

Das Verhalten des Modells wird mit Hilfe eines Constraintsystems beschrieben. Beziehungen zwischen Modellattributen, die das Verhalten des fehlerfreien Systems kennzeichnen, werden als Constraints formuliert. Innerhalb von MOTES$_{DM}$ ist jedes Constraint ein Exemplar einer Constraintklasse. Ein Constraint verbindet konkrete Attribute miteinander, während die Constraintklasse die Bedeutung der modellierten Beziehung bestimmt. Durch die Einführung dieses Constraintklassen–Konzepts wird die Vererbung von Constraints entlang der *Spezialisierung_von* und *Exemplar_von* Beziehungen möglich. Unter Benutzung der Aggregatbildung kann damit die Struktur und das Verhalten eines Bauteiltyps abstrakt beschrieben werden.

Constraintklassen lassen sich wiederum in *Prädikat–Constraintklassen* und *konstruktive Constraintklassen* aufteilen. Die Exemplare konstruktiver Constraintklassen ermöglichen durch Auswertung von Funktionen die Berechnung neuer Attributwerte aus bereits bekannten Attributwerten. Prädikat–Constraints beschreiben dagegen Beziehungen, die erfüllt oder verletzt sein können, aber keine Berechnung neuer Attributwerte erlauben.

Die Verknüpfung von Constraints durch gemeinsame Attribute führt zur Bildung eines *Constraintnetzes*, in dem von der Meßdatenschnittstelle eintreffende Attributwertänderungen propagiert werden [Mese89]. Da bei einer Attributwertänderung alle von dem alten Attributwert abhängigen Werte gelöscht und gegebenenfalls aktualisiert werden müssen, ist die Verwaltung der Abhängigkeiten im Constraintnetz erforderlich. Zu diesem Zweck wird jeder Attributwert mit einem Zeitstempel versehen. Zusätzlich werden für jeden Attributwert die Annahmen, auf denen der Wert beruht, eine Begründung für den Attributwert und die von dem Wert abhängigen Attributwerte gespeichert.

Das strategische Wissen zur Interpretation des Modellzustands wird in Form von *Regeln* dargestellt. Die Strukturierung der Regeln wird durch Kontexte unterstützt. Ein *Kontext* besteht aus einer Menge von Regeln und einem Prädikat, das bestimmt, ob der Kontext und die darin enthaltenen Regeln aktiv sind. Kontexte können außerdem hierarchisch angeordnet werden. Damit ein untergeordneter Kontext aktiv wird, muß sein Prädikat erfüllt und der übergeordnete Kontext aktiv sein, d.h. es wird die Konjunktion der Prädikate in Richtung der Wurzel gebildet.

Die Regeln setzen sich aus einer Prämisse und einer Konklusion zusammen. Ist die Prämisse einer Regel aus einem aktiven Kontext erfüllt, so wird die Konklusion der Regel ausgewertet. Dadurch können zusätzliche Kontexte aktiv und weitere Regeln der aktiven Kontexte anwendbar werden, wodurch eine Vorwärtsverkettung entsteht.

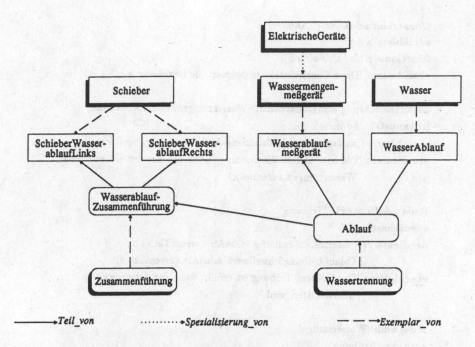

Bild 3: Modellstruktur des Ablaufs

5 Modellierung der Kläranlage Salzgitter–Bad

Mit dem Werkzeug MOTES$_{DM}$ ist das während der Wissensakquisition gewonnene Wissen kodiert worden. Als Basis dient eine umfassende Strukturbeschreibung des Klärwerks Salzgitter–Bad, die sich aus 136 Komponenten und Aggregaten zusammensetzt. Das Bild 3 zeigt die Modellstruktur des Ablaufs, die aus den Komponenten *SchieberWasserablaufLinks*, *SchieberWasserablaufRechts*, *Wasserablaufmeßgerät* und *WasserAblauf*, den Aggregaten *WasserablaufZusammenführung* und *Ablauf* sowie den übergeordneten Komponenten– und Aggregatklassen besteht. Der Ablauf ist die Stelle der Kläranlage Salzgitter–Bad, an der das aus den Nachklärbecken kommende gereinigte Abwasser die Anlage verläßt. Aufbauend auf die Komponentenbeschreibung wurden Constraints definiert, die

– die Abhängigkeiten der Wasser– und Klärschlammengen in der Kläranlage,

– die Steuerung der Mammutrotoren in den Belebungsbecken,

– Beziehungen in der chemischen Zusammensetzung von Wasser und

– Stabilitätsbedingungen für die biologischen Klärprozesse

beschreiben. Das während der Wissensakquisition erfaßte strategische Wissen zu den Problembereichen Ammonium und Schlammabtrieb wurde in Form von mehreren Kontexten und darin enthaltenen Regeln implementiert. Das Bild 4 zeigt den Ausdruck, mit dem für alle Zusammenführungen die Beziehung *auslaufmenge=einlaufmengeLinks+einlaufmengeRechts* definiert wird. Außerdem wird der Kontext *Trübung* eingeführt. Die darin enthaltene Regel besagt, daß eine hohe Wassermenge als eine mögliche Ursache für die Trübung in Frage kommt.

```
Constraint addClass: 'Addierer'
variables: 'a b c'
functions: #('b+c' 'a-c' 'a-b')
elucidation: 'Diese Constraintklasse definiert die Beziehung a = b + c.'


Zusammenführung addConstraint: 'WassermengenZusammenführung'
instanceOf: 'Addierer'
variables: #('auslaufmenge' 'einlaufmengeLinks' 'einlaufmengeRechts')
elucidation: 'Die auslaufende Wassermenge setzt sich aus den einlaufenden
              Wassermengen zusammen.'


Rule addContext: 'Trübung'
specializationOf: ''
predicate: '(WasserAblauf trübung valueAt: currentTime) >
            (Ablauf trübungSchwellwert valueAt: currentTime)'
elucidation: 'Der Kontext Trübung ist erfüllt, wenn der Schwellwert
              überschritten wird.'


Rule add: 'Wassermenge'
context: 'Trübung'
premise: '(Ablauf hoheWassermenge valueAt: currentTime)'
conclusion: 'OutputWindow cr; show: "Mögliche Ursache:
             Die zur Zeit sehr hohe Wassermenge." '
elucidation: 'Eine hohe Wassermenge kann zu einer Trübung führen.'
```

Bild 4: Darstellung von Constraints und Regeln mit MOTES$_{DM}$

Der Prototyp ist mit Daten, die an der Kläranlage Salzgitter–Bad gemessen worden sind, getestet worden. Dabei konnten Störungen entdeckt und mögliche Ursachen gefunden werden (Bild 5).

Durch die Entwicklung des Prototypen wurden im wesentlichen zwei Ziele erreicht: Einerseits konnte die Tragfähigkeit des gewählten Ansatzes untermauert werden. Sehr positiv wirkte sich die Verwendung objektorientierter Konzepte aus, da durch Vererbung und Klassenbildung die Abstraktion gefördert wird. Dadurch lassen sich sehr einfach Änderungen und Erweiterungen an der betrachteten Kläranlage in die Wissensbasis übertragen. Andererseits ließen sich durch die Prototypentwicklung Lücken im erfaßten Wissen identifizieren, wodurch der Prozeß der Wissensakquisition positiv beeinflußt werden konnte.

6 Ausblick auf den weiteren Projektverlauf

Die Entwicklung des Prototypen ist abgeschlossen. Bereits begonnen hat die Portierung des Prototypen in die MS-DOS–Umgebung. Um die Vorzüge eines objektorientierten Ansatzes weiter verfolgen zu können und gleichzeitig auch die Einbindbarkeit von vorliegendem prozeduralen Code und den Zugriff auf Dateien sowie Schnittstellen zu vereinfachen, wurde als Zielsprache C++ gewählt. Die

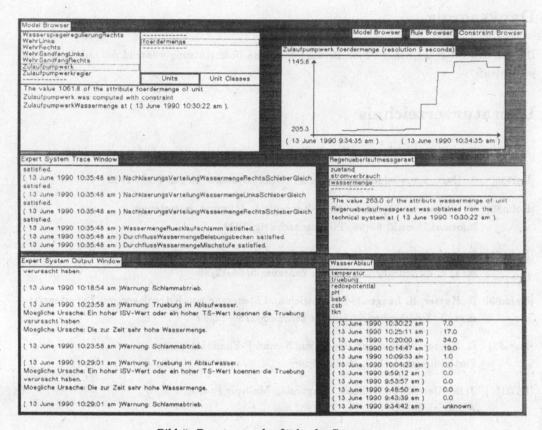

Bild 5: Benutzungsoberfläche des Prototypen

Hauptvorteile von C++ sind:

- Der Compiler ist abwärtskompatibel zu C. C–Programme und -funktionen können weiter verwendet werden. Dies ist im Hinblick auf die Integration in existierende Software ein großer Vorteil.

- Viele Programmierer beherrschen bereits C oder eine C–ähnliche Sprache. Dadurch verkürzt sich die Einarbeitungszeit im Vergleich zu anderen objektorientierten Sprachen erheblich.

- Assemblercode ist leicht einbindbar. Dies ist ein großer Vorteil bei zeitkritischen Anwendungen.

- Die Laufzeit der erstellten Programme ist im allgemeinen kürzer. Dies liegt an der Effizienz von C++ sowie an der Tatsache, daß C++ kompiliert wird (im Gegensatz zur Interpretierung bei Smalltalk).

- Die Vererbung von Variablen geschieht explizit, nicht automatisch.

Während beim Prototypen das Hauptaugenmerk auf einer angemessenen Modellierung der *Wissensbasis* lag, steht beim Zielsystem nun die Entwicklung einer den Bedürfnissen des Klärmeisters angemessenen *Oberfläche* im Vordergrund.

Danksagung

Die Autoren bedanken sich bei Prof. Dr. Kayser für die Unterstützung während des bisherigen Projektverlaufs.

Literaturverzeichnis

[Früc88]   H.W. Früchtenicht u.a. (Hrsg.): Technische Expertensysteme, Oldenbourg, 1988

[Hart86]   A. Hart: Knowledge Acquisition for Expert Systems, Kogan Page, 1986

[Hofm88]   M. Hofmann: Objektorientierte Konzepte in Informationssystemen,
           Informatikbericht 88–06, TU Braunschweig, 1988

[KaLa88]   R. Kayser, H. Langendörfer: Betrieb und Steuerung von Kläranlagen mit Expertensystemen, 1. Zwischenbericht für den Zeitraum 8/88–12/88

[KaLa89]   R. Kayser, H. Langendörfer: Betrieb und Steuerung von Kläranlagen mit Expertensystemen, 2. Zwischenbericht für den Zeitraum 1/89–12/89

[Kays88]   R. Kayser: Messen und Regeln zur N- und P-Elimination,
           Fortbildungskurs F/2, Fulda, 1988

[KlWi87]   J. de Kleer, B.C. Williams: Diagnosing Multiple Faults,
           Artificial Intelligence, Vol. 32, 1987

[Mese89]   P. Meseguer: Constraint Satisfaction Problems. An Overview, AI Communications 2, 1989

[Schr89]   U. Schreiweis: Entwicklung einer Wissenserwerbsmethode für das intelligente Konfigurationssystem QuaX, Diplomarbeit, TU Braunschweig, 1989

[ScLa90]   J. Schönwälder, H. Langendörfer: Ein Werkzeug zur Modellierung technischer Systeme
           für Überwachungs- und Diagnoseaufgaben, 3. Workshop für Diagnose-Expertensysteme,
           Februar 1990

Regelbasiertes Expertensystem zur Beurteilung und operativen Steuerung von Betriebsstörungen des Belebtschlammverfahrens in kommunalen Abwasserbehandlungsanlagen

Frieder Recknagel, Klaus Hänel **, Frank Nixdorf, Uwe Petersohn * und
Isolde Röske

Sektion Wasserwesen und
Informatikzentrum, TU Dresden *
Mommsenstraße 13, 8027 Dresden

Ingenieurbüro für Wassertechnik **
Stahmelner Straße 43
7026 Leipzig

Deskriptoren: Expertensystem, Abwasserbehandlung, Belebtschlammprozeß,
Betriebsstörungen, Diagnose, operative Steuerung

Zusammenfassung

Es wird ein Expertensystem zur Unterstützung der Entscheidungsfindung
bei Betriebsstörungen des Belebtschlammverfahrens in kommunalen
Abwasserbehandlungsanlagen vorgestellt. Die auf der Grundlage von
Expertenbefragungen und Literaturrecherchen entwickelte Wissensbasis
beinhaltet Fakten, Regeln, Heuristiken, die die Diagnose und Therapie
folgender Betriebsstörungen des Belebtschlammverfahrens unterstützen:
  - Blähschlammbildung
  - Schwimmschlammbildung
  - Abtrieb flockenbildender oder solitärer Bakterien aus dem
    Nachklärbecken
  - Schaumbildung auf dem Belebungsbecken.
Die Diagnose für die Störungsursachen wird anhand von mikro- und
makroskopischen Symptomen erstellt, während Therapieempfehlungen
operative Steuermaßnahmen sowohl zur Einflußnahme auf die
Bakterienzusammensetzung der Biozönose als auch zur veränderten
technologischen Betriebsführung beinhalten. Die Verarbeitung der
Wissensbasis erfolgt über Rückwärtsverkettung mit Hilfe des tool-
Systems ETA-P auf der Grundlage von PROLOG 2. Das Expertensystem ist
implementiert auf IBM-PC mit MS.DOS-Betriebssystem.

1. Einleitung

Die optimale Betriebsführung von Abwasserbehandlungsanlagen ist eine
hochaktuelle Aufgabenstellung sowohl aus ökonomischer wie auch aus
ökologischer Sicht. Eine Schlüsselstellung nimmt dabei das Belebt-
schlammverfahren ein, das aufgrund der Stochastik der zufließenden
Abwassermischung und der ausgeprägten Komplexität und Eigendynamik
der mikrobiologischen Abbauprozesse hohe Ansprüche an die optimale
ingenieurtechnische Bemessung und Steuerung stellt. Jede Störung der
Belebtschlammprozesse bedingt ein Absinken der Reinigungsleistung der
Anlage und damit eine erhöhte Gewässerbelastung.
Im internationalen Maßstab werden unterschiedliche Konzepte zur
Lösung dieser Aufgabenstellung verfolgt. Dabei kommen sowohl computer-
gestützte Echtzeitmeßsysteme zum Einsatz (Speirs and Hill 1986),
modellgestützte Simulationsmethoden (Henze et al. 1986, Patry and
Takacs 1989) als auch Methoden der Künstlichen Intelligenz (Koskinen

1988, Beck et al. 1989). Wir stimmen mit Patry and Chapman (1990)
überein, daß die ausgewogene Kombination dieser drei Wege zukünftig
erforderlich ist, für die Expertensysteme eine geeignete Integrations-
architektur bereitstellen.

Im Rahmen der vorliegenden Arbeit wurde eine Wissensbasis entwickelt,
die sich ausschließlich auf empirische Entscheidungsregeln und
Heuristiken zur Beurteilung und operativen Steuerung von Betriebsstörungen des Belebtschlammverfahrens stützt und von Praktikern im
nutzerfreundlichen Dialog konsultiert werden kann. Die Wissensbasis
wurde als ein eigenständiger Baustein für ein integriertes Expertensystem konzipiert, der zukünftig mit Modell- und Meßdaten gekoppelt
werden kann.

2. Architektur des Expertensystems

In Abb. 1 ist die konzeptionelle Architektur des Expertensystems
dargestellt. Das System verfügt momentan über ein interaktives
Nutzerinterface, einen Steuer- und Inferenzmodul sowie die problemspezifische Wissensbasis. Die Funktionen separater Erklärungs-,
Wissenserwerbs- und Problemlösungskomponenten sind z.Zt. noch im
Steuer- und Inferenzmodul integriert. Die Wissensbasis verfügt über
die Moduln Blähschlamm, Schwimmschlamm, Abtrieb flockenbildender
und solitärer Bakterien und Schaumbildung, die wahlweise konsultiert
werden können.

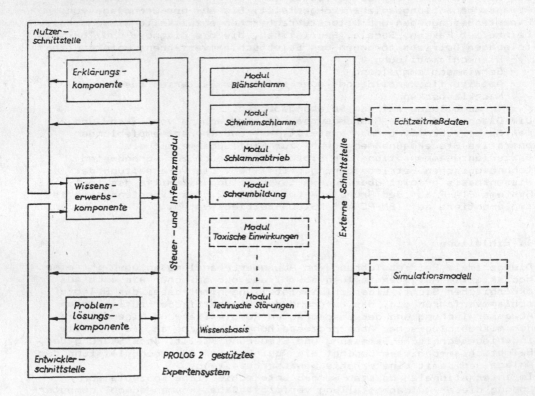

Abb. 1: Architektur des konzeptionellen Expertensystem zur operativen
Steuerung von Betriebsstörungen des Belebtschlammverfahrens

In nächsten Entwicklungsstufen des Expertensystems ist über die externe Schnittstelle die Kopplung der Wissensbasis – je nach Verfügbarkeit – mit Meß- und Simulationsdaten vorgesehen.

Die Programmierung der Steuer- und Inferenzkomponente sowie der Wissensbasis erfolgte unter Nutzung des tool-Systems ETA-P (Petersohn 1990) auf der Grundlage von PROLOG 2.

3. Arbeitsweise des Expertensystems

Das Expertensystem gestattet die wahlweise Konsultation der Moduln der Wissensbasis. Dabei verfährt das System entsprechend dem Prinzip Generate-and-test nach folgender Chronologie: Symptomerfassung – Grobdiagnose – Feindiagnose – Therapieempfehlung. Bei der Definition der Symptome im Rahmen der Wissenserfassung hat es sich als vorteilhaft erwiesen, zwischen allgemeinen und spezifischen Symptomen zu unterscheiden. Die allgemeinen Symptome umfassen solche Kriterien, die regelmäßig im Routinebetrieb einer Abwasserbehandlungsanlage überwacht werden und eine Betriebsstörung zunächst völlig unspezifisch signalisieren. In Anlehnung an die TGL 26730/03 und Hänel (1986) wurden folgende Kriterien als allgemeine Symptome definiert:

- visuelle Kontrolle
- Trübung des biologisch gereinigten Abwassers
- Sichttiefe im Nachklärbecken (NKB)
- Trockensubstanzgehalt (TS) und absetzbare Stoffe (ST) im Ablauf.

Die spezifischen Symptome sind im Falle einer durch die allgemeinen Symptome signalisierten Betriebsstörung zusätzlich zu erfassen und unterstützen wesentlich die Diagnose. Als spezifische Symptome wurden definiert:

- Schlammvolumen (SV)
- Trockensubstanzgehalt (TS) in der Anlage
- Schlammvolumenindex (Isv)
- biochemischer Sauerstoffbedarf (BSB-5)
- Nährstoffkonzentration
- Sauerstoffgehalt im Belebungsbecken (BB)
- pH-Wert
- biologische Analyse (Saprobität, Indikatororganismen)
- technische Parameter der Anlage
- Charakteristik des Einzugsgebietes.

Entsprechend den Abbn. 2 bis 5 wird durch die Interpretation der Symptome in den jeweiligen Moduln der Wissensbasis eine Grob- und eine Feindiagnose für die potentielle Betriebsstörung erstellt, bevor spezifische Therapieempfehlungen abgeleitet werden.

3.1. Der Modul "Blähschlamm"

Die Betriebsstörung "Blähschlamm" charakterisiert das Ansteigen des Schlammvolumenindex des Belebtschlammes auf über 150 ml/g, das durch massenhaftes Wachstum fädiger Bakterien und Pilze hervorgerufen wird (Galander 1989). Blähschlamm besitzt aufgrund seiner geringen Dichte schlechte Absetzeigenschaften, so daß er sich durch Sedimentation nur schwer von gereinigtem Abwasser trennen läßt und das Eindicken des Schlammes im Nachklärbecken behindert. Dadurch erreicht der Rücklaufschlamm nicht seine normale Konzentration, werden die fadenförmigen Organismen im Nachklärbecken akkumuliert

und setzt schließlich Schlammabtrieb ein. Diese Wirkungskette führt zu einer erheblichen Verringerung der Reinigungsleistung der Abwasserbehandlungsanlage, der durch eine geeignete Steuerung des Wachstums fadenförmiger Organismen begegnet werden kann.
In Abb. 2 ist die Grobstruktur des Moduls Blähschlamm dargestellt.

3.2. Der Modul "Schwimmschlamm"

Die Betriebsstörung Schwimmschlamm ist gekennzeichnet durch Absetzprobleme des Schlammes, der in Form feiner Flocken an die Oberfläche des Nachklärbeckens aufsteigt (Lemmer 1987). Schwimmschlamm kann durch folgende Ursachen hervorgerufen werden:

(1) Flotation des Schlammes infolge starker Gasbildung im Nachklärbecken durch Denitrifikation (Hänel 1986)
(2) Flotation durch Luftblasen aus dem Belebungsbecken oder in das Nachklärbecken eingetragene Luftblasen (Hänel 1986)
(3) massenhaftes Auftreten von Actinomyceten (Galander 1989).

Analog zum Blähschlamm kann durch Schwimmschlamm Schlammabtrieb einsetzen, der die Reinigungsleistung der Anlage erheblich beeinträchtigt.
In Abb. 3 ist die Grobstruktur des Moduls "Schwimmschlamm" dargestellt.

3.3. Der Modul "Abtrieb flockenbildender oder solitärer Bakterien"

Im Modul "Abtrieb flockenbildender oder solitärer Bakterien" wird eine weitere Möglichkeit für die Verschmutzung gereinigten Abwassers durch Schlammabtrieb aus dem Nachklärbecken betrachtet, die durch unsachgemäße Betriebsführung der Anlage hervorgerufen werden kann. Folgende mögliche Ursachen werden dabei berücksichtigt:

(1) zu viel Belebtschlamm in der Anlage
(2) zu hohe hydraulische Belastung im Nachklärbecken
(3) plötzlicher Luftdruckabfall
(4) Auftreiben von "Stecknadelkopf"-Flocken.

Die Abb. 4 enthält die Grobstruktur der Regelbasis des Moduls.

3.4. Der Modul "Schaumbildung"

Durch starke Schaumbildung kann ebenfalls der Betrieb und damit die Reinigungsleistung einer Belebtschlammanlage beeinträchtigt werden. Eine stabile Schaumdecke auf dem Belebungsbecken behindert den Gasaustausch zwischen Wasser und Atmosphäre und kann den Anlagenbetrieb erheblich stören, falls der Schaum über die Beckenwände tritt. Schaumbildung kann durch folgende Bedingungen ausgelöst werden:

(1) Wirkung von Tensiden
(2) niedriges Schlammvolumen
(3) schaumfördernde Belüftung
(4) vergifteter Belebtschlamm
(5) Auftreten von Actinomyceten

In Abb. 5 ist die Grobstruktur der Regelbasis dieses Moduls dargestellt.

Wissensbasis: Modul "Blähschlamm"

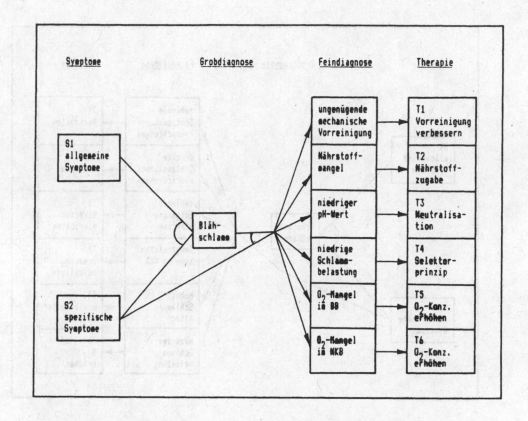

S1:
- schlechtes Absetzverhalten im NKB
- Schlammabtrieb aus dem NKB
- Sichttiefe im NKB < 25 cm
- TS im Ablauf > 20...30 mg/l
- ST im Ablauf > 0,1 ml/l

S2:
- SV der Anlage
- I_{SV} > 150 ml/g
- hohe Fädigkeit
- pH-Wert < 6
- P-Konz. < 0,5 mg/l und/oder N-Konz. < 2 mg/l
- niedrige Schlammbelastung (B_{TS})
- O_2-Konz. im BB < 0,2 - 0,5 mg/l
- gehäuftes Auftreten von Beggiatoa oder Thiothrix

T2:
- Zugabe von Faulwasser
- Zugabe von Handelsdünger

T3:
- Kalkzugabe
- Einrichten einer anoxischen Zone im BB

T4:
- BB nach dem Pfropfstromprinzip betreiben
- Vorschalten einer anoxischen Zone
- Vorschalten einer anaeroben Zone
- Einrichten eines hochbelasteten Selektors

T5:
- Beseitigen von Schlammdeponien
- Steigern der Belüftungsrate

Abb. 2: Grobstruktur des Regelbasis des Moduls "Blähschlamm"

Wissensbasis: Modul "Schwimmschlamm"

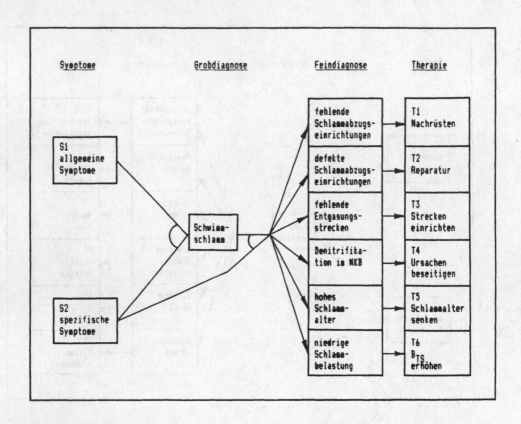

S1:
- schlechtes Absetzverhalten im NKB
- Schlammabtrieb aus dem NKB
- Sichttiefe im NKB < 25 cm
- TS im Ablauf > 20...30 mg/l
- ST im Ablauf > 0,1 ml/l

S2:
- Schlamm flotiert im NKB
- Schlammabtrieb trotz vorhandener Abzugseinrichtungen
- Flotation durch Gasblasen aus dem BB
- Flotation durch Stickstoffblasen aus dem NKB
- massenhaftes Auftreten von Actinomyceten

T3:
- Veränderung der Einlaufgestaltung
- Einrichtung von Entgasungsstrecken

T4:
- häufigere Räumung des NKB
- Beseitigung von Schlammablagerungen im NKB
- Vorschalten einer Denitrifikationszone

T6:
- TS senken
- Abschalten einzelner Becken
- Zuleitung hochbelasteter Teilströme

Abb. 3: Grobstruktur der Regelbasis des Moduls "Schwimmschlamm"

Wissensbasis: Modul "Abtrieb flockenbildender oder solitärer Bakterien "

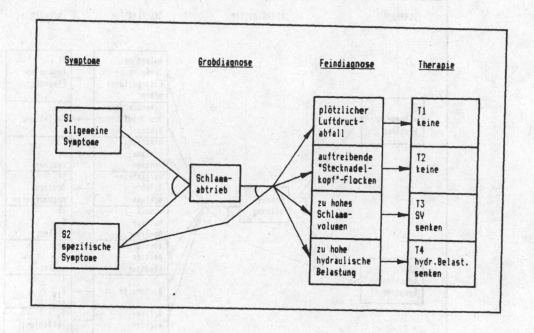

S1:
- schlechtes Absetzverhalten im NKB
- Schlammabtrieb aus dem NKB
- Sichttiefe im NKB < 25 cm
- TS im Ablauf > 20...30 mg/l
- ST im Ablauf > 0,1 ml/l

S2:
- SV > 300 ml/l
- SV < 300 ml/l und kein anderes
  Symptom trifft zu

T1/T2:
- diese Erscheinungen sind nicht als
  Betriebsstörungen zu werten

T3:
- Abzug von Überschußschlamm

T4:
- NKB erweitern
- Röhrensedimentation einrichten

Abb. 4: Grobstruktur der Regelbasis des Moduls
"Abtrieb schaumbildender oder solitärer Bakterien"

Wissensbasis: Modul "Schaumbildung auf dem BB"

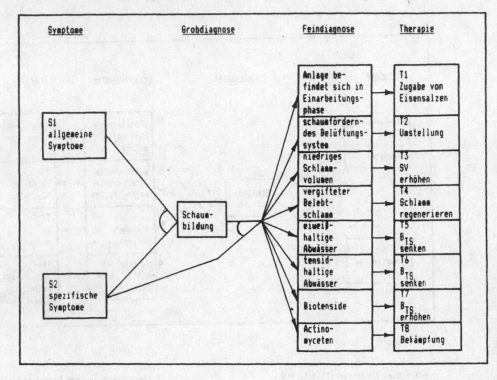

S1:
- schlechtes Absetzverhalten im NKB
- Schlammabtrieb aus dem NKB
- Sichttiefe im NKB < 25 cm
- TS im Ablauf > 20...30 mg/l
- ST im Ablauf > 0,1 ml/l

S2:
- Anlage mit Strahlbelüfter
- SV < 200 ml/l
- keine Schlammatmung
- kartoffel-, holz- oder kohle-
  verarbeitende Industrie im EZG
- hohe Tensidkonzentration im Abwasser
- niedrige B_{TS} oder fehlender Abwasser-
  zufluß
- massenhaftes Auftreten von Actinomyceten

T2:
- Umstellung auf Belüftungskreisel
  oder -walzen

T4:
- Anlage weiter betreiben
- SV auf 50 ml/l reduzieren
- Belebtschlamm entfernen und Anlage
  völlig neu einarbeiten

T5:
- B_{TS} senken
- Beregnen
- Einsatz von Entschäumern

T6:
- Änderung der Tensidart anstreben
- B_{TS} senken
- BB vergrößern

T7:
- TS senken
- Volumenstromausgleich
- Faulwassereinleitung

Abb. 5: Grobstruktur der Regelbasis des Moduls "Schaumbildung"

4. Ausblick

Zur Unterstützung der operativen Steuerung von Betriebsstörungen in
Abwasserbehandlungsanlagen erweist sich die Wissensverarbeitung von
Heuristiken erfahrener Praktiker von unschätzbarem Wert. Entsprechend
der Abb. 1 ist geplant, weitere relevante Betriebsstörungen bedingt
durch toxische oder technologische Ursachen regelbasiert aufzubereiten.
Das Expertensystem kann effektiv eingestzt werden sowohl
als Entscheidungshilfe für die operative Steuerung von Abwasser-
reinigungsanlagen vor Ort als auch für Trainings- und Refresherkurse
für Fach- und Hilfspersonal zum Durchspielen potentieller Störungs-
scenarios.

5. Literatur

Beck, M.B., 1989. A prototype expert system for operational control
of the activated sludge process. Proceedings of the Workshop on
"Expert Systems and their Application to Water and Environmental
Management", July 12 1989, London.

Galander, Ch., 1989. Erfassung der Struktur des Belebtschlamms unter
besonderer Berücksichtigung der fadenförmigen Organismen in den
Abwasserbehandlungsanlagen Berlin-Münchehofe und Berlin-Nord.
Diplomarbeit, TU Dresden, Sektion Wasserwesen.

Hänel, K., 1986. Biologische Abwasserreinigung mit Belebtschlamm.
Fischer Verlag, Jena.

Henze, M., Grady, C.P.L., Gujer, W., Marais, G.V.R. and T. Matsuo, 1986.
Activated sludge model no. 1. IAWPRC Task Group on Mathematical
Modelling for Design and Operation of Biological Wastewater
Treatment. Scientific and Technical Report.

Koskinen, K., 1988. Expert system as a top-level controler for
activated sludge process. Research Report. Tampere University of
Technology.

Lemmer, H., 1987. Ursachen und Bekämpfung von Schwimmschlammbildung
in Belebungsanlagen. In: Stand der Technik bei der Elimination
umweltrelevanter Abwasserinhaltsstoffe. Münchner Beiträge zur
Abwasser-, Fischerei- und Flußbiologie. Bd. 41. Oldenburg Verlag
München, Wien, 249-265.

Patry, G.G. and D.Chapman, 1990. Dynamic Modeling and Expert Systems
in Wastewater Engineering. Lewis Publishers.

Patry, G.G. and I. Takacs, 1989. Dynamical Modelling of Wastewater
Treatment Plants. The General Purpouse Simulator: An Overview.
McMaster University, Hamilton.

Petersohn, U., 1990. ETA-P zur Projektierung wissensbasierter
Anwendersysteme. EDV-Aspekte 9, 1, 16-24.

Speirs, G.W. and R.D. Hills, 1987. Field investigastion of on-line
instrumentation at a municipal wastewater treatment plant.
Water Sci. Tech. 19, 669-680.

TGL 26730/03,1975. Abwasserbehandlung, Betrieb und Instandheltung
kommunaler Abwasserbehandlungsanlagen. Biologische Reinigung.
Berlin.

Wissensbasierte Meßdateninterpretation in der Wasseranalytik

Knut Scheuer*

Marcus Spies**

Ulrich Verpoorten*

FAW, Universität Ulm, Helmholtzstr. 16, D-7900 Ulm

Zusammenfassung: In der Computerunterstützung bei der Interpretation von Meßdaten der Umweltanalytik können Ergebnisse bislang nicht durch Rückgriff auf Wissen auf ihre Plausibilität überprüft oder auf ihre Implikationen hin untersucht werden. Wir stellen die Konzeption eines wissensbasierten Prototypen für die Unterstützung der Analyse von Frischwasser durch Chromatographie vor. Der Prototyp soll sowohl eine Unterstützung bei der Formulierung von Anfangsverdachten auf Inhaltsstoffe als auch eine Plausibilitätsprüfung von Analyseergebnissen für eine eingeschränkte Klasse von Substanzen erlauben.

1. Problemstellung

a. Umweltanalytik und Umweltmonitoring

Die Aufgabe der Umweltanalytik ist die Gewinnung von aussagekräftigen Daten über umweltrelevante Substanzen in Böden, Wasser und Luft. Moderne, leistungsfähige Analysemethoden mit hoher Spezifität und Empfindlichkeit erlauben grundsätzlich die Erfassung einer großen Anzahl vorhandener Einzelsubstanzen. Wichtige Übersichten zum Umweltmonitoring wie Emissions- und Altlastenkataster sowie Belastungskarten für Böden oder Wässer lassen sich nur mithilfe solcher Analysedaten aufbauen. Die Anforderungen an die moderne Umweltanalytik sind sehr vielfältig geworden. Sie liefert Einblicke in die Kausalzusammenhänge von Ökosystemen, erlaubt ökotoxikologische Bewertungen im Spurenbereich von Substanzen und liefert wertvolle Entscheidungsgrundlagen zu Umweltfragen (s. Fresenius, Quentin & Schneider 1987). In unserem Projekt WANDA (Water ANalysis Data Advisor) konzentrieren wir uns auf die Meßdateninterpretation bei der Analytik von Pflanzenschutz-

* Hewlett-Packard GmbH, Forschungs- und Technologiezentrum
  Herrenbergerstr. 130
  D-7030 Böblingen
** IBM Deutschland GmbH, Wissenschaftliches Zentrum - Institut für
  wissensbasierte Systeme; Schloßstr. 70, D - 7000 Stuttgart 1.

mitteln in Wasserproben (s. Scheuer, Spies & Verpoorten, 1990).

b. Interpretation chromatographischer Meßdaten

Eine Aufgabe für den Chemiker im Labor ist es, Einzelsubstanzen und deren Konzentrationen möglichst schnell, vollständig, zuverlässig und kostengünstig nachzuweisen. Hierzu werden i.d.R. Chromatographen als Meßgeräte eingesetzt. Sie trennen ein Substanzgemisch in Einzelsubstanzen, die dann mithilfe eines geeigneten Detektors ein analoges Signal erzeugen (s. Bild 1.1). Dieses Chromatogramm enthält für jede Einzelsubstanz einen markanten Ausschlag (Peak). Jede Einzelsubstanz erzeugt im Chromatogramm höchstens einen Peak; jedoch können die Peaks mehrerer Substanzen bei unzureichender Trennung zusammenfallen. Die Peakhöhe bzw. -fläche ist ein Maß für die Konzentration der enthaltenen Substanz. Durch die Zuordnung von Peaks zu Substanzen erfolgt die Identifizierung, durch die Auswertung der Peakhöhen/flächen die Quantifizierung. Das Aussehen eines Chromatogramms hängt von einer Vielzahl von Einflußfaktoren ab. Variiert nur ein chromatographischer Parameter, resultiert u.U. ein stark verändertes Chromatogramm. Eine Substanz wird nicht zwangsläufig ihren Peak immer nach einer gleichbleibenden Zeit (der Retentionszeit) erzeugen; auch die Peakhöhe kann je nach substanzspezifischen Eigenschaften und Empfindlichkeit des Detektors variieren. Zur Interpretation eines Chromatogramms sind Kenntnisse über die verwendeten Bedingungen bei der Durchführung der Messung, die Art der Probennahme und -aufarbeitung, Begleitdaten zur Probe und chemisch/physikalische Eigenschaften von Substanzen unerläßlich. Die Interpretation der chromatographischen Meßsignale besteht in der geeigneten Kombination dieser verschiedenen Informationsquellen mit dem Ziel der Identifikation von umweltrelevanten Substanzen und der Bestimmung ihrer Konzentrationen im untersuchten Umweltkompartiment.

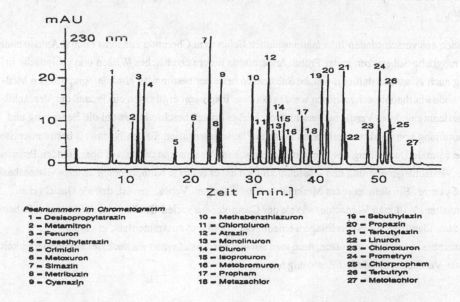

Bild 1.1: Beispielchromatogramm aus der Pestizidanalytik

c. Aufgaben der Computerunterstützung

Die heutige Rechnerunterstützung der Meßdateninterpretation beschränkt sich auf den automatisierten Vergleich von Meß- und Referenzsignalen. Der Nachteil der Referenzsignale liegt darin, daß sie mit der jeweiligen Meßmethode und den gegebenen Reinsubstanzen erzeugt werden müssen. Zudem bezieht sich der Vergleich nur auf die Meßdaten, und es werden keine begleitenden Hinweise zur Probe oder zur analytischen Methode verarbeitet. So können z.B. die Vorschläge aus dem Referenzvergleich nicht automatisch plausibilisiert werden, da der Kontext, unter dem die Meßdaten entstanden sind, unberücksichtigt bleibt. Die Interpretation der chromatographischen Ergebnisse im Hinblick auf Plausibilität und Richtigkeit ist heute noch die Aufgabe des analytischen Chemikers (Experte).

2. Ein wissensbasierter Ansatz

a. Motivation

Die im vorangegangenen Abschnitt dargestellten Defizite heutiger Verfahren der computergestützten Meßdateninterpretation lassen einen wissensbasierten Ansatz sinnvoll erscheinen. Denn es ist ja hauptsächlich Wissen, das gebraucht wird, um sowohl Anfangsverdachte auf nachzuweisende Stoffe als auch Einschätzungen der Plausibilität maschinell erzeugter Analyseergebnisse zu beschreiben und zu verifizieren. Beim Chemiker läuft derartiges Wissen unausgesprochen immer mit. Unser Projekt ist damit befaßt, die relevanten Aspekte dieses Wissens formal darzustellen. In einem wissensbasierten Prototyp soll die Tragfähigkeit dieses Ansatzes für eine Verbesserung der Computerunterstützung bei der Meßdateninterpretation in der Wasseranalytik gezeigt werden (s. Scheuer, Spies & Verpoorten, 1990).

Wissen aus verschiedenen Informationsquellen liefert dem Chemiker zunächst einmal Anhaltspunkte für mögliche Substanzen in der Probe. Andererseits liefern chemisches Wissen und analytische Erfahrung auch Aussagen darüber, welche Substanzen bei einer bestimmten chromatographischen Meßmethode überhaupt nachgewiesen werden können. Insgesamt ergibt sich ein Prozeß der Verdachtsgenerierung und des Verdachtsausschlusses. Dieser Prozeß beschreibt sowohl die Bewertung und Einordnung von Analyseergebnissen als auch Planungsszenarien für den Nachweis bestimmter Stoffe. Eine formale Darstellung des relevanten chemischen Wissens und der darauf operierenden Prozesse von Verdachtsgenerierung und -ausschluß bilden daher zentrale Komponenten unseres wissensbasierten Systems. Ein definierendes Merkmal von unbestätigten Verdachten ist, daß sie Unsicherheit beinhalten. Will man Verdachte, wie sie der Chemiker aus vielen Quellen von der Probenaufbereitung bis zum Identifizierungsvorschlag zu einem Peak erhält und zusammenfaßt, in einem wissensbasierten System nutzen, muß man sowohl der Unsicherheit als auch der Kombinierbarkeit dieser Verdachte im Modell Rechnung tragen.

b. Verdachtsgenerierung und -ausschluß

Der Anfangszustand der Wissensverarbeitung ist durch das Fehlen von Zuordnungsinformationen zwischen Substanzen und Peaks charakterisiert. Um die Aufgabe zu erfüllen, eine Abbildung von Substanzen zu Peaks zu finden, sind zwei verschiedene Schritte zu unterscheiden. In einem ersten Schritt geht es darum, die mögliche Menge von Substanzen sinnvoll einzuschränken. Im anderen Schritt sollen die Zuordnungen zwischen Substanzen und Peaks so präzisiert werden, daß möglichst jeder Substanz nur noch ein Peak zugewiesen wird. Der eine Schritt betrifft also die Einschränkung infrage kommender Substanzen für das gesamte Chromatogramm, der andere die konkrete Zuordnung von Substanzen zu einem oder mehreren Peaks. Zu den Hinweisen, die einen Substanzverdacht bzw. -ausschluß für das gesamte Chromatogramm erlauben, zählen

- Probenbegleitdaten und
- Methodendaten.

Kombiniert man sie mit den Wissensbereichen

- Sekundärwissen, z.B. Einsatzempfehlungen für Pflanzenschutzmittel
  (s. Kidd, Hartley & Kennedy, 1986),
- Probennahme und -aufarbeitung,
- analytische Meßmethode und
- Substanzeigenschaften,

so lassen sich einerseits Substanzen ausschließen, andererseits konkrete Verdachte auf Substanzen- bzw. Substanzeigenschaften ableiten (unabhängig von Meßdaten). Die Ergebnisse dieser Hinweisverarbeitung sind

- *mögliche* Verdachte (z.B. auf Substanzen, die aufgrund
  der verwendeten Meßmethode nachweisbar sein würden)
  und
- *positive* Verdachte (auf Substanzen, für deren Existenz
  in der Probe ein konkreter Hinweis spricht).

Die Modellierung dieser Verdachte wird in Kapitel 2e eingehender beschrieben.

Zur möglichst weitgehenden Auflösung dieser Menge von Verdachten werden Tests durchgeführt, in denen die Verträglichkeit zwischen Verdacht und Messung geprüft wird.

c. Wissensrepräsentation

Bei der chemischen Analyse ist Wissen aus verschiedenen Domänen zu verarbeiten, die unterschiedlich strukturiert sind. Demzufolge sind verschiedene Techniken notwendig um das Wissen adäquat im Programm darzustellen. Im Bereich der Probenbegleitdaten werden insbesondere die beiden Gebiete

- Einsatzempfehlungen von Pflanzenschutzmitteln und
- technische Gemische von Einzelwirkstoffen in Handelsprodukten

berücksichtigt. So kann z.B. aus der Angabe der landwirtschaftlichen Nutzung am Probenort ein Verdacht auf einen Wirkstoff und darüber hinaus auf alle Kombinationswirkstoffe im verwendeten Präparat abgeleitet werden.

Diese Ableitungen positiver Verdachte werden mithilfe von vorwärts verkettenden Regeln erzeugt. Mit jedem dem System bekanntgemachten neuen Probenbegleitdatum werden alle daraus ableitbaren Verdachte produziert. Eine Regel zur Verdachtsgenerierung aus Probenbegleitdaten sieht z.B. folgendermaßen aus:

> **WENN**   ein nachgewiesener Stoff in einem Kombinationsprodukt vorkommt,
> **DANN**   besteht Verdacht auf die übrigen Wirkstoffe des Kombinationsprodukts.

Um Verdachte bestätigen oder zerstreuen zu können, sind chemische Analysenmethoden notwendig. Allerdings können mit chemischen Analysenmethoden auch Folgeverdachte erzeugt werden. Chemische Methoden sind Abfolgen von Maßnahmen zur Erzielung von Effekten, die charakteristisch für gesuchte Substanzen oder Substanzklassen sind. Wenn die Methoden auch bis zu einem gewissen Grad standardisiert sind, so werden doch situationsbedingt Modifikationen vorgenommen. Durch eine teilweise Zerlegung der analytischen Methode in einzelne logische Abschnitte und die Nachbildung des zugrundeliegenden Wissens zu jedem Abschnitt im Rechner kann die vom Analytiker konkret benutzte Methode flexibel unterstützt werden. Bei einer rein prozeduralen Wissensdarstellung wäre der Chemiker an die fest programmierten Methoden gebunden. Es wird Wissen aus allen Phasen der chemischen Analyse abgebildet:

- Probennahme (Verfahren und Lagerung)
- Probenaufarbeitung (Vorbereitung, Reinigung, Extraktion)
- chromatographische Trennung und Detektion (Signalerzeugung)
- Interpretation (Zuordnung Substanz zu Signal)

Für die Repräsentation der voneinander abhängigen Wissensgebiete ist eine objektorientierte Darstellung angebracht, wie sie von der eingesetzten Shell KEE unterstützt wird.

d. Nachweis aus Meßdaten

Der Nachweis aus den Meßdaten ist die Aufgabe, die der Prototyp mithilfe der Daten und der schon generierten Verdachte erfüllen muß. Ein gelungener Nachweis einer Substanz ist dabei nicht isoliert zu betrachten, denn eine Substanz kann auf das Vorliegen eines Substanzgemisches hinweisen, also wieder Verdachte auf weitere Stoffe erzeugen. Nachweise aus Meßdaten und Verwalten einer generellen "Verdachtsliste" für alle möglichen Substanzen im Chromatogramm sind demnach Vorgänge, die sich in der eigentlichen Meßdateninterpretation zyklisch ablösen und ergänzen.

Zur Führung eines Nachweises einer bestimmten Substanz für einen bestimmten Peak werden drei verschiedene Methoden benutzt.

Zum einen kann für jede Substanz ein die Retentionszeit charakterisierender Wert bestimmt werden. Dieser sog. Retentionsindex ist von mehreren Parametern der gewählten chromatographischen Methode abhängig. In der Praxis muß man beachten, daß Retentionsindizes immer mit einem gewissen Toleranzbereich behaftet sind. Liegen Peaks eng beieinander, kann ein Retentionsindex nicht immer eindeutige Information liefern.

Zweitens können für Substanzen bestimmter Klassen Reihenfolgen oder Halbordnungen angegeben werden, in bzw. nach denen sie, wenn in der Probe vorhanden und nachweisbar, im Chromatogramm erscheinen müßten. Diese Reihenfolgeinformation liefert nach gelungenem Nachweis einer Substanz einer solchen Klasse nützliche Information. Denn Substanzen, die in der Reihenfolge später liegen, scheiden als Kandidaten für Peaks vor dem identifizierten Peak aus.

Schließlich benutzt man mehrere Chromatogramme mit Detektoren unterschiedlicher Selektivität, um aus der Gegenüberstellung Hinweise auf Substanzen zu bekommen, die einem Peak entsprechen könnten.

Abschließend sei nochmals betont, daß die Zeitdimension eines Chromatogramms (Retentionszeit) mit keiner heute bekannten chemisch-physikalischen Eigenschaft ausreichend stark korreliert. Dies ist gerade die Herausforderung der Meßdateninterpretation bei der Chromatogrammanalyse.

e. Kombination von Verdachten/Evidenzen aus verschiedenen Wissensquellen

Wie lassen sich nun Verdachte auf Substanzen, Mengen von Substanzen u. dgl. darstellen? Zunächst ist es hier wichtig, Grade des Verdachts unterscheiden zu können. Eine Substanz kann etwa durch einen Hinweis auf Bodennutzung am Probenort stark oder nur schwach verdächtigt werden. Dann sollte die Unterscheidung zwischen *positivem* und *möglichem* Verdacht getroffen werden können. Die Tatsache, daß eine Substanz bei der verwendeten chromatographischen Methode wirklich nachgewiesen werden kann, begründet nur einen möglichen, aber noch keinen positiven Verdacht auf die betreffende Substanz. Ein positiver Verdacht liegt nur vor, wenn ein konkreter Hinweis auf das Vorkommen des Stoffes in der Probe besteht (s. Bild 2.1). Natürlich ist ein positiver Verdacht unsinnig, wenn kein möglicher Verdacht besteht, d.h. wenn ein Stoff oder eine Menge von Stoffen in der Probe gar nicht auftreten oder nicht nachgewiesen werden kann (Ausschluß).

Diese beiden Forderungen, nämlich Darstellung von Graden des Verdachts und Unterscheidung von positivem und möglichem Verdacht, engen die Menge möglicher Modelle zur formalen Darstellung ziemlich ein. Unter den heute bekannten Modellen zur Repräsentation unsicheren Wissens kommt i.B. die Evidenztheorie infrage (s. Kohlas, 1990; Shafer, 1976; Spies, 1989a, b). Mit dieser Theorie steht auch ein kanonischer Vorschlag zur Kombination der Verdachte aus den verschiedenen Wissensquellen zur Verfügung. Im Prototypen wird z.Zt. die "Support Logic" für regelbasierte Systeme eingesetzt (s. Baldwin, 1986). Durch die Einbeziehung der Evidenztheorie soll eine adäquate Berücksichtigung des vielfältigen, ja heterogenen Wissens erreicht werden, das in die Meßdateninterpretation in der Chromatogrammanalyse eingeht.

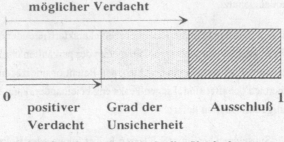

Bild 2.1: Darstellung gradueller Verdachte

f. Benutzerfunktionen und Oberfläche

Für den Interpretationsprozeß werden Meßdaten und Daten vom Benutzer benötigt. Andere Datenquellen (wie Datenbanken), werden zwar konzeptionell berücksichtigt, aber im Prototyp nicht realisiert. Während die Meßdaten von einem File eingelesen werden, erfolgt die Benutzerdatenerfassung
dialogorientiert. Die Dialoge laufen maskengestützt in Fenstern ab und werden mit Maus und Tastatur
bedient.

In einer Eingabemaske gibt der Benutzer Informationen ein:

- Probenbegleitdaten, d.h. nichtchemische Fakten über die Probe
  (z.B. Herkunft, Nutzung des Probenentnahmegebietes, Witterung)
- Methodendaten, z.B. die Art der Probenaufarbeitung

Nach Ausfüllen der Eingabemaske stößt der Bediener den Auswerteprozeß an, woraufhin das System
versucht, Verdachte auf Substanzen zu generieren. Die Verdachtsliste wird mit Angabe der Stärke des
Verdachts in einem Ausgabefenster gezeigt. Die Verdachte kann der Analytiker als Entscheidungshilfen einsetzen, welche weiteren analytischen Maßnahmen er wählen sollte, bzw. welche Modifikationen in der analytischen Methode empfehlenswert sind.

Der Benutzer braucht die Eingabemaske nicht vollständig auszufüllen, bevor er einen
Auswerteprozeß auslöst. Dies kann sinnvoll sein, wenn der Benutzer die Auswirkung eines
bestimmten Faktums beobachten will oder wenn Daten nicht zur Verfügung stehen. Das System kann
aber auch während des Auswerteprozesses Daten benötigen, die in den Standardmasken nicht
abgefragt werden. Diese werden im Dialog nachträglich abgefragt.

Ein wesentliches Merkmal des Systems ist die modulare Eingabe des Analysenverfahrens. Der Be-
nutzer muß sich nicht eine fest verdrahtete Analysenmethode aussuchen, sondern kann jede einzelne
Maßnahme eingeben. Durch die nichtprozedurale Architektur des Programmes können die
Auswirkungen und Wechselwirkungen der Maßnahmen untereinander und mit nichtchemischen
Daten adäquat modelliert werden.

Der Interpretationszyklus läuft solange, bis der Benutzer die wichtigen Substanzen auf der Verdachtsliste für genügend gut nachgewiesen hält und er den Dialog beendet.

Um dem Analytiker eine Kontrollmöglichkeit zu geben und ihn bei der Auswahl weiterer Schritte zu unterstützen ist eine Erklärungskomponente vorgesehen. Durch Anklicken einer Substanz auf der Verdachtsliste wird der Schlußfolgerungsablauf in einem weiteren Fenster angezeigt.

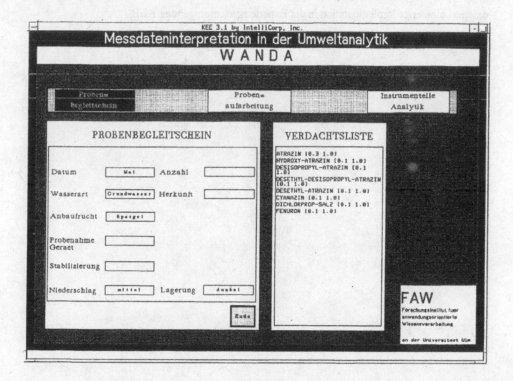

Bild 2.2: Der Probenbegleitschein mit Verdachtsliste

3. Schlußbemerkung

Die wissenschaftliche Projektarbeit wird am Forschungsinstitut für anwendungsorientierte Wissensverarbeitung (FAW Ulm) betrieben. Die chemiefachliche Unterstützung fanden wir insbesondere
durch die Kooperation mit der Abteilung Analytische Chemie von Prof. Ballschmiter an der
Universität Ulm und die Kontakte zur Landesanstalt für Umweltschutz (LfU) in Karlsruhe. In
besonderer Weise möchten wir hier unserer Beraterin Frau Dr. Dmochewitz, Herrn Dr. Class
(Universität Ulm) und Herrn Dr. Lepper (LfU) für ihre zahlreichen Anregungen danken.

Das Projekt wird durch die drei Auftraggeber

- Land Baden-Württemberg (vertreten durch das Umweltministerium)
- Hewlett-Packard GmbH

- IBM Deutschland GmbH

finanziert. Ziel ist es, innerhalb der Projektlaufdauer vom 1. Jan. 1989 bis zum 30. Sept. 1991, einen Prototypen zu entwickeln, der die Tragfähigkeit des beschriebenen Konzepts aufzeigt. Zur Zeit existiert eine erste Implementation in der Expertensystemumgebung KEE.

Literatur:

/1/   Baldwin, J.F. (1986): Support Logic Programming. in: A. Jones, A. Kaufmann, H.J. Zimmermann (Eds.): Fuzzy Sets Theory and Applications, D. Reidel Publishing Company, pp. 133-170

/2/   Fresenius, W., Quentin, K.E., Schneider,W.: Water Analysis, A Practical Guide to Physico-Chemical, Chemical and Microbiological Water Examination and Quality Assurance. Springer, Berlin Heidelberg

/3/   Kohlas, J. (1990): Evidenztheorie: Ein Kalkül mit Hinweisen. FAW, Universität Ulm,Tech. Rep. 90002

/4/   Lauritzen,S.L. & Spiegelhalter,D.J. (1988): Local Computation with Probabilities on Graphical Structures and their Application to Expert Systems. J. R. Statist. Soc. B (1988), 50(2), pp. 157-224

/5/   Marr, I.L. Cresser,M.S. (1988): Umweltanalytik, Eine allgemeine Einführung. Georg Thieme Verlag, Stuttgart

/6/   Naumer, H.,Heller, W.(1986): Untersuchungsmethoden in der Chemie, Einführung in die moderne Analytik. Thieme, Stuttgart

/7/   Scheuer, K., Spies, M., Verpoorten, U. (1990): Systemkonzept des FAW-Projekts WANDA. FAW, Universität Ulm, Bericht 90002

/8/   Shafer, G. (1976): A mathematical Theory of Evidence. Princeton, Princeton University Press.

/9/   Shafer, G., Shenoy, P., & Mellouli, K.: Propagating belief functions in qualitative Markov trees. Int. J. Approx. Reasoning, 1, 349-400

/10/   Spies, M (1988): A Model for the Management of Imprecise Queries in Relational Databases. In: B. Bouchon, L. Saitta, R. Yager (Hrsg.): Uncertainty and Intelligent Systems. Springer Lecture Notes in Computer Science, Vol 313, pp. 146-153.

/11/   Spies,M. (1989a): Syllogistic Inference under Uncertainty. Psychologie Verlagsunion, München.

/12/   Spies, M (1989b): Wolkiges Wissen - Faustregeln in Expertensystemen. Bild der Wissenschaft, 10, pp. 60-72.

/13/   Kidd, H. Hartley, D. Kennedy, J. (Hrsg.,1986): Herbicides. European Directory of Agrochemical Products, Vol. 2, The Royal Society of Chemistry, Nottingham.

Prototyp des Expertensystems DELAQUA zur Beurteilung und Steuerung der Wasserbeschaffenheit von Talsperren und Seen

Frieder Recknagel, Erhard Beuschold**, Christiane Böhmer,
  Henning Merker, Uwe Petersohn* und Thomas Petzoldt

Technische Universität Dresden   Fernwasserversorgung**
Sektionen Wasserwesen und   Elbaue-Ostharz
Informatikzentrum*   Postfach 43
Mommsenstr. 13   3720 Blankenburg
8027 Dresden

Deskriptoren: Expertensystem, DELAQUA, PROLOG, Simulationssystem,
              SALMO, Gewässerschutz, Eutrophierung, Wassergütehavarien

Zusammenfassung

Das Expertensystem DELAQUA (Deep Expert system LAke water QUAlity)
kombiniert AI- und Simulationsmethoden zur Unterstützung der
Entscheidungsfindung in der Wassergütesteuerung von Talsperren und
Seen. Es verfügt über eine Wissensbasis (PROLOG 2), Datenbasis
(dBASE III+) und ein Simulationssystem (FORTRAN 77), mit
denen folgende Entscheidungshilfen bereitgestellt werden können:
(1) Ableitung von Empfehlungen zur operativen Steuerung havarie-
    artiger Belastungssituationen wie Algenmassenentwicklungen
    oder Masseneinträge von pathogenen Keimen
(2) Klassifizierung der Rohwasserbeschaffenheit von Talsperren und
    Seen auf der Grundlage gültiger Standards
(3) Ableitung von Analogieschlüssen anhand gemessener und simulierter
    Wassergütedaten von Referenzgewässern
(4) Konsultation des Simulationssystems SALMO zur Vorhersage der
    Wasserbeschaffenheit unter veränderten Steuerungs- und Umwelt-
    bedingungen von Talsperren und Seen.
Das Expertensystem ist auf IBM-PC mit MS.DOS-Betriebssystem
implementiert.

1. Einleitung

Im Umweltschutz und in Sonderheit im Gewässerschutz ist man mit
Prozessen und Systemen konfrontiert, die in ihrer Komplexität, Ver-
netztheit, Eigendynamik und in ihrer natürlichen Stochastik unüber-
troffen sind. Eine erfolgreiche Steuerung von Umweltsystemen setzt
tiefe Einsichten in ihre Kausalität und langjährige Erfahrung in
ihrer praktischen Handhabung voraus. Beide Voraussetzungen sind im
praktischen Gewässerschutz vor Ort nur selten gleichermaßen erfüllt,
es herrscht vielmehr ein akuter Mangel an Fachexperten auf diesem
Gebiet. Entsprechend dem internationalen Trend in der Angewandten
Systemanalyse bieten sich drei Richtungen zur Unterstützung
komplexer Entscheidungsfindungsprobleme an:
(1) die Entwicklung von Simulationsbibliotheken (Swartzman and
    Kaluzny 1988), die über alternative Modelle einer Systemklasse
    (z.B. von aquatischen Ökosystemen) verfügen
(2) die Entwicklung relationaler Datenbanken für eine Systemklasse,
    die über historische, aktuelle und synthetische Daten (z.B. über
    die Wasserbeschaffenheit von unterschiedlichen Referenzgewässern)
    verfügen

(3) die Entwicklung von Wissensbanken, die über Heuristiken
    verschiedener Experten bzw. über gesichertes Fachbuchwissen einer
    gut definierten, abgegrenzten Wissensdomäne (z.B. der Wassergüte-
    steuerung von Talsperren und Seen) verfügen.

Mit dem Konzept eines tiefen Expertensystems wurde bei der Entwicklung
von DELAQUA versucht, die drei oben genannten Richtungen bis zu einem
gewissen Grad zu vereinigen (Recknagel 1989, Recknagel and Petersohn
1990). Ähnliche Konzeptionen werden nach Kenntnis der Autoren von
Jones, Jones and Everett (1987), Meszaros et al. (1989), Vendegua and
Teruggi (1989) und Starfield, Farm and Taylor (1989) verfolgt.

Mit dem Expertensystem DELAQUA soll folgenden Zielstellungen Rechnung
getragen werden:

(1) Es stellt Entscheidungshilfen bereit sowohl für die Beurteilung
    und Vorhersage der Rohwasserbeschaffenheit als auch für die
    operative Steuerung havarieartiger Wasserbeschaffenheitsprobleme
    in Talsperren und Seen
(2) Es eignet sich als Teachware für die Aus- und Weiterbildung von
    Fach- und Hilfspersonal in der Wassergütewirtschaft.
(3) Es trägt Beispielscharakter für den Aufbau eines fachgebiets-
    spezifischen, zugriffseffizienten Wissens- und Datenspeichers
    für Fachpersonal in der Wassergütewirtschaft.

2. Prinzipien der Entwicklung des Expertensystems DELAQUA

Im Rahmen der Wissenverarbeitung zur Entwicklung des Expertensystems
DELAQUA wurden die drei klassischen Schritte Wissenserfassung,
Wissensformalisierung und Wissensalgorithmisierung absolviert. In
Tab. 1 ist eine Übersicht über die derzeit üblichen Methoden der
Wissensverarbeitung enthalten.

Tab. 1: Methoden der Wissensverarbeitung

W I S S E N S E R F A S S U N G

Literaturrecherche (öffentliches Wissen)

Expertenbefragung (privates Wissen) :

  - strukturiertes Interview

  - Walkthrough

  - Synthese und Validierung von Regelgraphen

  - Nutzung eines Prototyp-Expertensystems

W I S S E N S F O R M A L I S I E R U N G

- regelorientiert   Prädikatenlogik
- rahmenorientiert   zeitliche Logik
- objektorientiert   fuzzy-Logik
                        nichtmonotone Logik

W I S S E N S A L G O R I T H M I S I E R U N G

- Vorwärtsverkettung

- Rückwärtsverkettung

- Split-and-Prune

- Generate-and-Test

Im Rahmen unserer Arbeiten zur Wissenserfassung für die genannten
Teilgebiete wurden stets zu Beginn erkundende Expertengespräche
geführt, denen sich ein tiefes Literaturstudium anschloß. Bei der
weiteren Befragung von Fachexperten wurden auch psychologisch

motivierte Interviewtechniken (siehe Tab. 1) angewendet, um
insbesondere das wertvolle intuitive Wissen zu erschließen. Solche
Methoden wie die Synthese und Validierung von Regelgraphen sowie die
vor-Ort-Anwendung des Prototyp-Expertensystems werden auch weiterhin
zur fortlaufenden Aktualisierung der Wissensbasis eingesetzt.
Die Formalisierung der Wissenskomponenten des Expertensystem DELAQUA
erfolgte bisher regelorientiert in Form von Regelgraphen und
beinhaltet die Prädikaten-, die zeitliche und die fuzzy-Logik (siehe
Tab. 1).
Bei der Wissensalgorithmisierung wurde die Abarbeitung der regel-
orientierten Komponenten des Expertensystem DELAQUA bisher nach dem
Prinzip der Rückwärtsverkettung vorgesehen. Dabei wurde konsequent das
tool-System ETA-P (Petersohn 1990) angewendet, das auf der Sprache
PROLOG 2 basiert.

3. Architektur und Funktionsweise des Expertensystems DELAQUA

In Abb. 1 ist die konzeptionelle Architektur des Expertensystems
DELAQUA dargestellt. Sie enthält neben dem Nutzerinterface ein Interface für den Wissensingenieur und ein externes Interface. Zusätzlich
sind separate Erklärungs-, Wissenserwerbs- und Problemlösungskomponenten vorgesehen, deren Funktion vorerst im Steuer- und
Inferenzmodul integriert sind. In der Wissensbasis sind die momentan
verfügbaren regelbasierten Moduln zur Rohwasserklassifizierung (WQI),
zur operativen Steuerung von Algenmassenentwicklungen (CAB) und zur
operativen bzw. präventiven Steuerung von Masseneinträgen an
pathogenen Bakterien und Viren (CBV) enthalten.

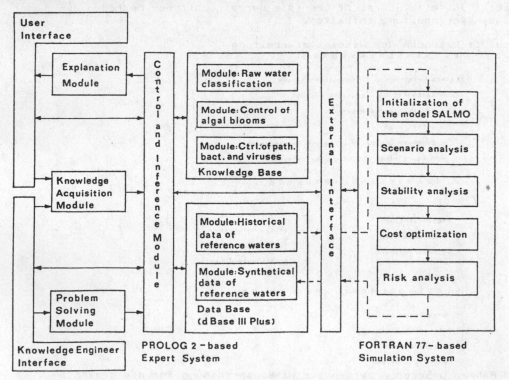

Abb. 1: Konzeptionelle Architektur des Expertensystems DELAQUA

Der Steuer- und Inferenzmodul sowie die Moduln der Wissensbasis sind

unter Nutzung des tool-Systems ETA-P auf der Basis der Programmiersprache PROLOG 2 entwickelt worden. Die Datenbasis beinhaltet die
Moduln historische Wassergütedaten (HIDA) und synthetische Wassergütedaten (SYDA) von Referenzgewässern. Beide Datenbanken basieren
auf der Programmiersprache dBASE-III+. Entsprechend der Definition
von Denning (1986) und der Taxonomie von O'Keefe (1986) für tiefe
Expertensysteme wird über das externe Interface eine parallele
Kopplung des Expertensystems mit dem Simulationssystem basierend auf
dem Modell SALMO angestrebt. Das Modell arbeitet mit den dBASE-
Dateien und ist in FORTRAN 77 programmiert.
In Abb. 2 ist ein Funktionsschema für die Einbeziehung der einzelnen
Programmbausteine des Expertensystems DELAQUA in den Entscheidungs-
findungsprozeß zur Steuerung der Rohwasserbeschaffenheit von Stand-
gewässern dargestellt. Wie aus Abb. 2 zu ersehen ist, soll das System
sowohl zur Unterstützung der mittel- und langfristigen Bewirtschaftung
von Standgewässern im Sinne der Empfehlung strategischer Therapien
gegen Eutrophierungsprozesse eingesetzt werden können als auch zur
Unterstützung der operativen Steuerung von Standgewässern im Sinne der
Empfehlung taktischer Therapien bei havarieartigen Belastungen der
Wasserbeschaffenheit.

EXPERTENSYSTEM DELAQUA (DEEP EXPERT SYSTEM LAKE WATER QUALITY)

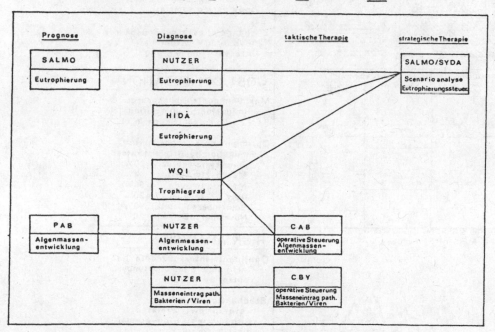

Abb. 2: Funktionsschema des Expertensystems DELAQUA

3.1. Unterstützung strategische Therapien zur Wassergütesteuerung

Zur Ableitung von strategischen Therapien stützt sich das System sowohl
auf das Simulationsmodell SALMO als auch auf die Datenbankbausteine
HIDA und SYDA. Mit dem dynamischen Eutrophierungsmodell SALMO (Benndorf
1979, Recknagel 1980) kann der Eutrophierungszustand eines Gewässers

230

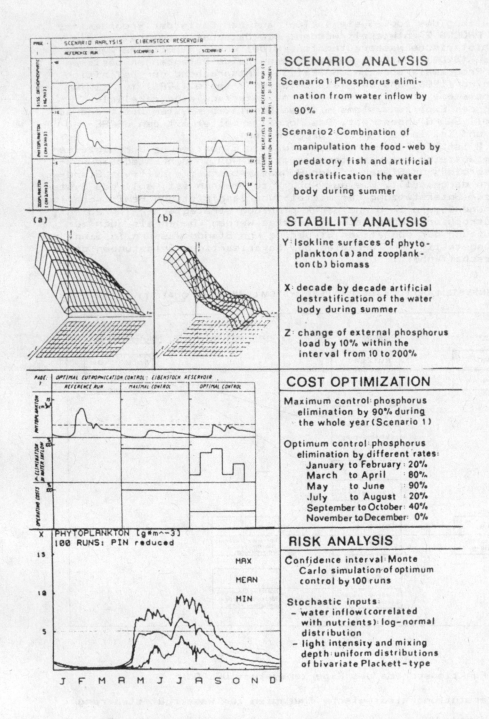

SCENARIO ANALYSIS

Scenario 1. Phosphorus elimination from water inflow by
90%

Scenario 2. Combination of
manipulation the food-web by
predatory fish and artificial
destratification the water
body during summer

STABILITY ANALYSIS

Y: Isokline surfaces of phyto-
plankton (a) and zooplank-
ton (b) biomass

X: decade by decade artificial
destratification of the water
body during summer

Z: change of external phosphorus
load by 10% within the
interval from 10 to 200%

COST OPTIMIZATION

Maximum control: phosphorus
elimination by 90% during
the whole year (Scenario 1)

Optimum control: phosphorus
elimination by different rates:
January to February : 20%
March to April : 80%
May to June : 90%
July to August : 20%
September to October : 40%
November to December : 0%

RISK ANALYSIS

Confidence interval: Monte
Carlo simulation of optimum
control by 100 runs

Stochastic inputs:
- water inflow (correlated
with nutrients): log-normal
distribution
- light intensity and mixing
depth: uniform distributions
of bivariate Plackett-type

Abb. 3: Simulationsmethoden zur Entscheidungsfindung mit SALMO.
Inputfile für Talsperre Eibenstock nach Kruspe (1984).

sowohl anhand der Zustandstrajektorien als auch anhand des Trophic State Index (TSI) nach Walker (1979) beurteilt werden kann. In Abb. 3 wird anhand der Fallstudie "Eutrophierungssteuerung Talsperre Eibenstock" ein überblick über mögliche Methoden zur Entscheidungsfindung mit SALMO gegeben, in deren Ergebnis am Beispiel der Talsperre Eibenstock die Zuverlässigkeit der optimalen Steuertrajektorie für eine dynamische Phosphorelimination am Gewässerzulauf bewertet werden kann. Die dabei angewandten Scenarioanalysen, Stabilitätsanalysen, Kostenoptimierung und Risikoanalysen können in integrierter Form momentan mit einer BASIC 4.0-Version von SALMO auf HP-PC genutzt werden. Im Rahmen des Expertensystems ist bisher die Scenarioanalyse mit einer FORTRAN-77-Version von SALMO routinemäßig nutzbar. Die Methoden zur Validation von SALMO sowie die in Abb. 3 dargestellten Methoden werden in Recknagel (1989) im Detail dokumentiert.

Einen Beitrag zur Unterstützung von Mittel- und Langfristentscheidungen bei der Eutrophierungssteuerung können die Komponenten HIDA und SYDA der Datenbank des Expertensystems DELAQUA leisten. Sie gestatten dem Nutzer, mit Hilfe des Computers Analogiebetrachtungen anhand von historischen und synthetischen Wassergütedaten vorzunehmen. Für Analogiebetrachtungen kann der Nutzer Wassergütedaten sowohl des gemessenen Zustandes als auch simulierter Scenariozustände eines Referenzgewässers recherchieren, daß dem zu beurteilenden Gewässer "ähnlich" sein muß. Der Modul HIDA wurde definiert zur Verwaltung historischer Wassergütedaten von Referenzgewässern. Die Struktur von HIDA setzt sich für jedes Gewässer aus Kopfdateien (siehe Abb. 4) und Beschaffenheitsdateien (siehe Abb. 5) zusammen.

DATENERFASSUNG REFERENZGEWAESSER (KOPFDATEN)

GEWAESSER										
JAHR		TROCKEN	FEUCHT	MITTEL						
OBERFLAECHE		HA								
VOLUMEN		Mℓ3								
MAX. TIEFE		M								
CHARAKT. ZUFLUSS	OBERFL.-Z	GRUNDW.-Z								
VERWEILZEIT		A								
P-FL-BELASTUNG:										
ORTHOPHOSPHAT-P		G/(Mℓ2•A)								
GESAMTPHOSPHAT-P		G/(Mℓ2•A)								
TROPHIGRAD	OLIGO	MESO	EU	POLY	HYPER					
P-BEL.-GRENZWERTE	UNTERER		G/(Mℓ2•A)	OBERER		G/(Mℓ2•A)				
EXTINKTIONSKOEFF.	SOMMER MITTL		1/M	JAHR MIN.		1/M				
KARBONATHAERTE	GERING	HOCH								
HOEHENLAGE UEBER NN		M								
WINDEXPOSITION	STARK	MITTEL	SCHWACH							
DOM. ALGENARTEN FJ. DOM. ALGENARTEN SO.	A	B	C	D	E	F	G	H	I1	I2	I3
NUTZUNGEN EZG. %	FORST	LANDW.	KOMMUN.	INDUSTR.						
NUTZUNGEN GEW. %	TRINKW.	BETR.-W.	KUEHLW.	BEWAE.	ERHOLG.	BINNENFI.				

A: Diatomeen   E: Euglenophyceen   I: Blaualgentypen
B: Cryptomonaden   F: Volvocales   I1: Oscillatoria
C: Chrysomonaden   G: Chlorococcales   I2: Microcystis/Anabaena/Aphanizomenon
D: Dinoflagellaten   H: Desmidiales   I3: Synechococcus

Abb. 4: Struktur der Kopfdatei für Referenzgewässer des Moduls HIDA

DATENERFASSUNG REFERENZGEWAESSER (BESCHAFFENHEITSDATEN)

Blatt-Nr.						VERTIKALE MITTELWERTE											
Tag-Nr.	Datum	Ortho-phosph.	Ortho-phosph. Hypol.	anorg. Sticks.	anorg. Sticks. Hypol.	Nitrat	Nitrat Hypol.	Phytopl. Vol.	Phytopl. Vol. Hypol.	Chloro-phyll-a	Chloro-phyll-a Hypol.	Zoopl.	Zoopl. Hypol.	Sauer-stoff	Sauer-stoff Hypol.	Secchi Tiefe	pH bei 0m
		mg/m3	mg/m3	g/m3	g/m3	g/m3	g/m3	cm3/m3	cm3/m3	mg/m3	mg/m3	cm3/m3	cm3/m3	g/m3	g/m3	m	

Abb. 5: Struktur der Beschaffenheitsdatei für Referenzgewässer des Moduls HIDA

Bisher umfaßt die Datenbank vier Referenzgewässer, die die Trophieskala repräsentieren. Um möglichst repräsentativ die Varianz des
Ökosystemverhaltens dieser Gewässer aufzuzeichnen, wurde für jedes
Gewässer je ein meteorologisch feuchtes, mittleres und trockenes
Jahr erfaßt.
Der Modul SYDA wurde definiert zur Verwaltung synthetischer Wassergütedaten, die mit dem Simulationssystem SALMO für Referenzgewässer
simuliert worden sind. In SYDA werden z.Zt. dBASE-Outputdateien für
folgende Zustandsvariablen von SALMO gespeichert: Phytoplanktonbio-
masse, Zooplanktonbiomasse, gelöster anorganischer Stickstoff, gelöstes
Orthophosphat, Detritus und gelöster Sauerstoff. Die Dateien von SYDA

WISSENSBASIS: MODUL BEURTEILUNG ROHWASSER-

BESCHAFFENHEIT (WQI)

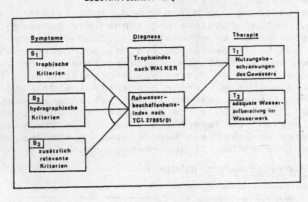

Abb. 6: Grobstruktur der Regelbasis des Moduls WQI zur Klassifizierung
der Rohwasserbeschaffenheit von Talsperren und Seen

stehen ähnlich denen von HIDA für Analogiebetrachtungen zur Verfügung, wobei zusätzlich die Möglichkeit besteht, Scenarioanalysen mit Referenzgewässern in die Betrachtungen einzubeziehen. SYDA umfaßt z.Zt. 22 Referenzgewässer, in die hypereutrophe Themse-Speicher und ein dystropher finischer See einbezogen sind. Entsprechend der Abb. 2 kann auch der Modul WQI zum Auffinden und Begründen strategischer Therapien für die Eutrophierungssteuerung einbezogen werden. Er erlaubt die Rohwasserklassifizierung eines Standgewässers entsprechend dem Standard nach TGL 27885/01. Dieser Standard beinhaltet ein fundiertes Regelwerk zur Beurteilung der mittleren Rohwasserbeschaffenheit eines Gewässers unter Berücksichtigung von ca. 75 Wassergütekriterien. Die Klassifizierungsskala reicht von 1 bis 5, die mit der verbalen Trophieskala oligotroph bis hypertroph korrespondiert. Ausgehend vom berechneten Klassenwert können Nutzungsbeschränkungen für das Rohwasser bzw. das Gewässer und adäquate Anforderungen an die Wasseraufbereitung im Wasserwerk abgeleitet werden. Zusätzlich wurde im Modul WQI der Trophieindex (TSI) nach Walker (1979) berücksichtigt, der sich lediglich auf die Kriterien mittlere Phosphorkonzentration im Frühjahr, mittlere Chlorophyll-a Konzentration im Sommer und mittlere Sichttiefe im Sommer stützt. In Abb. 6 ist die Grobstruktur des Regelwerkes des Moduls WQI dargestellt.

3.2. Unterstützung taktischer Therapien zur Wassergütesteuerung

Bewegt sich der zeitliche Entscheidungshorizont für strategische Therapien im Bereich von Monaten und Jahren, sind taktische Therapien zur operativen Steuerung von Wassergütehavarien in Stunden- und Tageshorizonten zu entscheiden. Hier benötigt der Entscheidungsträger schnelle Beratung für das Auffinden, Beurteilen und Ausfüllen alternativer Handlungsräume. Nach sondierenden Gespräche mit Fachexperten zu relevanten Wassergütehavarien wurde 1988 mit der systematischen Wissenserfassung zur operativen Steuerung von Algenmassenentwicklungen (Hintersdorf 1989) und 1989 mit der Wissenserfassung zur operativen und präventiven Steuerung von Masseneinträgen an pathogenen Keimen (Böhmer 1990) begonnen. Inzwischen stehen die Moduln CAB und CBV in der Wissensbasis von DELAQUA zur Verfügung.
Der Modul CAB unterstützt das Auffinden adäquater taktischer Therapien zur Bekämpfung von Algenmassenentwicklungen. Er kann entsprechend der Abb. 2 dann konsultiert werden, wenn:
(1) aufgrund des potentiellen Risikos einer Algenmassenentwicklung mit dem Eintreten diese Ereignisses gerechnet werden muß und kurzfristig adäquate Präventivmaßnahmen eingeleitet werden müssen
(2) bei einer diagnostizierten Algenmassenentwicklung eine operative Bekämpfung im Gewässer und im Wasserwerk oder eine Schadensminderung durch adäquate Rohwasserentnahme aus dem Gewässer notwendig sind.
Die präventive Konsultation von CAB setzt das Expertenurteil zur Risikoeinschätzung von Algenmassenentwicklungen voraus und soll zukünftig durch den Modul PAB zur Vorhersage von Algenmassenentwicklungen unterstützt werden. Der Modul PAB ist in der Entwicklung und soll anhand trophischer, meteorologischer und planktonspezifischer Symptome Risikoaussagen für potentielle Algenmassenentwicklungen ableiten. Dabei werden Elemente der Prädikatenlogik, der fuzzy-Logik und der zeitlichen Logik in der Regelbasis berücksichtigt.
Die Grobstruktur des Moduls CAB ist in Abb. 7 dargestellt.
Die operative und präventive Steuerung des Masseneintrags an pathogenen Bakterien bzw. Viren in ein Gewässer kann mit dem Modul CBV unterstützt werden. Er kann dann konsultiert werden, wenn:
(1) für ein Standgewässer das potentielle Risiko für eine Infektion durch pathogenen Keimen aus dem Einzugsgebiet beurteilt und Präventivemaßnahmen eingeleitet werden sollen

WISSENSBASIS·MODUL ALGENMASSENENTWICKLUNG (CAB)

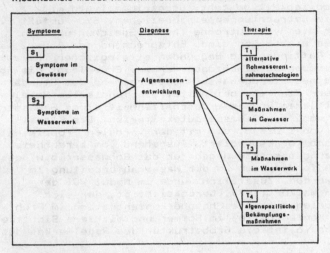

Symptome   Diagnose   Therapie

S₁
Symptome im Gewässer

S₂
Symptome im Wasserwerk

Algenmassen-entwicklung

T₁
alternative Rohwasserent-nahmetechnologien

T₂
Maßnahmen im Gewässer

T₃
Maßnahmen im Wasserwerk

T₄
algenspezifische Bekämpfungs-maßnahmen

S₁
Symptome im Gewässer

- starke Wasserverfarbung oder -trubung
- starker hypolimnischer O2-Schwund
- Losung von Eisen und Mangan bei O2 < 4 mg/l
- Mikroskopbild der dominierenden Algenarten

S₂
Symptome im Wasserwerk

- Verkürzung der Filterlaufzeiten
- unzureichende Planktonruckhältung
- Geruchs-, Geschmacks-, Farbbeeintrachtigung sowie andere Storungen im Reinwasser
- Rohrinkrustation
- unvollstandige Desinfektion

T₁
alternative Rohwasserent-nahmetechnologien

- Anderung der Rohwasser-entnahmehohe
- Verschnitt des entnommenen Rohwassers
- Verwendung alternativer Gewässer
- Wildbettabgabe der Wasserlamelle mit hoher Algendichte

T₂
Maßnahmen im Gewässer

- Hypolimnionbelüftung
- Gewässerbeluftung
- chemische O2-Versorgung durch Nitratbehandlung
- kunstliche Destratifikation
- Lichtlimitation
- chemische Phosphatfallung
- Unterstützung der natürlichen Phosphatfallung

T₃
Maßnahmen im Wasserwerk

- Behandlung des Rohwassers mit Ca(OH)? und KMnO4
- Mikrosiebfiltration
- Langsamsandfiltration
- Schnellfiltration mit Flockungsfiltration
- Schnellfiltration mit Flockungsfiltration und Al2(SO4)3-Zugabe
- Al2(SO4)3- und Aktivkohlezugabe
- Aktivkohlefiltration
- Ozonierung

T₄
algenspezifische Bekämpfungs-maßnahmen

- Actinomyceten
- Asterionella formosa
- Melusira
- Stephangdiscus
- Oscillatoria rubescens
- Oscillatoria agardhii
- Anabaena flos-aquae
- Aphanizomenon flos-aquae
- Microcystis
- Synora uvella
- Uroglena
- Dinobryon
- ultra- und nanoplanktische Algen

Abb. 7: Grobstruktur der Regelbasis des Moduls CAB zur operativen Steuerung von Algenmassenentwicklungen

235

WISSENSBASIS: MODUL MASSENEINTRAG VON PATHOGENEN

BAKTERIEN BZW. VIREN (CBV)

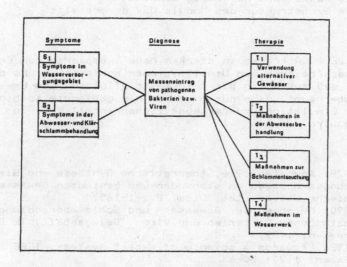

S1 Symptome im Wasserversorgungsgebiet

- exponentieller Anstieg von Infektionserkrankungen

- territoriale Übereinstimmung zwischen Seuchen- und Wasserversorgungsgebiet

- Krankheitserreger (Bakterienart, Serotyp, Virusart bzw. Virustyp) werden im Wasser nachgewiesen

S2 Symptome in der Abwasser- und Klärschlammbehandlung

- Betriebsstörung bei Abwasserdesinfektion

- Betriebsstörung bei chemischer Fällung

- Betriebsstörung bei Schlammentseuchung

- gesetzeswidrige Abwassereinleitung bzw. -verregnung im Einzugsgebiet

- gesetzeswidrige Klärschlammverwertung bzw. -lagerung im Einzugsgebiet

T2 Maßnahmen in der Abwasserbehandlung

- Nachschaltung von Schönungsteichen
- Langsamsandfiltration
- Chlorung
- Ozonbehandlung
- thermische Abwasserbehandlung
- Gamma-Strahlenbehandlung
- Aktivkohlefiltration
- chemische Fällung

T3 Maßnahmen zur Schlammentseuchung

- Gamma-Strahlenbehandlung
- Kalkbehandlung
- Ammoniakbehandlung
- Kompostierung
- Pasteurisierung
- Heißtrocknung

T4 Maßnahmen im Wasserwerk

- Chlorung
- Ozonbehandlung
- Gamma-Strahlenbehandlung
- UV-Strahlenbehandlung
- Langsamsandfiltration
- Aktivkohlefiltration
- Natriumhyperchlorid-behandlung
- Chloraminbehandlung
- Chlordioxidbehandlung
- Flockung mit Metallsalzen bzw. Flockungsfiltration
- Rohrnetz- und Hochbehälterspülung und -desinfektion

Abb. 8: Grobstruktur der Regelbasis des Moduls CBV zur Steuerung der Infektion eines Gewässers durch pathogene Keime

(2) wenn bei einer diagnostizierten Infektion eines Gewässers eine
   operative Ursachenbekämpfung im Einzugsgebiet und eine Schadensbekämpfung im Wasserwerk notwendig sind.
In Abb. 8 ist die Grobstruktur des Moduls CBV dargestellt.

4. Ausblick

Die Arbeiten zu DELAQUA tragen in starkem Maße exemplarischen Charakter
für die Wissensverarbeitung von Umweltsystemen schlechthin. Es darf
erwartet werden, daß zukünftig die Informationsflut aus dem Umweltbereich - wenn überhaupt, dann nur - durch die geeignete Kombination
von Methoden der Simulation und der künstlichen Intelligenz zu
beherrschen sein wird.

5. Literatur

Benndorf, J., 1979. Kausalanalyse, theoretische Synthese und Simulation
   des Eutrophierungsprozesses in stehenden und gestauten Gewässern.
   Dresden. Technische Universität, Diss. B., 1-165.
Böhmer, Chr., 1990. Methoden der Abwasser- und Schlammbehandlung zur
   Eliminierung pathogener Bakterien und Viren. Belegarbeit. TU Dresden,
   Sektion Wasserwesen, 1-89.
Denning, P.J., 1986. Towards a science of expert systems. IEEE
   Transactions Expert 1(2): 80-83
Hintersdorf, J., 1989. Wissenserfassung für den Baustein "Havarie-
   bekämpfung" des Expertensystems "Wasserbeschaffenheit von Stand-
   gewässern". Diplomarbeit. TU Dresden, Sektion Wasserwesen, 1-94.
Jones, J.W., Jones, P. and P.A. Everett, 1987. Combining expert
   systems and agricultural models: A case study. Transactions of the
   ASAE 30(5): 1308-1314.
Kruspe, R., 1984. Aufbereitung der Eingangsdaten für das Modell SALMO
   zur Prognose der Entwicklung der Talsperre Eibenstock sowie kosten-
   mäßige Erfassung wesentlicher Sanierungsmaßnahmen zur Vorbereitung
   einer ökonomischen Optimierung. TU Dresden, Sektion Wasserwesen, 54.
Meszaros, F., Sirviö, M., Varis, O. and J. Kettunen, 1989. A rule-
   based approach for water quality modeling - user manual for a
   software package. Helsinki Univ. of Technology, Laboratory of
   Hydrology and Water Resources Management, Research Report 3, 1-40.
O'Keefe, R., 1986. Simulation and expert systems - A taxonomy and
   some examples. Simulation 46(1): 10-16.
Petersohn, U., 1990. ETA-P zur Projektierung wissensbasierter
   Anwendungssysteme. EDV-Aspekte (1990)1: 16-24.
Recknagel, F., 1980. Die systemtechnische Prozedur zur Modellierung
   und Simulation des Eutrophierungsprozesses in stehenden Gewässern.
   Dresden. Technische Universität, Diss. A, 1-169.
Recknagel, F., 1989. Applied Systems Ecology. Approach and Case
   Studies in Aquatic Ecology. Akademie-Verlag, Berlin, 1-138.
Recknagel, F. und U. Petersohn, 1990. A deep expert system as decision
   tool for water quality control of lakes and reservoirs. Journal of
   Systems Analysis, Modelling and Simulation 7(3), 207-216.
Starfield, A.M., Farm, B.P. and R.H. Taylor, 1989. A rule-based model
   for the management of an estuarine lake. Ecol.Modelling, 46, 107-119.
Swartzman, G.L. and St. P. Kaluzny, 1988. Ecological Simulation Primer.
   Macmillan Publishing Company, New York, London, 1-370.
TGL 27885/01: Fachbereichsstandard Nutzung und Schutz der Gewässer.
   Stehende Binnengewässer. Klassifizierung. Berlin 1982.
Vendegua,V. and S. Teruggi, 1989. A rule-based expert system for the
   environmental impact assessment linking up matrix with network
   approaches. Proceedings of the ESM '89, Rome, June 7-9, 1989.
Walker, W., 1979. Use of hypolimnic oxygen depletion rate as a Trophic
   State Index for Lakes. Water Ressources Research 15(6): 1463-1470.

TAXEGA

Ein Expertensystem zur Auswahl von Emissionsmeßgeräten für Feuerungs- anlagen gemäß TA-Luft

Hiltrud Verweyen-Frank

ZENIT GmbH

Zentrum für Innovation und Technik

Neue Software-Technologien/Expertensysteme

Dohne 54 - D-4330 Mülheim a.d. Ruhr 1

Deskriptoren: Expertensystem, relationale Datenbank, Entscheidungsunterstützung, Luftreinhaltung, TA-Luft

Zusammenfassung:

In dem Expertensystem TAXEGA wird für eine Verbrennungsanlage die Zuordnung zur TA-Luft ermittelt. Anschließend werden aus einer Datenbank Meßgeräte zur Emissionsmessung selektiert, die die Anforderungen der TA-Luft erfüllen.

1 Einleitung

Die technische Anleitung zur Reinhaltung der Luft (TA-Luft 1986) regelt die zulässigen Schadstoff- emissionen der meisten industriellen Anlagen, die einer Genehmigungspflicht unterliegen.

In der TA-Luft sind für die unterschiedlichen Schadstoffe die erlaubten Grenzwerte angegeben, sowie die Vorschriften, welche Schadstoffe kontinuierlich zu messen sind. Zur Bestimmung der Schadstoff- konzentrationen werden von diversen Lieferanten zahlreiche Meßgeräte angeboten, aus denen sich der Anlagenbetreiber die für ihn geeignetsten heraussuchen muß.

Zur Auswahl der für den jeweiligen Problemfall relevanten Vorschriften der TA-Luft und der zur Messung notwendigen Geräte ist ein Expertensystem (Page 1990) entwickelt worden, das die entsprechenden Meßverfahren und die geeigneten Lieferanten findet. In der ersten Projektphase wurde die Prototypentwicklung eingeschränkt auf die Feuerungsanlagen. An diesem Teilausschnitt der TA-Luft konnte die zugrunde liegende Problematik erfaßt und implementiert werden.

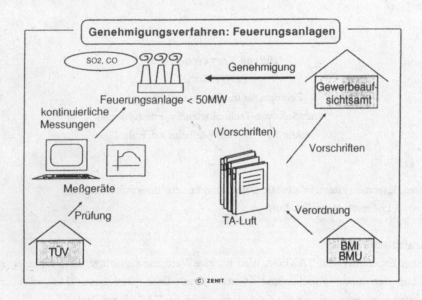

Das Expertensystem zur TA-Luft besteht aus zwei Teilen: die Erfassung und Verwaltung von Meßgeräten, sowie die Anordnungen der Technischen Anleitung Luft. Da es sich bei den Meßgeräten vorwiegend um die komfortable Verwaltung einer relativ großen Datenmenge handelt, ist dieser Teil mit Hilfe einer Datenbank realisiert worden. Die Anforderungen der TA-Luft hingegen sind von komplexerer Natur und beinhalten die Expertise für die Anwendungen der einzelnen Vorschriften, sodaß für diesen Teil die Technologie der wissensbasierten Systeme (Puppe 1988) benutzt wurde. Durch die Kopplung wird der Zugriff von dem Expertensystem auf die Datenbank möglich.

2 Meßgeräte zur Emissionsüberwachung

Die Technische Anleitung Luft dient sowohl dem Schutz als auch der Vorsorge von Umwelteinwirkungen durch Luftverunreinigungen. Sie gibt Grenzwerte für die Emissionen der unterschiedlichen Stoffgruppen vor und legt fest, welche emittierten Stoffe bei Anlagenbetrieb kontinuierlich zu messen sind.

Der Anlagenbetreiber hat dafür zu sorgen, daß die erforderlichen Meßgrößen durch fortlaufende Aufzeichnungen nachgewiesen werden können und muß die meßtechnischen Voraussetzungen zur Verfügung stellen. Dies bedeutet in der Regel die Anschaffung geeigneter Meßgeräte, die die obigen Anforderungen erfüllen.

2.1 Eigenschaften der Meßgeräte

Von der Vielzahl der am Markt angebotenen Meßgeräte kommen nur diejenigen in Betracht, die kontinuierlich Emissionsmessungen aufzeichnen können, d.h. die Meßgeräte besitzen ein Automatisierungsverfahren, das die Aufzeichnung der Einzelmessungen ermöglicht.

Neben den zu messenden Emissionsstoffen wie Gesamtstaub, Kohlenmonoxid, Stickstoffoxide und Schwefeloxide müssen auch die Bezugsgrößen Abgastemperatur und Sauerstoffgehalt kontinuierlich erfaßt werden. Es gibt zwar keine generelle Verpflichtung, Bezugsgrößen mitzumessen, es sollen jedoch stets die Betriebsparameter ermittelt werden, die für die Auswertung und Beurteilung der Emissionen benötigt werden.

Jedes Meßgerät arbeitet nach einem bestimmten physikalischen Meßprinzip. Mit diesem Meßprinzip wird festgelegt, welche Stoffe mit dem Gerät meßbar sind, z.B. kann mit der Transmission die Abgastrübung, der SO_2-Gehalt und der NO_x-Gehalt gemessen werden, während sich die Potentiometrie nur für die Stoffe Cl^- und F^- eignet. Das dem Meßgerät zugrunde liegende Meßprinzip gibt eine Aussage über die Zuverlässigkeit der Messung.

Neben der Angabe des Meßprinzips ist es für die Verwendung eines Meßgerätes wesentlich zu wissen, welche Emisssionsstoffe gemessen werden können und in welchem Meßbereich sie zugelassen sind. Die von der TA-Luft vorgegebenen Grenzwerte der kontinuierlich zu messenden Stoffe müssen im angegebenen Meßbereich liegen.

Für kontinuierliche Messungen sind nur Meßgeräte zugelassen, die eine Eignungsprüfung erfolgreich absolviert haben und vom Bundesminister für Umwelt, Naturschutz und Reaktorsicherheit (vor 1986 vom Bundesminister des Inneren) als geeignet bekanntgegeben wurden. Mit dem Eignungsprüfungsverfahren soll eine ausreichende Qualität und Vergleichbarkeit der Messungen gewährleistet werden. Für die Durchführung der Eignungsprüfung sind nur wenige Prüfinstitute zugelassen wie die regional verschiedenen technischen Überwachungsvereine und einige Landesanstalten für Immissions- und Umweltschutz.

2.2 Verwaltung der relevanten Meßgeräte mit einer relationalen Datenbank

Eine relationale Datenbank (Schlageter 1983) ist eine Datenbank, die sich dem Benutzer als reine Sammlung von Tabellen darstellt. Eine Relation (Tabelle) besteht aus einer festen Menge von Spalten (Feldern, Attributen), die eine eindeutige Zuordnung zu allen übrigen Spalten herstellen. Dieser sogenannte Schlüssel muß für jede Zeile (Tupel, Record) unterschiedlich sein, um die eindeutige Zuordnung durchzuführen. Die Datenmanipulation kann dann über die zeilen- oder spaltenweise Betrachtung einer Tabelle und die Verknüpfung zweier Tabellen durchgeführt werden.

Zur Verwaltung der Schadstoffmeßgeräte ist eine relationale Datenbank in Oracle konzipiert worden, die aus folgenden Informationen besteht: Eine Tabelle MESSGERAETE, die alle wesentlichen Eigenschaften der Geräte enthält wie Name und Hersteller, die meßbaren Schadstoffe, das zugrunde liegende Meßprinzip, die Meßbereichsgrenzen, die Meßgenauigkeit usw.. In einer Tabelle HERSTELLER sind die herstellerspezifischen Attribute erfaßt wie Name, Adresse und Telefax, in der Tabelle VERTRIEB die in Nordrhein-Westfalen ansässigen Vertriebspartner.

Die Gesamtheit der Meßgeräteinformationen wird in der Oracle-Datenbank über mehrere Relationen abgebildet, um möglichst redundanzfrei die Informationen speichern zu können. Für eine Datenbankanfrage bedeutet dies jedoch, daß viele Tabellenverknüpfungen durchgeführt werden müssen, d.h. eine einzelne Datenbank-Anfrage hat häufig eine umfangreiche Form.

Anfragen an die Datenbank können über benutzerfreundliche Ausgabemasken gestellt werden; die Erweiterungen, Ergänzungen und andere Modifikationen werden über Eingabemasken durchgeführt. Über diese Masken kann die Datenbank auch isoliert, d.h. ohne das Expertensystem, benutzt, gewartet und erweitert werden.

3 Konzept zur Abbildung der Vorschriften zur Reinhaltung der Luft

Der wesentliche Teil der Technischen Anleitung zur Reinhaltung der Luft beinhaltet Regelungen für die Messung und Überwachung der Emissionen für bestimmte Anlagenarten. Hier erfolgte die Eingrenzung auf die Feuerungsanlagen mit den unterschiedlichen Brennstoffen.

Die Leistung des wissensbasierten Systems läßt sich wie folgt umreißen: Für die Genehmigung einer Anlage muß zunächst überprüft werden, ob die TA-Luft zu beachten ist oder andere Verordnungen wie für Groß- oder Kleinfeuerungsanlagen relevant sind. Dazu ist zunächst die Leistung der Anlage ausschlaggebend; der Brennstoff der Anlage ermöglicht dann durch Anwendung der TA-Luft die Ermittlung der Bezugsgrößen für alle Messungen. Die angegebenen Grenzwerte beziehen sich auf die Stoffe Staub, Kohlenmonoxid, organische Stoffe, Stickstoffoxide, Schwefeloxide und Halogenverbindungen.

Nach der Bestimmung dieser Grenzwerte können dann anhand der TA-Luft-Vorschriften die kontinuierlichen Messungen festgelegt werden, d.h. welche Schadstoffemissionen laufend überwacht werden
müssen. Mit der Liste der kontinuierlich zu messenden Stoffe wird vom wissensbasierten System eine
Anfrage an die oben skizzierte Datenbank gestartet, und die in Frage kommenden Meßgeräte oder
Meßgerätekombinationen werden dem Benutzer angezeigt.

3.1 Modellierung der Feuerungsanlagen

Jede Anlage, die in der TA-Luft beschrieben und erfaßt wird, besitzt eine bestimmte Anzahl von Eigenschaften, die diese Anlage charakterisieren. Die Eigenschaften gelten nicht nur für Feuerungsanlagen,
sondern für Verbrennungsanlagen allgemein, sodaß ein über die Feuerungsanlagen hinaus gültiger Ansatz (für spätere Erweiterungen) gewählt wurde. Anhand dieser Eigenschaften werden in der TA-Luft
die Bezugsgrößen, die Grenzwertbestimmungen und die kontinuierlich zu messenden Stoffe festgelegt.

Es wird zunächst ein abstraktes Grundmuster (Klasse) für den Typ "Anlagenart" definiert:

Klasse	Anlagenart
Eigenschaften:	Art
	Beschickungsstoff
	Leistungsgrenze_unten
	Leistungsgrenze_oben
	TA-Luft-Bezeichnung
	TA-Luft-Text
	Bezugsgröße
	Grenzwertbestimmung
	Kontinuierliche_Messungen

Für jede spezifische Anlagenart wird ein Abzug des Grundmusters (Instanz) generiert und die Eigenschaften mit den konkreten Werten gefüllt.

Beispiel: Anlagenart_1

  Art: Feuerungsanlage

  Beschickungsstoff: Fest ohne Kunststoff

  Leistungsgrenze_unten: 0 MW

  Leistungsgrenze_oben: 50 MW

  TA-Luft-Bezeichnung: Anlage 3.3.1.2.1

  TA-Luft-Text: "......"

  Bezugsgröße: Verweis auf Bestimmungsprozedur

  Grenzwertbestimmung: Verweis auf Bestimmungsprozedur

  Kontinuierliche_Messungen: Verweis auf Bestimmungsprozedur

Die einzuordnende Anlage, für die die kontinuierlich zu messenden Größen ermittelt werden, wird als Objekt definiert, in das zunächst die vom Benutzer erfragten Angaben eingetragen werden und anschließend die vom System ermittelten Schadstoffmeßwerte:

Objekt   Anlage

Eigenschaften: Art

               Beschickungsstoff

               Brennstoff

               Feuerungsart

               Leistungsgrenze_oben

               Leistungsgrenze_unten

               TA-Luft-Bezeichnung

               Bezugsgrößen

               Grenzwertbestimmungen

               Kontinuierlich_zu_messende_Stoffe

Die ersten sechs Eigenschaften werden vom Benutzer im Dialog erfragt, die letzten drei Eigenschaften vom Expertensystem ermittelt und festgelegt. Die vom Benutzer eingegebenen Eigenschaften sind ausreichend, um die Anwendung der Anordungen zur Reinhaltung der Luft durchzuführen.

3.2 Abbildung der TA-Luft Vorschriften

Die Vorschriften zur Reinhaltung der Luft beinhalten drei Teilbereiche:

- die Ermittlung der Bezugsgrößen,
- die Ermittlung der Grenzwerte für die Stoffe Staub, Kohlenmonoxid, organische Stoffe, Stickstoffoxide, Schwefeloxide und Halogenverbindungen,
- die Ermittlung der kontinuierlichen Messungen.

Die Anwendung der Vorschriften ist von verschiedenen Parametern und deren Kombinationen abhängig. So geht z.B. in die Ermittlung der Bezugsgrößen der Brennstoff ein; für die Grenzwerte der o.g. Stoffe werden neben dem Brennstoff auch die Leistung und die Feuerungsart benötigt.

Zur Abbildung dieser komplexen Zusammenhänge werden Regeln benutzt. Der linke Teil einer Regel beinhaltet die Bedingungen, die die Anlage erfüllen muß, die rechte Seite gibt die jeweiligen Aktionen an.

Es lassen sich vier Regelklassen unterscheiden, die unabhängig voneinander ausgeführt werden.

1. Regeln für die Anlagenklassifizierung gemäß TA-Luft

   Bsp: Wenn Anlage.Brennstoff ist fest ohne Kunststoffe

   und Anlage.Leistungsgrenze_oben < 50 MW

   dann Anlage.TA-Luft-Bezeichnung ist Anlage 3.3.1.2.1

2. Regeln zur Bestimmung der Bezugsgrößen

    Bsp.: Wenn Anlage.Brennstoff ist Torf, Holz oder Holzreste

    und Anlage.Leistungsgrenze_oben < 50 MW

    dann Anlage.Bezugsgröße ist 11% O2.

3. Regeln zur Bestimmung der Grenzwerte

    Bsp.: Wenn Anlage.Brennstoff ist Kohle, Koks, Koksbriketts

    und Anlage. Leistungsgrenze_oben < 50 MW

    und Anlage. Feuerungsart ist zirkuläre Wirbelschichtfeuerung

    dann Anlage.Grenzwert-Stickstoffoxide ist 0,30 g/m3

4. Regeln zur Bestimmung der kontinuierlichen Messungen

    Bsp.: Wenn Anlage.Leistungsgrenze_oben > 5 MW

    und Anlage.Leistungsgrenze_oben <= 25 MW

    dann Anlage.kontinuierliche-Messungen ist Abgastrübung

Nach Auswertung der vier Regelklassen wird dem Anwender das erste wichtige Teilergebnis angezeigt:

- die Zuordnung zur TA-Luft

- die Bezugsgrößen

- die Grenzwertbestimmungen für die Stoffe Kohlenmonoxid, organische Stoffe, Stickstoffoxide, Schwefeloxide und Halogenverbindungen

- die kontinuierlichen Messungen.

Anschließend können die verwendbaren Meßgeräte ermittelt werden (vgl. Kap. 4).

4 Realisierung von TAXEGA

Die in Kapitel zwei und drei geschilderten Anforderungen sind in dem Expertensystem TAXEGA (Technische-Anleitung-Luft-EXpertensystem zur Emisssions-Geräte-Auswahl) realisiert worden. Im folgenden Kapitel wird der logische Aufbau des Gesamtsystems sowie die hard- und softwaremäßige Realisierung des Prototypen auf einem PC vorgestellt.

4.1 Aufbau des Gesamtsystems

TAXEGA besteht aus zwei sehr unterschiedlichen Teilbereichen: zum einen das Expertensystem zur Anwendung der Vorschriften der TA-Luft, zum anderen die Datenbank der Meßgeräte. Eine übergeordnete Stellung nimmt das Expertensystem ein (Mastersystem), da von hier aus die Steuerung der Ermittlung der Teilergebnisse durchgeführt wird. Um auch softwaremäßig die einzelnen Steuerungsteile darzustellen, ist das Gesamtsystem so weit modularisiert worden, daß jedem Modul die Ermittlung eines Teilergebnisses zugeordnet werden kann. Ein Modul wird innerhalb des Expertensystems als eine

Wissensbasis dargestellt, die entsprechend einem Modul bei Bedarf geladen bzw. wieder entfernt werden kann.

Ein Aufgabenbereich des Systems ist die Ermittlung der verwendbaren Meßgeräte, d.h. hier werden die Informationen der Datenbank benötigt. In dem entsprechenden Modul wird vom Expertensystem eine Anfrage an die Datenbank gestellt, dort findet die Suche nach den entsprechenden Meßgeräten statt, das Ergebnis wird an das Expertensystem zurückgegeben und dort weiter verarbeitet.

Im einzelnen sieht die Struktur des Gesamtsystems wie folgt aus: Mit dem Modul "Begin" wird das System gestartet und initialisiert. Anschließend wird das "Einstieg"-Modul geladen, in dem die Dialogführung mit dem Benutzer stattfindet und die Eigenschaften der einzuordnenden Feuerungsanlage erfragt werden. Es erfolgt eine grobe Klassifizierung der Feuerungsanlage gemäß TA-Luft in Abhängigkeit vom Brennstoff: fest, flüssig oder gasförmig. Nach dieser Klassifizierung wird das Modul "Fest", "Fluessig" oder "Gasfoermig" geladen. Jedes dieser drei Module ist von gleicher Struktur: Es erfolgt die Zuordnung zur TA-Luft, die Ermittlung der Bezugsgrößen, die Grenzwertbestimmungen und die Ermittlung der kontinuierlich zu messenden Stoffe. Dem Benutzer des Systems werden diese Zwischenergebnisse angezeigt. Die Liste der kontinuierlich zu messenden Stoffe wird über das "Einstieg"-Modul an das "Begin"-Modul zurückgegeben, und bis auf das "Begin"-Modul werden alle bisher geladenen Module gelöscht. Das neue Modul "Messgeraete" verwaltet schließlich die Datenbankanfrage, die mit der Liste der kontinuierlich zu messenden Stoffe durchgeführt wird. Das Ergebnis der Datenbankanfrage wird an dieses Modul zurückgegeben; hier erfolgt die Ausgabe der ermittelten Meßgeräte.

4.2 Implementierung des Prototypen

Das Expertensystem TAXEGA zur Auswahl von Emissionsmeßgeräten für Feuerungsanlagen ist für einen PC konzipiert worden, der IBM-AT-kompatibel ist (d.h. 80286-ger oder 80386-ger Prozessor) und neben den 640 KB RAM mindestens 2 MB zusätzlichen Arbeitsspeicher besitzten muß. Als Betriebsystem ist DOS erforderlich.

Die Datenbank der Meßgeräte wurde mit Oracle entwickelt. Oracle ist ein relationales Datenbanksystem mit einer SQL-Schnittstelle, die die komfortablen Anfragen an die Datenbank ermöglicht.

Der wissensbasierte Teil ist mit dem Expertensystemwerkzeug Nexpert Object entwickelt worden. Dieses Werkzeug ermöglicht sowohl die Darstellung von Objekten, als auch die Darstellung von Regeln und bietet die Entwicklung einer menügeführten Oberfläche an. Jedes der im vorigen Kapitel erwähnten Module ist als eine eigene Wissensbasis dargestellt, die Anlagenarten werden als Objekte und die TA-Luft-Vorschriften, wie in Kapitel 3.2 geschildert, in Form von Regeln repräsentiert. Mit Hilfe von Nexpert Object findet die Kommunikation zwischen dem Expertensystem und der Datenbank statt, sodaß nur die tatsächlichen Anfrageergebnisse der Datenbank in das Expertensystem zur Weiterentwicklung übertragen werden.

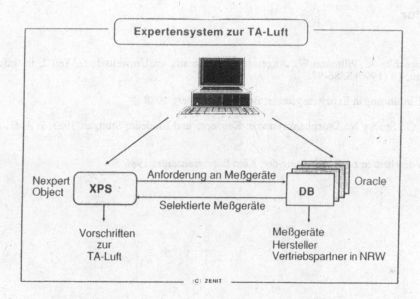

Expertensystem zur TA-Luft

Nexpert Object — XPS — Anforderung an Meßgeräte → DB — Oracle

Selektierte Meßgeräte

Vorschriften zur TA-Luft

Meßgeräte Hersteller Vertriebspartner in NRW

(C) ZENIT

5 Abschließende Bewertung

Die Entwicklung des Expertensystems zur Auswahl von Emissionsmeßgeräten für Feuerungsanlagen hat gezeigt, daß die Interpretation von Vorschriften mit dieser Technologie auf einem PC möglich ist. In Ergänzung zu dieser Interpretation ist auch die Weiterverarbeitung eines Teilergebnisses mit der Datenbanktechnologie gelungen, sodaß zusätzliche Informationen angeboten werden können.

Als Erweiterung des jetzigen Prototypen ist einerseits geplant, neben den Vorschriften für die Feuerungsanlagen sukzessive auch die TA-Luft-Verordnungen für andere Verbrennungsanlagen im Expertensystem TAXEGA abzubilden. Andererseits soll die Empfehlung für die verwendbaren Meßgeräte verbessert werden. Neben den Verträglichkeiten der Meßgeräte untereinander soll dann sowohl das Meßprinzip als auch der Preis für die Prioritätenliste berücksichtigt werden.

Zusammenfassend ist festzustellen, daß der Einsatz der Expertensystemtechnologie im Bereich der Umweltverordnungen für diejenigen Vorschriften geeignet ist, die einer Interpretation bedürfen und damit nicht mehr mit einer Datenbank erfaßbar sind. Diese Technik sollte jedoch nicht isoliert, sondern in Kombination mit relevanten Datenbankzugriffen verwendet werden, um auch die bereits zahlreich vorhandenen Datenbanken mit ihrer Informationsflut nutzen und kombinieren zu können.

6. Literatur

Page B., Jaeschke A., Pillmann W.: Angewandte Informatik im Umweltschutz, Teil 2; in: Informatik Spektrum, 13 (1990) S. 86-97

Puppe F.: Einführung in Expertensysteme; Berlin, Heidelberg 1988

Schlageter G., Stucky N.: Datenbanksysteme: Konzepte und Modelle; Stuttgart 1983, 2. Aufl., S. 138-218

TA Luft: Vorschriften zur Reinhaltung der; Köln Bundesanzeiger 1986

Ökologisches Klassifikationssystem mit grafischer Benutzeroberfläche

Burkhard Behr

Universität Hamburg - Fachbereich Informatik -

Rothenbaumchaussee 67/69, 2000 Hamburg 13

Deskriptoren: Klassifikationssystem, Auswertungssystem, Informationssystem, grafische Benutzeroberfläche, HyperCard, Pflanzenbestimmung, ökologische Zeigerwerte

Zusammenfassung

Die Anwendung und Auswertung der Zeigerwerte von Ellenberg (1979) geben Aufschluß über den ökologischen Zustand eines begrenzten Gebietes. Als Grundlage hierfür müssen Pflanzenarten bestimmt und ausgezählt werden. Dabei wird bisher gewöhnlich auf Bestimmungsbücher zurückgegriffen. Die Bestimmung läßt sich jedoch effizienter und flexibler durch Rechnerunterstützung realisieren, insbesondere dann, wenn das Fachwissen eines erfahrenen Biologen fehlt.

Das vorgestellte Klassifikationssystem bietet neben verschiedenen Verfahren zur Pflanzenbestimmung die Funktion eines biologischen Nachschlagewerkes und eine Komponente, die Bilder aus dem Bestimmungsbereich enthält, die sowohl zur Zusatzinformation wie auch zur Klassifikation direkt eingesetzt werden können.

Die Integration der Ellenbergschen Zeigerwerte in das System ermöglicht nach der Bestimmung verschiedener Pflanzen die Auswertungen, die Aussagen über den ökologischen Zustand des Erfassungsgebietes erlauben.

1. Einleitung

Der folgende Vortrag basiert auf der Diplomarbeit mit dem Titel "Ökologisches Klassifikationssystem auf einem PC mit einer Bilddatenverwaltung", betreut von Prof. Dr. Ing. Bernd Page an der Universität Hamburg. Ziel dieser Arbeit war die Erstellung eines Klassifikations- und Auswertungssystems, das die Pflanzenklassifikation nach unterschiedlichen Verfahren unterstützt und die Ergebnisse mit Hilfe der Ellenbergschen Zeigerwerte zu einer Aussage über den ökologischen Zustand des Erfassungsgebietes zusammenfaßt. Ihr Schwerpunkt lag in der größtmöglichen Benutzerunterstützung bei der

Pflanzenbestimmung, die durch eine nicht starre Benutzerführung und eine flexible Hilfekomponente zum System und zur Domäne realisiert wurde.

Bereits vorhandene Klassifikationssysteme für Pflanzen sind oft nicht auf PCs implementiert, benutzen keine Bildinformationen zur Benutzerunterstützung oder verwenden nicht die in der Biologie z.T. umfangreich vorhandenen Informationen. Gerade diese Informationen erlauben Aussagen über die notwendigen oder hinreichenden Umweltbedingungen, die die Pflanze zum (Über-) Leben benötigt. Bei der Umkehrung der Argumentation kann durch das Vorhandensein von bestimmten Pflanzen eine Aussage über die Beschaffenheit des Biotops gemacht werden, in dem die Pflanzen gefunden wurden. So kann man diese Pflanzen als Bioindikatoren einsetzen. In der Literatur (Ellenberg 1979) sind z.B. die Zeigerwerte der Gefäßpflanzen Mitteleuropas tabellarisch zusammengestellt. Für die Fauna gibt es entsprechende Untersuchungen, die Lebewesen aus dem Tierreich als Bioindikatoren beschreiben (Funke 1988).

Da sich derartige ökologischen Informationen schon bei der Pflanzenbestimmung ergeben, ist es naheliegend, Daten wie die Ellenbergschen Zeigerwerte in das Bestimmungssystem zu integrieren und nach der Bestimmung für Auswertungen mit heranzuziehen. Nach der Dokumentation bzw. elektronischen Speicherung sind durch Vergleiche der Ergebnisse verschiedener Bestimmungen Veränderungen in einem Biotop direkt ableitbar. Es wäre demnach möglich, auf dieser Basis ökologische Kataster zu erstellen. So wird in (Umweltbundesamt 85) auf die 'Ellenberg-Studie' von 1978 verwiesen, die u.a. Vorschläge für die Entwicklung ökologischer Kataster enthält.

In der Literatur werden bereits mehrere Klassifikationssysteme zur Bestimmung von Pflanzen und Tieren beschrieben, von denen einige die Klassifikation durch Bildinformationen unterstützen. In diesem Rahmen sei auf (Hille 1986) verwiesen.

2. Pflanzenklassifikation anhand eines Bestimmungsbuches

Die Bestimmung von Pflanzen mit Hilfe eines Bestimmungsbuches wird prinzipiell durch die Navigation innerhalb eines großen, stark unausgeglichenen Binärbaums durchgeführt. Meist gibt es abhängig von den Vorkenntnissen bzgl. der Pflanzenbestimmung verschiedene Einstiegspunkte, die sogenannten Tabellen. Sie dienen jeweils zur Bestimmung eines Knotens (Hauptgruppe, Familie, Art etc.) einer Ebene innerhalb der Systematik. Zur Unterstützung der Bestimmung werden unterschiedliche Bestimmungswege angeboten, die z.B. nach anatomischen Merkmalen, vegetativen Merkmalen etc. klassifizieren. Weiterhin wird auf Abbildungen verwiesen, die bei der Differenzierung der Merkmale zumindest für den Anfänger sehr hilfreich sein können.

Der Benutzer ohne botanische Vorkenntnisse / Erfahrungen bestimmt zuerst die Hauptgruppe, dann die Abteilung, Klasse, Ordnung, Familie, Gattung, Art, bis er für seine Bedürfnisse die Bestimmung beendet hat. So wird z.B. ein Botaniker auf der Ebene der Familien die Tabellen zur exakten Bestimmung der vorliegenden Pflanze heranziehen.

Für die einzelnen Bestimmungsschritte bietet Schmeil (1988) jeweils zwei Alternativen an. Jede Alternative verweist auf eine Referenz, an der der Benutzer fortfahren muß. So werden Familie, Gattung, Art, in einigen Fällen sogar Kleinart, Unterart und Varietät einer Pflanze bestimmt.

In dem Fall, daß der Benutzer des Bestimmungsbuches sich für keine der beiden aktuellen Alternativen entscheiden kann, wird ihm angeraten, beide weiterzuverfolgen. Er muß dann jeden Teilpfad bei der weiteren Bestimmung mit berücksichtigen.

Drei Problemfälle schließen eine erfolgreiche Bestimmung aus:

- Die Pflanze ist nicht in dem Bestimmungsbuch enthalten.
- Die als Vorlage dienende Pflanze ist untypisch. Daher wird empfohlen, zur Bestimmung grundsätzlich mehrere Individuen zu benutzen.
- Ein relevantes Merkmal wurde falsch bestimmt. In diesem Fall wird empfohlen, die Bestimmung vollständig zu wiederholen. Nur ein Experte in der Pflanzenklassifikation kann entscheiden, wo wahrscheinlich der Fehler liegt und wo bei der Bestimmung wiedereingesetzt werden kann, ohne an den Ausgangspunkt der Bestimmung zurückgehen zu müssen.

Ein Bestimmungsbuch kann nur in begrenztem Maße Informationen zur Domäne bieten. Es kann zwar von einem Anfänger zur Pflanzenbestimmung benutzt werden, jedoch fehlt gerade ihm das Wissen, wie einzelne Merkmale effizient und korrekt bestimmt werden können. So sind einige Attribute nur durch Präparation zu bestimmen.

3. Beschreibung des Klassifikationssystems

3.1. Zielsetzung

Ein rechnergestütztes Klassifikationssystem sollte über die Leistung eines Bestimmungsbuches hinaus die Bestimmung einzelner ausgewählter Attribute unterstützen, tiefergehende Information zur Domäne liefern und flexibel auf die Fehlbestimmung einzelner Attribute reagieren. Auch die Rücknahme einzelner Attributbestimmungen sollte möglich sein. Dem Problem, das auftritt, wenn ein untypischer Vertreter einer Art vorliegt, sollte zumindest insoweit entsprochen werden, daß das Klassifikationssystem die Menge der möglichen Kandidaten angeben kann, die nach sorgfältiger Attributbestimmung in Frage kommen. Zumindest für besondere Fragestellungen sollte das System verschiedene Bestimmungsverfahren unterstützen, die möglichst auch während einer Sitzung umgestellt werden können. Die Erweiterbarkeit der Datenbasis um Pflanzen und Attribute sollte das System für die Ausweitung der Bestimmungsdomäne und neue Erkenntnisse offenhalten. Die bestimmten Pflanzenarten sollten für weitergehende Auswertungen, z.B. auf der Basis der Ellenbergschen Zeigerwerte, archiviert und unterstützt werden können.

Das System sollte so gestaltet sein, daß auch ein Anfänger seine Bedienung, wenn auch nicht in allen Feinheiten, beherrschen kann. Weiterhin sollte es den Benutzer soweit unterstützen, daß es jeweils nur die im aktuellen Zustand sinnvollen Eingaben anbietet bzw. ermöglicht.

3.2. Das Implementationswerkzeug HyperCard

Das vorliegende System wurde in HyperCard auf einem Apple Macintosh implementiert. HyperCard ist eine objektorientierte Programmierumgebung, die die Sprache HyperTalk enthält und aus fünf verschiedenen Arten von Objekten (Knöpfe, Felder, Karten, Hintergründe und Stapel) besteht. Ein Stapel ist die physikalische Gruppierung mehrerer Karten zu einer Datei. Eine Karte und ein Hintergrund können, Tasten, Felder und jeweils ein Bild enthalten. Jede Karte liegt auf einem Hintergrund, der den 'Kartentyp' bestimmt. Tasten sind Objekte, die Aktionen innerhalb von HyperCard auslösen oder anzeigen können. Felder enthalten Text, der im Normalfall editiert werden kann. Die HyperCard-Objekte können durch Versenden von Botschaften, die in HyperTalk formuliert sind, miteinander kommunizieren. Diese Botschaften können z.B. durch Mausklicks oder Cursorpositionen auf dem Bildschirm, über die Tastatur oder ein Dialogfenster ausgelöst werden.

3.3. Übersicht über das Gesamtsystem

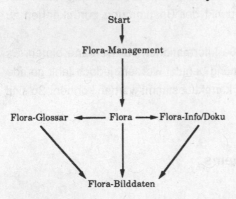

Im Folgenden wird das Klassifikationssystem für Pflanzen 'FLORA' vorgestellt, das neben den üblichen Attributen aus den bekannten Bestimmungsschlüsseln auch ökologische Zeigerwerte der Pflanzen enthält. Somit ist es zum einen möglich, diese Zeigerwerte zur Bestimmung der Pflanzen mit heranzuziehen. Zum anderen lassen mehrere Pflanzenbestimmungen innerhalb einer Region gezielte Aussagen über den ökologischen Zustand eines Gebietes zu. Zur Unterstützung der Bestimmung werden u.a. Bildinformationen angeboten. Der Vorteil liegt darin, daß Attribute häufig nur über den Vergleich der Bildern sicher bestimmt werden können. Ein Glossar zu Begriffen aus der Bestimmungsdomäne soll die eventuell erforderliche Unterstützung im Fachvokabular wie auch bei inhaltlichen Fragen bilden.

Das System 'FLORA' ist in sechs HyperCard-Stapel aufgeteilt. Der Stapel 'Start' dient zum Systemeinstieg und beinhaltet allgemein verfügbare Funktionen und Bearbeiter. Ein 'FLORA-Management'-Stapel ermöglicht die zentrale Verwaltung aller Systemparameter. Der 'FLORA'-Stapel ist das eigentliche Kernsystem. Er enthält alle Daten über die Domäne, die zur Klassifikation benutzt werden. Hier sind die Pflanzensystematik, die Attributhierarchie und die untereinander bestehenden Beziehungen abgebildet. Der Stapel dient aber auch zur Aufnahme von Kontrollinformationen, die während der Systemlaufzeit anfallen und das Systemverhalten mitbestimmen. Gleichzeitig wird das Sitzungsprotokoll geführt, um die vom Benutzer durchgeführten Aktionen zu dokumentieren. Der 'FLORA-Glossar'-Stapel enthält Informationen über die Domäne, d.h. neben dem Schlagwort (Suchbegriff), Informationen über Synonyme, erklärende Texte und Referenzen zu vorhandenen Bildern, die den Text weiter erläutern. Über verschiedene Suchfunktionen sind Querverweise und weitere Begriffe schnell erreichbar. In dem 'FLORA-Bilddaten'-Stapel sind alle Bilder zu der Domäne konzentriert. Die Systemdokumentation, die erklärenden Texte zur Systemfunktionalität, selbst der Systementwurf sind im 'FLORA-Info/Doku'-Stapel zusammengefaßt.

3.4. Funktionsweise des Systems

Die im System zum Teil auch in verschiedenen Stapeln abgelegten Daten werden durch spezielle Suchfunktionen und explizite Verzeigerung zu semantischen Einheiten zusammengefaßt, auf denen das 'FLORA'-System operiert. Pflanzen und Attribute - jeweils eigene Objekttypen - werden separat voneinander verwaltet und nur durch die explizite Verzeigerung und bestimmte Funktionen miteinander verknüpft. Die Objekte innerhalb des Systems kommunizieren untereinander und tauschen Nachrichten bzw. Daten aus.

Wird also ein Attribut einer Pflanze bestimmt, so wird der vom Benutzer eingegebene Attributwert beim Attribut gespeichert und alle Pflanzen, die das Attribut besitzen, von diesem 'benachrichtigt', welchen Wert es in der aktuellen Sitzung erhalten hat. Jede 'benachrichtigte' Pflanze aktualisiert daraufhin den eigenen Zustand, insbesondere den eigenen Beantwortungsgrad (Zahl zutreffender / nicht zutreffender Attributwerte).

Man bedient des Systems durch Mausklicks und Mausbewegungen nur selten mit Tastatureingaben. Zu Beginn einer Bestimmung gibt es einen definierten Ausgangspunkt, von dem aus jedoch auf ganz unterschiedliche Weise die Klassifikation von Pflanzen durchgeführt und weitere Systemfunktionalitäten ausgenutzt werden können.

3.5. Unterschiedliche Verfahren zur Pflanzenklassifikation

Das Klassifikationssystem ist auf verschiedene Weisen einsetzbar. Da gibt es zunächst den Einstieg über die Strategie, wie er auch in Bestimmungsbüchern (Schmeil 1988) beschritten wird, die Wahl zwischen zwei angebotenen Alternativen. Der Benutzer kann Entscheidungen zurücknehmen und sich die im System implementierte Hilfe zur Domäne anzeigen lassen. Als Entscheidungshilfe dienen hier Bilder, die die Differenzierung verschiedener Attribute erleichtern bzw. erst ermöglichen.

Eine weitere Möglichkeit ist das Erfragen von Eigenschaften durch das System, wobei es selbst entscheidet, welche Eigenschaften es als nächstes erfragt. Dabei kann der Benutzer entscheiden, nach welchen Kriterien es die zu fragenden Attribute auswählt. Er kann z.B. angeben, daß das System priorisiert Attribute erfragen soll, die am allgemeinsten sind. Die Frage nach dem Geschlecht der Blüte soll z.B. erst dann gestellt werden, wenn festgestellt wurde, daß eine Blütenpflanze vorliegt. In diesem Fall sind verschiedene Strategien wählbar, die so lange angewendet werden, bis nur eine als nächste zu erfragende Eigenschaft übrigbleibt.

Besonders hervorgehoben sei hier die Eingabe von Vorwissen, um zu vermeiden, daß das System für den Fachmann oder fortgeschrittenen Benutzer 'Selbstverständlichkeiten' erfragt. Er kann die Pflanze über die Bezeichner der Pflanzensystematik durch Mausklicks bis zu dem Punkt seiner Kenntnis eingrenzen. Da bis zum Bestimmen einer Gattung innerhalb der Systematik acht Stufen zurückzulegen sind, sind genau acht Mausklicks zur vollständigen

Pflanzenbestimmung notwendig. Da das Reich 'Pflanzen' bekannt ist, sind in der Folge Abteilung, Unterabteilung, Klasse, Unterklasse, Ordnung, Familie, Gattung und Art der Pflanze zu bestimmen.

Neben der Pflanzenklassifikation sind auch andere Fragestellungen denkbar, die eine gezielte Suche nach speziellen Pflanzen als Indikatoren für den erwarteten Zustand eines Gebietes zulassen. So ist z.B. die Versauerung eines Bodens an Hand von Pflanzen als Indikatoren beobachtbar. Das System könnte hier direkt antworten, indem es genau die entsprechenden Pflanzen auflistet. Eine weitere Frage wäre: Welche Pflanzen sind salzmeidend oder stets salzzeigend?

Der Einsatz des Klassifikationssystems als Schulungssystem ist gleichfalls denkbar. In diesem Fall wird es nicht als Klassifikationssystem genutzt, das unterschiedliche Verfahren zur schnellen Pflanzenklassifikation anbietet, sondern es kommen wohl eher die hauptsächlich in der Hilfekomponente verwendeten Suchfunktionen zum Tragen. Das System kann als elektronisches Lexikon verwendet werden, in dem die einzelnen Pflanzen, Attribute, Begriffsklärungen und Bilder hypertextartig verbunden sind. Durch einfaches Aktivieren eines Begriffes oder Textabschnittes mit Hilfe der Maus wird die Suchfunktion angestoßen. Somit ist eine gezielte Suche nach botanischen Zusammenhängen sehr effizient durchzuführen. Weiterhin sind die im System verfügbaren Bilder oft noch durch erklärende Texte und Querverweise weitergehend erklärt. Dadurch, daß die Hilfekomponente nicht starr an einen Systemlauf gebunden ist und auf Anforderung weitere Informationen bereitstellt, liegt es im Entscheidungsbereich des Benutzers, wie viele Informationen zum aktuellen Problem herangezogen werden.

3.6. Ökologische Zeigerwerte

Die ökologischen Zeigerwerte im Flora-Gesamtsystem ermöglichen Aussagen über den ökologischen Zustand eines Gebietes. Grundsätzlich sind die ökologischen Zeigerwerte stets als relative Abstufung nach dem Auftreten von Pflanzen im Gelände zu sehen. Dabei muß man berücksichtigen, daß sich die Zahlen auf das Verhalten unter dem in der Pflanzendecke herrschenden Konkurrenzdruck beziehen. Pflanzen können evtl. ganz andere physiologische Ansprüche haben, als es zunächst scheint und somit gelten in Pflanzenkulturen auch ganz andere Werte. Kakteen sind z.B. grundsätzlich nicht xerophil (trockenheitsliebend). Sie gedeihen am kräftigsten, wenn sie regelmäßig und gut gegossen werden. Die Existenz bestimmter Pflanzen wird also als Indikator für den ökologischen Zustand des Erfassungsgebietes bewertet.

Im FLORA-System wurden die Ellenbergschen Zeigerwerte berücksichtigt:

- klimatische Faktoren (Lichtzahl, Temperaturzahl, Kontinentalität)
- edaphische Faktoren (Feuchtezahl, Reaktionszahl, Stickstoffzahlen, Salzzahl, Schwermetallresistenz, Phosphorzahl)
- anatomische Eigenschaften
- Art des Wuchses
- soziologische Verhalten

Diese Zeigerwerte sind nach den Angaben von Ellenberg aussagekräftige Parameter, die Aussagen über die Rolle einzelner Pflanzen in der Vegetation und ihre Beziehungen zur Umwelt zulassen. Einige der genannten Zeigerwerte werden auch in Zukunft Änderungen durch neue Erkenntnisse unterworfen sein. Besonders das soziologische Verhalten, das zur Einordnung von Pflanzenbeständen in das pflanzensoziologische System dienen soll, wird unter Botanikern noch stark diskutiert.

3.7. Auswertung der Zeigerwerte

Wird in einem Gebiet eine systematische Bestandsaufnahme von Pflanzen durchgeführt, ist es mit Hilfe der Zeigerwerte möglich, eine Kartierung des Gebietes vorzunehmen. So können z.B. Rückschlüsse auf den Säuregrad des Bodens gezogen werden. Demnach kann durch eine wiederholte Bestandsaufnahme die Entwicklung von Umwelteinflüssen direkt miterfaßt werden. Ein solches Ergebnis ergibt sich also durch die Pflanzen-Bestandsaufnahme z.B. mit Hilfe des FLORA-Systems. Nach der Bestimmung der Pflanzen in einem Gebiet, die vom System protokolliert wird, sind Aussagen über den Bereich nach Auswertungen mit Hilfe der Zeigerwerte möglich.

Das FLORA-System beinhaltet die Ellenbergschen Zeigerwerte als Attribute der Arten und stellt sie somit direkt zur Verfügung. Einige der in (Ellenberg 1979) vorgestellten Algorithmen zur Auswertung der Zeigerwerte sind Bestandteil des FLORA-Systems und aktivierbar. Die Auswertungsergebnisse werden innerhalb des Systems dargestellt und können separat archiviert oder auch in Textverarbeitungssysteme kopiert und zu Berichten zusammengefaßt werden.

Für die Ausnutzung der Zeigerwerte ist eine vorhergehende Klassifikation der Pflanzen mit dem FLORA-System nicht zwingend notwendig. Es ist auch möglich, die Namen der interessierenden Arten dem System direkt einzugeben. So können vom System die gleichen zeigerwertbasierten Aussagen geleistet werden, wenn die Art dem System bekannt ist und die Zeigerwerte eingetragen sind.

3.8. Erweiterung der Datenbasis

Auf die Erweiterbarkeit der Datenbasis des FLORA-Systems wurde großer Wert gelegt, da man davon ausgehen kann, daß das System vom Entwickler nicht vollständig gefüllt werden kann und solle. Deshalb sind alle Daten vom Anwender erweiterbar. Es können außerhalb einer Bestimmungssitzung sowohl Pflanzen und Attribute eingetragen werden, als auch Beziehungen untereinander hergestellt werden. Das Glossar - domänenabhängige Erklärungskomponente - kann jederzeit erweitert werden, nicht nur durch die Erweiterung eines erklärenden Textes, sondern auch durch den Eintrag neuer Begriffe. Auch die Bilddaten können aktualisiert und erweitert werden. Mit einem Scanner eingelesene Bilder können ohne größeren Aufwand in das System integriert werden. An dieser Stelle ist auch der in HyperCard integrierte Bitmap-orientierte Grafikeditor hilfreich zur Korrektur von kleinen Fehlern in den Grafiken.

4. Beispielhafte Bildschirmdarstellungen

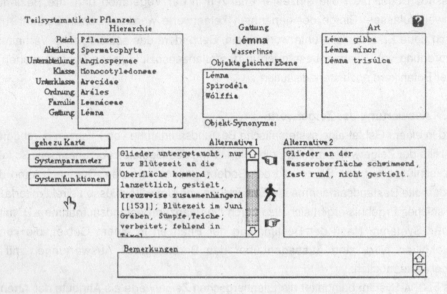

Teilsystematik der Pflanzen
Hierarchie

Reich	Pflanzen
Abteilung	Spermatophyta
Unterabteilung	Angiospermae
Klasse	Monocotyledoneae
Unterklasse	Arecidae
Ordnung	Aráles
Familie	Lemnáceae
Gattung	Lémna

Gattung
Lémna
Wasserlinse

Objekte gleicher Ebene

Lémna
Spirodéla
Wólffia

Art

Lémna gíbba
Lémna mínor
Lémna trisúlca

Objekt-Synonyme:

gehe zu Karte

Systemparameter

Systemfunktionen

Alternative 1

Glieder untergetaucht, nur
zur Blütezeit an die
Oberfläche kommend,
lanzettlich, gestielt,
kreuzweise zusammenhängend
[[153]]; Blütezeit im Juni
Gräben, Sümpfe, Teiche;
verbreitet; fehlend in
Tirol

Alternative 2

Glieder an der
Wasseroberfläche schwimmend,
fast rund, nicht gestielt.

Bemerkungen

Abb 1.: Systemoberfläche des Klassifikationssystems

Begriff

anatomischer Bau

k- sort

Erklärung

Das Attribut anatomischer Bau ist ein Zeigerwert aus [Ellenberg]. Es bezieht
sich in erster Linie auf Baumerkmale, die mit dem Wasserhaushalt und dem
Gaswechsel der Gefäßpflanzen zusammenhängen. Die meisten Pflanze sind
mesomorph, d.h. sie stehen hinsichtlich der hier betrachteten Merkmale in der
Mitte. Manche Bewohner trockener Standorte (Xerophyten) sind skleromorph,

suche...

Synonym

Bildreferenz   Bemerkung

anatomischer Bau
hydromorph
helomorph
hygromorph

Quelle

Ellenberg, S.15-16

A B C D E F G H I J K L M N O P Q R S T U U W X.

Abb.2: Glossareintrag

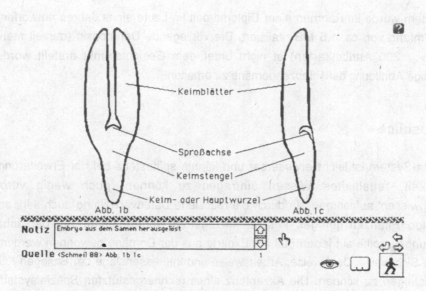

Abb.3: Bild aus der Bildverwaltung

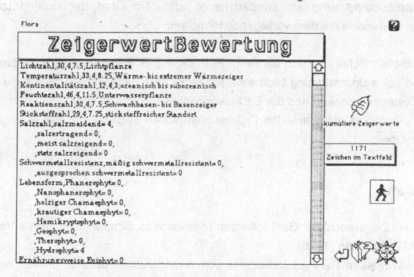

Abb.4: Karte zur Auswertung der Zeigerwerte

5. Technische Daten zur Implementation

Zur Implementation des Systems wurde die objektorientierte Programmierumgebung HyperCard eingesetzt, die neben der Sprache HyperTalk einen Bitmap-orientierten Grafikeditor enthält. Die notwendige Hardware ist ein Apple Macintosh ('MacPlus' oder größer) mit 2 MB Hauptspeicher und einer Festplatte.

Das System wurde im Rahmen einer Diplomarbeit im Laufe eines Jahres entworfen und mit einem Umfang von ca. 1,5 MB realisiert. Die vorliegende Datenbasis (derzeit mehr als 80 Pflanzen- / 200 Attributkarten) ist nicht unter dem Gesichtspunkt erstellt worden, eine vollständige Abbildung der Pflanzendomäne zu erhalten.

6. Ausblick

Das Flora-System ist leicht erweiterbar und könnte spätestens bei der Erweiterung um die Möglichkeit, regelhaftes Wissen eintragen zu können, auch wenig verbreitetes 'Expertenwissen' aufnehmen, da durch die realisierte Datenverwaltung auch sehr spezielles, für wenige Pflanzen gültiges Wissen hinzugefügt werden kann. Bei den inhaltlichen Erweiterungen sollte auf jeden Fall ein Experte aus der Domäne gewonnen werden, um die spezielle Sichtweise, Denkweise, Arbeitsweise und Interessenslage der Biologen / Ökologen berücksichtigen zu können. Die Akzeptanz eines rechnergestützten Spezialsystems hängt nicht nur von der Leistungsfähigkeit, der Benutzeroberfläche des Systems und der Implementationsumgebung ab, sondern auch von dem Grad der Unterstützung des zukünftigen Anwenders bei dem vorliegenden Problem.

An dieser Stelle möchte ich mich bei Herrn Prof. Dr. Ing. B. Page für seine Anregungen zum Thema und seine Unterstützung bedanken. Mit seiner Hilfe hatte ich des öfteren die Möglichkeit, das System schon während der Entwicklungsphase einem breiteren Publikum vorzustellen. Auch die daraus resultierenden Diskussionen waren fruchtbar für das vorliegende Ergebnis der Arbeit.

7. Literatur

Ellenberg, H.: Zeigerwerte der Gefäßpflanzen Mitteleuropas; Scripta Geobotanica Vol.9, Erich Goltze KG, Göttingen (1979)

Funke, W.: Wirbellose Tiere als Indikatoren von Veränderungen unserer Umwelt in Kämpke, Radermacher, Höhere Funktionalitäten in Umweltinformationssystemen (1988) S. 55-87

Hille, G.: Ein Expertensystem für die Artenbestimmung im Naturschutz in (Page 1986) S.420-440

Page, B. (Hrsg.): Informatik im Umweltschutz: Anwendungen und Perspektiven; Oldenbourg, München, (1986)

Page, B., Jaeschke, A., Pillmann, W.: Angewandte Informatik im Umweltschutz, Teil 1, in Informatik Spektrum Band 13, Heft 1, S.6-16, Springer Verlag Berlin, (1990)

Schmeil, O., Fitschen: Flora in Deutschland und seinen angrenzenden Gebieten, Quelle & Meyer Verlag Heidelberg, (1988)

Bundesministerium des Innern (ed.) Umweltbundesamt: Was Sie schon immer über Umweltschutz wissen wollten, S.71-72, W. Kohlhammer GmbH,Stuttgart (1984/85)

Wissensbasiertes Hypermedia-System zur Erkennung von Ackerpflanzen und Beurteilung von Standorten

Jan Mark Pohlmann
TU München-Weihenstephan, Informatik im Pflanzenbau
Lange Point 51, D-8050 Freising
Johannes Fischer, Andreas Jaeschke
KfK, Institut für Datenverarbeitung in der Technik
Postfach 3640, D-7500 Karlsruhe 1

Deskriptoren: Hypermedia, Expertensystem, Pflanzenbestimmung, Standortbeurteilung

Zusammenfassung

Für naturkundliche und landwirtschaftliche Kartierungen wird den Zusammenhängen von Pflanzenbestand und Standorteigenschaften in der Praxis zu wenig Aufmerksamkeit geschenkt. Der Grund liegt in einem bisher mangelhaft aufbereiteten und abfragbaren Wissen.

Die Zielsetzung des Projektes besteht daher im Aufbau eines integrierten Informations- und Beratungssystems zur Bestimmung von Ackerpflanzen und zur Beurteilung von Standorten. Hypermedia-Technik verbindet dabei die Informationskomponenten mit wissensbasierten Diagnoseprogrammen. Das Gesamtprogramm ist als Lern-, Informations- und Beratungssystem für den Einsatz in Lehre, Landwirtschaft und Naturschutz konzipiert.

Die Bausteine werden mit Hilfe der Expertensystem-Schale KEE in Form eines Prototypings getrennt entwickelt, optimiert und anschließend so codiert, daß sie in die Hypermedia-Struktur eingepaßt werden können. Das Text-, Graphik- und Bildmaterial wird einer innerhalb des europäischen Projektes "HYPP" entwickelten Bilddatenbank entnommen.

Bisherige Ergebnisse zeigen, daß über eine Modifizierung idealtypischer Wissens-repräsentations- und Inferenzmethoden ein in der Praxis anwendbares und leistungsfähiges Bestimmungssystem für Ackerpflanzen aufgebaut werden kann. Zusammen mit der flexiblen Verknüpfung von Texten, Graphiken und Bildmaterial bietet es dem Anwender schnell verfügbare Informationen und Unterstützung bei der Bestimmung und Analyse von Standorten.

1. Modellansatz

Der Modellansatz sieht vor, innerhalb einer Hypermedia-Umgebung Text-, Graphik- und Bildinformationen mit wissensbasierten Diagnosesystemen zur Pflanzenbestimmung und Standortbeurteilung zu verbinden.

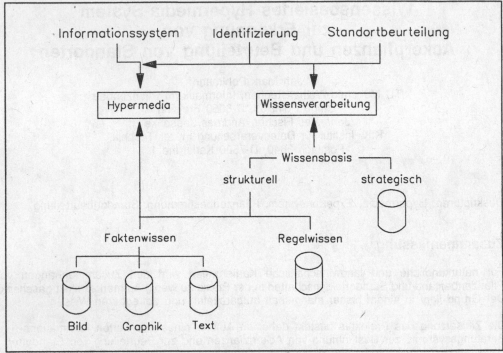

Abb. 1: Aufbau des wissensbasierten Hypermedia-Systems

Abbildung 1 zeigt diesen Modellansatz im Überblick. Er besteht aus den folgenden drei Bausteinen:

o Informationssystem
o Identifizierung (Bestimmung von Ackerpflanzen)
o Standortbeurteilung (Auswertungssystem für Zeigerwerte vorhandener Pflanzen)

2. Informationsystem durch Hypermedia-Technik

Das Hypermedia-System setzt sich die flexible Verknüpfung unterschiedlichster Informationen zum Ziel (Abbildung 1). Dies können Texte, Graphiken und Bilder sein.

Texte vermitteln dabei zusammenhängende Informationen, beispielsweise zu einer bestimmten Pflanze. Sie geben Auskunft über Aussehen, Wachstumsverhalten, Standortansprüche und morphologische Besonderheiten etc..

Graphiken und Zeichnungen verdeutlichen im Zusammenhang Beziehungen zwischen einzelnen Pflanzenarten oder -gattungen, dokumentieren im Detail besondere äußere Merkmale und heben für den Benutzer wesentliche Merkmale bestimmter Pflanzen systematisch hervor.

Bilder dokumentieren das äußere Aussehen bzw. den Habitus von Pflanzen. Als Fotographien, aufgenommen unter verschiedenen Blickwinkeln, vermitteln sie dem Anwender einen natürlichen Eindruck über das Aussehen der Pflanze allein und in ihrer typischen Umgebung.
Der Hypermedia-Ansatz beruht auf einer objektorientierten Darstellungsform. Die Gesamtheit

der Informationen ist in Form von Karten abgelegt. Jede Karte besitzt eine unterschiedliche Anzahl von Objekten. Dies können Texte, Graphiken, Bilder oder Ausschnitte aus allen dreien sein. Die Objekte besitzen unterschiedliche Merkmale (Slots, Scripts), deren Werte Verbindungen zu anderen Objekten enthalten. Auf diese Weise werden Navigationspfade aufgebaut, über die der Anwender hinterher seinen Informationsbedarf flexibel decken kann.

Abbildung 2 zeigt vereinfachend und schematisch die Beziehungen.

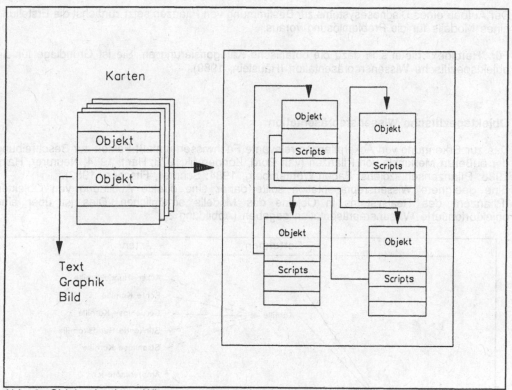

Abb. 2: Objektorientierte Wissensrepräsentation im Hypermedia-System

Der objektorientierte Ansatz gewährleistet eine flexible Verknüpfung unterschiedlichster Informationseinheiten. Das Grundproblem der Entwicklung liegt jedoch in einem effektiven und didaktisch sinnvollen Aufbau von Navigationspfaden.
Je nachdem welche Hauptziele (Lernsystem, Lexika, Nachschlagewerk) mit dem Hypermedia-Ansatz verbunden werden, kristallisieren sich teilweise völlig unterschiedliche Navigationspfade heraus.

Um mehr über die Zusammenhänge zwischen Systemziel und dafür geeigneter Verknüpfung von Informationseinheiten zu erfahren, erfolgt der Aufbau unterschiedlicher Navigationspfade nach didaktischen Gesichtspunkten in einem Mehrschrittverfahren.

Für potentielle Probleme oder Fragestellungen im Bereich der Pflanzenbestimmung und -beurteilung werden zunächst die jeweils optimalen Navigationsstrukturen unabhängig von einander erstellt. Eine anschließende Überlagerung dieser Strukturen gibt dann Auskunft über Haupt- und Nebeninformationsströme.
Vor der endgültigen Codierung werden die entwickelten Pfade zunächst innerhalb studentischer Übungen hinsichtlich ihrer Plausibilität und Anwendungsfreundlichkeit getestet.

3. Expertensystem zur Pflanzenerkennung (Herbidex)

Während der Hypermedia-Ansatz des Gesamtsystems vorrangig auf die problembezogene Bereitstellung von Wissen ausgerichtet ist, liegt der Schwerpunkt des Expertensystems "Herbidex" in der adäquaten Verarbeitung dieses Wissens für die Bestimmung von Pflanzen, um daraus neue Erkenntnisse abzuleiten.

Der Aufbau eines Diagnosesystems zur Bestimmung von Pflanzen setzt zunächst die Erstellung eines Modells für die Problemlösung voraus.

Für "Herbidex" bietet sich dazu die botanische Kategorisierung an. Sie ist Grundlage für die objektspezifische Wissensrepräsentation (Häuslein, 1989).

Objektspezifische Wissensrepräsentation

Das zur Erkennung von Ackerpflanzen relevante Fachwissen umfaßt Fakten zur Beschreibung der äußeren Merkmale von Pflanzen (van Dord, Zonderwijk,1978; Hanf, 1984; Neururer, Hain, 1988; Pflanzenschutzdienst Baden-Württemberg, 1984; Schmeil, Fitschen, 1982).
Eine geeignete Wissensrepräsentation sollte daher eine direkte Abbildung von Objekten (Pflanzen) des Realsystems in Objekte des Modells ermöglichen. Dies ist über eine objektorientierte Wissensrepräsentation gegeben (Abbildung 3).

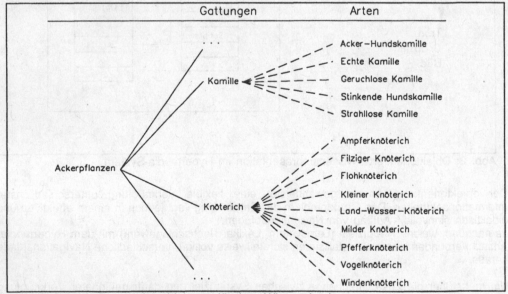

Abb. 3: Ausschnitt aus der objektspezifischen Wissensbasis

Die Merkmale einzelner Pflanzen sind dabei als strukturierte Wissenseinheiten (Objekte) innerhalb eines hierarchisch angeordneten Systems abgebildet. Die obere Objektebene enthält das "Gattungswissen" als gemeinsames Wissen der zugehörigen Arten. Das in der unteren Hierarchie gespeicherte "Artenwissen" beschreibt die spezifischen Merkmale jeder Pflanzenart.

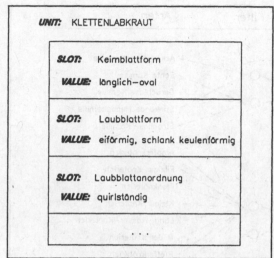

UNIT: KLETTENLABKRAUT
SLOT: Keimblattform
VALUE: länglich—oval
SLOT: Laubblattform
VALUE: eiförmig, schlank keulenförmig
SLOT: Laubblattanordnung
VALUE: quirlständig
. . .

Abb. 4: Ausschnitt eines Frames in "Herbidex"

Vererbungsprinzipien ermöglichen die Übertragung des allgemeinen "Gattungswissens" auf die zugehörigen Arten. Auf diese Weise verfügt jede Pflanzenart neben ihren spezifischen Merkmalen über alle Eigenschaften der zugehörigen Gattung. Der Vererbungsmechanismus garantiert neben einer klaren Strukturierung des Modellwissens gleichzeitig eine effektive Speicherung, die die sonst notwendige Redundanz vollständig vermeidet.

Das zur Beschreibung der Pflanzen notwendige Wissen gliedert sich in Merkmale und Merkmalswerte. Diese stehen innerhalb der Objekte in Wissenseinheiten (Slots), denen die Merkmalswerte (Values) zugeordnet sind, zur Verfügung (Abbildung 4).

Modellspezifische Wissensrepräsentation

Durch die objektspezifische Wissensrepräsentation lassen sich biologische Systeme jedoch nicht vollständig genug erfassen.

Pflanzen weisen morphologische Variabilitäten auf, die sich zum einen über den Wachstumsprozeß, zum anderen über Abweichungen zwischen den Arten einer gemeinsamen Gattung ergeben. Gelingt es nicht, innerhalb der Wissensrepräsentation dies zu berücksichtigen, führt der dadurch bedingte "Semantic Gap" zu Fehlleistungen des Gesamtsystems.

Zur Repräsentation dieser biologischen Variabilität ist daher eine modellspezifische Wissensrepräsentation zu entwickeln, die in der Natur vorkommende Abweichungen in geeigneter Weise widerspiegeln kann.

Folgende Probleme treten bei der objektspezifischen Wissensrepräsentation auf:

o Die botanische Systematik beruht auf Ausprägungen im blühenden Zustand. Sie ist dadurch als einzige Wissensstruktur bei der Bestimmung von Pflanzen im Jugendstadium nicht geeignet. Pflanzenarten, die zu einer gemeinsamen Gattung gehören, unterscheiden sich in vielen Fällen durch Merkmalswerte, die die Pflanzen im Jugendstadium charakterisieren. Dies führt dazu, daß die Merkmalswerte erst innerhalb der Objekt-Ebene der Arten genau spezifiziert werden können. Inferenzstrategien, deren Zielsetzung eine möglichst frühe Selektion geeigneter Pflanzengattungen ist, arbeiten daher nicht effektiv. Die Befragung des Benutzers muß sich dadurch zwangsläufig auf die Merkmalswerte einzelner Arten beziehen.

o Die zur Bestimmung von Pflanzen geeigneten Merkmale ändern sich je nach Entwicklungsabschnitt.

Eine Lösung dieser Probleme bietet sich über zwei Strategien an:

o Wie in Abbildung 5 zu sehen ist, werden zwischen der Objektebene der Gattungen und der Arten eine oder mehrere Objektebenen - sogenannte Filter - eingeschaltet. Sie bündeln

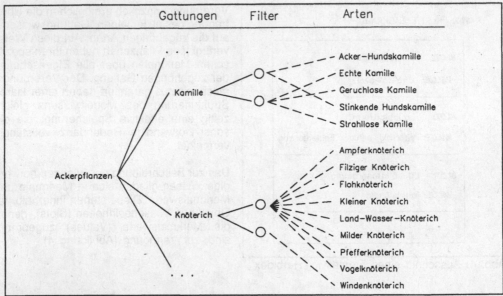

Gattungen   Filter   Arten

- Acker–Hundskamille
- Echte Kamille
Kamille
- Geruchlose Kamille
- Stinkende Hundskamille
- Strahllose Kamille

Ackerpflanzen

- Ampferknöterich
- Filziger Knöterich
- Flohknöterich
Knöterich
- Kleiner Knöterich
- Land–Wasser–Knöterich
- Milder Knöterich
- Pfefferknöterich
- Vogelknöterich
- Windenknöterich

Abb. 5: Ausschnitt aus der modellspezifischen Wissensbasis

die für das jeweilige Wachstumsstadium bestimmenden Merkmalswerte und vererben sie an die zugehörigen Arten weiter. Dadurch ist sichergestellt, daß der Inferenzprozeß schon sehr frühzeitig auf Grund der Merkmale bestimmte Arten für die weitere Zielmenge ausschließen kann. Der Befragungsprozeß kann dadurch gerade bei großen Wissensbasen (hier: 55 Gattungen mit 120 Arten) sehr gut optimiert werden.

o Häufig stehen Werte unterschiedlicher Merkmale zueinander in Verbindung. Dies gilt z.B. für die Wechselbeziehung zwischen Laubblattanzahl und Laubblattrand. Liegt, wie vielfach der Fall, über diese Zusammenhänge Erfahrungswissen vor, kann dieses regelbasiert im System niedergelegt werden. Die betroffenen Slots enthalten einen sogenannten "Active-Value (Dämon)", der bei Abfrage des Merkmals eine Rückwärtsverkettung zugehöriger Regeln auslöst. Dieser zwischengeschaltete Inferenzmechanismus leitet unter Berücksichtigung zusätzlicher Informationen aus der Wissensbasis oder von Benutzereingaben den notwendigen Merkmalswert dann ab.

Inferenzstrategien

Die Auswertung der Wissensbasis beruht auf der Methode des frühzeitigen Ausschlusses unpassender Pflanzen. Die Inferenzmaschine sucht nach festgelegter Strategie in der Wissensbasis diejenigen Pflanzen, die die vom Benutzer vorgegebenen Merkmalswerte nicht besitzen. Sie werden daraufhin aus der Zielmenge der für die weitere Identifizierung in Frage kommenden Pflanzen ausgeschlossen. Dieser Vorgang wiederholt sich nach jeder Frage, so daß sich im Idealfall zuletzt nur die gesuchte Pflanze in der Zielmenge befindet.

Um den Dialogprozeß möglichst effektiv zu gestalten, werden die Merkmale nicht in strenger Reihenfolge abgefragt. Unter Berücksichtigung des Wissens, das durch die Regeln abgeleitet wurde, sucht ein Lisp-Programm das Merkmal, an Hand dessen sich die noch in der Zielmenge verbleibenden Pflanzen am deutlichsten unterscheiden.

Die deklarative Repräsentation des Faktenwissens erleichtert den Frage- und Suchprozeß der Inferenzmaschine. Jede Wissenseinheit ist nur einmal gespeichert und bietet durch die übersichtliche Darstellungsform eine gezielte Zugriffsmöglichkeit.

Während des Bestimmungsvorgangs wird der Benutzer zur Eingabe verschiedener Pflanzenmerkmale aufgefordert. Gelingt es, die eingegebenen Merkmale mit möglichst wenig Pflanzen, die diese Merkmale besitzen, zu vergleichen, führt das zu einer Verbesserung des Laufzeitverhaltens.

Die frühzeitige Einschränkung des Suchraums minimiert die Anzahl der zu überprüfenden Pflanzen. Voraussetzung ist eine hierarchische Strukturierung der Wissensbasis in Verbindung mit der Strategie der "Breitensuche". Dies führt zu einer weitgehenden Auswahl geeigneter Pflanzen auf der Objektebene der Gattungen.

Fällt eine Gattung aus der Zielmenge, werden auch alle ihre Arten ausgeschlossen. Erst wenn sich die Zielmenge auf eine Gattung reduziert hat oder für eine weitere Unterscheidung der Gattungen keine Merkmale mehr zur Verfügung stehen, dehnt sich der Suchraum auf die folgenden Objektebenen aus. Der Merkmalsvergleich auf der Ebene der Arten führt schließlich zur Bestimmung der gesuchten Pflanze.

Die Leistungsfähigkeit der Pflanzenbestimmung verbessert sich zusätzlich durch eine Gruppierung von Regeln zu Regelklassen.
Jede Regel ist ein Objekt der Wissensbasis. Dadurch können auch Regeln zu Objektklassen zusammengefaßt werden, die sich dann hierarchisch anordnen lassen.
Diese Strukturierung bietet den Vorteil, daß während des Schlußfolgerungsprozesses nicht die gesamte Regelbasis durchsucht werden muß, sondern nur die für das Teilproblem relevanten Regelklassen.

Dialogkomponente

Der Identifizierungsprozeß von Pflanzen beruht auf einer Abfrage ihrer Merkmale. Daher ist der Dialogkomponente - ein für die Durchführung der Dialoges zuständiger Programmteil - besondere Aufmerksamkeit zu schenken.

Die Beantwortung der Fragen muß für den Benutzer so einfach wie möglich sein. Dafür bieten sich Auswahlmenüs an, in denen die richtige Antwort mit Tastatur oder Maus ausgewählt werden kann. Je nach Fragestellung sind die Auswahlmenüs aus Text-, Graphik- oder beiden Bausteinen zusammengesetzt. Die Unterstützung des Befragungsprozesses mit Graphiken ist besonders wichtig, um auch Benutzern ohne Fachvokabular das Arbeiten mit dem Programm zu ermöglichen.

Die Gestaltung dieser Dialogkomponente ist bisher bewußt zurückgestellt worden, um mit Hilfe des effektiven Prototypings zunächst geeignete hybride Wissensrepräsentationen und Inferenzstrategien zu testen.

Die Dialogkomponente wird anschließend in die Hypermedia-Oberfläche integriert.

4. Standortbeurteilung

Zur genauen Beurteilung von Standorten sind eingehende Vegetationsaufnahmen notwendig. Dazu ist ein umfassendes Wissen und viel Erfahrung erforderlich, um Aussagen und Lösungen

für pflanzenbauliche und naturkundliche Fragestellungen und Probleme zu erarbeiten.
Die Vegetationsaufnahme und deren Interpretation wird auch innerhalb der Landwirtschaft
wieder zunehmend an Bedeutung gewinnen, da sie versucht, die Problemursachen zu ermitteln.

Sie ist deshalb bewußt im Gegensatz zu den durchgeführten Symptombekämpfungen innerhalb
der konventionellen Landbewirtschaftung zu sehen.

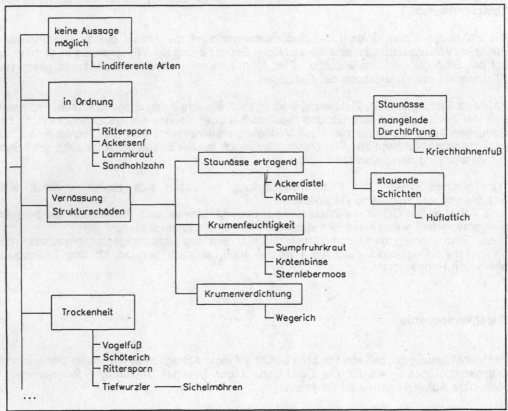

Abb. 6: Ausschnitt aus der Wissensbasis "Standortbeurteilung" (Wittkamp, 1990)

Das notwendige Wissen über die Zeigerwerte europäischer Pflanzen liegt seit Jahren vor
(Ellenberg, 1979). Leider ist es bisher in der Praxis nicht in dem notwendigen Maße angewandt
worden. Dies liegt am aufwendigen Verfahren, nach der Bestandsaufnahme die Zeigerwerte
aller vorhandenen Pflanzen aus Listen herauszusuchen, ihre Werte zu summieren und zu
gewichten, um anschließend eine Interpretation der Kennzahlen für die Beurteilung des
Standortes vorzunehmen. Ein wissensbasiertes System kann diese Rechen- und Bewertungs-
aufgaben elegant übernehmen.

Dazu ist eine Wissensbasis aufzubauen, die die notwendigen Informationen über die Pflanzen
und deren Aussage für die Standortbeurteilung in strukturierter Form enthält. Abbildung 6 zeigt
dazu einen Ausschnitt der Wissensbasis.

Als problematisch erweist sich zur Zeit der Aufbau einer geeigneten Strukturierung für die
Wissensbasis. Dies hängt mit verschiedenen Auswertungsstrategien für die Standortbeurteilung zusammen.

Sie leiten sich entweder

o   allgemein aus der vergleichenden Interpretation der Zeigerwerte für Temperatur, Feuchtigkeit, pH-Wert etc. einzelner Pflanzen ab oder

o   speziell aus einer differenzierten Analyse des Zeigerwertes innerhalb eines Bewertungsbereiches (Feuchtigkeit, Temperatur etc.) oder

o   aus ihrer Zugehörigkeit zu ökologischen Gruppen.

Jedes Auswertungsverfahren erfordert eine andere Strukturierung der Wissensbasis. Eine mögliche Lösung zeichnet sich durch eine einheitliche objektorientierte Ebene der Pflanzenarten ab. Auf diese werden in Abhängigkeit der jeweiligen Auswertungsstrategie unterschiedliche, höhere Objektebenen aufgesetzt.

Wie in Abbildung 1 zu sehen ist, greift das sich in der Entwicklung befindliche Expertensystem über die Hypermedia-Technik auch auf Bild- und Graphikinformationen zu.

Dies ist insbesondere als Hilfestellung für die EDV-Erfassung von Pflanzen nach der Vegetationsaufnahme von Vorteil, da neben dem Pflanzennamen auch Graphiken und Photos zur Verfügung stehen.

5. Literatur

Charniak, E., McDermot, D.: Introduction to Artificial Intelligence
    Reading: Addison-Wesley Publishing, 1987

Dord van, D.C., Zonderwijk, P.: Keimpflanzentafeln der Ackerunkräuter
    Wien: Österreichischer Agrarverlag, 1978

Ellenberg, H.: Zeigerwerte der Gefäßpflanzen Mitteleuropa. Scripta Geobot. 9. 2 Aufl.
    Göttingen: 1979

Hanf, M.: Ackerunkräuter Europas mit ihren Keimlingen und Samen
    München: Verlagsunion Agrar, 1984

Häuslein, A.: Wissensbasierte Ansätze zur Unterstützung der Modellbildung und Simulation im Umweltbereich
    in: Informatik im Umweltbereich 228, Hrsg. A. Jaeschke, W. Geiger, B. Page, S 358-367
    Berlin: Springer 1989

Intellicorps Inc.: KEE 3.1, Technical Manuals, Vol. 1-3, Mountain View, 1989

Kurbel, K.: Entwicklung und Einsatz von Expertensystemen: Eine anwendungsorientierte Einführung in wissensbasierte Systeme
    Berlin: Springer, 1989

Micallef, J.: Encapsulation, Reusability and Extensibility in Object-Oriented Languages
    Journal of Object-Oriented Programming 1(1), 1988

Manola, F.: Object-orientated knowledge Bases
    AI Expert, March 90, S 26-36

Neururer, H., Hain, E., et al.: Keimpflanzen wichtiger Ackerunkräuter und Schadgräser
    München: Verlagsunion Agrar, 1988

Pflanzenschutzdienst Baden-Württemberg: Unkräuter, Ungräser im Ackerbau - Eine
Bestimmungshilfe
Reutlingen: 1984

Pohlmann, J.M., Mangstl. A.: Wissensbasierte Systeme in der Landwirtschaft, Anspruch und
Wirklichkeit
Agrarinformatik, Bd 15, S 17 - 26, Hrsg: L. Reiner, H. Geidel
Stuttgart: Ulmer, 1988

Pohlmann, J.M., Reiner, L.: Wissensverarbeitung im Pflanzenbau: Der Weg zur umweltgerech-
ten Landbewirtschaftung
Dokumentation zum IBM-Hochschulkongreß 1989, Bd.I, Nr.335
Berlin: IBM, 1989

Schmeil, O., Fitschen, J.: Flora von Deutschland und seinen angrenzenden Gebieten
Heidelberg: Quelle & Meyer, 1982

Schuh, A.: Expertensysteme - Grundlagen und Entwicklungswerkzeuge
Agrarinformatik, Bd 15, S 1-15, Hrsg.: L. Reiner, H. Geidel, A. Mangstl
Stuttgart: Ulmer, 1988

Schwab, A.: Diskussion einer Darstellungsmethodik eines entscheidungsunterstützenden
Systems für den Umweltbereich
Informatik im Umweltschutz - Anwendungen und Perspektiven
München: R. Oldenbourg, 1986

Tello, E.R.: Object-Oriented Programming for Artifical Intelligence
Reading: Addison-Wesley Publishing, 1989

Wittkamp, J., Pohlmann, J.M.: Unveröffentlichtes Manuskript zur Struktur der Wissensbasis im
Programm "Standort"
Weihenstephan: 1990

Xi AGAPE - Ein wissensbasiertes Altlastenbewertungssystem zur Abschätzung des Gefährdungspotentials von altlastenverdächtigen Flächen zur Prioritätenermittlung

Bernhard Frank

ExperTeam GmbH
Beratung + Training + Software + Systeme
Zentrum für Umwelt-Informatik
Essener Straße 57
4200 Oberhausen

Deskriptoren: Assistenz-System, Expertensystem, Datenbanken, Simulation, Altlastenbewertung

Zusammenfassung

Mehr als 40 000 Altlasten im Bereich der BRD erfordern einen schnellen Überblick und eine Priorisierung altlastenverdächtiger Flächen. Hier leisten rechnergestützte Systeme wertvolle Hilfe bei der Erfassung, Bewertung und Dokumentation. Am Beispiel von **Xi AGAPE** wird eine wissensbasierte Komponente mit Datenbankanschluß als Teil eines Assistenz-Systems vorgestellt. **Xi AGAPE** basiert auf dem Hamburger Modell AGAPE (Abschätzung des Gefährdungspotentials von altlastenverdächtigen Flächen und Prioritätenermittlung).

Summary

More than 40.000 contaminated land suspicious areas in FRG require a lot of effort for registration and valuation. Knowlegde based systems offer valuable assistance in gathering, handling and documentation of all relevant data. **Xi AGAPE** is introduced as a part of an assistance system for contaminated land valuation. It is based on model AGAPE of Hamburg for risk assessment and priority determination of contaminated land suspicious areas.

1. Einführung

Infolge der Industrialisierung sowie der Umstrukturierung der Schwerindustrie und nicht zuletzt durch unsere "Wegwerfgesellschaft" entstanden allein in der BRD weit mehr als 40.000 Altlastenverdachtsflächen, nicht eingerechnet die vorhandenen kleineren oder größeren Kriegsschäden, wie Bombentrichter. Allein die Erfassung und Bewertung dieser Flächen erfordert einen immensen Aufwand. Zusätzlich ist bereits jetzt abzusehen, daß auf dem Gebiet der heutigen DDR ebenfalls mit einer großen Zahl kontaminierter Flächen zu rechnen ist.

Die länderspezifische Erfassung und Bewertung der Altlastenverdachtsflächen, die Unsicherheit bezüglich der anzuwendenden verschiedenen Grenz- und Richtwerte sowie die rasche gesetzliche und technisch-wissenschaftliche Entwicklung auf dem Umweltsektor brachte eine ganze Reihe von Bewertungsmodellen hervor, die z. T. auch schon in DV-Systemen umgesetzt wurden, so z. B. ISAL (Informationssystem Altlasten des Landes NRW) und XUMA (Expertensystem zur Bestimmung der Umweltgefährlichkeit von Altlasten des Landes Baden-Württemberg). Auch die Umweltbehörde der Hansestadt Hamburg entwickelte ein solches Bewertungsmodell zur Abschätzung des Gefährdungspotentials von altlastenverdächtigen Flächen und Prioritätenermittlung, kurz AGAPE (KRISCHOK 1988, KRISCHOK-PEPPERNICK 1989).

Allen Modellen gemeinsam ist ein ähnliches Vorgehensmuster, wonach zunächst eine Erfassung und erste Bewertung, dann eine Vor- und Hauptuntersuchungen sowie eine Sanierungsuntersuchung erfolgt. Zu jeder Stufe gehört eine Bewertungskomponente, die das weitere Vorgehen bestimmt. Ein solches Vorgehensmodell ist in Abb. 1 schematisch dargestellt. Je nach Anspruch wird in den bekannten Bewertungsmodellen dieser Ablauf nachvollzogen.

Das Modell AGAPE deckt gemäß diesem Schema (Abb. 1) die Erfassungsphase, also Erfassung und Erstbewertung ab. Ziel dieses Modells ist es, aufgrund der Aktenlage bzw. leicht zugänglicher Informationen mit möglichst geringem Aufwand eine erste Bewertung vornehmen zu können. Durch die Bewertung einzelner Kriterien erhält man relativ rasch einen Überblick über die bestehende Gefahrensituation einer Verdachtsfläche.

AGAPE wurde mit der Shell "Xi Plus" in ein wissensbasiertes System umgesetzt. Diese **Xi AGAPE** genannte Komponente eignet sich gut als Erfassungs- und Erstbewertungskomponente in einem Assistenz-System zur Altlastenbewertung, das sich aus verschiedenen wissensbasierten und Datenbank-orientierten Modulen zusammensetzen wird. Je nach Befund gibt das System nach einer Erstbewertung Empfehlungen und verzweigt gegebenenfalls in andere Teile des Assistenz-Systems. Derzeit enthält das Assistenz-System außerdem noch **Xi MIKUBO**, ein wissensbasiertes System zum **M**indestunter**su**chungsprogramm **Ku**lturboden entsprechend einer Studie der Landesanstalt für Ökologie, Landschaftsentwicklung und Forstplanung NRW (EUTENEUER-MACHER & GROSSKOPF 1990) und **GIEBEX**, ein **G**ewerbe- und **I**ndustrieflächenkataster: **E**rfassung und **B**ewertung durch **Ex**pertensystemeinsatz (HAENSCH 1990).

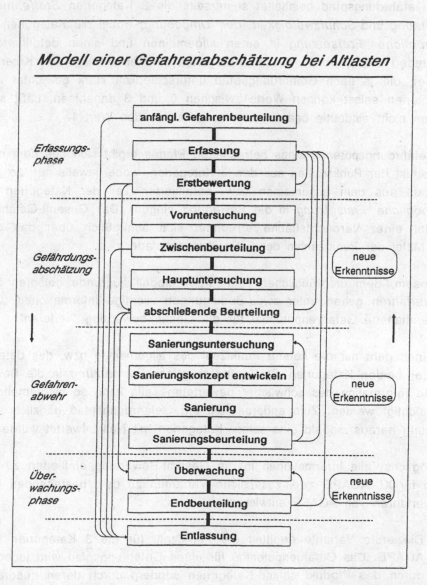

Abb. 1: *Vorgehensmodell für die Gefahrenabschätzung von Verdachtsflächen*

2.   Das Modell AGAPE und seine Erweiterung

Das Altlastenbewertungsmodell AGAPE betrachtet den Menschen bzw. die belebte Natur als das höchste schutzwürdige Gut. Daher wird in diesem Bewertungsmodell neben den Gefährdungspfaden *Grundwasser, Oberflächengewässer, Boden, Luft* auch der *direkte Kontakt* betrachtet.

Jeder Gefährdungspfad beinhaltet seinerseits die 3 Kategorien *Stoffe, mögliche Freisetzung* und *Schutzwürdigkeit der Umgebung*, wobei die Kategorien *Stoffe* und *mögliche Freisetzung* in einen allgemeinen und einen detaillierten Teil untergliedert sind (Abb. 2). Diesen Kategorien sind eine Reihe von Kriterien zugeordnet, die je nach Gefährdungspfad unterschiedlich stark gewichtet werden. Die Kriterien selbst können Werte zwischen 0 und 3 annehmen. Läßt sich ein Kriterium nicht eindeutig beantworten, so erhält es den Wert 1.

Das Gefährdungspotenial eines betrachteten Pfades ergibt sich aus dem normierten Produkt der Punktzahlen aus den 3 Kategorien, wobei jeweils nur die größere Punktzahl aus dem allgemeinen bzw. detaillierten Teil der Kategorien *Stoffe* bzw. *mögliche Freisetzung* in die Bewertung eingeht. Das Gesamt-Gefährdungspotential einer Verdachtsfläche errechnet sich schließlich über das quadratische Mittel der Punktzahlen der 5 Gefährdungspfade.

Bei diesem, dem ursprünglichen Hamburger Modell zugrunde gelegten Berechnungsverfahren gehen unter zwei Bedingungen wichtige Informationen und das darin enthaltene Gefahrenpotential für die Gesamtbewertung "verloren":

Zum einen geht nur die höhere Punktzahl des allgemeinen bzw. des detaillierten Teils der beiden Kategorien *Stoffe* und *mögliche Freisetzung* in die Bewertung ein. Die Information des schwächer bewerteten Teils kann so nicht mehr weiter berücksichtigt werden. Zum anderen fällt ein Gefährdungspfad gänzlich aus der Bewertung heraus, sobald eine seiner Kategorien mit Null bewertet wurde.

Um möglichst alle Informationen in die Gesamt-Bewertung einfließen zu lassen, wurden für **Xi AGAPE** zwei zusätzliche Varianten zu dem bestehenden Berechnungsverfahren von AGAPE entwickelt:

- Die erste Variante ermittelt die Punktzahl für die 3 Kategorien wie bei AGAPE. Das Gefahrenpotential für einen Gefährungspfad wird jedoch nicht durch das Produkt seiner Kategorien sondern durch deren quadratisches Mittel ausgedrückt. Dadurch entfällt der betreffende Gefährdungspfad nicht mehr, wenn eine oder zwei seiner Kategorien keine Punkte erbracht haben sollten. Das Gesamt-Gefährdungspotential errechnet sich dann über das geometrische Mittel, um die Auswirkung von Extremwerten auf das Mittel zu mindern. Im Ergebnis ist das Gefahrenpotential der einzelnen Gefährdungspfade höher als bei AGAPE, doch spiegelt das Gesamtergebnis die einzelnen Kriterienbewertung besser wider.

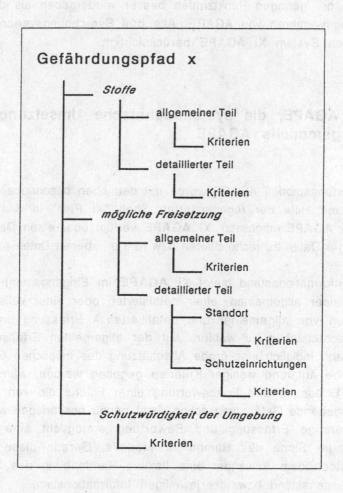

Abb. 2: Aufbau der Gefährungspfade nach AGAPE

- Die zweite Variante berücksichtigt auch den allgemeinen und den detaillierten Teil der Kategorien *Stoffe* und *mögliche Freisetzung*, indem über die Punktzahlen der Teil-Kategorien und die Punktzahl der Kategorie *Schutzwürdigkeit der Umgebung* das quadratische Mittel gebildet wird. Somit kann das in jeder Information enthaltene Gefahrenpotential erfaßt und mitbewertet werden. Das Gesamt-Gefahrenpotential errechnet sich ebenfalls mit Hilfe des geometrischen Mittels der Punktzahlen aus den Gefährdungspfaden. Das Gesamtergebnis dieser Variante liegt zwischen den Werten der ersten Variante und den Werten, die nach AGAPE ermittelt werden.

Beiden Varianten ist gemeinsam, daß sie die Bewertung der einzelnen Kriterien besonders bei geringen Punktzahlen besser wiedergeben als das ursprüngliche Berechnungsverfahren von AGAPE. Alle drei Berechnungsverfahren sind in dem vorgestellten System **Xi AGAPE** berücksichtigt.

3. Xi AGAPE, die systemtechnische Umsetzung des Bewertungsmodells AGAPE

Das Bewertungsmodell AGAPE wurde mit den oben beschriebenen Berechnungsvarianten mit Hilfe der regelbasierten Shell "Xi Plus" in das wissensbasierte System **Xi AGAPE** umgesetzt. **Xi AGAPE** verfügt über einen Datenbankanschluß, um benötigte Daten zu recherchieren bzw. die erhobenen Daten abzulegen.

Je nach Informationsstand bietet **Xi AGAPE** im Eingangsmenü die Möglichkeit, zwischen einer allgemeinen, einer detaillierten oder einer vollständigen - einer Kombination von allgemeiner und detaillierten - Erfassung und Erstbewertung von Verdachtsflächen zu wählen. Mit der allgemeinen Erfassung und Erstbewertung kann lediglich eine grobe Abschätzung des möglichen Gefahrenpotentials einer Fläche aufgrund weniger Kriterien gegeben werden, während mit der detaillierten Erfassung und Erstbewertung einer Fläche die von einer Verdachtsfläche ausgehende Gefährdung schon recht genau beschrieben werden kann. Erst die vollständige Erfassung und Bewertung ermöglicht eine Gefährdungsabschätzung im Sinne des Hamburger Modells. Gerade diese Wahlmöglichkeit erlaubt jedoch dem Anwender eine flexible Handhabung des Systems je nach seinem Wissensstand bzw. der jeweiligen Informationslage.

Entsprechend der Auswahl unter diesen 3 Möglichkeiten werden zwischen 15 und 35 verschiedene Kriterien erfragt getrennt nach den 3 Kategorien *Stoffe*, *mögliche Freisetzung* und *Schutzwürdigkeit der Umgebung*, die anhand von Auswahlmenüs zu beantworten sind. Zu jeder Anfrage des Systems werden Erläuterungen und auf Anforderung evtl. Beispiele zur Verfügung gestellt, die dem Benutzer die Beantwortung der Fragen erleichtern. Soweit erforderlich werden die Kriterien einer automatischen Konsistenzprüfung unterzogen, um evtl.

Eingabefehler frühzeitig zu korrigieren. Über die kriterienbezogenen Erläuterungen hinaus kann sich der Anwender jederzeit anzeigen lassen, wo er sich im System befindet.

Das Gefahrenpotential der einzelnen Pfade wird zunächst für die jeweiligen Kategorien bzw. Teil-Kategorien anhand der gewichteten Kriterien ermittelt. Innerhalb einer Kategorie kann der Benutzer nach Bedarf Kriterien korrigieren und sich sogleich eine neue Bewertung für diesen Teil anzeigen lassen. Hierdurch hat der Anwender nicht nur die Möglichkeit, jederzeit die Bewertung einer geänderten Informationslage anzupassen, sondern er kann auch eine angenommene Datenlage innerhalb einer Kategorie simulieren.

Nach Abschluß der 3 Fragezyklen für die Kategorien *Stoffe*, *mögliche Freisetzung* und *Schutzwürdigkeit der Umgebung* erfolgt die Endbewertung nach den oben beschriebenen 3 Berechnungsverfahren. Schließlich können die erhobenen Daten einer Verdachtsfläche und ihre Bewertung in einer Datenbank abgelegt werden

Zusätzlich besteht die Möglichkeit, für bereits bewertete Flächen eine Prioritätenermittlung in Abhängigkeit vom Gesamt-Gefährdungspotential durchzuführen. Der Benutzer gibt hierfür den jeweils gewünschten Ermittlungsrahmen vor. So kann beispielsweise eine Ermittlung und graphische Darstellung der 10 Verdachtsflächen mit der höchsten Punktzahl vorgenommen werden.

In Abhängigkeit der Nutzung und des ermittelten Gefahrenpotentials einer bewerteten Fläche empfiehlt das System weitere Untersuchungen z. B. nach dem Mindestuntersuchungsprogramm Kulturboden der LÖLF und bietet hierfür eine Verzweigung zu dem entsprechenden wissensbasierten System **Xi MIKUBO** (**Min**destuntersuchungsprogramm für **Ku**ltur**bo**den) an. Besteht jedoch kein hinreichender Verdacht, so erlaubt das System die Verzweigung in die Nutzwertanalyse für Altstandorte **GIEBEX** (**G**ewerbe- und **I**ndustrieflächenkataster: **Er**fassung und **B**ewertung durch **Ex**pertensystemeinsatz).

4. Technische Entwicklungsumgebung

Das System **Xi AGAPE** wurde mit der regelbasierten Shell "Xi Plus" umgesetzt und ist auf einem PC des Industriestandards mit 640 kB lauffähig. Der Datenbankanschluß erfolgt über ein externes Interface, das zu Beginn einer Konsultation geladen wird und dann als speicherresidentes Programm für "Xi Plus" verfügbar ist. Die Daten werden in einem dBase-kompatiblen Datenbankformat gehalten.

Ein Teil der Kriterienabfrage erfolgt über das Zusatzprogramm GRADIX, einer graphischen Funktionsbibliothek zu "Xi Plus". Auch die graphische Ausgabe der Prioritätenermittlung wurde mit GRADIX realisiert.

5. Ausblick auf ein Assistenz-System für Altlasten mit Xi AGAPE

Das System **Xi AGAPE** ist in vieler Hinsicht erweiterungsfähig. In der Kategorie *Stoffe* können z. B. globale oder auch definierte Angaben zu einzelnen Schadstoffen gemacht werden. Gerade bei der letzten Möglichkeit bedarf der Benutzer der Unterstützung durch ein System, da die Vielzahl der Stoffe mit ihren unterschiedlichen Gefahrenpotentialen leicht zu Fehleinschätzungen der tatsächlichen Gefährdung führen können. So sollen dem Benutzer in einer weiterführenden Ausbaustufe des Systems eine Auswahl von branchentypischen Stoffen bzw. Einzelstoffen angeboten werden. Entsprechend seiner Auswahl wird dann das von diesen Stoffen ausgehende Gefahrenpotential automatisch ermittelt und für **Xi AGAPE** bewertet werden. Für die Angaben zu diesen Stoffen soll die "Stoffliste der Zentralstelle Störfall-Verordnung und gefährliche Stoffe" der Landesanstalt für Immissionsschutz (LIS, in Essen) zu Grunde gelegt werden.

In einer künftigen Ausbaustufe des Assistenz-Systems für Altlasten werden die bisher eigenständigen Systeme **Xi AGAPE, Xi MIKUBO, GIEBEX** und andere noch zu entwickelnde Systeme unter einem einheitlichen Führungssystem zusammengefaßt. Hierbei wird dann auch eine gemeinsame Dantenbankkomponente integriert sein. Als weitere Unterstützung der Benutzer werden dann auch umfassende Hilfen, wie technische Beschreibungen, Grenz- und Richtwerttabellen und die zugehörigen Erläuterungen, Gesetzestexte usw. zur Verfügung stehen, die über ein Hypertext-System abgerufen werden können.

6. Literatur

EUTENEUER-MACHER, T. & GROSSKOPF, J.: Xi MIKUBO - Ein wissensbasiertes System zum Mindestuntersuchungsprogramm Kulturboden.- (1990); System-

Kurzbeschreibung der Firma ExperTeam GmbH - Zentrum für Umwelt-Informatik, Oberhausen.

HAENSCH, W.: GIEBEX - Gewerbe- und Industrieflächenkataster: Erfassung und Bewertung durch Expertensystemeinsatz.- (1990); System-Kurzbeschreibung der Firma ExperTeam GmbH - Zentrum für Umwelt-Informatik, Oberhausen.

KRISCHOK, A.: AGAPE - Ein Modell zur Abschätzung des Gefährdungspotentials altlastenverdächtiger Flächen, in: BRANDT, E. (Herg.): Altlasten - Untersuchung, Sanierung, Finanzierung.-(1988).

KRISCHOK-PEPPERNICK, A.: AGAPE - Abschätzung des Gefährdungspotentials altlastenverdächtiger Flächen zur Prioritätenermittlung.-(1989, unveröffentl. Entwurfspapier der Umweltbehörde Hamburg).

Fallbezogene Revision und Validierung von regelbasiertem Expertenwissen für die Altlastenbeurteilung

von
Hans-Werner Kelbassa

Deskriptoren: Expertensysteme, Automatisierte Regelverfeinerung, Validierung von Regelbasen, Wissensakquisition, Altlastenbeurteilung, Umweltanalytik.

Zusammenfassung

Es wird ein Systemkonzept für die expertenautonome Revision von Regelwissen vorgestellt, welches eine Vereinheitlichung der Altlastenbeurteilung durch eine Evaluierungsschnittstelle unterstützt. Das Funktionsprinzip eines Generators zur automatisierten Ableitung von Verfeinerungsvorschlägen wird an einem Beispiel aufgezeigt.

1   Einleitung

Für die Beurteilung und Bewertung von Altlasten werden zunehmend wissensbasierte Systeme erprobt, deren Einsatz als ‚intelligenter Assistent' die Fähigkeiten eines Bereichsexperten verfügbar machen soll (Page et al. 1990). Viele der gegenwärtig in der Entwicklung befindlichen Expertensysteme verarbeiten Bereichswissen, welches in Form von Produktionsregeln repräsentiert ist (Jaeschke 1989). Der Anwendungserfolg dieser sich in der Umweltinformatik etablierenden Expertensystemtechnologie hängt stark von der Leistungsfähigkeit der Wissensakquisitionskomponente ab, deren *autonome* Nutzung es dem Bereichsexperten ohne spezielle Kenntnisse ermöglichen soll, die Wissensbasis konsistent zu ändern und zu erweitern. Autorisierte Fachexperten sind nur in der Lage, durch fortlaufenden Wissenstransfer die Beratungskompetenz des Systems zu erhöhen, wenn ihnen hierzu eine *benutzergerechte* Systemoberfläche angeboten wird. Der Entwurf einer Wissensakquisitionsoberfläche für die *autonome Revision und Validierung von Regelbasen* ist Gegenstand dieses Beitrages. Unter einer autonomen Revision soll hier verstanden werden, daß ein Bereichsexperte Regelwissen im *Routineeinsatz* ohne Hinzuziehen eines sog. Knowledge Engineers konsistent revidiert. Die Revisionsproblematik im Altlastenbereich ist durch fortlaufende Erweiterungs- und Aktualisierungsanforderungen einerseits und Validierungsprobleme andererseits geprägt (Weidemann et al. 1988).

Bislang gibt es für die Beurteilung der Umweltgefährlichkeit von Altlasten es keine anerkannten einheitlichen wie bewährten Konzepte (‚Theorie der Altlastenbewertung'), vielmehr weist die heutige Altlastenbeurteilung spürbare subjektive Momente auf (Osterkamp et al. 1989). Die Wissensbasen zur Altlastenbeurteilung und -bewertung, deren dezentraler Einsatz zu einer Vereinheitlichung der amtlichen Beurteilungspraxis beitragen soll, enthalten bereits in der Laborentwicklungsphase über eintausend Regeln (Geiger/Weidemann 1990). Staatliche Stellen erwarten von einer Expertensystemanwendung neben einer Entlastung von Routine einen *Assimilationseffekt:* mit der steigenden Zahl der Beurteilungen soll es durch die inkrementelle Revision der Wissensbasis zunehmend besser gelingen, für jede Altlastenbeurteilung die relevanten Details ausprägungsadäquat zu berücksichtigen (Ministerium für Umwelt 1988).

2   Entwicklungsstand

Typischerweise lassen sich derzeit in der Erprobung befindliche Wissensakquisitions- und -revisionssysteme - soweit man letztere als solche anerkennt - als *Wissenseditoren* klassifizieren (Hestermann/Karl 1989). Der Bereichsexperte gibt in einem menügestützten Dialog neue und geänderte Produktionsregeln (sowie Frames und Relationen) weitestgehend in natürlich-sprachlicher Form ein, ohne die Syntax zu beachten: das editierte ‚Regelgerüst' wird dann von der Wissensakquisitionskomponente verarbeitungsgerecht codiert (Clausen 1989). Eine benutzergerechte Wissensakquisitionskomponente sollte aber über den *direkten* Wissenstransfer hinaus weitere Systemunterstützung für Revisionsprozesse anbieten. Kritiker führen die Anwendungsprobleme der Expertensystemtechnik gegenwärtig auf eine rigorose Vernachlässigung von Validierungs- und Verifikationserfordernissen zurück und diagnostizieren eine *Wartungskrise* (Coy/Bonsiepen 1989; Bonsiepen/Coy 1990).

3   Fallorientierte Revision

Prinzipiell lassen sich für die Repräsentation von Expertenwissen zwei *elementare Wissensquellen* gegeneinander abheben. Zum einen kann das Entwicklungsteam versuchen, eine repräsentative Anzahl von Altlastenfällen zu identifizieren, deren korrekte Beurteilung und Bewertung durch das Wissensverarbeitungssystem eine Kompetenz bereitstellt, die für *alle* denkbaren Altlasten ausreicht und keine künftigen Modifikationen und Erweiterungen der Regelbasis mehr erfordert. Ganz offensichtlich ist ein derartiger *modellbasierter* Akquisitionsansatz nicht praktizierbar, weil das zur Altlastenbeurteilung und -bewertung zu verarbeitende Wissen überwiegend *heuristischer* Natur ist, dessen Validierungsgrad es nicht erlaubt, es a priori *einzelfallgerecht* zu repräsentieren (Geiger et al. 1989). Eine weitere Basis für die Wissensakquisition ist der Erfahrungsschatz und die Urteilsfähigkeit des Umweltexperten. Auch diese Wissensquelle hat Grenzen, die vor allem aus der Unterschiedlichkeit der einzelnen Altlasten resultieren. Den *Idealexperten*, dessen Kompetenz entsprechend einem alten Traum der KI-Forschung kaum zu wünschen übrig läßt, kann man für den Wissenstransfer zur Altlastenbeurteilung offensichtlich nicht heranziehen. Ein *Realexperte* wiederum weiß trotz seiner unbestrittenen Kompetenz leider nicht alle erwünschten Kriterien exakt und mit logischer Strenge zu formalisieren und an das regelverarbeitende System zu transferieren: dessen Regelwissen ist zwar wertvoll, aber keineswegs allgemeingültig. Für die Gestaltung eines Revisionsprozesses darf man aber annehmen, daß ein Umweltexperte sehr wohl hinreichend in der Lage ist, die Gültigkeit des verarbeiteten Regelwissens für eine bestimmte Altlast *empirisch zu überprüfen*. Er kann angeben, ob eine vom Expertensystem ausgegebene Beurteilungsaussage für eine zu analysierende Altlast gültig ist oder zurückgewiesen werden muß. Es bietet sich somit an, beide Quellen des Wissenserwerbs für die Konstruktion und Pflege der Wissensbasis zu verschmelzen: wenn die akquirierte Regelbasis vollständig und gültig ist, dann dürfen bei der Interpretation von Altlastenfallwissen keine *ungültigen oder unvollständigen Systemergebnisse* auftreten; treten diese auf, so ist hierüber lokal ein Revisionsbedarf auszuweisen.

4   Validierung von Mikrozuständen

Die Validierungsproblematik von Beurteilungsregeln sei an Regeln zur Interpretation von Borkonzentrationen veranschaulicht. Ein Beratungssystem XPS leite aus den Regeln *b-wert* und *b-hausmuell*

Wenn der Bor-Wert ≥ 0.04 mg/l ist und das Untersuchungsobjekt ist Grundwasser,
dann ist der Bor-Wert im Grundwasser hoch.

Wenn der Bor-Wert im Grundwasser hoch ist, dann ist das Grundwasser durch Hausmuell beeinflußt.

eine hydrochemische Veränderung des Grundwassers durch Altablagerungen her. Bor gilt wegen des niedrigen natürlichen Hintergrundwertes als guter Hausmüllindikator. Hausmülldeponien unterscheiden sich allerdings stark in der Variabilität und Art der von ihnen ausgehenden Emissionen; es ist bekannt, daß die Zusammensetzung des Schadstoffaustrages in der Zeit nicht gleichbleibend ist (Osterkamp/Skala 1987). Ein Altlastenexperte, der die hydrogeologischen *Grauzonen* des Indikators Bor sieht und die Ökotoxikologie des Gefahrenherdes ‚Hausmülldeponie' *möglichst zuverlässig* erfassen will, wird versuchen, noch mindestens einen weiteren Indikator zu repräsentieren.

Er kann die Regelbasis etwa um die Regel *fe-mn-hausmuell* erweitern:

Wenn der Eisen-Wert im Grundwasser hoch ist
und / oder wenn der Mangan-Wert im Grundwasser hoch ist,
dann ist das Grundwasser durch Hausmuell beeinflußt.

Hierbei muß er entscheiden, ob die beiden Bedingungen disjunktiv oder konjunktiv verknüpft: weder sollen Hausmuellverunreinigungen ‚übersehen' werden, noch sollen ‚Fehlalarme' auftreten. Bei der erstmaligen Repräsentation entscheidet er sich zwangsläufig für eine Alternative; diese Grundversion wird im weiteren revidiert. Die Abbildung unten zeigt vier Mikrozustände als *logische Fälle* der UND-2-Regel fe-mn-hausmuell, deren Verarbeitung unterschiedlichen ‚Eingabefällen' k entspricht. Ergibt sich ‚aus der Erfahrung', daß die Mikrozustände 2 und 3 dieser Regel inadäquat interpretiert werden, so ist die Konjunktion in eine Disjunktion zu wandeln; eine Heuristik hierfür wäre *und-2-verfeinerung*:

Wenn R ein Generalisierungskandidat ist, und
wenn R zwei Bedingungen repräsentiert, und
wenn die Bedingungsverknüpfung von R konjunktiv ist, und
wenn Mikrozustand 2 von R zu revidieren ist, und
wenn Mikrozustand 3 von R zu revidieren ist,
dann wandle die Konjunktion von R in eine Disjunktion.

Symbol. Regelname: fe-mn-hausmuell   **Makrozustand: $R := (b_1 \wedge b_2) \Rightarrow I$**

b_1: Der Eisen-Wert im Grundwasser ist hoch.
b_2: Der Mangan-Wert im Grundwasser ist hoch.
I: Das Grundwasser ist durch Hausmuell beeinflußt.

Mikro-zustand	Fallindex k	Gematchter Bedingungsteil	Konklu-sionsteil	XPS XPS_{I^k}	Verarbeitetes Fallwissen
1	*12*	$b_1 \wedge b_2$	I	I	$\{b_1, b_2\}$
2	*4*	$\neg b_1 \wedge b_2$	I	$\neg I$	$\{\neg b_1, b_2\}$
3	*95*	$b_1 \wedge \neg b_2$	I	$\neg I$	$\{b_1, \neg b_2\}$
4	*38*	$\neg b_1 \wedge \neg b_2$	I	$\neg I$	$\{\neg b_1, \neg b_2\}$

Abb. 4–1 : **Die vier Mikrozustände der UND-2-Regel fe-mn-hausmuell.**

Eine elegante Repräsentation ermöglicht die x/n-Auswahlregel: sie hat n Auswahlkomponenten, die den Bedingungsklauseln entsprechen, und m Aktionsklauseln, die Interpretationen darstellen können: x / n : $\{b_1, b_2, \ldots, b_n\} \vdash \{a_1, a_2, \ldots, a_m\}$. Die natürliche Zahl x ≤ n spezifiziert, bei welchem ‚Erfüllungsgrad' die Regel feuert, nämlich dann, wenn mindestens x der n Bedingungen erfüllt sind. Die folgende Regel *ar-b-fe-mn-hausmuell* ist eine 2/3-Auswahlregel:

Wenn 2 der nachfolgenden 3 Bedingungen erfüllt sind:
(1) Der Bor-Wert im Grundwasser ist hoch,
(2) Der Eisen-Wert im Grundwasser ist hoch,
(3) Der Mangan-Wert im Grundwasser ist hoch,
dann ist das Grundwasser durch Hausmuell beeinflußt.

Da nicht zu erwarten ist, daß der Bereichsexperte mit der Wahl einer möglichen Regelalternative zur Ableitung der Grundwasserbeeinflussung nur einwandfreie Systemergebnisse erhält, muß er sich ein empirisches Bild von deren Gültigkeitsgrenzen verschaffen.

5   Revisionsarten

Revisionsprozesse lassen sich idealisierend gliedern in *Erweiterungen* und *Verfeinerungen*. Erfordert eine Revision *keine* explizite Akquisition *neuer* Bedingungs- und / oder Aktionsklauseln zur Erweiterung der Regelbasis, so handelt es sich um eine *Verfeinerung*. Während den Erweiterungoperationen explizite *Wissenslücken* zugrunde liegen, beziehen sich Verfeinerungsoperationen auf Ableitungsfehler, die durch *Strukturoperationen* korrigierbar sind.

Alle Verfeinerungsoperationen Φ lassen sich ihrerseits gliedern in Generalisierungsoperationen $\phi_G \subset \Phi$, Spezialisierungsoperationen $\phi_S \subset \Phi$ und Kontextoperationen $\phi_K \subset \Phi$. Kontextoperationen bewirken, daß eine Produktionsregel c.p. in einem anderen Kontext feuert, z.B. weil man einer Bedingungsklausel einen NOT-Operator vorangestellt hat. Demgegenüber feuern Regeln c.p. nach einer generalisierenden Verfeinerungsoperation *häufiger*; Spezialisierungsoperationen bewirken, daß Regeln c.p. *weniger häufig* feuern, also ‚schwieriger' erfüllbar werden. Beispiele für wichtige *Generalisierungsoperationen* sind:

- die Wandlung ϕ_G^1 einer konjunktiven in eine disjunktive Bedingungsverknüpfung:
  $R := \{b_1 \wedge b_2\} \Rightarrow I \to R' := \{b_1 \vee b_2\} \Rightarrow I.$
- die Erweiterung ϕ_G^2 eines disjunktiven Bedingungskonstruktes um mindestens eine Bedingung b:
  $R := \{b_1 \vee b_2\} \Rightarrow I \to R' := \{b_1 \vee b_2 \vee b_3\} \Rightarrow I.$
- die Reduzierung ϕ_G^3 eines konjunktiven Bedingungskonstruktes um mindestens eine Bedingung b:
  $R := \{b_1 \wedge b_2 \wedge b_3\} \Rightarrow I \to R' := \{b_1 \wedge b_2\} \Rightarrow I.$

- die Verringerung ϕ_G^4 der Restriktionszahl x für die zu erfüllenden Mindestbedingungen einer x/n-Auswahlregel: R(x,n) $\rightarrow$ R'(y,n) mit y < x (x,y,n $\in$ IN).

- die Erhöhung ϕ_G^5 der Zahl n erfüllbarer Bedingungen bei einer x/n-Auswahlregel: R(x,n) $\rightarrow$ R'(x,m) mit n < m (x,n,m $\in$ IN).

- die Vergrößerung ϕ_G^6 eines numerischen Vergleichsintervalles einer Bedingung b $\in$ R.

Die *Spezialisierungsoperationen* stellen die hierzu *inversen* Verfeinerungen dar.

Oft führen Erweiterungsoperationen auf Verfeinerungsoperationen, d.h. eingebrachtes Altlastenwissen wird vor dem Hintergrund sichtbar gewordener ‚Grenzen der Wissensbasis' getunt. Im folgenden wird ein Realisierungskonzept für die expertenautonome Revision von Regelwissen vorgestellt, wobei Verfeinerungen im Vordergrund stehen.

6 Entwurf eines Revisionssystems für Regelbasen

Das Erkennen eines Revisionsproblemes und die Bestimmung einer korrigierenden Revisionsoperation sind grundsätzlich zwei verschiedenartige Schritte; deshalb ist die *Identifikation von Revisionserfordernissen von Revisionsoperationen zu entkoppeln*. Aus der Lokalisierung mangelhafter Ableitungen ergibt sich nicht direkt eine geeignete Revisionsoperation. Mitunter erfordert eine Überprüfung von Systemergebnissen weitere Erkundungen. Eine vereinheitlichende Entwicklung einer wissensbasierten Altlastenbeurteilung muß auch einbeziehen, daß ggf. *mehrere* Experten hieran zu beteiligen sind. Die *zeitlich-funktionale Trennung* der Problemidentifikation von der Problemlösung läßt sich durch eine *Evaluierungsschnittstelle* verwirklichen. Diese dient zur Aufnahme von ‚Validierungswissen' und ermöglicht es dem Umweltexperten, auftretende ungültige und unvollständige Interpretationsmengen wie auch nicht korrekte Rechtfertigungen *menügestützt zu markieren*.

Die Wissensverarbeitungsergebnisse werden dem Benutzer über die Erklärungsschnittstelle dargeboten; er kann auch die Ableitungsschritte (Regeltrace) bis zu den Falleingaben zurückverfolgen (Geiger et al. 1989). Die Erklärungsschnittstelle bietet dem Benutzer im allgemeinen *keine* Möglichkeit, festgestellte Ableitungsfehler und/oder Wissenslücken des Expertensystems zu dokumentieren, weil keine entsprechenden Akquisitionsfunktionen implementiert sind. Die Abb. 6-1 zeigt einen Ausschnitt aus einer Systembeurteilung *nach* deren Evaluierung.

PROBE: B12/1 4.2m 25.07.1989 Boden   **ANALYSE:** 204.89 1 25.07.1989 ELUAT

Beurteilungsergebnisse:
- ■ 'Ammonium' wird eingestuft in das Intervall QK-IV bis QK-VI (TVO).
- ■ 'Chlorid' wird eingestuft in Qualitätsklasse I - Im Bereich der Hintergrundwerte (EG-TW).
- ☐ 'Cyanid, gesamt' wird eingestuft in Qualitätsklasse IV bis VI - Unmittelbare Gefährdung (TVO).
- ■ 'Phenol, gesamt' wird eingestuft in Qualitätsklasse-VI - Unmittelbare Gefährdung (NDL-GW).
- ■ ....
- ■ Der Wert von 'elektrische Leitfähigkeit bez. auf 25 Grad-Celsius' ist niedrig.

Gesamtergebnis
- ■ Die Analyse wird eingestuft in Qualitätsklasse VI - Unmittelbare Gefährdung.

Abb. 6–1: **Validierung: Markierung eines expliziten Interpretationsfehlers.**

Die den Beurteilungsaussagen vorangestellten q.e.d-Symbole charakterisieren deren empirische Validität. Akzeptiert ein Umweltexperte eine abgeleitete Aussage *nicht*, so wandelt er per Mausklick das geschwärzte Symbol ■ in ein Quadrat ☐. Seine Evaluierungseingaben werden immer als Bestandteile eines *Validierungsprotokolles* gespeichert und dokumentieren Revisionserfordernisse. Sie dienen im weiteren - wie unten zu zeigen ist - zur Ermittlung von *formal* konsistenten Korrekturen durch einen *Verfeinerungsgenerator*.

Da *fehlende* Interpretationen nicht *im Systemergebnis* markierbar sind, muß die Dialogsteuerung des Revisionssystems es dem Experten durch eine Frage (Ist die Interpretationsmenge vollständig?) abfordern, aus der Menge der systemableitbaren Beurteilungen diejenige(n) zu *selektieren*, die für eine vollständige Fallinterpretation zu *ergänzen* ist (sind). Die Abb. 6-2 veranschaulicht das Markieren eines *impliziten* Interpretationsfehlers in der *Interpretationsliste* ‚Grundwasserbeeinflussung' des Wissensakquisitionsmoduls. Diese Selektion führt auf mindestens eine Regel, die im markierten Fall nicht gefeuert hat, aber feuern sollte. Findet der Experte die fehlende Interpretation in *keiner* Interpretationsliste, so ist diese für XPS *nicht ableitbar*. Die Regelbasis muß entsprechend erweitert werden, weil eine *Wissenslücke* vorliegt. Dieser Erweiterungsbedarf wird zunächst durch das Einfügen der vermißten Aussage in einer Interpretationsliste dokumentiert (Validierungsprotokoll). Erweisen sich Ableitungsschritte als fehlerhaft, so ermöglicht die Evaluierungsschnittstelle eine *Rechtfertigungskritik*. Der Experte markiert in diesen Situationen analog die nicht korrekt verarbeiteten Regeln der Ableitungskette bzw. deren Prämissen / Konklusionen.

Interpretationsliste ,*Grundwasserbeeinflussung'
☐ Das Grundwasser ist durch Bauschutt beeinflußt.
■ Das Grundwasser ist durch Hausmuell beeinflußt.
☐ Das Grundwasser ist durch Sondermüll beeinflußt.

Abb. 6–2 : **Interpretationsliste zur Markierung impliziter Interpretationsfehler.**

Alle Revisionsprozesse müssen *assimilativ* sein und dürfen die existierende Ableitungsperformanz nicht beeinträchtigen. Weist man jedem vom Wissensverarbeitungssystem XPS beurteilten Altlastenfall (z.B. jeder Probe) einen Fallindex k zu, so ist die zum Zeitpunkt t_0 verarbeitete Gesamtheit durch eine Fallindexmenge K_0 beschreibbar. Ordnet man im weiteren jedes einwandfreie (empirisch gültige) Ergebnis des ,intelligenten Assistenten' XPS einer Indexmenge K_0^+ zu, und ermittelt man für alle *zu revidierenden* XPS-Fälle $k \in K_0$ eine Indexmenge K_0^-, so läßt sich die XPS-Performanz über (die Mächtigkeit) der Mengen K_0^+ und K_0^- beschreiben, wobei eben gilt: $K_0 \equiv \{K_0^+ \cup K_0^-\}$ und $\{K_0^+ \cap K_0^-\} \equiv \emptyset$. Diese Indexmengen sind aus den Validierungsprotokollen V^k ($\forall$ k $\in K_0^-$) ermittelbar. Enthält das für den Altlastenfall k aufgezeichnete Protokoll V^k etwa einen Interpretationsfehler, so erfolgt die Zuordnung k $\rightarrow K_0^-$. Eine Revision dieses XPS-Ergebnisses stellt den Versuch dar, den Fall k $\in K_0^-$ in die Menge K_1^+ überzuführen.

Bestimmt man nach der Revision in t_1 die Ableitungsperformanz von XPS mit K_1^+ und K_1^-, so darf *nicht* gelten: $K_0^+ \cap K_1^- \neq \emptyset$. Dieses Reproduktionsergebnis zeigt, daß *Seiteneffekte* aufgetreten sind. Die XPS-Performanz hat sich *nicht assimilativ erhöht*, sondern revisionsbedingt *verlagert*. Denn für die *Verifikation von Assimilationseffekten* gelten die Bedingungen: $K_0^+ \subset K_1^+$ und $K_0^+ \cap K_1^- \equiv \emptyset$. Weil nicht nur gefordert wird, daß die Indexmenge K_1^+ *mächtiger* sein soll als K_0^+, also $K_1^- \subset K_0^-$ gilt, sondern außerdem, daß *kein* k $\in K_0^+$ in K_1^- übergeht, handelt es sich hier um eine *strenge Reproduktionsprüfung*.

Ohne Systemunterstützung sind Reproduktionsverifikationen *aufwandsmäßig* praktisch nicht zu bewältigen. Bereits die Beurteilung einer *einzelnen* Probe führt nicht selten auf über zwanzig XPS-Aussagen, zu deren Herleitung über einhundert Regeln feuern.

Zur Beurteilung eines Falles verarbeitet XPS das durch eine Menge von Eingaben transferierte Fallwissen E^k mit einer Regelmenge R^k und leitet hieraus die Interpretationsmenge I^k ab. Die Elemente der Regelmenge R^k werden von der Erklärungskomponente als ,Erklärungskette' für die Einzelinterpretationen I $\in I^k$ beschrieben. Protokolliert man Informationen über die mit akquiriertem Fallwissen gefeuerten Regeln sowie die damit hergeleiteten Interpretationen, so ist eine reproduzierte Wissensverarbeitung über einen Prä-Post-Vergleich verifizierbar.

Weil Regelinterpreter - wie der von ART - auch if-then-Instruktionen *im Aktionsteil* einer Regel unterstützen, und es möglich ist, daß eine zweimal hintereinander gefeuerte Regel *nichtidentische* Einzelinterpretationen erzeugt, kann man den Protokollierungsumfang grundsätzlich *nicht* auf die Ein- und Ausgabemengen E^k und I^k beschränken. Hinzu kommt, daß Interpretationen I $\in I^k$ mit *verschiedenen* Regeln ableitbar sind, weshalb gleiche Interpretationsmengen prinzipiell *keine* unveränderte Regelverarbeitung implizieren. Nur wenn identisches Fallwissen $E_0^k \equiv E_1^k$ zu identischen Interpretationsmengen $I_0^k \equiv I_1^k$ führt, die mit identischen Regelmengen $R_0^k \equiv R_1^k$ hergeleitet werden, gilt die Wissensverarbeitung als reproduziert.

Die Grundlage für eine Reproduktionsprüfung ist somit eine Liste der gesamten Falleingaben E^k (Bor = 5.1 mg/l, Mangan = 14.8 mg/l etc.), der *symbolischen Namen* gefeuerter Regeln R^k (b-wert, b-hausmuell etc.) sowie der Elemente der Interpretationsmenge I^k ("Das Grundwasser ist durch Hausmuell beeinflusst." etc.), die hier als *ERI-Protokoll* bezeichnet werden soll (Akronym: ERI^k).

Da Revisionen naturgemäß Ableitungen verändern, gilt die Prä-Post-Identität der ERI^k nur als Reproduktionsnachweis, sofern die wiederverarbeitete Regelmenge R^k *kein* Element enthält, dessen *Regelname* in dem letzten *Revisionsprotokoll* RPΔ erscheint. Findet das System den Namen einer soeben revidierten Regel in einer Reproduktion, so sollte der Bereichsexperte deren korrekte Verarbeitung nach einer *Systemaufforderung* nochmals evaluieren. Die Veränderungen $\Delta I := \{I_0^k \cap I_1^k\}$ in gültigen Interpretationsmengen werden nach deren automatischer Erfassung *fallspezifisch* durch ein *I-Seiteneffektdisplay* aufgezeigt, damit der Experte entscheidet, welche Revisionsoperationen ggf. zurückgezogen und welche ggf. ‚nachzuholen' sind. Da jeder I-Seiteneffekt auf mindestens eine Regel zurückführbar ist, kann

---

INTERPRETATIONSMENGENVERGLEICH   Beurteilung der Analyse xxx.xx BODEN

Reproduktionsprüfung nach WB-Revision: 22   Datum: <tt.mm.jj>

REPRODUZIERTE AUSSAGEN	ZUSÄTZLICHE AUSSAGEN	FEHLENDE AUSSAGEN
<< Aussage >>	<< Aussage >>	<< Aussage >>
<< Aussage >>	<< Aussage >>	
<< Aussage >>		
<< Aussage >>		

Abb. 6–3 : **I-Seiteneffektdisplay für einen validierten Altlastenfall.**

ein Revisionssystem weiterhin die Veränderungen der Regelmengen aufzeigen $\Delta R^k = \{R_0^k \cap R_1^k\}$ und ebenso ein *R-Seiteneffektdisplay* ausgeben. Durch Anklicken einer *nicht reproduzierten* XPS-Aussage im I-Seiteneffektdisplay lassen sich korrespondierende *Seiteneffektauslöser* im R-Seiteneffektdisplay eingrenzen und anzeigen.

7   Verfeinerungsgenerator

Systeme, die ohne Benutzerinteraktion formal konsistente Korrekturvorschläge für Verfeinerungen bereitstellen, heißen *Verfeinerungsgeneratoren* (VG). Derzeit werden VG noch nicht in Expertensystemanwendungen eingesetzt; dies steht aber bevor (Ginsberg 1988b). Die Arbeitsweise eines VG soll hier an einem überschaubaren Regelbeispiel dargestellt werden, wobei vier Phasen zu unterscheiden sind: (1) Kandidateneingrenzung; (2) Klassifizierung der Verfeinerung; (3) Testregelerzeugung; (4) Interaktive Selektion von Korrekturvorschlägen.

Die Abb 7-1 stellt ein *fiktives* Validierungsergebnis zur Regel *b-fe-mn-hausmuell* dar:
Wenn der Bor-Wert im Grundwasser hoch ist und wenn der Eisen-Wert im Grundwasser hoch ist, oder wenn der Bor-Wert im Grundwasser hoch ist und wenn der Mangan-Wert im Grundwasser hoch ist, dann ist das Grundwasser durch Hausmuell beeinflußt.
Hierin wurde das fallspezifische Interpretationsergebnis $^{EXP}I^k$ des Altlastenexperten EXP dem XPS-Ergebnis $^{XPS}I^k$ gegenübergestellt. Die von XPS verarbeitete Fallbasis sei $K_0 = \{6,45,92,31,8,14,77,25\}$. Für den Altlastenfall 92 liegt ein Validierungsprotokoll V^{92} vor, welches einen impliziten Interpretationsfehler ausweist: $I \notin I^k$. Der *hochgestellte* Bedingungsindex ist der *regelspezifische* Klauselindex.

Symbol. Regelname: b-fe-mn-hausmuell		$R := (b_1^1 \wedge b_2^2) \vee (b_1^3 \wedge b_3^4) \Rightarrow I$			
Mikro-zustand	Fallindex k	Gematchter Bedingungsteil	Konklu-sionsteil	XPS $^{XPS}I^k$	EXP $^{EXP}I^k$
■ *1*	6	$(b_1 \wedge b_2) \vee (b_1 \wedge b_3)$	I	I	I
■ *2*	45	$\neg(b_1 \wedge b_2) \vee \neg(b_1 \wedge b_3)$	I	$\neg I$	$\neg I$
□ *3*	92	$(\neg b_1 \wedge b_2) \vee (\neg b_1 \wedge b_3)$	I	$\neg I$	I
■ *4*	31	$(b_1 \wedge \neg b_2) \vee (b_1 \wedge b_3)$	I	I	I
■ *5*	8	$(b_1 \wedge b_2) \vee (b_1 \wedge \neg b_3)$	I	I	I
■ *6*	14	$\neg(b_1 \wedge b_2) \vee (\neg b_1 \wedge b_3)$	I	$\neg I$	$\neg I$
■ *7*	77	$(b_1 \wedge \neg b_2) \vee (b_1 \wedge \neg b_3)$	I	$\neg I$	$\neg I$
■ *8*	25	$(\neg b_1 \wedge b_2) \vee \neg(b_1 \wedge b_3)$	I	$\neg I$	$\neg I$

Abb. 7–1 : **Validierung der Regel b-fe-mn-hausmuell:** $K^- = \{92\}$.

Zur Eingrenzung der Revisionskandidaten ruft VG zunächst die Funktion *Ableitungsregel (Konklusion)* auf, die für alle Konklusionen der Regelbasis die symbolischen Namen der sie ableitenden Regeln ausgibt. Diese Funktion wird vom Wissensakquisitionssystem immer dann aktiviert, wenn Regeln geändert oder neu akquiriert werden. Da mit *Ableitungsregel(I)* lediglich der Regelname *b-fe-mn-hausmuell* ausgegeben wird, folgt hieraus, daß nur ein Revisionskandidat existiert; die oben erwähnten Regeln fe-mn-hausmuell und b-hausmuell sind nicht präsent.

Welche Verfeinerungen kommen für b-fe-mn-hausmuell in Betracht? Dies leitet VG aus den Heurismen *generalisierung* und *spezialisierung* her:

$$Wenn\ Gen(Regel) > [SpezA(Regel) + SpezB(Regel)],$$
$$dann\ ist\ Regel\ ein\ Generalisierungskandidat.$$

$$Wenn\ Gen(Regel) < [SpezA(Regel) + SpezB(Regel)],$$
$$dann\ ist\ Regel\ ein\ Spezialisierungskandidat.$$

Gen(Regel) ist eine metalinguistische Funktion, die für alle Regeln einer Regelbasis eine ‚Generalisierungskennziffer' ausgibt, welche sich aus der Anzahl von Fällen bestimmt, in denen (a) *Regel* feuern sollte, dies aber nicht tat; (b) die Bedingungen von *Regel* im Vergleich zu *alternativen* Revisionskandidaten am ehesten erfüllt sein sollen. Auf den Gen-Aufruf von VG mit dem Argument b-fe-mn-hausmuell folgt die Ausgabe *1: Gen(b-fe-mn-hausmuell) $\rightarrow$ 1,* da lediglich V^{92} einen impliziten Interpretationsfehler von b-fe-mn-hausmuell dokumentiert.

SpezA(Regel) ist eine zu *Gen(Regel)* inverse Funktion, die ebenfalls Metawissen bereitstellt. *SpezA(Regel)* gibt für alle systembekannten Regeln eine ‚Spezialisierungkennziffer' aus, die sich bestimmt aus der Anzahl von Fällen, in denen (a) *Regel* gefeuert hat, aber nicht feuern sollte; (b) das gültige Systemergebnis ausgegeben worden wäre, wenn *Regel* nicht gefeuert hätte. Da außer V^{92} kein weiteres Validierungsprotokoll zu K_0 vorliegt, wurde SpezA(b-fe-mn-hausmuell) nicht hochgezählt: *SpezA(b-fe-mn-hausmuell) $\rightarrow$ 0.* Die zu *SpezA(Regel)* komplementäre Funktion *SpezB(Regel)* wird hochgezählt, wenn zu einer Regel *alternative* Revisionskandidaten existieren, was in diesem Beispiel nicht gegeben ist: *SpezB(b-fe-mn-hausmuell) $\rightarrow$ 0.*

Aufgrund dieser Ergebnisse feuert für b-fe-mn-hausmuell die Regel *generalisierung;* VG hat nun die Instruktion erhalten, den Revisionskandidaten *generalisierend* zu verfeinern.

Im nächsten Schritt sind Testregeln zu generieren, deren Verarbeitung eine Korrektur für k = 92 formal in Aussicht stellt. VG grenzt nun sukzessiv aus der Menge der Generalisierungsoperationen ϕ_G die auf b-fe-mn-hausmuell anwendbaren ein. Hierzu wird VG so programmiert, daß er - ebenso wie ein Mathematiker zunächst ein zu lösendes Gleichungssystem zu vereinfachen sucht - analysiert, ob der Generalisierungskandidat $R := (b_1^1 \wedge b_2^2) \vee (b_1^3 \wedge b_3^4) \Rightarrow I$ in eine einfachere Repräsentation gebracht werden kann. Dies ist möglich, denn VG kann eine Regel *konjunktive-normalform-1* feuern, deren ‚Erklärung' etwa lautet:

> *Wenn Bedingungen von R durch mindestens eine Disjunktion verknüpft sind,*
> *dann sind die konjunktiven Normalformen von R deren Verfeinerungskandidaten.*

Die konjunktiven Normalformen von b-fe-mn-hausmuell sind R-disjunkt1 $:= (b_1 \wedge b_2) \Rightarrow I$ und R-disjunkt2 $:= (b_1 \wedge b_3) \Rightarrow I$. Es ist tatsächlich möglich, beide konjunktive Normalformen *unabhängig* voneinander zu betrachten; zumindest hinsichtlich der Generalisierungsoperation $\phi_G^1 \in \Phi$.

Nun erhebt sich die Frage, wie VG die oben eingeführte Regel *und-2-verfeinerung* verarbeiten kann. Dazu muß VG die Mikrozustände von R für k = 92 bestimmen können. Es reicht nicht aus, lediglich zu wissen, daß R zwei implizite Interpretationsfehler macht (was hier nicht zutrifft). Daher interessiere nun, welche Mikrozustände der Regeln R-disjunkt1 und R-disjunkt2 für den XPS-Fall 92 vorliegen.

Zu deren Bestimmung ruft VG jetzt eine Funktion *Regeln-fuer(Regel)* auf, welche die Abhängigkeit der Erfüllung von *Regel* von den Konklusionen ‚vorauszufeuernder' Regeln aufzeigt:

$$Regeln\text{-}fuer(b\text{-}fe\text{-}mn\text{-}hausmuell) \rightarrow \{ 1\ \&\ 3: b\text{-}wert \mid 2: fe\text{-}wert \mid 4: mn\text{-}wert \}.$$

Der Präfix der für b-fe-mn-hausmuell ausgegebenen Regelnamen gibt an, welche Bedingung diese Regel matcht. Wenn keine dieser Regeln feuert, werden die Bedingungen von R-disjunkt1 und R-disjunkt2 nicht erfüllt (fehlende ‚hoch' Kompilierung der Meßwerte). Mit dieser Ausgabe sind die Mikrozustände aus der protokollierten Regelmenge R^{92} herauslesbar: R^{92} enthält die Namen der Regeln *fe-wert und mn-wert, aber nicht b-wert.* Hieraus folgt, daß sowohl R-disjunkt1 wie auch R-disjunkt2 im Mikrozustand 2 war. Die oben eingeführte Regel *und-2-verfeinerung* feuert für beide Revisionskandidaten deshalb nicht, weil für jede dieser Regeln in K_0 jeweils nur ein Mikrozustand als impliziter Interpretationsfehler evaluiert wurde; die fünfte Bedingung ist nicht erfüllt. Da *und-2-verfeinerung* nicht feuert, ist die Operation ϕ_G^1 verworfen.

Bei einer Nichterfüllung aller Bedingungen von und-2-verfeinerung ist die ermittelte Information für die weitere Operandenselektion in $\phi_G \in \Phi$ verwertbar.

Eine weitere potentielle Generalisierungsoperation ist die ‚disjunktive Erweiterung' $\phi_G^2 \subset \Phi$. Einer disjunktiven Erweiterung liegt die Logik zugrunde, den Bedingungsteil des Revisionskandidaten zu erhalten, weil hierüber sichergestellt ist, daß bereits erzeugte valide XPS-Ergebnisse $k \in K_0^+$ reproduzierbar sind. Das Ziel dieser Generalisierungsoperation ist es, durch Einfügung eines *Disjunktionstermes* eine Verfeinerung vorzunehmen, die *gerade* den zu revidierenden Mikrozustand korrigiert, aber nicht *übergeneralisiert*.

Dies bedeutet für das vorliegende Problem, daß die Regeln R-disjunkt1 und R-disjunkt2 unverändert bleiben und eine Regel *R-disjunkt3* zu generieren ist. Hierzu dient VG *disjunktive-erweiterung-1:*

Wenn R ein Generalisierungskandidat ist, und
wenn die Bedingungen $\{b_1, b_2, ... b_r\} \in R$ der zu revidierenden Mikrozustände von R erfüllt sind,
dann ist die Konjunktion dieser erfüllten Bedingungen EDE := $\{b_1 \wedge b_2 \wedge .... \wedge b_n\}$ $(n \leq r)$
eine elementare disjunktive Erweiterung EDE von R.

Diese Regel feuert sowohl für R-disjunkt1 wie auch für R-disjunkt2 und *selektiert* die Bedingungen $\{b_2\}$ $\in$ R-disjunkt1 und $\{b_3\} \in$ R-disjunkt2 als Erweiterungsterme. Daraufhin feuert die Aggregationsregel *disjunktive-erweiterung-2*, deren Umschreibung etwa lautet:

Wenn die konjunktive Normalformen von R Verfeinerungskandidaten sind, und
wenn { R-disjunkt1, R-disjunkt2 , ...} die Verfeinerungskandidaten von R sind, und
wenn für die Verfeinerungskandidaten von R die elementaren disjunktiven
Erweiterungen $\{EDE_1, EDE_2, ... \}$ existieren,
dann ist die nichtredundante Vereinigung der elementaren disjunktiven Erweiterungen
DE (R) := $\{EDE_1 \cup EDE_2 \cup ... \}$ von R deren disjunktive Erweiterung DE(R).

Die Regel disjunktive-erweiterung-2 formuliert aus den elementaren disjunktiven Erweiterungen
$$EDE_1 := \{b_2\} \text{ und } EDE_2 := \{b_3\}$$
das endgültige Bedingungskonstrukt $(b_2 \wedge b_3)$ von R-disjunkt3. Diese Konjunktion wird dem Regelgenerator des Wissensakquisitionssystems übergeben, der dann repräsentiert: R-disjunkt3 := $(b_2 \wedge b_3) \Rightarrow$ I. Diese Regel entspricht der oben eingeführten Regel *fe-mn-hausmuell*.

Damit bewirkte die Verfeinerungsoperation $\phi_G^2 \in \Phi$, daß die revidierte Regel b-fe-mn-hausmuell nun wie folgt dargestellt ist:

Wenn der Bor-Wert und der Eisen-Wert im Grundwasser hoch sind,
oder wenn der Bor-Wert und der Mangan-Wert im Grundwasser hoch sind,
oder wenn der Eisen-Wert und der Mangan-Wert im Grundwasser hoch sind,
dann ist das Grundwasser durch Hausmuell beeinflußt.

Der VG hat also ‚festgestellt', daß die für k = 92 vermißte Interpretation von R durch die von Bor *unabhängige* Beurteilung der Eisen- und Mangan-Konzentrationen herleitbar ist.

Wie der Leser erkennt, handelt es sich bei dieser *Testregel* R' := $[(b_1^1 \wedge b_2^2) \vee (b_1^3 \wedge b_3^4) \vee (b_2^5 \wedge b_3^6)] \Rightarrow$ I um die 2/3-Auswahlregel *ar-b-fe-mn-hausmuell*, die oben eingeführt wurde (Abschn. 4). Der VG kann also neben der Regel R' noch deren Auswahlform als *äquivalente* Testregel vorschlagen.

Weitere Testregeln sind nicht generierbar: die Operation ϕ_G^3 verändert das obige Resultat von ϕ_G^2 nicht. Da der Revisionskandidat R ursprünglich keine *Auswahlform* hatte, sind die Generalisierungen ϕ_G^4 und ϕ_G^5 nicht relevant. Dies gilt ebenso für die Operation ϕ_G^6, da alle b $\in$ R keine numerischen Intervallgrenzen repräsentieren. Der VG terminiert daher mit ϕ_G^2 als sog. *on-target revision*.

Der Bereichsexperte selektiert daraufhin interaktiv die von ihm erwünschte Repräsentationsalternative ar-b-fe-mn-hausmuell oder b-fe-mn-hausmuell, welche schließlich getestet wird.

Das hier erläuterte Verfeinerungsbeispiel demonstriert die elementaren Mechanismen eines VG ohne die Wechselwirkungen zwischen Regelmodifikationen einzubeziehen. Nicht alle Verfeinerungsprobleme lassen sich unmittelbar auf der Ebene *elementarer* Spezialisierungs- oder Generalisierungsoperationen bewältigen und erfordern eine *simultane* Analyse zweier oder mehrerer Revisionsobjekte. Die Verfeinerungsoperationen zweiter Ordnung sind Komplexoperationen wie: *Generalisiere Regel R_{18} und spezialisiere Regel R_{24}*. Die Revisionsheurismen, die auf mehr als zwei Regeln operieren, bezeichnet man als solche *höherer Ordnung* (Ginsberg 1986). Sie verarbeiten mit analogen Techniken aufgebautes Metawissen, in welches insbesondere die *Rechtfertigungskritik* eingeht.

Die im obigen Verfeinerungsbeispiel eingeführten Heurismen *generalisierung* und *spezialisierung* operieren mit Metawissen, welches *Fehlermaße einer Regel* abbildet, um hieraus zu bestimmen, *welche Verfeinerungskategorie* ϕ_G oder ϕ_s relevant ist. Zur systemgestützten Vereinheitlichung einer wissensbasierten Altlastenbeurteilung sind des weiteren *Maße für Konservierungsheurismen* zu entwickeln, welche die *Korrektheit und Validität einer Regel* erfassen, um einzelne Regeln (z.B. solche mit hohen SpezB-Zahlen) als Revisionsobjekte *auszugrenzen*.

8 Verifikation der Konsistenz von Regelbasen

Kann eine Produktionsregel aus einer Regelbasis entfernt werden, ohne die Schlußfolgerungsfähigkeit des Expertensystems zu beeinträchtigen, so ist diese *redundant*. Eine Regelbasis ist *zyklisch,* wenn der Regelinterpreter eine Ableitungskette generiert, die nicht terminiert. Enthalten die ausgegebenen Schlußfolgerungen zwei logisch einander ausschließende Interpretationen, so ist die verarbeitete Regelbasis *widersprüchlich*. Bevor eine Regelbasis für den Routineeinsatz freigegeben wird, muß sichergestellt sein, daß diese nichtredundant, azyklisch und widerspruchsfrei ist.

Der klassische Ansatz der Expertensystemtechnik zur Verifikation dieser Konsistenzeigenschaften ist der *Tabellenansatz,* der von Lockheed Research 1984 - 1987 weiterentwickelt und erfolgreich eingesetzt wurde (Nguyen et al. 1987). Das System CHECK findet widersprüchliche und redundante Regeln, unerfüllbare Bedingungen und Zyklen; es unterstützt ebenso die Vollständigkeitsprüfung. Von CHECK analysierte Regelbasen können sowohl vorwärts- wie rückwärtsverkettende Regeln enthalten und auch generische Regeln repräsentieren.

A. Ginsberg hat CHECK kritisiert, weil jeweils nur Paare von Regeln betrachtet würden und dieser methodische Ansatz nicht alle Redundanzen und Inkonsistenzen aufdecken kann (Ginsberg 1987). Diese Kritik ist nur teilweise korrekt: Nguyen hat mit ARC (ART Rule Checker) eine ART-spezifische Version dieses Ansatzes beschrieben, welche die Widerspruchs- und Zyklenfreiheit für *Ableitungsketten -* die er ‚inference graphs' nennt - verifiziert (Nguyen 1987).

Das von A. Ginsberg entwickelte System Knowledge-Base Reducer (KBR) basiert auf einem *Reduktionsansatz,* der seit 1987 von den AT & T Bell Laboratories erprobt und ausgebaut wird. Dieses Verifikationprinzip stützt sich auf die ATMS-Idee und ermittelt für jede Regel(-konklusion) sog. *Label,* welche die ‚Ableitungsannahmen' darstellen, d.h. jede Konklusion wird auf ihre *Eingabeabhängigkeit reduziert*. Während der sukzessiven Labelberechnung ordnet KBR die Regeln unterschiedlichen *Levels* zu: dem Level 0 entsprechen Regeln, die durch Benutzereingaben gefeuert werden, dem Level 1 die ‚anschließend' verarbeiteten etc. Dem höchsten Level werden die Regeln zugeordnet, welche die *Interpretationen* ableiten. Bei jeder erneuten Label- und Levelberechnung erfolgen Konsistenz- und Redundanzprüfungen. Die Performanz dieses Systems ist akzeptabel: KBR verifizierte 370 azyklische Regeln in 10 CPU-Stunden (Ginsberg 1988). Bei einer inkrementellen Regelbasiserweiterung benötigt KBR lediglich einen Bruchteil dieser Rechenzeit.

Das Hauptanwendungsproblem von KBR für die Altlastenbeurteilung ist weniger in der geforderten *Monotonie* des Inferenzsystems zu sehen, als in der Erweiterung auf *generische* Regeln (Reinfrank 1989). Gelingt es, den Reduktionsansatz auf generische Regelmengen anzuwenden, so wird sich diese Verifikationsmethode auch in der Umweltinformatik durchsetzen.

9 Schluß

Alle Revisionen sollen *konsistent* und *assimilativ* sein. Die XPS-Integration von Begründungsverwaltungssystemen, wie Truth Maintenance Systeme auch genannt werden, sichert allein die Konsistenz der Regelbasis. Ohne eine explizite Akquisition von Wissen über die ‚auslösenden' Momente und Ziele von Revisionsprozessen kann deren Leistung nicht auf die Identifikation von Seiteneffekten ausgeweitet werden. *Systemseitig* lassen sich assimilative Revisionen durch eine Evaluierungsschnittstelle im Verbund mit einer fallbezogenen Protokollierung abstützen.

10 Literatur

L. Bonsiepen; W. Coy: *Szenen einer Krise - Ist Knowledge Engineering eine Antwort auf die Dauerkrise des Software Engineering?* Künstliche Intelligenz 4 (1990) 2, S. 5 - 11

U. Clausen: *Eine interaktive Wissenserwerbskomponente für ein wissensbasiertes Altlastensystem.* KfK-Bericht 4600. Kernforschungszentrum Karlsruhe (KfK), Karlsruhe, August 1989

W. Coy; L. Bonsiepen: *Erfahrung und Berechnung - Kritik der Expertensystemtechnik.* Springer Verlag, Berlin 1989

W. Geiger; R. Weidemann: *The XUMA Expert System for Contaminated Sites: Functions, Explanations and Knowledge Acquisition.* Proc. 10th Int. Workshop ‚Expert Systems & Their Applications', Bd. 2, S. 951 - 961. Avignon, France: May 28 - June 1, 1990

W. Geiger; R. Weidemann; W. Eitel: *Konzepte des Expertensystems XUMA für Altlasten.* KfK-Nachrichten 21 (1989) 3, S. 133 - 137

A. Ginsberg: *A new Approach to Checking Knowledge Bases for Inconsistency and Redundancy.* Proc. 3rd Annual Expert Systems in Government Conference, S. 102 - 111. Washington, D.C. 1987

A. Ginsberg: *Refinement of Expert System Knowledge Bases: A Metalinguistic Framework for Heuristic Analysis.* Ph.-D. Thesis. Rutgers University, Department of Computer Science, Technical Report CBM-TR-147, New Brunswick: May 1986

A. Ginsberg: *Knowledge-Base Reduction: A New Approach to Checking Knowledge Bases for Inconsistency & Redundancy.* Proc. 7th Nat. Conf. on Artificial Intelligence (AAAI-88), S. 585 - 589. Saint Paul, Minnesota: August 21 - 26, 1988

A. Ginsberg: *Theory Revision via Prior Operationalisation.* Proc. 7th Nat. Conference on Artifial Intelligence (AAAI-88), S. 590 - 595. St. Paul, Minnesota: August 21 - 26, 1988b

C. Hestermann; S. Karl: *Methoden und Werkzeuge für die Wissensakquisition.* Eine Übersicht über den State-of-the-Art. Interner Bericht Nr. 7/89. Universität Karlsruhe, Fakultät für Informatik 1989

A. Jaeschke: *Expertensysteme im Umweltbereich.* KfK-Nachrichten 21 (1989) 3, S. 129 - 132

A. Jaeschke; W. Geiger; B. Page (Hrsg.): *Informatik im Umweltschutz.* Proc. 4. Symposium: Karlsruhe, 6.-8. November 1989. Informatik-Fachberichte 228, Springer Verlag, Berlin 1989

Ministerium für Umwelt Baden-Württemberg (Hrsg.): *Altlasten-Handbuch.* Ministerium für Umwelt Baden-Württemberg, Stuttgart 1988

T.A. Nguyen: *Verifying Consistency of Production Systems.* Proc. 3rd Conf. on Artif. Intelligence Applications (CAIA-87), S. 4 - 8. IEEE Computer Society Press, Washington: February 1987

T.A. Nguyen; W.A. Perkins; T. J. Laffey; D. Pecora: *Knowledge Base Verification.* AI Magazine 8 (1987) 2, S. 69 - 76

G. Osterkamp; B. Richter; W. Skala: *Anforderungen an ein wissensbasiertes System zur Bewertung von Gefährdungspotentialen.* In: Jaeschke et al. (Hrsg.) 1989, S. 395 - 405

B. Page; A. Jaeschke; W. Pillmann: *Angewandte Informatik im Umweltschutz.* Informatik-Spektrum 13 (1990) 1, S. 6 - 16 und 13 (1990) 2, S. 86 - 97

M. Reinfrank: *Fundamentals and Logical Foundations of Truth Maintenance.* Ph.-D. Thesis. Linköping University, Department of Computer and Information Science; Linköping, Sweden 1989

R. Weidemann; W. Geiger: *XUMA - Ein Assistent für die Beurteilung von Altlasten.* In: Jaeschke et al. (Hrsg.) 1989, S. 385 - 394

R. Weidemann; W. Geiger; W. Eitel: *Entwurf eines Expertensystems zur Beurteilung von Abfallstoffen.* In: A. Jaeschke; B. Page (Hrsg.): *Informatikanwendungen im Umweltbereich.* Proc. 2. Symposium: Karlsruhe, 9. / 10. November 1987. Informatik-Fachberichte 170, S. 116 - 126. Springer-Verlag, Berlin 1988

Entwicklungstendenzen in Waldökosystemen

Ergebnisse der Scannerbildanalyse auf einem Parallelrechner

W. Pillmann
Österreichisches Bundesinstitut
für Gesundheitswesen
Stubenring 6, A - 1010 Wien

Z. Zobl
Gesellschaft für Parallele
Datenverarbeitung - GEPARD
Am Kanal 27, A - 1110 Wien

Scannerbildverarbeitung, Waldzustandserhebung, Parallelrechneranwendung, Bildanalyse

Zusammenfassung

Die Beobachtung des Ökosystems Wald erfordert lange Beobachtungszeiten, um Aussagen über Entwicklungstendenzen zu ermöglichen. Methoden der Fernerkundung mit visuellen Luftbildinterpretationen bieten derzeit schon eine hohe Aussageschärfe und teilweise gute Wiederholbarkeit der Kronenzustandsbeurteilung. Mit Multispektralscannern werden Strahldichtewerte meßtechnisch erfaßt. Mit den Daten besteht die Möglichkeit, über viele Jahre Vergleiche der spektralen Signaturen von Vegetationsbereichen durchzuführen und damit die Waldzustandsentwicklung objektiviert zu beurteilen.

Der Schwerpunkt des vorliegenden Beitrages liegt auf der Darstellung und Analyse digitaler Scannerdaten in einem Transputernetzwerk mit auf die Prozessoren verteilter Grafikfunktion. Dargestellt werden die Methoden und Ergebnisse der spektralen Abgrenzung von Phytotopen wie sie für Biotopkartierungen und zur Waldschadensfeststellung benötigt werden. Die Resultate zeigen, daß durch optimale Kombination von Methoden der Fernerkundung, der terrestrischen Erhebung und durch sorgfältiger Beobachtungen der den Wald beeinflussenden Variablen eine Präzisierung der Waldzustandsentwicklung erreicht wird.

1. Methodik der Waldzustandserhebung

Am Österreichischen Bundesinstitut für Gesundheitswesen wurden seit 1978 Methoden der Fernerkundung zur Waldzustandsbeschreibung eingesetzt. Einerseits wurden Farbinfrarot–Luftbilder angefertigt und die Bilder visuell interpretiert, andererseits erschienen spektrale Messungen der Rückstrahlungswerte von Waldflächen ein geeignetes Mittel zur objektiven Dokumentation der Eigenschaften von Bäumen, mit dem Ziel Veränderungen festzustellen (Pillmann, Zobl 1988a).

Speziell der Stadtbereich Wiens und der Wienerwald sind Gegenstand genauer Untersuchungen. Ziel der Forschung ist die Erkennung von Wirkungszusammenhängen zwischen den den Wald beeinflussenden Faktoren, um Aussagen über Maßnahmen zur Minderung anthropogen verursachter negativer Einflüsse treffen zu können.

Zur Waldzustandserkennung wurden Methodenkombinationen entwickelt.

o Die visuelle Interpretation von Luftbildern mit Hilfe von Luftbildinterpretationsschlüsseln, die unmittelbar im Anschluß an einen Bildflug erstellt werden (Arbeitsgruppe Forstlicher Luftbildinterpreten 1988).

o Untersuchungen auf Dauerbeobachtungsflächen erfolgen durch terrestrische Erhebungen und Luftbildinterpretationen an identen Einzelbäumen.

o Scannerbildklassifikationen in einartigen Beständen ermöglichen die Erkennung von Vitalitätsstufen.

o Scannerbildklassifikationen werden auch zur Abgrenzung artähnlicher Baumbestände (Phytotope) bezüglich Baumalter, Mischungsverhältnis der Baumarten, Kronenschlußgrad, Exposition, Boden, Wasserversorgung u.a. eingesetzt.

Wesentliche Aussagen über den Wienerwald sind in der Biotopkartierung enthalten (Klar 1990). Auch das Forstoperat liefert Daten zu forstlichen Beständen aus der Sicht der Waldbewirtschaftung, die gleichzeitig auch wertvolle Daten zur Waldzustandsbeschreibung liefern.

2. Scannerbildverarbeitung

Während periodisch durchgeführter Befliegungen über Wien werden vom Flugzeug aus mit einer Reihenmeßkammer RMK A/23 Farbinfrarotluftbilder aufgenommen und mit dem Multispektralscanner Daedalus ATM in 11 Spektralkanälen Strahldichten gemessen. Bei einer Flughöhe von rund 2000 m über Grund und einer Aufnahmegeschwindigkeit von rund 300 km/h wird eine Szene unterhalb eines Flugzeuges mit einer Auflösung von etwa 2.5 m digital abgebildet. Die zeilenmäßig abgelegten Rohdaten der Strahlungsmeßwerte werden gemeinsam mit bildspezifischen Kalibrierparametern abgespeichert. Die Auflösung des Luftbildes beträgt geometrisch etwa 25 cm. Spektral ist der Scanner dem Luftbild weit überlegen.

Bei einem Meßflug werden an jedem Meßtag etwa 500 bis 800 MByte Bilddaten aufgenommen. Die Vorverarbeitung dieser Daten beinhaltet Bildkorrekturen, Beseitigung von Scannfehlern, die Kalibrierung der Strahlungswerte, Bildentzerrungen, Glättungsfunktionen u.a. Das bis 1988 am ÖBIG eingesetzte Bildverarbeitungssystem DeAnza in Verbindung mit einer PDP 11/23 und einer Micro Vax 3500 konnte je nach Komplexität der benutzten Rechenverfahren nur über Flächen von einigen ha bis wenigen km^2 Ergebnisse liefern. Der Einsatz der bis dahin entwickelten Verfahren zur flächenhaften Bearbeitung der digitalen Bilder war erst durch den Einsatz eines Parallelrechnersystems auf Transputerbasis möglich.

3. Bildanalyse auf Parallelrechnersystemen

Das Transputersystem IMPULS T2400 besteht aus einem AT 386 als Host und 17 Transputern T800 (Pillmann 1988). Die Rechenleistung ist stark von der benutzten Programmiersprache und der Programmierung abhängig und beträgt zwischen 20 und 50 MFlop/s. Die gute Parallelisierbarkeit rein spektraler Bildanalysemethoden sowie die hohe Rechenleistung erlauben daher vielfältige Versuche mit Verfahren, die hohe numerische Rechenleistungen erfordern. Gegenüber den bisher verwendeten Rechnern konnte eine Beschleunigung der Berechnungen mit einem Faktor von über 100 erzielt werden. Gleichzeitig können durch die auf die Prozessoren verteilten Grafikfunktionen Ergebnisse online dargestellt werden.

3.1 Softwarestruktur der Bildanalyse

Der Bildverarbeitungssoftware ist ein Grafik- und Message-routingsystem unterlegt, das die Kommunikation zwischen den Prozessen der "farm" herstellt und die parallele Grafik realisiert (Zobl

1990). Die Bildverarbeitungsprogramme bestehen daher aus dem Kommunikationsprozeß, den lokalen Grafik-interpretern und dem benutzerdefinierten Programm. Diese drei Prozesse sind auf jedem Transputer mit verschiedener Priorität realisiert und laufen quasi parallel ab. Funktionen wie Datentransfer, floating-point operationen und gewisse Speicherzugriffe (DMA) können von der CPU simultan durchgeführt werden (Bild 1).

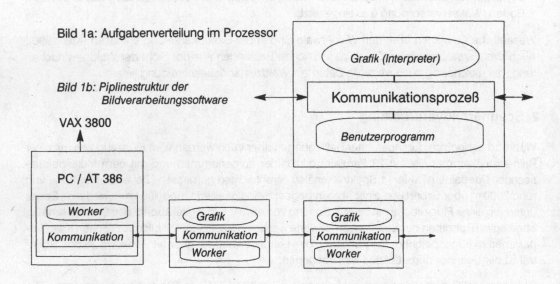

Bild 1a: Aufgabenverteilung im Prozessor

Bild 1b: Piplinestruktur der
Bildverarbeitungssoftware

GRAFIK

Der Grafik-Prozeß ist ein in jedem Prozessor liegender Interpreter, der die lokale Verwaltung der verteilten Grafik übernimmt. Mit dem Grafik-Prozeß werden Funktionen wie Liniengrafiken, Pixelgrafiken und gerätespezifische Funktionen wie look-up table setzen, zooming und scroll realisiert. Die Grafik-Befehle für den Interpreter können von jedem beliebigen Benutzerprozeß abgesetzt werden. Dabei wird eine "message" zusammengestellt, in der der entsprechende Grafik-Befehl und die zugehörigen Daten enthalten sind und an einen Kommunikationsprozeß (message-routing-Prozeß) übergeben. Dieser Kommunikationsprozeß veranlaßt die Übergabe der message an die entsprechenden Grafikprozesse.

KOMMUNIKATIONSPROZESS

Er wählt aufgrund des Ziels und des Messagetyps gezielt die Kommunikationskanäle aus, über die die Daten weitergegeben werden. Weiters interpretiert er die ankommenden Daten und entscheidet über deren weitere Verarbeitung. Schließlich sorgt er für die Synchronisation des Datenaustausches über mehrere Prozessoren hinweg und übernimmt die Datenpufferung.

WORKER

Das anwendungsspezifisches Benutzerprogramm wird als "worker" bezeichnet, das über die entsprechenden Bibliotheksfunktionen sowohl die Grafik ansprechen als auch auf ein hardwareunabhängiges Kommunikationskonzept zurückgreifen kann.

3.2 Clusteranalyse und Bildklassifikation

Als Beispiel einer realisierten Anwendung wird die parallelisierte Version der Clusteranalyse und Bildklassifikation vorgestellt. Die Hauptaufgaben der Bildverarbeitung übernehmen die 17 Worker, ein zusätzlicher Transputer (T414) übernimmt als Master die Datenaufteilung sowie die Steuerung des Gesamtablaufs der Clusteranalyse und der Klassifikation.

Im ersten Schritt der Clusteranalyse werden jedem Worker die Startcentroide und die Umrechnungsparameter gesendet. Danach werden die Testdatensätze übertragen und der Befehl zu deren Analyse gegeben. In jedem Transputer werden suffiziente Statistiken gebildet, deren Ergebnisse an den Master zurückgesendet werden. Im Master werden neue Centroide gebildet, die für den nächsten Verfahrensschritt eingesetzt werden. Nach dem Eintreten vorgegebener Kriterien beendet der Master die Analysetätigkeit und speichert die Ergebnisse ab. Die Dichte des Netzes verwendeter Analysenpunkte, der Startcentroide der Kanäle und des Abbuchkriteriums werden vom Benutzer vorgegeben.

Bei der Klassifikation werden vom Master die Centroide und Umrechnungsparameter an die Worker gesendet, mit denen die Zuordnungen zu den Klassen berechnet werden. Gleichzeitig dazu wird die Darstellung eines Bildsegmentes der Klassifikation auf der verteilten Grafik realisiert und Statistiken wie Klassengröße, Klassenvarianzen und Basisstatistiken dargestellt.

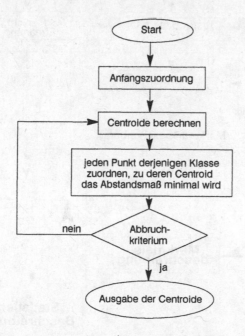

Bild 2: Flußdiagramm des Minimum–Distance Verfahrens

Das genannte Verfahren geht von einer vorgegebenen Anzahl von Klassenvertretern, sogenannten Centroiden, aus. Es sind dies Mittelwertsvektoren aller zu einer Klasse gehörigen Elemente. Im vorliegenden Fall sind die Merkmalsvektren die vorverarbeiteten 11 Spektralleistungsdichten der Bildpunkte. Jeder zu klassifizierende Bildpunkt wird mit jedem Centroid verglichen und anschließend der Klasse zugeordnet, die der Klasse des ähnlichsten Centroides entspricht. Eine Hauptaufgabe der Bildanalyse steht in der mathematischen Formulierung der Ähnlichkeit zwischen Centroiden.

Nach Aufteilung eines gesamten Datensatzes in Klassen erhält man neue Mittelwertsvektoren für die neuen Klassen. Im nächsten Rekursionsschritt werden die Centroide des vorangegangenen Analysenschrittes durch die neuen Mittelwertsvektoren ersetzt und der Zuordnungsvorgang wiederholt. Tritt nur mehr eine geringe, vorgegebene Anzahl von Änderungen der Klassenzuordnungen auf, wird das Verfahren abgebrochen. Konvergenzprobleme traten während vielfacher Bildanalysen in zwei Bearbeitungsjahren nur einmal auf. Bild 2 zeigt das Flußdiagramm der Clusteranalyse.

In Bild 3 ist ein Überblick über die Methodik der Scannerbildverarbeitung zur Waldzustandsbeschreibung dargestellt.

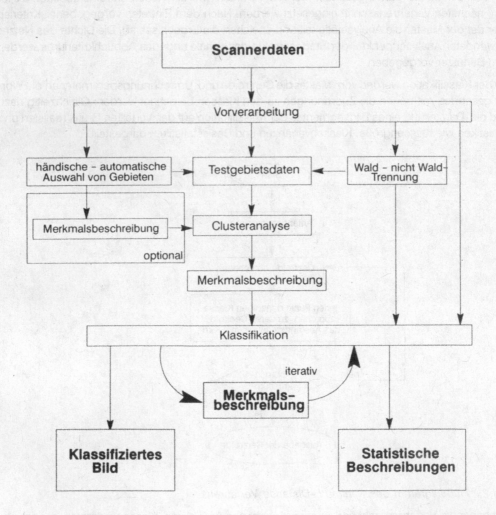

Bild 3: Überblick über die mehrstufige, iterative Klassifikation mit Hilfe der Clusteranalyse

Eine Hauptaufgabe der rechentechnischen Durchführung der Bildanalyse lag in der Parallelisierung und Entwicklung eines geeigneten Abstandsmaßes. Die Parallelisierung enthielt keine prinzipiellen Hindernisse, jedoch waren einige systembedingte Probleme zu lösen. Eine günstige Verteilung der Aufgaben wurde darin gesehen, daß einzelne parallele Programme nur eine Teilmenge des gesamten Datensatzes bearbeiten und über einen gemeinsamen Kontrollprozeß kommunizieren.

Viel aufwendiger gestaltete sich die Entwicklung der Formulierung der Ähnlichkeit bzw. des dazu äquivalenten Abstandsmaßes. Im ersten Schritt begnügten wir uns damit, den Datensatz durch Einsatz eines mathematisch formulierten Abstandsmaßes in verschiedene Klassen aufzuteilen. Der Vergleich mit Ergebnissen aus terrestrischen Erhebungen zeigte Erfolge, die vorerst meist zufällig waren, als auch Mißerfolge.

Untersucht wurde, welche rechentechnischen Möglichkeiten in multispektralen Scannerdaten bestehen, um Objekte mit Hilfe spektraler Verfahren zu separieren. Durch Veränderungen der Distanzfunktion und Normierung der Daten sowie der Klassenvertreter konnten verbesserte Ergebnisse erzielt werden. Vielfache Vergleiche der durch Bildanalyse gewonnenen Aussagen und den terrestrischen Beobachtungen führten zu in Teilbereichen plausiblen Ergebnissen (s.Kap. 4). Um die Rechenzeit zu verringern und die Qualität der Ergebnisse zu erhöhen, wurden die Daten schrittweise nach folgenden Gesichtspunkten reduziert:

      o Abspaltung der Bereiche mit Vegetation von denen die nicht
         Untersuchungsgegenstand sind (z.B. Straßen, Hausdächer,
         Gewässer, Schattenbereiche)
      o Separation Wald – sonstige Vegetation (z.B. Wiese, Büsche,
         landwirtschaftliche Flächen)
      o Trennung von Baumarten.

Gewisse Baumarten konnten zumindest großflächg gut voneinander getrennt werden. Teilweise tendierte das Verfahren dazu, vorrangig Inhalte wie Baumalter, Geländeform und Bodenbedeckung zu unterscheiden. In einem langwierigen Wechselspiel zwischen Bildanalysen und deren Vergleich mit Baumtyp–Karten, Biotopkartierungen, Forstoperaten und einzelbaumweise visuell interpretierten Kronenzustandsstufen wurden für unterschiedliche Aufgabenstellungen auch verschiedene Abstandsmaße zur Baumartentrennung, Zustandscharakterisierung in einartigen Baumbeständen und zur Abgrenzung von Phytotopen formuliert.

Die Ergebnisse zeigen, daß die Trennung vieler Bildinhalte durchaus möglich ist, jedoch die Deutung der Klassen oft Schwierigkeiten bietet. Eindeutige Unterschiede in der Computerklassifikation sind mitunter im Wald nicht nachvollziehbar, andererseits reichen reine Bildinformationen aus den Scannerdaten oft nicht aus, um Kronenzustandsklassen großflächig zu unterscheiden. Erst durch intensive Zusammenarbeit mit Biologen und Forstfachleuten wird in Zukunft die Möglichkeit gesehen, zu einer Zusammenführung zwischen Klassifikationen aus terrestrische Erhebungen und den aus Strahlungswertanalysen gewonnenen Scannerbildklassifikationen zu gelangen. Andere, häufig benutzte Ansätze der überwachten Klassifikation bieten bei der Deutung von Klassifizierungsergebnissen deutlich geringere Probleme, erfordern jedoch eine intensive Interaktion für die Klassifikation jeder Szene, die besonders bei der Untersuchung großer Waldbereiche einen hohen Bearbeitungsaufwand mit sich bringen können (vgl. auch Reinartz 1990).

Jedes Ergebnis einer Scannerbildklassifikation wurde anhand terrestrischer Erhebungen und visuellen Luftbildinterpretationen geprüft. Während dieser Arbeit wurde deutlich, daß nur unter Beachtung der den Wald beeinflussender lokal unterschiedlichen Faktoren wie Klima, Wasserhaushalt, Exposition, Bodentyp, Schadstoffeinträge, Bestandesgegebenheiten,anthropogene Einwirkungen u.a., gemeinsam mit den meßtechnisch erhobenen Daten die Grundlage für eine Ursachenanalyse und den davon abgeleiteten Maßnahmen zum Schutz des Waldes bilden können.

4. Ergebnisse der Scannerbildklassifikation

Drei Ergebnisse der Scannerbildklassifikation zur Waldzustandserkennung werden im folgenden dargestellt (Pillmann, Zobl 1988 b).

Die Abhängigkeit der Spektralsignaturen vom Kronenzustand in homogenen Waldbeständen zeigt sich verstärkt in den Spektralkanälen 7 bis 9 (rot bis nahes Infrarot). Bild 4 zeigt am Beispiel von Bäumen der Kronenzustandsstufen 1 (gesund, vital) bis 4 (krank, absterbend) die spektralen Rückstrahlwerte.

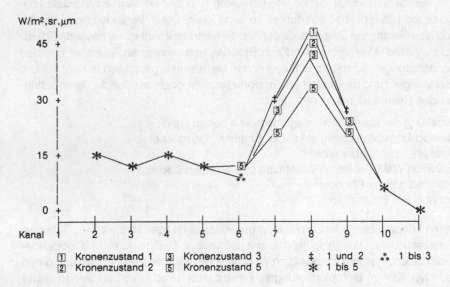

Bild 4: Mittelwerte der Spektralsignaturen der Kronenzustandsstufen 1 - 3 und 5 (300 Pixel)

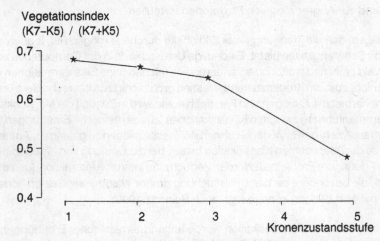

Bild 5: Mittelwerte des Vegetationsindex der Kronenzustandsstufen 1 - 3 und 5

Bildet man als charakteristische Kennziffer des Kronenzustandes einen Vegetationsindex (Kanal 7–Kanal 5) / (Kanal 7 + Kanal 5), zeigt sich ein deutlicher Zusammenhang mit der Kronenzustandsstufe (Bild 5). Damit kann im statistischem Sinn eine Trennung der Kronenzustandsstufen erreicht werden. Ein Rückschluß auf den Zustand des Einzelbaumes ist aufgrund der Schattenbildungen im Kronenbereich und der Mischsignaturen in den Randzonen nicht befriedigend möglich.

Als zweite Untersuchung wurde in einem heterogenen Bestand eine Trennung nach Baumarten vorgenommen. Tabelle 1 zeigt das Ergebnis der Klassenbildung und die im Anschluß daran durchgeführte terrestrische Zuordnung der Baumarten.

Klasse	E	Ei+	Rbj	Rbm	Rba	Hb	Ki	Es	Zi	Bi	Frf.	+Sch
1				x		x	x	x				
2							x	x				
3	x			x		x						
4 – 8		x	x						x	x		
unklass.								x				x

Verwendete Abkürzungen:

Ei	Eiche	Ki	Vogelkirsche
Ei+	Eiche (abestorbene Exemplare)	Es	Esche
Rbj	Rotbuche (Jugend bis ca. 15 Jahre)	Zi	Zitterpappel
Rbm	Rotbuche (von ca. 15 bis etwa 80 Jahre)	Bi	Birke
Rba	Rotbuche (Altexemplare)	Frf	Freiflächen
Hb	Hainbuche	Sch	Schatten

Tabelle 1:   Vorkommen von Baumarten in den von der Clusteranalye separierten Klassen (Ermittlung aus Bodenerhebungen)

Durchaus möglich escheint es, durch Differenz und Summenbildung zwischen den Klassen eine für forstliche Anwendungszwecke geeignete Trennung zwischen Baumarten zu erreichen.

Im dritten Untersuchungsgebiet Leopoldsberg/Kahlenberg wurden einerseits terrestrische Erhebungen durch zwei unabhängig arbeitende Gruppen durchgeführt, und andererseits eine Scannerbildklassifikation angefertigt. Durch die Ergebnisse der Bodenerhebungen konnte eine Zuordnung der in der Bildanalyse ausgewiesenen Klassen zu den in der Natur abgrenzbaren Flächen erfolgen.

Aus dem Scannerbild wurden in den ersten Schritten der Bildverarbeitung eine Glättung und eine Trennung des Laubwaldes von Verkehrswegen, verbauten Flächen, Wiesen und Nadelwald durchgeführt.

In einem Raster mit der Maschenweite von 25 Bildzeilen bzw. 25 Bildspalten wurden je ein Datenpunkt in 7 Spektralkanälen (Kanal 4 bis 10) als Stichprobe für die Durchführung der Clusteranalyse verwendet. Dabei wurden allein die, den Laubwald beschreibenden Daten des Scannerbildes zur Berechnung der Klassen verwendet. Die aus dieser Clusteranalyse charakteristischen, spektralen Beschreibungsmerkmale (Centroide) und deren kanalspezifische Standardabweichungen wurden für die Klassifikation des Gesamtbildes eingesetzt. Das Ergebnis der Klassifikation wird als Farbbild im Vortrag gezeigt.

Die Schwierigkeiten, die im Ergebnis der Klassenzuweisung deutlich wurden, waren:
- *eine Klasse beschreibt mehrere Baumarten*
- *eine Baumart erscheint getrennt in mehreren Klassen*
- *eine Klasse beschreibt nicht über das gesamte Bild eine bestimmte*
  naturräumliche Gegebenheit; die höhenmäßige Gliederung des
  Geländes und die damit unterschiedlichen Beleuchtungsverhältnisse
  bewirken eine zusätzliche Separierung der Klassen.

Eine Abgrenzung naturräumlich unterschiedlicher Bereiche (Baumarten, Altersgruppen, Kronen-zustand) konnte mit Hilfe der Scannerbildanalyse erreicht werden. Der hohe Arbeitsaufwand der Kontrolle könnte durch kartengenaue Bilder deutlich reduziert werden. Gegenüber der Untersu-chungsfläche Dreimarkstein, an der noch detaillierte Erhebungen angestellt werden konnten, stellt die terrestrisch große Fläche wohl schon eine Grenze für die Durchführbarkeit von Bodenkontrollen dar. Hier zeigt sich der Vorteil der gleichzeitigen Verfügbarkeit von Luftbildern und Scannerdaten zur begleitenden visuellen Verifikation.

Insgesamt gesehen, zeigen die vorliegenden Ergebnisse die Anwendbarkeit der Scannerbildklas-sifikation zur Segmentierung eines heterogenen Gebietes.

5. Ausblick

Die derzeitige Entwicklung wissenschaftlicher Forschung auf dem Gebiet der Scannerbildanalyse zeigt die Tendenz zur Verselbständigung einzelner Forschungslinien. Einerseits werden Arbeiten stimuliert, die durch die allgemeine Verfügbarkeit der Multispektral–Satellitendaten entstehen. An-dererseites bewirken die Entwicklungen der grafischen Datenverarbeitung und der Expertensyste-me im Bereich der Informatik die vermehrte Beschäftigung mit dem Thema Bildverarbeitung. Die dabei entstehenden Leistungen sind zum Teil noch wenig zielorientiert. Diese Orientierungen im Bereich wissenschaftlicher Forschung sind jedoch so sehr vonnöten, um Teilergebnisse zu funktio-nellen Einheiten zu integrieren, die zur Lösung existentiell bedeutsamer Fragen beitragen.

Zu erwarten ist, daß durch die Fortentwicklung der Parallelrechner bzw. Hochleistungssysteme vergleichende Beurteilungen des Waldzustandes aufgrund von Scanneraufnahmen auch großflä-chig möglich sein wird. Ein Vergleich der meßtechnisch erfaßten Strahlungswertbilder über mehre-re Jahre setzt eine Kalibrierung der Meßwerte voraus, die wiederum rechenzeitintensivere Verfah-ren und aufwendigere Bildanalysemethoden erfordern. Durch die Weiterentwicklung der Transpu-tertechnik wird der Engpaß des Datentransfers voraussichtlich in Kürze statt durch softwaretechni-sche Lösungen durch die Hardware übernommen. Damit ist eine weitere Steigerung des Durch-satzes der großen Datenmengen von multispektralen Scannerdaten zu erwarten.

Die Verfügbarkeit hoher Rechnerleistung und die Herstellung von Querbeziehungen zwischen ter-restrischen Erhebungen und Fernerkundungsaufnahmen sind Faktoren, die dem Ziel der objek-tivierten Waldzustandsbeschreibung näher führen. Inwieweit die Vielfalt natürlicher Ökosysteme ei-ne zunehmend unüberwachte Klassifikation zuläßt, wird die weitere Anwendung der von uns einge-setzten Bildanalyseverfahren zeigen.

Literatur

Arbeitsgruppe forstlicher Luftbildinterpreten (AFL): Auswertung von Color-infrarot-Luftbildern, Selbstverlag der AFL, Freiburg, BRD, 1988

Klar H.: Erfahrungen aus dem Aufbau und der Anwendung eine Naturschutzinformationssystems am Beispiel der "Biotopkartierung Wien", Originalbeitrag siehe Seite 91

KOMLIB – GRAFLIB, User Manual TDS-Version für Impuls T 2400 Gesellschaft für Parallele Datenverarbeitung GEPARD Wien, 1990

Pillmann W., Zobl Z.: Objektivierte Ermittlung des Waldzustandes aus Flugzeug-Scannerdaten in: A. Jaeschke. B. Page (Hrsg.) Informatikanwendungen im Umweltbereich, 2. Symposium November 1987 Informatik-Fachberichte 170, Springer Verlag, 1988 a

Pillmann W., Zobl Z.: Verarbeitung von Scannerdaten für Zwecke der Waldzustandserkennung im Wienerwald. Österreichisches Bundesinstitut für Gesundheitswesen, Wien, 1988 b

Pillmann W.: Einsatz der digitalen Bildverarbeitung für den Umweltschutz
in: Valk R. (Hrsg.) GI – 18. Jahrestagung, Hamburg, Informatik-Fachberichte 187, Springer Verlag, 1988

Reinartz P.: Beiträge zur Optimierung von multispektralen Klassifizierungen durch Trennbarkeitsmaße Beitrag zum 5. Symposium "Informatik für den Umweltschutz" in diesem Band

Geokodierung von Satellitenbilddaten
für Anwendungen in der Umweltdokumentation

Rainer Kalliany

TU Wien, Institut für Photogrammetrie und Fernerkundung

Gußhausstraße 27-29, A-1040 Wien

Deskriptoren: Bildverarbeitung, Digitale Geländemodelle, Geokodierung,
Geometrische Entzerrung, Geographische Informationssysteme;
Agrarstatistik, Fernerkundung, Landnutzungsstudien,
Umweltdokumentation, Umweltüberwachung.

ZUSAMMENFASSUNG

Im ersten Teil der Arbeit wird ein Überblick über die für Aufgaben der
Umweltüberwachung verwendeten satellitengestützten Fernerkundungssysteme,
sowie deren Funktionsprinzipien und verschiedene Auswertemethoden gegeben.
Anschließend wird näher auf Verfahren zur Geokodierung eingegangen, wobei
digitale Satellitenbilder in ein Raster transformiert werden, das dem
Landeskoordinatensystem entspricht. Die genaueste Methode für diese
Aufgabe berücksichtigt die Geometrie des Aufnahmesystems, sowie - durch
Verwendung des digitalen Geländemodells - den Einfluß des Geländereliefs.
Anhand zweier Beispiele, einer Vegetationsstudie im Gebirge bei der
Satellitendaten gemeinsam mit einem Geländemodell klassifiziert wurden,
sowie einer Agrarnutzungsstudie mittels multitemporaler Satellitendaten,
werden die durch Geokodierung sich eröffnenden Möglichkeiten demonstriert.

1. GRUNDLAGEN DER FERNERKUNDUNG MIT SATELLITENDATEN

1.1. Aufnahmesysteme

Für verschiedene Aufgaben der Erdbeobachtung werden in unbemannten und bemannten
Satelliten sowohl photographische als auch digitale Systeme eingesetzt. Die
photographischen Aufnahmen erfolgen mit Spezialkameras auf hochauflösenden Filmen,
die für Wellenlängen im Bereich des sichtbaren Lichts und des kurzwelligen Infrarot
sensibilisiert sind. In den meisten Fällen muß das Filmmaterial für Entwicklung und
Auswertung zur Erde zurückgeführt werden, was im operationellen Einsatz ein Nachteil
gegenüber den digitalen Systemen ist. Andererseits weisen Photos eine gegenüber den
digitalen Bildern noch immer deutlich überlegene Detailauflösung auf, sodaß für
spezielle Anwendungen photographische Aufnahmen bevorzugt werden.

Bei den **digitalen Aufnahmetechniken** gibt es verschiedene Sensorsysteme, die sehr unterschiedliche Charakteristiken aufweisen. Unter den abbildenden Systemen (deren Sensoren flächenhaft Daten erfassen) unterscheidet man:

- Passive Mikrowellenradiometer
- Aktive Mikrowelleninstrumente (RADAR-Systeme)
- Abtastende Radiometer (Scanner) für sichtbare und infrarote Strahlung

Mikrowellenradiometer messen die von der Erde reflektierte elektromagnetische Strahlung im Frequenzbereichen zwischen 5 GHz und 40 GHz; die Detailauflösung ist sehr grob (ca. 30km bis 150km). Die Daten ermöglichen Rückschlüsse auf Wassergehalt und Feuchtigkeit und dienen daher vor allem klimatologischen Studien.

RADAR-Systeme senden selber ein Mikrowellensignal aus und registrieren die von der Erdoberfläche zurückkommenden Reflexionen. Als aktives System kann RADAR auch bei Nacht und bei Wolkenbedeckung eingesetzt werden, was in bestimmten Klimazonen von großer Bedeutung ist. Den Bezug zwischen den aufgezeichneten Reflexionen und dem Gelände herzustellen ist allerdings bei diesen Systemen eine komplexes Problem. Prinzipiell ergibt sich der Ort des Objektes von dem ein Signal reflektiert wurde, aus der Abstrahlrichtung des ausgesandten Impulses und der Zeitdifferenz bis zum Empfang der Reflexion. Bedingt durch ungünstige Geländeformen kann es allerdings zu Signalumwegen und Mehrfachreflexionen kommen; außerdem sind Abschattungen möglich, die zu Informationslücken führen.

Der erste für einen operationellen Einsatz vorgesehene RADAR-Satellit ist der ERS-1, dessen Start für 1991 geplant ist. Man erwartet sich von diesem System eine Detailauflösung von ca.30m (ESA 1989). Zur Entzerrung und Aufbereitung der Daten sollen digitale Geländemodelle (DGM) verwendet werden, mit denen man die Abbildungseigenschaften des Systems zu simulieren versucht. Näheres zur Bearbeitung von Radardaten ist u.A. bei (Buchroithner 1989) zu finden.

1.2. Aufnahmeprinzip von Scannersystemen

Während RADAR-Systeme derzeit noch experimentellen Charakter haben, sind die im Bereich des sichtbaren Lichts und der Infrarotstrahlung arbeitende Sensoren bereits seit Anfang der 70er-Jahre im Einsatz. Es handelt sich dabei meist um Rotationsabtaster, wie in Abb.1 dargestellt. Anhand des gegenwärtig modernsten Sensors der "Landsat"-Serie, dem **"Thematic Mapper"(TM)**, sei das Prinzip erläutert:

Der Satellit fliegt in 705km Höhe auf einer polnahen Umlaufbahn (Umlaufzeit 99 Minuten), sodaß er alle 16 Tage denselben Ort auf der Erdoberfläche überfliegt. In Richtung der Flugachse ist eine Optik mit einem sehr kleinem Öffnungswinkel von 0,04mrad auf einen rotierenden Spiegel ausgerichtet, der den Sehstrahl rechtwinkelig ablenkt. Während sich der prismenförmige Spiegel dreht, wird in Richtung zur Erde - innerhalb eines Sektors von ca.15° - die Intensität der von der Erdoberfläche reflektierten Strahlung durch einen in die Optik eingebauten Sensor gemessen.

Innerhalb eines derartigen als "Scan" bezeichneten Profils werden 6000mal die Meßwerte mit 8bit kodiert und zur Bodenstation gesendet. Jede einzelne Messung repräsentiert den integralen Strahlungswert über eine Fläche von 30m x 30m am Boden und wird als "Pixel" bezeichnet. Während sich der Satellit weiterbewegt, nimmt der folgende Scan das nächste Profil auf, das lückenlos an seinen Nachbarn anschließt.

Nach 6000 Scans (die in einer halben Minute aufgenommen werden) liegt somit eine flächendeckende Matrix von Meßwerten vor, die ein als "Szene" bezeichnetes Gebiet von 32.400km² repräsentiert und eine Datenmenge von 36MB unfaßt. Landsat-TM besitzt 7 derartige Sensoren ("Kanäle"), die gleichzeitig aufnehmen und für verschiedene Spektralbereiche sensibilisiert sind. Sie ermöglichen die Unterscheidung zwischen den drei Farbkomponeneten des sichtbaren Lichtes (rot-grün-blau, mit Wellenlängen zwischen 450nm und 690nm), drei verschiedenen Kanälen des kurzwelligen Infrarotes (zwischen 760nm und 2350nm) sowie der thermalen Infrarotstrahlung (ca.1500nm, allerdings mit einer Pixel-Auflösung von nur 120m). Gerade diese Differenzierung ist für die Vegetations- und Umweltbeobachtung wichtig, da viele Phänomene nur in den Infrarotkanälen zu erkennen sind.

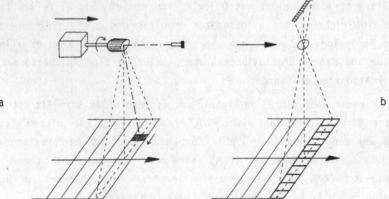

a   b

Abb.1: Prinzipien von a) Rotationsabtaster, bzw. b) Zeilenabtaster (nach Kraus 1988)

Das zweite in der Fernerkundung weitverbreitete digitale System sind die hochauflösenden Sensoren des **SPOT-Satelliten**. Bei SPOT entspricht ein Pixel einer Fläche von 20m×20m (bei Unterscheidung der 3 Spektralkanäle grün-rot-nahes IR) bzw. sogar 10m×10m (allerdings nur für einen Kanal im Bereich der sichtbaren Strahlung). Die Konstruktion dieses Sensors entspricht dem in Abb.1b gezeigten Prinzip des Zeilen-Abtasters ("Array-Scanner"). Hier tritt anstelle des rotierenden Prismenspiegels eine Optik, die den gesamten Scan auf eine Detektorzeile abbildet.

Eine sehr interessante Möglichkeit bei SPOT ist, daß die Aufnahmerichtung des gesamten Systems um bis zu ±27° seitlich verschwenkt werden kann. Das ermöglicht erstens eine Steigerung der Wiederholungskapazität von (bahnbedingten) 26 Tagen auf bis zu zwei Tagen. Außerdem ist dadurch die Herstellung von stereoskopischen Aufnahmepaaren desselben Gebietes aus zwei unterschiedlichen Richtungen möglich.

2. DIE BEARBEITUNG VON DIGITALEN SATELLITENBILDERN

2.1. Vorverarbeitung und Auswertung

Satellitendaten müssen vom Nutzer den jeweiligen Anforderungen entsprechend aufbereitet werden. Dazu verwendet man meist **digitale Bildverarbeitungssysteme**, deren Bildspeicher eine 32bit-Tiefe aufweist. Dadurch ist es möglich, jeder der Grundfarben rot-grün-blau ("RGB") einen Aufnahmekanal zuzuordnen. Die aus den Scans und den darin enthaltenen Pixel gebildete Datenmatrix wird durch Punkte in einer dem 1Byte-Kode ("Grauwert") proportionalen Helligkeit am Bildschirm dargestellt. Somit erhält man eine bildhafte Darstellung der Satellitendaten, mit aus den RGB-Komponenten gebildeten Mischfarben.

Durch eine jedem Kanal zugeordnete Transfertabelle ("Lookup-Table") kann der Kontrast und somit auch die **Farbdarstellung** interaktiv verändert werden. Dies ist vor allem dann wichtig, wenn eine Darstellung gewünscht ist, die aufgabenspezifisch wichtige Unterschiede der einzelnen Kanäle hervorhebt. Neben der Farbmanipulation durch Wahl der Kanalkombination und individueller Kontraste, können verschiedene aus der Bildverarbeitung stammende Methoden zur lokalen Faltung und Frequenzfilterung (z.B. durch Elimination von Bildstörungen und/oder Kantenverstärkung) den visuellen Eindruck entscheidend verbessern. Nähere Ausführungen zu den verschiedenen Verfahren zur Visualisierung von Fernerkundungsdaten siehe (Kraus, Jansa, Kalliany 1988).

Die Bildesgmentierung nach Unterschieden die im spektralen Remissionsverhalten der verschiedenen Bodenmerkmale zum Ausdruck kommen, kann rein visuell, oder auch nach voll- und halbautomatischen **Klassifikationsalgorithmen** erfolgen. Der Vorteil dieser Verfahren besteht darin, daß man in relativ kurzer Zeit flächendeckende Aussagen treffen kann. Im Vergleich zur Arbeit eines geschulten Interpreten, der viel Erfahrung, aufgabenspezifisches Fachwissen und räumlich-assoziativem Erkennen einbringt, sind die Resultate der automatisierten Methoden allerdings noch nicht restlos befriedigend. Daher gibt es derzeit viele Versuche, hier Methoden der künstlichen Intelligenz ("AI") in Form von Expertensystemen und selbstlernenden Architekturen (z.B. "Neuronale Netze") zur Anwendung zu bringen.

2.2. Verknüpfung mit externen Daten

Fernerkundungsdaten bekommen erst durch **Weitergabe und Umsetzung** der gewonnenen Resultate und Erkenntnisse einen praktischen Wert. Dieser Prozeß kann, was den Inhalt und die Form der Weiterverarbeitung betrifft, unterschiedlichster Natur sein: Es können rein visuell (vor dem Bildschirm oder aus einem anderen Ausgabemedium wie Film, Photopapier, Hardcopy oder Druck) Merkmale erkannt werden, die mündlich, schriftlich-beschreibend oder durch manuelle Eintragung in Karten festgehalten werden. Eine ganz andere Möglichkeit wäre die Weiterverarbeitung der Resultate einer automatischen Landnutzungsklassifikation durch Einspielen in ein Geographisches Informationssystem (GIS) und Vergleich mit den dort gespeicherten Daten.

Diese beiden - scheinbar völlig verschiedenen - Beispiele haben trotzdem eine wesentliche gemeinsame Grundlage: Der **Bezug zwischen dem Inhalt des Satellitenbildes und dem abgebildeten geographischen Raum muß eindeutig definiert sein**. Im ersten Fall, bei der visuellen Auswertung, erfolgt die Verknüpfung über die Ortskenntnis des Interpreten bzw. das Erkennen von im Satellitenbild und in der Karte identen Objekten. Das zweite Beispiel, wo die Daten automatisch verarbeitet werden, erfordert hingegen einen definierten Bezug zwischen dem Inhalt des Satellitenbildes und dem entsprechenden Datenbestand des GIS. Es ist daher notwendig, daß zu jedem Pixel des Satellitenbildes die Koordinaten im Landessystem bekannt sind.

3. DIE GEOKODIERUNG DER BILDDATEN

Durch die sogenannte **geometrische Rektifizierung** werden die Pixel des Satellitenbildes derart umformatiert, daß sie dem Raster eines vorgegebenen Landeskoordinatensystems entsprechen. Einen solchen Datensatz bezeichnet man als "geokodiert".

3.1. Rektifizierung durch Ähnlichkeitstransformationen

Die ebene Ähnlichkeitstransformation ist die einfachste Methode zur Geokodierung. Sie stellt durch zwei Gleichungen mit **6 Parametern** eine Beziehung zwischen den Adressen der Bildelemente (in Form von Pixel- und Scannummer p,s) und dem übergeordneten (Landes-)Koordinatensystem (x,y) her:

$$x = A \cdot p + B \cdot s + C$$
$$y = E \cdot p + F \cdot s + G$$

Diese Transformation führt eine Verdrehung, Verschiebung und Skalierung des Bildsystems (p,s) durch, wobei auch affine Verzerrungen beseitigt werden können. Die Werte der 6 Transformationsparameter bestimmt man über im Satellitenbild mit (p,s) ansprechbare Merkmale, deren Koordinaten im (x,y)-System bekannt sind. Dies geschieht, indem am Bildschirm die entsprechenden Positionen lokalisiert werden. Um die 6 Unbekannten zu berechnen sind mindestens 3 dieser "**Paßpunkte**" notwendig; zur Genauigkeitssteigerung wird man aber 6-8 Punkte bestimmen. Derzeit ist ein System in Entwicklung, das eine halbautomatische Einpassung von markanten Linienstrukturen durchführt und zu einer Steigerung der Effizienz und Genauigkeit führen soll.

Oberflächlich betrachtet genügt eine derartige Transformation der Geometrie einer Landkarte. Tatsächlich wird allerdings die bei der Geokodierung geforderte Genauigkeit von ±1 Pixel nur für ebenes Gelände und kleine Bildausschnitte erreicht.

Zur Bearbeitung von großen Gebieten kann die **lineare Prädiktion** verwendet werden. (Kraus 1975, Jansa 1983). Bei dieser Methode benötigt man eine größere Anzahl von Paßpunkten und bestimmt nach statistischen Methoden die bestmögliche Anpassung an alle gegebenen Stützpunkte. Dadurch können lokale Spannungen und Inhomogenitäten in den Daten bereinigt werden; um topographisch bedingte Verzerrungen zu beseitigen ist allerdings eine unverhältnismäßig große Anzahl von Paßpunkten notwendig.

3.2. Rektifizierung durch geometrische Korrektur der Abbildung

Um eine exakte Geokodierung - mit Genauigkeiten im Bereich von wenigen Metern - zu gewährleisten, muß man die Abbildungsgeometrie des Scannersystems berücksichtigen. Wir betrachten daher zunächst die **Verhältnisse innerhalb eines Scans**; also innerhalb der senkrecht zur Flugachse stehenden Profilebene:

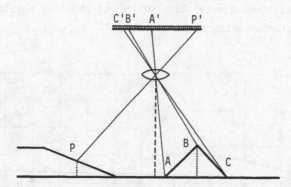

Abb.2: Abbildungsgeometrie innerhalb des Scans eines Zeilenabtasters

In Abb.2 soll die Auswirkung der Geländetopographie auf die Lagetreue der Abbildung der Erdoberfläche verdeutlicht werden, wobei das Verhältnis der Flughöhe gegenüber den Geländehöhenunterschieden stark überzeichnet dargestellt ist. Während im Grundriß (also der Abbildung des Landessystems) die Strecken AB und BC eines pyramidenförmigen "Berges" gleich lang sind, ergibt sich vom Satelliten aus gesehen ein unterschiedliches Streckenverhältnis: Da Punkt B höher als seine Nachbarn A und C liegt, wird in der Detektorebene die Strecke A'B' länger als die Strecke B'C' abgebildet. Oder, anschaulicher formuliert: Der dem "Betrachter" zugewandte Berghang erscheint länger als der auf der abgewandten Seite liegende.

Diese **"perspektivische Verzerrung"** ist ein in der Photogrammetrie altbekanntes Phänomen und dient dort als Grundlage für das stereoskopische Sehen und die darauf beruhenden Auswertungen. Für die Geokodierung soll sie aber wieder rückgängig gemacht werden. Als Voraussetzung dazu muß das zu einem Scan gehörige Höhenprofil bekannt sein. Dies ist möglich, wenn die Geländetopographie in Form eines **Digitalen Geländemodell (DGM)** vorliegt. Ein DGM beinhaltet in einem geokodierten Raster mit einem Punktabstand von (in Österreich) zwischen 50m und 250m die jeweiligen Geländehöhen. Wenn Aufnahmeort und Aufnahmerichtung jedes Scans bekannt sind, was - über Umwege - mit Hilfe der Paßpunkte möglich ist, kann das Höhenprofil des darunterliegenden Geländeabschnittes interpoliert werden. Durch Verschnitt des zu jedem auf der Detektorzeile abgebildeten Punkt P' gehörigen Projektionsstrahles P'O mit dem Geländeprofil erhält man den entsprechenden Bodenpunkt P und seine gesuchten Grundrißkoordinaten (x,y).

Diese **geometrische Methode liefert die genauesten Resultate**, da sie - im Gegensatz zu den ebenen Transformationen - die topographischen Verzerrungen beseitigen kann.

3. Interpolation des geokodierten Bildes

Ein in den bisherigen Betrachtungen noch nicht behandeltes Problem ist die Erzeugung des geokodierten Datensatzes im engeren Sinn: Vorerst liegen nur zu jedem Pixel (sei es aus Transformationsgleichungen oder geometrischen Berechnungen) die tatsächlichen Grundrißkoordinaten (x,y) im Landessystem vor; dabei treten naturgemäß unrunde Zahlenwerte auf. Das "geokodierte" Bild sollte jedoch einem regelmäßigen Raster mit konstanten Punktabständen entsprechen.

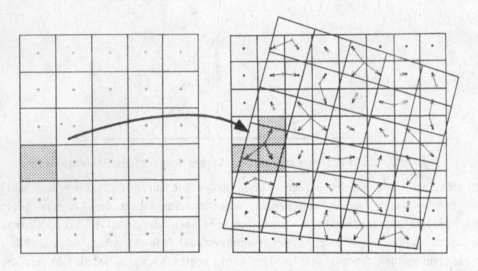

Abb.3: Geokodierung eines Satellitendatensatzes gemäß "nächster Nachbarschaft"

In Abb.3 wird der Vorgang schematisch dargestellt: Im Zuge der Transformation ergäbe sich eine unregelmäßige Form des Datenrasters im vorgegebenen System. Es wird nun im Landeskoordinatensystem ein achsparalleles Pixelraster vorgegeben, dessen Maschenweite meist kleiner als die vorgegebene Größe der Originalpixel gewählt wird. Abschließend müssen den Pixeln des geokodierten Datensatzes durch das sogenannte **"Resampling"** die entsprechenden Werte des Originalbildes zugeordnet werden.

Die einfachste Zuordnungsregel **"nächste Nachbarschaft"** ist in Abb.3 dargestellt: Jedem Rasterelement des neuen Bildes wird der Wert desjenigen Pixels zugeordnet, dessen transformierter Mittelpunkt am nächsten liegt. Durch Wahl eines engeren Rasters für das geokodierte Bild will man erreichen, daß auch in durch die Umbildung gestauchten Gebieten alle Originalpixel (verkleinert) wiedergegeben werden. Andererseits gibt es natürlich auch Mehrfachzuordnungen (siehe punktiertes Pixel in Abb.3), die Diskontinuitäten ("Sägezähne") im Ausgabebild zur Folge haben.

Andere Resamplingmethoden verwenden verschiedene Interpolationen zur Berechnung der Grauwerte der "neuen" Pixel, was einen entsprechend größeren Rechenaufwand bedingt. Dadurch werden zwar die Diskontinuitäten vermieden, andererseits aber die Grauwerte der Originalpixel leicht verfälscht wiedergegeben.

4. ANWENDUNGSBEISPIELE

Wie bereits erwähnt, sind Fernerkundungsdaten und die daraus abgeleiteten Resultate vor allem dann besonders wertvoll, wenn sie in Bezug zu externen Informationen und Daten gesetzt werden können. Zwei Beispiele sollen die sich aus der Geokodierung ergebenden vielfältigen Möglichkeiten veranschaulichen.

4.1. Verknüpfung mit einem Geländemodell

Digitale Geländemodelle, wie sie auch für eine genaue Geokodierung gemäß 3.2. verwendet werden, liegen meist in Rasterform geokodiert vor. Wenn man die Höhenwerte mit 1 Byte kodiert (z.B. in 10m-Stufen), kann man das Gelände wie ein Satellitenbild darstellen, wobei die Grauwerte die Geländehöhen wiedergeben (Abb.3a). Wenn durch Geokodierung ein Satellitenbild in dasselbe Format transformiert wurde, besteht ein unmittelbbarer Zusammenhang zwischen jedem Pixel und einem Höhenpunkt des DGM. Man kann dann z.B. das DGM wie einen zusätzlichen Kanal von Satellitendaten betrachten, der eine **höhenabhängige Differenzierung** bewirkt. Dies ist vor allem bei Untersuchungen in Berg- und Almregionen von Bedeutung, wo die Vegetationsformen stark höhenkorreliert sind. Abb. 3b und 3c zeigen ein TM-Bild des Hochwechsel (Niederösterreich/Steiermark), sowie einen aus dem DGM abgeleiteten Auszug der Höhenlagen zwischen 1200m und 1500m. In diesem Gebiet waren die Resultate von automatischen Klassifikationen bei denen die DGM-Informationen einbezogen wurden signifikant besser als die nur auf Satellitendaten basierenden Ergebnisse.

Abb.4: Almvegetationsstudie Hochwechsel/Niederösterreich (Rössler 1989)
a)DGM; b)TM,Kanal 4; c)TM,Kanal 4: Höhenlagen 1200m-1750m; d)Beleuchtungsmodell.

Die Abb.4d deutet eine weitere Möglichkeit an, die die durch Geokodierung ermöglichte Verknüpfung von DGM-Daten mit dem Satellitenbild bietet: Anhand der Daten des DGM können die **Beleuchtungsverhältnisse** zum Zeitpunkt des Überfluges simuliert werden. Damit besteht die Voraussetzung zur Korrektur der Grauwerte der Pixel in Abhängigkeit von ihrer Beleuchtung. Das vor allem im Gebirge bestehende Problem der beschatteten Berghänge könnte auf diese Weise behandelt werden.

4.2. Multitemporale Satellitendaten

Mehrere Satellitenbilder eines Ortes, die zu unterschiedlichen Zeitpunkten aufgenommen und durch Geokodierung in dasselbe System transformiert wurden, bilden einen "Multitemporalen Datensatz". Kanäle aus den verschiedenen Terminen können dabei beliebig miteinander kombiniert und gemeinsam dargestellt werden.

Besonders interessant ist dieses Verfahren für **Agrarnutzungsanalysen.** Da Feldkulturen - je nach Wachstums- und Reifezyklus - zu verschiedenen Jahreszeiten vor allem die Infrarotstrahlung unterschiedlich reflektieren, unterscheiden sich bestimmte Kulturen in einem aus demselben Jahr stammenden multitemporalen Datensatz teilweise sehr signifikant. Abb.5 zeigt als Beispiel den IR-Kanal 4 von TM aus drei Terminen des gleichen Jahres und die daraus durch Klassifizierung abgeleitete Verteilung der Weizenanbauflächen. Da natürlich auch das Resultat geokodiert vorliegt, könnten die Ergebnisse einer solchen Erhebung mit externen Daten (z.B. digitale Katasterpläne zur Ermittlung der Flureigentümer) verknüpft werden.

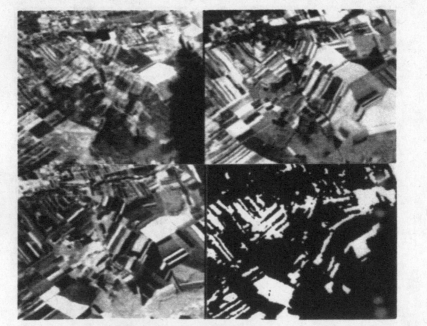

Abb.5: Multitemporale Agrarstudie Lanzendorf/-Mistelbach/NÖ (Piechl 1990)
TM,Kanal 4: a) April'85; b) Juni'85; c) August'85; d) abgeleitet: Weizenanbauflächen

5. AUSBLICK

Die in der Fernerkundung verwendeten Satellitenbilder sind eine wichtige Datenquelle zur Erfassung und Dokumentation aller raumbezogenen Umweltparameter und deren Veränderung. Die Verwendung dieser Materialien wird daher sicher noch weiter an Bedeutung und Umfang gewinnen. Anstelle der bisher meist in Form von lokalen Studien abgewickelten Projekten, werden in Zukunft immer mehr operationelle Verfahren treten. Dabei werden großräumig Daten zu erfassen sein, die auch möglichst weitgehend automatisch gesichtet und verarbeitet werden sollten. Grundvoraussetzung für derartige Lösungsansätze ist die Geokodierung von Satellitenbildern, da über ein gemeinsames Koordinatensystem die Kombination verschiedener Fernerkundungsdaten bzw. die Verknüpfung mit externen Informationen möglich ist.

Generell sollte für alle umweltrelevanten und raumbezogenen Meßdaten, gleich welchen Inhalts und auf welche Weise sie erfaßt wurden, der Bezug zu den Landeskoordinaten (in Österreich: Bundesmeldenetz) hergestellt werden. Das ist Voraussetzung für die Eingabe in Umweltinformationssysteme, die die komplexen Zusammenhänge und Wechselwirkungen der verschiedenen Umweltparameter bearbeiten. Die Fernerkundung ermöglicht durch die Geokodierung von Satellitendaten deren Verwendung in umweltbezogenen GIS-Systemen und liefert somit ihren Beitrag für Überwachung und Dokumentation unserer Umwelt.

LITERATUR

BUCHROITHNER M.F., 1989: Fernerkundungskartographie mit Satellitenaufnahmen.
   (Band IV/2) Franz Deuticke, Wien 1989.

ESA, 1989: ERS-1, A new tool for global monitoring in the 1990's.
   European Space Agency, BR-36, Paris, November 1989.

JANSA J., 1983: Rektifizierung von Multispektral-Scanneraufnahmen.
   Geowissenschaftliche Mitteilungen TU Wien, Heft 24, 1983.

KRAUS K., 1975: Die Entzerrung von Multispektralbildern.
   Bildmessung und Luftbildwesen, Heft 4/1975, Seite 129-134.

KRAUS K., JANSA J., KALLIANY R., 1988: Visualisierungstechniken in der Photogrammetrie und Fernerkundung. (In W.BARTH,Hrsg.: Visualisierungtechniken
   und Algorithmen) Springer-Verlag, Berlin Heidelberg 1988.

KRAUS K., SCHNEIDER W., 1988: Fernerkundung, Band 1.
   Ferd. Dümmler's Verlag, Bonn 1988.

PIECHL T., 1990: Klassifizierung landwirtschaftlicher Kulturen aus multitemporalen Satellitenbilddaten. Diplomarbeit, TU Wien, Jänner 1990.

RÖSSLER G., 1989: Almvegetationsklassifizierung mit Satellitenbildern.
   Diplomarbeit, TU Wien, September 1989.

Waldschadenserfassung auf der Basis von multispektralen Fernerkundungsdaten und eines GIS

Matthias Rhein
Institut für Forsteinrichtung und Ertragskunde
Büsgenweg 4, D-3400 Göttingen

(Waldschadenserfassung, Fernerkundung, GIS, Modellsimulation)

Zusammenfassung

Im Rahmen des BMFT-Verbundprojektes "Untersuchung und Kartierung von Waldschäden mit Methoden der Fernerkundung" wurden am Göttinger Institut für Forsteinrichtung und Ertragskunde Untersuchungen zur Verwendbarkeit multispektraler Fernerkundungsdaten zur Erfassung von Schadsymptomen in Fichtenreinbeständen durchgeführt. Auf der Basis von LANDSAT/TM-Daten wurden verschiedene Verfahren zur Detektion von Waldschäden getestet. Eine computergestützte Schadklassifikation ist nur erfolgreich, wenn das Datenmaterial nach Beleuchtungsklassen stratifiziert wird. Dies wurde durch ein GIS realisiert, das auch zur Bearbeitung weitergehender Fragestellungen, wie z.B. von Modellsimulationen zur Hypothesenprüfung diente.

1. Einleitung

Im Rahmen des BMFT-Verbundprojektes "Untersuchung und Kartierung von Waldschäden mit Methoden der Fernerkundung" wurden am Göttinger Institut für Forsteinrichtung und Ertragskunde unter Leitung von Prof. Dr. A. Akca Untersuchungen zur Verwendbarkeit multispektraler Fernerkundungsdaten für die Erfassung von Schadsymptomen an der Baumart Fichte durchgeführt. Untersuchungsgebiet war die Waldregion dessüdniedersächsischen Gebirgszuges Hils, in welchem neuartige Waldschäden während der letzten Jahre verstärkt in Erscheinung getreten sind.

Als multispektrales Datenmaterial standen eine Satellitenszene des LANDSAT/TM-Scanners aus dem Jahre 1986, Aufzeichnungen des Flugzeugscanners DAEDALUS/ATM aus den Jahren 1984 bis 1988 und (z.T. digitalisierte) CIR-Luftbilder des Jahres 1986 zur Verfügung.

Bei Scannerdaten handelt es sich um digital gespeicherte Meßwerte der Rückstrahlungsintensität von Objekten in Teilbereichen des elektromagnetischen Spektrums. Diese definierten Teilbereiche des Spektrums reichen vom kurzwelligen Blaulicht bis zur langwelligen Thermalstrahlung und werden als Spektralkanäle bezeichnet.

2. Kurzbeschreibung der durchgeführten Untersuchungen und Zusammenfassung der Ergebnisse

2.1 Spektralanalysen

Als grundlegendes Erkennungsmerkmal eines bestimmten Geländeobjektes gilt dessen spektrale Signatur, die als spektrale Verteilung von reflektierter und emittierter Strahlung eines spezifischen Geländeobjektes, gemessen mit einem bestimmten Aufnahmesystem, definiert werden kann (KRONBERG 1985). Sie ist abhängig von material- und umweltbezogenen Parametern.

Die Spektralanalysen, die zumeist anhand von Flugzeugscannerdaten aus 1000m Flughöhe mit einer räumlichen Auflösung von ca. 2,5m x 2,5m durchgeführt wurden, dienten v.a. der Beantwortung von zwei Fragen:

- Gibt es eine Spektralsignatur für Schadsymptome der Baumart Fichte?
- Welche Parameter beeinflussen die Spektralsignatur und müssen bei weiteren Auswertungen und Klassifikationen berücksichtigt werden?

Abbildung 1 zeigt schematisch das spektrale Verhalten gesunder und geschädigter Vegetation. Insbesondere die TM-Kanäle 4 und 5 zeigen einen deutlichen Unterschied in der Rückstrahlungsintensität gesunder und kranker Pflanzen. Der mit dem Schädigungsgrad zunehmende Nadelverlust bewirkt einen Reflexionsabfall im nahen Infrarot, welches verstärkt auf Zellstruktur und Biomasse reagiert. Eine schadbedingte Abnahme der Feuchtigkeit (Wasserstreß) bewirkt eine Reflexionszunahme im mittleren Infrarot, wo sich ein Wasserabsorptionsmaximum befindet.

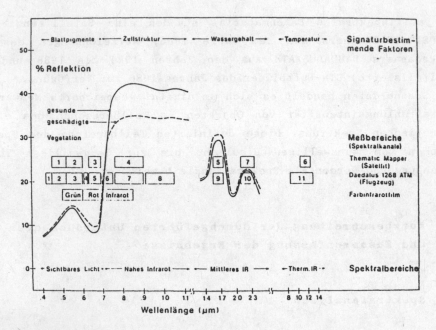

**Bild 1 : Spektrale Eigenschaften des LANDSAT/TM in Bezug auf die
Erkennung von Vegetationsschäden (AMANN 1989)**

Durch eine Quotientenbildung der Kanäle 4/5 kann eine solche Änderung
des Reflexionsverlaufes deutlich hervorgehoben werden. Nun können aber
material- und umweltbezogene Parameter diesen Unterschied überlagern;
durch komplexe Wechselwirkungen kann das gleiche Geländeobjekt unterschiedliche Meßwerte aufweisen. Hinzu kommt, daß bei einer räumlichen
Auflösung des TM-Scanners von 30m x 30m Bildelemente mit Mischinfor-
mationen behaftet sein können.

Zahlreiche Analysen spektraler Meßwerte ergaben, daß die Faktoren
Exposition, Hangneigung, Baumart bzw. Mischungstyp, Alter und Kronenschlußgrad bzw. Bestockungsgrad einen z.T. erheblichen quantitativen
und qualitativen Einfluß auf die spektrale Reflexion von Wäldern haben
und bei Klassifikationen des Datenmaterials berücksichtigt werden
müssen (AKCA, RHEIN, SCHNURR 1989).

2.2 STRATIFIKATION NACH BELEUCHTUNGSKLASSEN MITTELS EINES
GEOGRAPHISCHEN INFORMATIONSSYSTEMS

Unter einem Geographischen Informationssystem versteht man allgemein
ein Datenbanksystem zur Speicherung, Manipulation und Analyse von
räumlichen wie thematischen Daten (GÖPFERT 1987).

Zur Erstellung des GIS "HILS" wurden das Hybridsysteme ERDAS , das
vektororientierte ARC/INFO und das am Institut konzipierte Bildverarbeitungssystem DIANA verwand. Diese Software ist in einem
MicroVAX-II Rechner implementiert, welcher mit einem analytischen
Luftbildauswertungsgerät (Typ Kern DSR 11-18) vernetzt ist.

Als Grundauflösung des GIS wurde eine Rastergröße von 10m x 10m
gewählt. Die Zusatzdaten wurden aus Forstbetriebskarten (1:10000) und
topographischen Karten (1:5000) entnommen. Zur Erstellung des Höhenmodells (Abb.2) wurden die 5m-Höhenschichtlinien der topographischen
Karten digitalisiert. Anschließend wurde es ins Rasterformat transformiert.

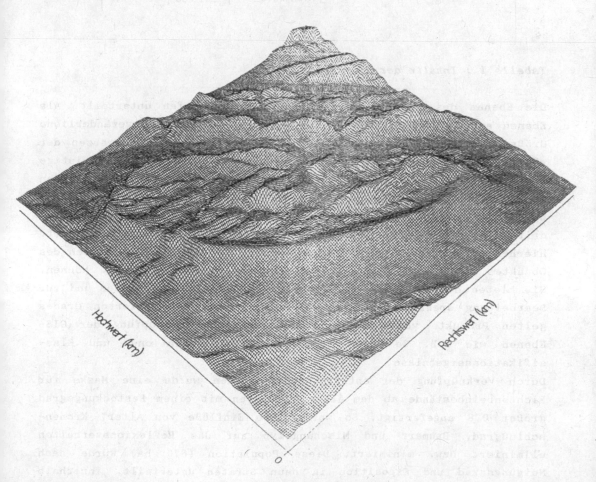

Bild 2 Höhenmodell des Untersuchungsgebietes Hils
Hieraus wurden Exposition und Inklination abgeleitet. Die Klassen-
inhalte der so erstellen GIS-Ebenen zeigt die folgende Tabelle.

Anzahl Klassen	Baumart	Alters-klasse (J)	Bestockungs-grad (%)	Mischbestands-typen	Höhen-stufen (m)	Exposition	Neigungs-stufen (%)
				GIS -EBENEN			
1	Fichte	1-20	70-100	Reinbestand	70-80	Ost	0-5
2	Buche	21-40	40-69	Eiche	81-90	Nordost	6-10
3	Eiche	41-60	10-39	Buche	91-100	Nord	11-15
4	Lärche	61-80	Nichtwald	Alh	101-110	Nordwest	16-20
5	Douglasie	81-100		Erle	111-120	West	21-30
6	Blösse	101-120		Fichte	121-130	Südwest	31-62
7	Alh	> 121		Douglasie	131-140	Süd	
8	Kiefer	Blösse		Tanne	141-150	Südost	
9	Erle	Nichtw.		Lärche	151-160	Flach	
10	Nichtw.			sonst. Nadelh.	161-170		
11				sonst. Laubh.	171-180		
12				Roteiche	181-190		
13				Birke	191-200		
14				Pappel	201-210		
15				Schwarzkiefer	211-220		
16				Strobe	221-230		
17				Japan. Lärche	231-240		
18				Nichtwald	241-250		
.							
.							
39							

Tabelle 1 : Inhalte der GIS-Ebenen

Die Ebenen des GIS "HILS" sind in vier Gradstufen unterteilt. Als
Ebenen ersten Grades gelten nicht oder nur langfristig veränderliche
Größen wie Geländehöhe, Exposition, Inklination und die Grenzen der
räumlichen Ordnung. Die Ebenen zweiten Grades erfahren mittelfristige
Änderungen (z.B. im 10-jährigen Forsteinrichtungsturnus). Zu ihnen
zählen u.a. Baumarten- und Altersklassenverteilung , Mischungsver-
hältnisse und Bestandesschlußgrad. Der Informationsgehalt der Ebenen
dritten Grades wird periodisch in kurzfristigen Intervallen erneuert.
Hierher gehören alle Fernerkundungsdaten, die als Momentaufnahmen des
Objektes unter bestimmten Streßsituationen verstanden werden können.
Sie bieten das Material zum Update der Ebenen zweiten Grades und zur
Bearbeitung spezifischer Fragestellungen. Als Ebenen vierten Grades
gelten Produkte von Auswertung und logischer Verknüpfung der GIS-
Ebenen wie z.B. 3d-Modelle, Masken, Modellsimulationen und Klassifikationsergebnisse.
Durch Verknüpfung der entsprechenden Ebenen wurde eine Maske für
Fichtenreinbestände ab dem Alter 60 Jahren mit einem Bestockungsgrad
größer 0,8 angefertigt. So wurden die Einflüße von Alter, Kronenschlußgrad, Baumart und Mischungstyp auf das Reflexionsverhalten
eliminiert bzw. minimiert. Diese Population (670 ha) wurde nach
Neigungsgrad und Exposition in neun Straten unterteilt, innerhalb
welcher die Beleuchtungseinflüße als konstant gelten können. Variationen des Rückstrahlungsverhaltens innerhalb einzelner Straten können
so auf Schadsymptome zurückgeführt werden.

2.3 Schadklassifikation und Verifikation

Die neun Straten wurden separat klassifiziert und anschließend zu Waldschadenskarten zusammengefügt. Es wurden und werden zur Zeit noch unterschiedliche Klassifikationsverfahren erprobt.

Das Maximum-Likelihood-Verfahren, welches hier exemplarisch geschildert werden soll, setzt generell gute Kenntnisse über das Bild voraus, da vom Interpreten interaktiv für jede Klasse repräsentative Trainingsgebiete, anhand welcher die Klassifikationsstatistik erstellt wird, bestimmt werden müssen. Die einzelnen Pixelvektoren, d.h. die Meßwerte der Reflexionsintensität in den einzelnen Kanälen werden nach der höchsten Wahrscheinlichkeit je einer Klasse zugewiesen. Diese Methode arbeitet in den meisten Fällen mit Wahrscheinlichkeitsdichtefunktionen, die aus den Daten der Trainingsgebiete geschätzt werden. Ein eingehendere Beschreibung findet man bei Swain und Davis (1978).

Die Definition der Trainingsgebiete erfolgte anhand von CIR-Luftbildansprachen, wobei besonderer Wert auf Repräsentativität und Homogenität der Trainingsgebiete gelegt wurde. Die Klassifikation ergab folgende Verteilung der Gesamtpopulation des Untersuchungsgebietes auf drei spektrale Schadklassen:

S1 (gesund)   : 6,15%   41 ha
S2 (leicht bis mittelstark geschädigt) : 67,17% 450 ha
S3 (stark geschädigt bis abgestorben) : 26,68% 179 ha

Aus Gründen der Übersichtlichkeit soll in diesem Text nur eine zufällig ausgewählte Unterabteilung aus dem Untersuchungsgebiet dargestellt werden.

LEGENDE :   SPEKTRALE SCHADKLASSEN

S1
S2
S3
MIXEL

LANDSAT/TM-
KLASSIFIKATION

DIGITALISIERTE CIR-LUFTBILD-
SCHADANSPRACHE

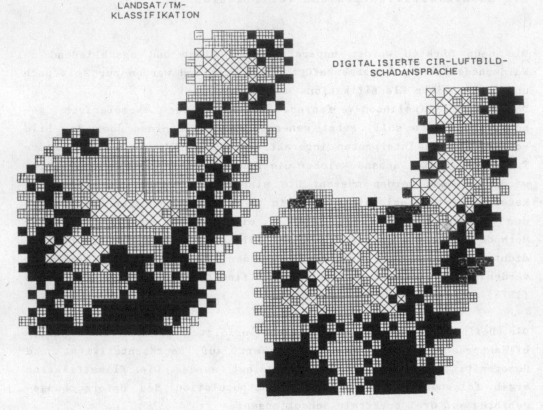

Bild 3: Gerasterete Waldschadenskarten von Abteilung 77b

Abbildung 3 zeigt einen nach der Maximum-Likelihood-Methode klas-
sifizierten Teilausschnitt in Gegenüberstellung mit einer ins GIS-
Rasterformat übertragenen Schadansprache anhand von CIR-Luftbildern.
Beide Aufnahmen wurden gegen Ende August 1986 gemacht. Die Luftbildansprache erfolgte für jedes nach Gauß-Krüger Koordinaten definierte
Quadrat nach dem aktuellen Schlüßel des Arbeitskreises forstlicher
Luftbildinterpreten. Betrug der Flächenanteil einer angrenzenden,
nicht zur Unterabteilung zählenden Landnutzungsklasse innerhalb eines
Quadrates mehr als 50%, wurde dies als "Mixel" ausgeschieden. Die
prozentuale Verteilung der einzelnen Schadklassen in der Unterabteilung 77b ist folgende:

	Satelliten-Klassifikation	Luftbildansprache
S1	11,41%	13,56%
S2	50,53%	49,42%
S3	38,26%	32,65%
Mixel	–	4,37%

Insgesamt 18 zufällig ausgewählte Unterabteilungen (11,3% der untersuchten Fläche) wurden im Luftbild angesprochen und ins GIS-Format
überführt. Wenn man diese als Cluster ungleicher Größe auffaßt, kann
man eine Verhältnisschätzung, in welcher jeder Klumpen ungleich gewichtet wird, vornehmen (vergleiche ZÖHRER 1980). Bei einem Signi-
fikanzniveau von $\alpha = 0,1$ liegt die durchschnittliche Abweichung der
Maximum-Likelihood-Klassifikation von der Luftbildansprache

bei S1 um ± 35 % ,

bei S2 um ± 6,5% und

bei S3 um ± 24 % .

2.4 Modellsimulation

Bereits im Hils durchgeführte terrestrische und Luftbild-Schadan-
sprachen zeigten eine signifikante Zunahme des Schadindexes ab einer
Höhe größer 350m N.N.. Weiterhin erwiesen sich west-exponierte, insbesondere südwest-geneigte Bestände als besonders schadgefährdet.
Zudem nahm der Schadindex bei Fichtenbeständen ab der dritten Alters-
klasse deutlich zu. Diese Daten wurden zur Simulation der Wahrscheinlichkeiten auftretender Waldschäden verwendet. Durch eine Recodierung,
Index-Gewichtung und anschließende Verknüpfung der GIS-Ebenen Höhe,
Exposition und Alter mit der untersuchten Population wurde eine Karte
erstellt, die unterschiedliche Wahrscheinlichkeiten für das auftreten
von Waldschäden in den Beständen ausweist. Aus drucktechnischen
Gründen kann diese Karte hier leider nicht wiedergegeben werden.

Ein solches Vorgehen dient in erster Linie der Hypothesen-Prüfung. Das
vereinfachte Modell soll durch Hinzufügen von weiteren GIS-Ebenen, wie
z.B. Imissionskataster, Standort, Boden verbessert werden. So können
gemeinsam mit den Klassifikationsergebnissen verschieden Annahmen über
das Zusammenwirken einzelner Faktoren im Hinblick auf das Auftreten
von neuartigen Waldschäden getestet werden.

3. Bewertung der Ergebnisse

Die beschriebene Methode eignet sich für eine kontinuierliche Schad-
beobachtung (Monitoring) von Fichtenreinbeständen. Die Abweichungen
der Maximum-Likelihood-Klassifikation von der Luftbildansprache ist
z.T. auf die unterschiedliche Merkmalserhebung (spektrale Signatur auf
der einen, Kronenstrukturmerkmale auf der anderen Seite) zurückzu-
füren. Zudem steht zu bedenken, daß eine einmalige Luftbildansprache
subjektiv ist und nicht ohne weiteres als "Ground-Truth", d.h. als
tatsächlicher Zustand angesehen werden kann. Es gibt jedoch einen
deutlichen Hinweis auf die Notwendigkeit neue, der Auswertungs-
situation besser angepaßte Klassifikationsverfahren zu entwickeln.
Hierzu läuft derzeit eine Untersuchung am Göttinger Institut für
Forsteinrichtung und Ertragskunde.

Das erstellte GIS "HILS" ist ein Instrument, das nicht nur der kontinuierlichen Überwachung von Schadentwicklungen dient, sondern der
Bearbeitung zahlreicher Fragestellung (z.B. Flächenausscheidung zur
extensiven Bewirtschaftung) und Planungsaufgaben gerecht wird.

4. LITERATUTVERZEICHNIS

Akca,A., Rhein,M. u. Schnurr,J.:Mehrphasige Systeme zur Über-
wachung und Kartierung von Waldschäden. Abschlußdokumentation
"Überwachung und Kartierung von Waldschäden mit Methoden der
Fernerkundung, (1989) S.51-72

Amann,V.:Datenakquisition. Abschlußdokumentation "Überwachung und
Kartierung von Waldschäden mit Methoden der Fernerkundung",
(1989) S.22-50

Göpfert,W.:Raumbezogene Informationssysteme. Wichmann Verlag,
Karlsruhe, (1987)

Kronberg,P.:Fernerkundung der Erde. Enke Verlag, Stuttgart, (1985)

Swain,P.H., Davis,S.M.:Remote Sensing - the Quantitative Approach.
New York, (1978)

Zöhrer,F.:Forstinventur. Parey Verlag, Berlin, (1980)

Klassifikation von Satellitendaten mit Texturanalyse zur großflächigen Landnutzungskartierung

A. K. Kaifel[1], B. Straub[2]

[1]) Zentrum für Sonnenenergie- und Wasserstoff-Forschung
Pfaffenwaldring 47, 7000 Stuttgart 80
[2]) Universität Stuttgart *
Institut für Physikalische Elektronik
Pfaffenwaldring 47, 7000 Stuttgart 80

Deskriptoren: Satellitendaten, Bildsegmentation, Texturanalyse, Landnutzung

Zusammenfassung

In Zusammenhang mit Fragestellungen der Landnutzung, die bei der Landschaftsplanung (z. B. Landesregionalplanung) relevant sind, wird vielfach versucht, mit Hilfe von hochaufgelösten Satellitendaten (LANDSAT, SPOT) Gebiete verschiedener Landnutzungsarten und damit auch Gebiete unterschiedlicher ökologischer Wertigkeit zu differenzieren. Damit wird die Integration derartiger flächenbezogener Rasterdaten in geographische Informations- bzw. Umweltinformationssysteme (z. B. UIS Baden-Württemberg) zur Aktualisierung manuell erfaßter Daten möglich.

Wie sich in verschiedenen Untersuchungen zeigte, sind für die Differenzierung von verschiedenen Landnutzungsarten Multispektraldaten allein nicht immer ausreichend. Die Einbringung zusätzlicher Information in Form von textur- bzw. strukturspezifischen Merkmalen in einen Klassifikationsalgorithmus kann zu einer wesentlichen Verbesserung der Ergebnisse führen.

Dieser Beitrag beschreibt einen systematischen Ansatz für ein adaptives Klassifikationsverfahren unter Einbeziehung der Textureigenschaften der multispektralen Bilddaten. Die Textureigenschaften werden durch Nachbarschaftsoperatoren (z. B. Grauwertvarianz, Grauwertgradient, u. a.) als zusätzliche Merkmale in die Klassifikation eingebracht. Die Verknüpfung der Texturmerkmale und multispektralen Merkmale erfolgt durch Klassifikationspolynome verschiedener Ordnung.

Dieses Klassifikationsverfahren wurde erfolgreich auf SPOT/LANDSAT-TM-Szenen südlich von Stuttgart angewendet, mit insgesamt 6 verschiedenen Landnutzungsarten.

1 Einführung

Für die Raum- und Landschaftsplanung ist die Verfügbarkeit von aktuellen, raumbezogenen Daten der Landnutzung und Siedlungsstruktur von entscheidender Bedeutung. Die Kosten für detaillierte, manuelle Datenaufnahmen vor Ort sind vor allem für großräumige Erhebungen sehr hoch. Überdies steht der enorme Zeitaufwand manuell erfaßter Daten im grassen Widerspruch zu deren Aktualität. Für planerische Entscheidungsprozesse wird deshalb in jüngster Zeit immer mehr versucht dazu überzugehen, sich mit Hilfe von Satellitendaten eine aktuelle Datenbasis der regionalen und überregionalen Landnutzungsarten zu generieren.

---

*) z. Z. Daimler Benz AG Stuttgart

Mit den multispektralen Daten der Fernerkundungssatelliten LANDSAT-Thematic Mapper und SPOT stehen heute Daten zur Verfügung, die eine Segmentierung der Bodenbedeckung der Erdoberfläche bzw. von Wasseroberflächen in verschiedene Landnutzungklassen (Wald, urbanisierte Flächen, Wiesen, Äcker, u. a.) erlauben. Die bis heute üblichen und auch weitverbreiteten Verfahren der sogenannten multispektralen Klassifikation verwenden dabei lediglich die Grauwerte der verschiedenen Spektralkanäle eines Bildpixels. Diese Grauwerte sind jedoch nicht allein von der Reflexion der Erdoberfläche des Bildpixels bestimmt, sondern es gehen eine Vielzahl von Störfaktoren, wie z. B. atmosphärische Bedingungen und Sonnenstand zum Aufnahmezeitpunkt mit ein. Zusätzlich wird der Grauwert eines Bildelementes von den Eigenschaften seiner Nachbarelemente beeinflußt.

Eine Möglichkeit, diesen Randbedingungen Rechnung zu tragen, besteht darin, bei der Klassifikation nicht nur die Grauwerte eines Bildelementes selbst, sondern auch die seiner Nachbarpixel mit in den Klassifikationsprozess einzubeziehen. Dies bedeutet, daß neben der multispektralen Information eines Pixels die Textureigenschaften der Bilddaten, welche von den oben genannten Störfaktoren weniger beeinflußt werden, in Form von abgeleiteten Texturmerkmalen mit in die Klassifikation eingebracht werden.

Nachfolgend wird ein systematischer Ansatz für ein adaptives Klassifikationsverfahren aufgezeigt, das es erlaubt, die multispektrale Information der Satellitendaten mit deren Textureigenschaften in Form von Klassifikationspolynomen zu verbinden. Somit werden zusätzliche Merkmale eingebracht, die dazu beitragen das Klassifikationsergebnis zu verbessern. Die Verwendung derartiger textur- bzw. strukturbeschreibender Merkmale bedeutet eine Abkehr von den bisher meist angewendeteten, rein pixelorientierten Klassifikationsalgorithmen, wie sie schon mehrfach diskutiert wurde (z. B. Bähr 1989, Klaedtke 1989).

2 Verfahrensbeschreibung

2.1 Segmentierung durch Pixelklassifikation

Wie bereits erwähnt, wird die Segmentierung der Landnutzungsarten in den Bildern hier als Klassifikationsaufgabe aufgefaßt, bei der die verschiedenen Landnutzungsarten im Sinne der Mustererkennung unterschiedliche, voneinander zu trennende Objektklassen darstellen. Im allgemeinen müssen zur Lösung solcher Klassifikationsaufgaben oder Segmentationsprobleme die folgenden Grundvoraussetzungen erfüllt sein:

- Die verschiedenen Landnutzungsarten oder Objektklassen unterscheiden sich in den Grauwerten der einzelnen Spektralbereiche und bzw. oder durch ihre Textureigenschaften.

- Es existieren hinreichend repräsentative Trainingsgebiete, in denen die zu klassifizierenden Landnutzungsarten a priori bekannt sind.

Können diese Bedingungen vorausgesetzt werden, versprechen adaptive Klassifikationsverfahren auf der Basis von entscheidungstheoretischen Ansätzen Erfolg. Diese sogenannten lernenden Klassifikationsverfahren zeichnen sich in der Regel durch einen 2-stufigen Prozeß aus. Die erste Stufe, die Lern- bzw. Adaptionsphase, beinhaltet die Definition der verschiedenen Objektklassen zur Adaption des Klassifikators. Diese Trainingsphase, die in aller Regel sehr arbeits- und zeitintensiv ist, muß für jedes Segmentationsproblem jedoch nur einmal durchlaufen werden.

In der zweiten Stufe, der Arbeitsphase, erfolgt dann die eigentliche Bildsegmentierung nach dem Prinzip der Pixelklassifikation. Die Arbeitsphase bedient sich dem in der Trainingsphase gelernten Klassifikator und läuft ohne manuelle Interaktion sehr effizient ab.

2.2 Adaption des Pixelklassifikators

Der hier gewählten Strategie liegt die Idee zugrunde, ein möglichst allgemeines Verfahren einzusetzen, das systematisch an verschiedene Fragestellungen adaptiert werden kann, ohne daß der jeweilige Anwender Programmierexperte sein muß. Das bedeutet, die Programmierbarkeit oder die Handhabbarkeit des Systems sollte insbesondere in der Lernphase möglichst einfach sein, um die Objektklassen definieren und den Klassifikator adaptieren zu können.

Die Adaption des Klassifikators erfolgt hier durch interaktives Markieren der Bildpunkte oder Bildregionen der verschiedenen Landnutzungsarten in den Trainingsszenen, die auf dem Monitor eines Bildverarbeitungssystems dargestellt werden. Dabei werden den verschiedenen Landnutzungsarten Objektklassen durch Eingabe entsprechender Klassenindizes zugeordnet. Mit dieser Zuordnung der Landnutzungsarten ist die Segmentationsaufgabe bereits vollständig formuliert. Um die Eigenschaften der Objektklassen zu erfassen, werden für jeden Bildpunkt Merkmale bestimmt, die sowohl die Grauwertinformation der Spektralbereiche als auch die Textureigenschaften enthalten. Für jedes Bildelement der Trainingsszenen wird somit ein Merkmalsvektor bestimmt.

Die etikettierten Bildpunkte einerseits und deren Beschreibung durch Merkmale anderseits bilden die Grundlage für die Berechnung der Parameter des Pixelklassifikators. Es gibt bereits eine Vielzahl publizierter Verfahren, die auf der Basis von Lernstrichproben Diskriminanzparameter bestimmen. Ein allgemeingültiger und für das vorliegende Problem prädestinierter Ansatz stellen Polynomklassifikatoren (Schürmann 77,Blanz 83) dar, mit denen der oben dargestellte Sachverhalt mathematisch wie folgt beschrieben werden kann:

$$d_c(i,j) = a_0(i,j) + a_1(i,j)v_1(i,j) + \ldots + a_k(i,j)v_k(i,j) + \ldots + a_n(i,j)v_n(i,j) \qquad (1)$$

Dabei bedeuten die $d_c(i,j)$ die Wahrscheinlichkeit, daß der markierte Bildpunkt an der Position (i,j), der entsprechenden Objektklasse c zugeordnet wird. Für die Trainingsgebiete einer bestimmten Objektklasse c wird während der Trainingsphase den Bildpunkten dieser Klasse die Wahrscheinlichkeit $p_c(i,j) = 1.0$ zugeordnet. Die v_k bezeichnen die einzelnen Merkmale des Merkmalvektors v an der Position (i,j) und $a_k(i,j)$ sind die unbekannten Klassifikationskoeffizienten.

Diese polynomiale Verknüpfung der Merkmale läßt sich in Matrizenschreibweise ausdrücken durch

$$d = A^T v \qquad (2)$$

mit $d = (d_1, d_2, \ldots d_c, \ldots d_m)^T$, $v = (v_1, v_2, \ldots d_n)$.

Die unbekannten Transformationsparameter, die in der Koeffizientenmatrix A zusammengefaßt sind, ergeben sich nach dem Quadratmittelkriterium zu (Schürmann 1977)

$$A = (v^T v)^{-1} v^T d \qquad (3)$$

Beim Quadratmittelkriterium werden die Koeffizienten a_k so bestimmt daß die Differenzen zwischen den durch die Tranigsgebiete vorgegebenen Entscheidungsvektoren d (Glg. 3) und den geschätzten oder rekonstruierten Entscheidungsvektoren minimalisiert werden. Es ist offensichtlich, daß hier zur Adaption genügend, statistisch repräsentative Trainingsszenen etikettiert werden müssen, um die Parameter optimal an die vorliegende Segmentationsaufgabe zu adaptieren. Andererseits ist bei dieser Vorgehensweise die gesamte Information der Lernstichprobe (Trainingsszenen) in der Koeffizientenmatrix konzentriert.

2.3 Segmentation der Landnutzungsarten

Mit den in der Lernphase für das vorliegende Segementationsproblem bestimmten Koeffizienten erfolgt die Klassifikation der verschiedenen Landnutzungsarten. Im Gegensatz zur Lernphase, in der interaktive Arbeitsschritte notwendig sind, erfolgt die Arbeitsphase vollautomatisch. Formal besteht der Ablauf dieser Arbeitsphase aus der Bestimmung der Merkmale und deren additiven, mit den Koeffizienten gewichteten Verknüpfungen, was auf einen Entscheidungsvektor für jedes Bildelement führt.

Das Ergebnis besteht dann für jeden Bildpunkt $b(i,j)$ aus Wahrscheinlichkeitskomponenten $d_c(i,j)$, mit denen der betrachtete Bildpunkt, den in der Lernphase definierten Objektklassen c angehört. Es ist jedoch nicht zwingend notwendig, daß diese Komponenten im Intervall $[0,1]$ liegen müssen, da für die Entscheidung, welcher Klasse der Bildpunkt zugeordnet wird, lediglich das Maximumkriterium herangezogen wird, oder die Klassenzuordnung in einer darauf aufbauenden Plausibilitätsbetrachtung oder iterativen Relaxation erfolgt.

Die grundlegende Voraussetzung für einen Relaxationsprozeß innerhalb eines begrenzten Bildfensters ist, daß die einzelnen Objektklassen c sich nicht in singulären Punkten wiederspiegeln, sondern in lokalen Gebieten auftreten. Diese Annahme ist bei der hier aufgezeigten Anwendung der Landnutzungskartierung sicherlich gegeben.

In einem nach Form und Größe frei wählbaren Fenster werden die während der Pixelklassifikation berechneten Entscheidungsvektoren innerhalb des Bildfensters mit einer Relaxationsfunktion (z. B. Kosinus- oder Gaussfunktion) gewichtet. Der Entscheidungsvektor für das Zentralpixel eines Bildfensters wird dabei neu berechnet und wiederum dem Maximalkriterium unterworfen. Formal kann dieser Algorithmus in aller Allgemeinheit wie folgt dargestellt werden:

$$\mathbf{d}_{cr}(i,j) = \mathbf{d}_c[window(i,j)]f_r[window(i,j)] \tag{4}$$

Dabei bedeuten f_r die Relaxationsfunktion und $\mathbf{d}_c$ die aus der Pixelklassifikation resultierenden Entscheidungsvektoren im Bildfenster mit dem Zentralpixel an der Position (i,j). $\mathbf{d}_{cr}$ ist der neue Entscheidungsvektor des Bildelements (i,j) nach dem Relaxationsprozeß.

Neben der Anwendung einer Relaxationsfunktion zur Gewichtung der Entscheidungsvektoren besteht auch die Möglichkeit, eine Mehrheitsentscheidung unter den Objektklassen c innerhalb des Bildfensters zu treffen und die entsprechende Klasse dem Zentralpixel zuzuordnen.

Das Prinzip des Segmentationsverfahrens ist in Bild 1 dargestellt. Dabei werden die in der Lernphase durch den Anwender definierten und im Adaptionsprozeß bestimmten Parameter in einer Wissens- oder Modelldatenbasis abgelegt, die die Grundlage der automatischen Segmentierung von prinzipiell beliebigen Szenen bildet. Obwohl bei diesem Segmentationsprozeß mehrere mathematische Operationen zur Entscheidungsfindung durchzuführen sind, ist dieser Prozeß bei entsprechender Parallelisierung in einer Hardwarerealisierung sehr effizient.

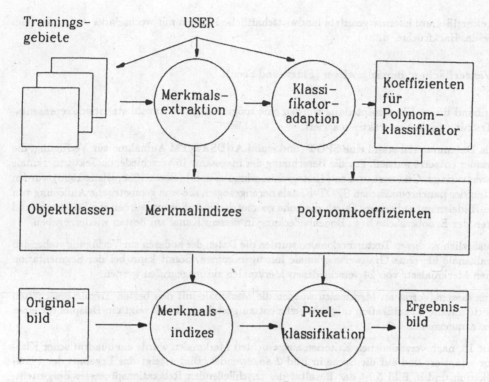

Bild 1. Schematische Darstellung des gesamten Segmentationsverfahrens mit Trainingsphase (oben), Wissensbasis (mitte) und Arbeitsphase (unten).

3 Ergebnisse

Das oben beschriebene Segmentationsverfahren wurde erfolgreich auf eine SPOT/LANDSAT-TM Szene der Filderregion südlich von Stuttgart angewendet. Bild 2 zeigt einen Ausschnitt dieser Szene.

Die Einteilung der jahreszeitlich unveränderlichen und standortunabhängigen Klassen orientiert sich an der Bodennutzung, dem Bedeckungsgrad der Vegetation und dem Grad der Bodenversiegelung. Nach diesen Gesichtspunkten wurde folgende Klasseneinteilung vorgenommen:

- **versiegelte Flächen**: urbanisierte/bebaute Flächen mit hohem Versiegelungsgrad, Straßen, Plätze, Flughäfen (Rollbahnen, Gebäude).

- **dichter Baumbestand**: Wälder und Forsten mit Laub -, Nadel - und Mischgehölzen.

- **lockerer Baumbestand**: Streuobstwiesen, Gärten, Flächen mit Feldgehölzen und Hecken, gekennzeichnet durch tiefgestaffelte Belaubung und landschaftprägender Kleinstruktur.

- **offenes Grasland**: Dauergrünland (Weiden, Mähwiesen), Rasenflächen in Grün- und Parkanlagen.

- **Ackerflächen:** intensiv genutzte landwirtschaftliche Flächen mit wechselnder Anbauart (Getreide, Hackfrüchte, u. ä.).

- **Wasserflächen:** Binnengewässer (Flüsse und Seen).

Anhand dieser Klasseneinteilung wurden eine möglichst große Anzahl statistisch repräsentativer Trainingsflächen interaktiv markiert.

Als Datenmaterial stand eine SPOT- und eine LANDSAT-TM Aufnahme zur Verfügung, die aufeinander entzerrt wurden. Für die Berechnung der insgesamt 16 verschiedenen Texturmerkmale (Grauwertvarianz, Grauwertgradient, Histogrammerkmale, u. a.) (Blanz 1982, Blanz 1983) wurden die Daten des panchromatischen SPOT-Kanals herangezogen, die eine geometrische Auflösung von $10\,m$ je Bildelement aufweisen. Durch die hohe geometrische Auflösung werden die Stukturen und Texturen der Erdoberfläche bzw. Bodenbedeckung in diesem Kanal am besten wiedergegeben.

Zusätzlich zu diesen Texturmerkmalen wurden die Daten der anderen zur Verfügung stehenden Spektralkanäle als reine Grauwertmerkmale hinzugenommen. Somit kann bei der Segmentation auf einen Merkmalsatz von 24 verschiedenen Merkmalen zurückgegriffen werden.

Aus diesem Vorrat an Merkmalen wurden die Merkmale mit den besten Trenneigenschaften selektiert, um die Klassifikation möglichst effizient zu gestalten. Bild 2 zeigt ein Beispiel für eines der Texturmerkmale.

Mit 13, nach verschiedenen Kriterien ausgesuchten Merkmalen wurde ein quadratischer Klassifikator adaptiert und auf die Szene in Bild 2 angewendet. Bild 4 zeigt das Ergebnis der Pixelklassifikation und in Bild 5 ist das Resultat des anschließenden Relaxationsprozesses dargestellt. Dabei wurden die Entscheidungsvektoren der Pixelklassifikation mit einer kosinusförmigen Relaxationsfunktion in einem 3 ∗ 3 Fenster gewichtet.

Die Erkennungsleistung der Pixelklassifikation, bezogen auf die Trainingsgebiete ist sehr hoch. Die Klasse *dichter Baumbestand* wurde zu 100 % erkannt. Auch die *Ackerflächen* (99,1 %), die *versiegelten Flächen* (97,7 %) und die Klasse *lockerer Baumbestand* (94,8 %) wurden gut erkannt. Bei der Klasse der *offenen Grasflächen* (81,5 %) und der *Wasserflächen* (72,4 %) war die Erkennungsleistung etwas geringer. Dies lag hauptsächlich an den zu geringen Trainingsflächen für diese Klassen. So war die Klasse *Wasserflächen* nur mit 21 Bildelementen als Trainingsgebiet vertreten.

Infolge der Anwendung eines Relaxationsprozesses mit vier Iterationsschritten konnte die Erkennungsleistung besonders bei den zwei letztgenannten Klassen erheblich verbessert werden. Die Erkennungsraten dieser beiden Klassen, wiederum bezogen auf ihre Trainingsgebiete, lagen nach der Relaxation alle über 90 %.

Aufgrund der fehlenden flächendeckenden Daten für das untersuchte Gebiet konnten keine weitergehenden quantitativen Fehlerstatistiken erstellt werden. Die qualitative Beurteilung erlaubt jedoch die Aussage, daß dieses Verfahren durchaus in der Lage ist, verschiedene Landnutzungsklassen mit teilweise ähnlichen Grauwerten (z. B. Grasflächen und locker Baumbestand) jedoch unterschiedlicher Textur zu differenzieren. Auch feine, linienhafte Strukturen, wie z. B. die Autobahn konnten zuverläßig der richtigen Klasse zugeordnet werden.

Bild 2. Ausschnitt (SPOT panchromatisch mit 10 m Auflösung) der bearbeiteten Szene der Filderregion südlich von Stuttgart.

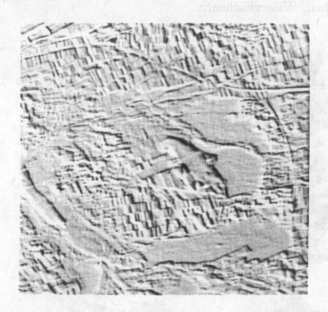

Bild 3. Beispiel für eines bei der Segmentation verwendeten Texturmerkmale (Gradientenmerkmal in x-Richtung).

Bild 4. Ergebnis der Pixelklassifikation. Die Klassenzuordnung ist der Reihe nach von den dunklen zu den hellen Grauwerten wie folgt: versiegelte Flächen, dichter -, locker Baumbestand, offenes Grasland, Ackerflächen, Wasserflächen.

Bild 5. Ergebnis der Relaxation, die sich an die Pixelklassifikation (Bild 4) anschließt. Die Klassenzuordnung ist entsprechend Bild 4.

4 Schlußfolgerungen

Die hier dargestellten Untersuchungen zeigen, daß die Fernerkundung mit hochaufgelösten Satellitendaten durchaus in der Lage ist, relevante Daten der Landnutzung für Zwecke der Raumplanung zu generieren. Auch lassen sich aus diesen Daten anhand der Häufigkeiten und räumlichen Verteilung der einzelnen Klassen Erkenntnisse und Beurteilungen z. B. für Umweltverträglichkeitsprüfungen von geplanten Großprojekten ableiten.

Der Schritt zu einem "Online-Monitoring" der Umwelt ist jedoch noch nicht ohne weiteres zu vollziehen. Durch die Einbeziehung der Nachbarschaftsbeziehungen der einzelnen Bildelemente konnte bereits eine wesentliche Verbesserung der Klassifikationsergebnisse erzielt werden, obwohl durch unterschiedliche Aufnahmebedingungen (atmosphärische Trübung, Wasserdampf, Wolken, Sonnenstand, u. ä. m.) bei multitemporalen Auswertungen die Segmentationsergebnisse noch Variationen aufweisen können.

Diese Schwankungen können durch die Einführung geeigneter Modelle, die die Einflüsse der atmosphärischen Bedingungen auf die Bildqualität minimieren, reduziert werden. Darüberhinaus kann die Integration von Daten aus Geographischen Informationssystemen und die Einbeziehung eines digitalen Höhenmodells in den Segmentationsprozeß eine weitere Verbesserung der Ergebnisse erreicht werden. Es ist jedoch zu bedenken, daß Satellitendaten vor allem in den Mittleren Breiten Europas häufig von Wolken kontaminiert sind, was die Anwendung der Daten für die Landnutzungskartierung stark einschränken kann.

5 Literatur

Bähr H.- P., Jürgen Baumgart (1989): Satellitenfernerkundung als Grundlage für Raumplanung und Umweltüberwachung, Informatik Fachberichte 228: Informatik im Umweltschutz, A. Jaeschke, W. Geiger, B. Page (Hrsg.), Springer-Verlag.

Blanz W. E. (1983): Bildsegmentation durch Texturanalyse, Ph.D.- Thesis, University of Stuttgart, Department of Electrical Engineering.

Blanz W. E., E. R. Reinhardt (1982): General approach to image segmentation, Proc. 6th International Conference on Pattern Recognition, Munich, West Germany, Oct. 19-22, pp. 188-191.

Kaifel A. K. (1989): Cloud detection by texture analysis technique in AVHRR images, Proc. 5th International TOVS-Study Conference Toulouse, France, 24. - 28. July.

Klaedtke H.- G., Qi Li, H. Ziemann (1989): Grossflächige Landnutzungsbestimmung aus LANDSAT-5-TM-Daten, Informatik Fachberichte 228: Informatik im Umweltschutz, A. Jaeschke, W. Geiger, B. Page (Hrsg.), Springer-Verlag.

Schürmann J. (1977): Polynomklassifikatoren für die Zeichenerkennung, R. Oldenbourg Verlag, München.

Straub B. (1989): Combined decision theoretic and syntactic approach to image segmentation, Maschine Vision and Applications, Vol. 2, pp. 17 - 30.

Straub B., W. E. Blanz (1987): A combination of a decision theoretic and syntatic approach to image segmentation, Proc. 4th Scandinavian Conference on Image Analysis, Stockholm, pp. 85 - 92.

Straub B. (1986): Lernendes Verfahren zur Segmentation industrieller Szenen, Proc. 8. DAGM Symposium., Paderborn, pp. 24 - 28.

Einsatz von Satelliten-Daten in der Umweltverträglichkeitsstudie "B 8n" mittels des Low Cost-Bildverarbeitungssystems BIVAS

Karl Wiesmann, Stefan Bender
Peter Kempa, Ulrich Streit

Westfälische Wilhelms Universität
Institut für Geographie
Abt. Geo-Informationssysteme
Robert-Koch-Str. 26-28
4400 Münster

Deskriptoren: Bildverarbeitung, Satelliten-Daten, Umweltverträglichkeitsstudie

Zusammenfassung:

Im Rahmen einer Pilotstudie wurden die Möglichkeiten des Einsatzes von Satelliten-Daten zur automatischen Gewinnung von planungsrelevanten Basisdaten für Umweltverträglichkeitsstudien untersucht.

Mit Hilfe der digitalen Bildverarbeitungssoftware **BIVAS** konnten Aussagen über die aktuelle Landnutzung, den Versiegelungsgrad, die Vitalität des Waldes sowie über Kaltluftentstehungsgebiete bzw. Kaltluftflüsse gemacht werden.

Insgesamt zeigt sich, daß die erzielten Ergebnisse zufriedenstellend sind und der Einsatz von Satellitendaten daher gerade bei großflächigen Planungsvorhaben sinnvoll und wirtschaftlich ist.

1. Einführung

Seit der Verabschiedung des UVP-Gesetzes am 1.8.1989 ist für bestimmte Bauvorhaben eine Umweltverträglichkeitsprüfung (UVP) durchzuführen.

Vorrangiges Ziel einer UVP soll es sein, bei raumwirksamen Planungs- und Entscheidungsprozessen frühzeitig potentielle Beeinträchtigungen der Umwelt aufzuzeigen, soweit diese als mögliche Folgen eines Vorhabens oder einer Maßnahme vorhersehbar sind.

Dabei gilt es, möglichst aktuelle Grundlagendaten zu gewinnen, was bei der Vielzahl der durchzuführenden Projekte finanzielle und zeitliche Probleme mit sich bringt.

Der Einsatz von Satelliten-Daten bietet hierbei den Vorteil, umwelt- und planungsrelevante Basisdaten großräumig, aktuell, zeitlich simultan und vergleichsweise kostengünstig zu gewinnen (Bähr 1989).

Am Beispiel der Umgehungsstraße B 8n im Raum Dinslaken/Voerde wurde in Kooperation mit dem Landschaftsverband Rheinland (LVR) eine Pilotstudie durchgeführt, die Einsatzmöglichkeiten von Satelliten-Daten für Zwecke der Umweltverträglichkeitsprüfung exemplarisch untersuchte.

2. Die digitale Bildverarbeitungssoftware BIVAS

Die in vielen Bereichen der Forschung aufkommende Technik der digitalen Verarbeitung von Satelliten- und Flugzeugscanner-Daten kann sich aufgrund der sehr hohen Einstiegskosten, oft fehlender Pilotprojekte und der damit verbundenen fehlenden Erfolgsgarantien sowohl in der öffentlichen Planung als auch in der Lehre nur langsam durchsetzen.

Mit **BIVAS** soll ein Programmsystem vorgestellt werden, das alle Funktionen zur Verwaltung, Wiedergabe, Aufbereitung, Klassifikation und statistischen Analyse digitaler Satelliten- und Flugzeugscannerdaten bietet und auf jedem grafikfähigen IBM-kompatiblen PC einsetzbar ist. Somit kann **BIVAS** in der Lehre und im Planungsbereich an dort vorhandenen Arbeitsplätzen integriert werden und eröffnet die Möglichkeit, in einem weiten Nutzerkreis über konkrete Anwendungen und Pilotstudien neue Ansätze und auch Grenzen der Bildverarbeitung in der ökologischen Planung aufzuzeigen.

BIVAS wurde von drei Diplomanden in der Arbeitsgruppe GIS von Prof.Dr.U.Streit an der WWU Münster im Laufe des letzten Jahres entwickelt.

2.1 Hardware - Konfiguration

In der Version 2.1 kann **BIVAS** unter DOS ab Version 3.1 auf jedem IBM-kompatiblen PC XT/AT/386 mit 640 KB RAM und einer Festplatte installiert werden. Für diese heute an den meisten Arbeitsplätzen vorhandene Grundkonfiguration werden gemäß Tabelle 1 zwei Grafikauflösungen angeboten.

Version	Adapter	Bildschirm	Auflösung
Level 1	VGA	VGA	640x480 in 16 Farben
			320x200 in 256 Farben
Level 2	Extended	Multisync	800x600 in 16 Farben
	512-KB	VGA	800x600 in 256 Farben

Tabelle 1: BIVAS-Grafikauflösungen

Eine dritte Version mit einer Auflösung von 1024x1024 Bildpunkten und 32 Bit Farbtiefe ist geplant.

2.2 Konzeption

Da **BIVAS** von verschiedenen Anwendern für die unterschiedlichsten ökologischen Fragestellungen eingesetzt werden soll, muß es benutzerfreundlich und leicht erweiterbar sein.

So ist **BIVAS** modular aufgebaut. Jede einzelne **BIVAS**-Funktion ist ein eigenes abgeschlossenes Turbo Pascal Programm, das auf recht übersichtliche Datenformate zurückgreift. Der logische Programmablauf wird durch eine in Turbo Prolog erstellte wissensbasierte Benutzeroberfläche gesteuert, die durch ihr hierachisches Menuesystem einfach zu bedienen ist. Viele Eingaben erfolgen durch Auswahlangebote, so daß sich auch ungeübte PC-Nutzer zurechtfinden.

Von Anwendern oder in Lehrveranstaltungen entwickelte neue Module für spezielle Fragestellungen lassen sich unter 'Applications' direkt in die **BIVAS**-Oberfläche integrieren.

Anders als bei anderen Bildverarbeitungssystemen finden wegen des beschränkten VGA-Video-Memory alle Rechenoperationen im disk-to-disk Modus statt. Das führt zu einem Zeitverlust bei Operationen in einzelnen Subszenen, spart aber Rechenzeit für Kopiervorgänge und vor allem Speicherplatz.

Die 'Display'-Funktionen arbeiten nach dem window-viewport-Konzept mit beliebig großen Datenfiles.

2.3 Programmodule

Die in die Version 2.1 eingebundenen **BIVAS**-Module bieten alle Möglichkeiten, die eine digitale Bildverarbeitungssoftware bereitstellen sollte (Bender et al. 1989). Einen Überblick über die wichtigsten Module liefert die Abbildung 1.

Speziell für die UVS B8n wurden die Programme unter 'Applications'-'UVS' entwickelt, mit denen der Versiegelungsgrad und Kaltluftflüsse bestimmt werden können. Außerdem lassen sich über unterschiedliche Verfahren zur Bestimmung der Vegetationsindizes Aussagen über Vegetations-belastungen erzielen.

2.4 Schnittstellen

BIVAS bietet Schnittstellen zu den kommerziellen Bildverarbeitungspaketen ERDAS und TERRAMAR.

Anbindungen an Host-Rechner sind an der Universität Münster zur Nutzung der Bandstationen und des Thermotransferdruckers sowie beim Landschaftsverband Rheinland zur Nutzung der Bandstationen und zur Nutzung des Programmpaketes MAP (Map Analysis Package) installiert. Ausgaben von Bildern, Informationsgrafiken oder Datendateien erfolgen über einen HP 7475/A Plotter und eine Reihe von Druckern (z.B. NEC P6/P7, HP LaserJet Series 2, HP PaintJet XL).

3. Pilotstudie UVP B 8n

Für die UVP B 8n führt der LVR federführend eine Umweltverträglichkeitsstudie durch, die erstmals rein rechnergestützt ablaufen soll.

Gleichzeitig wurde eine Pilotstudie in Auftrag gegeben, die zum Ziel hat, relevante Basisdaten mit Hilfe von Satelliten-Daten zu gewinnen, die dann in das System des LVR übernommen werden. Bei der durchgeführten neunmonatigen Pilotstudie, die in Form zweier Diplomarbeiten abgewickelt wurde, sollten vorrangig folgende Themenschwerpunkte behandelt werden:

- aktuelle Landnutzung
- Schadstoffbelastung
- mögliche klimatische Aussagen über das Untersuchungsgebiet

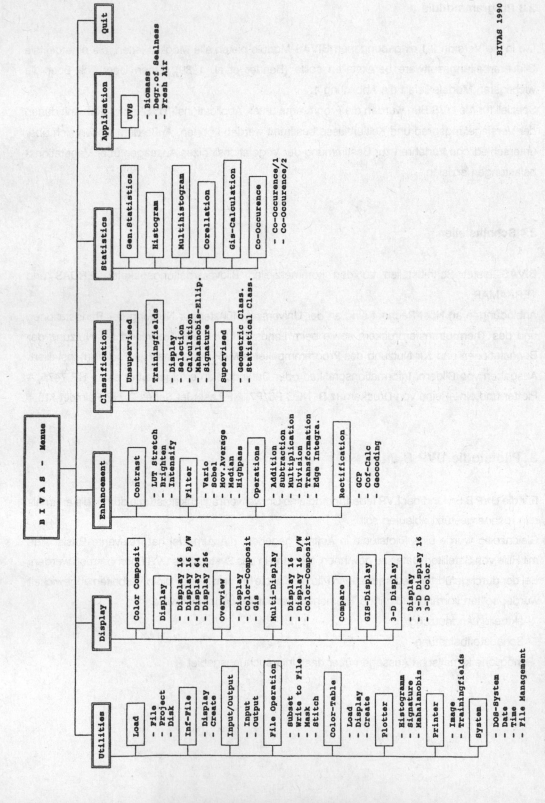

Abbildung 1: BIVAS Version 2.1 Funktionsumfang

3.1 Untersuchungsraum

Das Untersuchungsgebiet liegt am nordwestlichen Rand des Ruhrgebietes im Raum Dinslaken-Voerde. Das Gebiet gliedert sich in die Rheinaue, sowie die sich links und rechts anschließenden Niederterrassenebenen auf. Der Rhein hat hier eine Breite von 350-400 m und fließt eingedeicht nach Norden.

Der geologische Untergrund wird von quartären Sanden mit Toneinlagerungen und Kiesen gebildet. Eine geringmächtige Lößauflage überdeckt diese Schichten. Die Morphologie ist sehr schwach ausgeprägt.

3.2 Datengrundlage

Als Datengrundlage standen Aufnahmen des amerikanischen Satelliten Landsat 5-TM vom 14.6.1988 und des französischen Satelliten Spot (im panchromatischen Bereich) vom 13.1.1989 zur Verfügung.

3.3 Landnutzung

Ein wichtiges Untersuchungsziel war die Bestimmung der aktuellen Landnutzung. Dazu wurden die Datensätze einer multispektralen Klassifikation nach dem Minimum Distance Verfahren unterzogen. Um optimale Ergebnisse zu erzielen, wurden die Datensätze vorher auf verschiedene Weise bearbeitet. Dabei wurde versucht, möglichst viele verschiedene Landnutzungsklassen zu bestimmen.

Bei der Datenverbesserung wurden zwei Wege beschritten. Um die geometrische Aulösung der Landsatdaten zu erhöhen, wurden Landsat und Spot nach dem nonadaptiven Kantenverfahren (Tom 1986) verrechnet. Im zweiten Fall wurden die Landsatdaten unentzerrt klassifiziert und anschließend auf die Spotszene entzerrt.

3.3.1 Klassifikation Landsat/Spot

Grundlage für die Verschneidung von Spot mit Landsat ist eine genaue Entzerrung der Daten. Zuerst wurden die Spotdaten geometrisch auf das Gauß-Krüger-System entzerrt. Die Restfehler lagen bei < 0.5 Pixeln. Danach wurden die Daten gefiltert. Anschließend wurde jeder gefilterte

Landsatkanal mit dem gefilterten Spotkanal nach einem Algorithmus zur Kantenintegration verrechnet (s. Schowengerdt 1980). Die nun entstandenen "neuen" hochauflösenden Kanäle wurden zur nochmaligen Datenverbesserung einer Transformation in die Hauptkomponenten unterzogen. Die ersten drei Hauptkomponenten wurden nun zur Klassifikation herangezogen. Es konnten folgende Klassen gebildet werden :

Grünland	Hackfrucht1	Sommergetreide
gehölzbest. Wiese	ju. Laubwald	Nadelwald
alter Laubwald	di. Bebauung	lo. Bebauung
Garten/Brache/Gem.	Gewässer	Weide
Mais	Hackfrucht2	di. Bebauung/Ind.

Die Genauigkeit der klassifizierten Bildelemente lag je nach Klasse zwischen 75 und 95%. Abweichungen traten vorallem in Klassen auf, die zu Mischklassen gerechnet wurden. Ein weiterer Grund für Fehlklassifizierungen bestand darin, daß eine Landsatszene aus dem Sommer mit einer Spotszene aus dem darauffolgenden Winterhalbjahr verarbeitet wurde. So kam es auch bei der Unterscheidung der Feldfrüchte untereinander zu Fehlklassifizierungen.

3.3.2 Klassifikation unentzerrter Landsatdaten

Um Fehlklassifizierungen, die aufgrund von Mischpixeln bei der Entzerrung entstanden, vorzubeugen, wurden die Landsatdaten erst klassifiziert und anschließend entzerrt. Desweiteren konnte man so die Klassifizierung Landsat/Spot kritisch überprüfen.

Die Daten wurden zuerst einer Transformation in die Hauptkomponenten unterzogen. Die ersten drei Hauptkomponenten wurden zur Klassifizierung verwendet. Es konnten folgende Klassen unterteilt werden:

Nadelwald	ju. Laubwald	alter Laubwald
Gewässer	di. Bebauung	lo. Bebauung
Weide	Sommergetreide	Wintergetreide
off. Ackerfl.	Hackfrucht	gehölzbest. Weide
Mais	Grünland	Gärten/Gem/Brache

Anschließend wurde die Klassifikation auf die Spot-Szene entzerrt. Die Genauigkeit der klassifizierten Bildpunkte lag je nach Objektklasse zwischen 80 und 95 %.

Zwischen den beiden Klassifikationen traten teilweise deutliche Unterschiede auf. Die Klassifikation der reinen Landsatdaten war in dieser Studie genauer. Vor allem die unterschiedlichen Feldfrüchte ließen sich wesentlich besser trennen. Dies wird darauf zurückzuführen sein, daß bei der Verschneidung von Spot- mit Landsat-Daten aus einem Winter- und Sommerhalbjahr zur Verfügung standen. Bei den Klassen lockere Bebauung und dichte Bebauung hingegen ist die Klassifikation der verschnittenen Datensätze wesentlich differenzierter. Es konnte sogar eine zusätzliche Klasse dichte Bebauung definiert werden.

3.4 Vitalität des Waldes

Leider ist es nicht möglich, die Schadstoffbelastung der Vegetation aus einem Satellitenbild abzulesen. Allerdings lassen sich Aussagen über die Vitalität des Waldes treffen. Grundlage für die Feststellung der Vitalitätsbestimmung ist das spektrale Verhalten von Vegetationsoberflächen im sichtbaren und infraroten Bereich des elektromagnetischen Spektrums. Das größte Problem ist die zu geringe geometrische Auflösung von 30x30 m bei Landsat/TM. So sind Einzelbäume nicht bewertbar. Größere, homogene Waldflächen hingegen lassen sich durchaus bewerten. Solche Waldflächen lagen im Untersuchungsgebiet vor. Trockenheit, organische und anorganische Schadstoffe sowie andere Faktoren wirken sich auf die Strahlungseigenschaften der Vegetation aus. Die TM-Kanäle 4 und 5 zeigen dabei die größte Dynamikdifferenz für gestreßte Vegetation. Darüberhinaus konnte für Fragen zur Chlorophyllabsorption der TM-Kanal 3 in die Untersuchung mit einbezogen werden. Die Berechnung verschiedener Ratiobilder sowie unterschiedlicher Vegetationsindizes aus den TM-Kanälen 3, 4 und 5 konnten so zu Aussagen über die Vegetationsvitalität der Waldbestände führen. Mit Hilfe dieser Ergebnisse konnte dann im Gelände der Wald konkret, auch im Hinblick auf Waldschäden untersucht werden.

3.5 Klimatische Untersuchungen

Bei der Untersuchung der klimatischen Verhältnisse des Untersuchungsgebietes stellte sich heraus, daß mit Hilfe des Landsat Kanals 6 (thermisches Infrarot) keine relevanten Informationen gewonnen werden können, da der Aufnahmezeitpunkt von ca. 9.30 Uhr zu ungünstig ist.
Es wurde daher unter Zuhilfenahme eines digitalen Höhenmodells ein stark vereinfachtes klimatologisches Modell entwickelt (Gerth 1986), das es ermöglicht, potentielle Kaltluftentstehungsgebiete anhand der gewonnenen aktuellen Landnutzung darzustellen und mögliche Fließrichtungen zu bestimmen.

Es zeigte sich, daß trotz des schwach ausgeprägten Reliefs des Untersuchungsgebietes im Bereich der Rheinauen und Altarme des Rheins (siehe Abb. 2) Kaltluftflüsse zu erwarten sind, die bei einer späteren Planung der Straßentrasse zu berücksichtigen sind.

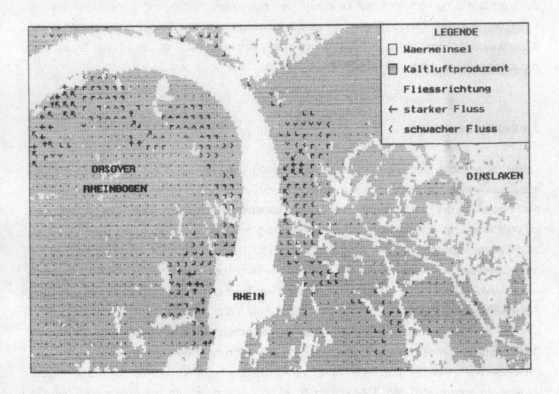

Abbildung 2: Darstellung der Kaltluftflüsse

3.6 Versiegelungsgrad

Darüber hinaus wurden mit Hilfe der vorhandenen Daten Aussagen über den Versiegelungsgrad gemacht. Hierzu wurde das Ratio der Kanäle 5/4 Landsat mittels Testflächen in Prozentangaben umkodiert und anschließend mit der Landnutzungsklassifikation überlagert, um dem Problem der vegetationsfreien, aber nicht versiegelten Flächen zu entgehen. Die so gewonnenen Daten geben gerade für den Bereich der Siedlungsflächen den Versiegelungsgrad an, der auch als Flächenbilanz ausgegeben werden kann, wozu ansonsten aufwendige Kartierungen nötig sind.

4. Ausblick

Unsere Untersuchungen haben gezeigt, daß der Einsatz von Satellitendaten unter anderem in den Bereichen Landnutzung, Versiegelung und Kaltluftströmungen aussagekräftige Daten für eine UVP liefert. Im sensibelen Bereich der Schadstoffbelastung der Vegetation können planungsrelevante Aussagen nur über die Vitalität des Waldes gemacht werden. Die Untersuchung von spezielleren Fragestellungen war in unserem eng begrenzten Zeitrahmen nicht möglich, da sie unbedingt die Einbeziehung von Zusatzdaten aus multitemporalen Betrachtungen und Geo-Informationssystemen erfordert.

Insgesamt scheint uns der Einsatz von Satelliten-Daten speziell bei großflächigen Planungsvorhaben sinnvoll, da Basisdaten kostengünstig und aktuell gewonnen werden können und als digitale Daten leicht in Informationssysteme integriert werden können.

5. Literatur

Bähr, H.-P.: Satellitenfernerkundung als Grundlage für Raumplanung und Umweltüberwachung. Jaeschke, Geiger & Page (Hrsg.): Informatik im Umweltschutz, Informatik-Fachberichte 228, Springer, Berlin 1989;S. 34-42.

Bender,S.,Kempa,P.,Wiesmann,K.: BIVAS Handbuch zur Bildverarbeitungssoftware, Werkstattbericht Umweltinformatik 1, Heft 3, Universität Münster,Münster 1989.

Gerth,W.-P.: Klimatische Wechselwirkungen und Raumplanung bei Nutzungsänderungen, Berichte des Deutschen Wetterdienstes, Nr.171, Offenbach 1986.

Glaser,R.: Fernerkundung mit Landsat-5-Thematic-Mapper, Forschungsbericht DFVLR, Oberpfaffenhofen 1985.

Haberäcker,P.: Digitale Bildverarbeitung, Hanser, Wien 1985.

Schowengerdt,R.A.: Reconstruction of multispatial, multispectral image data using spatial frequency content, Photogrammetric Engineering & Remote Sensing, 1980; S. 1325-1334.

Tom,V.T.: A synergistic aproach for multispecral image restoration using reference imagery, Proceedings of IGARSS '86 Symposium, Zürich,8-11 Sept. 1986. Ref. ESA SP-254 (published by ESA Publications Division, August 1986).

Beiträge zur Optimierung von multispektralen Klassifizierungen durch Trennbarkeitsmaße

Peter Reinartz
DLR Oberpfaffenhofen
Institut für Optoelektronik
D-8031 Oberpfaffenhofen

Fernerkundung, Multispektrale Klassifizierung, Maximum-Likelihood-Verfahren, Clusteranalyse, Trennbarkeitsmaße, Texturkanäle, Baumarten- und Schadstufenklassifizierung

Zusammenfassung

Bei der überwachten multispektralen Klassifizierung von Fernerkundungsdaten mit Hilfe des Maximum-Likelihood-Verfahrens, ist zunächst der Überlappungsgrad der einzelnen Klassen nicht bekannt. In herkömmlichen Verfahren erfolgt die Auswahl der Trainingsgebiete, Klassen und Kanäle daher meist nur qualitativ. Liegen jedoch mehrere schwer zu trennende Klassen vor, so sind diese Verfahren unzureichend. Um zu einer optimierten Klassifizierung zu gelangen, werden mehrere quantitative Trennbarkeitsmaße aus statistischen Abstandsmaßen hergeleitet. Mit Hilfe dieser Maße ist es möglich eine objektivierte Auswahl von Trainingsgebieten, Klassen, Kanälen und Zusatzkanälen durchzuführen sowie eine recht genaue Abschätzung der zu erwartenden Fehlerwahrscheinlichkeiten für die Klassifizierung jeder einzelnen Klasse anzugeben. Am Beispiel der Klassifizierung von Baumarten und Baumschadstufen in Flugzeugscannerdaten des DAEDALUS ATM 1286 wird die entwickelte Methodik angewandt.

1. Einleitung und Motivation

In der digitalen Fernerkundung ist ein wesentliches Auswerteverfahren die Klassifizierung der aufgezeichneten Bilddaten, d.h. die Einteilung der auf dem Bild vorhandenen Objekte in Klassen. Die Möglichkeit der Differenzierung ist gegeben durch die unterschiedlichen spektralen Rückstrahlungseigenschaften der Objekte. Die Klassifizierung erfolgt mit Hilfe unterschiedlicher Verfahren, die aus dem Bereich der Mustererkennung kommen (Duda, Hart 1973; Swain, Davis 1978; Haberäcker 1985). Liegen ausreichende Vorkenntnisse über die auf dem Bild vorhandenen Objekte vor, werden meist überwachte Verfahren zur Klassifizierung verwendet (Haberäcker 1977). Überwacht bedeutet, daß dem Klassifikator vorab Informationen über die Klassen gegeben werden (Trainingsgebiete), mit deren Hilfe er das gesamte Bild klassifiziert.

Beim Maximum-Likelihood-Verfahren entscheidet der Klassifikator zwar "optimal" nach der größten Wahrscheinlichkeit, der Anteil der Überlappungsbereiche zwischen den einzelnen Klassen bleibt aber unbekannt, so daß keine Aussage über Fehlerwahrscheinlichkeiten möglich ist. Vor allem die Auswahl der Trainingsgebiete ist häufig problematisch und erfolgt meist qualitativ am Bildschirm, mit mehr oder weniger großer Erfahrung des Auswerters. Auch die Auswahl der für die Klassifizierung verwendeten Kanäle geschieht meist anhand von groben Abschätzungen der Unterschiede in den Spektren der einzelnen Klassen.

Eine weitere Schwierigkeit stellt die in vielen Bildpunkten enthaltene Mischinformation dar, die die typischen Klasseneigenschaften überlagert. Sie ist abhängig von der Bodenauflösung und der Größe und Struktur der betrachteten Objekte. Liegen bei einer Klassifizierung mehrere schwer zu trennende Klassen vor, so können schon leichte Verschiebungen der spektralen Signatur auf Grund der oben erwähnten Effekte zu erheblichen Fehlklassifizierungen führen.

Mehrere Untersuchungen beschäftigten sich bereits mit Korrekturverfahren zur Verbesserung der Bilddaten und damit der Klassifizierungen bzw. mit der Verwendung von Zusatzinformationen (Dennert-Möller 1983, Pfeiffer 1985, Müller 1987).

In der vorliegenden Arbeit werden Möglichkeiten zur quantitativen statistischen Analyse der dargestellten Probleme vorgeschlagen. Hieraus resultiert einerseits eine Optimierung von multispektralen Klassifizierungen und andererseits kann damit eine Bewertung und Fehlerabschätzung des Ergebnisses erfolgen.

2. Statistische Trennbarkeitsmaße

Eine überwachte Maximum-Likelihood-Klassifizierung beginnt mit der Definition von Trainingsgebieten für jede auf dem Bild erfaßbare Klasse. Aus den Pixelwerten in diesen Gebieten wird eine Normalverteilung in der Dimension der Anzahl der Kanäle errechnet. So ergeben sich für jede Klasse Wahrscheinlichkeitsdichten der Form:

$$p(X \mid K_i) = \frac{1}{(2\pi)^{n/2} |C_i|^{1/2}} \exp\left[-\frac{1}{2} (X - M_i)^T C_i^{-1} (X - M_i) \right] \tag{1}$$

mit
$p(X \mid K_i)$ Wahrscheinlichkeit, daß das Pixel mit dem Vektor X zur Klasse K_i gehört
X Pixelvektor
M_i Mittelwertsvektor
C_i Kovarianzmatrix der Klasse i
n Anzahl der Kanäle

Die Maximum-Likelihood Entscheidungsregel ohne a-priori-Wahrscheinlichkeiten lautet nun:

ein Pixel $X \in K_i$ genau dann, wenn

$$p(X \mid K_i) \geq p(X \mid K_j) \qquad \forall j = 1,...k \ (k \text{ Klassen}) \tag{2}$$

Die Entscheidungsgrenzen werden durch Hyperebenen dargestellt. Bei einer Klassifizierung mit diesem Verfahren gibt man außerdem einen Schwellwert für $p(X \mid K)$ an, unterhalb dessen ein Pixel keiner Klasse zugeordnet wird.

2.1 Jeffrey-Matusita-Mass

Der Überlappungsbereich von zwei Klassen im n-dimensionalen Merkmalsraum läßt sich auch für die Annahme von normalverteilten Statistiken für n ≥ 3 nicht exakt analytisch berechnen (Swain, Davis 1978).

Es wurden jedoch mehrere Abstands- (Überlappungs-) Maße vorgeschlagen, die eine näherungsweise Berechnung zulassen (Marill, Green 1963; Kailath 1967). Das für diese Arbeit benutzte Jeffrey-Matusita-Maß ergibt die beste Näherung ist definiert als

$$J_{ij} = \int \left(\sqrt{p(X|K_i)} - \sqrt{p(X|K_j)} \right)^2 dX \qquad (3)$$

und stellt sozusagen die durchschnittliche Differenz zwischen den zwei Wahrscheinlichkeitsdichte-Funktionen dar.

Für normal verteilte Funktionen ergibt sich hieraus:

$$J_{ij} = 2 (1 - e^{-\alpha}) \qquad (4)$$

$$mit \ \alpha = \frac{1}{8} (M_i - M_j)^T \left(\frac{C_i + C_j}{2} \right)^{-1} (M_i - M_j) + \frac{1}{2} \ln \left[\frac{|(C_i + C_j)/2|}{(|C_i| \ |C_j|)^{1/2}} \right].$$

Der Ausdruck besteht aus zwei Summanden, von denen der erste eine normalisierte Distanz zwischen den Mittelwerten darstellt und der zweite die Ausdehnung der Verteilungen über die Kovarianzmatrizen berücksichtigt.

2.2 Wahrscheinlichkeit für korrekte Klassifizierung, Trennbarkeit

Das Abstandsmaß ist eine Zahl zwischen 0 und 2. Es kann aber in die Wahrscheinlichkeit für korrekte Klassifizierung (angegeben in Prozent) umgerechnet werden. Dieser Wert wird im folgenden als Trennbarkeit T bezeichnet.

Die Umwandlung kann allerdings nur aus empirischen Untersuchungen abgeleitet werden, da die theoretisch ermittelten Fehlergrenzen (Wacker 1971) keine ausreichenden Abschätzungen zulassen. Nach der Arbeit von Swain und King (1973), die 2790 aus Fernerkundungsdaten künstlich hergeleitete normalverteilte Funktionen untersuchten, können aus den Verteilungen Polynomapproximationen mit der Methode der kleinsten Quadrate berechnet werden und damit Wahrscheinlichkeiten für eine korrekte Klassifizierung jedes Pixels. Bild 1 zeigt die Verteilung für das Jeffrey-Matusita-Maß.

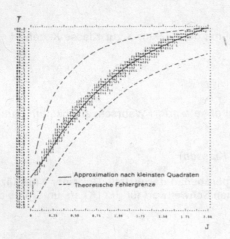

Bild 1. Wahrscheinlichkeit für korrekte Klassifizierung, Trennbarkeit

Über diese Polynomapproximationen lassen sich die Trennbarkeitswerte für jedes Klassenpaar ermitteln.

2.3 Weitere Trennbarkeitsmaße

Aus den Trennbarkeiten lassen sich die Überlappungen der Cluster im n-dimensionalen Merkmalsraum direkt ableiten. Die Überlappung U in % ergibt sich zu:

$$U = 2 \cdot (100 - T) \tag{5}$$

Bei einer Trennbarkeit von z.B. 90% wird man daher von einer Überlappung der Cluster zu ca. 20% ausgehen können. Denn die Merkmalvektoren innerhalb dieses Überlappungsbereiches werden mit einer Wahrscheinlichkeit von 50% zu jeder der beiden Klasse geschlagen, woraus sich eine Fehlerwahrscheinlichkeit (p_E) von 10% ergibt. Eine Trennbarkeit von 50% bedeutet daher vollständige Überlappung der Cluster im Merkmalsraum.

Über die Distanzmaße lassen sich nun die Trennbarkeiten in % für je zwei Klassen und eine beliebige Kanalanzahl und -kombination berechnen. Für ein gegebenes Klassifizierungsproblem mit k Klassen läßt sich daher eine quadratische ($k \times k$)-Trennbarkeitsmatrix M_T aufstellen,

$$M_T = \begin{pmatrix} T_{11} & T_{12} & \dots & T_{1k} \\ & \dots & & \\ & \dots & & \\ T_{k1} & T_{k2} & \dots & T_{kk} \end{pmatrix} \tag{6}$$

die alle Trennbarkeiten der möglichen Klassenkombinationen enthält. Die Matrix ist symmetrisch, wobei die Diagonalelemente mit Null belegt werden, da man nicht von einer Trennbarkeit der Klasse von sich selbst sprechen kann. Insgesamt liegen also $k(k-1)/2$ verschiedene Trennbarkeiten vor.

Als minimale Trennbarkeit T_{min} wird die geringste in der Matrix (6) vorkommende Trennbarkeit zweier Klassen bezeichnet:

$$T_{min} = \min(T_{ij} \mid i,j = 1,\dots n \ \ i \neq j) \tag{7}$$

Die mittlere Trennbarkeit T_M läßt sich aus den T_{ij} zu

$$T_M = \frac{2}{k(k-1)} \sum_{i=1}^{k} \sum_{j=i+1}^{k} T_{ij} \tag{8}$$

berechnen.

Weiter läßt sich für eine Klasse i eine Gesamttrennbarkeit T_i von allen weiteren Klassen gemäß

$$T_i = 100 - \sum_{j=1 \, j \neq i}^{k} (100 - T_{ij}) \tag{9}$$

bilden, wobei der hintere Term die Summe der Fehlerwahrscheinlichkeiten darstellt.

Diese Maße erlauben dem Anwender einen schnellen Überblick über die tatsächlichen Überlappungsverhältnisse der Klassen im n-dimensionalen Merkmalsraum.

Aus den Gesamttrennbarkeiten T_i läßt sich zumindest eine untere Grenze für den zu erwartenden Klassifizierungfehler für die jeweilige Klasse angeben. Empirische Untersuchungen dieses Zusammenhangs werden bei Reinartz (1989) beschrieben.

Da jedoch die Trainingsgebiete speziell ausgewählte Teile des Bildes sind, läßt sich keine genaue obere Grenze für die Anzahl der falsch klassifizierten Pixel aus den Trennbarkeiten ableiten, da prinzipiell unbekannt ist, wieviele der Merkmalvektoren (Pixelvektoren) des Gesamtbildes in den Überlappungsbereichen der Klassen liegen. Hierzu müssen unabhängige Verifikationsmethoden verwendet werden (Köhl 1988, Kuntz 1988).

Eine untere Grenze ist jedoch häufig schon von Nutzen, da dadurch eine Brauchbarkeit der definierten Klassen bezüglich der in Kapitel 1 aufgezeigten Problematik festgestellt werden kann.

Liegt der Wert für T_i oder auch T_{ij} für eine oder mehrere Klassen sehr niedrig, so kann eine Klassifizierung auf dieser Basis nicht viel Erfolg haben. Auf die Bezeichnung "niedrig" wird später noch näher eingegangen.

Feste untere Grenzen der Trennbarkeiten als Maßstab für eine beliebige Klassifizierung anzugeben, erscheint jedoch nicht sinnvoll, da diese von der Problemstellung und der für eine Klassifizierung erwünschten Genauigkeit abhängig sein sollten.

2.4 Trainingsgebietsanalyse

Da nicht gewährleistet ist, daß alle Trainingsgebiete einer Klasse korrekt ausgewählt wurden, bzw. ob bestimmte Einflußfaktoren (z.B. Scanwinkel, Schatten etc.) ausreichend berücksichtigt wurden, empfiehlt es sich eine statistische Analyse der Pixelwerte jedes einzelnen Trainingsgebiets durchzuführen. Dies kann auf die gleiche Weise erfolgen wie die Untersuchung der Trennbarkeit der Klassen, nämlich durch das Jeffries-Matusita-Maß. Betrachtet man Trainingsgebiete einer Klasse, so wird gefordert, daß ihre geschätzten Normalverteilungen einander ähnlich sind, d.h. nur wenig voneinander abweichen. Für die Trainingsgebietsanalyse wird daher ein Maß analog zur Trennbarkeit T definiert, welches die prozentuale Abweichung A der Gebiete voneinander beschreibt, d.h. den nicht überlappenden Teil der Verteilungen in Prozent,

$$A = (T - 50) \cdot 2 \tag{11}.$$

Die Werte von A können daher zwischen 0 (vollständige Überlappung) und 100 (vollständige Abweichung) liegen.

Liegen mehrere schwer trennbare Klassen vor, so empfiehlt es sich weiterhin, die Ähnlichkeit der einzelnen Trainingsgebiete mit den in Frage kommenden benachbarten Klassen zu überprüfen. Es läßt sich eine Ähnlichkeitsmatrix aufstellen, die in der einen Richtung die Anzahl der Trainingsgebiete t, in der anderen Richtung die Anzahl der zu vergleichenden Klassen k enthält

$$A' = \begin{pmatrix} A_{11} \cdots A_{k1} \\ \cdots \\ \cdots \\ A_{1t} \cdots A_{kt} \end{pmatrix} \tag{12}.$$

Dabei können Gründe für Fehlklassifizierungen aufgedeckt werden, wenn festgestellt wird, daß einzelne Gebiete stark in den Bereich des Merkmalsraumes einer anderen Klasse vordringen.

Werden nun Trainingsgebiete aufgefunden, die den Trennbarkeits- oder Ähnlichkeitsforderungen nicht entsprechen, so sollten zunächst die Ursachen hierfür geklärt werden, bevor diese vor der Klassifizierung eliminiert werden. Möglicherweise sind die starken Überlappungen ja auch nicht zu vermeiden!

Sind größere Abweichungen innerhalb einer Klasse vorhanden, so kann dies an Fehldefinitionen oder naturgegebenen bzw. systembedingten Variationen liegen. Dabei kann es sich auch herausstellen, daß eine Klasse in zwei Unterklassen aufgeteilt werden sollte, um die Schätzung von Normalverteilungen zu gewährleisten.

3. Anwendungsmöglichkeiten der Trennbarkeitsmaße

Die Anwendungsmöglichkeiten der im letzten Kapitel definierten Trennbarkeitsmaße sind vielfältig. Sie lassen sich im Prinzip auf jedes Klassifizierungsproblem, welches mit dem Maximum-Likelihood-Verfahren gelöst werden soll anwenden.

Wichtig wird die Anwendung dieser Maße vor allem wenn schwer trennbare Klassen vorliegen. Dies ist z.B. bei der Klassifizierung von Baumarten und Schadstufen der Fall. Hier ergeben sich noch zusätzliche zu den im ersten Kapitel erwähnten Schwierigkeiten durch

- den kontinuierlichen Übergang zwischen den Schadstufen,
- den großen Anteil von beschatteten Bereichen,
- den häufig durchscheinenden Untergrund,
- die Mischbestände u.a..

Daher sollen in diesem Kapitel einige der Anwendungsmöglichkeiten für die Klassifizierung dieser Klassen in den Daten des 11-kanaligen DAEDALUS-ATM-Flugzeugscanners beschrieben werden.
Für weitere Ausführungen zu den Anwendungsmöglichkeiten siehe auch Reinartz et al. (1988) und Reinartz (1989).

3.1 Optimierte Kanalauswahl

Berechnet man die in Gleichung (8) definierte mittlere Trennbarkeit für mehrere Kanalkombinationen, so bietet es sich an, die maximale mittlere Trennbarkeit aller Klassenpaare als Kriterium für eine Auswahl der Kanäle zu benutzen.
In Bild 2 ist dargestellt, daß sich die einzelnen Trennbarkeiten für die verschiedenen Kanalkombinationen jedoch unterschiedlich verhalten.

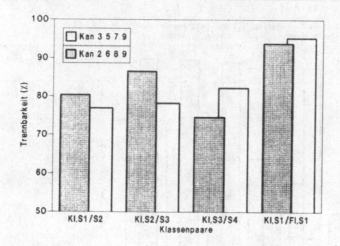

Bild 2. Trennbarkeiten in Abhängigkeit von der Kanalkombination

Das heißt die maximale mittlere Trennbarkeit ist nicht immer das optimale Maß für die Trennbarkeit bestimmter Klassen. Daher kann es bei dieser Vorgehensweise vorkommen, daß einzelne Klassen von einer anderen Kanalkombination besser differenziert werden können und zwar vielleicht gerade diejenigen, die besonders kritisch sind. Aus diesem Grund ist es nützlich Gewichte für die einzelnen Klassen einzuführen, die bei der Berechnung der mittleren Trennbarkeit eingehen und die diejenigen Klassen stärker gewichten, die für die jeweilige Aufgabe besondere Priorität haben.

$$T_M^G = \frac{2}{k(k-1)\left(\sum\limits_{i=1}^{n}\sum\limits_{j=i+1}^{n} g_i g_j\right)} \sum\limits_{i=1}^{n}\sum\limits_{j=i+1}^{n} g_i g_j T_{ij} \tag{10}$$

T_M^G gewichtete mittlere Trennbarkeit
$g_i \geq 0$ Gewichte $\quad i = 1, ...n$

Mit Hilfe der jeweils berechneten mittleren Trennbarkeit bzw. der gewichteten mittleren Trennbarkeit läßt sich bei mehreren Kanalkombinationen entscheiden, welche für das gegebene Klassifizierungsproblem optimal ist.
Es stellte sich allerdings in mehreren Untersuchungen heraus, daß meist einige gleichwertige Kanalkombinationen existieren (Reinartz 1987).

3.2 Kanalanzahl

Eine weitere wichtige Frage bei Klassifizierungen ist, wieviele Kanäle verwendet werden sollen. Werden zu wenige Kanäle benutzt, ist die Trennbarkeit niedrig, da nicht genug spektrale Information genutzt wird. Werden dagegen viele Kanäle verwendet, so steigt die Rechenzeit erheblich und es ist die Frage, ob sich dabei überhaupt eine genauere Klassifizierung ergibt, da die Korrelationen unter den Kanälen meist recht hoch ist. Frühere empirische Untersuchungen haben schon ergeben, daß drei Kanäle häufig ausreichend für eine Klassifizierung sind (Swain 1980; Kritikos et al. 1985).
Die Berechnung von Trennbarkeiten kann als eine objektive Methode angesehen werden, mit Hilfe derer die notwendige Anzahl festgelegt werden kann. Bild 3 zeigt als Beispiel die Trennbarkeiten von fünf Waldschadensklassen in Abhängigkeit von der Kanalanzahl.

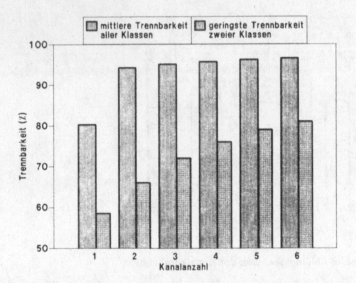

Bild 3. Trennbarkeiten in Abhängigkeit von der Kanalanzahl

Man sieht deutlich, daß sich die mittlere Trennbarkeit aller Klassen ab zwei bis drei Kanälen nur noch unwesentlich erhöht, die Trennbarkeit der am schlechtesten zu trennenden Klasse aber noch deutlich bis zur Verwendung von fünf bis sechs Kanälen zunimmt. Liegen daher mehrere schwer trennbare Klassen vor, so ergibt die Verwendung von mehr als drei Kanälen merklich bessere Resultate als die Verwendung von nur drei Kanälen (Reinartz et al. 1988).

3.3 Analyse der Unterscheidbarkeit der Klassen

Mit Hilfe der in Gleichung (6) definierten Trennbarkeitsmatrix kann eine Abschätzung der zu erwartenden Genauigkeit der Klassifizierung erfolgen. Tabelle 1 auf S. 8 zeigt als Beispiel die Trennbarkeitsmatrix von vier Schadstufen der Fichte.

Klasse	FI,S0	FI,S1	FI,S2	FI,S3
FI,S0	-	81.2	93.3	97.7
FI,S1	81.2	-	89.5	95.1
FI,S2	93.3	89.5	-	91.4
FI,S3	97.7	95.1	91.4	-

Tabelle 1. **Trennbarkeitsmatrix für vier Schadstufen der Fichte**

Man erkennt, daß z.B. bei der Trennung von Fichten der Schadstufe 0 und bei Fichten der Schadstufe 1 nur eine Genauigkeit von ca. 81% erzielt werden kann. Falls diese Genauigkeit nicht ausreicht, müßten diese Klassen zusammengefaßt werden.
Addiert man die Fehlerwahrscheinlichkeiten gemäß Gleichung (9) für die Schadstufe 1, so ergibt sich eine Gesamtfehlerwahrscheinlichkeit von ca. 35% für diese Klasse - ein unzureichendes Ergebnis. Auch dies läßt sich vor allem durch ein Zusammenfassen der Klassen der Schadstufen 0 und 1 deutlich verbessern.
In ähnlicher Weise können die Maße für die Trainingsgebietsanalyse verwendet werden, um einen genauen Überblick über die Trennbarkeit bzw. Ähnlichkeit der einzelnen definierten Gebiete zu erhalten.
Die Trennbarkeitsmaße erlauben dem Anwender eine a-priori Abschätzung der zu erwartenden Klassifizierungsgenauigkeit. Die Anforderungen hieran müssen natürlich auf den Einzelfall abgestimmt sein. Auf jeden Fall geben die Maße eine wertvolle Entscheidungshilfe, ob bestimmte Klassen zusammengefaßt werden müssen oder ob einzelne Trainingsgebiete ungünstig oder fehlerhaft definiert wurden.

3.4 Texturkanäle

Neben den vom Scanner aufgezeichneten spektralen Kanälen, können weitere aus diesen Kanälen abgeleitete Informationen (Kanäle) für eine Klassifizierung genutzt werden. Eine Möglichkeit besteht darin aus einzelnen oder auch aus mehreren Originalkanälen sogenannte Texturkanäle zu errechnen. Hierzu gibt es eine große Anzahl von unterschiedlichen Texturparametern, die abhängig vom Anwendungsfall mehr oder weniger geeignet sind (Fiedler 1979, Haberäcker 1985). Die hier verwendeten Texturmaße sind die Haralick-Parameter, die in Haralick et al. (1973) beschrieben werden. Verwendet wurde der Kanal 7 des DAEDALUS-Scanners, d.h. ein infraroter Kanal, da hier die meisten Strukturen erkennbar waren. Die Fenstergröße für die Berechnung der Parameter wurde mit 5x5 Bildelementen gewählt, d.h. angepasst auf die Größe der Objekte.
In Bilddaten aus 1000m Höhe ü.G. beträgt die Bodenauflösung ca. 2,5m x 2,5m pro Pixel, so daß einzelne große Bäume noch erkennbar sind. Es wurden die Parameter "Kontrast" und "Varianz" der Haralick-Parameter verwendet. Bild 4 auf S. 9 zeigt die Trennbarkeiten verschiedener Klassenpaare, mit drei Spektral-, fünf Spektral- sowie drei Spektral- und zwei Texturkanälen.
Sowohl die Trennbarkeit zwischen Kiefer und Fichte gleicher Schadstufe und gleichen Alters als auch die Trennbarkeit zwischen ungeschädigten jungen (A2, Alter 20-40 Jahre) und älteren (A5, Alter 80-100 Jahre) Kiefern ist bei der Verwendung von Texturkanälen besser als bei Verwendung der gleichen Anzahl von spektralen Originalkanälen.
Eine Erklärung ergibt sich aus der Tatsache, daß Oberflächen von Jungbeständen bei einer räumlichen Auflösung von 2,5m x 2,5m homogener erscheinen, d.h. geringere Textur aufweisen als ältere Bestände. Fichtenflächen wiederum weisen eine größere Textur auf, als die Lichtbaumart Kiefer, deren Kronen häufig größere Oberflächen und damit weniger ausgeprägte Schattenpartien bilden. Die jeweilige Unterscheidbarkeit zwischen den Klassen kommt in den Texturmerkmalen deutlicher zum Ausdruck, als in der rein spektralen Information.
Die Auswahl der Kanäle erfolgte jeweils nach der maximalen mittleren Trennbarkeit. Die Verwendung von drei "optimalen" Spektralkanälen in Verbindung mit zwei Texturkanälen,

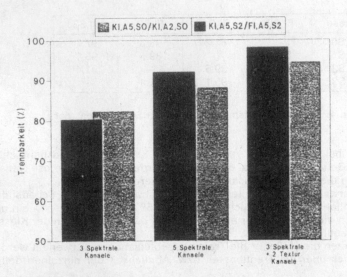

Bild 4.   Trennbarkeiten mit Spektral- und Texturkanälen

führte bei den angegebenen Klassenkombinationen zu besseren Resultaten, als fünf "optimale" Originalkanäle.

Im dargestellten Beispiel, in dem insgesamt 10 Klassen ausgewiesen wurden, steigt die mittlere Trennbarkeit aller Klassen durch zusätzliche Texturkanäle deutlich an. Es konnte daher quantitativ gezeigt werden, daß und in welchem Maß sie eine Hilfe bei der Unterscheidbarkeit der Klassen darstellen. Die verschieden stark geschädigten Kieferngruppen gleichen Alters konnten jedoch mit Hilfe der Texturkanäle nicht signifikant besser getrennt werden. Es ergaben sich zwar etwas höhere Trennbarkeiten, woraus jedoch keine sicheren Aussagen über die Verbesserung der Klassifizierung verschiedener Entnadelungsstufen mit Hilfe von Texturkanälen getroffen werden konnten.

4. Schlußbemerkungen

Wird die Berechnung der dargestellten Trennbarkeitsmaße auf sinnvolle Weise in den Klassifizierungsablauf eingeschaltet, so kann die gesamte Prozedur erleichtert und transparenter gestaltet werden als mit den rein qualitativen Verfahren. Dem Auswerter wird eine Übersicht gegeben, die es ermöglicht schon vor der eigentlichen Klassifizierung Verbesserungen einzuleiten (z.B. durch Eliminierung von Trainingsgebieten oder durch die Hinzunahme von abgeleiteten Zusatzkanälen) und somit den notwendigen Zeit- und Rechenaufwand für mehrfache Wiederholungsschritte ganz erheblich reduziert.

Bei der Anwendung dieses Verfahrens auf die Klassifizierung von Waldgebieten ist folgendes zu beachten: die zahlenmäßigen Trennbarkeiten der einzelnen Klassen im Merkmalsraum können nicht zu einem für alle Fälle gültigen Grenzwert führen. Je nach Fragestellung können Überlappungsbereiche von z.B. 20% zu hoch sein oder auch akzeptiert werden, um sinnvolle Klassifizierungsergebnisse zu erhalten. Hier liegt die Entscheidung (in Abhängigkeit von der Aufgabenstellung) beim Anwender, wo die Grenzen zu ziehen sind. Dabei sind auch die Mehrfachüberlappungen einer Klasse zu berücksichtigen.

Bei der Schadstufenklassifizierung von Waldbäumen müssen relativ große Überlappungsbereiche in Kauf genommen werden, da sich die häufig sehr ähnlichen Klassen (z.B. zwei benachbarte Schadstufen) zu hohen Prozentanteilen im Merkmalsraum überlappen. Mit Hilfe von zusätzlichen Informationen lassen sich die Trennbarkeitsverhältnisse u.U. verbessern, es wird jedoch nie eine eindeutige Differenzierung möglich sein, da dies schon in der Natur der Sache liegt. Es sind daher Klassifizierungsfehler von 10-20% zulässig, da auch Verfahren wie die Interpretation von Luftbildern einen Fehlerrahmen dieser Größenordnung aufweisen. Sind die Trennbarkeiten deutlich darunter so müssen Klassen zusammengefasst werden, da sonst keine sinnvolle Klassifizierung zu erwarten ist.

5. Literatur

Dennert-Möller, E. (1983): *Untersuchung zur digitalen multispektralen Klassifizierung von Fernerkundungsaufnahmen mit Beispielen aus den Wattgebieten der deutschen Nordseeküste.* Dissertation an der Universität Hannnover, WAFV Nr. 127.

Duda, R.O.; Hart, P.E. (1973): *Pattern Classification and Scene Analysis.* John Wiley & Sons, New York.

Haberäcker, P. (1977): *Untersuchungen zur Klassifizierung multispektraler Bilddaten aus der Fernerkundung.* DLR, Institut f. Nachrichtentechnik, DLR Forschungsbericht 77-72.

Haberäcker, P. (1985): *Digitale Bildverarbeitung - Grundlagen und Anwendungen.* Hanser Studienbücher; München, Wien, ISBN 3-446-14901-5, 377 S.

Haralick, R.M.; Shanmugan K.; Dinstein Its'hak (1973): *Textural Features for Image Classification.* IEEE Trans. on Sys. Man. Cyb., Vol. SMC-3, No. 6, S. 610-621.

Kailath, T. (1967): *The Divergence and Battacharyya Distance Measures in Signal Selection.* IEEE Trans. Comm. Theory, Vol. COM-15, S. 52-60.

Köhl, M. (1989): *Die Überprüfung der Klassifizierung von Fernerkundungsdaten durch ein sequentielles statistisches Verfahren.* BuL 57, S. 49-54

Kritikos, G.; Kübler, D.; Herrmann, K. (1985): *Vergleichende Waldschadensklassifizierungen mit Scannerdaten aus verschiedenen Flughöhen.* Proceedings der IUFRO Conference, 1985, Zürich, S. 183-187.

Kuntz, S. (1988): *Untersuchungen zur Analyse computergestützter Waldschadensklassifizierungen.* Dissertation an der Universität Freiburg, DLR-FB 89-38

Marill, T.; Green, D.M. (1963): *On the Effectiverness of Recejstors in Recognition Systems.* IEEE Trans. Inf. Theory, Vol. IT.9, S. 11-17.

Müller, R. (1987): *Untersuchungen zum Einfluß des Beobachtungswinkels und der Atmosphäre auf die Klassifizierung von Waldschäden.* Tagungsband des 2. DLR Statusseminars, Dez. 1987, S. 285-302.

Pfeiffer, B. (1985): *Klassifizierung mit Zusatzinformation.* in Digitale Bildverarbeitung (Hrsg. H.P. Bähr). H. Wichmann Verlag, Karlsruhe.

Reinartz, P. (1987): *Statistische Untersuchungen zur Trennbarkeit von Waldschadensklassen.* Tagungsband des 2. DLR Statusseminars, Oberpfaffenhofen, Dez. 1987, S. 303-310.

Reinartz, P.; Müller, R.; Kritikos, G. (1988): *Neue Ansätze zur Optimierung der Klassifizierung von Wald- und Waldschadensdaten.* Institut für Optoelektronik. DLR Oberpfaffenhofen Interner Bericht 10/88, 60 S.

Reinartz, P. (1989): *Untersuchungen zur multispektralen Klassifizierung von schwer trennbaren Klassen mit Beispielen aus Waldschadensgebieten.* Dissertation an der Universität Hannover, DLR-FB 89-55, 181 S.

Swain, P.H.; King, R.G. (1973): *Two Effective Selection Criteria for Multispectral Remote Sensing.* Proc. First J. Conf. on Pattern Recognition, IEEE Cont. No. 73 CHO 82 1-9 c S. 536-540.

Swain, P.H.; Davis, S.M. (1978): *Remote Sensing - The Quantitative Approach.* McGraw-Hill International Book Company New York - Toronto, 1978, 396 S.

Swain, P.H. (1980): *Pattern Recognition for Remote Sensing.* Intern. Arch. f. Photogrammetrie 23/B3.

Wacker, A.G. (1971): *The Minimum Distance Approach to Classification.* PhD Thesis, LARS Information Note 100771, Purdue University, West Lafagette, Indiana.

Kopplung eines Kartenkonstruktionssystems mit einem Geo-Datenbankkern

Walter Waterfeld, Martin Breunig *
FG Datenverwaltungssysyteme I
FB Informatik, TH Darmstadt
Alexanderstr. 10, 6100 Darmstadt

Deskriptoren: Datenbankkern, Datenbanksystem, Digitale Kartenerstellung, Geowissenschaftliche Anwendung, GIS, Kartenkonstruktionssystem, Non-Standard-DBMS, Umweltinformationssystem.

Zusammenfassung

Das Konstruieren von Karten stellt als wichtige Teilaufgabe Geographischer Informationssysteme (GIS) und Umweltinformationssysteme (UIS) neue Anforderungen an Datenbanksysteme. Ein Datenbanksystem, das solche Anforderungen erfüllt ist der DASDBS-Geokern, dessen Eignung am Beispiel des bisher auf dem Dateisystem realisierten Kartenkonstruktionssystems THEMAK2 gezeigt wird. Nach einer Beschreibung der Aufgaben und Struktur des Anwendungssystems und einer kurzen Darstellung der Hauptkonzepte des DASDBS-Geokerns wird die Ersetzung der Datenhaltung im Anwendungssystem durch den DASDBS-Geokern erläutert. Messungen mit Daten thematischer Karten zeigen den Vorteil des Einsatzes eines Datenbankkerns für geowissenschaftliche Anwendungen und Umweltanwendungen im Vergleich zu dem auf dem Dateisystem implementierten Anwendungssystem.

1 Einleitung

Als eine wichtige Teilaufgabe Geographischer Informationssysteme (GIS) und Umweltinformationssysteme (UIS) ist das Konstruieren von Karten ein typisches Beispiel für die neuen Anforderungen an Datenbanksysteme. Hier werden komplexe geometrische Objekte zusammen mit alphanumerischen Attributen in beliebiger Weise miteinander verknüpft. Konventionelle Datenbanksysteme sind hier sowohl hinsichtlich ihres Datenmodells als auch unter Effizienzgesichtspunkten unzureichend. Daher implementieren Anwendungen aus diesem Bereich ihre Datenhaltung selbst direkt auf dem Dateisystem. In der Praxis gibt es darüber hinausgehende Ansätze nur in der Form, daß für die alphanumerischen Daten ein konventionelles Datenbanksystem eingesetzt wird, während die Verwaltung der geometrischen Daten mit Dateien geschieht.

In der Datenbankforschung sind seit einigen Jahren Konzepte für derartige Anwendungen erarbeitet worden. In diesem Beitrag wird an einer konkreten bisher auf Dateien arbeitenden Anwendung die Eignung eines dieser neuen Datenbanksysteme untersucht. Dabei wird die Datenhaltung im Anwendungssystem durch einen eine Reihe der neuen Konzepte enthaltenden Datenbankprototyp ersetzt. Es wird eine möglichst vollständige Ersetzung der Datenhaltung im Anwendungsprogramm durch das Datenbanksystem angestrebt, was eine starke Kopplung der beiden Programmsysteme bedeutet.

Durch die Mitarbeit in dem Schwerpunktprogramm "Digitale Geowissenschaftliche Kartenwerke" der Deutschen Forschungsgemeinschaft (Vinken 1988) sind den Autoren eine Reihe von geowissenschaftlichen Anwendungen und Umweltanwendungen bekannt. Aus diesen wurde das Kartenkonstruktionssystem THEMAK2 ausgewählt (Grugelke 1986), wobei diese Auswahl auch aus systemtechnischen und Verfügbarkeitsgründen erfolgte.

---

* Die Autoren sind mittlerweile bei der Software AG, Uhlandstraße, 6100 Darmstadt bzw. am Inst. für Informatik der FU Berlin, Nestorstr. 8-9, 1000 Berlin 31 tätig.

Als neuartiges Datenbanksystem wurde der im Rahmen des DASDBS-Projektes (Paul et al. 1987) entwickelte DASDBS-Geokern (Schek u. Waterfeld 1986, Horn et al. 1988) verwendet. Im DASDBS-Projekt wird der Ansatz eines Datenbankkerns verfolgt, der die in allen Anwendungsklassen benötigten Datenbankgrundfunktionen enthält. Dieser Kern wird dann jeweils um die für ein Anwendungsgebiet spezifischen Datenbankfähigkeiten ergänzt. Für geowissenschaftliche Anwendungen und Umweltanwendungen kommen in dem DASDBS-Geokern vor allem geometrische Operationen und räumliche Zugriffsmethoden hinzu. Diese zusätzlichen Fähigkeiten müssen nicht notwendigerweise ein vollständiges Datenbanksystem ergeben. Gerade Anwendungsprogramme, die bisher mit Dateien arbeiten, benutzen viele Fähigkeiten eines vollständigen Datenbanksystems nicht, wie zum Beispiel komplexe Anfragesprachen mit der dazu gehörigen Auswertung und Optimierung.

2 Aufgabe und Struktur der Kartenkonstruktionsprogramme

Im folgenden wird das bereits erwähnte Kartographische Konstruktions- und Gestaltungssystem THEMAK2 untersucht, das vom Geographischen Institut der Freien Universität. Berlin entwickelt wurde. Es wird von zahlreichen Anwendern aus den Geowissenschaften eingesetzt und ist soweit ausgereift, daß es als Produkt vertrieben wird. Die verwendete Programmiersprache ist FORTRAN.

Die Gestaltung von Karten wird in THEMAK2 durch eine Kommandosprache als Benutzerschnittstelle erreicht. Die Kommandosprache ermöglicht neben der Datenverwaltung, der Definition und Konstruktion von Karten auch die Konstruktion von Legenden. In einer sogenannten Basiskonstruktion können die elementaren Geometrien, wie Linien und Flächen, sowie Texte und Standortzeichen (Symbole) generiert werden. Ein Beispiel einer THEMAK2-Kommandodatei mit der aus ihr generierten Karte zeigt Abbildung 1.

THEMAK2 verwendet zur Eingabe vom Digitalisierer stammende oder durch Statistiken berechnete Daten. In THEMAK2 eingebracht werden sie als sequentielle *A- und G-Dateien*, in denen dann Geometrien und alphanumerische Attribute enthalten sind.

Typische THEMAK2-Kommandos sind das DEVICE-Kommando zur Wahl des graphischen Arbeitsplatzes, WINDOW, mit dem ein Ausschnitt einer Karte ausgewählt werden kann, sowie MAP zum Erstellen von (Neben-)Karten. Es lassen sich beispielsweise Choroplethenkarten, Isolinienkarten, oder Kreisdiagrammkarten mit THEMAK2 erstellen. Durch Definition einer Klasseneinteilung auf alpahnumerischen Attributen kann jeder definierten Klasse ein Darstellungsattribut für die Graphik-Ausgabe zugeordnet werden. Die Darstellung für die Graphik wird in THEMAK2 also automatisch aus den alphanumerischen Attributen abgeleitet.

Nach einer groben Beschreibung von THEMAK2 wollen wir nun die Struktur des THEMAK2 - Anwendungssystems analysieren. In THEMAK2 wie in anderen geowissenschaftlichen, für den Umweltbereich relevanten Anwendungsprogrammen kann man folgende Komponenten unterscheiden (siehe Abb. 2). Die wesentlichen Algorithmen laufen in einer *Verarbeitungskomponente* ab, die verschiedene Unterkomponenten benutzt. Eine wichtige davon ist die *Datenhaltungskomponente*. Hier werden nur Datenhaltungsaufgaben zumeist in elementarer Form durchgeführt, was direkt mit Hilfe des Dateisystems erledigt wird. Eine wichtige Rolle spielt außerdem das *Graphiksystem*, welches die graphischen Betriebsmittel verwaltet. Im Falle von THEMAK2 wird das Graphische Kernsystem (GKS) benutzt. Weiterhin findet man noch eine Komponente, welche die benötigten geometrischen Operationen realisiert, was auch schon bei zweidimensionalen geometrischen Objekten einigen Aufwand erfordert. Allerdings ist diese Komponente im Falle von THEMAK2 ziemlich klein, da fast alle geometrischen Operationen nur von GKS ausgeführt werden. Das Erzeugen einer thematischen Karte als hauptsächliches Ziel von THEMAK2 macht die geometrischen Operationen erst bei der Erzeugung der graphischen Darstellung der Geometrien notwendig. Schließlich wird noch in einem bei THEMAK2 relativ kleinen Modul die Benutzerschnittstelle realisiert, die dort nur in Form einer Kommandosprache existiert.

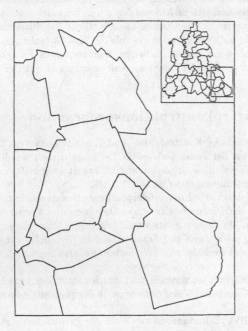

```
THEMAK2, VERSION 2.0, 08/09/86 15.06.00.
--
-- BASISKARTE MIT NEBENKARTE
--
DEVICE,1
THEMAK2 GEOMETRY GBER IS USED FROM NOW
CREATED AT:   10/07/86 , 13.09.49.
LAST USED AT: 29/08/86 , 11.19.40.
GEOMETRIE VON BERLIN
SCALE: 50000 DIMENSION: 100.
WINDOW: (2., 2., 64., 66.3)

GEOMETRY,GBER
WINDOW, ( 44.5, 6.7, 62.8, 30.0 )

SCALE OF MAP IS:50000

MAPOBJECTSET NO. 1
MAP,50000
MAPOBJECTSET NO. 2
LINE, #1 EQ 'GRO'
THEMAK2 GEOMETRY GBER IS USED FROM NOW
CREATED AT:   10/07/86 , 13.09.49.
LAST USED AT: 08/09/86 , 15.06.27.
GEOMETRIE VON BERLIN
SCALE: 50000 DIMENSION: 100.
WINDOW: (2., 2., 64., 66.3)

GEOMETRY,GBER

SCALE OF MAP IS:500000

MAP,500000,IN=31
MAPOBJECTSET NO. 3
LINE,#1 EQ 'GRO'
MAPOBJECTSET NO. 4
=, (44.5, 6.7, 62.8, 6.7, 62.8, 30.0, 44.5, 30.0, 44.5, 6.7)
LINE,=
NORMAL END OF THEMAK2, 15.06.44.
MAPOBJECTSET NO. 5
```

Abbildung 1: THEMAK2-Kommandodatei mit daraus erstellter Karte entnommen aus Grugelke 1986

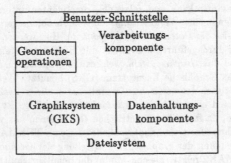

Abbildung 2: Struktur eines geowissenschaftlichen Anwendungssystems als Beispiel einer Umweltanwendung

3 Hauptkonzepte des DASDBS-Geokerns

Im folgenden sollen noch einmal die wesentlichen Konzepte des DASDBS-Geokerns erläutert werden.

3.1 Erweiterbarkeit um extern definierte geometrische Datentypen

In geowissenschaftlichen Anwendungen und Umweltanwendungen werden eine Vielzahl von geometrischen Datentypen benötigt. Für diese Datentypen erfordern die komplexen Verarbeitungsalgorithmen außerdem noch eine Vielfalt von Datenstrukturen zur Implementierung dieser Datentypen. Beispiele dafür sind Vektor- und Rasterdatenstrukturen, Verwendung von mathematischen Funktionen wie Splines, hierarchische Zerlegungsverfahren wie Quadtree und Octtree. Das bedeutet, daß ein Datenbanksystem mit einem festgelegten Vorrat an geometrischen Datentypen und dazu gehörigen Datenstrukturen nicht auskommen kann. Daher ist es notwendig, daß das Datenbanksystem um neue geometrische Datentypen erweitert werden kann. Die Erweiterbarkeit um extern definierte geometrische Datentypen (EDT) bedeutet, daß vom Anwendungsprogrammierer bereits implementierte geometrische Operationen in das Datenbanksystem eingebracht werden können, um bei der Anfrage- und Zugriffspfadauswertung dort aufgerufen zu werden (Wilms et al. 1988).

3.2 Räumliche Zugriffsmethoden

Der häufigste Zugriff in geowissenschaftlichen Anwendungen und Umweltanwendungen erfolgt aufgrund der räumlichen Lage der Objekte, da fast jedem Objekt ein Raumbezug zuzuordnen ist. Daher sind unbedingt Zugriffsmethoden nötig, die diesen räumlichen Zugriff effizient durchführen, indem sie die geometrischen Objekte räumlich clustern. Dazu gibt es eine Reihe von Vorschlägen, von denen jedoch keiner gleichermaßen gut für unterschiedliche Anfrage- und Datenverteilungen geeignet ist. Im DASDBS-Geokern können daher verschiedene Zugriffsmethoden eingebaut werden (Horn et al. 1988). Die Möglichkeit neue räumliche Zugriffsmethoden hinzuzufügen, bedeutet eine zweite Form der Erweiterbarkeit des Datenbanksystems.

Normalerweise clustern räumliche Zugriffsmethoden nur die Adressen der geometrischen Objekte. Aufgrund der Wichtigkeit des räumlichen Zugriffes ist es jedoch oft sinnvoll, die geometrischen Objekte selbst zu clustern. Diese Möglichkeit ist im DASDBS-Geokern gegeben.

3.3 Mengenorientierte Operationen auf komplexen Objekten

Im DASDBS-Geokern werden komplexe Objekte als Tupel von genesteten Relationen nach dem NF²-Datenmodell behandelt (Schek u. Scholl 1986). Als Operationen sind entsprechend dem Datenbankkern-Ansatz nur effizient auszuführende Operationen auf einer genesteten Relation zulässig. Ein komplexes Objekt wird zusammenhängend auf einer Menge von Seiten gespeichert. Dadurch sind alle hierarchischen Joins zwischen Objekten und Subobjekten vorausberechnet.

Das Ergebnis einer Anfrage ist im allgemeinen eine Menge von komplexen Objekten. Diese werden dem Anwendungsprogramm nach einem Aufruf der Anfrageoperation in einem Objektpuffer im Hauptspeicher zur Verfügung gestellt. Auch die Einfügeoperationen sind in diesem Sinne mengenorientiert, daß eine Menge von einzufügenden Objekten mit einem Aufruf an das Datenbanksystem eingefügt wird. Die Ausführung dieser mengenorientierten Datenbankoperationen wird durch die ebenfalls mengenorientierte Seitenschnittstelle besonders effizient möglich (Weikum et al. 1987).

4 Datenhaltung im Anwendungsprogramm

Um die Datenhaltung in THEMAK2 durch den DASDBS-Geokern ersetzen zu können muß zunächst analysiert werden, wo Datenhaltungsoperationen in THEMAK2 überall vorkommen. Dazu werden zunächst die benutzten Daten beschrieben. Anschließend wird in den einzelnen Komponenten analysiert, welche Operationen auf den Daten ausgeführt werden.

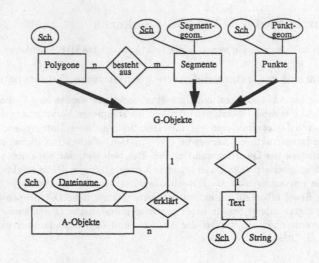

Abbildung 3: Konzeptuelles Schema

4.1 Konzeptuelles Schema

Das Datenschema des THEMAK2-Systems läßt sich mit dem Entity-Relationship-Modell (ERM), wie in Abbildung 3 zu sehen, darstellen. Die dicken Pfeile stehen für ISA-Beziehungen.

In THEMAK2 werden drei verschiedene Typen von Geometrie-Objekten verwaltet. Segmente und Punkte haben ein spezielles Geometrieattribut, das die jeweiligen Koordinaten enthält. Polygone besitzen kein explizites Geometrieattribut, sondern ihre Geometrie ergibt sich aus den sie zusammensetzenden Segment-Geometrien. Dabei kann ein Segment mehreren Polygonen angehören. Die Polygongeometrien sind also nicht redundant abgespeichert. Aufgrund ihrer gleichen Eigenschaften lassen sich Punkte, Segmente und Polygone zu *G-Objekten* zusammenfassen.

Die G-Objekte zeichnet aus, daß sie über ihren Schlüssel in Beziehung zu mehreren *A-Objekten* (alphanumerischen Objekten) stehen können. Jedem A-Objekt sind als Attribute ein Schlüssel (Referenz zum G-Objekt) und eine Datei zugeordnet, in dem es abgespeichert ist. Außerdem können G-Objekte durch einen Text beschriftet werden.

4.2 Datenhaltungskomponente

Wir wollen nun die Datenhaltung im Anwendungssystem lokalisieren, d.h. wir sind auf der Suche nach dem Ort typischer Datenhaltungsaufgaben. In THEMAK2 läßt sich nun eine klar definierte Schnittstelle ausmachen, die *Datenhaltungskomponente*.

Die Datenhaltungskomponente ist eine prozedurale Schnittstelle und nimmt zumeist elementare Aufgaben der Datenhaltung wahr. Jedem Objekttyp ist genau ein Tupel zugeordnet, d.h. Retrieval- und Update-Funktionen sind als 1-Tupel-Schnittstelle realisiert.

Die Datenhaltungskomponente von THEMAK2 ermöglicht drei Arten von Anfragen. Dabei handelt es sich um *Prozeduraufrufe* und nicht um eine DB-ähnliche Schnittstelle. Für jeden Objekttyp sind zwei Anfragen (der Klarheit wegen hier in SQL-ähnlicher Notation dargestellt) der folgenden Art möglich:

Hole-Objekt: select * from Objekt-
Typ
where Schlüssel = 'val'

Finde-Schlüssel: select Schlüssel from Objekt-Typ
where Schlüssel like 'Wert1' and Schlüssel like 'Wert2' or ...

Im ersten Beispiel qualifiziert sich ein gesamtes Tupel als Ergebnismenge, während das zweite Beispiel ein Prädikat über das Schlüsselattribut auswertet. Außerdem gibt es einen über die Möglichkeiten von Standard-Datenbank-Queries hinausgehenden komplexen Anfragetyp zum Holen von Polygonen. Hier werden die Geometrien für Segmente herausgefiltert, die einen bestimmten Schlüssel haben und zusammengesetzt wieder Polygone ergeben.

> Hole-Polygone: select compose (Segmente, Geom)
> from Polygone, Segmente
> where Polygone.schlüssel = 's1'
> and Polygone besteht aus Segmente

4.3 Verarbeitungskomponente

Die gerade beschriebenen Datenhaltungsaufgaben umfassen jedoch noch nicht die gesamte Datenhaltung des Anwendungssystems. Sie stellen vielmehr lediglich die elementaren Funktionen der Datenhaltung dar, während komplexere Datenhaltungsfunktionen außerhalb der Datenhaltungskomponente in der Verarbeitungskomponente ausgeführt werden. Zum Konstruieren von Karten werden häufig geometrische Objekte mit beschreibenden alphanumerischen Objekten benötigt. Die dazu notwendige Verknüpfung zwischen verschiedenen Objekten wird in THEMAK2 erst in der Verarbeitungskomponente selbst vorgenommen:

> select * from A-Objekte, G-Objekte
> where A.Schlüssel = G.Schlüssel and
> A.Schlüssel like ...

Hierfür wird eine Verknüpfung (Join) zwischen A-Objekten und G-Objekten hergestellt.

4.4 Erweiterung der Datenhaltung im Anwendungsprogramm

Obwohl mit THEMAK2 recht komplizierte Anfragen möglich sind, so bleiben beim Anwender bezüglich der Datenhaltung dennoch Wünsche offen.

Wie im konzeptuellen Schema gezeigt wurde, spielen die G-Objekte (Geometrien) die Hauptrolle im THEMAK2-Datenbestand. Bei großen Datenmengen ist es sinnvoll, durch eine Fenster-Anfrage ein Interessengebiet zu wählen. Die THEMAK2-Datenhaltung erlaubt solche Fenster-Anfragen jedoch nicht direkt bei der Auswahl der Objekte. Fenster-Anfragen werden nicht von der Datenhaltungskomponente ausgeführt, sondern vom Graphiksystem selbst. Die Graphik wird dazu mißbraucht, indem ein Clip-Window gesetzt wird und alle außerhalb des Windows liegenden Objekte nicht dargestellt werden.

In THEMAK2 müssen sämtliche Anfragen über den Schlüssel kodiert werden, was zu unübersichtlichen Schlüsseln und einer Begrenzung in der Flexibilität der Anfragen führt. Wünschenswert sind deshalb auch allgemeine Prädikate auf beliebige Attribute.

5 Bisherige Realisierung der Datenhaltung und ihre Ersetzung durch den DASDBS-Geokern

Im vorigen Kapitel wurde beschrieben, welche Datenhaltungsaufgaben in den verschiedenen Komponenten des Anwendungsprogrammes vorkommen bzw. gar nicht realisiert sind. Wir wollen nun diese Aufgaben mit dem DASDBS-Geokern lösen. Dies bedeutet eine enge Kopplung mit THEMAK2, da die Datenhaltung nicht in einem Modul konzentriert ist. Dabei erwarten wir, daß eine Reihe dieser Aufgaben durch den DASDBS-Geokern besser erledigt werden als bisher durch das Dateisystem. 'Besser' bedeutet dabei sowohl eine Effizienzsteigerung als auch eine einfachere Erledigung der Aufgaben, was sich in einem geringeren Codeumfang bemerkbar machen soll. Im Idealfall sollten sämtliche Datenhaltungsaufgaben vollständig durch einen möglichst einfachen Aufruf des Datenbanksystems erledigt werden.

Um einen Vergleich ziehen zu können, beschreiben wir zunächst die bisherige Datenhaltung in THEMAK2. Anschließend diskutieren wir die beste Möglichkeit für eine Ersetzung der Datenhaltung durch den DASDBS-Geokern. Dabei wollen wir unsere Betrachtungen getrennt für die einzelnen Komponenten von THEMAK2 anstellen, da manche von ihnen vollständig ersetzt werden müssen, während andere nur abzuändern sind.

Bevor man die Realisierung der Datenhaltung beschreibt, muß jedoch das physische Schema, d.h. die Struktur in der die Daten abgespeichert sind, festgelegt sein. Für das Original-THEMAK2 ist das die Struktur der Dateien; für den DASDBS-Geokern kann ein physisches Schema entworfen werden, das die Anforderungen der Datenhaltung möglichst gut erfüllt.

5.1 Das THEMAK2-Dateischema

In THEMAK2 gibt es für jeden Objekttyp (G-Objekt oder A-Objekt) eine Datei: Die geometrischen Attribute, welche den räumlichen Bezug zu den G-Objekten herstellen, werden zusammen mit ihrem Schlüssel in einer *Geometrie-Datei* abgelegt. Für jedes G-Objekt kann eine beliebige Anzahl von alphanumerischen Attributen spezifiziert werden, die in einer thematischen *Attribute-Datei* abgelegt und bei der Herstellung von thematischen Karten benutzt werden können.

5.2 Entwurf eines physischen Schemas

Überführt man nun das aus dem THEMAK2-Dateischema hergeleitete konzeptuelle Schema in ein physisches DB-Schema, so wird im DASDBS-Geokern die Verknüpfung von G-Objekten mit A-Objekten durch einen 1:1-Join zwischen G-Objekten und A-Objekten realisiert. Durch das gemeinsame Verwalten von G-Objekten und A-Objekten in *einer* Relation ist der Join bereits materialisiert, d.h. die Daten sind schon wie für den Join benötigt abgespeichert.

Die häufig benötigte Verknüpfung von Polygonen mit seinen atomaren Segmenten wird mit einem Join zwischen *einem* Polygon und N Segmenten ausgeführt. Durch die Abspeicherung der Daten im NF^2-Datenmodell wird eine mengenmäßige Verarbeitung von Segmenten möglich. Da die Menge der Adressen der zu einem Polygon gehörenden Segmente in einer Subrelation abgespeichert werden kann, ist der Join ebenfalls bereits materialisiert.

Polygone(Schlüssel, Rand(@Segmente))

Kartographische Objekte enthalten in der Regel eine stark schwankende Anzahl von Attributen. Würde man diese nun in einem festen Schema darstellen wollen, so ergäbe sich eine große Anzahl von nicht besetzten Attributwerten (Nullwerten). Um dies zu vermeiden, werden in einer neuen Relation zusätzlich zum Wert der Name der Attribute in der Relation mitabgespeichert, indem die Name-Werte-Paare als Subrelation abgespeichert werden. Damit sind die Attribute gewissermaßen *selbstbeschreibend* abgespeichert. Für die THEMAK2-Objekte ergibt sich schließlich eine Abspeicherung in folgender NF^2-Relation:

G-Objekte (Schlüssel,
        Segmentgeom,
        Polygonrand (@G-Objekte),
        Punktgeom,
        Text,
        A-Objekte   (Dateiname,
                Attribute (Name,
                     Wert)))

Da viele Anfragen sich auf den Schlüssel beziehen, ist es sinnvoll im DASDBS-Geokern einen eindimensionalen Index (B*-Baum) zu verwenden. Für den Zugriff auf Geometrien stehen im DASDBS-Geokern neuartige räumliche Indizes wie das Grid-File oder der R-Baum bereit. Ihre Benutzung lohnt sich bei den in THEMAK2 verwendeten großen Datenmengen. Außerdem kann durch Nutzung der Zugriffspfade der Mißbrauch des Graphiksystems für das Clippen von Geometrien vermieden werden.

5.3 Datenhaltungskomponente

THEMAK2 verwendet für die Datenhaltung Direct-Access-Dateien, aus denen jeweils *ein* Record für die Verarbeitung gelesen oder geschrieben wird. Die Daten werden in Dateisystem und Hauptspeicher zum Teil unterschiedlich dargestellt. Für Anfragen wird die Qualifikation eines Schlüsselattributes von einem eigens von THEMAK2 für diesen Zweck implementierten balancierten Index (Baum-Zugriffspfad) unterstützt.

Die Ersetzung der Datenhaltungskomponente durch den DASDBS-Geokern konnte aufgrund der Anfragemächtigkeit des DASDBS-Geokerns so durchgeführt werden , daß eine Operation der Datenhaltungskomponente genau einer Geokern-Operation entspricht. Außerdem ersetzt ein eindimensionaler Index auf dem Schlüsselattribut den selbstimplementierten Index im Anwendungsprogramm.

Durch das in Kapitel 3 vorgestellte Konzept der Erweiterbarkeit um extern definierte geometrische Datentypen (EDT) kann der Benutzer seine eigenen in seiner Programmiersprache implementierten Datenstrukturen in die Datenbank einbringen. Enthalten die Datenstrukturen wie im Falle FORTRAN keine Pointer, so können alle Datenstrukturen der Programmiersprache in der gleichen Form in die Datenbank abgespeichert werden wie im Hauptspeicher. So konnten für das THEMAK2-System die THEMAK2-Objekte leicht als EDT implementiert werden.

Generell führt die Ersetzung der Datenhaltungskomponente von THEMAK2 durch den DASDBS-Geokern zu einer Verringerung des Codes und damit zu einer größeren Übersichtlichkeit im Programmcode. Ferner sind leichte Performance-Verbesserungen zu erwarten aufgrund der Benutzung von EDT in der Datenbank. Durch das Aufsetzen von THEMAK2 auf den Geokern ergeben sich aber noch wesentlich mehr Möglichkeiten, da komplexere Operationen auf Objekten möglich sind.

5.4 Verarbeitungskomponente

Im letzten Kapitel wurde das Ersetzen von elementaren Operationen der Datenhaltung durch den DASDBS-Geokern beschrieben. Komplexe Operationen wie Joins werden jedoch in THEMAK2 nicht in der Datenhaltungskomponente, sondern erst in der Verarbeitungskomponente ausgeführt. Die Verknüpfung von G-Objekten und A-Objekten wird dabei in aufwendigen Schleifen durchgeführt. Schlüssel, Attribut und Geometrie werden dabei wie folgt aus THEMAK2-Dateien geholt:

```
while not finished do
        Finde-Schlüssel (Prädikat, Schlüssel)
        Hole-Attribut (Schlüssel, A-Objekt)
        Hole-Geometrie (Schlüssel, G-Objekt)
```

Durch das geschickt gewählte physische Design sind bei der Ersetzung der Datenhaltung mit dem DASDBS-Geokern Joins vorausberechnet. Bei der Portierung von THEMAK2 auf den DASDBS-Geokern kann außerdem die Schleife über die Dateioperationen (I/O) durch eine einzige Geokern-Operation ersetzt werden. Damit ist es gelungen, die Join-Schleifen (etwa zwischen G-Objekten und A-Objekten) zu eliminieren und die Anfrage auf einer internen Relation auszuführen.

Möglich wurde die Ersetzung einer gesamten Schleife durch *eine* Operation mit dem in Kapitel 3 vorgestellten Konzept der Mengenorientierung von DB-Operationen. Für *ein* Retrieval oder Insert in eine sequentielle Datei muß nur *ein* mengenorientiertes I/O ausgeführt werden.

5.5 Nicht realisierte Datenhaltung

Als in THEMAK2 nicht realisierte, aber durchaus wünschenswerte Datenhaltungs-Funktionen sind an erster Stelle allgemeine Prädikate zur Formulierung von Queries auf beliebige Attribute zu nennen. Dadurch würde der komplizierte Schlüssel überflüssig. Weiterhin ließen sich durch einen räumlichen Index unterstützte Window-Prädikate einführen.

A-Nr.	Typ der Anfrage	O-THEMAK2	DBK-THEMAK2
A1	ASchW - kein Window nur Geometrien	75.4	48.5
A2	ASchW - mit Window nur Geometrien	70.9	18.9
A3	ASchW - kein Window Geometrien und Attribute	84.3	52.1
A4	ASchW - mit Window Geometrien und Attribute	79.6	24.3
A5	WSchW kein Window nur Geometrien	7.5	9.1
A6	WSchW - mit Window nur Geometrien	5.0	9.2
A7	NxSchW -kein Window nur Geometrien	5.4	14.3
A8	ASchW - mit Window u. NK nur Geometrien	132.5	50.8

Tabelle 1: Meßergebnisse für Anfragzeiten (real times) mit THEMAK2 in sec.

6 Leistungsvergleich des Original-THEMAK2 mit THEMAK2 auf dem DASDBS-Geokern

6.1 Ziele, Meßumgebung und Datengrundlage

Mit den durchgeführten Messungen sollte zum einen die Leistungsfähigkeit des DASDBS-Geokern für geowissenschaftliche Anwendungen und Umweltanwendungen gezeigt werden. Es soll aber auch auf Mängel und daraus resultierenden Optimierungsmöglichkeiten der jetzigen Implementierung in der Geokern-Version hingewiesen werden.

Als Datengrundlage dienten ca. 250 Kartenobjekte , die von der FU Berlin zur Verfügung gestellt wurden. Sie bestehen aus Geometrien und alphanumerischen Attributen einer Berlin-Karte wie z.B. den Bezirksgrenzen, Flüssen, und Wäldern. Durchgeführt wurden die Messungen auf einer SUN Workstation 3/60 unter dem Betriebssystem UNIX.

Als unabhängige Variablen dienten ein Window , das ca. 25% der Gesamtfläche ausmachte (vorhanden, nicht vorhanden), der Schlüssel (Ergebnismenge leer, klein, alles), sowie die Art der darzustellenden Objekte (Geometrien, Attribute). Der letzte Punkt impliziert einen Zugriff auf eine oder mehrere Dateien. Als abhängige Variable wurde die gesamte Laufzeit der Anfrage mit Graphikausgabe (Real-Time) gemessen.

Die durchgeführte Auswahl der unabhängigen Variablen führt auf typische Queries, wie sie beim Erstellen von kartographischen Karten häufig auftreten. Diese sind die Selektion auf Geometrien (+ Attribute) der gesamten Karte bzw. einem Ausschnitt davon und die Selektion auf wenige oder alle Schlüsselwerte. Ferner wurde das in der Kartographie öfter vorkommende Erstellen einer Nebenkarte miteinbezogen. Auf die Auswahl der Queries wird bei der Auswertung der Meßergebnisse gleich näher eingegangen.

6.2 Ergebnisse und Ursachen

Einen Überblick der Meßergebnisse gibt Tabelle 1. Die verwendeten Abkürzungen ASchW, WSchW, NxSchW bzw. NK haben die Bedeutung 'Alle Schlüsselwerte', 'Wenige Schlüsselwerte', 'Nicht existierende Schlüsselwerte' bzw. 'Nebenkarte'.

Beim Erstellen von Karten tritt häufig der Fall auf, daß man alle Objekte (Geometrien) auf dem Bildschirm sehen möchte, ohne sie mit einem Schlüsselattribut näher zu spezifizieren. Für eine Query dieses Typs erwies sich das auf dem DASDBS-Geokern implementierte THEMAK2 (DBK-THEMAK2)

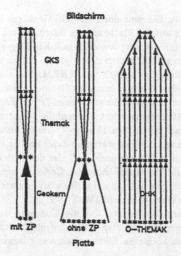

Abbildung 4: Ursachen der Meßergebnisse für Window-Anfragen

gegenüber dem auf dem Dateisystem realisierten Original (O-THEMAK2) als um ca. 63% schneller (A1). Wurde zusätzlich ein Ausschnitt (Fenster) angegeben, so war gar eine Steigerung um fast den Faktor 4 festzustellen (A2).

Besonders günstig fiel auch der Vergleich beim Zugriff auf Geometrien *und* Attributen aus. Das DBK-THEMAK2 war hier dem Original um 61% überlegen (A3). Hier macht sich bemerkbar, daß in der Datenbank Geometrien und Attribute im DBK-THEMAK2 in *einer* Relation abgespeichert sind. Dadurch ist nur *ein* Zugriff auf die Daten notwendig, während sie im O-THEMAK2 in zwei verschiedenen Dateien abgelegt sind.

Wurden dagegen nur wenige Schlüsselattribute ausgewählt, so schneidet das O-THEMAK2 deutlich besser ab (21% (A5) bzw. 84% (A6) ohne bzw. mit window). Bei der Suche nach einem nicht existierenden Schlüssel ist das O-THEMAK2 sogar fast dreimal so schnell wie sein auf dem DASDBS-Geokern aufgesetzter Gegenpart (A7). Dies hängt damit zusammen, daß im DBK-THEMAK2 z. Zt. der Messung keine eindimensionalen Zugriffspfade integriert waren. Dadurch ist die Anfrage mit dem im Anwendungsprogramm selbstimplemnetierten Zugriffspfad schneller.

Sehr deutlich wurde der Unterschied dagegen bei der Erstellung einer komplexen Karte: Für eine Anfrage auf ein Ausschnittbild mit zusätzlicher Nebenkarte war das DBK-THEMAK2 um den Faktor 2,6 schneller als das auf dem Dateisystem implementierte O-THEMAK2 (A8).

Die drastische Verbesserung durch den DASDBS-Geokern bei Window-Anfragen ohne Schlüsselselektion hat zwei Ursachen, die in Abbildung 4 verdeutlicht werden.

Zum einen sind im O-THEMAK2 Window-Anfragen nur indirekt mit Hilfe von GKS möglich. Dort wird ein Clip-Fenster definiert und nur die darin liegenden geometrischen Objekte werden dargestellt. Das bedeutet aber, daß in O-THEMAK2 alle abgespeicherten Objekte an GKS geschickt werden und erst dort herausgefiltert werden. Im DASDBS-Geokern werden dagegen nur die in dem Fenster liegenden Objekte an THEMAK2 weitergereicht und dann mit GKS dargestellt.

Wenn zu dem Geometrieattribut, für welches eine Fenster-Anfrage spezifiziert wird, kein räumlicher Zugriffspfad angelegt worden ist, muß sogar immer noch auf alle Objekte auf der Platte zugegriffen werden. Trotzdem ist hier das DBK-THEMAK2 bereits schneller als O-THEMAK2. Erst durch das Anlegen eines räumlichen Zugriffspfades wird wirklich nur auf die Objekte zugegriffen, die dann auch auf dem Bildschirm dargestellt werden. Dieser zusätzliche Aufwand der Indexauswertung lohnt sich jedoch noch nicht bei kleinen Datenmengen von abgespeicherten Objekten.

Die andere Ursache der besseren Effizienz des DASDBS-Geokerns liegt in der Mengenorientierung. In O-THEMAK2 werden alle Objekte auf der Platte einzeln durch einen Funktionsaufruf in die Variablen des THEMAK2-Programms bewegt und von dort weiter zum GKS. Dagegen erfolgt beim DASDBS-Geokern nur ein einziger Aufruf an die Datenbank. Durch diesen einen Aufruf werden alle in dem Anfrage-Fenster liegenden Objekte in einen Hauptspeicherbereich von THEMAK2 bewegt. Weil GKS jedoch mit jedem Aufruf nur *eine* Geometrie verarbeiten kann, müssen die Geometrien an GKS wieder einzeln weitergereicht werden. Da ein Graphik-System bei der Ausgabe auch einen I/O in Form eines Bildschirm-I/O verursacht, wäre hier eine Beibehaltung der Mengenorientierung ebenfalls wünschenswert.

Bis auf den drastischen Unterschied bei den Fenster-Anfragen bringt die Ersetzung der Datenhaltung noch keine bedeutende Verbesserung. Die Hauptursache dafür liegt in der noch unzureichenden Implementierung des Datenbankprototyps. Als Hauptgründe sind hier der Objektpuffer und die großen Pfadlängen durch eine zum Teil zu weitgehende Modularisierung des Codes zu nennen. An beiden Bereichen wird zur Zeit an Verbesserungen gearbeitet. Für den Objektpuffer wurden durch eine neue Implementierung schon Leistungssteigerungen bis zum Faktor 10 erreicht (Wolf 1989).

Trotzdem zeigt der jetzige Vergleich bereits, daß die Konzepte der Erweiterbarkeit um EDT, räumlichen Zugriffsmethoden und mengenorientierten Anfragen auf komplexen Objekten schon sowohl eine Verringerung des Codeumfangs als auch eine Effizienzsteigerung bewirken.

Danksagung

Unser herzlicher Dank gilt Herrn Stefan Schäfer und Frau Kerstin Unger, die im Rahmen ihrer Studienarbeit (Schäfer u. Unger 1990) das THEMAK2-Kartenkonstruktionssystem in kürzester Zeit auf den DASDBS-Geokern portiert haben und ohne deren hervorragende Arbeit dieser Beitrag nicht möglich gewesen wäre. Natürlich möchten wir uns auch bei Herrn Prof. Schek für die Fern-Betreuung im DFG-Schwerpunktprogramm "Digitale Geowissenschaftliche Kartenwerke" bedanken und die wertvollen Anregungen bei der Anfertigung dieses Aufsatzes.

Literatur

Grugelke, G. (1986): Benutzerhandbuch THEMAK2, Freie Universität Berlin, Fachrichtung Kartographie, Version 2.0, Berlin.

Horn, D., Schek, H.-J., Waterfeld, W., Wolf, A. (1988): Spatial Access Paths and Physical Clustering in a Low-Level Geo-Database System, Geologisches Jahrbuch Reihe A 104, 123 - 138, Hannover.

Paul H.-B., Schek, M. H., Weikum G. und Deppisch, U. (1987): Architecture and implementation of the Darmstadt database kernel system. In Proc. ACM SIGMOD Conf. on Management of Data, San Francisco.

Schek, H.-J. und Scholl, M. H. (1986): The Relational Model with Relation-Valued Attributes, Information Systems, 11 (2), 137-147, Pergamon Press, Oxford.

Schäfer, S. und Unger, K. (1990): Anpassung geowissenschaftlicher Anwendungen an den DASDBS-Geokern, Studienarbeit Fachgebiet Datenverwaltungssysteme I, Fachbereich Informatik, TH Darmstadt.

Schek, H.-J. und Waterfeld, W. (1986): A Database Kernel System for Geoscientific Applications, In Proc. 2nd Int. Symposium on Spatial Data Handling, 273 - 288, Seattle.

Vinken, R. (1987):, Digital Geoscientific Maps - A Research Project of the Deutsche Forschungsgemeinschaft, Geologisches Jahrbuch, Reihe A 104, 7 - 20., Hannover.

Wilms, P.F., Schwarz, P.M., Schek, H.-J. und L.M. Haas (1988): Incorporating Data Types in an Extensible Database Architecture, IBM Research Report, RJ 6405 62523, Computer Science, 1-16, Heidelberg.

Wolf, A. (1989): The DASDBS-Geokernel, Concepts, Experiences and the Second Step, Proceedings of the Symposium on the Design and Implementation of Large Spatial Databases, Santa Barbara, USA.

EINSATZMÖGLICHKEITEN EINES
GEOGRAPHISCHEN INFORMATIONSSYSTEMS
BEI DER UMWELTVERTRÄGLICHKEITSPRÜFUNG

Bernhard Holfter, Günther Scherelis
ESRI   Gesellschaft für Systemforschung und Umweltplanung mbH
Ringstraße 7, 8051 Kranzberg

Zusammenfassung

Ziel des Vortrages ist es, die vielfältigen Verwendungsmöglichkeiten von Geographischen Informationssystemen im Ablauf von Umweltverträglichkeitsprüfungen allgemein darzulegen und anhand von Beispielen eines durchgeführten Projektes zu exemplifizieren. Vor allem im Bereich der Erfassung, Verarbeitung und Darstellung von Daten mit räumlichen und inhaltlichem Bezug stellen Geographische Informationssysteme Anwendungen zur Verfügung, um Umweltverträglichkeitsprüfungen schneller, genauer und effizienter durchführen zu können.

1.   Einsatzmöglichkeiten eines GIS

Einführung

Geographische Informationssysteme (GIS) sind Softwarelösungen für die räumliche und inhaltliche Erfassung, Verarbeitung und Darstellung von Informationen. Diese drei Funktionsfelder entsprechen den Arbeitsschritten, die in verschiedenen Projektphasen der Umweltverträglichkeitsprüfung (UVP) anfallen und sind deshalb besonders geeignet, die Durchführung von UVPen wirkungsvoll zu unterstützen.

Nach Feststellung der Umwelterheblichkeit eines Vorhabens und Festlegung des Untersuchungsgebietes hat sich die Integration von GIS in den methodischen Ablauf der UVP bei den folgenden Projektphasen besonders bewährt:

1.1 Bestandsaufnahme und Systembeschreibung

Einsatzbereiche eines GIS sind dabei vor allem die Erfassung und Integration von räumlichen und inhaltlichen Informationen unterschiedlichen Maßstabes und verschiedener Herkunft in Basisdateien und Basisgeometrien und die Aufbereitung der Basisinformationen für die Weiterverarbeitung z.B. durch Interpolationen. Zusatzinformationen lassen sich durch Verknüpfung von Geometrien gewinnen.

1.2 Beschreibung des Vorhabens

Vorrangig eignen sich geometrische und inhaltliche Erfassung des Eingriffsumfanges (Digitalisierung, Codierung) und Verknüpfung mit verschiedenen thematischen Ebenen durch Overlay-Funktionen für die digitale Verarbeitung.

1.3 Wirkungsabschätzung von verschiedener Varianten

Die Auswirkungen der vorhabensbedingten Eingriffe auf die Umwelt werden über die Abbildung der Wirkfaktoren auf die flächenbezogenen Umweltkomponenten prognostiziert. Dabei erfolgt die Modellbildung von ökosystemaren Teilprozessen durch die räumliche und inhaltliche Verknüpfung von Daten verschiedener thematischer Ebenen, durch Rechenmodelle oder durch Übernahme externer Modellergebnisse.

1.4 Ökologische Bewertung

Durch Verknüpfung von Sach- mit Wertsystemen durch Bewertungsvorschriften lassen sich räumliche Verteilungsmuster ökologischer Valenzen erzeugen und sowohl statistisch auswerten als auch anschaulich darstellen.

1.5 Ökologische Bilanzierung

Mittels statistischer Analysen aller erfaßten ökologischen Parameter und Valenzen sowie durch die Erstellung von variantenbezogenen Statistiken aller thematischen Ebenen und deren tabellarische Ausgabe gelangt man zu Aussagen über Rangfolgen.

1.6 Weitere Einsatzmöglichkeiten

Außer der räumlichen Informationsverarbeitung sind die Darstellungsmöglichkeiten des GIS eine wesentliche Unterstützung bei der UVP-Abwicklung. Die projektbegleitende Ausgabe von Arbeitskarten zur Plausibilitätskontrolle der Zwischenergebnisse garantiert deren Verifizierbarkeit und erlaubt die umgehende Korrektur inhaltlicher Fehler. Gleichzeitig kann der Fortschritt der Projekte durch Rechnerfunktionen protokolliert werden. In diesem Zusammenhang ermöglicht die Anfertigung von Ablaufplänen oder Postern eine zusätzliche Orientierung zum Projektverlauf. Großes Gewicht erhalten die Darstellungsmöglichkeiten bei der Dokumentation und Präsentation der Ergebnisse. Diese können als Karten in problemrelevanten Maßstäben, als Querprofile, als Blockbilder oder durch verschiedene Arten von Diagrammen für alle thematischen Ebenen ausgegeben werden. Bei richtiger Nutzung der graphischen Möglichkeiten des GIS wird damit eine große Anschaulichkeit der Entscheidungsgrundlage für die gutachterliche Stellungnahme erreicht.

2. Beispiele für den Einsatz des GIS im Projekt

Einführung

Anhand ausgewählter Beispiele (aus dem vorgestellten Projekt) soll der Einsatz eines GIS bei der UVP exemplarisch aufgezeigt werden. Der Ablauf orientiert sich dabei an der Abfolge der Teilschritte des Verfahrens.

Bei dem Projekt handelt es sich um eine ökologische Rahmenuntersuchung zum Donauausbau zwischen Straubing und Vilshofen. Diese Untersuchung ist in Aufbau und Zielsetzung als UVP angelegt und wird als solche auch im Auftrag der RMD-AG durchgeführt.

2.1 Beschreibung des Systems und des Vorhabens

Eine detaillierte Zustandserfassung des Untersuchungsgebiets mit Hilfe von Vor-Ort-Erhebungen, Luftbildauswertungen, Kartenmaterial etc. wie auch die Beschreibung des Vorhabens wurden über Hochzeichnung und Digitalisierung in ein GIS überführt.

Beispiel:
Erstellung der Realnutzungskartierung mit Hilfe von Luftbildauswertungen (Abb. 1).

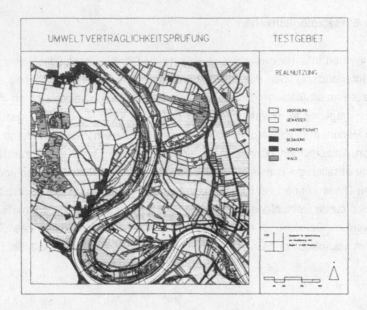

Abb.1

- Punkt- oder linienförmig erhobene Informationen über gleichartig in der Fläche wirksame Faktoren werden interpoliert, contouriert und flächendeckend bereitgestellt.

Beispiel:
Erstellung eines digitalen Geländemodells aus Daten verschiedenster Herkunft, mit unterschiedlichen Speicherstrukturen und Genauigkeiten (Abb. 2).

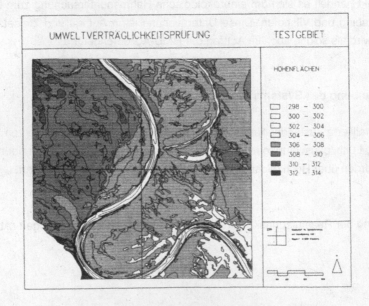

Abb.2

2.2 Wirkungsabschätzung (Prognose)

- Die Abbildung der Auswirkungen von Maßnahmen auf die Geometrie der Standortfaktoren geschieht über Vorschriften, die in Abhängigkeit von anderen Faktoren die Zuordnung steuern, Breiten von Einflußbereichen bereitstellen, etc.

Beispiel:
- Darstellung von Einflußbereichen ("Bufferung") von durch Baumaßnahmen betroffenen flächen-, linien- und punktförmige Strukturen entsprechend einer "Beeinflussungstabelle" (Abb. 3) und Verschneidung der Eingriffsgeometrie mit der Realnutzung (Abb. 4).

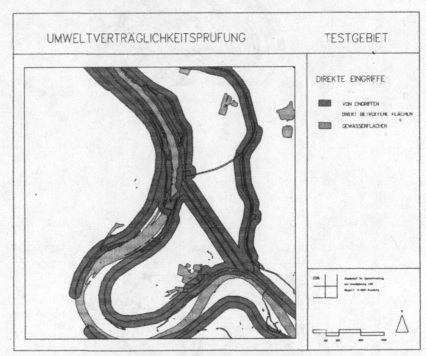

Abb.3

- Die Überlagerung ("Verschneidung") von Grundwasserspiegellagen aus Status Quo und Prognose mit dem digitalen Höhenmodell liefert Aussagen über reale und prognostizierte Grundwasserflurabstände und somit auch Aussagen über Lage und Größe von Überschwemmungsflächen, Wechselwasserbereichen und trockenfallenden Gebieten sowie über zu erwartende Änderungen (Abb. 5).

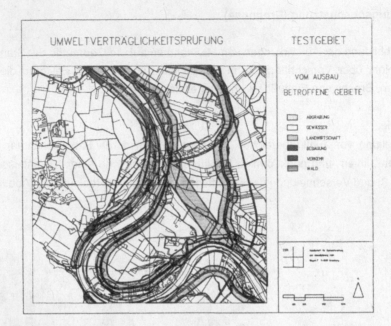

Abb.4

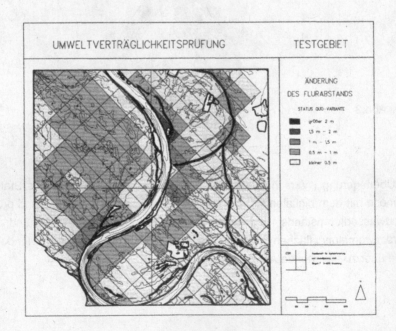

Abb.5

361

2.3 Ökologische Bewertung

- Die in 1, 2 und 3 ermittelten räumlich differenzierten ökologischen Parameter werden mit Bewertungstabellen verknüpft und ermöglichen so qualitative und quantitative Aussagen über Lage, Größe und Wertstufe der einzelnen Flächen.

Beispiel:

Bewertung der Bedeutung von Biotopen im Hinblick auf ihre Trittsteinfunktion in einem Biotopverbundsystem für das Kriterium des Organismenschutzwertes im Testgebiet für Status Quo und Varianten mit Hilfe von Valenzmatrizen (Abb. 6).

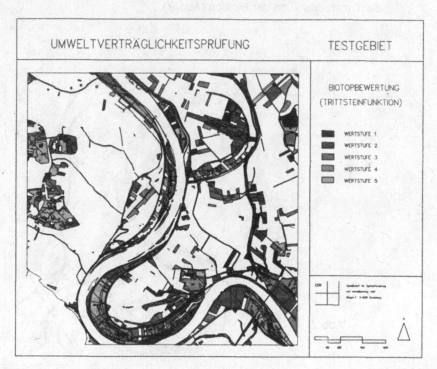

Abb.6

2.4 Bilanzierung

- Ein Vergleich der Bewertung verschiedener Alternativen wird ermöglicht durch Kombination der Daten der einzelnen ökologischen Valenzen.

Beispiel:
Statistische Auswertungen der Unterschiede in der flächenmäßigen Verteilung der ökologischen Wertigkeiten zwischen Varianten und Status Quo führen zu Aussagen über eine Rangfolge der Alternativen. Im Beispiel geht es um eins Feststellung und Bewertung der Einflüsse der gegenüber dem Status Quo veränderten Grundwasserflurabstände auf die Trittsteinfunktion der Biotope (Abb. 7).

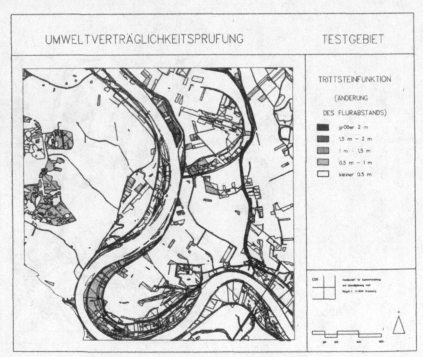

Abb.7

Literatur

HABER, W., PIRKL, A., RIEDEL, B., SPANDAU, L., THEURER, R., 1988:
Methoden zur Beurteilung von Eingriffen in Ökosysteme. Diskussionspapier zum Arbeitsgepräch am 8./9.12.1988. Lehrstuhl für Landschaftsökologie der TU München-Weihenstephan, unveröffentlicht.

PLANUNGSBÜRO DR. SCHALLER, 1989:
Ökologische Rahmenuntersuchung zum geplanten Donauausbau zwischen Straubing und Vilshofen. - Band B 2, Bewertungsprogramm. Unveröffentlicht.

ORGANIC ENRICHMENT OF THE SEAFLOOR; IMPACT ASSESSMENT USING A GEOGRAPHIC INFORMATION SYSTEM

Yutta Krieger, Sandor Mulsow
Department of Geology, Boston University, 675 Commonwealth Ave., Boston, MA 02215, USA
and
Donald C. Rhoads
Science Applications International Corp. (SAIC), 89 Water Str., Woods Hole, MA 02543, USA

ABSTRACT

Two state-of-the-art techniques involving computer analysis are used in the study of pollution impact assessment. A synoptic survey of Narragansett Bay (USA), conducted in 1988, is presented as an example. A REMOTS® camera, an optical instrument that photographs vertical *in-situ* profiles of the upper 20 cm of the sediment, was deployed at 56 stations throughout the Bay. REMOTS® sediment-profile images were analyzed with SAIC Image Analysis Software that allows systematic measurement of up to 21 sea-floor variables (e.g. modal grain-size, apparent RPD depth). Gradient maps of REMOTS® parameters, as well as bathymetry and traditional measurements of dissolved oxygen, vertical salinity differences, and sediment densities of *Clostridium perfringens* (a microbial indicator of fecal pollution) were digitized and transferred to a Geographic Information System (GRASS). Diverse overlay analysis tools within GRASS allowed us to identify severely degraded sites in the upper Bay. Areas at risk could also be defined in the mid Bay. Advantages of such a protocol are discussed.

INTRODUCTION

Excessive organic enrichment of marine waters and bottom sediments is a growing problem throughout the world. Excessive rates of organic input to an estuary, from natural and/or anthropogenic sources, can result in complex changes in chemical and physical factors. These changes may have direct or indirect adverse effects on biological resources both in the column water and on the bottom (Pearson and Rosenberg, 1978). Traditional chemical and physical measurements of the water column are not sufficient to determine biological impacts of eutrophication. Rather, direct assessment of the bottom (benthic) environment allows one to evaluate, predict, and manage the impact of enrichment, as the seafloor is a long-term integrator of overlying water quality (Rhoads and Germano, 1986; O'Connor et al., 1989; Cullen, 1990). Efficient biomonitoring and assessment tools are needed to identify affected areas and monitor changes due to increased organic loading (e.g. sewage effluent) or to assess the effects of improved sewage treatment. Furthermore, benthic survey studies typically result in the accumulation of large data sets that need to be stored, analyzed and recalled for quantification of habitat change.

The objective of the present work is to demonstrate how two advanced techniques involving computer analysis can be used in pollution impact assessment in a coastal embayment. In this study, we integrate remotely acquired sediment data (REMOTS® technology) and traditional physical and chemical measurements with a Geographic Information System (GIS) to identify areas in Narragansett Bay (USA) affected by organic enrichment.

STUDY AREA

Narragansett Bay (41°30'N, 71°15'W) consists of several shallow drowned river valleys that form embayments on the northeast coast of the U.S. (Figure 1). The Bay is made up of three parallel basins 42 km long with an average width of 8 km and a mean depth of 9 m. Five rivers drain into the bay producing horizontal and vertical salinity gradients. The lower part of the bay is well mixed while stratified conditions predominate in the Providence River (Olsen et al., 1980). Narragansett Bay is highly productive, but polluted from industry and urban sources. Periodic algal blooms are particularly evident in the Providence River.

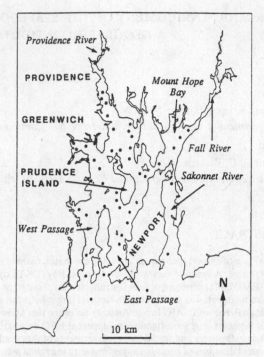

Figure 1. Map of Narragansett Bay (USA): Study area showing the locations of 56 sampling stations (circles).

METHODS

Field sampling

A reconnaissance survey of Narragansett Bay was carried out during August 1988. Fifty-six sampling stations were distributed throughout the Bay (Figure 1). The survey was performed in five days and a full analysis and report was completed within 60 days. The navigational system of the survey vessel (Science Applications International Corp. (SAIC) Integrated Navigational and Data Acquisition System, INDAS) provided accuracy of ± 2 to 3 meters to facilitate accurate relocation of stations in future surveys.

At each station, a REMOTS® camera (Remote Ecological Monitoring of the Seafloor) was deployed to obtain five replicate sediment-profile photographs for image analysis. The REMOTS® camera (Model 3731, Benthos, Inc.) is designed to rapidly obtain undisturbed in-situ profiles of the top 15–20 cm of sediment. The optics of the camera system are not adversely affected by water turbidity.

Vertical depth profiles of temperature and salinity were measured at each station, using an Applied Microsystems CTD probe (Model STD–12) attached to the REMOTS® camera frame. Accuracies of the STD–12 instrument are ± 0.01°C for temperature and 0.01 ppt for salinity. Data were recorded at 1 second intervals, stored directly into a memory buffer, and periodically transferred to a micro-computer on board the vessel.

A vertical profile of dissolved oxygen concentration was obtained for each station with a Rexnord Instruments Model 66 polarigraphic probe attached to the CTD on the camera frame. Bottom measurements were made at about 6–9 cm above the sediment surface.

An undisturbed surface sediment sample was collected at each station for determination of the concentration of Clostridium perfringens spores (microbial indicator of fecal pollution) using a 1/25 m² Van Veen grab sampler. Three replicate subsamples were taken from the upper

1–2 cm of the grab, placed in sterilized bottles and frozen for later analysis. Laboratory analyses of *Clostridium perfringens* counts were performed by Biological Analytical Laboratories, Inc. (based on methods by Bisson and Cabelli, 1979; Emerson and Cabelli, 1982) and are reported as colony forming units (cfu's) per g wet weight of sediments.

REMOTS® profile image analysis

Measurements of physical and biological parameters are done directly from film negatives using a video digitizer and computer image analysis software developed by Science Applications International Corp. (SAIC). Twenty-one different variables are measured or computed and stored for each REMOTS® image. Variables of interest can be compiled, sorted and retrieved for display and statistical comparison. A data sheet, containing the various parameters for each replicate, can be printed.

Sediment type determination

Sediment grain-size major mode and range are visually estimated from the photographs by overlaying a grain-size comparator. Grain-size classes on the comparator range from > 4 phi to < –1 phi with intervals of 1 phi. Textural classes (sand, muddy sand, sandy mud and mud) have been identified throughout Narragansett Bay and are used to generate a subtidal sedimentary facies map.

Apparent redox potential discontinuity (RPD) depth

On REMOTS® images, aerobic near-surface marine sediments present a higher reflectance value than underlying hypoxic or anoxic sediments. The boundary between the high reflectance ferric hydroxide surface sediment and the grey to black reduced sediment below is called the apparent redox potential discontinuity (RPD). The RPD depth gives an estimate of the depth of pore water exchange, usually through bioturbation. The apparent RPD depth is a time-integrator of exchange processes within the sediment column related to molecular diffusion, biological pumping and particle bioturbation (Germano and Rhoads, 1984). The apparent RPD depth is usually deeper than the true RPD (Eh = 0) as measured with microelectrodes. In the absence of bioturbating organisms, the high reflectance surface layer typically will be about 2 mm thick (Rhoads, 1974). In the presence of bioturbating macrofauna, the thickness of this layer may extend several centimeters into the sediment column.

The apparent RPD depth is measured on each REMOTS® image by 256 grey-scale density slicing. The average value for each station is used to produce a contour map of RPD depth distributions.

Other parameters

From each REMOTS® image, other data are available such as successional stage (pioneering versus late assemblages) and salient structural features of organism-sediment relationships. The presence and origin of small-scale boundary roughness (ripples versus biological structures) are noted and measured, as well as mud clasts (number, size, shape, oxydation state). These structures allow one to make inferences about relative levels of kinetic energy (Germano, 1983). Processes of methanogenesis, occurring at extreme levels of organic-loading, can be detected by the presence of imaged methane bubbles in the sediment column. These gas-filled voids are counted and measured when present in REMOTS® images (see Rhoads and Germano, 1982 and 1986 for more detailed information on interpretation of REMOTS® images). Although these parameters were not included in the GIS database because of their nature (discrete), they were used for interpretation.

Geographic information system database construction

The geographic information system chosen for this study is GRASS 3.1, the Geographic Resource Analysis Support System, a public domain system developed by the U.S. Army Corps of Engineers, Construction Engineering Research Laboratory. This GIS, running on a UNIX Sun System provides for extensive data storage, retrieval and powerful analytical routines.

Gradient (contour) maps of the physical and biological parameters (continuous variables) of Narragansett Bay were produced from field data. These maps were then digitized using ROOTS 4.0 software and transferred to GRASS (vector format), where they were converted into a raster format. These steps provided us with a GIS database of the following map layers: 1) Bathymetry (adapted from Nautical Chart #13221, National Ocean Survey, NOAA; Olsen et al., 1980), 2) Bottom salinity (+ 40 cm), 3) Surface salinity (< 50 cm), 4) Sediment type, 5) Near-bottom dissolved oxygen concentrations, 6) Apparent RPD depth, and 7) *Clostridium perfringens* counts within the sediment. Various overlay programs within GRASS were used to generate new map layers (e.g. weight analysis, combine, mathematical expression programs and area statistics) (see Krieger and Mulsow, 1990) that allowed us to identify pollution stress areas of the Bay.

The protocol presented in this study from data collection to GIS database construction is summarized in Figure 2.

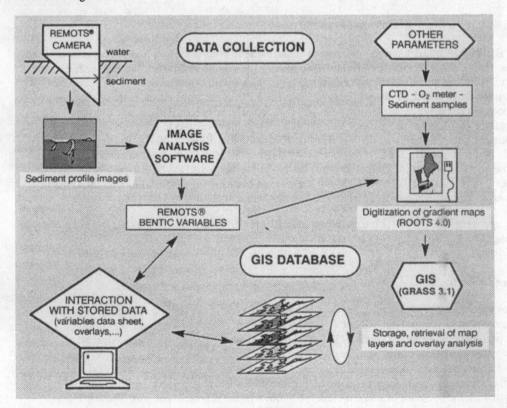

Figure 2. Protocol for pollution impact assessment: Integration of Image Analysis (REMOTS® technology) and GIS. Computer storage of REMOTS® benthic variables and GIS map layers allows the user to interactively retrieve and display information of interest.

RESULTS

Physical characteristics

The deepest part of Narragansett Bay (East Passage) reaches more than 81 ft (25 m). Navigation channels (about 30 ft or 9 m) extend from mid bay to the Providence River and Mount Hope Bay (Figure 3A). The bottom salinity and surface salinity map layers were combined by GRASS in a mathematical expression program to calculate, on a grid-to-grid (pixel) basis, salinity differences throughout the bay (bottom salinity minus surface salinity). The resulting map (Figure 3B) shows time-averaged stratified conditions in the Providence River, on the north- east of Prudence Island and at the mouth of Mount Hope Bay. The lower Bay is well mixed (no differences category). Muddy sediments cover 50% of the Bay (mid and upper part), while coarser sediments occur at the mouth of Narragansett Bay (Figure 3C). Physical characteristics are important in determining the fate of particles and their adsorbed pollutants (sinking, residence and flushing time). The distribution of sediments reflects gradients in kinetic energy (waves, tidal and non-tidal currents). Strong salinity fronts in estuaries tend to be associated with sedimentation of fine sediments (Schubel, 1971). These two parameters (salinity differences and sediment map layers) were combined to determine the potential for particles to sink to the bottom in different parts of the bay. On the resulting map (Sinking potential, Figure 3D), high potential areas corresponding to muddy sediments (low energy environment) and a stratified water column (> 3 ppt) (poor vertical mixing) are found in the Providence River. The area north-east of Prudence Island is also a potential natural sink for particles. Areas with low sinking potential (coarse sediments and well-mixed column water) are located near Newport (East Passage) and in the lower region of West Passage. Several REMOTS® images from these latter locations show the presence of ripple marks and scouring resulting from bottom currents in the area.

Benthic habitat quality

Low bottom dissolved oxygen (< 3 mg/l; anoxic or hypoxic) conditions are found in the Providence River (Figure 4A). This transient measurement is not an integrated measure of long-term conditions in the bay, as oxygen levels vary greatly daily and seasonally (Cullen, 1990). The apparent Redox Potential Discontinuity depth map layer (Figure 4B) is more representative of the long-term aeration of bottom sediment. Over 55% of the bay is characterized by RPD depths < 3 cm, which is representative of enriched or recently disturbed areas (Rhoads and Germano, 1986). Severely stressed conditions, resulting from organic enrichment, can be observed not only in the Providence River (RPD = 0–0.5 cm deep), but also in Greenwich Cove. Shallow RPD depths are also found near Newport and in the Sakonnet River. In the latter case, the shallow RPD is the result of physical processes rather than organic enrichment (presence of ripple marks and scouring features on REMOTS® images). Deeply aerated and mixed sediments (apparent RPD depth > 3 cm) occur in the lower part of the West Passage, the upper East Passage, and Mount Hope Bay.

The distribution of major sewage treatment plants has been overlain onto the *Clostridium perfringens* counts map layer to visually relate the density of this fecal indicator with the location of sewage input to the bay (Figure 4C). More than 60% of the bay sediments contain counts of *C. perfringens* > 100 cfu/g wet weight (indicative of sewage input). The highest sewage discharges occur in the Providence River, followed by Mount Hope Bay (from Fall River) and East Passage (from Newport). Gradients in *C. perfringens* counts within the bay are relatively consistent with these discharges. However, a high spore count is found on the eastern part of Prudence Island, where sewage input is less than 10 million gallons per day (mgd). This area might be a significant far-field sedimentation site for particles. The same area was already defined as having a high particle sinking rate potential (Figure 3D).

These three map layers (Near bottom oxygen level, Apparent RPD depth and *C. perfringens* counts) were used in a weight analysis to generate a habitat quality map layer (Figure 5A). A high weight (value) was given to categories representing poor habitat conditions ($<$ 3 mg O_2/l; RPD $<$ 3 cm; *C. perfringens* $>$ 1000 cfu/g wet weight), while intermediate and low weighted values were given respectively to less stressed and unstressed conditions. Providence River and, to a lesser degree parts of Greenwich Cove, represent the poorest benthic habitat quality. Stressed conditions (rank #3) extend down along Prudence Island and are found also in the East Passage off Newport. Only the lower part of the West Passage seems relatively pristine (unstressed, rank #1).

A combination between the apparent RPD depth and *C. perfringens* count map layers (cross reference analysis) allows one to delimit areas where the observed response of the seafloor might be directly related to sewage input to the bay (Figure 5B). A coincidence tabulation analysis shows that 66% of those areas showing shallow apparent RPD depths ($<$ 3 cm) correspond to sewage input ($>$ 100 cfu/g wet weight). These areas (shallow RPD – high *C. perfringens* count category) are located down the Providence River Reach (to Prudence Island), off Newport in the East Passage, and near Greenwich Cove. The shallow RPD depths found in Greenwich and the Sakonnet River (shallow RPD – low *C. perfringens* count category) might be due to other causes (respectively non-point source organic input and physical factors).

Risk assessment

The habitat quality map layer gives a synoptic view of the conditions of Narragansett Bay in 1988. On the other hand, the sinking potential layer gives a first-order estimate of the long-term sedimentation dynamics of the bay and highlights areas where organic-rich particles are likely to sink and accumulate. We have combined these two map layers (sinking potential and habitat quality) to generate a new map layer representing areas at risk of becoming further degraded if enrichment continues in the bay. This new map layer (Figure 5C) shows a gradient of risk (low, intermediate #1, #2 and high) between relatively unstressed conditions (lower East Passage) and chronically stressed seafloor communities (Providence River). Areas at high risk exist on the north-east side of Prudence Island.

DISCUSSION

REMOTS® parameters, *Clostridium perfringens* counts, salinity gradients, and near bottom dissolved oxygen concentrations integrated into a Geographic Information System, allowed us to identify the highest and the lowest benthic quality areas in Narragansett Bay. Areas at risk of future degradation could also be defined (Figures 5A & 5C).

In Narragansett Bay, the main source of allochtonous organic input is from sewage treatment plants (Figure 4C). The discharge of sewage into the bay seems to be reflected in *C. perfringens* spore counts. The relationship between spore counts and apparent RPD depths allowed us to differentiate between stressed areas of the bay affected directly by sewage discharge from those areas with relatively low habitat quality (shallow RPD) responding to other sources such as non-point organic inputs or physical disturbance.

Figure 3. GIS database of physical characteristics of Narragansett Bay *(no data category in white)*.
A) Bathymetry map (feet): modified from Olsen et al. (1980). *(The darker the shade, the deeper the area)*.
B) Sedimentary facies map: determined from REMOTS® images. *(Mud = darkest shade; sand = lightest shade)*.
C) Salinity differences map (ppt): bottom salinity minus surface salinity. *(The darker the area, the higher the salinity difference)*.
D) Sinking potential map: generated with GIS weight analysis. *(The darker the shade, the higher the potential for particles to sink)*.

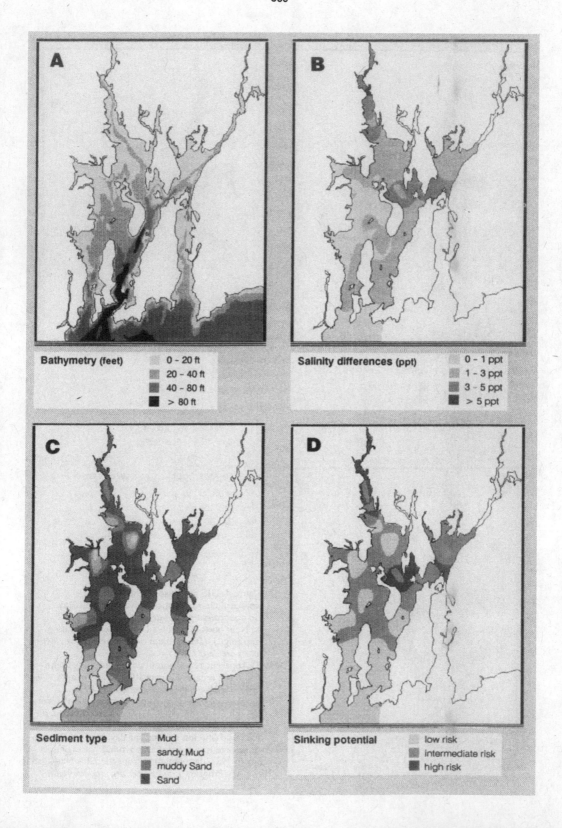

A Bathymetry (feet) 0 – 20 ft
20 – 40 ft
40 – 80 ft
> 80 ft

B Salinity differences (ppt) 0 – 1 ppt
1 – 3 ppt
3 – 5 ppt
> 5 ppt

C Sediment type Mud
sandy Mud
muddy Sand
Sand

D Sinking potential low risk
intermediate risk
high risk

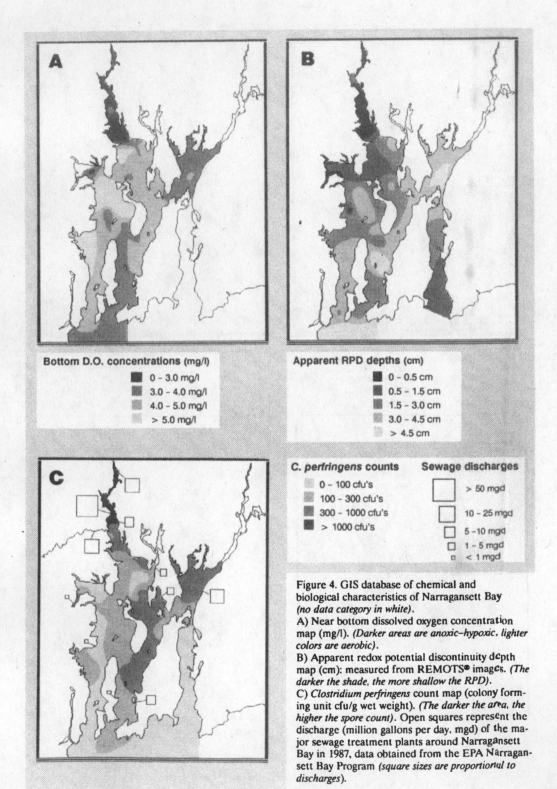

Bottom D.O. concentrations (mg/l)
- ■ 0 – 3.0 mg/l
- ▨ 3.0 – 4.0 mg/l
- ▨ 4.0 – 5.0 mg/l
- ▨ > 5.0 mg/l

Apparent RPD depths (cm)
- ■ 0 – 0.5 cm
- ▨ 0.5 – 1.5 cm
- ▨ 1.5 – 3.0 cm
- ▨ 3.0 – 4.5 cm
- ▨ > 4.5 cm

C. perfringens counts
- ▨ 0 – 100 cfu's
- ▨ 100 – 300 cfu's
- ▨ 300 – 1000 cfu's
- ■ > 1000 cfu's

Sewage discharges
- ☐ > 50 mgd
- ☐ 10 – 25 mgd
- ☐ 5 – 10 mgd
- ☐ 1 – 5 mgd
- ▫ < 1 mgd

Figure 4. GIS database of chemical and biological characteristics of Narragansett Bay *(no data category in white)*.
A) Near bottom dissolved oxygen concentration map (mg/l). *(Darker areas are anoxic–hypoxic, lighter colors are aerobic)*.
B) Apparent redox potential discontinuity depth map (cm): measured from REMOTS® images. *(The darker the shade, the more shallow the RPD)*.
C) *Clostridium perfringens* count map (colony forming unit cfu/g wet weight). *(The darker the area, the higher the spore count)*. Open squares represent the discharge (million gallons per day, mgd) of the major sewage treatment plants around Narragansett Bay in 1987, data obtained from the EPA Narragansett Bay Program *(square sizes are proportional to discharges)*.

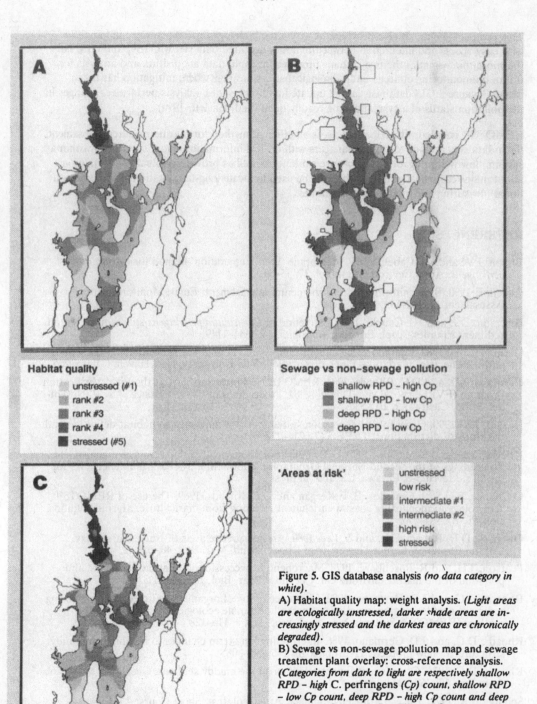

Figure 5. GIS database analysis *(no data category in white).*
A) Habitat quality map: weight analysis. *(Light areas are ecologically unstressed, darker shade areas are increasingly stressed and the darkest areas are chronically degraded).*
B) Sewage vs non-sewage pollution map and sewage treatment plant overlay: cross-reference analysis. *(Categories from dark to light are respectively shallow RPD – high C. perfringens (Cp) count, shallow RPD – low Cp count, deep RPD – high Cp count and deep RPD – low Cp count).* See Figure 4 for sewage treatment plant legends.
C) 'Areas at risk' map: weight analysis. *(The darkest and lightest categories are respectively chronically degraded and relatively pristine, increasing intermediate shades of grey are areas at increasing risk to become severely degraded).*

Habitat quality
- unstressed (#1)
- rank #2
- rank #3
- rank #4
- stressed (#5)

Sewage vs non-sewage pollution
- shallow RPD – high Cp
- shallow RPD – low Cp
- deep RPD – high Cp
- deep RPD – low Cp

'Areas at risk'
- unstressed
- low risk
- intermediate #1
- intermediate #2
- high risk
- stressed

This protocol (Figure 2) also provided us with a methodology for data storage and analysis with easy access and interaction between remotely acquired data (REMOTS®) and GIS. Furthermore the format of the two systems provides for rapid data acquisition and analysis for future biomonitoring of areas under biological stress or areas where mitigation has taken place. Because a GIS database can be updated and time-series analysis performed, changes in the pollution status of a system can be readily quantified (Haslett, 1990).

REMOTS®, coupled with GIS analysis, is an efficient method for marine resource assessment. Such data sets provide resource managers with critical information about conditions within a system, how well mitigation projects are working, as well as providing valuable information about major ecological gradients that can be used to locate long-term stations for more traditional measuring and monitoring techniques.

REFERENCES

Bisson, J.W. and V.J. Cabelli. 1979. Membrane filter enumeration method for *Clostridium perfringens*. Appl. Environ. Microbiol. 37: 55–66.

Cullen, P. 1990. Biomonitoring and environmental management. Envir. Monitoring and Assessment 14: 107–114.

Emerson, D.J. and V.J. Cabelli. 1982. Extraction of *Clostridium perfringens* spores from bottom sediment samples. Appl. Environ. Microbiol. 44: 1144–1149.

Germano, J.D. 1983. Infaunal succession in Long Island Sound: animal-sediment interactions and the effects of predation. Ph.D. dissertation, Yale University, New Haven, CT, pp. 206.

Germano, J.D. and D.C. Rhoads. 1984. REMOTS® sediment profiling at the Field Verification Program (FVP) disposal site. Dredging '84; Proceedings of the conference, ASCE, November 14–16, Clearwater, FL: 536–544.

Haslett, J.R. 1990. Geographic information systems: A new approach to habitat definition and the study of distributions. TREE 5 (7): 214–218.

Krieger, Y.K. and S. Mulsow. 1990. GIS application in marine benthic resource management. Proceedings of the Second National Geographic Information System Conference: GIS for the 90's, March 5–8, Ottawa, Canada (in press).

O'Connor, B.D.S., J. Costelloe, B. F. Keegan and D.C. Rhoads. 1989. The use of REMOTS® Technology in monitoring coastal enrichment resulting from mariculture. Marine Pollution Bull. 20 (8): 384–390.

Olsen, S., D.D. Robadue, Jr. and V. Lee. 1980. An interpretive atlas of Narragansett Bay. Coastal Resources Center University of Rhode Island, Mar. Bull. 40, pp. 82.

Pearson, T.H. and R. Rosenberg. 1978. Macrobenthic succession in relation to organic and pollution of the marine environment. Oceanogr. Mar. Biol. 16: 229–311.

Rhoads, D.C. and J.D. Germano. 1982. Characterization of organism-sediment relations using sediment profile imaging: an efficient method of remote ecological monitoring of the seafloor (REMOTS® System). Mar. Ecol. Prog. Ser. 8: 115–128.

Rhoads, D.C. and J.D. Germano. 1986. Interpreting long-term changes in benthic community structure: an new protocol. Hydrobiologia 142: 291–308.

Rhoads, D.C. 1974. Organism-sediment relations on the muddy seafloor. Oceanogr. Mar. Biol. Ann. Rev. 12: 263–300.

Schubel, J.R. 1971. The estuarine environment. Am. Geol. Inst. Short Course Lect. Notes, Washington D.C.

Underwood, A.J. and C.H. Peterson. 1988. Towards an ecological framework for investigating pollution. Mar. Ecol. Prog. Ser. 46: 227–234.

Warwick, R.M., T.H. Pearson, and Ruswahyuni. 1987. Detecting pollution effects on marine macrobenthos: further evaluation of the species abundance/biomass method. Mar. Biol. 95: 193–200.

GIS — Anwendungen im Umweltschutz

Abwasser — Informations — System

Amandus Kogler
VRZ — Technische Informatik
Arzler Straße 43, A-6020 Innsbruck

Datenbankanwendung, Informationssystem, Indirekteinleiterkontrolle, GIS, Kanalkataster, Abwasserkataster, Gefährdungskataster

Zusammenfassung

Beim Betrieb von Abwasser-Entsorgungsanlagen ist sowohl die Durchführung von Kontroll- und Überwachungsaufgaben, als auch die technische Dokumentation und Instandhaltung der gesamten Anlagen erforderlich.

Das beschriebene Abwasser-Informations-System ermöglicht die Erfassung, Verwaltung, Auswertung und räumliche Zuordnung der bei der Indirekteinleiter- und Eigenkontrolle anfallenden Analysedaten und die Anlagendokumentation mit den zugehörenden Aufgaben in einem homogenen System.

1. Einleitung

- Umweltschutz beginnt mit der Erfassung, Dokumentation und Bewertung des Ist-Zustandes. Ohne dessen Kenntnis sind zweckmäßige und wirtschaftlich optimierte Maßnahmen nur zufällig möglich.

- Die anfallenden Datenmengen erfordern zwingend den Einsatz moderner, datenbankbasierter Informations-Verarbeitung.

- Aufgrund der komplexen Vernetzungen ist eine rein alphanumerische Bearbeitung nicht zielführend, da Ergebnisse nur unzureichend und mühsam zu interpretieren sind.

- Systeme, die objektstrukturiert Alphanumerik und Grafik verbinden, sind mächtige Werkzeuge für die Bewältigung dieser Aufgaben.

Diese Kernsätze bildeten die Grundlage für Konzeption und Realisierung des im folgenden vorgestellten Umweltinformations-Systems, wobei hier allerdings nur auf eines der möglichen Umwelt-Medien — Abwasser — eingegangen wird.

2. Aufgabenstellung

Die Reinhaltung von Gewässern, die Erhaltung und der Schutz der Trinkwasserreserven ist eine elementare Grundfunktion des Umweltschutzes. Ein zuverlässiger Gewässerschutz erfordert bei der heutigen Siedlungsdichte, unter Berücksichtigung der gewerblichen und industriellen Gefährdungspotentiale eine Unterstützung durch effiziente Kontrollsysteme.

Aber auch ein rationeller und damit energieoptimierter Betrieb von Kläranlagen ist nur über die verstärkte Kontrolle gewerblicher und industrieller Einleiter zu erreichen. Diese Maßnahmen zielen auf die Verminderung der Schadstoffbelastung im Zufluß der Kläranlage, wodurch sich sowohl die Reinigungsleistung der Kläranlage verbessern läßt, als auch Betriebskosten in erheblichem Maße einzusparen sind. Durch den geringeren Schadstoffgehalt des Klärschlammes werden dessen Deponiefähigkeit bzw. weitere Verarbeitung und Nutzung verbessert.

Im Abwasserinformationssystem sind alle Einleiter von gewerblichem und industriellem Abwasser bzw. alle Einleiter von potentiell gefährlichen, biologisch schwer oder nicht abbaubaren Stoffen im Einzugsgebiet der Kläranlage zu erfassen.

Die im Einzugsgebiet der Kläranlage liegenden Kanäle werden sowohl grafisch, als auch nach den Bestands- und Zustandsdaten erfaßt. Die Einleiter werden dem jeweiligen Kanalstrang an der tatsächlichen Einleitungsstelle zugeordnet. Die Einleiter werden, je nach Abwasseranfall und Gefährdungspotential in Gruppen gleicher Überprüfungshäufigkeit gegliedert und Kontrollprogramme erstellt. Durch die flexiblen Überprüfungsintervalle wird die Wirksamkeit gegenüber periodischen Routineüberwachungen wesentlich gesteigert und die Motivation der Einleiter zur Verminderung der Schadstoffeinträge erhöht.

Auf der Grundlage der erarbeiteten Schadstoffdaten sind statistische Auswertungen, sowie Bilanzierungen zu erstellen. Potentielle Emittenten können im entsprechenden Herkunftsbereich gesucht und kurzfristig Verbesserungen veranlaßt werden.

Um diese Aufgaben wahrnehmen zu können, bedarf es eines wirkungsvollen Instrumentariums von Kontrolltätigkeiten mit entsprechenden Dokumentations- und Auswertemöglichkeiten. Dabei sollen nicht nur Verbesserungen in der Beseitigung von Folgen, sondern vor allem in der Bekämpfung der Ursachen angestrebt werden. Ein solcher Anspruch setzt allerdings neben einer systematischen Ermittlung der Ausgangsdaten auch umfangreiche Auswertungen dieser Daten voraus.

3. Ausgangssituation

Die Konzeption des zu erstellenden Softwaresystems begann mit der Evaluierung auf dem Markt erhältlicher Programme. Dabei wurde schnell klar, daß bereits erprobte Komponenten zwar Teilanforderungen gut abdecken konnten, ein integriertes Paket in der benötigten Form jedoch nicht erhältlich war.

Darüberhinaus sollten alle Programme — entsprechend der allgemeinen Unternehmensstrategie der VRZ-Technische Informatik — den grundsätzlich zu stellenden strategischen Anforderungen entsprechen:

● möglichst unabhängig von bestimmten Hardware-Plattformen;

die jeweilige Konfiguration soll sich aus den zu erwartenden Mengengerüsten mit den entsprechenden Anforderungen an Speichermöglichkeiten und Performance ergeben.

- Unabhängigkeit von bestimmten Datenbankprodukten durch eine systemeigene Schnittstelle, die den Einsatz verschiedener relationaler Datenbanken erlaubt. Damit ist einerseits eine, der jeweiligen Aufgabenstellung entsprechende Auswahl, andererseits das Eingehen auf vorhandene EDV-Infrastrukturen möglich.

- Der Anwender darf zu keiner Zeit mit EDV-technischen Begriffen konfrontiert werden, d. h. der Anwender braucht kein EDV-Spezialwissen.

- Das System muß flexibel sein, d. h. der Anwender muß Aktualisierung, Ergänzung und Erweiterungen von gesetzlichen Anforderungen selbst durchführen können.

Nach umfassenden Prüfungen entschieden wir uns für die Integration bereits bewährter Systeme unterschiedlicher Spezialisierung:

- uwis (Umwelt-Informations-System) der Fa. Stollmann, Nürtingen für den Bereich Indirekteinleiter-Kontrolle

- gtl/rdb der Fa. ibb, Langenfeld als GIS-System

Diese Integration führte zu einem flexiblen und dynamischen Gesamtsystem, das in der Lage ist, reale Strukturen und Verhältnisse abzubilden. Ein statisches System, das nur die Erfassung und Beschreibung von Momentsituationen unterstützt, wäre bereits nach Beendigung der Entwicklungsphase veraltet und unpraktikabel.

4. Realisierung

4.1 ALLGEMEINES

Zuerst war es notwendig, die Anforderungen aus der Benutzersicht zu definieren. Grundlage dafür waren die mit dem System zu unterstützenden Planungs-, Kontroll- und Überwachungsaufgaben mit der Erfassung und Vernetzung aller relevanten Meß- und Schadstoffdaten vom Verursacher über die Kanalisation zur Kläranlage und schließlich zu den Gewässern, sowie den landwirtschaftlichen Flächen mit Bodenanalysen und den aufgebrachten Klärschlamm-Mengen.

Um dies zu gewährleisten, müssen Verwaltungs- und Untersuchungsobjekte, sowie deren Beziehungen untereinander im System hinterlegt werden. Dazu gehören administrative und technische Beschreibungen, wie auch Meßprogramme und Grenzwerte. Aus dem real existierenden siedlungswasserwirtschaftlichen System wird ein für die EDV erfaßbares, abstrahiertes Modell entwickelt und in der Datenbank abgebildet.

Die Kontrolle einzelner Objekte bezüglich Grenzwertüberschreitungen oder Frachtaufkommen bei bestimmten Parametern ist wichtig, aber auch Untersuchungen, die das Gesamtsystem betreffen, müssen durchgeführt werden können. Das Ermitteln von Schadstoffwegen oder Schadstoffströmen mit den entsprechenden Konzentrations- und Frachtprofilen ist notwendig, um die Überwachung, Steuerung und Bewirtschaftung von Anlagen und Gewässern aufeinander abzustimmen und zu optimieren.

Die sich im Laufe der Zeit verändernde Struktur eines Objektes (z. B. Betrieb verändert Produktion) muß genauso problemlos angepaßt werden können, wie die Aktualisierung von Meßprogrammen und Grenzwerten aufgrund von geänderten Einleitungsbedingungen.

In dieser Erfassung, Verarbeitung und Auswertung aller abwassertechnisch relevanten Daten mußten auch die Tätigkeiten in Verwaltung, Außendienst und Labor mit einbezogen werden. Nur ein EDV-System, das alle diese Bereiche integriert, gewährleistet, daß aktuelle Daten permanent erfaßt werden und ein effektiver Kontroll- und Überwachungsbetrieb erfolgen kann. Dies ist eine notwendige Voraussetzung, wenn aufgrund aktueller Daten schnelle Reaktionen erfolgen sollen.

4.2 OBJEKTE

Für die Auswahl und Definition von Objekten waren folgende Fragen von Bedeutung:

● Welche Daten sind vorhanden und werden in Zukunft erhoben

● Wie sind und werden diese Daten geordnet

● Welche Daten werden benötigt für
  ● die Durchführung der gesetzlichen Aufgaben
  ● die Dokumentation
  ● die Auswerteverfahren auf dem Abwasser- und Klärschlammpfad

Jedem Objekt können eine oder mehrere Meßstellen zugeordnet sein. Jede Meßstelle wiederum kann nach sehr unterschiedlichen Meßprogrammen untersucht werden. Das freie Zusammenstellen der Meßprogramme ist hierbei wichtig, da sich zum einen die gesetzlichen Vorschriften zur Untersuchung von bestimmten Parametern ändern, zum anderen muß es möglich sein, problemorientiert für eine bestimmte Meßstelle ein spezielles Untersuchungsprogramm durchzuführen. Ebenso meßstellenbezogen werden die unterschiedlichsten Grenzwerte und Einleitungsbedingungen hinterlegt.

Dabei ist auch die Kombination eines Meßprogrammes mit mehreren Grenzwerten gefordert. Die Historie bei Grenzwerten und Einleitungsbedingungen ist für die Speicherung der Meßwerte von Bedeutung. Wird am Tag X der Meßwert Y ermittelt, muß es auch nach Jahren noch feststellbar sein, welcher Grenzwert für welchen Parameter an der betreffenden Meßstelle gültig war.

4.3 UNTERSTÜTZUNG DES KONTROLL- UND ÜBERWACHUNGSBETRIEBES

Dieser Teilbereich steuert alle Aktivitäten, die in Verwaltung, Außendienst und Labor anfallen. Von der Vorbereitung einer Probenahme bis hin zur endgültigen Speicherung von validierten Meßdaten sorgen einige hundert Programme für ein reibungsloses Ineinandergreifen der verschiedensten Tätigkeiten. Die EDV-Unterstützung orientiert sich dabei an den Arbeitsabläufen und an der Arbeitsteilung des Überwachungsbetriebes. Schwerpunkte wie Einsatz- und Terminplanung, Probenbegleitscheine, Probenannahme, rechnergestützte Analytik, Chemikervalidierung, Sachbearbeitervalidierung, Analysenscheine, Gebührenbescheide, Grenzwertabgleich bilden den Kern des rechnerunterstützten Kontroll- und Überwachungsbetriebes.

Wenn im Labor ein Laborrechner die Analytik unterstützt, ist es möglich, die anfallenden Analysedaten automatisch in die Datenbank zu übernehmen.

Die Analysenscheine, die nach Beendigung der Analyse automatisch erstellt werden, sind nicht nur Auflistungen von Meßergebnissen und eventuell vorhandenen Grenzwertüberschreitungen. Sie beinhalten eine Vielzahl von Auswertungen.

Stellvertretend seien hier genannt:

- Schädlichkeits- und Verschmutzungsfaktor bei Abwasser

- Düngewertberechnung bei Klärschlamm

- oder Ermittlung bestimmter Klassen bei Bodenuntersuchungen.

Abhängig vom Analysenergebnis, unter Berücksichtigung früherer Analysen, der Branchenzugehörigkeit und der Gefahrenklasse des betreffenden Objektes, schlägt die Software dem Sachbearbeiter einen neuen Untersuchungstermin vor. Hier schließt sich dann der Kreis wieder zur Einsatzplanung, wenn der Sachbearbeiter den Termin bestätigt oder einen davon abweichenden einträgt.

4.4 AUSWERTUNGEN

Die bis jetzt beschriebenen Abläufe und Merkmale zeigen den Tages- oder **Routinebetrieb** auf. Werden solch umfassende Tätigkeiten ohne EDV-Unterstützung durchgeführt, ist die vorhandene Kapazität an Personal nur mit der reinen Abwicklung beschäftigt. Notwendige Auswertungen, Ermittlungen von Frachten, Aufstellen von Bilanzen, statistische Auswertungen, graphische Darstellungen sind nur beschränkt möglich. Allein die Beantwortung der Anfrage eines Gewerbebetriebes, ob ein bestimmter Stoff in einer bestimmten Menge eingeleitet werden darf, zieht mindestens folgende Fragen nach sich:

- Wie hoch ist die Gesamtfracht des entsprechenden Parameters in dem betreffenden Einzugsgebiet?

- Wie hoch ist die Reinigungsleistung der betroffenen Kläranlage?

- Wie stark ist der entsprechende Vorfluter jetzt schon belastet?

- Können die neuen Einleitungen überhaupt abgebaut werden?

Fragestellungen dieser Art können mit Hilfe der EDV beantwortet werden. Es liegen tausende von Meßdaten und sonstigen Größen vor, die mit geeigneten Mitteln recherchiert, zugeordnet, ausgewertet und in ansprechender Form dargestellt werden müssen.

Das Berechnen von spezifischen Größen oder auch das Verteilen von Belastungen auf z. B. verschiedene Branchen sind weitere Bausteine, die für eine Gesamtbeurteilung notwendig sind.

Statistische Auswertungen, graphische Darstellungen sowie die Darstellung von Belastungssituationen oder ähnlichem mit räumlichem Bezug sind unerläßliche Hilfsmittel. Dabei muß jedoch darauf geachtet werden, daß die Ergebnisse von Recherchen in der breiten Datenbasis automatisch über

Schnittstellen zu den jeweiligen Subsystemen gelangen. Eine Datenbank, ein Graphik/Statistik-System und ein geographisches Informations-System müssen bei dieser Aufgabenstellung als eine Einheit angesehen werden. Dabei ist es auch unerheblich, ob alle Systeme auf einem Rechner oder auf mehreren unterschiedlichen Rechnern installiert sind.

Für die Integration der Umwelt-Datenbank in ein umfassendes, auch räumliche Bezüge wiedergebendes geographisches Informationssystem ist die Verbindung der »Umwelt-Objekte« mit den »GIS-Objekten« über einen »Fachdaten-Referenzschlüssel« eine unabdingbare Voraussetzung. Der Anwender kann dabei das jeweilige Objekt entsprechend der Aufgabenstellung entweder über die Grafik oder aber über Suchbegriffe in der alphanumerischen Datenbank zur Bearbeitung identifizieren. Die Ergebnisse von Auswertungen in der Umwelt-Datenbank können automatisch an das grafische System übertragen und dort unter Berücksichtigung der tatsächlichen räumlichen Verhältnisse dargestellt werden.

Neben der kartografischen Darstellung der Objekte können auch spezifische Informationen dazu dargestellt werden. So können z. B. Diagramme mit verschiedenen Meßreihen Auskunft über wichtige Parameter im Kläranlagen-Zu- und Ablauf geben. Daten aus Gewässeruntersuchungen können an den einzelnen Meßstellen gezeigt und auch in Form von Belastungsbändern dargestellt werden.

Kreisdiagramme z. B. stellen die Betriebszugehörigkeit zu verschiedenen Branchen mit ihren prozentualen Anteilen an einer Belastung innerhalb eines Einzugsgebietes dar.

Die entsprechenden Zeitreihen, Kreisdiagramme, Schraffuren sowie die zugehörigen Legenden und Farbcodierungen werden schon auf dem Datenbankrechner zusammengestellt und als Zusatzinformation dem geografischen System übergeben.

5. Ausblick

Die Flut der Daten, die heute und in Zukunft auf die zuständigen Fachbehörden, aber auch auf die Industrie zukommt, kann manuell nicht mehr sinnvoll bewältigt werden und **endet daher zwangsläufig in einem gewaltigen Datenfriedhof**. Die Gesamtheit aller Daten jedoch, sowie der Einsatz von Informationstechnologien bilden die Grundlage für eine **zukunftsorientierte Umweltschutzplanung**. Die Möglichkeiten des Umwelt-Informations-Systems sind dabei natürlich keineswegs auf den Abwasserbereich beschränkt; weitere Anwendungen bieten sich z. B. im Grundwasserschutz, bei der Kontrolle gefährlicher Güter, bei Luftmeßnetzen u. a. m. an.

Das Ziel ist, weg von der Folgenbeseitigung — hin zur Ursachenbekämpfung. Dies kann nur geschehen, wenn Mittel und Wege zur Verfügung stehen, welche die Verantwortlichen in die Lage versetzen, zu **agieren statt zu reagieren**.

ABWASSER-INFORMATIONS-SYSTEM

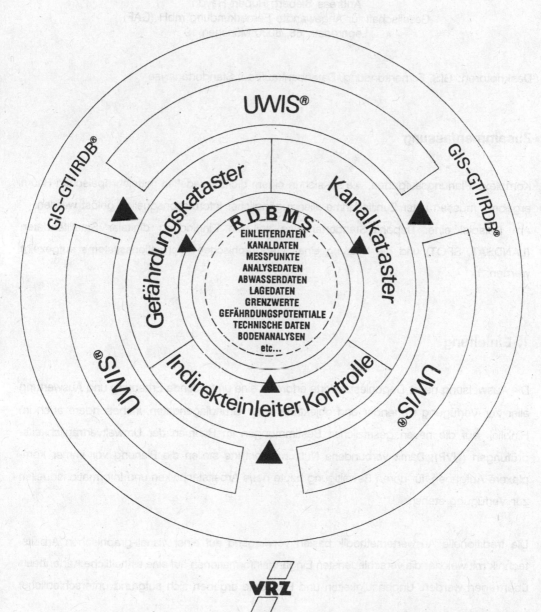

UWIS® ist ein eingetragenes Warenzeichen der Firma Stollmann GmbH.
GTI / RDB® ist ein eingetragenes Warenzeichen der Firma IBB

Der Einsatz eines Geographischen Informationssystems zur Standortanalyse einer Deponie unter Verwendung von Satellitendaten und vorliegenden Kartengrundlagen

Andreas Siebert, Rupert Haydn
Gesellschaft für Angewandte Fernerkundung mbH (GAF)
Leonrodstr. 68, 8000 München 19

Deskriptoren: GIS, Fernerkundung, Datenbankaufbau, Standortanalyse

Zusammenfassung

Komplexe Planungsaufgaben, wie sie sich in einem dichtbesiedelten mitteleuropäischen Raum ergeben, müssen unter Zuhilfenahme aller zugänglicher Informationsquellen gelöst werden. Am Beispiel einer Deponie-Standortanalyse soll die Einbindung digitaler Satellitendaten (LANDSAT, SPOT) und die Nutzung eines Geographischen Informationssystems aufgezeigt werden.

1. Einleitung

Die Ausweisung neuer Deponiestandorte erfordert eine umfassende Erhebung und Auswertung aller zur Verfügung stehender und objektrelevanter Grundlagendaten, insbesondere auch im Hinblick auf die neuen gesetzlichen Bestimmungen im Rahmen der Umweltverträglichkeitsprüfungen (UVP). Damit verbundene Nutzungskonflikte stellen die Planung vor immer komplexere Aufgaben, für deren Bewältigung heute neue Arbeitstechniken und Informationsquellen zur Verfügung stehen.

Die traditionelle Auswertemethodik basiert vorwiegend auf einer visuell-graphischen Arbeitstechnik mit welcher die verschiedensten Eingangsinformationen auf eine einheitliche Kartenbasis übertragen werden. Ungenauigkeiten und Probleme ergeben sich aufgrund unterschiedlicher

Maßstäbe in den Grundlagenkarten bzw. daraus resultierender Interpretations- und Übertragungsfehler.

Am Beispiel einer Standortanalyse zur Ausweisung einer Hausmülldeponie im linksrheinischen Gebiet des Raumordnungsverbandes Rhein-Neckar werden hier neue Arbeitstechniken, insbesondere der Aufbau einer Datenbank unter Verwendung eines Geographischen Informationssystems (GIS) und die Integration aktueller, hochauflösender SPOT-Daten demonstriert.

2. Vorgehensweise

Das Untersuchungsgebiet (Abb. 1) mit einer Gesamtfläche von 1289 km² erstreckt sich von Worms im Norden bis nach Speyer im Süden. Am linken Bildrand ist der Ostteil des Pfälzer Waldes mit den vorgelagerten Weinbaugebieten erkennbar. Auch der langgestreckte Wald nordwestlich von Speyer zeichnet sich deutlich ab. Die Ostbegrenzung bildet der Rhein, dessen ehemalige Mäander und Altarme sehr auffallend sind.

2.1 Datenbankaufbau

Für die Ausweisung der potentiellen Deponiestandorte wurde eine restriktive Vorgehensweise gewählt, d.h. es wurden diejenigen Areale aufgenommen, die aufgrund ihrer Beschaffenheit, ihrer Nutzung oder ihrer Schutzwürdigkeit für die Deponierung von Hausmüll ausscheiden.

Abb. 1: Lage des Untersuchungsgebietes im SPOT-Bild (Maßstab 1:400 000), © C.N.E.S. 20.08.1989

Diese sog. Negativflächen wurden über manuelle Digitalisierung mit dem Informationssystem ARC/INFO aus den vorliegenden Kartengrundlagen erfaßt. Im Einzelnen sind dies Regional- und Raumordnungspläne, Bodenkarten, geologische und hydrogeologische Karten, Schutz- gebietskartierungen und Topographische Karten.

Die in unterschiedlichen Maßstäben (1:25 000 bis 1:285 000), Projektionen und Blattschnitten vorliegenden Eingangsebenen wurden für weiterführende Analyseschritte auf das Gauß-Krüger- Koordinatensystem transformiert, sodaß sie frei miteinander kombiniert werden konnten. Jede der berücksichtigten Informationsebene wurde über einen Kontrollplot auf Vollständigkeit und Unstimmigkeiten untersucht und gegebenenfalls verbessert, sodaß am Ende der Erfassungs- arbeiten eine Flächendatenbank mit 13 Eingangsebenen zur Verfügung stand (Abb. 2).

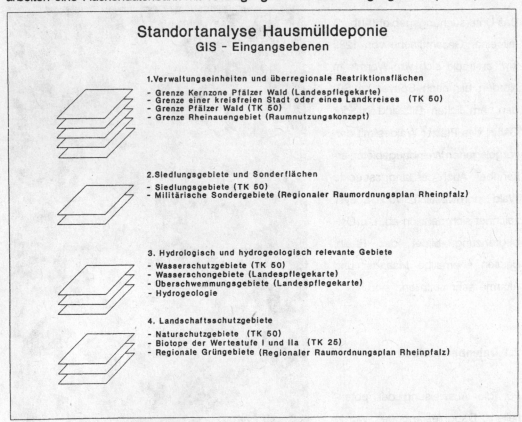

Abb. 2: Projektspezifische Grundlagendaten für die GIS-Auswertungen

2.2 GIS-Auswerteschritte

Die gesetzlichen Bestimmungen (hier Abstandserlaß Nordrhein-Westfalen vom 09.07.1982 für Hausmülldeponien) machten es erforderlich um Siedlungsflächen einen Beeinträchtigungskorridor von 500m Tiefe zu berechnen, der den Restriktionsflächen zugeschlagen werden muß. Derartige sogenannte Buffer-Analysen lassen sich ebenso problemlos am GIS durchführen wie die wichtigen Überlagerungs- oder Verschneidungsprozeduren. GIS-Algorithmen ermöglichen eine Verschneidung von zwei oder mehreren Kartenschichten bzw. Datenebenen, wodurch neue Datensätze entstehen, welche die Attributstabellen aller Ausgangskarten vereinigen. Für die hier vorgestellte Analyse wurden sämtliche Eingangsebenen rechnerisch miteinander verknüpft. Das daraus resultierende Verschneidungsergebnis trägt die thematische Flächeninformation jeder Eingangsebene. Dies erlaubt den gezielten Zugriff auf einzelne Flächeneinheiten, deren Merkmalskombination zuvor definiert wurden.

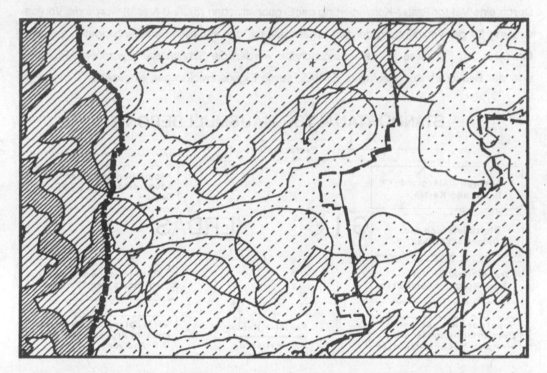

Abb. 3: Ausschnitt aus der Ergebniskarte (1:100 000) (je dunkler, umso höher die Restriktion)

In diesem Beispiel wurde durch die Superposition der restriktiven Informationsebenen eine Ableitung von potentiellen Deponiestandorten durchgeführt, d.h. alle Ausschlußflächen wurden rechnerisch miteinander verknüpft. Für die weitergehende Analyse wurden alle Eingangsebenen gewichtungsfrei behandelt. Dieser vereinfachte Ansatz müßte in der Realität, durch die beteiligten Fachplanungen, überarbeitet und abgestimmt werden.

Als kartographisches Ergebnis wurde eine thematische Restriktionsflächenkarte (1:50.000) abgeleitet (Abb. 3). Die 7 Restriktionsstufen erstrecken sich von Stufe-0 bis Stufe-6, wobei beispielsweise Stufe-6 bedeutet, daß bei den derzeit vorgegebenen Kriterien, eine Fläche bereits 6 mal funktional belegt ist, und somit für einen Deponiestandort gänzlich ungeeignet ist.

Für die weiterführenden Untersuchungen wurden nur noch die Restriktionsflächen der Stufe-0 herangezogen. Ein weiteres Auswahlkriterium stellte eine erforderliche Mindestfläche dar. Aus diesen Vorgaben resultierten 6 Makrostandorte mit Größen von 200 - 700 Hektar.

2.3 Überführung der Ergebnisse in Rasterdaten

Durch eine Vektor-Raster-Konvertierung der Ergebnisflächen (Stufe-0-Areale) wurde die Voraussetzung für die Verknüpfung der GIS-Ergebnisse mit den aktuellen Satellitenbilddaten geschaffen (Abb. 4). Für diese Konvertierungsschritte wurden die Schnittstellen zwischen ARC/INFO und der Bildverarbeitungssoftware ERDAS, sowie Eigenentwicklungen eingesetzt.

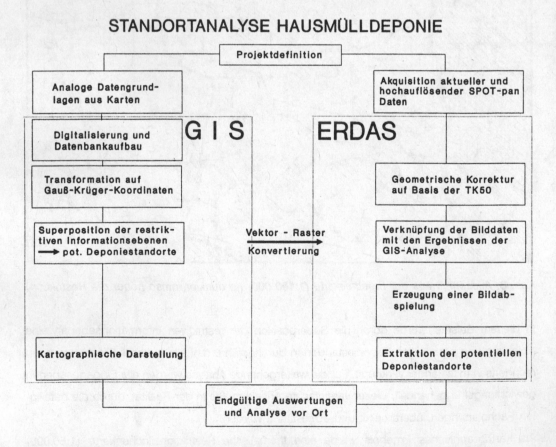

Abb. 4: Ablaufschema - Integration von GIS-Analysen und Bildverarbeitungstechniken

2.4 Verarbeitung und Integration der Satellitendaten

Für das Untersuchungsgebiet standen folgende digitale Satellitendaten zur Verfügung:

SPOT-panchromatisch	20.08.1989	KJ 51/250
LANDSAT-Thematic Mapper (TM)	17.08.1987	Path 195/Row 27

Die panchromatischen SPOT-Daten wurden insbesondere wegen ihrer Aktualität und der hohen räumlichen Auflösung von 10m x 10m ausgewählt.

Die geometrische Entzerrung der Originalszene erfolgte auf Grundlage der Topographischen Karten 1:50.000. Bei einer gewünschten Lagegenauigkeit von ± 20 m gingen 21 Passpunkte in den bilinearen Rektifizierungsprozess mit ein. Eine visuelle Überprüfung von zahlreichen Kontrollpunkten und linienhaften Elementen ergab eine hervorragende Passgenauigkeit. Somit stand eine geeignete Satellitenbild-Ebene für weitere Auswerteschritte bereit.

In einem abschließenden Schritt wurden die GIS-Ergebnisse, durch rechnerische Überlagerung mit den hochaktuellen SPOT-Daten kombiniert. Aus Gründen einer besseren Orientierung innerhalb der S/W-Bilder wurden zusätzlich Siedlungsnamen eingeblendet (Abb. 5).

Abb. 5: Überlagerung der GIS-Ergebnisse mit SPOT-Daten (1:50 000). © *C.N.E.S. 20.08.1989*

Auch die LANDSAT-Daten wurden geometrisch auf das Gauß-Krüger-System korrigiert und ein Resampling der einzelnen Bildelemente auf 25m x 25m durchgeführt. Der damit vorliegende multispektrale Datensatz eignet sich sehr gut für eine Landnutzungsklassifizierung wie sie beispielsweise BÄHR & BAUMGART (1989) beschreiben.

Für die hier angestrebte Standortsuche bietet sich eine Verknüpfung der Stufe-0-Flächen mit einer satellitengestützte Landnutzungsklassifizierung an. Daraus abgeleitete Flächenbilanzierungen ermöglichen einen quantitativen Vergleich der planungsrelevanten Areale und sind somit ein weiterer Indikator für die Standorteignung.

3. Ergebnisse

Der Einsatz einer raumbezogenen Datenbank für die Ableitung projektgeeigneter Lokalitäten, wie hier am Beispiel eines Deponiestandortes demonstriert, ist eine sehr objektive und schnelle Methode zur Extraktion von Flächeneinheiten unter der Voraussetzung, daß die Eingangsinformationen ebenso klar definiert werden wie die anschließenden Selektionskriterien.

Es sei jedoch an dieser Stelle darauf hingewiesen, daß die Erfassung eines digitalen Datenbestandes aus analogen Vorlagen ein sehr zeit- und kostenintensiver Schritt ist, solange die manuelle Erfassung im Vordergrund steht. Die rasche Entwicklung der Scantechnologie wird jedoch in Zukunft auch die Ersterhebung vereinfachen.

Das hier vorgestellte iterative Ausschlußverfahren erlaubt die Reduktion auf wenige potentielle Makrostandorte, deren Eignung selbstverständlich durch Ortsbegehungen und Detailauswertungen vertieft werden muß. Abschließend müssen die ausgewählten Standorte untereinander verglichen und bewertet werden.

Ein weiterer Problemkreis ergibt sich durch die verschiedenartigen Datengrundlagen, die in Maßstab und Genauigkeit sehr stark differieren können. Bei der Interpretation der Auswerteergebnisse ist dieses zu beachten.

Die Verquickung mit Satelliten-Daten gibt dem Planer die Möglichkeit seine Ergebnisse mit einer, auch gegenüber topographischen Karten, hochaktuellen Flächeninformation anzureichern, wobei auch der homogene Aufnahmezeitpunkt für ein großes Untersuchungsgebiet ein beachtenswertes Kriterium ist.

Die verwendeten hochauflösenden Satelliten-Daten können Luftbilder nicht zu allen Fragestellungen ersetzen, sondern sie sollen dazu beitragen kostenintensive Befliegungen auf wenige aussichtsreiche Makrostandorte zu konzentrieren.

4. Ausblick

Die Standortsuche ist eng verknüpft mit der Verkehrsinfrastruktur. Digitale Straßennetze sind heute bereits erhältlich und können eine ideale Ergänzung für weitergehende GIS-Auswertungen darstellen. Hier würde sich eine Untersuchung der Entsorgungsschwerpunkte und ihren verkehrsmäßigen Anbindungen anbieten.

Darüberhinaus besteht die Möglichkeit der Modellberechnung und der Simulation innerhalb existierender Datenbanken, wodurch weitere Varianten mit geringem Aufwand durchgespielt und erprobt werden können.

Die dargelegte Methodik wird in Zukunft auch für die Vorhaben und Studien im Zusammenhang mit Umweltverträglichkeitsprüfungen herangezogen werden.

5. Literatur

Bähr, H.-P. & Baumgart, J. (1989): Satellitenfernerkundung als Grundlage für Raumplanung und Umweltüberwachung. In: Proceedings Informatik im Umweltschutz, 4. Symposium Karlsruhe, S.34-42.

Barker, G.R. (1988): Remote sensing: The unheralded component of geographic information systems. In: Photogr. Eng. and Rem. Sensing, Vol.54, Nr.2, S.195-199.

Ehlers, M. et al. (1989): Integration of remote sensing with geographic information systems: a necessary evolution. In: Photogr. Eng. and Rem. Sensing, Vol.55, Nr.11, S.1619-1627.

Goodenough, D.G. (1988): Thematic Mapper and SPOT integration with a geographic information system. In: Photogr. Eng. and Rem. Sensing, Vol.54, Nr.2, S.167-176.

Haydn, R. & Volk, P. (1987): Erkennung von Umweltproblemen in Luft- und Satellitenbild. In: Geographische Rundschau, Jg. 39, H.6, S.316-323.

Quarmby, N.A. et al. (1988): The use of remote sensing in conjunction with geographic information systems for local planning. In: Proc. of IGARSS '88 Symp., S.89-92, Edinburg.

Seidel, K. & Keller, M. (1988): Development of a geographic information system with the aid of digital image processing techniques. In: Proc. of IGARSS '88 Symp., S.97-100, Edinburg.

Zhou, Q. (1989): A method for integrating remote sensing and geographic information systems. In: Photogr. Eng. and Rem. Sensing, Vol.55, Nr.5, S.591-596.

Rechner-gestütztes ökologisches Flächen-Informations-System
Ein Bewertungsmodell für ökologische Planungen

Karina Aicher
BG-FIS
FAG Gebäude 504
6000 Frankfurt Main 75

Deskriptoren: Flächenverwaltung, Relationale Datenbank, CAD, Simulation, Eingriffs- und Ausgleichsplanung, Biotopkartierung, Umweltverträglichkeitsstudie, kommunale Baumdatei

Zusammenfassung

FIS ist ein rechner-gestütztes ökologisches Flächen-Informations-System zur Bearbeitung von landschaftsplanerischen Aufgabenfeldern. Über die reine Flächenverwaltung hinaus erfolgen Umweltanalysen sowie ökologische - auf Expertenwissen basierendeBewertungen. **FIS** ist aufgrund seiner differenzierten Anwendungsmöglichkeiten ein modernes und komfortables Arbeitsmittel für Stadt- und Landschaftsplaner, Kommunen und Liegenschaftsverwaltungen, die für Bauvorhaben naturschutzrechtliche/baurechtliche Genehmigungen benötigen.

Editorial

Die durch die Gesellschaft bewirkten vielfältigen und stetig anwachsenden Veränderungen und zunehmenden Belastungen der Ökosysteme haben eine neue Dimension erreicht, deren Auswirkungen sich zunehmend auch gegen den Menschen selbst richten.

Im gleichen Maße wird deutlich, daß intakte Landschaften, ein funktionsfähiger Naturhaushalt und ein sparsames Umgehen mit den Ressourcen notwendig ist - stoffliche Belastungen kleinklimatische Veränderungen, strukturelle Verarmung, Artensterben, Biotopverluste, Trinkwasserqualitäten bis hin zu Naturkatastrophen verdeutlichen dies sehr drastisch.

Der nachhaltige Schutz unserer Umwelt und die Sicherung unserer Lebensgrundlagen, die Erhaltung bzw. Wiederherstellung eines leistungsfähigen, regenerationsfähigen Naturhaushaltes sind zentrale Ziele und Aufgaben einer vorsorgenden, Ökologie und Ökonomie vereinenden, verantwortungsbewußten Umwelt-Politik. Die Rahmenbestimmungen des Bundes und die weiterdifferenzierten Landesgesetze im Bereich Natur- und Landschaftsschutz bilden die rechtlichen Grundlagen zum Schutz von Natur und Umwelt vor Beeinträchtigungen und nachhaltig wirkenden Veränderungen. Die geltenden Rechtsverordnungen stellen ein mehrfach gestaffeltes Instrumentarium zur Verfügung, in dem Auflagen zur Vermeidung, zum Ausgleich und zur Ersatz-Vornahme geplanter Eingriffe und Landschaftsschäden gemacht werden.

FIS zielt schwerpunktmäßig auf solche Vorhaben ab, die eine materiell-juristisch abgesicherte approximative Kompensation verlangen. D.h. **FIS** wurde entwickelt, um für geplante Bauvorhaben und Flächeninanspruchnahmen die gesetzlich geforderten Bestimmungen in geeigneter Weise zu erfüllen und umzusetzen.

Verantwortungsvolles umweltpolitisches Handeln setzt zunächst einmal genaue Kenntnisse der komplizierten und komplexen Ursache-Wirkungs-Mechanismen voraus; zum anderen beginnt umweltpolitisches und verantwortungsvolles Handeln bereits bei der Konzeption räumlicher Entwicklungsziele und Entwicklungsschwerpunkte im Rahmen von Stadt- und Landschaftsplanung und setzt sich fort auf den verbindlichen Planungsebenen bis hin zur konkreten Standort- und Objektplanung.

Zur Wahrnehmung dieser komplexen Aufgabe stützt sich zB. der Landschaftsplaner auf eine Vielzahl von Datenquellen und Datenformen. Erst durch Integration der notwendigen thematischen und geometrischen Informationen - die in alphanumerischer und graphischer Form vorliegen, zu einem Informationssystem, erschließt sich ihr volles Potential. Eine Analyse und Bewertung muß dann planungs- und umweltrelevante Daten zur Verfügung stellen.

Diese Grundlagen müssen Aussagen machen über:

- Umweltqualtitäten
- Biotopveränderungen
- bioökologische Potentiale
- vorhandene Beeinträchtigungen
- irreversible Schäden,
- Ursache-,Wirkungsbeziehungen erkennen lassen
- Schlußfolgerungen erlauben
- notwendigen Handlungsbedarf aufzeigen.

Trotz fortschreitender Technik und Erkenntnisstand gelten für den querschnittsorientierten Planungsbeitrag folgende Aussagen, die die momentanen Defizite aufzeigen:

- Ein ganz wesentlicher Mangel liegt in bisher für Planungszwecke unzureichend vorhanden/und oder aufbereiteten Informationen.

- Deren Zugänglichkeit und Weiterverwertbarkeit in der EDV.

- Über ein Bewertungsmodell zu verfügen mit dem multivariabel ökologische Bewertung der jeweils beabsichtigten Planung vorgenommen werden kann.

An diesen Defiziten setzt FIS als rechner-gestütztes ökologisches Flächeninformationssystem ein.

Anforderungsprofil und Vorgehensweise

FIS liegt ein querschnittsorientierter, ökosystemarer Ansatz zugrunde. In seinem methodischen Ansatz entspricht es den Biotopkartierungen; hebt sich jedoch deutlich von bisherigen Erfassungs- und Bewertungsverfahren ab.

Neben diesem methodisch-inhaltlichen Anspruch standen bei der Konzeption von FIS weitere Anforderungen aus der Praxis im Raum, die es galt zu erfüllen, da FIS seinen Einsatz und Anwendungsbereich vorrangig in Planungsbüros und Kommunen findet.

FIS ermittelt für Bestand/Planung - über ein standardisiertes Erhebungsverfahren - die biotischen und abiotischen Partialkomplexe.Da diese jedoch wesentlich von Art und Intensität anthropogener Nutzungen beeinflußt und verändert werden, ist es notwendig, auch diese Bestimmungsfaktoren mit zu erfassen (zB. Nutzungsstrukturen, städtebauliche Merkmale etc.).

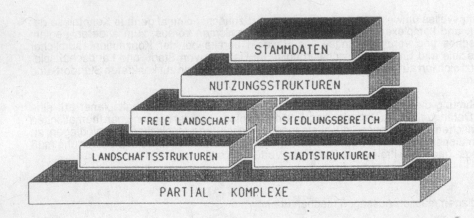

FIS-Konzept

Das breite Spektrum der Daten und die hohe Datenmenge werden mittels einer Relationalen Datenbank bewältigt. D.h. alle Informationen werden in der Datenbank verwaltet und ausgewertet. Die Abbildung zeigt beispielhaft eine realisierte Hardwarekonstellation.

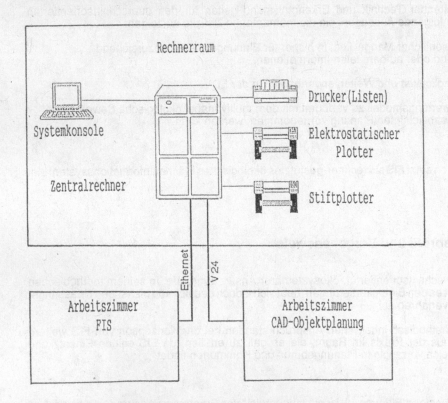

Hardwarekonstellation

Nach dem Kartier- und Eingabeschritt werden alle erfaßten Flächen per EDV-Anlage bilanziert und nach ihrer Biotopqualität bewertet. Die Bewertung erfolgt über ein eigens erarbeitetes mathematisch-formalisiertes Verfahren.

In Verbindung mit dem CAD-Arbeitsplatz ist es möglich, selbst zu allen Einzeldaten thematische Karten zu erstellen oder aber Auswertungen zu fahren und graphisch darzustellen, so daß zB. Konfliktfelder, Belastungsbereiche, Biotopzerstörungen, Baumvitalitäten, sowie Flächen mit Reduktion ihrer ökologischen Funktionen erkennbar werden.

Die Aussagenschärfe, der Detailgrad sowie der Maßstab sind variabel und jeweils auf die vom Anwender oder Auftraggeber vorgegebenen Ziele abzustimmen.

Darüber hinaus bietet **FIS** Planungsstrategien und alternative Lösungsmöglichkeiten, die vorausgegangene Entscheidungen transparent und nachvollziehbar machen.

Anwendungsbereiche von FIS

Mit diesem komplexen Informationsgehalt und den Aus- und Bewertungsverfahren hat **FIS** ein sehr großes Anwendungsfeld. Es reicht von der Erstellung der Landschaftsentwicklungspläne/Rahmenpläne bis zur Objektplanung. Inbegriffen sind alle Aufgaben aus dem landschaftspflegerischen Tätigkeitsgebiet. Besonders hervorzuheben ist die Anwendung von **FIS** für:

- Erarbeitung und Prüfung von B-Plänen
- Eingriffs- und Ausgleichsplanung
- Biotopkartierungen/Biotopmanagement
- Umweltmonitoring
- Ökologische Gutachten
- Kommunale Bodenpolitik

Da in einer kleinmaßstäblichen Bearbeitung sehr detaillierte und differenzierte Aussagen möglich sind, ergeben sich weitere Anwendungsbereiche. Einige sind im nachfolgenden aufgelistet:

- Pflege-, Schutz- und Entwicklungsmaßnahmen für
- Biotope, LSG, Grünflächen etc.
- Innerstädtische/kommunale Baumkataster
- Pflegeprogramme und Anweisungen
- Kostenüberblick/Kostenschätzungen für Grün-
- und Freiflächen

Das Aufzeigen der Einsatzgebiete und Möglichkeiten von **FIS** verdeutlicht jedoch nur einen Teil der Vorteile, die das Instrument **FIS** für die Anwender bieten. Durch die instrumentelle Ausstattung von **FIS** sind Vorteile gegeben, die mit dem Begriff "Anwenderfreundliche Grundvoraussetzungen" gegeben sind:

- **FIS** arbeitet mit einer Hard- und Software-Konfiguration, die kompatibel zu den Systemen der führenden Firmen in der Computer-Branche ist.

- Bei der Software handelt es sich um ein Individualprogramm zum Bewerten ökologischer Planungen.

- Schnittstellen wie IGES und DXF sind in der Anwendung; weiter werden nach Bedarf erstellt.

- Das Programm und die Handhabung sind praxisorientiert und für die jeweilige Aufgabe modifizierbar.

- Die graphische Darstellung entspricht dem Stand der Technik, alle abgerufenen Aussagen und Auswertungen bzw. Analyseschritte werden als farbige Ausdrucke ausgegeben.

Wesentlich ist, daß die anfallende und notwendige Datenmenge und Datendichte effektiv verarbeitet und bewertet wird. Abfragen, analytische Auswertungen und Bewertungen sind selektiv oder aggregiert möglich.

Durch Simulationen und Eingabe von Alternativen werden individuelle Problemlösungen erreicht Durch das Arbeiten mit Varianten/Szenarien werden in kürzester Zeit die verträglichsten ,umweltschonendsten Vorhaben/Maßnahmen verdeutlicht.

FIS ist ein multifunktionales Instrument - für Behörden und Planer gleichermaßen - zur optimalen Berücksichtigung und Umsetzung von naturschutzrechtlichen Belangen.

FIS liefert für alle politischen Entscheidungsträger und Fachverwaltungen eine Planungsgrundlage, eine Argumentationshilfe und Entscheidungskriterien.

FIS dokumentiert Situationen für ein Biotopmanagement und Umweltmonitoring.

FIS ermöglicht eine sinnvolle, ökonomisch vertretbare Symbiose zwischen anthropogenem Nutzungsanspruch und Natur- und Landschaftsschutz.

Mit diesem Konzept wird Naturschutz nicht ausschließlich als Konservierung der wertvollsten/wertvollen Gebiete verstnden. Das Bewertungsverfahren - mit dem Bestand und Planung gleichermaßen bewertet werden - gibt einen ökologischen Rahmen für Planungs-aktivitäten vor. Mit der Ermittlung der Biotopqualität sind zwangsläufig auch qualitative und quantitative Vorgaben verbunden.

Das Auswertungsverfahren läßt totzdem alle planerisch-gestalterischen Ansätze und Konzepte zu. Für alle betroffnen Fachplaner ermittelt **FIS** einen Leitfaden und für Genehmigungsbehörden wird ein Abwägungsprozeß transparenter.

Literatur

Aicher,Karina, "Rechner-gestütztes-ökologisches Flächeninformationssystem", unveröffentlichtes Manuskript, Frankfurt 1987

Aicher, Karina, "FIS - Anforderungen an ein Bewertungssystem", Vortragsmanuskript-FIS-Tage, Koblenz 1990

Akademie für Naturschutz und Landschaftspflege (Hrsg.), "Die Rechtspflicht zur Wiedergutmachung ökologischer Schäden", Laufen 1988

Akademie für Naturschutz und Landschaftspflege (Hrsg.), "Ausgleichbarkeit von Eingriffen in den Naturhaushalt", Laufen 1983

Akademie für Naturschutz und Landschaftspflege (Hrsg.), " Die tierökologische Bedeutung und Bewertung von Hecken", Laufen 1984

Deutsche Akademie für Stadtbau- und Landesplanung (Hrsg.), "Eingriffe in Natur und Landschaft durch Fachplanungen und private Vorhaben", Berlin 1985

Dollinger, Franz, "Landschaftsanalyse und Landschaftsbewertung", Wien 1989

Hessisches Ministerium für Landwirtschaft, Forsten und Naturschutz (Hrsg.), "Biotopkartierung im besiedelten Bereich", Wiesbaden 1987

Hessisches Ministerium für Landwirtschaft, Forsten und Naturschutz (Hrsg.) , "Richtlinie zur Bewertung des Ausgleiches", o.Jg.

393

MURL (HRSG.), "Bewertungsgrundlagen für Kompensationsmaßnahmen bei Eingriffen in die Landschaft", Düsseldorf 1987

Schulz, Achim, "Stadtökologische Wirkungsgefüge und ihre Bilanzierung in einem praxisbezogenen Bewertungsmodell", Mainz 1982

Ecological Information System
in Slovakia

Michal Ružička
Slovensky hydrometeorologický ústav
Jeséniova 17, Bratislava, CSFR

The Slovak Hydrometeorological Institute provides both organization and technical design of a monitoring system of environmental parameters on territoria of Slovakia. The system
is based on an all-Slovakia information system for different
kinds of operative services built in last few years.

1. Introduction

 The effort to implement an automated information system in Slovakia
is relatively new. The appropriate design works were influenced by
the fact, that the Slovak Hydrometeorological Institute (SHMI) is
responsible for handling of all information on water and air including
pollution parameters. Because of insulation of Czechoslovakia from
western countries there have been no hardware and software products
able to create automation of Institute's activities. That's why SHMI
established a department for design, production and operation on tools
and systems of automation. The primary efforts concerned first of all
implementing of computer programs for different particular problems
and first steps to design a modular stations for data field acquisition.
In 1987 SHMI entered a comprehensive project of complex automation of
all kinds of this activities. However the emphasis of the project have
been on operative activities. The main activities supported by this
project of automation were:
- automated network on air pollution
- hydrologic stations network including data pollution acquisition
- network for flood forecast, different hydrologic information and
  alarm system on rivers
- network of automated weather stations, automated satellite receiving
  system and automated radar system to support weather forecast for
  all kinds of application.

All these special applications are based on common data communication
systems, data bases and graphical systems. The operative systems and
different other data sources are entering the central data systems
which are the tools for statistical computing and archiving for hydrology, climatology and first of all ecology. There are special applications to obtain, complex and distribute different environmental application data.

2.Operative systems

The operative systems serve first of all the forecast service and operation of alarm system for different customers. There are performed
some inclusive functions for special customers like running of global
weather forecast model, wind and temperature forecasts in fly channels
for Czechoslovak airlines, other special forecasts for aviation, hydrology forecasts for the river transport, weather service for nuclear
power plants, forecasts for agricultural farms, winter road service,
etc.
From technical point of view the system consists of following parts:
- Data communication system
- Automated field stations network
- distributing data processing
- automated radar and satellite systems.
The components of the systems are designed to perform optimal support
for all kinds of Institute´s activities.

2.1 Data communication system

The data communication system consists of the central and distributed
part /Fig.1/. The central part is located in capital of Slovakia Bratislava, where SHMI operates three powerful computer systems interconnected via multichannel microwave radio link. The computer tools in
Institute´s Headquarter are interconnected via Ethernet-type local
area network (LAN). The basic tool of the actual operative communication is the Telecommunication Centre (TC) which is interconnected
with Internation environmetal Data Exchange. The TC is formed by
four MITRA computers and performs all functions recommended by World
Meteorological Organization (WMO). The TC performes receiving of data
from different sources and fast data bank operating, distribution and
access programs due to each user requirements. TC distributes data in
original form, the same as they are received. The outputs of TC are
the sources of information for graphical systems and for central data

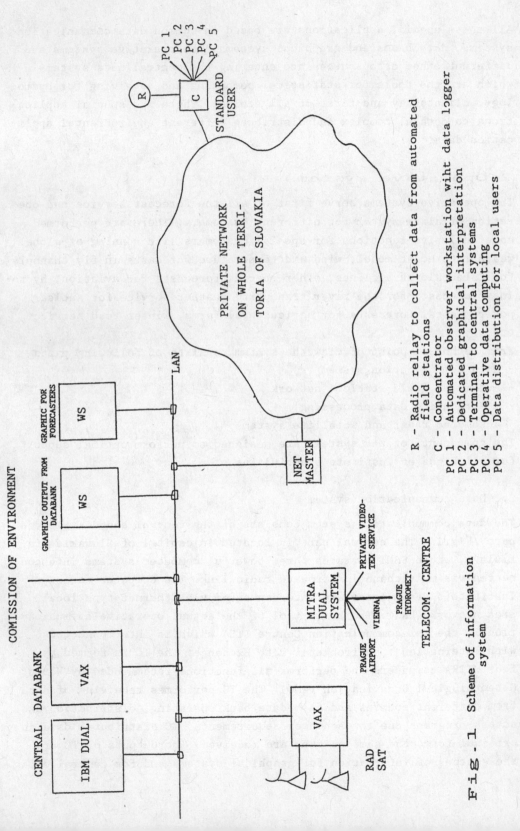

COMISSION OF ENVIRONMENT

CENTRAL DATABANK

IBM DUAL

VAX

GRAPHIC OUTPUT FROM DATABANK

WS

GRAPHIC FOR FORECASTERS

WS

LAN

NET MASTER

PRIVATE NETWORK ON WHOLE TERRI-TORIA OF SLOVAKIA

STANDARD USER

C

R

PC 1
PC 2
PC 3
PC 4
PC 5

TELECOM. CENTRE

MITRA DUAL SYSTEM

PRAGUE AIRPORT

VIENNA

PRAGUE HYDROMET.

PRIVATE VIDEO-TEX SERVICE

VAX

RAD SAT

R – Radio rellay to collect data from automated
      field stations
C – Concentrator
PC 1 – Automated observer workstation wiht data logger
PC 2 – Dedicated graphical interpretation
PC 3 – Terminal to central systems
PC 4 – Operative data computing
PC 5 – Data distribution for local users

Fig. 1   Scheme of information
          system

bank.

Because of missing network services of Czechoslovakia post a private compute network for information distribution on territoria of Slovakia has been designed. Both network hardware and software have been designed on SHMI. Two lower levels of the network protocol are indetical with each HDLC, LAPB, the same version as in X.25. However the third and forth levels are special because to allow a network operation of tools without special communication support. The main difference between this network and a standard high-level protocols is that most of the functions normaly performed by host computer are provided by the network. The host computer operates only very simple end-to-end message check program.

Because of a lower level of post service SHMI designed a low-cost distribution system for the customers needing only occasionally data transfer based on switched telephone network. In important cities of Slovakia there are installed personal computers (PC) interconnected with private network and with a switched telephone line. These computers convert network data to appropriate graphical and data form to allow a smart presentation on customer´s PC with modem for switched telephone line.

There´s special radio network to collect data from automated field stations (AFS) The radio stations operate in 160 MHz band with 10 W power. The system allows initialling of automation station actualy on any point of the country. The system rellay stations are entering private network to avoid the need of too much frequences for interconnection of radio nods. Because the field stations are computer driven they are only transmitting short data blocks which are allowing a battery operation for a long period.

2.2 Automated field stations network

The basic tool of this network is a data logger designed on SHMI called AHS02. There are versions of a data logger for 8 or 16 sensor connections. The loggers support all normal analogue and digital sensor outputs. The local registration can use magnetic cassette or solid state memory components. The data communication can be oriented on switched telephone line or radio link. The station incorporates modem circuits, so that no extra equipment is needed. A special type of stations perform simply functions like · a water level sensing and logging, · transmitting of rainfall, etc.

There is a wide variety of applications of AHS02 due to applied

senzors and the program for the 8051 cheap microcomputer which is the
station's control component.

2.3 Distributed data processing

The central office system consisting of work stations and personal
computers on LAN produces graphical and alphanumerical outputs for
different applications. The source of data for this system is an alphanumerical information, facs data, pre-processed information from
satellites and radars and central data bank information. All data are
available in different parts of the country via private network. Remote
terminal point of the network can connect following applications of
PC.

2.3.1 Observer's work station

This PC provides data check and coding of the observer's manual inputs.
The data are controlled by different programs and by comparing information with data from automated station, which is the part of the
station. The station can operate, very necessary, fully automatically
without operator. The local data base allows different operations for
near users.

2.3.2 Graphical system

The PC is permanently supplied with high-degree compression graphic
data files from centre via private network. Thus the user's request
of graphic presentation doesn't cause a data transfer from the Centre,
the presentation is performed by the access of local disk and appropriate data computing.

2.3.3 Terminal processing

Terminal processing is performedby imulation of appropriate terminal
on the remote PC. Data can be transmitted via imulation between the
host computer and disk of PC.

2.3.4 Automated stations network collecting subcentre

This application can be oriented on automated dialing of field stations connected to switched telephone network or collection of data
transmitted by the radio to the central rellay station wchich is located normally on a hill with an extra link to the communication
computer. This PC allows local computing of collected data and trans-

mission to the network for common use.

2.4 Automated radar and satellite systems

These systems allow remote sensing of atmospheric parameters. The radars are Soviet MRL5 products with a special processor for real time
digitizing and computing of radar signals, which has been designed
on SHMI. The radar and satellite data are completed in VAX compatible
computer for different applications.

3. Ecological data bank system

3.1 The data bank

The SHMI designed a special data base on ecological information concerning water and air. The source of data is the Institute itself
and the different organizations involved in particular activities.
Data base contains not only actual pollution data but pollution pro-
ducers information, permits type of cleaning facilities, etc.
After the establishment of the central body fo environmental control
called The Slovak Commission for Environment SHMI was mandated to perform central function of environmental information system. There´s
designed a new data base on VAX computer. The original data base is
installed on IBM Mainfraim computer using IDMS data base software
with network architecture. The benefit of the network architecture
is a good speed data access performance even if data base is very
large. That´s why a network oriented data base software - DB VISTA
was chosen for the new data bank, which performs distributed functions
with network architecture. The whole data bank system will operate
on ETHERNET network with UNIX/NFS environment in both central computer
and PC work stations. For not very remote users there will be used
a TCPIP bridge interconnection between the central LAN and users
LAN.
To perform a smart data presentation is essential to provide the system with graphical outputs in form of chards and isolines, etc.
The actual cartographic information must be saved in graphical system
in form of data bank of map "transpirance" to allow obtaining of
desired background. The MERCATOR software from Italian firm Dagh
Watson was chosen as a basic tool for graphical presentation.

3.2 Data flow organization

The main goal of the central data bank is to create an environment

with all relevant information concerning ecological issues, which is
the only reasonable way to check the relations between different environmental parameters via expert systems, models and different other
types of application programs.

The sources of data different from water and air, where SHMI is the
original organization, are local data bases of the appropriate organizations. SHMI prepares an appropriate software program to convert
data from different data bases to the common form. The whole amount
of data is devided into two main groups: . data concerning nature
environment and saved in SHMI data bank

. data originating from human
activities only are in data bank organization URBION.

These two systems are interconnected with smooth data exchange.

The main data information types are following:
- air
- water
- soil
- woods
- biology
- waste
- territoria information
- agriculture
- health
- geology
- documentography
- different statistics.

There is essential to relate all information to the same graphical
localization system.

4. Conclusion

In spite of low priority of environmental problems in the govermental
policy of foregoing years we succeeded to describe a system which is
getting a base of environmental monitoring system in Slovakia. Using
present support of these issues the system will be converted to be
compatible with other similar european systems with direct data exchange.

Umweltinformationssystem des Umlandverbandes Frankfurt (UVF)

Wolfgang Du Bois
Umlandverband Frankfurt
Am Hauptbahnhof 18, 6000 Frankfurt am Main 1

1. Problembeschreibung

Jede Gebietskörperschaft, jede Kommune und sonstige Behörde hat sich zunehmend
mit Umweltproblemen auseinanderzusetzen. Für die Umweltverwaltungen, deren
Aufgabe es ist, Lösungen für Umweltfragen zu erarbeiten, können drei wichtige
Anforderungsprofile beschrieben werden, denen sie sich zu stellen haben:

Anforderungen aus der Sicht der Öffentlichkeit und Politik

Die Öffentlichkeit, die Umweltplaner und nicht zuletzt die politischen
Entscheidungsträger verlangen mehr und mehr Aufklärung und Information zu
dringenden Umweltfragen von der Verwaltung. Vielfach werden Daten abgefragt,
die quantativ die Belastungssituation beschreiben, sei es, weil einige
Bürger sich über störenden Lärm beschweren, sei es, weil nach vielen
Umweltschäden der Umweltschutz politisches Augenmerk verlangt, sei es, weil
neue Forschungsergebnisse über Wirkungszusammenhänge in der Umwelt bekannt
werden, deren Anwendung verlangt wird und vieles andere mehr.

Darüber hinaus besteht der Wunsch nach schnellen ersten Analysen, wie der
Vergleich von Meßergebnissen und -grenzwerten oder nach Zeitreihen, die den
Verlauf einer Umweltbelastung in der zeitlichen Abfolge beschreiben.

Anforderungen aus rechtlicher Sicht

Die Entwicklung der Rechtsprechung und der gesetzlichen Rahmenbedingungen,
die Vielzahl von Erlassen und Verfügungen stellen eine weitere wichtige
Anforderung an den überörtlichen Umweltschutz dar. Um Abwägungsfehler zu
vermeiden, sind häufig an verschiedenen Stellen verstreute, aber vorhandene

Informationen und Daten zu berücksichtigen. Die im Umweltbereich tätigen
öffentlichen Dienststellen **müssen** im Rahmen ihnen übertragener Aufgaben
tätig werden, um nicht wegen unterlassener Anordnungen oder Maßnahmen selbst
zur Rechenschaft gezogen zu werden.

Anforderungen aus fachspezifischer Sicht

Die wesentlichste Anforderung zur Bearbeitung von Umweltschutzaufgaben
ergibt sich aus den neuen, vielschichtigen Umweltproblemen. Grundlagen
umfassender Umweltplanung und -vorsorge sind nicht nur Kenntnisse des
jeweils aktuellen Allgemeinzustandes von Umwelt und Natur, die in Form von
quantitativen Meßergebnissen über die Belastung der Luft sowie die Boden-
und Lärmbelastung oder die Schadstoffbelastung in den Gewässern möglichst
vollständig vorhanden sein müssen. Immer bedeutsamer werden Informationen
über die qualitativen zukünftigen Veränderungen als Basis für eine
ganzheitliche ökologische Anschauungsweise.

Dies erfordert nicht nur die Berücksichtigung von immer mehr Daten über die
einzelnen Umweltmedien, sondern auch die Klärung von Wirkungszusammenhängen,
welche von menschlichen Eingriffen ausgehen und in Form von Rückkopplungen
additiv oder synergistisch wirken. Selbst gewünschte positive Effekte können
sich hierdurch ins Gegenteil wenden.werden. Bei der Erfüllung dieser
Anforderungen sind die kommunalen Verwaltungen - und hier insbesondere die
kleineren und mittleren - häufig vor nicht lösbare Probleme gestellt.

Ohne Datenverarbeitung wird die einfache Frage nach der Lagerung von
wassergefährdenden Stoffen in den Altablagerungen in der Nähe von
Oberflächengewässern zu einer Sisyphusarbeit. Ohne Rechnerunterstützung ist
es gar nicht möglich, flächendeckende Lärmkarten zu erstellen, die jedoch
Grundlage im Rahmen der Umweltvorsorge sein sollten.
Luftausbreitungsberechnungen "mit dem Taschenrechner" sind nicht nur
uneffektiv und personalaufwendig, sondern häufig aufgrund des komplexen
Rechenvorganges auch noch falsch.

An verschiedenen Stellen wurden daher DV-Lösungen unter der Bezeichnung
"Umweltinformations-System" entwickelt, die bei genauerer Betrachtung sehr
verschieden sind. Dies resultiert aus den unterschiedlichen Zielsetzungen,
die diese Entwicklungen verfolgen. Die einen Systeme zielen auf die
Unterstützung der Bürokommunikation und Dokumentation ab, gegebenenfalls
inklusive der Verwaltung einzelner Vorgänge, andere sind reine Auskunfts- oder
Überwachungssysteme. Einige wenige unterstützen die vorsorgende Umweltplanung
und hierauf wird im folgenden Bezug genommen.

2. Das Umweltinformationssystem des UVF - UMWISS -

Der Umlandandverband Frankfurt [1] hat seit 1986 das Umweltinformationssystem UMWISS aufgebaut, mit dem Ziel, vor allem im planerischen Bereich und im Bereich der Umweltvorsorge bessere Entscheidungsgrundlagen erarbeiten zu können. Darüber hinaus ist ein Informationssystem entwickelt worden, das vor allem für die Umwelt- überwachung und damit für die Verwaltung und Auswertung von vielen Meßwerten bzw. -reihen (Abwasserüberwachung, Abfallbeseitigung, Alt- lastenschadstoffüberwachung etc.) konzipiert wurde. Hierauf wird in diesem Beitrag nicht ausführlich eingegangen.

Das Umweltinformationssystem des UVF besteht aus vier Subinformationssystemen für die Bereiche

- Lärmminderung
- Luftreinhaltung
- Bodenschutz
- Altablagerungen.

Ein weiteres Informationssystem "Grundwasserschutz", insbesondere zur Unterstützung der Thematik Altablagerungen und Trinkwasserschutz, ist in Planung; das System "Niederschlagabfluß-Simulation" incl. der Berechnung von Überschwemmungsgebieten ist in anderen verwaltungsorganisatorischen Zusammenhängen bereits realisiert.

Der Verband hat an den verschiedensten Stellen der Verwaltung EDV-Teilsysteme entwickelt, die zur Wahrnehmung von einzelnen sachbezogenen Aufgaben herangezogen werden. Das Umweltinformationssystem benutzt alle diese Teilsysteme und ermöglicht so alle für die aktuellen Fragestellungen relevanten und wichtigen Informationen, die im Zuge der Wahrnehmung sachbezogener Aufgaben erhoben wurden, aus dem Teilsystem abzurufen und gegebenenfalls neue Informationen (z.B. Altablagerungskataster) dort abzulegen, wo es für die Bearbeitung am günstigsten ist. Die Teilsysteme wurden mit den wichtigsten Bestandteilen des Umweltinformationssystems, den

----

[1] Der Umlandverband Frankfurt ist eine Körperschaft öffentlichen Rechts. Das Umlandsverbandsgebiet umfaßt eine Fläche von 1427 km^2. In diesem Gebiet wohnen etwa 1,5 Mio Menschen. Der Verband wurde 1975 per Landesgesetz gegründet vor allem mit dem Ziel, überörtliche Probleme zu lösen . Seither erfüllt er für seine 43 Städte und Gemeinden, Frankfurt als bevölkerungs- reichste Stadt in der Mitte, Planungs-, Trägerschafts- und Koordinationsaufgaben.

Verarbeitungsprogrammen verbunden, so daß eine optimale Bearbeitung der Umweltschutzaufgaben des Verbandes unter Verwendung der jeweils aktuellsten Daten gewährleistet wurde.

Das System ist in jedem Fachbereich gegliedert in drei Ebenen, in die Daten-, Graphik- und Methoden- oder Modellebene.

Diese horizontale Struktur (Ebene) wird zusätzlich vertikal geglie- dert durch die verschiedenen Umweltbereiche (s. Abb. 1). Aus der vertikalen Gliederung, d.h. aus der fachlichen Aufgabenstellung ergaben sich die inhaltlichen Anforderungen, die mit Hilfe des Computers zu lösen waren. Aufgrund des starken Grafikbezugs und der Integration eines grafischen Softwarepakets kann das UMWISS der Gruppe der Geografischen-Informationssysteme zugeordnet werden.

Abb. 1: **Horizontale und vertikale Struktur des UMWISS**

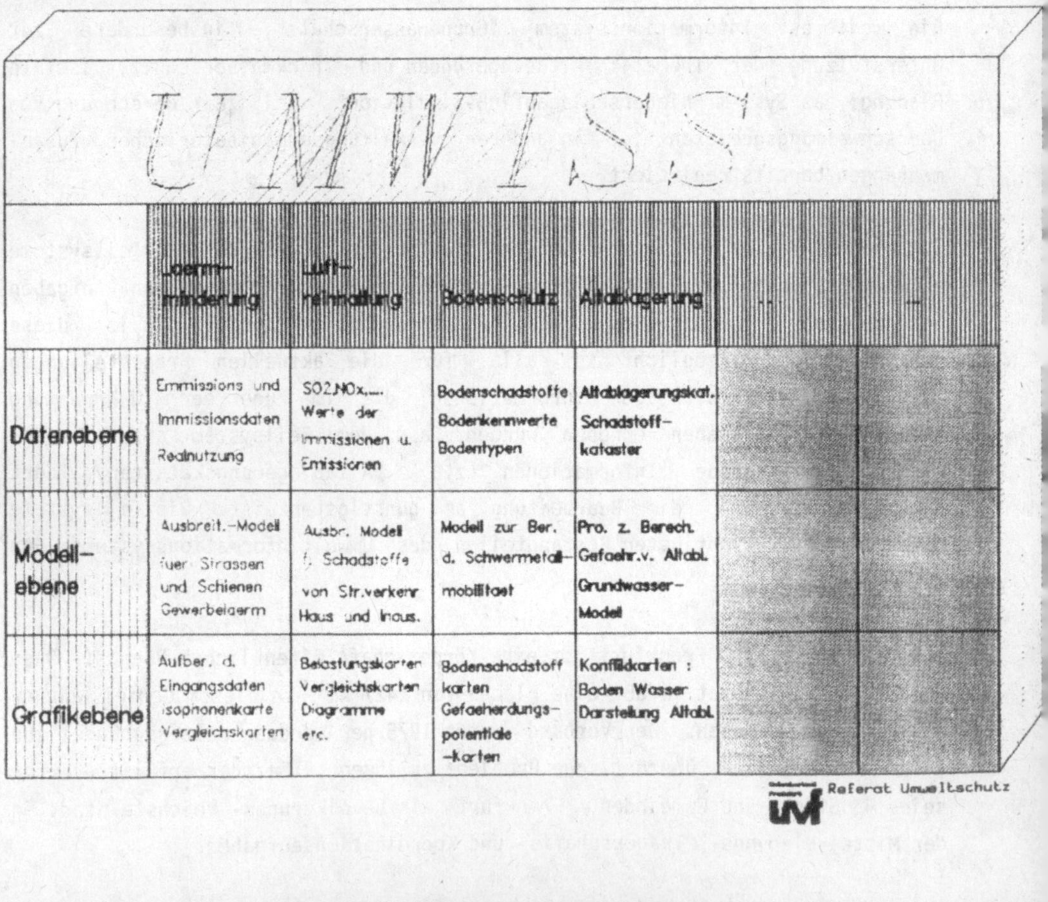

	Laerm-minderung	Luft-reinhaltung	Bodenschutz	Altablagerung	...	...
Datenebene	Emmissions und Immissionsdaten Realnutzung	SO2,NOx,... Werte der Immissionen u. Emissionen	Bodenschadstoffe Bodenkennwerte Bodentypen	Altablagerungskat. Schadstoff-kataster		
Modell-ebene	Ausbreit.-Modell fuer Strassen und Schienen Gewerbelaerm	Ausbr. Modell f. Schadstoffe von Str.verkehr Haus und Indus.	Modell zur Ber. d. Schwermetall-mobilitaet	Pro. z. Berech. Gefaehr.v. Altabl. Grundwasser-Modell		
Grafikebene	Aufber. d. Eingangsdaten isopnonenkarte Vergleichskarten	Belastungskarten Vergleichskarten Diagramme etc.	Bodenschadstoff karten Gefaeherdungs-potentiale -karten	Konfliktkarten : Boden Wasser Darstellung Altabl.		

Referat Umweltschutz

Das **Subsystem Lärm** besteht vor allem aus einem Lärmausbreitungsprogramm, das unter Berücksichtigung der Vorschriften zur Berechnung der Schallausbreitung arbeitet. Die Immissionen werden berechnet unter der Berücksichtigung der lärmmindernden Wirkung von Gebäuden, der Orographie, der Beugung des Schalls etc.. Das System ist einsetzbar für die Berechnung der Immissionen des Straßenverkehrs und/oder Schienenverkehrs und/oder Gewerbe. Die Immissionswerte können unter Zuhilfenahme von einfach zu ermittelnden Größen, wie Kfz-Belastung, -Geschwindigkeit, Straßenbelag, Zugart beim Schienenverkehr etc., berechnet werden.

Die Immissionen werden pro km^2 für 10.201 Punkte berechnet, woraus wiederum eine farbige Lärmkarte (Isophonenplot) automatisch erzeugt werden kann (s. Abb. 2).

Ein zusätzliches Programm ermöglicht, die Unterschiede der Lärmbelastungen zwischen zwei Belastungssituationen (z.B. zwischen zwei unterschiedlichen Verkehrsumlegungsvarianten, oder Differenzen zwischen Bestand und Planung) graphisch darzustellen, sowie eine Karte zu erzeugen, wo angegeben wird, bei welchen Teilflächen Richtwerte überschritten werden mit Angabe der Höhe der Überschreitung.

Auf dieses System wird an anderer Stelle in dieser Veröffentlichung von Herrn Wempe intensiver eingegangen.

Das **Subsystem Luft** innerhalb des Umweltinformationssystems UMWISS des UVF quantifiziert und bewertet

- die bestehende Luftbelastungssituation
- den evtl. Belastungsanstieg durch Planungen und Maßnahmen im Bereich des Straßenverkehrs, von Industrie und Gewerbe sowie von Gebäudeheizungen
- die Wirksamkeit gezielter Emissionsminderungs- und Immissionsschutzmaßnahmen.

Das Luft-Modul besteht aus EDV-Programmen zur kleinräumigen Auswertung von Verkehrsdaten, Wärmebedarfsdaten oder Emissionsdaten und Modellen zur Berechnung der Schadstoffausbreitung der drei Emittentengruppen.

Die Ausbreitungs-Modelle basieren auf den kausalen Einflußgrößen über die Emissionsentstehung (z.B. über Brennstoffeinsatz, Verkehrsdichte und -geschwindigkeit etc.) und die meteorologischen Bedingungen (Windrichtung und -geschwindigkeit, Schichtung der Atmosphäre). Dadurch wird die Prognose von Luftbelastungen infolge von Planungen und der Wirkungsvergleich von

Abbildung 2

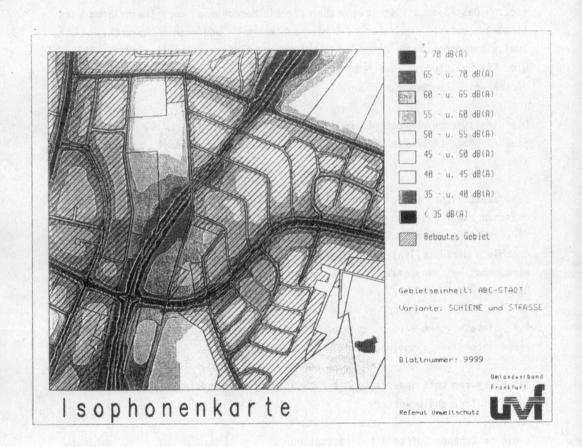

Isophonenkarte

> 70 dB(A)
65 - u. 70 dB(A)
60 - u. 65 dB(A)
55 - u. 60 dB(A)
50 - u. 55 dB(A)
45 - u. 50 dB(A)
40 - u. 45 dB(A)
35 - u. 40 dB(A)
< 35 dB(A)
Bebautes Gebiet

Gebietseinheit: ABC-STADT
Variante: SCHIENE und STRASSE

Blattnummer: 9999

Umlandverband
Frankfurt
Referat Umweltschutz
uvf

Planungsvarianten, z.B. verschiedener Verkehrsführungen, Industriestandorte, Schornsteinhöhen, Beheizungs- varianten etc. möglich.

Anwendungsgebiete eröffnen sich z.B. bei der Industrie-Standort-Planung, bei Untersuchungen von Immissionsbelastungen an Straßen und bei Untersuchungen von Heizanlagen-Sanierungs- und Emissionsminderungspotentialen in Siedlungsge- bieten (s. Abb. 3).

Im Bereich **Altlasten** führt der UVF eine Altablagerungsdatei für das Verbandsgebiet, die inhaltlich in wesentlichen Punkten kompatibel mit der offiziellen Verdachtsflächendatei des Landes ist. Derzeit sind über 1000 Standorte mit 48 einzelnen beschreibenden Kriterien pro Standort abgespeichert. Zudem werden die Abgrenzungen der Altablagerungen in den Rechner aufgenommen (Flächendigitalisierung).

Mit diesen Informationen führt der UVF mit Hilfe eines Rechenprogramms eine beprobungslose Erstgefährdungsabschätzung nach Datenlage durch und und zeigt im Ergebnis eine Zuordnung der Verdachtsflächen nach Dringlichkeiten für Untersuchungen. Das Graphiksystem ermöglicht in diesem Bereich die Herstellung diverser Konfliktkarten (mögliche Konflikte mit Realnutzung, geplanter Flächennutzung, Wasserschutzgebieten und Oberflächengewässer) zur Beurteilung von Fragestellungen im Zusammenhang mit den Verbandsaufgaben (Bauleitplanung, Trinkwasserschutz usw.). Es wurde zudem ein Schadstoffkataster für Altlasten entwickelt zur Dokumentation und Auswertung von Beprobungsergebnissen aus den Untersuchungen von Altablagerungen.

Im **Bodenschutzbereich** wird an einem Subsystem BODWISS gearbeitet, das zunächst die Erstellung einer flächendeckenden Bodenschadstoffkarte für 6 Schwermetalle unter besonderer Berücksichtigung der Straßenverkehrsemissionen zum Ziel hat. Zur Erstellung der Bodenschadstoffkarten wurden zunächst Bodenproben genommen und, zur Unterscheidung zwischen natürlicher (geogener) Hintergrundbelastung und anthropogenem Eintrag, nach Bodenhorizonten getrennt analysiert. Zu- sätzlich wurde zu den bodenkundlichen Daten die Nutzungsart an den jeweiligen Entnahmestandorten festgehalten (z.B. Acker, Wiese, Wald). Statt in einem kostenaufwendigen regelmäßigen Raster wurden die Bodenproben nur in solchen Bereichen entnommen, die eine repräsentative Aussage über den Bodenschwermetallgehalt für die jeweilige Bodenform, Nutzungsart und Lage im Raum erlaubt. Mit einem speziellen Rechenverfahren wurden sodann die Einflüsse von Bodenform und Art der Bodennutzung bei der Erzeugung flächendeckender Informationen berücksichtigt. Hierzu ist die Verwendung der digitalen Boden- und Realnutzungskarte des UVF erforderlich gewesen.

Abb. 3 **Ausbreitungsberechnung Gebäudeheizung (AUSGEH)**
Fallbeispiel (SO₂)

Durch ein geostatistisches Verfahren werden die unregelmäßig verteilten Werte auf ein regelmäßiges 50-Meter-Raster als Grundlage für die Erzeugung der endgültigen Bodenschadstoffkarte umgerechnet. Dabei erhält man durch Ausreißerelimination, Optimierung und Filterung im Rahmen einer mathematisch einwandfreien Interpolation optimale Schätzwerte für den potentiellen Schwermetallgehalt an jedem Rasterpunkt, einschließlich eines Fehlerbereiches und eventuell vorhandener Richtungsanisotropien.

Als "Abfallprodukt" fallen Karten an, die die räumliche Verteilung des anthropogenen Eintrages und der geogenen Hintergrundbelastung angeben.

Durch dieses Verfahren können Differenzen in der Schwermetallbelastung, die bei gleichmäßigem Eintrag nur auf den Unterschieden in der Bodenbeschaffenheit und der Nutzungsart beruhen, besser berücksichtigt werden als bei einer engmaschigeren Probenahme und linearer Interpolation zwischen den Meßpunkten.

Das hier kurz skizzierte Verfahren zur differenzierten Schätzung der Bodenschwermetallgehalte und seiner räumlichen Darstellung erlaubt eine Reduzierung der notwendigen Probenahmen. Darüber hinaus lassen sich durch die exakte Angabe der Meßfehler (Standardabweichungen) diejenigen Bereiche bestimmen, die zur Verringerung des Meßfehlers auch beprobt werden müssen.

Zusätzlich wurden Konfliktkarten erstellt, die angeben, wo sich möglicherweise Nutzungen (z.B. landwirtschaftliche Nutzungen oder Trinkwassernutzung) mit den Schwermetallbelastungen nicht vertragen und Maßnahmen zur Reduzierung des Konfliktpotentials erforderlich werden.

3. Perspektiven

Das Umweltinformationssystem des UVF erleichtert durch die modulare Aufbaukonzeption die zukünftige Integration neuer Modellbausteine und Fachprogramme. Die meisten Bausteine des Informationssystems können selbständig umgewendet werden und sind ohne Unterstützung durch externe Grafiksysteme lauffähig. In Zukunft werden zusätzliche Umweltdaten in das System aufgenommen. Die geografische Datenbank wird um zusätzliche thematische Karten erweitert. Die Methodenbank um weitere umweltrelevante Module ergänzt, so daß die Qualität des Wissens und die Effizienz der Arbeit im Umweltschutz steigt.

DER UMWELT-DATENKATALOG NIEDERSACHSEN

Konzept, Stand der Anwendung und Fortentwicklung

Helmut Lessing, Hans-Udo Weiland
Niedersächsisches Umweltministerium, Archivstraße 2 und
IBM Deutschland GmbH, Hamburger Alle 50
D-3000 Hannover 1

Deskriptoren: Umweltinformationssystem, Niedersachsen, Datenkatalog, Metasystem, Anwendungsentwicklung, Verwaltung, Thesaurus, verteilte Systeme, Modellentwicklung, Informationsaustausch

Zusammenfassung

Umwelt-Informationssysteme gestalten sich auf Landesebene als Informationsverbund aus einer Vielzahl unterschiedlicher, in sich selbständiger Teilsysteme, deren Aufbau und Weiterentwicklung zeitlich versetzt und räumlich verteilt erfolgen. Eine Koordination war bislang kaum möglich, Unverträglichkeiten von Anwendungen und Daten somit zwangsläufig.

Der Umwelt-Datenkatalog Niedersachsen dient landesintern als Metasystem, mit dem Ziel, Stand und Entwicklung der Teilsysteme transparent zu halten. Auf dieser Grundlage werden Planung und Entwicklungskoordination landesweit möglich.

1. Einleitung

Umwelt-Informationssysteme auf Landesebene werden als Informationsverbund von Führungssystemen, Fachinformationssystemen, Verwaltungsvollzugssystemen und anderen Komponenten konzipiert (Abb. 1). Im Hintergrund stehen neben zentralen Konzepten und Systemarchitekturen dezentrale, wobei letztere vor allem die Entwicklung eigenständiger Fachsysteme fördern, gleichzeitig aber hohe Anforderungen an den Informationsverbund stellen. Kommunale und regionale Systeme, Kontrollsysteme, on-line-Netze und externe Wissensdatenbanken können als autarke Anwendungsfelder zu diesem Entwicklungsbereich hinzukommen und Einfluß nehmen (Diening 89, Hennig 89, Mayer-Föll 89, Page et.al. 90 u.a.).

Eine landesweite Koordination allein der z.Z. vorhandenen Entwicklungen gelang in Niedersachsen bislang kaum, da es nicht möglich war, die DV-technische Komplexität zu erkennen und zu beherrschen. Unterschiedliche Verantwortlichkeiten und Zuständigkeiten kamen meist erschwerend hinzu; die informationstechnischen Ursachen aber dominieren.

Aufbau und Weiterentwicklung von Teilsystemen erfolgen weitgehend isoliert, räumlich verteilt, zeitlich versetzt und nicht kontinuierlich. Den sich hieraus ergebenden Bedingungen kann zunächst mit bewährten Verfahren der Systemanalyse und der Anwendungsentwicklung begegnet werden, da sich die Anforderungsprofile ähnlich wie im industriellen oder kommerziellen Bereich in den meisten Fällen ausreichend präzise definieren lassen. (McKinsey 89 u.a.)

Die bekannten Verfahren z.B. der Entity-Relationship und der Unternehmensmodelle lassen sich aber nur begrenzt aus der Ebene der Systementwicklung einzelner Fachsysteme in die Ebene der Entwicklungskoordination unterschiedlicher Systeme übertragen, da die Ziele nicht ausreichend

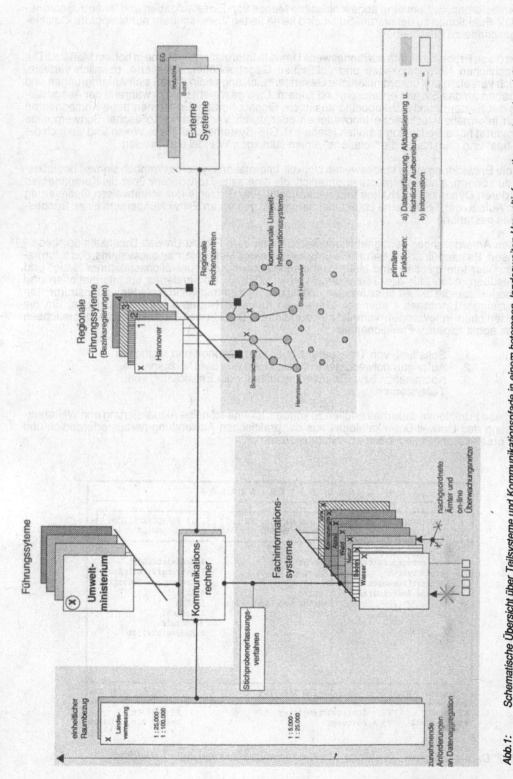

Abb. 1: *Schematische Übersicht über Teilsysteme und Kommunikationspfade in einem heterogen, landesweiten Umweltinformationssystem (vereinfacht). (x = Projektpartner ⊗ = zentraler Umwelt-Datenkatalog)*

konkretisierbar sind, um eine abgeschlossene Menge von Einzelaufgaben und ihnen zugeordneten DV-Funktionen zu definieren. Somit sind keine finiten Ziele, sondern nur temporäre Optimierungsschritte zu beschreiben.

Eben diese Problematik trifft auf landesweite Umwelt- Informationssysteme in hohem Maße zu. Die an fachlichen Notwendigkeiten und politischen Gegebenheiten orientierte, räumlich verteilte, zeitlich versetzte und unkontinuierliche Gesamtentwicklung bedingt, daß sich Anforderungen und Aufgaben an das System entwickeln und ändern. Dies geschieht bereits während der Ausgestaltung der Systeme und rückkoppelnd aus ihrem Einsatz heraus. So können neue Komponenten durch informationstechnische Innovationen oder durch Verlagerung politischer Schwerpunkte unerwartet hohe Bedeutung erhalten (siehe z.B. GIS-Systeme). Auf diese Weise sind vielfach die "entities" und damit auch die "relations" einem ständigen Wandel unterworfen.

Um die Entwicklung eines landesweiten Umwelt-Informationssystems dennoch sinnvoll beeinflussen zu können, sind Instrumente erforderlich, die einerseits Transparenz über die Komponenten und deren Dynamik verschaffen und andererseits eine Strategie der schrittweisen Optimierung beim Aufbau der Teilsysteme unter Orientierung am gesamten Entwicklungsraum eines Bundeslandes gestatten.

Diesen Anforderungen begegnet Niedersachsen mit dem Projekt Umwelt-Datenkatalog Niedersachsen. Es handelt sich dabei um die Entwicklung eines Meta-Informationssystems, das Informationen über Informations- und Methodenbestände sowie Kommunikationsstrukturen aktuell und landesübergreifend für alle Teilsysteme vorhält. Ziel ist, Vorhandenes an Informationen und Methoden ständig aktuell auszuweisen, Mögliches an Kommunikationspfaden und Instrumenten aufzuzeigen, Unnötiges - aber vor allem auch dringend Notwendiges - aufzuzeigen, um die erforderlichen Innovationen veranlassen zu können. Der Umwelt-Datenkatalog Niedersachsen nimmt somit folgende Funktionen ein:

1. Schaffung von Transparenz über Informationen und Methoden,
2. Aufzeigen notwendiger Entwicklungen aus der Defizitanalyse,
3. Koordination bzw. Orientierungshilfe für die Entwicklung von Teilsystemen.

Um diese Funktionen dauerhaft erfüllen zu können, ist eine ständige Aktualisierung und Weiterentwicklung des Umwelt-Datenkataloges aus der praktischen Anwendung heraus erforderlich und muß organisatorisch und technisch hinterlegt sein.

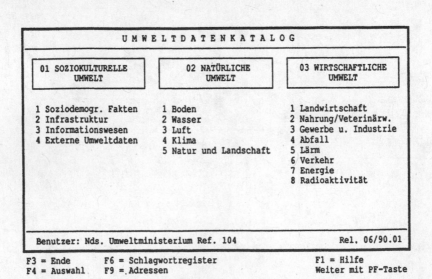

Abb.2: Datenwelten und Funktionen im Hauptmenue des Anwendungsmodells

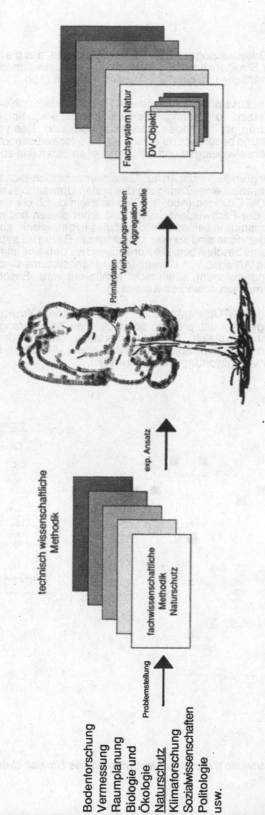

Fachsysteme und DV-Objekt

Fachsystem Natur

DV-Objekt

Primärdaten
Verknüpfungsverfahren
Aggregation
Modelle

Umwelt und reale Umweltobjekte

exp. Ansatz

Problemstellung

technisch wissenschaftliche Methodik

fachwissenschaftliche Methodik Naturschutz

Fachwissenschaften

**Bodenforschung
Vermessung
Raumplanung
Biologie und
Ökologie
Naturschutz
Klimaforschung
Sozialwissenschaften
Politologie
usw.**

Abb. 3: *Die fachwissenschaftlichen Abbildungsprozesse der realen Umwelt führen schon bei einzelnen Objekten zu einer hohen Anzahl an DV-Objekten. Eine "redundante" Abbildung der Objekte durch mehrere Fachsysteme ist zusätzlich gegeben und unvermeidlich.*

2. Das Umweltmodell

Der Struktur des Umwelt-Datenkataloges liegt ein Modell zugrunde, das die hohe Komplexität der Umwelt in überschaubarer Struktur abzubilden versucht. Dieses Umweltmodell gliedert sich in die soziokulturelle, die wirtschaftliche und die naturräumliche Umwelt (Abb. 2).

Dabei sollen sachlogische Zusammenhänge bewahrt und Übersichtlichkeit vermittelt werden. Ohne Zweifel sind eine Vielzahl von Lösungen denkbar. Wichtig erscheint, daß die Kriterien, die zu den gewählten Strukturen geführt haben, nachvollziehbar sind. Das vorliegende Modell ist deskriptiver Art. Es ordnet und beschreibt objektorientiert die fachwissenschaftlichen Informationen zur Umwelt ohne Wechselwirkungen und Abhängigkeiten darstellen zu wollen.

Dabei treten Problemfelder grundlegender Art auf. Die wissenschaftlich-technischen Verfahren der Analyse und Abbildung führen zu einer Zerlegung des realen Umweltobjektes in eine theoretisch unbegrenzte Anzahl von DV-Objekten (Abb. 3). Dies ist allein durch die unterschiedliche Abbildungsmethodik innerhalb der Fachwissenschaften und unter diesen bedingt. So kann z.B. ein Ökosystem oder ein Organismus in seinen Stoffkreisläufen kybernetisch, aber auch biochemisch analysiert werden. Die Ergebnisse sind schwer zueinander in Bezug zu setzen, obwohl sie Teile eines ganzheitlichen Systems beschreiben. Die Konsequenz ist, daß eine interdisziplinäre Umweltbetrachtung - ein zentrales Anliegen von Umwelt-Informationssystemen - durch die klassischen Verfahren der Informationsgewinnung allein nicht ermöglicht wird. Besondere Verfahren der Selektion und Integration müssen entwickelt werden.

Die einzelnen Informationen (DV-Objekte) sind in den Datenwelten in Strukturbäumen organisiert (Abb. 4). Die Verzweigungstiefen entsprechen den fachlichen Anforderungen. Gleiche Niveaus sind nicht im hierarchischen Sinn gleich. Die DV-Objekte stehen am Ende der Verzweigungen und sind mit allen Kenngrößen (Datentyp, Speicherbedarf, Format, Aktualität, Erfassungsmethodik, Austauschprotokoll, Datenverantwortung etc) differenziert.

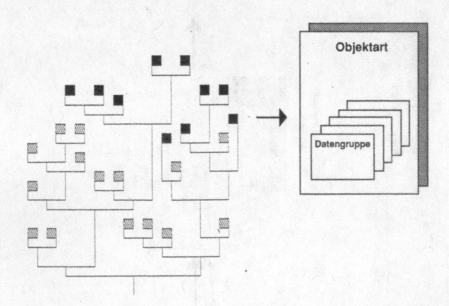

Abb. 4: Schematischer Ausschnitt aus dem Strukturbaum des Umwelt-Datenkatalogs

3. Projekt und Anwendung

3.1 Projektpartner

Der Umwelt-Datenkatalog Niedersachsen liegt in seinem zweiten Entwurf vor. Er ist in den vergangenen fünf Monaten in einer Kooperation zwischen dem Niedersächsischen Umweltministerium und der IBM Deutschland GmbH entstanden. Das Projekt ist dreistufig angelegt und befindet sich am Ende der ersten Phase. Zur Zeit sind insgesamt 24 Partner landesintern eingebunden (Abb. 5).

Die erste Phase findet mit der Ausstattung und Einbindung der Partner ihren Abschluß. Jeder Partner hat die Aufgabe, die Informationsbestände und Strukturbäume entsprechend seiner fachlichen Zuständigkeit als Entwurf vorzugegeben und künftig zu aktualisieren.

3.2 Die Anwendung

Der gesamte Strukturbaum des Umwelt-Datenkatalogs bildet die Grundlage für das Datenmodell, auf das das Anwendungsmodell zugreift. Das Anwendungsmodell ist z.Z. unter MS-DOS auf Personal Computer verfügbar. Das Hauptmenue bietet dem Benutzer unterschiedliche Optionen an, (siehe Abb. 2), die den Zugang zu den Informationsbeständen über

1. ein Schlagwortregister,
2. ein Adressen- und Kontaktregister und über
3. den fachlich gegliederten Strukturbaum

erlauben. Die Register ergeben sich durch Aktualisierungsroutinen automatisch aus dem Strukturbaum, indem neue Informationsbestände nur unter gleichzeitiger Verschlagwortung und Ausweisung der datenverantwortlichen Stelle aufgenommen werden. Neben dem Einstieg über den Strukturbaum erlaubt das Schlagwortregister über Fachbegriffe den Zugriff auf die Informationsbestände. Beide Register führen zur Objektbeschreibung sowie zum Adressen- und Kontaktregister weiter. In jedem Fall werden die zuständigen Personen und Institutionen ausgewiesen.

Neben der DV-Anwendung existiert als weiteres Medium eine Druckschrift. Dieser Broschüre sind ebenfalls die wesentlichen Informationen zu entnehmen, doch wird sie zukünftig eine detaillierte Beschreibung der DV-Objekte wegen des zu großen Informationsumfangs nicht enthalten können.

Die Anwendung sieht neben einfachen Lese-Routinen Tools zur ständigen Aktualisierung des Umwelt-Datenkatalogs vor. Dabei ist im Rahmen der Pflege des zentralen Umwelt-Datenkataloges die Möglichkeit der selektiven Freigabe zum "Schreiben" gegeben, so daß Aktualisierungen dezentral von den Projektpartnern für ihren jeweiligen Zuständigkeitsbereich erfolgen können, ohne andere zu gefährden.

Die aktualisierten Versionen werden routinemäßig im zentralen Umwelt-Datenkatalog integriert; die auf diese Weise entstandene aktuelle Gesamtversion anschließend wieder verteilt. Vorteilhaft ist, daß dieser Prozeß synchron und asynchron organisiert werden kann, da die Fortschreibung der einzelnen Fachreiche zu unterschiedlichen Zeitpunkten und in sogar in beliebigen Intervallen möglich ist. Kontrollen und Plausibilitätsprüfungen unterstützen das Übernahmeverfahren, so daß eine unzulässige Integration von Informationen verhindert wird.

Die Anwendung sieht ferner eine Option vor, durch einen sogenannten "show key" Objektarten in Gruppen zusammenzufassen. Auf diese Weise können die verantwortlichen Fachleute Informationen im allgemein verfügbaren Umwelt-Datenkatalog einem beliebig begrenzbaren Personenkreis zugänglich gemacht werden. Die für den Zugriff auf den zentralen Umwelt-Datenkatalog berechtigten Personen können die Gesamtinformation uneingeschränkt benutzen.

416

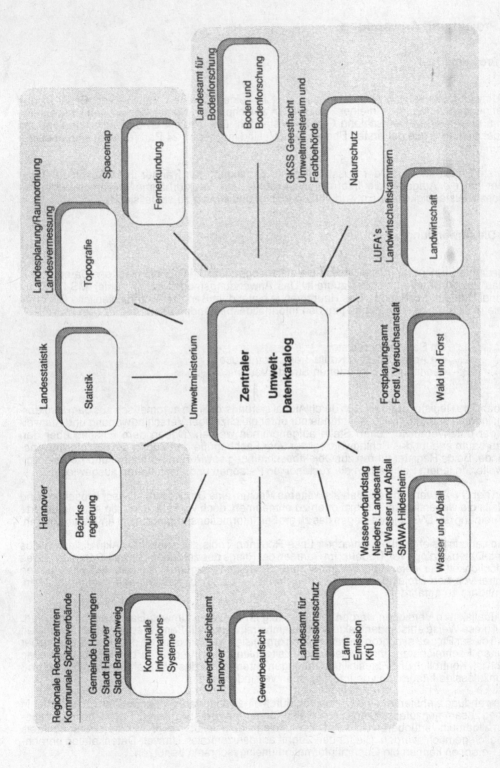

Abb. 5: Niedersächsische Projektpartner und Aufgabenfelder beim Aufbau und der Fortschreibung des Umwelt-Datenkatalogs Niedersachsen.

4. Perspektiven

Dem Umwelt-Datenkatalog Niedersachsen liegt informationstheoretisch der Versuch zugrunde, ein Metasystem - ein Informationssystem über Informationssysteme - als landesweites Planungs- und Steuerungsinstrument für die Weiterentwicklung und den Aufbau komplexer Umwelt- Informationssysteme in einer Landesverwaltung zu entwickeln. Gleichzeitig können bei diesem Konzept schon vorhandene Teilsysteme aufgenommen und schrittweise integriert werden. Alle zukünftigen Systementwicklungen sollen unter Beibehaltung einer heterogenen und verteilten Landes-Systemarchitektur (LSA) besser aufeinander abgestimmt werden können.

Der Umwelt-Datenkatalog nimmt in Niedersachsen somit primär die Funktionen eines dezentral verteilten Orientierungsinstrumentariums und eines zentral genutzen Optimierungs- und Steuerungsinstrumentariums ein. Für die Führung des Landes ist entscheidend, daß mittelfristig die Gesamtentwicklung aufbauend auf der Ist-Situation durch gezielte Maßnahmen beeinflußt werden kann und daß gleichzeitig alle wesentlichen Informationen und Methoden zentral verfügbar sind. Der Umwelt-Datenkatalog bildet somit die Grundlage für die Entwicklung des Niedersächsischen Umwelt-Informationssystems, das auf den vorhandenen, dezentralen EDV-Strukturen des Landes aufbaut und deren Integration und Weiterentwicklung vorsieht (s.a. Nds. UDK 90).

Dieses Metasystem wird föderativ und partnerschaftlich aufgebaut und gepflegt. Die zwingende und einfache Logik ist dabei, daß niemand Daten erneut erfassen und Methoden erneut entwickeln lassen wird, wenn diese schon ausgewiesenermaßen vorhanden und die Bedingungen ihrer Verfügbarkeit beschrieben sind. Zwangsläufig sollten die Teilsysteme in den kommenden Jahrzehnten zu erhöhter Kommunikationsfähigkeit und Arbeitsteiligkeit hin konvergieren, ohne die engen Fesseln homogener Konfigurationen und Standards anlegen zu müssen.

Der Umwelt-Datenkatalog steht allen 24 Projektpartnern in Niedersachsen als Druckschrift sowie als DV-Anwendung zur Verfügung. Die kommenden Projektphasen dienen der Differenzierung der Informationsbestände und der Weiterentwicklung der Anwendungsfunktionen. Diese Forschungs- und Entwicklungsphase wird wahrscheinlich mehr als zwei Jahre in Anspruch nehmen und soll zu einem weitgehend stabilen und komfortablen Anwendungsmodell auch unter anderen Betriebssystemen führen. Ferner ist geplant, ein automatisches Update von Data Dictionaries und den automatischen Aufbau von Kommunikationsverbindungen unter Teilsystemen zu erproben. Insgesamt erscheint eine Entwicklungsdauer von ca. 5 Jahren für den Umwelt-Datenkatalog Niedersachsen realistisch.

Das Konzept Umwelt-Datenkatalog ist innovativ. Die modellhafte Abbildung der Umwelt geschieht dabei zunächst in descriptiver Weise, indem reale Objekte unserer Umwelt dv-technisch durch eine begrenzte Anzahl von Objektarten fachlich spezifiziert werden. Hierdurch werden die Voraussetzungen für eine umfassende, interdiszipläre Umweltbetrachtung geschaffen. Komplex vernetzte Umwelt- Simulationsmodelle können künftig auf diesen Erfahrungen aufbauen und werden verifizierbar.

Mehrere Bundesländer Deutschlands kooperieren beim Aufbau landesspezifischer Umwelt-Datenkataloge. Ein Transfer der Konzeption ist prinzipiell in beliebig komplexe Entwicklungsfelder möglich, da sich die Datenmodelle über das Anwendungsmodell flexibel allen speziellen Anforderungen anpassen lassen. So enthält der Umwelt-Datenkatalog Niedersachsen heute schon den Grunddatenkatalog des Bundes in vollständiger Abbildung. Andere Entwicklungen wie z.B. ATKIS und NIBIS werden z.Z. integriert.

5. Literatur

DIENING; A. (1989):
DIM, Daten- und Informationssystem für den Minister für Umwelt, Raumordnung und Landwirt-
schaft des Landes Nordrhein-Westfalen (MURL); Ministerium für Umwelt, Raumordnung und
Landwirtschaft NRW, Düsseldorf; Informatik-Fachberichte 228, Springer-Verlag Berlin 1989

HENNING,R. (1989):
Realisierung des Umweltinformationssystems Baden-Württemberg (UIS) am Beispiel des Projek-
tes Umwelt-Führungs-Informationssystem (FIS); Ministerium für Umwelt Baden-Württemberg,
Stuttgart; Informatik-Fachberichte 228, Springer-Verlag Berlin 1989

MAYER-FÖLL, R. 1989):
Konzeption eines ressortübergreifenden Umweltinformationssystems Baden-Württemberg; Ministerium für Umwelt Baden-Württemberg, Stuttgart; Informatik-Fachberichte 228, Springer-Verlag
1989

Nds. UDK (1990):
Niedersächsischer Umwelt-Datenkatalog, 2. Auflage, Hsrg: Niedersächsisches Umweltministerium, Hannover 1990

McKinsey (1989):
Konzeption des ressortübergreifenden Umweltinformationssystems (UIS), Im Rahmen des Landessystemkonzeptes Baden-Württemberg; Band 1 - 5, Stuttgart 1988

PAGE, B.,JAESCHKE, W., PILLMANN, W. (1990):
Angewandte Informatik im Umweltschutz, Teil 1.und 2; Informatik-Spektrum, Band 13, Heft 1 und
2, Springer-Verlag Berlin 1990

Die Gesamtkonzeption des Kantons Bern
im Bereich Umweltinformatik

T. Ledergerber, Simon Wahl
BEDAG INFORMATIK
Herrengasse 15
3011 Bern

Deskriptoren: **INFORMATIK-KONZEPT, KANTON**

ZUSAMMENFASSUNG

Der Kanton Bern ist daran, die einzelnen Fachbereiche des Vollzugs des Umweltschutzes durch Informatik intensiv zu unterstützen. Dabei soll die Informatik die Nachteile der dezentralen Struktur so gut wie möglich wettmachen. Es ist vorgesehen, die Mehrzahl der Applikationen mit gemeinsamen Datenbanken miteinander zu verknüpfen und sie - soweit sinnvoll- in ein GIS einzubinden. Diese Aufgaben sollen organisatorisch durch eine einzige zuständige Stelle Seite EDV, d.h. durch die Abteilung Umweltinformatik und durch eine durchgehende Koordination aller Projekte erreicht werden.

1.   WIE IST DER UMWELTSCHUTZ IM KANTON BERN ORGANISIERT

1.1   Grundlagen

Eine der Grundlagen des kantonalen Umweltschutzes sind die auf Bundesebene erlassenen Gesetze und Verordnungen, insbesondere das Umweltschutzgesetz, in welchem die Aufgabenteilung zwischen Bund und Kantonen geregelt ist. Diejenigen Fachbereiche, die nicht in die Kompetenz des Bundes fallen, sind durch kantonale Gesetze und Verordnungen geregelt. Welche Amtsstelle im Kanton zuständig ist, regelt das kantonale Recht.

1.2   Vollzugsaufgaben

Die kantonale Verwaltung ist gegliedert in Direktionen und diese in Aemter. Fast alle Aufgaben, die aus der Umweltschutzgesetzgebung folgen, werden im Kanton Bern dezentral wahrgenommen, d.h. sie werden den bestehenden Ämtern zugewiesen. Dies zeigt sich gut im Organigramm der Berner Staatsverwaltung (siehe Figur 1, wo die umweltschutzrelevanten Aemter schattiert sind). Wie zu erwarten sind auch die einzelnen Aemter geographisch über die ganze Stadt Bern verteilt.

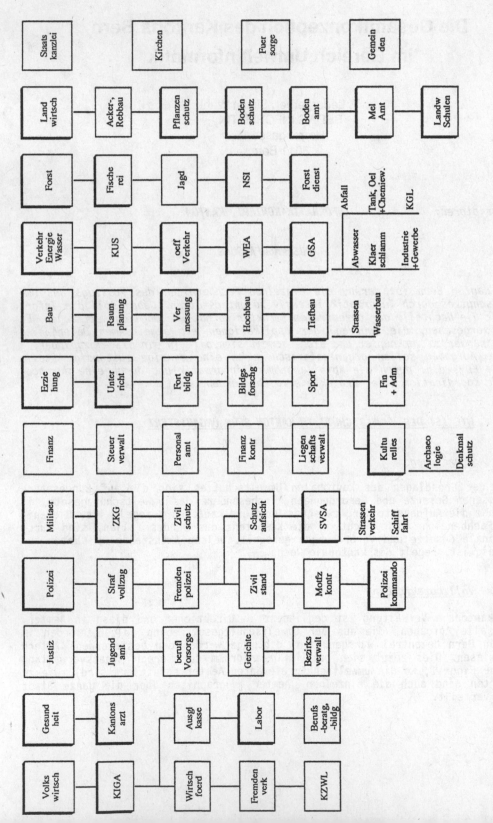

Fig. 1 Organigramm der Berner Staatsverwaltung

1.3   Koordinationsaufgaben

Da der Vollzug der Umweltschutzaufgaben dezentral organisiert ist, wurde es erforderlich, im Kanton Bern eine Koordinationsstelle für Umweltschutz (KUS) einzurichten; sie nimmt vornehmlich die Koordinationsaufgabe wahr, ist für den Vollzug der Umweltverträglichkeitsprüfung verantwortlich und übernimmt oft Aufgaben, die noch nicht anderen Ämtern übertragen wurden.

1.4   INFORMATIK

Die Informatikdienstleistungen zugunsten des Kantons Bern werden durch die sich im Kantonsbesitz befindliche öffentlich-rechtliche Anstalt BEDAG INFOR-MATIK wahrgenommen.
Diese Firma von ca. 200 Mitarbeitern hat auch eine Abteilung Umweltinformatik, die die kantonalen EDV-Projekte im Umweltschutzbereich bearbeitet und sich ausserdem der EDV-technischen Fragen dieser Aemter annimmt. Die Ursprünge dieser Abteilung lagen in einem Projektkoordinationsnotstand, welcher für einen so dezentral organisierten Umweltschutzbereich typisch ist. Heute ist diese Abteilung mit fünf Leuten besetzt und ihr Aufgabengebiet reicht von dBase Unterstützung von Sachbearbeitern bis zur strategischen Informatikplanung einzelner Aemter.

2.   DIE GESAMTKONZEPTION

2.1   Die Konzeption in organisatorischer Hinsicht

Das EDV-technische Äquivalent der oben erwähnten Koordinationsstelle für Umweltschutz ist die Abteilung Umweltinformatik der BEDAG INFORMATIK. Die raison d'etre der Abteilung liegt darin, die Umweltschutzaufgaben effektiver und effizienter durch Informatik zu unterstützen. Daher liegt einer der Schwerpunkte in der Projekt-Koordination, deren Sinn es ist, Anwendungen untereinander verbindbar zu machen, den Datenaustausch zu ermöglichen, den Aufwand zu reduzieren und Redundanz zu vermeiden. Die Abteilung ist bestrebt, systematisch nicht nur EDV-Wissen, sondern auch spezifisches Fachwissen im Umweltschutzbereich aufzubauen. In ihrer jetzigen Aufbauphase ist sie grundsätzlich zuständig für den gesamten software-life-cycle.
Ein Ziel der Abteilung ist es, die Informatik im Bereich Umweltschutz so einzusetzen, dass ein Ausgleich für die Nachteile der bestehenden dezentralen Organisation und geographischen Lage geschaffen wird:
Durch die Informatik sollte sozusagen ein "logisches" Umweltschutz-Amt entstehen.

2.2   Die Konzeption in ablauforganisatorischer Hinsicht

In öffentlichen Verwaltungen stehen oft die offiziellen Dienstwege einer effizienten Problembearbeitung im Wege; und oft ist es für Aussenstehende schwierig, in einem EDV Laden den richtigen Mann zu finden. Aus diesen Gründen hat die BEDAG INFORMATIK für jede Direktion und jedes grössere Amt des Kantons eine Person als Kundenverantwortlichen bestimmt. Für alle Amtsstellen mit Aufgaben im Umweltschutz ist dies dieselbe Person, nämlich der Leiter der Abteilung Umweltinformatik.
Auf Seite des Kantons hat jede Direktion einen Informatik- Verantwortlichen, siehe auch Figur 2.

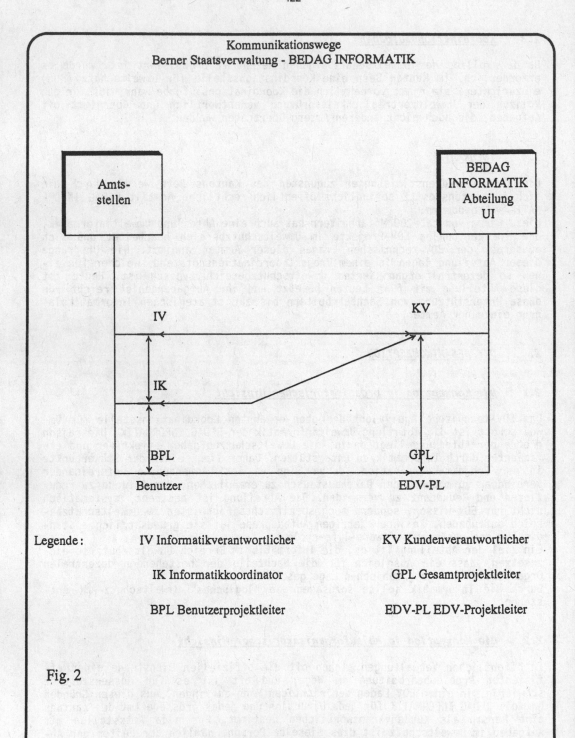

Kommunikationswege
Berner Staatsverwaltung - BEDAG INFORMATIK

Amts-
stellen

BEDAG
INFORMATIK
Abteilung
UI

IV

KV

IK

BPL

GPL

Benutzer

EDV-PL

Legende:

IV Informatikverantwortlicher

KV Kundenverantwortlicher

IK Informatikkoordinator

GPL Gesamtprojektleiter

BPL Benutzerprojektleiter

EDV-PL EDV-Projektleiter

Fig. 2

Bei der täglichen Arbeit sind grundsätzlich **vier** verschiedene Problembereiche anzusprechen:

- **Plötzlich auftauchende Probleme bei Amtsstellen:**
  Hier ist generell der Kundenverantwortliche der Ansprechpartner, ausser bei operationellen Applikationen, wo ein Wartungsteam vorhanden ist. Er ist besorgt, die Anfrage an die richtige Stelle weiterzuleiten.

- **Neue Projekte:**
  Der jeweilige Informatikverantwortliche der Direktion und der Kundenverantwortliche sind Ansprechpartner. Diese können auf das standardisierte Vorgehen für Informatikvorhaben im Kanton Bern zurückgreifen.

- **Laufende Projekte:**
  Bei allen Umweltschutz-relevanten EDV-Projekten wird durch die Abteilung Umweltinformatik entweder die Gesamtprojektleitung, die EDV-Projektleitung, die kommissarische Verwaltung oder die Projektbegleitung sichergestellt.

- **Altprojekte/Applikationen:**
  Der Informatikverantwortliche der jeweilig zuständigen Direktion, sowie der Kundenverantwortliche der BEDAG sind Ansprechpartner für Wartung, trouble shooting, Ablösung, Integration und Bereinigung der EDV-Lösungen. Auch hier wird langfristig als Ziel ein Verbund der bestehenden Applikationen angestrebt.

2.3 *Die Konzeption in EDV-Hinsicht*

Die Gesamtkonzeption hinsichtlich des EDV-Einsatzes zerfällt in die drei Bereiche Applikationen, Hard- und Software, sowie Daten (siehe Figur 3).

2.3.1 *Applikationen*

Die Applikationen haben grundsätzlich zwei Schwerpunkte, zum einen die Unterstützung (Erfolgskontrolle) des Vollzugs und zum anderen die Wirkungskontrolle des Vollzugs der Vollzugsmassnahmen. Dabei kann man die Erfolgskontrolle als die "Pflicht" und die Wirkungskontrolle als die "Kür" bezeichnen.

Bei der Unterstützung der Vollzugsaufgaben handelt es sich generell um die Behandlung der Geschäftsvorfälle; das sind im allgemeinen (Betriebs-) Begehungen, Bewilligungen, Mahnungen, Inspektionen, Kontrollen, etc.. Diesen Teil kann man als Geschäftsverfolgung bezeichnen. Sie ist die Basis des Vollzugs. Aus ihr fliessen die jeweiligen Sachdaten, z.B. bei Abwassereinleitungen die physikalisch-chemischen Werte des spezifischen Abwassers, die später für die Wirkungskontrolle beigezogen werden können.

Im Moment sind die wichtigsten Projekte und Applikationen im Umweltschutzbereich im Kanton Bern:

- BEGIS :   geographisches Informationssystem für den Kanton Bern
- WAWIDA: Wasserwirtschaftsdatenbank mit geographischen Daten
- BABAD :   Betriebs- und Anlagenbasisdatenbank für alle industriellen und gewerblichen Betriebe im Kanton Bern
- DBK: Datenbank 'Katastrophenprävention' gemäss der Störfallverordnung und die Geschäftsbehandlung
- IGK: Geschäftsverfolgung der Abt.Abwasser für Industrie und Gewerbe
- VVS: Unterstützung des Vollzug "Verkehr mit Sonderabfällen"
- AREGIS/US: Unterstützung des Vollzugs der Verordnung Luftreinhaltung

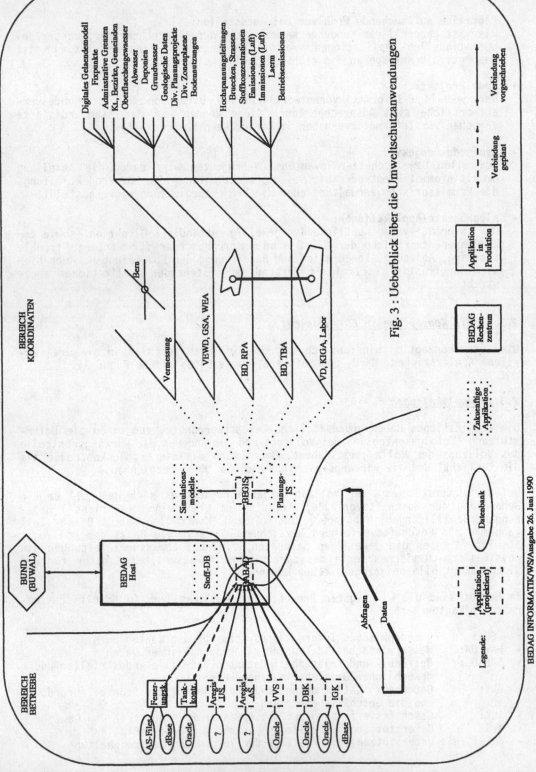

Fig. 3 : Ueberblick über die Umweltschutzanwendungen

BEDAG INFORMATIK/WS/Ausgabe 26. Juni 1990

2.3.2 *Hardware/Software*

Es existiert in der Kantonsverwaltung eine Flottenpolitik, d.h. nur gewisse Hard- und Software werden von der Verwaltung angeschafft und durch die BEDAG INFORMATIK gewartet und betrieben. Natürlich konnte diese Flottenpolitik nicht hundertprozentig durchgesetzt werden. In Zukunft sollte sie es aber erlauben, die ganze kantonale Verwaltung zu vernetzen.

2.3.3 *Daten*

In fast allen Umweltschutz-relevanten EDV-Projekten ist die Trennung von Geschäftsvorfall- und Sachdaten zwingend vorgeschrieben. Da nun i. a. die Geschäftsvorfälle für die verschiedenen Aemter an den Betrieben "hängen", erwies es sich als notwendig, eine gemeinsame, einheitliche Beschreibung der Betriebe zur Verfügung zu haben. Im Kanton Bern hat man deshalb mit dem Aufbau einer kantonalen Betriebs- und Anlagenbasisdatenbank (BABAD) begonnen. Wie die Graphik "Vollzugsdaten" in Fig 4 zeigt, bildet diese Datenbank die Wurzel diverser Applikationen. Alle diese amtsstellenspezifischen Applikationen haben BABAD als Basis. Dies ist ein Datenschwerpunkt im Umweltschutzbereich.
Ein zweiter Schwerpunkt im Datenbereich ist die Konzeption des geographischen Informationssystem mit den raumbezogenen Daten.
Ein dritter Schwerpunkt ist die Erarbeitung eines Umweltdatenmodells, damit ein Überblick der Daten von bestehenden Applikationen und die Einbindung der Daten neuer Applikationen möglich wird.

3.   *STAND DER UMWELTINFORMATIK IM KANTON BERN*

3.1   *Stand der Projekte*

Der Stand der Umwelt-bezogenen EDV-Projekte ist, bis auf zwei Alt-Projekte, im Anfangsbereich des Software-life-cycles angesiedelt.

	Voranalyse	Analyse	Design	Programmierung	Produktion
BEGIS	x				
WAWIDA	x				
BABAD		x			
IGK		x			
VVS			x	x	
AREGIS		x			
DBK		x			
TANKKONTROLLE					x
FEUERUNGSKONTROLLE					x

3.2   *Spezifisches Vorgehen der Abteilung Umweltinformatik*

- Zügiger Ausbau der vor allem im Vollzugsbereich liegenden Verwaltungsapplikationen
- Wahrnehmen der Koordinationsaufgaben in EDV-technischer Hinsicht bei allen oben genannten Applikationen und Projekten
- Aufbau eines Grundbestandes von Umwelt-relevantem Fachwissen auf der Informatikseite
- Erstellung des Umweltdatenmodells
- Erarbeiten der Grundlagen für ein kantonales, direktionsübergreifendes geographisches Informationssystem

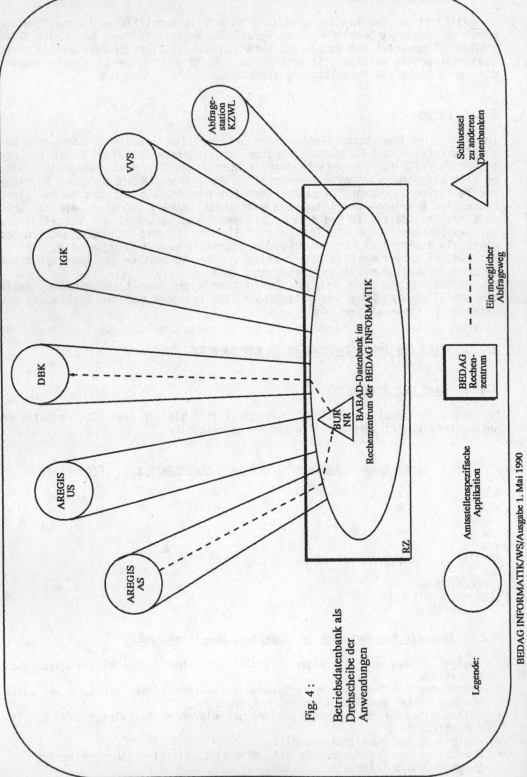

Fig. 4:

Betriebsdatenbank als
Drehscheibe der Anwendungen

Legende:

**Schluessel
zu anderen
Datenbanken**

**Ein moeglicher
Abfrageweg**

**BEDAG
Rechen-
zentrum**

**Amtsstellenspezifische
Applikation**

Abfrage-
station KZWL

VVS

IGK

DBK

AREGIS
US

AREGIS
AS

**BUR
NR**

**BABAD-Datenbank im
Rechenzentrum der BEDAG INFORMATIK**

RZ

Das Informationssystem des Umweltbundesamtes

(Kurzfassung)

F. Fibich, K. Zirm

Umweltbundesamt

Biberstraße 11, A – 1010 Wien

Zusammenfassung

Das Umweltbundesamt ist seit seiner Gründung im Jahre 1985 beauftragt, Umweltdaten aus den verschiedensten Bereichen zu sammeln, zu verarbeiten und miteinander zu verknüpfen. Diese Daten sollen u.a. zur Bewertung der Umweltsituation in Österreich und zu dessen Verbesserung als Grundlage für künftige Maßnahmen herangezogen werden. Die Realisierung des Umweltinformationssystems erfolgt mit Hilfe eines geographischen Informationssystems.

1. Einführung

Zu den Aufgaben des Umweltbundesamtes zählen vor allem die Kontrolle der Umwelt und ihrer Veränderungen in Hinblick auf Umweltbelastungen, die Durchführung und Auswertung von Messungen, die Erstellung von Gutachten und die Beratung und Information der Bevölkerung. Das 1985 in Kraft getretene Umweltkontrollgesetz, das 1989 novelliert wurde und seither auch die Führung von Umweltkatastern inkl. der Altlastendaten einschließt, ist die gesetzliche Grundlage für das Umweltbundesamt. Weitere Aufgaben ergeben sich durch Gesetze wie das Smogalarmgesetz 1989 und das Abfallwirtschaftsgesetz 1990.

2. Anforderungen an das Umweltinformationssystem

Eines der wesentlichen Ziele liegt in der Sammlung und Vereinheitlichung von Umweltdaten, die auch in Österreich in großer Zahl seit Jahren vielerorts gesammelt werden. Diese Daten sind in der Regel orts– und zeitbezogen, weshalb die Anwendung eines vernetzten EDV–Systems mit einem leistungsfähigen geographischen Informationssystem (GIS) erforderlich war.

Das Informationssystem soll darüber hinaus nicht nur Daten verwalten können sondern auch im Rahmen eines Datenverbundes einen vielfältigen on–line–Betrieb (Luftmeßnetze, Sonderabfalldatenverbund, in– u. ausländische Datensammlungen und Faktendatenbanken) möglich machen.

3. Realisierungsstand

Als Basis–Systeme wurden VAX–Rechner mit dem Betriebssystem VMS eingerichtet. Als Zentraleinheiten stehen zur Zeit zwei Systeme (VAX 6230 und 8200) in einem Cluster zur Verfügung. Mit diesem kommunizieren 5 weitere kleinere VAX–Systeme mit Hilfe eines lokalen Netzwerkes, das wiederum über Standleitungen und DATEX–P mit den Zweigstellen Salzburg und Klagenfurt (DECnet) sowie mit einer Vielzahl anderer Kooperationspartner verbunden ist.

Abbildung 1 zeigt den derzeitigen Stand der zentralen Rechenanlage des Umweltbundesamtes.

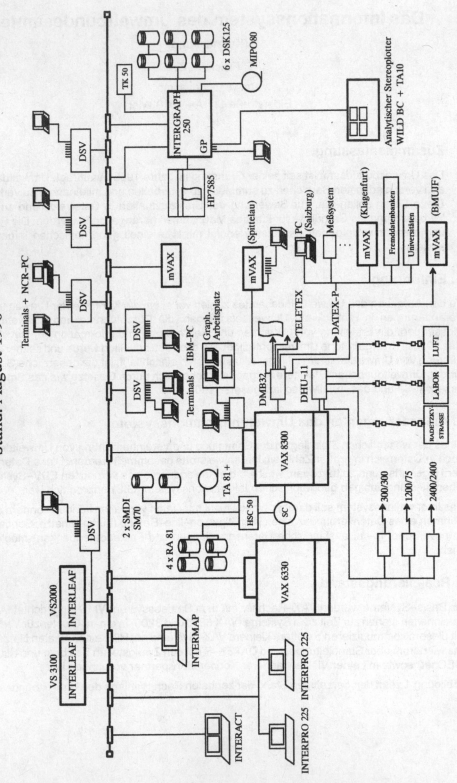

RECHENANLAGE DES UMWELTBUNDESAMTES
Stand: August 1990

3.1 Raumbezogene Umweltdaten

Um den für Umweltfragen bedeutsamen lokalen Bezug in dem Umweltinformationssystem berücksichtigen zu können werden ortsbezogene Daten, Tabellen, Meßwerte etc. in relationalen und netzwerkartigen Datenbanken abgelegt und mit den Elementen einer komplexen graphischen Datenbank verknüpft.

Das Umweltbundesamt ist seit seiner Gründung bemüht, Umweltdaten von deren Erstellern nach Möglichkeit in bereits digitalisierter Form zu erhalten, um die enormen Kosten und Personalaufwendungen beim Betrieb eines solchen Umweltinformationssystems nach Möglichkeit zu minimieren. Auch in den Bundesländern werden Umweltdaten in zunehmendem Maße digital aufbereitet und verarbeitet bzw. in Informationssysteme der Bundesländer übertragen.

3.2 Geographische Grundlagendaten

Das Umweltbundesamt verwendet als räumliche Datenbasis für die allgemeine Darstellung von Umweltdaten die Topographische Karte Österreichs (Maßstab 1:500.000 mit einer Genauigkeit < 200 m), die durch das Umweltbundesamt gemeinsam mit dem Bundesamt für Eich– und Vermessungswesen erstellt wurde. Darin sind v. a. die Themen Gewässer, Bahnlinien, Straßen, Ortschaften, Kraftwerke, politische Grenzen etc. enthalten. Zusätzlich verfügt das Umweltbundesamt über flächendeckende Geländehöhendaten mit einer Rasterweite von 50 x 50 m.

3.3 Analyse von Umweltdaten

Die EDV–Fachleute des Umweltbundesamtes haben in Zusammenwirken mit den Fachabteilungen des Amtes eine Vielzahl von Softwareprogrammen entwickelt, die zur Darstellung und Analyse der Umweltsituation Österreichs sowie zur Erstellung von Szenarien und Modellen herangezogen werden.

Die Rechenanlage des Amtes, die neben der Textverarbeitung und Bürokommunikation hauptsächlich der Verarbeitung von Umweltdaten dient, wird für praktisch alle derzeit etwa 150 laufenden Projekte des Amtes herangezogen, weshalb "Umweltinformation" ohne Anwendung der Datenverarbeitung unvorstellbar geworden ist.

Im Rahmen des Referates wird auf eine Reihe von aktuellen Projekten des Amtes eingegangen.

4. Ausblick

Der bisher am Umweltbundesamt eingeschlagene Weg hat sich als richtig erwiesen. In Zukunft wird der Aktualisierung und Erweiterung des Umweltinformationssystems große Bedeutung beigemessen werden.

Das Umweltbundesamt ist im internationalen Bereich Kooperationspartner vieler Institutionen (wie etwa ECE, UNEP–INFOTERRA; Umweltbundesamt Berlin, US–EPA etc.), mit denen ein Datenaustausch in zunehmendem Maße gepflogen wird. In naher Zukunft wird das Umweltbundesamt auch als "National Focal Point" mit der geplanten Europäischen Umweltagentur zusammenarbeiten. Der Austausch von Umweltdaten mit dem EG–Umweltinformationssystem CORINE ist geplant.

Durch die Entwicklung in den osteuropäischen Ländern zeichnet sich schließlich ein weiteres für Österreich besonders interessantes Arbeitsgebiet ab.

Umweltinformationssystem
Umweltdatennetz

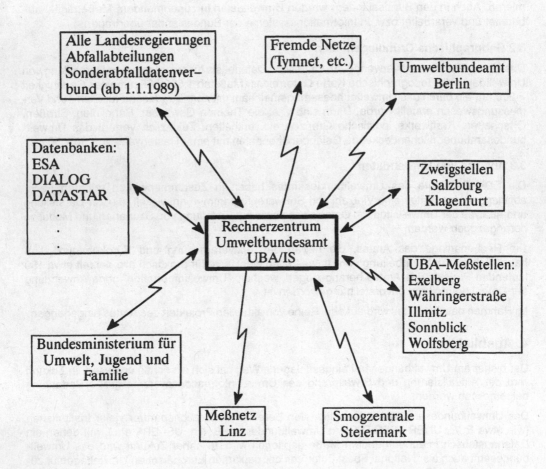

Alle Landesregierungen
Abfallabteilungen
Sonderabfalldatenverbund (ab 1.1.1989)

Fremde Netze
(Tymnet, etc.)

Umweltbundesamt
Berlin

Datenbanken:
ESA
DIALOG
DATASTAR
.
.
.

Zweigstellen
Salzburg
Klagenfurt

Rechnerzentrum
Umweltbundesamt
UBA/IS

UBA–Meßstellen:
Exelberg
Währingerstraße
Illmitz
Sonnblick
Wolfsberg

Bundesministerium für
Umwelt, Jugend und
Familie

Meßnetz
Linz

Smogzentrale
Steiermark

Umweltbundesamt

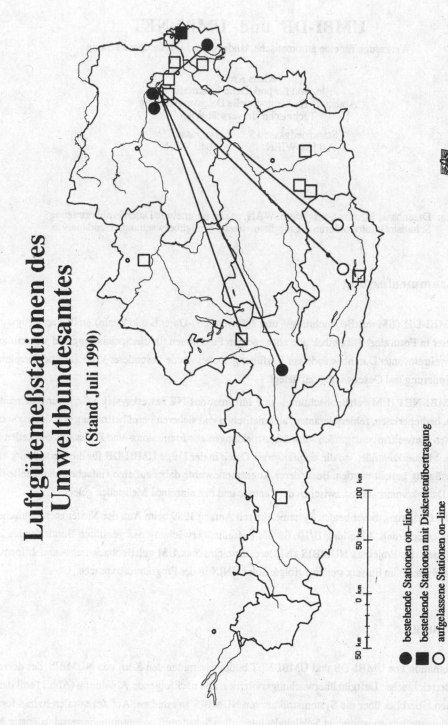

Luftgütemeßstationen des Umweltbundesamtes
(Stand Juli 1990)

● bestehende Stationen on-line
■ bestehende Stationen mit Diskettenübertragung
○ aufgelassene Stationen on-line
□ aufgelassene Stationen mit Diskettenübertragung
▨ geplante Stationen on-line

50 km
0 km
50 km
100 km

Umweltbundesamt

UMBI-DB und UMBI-NET

Werkzeuge für eine automatische, landesweite Luftgüteüberwachung

Klaus Kreil
Institut für praktische Informatik
Abteilung für kommerzielle Datenverarbeitung
Technische Universität Wien

Starkfriedgasse 15   Resselgasse 3/2
A-1180 WIEN   A-1040 WIEN

Deskriptoren: Datenbank, Informationssystem, WAN, paketvermittelnde Datenfernübertragung
Schadstoffprotokollierung, Luftgütemeßnetz, Smogüberwachung, Trendanalyse

Zusammenfassung

UMBI-DB (**UM**welt**B**eobachtungs- und **I**nformations-**D**aten**B**anksystem) stellt dem Programmierer in Form einer Bibliothek alle notwendigen Funktionen für die Speicherung und Verwaltung umweltrelevanter Datenbestände zur Verfügung. Dabei wurde besonderer Wert auf Speicherplatzoptimierung und Geschwindigkeit gelegt.

UMBI-NET (**UM**welt**B**eobachtungs- und **I**nformations-**NET**zwerksystem) dient zur regelmäßigen, bedienerlosen, fehlertoleranten, automatischen und sicheren Fernübertragung von dezentral erfaßten Umweltzustandsgrößen samt Statusmeldungen aus Immissions- und Emissionsmeßstellen in eine Meßnetzzentrale, wo die empfangenen Daten in der Folge UMBI-DB für die Verwaltung zur Verfügung gestellt werden. Besonderes Augenmerk wurde dabei auf eine einfache Schnittstelle für die Datenkommunikation zwischen der Zentrale und den einzelnen Meßstellen gelegt.

Die Codierung dieser beiden Systeme, die seit Anfang 1989 beim Amt der Niederösterreichischen Landesregierung, Abteilung B/10, für die Luftgüteüberwachung des gesamten Bundeslandes im Rahmen des Projektes NUMBIS (Niederösterreichisches **UM**welt**B**eobachtungs- und **I**nformations**S**ystem) im Einsatz stehen, erfolgte unter UNIX in der Programmiersprache „C".

1. Einleitung

Die Kombination von UMBI-DB und UMBI-NET bildet zusammen den Kern von NUMBIS, des derzeit größten österreichischen Luftgüteüberwachungssystemes. Die nachfolgende Abbildung (Abb.1) soll dazu dienen, einen Überblick über die Systemstruktur von NUMBIS zu erhalten: Auf dezentralen Immissions- bzw. Emissionsmeßstellen werden in 5-Sekundenintervallen Schadstoffkonzentrationen verschiedenster Art sowie meteorologische Umgebungsbedingungen erfaßt und noch auf der Station durch Integration über die Zeit zu einem Halbstundenmittelwert (HSMW) zusammengefaßt. Solche HSMW werden im Rahmen eines von der Meßnetzzentrale halbstündlichen initiierten Datentransfers mittels UMBI-NET an diese übertragen, wo eine Übernahme von UMBI-DB in die Meßwertdatenbank zur Archivierung erfolgt. In der Zentrale existieren daher nur noch HSMW als Grunddaten für alle weiteren Berechnungen und Verarbeitungen, was sich auf einschlägige legistische Grundlagen, Normen und Empfehlungen zurückführen läßt ([BGB189], [BMGesundheit], [BMGesundheit75], [BMUmwelt], [BMUmwelt88], [ISO4225], [M5866], [M9440], [NöLGB186], [NöLGB187]).

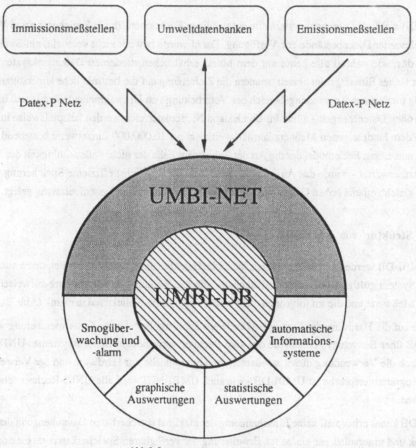

Abb.1 Systemstruktur von NUMBIS

Im zentralseitigen System von NUMBIS kann jeder Prozeß über eine vordefinierte Schnittstelle (siehe auch Abb. 2) Grund- oder, auf Wunsch, bereits aufbereitete Datenbestände von UMBI-DB anfordern. Der Anwender selbst kommt dabei aber weder mit UMBI-DB noch mit UMBI-NET direkt in Berührung, da die gesamten dafür spezifischen Aufrufe durch eine Anzahl von Anwendungsprogrammen (untere Hälfte der äußeren Schale in Abb. 1) vor diesem verborgen werden.

Vorgesehen ist auch der Anschluß an andere Umweltdatenbanken, um im Bedarfsfall den gegenseitigen Austausch von Umweltzustandsinformationen zu ermöglichen. Dabei ist prinzipiell sowohl eine Online-Verbindung unter Verwendung öffentlicher Datenkommunikationsdienste der Post (Datex-P Netz, Stand-leitung, Wählleitung) mittels UMBI-NET (Abb. 1) wie auch ein Offline-Austausch über transportable

Speichermedien wie Diskette oder Band denkbar. Die Notwendigkeit zum Online-Austausch könnte sich beispielsweise bei Erreichen von erhöhten Schadstoffkonzentrationen in, bezogen auf die räumliche Ausdehnung des regulär angeschlossenen Meßnetzes, grenznahen Gebieten ergeben.

2. Das Umweltdatenbanksystem UMBI-DB

UMBI-DB stellt als Datenbanksystem alle notwendigen Funktionen für die Speicherung und Verwaltung umweltrelevanter Datenbestände zur Verfügung. Dabei wurde bewußt nicht versucht, ein System zu entwickeln, das, wie nahezu alle heute auf dem Markt erhältlichen modernen Datenbanksysteme, auf ein möglichst weites Einsatzgebiet abzielt, sondern die Zielsetzung auf die bestmögliche Unterstützung für den relativ eng umrissenen Anwendungsbereich der Verarbeitung von Umweltmeßdaten zu legen. Im Hinblick auf die großen Datenmengen - allein im Bundesland Niederösterreich werden beispielsweise in naher Zukunft aus dem landeseigenen Meßnetz jährlich weit mehr als 10.000.000 Einzelwerte bestehend aus einem Meßwert und einem Fehlercode, der die Art der Störung im Falle der nicht vollen Gültigkeit des Meßwertes spezifiziert, erwartet - wurde das Augenmerk daher auf eine möglichst effiziente Speicherung verbunden mit einer gleichbleibend hohen Geschwindigkeit bei insgesamt niedriger Systembelastung gelegt.

2.1 Die Struktur von UMBI-DB

Von UMBI-DB werden derzeit drei unterschiedliche Datenbestände zentral verwaltet, und zwar die für das gesamte System gültige Konfigurationsdatenbank, die den weitaus größten Umfang aufweisende Datenbank der Meßwerte und die im folgenden nicht weiter ausgeführte Kollektivedatenbank (Abb. 2).

Zugriffe auf die Hardware des Systemes (Hardware-Schnittstelle) zwecks Datenspeicherung werden von UMBI-DB über Betriebssystemaufrufe des vom Rechner verwendeten Betriebssystemes UNIX durchgeführt. Durch die Verwendung dieser standardisierten Schnittstelle zur Hardware und der Verwendung von „C" als Programmiersprache ist UMBI-DB - wie auch UMBI-NET - auf alle UNIX-Rechner relativ einfach zu portieren.

UMBI-DB kennt prinzipiell keine Einschränkung der maximal speicherbaren Datenmenge in der Meßwertdatenbank und unterstützt zur einfachen Erweiterung der verfügbaren Speicherkapazität eine unbegrenzte Anzahl an Magnetplatten.

Für den Zugriff auf Datenbestände einer der drei Datenbanken aus einem Anwendungsprozeß wird UMBI-DB zur Laufzeit mittels der eingebundenen Funktionsaufrufe als Unterprogramm aufgerufen, womit, abgesehen vom Fehlerfall, dem Prozeß die gewünschten Daten zur Verfügung gestellt werden. Da keine Datenbankzugriffe ohne die Verwendung von UMBI-DB vorgesehen sind, bleibt die konsistente Sicht der gesamten Daten für jeden Anwendungsprozeß zu jedem Zeitpunkt gewahrt. Weiters konnten durch diesen Ansatz der zentralen Verwaltung aller drei Datenbanken die Problemkreise Redundanz und Datenintegrität aus der Sicht des Anwenders vollkommen eliminiert werden ([Korth86], [Date86]).

Die Bindung von UMBI-DB an die Anwendungsprogramme wird aus Effizienzgründen bereits zur Übersetzungszeit vorgenommen ([Korth86]). Dabei werden aber nur die vom jeweiligen Anwendungsprogramm wirklich benötigten Teile des Datenbanksystemes in die Applikation miteingebunden, was in den meisten Fällen in einer nicht unerheblichen Reduktion der Größe des ablauffähigen Codes resultiert.

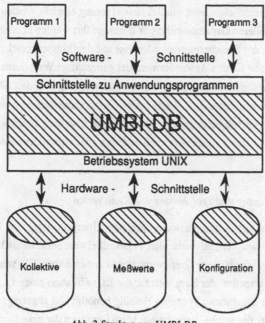

Abb. 2 Struktur von UMBI-DB

2.2 Die Konfigurationsdatenbank

In der Konfigurationsdatenbank werden von UMBI-DB die gesamten systemglobalen Konfigurationen von NUMBIS verwaltet. An wichtiger Information enthält diese Datenbank beispielsweise Daten über jede dem System bekannte Meßstation, angefangen von Name und Standort der Station über die dort erfaßten Parameter (Schadstoffe bzw. meteorologische Umgebungsbedingungen) bis zu für den Verbindungsaufbau notwendigen Daten wie Datex-P Nummer und Art des Protokolls für UMBI-NET. Weiters existiert hier für jeden dem System bekannten Parameter eine Konfiguration, die unter anderem bestimmte Integritätsbedingungen für in der Meßwertdatenbank gespeicherte Meßwerte festlegt oder Grenzwerte für die Auslösung vorgegebener Alarme definiert. In einer weiteren Konfiguration wird unter anderem die für die Errechnung von gleitenden Mittelwerten mit unterschiedlichen Gleitfenstergrößen jeweils notwendige Mindestanzahl an gültig vorhandenen Meßwerten definiert ([M5866]).

2.3 Die Meßwertdatenbank

Die Meßwertdatenbank wird von UMBI-DB zur Verwaltung aller im System vorhandenen Meßdaten verwendet. Neben den reinen Meßwert, dem HSMW, in Form einer zwei Byte großen ganzen Zahl, tritt im Einklang mit der ÖNORM ([M5866]) noch ein Fehlercode, der angibt, ob der gespeicherte Wert grundsätzlich voll gültig ist und darüberhinaus eine weitere Informationseinheit, die zur Identifikation desjenigen

Benutzers dient, der den korrespondierenden Meßwert zuletzt in irgendeiner Art und Weise verändert hat. Diese vier Einzelinformationen definieren einen, insgesamt vier Byte großen Einzelwert in der Datenbank. Durch die Verwendung von ganzzahligen Werten anstelle einer Gleitkommadarstellung für die Speicherung der HSMW konnte eine wesentliche Geschwindigkeitssteigerung erreicht werden, da alle Rechenoperationen in der wesentlich schnelleren Ganzzahlarithmetik durchgeführt werden können, und darüberhinaus eine gleichzeitige Verringerung der Speicherplatzerfordernisse auf den Massenspeichermedien erreicht werden. Erst zu Zwecken der Ausgabe für den Anwender wird der ganzzahlige Wert durch Einfügen eines Kommas an der richtigen Position in die korrekte Gleitkommadarstellung umgewandelt. Durch diesen Algorithmus werden über die Verwendung ganzzahliger Werte intern Gleitkommawerte mit einer mindestens vierstelligen Genauigkeit im positiven wie im negativen Wertebereich simuliert. Innerhalb dieses Wertebereiches sind auch Darstellungs- und Rundungsfehler durch additive oder subtraktive Berechnungen vollkommen ausgeschlossen.

2.3.1 Automatische Errechnung und Speicherung von Kennwerten

Viele der regelmäßig durchgeführten Auswertungen oder Überprüfungen von Umweltdaten verwenden Kennwerte auf Tagesbasis wie beispielsweise den Tagesmittelwert oder Statistiken über jene Anzahl von Meßwerten, die bestimmte, vordefinierte Grenzwerte überschritten haben. Ein weiterer, häufig gebrauchter, und relativ zeitintensiv zu errechnender Kennwert für die Klassifikation eines Tages ist durch seine Zoneneinteilung gegeben. Da die angeführten Werte regelmäßig benötigt und abgefragt werden, wurde in UMBI-DB ein Ansatz verwirklicht, der solche Werte bereits beim Eintragen der einzelnen HSMW in die Meßwertdatenbank errechnet und beim jeweiligen Tag zusätzlich abspeichert. Dadurch wird sichergestellt, daß ein Anwender im Bedarfsfall solche Daten wesentlich schneller zur Verfügung hat, als dies bei jedesmaliger tatsächlicher Berechnung der Fall sein könnte. Dies resultiert für den einzelnen Anwender aber nicht nur in einer wesentlichen Verringerung der Antwortzeit im interaktiven Betrieb, sondern führt auch zu einer gleichmäßigeren Verteilung der Systembelastung über den ganzen Tag, da im Regelfall die zeitintensiv zu errechnenden Kennwerte auf Tagesbasis aufgrund einer für die Berechnung minimal notwendigen, Mindestanzahl an gültig vorhandenen Einzelwerten erst am Ende eines Tages, also während der Nachtstunden, und damit außerhalb der interaktiven Betriebszeiten errechnet werden können.

2.3.2 Bedarfsgesteuerte Neuerrechnung der Kennwerte

Ein Problem ergibt sich dabei allerdings dahingehend, daß der Großteil dieser Werte auf Grund frei konfigurierbarer, in der Konfigurationsdatenbank abgespeicherter, Kriterien zu errechnen ist und eine Modifikation dieser Kriterien zu neuen Berechnungsvorschriften und daher zur Invalidierung der errechneten Kennwerte führen kann. Um nun in einem solchen Fall dem Anwender keine falschen Daten zu liefern, hat bei Veränderung relevanter Kriterien eine Neuerrechnung aller davon betroffenen gespeicherten Kennwerte zu erfolgen. Für eine solche Neuerrechnung stehen zwei einfache, prinzipiell unterschiedliche Ansätze zur Verfügung.

Zum einen könnte eine Veränderung relevanter Kriterien zur sofortigen Überprüfung des gesamten Datenbestands führen, die gegebenenfalls in einer Korrektur inkonsistenter Werte resultiert. Diese Methode stellt zwar sicher, daß auch aus der internen Sicht der Datenbank die Datenkonsistenz stets gewahrt bleibt, hat aber die gravierenden Nachteile, daß einerseits eine Überprüfung und Neuerrechnung von großen Datenmengen sehr lange dauert und andererseits eine fälschlicherweise durchgeführte, ungewollte Veränderung von Kriterien durch die folgende notwendige Richtigstellung zu einer doppelten Systembelastung führt. Weiters müßte während der Zeit der Überprüfung und Neuerrechnung UMBI-DB sinnvollerweise alle betroffenen Daten sperren, woraus sich eine inakzeptable Einschränkung des Betriebes ergeben würde. Wenn man realistischerweise auch noch die Möglichkeit eines Systemausfalles während der Berichtigung der Datenbestände in Betracht zieht, so verschärft sich das Problem dahingehend, daß nach dem Wiederanlaufen des Systemes eine Rückabwicklung respektive eine neuerliche Durchführung der gesamten Operation zu erfolgen hat, da ansonsten durch eine nicht vollständig durchgeführte Korrektur inkonsistente Datenbestände in der Datenbank möglich sind.

Der zweite in UMBI-DB verwirklichte Ansatz steht zwar prinzipiell auch auf dem Standpunkt, daß die Datenkonsistenz gegeben sein muß, diese jedoch nicht intern verwirklicht, sondern nur aus der Sicht des Benutzers sichergestellt sein muß. Das bedeutet, daß in der Datenbank sehr wohl falsche Daten im Sinne von Inkonsistenz vorhanden sein können, diese aber nicht an den Anwender weitergegeben werden dürfen. Daraus leitet sich ab, daß vor der Bereitstellung von Kennwerten für den Anwender von UMBI-DB eine Überprüfung erfolgen muß, ob die in der Datenbank gespeicherten Werte auf Grund der derzeit gültigen Kriterien errechnet oder wegen veränderter Berechnungsvorschriften invalidiert wurden. Aus der Notwendigkeit zur Überprüfung ergibt sich eine solche zur Speicherung der Berechnungskriterien für jeden der Kennwerte innerhalb der Meßwertdatenbank auf Tagesbasis.

Eine Anforderung von Kennwerten resultiert daher zunächst in einer Überprüfung der seinerzeit für die Berechnung verwendeten und abgespeicherten Kriterien auf ihre Gültigkeit durch einen einfachen Vergleich mit den aktuell definierten Kriterien, und im Falle der Ungleichheit in einer sofortige Neuberechnung und Speicherung der Kennwerte mit den nun verwendeten, neuen und gültigen Kriterien. Von dieser Vorgangsweise sind aber nur die wirklich benötigten (die vom Benutzer gerade angeforderten) Kennwerte betroffen; der tatsächliche Bedarf an Kennwerten steuert hier also eine allenfalls notwendige Neuerrechnung. Der Nachteil dieser Methode, derbei jeder Abfrage zusätzlich notwendigen Vergleichsaufwand, ist aber, verglichen mit der Berechnung des einfachsten der Kennwerte, nämlich des Mittelwerts, bereits zu vernachlässigen.

2.3.3 Gleitende Mittelwerte

Um die Erstellung von auf UMBI-DB basierenden Applikationen zu erleichtern, ist dieses über die Verwaltung und Speicherung reiner Grunddaten in Form der standardisierten HSMW sowie unterschiedlichster Kennwerte auch in der Lage, dem Anwender auf Wunsch gleitende Mittelwerte mit einem Gleitfenster frei definierbarer Größe zur Verfügung zu stellen. Dabei muß aber wieder auf konfigurierbare Werte, die für unterschiedliche Gleitfenstergrößen eine minimal notwendige Anzahl an gültigen HSMW für die korrekte Errechnung normieren ([M5866]), Rücksicht genommen werden.

Neben der für einen Fachmann unter Umständen größeren Aussagekraft gleitender Mittelwerte spielen diese vor allem in der gesetzlich verankerten Immissionsschutzüberwachung - dort werden beispielsweise Dreistundenmittelwerte als Datengrundlage für die Auslösung der Vorwarnstufe oder der Smogalarmstufen herangezogen ([BGBl89]) - eine tragende Rolle.

2.4 Datensicherheit und automatischer Lastausgleich

Datensicherheit ist ein weiterer Punkt, auf den bei den Designüberlegungen zu UMBI-DB großer Wert gelegt worden ist. Dies zeigt sich nicht nur darin, daß UMBI-DB Möglichkeiten für eine, vom Anwender manuell zu initiierende, Komplettsicherung der Datenbanken vorsieht, sondern vor allem darin, daß eine tägliche, automatische Sicherung von seit der letzten Komplettsicherung veränderten Datenbeständen außerhalb der interaktiven Betriebszeiten durchgeführt wird. Bei beiden Möglichkeiten werden die Daten zur Verringerung des erforderlichen Speichervolumens vor der Sicherung durch ein „adaptiv Lempel-Ziv coding" Verfahren [Welch84] komprimiert und erst danach auf das Sicherungsband bzw. im Falle der automatischen Sicherung auf eine physisch andere Magnetplatte kopiert. Dieses Verfahren komprimiert auf Grund vieler ähnlicher Werte - man denke nur an Temperaturwerte, die sich alle in einem relativ eng begrenzten Bereich bewegen - die zu sichernden Daten regelmäßig auf circa 20% des ohne Komprimierung erforderlichen Speicherplatzes.

Durch die Verwendung mehrerer Magnetplatten für die Speicherung der Datenbanken wird nicht nur die oben beschriebene Methode der automatischen Sicherung ermöglicht, sondern auch eine Steigerung der Leistung des Gesamtsystemes insofern bewirkt, als UMBI-DB intern einen Lastausgleich zwischen den einzelnen Datenplatten vornimmt und so dem Betriebssystem die Möglichkeit für parallelen Datentransfer auf unterschiedlichen I/O-Kanälen eröffnet [Bach86]. Da aber der Großteil der Verarbeitungen HSMW oder Kennwerte über größere, zusammenhängende Zeitbereiche verwendet, wird diese Art der Speicherung nicht für die einzelnen Meß- und Kennwerte innerhalb eines Jahres - diese befinden sich nach Möglichkeit immer in logisch aufeinanderfolgenden Blöcken einer Magnetplatte um schnelles sequentielles Lesen oder Schreiben ohne Neupositionierung der Schreib-Leseköpfe durchführen zu können - sondern nur für die Werte unterschiedlicher Jahre angewendet.

3. Das Umweltvernetzungssystem UMBI-NET

Das Umweltvernetzungssystem UMBI-NET ist innerhalb des Gesamtsystemes für einen zuverlässigen Datentransfer zwischen der Meßnetzzentrale und den dezentralen Meßstellen verantwortlich. Für die Datenübertragung wird dabei das paketvermittelnde Datex-P Netz der Österreichischen Post verwendet, das sich neben einem vom tatsächlichen Datenaufkommen abhängigen Verrechnungsmodus durch eine hohe Übertragungsgeschwindigkeit und Verfügbarkeit sowie eine relativ geringe Fehlerrate auszeichnet, und für den Anwender alle Dienste bis inklusive der Vermittlungsschicht (Schicht 3) des OSI-Referenzmodells der ISO erbringt ([Jennings86], [Eckardt88], [Stallings85], [Meijer82], [BMWirtschaft88-1], [BMWirtschaft88-2], [BMWirtschaft88/89]).

Auf dieser vollkommen OSI-konformen Grundlage der drei untersten Schichten wurde versucht, eine weitergehende logische Strukturierung und Unterteilung der einzelnen Softwarekomponenten in Anlehnung an die Schichtung des OSI-Referenzmodells vorzunehmen. Zu bemerken ist dabei aber, daß UMBI-NET keine auch nur annähernd volle Implementation eines OSI-konformen Netzes darstellt, sondern das Modell der ISO lediglich als Grundlage der logischen Strukturierung in Subsysteme zu Entwurfszwecken verwendet wurde.

3.1 Die Schichtung von UMBI-NET nach OSI

Die folgende Abbildung (Abb. 3) zeigt die Schichtung von UMBI-NET nach dem OSI-Referenzmodell. Zu beachten ist dabei das nicht OSI-konforme, auf der siebenten Schicht aufgesetzte, Subsystem NET-control, dessen Aufgabe lediglich in einem regelmäßigen zeitlichen Anstoß zur Ausführung der von UMBI-NET zu erbringenden Dienste besteht.

Die Aufgabe des Subsystemes NET-transport, das in der Schichtung nach OSI die Aufgaben der Transportschicht (Schicht 4) übernimmt, besteht im Dienst des effizienten, sicheren und einfachen Datenaustausches zwischen einer beliebigen, aber bestimmten Immissions- oder Emissionsmeßstelle. Da bereits durch die Verwendung des Datex-P Netzes eine relativ geringe Fehlerwahrscheinlichkeit garantiert ist, wird von NET-transport kein unverhältnismäßig großer Aufwand in eine weitere Verkleinerung dieser Fehlerwahrscheinlichkeit gesteckt. Vielmehr wird die endgültige Überprüfung der empfangenen Daten auf Richtigkeit und Plausibilität an die Applikationsschicht abgetreten, da ohnedies nur mit deren Wissen eine solche Prüfung richtig und korrekt durchgeführt werden kann ([Saltzer84]). Durch das Subsystem NET-transport wird das Transportsystem nach oben abgeschlossen; die restlichen Subsysteme von UMBI-NET gehören dem Anwendungssystem an.

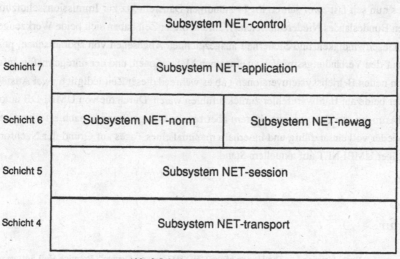

Abb. 3 Schichtung von UMBI-NET

Das Subsystem NET-session verwendet für die Steuerung der Kommunikation zwischen den beiden Partnersystemen grundsätzlich das hierarchisch organisierte Master/Slave-Prinzip in Verbindung mit einem Halbduplexbetrieb, wobei die Meßnetzzentrale in allen Fällen als Master auftritt und die Meßstelle als Slave daher nur auf Anforderung der Zentrale berechtigt ist, mit dieser Daten auszutauschen. Da eine Kommunikation der Meßstellen untereinander nicht notwendig erscheint, impliziert die Verwendung dieses Prinzipes keinerlei Systemeinschränkungen.

NET-norm und NET-newag sind die derzeit bestehenden Möglichkeiten der syntaktischen Umsetzung von den auf den Meßstellen verwendeten Darstellungen in jene des Zentralsystemes. Da von jeder der dezentralen Meßstellen für die Datenkommunikation grundsätzlich immer ihre eigene Darstellung verwendet wird, kann die Umsetzung auf die in der Zentrale verwendete Darstellungsart erst dort durchgeführt werden. In NUMBIS beispielsweise existieren momentan zwei unterschiedliche Typen von Meßstellen und dazu zentralseitig die jeweils korrespondierenden Subsysteme NET-norm bzw. NET-newag.

Die Aufgaben der Applikationsschicht NET-application, die alle kommunikationsbezogenen Aufgaben im weitesten Sinn umfaßt, sind umfassend. Zunächst besteht die Hauptaufgabe dieser Schicht in der Anforderung und Übertragung der Einzelwerte (HSMW und Fehlercode) von den unterschiedlichen Meßstellen in die Zentrale. Im Rahmen dieser Übertragungen werden auch Fehler-, Status- oder Protokollmeldungen der Station übernommen, und auf Wunsch des Anwenders kann eine Kalibration der Analysegeräte veranlaßt werden. Weiters wird im Bedarfsfall eine Synchronisation der Uhren in den Meßstationen auf die in der Zentrale gültige Zeit veranlaßt. Schließlich wird in dieser Schicht auch die bereits erwähnte endgültige Überprüfung der übertragenen Daten vorgenommen.

4. Derzeitiger Stand der Entwicklung

Sowohl UMBI-DB als auch UMBI-NET stehen unter Einrechnung des etwa dreimonatigen Probe- und Testbetriebes nun seit fast zwei Jahren im 24-stündigen Dauereinsatz zur Immissionsschutzüberwachung des gesamten Bundeslandes Niederösterreich. Während dieser Zeit haben sich beide Werkzeuge durch ihre Robustheit, Geschwindigkeit und Sicherheit ausgezeichnet. Abgesehen von sporadischen, postbedingten Problemen auf den Verbindungsstrecken zu einzelnen Meßstationen, und der unregelmäßig anfallenden Installation von neuen Betriebssystemversionen gab es während dieser Zeit lediglich zwei Ausfälle des Systems, die aber beide auf Hardwarefehler zurückzuführen waren. Durch die von UMBI-DB automatisch erstellten Sicherungen war das gesamte System aber bereits wenige Stunden nach erfolgter Reperatur der Hardware wieder voll einsatzfähig und innerhalb maximal eines Tages auf Grund der Nachforderung von Meßwerten über UMBI-NET auf aktuellem Stand.

5. Literatur

[Bach86]   Bach, Maurice J., „The Design of the UNIX® Operating System", Prentice-Hall Software Series, Prentice Hall Inc., 1986

[BGBl89]   Bundesgesetzblatt für die Republik Österreich, „38. Bundesgesetz vom 21. Oktober 1987 über Maßnahmen zur Abwehr von Gefahren für das Leben und die Gesundheit von Menschen durch Luftverunreinigungen (Smogalarmgesetz)", ausgegeben am 20. Jänner 1989

[BMGesundheit]   Bundesministerium für Gesundheit und Umweltschutz [Hrsg.], Akademie der Wissenschaften, „Schwefeldioxid in der Atmosphäre: Luftqualitätskriterien SO_2"

[BMGesundheit75]   Bundesministerium für Gesundheit und Umweltschutz [Hrsg.], Wissenschaftlicher Beirat für Umwelthygiene im Bundesministerium für Gesundheit und Umweltschutz, „Luftverunreinigung - Immissionsmessung. Richtlinie 1: Bundeseinheitliche Datenspeicherung, Richtinie 2: Schwefeldioxid Minimalprogramm", W. Hötzenberger, 1975

[BMInneresBRD86]   Bundesminister des Inneren [Hrsg.], „Erste Allgemeine Verwaltungsvorschrift zum Bundes-Immissionsschutzgesetz (Technische Anleitung zur Reinhaltung der Luft - TA Luft)", G 3191 A, ISSN 0341-1435, Ausgabe A, Bonn, 28.Februar 1986

[BMUmwelt]   Bundesministerium für Umwelt, Jugend und Familie [Hrsg.], Akademie der Wissenschaften, Wissenschaftlicher Beirat für Umwelthygiene im Bundesministerium für Umwelt, Jugend und Familie, „Stickoxide in der Atmosphäre: Luftqualitätskriterien NO_2"

[BMUmwelt88]   Bundesministerium für Umwelt, Jugend und Familie [Hrsg.], Akademie der Wissenschaften, Wissenschaftlicher Beirat für Umwelthygiene im Bundesministerium für Umwelt, Jugend und Familie, „Luftverunreinigung - Immissionsmessung, Richtlinie 13: Alarmwerte für SO_2 und Staub", April 1988

[BMWirtschaft88-1]   Bundesministerium für öffentliche Wirtschaft und Verkehr, Generaldirektion für die Post- und Telegraphenverwaltung, „Tarife für Text- und Datenkommunikationsdienste", Informationsheft, DS 668509900/1988, April 1988

[BMWirtschaft88-2]   Bundesministerium für öffentliche Wirtschaft und Verkehr, Generaldirektion für die Post- und Telegraphenverwaltung, „DATEX-P ... Trägerdienst für die Datenfernübertragung", Informationsheft, DS 668508400/1988, Mai 1988

[BMWirtschaft88/89]   Bundesministerium für öffentliche Wirtschaft und Verkehr, Generaldirektion für die Post- und Telegraphenverwaltung, „Allgemeines über Datex-L 300, DDL 300, Datex-L synchron, DDL synchron, DS 64, DS 2000, Datex-P, Telex, Teletex, Bildschirmtext, Telepost, Telefax", Informationsheft, DS 668509800/1988, Mai 1988, Ergänzungsblatt 23. Jänner 1989

[Brunner85]   Brunner, H., „Immissionsmeßnetz für das Kraftwerk Dürnrohr", Tagungsband EDV für Umweltschutz und Energiewirtschaft, Tulln, 6.-8. November 1985, Arbeitsgemeinschaft für Datenverarbeitung, S. 21-28

[Date86]   Date, C. J., „An Introduction to Database Systems", Volume I, Fourth Edition, Addison-Wesley Systems Programming Series, Addison-Wesley Publishing Company, 1986

[Eckardt88]   Eckardt, K.J., und Nowak, R., „Standard-Architekturen für Rechnerkommunikation", Handbuch der Informatik, Verlag R. Oldenburg 1988

[Hann85]   Hann, W., „Der Einsatz der EDV bei der NÖ. Luftgüteüberwachung", Tagungsband EDV für Umweltschutz und Energiewirtschaft, Tulln, 6.-8. November 1985, Arbeitsgemeinschaft für Datenverarbeitung, S. 77-85

[ISO4225]   ÖNORM ISO 4225, „Generelle Aspekte der Luftreinhaltung: Begriffe", 2. Vorschlag Oktober 1983

[Jennings86]   Jennings, Fred, „Practical Data Communications: Modems, Networks and Protocols", Industrial Computing Series, Blackwell Scientific Publications, 1986, Reprinted 1988

[Kernighan78]   Kernighan, Brian W., und Ritchie, Dennis M., „The C Programming Language", Prentice Hall Inc., 1978

[Korth86]   Korth, Henry F., und Silberschatz Abraham, „Database System Concepts", McGraw-Hill Advanced Computer Science Series, McGraw-Hill Inc., 1986

[M5866]   ÖNORM M 5866, „Luftreinhaltung, Bildung und Auswertung von Immissionsdaten", Vorschlag Mai 1989

[M9440]   ÖNORM M 9440, „Ausbreitung von Schadstoffen in der Atmosphäre, Ermittlung von Schornsteinhöhen und Berechnung von Immissionskonzentrationen", 1. Juni 1982

[Meijer82]   Meijer, Anton, und Peeters, Paul, „Computer Network Architectures", Pitman Books Limited, 1982

[NöLGBl86]   Landesgesetzblatt für das Land Niederösterreich, „Gesetz über Maßnahmen zur Reinhaltung der Luft (NÖ Luftreinhaltegesetz)", 8100-0, Stammgesetz 72/86, 1986-07-22

[NöLGBl87]   Landesgesetzblatt für das Land Niederösterreich, „Vereinbarung über die Festlegung von Immissionsgrenzwerten für Luftschadstoffe und über Maßnahmen zur Verringerung der Belastung der Umwelt samt Nebenabrede", 0804-0, Vereinbarung 103/87, 1987-10-13

[NöLreg85]   Amt der Niederösterreichischen Landesregierung, Forschungsinstitut für Energie- und Umweltplanung, „Emissionskataster Niederösterreich: Flächenbilanz luftverunreinigender Stoffe stationärer Emissionsquellen des Bundeslandes Niederösterreich", Neuerstellung, Druckerei Ferdinand Berger & Söhne Gesellschaft m.b.H., 1985

[Saltzer84]   Saltzer, J. H., Reed, D. P., und Clark, D. D., „End-To-End Arguments in System Design", ACM Transactions on Computer Systems, Vol. 2, No. 4, November 1984, S. 277-288

[Stallings85]   Stallings, William, „Data and Computer Communications", Macmillan Publishing Company, 1985

[Welch84]   Welch, Terry A., „A Technique for High Performance Data Compression", IEEE Computer, Vol. 17, No. 6, June 1984, S. 8-19

[Wiesner85]   Wiesner, H., „Ein integriertes Datenbanksystem für umweltrelevante Meßdaten", Tagungsband EDV für Umweltschutz und Energiewirtschaft, Tulln, 6.-8. November 1985, Arbeitsgemeinschaft für Datenverarbeitung, S. 295-306

Das Smog-Frühwarnsystem der Bundesrepublik Deutschland
Entwicklung in einer heterogenen DV-Umgebung

Bernd Strobel
Umweltbundesamt
Bismarckplatz 1, D1000 Berlin 33

Deskriptoren: Luftreinhaltung, Datenbankanwendung, Datennetzwerk

Zusammenfassung

Die in den Luftgütemeßnetzen der Bundesländer und
des Umweltbundesamts erhobenen Daten werden tages-
aktuell oder im Smog-Fall 3-stündlich zum Umweltbundesamt übertragen und in bundesweiten Übersichtskarten automatisch ausgewertet. Die bundesweiten Übersichtskarten stehen für alle Bundesländer online zum Abruf bereit. Damit ist erstmals
die kontinuierliche Beobachtung des weiträumigen
Transports von Luftverunreinigungen ermöglicht.

1. Ausgangslage

Erkenntnisse über den weitreichenden Transport von Luftverunreinigungen haben die Notwendigkeit einer aktuellen großräumigen Beobachtung von Luftverunreinigungen und letztlich auch deren Vorhersage
deutlich gemacht. Ziel dabei ist es, durch frühzeitiges Erkennen hoher
Schadstofffrachten ein weiteres Ansteigen der Immissionen durch lokale
Emissionen zu vermeiden.

Während das Instrumentarium zur Umweltbeobachtung in Form von Luftgütemeßnetzen in den Bundesländern der Bundesrepublik Deutschland seit
den 70iger Jahren weitgehend vorhanden ist, gilt es nun, die regional
verteilt anfallenden Informationen (Meßwerte der Luftbeimengungen) in
einem Informationssystem zu sammeln, zentral auszuwerten und die Auswertungsergebnisse in Form von grafischen Übersichtskarten den für die
Smog-Warnung zuständigen Stellen aktuell zur Verfügung zu stellen. In
einem zweiten Schritt sollen Ergebnisse von Immissions-
prognoserechnungen ebenfalls in Form von Grafiken bereitgestellt wer-

den. Die Umweltministerkonferenz der Bundesrepublik Deutschland hat
dazu im November 1986 einen entsprechenden Beschluß gefaßt.

2. Konzeption

2.1 Rahmenbedingungen

Die Planung mußte die Einbeziehung einer sehr heterogenen DV-Aus-
stattung bei den beteiligten Behörden berücksichtigen. Unter Wirt-
schaftlichkeitsaspekten waren die vorhandenen Rechenanlagen bei den
Meßnetzen und im Umweltbundesamt in ein Datennetz einzubeziehen, und
beim Umweltbundesamt in vielfältigen Datenbank-Anwendungen bewährte
Software-Systeme galt es zu verwenden.

Die Meßnetze werden von den zuständigen Behörden weitgehend selbständig betrieben. Die Daten laufen in Meßnetzzentralen zusammen. Für die

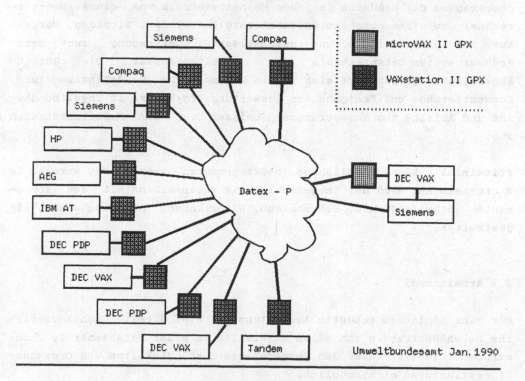

Umweltbundesamt Jan. 1990

Bild 1 *Smog-Frühwarnsystem*
Schnittstellenrechnerkonzept

Weitergabe von Daten sind die zuständigen Behörden verantwortlich und zwar in Bezug auf die Datengüte und die Bereitstellungszeitpunkte.

Ergebnis ist ein Schnittstellenrechner-Konzept (Bild 1), das eine weitgehende Automatisierung der Informationsflüsse bei geringem zusätzlichen personellen Pflege- und Steuerungsaufwand möglich macht.

2.2 Funktionen

Ziel ist es, die Luftgüte anhand von Grafiken möglichst aktuell für das Gebiet der Bundesrepublik Deutschland und möglichst auch angrenzender Gebiete überwachen zu können. Die Funktionen des Smog-Frühwarnsystems lassen sich in die Abschnitte Input-Datenstrom und Output-Ergebnisabfrage gliedern.

Die Funktionen des Input-Datenstroms sind automatische Datenübertragung der Meßdaten in jeder Meßnetzzentrale von einem Meßnetzrechner zu einem sogenannten Schnittstellenrechner, Sichtung, Korrektur und Datenfreigabe und automatische Übertragung zur Smog-Frühwarnsystem-Datenzentrale im Umweltbundesamt. Die Output-Ergebnisabfrage gliedert sich in die automatische Meßdatenauswertung, Kommentierung und Freigabe der Auswertungsergebnisse im Umweltbundesamt und Abfrage von Auswertungsergebnissen von den Meßnetzzentralen aus.

Prinzipiell können beliebige Meßkomponenten verarbeitet werden. Im Winterhalbjahr wird der Smog-Problematik entsprechend mit den Komponenten Schwefeldioxid, Schwebstaub, Windrichtung und -geschwindigkeit gearbeitet.

2.3 Arbeitsmodi

Für eine möglichst aktuelle Auswertung ist eine direkte kontinuierliche Datenübertragung von allen Meßstellen zu einer Datenzentrale anzustreben. Dies ist unter den vorgegebenen Zuständigkeiten und Organisationsstrukturen nicht möglich.

Unter Berücksichtigung der unterschiedlichen technischen Automatisie-

rungsgrade und organisatorischen Abläufe wurden die Arbeitsmodi Normalbetrieb und Intensivbetrieb eingeführt. Im sogenannten Normalbetrieb werden werktäglich einmal alle Meßdaten des Vortags zur Smog-
Frühwarnsystem-Datenzentrale übertragen und Auswertungen für die Zeitpunkte 3, 6, 9, 12, 15, 18, 21, 24 Uhr des Vortags erstellt (Bild 2).
Bei Smoggefahr werden im Intensivbetrieb Meßdaten vom gleichen Tag
alle 3 Stunden übertragen und ausgewertet.

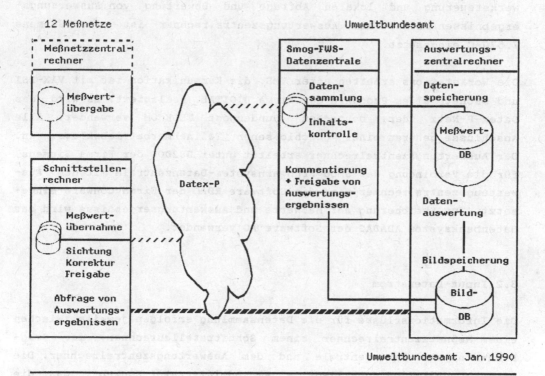

Umweltbundesamt Jan. 1990

Bild 2   *Smog-Frühwarnsystem*
          Funktionen und Informationsflüsse

3. Datenverarbeitungstechnik

3.1 Hardware und Systemsoftware

Bei den beteiligten Meßnetzzentralen sind Schnittstellenrechner
installiert worden. Im einer Richtung sind sie durch ihre Verbindung
mit dem jeweiligen Meßnetzrechner Datensammel- und -sendestation der
Meßdaten für die Smog-Frühwarnsystem-Datenzentrale beim Umweltbundes-

amt, und in der Gegenrichtung dienen sie als grafische Abfrage- und Empfangsstation der im Umweltbundesamt berechneten Auswertungsergebnisse. Als Schnittstellenrechner werden Workstations vom Typ VAXstation II GPX der Firma DIGITAL eingesetzt.

In der Smog-Frühwarnsystem-Datenzentrale ist eine Workstation von Typ MicroVAX II GPX installiert, die als Datensammelstation, zur Netzwerksteuerung und lokalen Abfrage und Bewertung von Auswertungsergebnissen dient. Als Auswertungszentralrechner ist eine Siemens 7.570-C eingesetzt.

Die Workstations arbeiten unter VMS, die Kommunikation ist mit VAX-PSI und DECnet, alles Produkte der Firma DIGITAL, realisiert. Es wird das Datex-P-Netz der Deutschen Bundespost TELECOM verwendet. Alle Anschlüsse gehören einer geschlossenen Teilnehmerbetriebsklasse an. Der Auswertungszentralrechner arbeitet unter BS2000 der Firma Siemens, für die Verbindung der Smog-Frühwarnsystem-Datenzentrale mit dem Auswertungszentralrechner wird die Software RDAC der Firma Conware eingesetzt. Zur Speicherung der Meßwerte und Auswertungsergebnisse wird das Datenbanksystem ADABAS der Software AG verwendet.

3.2 Input-Datenstrom

Die Informationsflüsse für die Datensammlung erfolgen jeweils zwischen einem Meßnetzzentralrechner, einem Schnittstellenrechner, der Smog-Frühwarnsystem-Datenzentrale und dem Auswertungszentralrechner. Die Datenkommunikation unterliegt einem Administrator-Konzept, das die Überwachung des Netzwerks, das Durchführen von Datenübertragungen und die Änderung der Betriebsmodi steuert. Die Abwicklung von Dateitransfers wird derart überwacht, daß im Falle von Störungen automatische Wiederholungen des Transfers vorgenommen werden.

Auf dem Meßnetzzentralrechner stellt eine Datei die logische Schnittstelle zwischen dem Meßnetzeigenen Datenhaltungssystem und dem Smog-Frühwarnsystem dar. In dieser Datei werden Daten für die 7 Tage einer Woche vorgehalten. Die Versorgung der Schnittstellendatei mit Werten wird in der Regel durch Meßnetzeigene Software bewerkstelligt.

Ein Schnittstellenrechner greift auf die Schnittstellendatei jeweils eines Meßnetzzentralrechners zu. Die Zugriffszeiten sind für die Betriebsmodi Normal- und Intensivbetrieb einstellbar. Im Normalbetrieb werden täglich bis spätestens 12:00 Uhr die Daten des Vortags und im Intensivbetrieb alle 3 Stunden die Daten des gleichen Tags übertragen.

Die übertragenen Daten werden entweder automatisch für die Abholung durch die Smog-Frühwarnsystem-Datenzentrale freigegeben, oder können vorher gesichtet, eventuell korrigiert und anschließend manuell freigegeben werden. Beim Freigabevorgang können die Meßwerte entsprechend einstellbaren Vorschriften aggregiert werden, d.h., Meßwerte einzelner Meßstellen werden zu Mittelwerten für Gebiete zusammengefaßt oder Meßwerte für z.B. Schwebstaub werden zu zeitlichen Mittelwerten über 3 Stunden zusammengefaßt.

Daten können auf dem Schnittstellenrechner bis zu 99 Tage zwischengespeichert werden. Beim Aufruf von Daten wird angezeigt, ob diese Daten schon zur Smog-Frühwarnsystem-Datenzentrale übertragen worden sind. Im Falle von nachträglich notwendigen Korrekturen können Daten mehrmals vom Meßnetzzentralrechner übernommen und freigegeben werden. Alle Funktionen werden über einen maskengesteuerten Benutzerdialog ausgeführt.

In der Smog-Frühwarnsystem-Datenzentrale werden freigegebene Daten aus allen Meßnetzen zusammengetragen. In einem Zeittakt einstellbar werden zu bestimmten Zeiten von den Schnittstellenrechnern Dateien zur Zentrale übertragen. Die Dateien werden auf ihren Inhalt hin analysiert und dann zum Auswertungszentralrechner weiterübertragen. Von welchen Meßstellen welche Komponenten aus welchem Zeitraum übertragen wurden, ist in einem Dialog abrufbar. Außerhalb der Zeittakte können bei Bedarf Dateien auch durch manuelle Anforderung übertragen werden.

Die Festlegung des aktuell gültigen Betriebsmodus, Normal- oder Intensivbetrieb, erfolgt ebenfalls über einen Dialogzweig. Der Betriebsmodus ist von der Smog-Frühwarnsystem-Datenzentrale aus für jeden Schnittstellenrechner getrennt einstellbar.

Die zum Auswertungszentralrechner übertragenen Daten werden dort automatisch mit ihrem Auftreten in einer Meßwert-Datenbank gespeichert.

3.3 Output-Ergebnisabfrage

Die auf dem Auswertungszentralrechner gespeicherten Daten aus den Meßnetzen der Bundesrepublik Deutschland stehen für beliebige Auswertungen bereit. Das Datenbanksystem verfügt über eine Methodenschnittstelle, die den Aufruf von beliebigen Programmen in Fortran oder PL1 und deren Versorgung mit unterschiedlichen Daten aus der Datenbank ermöglicht. Neben einem manuellen Aufruf ist auch eine Aufrufautomatik eingerichtet worden, sodaß nach vorgebbaren Ereignissen oder Zeitpunkten Auswertungen ablaufen können. Die Auftragsbearbeitung ist batchorientiert. Über die erfolgreiche Abarbeitung von Auswertungen geben Protokolle Auskunft.

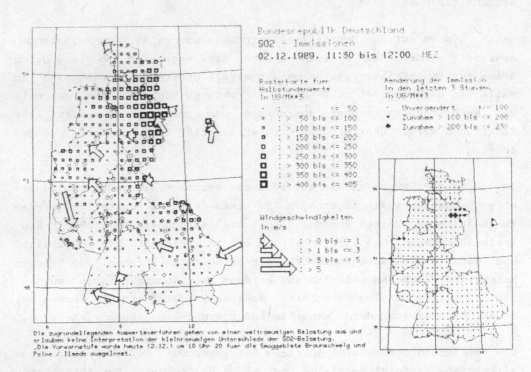

Bild 3 Smog-Frühwarnsystem
Rasterkarte

Im Rahmen des Smog-Frühwarnsystems laufen standardmäßig räumliche Interpolationen zur Erstellung von Rasterkarten der Immissionssituation zu einem bestimmten Zeitpunkt sowie Rasterkarten der Immissionsveränderung innerhalb von 3 Stunden (Bild 3). Zusätzlich werden für ausgewählte Standorte die zeitlichen Verläufe der letzten 3 Tage und auf der Basis von Tagesmittel- und Höchstwerten der letzten 30 Tage dargestellt. Die Lage aller verfügbaren Meßstellen ist in Meßortekarten enthalten. Die Ergebnisse sind Grafiken, die als ComputerGraficMetafiles in einer Bilddatenbank gespeichert werden.

Die Zeitreihendarstellungen werden automatisch als freigegeben abgespeichert. Die Rasterkarten werden vor einer Freigabe überprüft, da das automatische Interpolationsverfahren Ergebnisse liefern kann, die fehlinterpretiert werden könnten. Zusätzlich werden die Rasterkarten noch mit einem Kommentartext versehen, der die Immissionssituation erklären kann oder Zusatzinformationen wie z.B. Aussagen über die erwartete weitere Entwicklung enthalten kann.

Datenkorrekturen, die entweder in einer Meßnetzzentrale oder in Absprache mit einer Meßnetzzentrale vorgenommen werden, machen die u.U. mehrmalige Erstellung von Grafiken erforderlich. Eine neue Version einer Grafik überschreibt in der Bilddatenbank jeweils die ursprügliche Grafik. Zur Unterscheidung wird jeweils das Erstellungsdatum in jeder Grafik mitgeführt.

Alle freigebenen Grafiken der Bilddatenbank sind über einen maskengesteuerten Dialog von den Schnittstellenrechnern aus abrufbar. Dazu wird über das Datex-P-Netz eine Dialogverbindung zum Auswertungszentralrechner aufgebaut. Der Dialog erlaubt die schnelle Abfrage der neuesten Rasterkarte und der zeitlich zurückliegenden Karten, die ausführliche Recherche unter Angabe der Art der Grafik und zeitlicher Einengung oder die Recherche nach Smog-Episoden vergangener Jahre.

4. Erfahrungen aus der Erprobung des Dauerbetriebs

Vom Umweltbundesamt ist 1987 mit dem Aufbau des Smog-Frühwarnsystems begonnen worden. Seit dem Winter 1988/89 befindet sich das System in der Erprobung. Derzeit sind die 11 Luftmeßnetze der Bundesländer und das Meßnetz des Umweltbundesamts einbezogen. Von ca. 150 Meßstellen bzw. Meßgebieten werden für jeden Tag die Messungen von Schwefeldioxid und Schwebstaub, sowie Windmessungen ausgewertet.

Der zeittaktgesteuerte Datentransfer zwischen den Meßnetzen und der Smog-Frühwarnsystem-Datenzentrale hat sich bewährt. Aber die Termine, zu denen aus den einzelnen Meßnetzen Daten bereitgestellt werden, haben sich als sehr unterschiedlich herausgestellt. Daraus ergibt sich das Problem des Zeitpunkts der Durchführung von Datenauswertungen: Die Vollständigkeit der Auswertung erfordert ein Abwarten auch der letzten Daten, die Aktualität der Auswertung macht einen frühen Zeitpunkt nötig.

Überlegungen gehen dahin, nicht nur zeittakt gesteuert, sondern auch bei jedem Eingang von Daten Auswertungen zu starten, die damit Zwischenergebnisse erzeugen. Dabei würde bewußt und entsprechend gekennzeichnet die Unvollständigkeit der Daten zugunsten der Aktualität in Kauf genommen werden.

Das Prinzip, Auswertungen nach einem vorher abgestimmten Katalog einmal zu produzieren und bei jeder Abfrage nur noch wiederzugegeben, ist gerade für retospektive Betrachtungen recht erfolgreich. Der Vorteil liegt in einer leichten, weil zentral durchführbaren Überprüfbarkeit der Auswertungsergebnisse und der dadurch gegebenen hohen Verläßlichkeit. Ein Nachteil ist das relativ starre Schema, das adhoc-Auswertungen außerhalb des Auswertungskatalogs erschwert.

Es wird zu überlegen sein, inwieweit die Vorproduktion von überprüften und kommentierten Auswertungsergebnissen in der Zukunkt um adhoc durchführbare Auswertungen von jedem Schnittstellenrechner aus ergänzt werden kann.

5. Entwicklungen

Über die derzeit erreichte Verarbeitung von stationären Messungen der Luftverunreinigung hinaus ist vorgesehen, auch Ergebnisse von bei Smoggefahr durchgeführten Flugzeugmessungen einzubeziehen.

Das Smog-Frühwarnsystem ist vorbereitet auf die Einbeziehung von Messungen aus dem benachbarten Ausland. Es sind Bestrebungen im Gange,

mit den BeNeLux-Staaten, der DDR, der CSFR, Polen und Ungarn in absehbarer Zeit einen kontinuierlichen Datenaustausch einzurichten. Test-
weise sind die gemeinsame Auswertungen von Messungen aus der Bundesrepublik Deutschland und der Deutschen Demokratischen Republik schon
erfolgt (Bild 4).

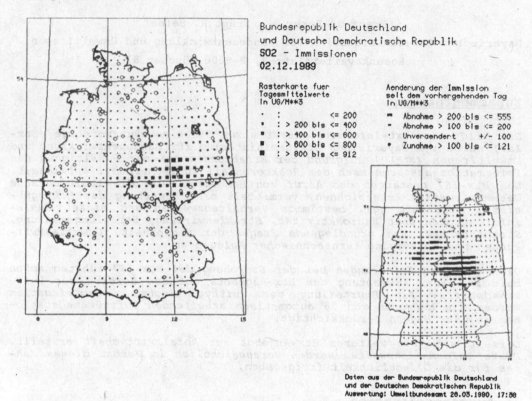

Bundesrepublik Deutschland
und Deutsche Demokratische Republik
SO2 - Immissionen
02.12.1989

Rasterkarte fuer
Tagesmittelwerte
in UG/M**3

. :   <= 200
• : > 200 bis <= 400
▪ : > 400 bis <= 600
■ : > 600 bis <= 800
■ : > 800 bis <= 912

Aenderung der Immission
seit dem vorhergehenden Tag
in UG/M**3

▬ Abnahme > 200 bis <= 555
– Abnahme > 100 bis <= 200
   Unveraendert   +/- 100
• Zunahme > 100 bis <= 121

Daten aus der Bundesrepublik Deutschland
und der Deutschen Demokratischen Republik
Auswertung: Umweltbundesamt 26.03.1990, 17:58

Umweltbundesamt Mar.1990

Smog-Frühwarnsystem

Bild 4

Test Einbeziehung DDR-Daten

Wachsende Bedeutung erhält das Smog-Frühwarnsystem durch seine Anwendbarkeit für den "Sommersmog". Messungen von Photo-Oxidantien wie Ozon
werden dabei berücksichtigt.

In einer weiteren Entwicklungsphase wird der Schwerpunkt auf dem operationellen Einsatz leistungsfähiger Rechenverfahren zur Tendenz-
vorhersage von Smog-Situationen liegen.

Die bayerischen Btx-Informationssysteme zur Strahlenschutzvorsorge und über Luftschadstoffe

Franz S. Ecker   Ernst R. Seidel

Bayerisches Staatsministerium für Landesentwicklung und Umweltfragen

Rosenkavalierplatz 2, D-8000 München 81

Zusammenfassung

Das Bildschirmtext-Informationssystem zur Strahlenschutzvorsorge (Btx-ISV) wurde vom Bayerischen Staatsministerium für Landesentwicklung und Umweltfragen (StMLU) aufgrund der Erfahrungen bei der Bewältigung des Informationsansturms nach dem Reaktorunfall in Tschernobyl entwickelt. Das Btx-ISV gestattet den Abruf von Meßwerten, die die radiologische Gesamtsituation kennzeichnen, vermittelt eine Bewertung der Meßergebnisse, empfiehlt ggf. bestimmte Verhaltensweisen und bietet Basisinformationen über Radioaktivität, Strahlenwirkung, Strahlungsmessung, Strahlenschutz und grundlegende Fragen der Sicherheit, Umweltauswirkungen und Entsorgung kerntechnischer Anlagen an.

Die positiven Erfahrungen bei der Erprobung des Btx-ISV führten schon bald zu einer Ausweitung des Btx-Angebots auf den Bereich der Luftschadstoffe. Zur Beurteilung der lufthygienischen Gesamtsituation werden die Meßwerte von 38 automatisch arbeitenden Luftgütemeßstationen in ganz Bayern berücksichtigt.

Derzeit wird ein weiteres Btx-Angebot zur Abfallwirtschaft erstellt. Erste Informationsseiten werden voraussichtlich im Herbst dieses Jahres für die Öffentlichkeit freigegeben.

1. Ausgangssituation

Unmittelbar nach dem Reaktorunfall von Tschernobyl kam es auch in der Bundesrepublik Deutschland zu einer deutlichen Erhöhung der Umweltradioaktivität. Bedingt durch die unmittelbar nach Eintritt des Unfalls vorherrschende meteorologische Situation war dabei vor allem der süddeutsche Raum betroffen. Hierdurch wurde ein Informationsansturm ausgelöst, der vom Bayerischen Staatsministerium für Landesentwicklung und Umweltfragen (StMLU), das im Freistaat Bayern als oberste Landesbehörde für den Strahlenschutz der Bevölkerung zuständig ist, trotz zahlreicher Pressemitteilungen, Rundfunkdurchsagen, Telefonansagedienste und direkter telefonischer Information letztlich nicht zufriedenstellend bewältigt werden konnte.

Aufgrund dieser Erfahrungen entwickelte das StMLU ein neuartiges Informationskonzept, das zwar nach wie vor eine zentrale Erstellung, künftig jedoch eine <u>dezentrale</u> Verteilung der einschlägigen Informationen an den Bürger vorsieht. Dabei sollen die Umweltschutzingenieure der Kreisverwaltungsbehörden der 96 bayerischen Landkreise und kreisfreien Städte als Anlauf- und Beratungsstelle für den Bürger wirken. Da die Umweltschutzingenieure in diesem Konzept ihrerseits jederzeit über aktuelle Informationen verfügen müssen, wurde für die schnelle Übermittlung der umfangreichen grafischen und textlichen Informationen zur Strahlenschutzvorsorge der Bildschirmtextdienst (Btx) der Deutschen Bundespost ausgewählt.

2. Btx-Informationssystem zur Strahlenschutzvorsorge (Btx-ISV)

2.1 Technische Konzeption des Btx-ISV

Die Informationsbasis für das Btx-ISV bilden schwerpunktmäßig die Daten aus dem Immissionsmeßnetz für Radioaktivität (IfR) und die Umweltdatenbank. Das IfR umfaßt insgesamt 30 Stationen die über ganz Bayern verteilt u.a. kontinuierlich die Gamma-Dosisleistung messen und in periodischen Zeitabständen in die Meßnetzzentrale des Bayerischen Landesamtes für Umweltschutz (LfU) in München übertragen. Die Umweltdatenbank enthält u.a. Informationen über den Gehalt von Umweltproben und Nahrungsmitteln an radioaktiven Stoffen sowie die an ca. 1.100 Meßpunkten in einem 8x8 km-Raster in ganz Bayern von den Umweltschutzingenieuren der Kreisverwaltungsbehörden mit tragbaren Gamma-Dosisleistungsmeßgeräten mehrmals pro Jahr bestimmten Meßwerte. Die zugehörigen Rechenanlagen sind mit dem für die Editierung von Btx-Informationsseiten eingesetzten PC gekoppelt (Abb. 1). Im Routinebetrieb werden die Meßdaten des IfR einmal täglich, die aus der Umweltdatenbank selektierten Aktivitätsgehalt von Umweltproben einmal wöchentlich und die in Meßkampagnen mit mobilen Meßgeräten ermittelten Meßwerte der Gamma-Dosisleistung nach jeder Aktualisierung (derzeit zweimal jährlich) zum Btx-PC übertragen. Im Bedarfsfall können diese Daten auch in kürzeren Zeitabständen abgerufen und für die Editierung von Btx-Seiten weiterverarbeitet werden.
Ausgehend von diesen Meßdaten generiert eine speziell entwickelte Software am Btx-PC Btx-Seiten, die inhaltlich auf die besonderen Informationsbedürfnisse des Bürgers abgestimmt sind. Beispielsweise werden die Meßwerte des IfR in Form von Balkendiagrammen dargestellt, die den zeitlichen Verlauf der Tagesmittelwerte der vorhergehenden 30 Tage sowie die Stundenmittelwerte der letzten 24 Stunden wiedergeben

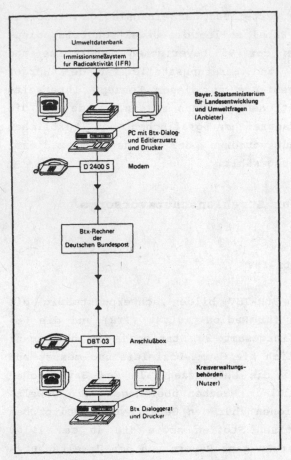

Abb. 1: Technische Konzeption des bayerischen Btx-Informationssystems zur Strahlenschutzvorsorge

(Abb. 2). Außerdem wird die allgemeine radiologische Situation zur Verdeutlichung der räumlichen Verteilung der kontinuierlich gemessenen Gamma-Dosisleistung auch anhand einer Landkarte Bayerns dargestellt (Abb. 3).

Die Aktivitätsgehalte von Umweltproben werden - ebenfalls programmgesteuert - als Meßwerttabellen auf Btx-Seiten verteilt, wobei für jede Einzelmessung bis zu 3 Nuklide freiwählbar sind (Abb. 4). Für die Präsentation der im Rahmen von Meßkampagnen von den Kreisverwaltungsbehörden mit tragbaren Meßgeräten an ca. 1.100 Meßpunkten diskontinuierlich bestimmte Gamma-Dosisleistung wurde eine flächenhafte, regionsbezogene Darstellungsform gewählt (Abb. 5). Insgesamt stehen für Bayern 18 Landkarten zur Verfügung, die sich gegenseitig überlappen.

455

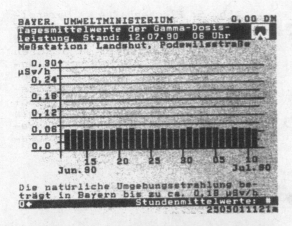

Abb. 2: Zeitlicher Verlauf der Meßwerte der Gamma-Dosisleistung an der automatisch arbeitenden Maßstation in Landshut

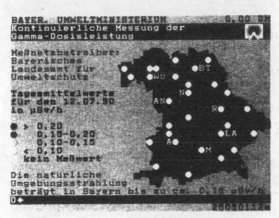

Abb. 3: Bayernübersicht über die räumliche Verteilung der aktuellen Meßwerte der Gamma-Dosisleistung an den 30 automatisch arbeitenden Meßstationen.

```
BAYER. UMWELTMINISTERIUM            0,00 DM
Aktivitätsgehalt von Umweltproben
Stand: 05.07.90      08 Uhr

Bayern               01.05.90 - 05.07.90
Fleischteilstück Reh auch tiefgefroren

Stadt/  Datum      Cs137    Cs134
Landkr.            Bq/kg    Bq/kg
276 REG  01.05.90   1810      340
272 FRG  02.05.90    102       23
272 FRG  03.05.90     96       13
276 REG  03.05.90    103      <15
276 REG  05.05.90    157       19
276 REG  05.05.90     48       <8
272 FRG  09.05.90    174       29
276 REG  09.05.90    238       28
376 SAD  09.05.90    186       25
473 CO   10.05.90      8        1
571 AN   10.05.90     62        8
574 LAU  10.05.90     50       11

0◆             weitere Meßwerte mit ◆#
```

Abb. 4: Ausschnitt aus den Meßwert-Tabellen über den Gehalt von radioaktivem Cäsium in Rehfleisch. (Aufgeführt sind jeweils: Landkreisschlüssel, zugehöriges Autokennzeichen, Datum der Probenahme, Aktivitätskonzentration der Nuklide Cäsium-134 und -137)

Nach Generierung dieser Btx-Seiten auf dem Btx-PC veranlaßt die verwendete Editiersoftware automatisch den Bulk-Transfer der Seiten zum Btx-Rechner der Bundespost. Die standardmäßig verfügbare Editiersoftware dient auch der manuellen Erstellung bestimmter Btx-Seiten.

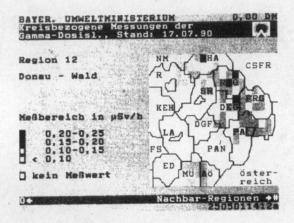

Abb. 5: *Flächenhafte Darstel-*
lung der in den einzel-
nen Landkreisen und
kreisfreien Städten
einer Region mit trag-
baren Meßgeräten be-
stimmten Gamma-Dosis-
leistung. Jeder Meß-
punkt wird durch ein
seiner Höhe entspre-
chend eingefärbtes Qua-
drat wiedergegeben.

Nach Einspielung in den Postrechner können die Btx-Seiten von jedermann in der Bundesrepublik sowie in den mit dem deutschen Btx-Dienst
verbundenen Nachbarländern (Österreich, Schweiz, Luxemburg und Frank-
reich) abgerufen werden.

2.2 Suchbaum-Struktur des Btx-ISV

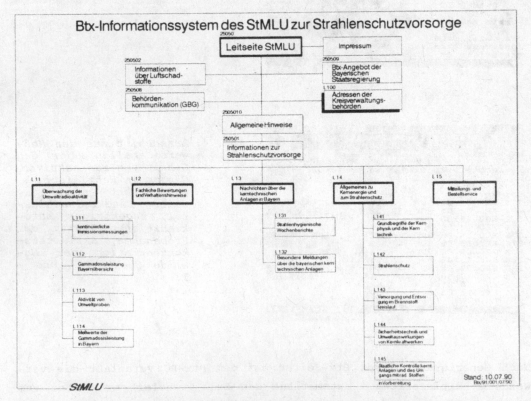

Abb. 6: *Struktur des Btx-ISV*

Das Btx-ISV ist nach einer einfachen Suchbaum-Struktur gegliedert (Abb. 6). Die automatisch generierten Btx-Informationsseiten zur Überwachung der Umweltradioaktivität werden durch eine fachliche Bewertung der Meßergebnisse und ggf. auch durch bestimmte Verhaltenshinweise ergänzt.

Außerdem werden aktuelle Nachrichten über die bayerischen und - soweit möglich - auch außerbayerischen kerntechnischen Anlagen angeboten. Zur Erklärung der verwendeten Fachbegriffe und zur allgemein verständlichen Erklärung physikalischer, technischer und strahlenbiologischer Grundlagen aus dem Gebiet Kernenergie und Strahlenschutz wurde ein umfangreiches Angebot an Basisinformationen entwickelt. Die Seiten dieses Zweiges sind sowohl über den Suchbaum als auch über Schlagworte abrufbar. Bei der Gestaltung dieser Seiten wurde großer Wert auf eine einfache und dem Bürger verständliche Sprache gelegt. Das Verständnis schwieriger Sachverhalte wird zusätzlich durch meist mehrfarbige grafische Darstellungen erleichtert.

3. Btx-Informationssystem über Luftschadstoffe (Btx-ILS)

Wegen der durchwegs positiven Erfahrung beim Einsatz des Btx-ISV wurde das Informationsangebot in den letzten Jahren auch auf den Bereich des Immissionsschutzes ausgedehnt. Vorallem die mit den aus der DDR und der CSFR importierten Luftschadstoffen verbundenen Probleme, aber auch die in Ballungsräumen bei bestimmten Wetterlagen auftretenden hohen Luftschadstoffkonzentrationen erfordern eine umfassende und höchst aktuelle Information der kommunalen Verwaltung und des Bürgers.

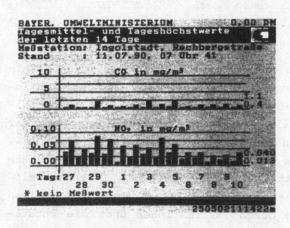

Abb. 7: Tagesmittel- und Tageshöchstwerte der Luftschadstoffe CO und NO_2 an der automatisch arbeitenden Meßstation Ingolstadt

Derzeit werden die Meßwerte von 38 der insgesamt 70 automatischen Luftgütemeßstationen in ganz Bayern berücksichtigt. Die Daten werden zur Zeit werktäglich zweimal aktualisiert und zwar am Vormittag und am Nachmittag. An arbeitsfreien Tagen werden die Daten einmal täglich auf den neuesten Stand gebracht. Auch bei diesem System ist im Bedarfsfall eine Aktualisierung des Angebots in kürzeren Zeitabständen möglich.

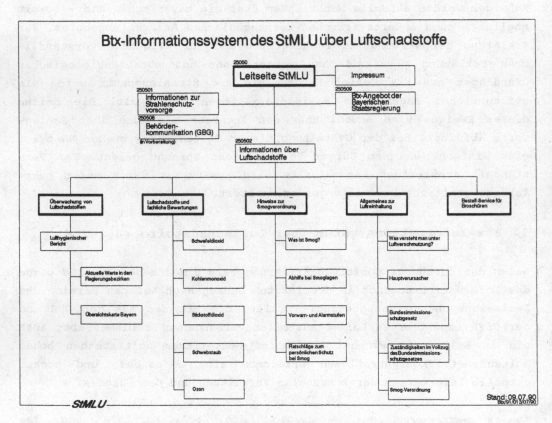

Abb. 8: Struktur des Btx-ILS

Das Btx-ILS enthält u.a. neueste Informationen über die zeitliche Entwicklung der an den 38 Luftgütemeßstationen ermittelten Konzentrationen von luftgetragenem Schwefeldioxid, Kohlenmonoxid, Stickstoffdioxid, Ozon und Staub, dargestellt in Form von Balkendiagrammen oder Tabellen. Um Vergleiche mit den Beurteilungswerten der TA Luft bzw. den Grenzwerten der bayerischen Smogverordnung zu ermöglichen, kann der Nutzer des Systems Tagesmittel- und -höchstwerte, 3 Stunden-Mittelwerte sowie Halbstundenwerte abrufen (Abb. 7). Ergänzt werden diese aktuellen Luftschadstoffmeßwerte durch Informationen über die Entstehung der verschiedenen Luftschadstoffe und die zugehörigen Beurteilungswerte, Hinweise zur bayerischen Smog-Verordnung einschl. von Ratschlägen zur Abhilfe und zum persönlichen Schutz bei Smoglagen sowie allgemeine Daten und Fakten zum Immissionsschutz. Die zuletzt genannten allgemeinen Angaben gehen u.a. den verschiedenen Ursachen der Luftverschmutzung nach und fassen die wesentlichen gesetzlichen Grundlagen des Immissionsschutzes zusammen. Die Suchbaum-Struktur des Btx-ILS ist in Abb. 8 dargestellt.

4. Mitteilungs- und Bestellservice

Der Mailbox-Dienst des Btx-Systems wird auch dafür genutzt, Bestellungen von Broschüren und Mitteilungen an das StMLU entgegenzunehmen. Sogenannte Antwortseiten gestatten dabei die Übernahme der Gebühren durch das StMLU als Anbieter, so daß dieser Service für den Nutzer kostenfrei angeboten werden kann. Ein weitgehend automatisches Verfahren leert täglich die Mailbox und druckt die eingegangenen Bestellungen bzw. Mitteilungen aus.

5. Behördenkommunikation

Neben dem jedermann zugänglichen Informationsangebot enthält das Btx-ISV auch einige wenige, der Behördenkommunikation vorbehaltene Btx-Seiten, die nur den Mitgliedern einer "Geschlossenen Benutzergruppe" (GBG) offen stehen. Diese Behördenkommunikation umfaßt u.a. eine Übermittlung von Meßdaten an das StMLU, die von den 96 Kreisverwaltungsbehörden regelmäßig mit tragbaren Gamma-Dosisleistungsmeßgeräten gewonnen und im StMLU weitestgehend automatisch ausgewertet werden. Dieses Verfahren gewährleistet eine rasche Übermittlung der dezentral erfaßten Meßwerte und gestattet eine weitestgehend fehlerfreie Weiterverarbeitung im StMLU, weil eine erneute Datenerfassung entfällt.

6. Bisherige Erfahrungen und geplante Weiterentwicklung des Btx-Informationsangebotes

Gegenwärtig werden beide Informationsangebote täglich im Durchschnitt von jeweils 35 Btx-Teilnehmern abgerufen. Diese Akzeptanz in Zeiten ohne besonderes Informationsbedürfnis zeigt, daß die Systeme geeignet sind, die Erwartungen der Kommunen sowie des Bürgers bestmöglich zu erfüllen. Es ist daher geplant, künftig die bestehenden Btx-Angebot inhaltlich weiter auszubauen und auch auf andere Gebiete des Umweltschutzes, wie z.B. die Abfallwirtschaft, auszudehnen. Auf der technischen Seite ist - vorwiegend aus Kostengründen - die Einführung eines sog. Externen Rechners, der auf ca. 100 gleichzeitige Zugriffe ausgelegt ist, geplant. Durch den Einsatz eines Externen Rechners kann die Aktualität der Informationsangebote weiter erhöht und die Behördenkommunikation im unmittelbaren Dialog mit dem Nutzer zum Zweck einer programmgesteuerten Plausibilitätskontrolle weiter verbessert werden. Ferner wäre eine Ausdehnung des Informationssystems über Luftschadstoffe auf alle 70 Meßstationen des bayerischen Meßnetzes problemlos möglich. Da bei einer erneuten Erhöhung der Umweltradioaktivität wieder mit einem Informationsansturm auf das Btx-ISV zu rechnen ist, dürfen in diesem Fall nur noch die 96 Kreisverwaltungsbehörden auf den Externen Rechner zugreifen. Damit die Allgemeinheit weiterhin das Btx-ISV nutzen kann, müssen die auf dem Externen Rechner vorgehaltenen und teilweise dann mehrmals täglich auf den neuesten Stand gebrachten Informationsseiten auch in den Post-Rechner überspielt werden. Ein solches Verfahren stellt also sicher, daß auch im Falle eines Informationsansturms der Externe Rechner für die zugriffsberechtigten Behörden verfügbar ist und das Btx-Angebot trotzdem auch öffentlich abgerufen werden kann.

Ferner ist daran gedacht, einige wenige Informationsseiten auch für den Videotext-Dienst verschiedener Rundfunkanstalten in weiterverarbeitungsfähiger Form zur Verfügung zu stellen.

7. Literatur

1. E. R. Seidel, F. Ecker: Errichtung eines Bildschirmtextinformationssystems zur Strahlenschutzvorsorge für die Kreisverwaltungsbehörden; Amtsblatt des Bayerischen Staatsministeriums für Landesentwicklung und Umweltfragen, 2/87

2. E. R. Seidel, F. Ecker: Strahlenschutz-Infoprogramm: Größtmögliche Flexibilität; Btx-Praxis, 12/87

3. E. R. Seidel, F. Ecker, E. Turi: Verständliche Daten leicht zugänglich gemacht; Energie, 7/89, S. 32-35

Datenbankeinsatz im NABEL -

dem nationalen Beobachtungsnetz für Luftfremdstoffe in der Schweiz

Simone Gladel-Speicher
Dornier GMBH
Postfach 1420
D-7990 Friedrichshafen 1

Deskriptoren: Datenbankanwendung, Luftreinhaltung

Zusammenfassung

NABEL ist ein zentrales Immisionsmeßnetz für die Schweiz. Es werden Schadstoffe gemessen, die von einer Vielzahl von Einzelemitenten in die Luft ausgestoßen werden. Die gemessenen Werte bilden den größten Teil der Datenmenge im System. Daneben werden zur Konfiguration und Ablaufsteuerung des Meßnetzes und der Meßstationen Parameter benötigt. Beide Datenpakete werden in einer Datenbank gehalten, um eine hohe Flexibilität bezüglich der Datenabfrage und der Systemkonfiguration zu ermöglichen.

1. Aufgaben eines Luftmeßnetzes

Aufgabe des NABEL-Systems ist es, die Luftverschmutzung im gesamtschweizerischen Rahmen zu erfassen und die Entwicklung der Belastungssituation an mehreren typischen Standorten zu verfolgen. Mit dem Betrieb des Luftmeßnetzes ergeben sich folgende Möglichkeiten:

- Erfassen der Luftverschmutzung an verschiedenen typischen Standorten (Spitzenbelastung, Dauerbelastung, zeitl. Entwicklung der Belastung)

- Erfolgskontrolle von Luftreinhaltemaßnahmen im gesamtschweizerischen Rahmen

- Bereitstellen von Meßdaten für wissenschaftliche Untersuchungen über Luftschadstoffe (Zusammenhang mit der Meteorologie, Auswirkungen auf die Umwelt und die menschliche Gesundheit u.v.a.m)

2. Das Luftmeßnetz NABEL

Im Luftmeßnetz NABEL gibt es 16 Meßstationen in der Schweiz (s. Abb. 1)
in denen Daten erfaßt, aufbereitet und ueber das öffentliche Telefon-
netz zur Zentrale übertragen werden. Die Zentrale überwacht die Funktionen des Systems, führt die Datenabrufe von den Meßstationen durch,
löst bei Unregelmäßigkeiten des Systems, sowie bei Grenzwertüberschreitungen eine Alarmierung des Bereitschaftspersonals aus und gibt die gemessenen Daten anhand von Verläufen, Protokollen etc. wieder.

Abb. 1: Übersicht über die Standorte:

Meßstationen:

1 Dübendorf
2 Zürich
3 Basel-Binningen
4 Sion-Aerodrome
5 Payerne
6 Lugano
7 Tänikon
8 Jungfraujoch
9 Bern
10 Lausanne
11 Härkingen
12 Magadino
13 Davos
14 Lägern
15 Jura/Chaumont
16 Rigi

2.1 Komponenten des Meßprogramms

In den 16 Stationen des NABEL-Systems werden Schadstoffe, Meteorologische Daten und teilweise auch Verkehrszählerdaten erfaßt.

Schadstoffe: CO, SO2, NO, O3, NOx, CH4, THC
Meteorologische Daten: Temperatur, Luftdruck,
                       relative Feuchte, Niederschlag,
                       Windrichtung, Windgeschwindigkeit,
                       Globale Strahlung, Strahlungsbilanz
Verkehrszählerdaten klassifiziert nach:
  Fahrtrichtung, Geschwindigkeitsklasse, Gewichtsklasse

Verkehrszähler sind Meßgeräte, die die Anzahl der passierenden Fahrzeuge erfassen. Dabei wird unterscheiden nach:

- Fahrtrichtung: ---> , <---
- Geschwindigkeit: 0 - 30 , 30 - 60 , 60 - 90 , 90 - 120 km/h
- Gewichtsklasse: Motorrad, PKW, LKW

Neben den gemessenen Größen gibt es im NABEL-System auch Größen, die
berechnet werden:
NO2 wird aus den Größen NO und NOx berechnet
NMHC wird aus den Größen THC und CH4 berechnet
Durch diese Berechnungen können auch die Größen NO2 und NMHC ebenso wie
alle gemessenen Größen behandelt und ausgewertet werden.

3. Realisierung mit Datenbankunterstützung

3.1. Bearbeitung und Speicherung der Meßwerte in der Zentrale

(s. Abb. 2 und 3) Den größten Teil der in der zentralen Datenbank gehaltenen Daten bilden die Meßwerte. Die Meßwerte der oben genannten
Komponenten des Meßprogramms werden über die Datenübertragung als
10Minuten-Mittelwerte in die Zentrale gesendet. Dort werden sie nach
einer Plausibilitäts- und Grenzwertkontrolle in der Datenbank als un-
bereinigte Werte gespeichert.

Jedem Wert ist ein Status zugeordnet, der aus dem Status der Station
und dem der Datenverarbeitung in der Zentrale besteht.
Die in der Datenbank gespeicherten, unbereinigten Werte werden von einer speziellen Anwendergruppe kontrolliert und anschließend zu den bereinigten Werten kopiert.
Bei der Kontrolle werden die Meßwerte mit dem zugehörigen Status für
den angegebenen Zeitbereich in einer SQL-FORMS Maske angezeigt. Man
unterscheidet:

A) Korrektur der Meßwerte direkt in der Maske
Die Korrektur erfolgt durch Eingabe eines neuen Meßwertes direkt in
die Maske. Diese Maske ist mit der Tabelle der bereinigten Werte verbunden und ermöglicht so ein direktes Ändern der Werte.

B) Korrektur einer Gruppe von Meßwerten über Funktionen
Bei der zweiten Korrekturmöglichkeit kann man die Meßwerte bezüglich
Wert, Status oder Zeitbereich einschränken und für diese Meßwertgruppe
eine arithmetische Operation (+,-,*,/) durchführen. Die dazu notwendigen Eingaben werden über Dialog vom Benutzer erfragt.

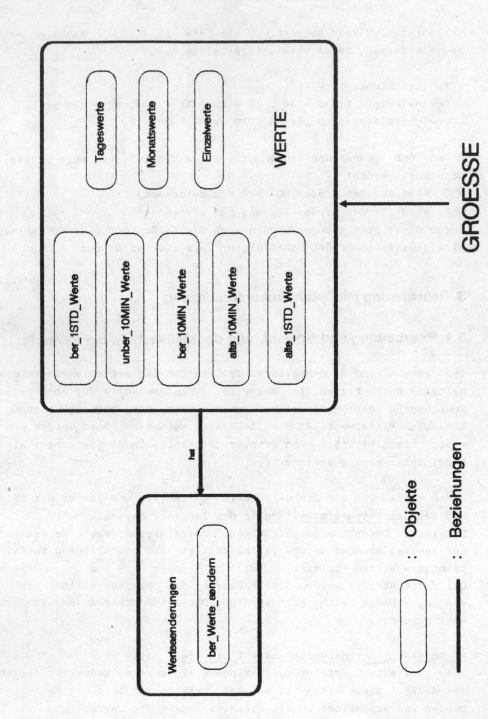

Abb. 2: NABEL DATENMODELL

WERTE

WERTE

Tageswerte

Monatswerte

Einzelwerte

ber_1STD_Werte

unber_10MIN_Werte

ber_10MIN_Werte

alte_10MIN_Werte

alte_1STD_Werte

hat

Werteaenderungen

ber_Werte_aendern

GROESSE

⬭ : Objekte

▬ : Beziehungen

ABB. 3: Bearbeitung der Meßwerte in der Zentrale

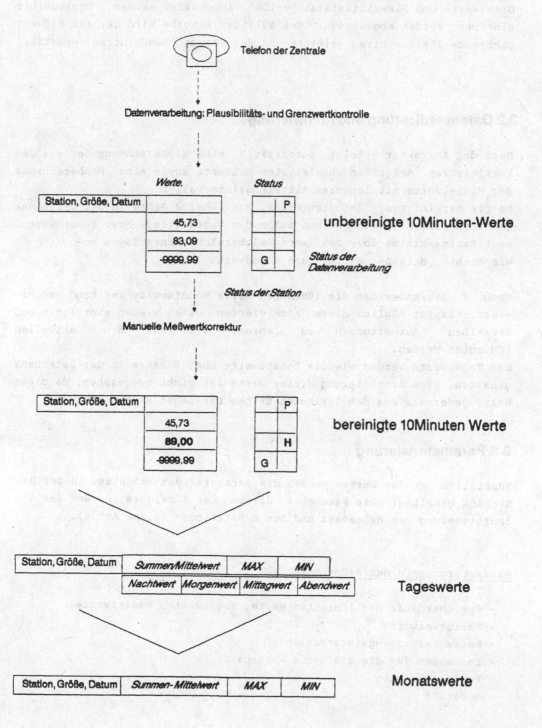

Bei Eingabe oder Korrektur eines Meßwertes wird geprüft, ob die Grenzwerte und Plausibilitätsschwellen eingehalten werden. Unplausible Eingaben werden abgewiesen. Bei gültiger Eingabe wird der zum Meßwert gehörende Statuseintrag gelöscht und der Status 'Handeintrag' gesetzt.

3.2 Datenverdichtung und Archivierung

Nach der Korrektur erfolgt automatisch eine Neuberechnung der aus den korrigierten Meßgrößen abgeleiteten Meßwerte sowie eine Neuberechnung der Mittelwerte mit längeren Mittelungsintervallen.
Da die bereinigten 10Minuten-Werte nur über 2 Jahre in der Datenbank gehalten werden, berechnet man außer dem Tagesmittel- bzw. Summenwert noch Maxima/Minima über bestimmte Zeitbereiche eines Tages sowie Nacht-, Morgen-, Mittag- und Abendwert.

Nach 2 Jahren werden die 10Minuten-Werte monatsweise auf Band archiviert. Es ist möglich diese archivierten Daten wieder einzulesen und dieselben Auswertungen zu fahren, wie mit den aktuellen 10Minuten-Werten.
Die Tageswerte werden wie die Monatswerte über 5 Jahre in der Datenbank gehalten. Eine Archivierung dieser Werte ist nicht vorgesehen, da diese Werte jederzeit aus den 10Minuten-Werten berechnet werden können.

3.3 Parameterisierung

Zusätzlich zu den Werten werden die Parameter des Meßnetzes in der Datenbank gehalten. Die Parameter dienen der Konfiguration und der Ablaufsteuerung des Meßnetzes und der Meßstationen (siehe Abb.4).

Parametergruppen des Meßnetzes:

- Speicherdauer der 10Minuten-Werte, Tageswerte, Monatswerte
- Kalibrierwerte
- Datenübertragungsinformationen
- Parameter für die grafische Ausgabe
- Fehlermeldungen
- Meßgröße

Parameter

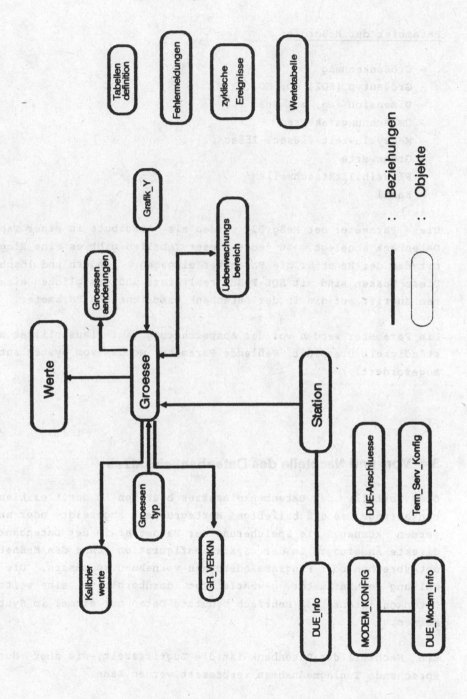

Abb. 4: NABEL DATENMODELL

Beziehungen : :

Objekte : :

Parameter der Meßgröße:

- Größenkennung
- Größentyp (SO2, CO, NO ..)
- Dimension (μg, mg, Grad ..)
- Umrechnungsfaktoren
- Meßzykluszeit (10sec, 15sec ..)
- Grenzwerte
- Plausibilitätsschwellen
- Kanal

Diese Parameter der Meßgröße werden als Attribute in einer Tabelle der Datenbank abgelegt. Zu jeder dieser Tabellen gibt es eine Eingabemaske mit der der Benutzer die Parameter eingeben, ändern und löschen kann. Diese Masken sind mit SQL-FORMS realisiert und ermöglichen einen direkten Zugriff auf die in der Datenbank gespeicherten Parameter.

Die Parameter werden vor der Abspeicherung auf Plausibilität und Vollständigkeit überprüft. Fehlende Parameter werden vom System automatisch angefordert.

3.4 Vor- und Nachteile des Datenbankeinsatzes

Die Vorteile des Datenbankeinsatzes bestehen in der flexiblen Datenbankabfrage, so daß beliebige Wertegruppen angezeigt oder ausgegeben werden können. Die Speicherung der Parameter in der Datenbank erlaubt direkte Änderungen in der Systemkonfiguration ohne den Meßnetzbetrieb unterbrechen oder Programmänderungen vornehmen zu müssen. Die zentrale Haltung der Parameter gewährleistet darüberhinaus eine weitreichende Datenkonsistenz, da mehrfach benutzte Daten nur einmal im System vorkommen.

Ein Nachteil der Datenbank ist die Zugriffszeit, die aber durch entsprechende Tuningmaßnahmen verbessert werden kann.

4. Datenausgabe

Zur routinemäßigen Darstellung und Auswertung der Meßdaten stehen im System eine Vielzahl von Programmen zur Verfügung. Sie ermöglichen geübten wie ungeübten Benutzern den Zugriff auf die Meßdaten in einfacher und komfortabler Weise. Die Meßdaten und Auswertungsparameter werden von den entsprechenden Programmen aus der Datenbank selektiert und einem Grafik- und Statistiksystem (RS/1, Fa. BBN) übergeben, das die Ausgabe der Meßdaten in Form von Grafiken und Protokollen übernimmt. Darüberhinaus kann der versierte Benutzer erstellte grafische und tabellarische Ausgaben nachträglich erweitern bzw. verändern und beliebige eigene Auswertungen selbst generieren.

Die grafische Datenausgabe kann den Verlauf mehrerer Schadstoffe in einer Grafik erstellen. Auch kann ein Schadstoff zusammen mit Meteorologischen Daten dargestellt werden. In einer Erweiterung des NABEL-Systems ist eine Kopplung der Schadstoffverläufe mit Verkehrszählerdaten vorstellbar.

5. Ausfallsicherung

Das Rechnersystem in der Zentrale basiert auf 2 μVAX 3800-Rechnern, die auf dieselben Datenplatten des Systems zugreifen können. Fällt der erste Rechner aus, so wird automatisch auf dem zweiten Rechner das Meßnetz gestartet und die Datenbank kann ohne Datenverlust weiterarbeiten.

6. Ausblick:
Entscheidungsunterstützung bei der manuellen Meßwertkorrektur

Bei der manuellen Meßwertkorrektur überprüft der Anwender die Daten auf Korrektheit, d.h. er überprüft den Verlauf der einzelnen Meßgrößen und die Korrelation der Verläufe (z.B. auf Ausreißer). Diese Überprüfungen sind sehr zeitintensiv und können nur von Spezialisten durchgeführt werden.

Um die Dauer für solche Überprüfungen zu reduzieren, könnte man das NABEL-System um ein 'Entscheidungsunterstützendes System' erweitern, das dem Anwender Hinweise gibt, wo Abweichungen vorliegen und welche Korrelationen er vorrangig untersuchen soll.
Zusätzlich könnte man dieses System mit stationsspezifischen Daten füttern, so daß auch ein Korrektor einer anderen Station problemlos die Werte dieser Station bereinigen kann.

Das IIASA-RAINS Modell:

Simulation, Optimierung und Mapping grenzüberschreitender Luftverschmutzung in Europa

Markus Amann

International Institute for Applied Systems Analysis IIASA

A-2361 Laxenburg

Deskriptoren: Simulationsmodell, Optimierung, Luftreinhaltung

Zusammenfassung

Das RAINS Modell kombiniert Informationen über die einzelnen Phasen der Entstehung und Wirkungsweise saurer Niederschläge in Europa. Ausgehend von umfassenden Energiestatistiken werden für alle 27 Staaten West- und Osteuropas SO_2, NO_x und NH_3 Emissionen berechnet. Anschließend werden Schadenswirkungen auf Süßwasserseen, Waldböden und Forstbestände simuliert. Ein Optimierungsalgorithmus erlaubt die international kostenoptimale Allokation von Emissionsminderungsmaßnahmen zur Erreichung vorgegebener Depositionsgrenzwerte. Das RAINS Modell wird derzeit sowohl von nationalen Institutionen, als auch im Rahmen internationaler Verhandlungen über Emissionsminderungsmaßnahmen eingesetzt.

1 Aufbau des RAINS Modells

Das Internationale Institut für Angewandte Systemanalyse (IIASA), im wesentlichen gemeinsam finanziert von den Akademien der Wissenschaften aus 16 Staaten Ost- und Westeuropas, der USA, Kanadas und Japans, entwickelte seit 1984 das RAINS (*Regional Acidification Information and Simulation*) Modell zur Abschätzung der Folgen saurer Niederschläge in Europa sowie zur Ausarbeitung von effizienten Gegenstrategien (Alcamo *et. al.*, 1990).

Das Gesamtsystem des RAINS Modells besteht aus mehreren, miteinander verbundenen Modulen (Abildung 1): Der erste Teil berechnet für die 27 größten Staaten Ost- und Westeuropas SO_2, NO_x und NH_3 Emissionen. Die Berechnung der SO_2 und NO_x Emissionen basiert weitgehend auf detaillierten Statistiken und Prognosen nationaler Energieverbräuche, wobei nach 12 Brennstoffen und sechs Verbrauchssektoren unterschieden wird. Charakteristische Emissionseigenschaften werden durch

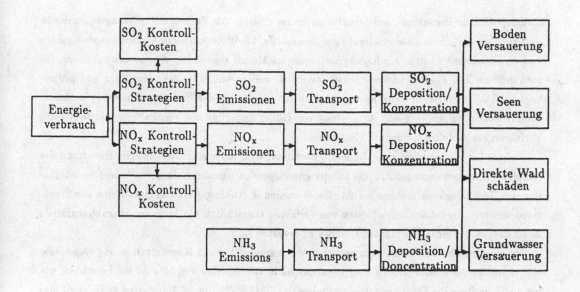

Abbildung 1: Struktur des RAINS Modells

länderspezifische Brennstoff- und Strukturparameter erfasst. Als Emissionsminderungsmaßnahmen sind zur Zeit der Einsatz niederschwefeliger Brennstoffe, Modifikationen des Verbrennungsvorganges und verschiedene Verfahren zur Rauchgasreinigung im Modell abgebildet. Ammoniakemissionen, die zum größten Teil aus der Landwirtschaft stammen, werden mit Hilfe des derzeitigen und projektierten Viehbestandes für ganz Europa abgeschätzt. Optionen der Emissionsminderung umfassen entsprechende Behandlung und Anwendung von Gülle, Änderung der Viehhaltung und technische Verfahren zur Abluftreinigung aus Großställen.

Neben der Wirksamkeit von Minderungsverfahren wird auch eine ökonomische Bewertung der einzelnen Optionen durchgeführt, die auf der grundlegenden Annahme eines ungehinderten internationalen Technologieaustausches beruht. Dabei werden in Abhängigkeit von einer Reihe von Strukturparametern die tatsächlichen Kosten von Verfahren abgeschätzt, die unter den charakteristischen Bedingungen der einzelnen Staaten Europas zu erwarten sind.

Im zweiten Teil werden mit den ermittelten Emissionsdaten die Konzentration und Deposition von säurebildenden Schadstoffen über ganz Europa in Rasterzellen von 50 x 50 km berechnet, wobei als Grundlage die Ergebnisse des internationalen EMEP *(European Monitoring and Evaluation)* Programmes herangezogen werden.

Der dritte Abschnitt simuliert die lokalen Auswirkungen saurer Niederschläge auf unterschiedliche Ökosysteme in Europa:

Das *Seen-Modell* simuliert durch saure Niederschläge hervorgerufene Veränderungen in der Häufigkeitsverteilung von pH-Werten von Süßwasserseen für jeweils mehrere Regionen in Skandinavien. Der ursprüngliche Modellansatz behandelte die chemischen Reaktionen eines einzelnen Sees unter Einbeziehung von meteorologischen, hydrologischen sowie boden- und wasserchemischen Prozessen, die auch die umgebenden Systeme (Vegetation, Bodentyp etc.) einbeziehen. Die große Zahl von Seen in Skandinavien und Finnland machte es notwendig, das Modell zu regionalisieren. Da die erforderlichen Inputdaten nicht für jeden der mehreren tausend Seen zur Verfügung stehen, wurde mittels Monte Carlo-Simulation jene Kombination von Inputdaten ermittelt, die die im Jahre 1980 beobachtete statistische Häufigkeitsverteilung der pH-Werte und Alkalinitäten am besten reproduziert. Die auf diese Art bestimmten Parametersets wurden dann für Szenarienrechnungen weiter verwendet.

In der gegenwärtigen Version des RAINS Modells werden nur zwei mögliche Mechanismen von *Vegetationsschäden* aufgrund erhöhter Schadstoffbelastung analysiert: Die direkten Auswirkungen von erhöhten SO_2 Konzentrationen auf Forstbestände sowie indirekte Wachstumsschäden durch die Versauerung von Waldböden. Diese zwei Erklärungsformen repräsentieren nur einen Bruchteil der zur Zeit diskutierten Theorien zum Waldsterben. Allgemein wird auch ein wesentlicher Beitrag anderer Schadstoffe (z.B. von Schwermetallen und Photooxidantien) oder anderer Einflußfaktoren wie Waldbewirtschaftung oder Klimaextreme angenommen.

Das Modell der Waldböden simuliert die zeitliche und regionale Veränderung der Säure-Neutralisierungs-Kapazitäten von Waldböden bis zum Jahr 2040. Der dynamische Ansatz basiert auf der Simulation von mehreren Pufferreaktionen in den obersten 0.5 m Bodenschicht, die bei Vorhandensein von Carbonaten, Silikaten und Aluminium sowie durch Austausch von Kationen stattfinden. Jeder dieser Mechanismen weist eine bestimmte Pufferkapazität und eine maximale Pufferrate auf und ist in einem bestimmten pH-Bereich wirksam. Dieser Ansatz erlaubt die Simulation des pH-Wertes im Boden auch für zeitlich variierende Belastungen und kann somit bei sinkender Belastung auch eine Erholung der Böden erfassen. Die Berechnungen stützen sich auf eine detaillierte Kartierung der verschiedenen vorkommenden Bodentypen über ganz Europa.

Die Abschätzung von Waldschäden aufgrund direkten Kontakts von SO_2 mit der Vegetation basiert im Gegensatz zu den beiden anderen beschriebenen Modulen nicht auf deterministischen Modellen, sondern auf durch langjährige Beobachtung im tschechoslowakischen Erzgebirge empirisch gewonnenen Beziehungen. Das Modell berechnet kumulierte Grenzwertüberschreitungen während der Gesamtlebensdauer von Bäumen. Die Relation dieser akkumulierten Dosis zu einem Schadens-Schwellwert, der über sogenannte 'Wachstums-Grad-Tage' (in Analogie zu Heizgradtagen) die klimatischen Bedingungen und damit auch die Höhenlage berücksichtigt, bestimmt die Wahrscheinlichkeit des Auftretens von Schäden an der Vegetation.

2 Der Optimierungsansatz

Das RAINS Modell kann auf zwei Arten eingesetzt werden: Bei der 'Szenarien-Analyse' entwickelt der Benutzer durch Veränderung des Energieverbrauches bzw. durch Vorgabe von Minderungsverfahren nationale Emissionsszenarien und analysiert anschließend deren regionale Auswirkungen auf die Schadstoff-Deposition und die dadurch hervorgerufenen Schäden an Ökosystemen. Demgegenüber wird durch 'Optimierung' die kostenminimale Allokation von Emissionsminderungsmaßnahmen ermittelt, um vorgegebene regionale Schadstoffgrenzwerte einzuhalten. Diese Optimierung verbindet Informationen über Potential und Kosten von Emissionsminderungsmaßnahmen mit dem Ausbreitungsverhalten der Schadstoffe in der Atmophäre.

Der Optimierungsansatz benutzt die Standardmethode der Linearen Programmierung, wobei aufgrund der durch die Hardware-Implementierung vorgegebenen Beschränkung des Kernspeicherangebotes besonderes Augenmerk auf geeignete mathematische Problemformulierung gelegt werden mußte. So werden z.B. durch mehrere vorbereitende Filterverfahren jene Nebenbedingungen identifiziert, die bei der jeweiligen Problemspezifikation von anderen Nebenbedingungen dominiert werden; da sie keinen Einfluß auf Optimierungsergebnisse besitzen, werden sie vom aktuellen Optimierungsvorgang ausgeschlossen, wodurch sich im allgemeinen eine deutliche Reduktion der Problemdimension ergibt.

3 Implementierung

Ziel des am IIASA durchgeführten Projektes ist es unter anderem, relevante Einzelergebnisse von wissenschaftlichen Teildisziplinen miteinander in Verbindung zu setzen und deren Konsequenzen allgemein verständlich darzustellen. Aufgrund dessen wurde auf eine benutzerfreundliche Bedienungsoberfläche des Modells besonderer Wert gelegt, um auch interessierten Personen, die nur beschränkte Computererfahrung besitzen, den Zugang zu relevanter Information zu ermöglichen. Zusätzlich zu einer Benutzerführung in Menüform wurde auch der graphischen Darstellung der Ergebnisse große Aufmerksamkeit gewidmet.

Im Interesse einer weiten Verbreitung des RAINS Modells (u.a. auch in Osteuropa, wo aufgrund der Umweltsituation sicherlich wesentlicher Bedarf besteht), ist die derzeitige Version auf allen IBM-PC kompatiblen Systemen unter dem DOS-Betriebssystem mit EGA-Graphik lauffähig, wobei ein Kernspeicherbedarf von rund 600 kByte besteht.

4 Anwendung des RAINS Modells

Grundsätzlich wendet sich das Modell an zwei Benutzergruppen:

- Gegenwärtig wurde das Modell an ungefähr 100 Universitätsinstitute, Forschungseinrichtungen und Ministerien in rund 20 Staaten verteilt, wo es zur Abschätzung des Einflusses grenzüberschreitender Luftschadstoffe Verwendung findet. In Finnland und Ungarn bildet es die Grundlage für detailliertere nationale Modellrechnungen.

- Ein zweites wesentliches Anwendungsgebiet findet das RAINS Modell im Rahmen der derzeit laufenden Verhandlungen über weitere koordinierte Strategien zur Emissionsminderung in Europa, die das 1993 auslaufende Protokoll zur 30 prozentigen Verringerung der SO$_2$ Emissionen ablösen sollen. Diese Verhandlungen erfolgen im Rahmen der *'Convention on Long-range Transboundary Air Pollution'* bei der Wirtschaftskommission der Vereinten Nationen (UN-ECE) in Genf.

5 Grenzüberschreitende Luftverschmutzung in Europa

Im folgenden seien auszugsweise grundlegende, die derzeitige Situation der Luftverschmutzung in Europa beschreibende Modellrechnungen vorgestellt.

Mehrere Luftschadstoffe sind für die Entstehung saurer Niederschläge verantwortlich, wovon Emissionen von Schwefeldioxid, Stickoxid und Ammoniak die größte Bedeutung besitzen. Auf das jeweilige Säurebildungspotential umgerechnet trugen 1985 über ganz Europa SO$_2$ Emissionen zu rund 60 Prozent, NO$_x$ zu rund 21 Prozent und Ammoniak zu ca. 19 Prozent zur Säurebildung bei. Für einzelne Staaten sind beträchtliche Abweichungen zu beobachten, wobei in Osteuropa die Schwefelemissionen aufgrund der beträchtlichen Braunkohleverbrennung dominieren.

Die Depositionsverteilung für die drei erwähnten Substanzen zeigt demnach auch deutliche regionale Unterschiede: Die (trockene und nasse) Deposition von Schwefel (Abbildung 2) erreicht Spitzenwerte im Gebiet der südlichen DDR, Nordböhmen und im schlesischen Industriegebiet, sowie im Donbaßbecken in der Sowjetunion. Diese Belastungszentren sind im wesentlichen durch die lokalen Emissionsspitzen geprägt, während die Deposition in Gebieten mit relativ geringer Emissionsdichte oft durch den Ferntransport u.a. aus diesen Industriezentren dominiert wird.

Die Stickstoffdeposition, die durch die Emission von Stickoxiden hervorgerufen wird, erreicht in Mitteleuropa (Bundesrepublik, DDR, CSFR) Spitzenwerte, wobei aber aufgrund der weiträumigeren

Verfrachtung der Stickoxide geringere Gradienten in der Belastung auftreten (Abbildung 3). Die hohe Deposition im Alpenbereich wird wesentlich durch meteorologische Bedingungen (hohe Regenmengen) verursacht.

Ammoniak zeigt aufgrund seiner chemischen Eigenschaften nur relativ kleinräumiges Ausbreitungsverhalten, wobei aber durchaus grenzüberschreitende Effekte auftreten können. Nach Abbildung 4 tritt die höchste Belastung in den Niederlanden und in Norddeutschland auf, wo die Intensivviehhaltung dominiert.

Zur Zeit wird im Rahmen der erwähnten internationalen Verhandlungen die Kartierung der Belastungsgrenzwerte für natürliche Ökosysteme (sogenannte *'critical loads'*) für ganz Europa durchgeführt, um in der Folge als Zielvorgabe für Emissionsminderungsstrategien Verwendung zu finden. Ein wesentliches Hilfsmittel bei der Abschätzung der Grenzwerte für unschädliche Bodenbelastung stellt das RAINS Simulationsmodell für Waldböden dar, das weitgehend der international akkordierten Vorgehensweise entspricht. Vorläufige Ergebnisse lassen bereits erkennen, daß die derzeit ins Auge gefaßten internationalen Emissionsminderungen bei weitem nicht ausreichen dürften, um diese unschädlichen Belastungswerte zu erreichen. In Abbildung 6 werden (vorläufige) Grenzwerte mit den derzeit zu erwartenden Belastungswerten verglichen: Nur in einem geringen Teil Europas wird demnach die saure Deposition unter der Gefahrengrenze liegen, während in Mitteleuropa Überschreitungen bis zum 30-fachen befürchtet werden müssen.

Es besteht derzeit im Rahmen der UN-ECE bereits Übereinkunft, daß notwendige Emissionsminderungen nach ihrer ökologischen Dringlichkeit durchgeführt (und finanziert) werden sollten, wofür Modellrechnungen (u.a. mit dem vorgestellten RAINS Modell) wertvolle Hilfestellungen bieten können.

Literatur

Alcamo J., Shaw R., Hordijk L. (1990) The RAINS Model of Acidification. Science and Strategies in Europe. Kluwer Academic Publishers, Dordrecht, Niederlande.

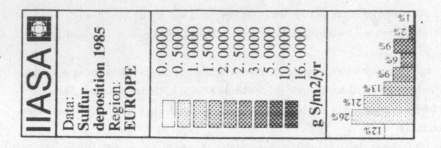

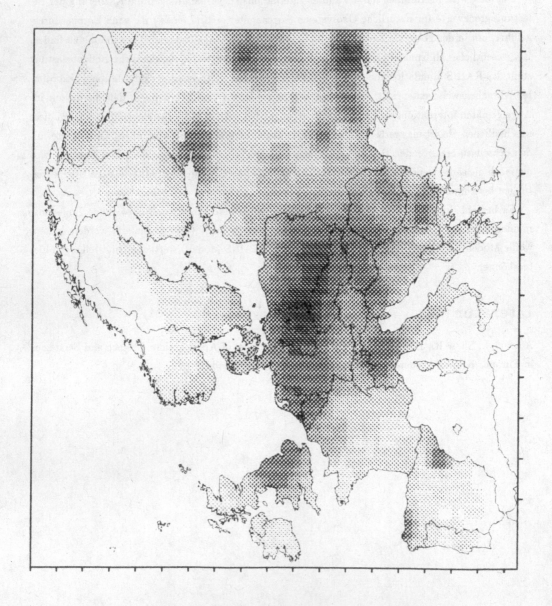

Abbildung 2: Deposition von Schwefel im Jahr 1985

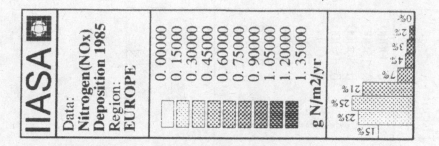

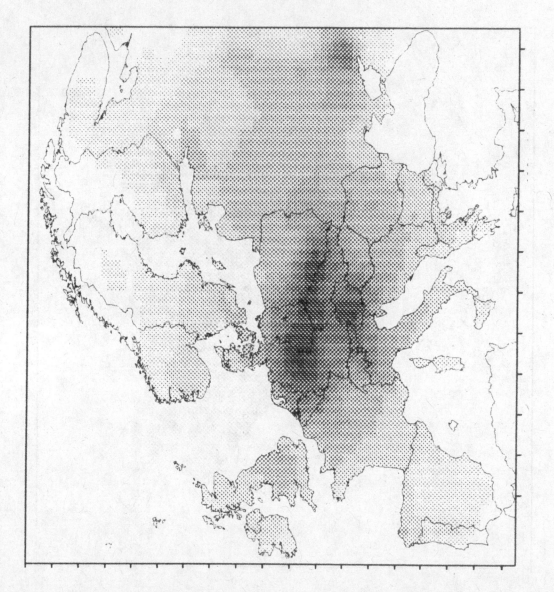

Abbildung 3: Deposition von Stickstoff aus Stickoxiden im Jahr 1985

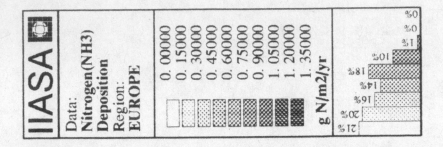

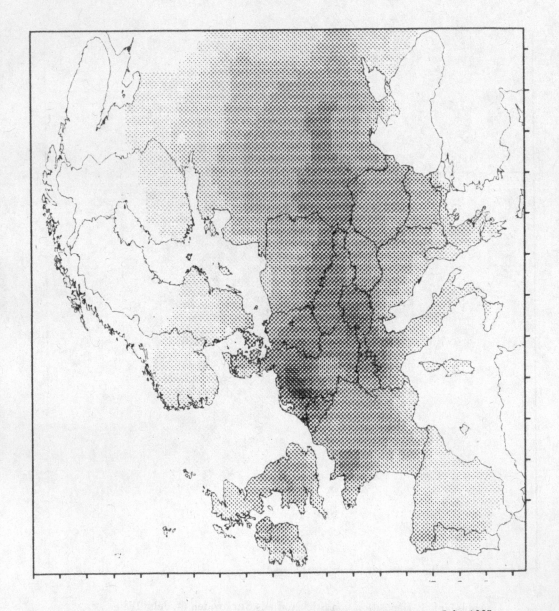

Abbildung 4: Deposition von Stickstoff aus Ammoniakemissionen im Jahr 1985

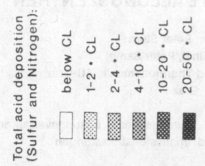

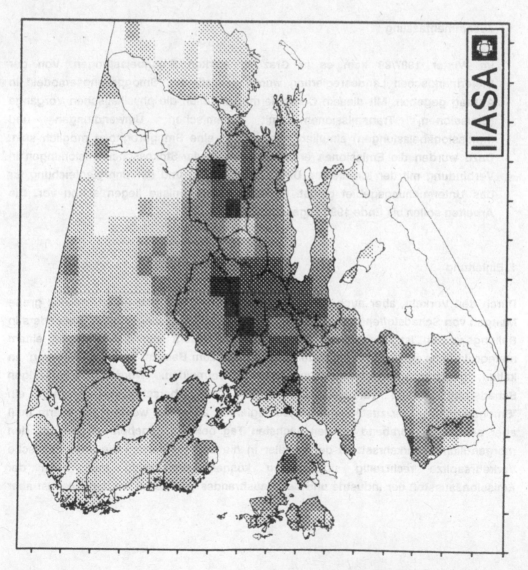

Abbildung 5: Überschreitungen der Belastungsgrenzwerte nach der Durchführung der derzeit vorgesehenen Emissionsminderungsmaßnahmen

SCHADSTOFFAUSBREITUNG IN BALLUNGSZENTREN

Karl Pucher, Rudolf Pischinger, Peter Sturm
Raimund Almbauer, Christoph Münst, Peter Sampl
Institut für Verbrennungskraftmaschinen und Thermodynamik, TU-Graz
Inffeldgasse 25, 8010 Graz

Deskriptoren   (Schadstoffausbreitungsmodell, Numerisches Lösungsverfahren, Emissionskataster, Strömungsfeld, Immissionsbelastungen)

Zusammenfassung

Im Winter 1987/88 kam es in Graz zu starken Smogbelastungen. Von der Steiermärkischen Landesregierung wurde deshalb ein "Smogprognosemodell" in Auftrag gegeben. Mit diesem Computermodell sollen die physikalischen Vorgänge (Emissionen, Transmissionen mit chemischen Umwandlungen und Immissionsbelastungen) simuliert werden und eine Smogprognose möglich sein. Dazu wurden die Emissionen erfaßt und die Navier-Stokesschen Gleichungen in Verbindung mit der turbulenten Diffusionsgleichung und der Energiegleichung für das Untersuchungsgebiet gelöst. Einzelne Teilergebnisse liegen schon vor. Die Arbeiten sollen bis Ende 1990 abgeschlossen sein.

1. Einleitung

Durch den Verkehr, aber auch durch die Industrie und den Hausbrand, werden große Mengen von Schadstoffen produziert und in die Atmosphäre ausgestoßen. Besonders in Ballungszentren ist die Schadstoffbelastung hoch. Liegt nun eine Stadt in einem meteorologisch schlecht durchlüfteten Becken, wie zum Beispiel Graz, so ist "Smog" an kalten, inversionsstarken Wintertagen kaum zu vermeiden. Werden die zulässigen Schadstoffgrenzwerte voraussichtlich längere Zeit überschritten, so muß ein "Smogalarm" von der zuständigen Landesregierung ausgelöst werden. Der Alarm muß aber schon am Vorabend für den nächsten Tag bekannt gegeben werden, um den morgendlichen Verkehrsstrom der Pendler in die Stadt und auch die innerstädtische Verkehrsspitze rechtzeitig stoppen zu können. Gleichzeitig muß auch der Emissionsausstoß der Industrie und des Hausbrandes gedrosselt werden. Dies ist aber nur dann möglich, wenn die zu erwartenden Emissionen bekannt sind und ein geeignetes Computerprogramm vorhanden ist, mit dem es möglich ist, eine Vorhersage der Schadstoffbelastung für den nächsten Tag zu machen.

Für die Stadt Graz wurde deshalb vom Amt der Steiermärkischen Landesregierung ein solches Smogprognosemodell in Auftrag gegeben. Das Rechenprogramm ist derzeit nur teilweise abgeschlossen (Emissionskataster) und teilweise noch in Arbeit (Strömungsfelder).

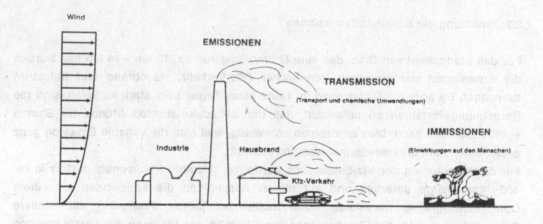

Bild 1: Umweltbelastung verursacht durch anthropogene Quellen

2. Schadstoffausbreitung

2.1. Problemstellung

Im Bild 1 ist die Umweltsituation einer Stadt simplifiziert dargestellt. Die Schadstoffe - im wesentlichen sind es das Kohlenmonoxid (CO), die Stickoxide (NO_x), die Kohlenwasserstoffe (CxHy) das Schwefeldioxid SO_2 und die Partikelemissionen - werden vom Kfz-Verkehr, vom Hausbrand und von der Industrie mit verschiedenen Konzentrationen und in unterschiedlichen Höhen in die Atmosphäre ausgestoßen. Der Wind transportiert die Schadstoffe weiter, vermischt sie mit der umgebenden Luft, und es kommt zu sehr komplizierten chemischen Umwandlungsprozessen. Die so verunreinigte Luft wirkt letzten Endes auf die Menschen ein und kann zu einer Schädigung der Gesundheit führen.

Der ganze Problemkreis der Schadstoffausbreitung kann somit in die drei Teilgebiete
 Emissionen
 Transmission mit chemischer Umwandlung
 Immissionen
zerlegt werden, die getrennt bearbeitet und gelöst werden können. Nach Vorliegen von
Teillösungen müssen diese wieder zu einem Gesamtprogramm zusammengefaßt
werden. Damit kann dann die Schadstoffbelastung in Ballungszentren ermittelt werden.

2.2. Ermittlung der Schadstoffemissionen

Für das Stadtgebiet von Graz, das eine Erstreckung von ca. 13 km - 14 km hat, wurden
die Emissionen der einzelnen Verursacher (Kfz-Verkehr, Hausbrand und Industrie)
berechnet. Da aber die Emissionen im Laufe eines Tages sehr stark variieren, sind die
Berechnungsverfahren so aufgebaut, daß der Schadstoffausstoß Stunde für Stunde
ermittelt werden kann. Dies ist deshalb notwendig, weil sich die variable Emission ganz
entscheidend auf die Immissionsbelastung auswirkt.
Für die Berechnung der Kfz-Emissionen wurde das gesamte Straßennetz in Graz in ca.
400 Straßenzüge unterteilt und auf diesen Abschnitten die Emissionen mit einem
Computerprogramm berechnet. Dann mußte auf jedem Straßenzug die mittlere
Fahrgeschwindigkeit, die Streckenlänge, die Seehöhe, die Steigung die Anzahl und das
Gewicht der PKW bzw. LKW im jeweiligen Berechnungszeitraum ermittelt werden.
Außerdem wurde noch die Zusammensetzung (Kfz mit Katalysator, Kfz ohne Katalysator -
Diesel- und Ottomotor) und die Anzahl der Kaltstarts berücksichtigt. Die
Berechnungsergebnisse der linienförmigen Verkehrsemissionen wurden dann in
quadratische Rasterflächen von 250 x 250 m umgelegt, weil dieses Gitter bei der
Immissionsberechnung benötigt wird /1/.
Das Bild 2 zeigt das Stadtgebiet von Graz (nichtschraffierte Fläche) mit den wichtigsten
Straßen. In den Bildern 3 und 4 sind beispielsweise die berechneten NO_x-Emissionen auf
den Straßenzügen für einen Wintertag dargestellt. Das Bild 3 zeigt die höchste
Schadstoffemission, sie tritt am Nachmittag zwischen 18.00 Uhr und 19.00 Uhr auf. Man
sieht, daß die größten Werte im Zentrum der Stadt und auf der Autobahn A2 bzw. auf der
Pyhrnautobahn auftreten. Diese Schadstoffemission ändert sich im Laufe des Tages von
7.00 Uhr bis 19.00 Uhr nicht sehr stark, lediglich in der Mittagszeit zwischen 12.00 Uhr
und 13.00 Uhr kommt es zu einer kleinen Reduktion.
Die Schadstoffemissionen in der Nacht sind dagegen wesentlich geringer. Das Bild 4
zeigt die minimale NO_x-Konzentration in der Nacht, von 02.00 Uhr bis 03.00 Uhr. Die

Schadstoffkonzentrationen sind besonders auf den Ein- und Ausfahrtsstraßen sehr niedrig, nur im Stadtkern und auf den Durchzugsstraßen sind geringe Emissionen vorhanden; diese Emissionsverteilung ändert sich während der Nacht nur sehr wenig.

Bild 2: Untersuchungsgebiet von Graz mit den wichtigsten Straßen

Die Emissionen des Hausbrandes und der Industrie wurden ebenfalls berechnet und auf den gleichen Flächenraster umgelegt. Dadurch war es möglich, einen zeitliche variablen Gesamtemissionskataster zu erstellen, der die Grundlage für die Immissionsberechnung liefert.

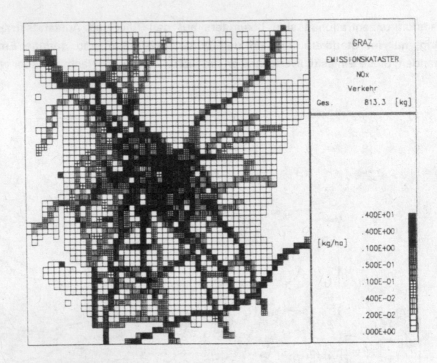

Bild 3: NOx-Emissionen durch den Kfz-Verkehr an einem Wintertag von 17.00 Uhr bis 18.00 Uhr

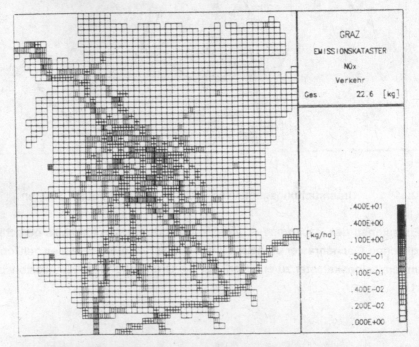

Bild 4: NOx-Emissionen durch den Kfz-Verkehr an einem Wintertag von 2 Uhr bis 3 Uhr in der Nacht

2.3. Transmission - Berechnung des Strömungsfeldes

Bei der Berechnung des Strömungsfeldes muß theoretisch von der vorliegenden Großwetterlage ausgegangen werden. Aus diesem Windfeld wird ein kleines quaderförmiges Volumen (das zu untersuchende Gebiet) - zumindest gedanklich - herausgeschnitten und die Strömung innerhalb des Gebietes genauer berechnet /2/.

Im Winter treten nun meist typische Großwetterlagen auf, die zu hohen Smogbelastungen führen. Bei solchen Wetterlagen wurden nun Fesselballonmessungen an den Rändern des Untersuchungsgebietes durchgeführt und Höhenprofile der Geschwindigkeits- und Temperaturverteilung ermittelt. Mit diesen Randwerten kann dann das Strömungsfeld im Untersuchungsgebiet mit nachfolgendem Gleichungssystem berechnet werden:

(1.1) Kontinuitätsgleichung inkompressibel:

$$\frac{\partial u_j}{\partial x_j} = 0; \qquad \rho = \rho_0 = konst.$$

(1.2) Impulserhaltungsgleichungen:

$$\frac{\partial u_i}{\partial t} + u_j \frac{\partial u_i}{\partial x_j} = -\frac{\partial p}{\partial x_i} + \frac{\partial}{\partial x_j}\left(-\frac{\partial \overline{u_i' u_j'}}{\partial x_j}\right) + \delta_{i3} g \frac{\Theta}{\Theta_0} + e_{ijk} f_k u_j$$

$$-\frac{\partial \overline{u_i' u_j'}}{\partial x_j} = \nu_t \left(\frac{\partial u_i}{\partial x_j} + \frac{\partial u_j}{\partial x_i}\right) - \frac{2}{3} k \delta_{ij}$$

(1.3) $k - \epsilon$ - Turbulenzmodell, modifiziert
für atmosphärische Strömungen:

$$\frac{\partial k}{\partial t} + u_j \frac{\partial k}{\partial x_j} = \frac{\partial}{\partial x_j}\left(\frac{\nu_{eff}}{Pr_k} \frac{\partial k}{\partial x_j}\right) + P_k - E_k$$

$$\frac{\partial \epsilon}{\partial t} + u_j \frac{\partial \epsilon}{\partial x_j} = \frac{\partial}{\partial x_j}\left(\frac{\nu_{eff}}{Pr_\epsilon} \frac{\partial \epsilon}{\partial x_j}\right) + P_\epsilon - E_\epsilon$$

$$P_k = \nu_t \left(\frac{\partial u_i}{\partial x_j} + \frac{\partial u_j}{\partial x_i}\right) \frac{\partial u_i}{\partial x_j} - \frac{g}{\Theta_0} \frac{\nu_t}{Pr_T} \frac{\partial \Theta}{\partial x_j}$$

$$E_k = \epsilon; \qquad P_\epsilon = c_1 \frac{\epsilon}{k} P_k \frac{l}{l_0}; \qquad E_\epsilon = c_2 \frac{\epsilon^2}{k\rho}; \qquad \nu_t = c_\mu c_D \frac{k^2}{\epsilon}$$

(1.4) Energiegleichung - potentielle Temperatur

$$\frac{\partial h}{\partial t} + u_j \frac{\partial h}{\partial x_j} = \frac{\partial}{\partial x_j}\left[\frac{\nu_{eff}}{Pr_h}\left(\frac{\partial h}{\partial x_j}\right)\right] + qh$$

$$\Delta h = c_p \Delta T; \qquad \Theta = T \left(\frac{p}{p_0}\right)^{\frac{\kappa-1}{\kappa}}$$

Das nichtlineare Differentialgleichungssystem wird in ein Finite-Volumen-Gleichungssystem übergeführt. Das gesamte Berechnungsgebiet wurde in 40.000 Volumina unterteilt (250 x 250 x 30 m) und die Geschwindigkeiten, Drücke und die Temperaturen als Mittelwerte der Volumina für einige smogträchtige Großwetterlagen berechnet. Das Bild 5 zeigt die Strömungsverhältnisse knapp über dem Boden in der Nacht im Grazer Becken bei einer Nord-West-Wetterlage. Durch die umliegenden Berge ergibt sich eine sehr komplexe Geschwindigkeitsverteilung ähnlich wie in einem sehr schlecht angeströmten Diffusor. Im engen Raachtal (Einströmung ins Grazer Becken) ist zunächst die Strömung nach Osten gerichtet, dann wird sie aber nach Süden umgelenkt. Entscheidend für den Richtungswechsel ist der Reiner-Kogel und eine hervorspringende Nase des Plabutsches. Hinter dieser Nase ist eine leichte Rezirkulationszone zu erkennen. Solche Rezirkulationszonen sind für die Schadstoffausbreitung wichtig und mit weniger aufwendigen Modellen (Gaußverteilung) kaum in den Griff zu bekommen.

Am Tag ändert sich das Strömungsbild durch die Sonneneinstrahlung. In größerer Höhe bleibt die Nord-West-Strömung erhalten. In Bodennähe stellt sich eine Strömung von Süden nach Norden ein, wie dies aus Bild 6 zu ersehen ist. Das Grazer Becken wirkt nun als Düse. Rezirkulationszonen treten dann nicht auf.

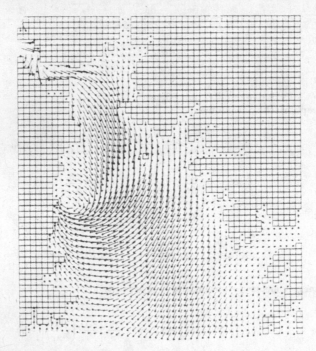

Bild 5: **Strömungsverhältnisse knapp über dem Boden in der Nacht im Winter**

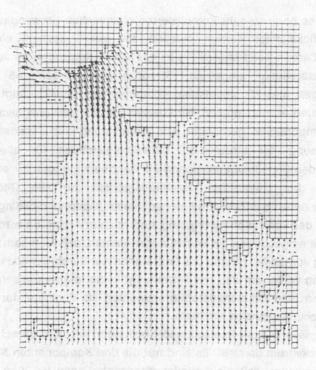

Bild 6: Strömungsverhältnisse knapp über dem Boden zur Mittagszeit im Winter

2.4. Berechnung der Immissionsverteilung

Ausgehend von den Strömungsfeldern und den Emissionen können dann die Immissionsfelder mit Hilfe der turbulenten Diffussionsgleichung

$$\frac{\partial c_i}{\partial t} + u_j \frac{\partial c_i}{\partial x_j} = \frac{\partial}{\partial x_j}\left[\frac{\nu_t}{Pr_c}\left(\frac{\partial c_i}{\partial x_j}\right)\right] + q_i + R_i$$

berechnet werden.

In der Luft kommt es noch zu sehr komplizierten chemischen Umwandlungsprozessen, die ebenfalls berücksichtigt werden müssen. Es wurde deshalb ein chemisches Reaktionsmodell (Carbon-Bond-Modell IV) in das Computerprogramm zur Berechnung der Schadstoffausbreitung eingebaut. Ursprünglich wurden 65 verschiedene Reaktionsgleichungen und 25 chemische Komponenten berücksichtigt. Da aber die Rechenzeiten reduziert werden mußten, wird derzeit mit 38 Reaktionsgleichungen und 18 verschiedenen Komponenten gerechnet. Die Berechnung der Schadstoffausbreitung erfolgt durch Lösung der turbulenten Diffusionsgleichung für alle betrachteten Komponenten mit den Schadstoffemissionen als Randbedingungen für einen Zeitschritt und der Lösung des chemischen Reaktionsmodells für alle Gitterpunkte des Rechengebietes für denselben Zeitschritt im nachhinein (Operator-Splitting).

Die Berechnungen der Schadstoffausbreitung sind noch in Arbeit. Es wird daher nur auf zwei Teilergebnisse eingegangen. Es wurde angenommen, daß an einem Wintertag eine Nordwestströmung vorhanden ist und die Emissionen nur durch den Verkehr verursacht wurden. Nimmt man weiter an, daß um Mitternacht keine Immissionsbelastung vorliegt (Startwert), so kann man die Schadstoffkomponenten als Funktion der Zeit in jedem Punkt des Untersuchungsgebietes ermitteln.

In Bild 7 ist der Tagesverlauf der Immissionsbeslastungen in einem Berechnungselement am Boden im Stadtzentrum darstellt. Es sind nur die drei Komponenten NO, NO_2 und O_3 aufgetragen. Man erkennt, daß die Schadstoffkonzentrationen bis zum Einsetzen der morgendlichen Verkehrsspitze gering sind. Dann steigt vor allem das NO und das NO_2 an. Die O_3-Bildung setzt erst mit dem Sonnenaufgang im ca. 8.00 Uhr ein. Sie erreicht um 12.00 Uhr den Höchstwert, wenn die NO-Emission etwas zurückgeht. Um ca. 18.00 Uhr tritt die höchste NO-Emission auf, während die O_3-Konzentration wieder zurückgeht.

Die Immissionsverläufe für einen Vorort, der vom Zentrum weit entfernt ist, sind in Bild 8 dargestellt. Die NO- und auch NO_2-Emissionen sind dort weit geringer, die O_3-Belastungen dagegen höher, wie auch Messungen zeigen.

Die beiden Bilder 7 und 8 zeigen, daß das Computerprogramm den Verlauf der Immissionsbelastungen - zumindestens in der Tendenz - richtig berechnen kann. Es ist aber zu bedenken, daß die Schadstoffemissionen durch den Hausbrand und durch die Industrie sowie auch die Vorbelastungen der Luft beim Einströmen in den Berechnungsraum noch nicht berücksichtigt worden sind. Außerdem wurde die Immissionsbelastung nur für 24 Stunden mit einem willkürlich angenommenen Startwert um Mitternacht (keine Immissionsbelastung) berechnet. Es ist aber geplant, ein Startwertfeld basierend auf den Immissionswerten des Grazer Meßnetztes für die Immissionsberechnung zu verwenden. Bis Ende des Jahres sollen auch die Emissionen durch die Industrie, sowie auch die Vorbelastung der einströmenden Luft in das Computerprogramm eingebaut werden.

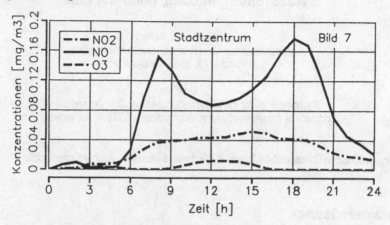

Bild 7:   Errechnete Immissionsverläufe im Stadtzentrum an einem Wintertag

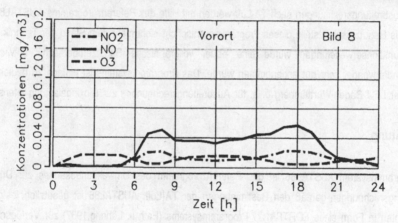

Bild 8:   Errechnete Immissionsverläufe in einem Vorort an einem Wintertag

Literatur:

/1/   Emissionskataster Graz, Amt der Steiermärkischen Landesregierung Fachabteilung Ia, Landesbaudirektion; Ausgabe November 1989.

/2/   Sturm, P.: Berechnung der räumlichen Schadstoffausbreitung in der Nähe von Gebäuden im Einflußbereich von Straßen und Tunnelportalen, Dissertation, TU-Graz, Jänner 1988.

Eine portable graphische Benutzeroberfläche für ein Ausbreitungsmodell nach TA-Luft

D. Ahrens, D. Seifert
Landesanstalt für Umweltschutz Baden-Württemberg
Hertzstr. 173, 7500 Karlsruhe 1

L. Gmeiner
Steinbeis-Stiftung für Wirtschaftsförderung, Transferzentrum
Industrielle Datenverarbeitung, Bismarckstr. 45, 7500 Karlsruhe 1

Deskriptoren: Graphische Benutzeroberflächen, X-Windows, Simulation, Ausbreitungsmodelle

Zusammenfassung

Ausbreitungsrechnungen nach TA-Luft werden mit Hilfe des Referenzprogramms AUSTAL86 durchgeführt. Die Benutzerschnittstelle dieses Programms entspricht nicht mehr dem Stand der Technik. Neben einigen Funktionserweiterungen wurde eine neue, vollgraphische Benutzeroberfläche entwickelt, die vom Endanwender sehr gut angenommen wurde. Das Programmsystems ist einfach zu bedienen und wird in der LFU Baden-Württemberg u. a. für Ausbreitungsrechnungen zur Dioxinbelastung intensiv eingesetzt.

1. Einleitung

Das Programmsystem AUSTAL86 ist das Referenzprogramm des Umweltbundesamtes zur Durchführung von Ausbreitungsrechnungen gemäß den Bestimmungen der TA-Luft. AUSTAL86 ist gesetzlich festgelegt und wird Interessenten in Form eines FORTRAN77-Programmsystems (Fath u. Lühring,1987) zur Verfügung gestellt.

Mit der Hilfe dieses Programmsystems soll die Schadstoffbelastung in der Umgebung einer Anlage berechnet werden. Eine Anlage kann aus mehreren Punkt- und/oder Flächenquellen bestehen. Schornsteine gelten als Punktquellen. Beispiele für Flächenquellen sind u. a. Chemieanlagen und Kläranlagen. Neben den Anlagedaten werden die meteorologischen Ausbreitungsbedingungen für den Anlagestandort benötigt. Diese Daten werden vom Deutschen Wetterdienst oder durch eigene Messungen vor Ort bereitgestellt.

Mit den vorgegebenen Anlagedaten wird für jede Quelle das 'Beurteilungsgebiet' gebildet, indem um die Quelle ein Radius gelegt wird. Auf diesen Kreis wird ein quadratisches Gitternetz gelegt. Die Knoten dieses Gitternetzes werden 'Aufpunkte' genannt.

Im Anschluß daran erfolgt mit dieser Parametrierung die eigentliche Ausbreitungsrechnung nach dem Gauß-Modell, wobei für jeden Aufpunkt die Immissionsgröße des aus der Quelle abgegebenen Schadstoffs berechnet wird. Die Ergebnisse werden tabellarisch protokolliert oder graphisch aufbereitet ausgegeben.

AUSTAL 86 ist in der vom Umweltbundesamt ausgelieferten Version sehr benutzerunfreundlich und den heutigen Anforderungen an Programmqualität und Benutzeroberflächen keineswegs gewachsen.

Als Zielgruppe für die Benutzung dieses Systems kommen insbesondere Behörden, Anlagenbetreiber und Ingenieurbüros in Betracht. Diese Benutzergruppen stellen eine Reihe von weitergehenden Anforderungen, die teils die Benutzeroberfläche und teils inhaltliche Punkte betreffen.

2. Anforderungen an ein modernes System für Ausbreitungsmodellrechnungen

Wie bereits oben erwähnt ist das Anwenderspektrum sehr heterogen, wobei von speziellen DV-Kenntnissen nicht ausgegangen werden kann. Aus diesem Umfeld heraus und der Kenntnis des bisherigen Systems ergaben sich folgende weitergehende Anforderungen, die hauptsächlich den Bedienkomfort und Funktionserweiterungen betreffen:

- Handhabung und Verknüpfung der Daten sollten ohne Kenntnisse der programminternen Datenstrukturen möglich sein;
- Das Programmsystem soll in einer Workstation-Umgebung implementiert werden. Bei der Implementierung ist auf eine Portierbarkeit der Lösung zu achten;
- Ausführliche Plausibilitätsprüfungen der Eingabedaten sollten Fehler möglichst frühzeitig erkennen lassen;
- Wissen über Betriebssystembefehle soll nicht notwendig sein;
- Die graphischen Ausgabemöglichkeiten für die Modellergebnisse sollten verbessert werden; Darunter ist vor allem die Ausnutzung eines graphischen Bildschirms zum Zweck der 'Schnellanalyse' von Modellrechnungen zu verstehen;
- Da die Ausbreitungsrechnungen, je nach Anforderung, erheblichen CPU- bzw. Speicherplatzbedarf erfordern, sollte auf die entsprechende Kapazität eines Großrechners zugegriffen werden können. Dieser Rechnerverbund sollte für den Benutzer ohne kompliziertere Bedienung zur Verfügung stehen.
- Das Erstellen von Ausbreitungsklassenstatistiken aus zeitlich begrenzten Standortmessungen entsprechend der zukünftigen VDI-Richtlinie 3782E Blatt 5 (VDI, 1988) sollte möglich sein;

Alle diese Anforderungen sind zusätzlich unter dem Gesichtspunkt zu betrachten, daß AUSTAL86 Gesetzescharakter hat und damit in seinen zentralen Inhalten nicht verändert werden darf.

Die Implementierung des Ausbreitungsmodells erfolgte auf einer VAXstation 2000 mit 14 MB Hauptspeicher, 200 MB Platte und einem Farbschirm mit 1024 x 824 Pixel Auflösung. Die geforderte Einbindung weiterer CPU- und Plattenkapazität wird durch die Zugehörigkeit der Workstation zu einem DECNET-Rechnerverbund realisiert. Darüberhinaus kann die Workstation selbstverständlich auch eigenständig betrieben werden.

Das vom Umweltbundesamt übernommene Ausbreitungsmodell ist in FORTRAN geschrieben und wurde auf die VAXstation portiert. Die neu entwickelte Benutzeroberfläche ist mittels C und DEC-Windows (DEC 1988), einem X-Windows-Superset, implementiert. Für die Geräteunabhängigkeit der Ausgabe sorgt die Verwendung von GKS (Bechlars u. Buhtz,1986). Im vorliegenden Fall werden ein LA75-Drucker, ein Rolandplotter und ein hochauflösender Bildschirm als Ausgabemedien eingesetzt. Die Verwendung weiterer Ausgabegeräte ist lediglich von der Existenz eine GKS-Treibers abhängig.

3. Systemkonzept

Das Systemkonzept basiert darauf, die aus AUSTAL86 übernommenen 4 Teilprogramme
* Aufbereitung der meteorologischen Daten (MET86),
* Eingabe der Anlage-Daten und Berechnung des Beurteilungsgebietes (INPROG),
* Durchführung der Ausbreitungsrechnung (SIM),
* Erstellung der grafischen Ergebnisdarstellung (TAPLOT)

möglichst unverändert zu integrieren. Die neu konzipierte Benutzeroberfläche wird in Form eines Schalenmodells realisiert. Für weitergehende Informationen zum Systemkonzept bzw. zur Implementierung wird auf (Seifert, 1989) verwiesen. Im folgenden werden die einzelnen Schalen-Komponenten erläutert:

Betriebssystem-Komponente:
Alle Betriebssystem-Funktionsaufrufe, wie Dateien kopieren, löschen, starten von Druck- bzw. Plotausgaben und die Umwandlung von Fortran-Direktzugriffsdateien in sequentielle Dateien bzw. umgekehrt werden durch spezielle Funktionen in einer eigenen Programmkomponente realisiert. Bei Betriebssystemportierungen müssen nur diese Funktionen angepaßt werden.

Dateihandhabung:
Der Benutzer soll sinnvolle Dateinamen für die einzelnen Dateien bzw. für eine komplette Modellrechnung angeben können. Die Dateihandhabungskomponente sorgt für die Abbildung der benutzerdefinierten Namen auf die internen Namen.

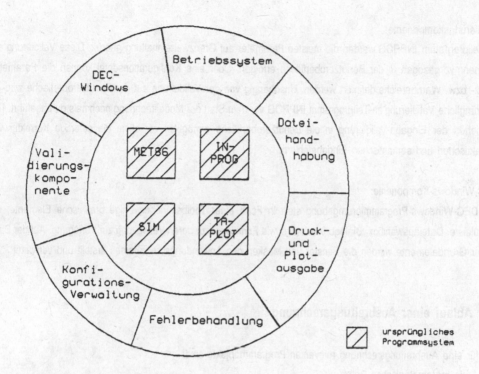

Bild 1: Systemkonzept des portablen Programmsystems für Ausbreitungsrechnungen

Druck- und Plotausgabe:

Die Ausgabe des Ergebnisprotokolls auf einen Drucker bzw. der grafischen Ergebnisse auf einen Plotter wird mit diesen Komponenten vorgenommen. Mit Hilfe von Konfigurationsdateien können verschiedene Ausgabegeräte integriert werden. Die Auswahl des Ausgabegerätes erfolgt auf der Benutzeroberfläche.

Fehlerbehandlung:

Im bisherigen Programmsystem AUSTAL86 werden Fehlermeldungen auf dem Bildschirm angezeigt und anschließend der Programmablauf abgebrochen. In der neuen Benutzeroberfläche werden die Fehlermeldungen der Programme numeriert und als Rückgabewerte an die Benutzeroberfläche zurückgegeben, dort interpretiert und ggfs. als Fehlermeldungen angezeigt.

Konfigurations-Verwaltung:

Konfigurationsdateien werden neu eingeführt und in zweierlei Hinsicht verwendet. Zum einen können modellrelevante Daten , wie Schadstoffliste oder Parametergrenzwertdefinition, flexibel gehandhabt werden. Zum zweiten können sowohl eine eigene Dateiverzeichnisstruktur für die zu benutzenden Daten (met. Daten, Anlage-Daten, Ergebnisdateien, etc.) definiert als auch Drucker und Plotter bereitgestellt werden. Die Konfigurationsdateien werden bei jedem Programmstart gelesen.

Validierungskomponente:

Im Teilprogramm INPROG werden die meisten Parameter auf Grenzwerteinhaltung geprüft. Diese Validierung soll nunmehr vorgezogen in der Benutzeroberfläche erfolgen. Über eine Konfigurationsdatei können die Parametergrenz- bzw. Warnbereiche definiert werden. Unabhängig von der Validierung auf der Benutzeroberfläche wird die ursprüngliche Validierung im Teilprogramm INPROG vor dem Start der Modellrechnung nochmals durchgeführt. Das Vorziehen der Eingabe-Validierung in die Benutzeroberfläche ermöglicht vor allem die sofortige Korrektur von syntaktischen und semantischen Eingabefehlern.

DEC-Windows-Komponente:

Die DEC-Windows-Programmierumgebung stellt in Form einer Toolbox höherwertige graphische Elemente, wie Menüleiste, Dateiauswahlbox, Dialogboxen etc. sowie Funktionen zu deren Verwaltung zur Verfügung. Auf der Basis dieser Grundelemente werden die Fenster und Masken des Anwendungsprogrammes erstellt und verwaltet.

4. Ablauf einer Ausbreitungsrechnung

Die für eine Ausbreitungsrechnung relevanten Programmobjekte sind:

* die meteorologischen Daten,
* die Anlage-Daten,
* die Modellrechnung,
* das tabellarische Ergebnis,
* die grafische Ergebnisdarstellung.

Diese Objekte stehen in folgendem Zusammenhang:

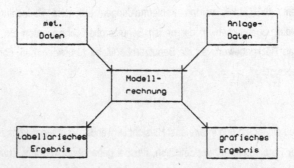

Bild 2: Die Programmobjekte der Benutzeroberfläche und ihre Beziehungen untereinander

In Bild 3 ist das Programmfenster mit den entsprechenden Menütiteln sichtbar, wie es sich einem Benutzer nach dem Programmstart darstellt. Die Funktionen auf die jeweiligen Programmobjekte sind in Form von Menüeinträgen aktivierbar. Das Auswählen einer Programmfunktion verursacht die Darstellung einer bzw. mehr-erer Eingabemasken oder Ausgabefenster, die zum Teil an späterer Stelle gezeigt werden.

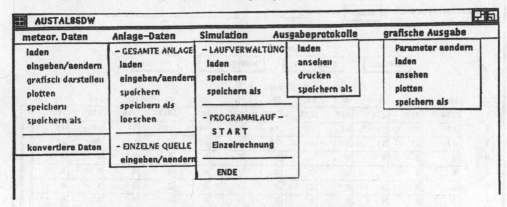

Bild 3: Das Programmfenster der Benutzeroberfläche mit allen Menüeinträgen

Charakteristischerweise läuft eine Simulation so ab, daß zuerst die Eingabedaten (siehe Kapitel 4.1 und 4.2) bereitgestellt werden, mit denen dann die Modellrechnung (siehe Kapitel 4.3) durchzuführen ist. Diese Rechnung liefert Ergebnisse in tabellarischer (Kapitel 4.4) und in graphischer Form (Kapitel 4.5).

4.1 Die Verwaltung der meteorologischen Daten

Die met. Daten beschreiben die Ausbreitungsverhältnisse eines Ortes über einen längeren Zeitraum hinweg und werden durch die drei Dimensionen

- Ausbreitungsklassen (von sehr stabil bis sehr instabil),
- Windrichtungssektoren (in 10 Grad Unterteilungen) und
- Windgeschwindigkeitsklassen

beschrieben.

Für verschiedene Orte der Bundesrepublik können die met. Daten vom Deutschen Wetterdienst bezogen werden. Die Daten können dabei in zwei verschiedenen Dateiformaten geliefert werden, für beide Formate stehen Konvertierungsprogramme zur Verfügung, um die met. Daten in das interne Format umzuwandeln. Sollten keine geeigneten Daten existieren, so können die met. Daten durch eigene Messungen mit Hilfe einer Eingabemaske (siehe Bild 4) erstellt werden. Mit derselben Maske können die selbsterstellten Daten, aber auch vorhandene Ausbreitungsstatistiken, angezeigt und geändert und anschließend abgespeichert werden. Dieser Menüpunkt hat eine große praktische Bedeutung, da Ausbreitungsstatistiken nur für wenige Orte vorliegen und für die meisten Anlagen im stark gegliederten süddeutschen Raum nicht gültig sind. Hier muß sehr häufig auf eigene Messungen am Standort zurückgegriffen werden.

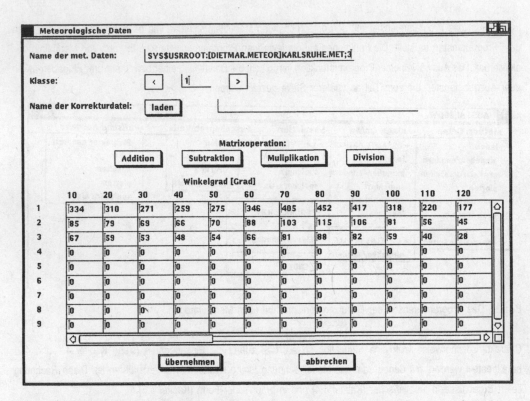

Bild 4: Die Eingabemaske zum Eingeben und Editieren von meteorologischen Daten

Zur visuellen Kontrolle können die met. Daten in einem Darstellungsfenster ausgegeben werden. Dazu werden die Häufigkeiten der Windrichtungen in sechs Windrosen (pro Ausbreitungsklasse eine Rose) dargestellt. Dieselbe Ausgabe kann auch auf einem Plotter erfolgen (siehe Bild 5).

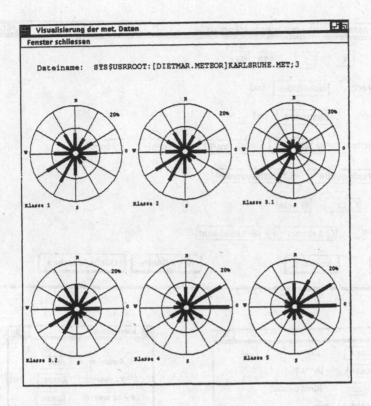

Bild 5: Grafische Darstellung der meteorologischen Daten in einem Ausgabefenster

Die Eingriffsmöglichkeiten des Benutzers ergeben sich aus Bild 3, Menü 'meteor. Daten'.

4.2 Die Anlage-Daten

Unter dem Menütitel 'Anlage-Daten' (siehe Bild 3) sind einerseits die allgemeinen Daten für die gesamte Anlage (Anlagenbezeichnung, Anemometerhöhe, Aufpunkthöhe, Schadstoffe sowie Information zur Beurteilungsgebiet-Berechnung) sowie andererseits Daten für die einzelnen Punkt- bzw. Flächenquellen (Rechtswert, Hochwert, Emmissionsmassenstrom, Quellentyp, ein zu berücksichtigendes Gebäude, die Korngrößenverteilung eines staubrelevanten Schadstoffes) zusammengefaßt. Im Falle der Punkt- und Flächenquellen werden bis zu 3 Masken (siehe Bild 6a bis 6c) für die Dateneingabe benötigt. Die Maske 6a beschreibt die allen Quellen gemeinsamen Attribute, wogegen in Maske 6b die für eine Punktquelle zusätzlichen Daten erfaßt werden. Bei staubrelevanten Schadstoffen kann in der Maske 6c die Korngrößenverteilung eingestellt werden.

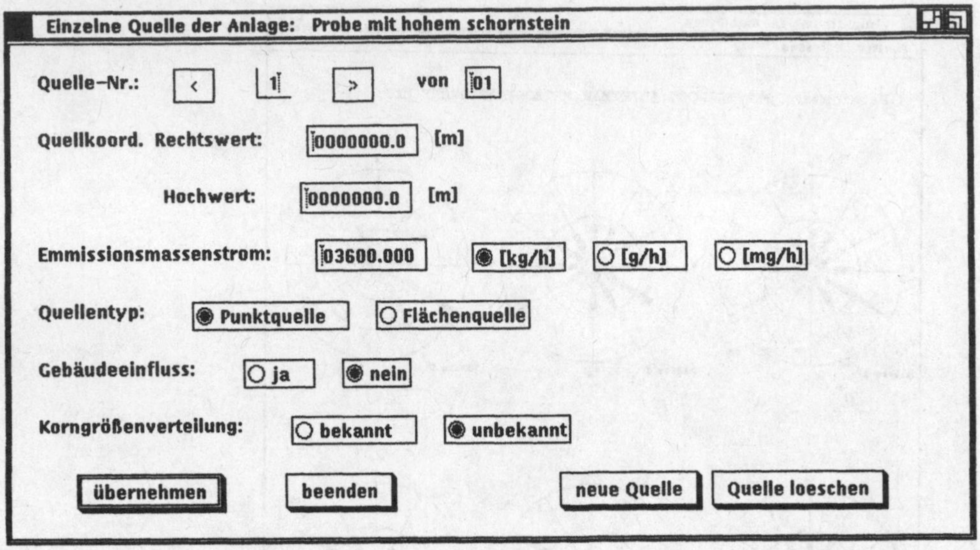

```
┌─────────────────────────────────────────────────────────────────────┐
│ ■ Einzelne Quelle der Anlage:  Probe mit hohem schornstein      ▣▣ │
├─────────────────────────────────────────────────────────────────────┤
│                                                                       │
│   Quelle–Nr.:      ┌───┐  ┌───┐  ┌───┐    von  ┌────┐                 │
│                    │ < │  │ 1 │  │ > │         │ 01 │                 │
│                    └───┘  └───┘  └───┘         └────┘                 │
│                                                                       │
│   Quellkoord. Rechtswert:    ┌────────────┐  [m]                      │
│                              │ 0000000.0  │                           │
│                              └────────────┘                           │
│                                                                       │
│              Hochwert:       ┌────────────┐  [m]                      │
│                              │ 0000000.0  │                           │
│                              └────────────┘                           │
│                                                                       │
│   Emmissionsmassenstrom:   ┌────────────┐  ◉[kg/h]  ○[g/h]  ○[mg/h]   │
│                            │ 03600.000  │                             │
│                            └────────────┘                             │
│                                                                       │
│   Quellentyp:      ◉ Punktquelle      ○ Flächenquelle                 │
│                                                                       │
│   Gebäudeeinfluss:     ○ ja    ◉ nein                                 │
│                                                                       │
│   Korngrößenverteilung:    ○ bekannt    ◉ unbekannt                   │
│                                                                       │
│   ┌───────────┐   ┌─────────┐        ┌────────────┐ ┌───────────────┐ │
│   │ übernehmen│   │ beenden │        │ neue Quelle│ │ Quelle loeschen│ │
│   └───────────┘   └─────────┘        └────────────┘ └───────────────┘ │
└─────────────────────────────────────────────────────────────────────┘
```

Bild 6a:

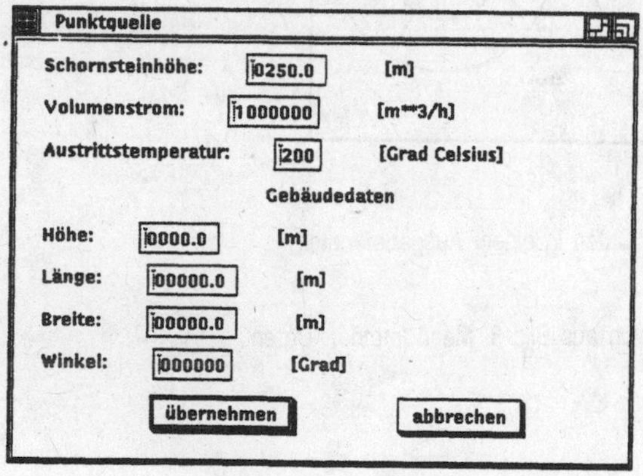

```
┌──────────────────────────────────────┐   ┌────────────────────────────┐
│ ■ Punktquelle               ▣▣       │   │ ■ Korngrösse        ▣▣     │
├──────────────────────────────────────┤   ├────────────────────────────┤
│                                        │   │                            │
│ Schornsteinhöhe:   ┌────────┐  [m]     │   │   < 5 mue–m    ┌──────┐    │
│                    │ 0250.0 │          │   │                │.0000 │    │
│                    └────────┘          │   │                └──────┘    │
│ Volumenstrom:      ┌────────┐ [m**3/h] │   │   5 – 10 mue–m ┌──────┐    │
│                    │1000000 │          │   │                │.0000 │    │
│                    └────────┘          │   │                └──────┘    │
│ Austrittstemperatur: ┌──────┐          │   │   10 – 50 mue–m ┌──────┐   │
│                      │ 200  │ [Grad Celsius]│              │.0000 │   │
│                      └──────┘          │   │                └──────┘    │
│             Gebäudedaten               │   │   > 50 mue–m   ┌──────┐    │
│                                        │   │                │.0000 │    │
│ Höhe:    ┌─────────┐  [m]              │   │                └──────┘    │
│          │ 0000.0  │                   │   │                            │
│          └─────────┘                   │   │                            │
│ Länge:   ┌─────────┐  [m]              │   │                            │
│          │ 00000.0 │                   │   │                            │
│          └─────────┘                   │   │                            │
│ Breite:  ┌─────────┐  [m]              │   │                            │
│          │ 00000.0 │                   │   │                            │
│          └─────────┘                   │   │                            │
│ Winkel:  ┌─────────┐  [Grad]           │   │                            │
│          │ 000000  │                   │   │                            │
│          └─────────┘                   │   │                            │
│   ┌───────────┐  ┌──────────┐          │   │ ┌───────────┐ ┌──────────┐ │
│   │ übernehmen│  │ abbrechen│          │   │ │ übernehmen│ │ abbrechen│ │
│   └───────────┘  └──────────┘          │   │ └───────────┘ └──────────┘ │
└──────────────────────────────────────┘   └────────────────────────────┘
```

Bild 6b: 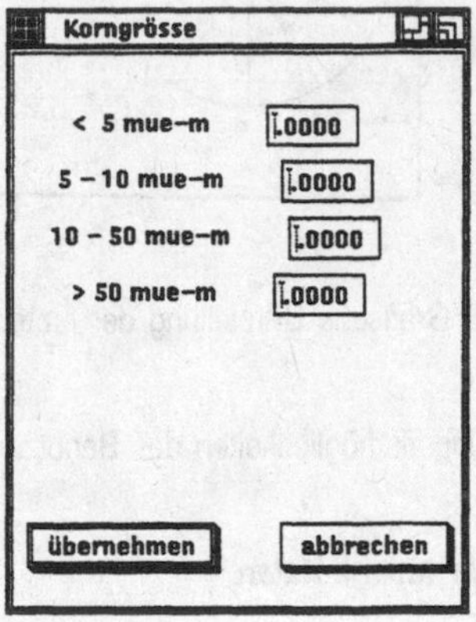   Bild 6c:

Bild 6: Masken zur Beschreibung einer Punkt- bzw. Flächenquelle

Sowohl in der Eingabemaske für die meteorologischen Daten wie auch für die gesamten Eingabemasken der Anlage-Daten werden die numerischen Felder auf formale Gültigkeit wie auch auf Einhaltung von Grenz- und Warnbereiche geprüft. Formale Gültigkeit bedeutet, da DEC-Windows nur Texteingabefelder nicht aber numerische Eingabefelder kennt, daß jedes eingegebene Tastaturzeichen sofort dahingehend kontrolliert wird, ob es gegen die Bildung einer ganzen Zahl bzw. einer Gleitkommazahl verstößt. Ist dies der Fall, so wird das zuletzt eingegebene Zeichen zurückgewiesen. Als zweite Eingabekontrolle können für jedes numerische Eingabefeld ein-oder zweiseitige Warn- und Grenzwertbereiche in einer Konfigurationsdatei definiert werden.

4.3 Durchführung der Simulation und Laufverwaltung

Nach der Bereitstellung von meteorologischen Daten sowie der Anlage-Daten kann eine Ausbreitungsrechnung gestartet werden. Ergänzend zur normalen Rechnung wurde die Möglichkeit geschaffen, nur einzelne Ausbreitungsklassen der met. Daten zu berücksichtigen. Dieser Sonderwunsch des Benutzers wurde durch Erfahrungen mit Genehmigungen von besonders umstrittenen Anlagen ausgelöst. Häufig wurden dabei Ausbreitungsrechnungen für besondere Wettersituationen (Inversionen) verlangt. Bis zur Beendigung der Ausbreitungsrechnung kann die Benutzeroberfläche nicht anderweitig verwendet werden. Außerdem wird eine Laufverwaltung bereitgestellt. Darunter ist die gemeinsame Speicherung bzw. das gemeinsame Laden von met. und Anlage-Daten in einer bzw. aus einer Datei zu verstehen. Durchgeführte Rechnungen führen damit zu einem späteren Zeitpunkt zu reproduzierbaren Ergebnissen (bei einzelner Dateiverwaltung kann eine der beiden Datenarten verändert werden, was zu anderen Ergebnissen in der Ausbreitungsrechnung führt).

Die hier vorgestellten Funktionen zur Laufverwaltung sowie zum Starten von Ausbreitungsrechnungen sind unter dem Menütitel 'Simulation' des Bildes 3 zusammengefaßt.

4.4 Verwaltung des tabellarischen Ergebnisses

Die Ergebnisse der Ausbreitungsrechnung werden in Dateien geschrieben. Dem Benutzer werden die Programmfunktionen 'laden', auf dem Bildschirm 'ansehen', 'drucken' und 'speichern unter einem anderen Namen' angeboten. Durch die in Kapitel 3 angesprochene Konfigurationskomponente besteht beim Starten der Druckfunktion die Möglichkeit, den gewünschten Drucker aus einer Liste auszuwählen.

4.5 Verwaltung des grafischen Ergebnisses

Das Teilprogramm TAPLOT verarbeitet die rechnerischen Ergebnisse zu einer Grafik, in der die Quellen angezeigt sowie das Beurteilungsgebiet aufgetragen wird. Die Belastung der einzelnen Beurteilungsflächen werden durch Rastergrafik, Farbflächengrafik oder Isoliniendarstellung dargestellt. Unter den Ergebnisdaten können Jahresmittel, 98%-Wert und Staubniederschlag gewählt werden. Als letzte Option kann zwischen fester und variabler Klasseneinteilung unterschieden werden.

Bild 7 zeigt die Isoliniendarstellung einer Ausbreitungsrechnung für den Karlsruher Raum, in Bild 8 wird dasselbe Ergebnis mit Hilfe der Rastergrafik dargestellt. In beiden Fällen wird das Beurteilungsgebiet dargestellt und die Punkt- bzw. Flächenquellen markiert. Im Fall der Rastergrafik werden die Konzentrationen der einzelnen Beurteilungsflächen durch definierte Raster dargestellt (siehe dazu die am rechten Rand stehende Legende), bei der Isolinienwahl stellen Isolinien die Gebiete gleicher Konzentration dar. Die Programmfunktionen entsprechen denen für die tabellarischen Ergebnisse, ergänzend kommt noch die Einstellung der Grafikparameter hinzu.

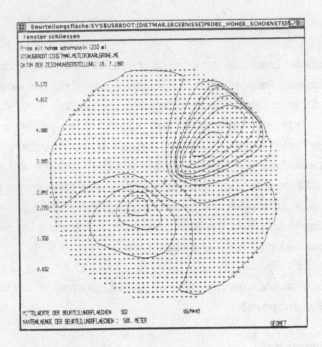

Bild 7: Isoliniendarstellung einer Ausbreitungsrechnung für Karlsruhe

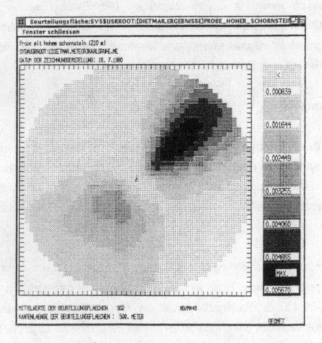

Bild 8: Dasselbe Ergebnis, wie in Bild 7, jedoch in Rastergrafikdarstellung

5. Erfahrungen

Das früher vorliegende AUSTAL86-Programmsystem wurde aufgrund seines geringen Komforts und seiner Absturzhäufigkeit selten verwendet. Die neu eingeführte Benutzeroberfläche wird vom Benutzer voll akzeptiert, zu diesem Zeitpunkt werden laufend Ausbreitungsrechnungen auf dem Gebiet der Dioxinbelastung durchgeführt. Auskünfte und Studien zu diesem Problemkreis müssen oft unter Zeitdruck erstellt werden. Deshalb hat sich die Implementierung auf einem Arbeitsplatzrechner mit uneingeschränktem Zugriff sehr bewährt. Diese Rechnungen verursachen in der Regel keine allzu große Belastung der CPU sowie des Plattenspeichers. Größere Rechnungen können auf den Platten- und CPU-Kapazitäten des Clusters im Datennetz der Landesanstalt für Umweltschutz erfolgen, die Ergebnisse auf der lokalen Workstation weiter verwendet werden.

Die Einführung der Plausibilitätskontrollen direkt bei der Dateneingabe in den Masken ermöglicht ein rasches Bearbeiten auch von größeren Anlagen mit vielen Quellen. Zur Anwendung der Benutzeroberfläche sowie der Dateiverwaltung sind keine Betriebssystemkenntnisse notwendig, lediglich die Handhabung der DEC-Windows Oberfläche muß einmal demonstriert bzw. gelesen werden. Die Ausgabe der grafischen Ergebnisse auf dem Bildschirm ermöglicht eine schnelle Kontrolle der Ausbreitungsrechnung.

Die verwendete Isoliniendarstellung ist bisher unbefriedigend, weil bei manchen Ergebnisdatenkonstellationen ein falsches Bild von der Genauigkeit der Ergebnisse vermittelt wird. Die Verbesserung dieses Schwachpunktes ist in Arbeit.

6. Literatur

Bechlars J., Buhtz R.: GKS in der Praxis Springer-Verlag, 1986

DEC: Digital Equipement Corporation, VMS 5.1 DECwindows Programming und User Kit, 1988

Fath J., Lühring, P. G.: Ausbreitungsrechnungen nach TA-Luft: Anwenderhandbuch zur Durchführung mit dem Programmsystem AUSTAL86, Umweltbundesamt Berlin, Erich Schmidt Verlag Berlin,1987

Seifert D.: Konzeption und Realisierung einer graphischen Benutzeroberfläche für das Programmsystem AUSTAL86, Diplomarbeit, FH Karlsruhe, 1989

VDI: VDI-Richtlinie 3782E Blatt 1 (Ausbreitungsmodelle für Luftreinhaltepläne), VDI-Richtlinie 3782E Blatt 5 (Meteorologische Statistik für Gaußsche Ausbreitungsmodelle), 1988

KFÜ-Ausbreitungsrechnersystem
des Landes Nordrhein-Westfalen

Elke Stöcker-Meier
Landesanstalt für Immissionsschutz NRW
Wallneyerstraße 6
4300 Essen 1

1. Einleitung

Die Landesanstalt für Immissionsschutz (LIS) betreibt ein Echtzeit-Meßsystem (KFÜ-System) zur kontinuierlichen Fernüberwachung der beiden Kernkraftwerke Würgassen und Hamm–Uentrop durch die atomrechtliche Aufsichtsbehörde des Landes Nordrhein-Westfalen (Minister für Wirtschaft, Mittelstand und Technologie – MWMT), siehe [1] bis [4]. Das KFÜ-System wird derzeit durch ein Ausbreitungsrechner-System (ABR-System) ergänzt. Hiermit kann auf der Basis der radiologischen Fortluft-Meßwerte und der meteorologischen Meßdaten die potentielle Strahlenexposition der Bevölkerung in der Umgebung der Kernkraftwerke abgeschätzt werden. Die Ergebnisse einer Ausbreitungsrechnung ermöglichen der Aufsichtsbehörde eine schnelle Lagebeurteilung (z.B. Lage und Ausdehnung eines betroffenen Gebietes, zu erwartende Strahlenbelastung der Referenzpersonen "Kleinkind" und "Erwachsener" bei Unfällen, Störfällen und sicherheitstechnisch bedeutsamen Ereignissen). Hinsichtlich der Grundkonzeption des ABR-Systems waren folgende Anforderungen maßgebend:

- hohe Rechenleistung und große Speicherkapazität,
- Ausfallsicherheit,
- Effizienz und Flexibilität bei der Speicherung und Verwaltung der Datenbestände,
- Anwenderfreundlichkeit (schnelle und fehlerfreie Bedienung),
- problemgerechte Ausgabe der Ergebnisse,
- rückwirkungsfreie Integration der ABR-Komponenten in das KFÜ-Rechnernetz.

Die Realisierung des ABR-Systems Nordrhein–Westfalen ist Gegenstand der folgenden Betrachtungen.

2. System–Konfiguration

Das KFÜ–System unterscheidet sich von anderen Meßnetzen durch die erhöhten Anforderungen hinsichtlich der Ausfallsicherheit. Aus Verfügbarkeitsgründen wurde das ABR–System als redundantes System ausgelegt, d.h. es besteht aus zwei Ausbreitungsrechnern, die jeweils in die lokalen ETHERNET–Netzwerke (LAN) der KFÜ–Zentralen in der LIS und im MWMT eingebunden sind. Die lokalen Netze in der LIS und im MWMT sind über eine Standleitung (HfD) der Deutschen Bundespost mit Hilfe von LAN–Bridges gekoppelt, so daß bei einem eventuellen Ausfall eines Ausbreitungsrechners mit einem im LAN installierten X–Window–Terminal (X–Terminal) auf den zweiten Ausbreitungsrechner zugegriffen werden kann, siehe Abbildung 1; die Ergebnisse stehen daher trotz ausgefallenem lokalen ABR vor Ort zur Verfügung.

Die Bearbeitungszeit einer Ausbreitungsrechnung einschließlich graphischer Ergebnisausgabe muß deutlich kürzer sein als der KFÜ–Grundzeittakt von 10 Minuten; sie bestimmt somit die geforderte Rechenleistung. Die Hardware–Konfiguration eines ABR besteht aus einer Workstation DECstation 3100 mit einem leistungsfähigen RISC–Prozessor, der über eine Rechenleistung von 4.0 MFlops (Operationen einfacher Genauigkeit) bzw. 2.1 MFlops (Operationen doppelter Genauigkeit) verfügt. Als Massenspeicher werden drei Winchester–Laufwerke mit jeweils 332 MByte eingesetzt. Die Langzeitarchivierung geschieht über ein Magnetbandsystem. Die Ergebnisse einer Ausbreitungsrechnung können als Reports oder als Graphiken auf dem hochauflösenden 19–Zoll–Farbgraphikbildschirm der Workstation, auf dem X–Window–Terminal oder auf den im LAN befindlichen Matrix– oder Laserdruckern ausgegeben werden. Dabei verbindet ein Server die dezentral installierten Drucker mit dem ETHERNET. Der Laserdrucker erzeugt maßstabstreue Graphiken im DIN A3 Format auf Papier oder Transparentfolie, die im Bedarfsfall in Verbindung mit entsprechendem Kartenmaterial verwendet werden können.

Als Betriebssystem–Software wird das von der Firma DEC auf der Basis von UNIX entwickelte ULTRIX eingesetzt. ULTRIX verfolgt das Konzept einer offenen Systemumgebung und liefert dem Benutzer fast uneingeschränkte Portabilität. ULTRIX bietet zahlreiche Werkzeuge zur Programmentwicklung und unterstützt die Kommunikation über ETHERNET unter Verwendung des TCP/IP–Netzwerkprotokolls. Bestandteil der ULTRIX–Entwicklungsumgebung ist die graphische Benutzerschnittstelle DECwindows. Die Datenhaltung wird über das relationale Datenbanksystem INGRES realisiert. Die graphische Ausgabe der Ergebnisse unterstützt das Graphikpaket CIMGRAPH.

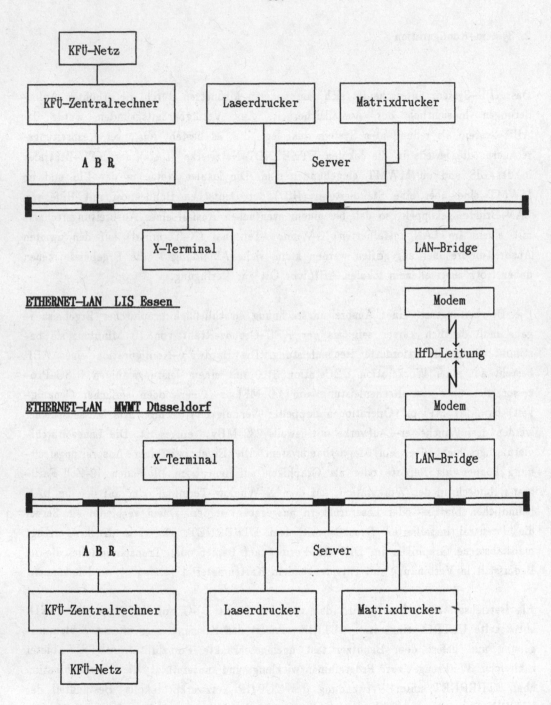

Abbildung 1: Kommunikation der ABR-Systeme

3. Graphische Benutzeroberfläche

Um auch unter den besonderen Erfordernissen eines sicherheitstechnisch bedeutsamen Ereignisses eine schnelle und vor allem fehlerfreie Bedienung des Systems zu gewährleisten, wurde die Dialogführung zwischen Benutzer und ABR mittels einer graphischen Benutzeroberfläche anwenderfreundlich gestaltet. Nach dem Einloggen werden dem Benutzer alle Funktionen der Ausbreitungsrechnung über die Benutzeroberfläche in logischer Reihenfolge angeboten. System- und Verwaltungsfunktionen stehen nur dem Systemverwalter zur Verfügung, d.h. über das Paßwort erhält der Systemverwalter die Möglichkeit, auf die Betriebssystemebene zu gelangen.

Die graphische Benutzeroberfläche des ABR basiert auf DECwindows (DECwindows verwendet ein Fenstersystem, um verschiedene Anwendungen gleichzeitig auf dem Bildschirm sichtbar zu machen.). Die Benutzung des Fenstersystems wird auf dem ABR durch Verwendung von Menues in Verbindung mit einer Maus als Eingabeinstrument vereinfacht. Wichtige Aspekte bei der Menuegestaltung waren ein einfacher und weitgehend einheitlicher Menueaufbau sowie eine übersichtliche Menueabfolge. Die Eingabeformate werden dem Benutzer vorgegeben, unplausible Eingaben werden zurückgewiesen, siehe z.B. Abbildung 2. Die Verschachtelung der Menues für das Beispiel der Kurzzeitausbreitungsrechnung (KAR) zeigt der Menuebaum in Abbildung 3.

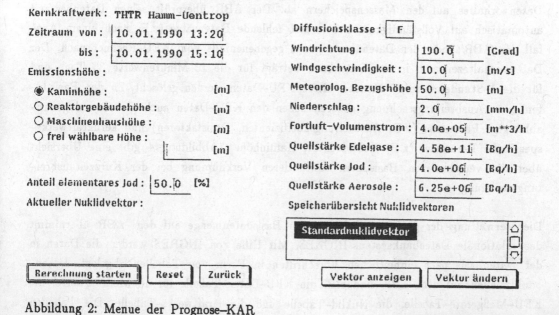

Abbildung 2: Menue der Prognose–KAR

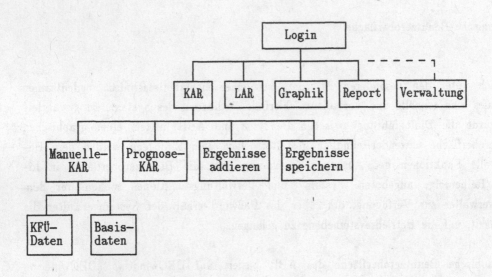

Abbildung 3: Menuebaum der Kurzzeitausbreitungsrechnung

4. Datenhaltung auf dem ABR

Im 10–Minutenzyklus erhält der ABR vom KFÜ–Zentralrechner alle für die Ausbreitungsrechnung notwendigen radiologischen und meteorologischen Meßdaten (KFÜ–Daten) als 10–Minuten– bzw. 1–Stundenwerte und speichert diese im Rahmen eines zirkulären Datenvorhaltes auf den Massenspeichern ab. Der ABR überprüft seinen Datenbestand automatisch auf Vollständigkeit und fordert fehlende Datensätze (z.B. nach einem Ausfall des ABR's oder der Datenübertragung) gegebenenfalls vom KFÜ–Rechner nach. Der Datenvorhaltezeitraum in der Datenbank beträgt für die 10–Minutenwerte 35 Tage und für die 1–Stundenwerte 18 Monate; ältere KFÜ–Daten werden gelöscht. Zu den Basisdaten einer Ausbreitungsrechnung gehören neben den KFÜ–Daten auch globale anlagenunabhängige Parameter (z.B. Ausbreitungskoeffizienten, Dosisfaktoren) und kernkraftwerks–spezifische Parameter (z.B. Nuklidvektor, Kaminhöhe). Abbildung 4 gibt eine Übersicht über die verschiedenen Basisdaten sowie deren Verknüpfung bei der Kurzzeitausbreitungsrechnung.

Die Verwaltung der großen und komplexen Basisdatenmenge auf dem ABR übernimmt das relationale Datenbanksystem INGRES. Mit Hilfe von INGRES werden die Daten in der Datenbasis nach einheitlichen Vorschriften in Form von Tabellen abgelegt. Datenbanktabellen auf dem ABR sind z.B. die KFÜ–Daten–Tabelle für 10–Minutenwerte, die KFÜ–Meßgeräte–Tabelle, die Nuklid–Tabelle und die Kraftwerks–Tabelle. Die Tabellen können mit dem Datenbank–Managementsystem (DBMS) bearbeitet werden. Das DBMS erlaubt den flexiblen Zugriff auf die Daten mit Hilfe der Abfragesprache SQL (Structured Query Language) und die Selektion von beliebig zusammengestellten Teilmengen des Datenbestandes. Hierbei ist vor allem eine Minimierung der benötigten Plattenzugriffe und CPU–Zeiten und eine Optimierung der Speicherstruktur möglich.

5. Ausbreitungsrechnungen

Je nach betrachteter Freisetzungsdauer unterscheidet man zwischen einer Kurzzeitausbreitungsrechnung (KAR) und einer Langzeitausbreitungsrechnung (LAR).

Für die LAR wurde das gemäß den Allgemeinen Berechnungsgrundlagen [7] vom Bundesamt für Strahlenschutz, Institut für Strahlenhygiene Neuherberg, entwickelte Programmpaket auf dem ABR implementiert. Eingangsdaten für die LAR sind die quartalsmäßig vom Betreiber gemeldeten nuklidspezifischen Aktivitätsabgaben sowie eine standortspezifische Wetterstatistik. Als Schnittstelle zum KFÜ–System beinhaltet das LAR–Paket ein Programm, welches aus den meteorologischen 1–Stundenwerten die Wetterstatistik erstellt.

Dem Modul zur KAR liegt ein Gauß–Fahnenmodell zugrunde, das auf der Basis der gerade erst aktualisierten atomrechtlichen Vorschriften realisiert wurde, siehe [5] bis [8]. Für Aufpunkte im Einwirkungsbereich der beiden Kernkraftwerke (20km–Radius) werden die Bodenkontamination, die bodennahe Luftaktivitätskonzentration und die Organ– bzw. Gewebedosen einschließlich der effektiven Dosis in Abhängigkeit vom Mitglied der kritischen Bevölkerungsgruppe (Erwachsener/Kleinkind) für folgende Expositionspfade ermittelt (vergleiche Abbildung 4):

- externe Gammastrahlung aus der Abluftfahne,
- externe Gammastrahlung der am Boden abgelagerten Aktivität,
- interne Bestrahlung durch inhalierte Radionuklide.

Das Aufpunktfeld gliedert sich in 36 Sektoren mit jeweils 22 Aufpunkten. Die KAR erfolgt im KFÜ–Alarmfall automatisch mit jeder Übertragung der KFÜ–Daten, wobei der KFÜ–Rechner einen erkannten Alarmfall kennzeichnet. Eine separate Überprüfung der KFÜ–Daten auf Grenzwertüberschreitung wird auf dem ABR nicht vorgenommen. Es besteht auch die Möglichkeit, mit KFÜ–Daten oder Basisdaten aus vorangegangenen Berechnungen eine KAR manuell zu starten (Manuelle–KAR) oder auf der Basis von per Dialog eingegebenen Daten eine Prognoserechnung (Prognose–KAR) durchzuführen.

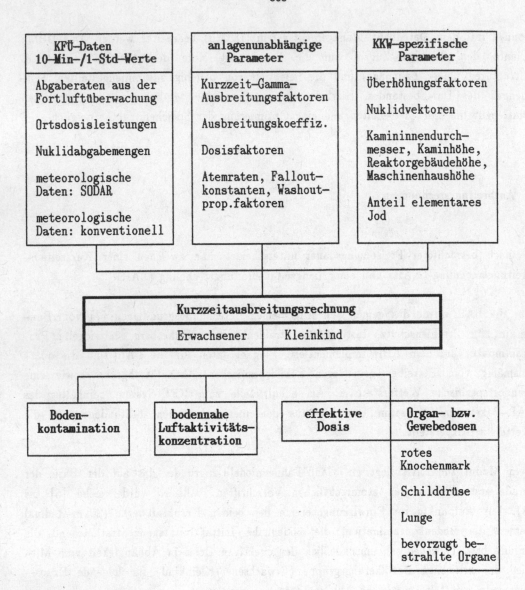

Abbildung 4: Basis– und Ergebnisdaten der KAR

6. Ergebnisaufbereitung

Die Ergebnisse einer KAR (Alarmfall, Manuelle– oder Prognose–KAR) werden auf Be-
nutzeranforderung als Lagebeurteilung oder als 7–Tage–Lagebeurteilung aufbereitet. Die
Ergebnisse vorangegangener Berechnungen können wahlweise addiert werden. Neben der
tabellarischen Ausgabe der Berechnungsergebnisse (Report) erfolgt eine graphische

Ausgabe in Form einer Isodosendarstellung oder eines Belastungsprofils, siehe Abbildung 5. Die meteorologischen Daten lassen sich in Windrichtungsprofilen, Windgeschwindigkeitsprofilen und Windrichtungsverteilungen graphisch darstellen. Für die Ergebnisgraphiken der KAR und der LAR wurde ein übersichtlicher und weitgehend einheitlicher Bildaufbau angestrebt.

Bestandteil der tabellarischen und graphischen Ergebnisausgabe ist das sogenannte Bewertungsblatt, siehe Abbildung 6. Das Bewertungsblatt enthält zusätzliche Informationen über die Basisdaten der Berechnung, die Berechnungsart, den Berechnungszeitraum und das Berechnungsergebnis. Außerdem gibt ein Bewertungstext dem Benutzer wichtige Hinweise zur Bewertung der Ergebnisse der Strahlenexpositionsberechnung.

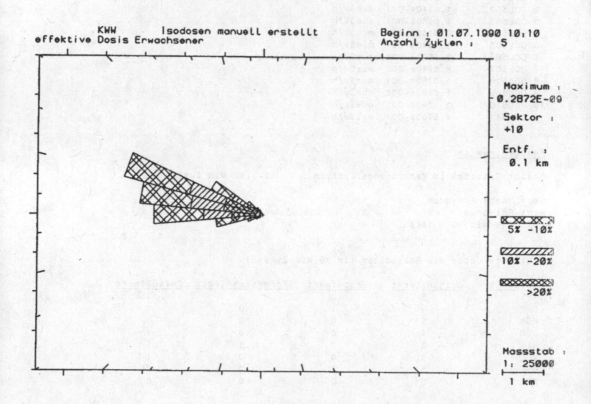

Abbildung 5: Isodosendarstellung einer manuellen KAR

11-jul-1990   13:34:50

<u>Bewertungsblatt</u>

Kernkraftwerk   : KKW Wuergassen

Berechnungszeitraum von 1. 7.1990 10:10 bis 1. 7.1990 12:20   fuer ZM - Werte

Berechnungsart : manuell   Lagebeurteilung

        Koerperdosis fuer effektive Dosis Erwachsener

Emissionshoehe   :   67.00 m
Anteil elementares Jod :   50.00 %
Nuklidvektor vom   : 11. 4.1990 10:50   TYP : Standard

maximale Dosis : 2.8720e-010   im Sektor :+10 Entfernung :   100.00 m

Dosisleistung

   1 ODL501   1.2520e-001   mueSv/h
   2 ODL502   1.1140e-001   mueSv/h
   3 ODL503   1.0660e-001   mueSv/h
   4 ODL504   9.5140e-002   mueSv/h
   5 ODL505   1.1540e-001   mueSv/h
   6 ODL506   9.8000e-002   mueSv/h
   7 ODL507   8.8740e-002   mueSv/h
   8 ODL508   1.0260e-001   mueSv/h
   9 ODL509   1.0780e-001   mueSv/h
  10 ODL510   1.1240e-001   mueSv/h
  11 ODL511   4.6960e-001   mueSv/h

<u>Fehlerhinweise</u> :

Gesamt-Episoden im Berecnnungszeitraum :   13 (10-Min Zyklen)

Berechnete Episoden   :   5
Fehl-Episoden   :   8
Episoden mit WG < 1m/s.:   0

Statistik ueber die Basisdaten (in 10-Min Zyklen)

<u>Basisdate</u>	<u>Originalwert</u>	<u>Ersatzwert</u>	<u>Fortgeschrieben</u>	<u>Defaultwert</u>
AE	5	0	0	0
DK	4	1	0	0
EGA	5	0	0	0
JOD	4	0	0	1
NI	3	0	1	1
VOL	4	0	0	1
WG	5	0	0	0
WR	5	0	0	0

Abbildung 6: Bewertungsblatt einer manuellen KAR

7. Zusammenfassung

Ausbreitungsrechnungen im Rahmen der Kernkraftwerksfernüberwachung ermöglichen der atomrechtlichen Aufsichtsbehörde eine schnelle Lagebeurteilung hinsichtlich der Strahlenexposition bei Unfällen, Störfällen und sicherheitstechnisch bedeutsamen Ereignissen. Für das KFÜ-System Nordrhein-Westfalen wurde die Hardware- und Software-technische Realisierung des KFÜ-Aufgabenpunktes "Strahlenexpositionsberechnungen" dargestellt, die eine optimale Funktionalität des Gesamtsystems gewährleistet.

Der Aufbau eines ETHERNET-LAN's in den KFÜ-Zentralen bietet eine flexible Basis für weitere Anbindungen an das KFÜ-System, wie z.B. die WADIS-Anbindung (WADIS - Warndienstinformationssystem) an das Meßnetz des Bundesamtes für Zivilschutz (BZS). Sollten die Modelle der Kurzzeitausbreitungsrechnung zu einem späteren Zeitpunkt erweitert oder auf fortschrittliche Ausbreitungsmodelle umgestellt werden, so wird dies durch die modulare Hard- und Software-Struktur erleichtert.

8. Literatur:

[1] Viertes Symposium über die Technik der Kernreaktorfernüberwachungssysteme, LIS-Berichte Nr. 66, Landesanstalt für Immissionsschutz NRW, Wallneyer Str. 6, D-4300 Essen 1

[2] D. Heppner: Die Echtzeitmeßsysteme TEMES und KFÜ des Landes Nordrhein-Westfalen, in: Informatik-Fachberichte 228, Springer Verlag, Berlin, 1989

[3] K. Nowak, H. Wolf: Notfallschutz und KKW-Fernüberwachung, in: VGB Kraftwerkstechnik 66, Heft 10, S. 910-915, Oktober 1986

[4] H. Wolf: KKW-Fernüberwachung im funktionalen Zusammenhang, in: Atomwirtschaft, S. 95-98, Februar 1986

[5] Verordnung über den Schutz vor Schäden durch ionisierende Strahlen (Strahlenschutzverordnung - StrSchV) in der Fassung der Bekanntmachung vom 30.06.1989 (BGBL.I S.1321)

[6] Störfallberechnungsgrundlagen für die Leitlinien des BMI zur Beurteilung der Auslegung von Kernkraftwerken mit DWR gemäß §28 Abs.3 StrSchV (BAnz. Nr.245a vom 31.12.1983, Beilage 59/83)

[7] Allgemeine Berechnungsgrundlage für die Strahlenexposition bei radioaktiven Ableitungen mit der Abluft oder in Oberflächengewässer; Richtlinie zu §45 StrSchV (GMBL Nr.21/15.08.1979, GMBL Nr. 30/30.10.1980)

[8] Rahmenempfehlungen für den Katastrophenschutz in der Umgebung kerntechnischer Anlagen; Radiologische Grundlagen für die Entscheidungen über Maßnahmen zum Schutze der Bevölkerung bei unfallbedingten Freisetzungen von Radionukliden in der Fassung der Bekanntmachung vom 01.12.1988 (GMBL. Nr.5/89, S.71)

Erfassung und Verarbeitung
von Immissionsdaten in Wien

Helmut Löffler
Referat Luftreinhaltung
der Umweltschutzabteilung der Stadt Wien
Ebendorferstraße 4, A - 1082 Wien

Zusammenfassung:
Die rasche, objektive und vollständige Information der Bevölkerung über die Luftsituation im Ballungsraum Wien macht es notwendig, die Luftmeßwerte computerunterstützt zu erfassen, auszuwerten, zu beurteilen und darzustellen.

1. Erfassung von Luftmeßwerten

In jeder Luftmeßstelle arbeitet ein Datenerfassungssystem (DERF),
basierend auf bewährten VME-Modulen in 19-Zoll-Technik. Die verwendete CPU (Motorola 68000, 12 MHz) mit dem Echtzeit-Multitasking
Betriebssystem hat eine genügend hohe Leistung, um alle Anforderungen an eine moderne Datenerfassung erfüllen zu können. Alle Daten
und Programme sind auf nicht-mechanischen und nicht-flüchtigen Speichern gegen Stromausfälle geschützt abgespeichert.

Die wesentlichen Eigenschaften dieser Datenerfassung:
* Der Meßbetrieb wird durch Parametrisierung oder Datenübertragung
  nicht beeinflußt.
* Die DERF erkennt selbständig die in beliebigen Positionen ange-
  schlossenen Meßgeräte und integriert diese automatisch in den
  Meßbetrieb.
* Vor Ort können beliebige Datenkomprimierungen vorgenommen werden.
  Auf die in der DERF gespeicherten Daten kann nach einem Mehrbe-
  nutzerkonzept selektiv zugegriffen werden.
* Vor Ort können die Daten auf einem 7-Farb-Drucker protokolliert
  werden.
* Es besteht die Möglichkeit, mehrere unabhängige Datenübertragungs-
  wege wie z.B. Telefonwählleitung, Standleitungen, etc. zu benutzen.

Konkret wird aus den kontinuierlich anfallenden Meßwerten der Meßgeräte von der DERF alle 10 Sekunden ein Meßwert erfaßt und daraus ein
Minutenmittelwert gebildet. Diese Minutenmittelwerte werden in der
DERF gespeichert und alle 30 Minuten daraus ein Halbstundenmittelwert (HMW) gebildet, der ebenfalls in der DERF abgespeichert wird.
Von der Meßzentrale der Umweltschutzabteilung der Stadt Wien werden
diese Daten über Telefonwählleitungen abgerufen und im Meßnetzzentralrechner gespeichert. Für die tägliche aktuelle Information der
Bevölkerung über die Luftqualität werden, damit die Übertragungszei-
ten kurz bleiben, tagsüber nur die Halbstundenmittelwert (HMW)
abgerufen.

Jede Nacht, wenn die Telefonverbindungen nicht so belastet sind und
die Übertragungsqualität besser ist, werden alle Minutenmittelwerte
und die Protokolle über den Zustand des Meßnetzes vom Zentralrechner
abgerufen und abgespeichert.

2. Verarbeitung der Luftmeßwerte

Nach Kontrolle dieser "Urdaten" werden daraus entsprechend einem österreicheinheitlichen Vorschlag zur Auswertung von Immissionsmeßwerten Halbstundenmittelwerte (HMW) und aus diesen Tagesmittelwerte (TMW) berechnet und die ursprünglich im Meßnetzzentralrechner gespeicherten Minutenmittelwerte in der Regel gelöscht. Es kann daher durchaus vorkommen, daß in den aktuellen täglichen Mitteilungen wegen Schwierigkeiten mit der telefonischen Datenübertragung keine Meßwerte vorhanden sind, die dann beim nächtlichen Datenabruf aber übertragen werden und im Meßprotokoll aufscheinen, während sie bei den aktuellen Tagesaussendungen als nicht vorhanden bezeichnet wurden.

Durch eine derartige Vorgangsweise ist gewährleistet, daß einerseits von den Meßstellen in die Meßzentrale so viele Meßwerte übertragen werden, daß daraus ein quasi-analoger Meßverlauf rekonstruiert werden kann, aus dem ein erfahrener Meßgerätebetreiber Fehler in den Meßgeräten erkennt, und andererseits durch die rasche Reduktion der Meßdaten auf Halbstundenmittelwerte kein unnötiger Speicherplatz im Zentralrechner beansprucht wird.

Diese HMWe bilden dann die weitere Basis für die Beurteilung der Luftsituation. Sie werden für jede Meßstelle monatsweise ausgedruckt, zu Tagesmittelwerten zusammengefaßt und als Tagesgang für jeden Monat anschaulich grafisch dargestellt.

Aus den Meßwerten der einzelnen Meßstellen wird mit Hilfe eines Computerprogramms, das zusammen mit dem Institut für Numerische Mathematik der TU-Wien entwickelt wurde, eine Schadstoffverteilung über Wien berechnet. Dieses Verfahren ermöglicht es auch, über die Luftqualität von Stellen, an denen nicht direkt gemessen wird, Aussagen zu machen. Die Abbildungen 1 und 2 zeigen Beispiele solcher Berechnungen für das Winterhalbjar 1989/90 für die Schadstoffe NO2 und SO2. Vergleicht man die Luftmeßwerte mit den Grenzwerten für Vegetations- und Gesundheitsschutz, dann können die Auswirkungen dieser Schadstoffe recht anschaulich in der Form, wie in den Abbildungen 3 und 4 dargestellt, verdeutlicht werden.

3. Laufende Veröffentlichung der Luftmeßwerte

Die Überwachung der Luftqualität hat vor allem den Sinn, der Bevölkerung Informationen über die Qualität der Luft zu geben, auf Probleme der Luftverschmutzung hinzuweisen und Anstöße zu geben, wie jeder zur Verbesserung der Luftqualität beitragen kann. Aus diesem Grunde ist es wichtig, daß die Luftmeßwerte eine breite Öffentlichkeit finden und für die Bevölkerung verständlich publiziert werden. Die Umweltschutzabteilung der Stadt Wien ist daher bemüht, die Veröffentlichung der Ergebnisse der Luftqualitätsmessung so vielfältig wie möglich zu gestalten. Konkret werden die Luftmeßwerte zur Zeit auf folgende Art und Weise veröffentlicht:

.1 Magistratsintern
Die Luftmeßwerte werden täglich dreimal über das magistratsinterne Integrierte Büroinformationssystem (IBS) mittels elektronischer Post an das Büro des Bürgermeisters, des amtsführenden Stadtrates für Gesundheits- und Spitalwesen, des amtsführenden Stadtrates für Umwelt, Freizeit und Sport und an alle 23 Bezirksvorsteher versandt.

.2 Im Rundfunk
Die Ergebnisse der Luftqualitätsüberwachung werden in Wien schon seit mehreren Jahren täglich um die Mittagszeit im Hörfunk (Wiener Stadtradio UKW 90 und 95 MHz) der Öffentlichkeit bekanntgegeben und bei Bedarf, vor allem dann, wenn höhere Belastungen auftreten, eingehend interpretiert.

.3 In Tageszeitungen
Täglich werden die Meßwerte an die Tageszeitung "Der Standard" übermittelt, wo aus den Meßwerten nach amerikanischem Vorbild eine Luftqualitätszahl berechnet und zusammen mit mit den Vergleichszahlen anderer Landeshauptstädte veröffentlicht wird. Weiters werden der "Neuen AZ" täglich die Luftmeßwerte und für den jeweiligen Schadstoff eine Prozentangabe der höchsten in Wien gemessenen Schadstoffkonzentration im Verhältnis zum Richtwert für Gesundheitsschutz der österreichischen Akademie der Wissenschaften bekanntgegeben. Die "AZ" veröffentlicht diese Angaben täglich in Form einer anschaulichen Grafik.

.4 In "Unser Wien"
erfolgt weiters eine monatliche Zusammenfassung der Meßergebnisse in Form einer anschaulichen Grafik, wobei auch , wenn nötig, auf besondere Immissionssituationen eingegangen wird. Die Zeitschrift "Unser Wien" wird vom Presse- und Informationsdienst der Stadt Wien herausgegeben und allen Wiener Haushalten zugestellt.

.5 Dem Umweltbundesamt
in Salzburg werden täglich die Meßwerte der letzten 24 Stunden zur Verfügung gestellt. Das Umweltbundesamt berechnet daraus die höchsten Dreistundenmittelwerte und veröffentlicht dann einen Vergleich der österreichischen Städte, in dem angegeben wird, wieviel Prozent des Smogalarmgrenzwertes die höchsten Dreistundenmittelwerte der Schadstoffe SO_2, SO_2 und Staub, NO_2, CO und Ozon erreicht haben.

.6 An den Luftqualitätsanzeigetafeln
Eine weitere Möglichkeit, die Ergebnisse der Luftqualitätsüberwachung der Bevölkerung näherzubringen, wurde in Wien mit den Luftqualitätsanzeigetafeln beschritten. Auf Anregung des Herrn Bürgermeisters und mit Unterstützung der Zentralsparkasse und Kommerzialbank AG Wien wurden die Anzeigetafeln entwickelt und bisher an drei Stellen, und zwar an den Z-Filialen Stephansplatz, Schottenring und Am Spitz, angebracht. Weitere Anzeigetafeln sind geplant. Diese Tafeln haben auch im Ausland so großen Anklang gefunden, daß zahlreiche Städte daran Interesse gezeigt haben und z.B. in München mehrere derartige Tafeln nach dem Wiener Vorbild aufgestellt wurden.

Diese Luftqualitätsanzeigetafeln im wesentlichen aus fünf Leuchtbändern, vier vertikalen zum Anzeigen der qualitativen Beurteilung der Schadstoffbelastung durch SO_2, NO_2, CO und Staub und einem fünften waagrechten Band zum Anzeigen von verbalen Beurteilungen der Luftsituation und für eventuelle Hinweise auf besondere Schadstoffbelastungen an einzelnen Meßstellen.

Von der Umweltschutzabteilung der Stadt Wien werden die höchsten in Wien gemessenen Schadstoffkonzentrationen von SO_2, NO_2, CO und Staub mit den von der österreichischen Akademie der Wissenschaften festgelegten Immissionsrichtwerten verglichen. Es wird die Einhaltung aller gesetzlich verbindlichen Grenzwerte und von der österreichischen Akademie der Wissenschaften vorgeschlagenen Richtwerte, also aller Halbstunden-, Stunden-, Dreistunden-, Achtstunden- und Vierundzwanzigstundenrichtwerte für die Beurteilung herangezogen. Mit Hilfe eines Computerprogrammes werden die Meßwerte mit den Grenz- und Richtwerten verglichen und das Ergebnis mittels eines Computers automatisch an alle vorhandenen Anzeigetafeln gesandt.

Dabei wird sowohl eine verbale Beurteilung als auch eine grafische Darstellung dieser Beurteilung in Form eines Balkendiagrammes erzeugt.

Um eine anschauliche qualitative Beurteilung zu ermöglichen, wurde eine neunstufige Skala entwickelt:

* **Ausgezeichnet** wird die Luftsituation beurteilt, wenn an keiner Meßstelle, auch nicht an den fünf Stellen, die an Hochleistungsstraßen die Luftqualität überwachen, Grenzwerte für Vegetationsschutz und Gesundheitsschutz überschritten werden.
Text in der Laufschrift:
    AUSGEZEICHNETE LUFTQUALITAET * * * * VEGETATIONSSCHUTZ UND GESUNDHEITSSCHUTZ SIND AN ALLEN MESZSTELLEN GEWAEHRLEISTET.

* **Sehr gut** wird die Luftsituation beurteilt, wenn an weniger als 15%, das sind zwei der 17 Meßstellen, die strengen Richtwerte für Vegetationsschutz überschritten werden.
Text in der Laufschrift:
    SEHR GUTE LUFTQUALITAET * * * * VEGETATIONSSCHUTZ IST IM WESENTLICHEN UND GESUNDHEITSSCHUTZ AN ALLEN MESZSTELLEN GEWAEHRLEISTET.

* **Gut** wird die Luftsituation beurteilt, wenn an mehr als zwei Stellen die Richtwerte des Vegetationsschutzes überschritten, an keiner Stelle aber die Richtwerte für Gesundheitsschutz verletzt werden.
Text in der Laufschrift:
    GUTE LUFTQUALITAET * * * * VEGETATIONSSCHUTZ IST NUR TEILWEISE, GESUNDHEITSSCHUTZ IST AN ALLEN MESZSTELLEN GEWAEHRLEISTET.

* **Befriedigend** wird die Luftqualität bezeichnet, wenn an weniger als 15% der Meßstellen Richtwerte für Gesundheitsschutz überschritten werden. In diesem Falle wird im Text der Laufschrift bekanntgegeben, daß die Richtwerte für Gesundheitsschutz nur mehr im wesentlichen eingehalten werden, und genau angegeben, welche Grenzwerte an welcher Stelle überschritten wurden.
Text in der Laufschrift: (z.B. am 14. 5. 1990, um 8 Uhr)
    BEFRIEDIGENDE LUFTQUALITAET * * * * UEBERSCHREITUNG DES OZON-8-STUNDENRICHTWERTES DER OESTERREICHISCHEN AKADEMIE DER WISSENSCHAFTEN FUER GESUNDHEITSSCHUTZ AN DER MESZSTELLE JAEGERWIESE * * * * AN ALLEN ANDEREN STATIONEN IST GESUNDHEITSSCHUTZ GEWAEHRLEISTET

* **Unbefriedigend** wird die Luftqualität eingestuft, wenn an mehr als 15% der Meßstellen die Richtwerte für Gesundheitsschutz nicht eingehalten werden.
Text in der Laufschrift: (z.B. am 26. 2. 1990 um 8 Uhr)
    UNBEFRIEDIGENDE LUFTQUALITAET * * * * UEBERSCHREITUNGEN DES 24-STUNDENRICHTWERTES DER AKADEMIE DER WISSENSCHAFTEN FUER GESUNDHEITSSCHUTZ AN DEN MESZSTELLEN WAEHRIN-GER GUERTEL, HOHE WARTE UND STEPHANSDOM. * * * * DIE SCHADSTOFFBELASTUNG IST JEDOCH WESENTLICH NIEDRIGER ALS BEI SMOGVORALARM.

* **Schlecht** wird die Luftsituation beurteilt, wenn mehr als 15% der Meßstellen 75% der Höhe des Grenzwertes für Voralarm überschreiten.
Text in der Laufschrift: (z.B. am 4. 12. 1989 um 18 Uhr)
    SCHLECHTE LUFTQUALITAET * * * * UEBERSCHREITUNGEN DES NO2-24-STUNDENRICHTWERTES DER AKADEMIE DER WISSENSCHAFTEN FUER GESUNDHEITSSCHUTZ AN DEN MESZSTELLEN KENDLERSTRASZE, SCHAFBERG, WAEHRINGER GUERTEL UND HIETZINGER KAI DURCH EMISSIONEN AUS DEM KFZ-VERKEHR.
    DIE SUMME DER SO2 UND STAUBKONZENTRATIONEN LIEGT AN DEN MESZSTELLEN GAUDENZDORFER GUERTEL, BELGRADPLATZ, TABORSTRASZE UND LAAER BERG ZWISCHEN 0,45 UND 0,50 mg/m3.
    DIE SCHADSTOFFBELASTUNG IST JEDOCH GERINGER ALS 0,60 mg/m3 DIE SCHADSTOFFKONZENTRATION FUER SMOGVORWARNUNG.

* **Voralarm,**

* **Alarmstufe 1** und

* **Alarmstufe 2** würden an den Luftqualitätsanzeigetafeln angezeigt werden, wenn die entsprechenden Werte des Smogalarmgesetzes erreicht werden, und natürlich würde dann auch die entsprechende Information in der Laufschrift aufscheinen.

Es ist klar, daß diese Skalierung willkürlich ist, es mußte aber versucht werden, die Beurteilung der Luftqualität von "ausgezeichnet" bis zur "Smogalarmstufe 2" anschaulich und kontinuierlich verlaufend darzustellen. Außerdem konnten durch die neunstufige Skala die vertikalen Anzeigebalken mit den 72 horizontalen Leuchtdiodenbändern in 9 x 8 Felder unterteilt werden.

Im Auftrag der Umweltschutzabteilung der Stadt Wien wurde vom Institut für Praktische Informatik der Technischen Universität Wien ein Programm mit Techniken der künstlichen Intelligenz entwickelt, welches diese Beurteilung automatisch durchführt und als Ergebnis einen verständlichen Text liefert, der dann automatisch an die Luftanzeigetafeln versandt wird. Dieses Beurteilungsprogramm wird derzeit auf einem PC installiert und getestet und soll ermöglichen, daß in regelmäßigen Abständen, die frei wählbar sind, die Luftmeßwerte beurteilt und an die Luftanzeigetafeln gesendet werden.

Zur Zeit werden die Anzeigetafeln dahingehend geändert, daß auch die Ozonmeßwerte entsprechend der im Herbst 1989 von der Österr. Akademie der Wissenschaften erstellten Ozon-Immissionsrichtwerte für Vegetations- und Gesundheitsschutz beurteilt und angezeigt werden können. Die Tafeln werden dafür aber nicht vergrößert, sondern es werden "SO2 und Staub" gemeinsam in einem Balken beurteilt, und die freiwerdende Anzeige "Staub" wird mit "Ozon" beschriftet und dort die Beurteilung der Ozonbelastung angezeigt.

4. Detaillierte Auskünfte über Luftmeßwerte

werden bei Bedarf von der Umweltschutzabteilung der Stadt Wien erteilt und werden relativ häufig angefragt, etwa für Forschungsvorhaben, wie z.B. für eine epidemiologische Studie von Prof.Dr. Neuberger und Prim. Dr. Zwick über Atemwegserkrankungen von Schulkindern, oder Untersuchungen über Störungen der Assimilation von Bäumen infolge von Luftverschmutzung oder für statistische Auswertungen. Relativ häufig wird die Umweltschutzabteilung der Stadt Wien auch von Bürgern konsultiert, wenn die Frage auftaucht, welcher von mehreren Standorten in Wien aus der Sicht der Schadstoffbelastung die bessere Wohnqualität aufweist.

5. Geplanter besserer Zugang zu den Luftmeßwerten

Im Zuge der Entwicklung der automatischen Beurteilung der Luftmeßwerte mit Techniken der künstlichen Intelligenz ist geplant, die Ergebnisse dieser Beurteilung und alle Immissionsmeßwerte mittels einer Computer-Sprachausgabe über eine Servicetelefonnummer der interessierten Bevölkerung zugänglich zu machen. Diese Arbeiten sollen in Zusammenarbeit mit Experten des Institutes für Nachrichtentechnik der TU-Wien durchgeführt werden.

Im Endausbau soll für die interessierte Öffentlichkeit die Möglichkeit bestehen, eine Telefonkurznummer zu wählen, um dort - ähnlich wie bei der Zugauskunft die Abfahrtszeiten - die Schadstoffkonzentrationen der einzelnen Luftmeßstellen mit einer abschließenden Beurteilung zu erfahren.

517

Abbildung 1:

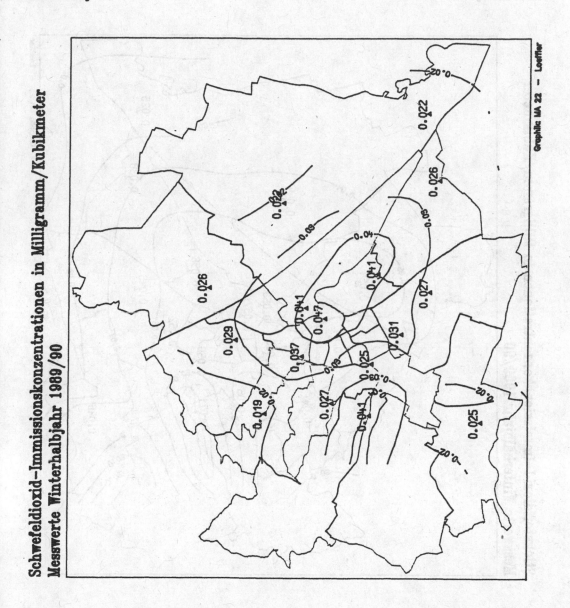

Abbildung 2:

Stickstoffdioxid-Immissionskonzentrationen in Milligramm/Kubikmeter
Messwerte Winterhalbjahr 1989/90

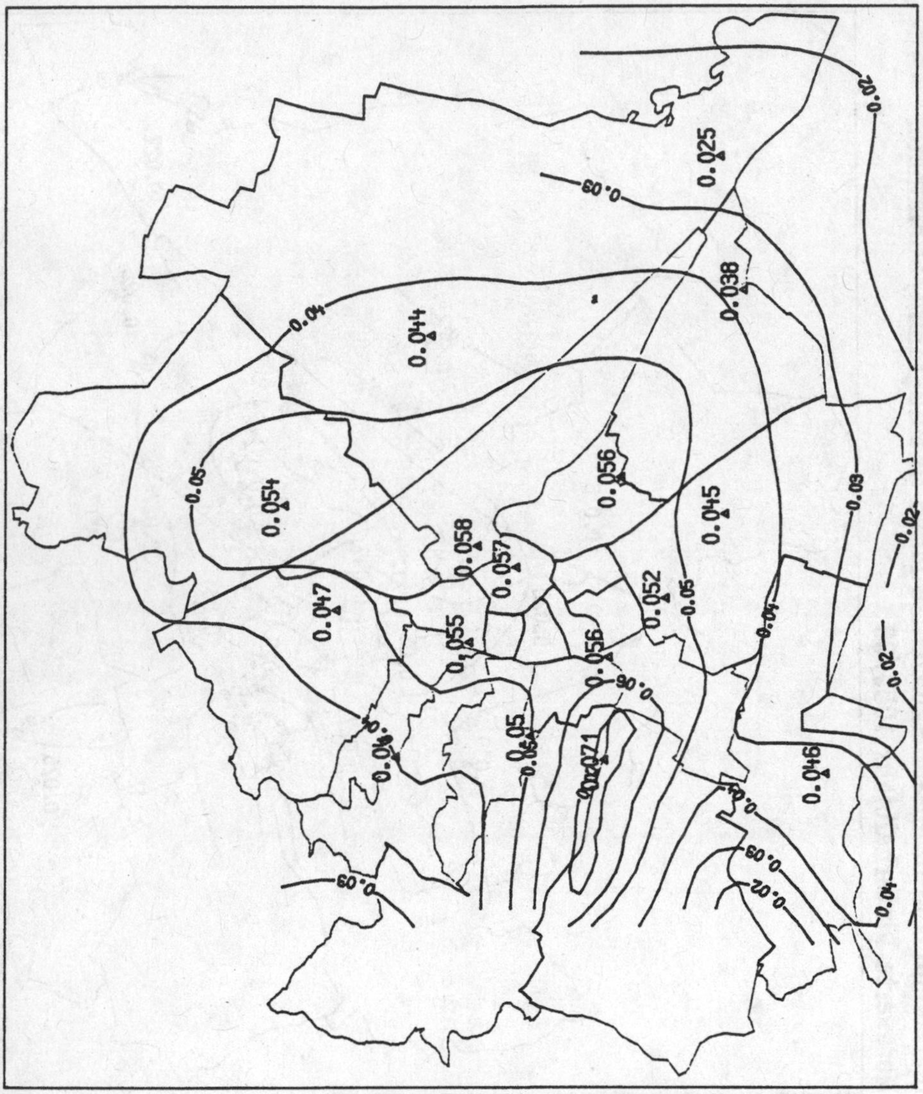

Graphik: MA 22 - Loeffler

Abbildung 3:

AUSWIRKUNGEN DER SCHWEFELDIOXID- UND STAUBBELASTUNG AUF VEGETATION UND GESUNDHEIT IN WIEN

Überschreitungshäufigkeiten der Grenzwerte für die Zonen 1, 2 und 3
(Empfehlungen der Österreichischen Akademie der Wissenschaften)
Meßzeitraum: April 1989 bis März 1990

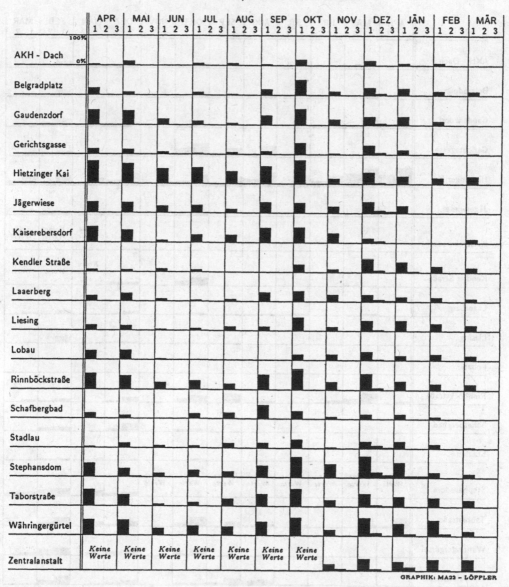

GRAPHIK: MA22 – LÖFFLER

ZONE 1 für Vegetationsschutz
ZONE 2 für Gesundheitsschutz (der Gesamtbevölkerung)
ZONE 3 für Gesundheitsschutz (der arbeitenden Bevölkerung)

Abbildung 4:

AUSWIRKUNGEN DER STICKSTOFFDIOXIDBELASTUNG
AUF VEGETATION UND GESUNDHEIT IN WIEN

Überschreitungshäufigkeiten der Grenzwerte für Vegetations- und Gesundheitsschutz
(Empfehlungen der Österreichischen Akademie der Wissenschaften)
Meßzeitraum: April 1989 bis März 1990

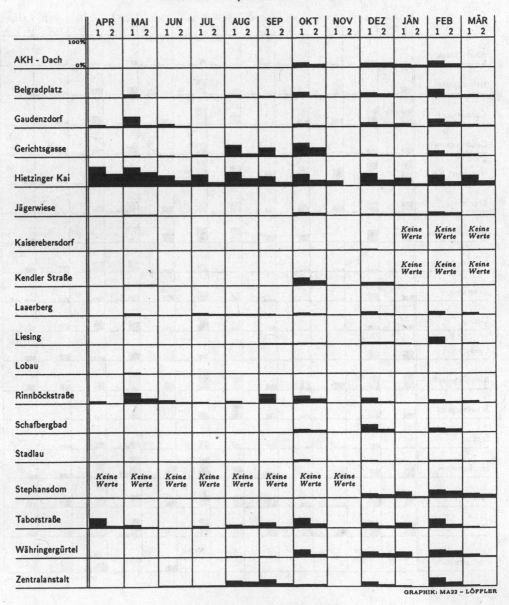

GRAPHIK: MA22 – LÖFFLER

ZONE 1 für Vegetationsschutz
ZONE 2 für Gesundheitsschutz (der Gesamtbevölkerung)

MoNet: Eine Simulationsumgebung für hierarchische Input/Output-Modelle

Giorgio Guariso
Dipartimento di Elettronica, Politecnico di Milano
Via G. Ponzio, I-20133 Milano

Martin Hitz
Manfred Schauer
Hannes Werthner
Institut für Statistik und Informatik, Universität Wien
Liebiggasse 4/3-4, A-1010 Wien

Deskriptoren: Simulation und Optimierung, Decision Support Systems, Strukturierte Simulationsmodelle, objektorientierte Simulationssysteme

ZUSAMMENFASSUNG

Es wird das graphikorientierte, interaktive Simulationswerkzeug MoNet vorgestellt, das in Gemeinschaftsarbeit zwischen dem Politecnico di Milano und der Universität Wien mit dem Ziel entwickelt wurde, den gesamten "Lebenszyklus" bei der Erstellung von Simulationsmodellen (Entwurf, Test, Modifikation, Validierung, Dokumentation) zu unterstützen. Als Zielgruppe werden Modellierungsexperten angesprochen, die im Sinne eines "rapid prototyping" auf einfache Art komplexe dynamische Modelle erzeugen, validieren und benützen wollen, ohne sich dabei auf die Ebene höherer Programmier- bzw. Simulationssprachen begeben zu müssen.

Obwohl MoNet in C entwickelt wurde, enstpricht die Systemstruktur dem objektorientierten Paradigma. MoNet verwaltet drei unabhängige Objektklassen: Modelle, Variablen (Zeitreihen) und Simulationsexperimente (Ören und Zeigler 1979), wobei letztere in MoNet durch Optimierungsmöglichkeiten durch iterative Simulationen erweitert wurden.

1. EINLEITUNG

Zur Lösung komplexer Fragestellungen, wie sie speziell im Bereich Umweltmanagement auftreten, werden Werkzeuge für die Unterstützung unterschiedlichster Teilaufgaben, von der Modellbildung über die Simulation und die Auswertung von Simulationsergebnissen bis hin zur Parameteroptimierung, benötigt. Vorteilhafterweise sollten derartige Werkzeuge in eine einheitliche Umgebung integriert sein, um dem Benutzer deren abwechselnde Verwendung möglichst einfach zu gestalten. Eine solche Vorgangsweise entspricht auch der empfohlenen Architektur von Decision Support Systemen (Guariso und Werthner 1989).

MoNet stellt eine solche integrierte Umgebung dar und unterstützt den Entscheidungsprozeß durch die Möglichkeit zur raschen Erstellung, Validierung und Modifikation von Modell-Prototypen, zur Simulation und Optimierung und schließlich zum Vergleich unterschiedlicher Alternativen.

Der Schwerpunkt dieser Arbeit liegt in der Darstellung des konzeptionellen Designs, das evolutionär aus den Erfahrungen aus der Arbeit mit drei Vorgänger-Prototypen (Guariso et al. 1988, 1989a, 1989b) entstanden ist. Im nächsten Kapitel wird die Systemarchitektur kurz skizziert, in den Kapiteln drei bis sechs werden die wesentlichen Module näher behandelt. Die Verwendung des Systems wird zum Schluß an Hand eines Populationsdynamik-Modells demonstriert.

2. SYSTEMARCHITEKTUR

Die folgende Skizze spiegelt die Struktur des Systems wider:

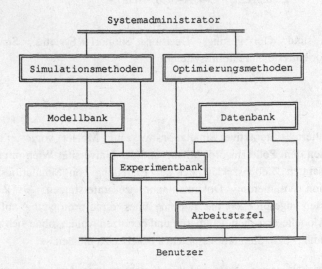

Abb. 1: Systemarchitektur von MoNet

Es werden drei unterschiedliche Objektklassen verwaltet: Modelle, Experimente und Zeitreihen, für die jeweils eine entsprechende "*Bank*" installiert ist, die vom Benutzer direkt durch Standard-operationen wie Einfügen, Löschen und Ändern manipuliert werden kann. Zusätzlich existieren zwei *Methodenbanken*, die vom Benutzer verwendet, jedoch nur von einem Systemadministrator ge-wartet werden können und die Treiberalgorithmen für Simulationen und Optimierungen enthalten.

Die *Modellbank* enthält lediglich Typ- und Strukturinformationen (also Modellklassen); instanziierte Modelle werden gemeinsam mit Verweisen auf Inputdaten aus der *Datenbank* und geeigneten Simulations- und Optimierungsmethoden aus den beiden Methodenbanken als so-genanntes *Experiment* in der *Experimentbank* verwaltet. Die *Arbeitstafel* stellt eine Umgebung dar, in der die eigentliche Datenverarbeitung abläuft: Hier können Experimente durchgeführt (d.h. simuliert / optimiert) und Ergebnisse analysiert werden.

In der Skizze nicht dargestellt ist der Benutzerschnittstellenmodul, der den Gesamtablauf kontrolliert. Dieser ist mit dem Apollo-Paket "Dialog" realisiert und teilt sich auf oberster Ebene gemäß der Systemstruktur in Daten-, Modell- und Experimentbank (die Arbeitstafel ist in der Benutzerschnittstelle zur Experimentbank integriert), wobei allerdings durchaus alle drei gleichzeitig bearbeitet werden können:

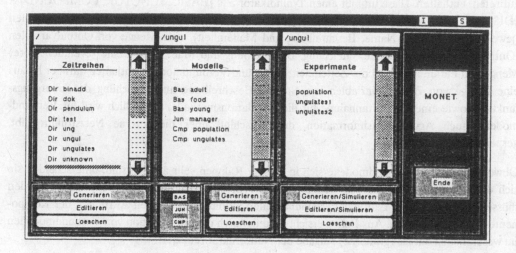

Abb. 2: MoNet-Hauptmenü

In den folgenden Kapiteln werden die einzelnen Module näher erläutert.

3. MODELLBANK

In MoNet kommen strukturierte Input/Output-Modelle (Zeigler 1984) zur Anwendung, die durch Input-, Output- und Zustandsvariablen, Zeithorizont sowie parametrisierten Zustandsübergangs- und Outputfunktionen beschrieben werden können. MoNet unterscheidet innerhalb der generischen Klasse M der zulässigen Modelle drei Modelltypen: Basismodelle, Junktoren und Verbundmodelle, die als Subtypen von M betrachtet werden können.

In *Basismodellen* werden Input-, Output- und Zustandsvariable definiert (jeweils mit Name, Maßeinheit und textueller Beschreibung); durch algebraische Angabe von (parametrisierten) Zustandsübergangs- bzw. Outputfunktionen werden darüber hinaus die Modelldynamik bzw. der Zusammenhang zwischen Output- und Zustandsvariablen beschrieben.

Junktoren stellen einen Spezialfall von Basismodellen dar: sie verfügen über keine Zustandsvariablen und dienen lediglich als Hilfsbausteine zur Erzeugung von Verbundmodellen.

Verbundmodelle entstehen, indem verschiedene Modelle durch Verbinden von Input- und Outputvariablen miteinander zu einem Aggregat verknüpft werden. Diese Komponenten können ihrerseits Verbundmodelle sein, sodaß ein solches Verbundmodell letztlich ein hierarchisches Modellnetz beliebiger Schachtelungstiefe darstellt[1].

---

[1] Der Name MoNet bezieht sich auf Modellnetze und spiegelt - neben dem Hinweis auf die graphischen Eigenschaften des Pakets - die Schwerpunktsetzung wider.

Wie bereits erwähnt, werden in der Modellbank lediglich Modell*klassen* gespeichert, die die strukturelle Information für die eigentlichen Modell*instanzen*, wie sie in den Experimenten auftreten, enthalten. Diese umfaßt einen Typindikator aus {BASIC, JUNCTOR, COMPOUND} x {DISCRETE, CONTINUOUS, HYBRID}, eine (eventuell leere) Menge von Inputvariablen (jeweils bestehend aus Name, Beschreibung und Maßeinheit), eine Menge von Outputvariablen (Outputfunktionen mit Name, Gleichung, Beschreibung und Maßeinheit), eine (eventuell leere) Menge von Parametern, und die Zeiteinheit. Basis- und Verbundmodelle enthalten darüber hinaus eine Menge von Zustandsvariablen mit Namen, Beschreibung und Gleichung der Übergangs- funktion sowie einer Defaultannahme für die Simulationsmethode. Schließlich wird für Verbund- modelle auch Aggregationsinformation, die Aufschluß über die interne Netzstruktur gibt, gespeichert.

Obwohl Basis- und Verbundmodelle sich in diesem Rahmen sehr ähnlich sind, unterscheiden sie sich durch die Tatsache, daß für Basismodelle die obigen Attribute explizit spezifiziert werden müssen, während sie im Fall von Verbundmodellen automatisch aus den Attributen der Kompo- nenten deduziert werden. Aus Benutzersicht wird dadurch die Spezifikation von Verbundmodellen im wesentlichen auf die (grafische) Angabe der Netzstruktur reduziert.

Auf der Modellbank sind die Operationen Definition einer neuen Klasse, Löschen einer Klasse und Ändern einer Klasse sowie Erzeugen einer Instanz (also eines konkreten Modells) definiert. Während die ersten drei innerhalb der Modellbank ablaufen, verbindet die letztere die Modellbank mit der Experimentbank, in der die Modellinstanzen gespeichert werden.

Der Definitionsprozeß ist abhängig vom Modelltyp: Für Basismodelle und Junktoren wird dem Benutzer in einer menü- und mausorientierten Maskenumgebung ein leeres Formular zum Ausfüllen angeboten, bei Verbundmodellen erfolgt der Aggregationsprozeß durch einen grafischen Netzeditor, mit dem der Benutzer Input- und Outputvariablensymbole von verschiedenen Modell- ikonen miteinander verbindet. Für die Definition von Verbundmodellen höherer Ordnung (deren Komponenten teilweise wiederum Verbundmodelle sind) ist sowohl eine Bottom-Up als auch eine Top-Down Vorgangsweise vorgesehen, bei der "virtuelle" Modellikonen ohne interner Struktur mit- einander verknüpft werden. Die Detailspezifikation einer derartige Modellkomponente kann zu jedem beliebigen Zeitpunkt erfolgen; selbstverständlich müssen alle Komponenten definiert sein, bevor eine Instanziierung stattfinden kann. Eine Besonderheit stellt der intelligente Schnittstellen- mechanismus für Verbundmodelle dar, der bei heterogenen Modellkomponenten sowohl Zeit- skalen als auch Maßeinheiten automatisch konvertiert.

Bei der Bearbeitung von Modellen kann jederzeit ein Konsistenzprüfungsmechanismus angestoßen werden, der ein Protokoll über fehlende oder inkonsistente Definitonsteile (insbesondere inkompatible Variablen) ausgibt. Dadurch können Fehler zum frühestmöglichen Zeitpunkt erkannt und behoben werden.

Die folgenden Abbildungen zeigen die Benutzerschnittstelle für die Definition Basis- bzw. Verbundmodellen:

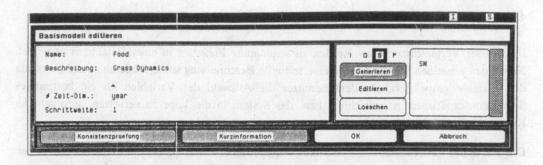

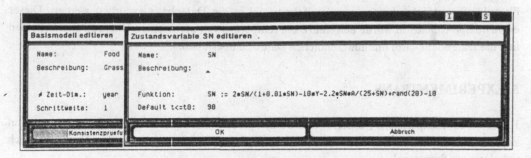

Abb. 3: Definition eines Basismodells

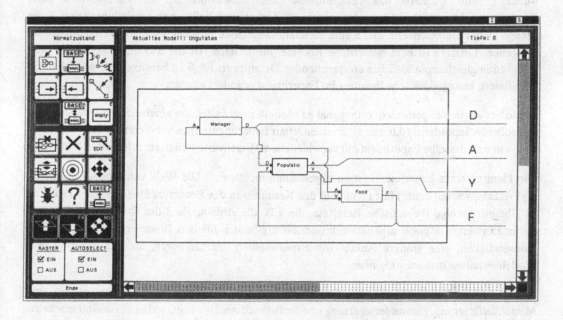

Abb. 4: Definition eines Verbundmodells

4. DATENBANK

Input- oder Vergleichszeitreihen werden als sogenannte *Variablen* in einer Datenbasis verwaltet. Neben den einzelnen Werten werden eine textuelle Beschreibung sowie Maßeinheit und Zeitskala der Variable gespeichert, um dem Benutzer die Auswahl der Variablen für ein bestimmtes Simulationsexperiment zu erleichtern bzw. das System in die Lage zu versetzen, automatische Konversionen durchzuführen.

Die Werte der Zeitreihen können interaktiv eingegeben oder aus Dateien in MoNet übernommen werden. Selbstverständlich können Variablen, die im Zuge eines Simulationslaufs erzeugt werden, für zukünftige Verwendungen aus der Arbeitstafel in die Datenbasis exportiert werden. Dieser explizite Speicherschritt wurde eingeführt, um temporäre von persistenten Daten zu unterscheiden und die Datenbank nicht mit unwesentlichen Daten zu überfüllen.

5. EXPERIMENTBANK

Ein Simulationsexperiment ("experimental frame", Ören und Zeigler 1979) stellt eine Assoziation zwischen Modellen, Parametern, Anfangswerten und konkreten Inputdaten dar. Es handelt sich dabei um ein Sechstupel

$$E = (t_0, t_f, X_0, U(t), P, S),$$

wobei t_0 und t_f Start- bzw. Endzeitpunkt der Simulation, X_0 die Anfangswerte aller Zustandsvariablen, $U(t)$ die über dem gesamten Zeitintervall definierten Inpunktfunktionen, P die Menge aller Parameterwerte und S eine Simulationsmethode (aus der Simulationsmethodenbank) darstellen. Letztere ist eine numerische Routine, die je nach Art des Modells Rekursions- oder Differentialgleichungen löst. Ein entsprechender Defaultwert für S ist bereits in der Modellklasse spezifiziert, kann jedoch vom Benutzer im Experiment geändert werden.

In MoNet werden Experimente orthogonal zu Modellen verwaltet, um einerseits Modelle an unterschiedlichen Inputdaten (d.h. mit unterschiedlichen Experimenten) zu validieren, andererseits aber auch ein und dasselbe Experiment mit verschiedenen Modellvarianten durchzuführen.

Die Planung eines Experiments ist im allgemeinen nichttrivial: Die Wahl von Input-, Parameter- und Anfangswerten basiert fast immer auf den Kenntnissen des Benutzers über das reale Problem; es gibt nur wenige theoretische Resultate, die z.B. die Abhängigkeit des Outputverhaltens von Parameterwerten a priori abschätzen lassen. So ergibt sich für den Benutzer im Normalfall die Notwendigkeit, eine größere Anzahl von Experimenten durchzuführen, um sich ein Bild vom Modellverhalten machen zu können.

Dieses wiederholte Simulieren findet typischerweise auch im Zusammenhang mit Modellkalibrierung, Parameterschätzung und Sensitivitätsanalyse statt, sodaß es sinnvoll erscheint, Simulations- und Optimierungsmodelle in einer einheitlichen Umgebung zu integrieren. In der Literatur finden sich nur wenige Ansätze in dieser Richtung (Birta 1984, De Buyser und Spriet 1988, Ruzicka 1988).

In MoNet kann zu diesem Zweck ein *multiples Experiment* als Erweiterung eines (elementaren) Experiments definiert werden. Ein multiples Experiment ist eine Serie von Experimenten, die durch einen Kontrollalgorithmus K gesteuert wird, der z.B. für jeden Lauf unterschiedliche Inputdaten benützt oder Parameter variiert. Ein komplexerer Algorithmus könnte Folgeexperimente auf Grund der Ergebnisse vorhergehender Experimente planen, um eine geeignete Zielfunktion zu optimieren. Dies erlaubt es, ein Optimierungsproblem als multiples Experiment auf einem Simulationsmodell zu sehen. Im Fall einer zeitunabhängigen Zielfunktion ist überhaupt keine Simulation notwendig; man erhält also den klassischen Optimierungsfall als Spezialfall eines multiplen Experiments.

6. ARBEITSTAFEL

In die Benutzerschnittstelle zur Verwaltung von Experimenten sind die Arbeitstafel und das Simulationssubsystem integriert. Wenn die Simulation vom Benutzer gestartet wird, erfolgt eine abschließende Plausibilitätsprüfung, danach wird die aktuelle Modellbeschreibung automatisch in C übersetzt, vom C-Compiler kompiliert und schließlich als eigener Prozeß im Hintergrund ausgeführt. Nach Beendigung des Simulationslaufs können die Werte der Input-, Output- und Zustandsvariablen in Listenform oder graphisch ausgegeben oder in die Datenbanak übernommen werden.

Eine wesentliche Aufgabe der Arbeitstafel liegt in der Nachbearbeitung und im Vergleich von Simulationsergebnissen. Zu diesem Zweck können diverse Statistiken über Zeitreihen, wie z.B. Mittelwert, Varianz, Kovarianz, Autokorrelation etc. berechnet werden; darüber hinaus können beliebige Hilfszeitreihen als Funktionen bereits in der Arbeitstafel definierter Zeitreihen generiert und anschließend genauso wie diese weiterbearbeitet, insbesondere auch in die Datenbank übernommen werden.

7. ANWENDUNGSBEISPIEL

Als Beispiel sei die Struktur eines Populationsdynamikmodells vorgestellt, welches das Management einer Huftierpopulation in einer alpinen Umgebung unterstützt.

Die Leslie-Populationsmodell (Fowler und Smith 1981) enthält der Einfachheit halber zwei Altersklassen, nämlich die Klasse der geschlechtsreifen Tiere ("Adults", A) und die der Jungtiere ("Young", Y), die beide von der selben Nahrungsressource ("Food", F) abhängen. Die Population mit einer Michaelis-Menten-Wachstumsrate wird durch Jagd (D) dezimiert, wobei diese durch zwei Strategien kontrolliert werden kann: Entweder wird die Anzahl der Jagdlizenzen über die Zeit konstant gehalten oder sie wird jährlich proportional an die Größe der Tierpopulation angepaßt. Im ersten Fall ist die Konstante zu optimieren, im zweiten Fall der Proportionalitätsfaktor, wobei als Zielfunktion der aus der Jagd langfristig resultierende Nutzen herangezogen wird. Die Kontrollstrategie wird durch den Junktor "Manager" realisiert, dessen Input-Outputverhalten

$$D := k*A + u$$

bei k=0 der ersten Variante (D=const=u), bei u=0 der zweiten Variante (D=k*A) entspricht.

Die Nahrungsdynamik wird durch ein logistisches Basismodell ("Food") mit einer Zufallsstörung, die den Einfluß exogener Umweltbedingungen simuliert, dargestellt (siehe Abbildung 3).

Der Zusammenhang zwischen den drei Modellen ist Abbildung 4 zu entnehmen. Da das resultierende Verbundmodell "Ungulates" über keine Inputs verfügt, ist sein Verhalten nur von den Anfangswerten und den Parametern abhängig.

Die folgende Abbildung zeigt die Definition des ersten Experiments, wobei gerade die Zielfunktion festgelegt wird. In der untersten Zeile ("arithmetischer Ausdruck") können künstliche Variablen und sogenannte *Skalare* (statistische Kenngrößen) durch Angabe ihrer algebraischen Definition generiert werden.

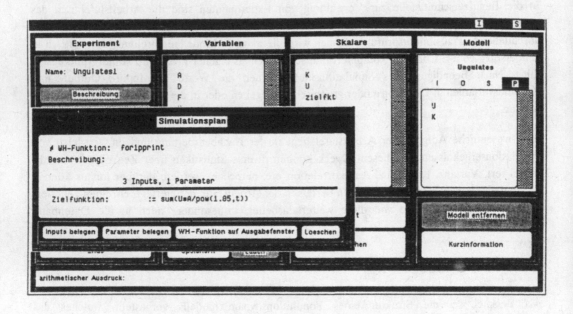

Abb. 5: Bearbeiten von Experimenten

Die Durchführung des ersten Experiments ("Ungulates1") liefert bei u=0,153 einen Zielfunktionswert von 7,266. Die drei resultierenden Zeitreihen A, Y, F sind in Abbildung 6 dargestellt (A und Y sowohl graphisch als auch numerisch).

Das Experiment "Ungulates2" (Abbildung 7) liefert bei k=0,054 ein Maximum der Zielfunktion von 7,313. Es zeigt sich also, daß die zweite Strategie der ersten überlegen ist; diese Überlegenheit muß allerdings insoferne relativiert werden, als im Modell keinerlei Durchführungskosten betrachtet werden. Aus dieser Sicht ist Strategie 1 sicherlich vorzuziehen, da weder die Anzahl der Jagdlizenzen laufend angepaßt noch Bevölkerungsdichten erhoben werden müssen.

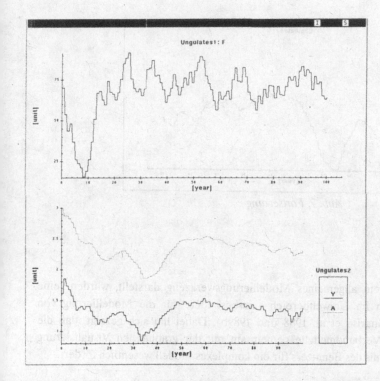

[year]	Y [unit]	A [unit]
0	1.61600000	2.97800000
1	1.05297778	2.89993899
2	1.69098409	2.89459116
3	1.59140168	2.81556728
4	1.59120312	2.72950480
5	1.41714567	2.63689721
6	1.19357083	2.47208188
7	1.07417424	2.26319144
8	0.93279539	2.05601901
9	0.71702204	1.82894050
10	0.71298794	1.60264393
11	0.72813857	1.45271487
12	0.75531965	1.36341379
13	0.78322071	1.31918506
14	0.81181790	1.30550936
15	0.80669977	1.30511716
16	0.79143240	1.29988032
17	0.77944047	1.28872489
18	0.81212524	1.28420549
19	0.73252040	1.28824991
20	0.79167985	1.28403601
21	0.77849775	1.27817774
22	0.78760358	1.27179257
23	0.80370836	1.27413112
24	0.82529510	1.28578418
25	0.83903377	1.30371274
26	0.85615182	1.32382827
27	0.83752807	1.33877010
28	0.83234733	1.34115895
29	0.82794676	1.34003412
30	0.83234844	1.33874347
31	0.81949762	1.33664787
32	0.83042384	1.33324494
33	0.85629868	1.34027749
34	0.86249267	1.35499252
35	0.88137315	1.37082439
36	0.87155990	1.36547011

Abb. 6: Ausgabebeispiele der Arbeitstafel (1. Experiment)

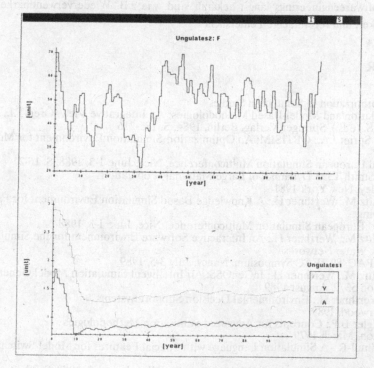

Abb. 7: Ausgabebeispiele der Arbeitstafel (2. Experiment)

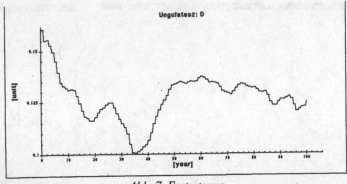

Abb. 7, Fortsetzung

8. SCHLUSSBEMERKUNG

Obschon MoNet grundsätzlich ein allgemeines Modellierungswerkzeug darstellt, wurden seine Prototypen bisher hauptsächlich im Umweltbereich - insbesondere für die Modellierung von Gewässersystemen - benützt (Guariso et al. 1988 und 1989b). Dabei hat sich gezeigt, daß die Abstraktionsmöglichkeit durch Verbundmodelle gemeinsam mit der graphischen Visualisierung der Modellstruktur das Verständnis des Benutzers für ein komplexes Modell wesentlich fördert.

Die Modularität der Modelle führt darüber hinaus zu vielen Vorteilen, die im Bereich des klassischen Softwareengineerings längst bekannt sind, wie z.B. Wiederverwendbarkeit, geringere Fehleranfälligkeit und vereinfachte Fehlersuche.

LITERATUR

Birta L.G.: Optimization in Simulation Studies
    In: Simulation and Model-Based Methodologies: An Integrative View. Ören T.I., Zeigler B.P., Elzas M.S. (eds.), Springer Verlag, Berlin, 1984, S. 185-216
De Buyser R., Spriet J.A.: OPTISIM: An Optimization-Simulation Environment for Model Building
    Proc. 2nd European Simulation Multiconference, Nice, June 1-3, 1988, S. 16-21
Fowler C.W., Smith T.D.: Dynamics of Large Mammals Populations
    John Wiley, New York 1981
Guariso G., Hitz M., Werthner H.: A Knowledge Based Simulation Environment for Fast Prototyping
    Proc. 2nd European Simulation Multiconference, Nice, June 1-3, 1988
Guariso G., Hitz M., Werthner H.: An Interactive Software Environment for the Simulation of Complex Water Networks
    Proc. AIPAC '89, IFAC Symposium, Nancy, July 3-5, 1989
Guariso G., Hitz M., Werthner H.: InGenOSS: An Intelligent Simulation Model Generator
    Simulation 53/2, August 1989
Guariso G., Werthner H.: Environmental Decision Support Systems
    Ellis Horwood, 1989
Ören T.I., Zeigler B.P.: Concepts for Advanced Simulation Methodologies
    Simulation, March 1979
Ruzicka R.: Simul-R - A Simulation Language with Special Features for Model-Switching and Analysis
    Proc. 2nd European Simulation Multiconference, Nice, June 1-3, 1988, S. 28-32
Zeigler B.P.: System Theoretic Foundations of Modelling and Simulation
    In: Simulation and Model-Based Methodologies: An Integrative View. Ören T.I., Zeigler B.P., Elzas M.S. (eds.), Springer Verlag, Berlin, 1984, S. 91-118

Eine Umgebung für raumbezogene Modellbildung und Simulation im Umweltschutz (URSUS)

Mark P. Line

Fachrichtung Geographie, Universität des Saarlandes

6600 Saarbrücken 11, West Germany

Deskriptoren: Simulation, raumbezogene Daten, räumliche Prozesse, Modellbildung

Zusammenfassung

Ein Paradigma für die Formulierung raumbezogener Simulationsmodelle für Anwendungen im Umweltschutz wird erläutert, das die folgenden Merkmale aufweist:

-- die Formulierung räumlicher Prozesse wird durch diskrete Objekte sowie durch Finite Elemente in zwei oder drei Dimensionen unterstützt;

-- dafür wird auf die Verwendung explizit kontinuierlicher Formalismen (partieller Differentialgleichungen) für die Repräsentation räumlicher Prozesse verzichtet;

-- Zustandsübergänge der diskreten Objekte lassen sich nicht nur numerisch, sondern auch symbolisch (wissensbasiert) formulieren (z.B. zur Einbeziehung menschlicher Entscheidungsprozessen).

Auf diesem Modellparadigma basierend wird eine Software-Umgebung für die raumbezogene Modellbildung und Simulation im Rahmen des Umweltarbeitsplatzes der Siemens AG konzipiert und implementiert.

Die offene Gesamtarchitektur dieser Software-Umgebung wird skizziert und die dort implementierten Strukturen erläutert.

1. Modellbildung und Simulation im Umweltschutz

1.0 Allgemeine Zielsetzung

1.0.1 Enduser-Computing

Der Trend zum sog. Enduser-Computing ist in manchen Bereichen der EDV bereits offenkundig. Computerbasierte Aktivitäten, die ausgebildete EDV-Spezialisten (v.a. für die Software-Entwicklung in einer 3GL) früher vorausgesetzt hatten, werden jetzt mittels benutzerfreundlicherer Werkzeuge wie Spreadsheets oder Datenbank-4GLs direkt vom Endbenutzer durchgeführt.

Eine Hauptaufgabe des experimentellen Software-Produkts **URSUS** ist es, diesen Trend auf die Entwicklung und den Einsatz raumbezogener Simulationsmodelle fortzusetzen. Den Rahmen für diese Entwicklung bildet der sog. Umweltarbeitsplatz der Siemens AG; aus diesem Grund wird in erster Linie an Anwendungen aus dem Bereich Umweltschutz gedacht.

1.0.2 Erweiterbarkeit durch den Benutzer

Der organisatorische Rahmen des URSUS-Entwicklungsprojekts erlaubt es nicht, ein Produkt für alle möglichen Anforderungen zu liefern -- dies wäre vermutlich in keinem Rahmen denkbar. Um aber eine möglichst breite Palette verfügbar machen zu können -- v.a. im Hinblick auf die Vielzahl von möglichen Werkzeugen zur Übernahme vorliegender Daten sowie zur Auswertung und Visualisierung von Ergebnisdaten -- wird versucht, die Erweiterbarkeit des Systems durch den Endbenutzer möglichst zu unterstützen. Eine ähnliche Vorgehensweise wird mit hervorragendem Erfolg verfolgt von dem Geo-Informationssystem **GRASS** der U.S. Army Corp of Engineers sowie von dem UNIX-ähnlichen Betriebssystem **GNU** von Richard Stallman (GRASS, GNU und UNIX sind eingetragene Warenzeichen).

1.1 Nicht-raumbezogene Modelle

Die überwiegende Mehrzahl der bekanntgewordenen Simulationsmodelle im Bereich Umweltschutz sind nicht raumbezogen. Entweder beziehen sich die Modelle auf nicht-raumbezogene Sachverhalte oder sie setzen sich über den Raumbezug hinweg durch eine künstliche Homogenisierung räumlicher Gegebenheiten.

Tatsächlich aber ist die Modellierung von im Umweltschutz relevanten Prozessen llosgelöst vom Raumbezug m.E. eine unvertretbare Vereinfachung der Realität. Eine Erklärung für die bisherige Überbetonung nicht-raumbezogener Modelle liegt in der Schwierigkeit der für die Analyse raumbezogener Modelle verwendeten Formalismen, die ohne tiefergehendes mathematisches Spezialwissen nur als Black-Box eingesetzt werden können.

1.2 Räumliche Prozesse und Umweltschutz

Bei allen wirklich relevanten Problemstellungen im Umweltschutz, gleichgültig ob es sich dabei um die Planung vorbeugender Maßnahmen, die Prognose möglicher Risiken oder den steuernden Eingriff in bestehende Systeme handelt, spielen räumliche Prozesse eine große Rolle. Beispiele hierfür sind:

- die Ausbreitung von Schadstoffen in der Luft oder anderen Medien,

- die Dynamik und Qualität von Grund- und Oberflächengewässer,

- Erosion/Sedimentation,

- umweltgefährdende Unfälle,

- Ökosystemmodelle.

2. Modellierung und Simulation räumlicher Prozesse

2.1 Numerische Lösung von Differentialgleichungen

Die Differentialrechnung erfreute sich in den vergangenen Jahrhunderten unter Natur- und Ingenieurwissenschaftlern großer Beliebtheit. Der große Vorteil der Differentialrechnung bestand anfangs in ihrer Fähigkeit, Gleichungssysteme analytisch lösbar zu machen - in einer Zeit, in der numerische Berechnungen noch von Hand durchgeführt wurden. Viele Simulationsmodelle (und ebenso viele der für die rechnergestützte Berechnung dieser Modelle eingesetzten Simulatoren) basieren auch heute noch auf gewöhnlichen Differentialgleichen, oder, wie im Fall von mehreren unabhängigen Variablen wie bei der Modellierung zwei- oder dreidimensionaler räumlicher Prozesse, auf partiellen Differential-gleichungen. Vor dem Hintergrund ihrer historischen Genese ist die Langlebigkeit der Differentialrechnung in der Simulationstechnik bei einem Blick auf die heutige Situation überaus erstaunlich:

a) die heute zur Lösung interessanter Probleme verwendeten Gleichungssysteme - insbesondere solche auf der Basis partieller Differentialgleichungen - haben im allgemeinen keine analytische Lösung, sondern können nur durch numerische Integration gelöst werden;

b) numerische Berechnungen dieser Größenordnung werden ohnehin nicht mehr von Hand durchgeführt, sondern unter Zuhilfenahme eines Computers;

c) die numerische Integration setzt die Diskretisierung der unabhängigen Variablen voraus, so daß das letztendlich berechnete Gleichungssystem auch nicht mehr kontinuierlich ist;

d) viele reale Systeme werden mit Hilfe von kontinuierlichen Gleichungen modelliert, obwohl die betroffene Realität als ontologisch diskret betrachtet werden muß (ein Paradebeispiel hierfür ist die kontinuierliche Modellierung von Populationsdynamik und darauf basierender Ökosysteme). Es ist daher nicht einzusehen, daß die Modellbildung ausschließlich mittels Differentialgleichungen erfolgen soll, ohne Berücksichtigung anderer und für die Modellbildung und Simulation geeigneterer Formalismen. Wie oben bereits angedeutet, liegt ein weiterer Nachteil vor allem partieller Differentialgleichungen in dem Umstand, daß viele potentielle Anwender von Simulationssoftware die zum Verständnis der Gleichungen notwendige mathematische Vorbildung nicht mitbringen und diese mit Recht auch nicht erwerben wollen. Dies hat zur Konsequenz, daß angesichts der vorherrschenden Rolle der Differentialrechnung in der Simulationstechnik der Trend zu Enduser-Computing in diesem Bereich nicht wirklich Fuß fassen kann.

5

2.2 Objektorientierte Simulation

Anstelle der Formulierung von Gleichungen über die Veränderungsraten aggregierter Variablen besteht die empfehlenswertere Vorgehensweise m.E. in der Modellierung des Verhaltens von Einzelentitäten. Was immer als Einzelentität von Interesse sein könnte (Einzeltier, Person, Haushalt, etc.), sollte als diskretes Objekt modelliert werden. Elemente, deren Erfassung als diskrete Objekte nicht sinnvoll ist, sollten dagegen entweder als in Finite Elemente aufgelöste Komponenten (beispielsweise das Medium slebst, wie Luft, Wasser, Boden etc.) oder als Attribute solcher Finiter Elemente (etwa Schadstoffkonzentrationen oder Biomasse von Einzellern) erfaßt werden.

2.3 Wissensbasierte Simulation

Die Modellierung des Verhaltens von Einzelentitäten kann wohl wenigstens teilweise mit arithmetischen Zustandsübergangsregeln abgedeckt werden. Mit zunehmender Komplexität der Fragestellungen, insbesondere wenn eher qualitativ als quantitativ erfaßbare Zustandsübergänge die entscheidende Rolle spielen (Beispiele: man-in-the-loop-Systeme oder verhaltensökologische Fragestellungen), zeigt es sich jedoch, daß eher symbolische als numerische Ausdrucksmittel für die Formulierung der Regeln erforderlich sind. Eine solche Formulierung ist beispielsweise mit Hilfe einer etwa auf Produktionsregeln basierenden Wissensrepräsentationssprache möglich.

3. Software-Support für raumbezogene Modellbildung und Simulation

3.0 Umweltarbeitsplatz

Basierend auf dem oben skizzierten Modellparadigma wird eine Software-Umgebung für die raumbezogene Modellbildung und Simulation im Rahmen des Umweltarbeitsplatzes der Siemens AG konzipiert und implementiert. Bei diesem Umweltarbeitsplatz handelt es sich um einen Siemens CAD-Workstation 9733, auf der die Kartographie-Software SICAD-DIGSY sowie verschiedene Standard-Software-Pakete eingesetzt werden (Relationales DBMS, Statistik-Pakete, Büroautomation).

3.1 Entwicklungsumgebung

Wesentliche Merkmale von **URSUS** -- insbesondere in bezug auf den Einsatz durch den Endbenutzer -- ergeben sich zwangsläufig aus der Einbettung in die Software-Entwicklungsumgebung **ASPIRE** (Adaptable Shell for Programming in Real English; ehemals **LARS**, s. Line (1988)), mit der es möglich ist, maßgeschneiderte objektbasierte 4GLs für nahezu beliebige, dynamisch konfigurierbare Back-Ends zu realisieren. Die URSUS-Anwendung wird demnach auf zwei verschiedenen Ebenen implementiert: eine Back-End-Ebene und eine ASPIRE-Methodenebene.

Auf der Back-End-Ebene werden ausführbare Module entweder direkt oder über einen Schnittstellenserver ('impedance matcher') über die UNIX-Interprozeßkommunikation an den ASPIRE-Kern als Koprozeß dynamisch angeschlossen.

Die Methodenebene wird realisiert durch eine vom Benutzer erweiterbare Methodenbank. Methoden können als sog. <u>Packages</u> in Module zusammengefaßt werden.

Sowohl die Definition neuer Methoden als auch der Aufruf bestehender Methoden erfolgt mittels der quasi-natürlichsprachlichen Steuersprache von ASPIRE.

3.2 Systemarchitektur unter ASPIRE

3.2.1 Simulator-Koprozeß

Neben den Standard-Koprozessen wird zur Realisierung des gewählten Modellparadigmas in der ASPIRE-Umgebung ein entsprechender Simulator als Koprozeß entwickelt. Folgende Ausdrucksmittel werden zur Formulierung von Modellen zur Verfügung gestellt:

-- diskrete Objekte, z.B. Tiere (Taylor et al. 1988) oder Personen und Haushalte (Clarke & Holm 1987, Clarke 1986, Vetterle 1986);

-- Finite Elemente (z.B. Boden- oder Luftvoxel);

-- numerische Zustandsübergangsregeln und

-- symbolische (wissensbasierte) Zustandsübergangsregeln, z.B. zur qualitativen Modellierung räumlicher Prozesse oder zur Einbeziehung menschlicher (Rosenstiel et al. 1986, Pelzmann 1985) oder auch tierischer Entscheidungsprozesse.

Wie weiter oben schon angedeutet, wird hier auf die Verwendung explizit kontinuierlicher Formalismen (partieller Differentialgleichungen) für die Repräsentation räumlicher Prozesse verzichtet. Der Endbenutzer ist somit in die Lage versetzt, die räumliche und zeitliche Auflösung des Modells statisch festzulegen oder auch dynamisch zu verändern, ohne daß der Auflösungsmaßstab hinter immer komplizierteren Verfahren zur numerischen Integration verborgen ist.

3.2.2 Modellbank-Koprozeß

Da das URSUS-Projekt auf die Modellbildung und Simulation speziell im Bereich Umweltschutz abzielt, liegt es auf der Hand, daß einige Modelle und Modellkomponenten von einer Untersuchung zur anderen übertragbar sein könnten. Um die <u>Wiederverwendbarkeit</u> von Modellen und Modellkomponenten und gleichzeitig die <u>Modularität</u> -- und somit die <u>Transparenz</u> -- der Modelle zu erhöhen, werden die Modelle in symbolischer Form in einer Modellbank verwaltet.

Diese Modellbank, die ebenfalls als ASPIRE-Koprozeß realisiert wird, unterstützt in objektbasierter Form die Komposition bestehender Modelle, um neue, komplexere Modelle aus wiederverwendbaren Bestandteilen gestalten zu können. Es wird dabei auf die vom Modell-Entwickler vereinbarten Plausibilitätsprüfungen geachtet -- vor allem hinsichtlich der vollständigen Versorgung der Anfangswerte sowie der richtigen Dimensionierung der Parameter (z.B. Diffusionskoeffizienten in cm^2/Sekunde).

3.3. Packages zur Modellbildung und Simulation

Die Komponenten der Methodenebene werden als Packages realisiert, die quasi-natürlichsprachlich formuliert und in der ASPIRE-Methodenbank verwaltet werden. In diesem Bereich der URSUS-Funktionalität ist es unmöglich, allen erdenklichen Anforderungen mit einem Schlag gerecht zu werden. Wie in einem späteren Abschnitt noch näher erläutert wird, ist und bleibt sowohl die Auswahl wie auch die Ausgestaltung dieser Packages offen -- für die URSUS-Projektgruppe ebenso wie auch für die Endbenutzer. Die hier folgenden Erläuterungen zu den in Entwicklung befindlichen Packages soll daher eher als Anregung denn als Spezifikation verstanden werden.

3.3.1. Benutzeroberfläche

Die auf X-Windows abgebildete grafische Benutzeroberfläche wird mittels einer speziellen 4GL realisiert und kann durch den Benutzer modifiziert und erweitert werden.

3.3.2 Geometrie/Topologie

Aus einem vorliegenden digitalen Geländemodell oder Kartenwerk können Finiten Elemente einschließlich ausgewählter Attribute übernommen werden.

Umgekehrt können räumliche Simulationsergebnisse in ein digitales Geländemodell oder Kartenwerk exportiert werden.

3.3.3 Stichprobengenerierung

Die Anfangsbelegung der Attribute der diskreten Objekte oder der Finiten Elementen kann aufgrund vorliegender thematischer oder geometrischer Daten vorgenommen werden. Größere Populationen diskreter Objekte können stichprobentheoretisch reduziert werden (d.h. Klassen niedriger Varianz werden aus Mengen größerer Varianz gebildet).

3.3.4 Modellanwendung

Da meist viele einzelne Modell-Läufe (Experimente) durchgeführt werden müssen, um ein interpretationsfähiges Ergebnis zu erzielen (etwa zur Erhöhung des Systemverständnisses überhaupt, zur Sensitivitätsanalyse oder zur Gewinnung von Ergebnissen aus stochastischen Modellen durch Monte-Carlo-Simulation), wird in diesem Package die Möglichkeit geschaffen, ganze Experimentenreihen als komplexe Objekte zu behandeln. Diese Experimentenreihen werden gesondert parametrisiert und haben dann die Durchführung einer ganzen systematischen Reihe einzelner Experimente zur Folge.

Somit können auch Simulationsverfahren etwa zur Prognose oder Optimierung schon durch den Endbenutzer formuliert, erprobt und eingesetzt werden.

3.3.5 Datenlogger

Datenlogger dienen grundsätzlich zur Aufnahme und Verwaltung von Ergebnisdaten. Die Datenlogger werden auf der symbolischen Ebene an ein Modell angeknüpft. Sie ermöglichen:

(a) die Errechnung aggregierter Eigenschaften (z.B. Individuenzahl, Populationsdichte, mittlere Schadstoffkonzentrationen)

(b) die Errechnung emergenter Strukturen (z.B. Nahrungsnetze, Ausbreitungsfronten)

(c) die Ermittlung von Häufigkeitsverteilungen diskreter Objekte oder Finiter Elemente nach ausgewählten Attributen (Entfernung der Zeitachse)

(d) die Verfolgung von Trajektorien (als Zeitreihen) von:

-- diskreten Objekten oder Finiten Elementen

-- einzelnen Attributen

-- aggregierten Eigenschaften

-- emergenten Strukturen.

3.3.6 Instrumentierung

Instrumentierungen werden ähnlich den Datenloggern auf symbolischer Ebene an Modelle angeknüpft. Sie unterscheiden sich von Datenloggern zum einen darin, daß sie Trajektorien während des Experiments in Echtzeit abbilden oder geloggte Zeitreihen nachträglich anzeigen; zum andern ermöglichen sie interaktive Eingriffe in Einzelexperimente oder in Experimentenreihen.

3.3.7 Validierung/Auswertung

Dieses Package unterstützt die Interpretation geloggter Ergebnisdaten sowie den Vergleich dieser Daten mit vorhandenen Datenreihen (etwa zur Modellvalidierung), indem eine Schnittstelle zu Back-Ends für die konventionelle sowie die räumliche Statistik zur Verfügung gestellt wird.

3.3.8 Visualisierung

Die von diesem Package bereitgestellten Werkzeuge ermöglichen die Visualisierung von geloggten Ergebnisdaten oder von Auswertungsergebnissen über folgende Ausgabemodalitäten:

- Geschäftsgraphik

- thematische Kartographie

-- Animation

4. Stand des Projekts

Die URSUS-Software sowie die ASPIRE-Entwicklungsumgebung können an Hochschulen unentgeltlich weitergegeben werden. Mit den geringen Personalressourcen der Ursus-Projektgruppe ist eine vollständige Entwicklung des Produkts bis in letzte Details nicht möglich. Andererseits bestand die Motivation zur Realisierung von ASPIRE in dem Wunsch, dem Endbenutzer die Entwicklung eigener Anwendungen wenigstens teilweise zu ermöglichen. Eine erste Pilotversion der Software, die die angesprochenen Back-Ends, aber nur gering ausgebaute Packages enthält, wird im Frühjahr 1991 verfügbar sein. Ab diesem Zeitpunkt sollen verschiedene Interessenten die Software einsetzen und weiterentwickeln. Diejenigen Erweiterungen, die sich auch für andere Nutzer als besonders nützlich erweisen, können in den Lieferumfang späterer Versionen aufgenommen werden. In Analogie zur Verfahrensweise der Entwickler solch großer Softwaresysteme wie GNU oder GRASS soll die Software in Zusammenarbeit zwischen der URSUS-Projektgruppe und den Benutzern kontinuierlich in ihrem Funktionsumfang erweitert werden.

5. Literatur

Clarke, Martin (1986) "Demographic processes and household dynamics: a microsimulation approach", in Woods, Robert & Rees, Philip (Hrsg.) Population Structures and Models: Developments in Spatial Demography, S. 245-272. London: Allen & Unwin.

Clarke, Martin & Holm, Einar (1987) "Microsimulation methods in spatial analysis and planning", Geografiska Annaler 69 B (2): 145-164.

Line, Mark P. (1988) "LARS: Ein objektbasiertes System für die fast-natürlichsprachliche Unterstützung von benutzerentwicklten Lernsystemen", in Gollan, B./Paul, W.J./Schmitt, A. (Hrsg.) Innovative Informations-Infrastrukturen, S. 198-217. Berlin: Springer-Verlag.

Pelzmann, Linde (1985) Wirtschaftsspychologie: Arbeitslosenforschung, Schattenwirtschaft, Steuerpsychologie. Wien: Springer-Verlag.

Rosenstiel, Lutz von et.al. (1986) Einführung in die Bevölkerungspsychologie. Darmstadt: Wissenschaftliche Buchgesellschaft.

Taylor, Charles L. et al. (1988) "RAM: Artificial life for the exploration of complex biological systems", in Langton, C. (Hrsg.) Artificial Life: SFI Studies in the Sciences of Complexity, S. 275-295. Reading, MA: Addison-Wesley.

Toffoli, Tommaso (1984) "Cellular automata as an alternative to (rather than an approximation of) differential equations in modeling physics", in Farmer, Doyne/Toffoli, Tommaso/Wolfram, Stephen (Hrsg.) Cellular Automata. Amsterdam: North-Holland.

Vetterle, Helmut (1986) Konstruktion und Simulation mikroanalytischer Modelle. Die Methode der Mikrosimulation und ihre Anwendung. Augsburg: Maro-Verlag.

Numerische Simulation und Visualisierung auf Hochleistungssystemen

W. Haas, R. Brantner und D. Schewig
Joanneum Research, Institut für Informationssysteme
Steyrergasse 17, A-8010 Graz, Austria

Deskriptoren: Numerische Simulation, Standards, Schadstofftransport, Grundwasser

Zusammenfassung

In den letzten Jahren wurde in nahezu allen Wissenschaftszweigen der Einsatz von Modellbildung und numerischer Simulation wesentlich verstärkt, wodurch ein immer stärkerer Bedarf nach Rechnerleistung entstanden ist. Bedingt durch die rasante technologische Entwicklung und die günstige Preisentwicklung sind Systeme mit Vektor- und Parallelarchitektur für eine größere Zahl von Universitäten, Forschungseinrichtungen und Industrieunternehmen verfügbar geworden. Speziell im Bereich des Umweltschutzes zählen Simulationsrechnungen - bedingt durch den Typ der dabei zu lösenden mathematischen Problemstellungen - zu einem der rechenintensivsten Anwendungszweige für Hochleistungssysteme.

Derzeit sind die meisten zu Simulationszwecken eingesetzten Programme als reine Batch-Anwendungen konzipiert und ohne Verwendung zeitgemäßer Software-Technologie (graphische Benutzerschnittstelle, interaktive Visualisierung, Unterstützung verteilter, heterogener Rechnerarchitekturen) realisiert.

In diesem Beitrag soll gezeigt werden, wie existierende Standards und Techniken eingesetzt werden können, um die bei der Entwicklung derartiger Programmsysteme auftretenden Hardware-Abhängigkeiten und Inkompatibilitäten zu vermeiden.

Als Beispiel für die Realisierung eines nach obigen Gesichtspunkten entwickelten Programmsystems wird ein Simulationsprogramm für die Berechnung des Schadstofftransportes im Grundwasser mittels FE-Methode vorgestellt. Der Rechenteil dieser Applikation wurde im Hinblick auf die Vektor- und Parallelarchitektur von Hochleistungssystemen völlig neu konzipiert. Der Einsatz des X-Windows Standards zur Realisierung der Benutzerschnittstelle und der Visualisierung der Ergebnisse sollen als Lösungsansatz für die Entwicklung eines benutzerfreundlichen FE-Programms präsentiert werden.

1. Ausgangssituation und Motivation

Im Bereich des präventiven und sanierenden Umweltschutzes werden mathematische Modellbildung und numerische Simulation von physikalischen und chemischen Abläufen immer öfter als Entscheidungshilfe und Planungsmittel eingesetzt. Bedingt durch den Typ der dabei verwendeten mathematischen Modellen und Simulationsalgorithmen - es handelt sich hierbei zumeist um die Lösung partieller, nichtlinearer Differentialgleichungen - stiegen die Anforderungen an die Leistungsfähigkeit der zur Lösung eingesetzten Rechner enorm. Parallel zu dieser Entwicklung auf Anwendungsebene hat sich speziell im Hardwarebereich durch die Verwendung neuer Verarbeitungstechnologien (Vektorrechner, Parallelarchitekturen) die Leistungsfähigkeit der Systeme für den Einsatz im technisch-naturwissenschaftlichen Bereich bei gleichzeitigem Sinken der Preise wesentlich verbessert. Für Software-Hersteller war es mit konventionellen Methoden nicht mehr möglich, den Entwicklungszyklus an das immer rascher wachsende Leistungspotential der Hardware anzupassen. So konnte es dazu kommen, daß heute auf Rechnern modernster Technologie meistens noch immer Simulationsprogramme eingesetzt werden, die für die klassische von-Neumann Computerarchitektur entwickelt wurden, ohne die speziellen Fähigkeiten der Rechner auszunützen.

Für die Entwicklung neuer Softwareprodukte im Bereich der numerischen Simulation und Visualisierung auf Hochleistungssystemen müssen in Zukunft völlig neue Wege beschritten werden, um trotz ständig wachsender Leistungsfähigkeit und Zahl der am Markt befindlichen Systeme Produkte zu schaffen, die leicht auf verschiedenste Hardware-Plattformen zu portieren sind und die die neuen Rechnerarchitekturen optimal ausnützen. Zu den dazu notwendigen Grundvoraussetzungen gehören:

– Völlige Überarbeitung der Grundalgorithmen der Simulationsprogramme und Neuimplementierung der rechenintensiven Anwendungsteile
– Übergang von rein Batch-orientierter Verarbeitungsweise zur interaktiven Problembearbeitung durch den Anwender
– Verwendung standardisierter Benutzerinterfaces zur Verringerung des Lernaufwandes und Vereinfachung der Benutzung
– Ausschließliche Verwendung von Industriestandards zur Abwicklung der gesamten Datenmanagement- und Präsentationsaufgaben
– Verwendung modernster Entwicklungsmethoden und -werkzeuge um den Erstellungszyklus zu verkürzen und zukünftige Adaptierungen und Erweiterungen zu vereinfachen

In diesem Beitrag sollen die wichtigsten Standards und Entwicklungsmethoden für den Softwareentwurf an dem Beispiel eines FE-Programms, das zur Simulation von Strömungsvorgängen und Stofftransportmechanismen im Grundwasser eingesetzt werden soll, aufgezeigt werden.

2. Projektbeschreibung und Zielsetzung

2.1 Coprocessing statt Postprocessing

Ein wesentliches Merkmal moderner Simulationssoftware ist, daß jederzeit während des Simulationsprozesses eine graphische und numerische Interpration der laufenden Berechnungen unabhängig vom tatsächlichen Berechnungsprozeß erfolgen kann. Damit ist es dem Benutzer möglich, interaktiv je nach Stand der Modellrechnung in den Ablauf einzugreifen und steuernde Kontrolle über den Prozeß zu erlangen. Ein wesentlicher Schwerpunkt bei der Entwicklung des

Programmpakets FEJUX (Finite Elements of Joanneum Research under X-Windows) war daher die Online-Visualisierung des Berechnungsvorganges und der damit verknüpften dynamischen und statischen Information parallel zur laufenden Berechnung unter Verwendung von offenen Grafikstandards. Dies reduziert den Bedarf nach Postprocessing und verkürzt somit den gesamten Simulationszyklus.

2.2 Verteilte Architektur

Untersuchungen haben gezeigt, daß es den generellen Supercomputer für alle Anwendungen nicht gibt, Vielmehr muß in die Definition des Begriffes "Supercomputing" die optimale Abarbeitung des speziellen zu lösenden Problems mit einbezogen werden (Haas, Brantner 1989). Bedingt durch die Tatsache, daß die heute bekannten und realisierten Computerarchitekturen nur für eine bestimmte Klasse von Problemen optimale Leistungen erbringen können, wurden spezielle Rechner für die verschiedensten Anwendungsgebiete mit erhöhtem CPU-Leistungsbedarf (numerische Problemlösungen, für Grafik und Bildverarbeitung) entwickelt. Programme, die sowohl in der Behandlung von Simulationsalgorithmen als auch in der Visualisierung der Ergebnisse hohe Leistungen erbringen sollen, müssen daher so konzipiert sein, daß einzelne Programmteile bei Bedarf auf verschiedene Rechnersysteme verteilt werden können. Typischerweise erfolgt in einem Simulationsprogramm eine Untergliederung in einen Rechenteil, der auf einem schnellen Vektorrechner mit mehreren CPU's ablaufen könnte, und einen parallel dazu auf einer Grafik-Workstation arbeitenden Visualisierungsprozeß. Wenn diese Programmteile über genormte Standardprotokolle kommunizieren, ist es möglich, auf völlig unterschiedlichen Hardware-Plattformen die verteilte Anwendung zu implementieren.

3. Standards

3.1 Rechnerarchitekturen

In den letzten Jahrzehnten wuchs die Rechnerleistung alle fünf Jahre um eine Größenordnung. Bedingt durch physikalische Grenzen (Geschwindigkeit elektrischer Signale, Packungsdichten, etc.) wird dieser Trend für Einprozessorsysteme nicht mehr anhalten. Generell wird daher von allen Rechnerherstellern der Einsatz mehrerer parallel arbeitender CPU's als einziger möglicher Ausweg angesehen, um die Leistung weiterhin im gleichen Maße zu erhöhen. Grundsätzliche Funktionsweisen und spezielle Vorgangsweisen zur optimalen Ausnutzung dieser parallelen Systeme können der Fachliteratur (Noor 1988) entnommen werden.

Als quasi-Standardtechnologie hat sich in den letzten Jahren CPU-unterstützte Vektorverarbeitung (ein bei technisch wissenschaftlichen Anwendungen häufig auftretendes Problem) etabliert. Rechner, die nach diesem Prinzip arbeiten, können mehrere unabhängige Datenströme parallel auf einer einzelnen CPU verarbeiten und verknüpfen. Die meisten Rechnerhersteller bieten heute eine Kombination der beiden angeführten Techniken an.

Speziell im Bereich der CPU-Entwicklung für Workstations wurde in letzter Zeit eine Technik entwickelt, die durch die Reduzierung des Befehlsvorrates des Prozessors auf ein notwendiges Minimalmaß und durch die softwaremäßige Realisierung komplexerer Befehlsabläufe eine erhebliche Geschwindigkeitssteigerung auch in der Behandlung skalarer Probleme gebracht hat. Diese neue CPU-Technologie ist allgemein unter dem Namen RISC (Reduced Instruction Set Computer) bekannt.

Bei Hochleistungssystemen für Visualisierung ("graphic engines") geht der Trend eindeutig in Richtung Hardwareunterstützung zur Manipulation dreidimensionaler Objekte, wodurch der Programmieraufwand verringert und eine wesentliche Beschleunigung gegenüber konventionellen Softwareverfahren erzielt wird.

3.2 Netzwerke

Bedingt durch die Entwicklung verteilter Rechnerarchitekturen, wurde die Kommunikation ein immer bedeutender Faktor für die Gesamtperformance. Um zwischen unterschiedlichen Hardwareplattformen kommunizieren zu können, wurden in diversen Normungsgremien Standards für die Vernetzung von EDV-Systemen geschaffen. Generell wurde dabei die gesamte Rechner-Rechner Kommunikation einem 7-schichtigen Modell unterworfen, das in der Fachliteratur als das OSI-Modell bekannt ist (Stallings 1988). Aufsetzend auf diesen Grunddefinitionen wurden beginnend mit den unteren, für den Datentransport verantwortlichen Schichten Richtlinien und Normen festgelegt. Die bekannteste Norm ist der Ethernet-Standard nach der Norm IEEE 802.3, der eine Kommunikation unterschiedlicher Systeme mit einer Geschwindigkeit von 10 Mbit/sec gestattet. Da diese Übertragungsrate für interaktive Grafik-Applikationen auf verteilten Rechnern bei den heutigen Fähigkeiten der Grafiksysteme (Auflösung, Darstellungsgeschwindigkeit) bald einen Engpaß bedeuten würde, führten Normungsbestrebungen zu einem neuen Standard, der auf Glasfaserbasis eine Verbindung von Rechnern mit 100 Mbit/sec zuläßt. Dieser Standard ist bis auf einige Details bereits fertig ausgearbeitet und ist unter dem Schlagwort FDDI (Fiber Distributed Data Interface) in Fachkreisen bekannt. Dieser Standard wird sicherlich in nächster Zukunft die traditionellen Verbindungen auf Ethernetbasis ablösen.

3.3 User-Interface und Graphik

Unter dem Namen X/Open haben sich die bedeutensten Hard- und Software-Hersteller zu einer Vereinigung zusammengeschlossen, die versucht, existierende und de facto Standards zu generellen, herstellerunabhängigen Standards zu erheben (X/Open 1989). Wichtig ist, daß dabei keine neuen Standards geschaffen werden sollen, sondern daß Lösungsvorschläge für die Überführung diverser firmenabhängiger Produkte in eine gemeinsame Applikationsstruktur geschaffen werden sollen. X/Open beschäftigt sich im wesentlichen mit folgenden Themen:

– Netzwerke und Kommunikation
– Daten-Management
– Window-Technik
– Programmiersprachen
– Betriebssysteme

Für die Realisierung einer graphischen Benutzerschnittstelle ist die Einhaltung des herstellerunabhängigen Standards X11.3 notwendig, der die genormte Behandlung graphischer Benutzeroberflächen (Window- und Event-Management) über ein Protokoll nach dem Client/Server Prinzip definiert. Die Implementation des Userinterfaces unter Berücksichtigung dieser Richtlinien gestattet es, die Bedienung und Visualisierung der Applikation auf jeder beliebigen Hardware durchzuführen, die diesen Standard unterstützt (Workstations, X-Terminals, etc.)

3.4 Entwicklungsumgebung

Bedingt durch die Notwendigkeit immer kürzerer Entwicklungszeiten wurden Methoden entwickkelt, die computerunterstütztes Design und semi-automatischen Programmentwurf unterstütztten. Im wesentlichen werden dafür Hilfsmittel eingesetzt, die unter dem Fachwort CASE-Tools (Computer Aided Software Engineering) bekannt sind. Dazu zählen:

- Spezifikations- und Design-Programme
- Toolkit-Libraries
- Library Manager
- Codegeneratoren
- Interaktive Debugger

Besondere Bedeutung kommt bei der Implementierung von Software für Hochleistungssysteme der Wahl der Programmiersprachen zu, um eine einfache Portierung auf unterschiedliche Rechnersysteme zu ermöglichen. Wirkliche Bedeutung haben in der Welt der Supercomputer und Hochleistungsworkstations nach wie vor nur FORTRAN und C erlangen können. FORTRAN sicher teils aus historischen Gründen und bedingt durch den Umstand, daß dies die einzig wirklich genormte Computersprache ist, und C andererseits, da die meisten Rechner der Hochleistungsklasse unter dem Betriebssystem UNIX betrieben werden (UNIX setzt zur lokalen Adaptierung an den jeweiligen Rechner einen C-Compiler voraus).

4. Interaktives FE-Processing am Beispiel FEJUX

Als Beispiel für eine mögliche Implementierung eines benutzerfreundlichen FE-Programms, das die neuesten Entwicklungen am Hard- und Softwaremarkt berücksichtigt, wird hier das Programmpaket FEJUX (Finite Elements of Joanneum under X-Windows) vorgestellt. Es basiert auf der FE-Methode und wird hauptsächlich zur Simulation und Modellbildung von Schadstofftransportvorgängen im Grundwasser eingesetzt. Typischerweise werden dabei folgende physikalische und chemische Abläufe mathematisch modelliert und numerisch simuliert:

- Konvektion
- Diffusion
- Dispersion
- Chemische Reaktion von Teilchen

Es werden hier einige Bilder gezeigt, die andeuten sollen, wie die Bedienung eines modernen Programmpakets unter Ausnutzung von Standards und Entwicklungswerkzeugen aussehen kann. Generell kann man erkennen, wie parallel ablaufende Aktivitäten (Benutzerdialog, graphische Visualisierung, Programmsteuerung) mit Hilfe der Window-Technik elegant realisiert werden können. Jede logische Aufgabe kann in einem eigenen Fenster, unabhängig von anderen Programmteilen abgewickelt werden. Durch Benutzung des X-Windows Standards für das Window-Management ist jederzeit eine Aufteilung von Visualisierung und Berechnungsprozeß auf verschiedene Hardwareplattformen möglich.

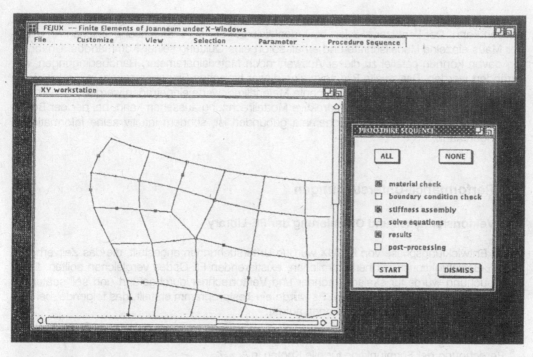

Bild 1: Interaktive Ablaufsteuerung

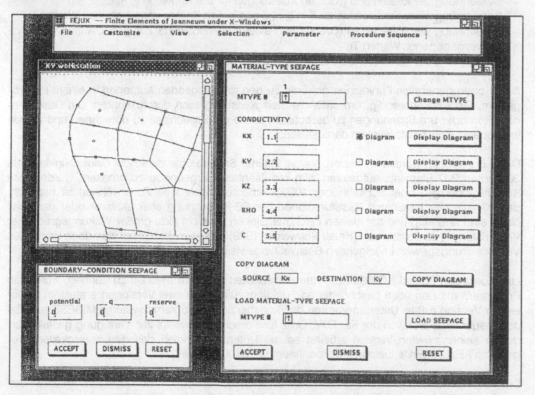

Bild 2: Selektion von FE-Elementen und Materialparameterdefinition

Im ersten Bild wird gezeigt, wie der individuelle Ablauf der Modellrechnung interaktiv gesteuert werden kann. Der Benutzer aktiviert bzw. deaktiviert in der auf Workstations üblichen Art mit einer Maus einzelne Modellschritte und erhält sofort eine Quittung seiner Kommandos. Unabhängig davon können parallel zu dieser Auswahl noch Materialparameter, Randbedingungen, etc. verändert werden. Das zweite Bild zeigt eine dieser typischen Eingabemasken, in die mit einem graphischen Editor für selektierte Elemente Materialkennwerte eingetragen werden können. Beide Bilder sollen zeigen, wie eine interaktive Modellrechnung aussehen kann, bei der der Benutzer nicht an starre Anwendungsschemata gebunden ist, sondern intuitiv seine Informationen einbringen kann.

5. Performance-Untersuchungen

5.1 Vektorisierbarkeit und Optimierung der FE-Library

In der Entwicklungsphase von FEJUX wurden Untersuchungen angestellt, die das Zeitverhalten der FE-Basisfunktionen mit herkömmlichen, existierenden FE-Codes vergleichen sollten. Diese Untersuchung wurde für skalare Rechner und Vektorrechner durchgeführt und soll später auf Parallelrechner ausgedehnt werden. Es wurde ein Testprogramm erstellt, das folgende, bei FE - Programmen typischen Grundfunktionen aufruft:

- Berechnung der lokalen Koordinaten ξ, η, ζ der Gausspunkte im Element
- Berechnung der Formfunktion für alle Knoten in ξ, η, ζ
- Berechnung der lokalen und globalen Ableitungen für alle Knoten in ξ, η, ζ
- Berechnung eines Funktionswerts T in ξ, η, ζ aus in den Knoten vorgegebenen Werten T_i
- Berechnung der Ableitungen (Gradienten) eines Funktionswerts T in ξ, η, ζ aus in den Knoten vorgegebenen Werten T_i
- Berechnung der globalen Koordinaten x, y, z aus den lokalen ξ, η, ζ Werten.

Diese oben genannten Funktionen gehören zu den grundlegenden Aufgaben in einem FE-Programm. Sie sind notwendig, um etwa die Steifigkeitsintegration durchzuführen, um Geschwindigkeiten oder um Spannungen zu berechnen, sowie um Ergebnisse zu berechnen und um sie im globalen Koordinatensystem darzustellen.

Diese Funktionen wurden im Testprogramm in einer Schleife über die 2*2*2 Gausspunkte eines 20-Knoten 3-D Elements aufgerufen. Um repräsentative Ergebnisse zu erhalten, wurde diese Schleife innerhalb einer Schleife über 1000 Elemente abgearbeitet.Zu erwähnen ist natürlich, daß alle die hier genannten Basisfunktionen der FE-Berechnung eher skalarer oder paralleler Natur sind und aufgrund der kleinen Felddimensionen ein nicht allzu großer Wirkungsgrad einer Vektorisierung zu erwarten ist (Haas, Schweiger 1989). Umso mehr soll auf den doch deutlichen Vektorisierungsgewinn im folgenden Beispiel hingewiesen werden.

Um Aussagen über die Qualität der neu entwickelten Software machen zu können, wurde ein Programm mit den oben beschriebenen Funktionsaufrufen in zwei Versionen erstellt. In seiner ersten Version ruft es Unterprogramme des kommerziellen Programmsystems MISES3 auf, das Joanneum Research von der Fa. TDV, Graz für Forschungszwecke zur Verfügung gestellt wurde. In seiner zweiten Version arbeitet es mit Unterprogrammen des neu entwickelten Programms FEJUX (Finite Elements of Joanneum Under X-windows).

Die Test wurden auf einer CONVEX C1-XP unter UNIX Version 7.1, durchgeführt. Im folgenden werden die Rechenzeiten für das oben beschriebene Testbeispiel diskutiert:

Compile-Option (automat. Optimierung)	MISES3	FEJUX
no	49,5	36,7
O1	28,1	15,2
O2	32,0	8,4

Es zeigen sich hier zwei wesentliche Merkmale der neuen, speziell entwickelten Software. Sie ist auch im rein skalaren Fall ca. doppelt so schnell, was wohl auch teilweise auf die Vermeidung von in historisch gewachsenen Programmen vorhandenem Overhead zurückzuführen sein mag. Zusätzlich jedoch ist bei Vektorisierung noch einmal ein Geschwindigkeitszuwachs um den Faktor 2 möglich, obwohl hier im wesentlichen nur kurze Vektoren im Spiel sind. Im Gegensatz dazu bringt die Vektorisierung in der konventionellen Software einen Geschwindigkeitsverlust. Obwohl der FORTRAN-Compiler der CONVEX sicher ein führendes Produkt ist, kommt es hier zur Vektorisierung von zu kurzen Schleifen. Auf Rechnern mit schlechteren Compilern ist ein eher noch schlimmeres Zeitverhalten zu erwarten.

Prozentuell noch größere Rechenzeitgewinne, soweit diese über Vektorisierung erreichbar sind, sind beim Lösen des Gleichungssystems zu erwarten. Hier konnte kein direkter Vergleich mit MISES3 durchgeführt werden. Das eingesetzte Skyline-Lösungsverfahren wurde jedoch mit dem von CONVEX in der VECLIB - Vektorlibrary angebotenen und für den Rechner optimierten Verfahren verglichen und hat hier deutlich schnellere Rechenzeiten erreicht.

6. Ausblick

Da in Zukunft - bedingt durch fallende Hardwarepreise bei gleichzeitig steigender Leistung der Systeme - für viele Organisationen, die im präventiven und sanierenden Umweltschutz tätig sind, mächtige Werkzeuge verfügbar sind, die eine Entscheidungsfindung und Planung durch Simulation und modellhafte Nachbildung der Wirklichkeit erleichtern können, wird es Zukunft nicht mehr ausreichen, Programme zwar mit wissenschaftlich fundiertem Background aber ohne jeden Benutzerkomfort zu entwickeln. Ausgehend von der Tatsache, daß Programmanwender nicht mehr Computerspezialisten sondern Fachleute in ihrer jeweiligen Spezialdisziplin sind (z.B. Umwelttechniker), kommt daher bei Neuentwicklungen der Bedienbarkeit und der Funktionalität der Anwendungssoftware neben den selbstverständlich weiterhin notwendigen wissenschaftlichen Grundlagen ein immer wichtiger Stellenwert zu. Weiters wird nur die Einhaltung international anerkannter Standards eine generelle Einsatzbarkeit von Softwareprodukten in Zukunft auf breiterer Basis ermöglichen. Sicherlich wird jedoch durch die erhöhte Akzeptanz, die benutzerorientierte Programme erzeugen, insgesamt ein Trend zu einer realistischeren Planung und Beurteilung von Umweltschutzmaßnahmen durch Simulation und Modellbildung eingeleitet werden.

7. Anmerkung

Die Leistungsbeurteilung des Programmpakets FEJUX wurden mit dem FE-Code MISES3, der freundlicherweise von der Firma TDV (Technische Datenverarbeitung Graz) für Forschungszwecke zur Verfügung gestellt wurde, durchgeführt.

548

8. Literatur

Haas W. und Brantner R., Minisupercomputers and Superworkstations in a 'Distributed Super-computing Environment', In: Proceedings of the 1st International Conference on Applications of Supercomputers in Engineering ASE 89, Southampton, UK, 1989

Noor A.K., Parallel Processing in Finite Element Analysis, Engineering with Computers, Vol. 3, pp. 225-241, 1988

Stallings W., Handbook of Computer Communications Standards, Vol. 1-3, Macmillan Publishing Company, New York, 1988

X/Open Portability Guide 3rd Edition, Hrsg.: X/Open Company, Ltd., Prentice Hall, Englewood Cliffs, New Jersey, 1989

Haas W. und Schweiger H.F., Viscoplasticity and Vectorprocessing, In: Proceedings oft the 3rd Int. Symposium on Numerical Models in Geomechanics NUMOG III, Niagara Falls, 1989.

Spreadsheets and GIS in Integral Modeling

Fokke de Boer

National Institute of Public Health and Environmental Protection (RIVM)

P.O. Box 1, 3720 BA BILTHOVEN, The Netherlands

Descriptors: modeling, spreadsheets, policy-analysis

Summary

In this article some examples of spreadsheet-based environmental models developed at the National Institute of Public Health and Environmental Protection (RIVM) and used within environmental surveys are given. It is pointed out, that spreadsheets are a powerful tool in the hands of modelers, but should not be their only tool. In order to obtain acceptable results with very abstract models, the need for statistical information on results is large. A start has been made to incorporate these methods in RIVM's integral models.

1 What is Integral Modeling?

About two years ago, RIVM published an environmental survey and forecast, called "Concern for Tomorrow" (RIVM, 1988). This document dealt with environmental issues at five levels: from a global level to a local level. The book was widely discussed both in the press and by the public. It served as a scientific base for the National Environmental Policy Plan, published by the Dutch government in 1989.

Due to the experiences with "Concern for Tomorrow", RIVM has been requested to publish surveys and/or forecasts every two years. Naturally, the forecasts will need models of the environmental issues discussed. Preferably, these models will integrate several compartments.

At RIVM within the Environmental Forecasting Bureau (MTV) the definition of integral models is:

A model describing the total causality chain (from sources up to and including effects) in a highly abstracted way, allowing fast (interactive) calculation of a scenario (or abatement strategy), is called an integral model. The scenarios are formulated by policy makers, and most of the times rather aggregated in nature; results are often needed the same day.

On the other hand, integrated models are linked compartmental submodels, reflecting the state-of-the-art in science, coupled via the in- and output, developed by compartment-specific laboratories within RIVM. The results have more spatial resolution than the integral models, but fast interactive runs are not possible.

The emphasis within the Environmental Forecasting Bureau is on the integral models.

2 The power of spreadsheet-modeling

It appeares that spreadsheets are a powerful tool for modelers. Especially, steady-state models are very suitable for spreadsheet implementation. The advantages of implementing in a spreadsheet are several. To name a few important ones:

- short implementation time
- much of the interfacing already provided for (graphs, menus through the macro language)
- input screens can be given a logical format (example: a factory model could use a stylized drawing of a factory)
- easy use of external (your own) programs through system calls
- transparent
- easily adapted to new scientific insights
- easily handed over to other users.

At RIVM, Lotus 1-2-3® is the standard spreadsheet used. Although the new release 3 gives much more power (with 3D spreadsheets, among other things), most of the models are implemented in Release 2.x, mainly because of wider use of this version.

3 GIS: a database and source of statistical data

Much of the data needed in integral models have a spatial component, and will / should therefore be found in the GIS of our institute. These data, however, are given at the finest resolution possible. For most applications this is of course the best solution, but for integral modeling more aggregated data will be used. In order to maintain the spatial variability, parameters derived from the GIS are given some statistical components like a frequency distribution. This will be achieved using the GIS itself. The integral models should then be able to cope with these data.

This method has only be formulated as a pilot project; the research will yield results in 1991.

Some GIS systems offer the opportunity to model within the GIS package. At RIVM, one of these systems (SPANS®) was introduced recently, and a pilotstudy has been carried out with it by our Bureau.

3.1 Acidification modeling within a GIS system

In the Netherlands, a Priority Programme on Acidification has been carried out. One of the products of this research program is a set of models, integrated in a menu structure, called DAS (Dutch Acidification Systems model). It consists of many submodels, ranging from an emission module to various effect models: soil, vegetation, agricultural crop damage and others.

One of the effect models, the damage to agricultural crops by acid rain, was re-implemented within SPANS (de Boer, 1990). The results, making use of available data, gave more spatial resolution than the ones from DAS.

A next step for integral modeling should be to translate these results into statistics, but sofar this has not yet been done.

4 Some examples

In the next sections, some examples of spreadsheet-based models are presented. Some are integral models, some can be used as part of an integral model. They vary from simple tools to a very complex set of spreadsheets.

4.1 A simple acid deposition model (1985)

The DAS model mentioned before is a powerful set of programs for evaluating a small set of scenarios. The effects on multiple systems (heathland lakes, soil, vegetation, materials, agricultural crops and monuments) are calculated. For these runs, quite some CPU time is necessary.

For fast evaluation of different policy strategies it is less suitable. Mostly, a steady-state approach is sufficient, and the effect models are not always necessary. Besides, some information on the origin of depositions (from which compound, which country, or which economic sector) is helpful in policy-making, but not provided for in DAS.

A spreadsheet has been compiled to fill this gap (Olsthoorn & de Leeuw, 1988). The results are only the acid deposition, whereas DAS differentiates in many compounds, both depositions (like SO_x dry and wet deposition) and ambient air concentrations.

The spreadsheet allows the user to define an "emission-scenario" and to calculate the net deposition on 20 areas in the Netherlands. The relative importance of the three acidifying substances SO_2, NO_x and NH_3 is given, and the origin of the deposition (foreign countries or national, per compound).

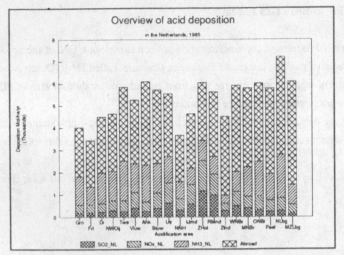

Figure 1.   *Sample output from 1985; origin of acid deposition in 20 Dutch areas. Horizontal axis: abbreviated Dutch area names.*

4.2 A simple soil acidification model (MACAL)

One of the effect models in DAS mentioned above is the model RESAM (REgional Soil Acidification Model) (de Vries & Kros, 1989). This dynamic model is quite large, and needs a supercomputer to run adequately fast. Based on this model, a steady-state simplification has been made. This model is demonstrated at the conference by Bakema.

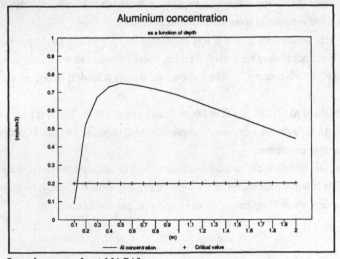

Figure 2: Sample output from MACAL

4.3 Translation between regional subdivisions (VERTAAL)

In environmental modeling we often are dealing with spatial data. These data are usually given for one spatial resolution, say per province or per municipality. In integral models these data have to be combined, so that they have to be translated from one regional subdivision into another.

The tool "Vertaal.WK1" ("Translate.WK1"; de Boer & Olsthoorn, 1988) allows to translate entities from 6 different subdivisions into each other. This is done via an intermediate subdivision of the Netherlands divided in so-called "inventory blocks" of approximately 5x5 km. Each subdivision is overlayed with the inventory block network. Each cell, equivalent to a cell in the spreadsheet, is given the value of the number of the area in its particular division. For each subdivision a separate worksheet has been made. The main worksheet combines the chosen divisions in a "To"- and a "From"-area.

The translation is done in a double FOR-loop, so that the total map is covered. Naturally, the translation can be done faster with matrix manipulation, but then for each area two matrices must be compiled: one "from"matrix and a "to"matrix. The method used here allows for easy expansion to more subdivisions, where the necessary sheets are simple to make.

An option for presenting the outcome has been provided for two common printers: the Epson FX-85 and the HP-Laserjet. Only ASCII-character output is provided, for better portability.

Of course translation of regional subdivisions can (and should) be done by the GIS, but at the time of development of this tool, RIVM did not yet have a GIS operational. Nevertheless, it appears to be a simple and flexible tool, and it has been used some times.

4.4 A simple world model (GLOBO)

Maas (1989) made a (very) simple model of the world (calculate the next 250 years of our world within a few seconds) that showed interactions between economic growth, capital accumulation, technological development, depletion of world resources and pollution. The main purpose of this model was for education and illustrating policymakers the results of their actions. Simplicity and performance were of greater importance than accuracy and comprehensiveness. This model was written in Symphony.

Due to its simplicity, many feedback mechanisms are not incorporated in the model. No predictive value should be given on the results, but it can be useful in exploring various policy options.

One of the nice spin-offs of this model is, that it triggered the idea of enhancing the use of process integrated abatement, instead of only end-of-pipe treatment. This approach was later incorporated in larger environmental models in use in the Netherlands, and results were used in the National Environmental Policy Plan.

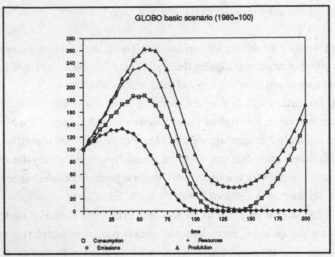

Figure 3: Sample output from Globo; a scenario result.

4.5 The national over-fertilization model (NMV)

The softwarehouse Resources Planning Consultants built a large set of inter-related spreadsheets, 12 sheets in total. It describes the nitrogen- and phosphorus flows in the Netherlands, particularly those related to livestock.

The modules included are:

- an industrial module (emissions of NO_x and NH_3 from industry and foreign countries)
- an air transport module
- an agricultural manure production module
- a manure transport module
- a soil module, including application of manure
- an aquatic emission module
- a water transport module

and some transformation modules, taking care of translation from one regional subdivision into another. Although this model appeared to be a good tool for policy analysis (it was used in the environmental survey "Concern for Tomorrow"), it is on the limit of possibilities of spreadsheet modeling. At RIVM, the model was re-implemented in the new Lotus 1-2-3 Release 3, making use of the 3D capabilities and a powerful 386-computer. It became possible to load all sheets in memory. This lead to quite short run-times.

It is difficult to keep a good overview of the model, because of the number of parameters and the difficulty to see main topics in a spreadsheet. Still, it is one of the first "integrated" over-fertilization models. The use of a spreadsheet allowed the user to make specific changes to the model, without the need to recompile the program.

One needs quite some time, however, to get well enough acquainted with the spreadsheet to do this. The example of NMV shows the limits of spreadsheet modeling: it has almost become too complex, too rigid. At this stage, it becomes meaningful to re-implement it in an ordinary computer language, like C or C++. Possibly, a hybrid form can be found, allowing easy changes in user-interfacing, but making use of the faster processing capabilities of C.

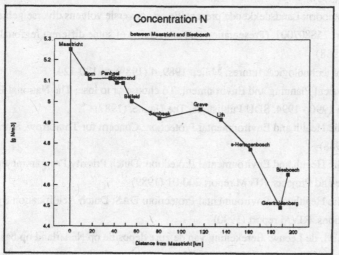

Figure 4: Sample output from NMV; concentration profile along the river Meuse.

5 Using statistical data in spreadsheet modeling

The use of statistical data in spreadsheet modeling offers an opportunity to fill the gap between the detailed models of field-experts and our needs for fast, global models. This part of our work is still in development, and some projects were started.

One of the first pilotprojects is to extend the spreadsheet 1985.WK1 mentioned above. In cooperation with the mathematical centre of our institute, some statistical routines will be added. This allows for output of reliability-limits. Forced by memory limitations, some features of the original model will have to be lost.

6 Conclusions

For fast, integral models, spreadsheets offer a good solution. The time needed to build a model is short, its structure is open and changes can be made quite easily. Most of the times, the runtime is also short.

A disadvantage of spreadsheet modeling is quality assurance. The danger of unreadable "spaghetti"-programs is large. We feel that spreadsheets are very useful, but one should not rely on them only. For more definitive models the ordinary languages (C and C++ in our case) are more suitable.

7 Bibliography

Anonymous: Lotus 1-2-3 Reference Manual, Release 2.2, Cambridge MA. (1989)

Boer, K.F. de & P. Padding: GIS tools for Acidification Modeling. Paper presented at EGIS 1990 conference, Amsterdam. (1990)

Boer, K.F. de & T.N. Olsthoorn: Landsdekkende presentatie en conversie volgens diverse gebiedsindelingen. RIVM report 758807001. (Presentation and conversion of some different regional subdivisions; in Dutch) (1988)

Maas, R.J.M.: A choice of technological futures. Milieu 1989, 4 (1989) pp 120-124

Ministry of Housing, Physical Planning and Environment: To choose or to lose; The National Environmental Policy Plan 1990 - 1994. SDU Publishers, The Hague. (1989)

National Institute of Public Health and Environmental Protection: Concern for Tomorrow, Samson H.D. Tjeenk Willink (1988)

National Institute of Public Health and Environmental Protection: Dutch Priority Programme on Acidification; Programme and Projects. RIVM report 200-01 (1989)

National Institute of Public Health and Environmental Protection: DAS; Dutch Acidification Systems Model - Specifications. RIVM report (1990)

Olsthoorn, T.N. & F.A.A.M. de Leeuw: Berekening van de zure depositie op Nederland op basis van overdrachtsmatrices. RIVM report 758805005. (The calculation of acid deposition in the Netherlands based on transfer matrices; in Dutch) (1988)

Resources Planning Consultants: Handleiding Nationaal Model Vermesting, versie 2.1. (Manual National Over-fertilization model, release 2.1; in Dutch) (1989)

Vries, W. de & H. Kros: De lange termijn effecten van verschillende depositiescenario's op representatieve bosbodems in Nederland (Long -term effects of various deposition scenarios on representative forest soils in the Netherlands; in Dutch). Winand Staring Centre, Report 30, Wageningen (1989)

8 Acknowledgements

I would like to thank R.J.M. Maas, T.N. Olsthoorn, A.H. Bakema (all RIVM) and W. de Vries (Staring Centre) for allowing to use and present their models.

A Statistical Method to Determine Pollutant Sources*

John D. Keenan[†]   Pao-Hsing Chang[‡]

1   Introduction

The purpose of this paper is to present a new method enforcing water quality standards. Regulations have been developed by various agencies to maintain healthy water body within their jurisdictions. In the United States, the mechanisms used to do this are discharge permits for each discharger and stream standards for the receiving water body. The traditional approach in the U. S. has been self-monitoring by the discharger coupled with random but infrequent samples collected by the various regulatory groups. The enforcing agencies need an effective program that detects violations efficiently with limited resources.

The proposed methodology, based on the existence of a monitoring station in the receiving water body, is used to predict future water quality violations and to determine the most likely sources of those violations. The tools used are time series analysis and mathematical programming. Time series analysis is used to predict the next occurrence of a stream standard violation. A statistical technique, the mean square error (MSE) method, is then used to identify the most probable sources of the stream standard violation. This technique is based on minimizing a mean square error function.

*Prepared for presentation at the 5th Symposium on "Computer Application for Environmental Protection," Vienna, Austria, September 19–21, 1990

[†]Professor, Civil Engineering Systems, Department of Systems, University of Pennsylvania, Philadelphia, PA 19104-6315

[‡]Weston Institute Graduate Fellow, Department of Systems, University of Pennsylvania, Philadelphia, PA 19104-6315

2   Methodology

Let N and M_j be the sets that,

$N \quad \triangleq \quad$ { The pollutants that are regulated.}
Denote an element of N as j, then

$M_j \quad \triangleq \quad$ { The dischargers that discharge pollutant j in their wastewater, $j \in N$.}
$n \qquad$ The total number of elements in N.
$m_j \qquad$ The total number of elements in M_j.

Tributaries and upstream conditions are included as dischargers in the definition of the set M_j.

An observation C_t, an n dimensional random vector measured at time t, is made in the receiving water body; where each component of the random variable, $c_{tj} \ j \in N$, represents the concentration of one of the regulated substances.

The first step of the methodology is to predict the occurrence of future stream violations so that enforcement can be possible. A number of forecasting methods are well documented in Box and Jenkins [2], Brockwell and Davis [5], Abraham and Ledolter [3], and Priestley [1].

After an effluent is discharged to a receiving water body, the pollutant concentrations change over distance and time. This is the result of dilution, degradation, and sinks or sources for a given pollutant. Let the function that transforms discharger pollutant concentration into the concentration in the receiving water body be called the *stream function*, S_{ij}. (The details of this and other derivations may be found in Chang [6].) The goal is to find functional forms of the stream function. Stream functions for both the conservative and–conservative cases were derived in order to mathematically relate effluent concentrations with in–stream concentrations at the monitoring station.

2.1   The Mean Square Error (MSE) method

The goal of the method is to determine which effluents should be checked when the forecast predicts the occurrence of an illegal discharge. That means we will sample the effluents only when it is suspected that there will probably be an illegal discharge to the receiving water body. After sampling, the relationship between violations in the receiving water body and illegal discharges can be constructed.

Let t stand for the predicted violation time. At the beginning stages of the method, random sampling will be adopted, since no data are available for the dischargers. Another option is to use the dischargers' historical reports to help us obtain initial estimations of the sample mean $\overline{X}_i$, sample variance $\hat{\sigma}_i^2$, and regression parameters.

Regarding parameter estimation, we have developed two different approaches to obtain two sets of estimated parameters. The first approach treats the predicted violation concentration as a constant; the second approach takes it as a random variable. Since by assumption, the dischargers are mutually independent of each other, the former is estimated by sample means and sample variances. The latter is actually a conditional expectation, and we will estimate these expectations by regression.

In the following analysis, the mean square error measure from approach 1, which treats the concentration in the receiving water body as a constant, is adopted to decide which among the several dischargers should be checked. The condition is that the mean square error is minimized. We will consider only pollutant j at the present time for simplicity. Note that the final MSE equation is somewhat different when approach 2 is used. The details of the derivation may be found in Chang ??.

For $i \in M_j$ and at time t, define the following variables:

$$A_i = \left\{ \begin{array}{l} 0 \ \text{No sampling on the } i\text{th discharger's effluent.} \\ 1 \ \text{Take sample on the } i\text{th discharger's effluent.} \end{array} \right.$$

c_{tj} The forecasted violation concentration of pollutant j at time t in the water body (a constant).

S_{ij} The stream function.

X_{tij} The ith discharger's effluent concentration (a random variable).

$$P_{ij} = \left\{ \begin{array}{l} \text{The permit concentration, a constant, for the } i\text{th discharger,} \\ \text{if the } i\text{th discharger is regulated by the permit.} \\ \\ \text{The stream standard concentration, a constant, for the } i\text{th} \\ \text{discharger if the } i\text{th discharger is tributary or upstream.} \end{array} \right.$$

It is easy to see that

$$A_i^n = A_i \quad for \ n = 1, 2, 3, \cdots \tag{1}$$

If the decision is which among M_j dischargers should be checked, then this decision should be the one that will *minimize* the error; in other words, we try to pick the major violations only, and that is why we assign A_i to be either 0 or 1, since the decision is either *yes* or *no*. Mathematically, it can be expressed as

$$MSE \triangleq E[\tilde{c}_{tj} - \sum_{i \in M_j} S_{ij}(\tilde{X}_{tij})A_i]^2 \tag{2}$$

where

$$\tilde{X}_{tij} \triangleq X_{tij} - P_{ij} \qquad (3)$$

$$\tilde{c}_{tj} \triangleq c_{tj} - \sum_{i \in M_j} S_{ij}(P_{ij}) \qquad (4)$$

Note that the subscript t is added on both X_{ij} and c_j to indicate the predicted time of violation. The goal is to find the values of those A_i's that satisfy the following equation.

$$Min \quad E[\tilde{c}_{tj} - \sum_{i \in M_j} S_{ij}(\tilde{X}_{tij})A_i]^2 \qquad (5)$$

Expand equation 2 to yield

$$MSE = E\{\tilde{c}_{tj}^2 - 2\tilde{c}_{tj}S_{j1}(\tilde{X}_{tj1})A_1 - 2\tilde{c}_{tj}S_{j2}(\tilde{X}_{tj2})A_2 - \cdots - $$
$$2\tilde{c}_{tj}S_{jm_j}(\tilde{X}_{tjm_j})A_{m_j} + $$

$$[S_{j1}(\tilde{X}_{tj1})A_1]^2 + 2S_{j1}(\tilde{X}_{tj1})A_1S_{j2}(\tilde{X}_{tj2})A_2 + $$
$$2S_{j1}(\tilde{X}_{tj1})A_1S_{j3}(\tilde{X}_{tj3})A_3 + \cdots + 2S_{j1}(\tilde{X}_{tj1})A_1S_{jm_j}(\tilde{X}_{tjm_j})A_{m_j} + $$

$$[S_{j2}(\tilde{X}_{tj2})A_2]^2 + 2S_{j2}(\tilde{X}_{tj2})A_2S_{j3}(\tilde{X}_{tj3})A_3 + $$
$$2S_{j2}(\tilde{X}_{tj2})A_2S_{j4}(\tilde{X}_{tj4})A_4 + \cdots + 2S_{j2}(\tilde{X}_{tj2})A_2S_{jm_j}(\tilde{X}_{tjm_j})A_{m_j} + $$

$$\vdots$$

$$+[S_{jm_j}(\tilde{X}_{tjm_j})A_{m_j}]^2\} \qquad (6)$$

There is no theoretical difference although there will be a little more computational efforts if we substitute the non–conservative stream function into the above equation. Therefore, the conservative pollutant case has been adopted for both further derivation and simulation.

For notational convenience, we will drop the subscripts t and j in the following derivation. For example, let $\tilde{X}_i \triangleq \tilde{X}_{tij}$.

From the stream function, substitute the s_i's which are constants, and we have

$$MSE = E\{\tilde{c}_j^2 - 2\tilde{c}_j s_1 \tilde{X}_1 A_1 - 2\tilde{c}_j s_2 \tilde{X}_2 A_2 - \cdots - $$
$$2\tilde{c}_j s_{m_j} \tilde{X}_{m_j} A_{m_j} + $$

$$(\tilde{X}_1 A_1 s_1)^2 + 2\tilde{X}_1 s_1 A_1 \tilde{X}_2 A_2 s_2 +$$
$$2\tilde{X}_1 s_1 A_1 \tilde{X}_3 s_3 A_3 + \cdots + 2\tilde{X}_1 s_1 A_1 s_{m_j} \tilde{X}_{m_j} A_{m_j} +$$

$$(\tilde{X}_2 A_2 s_2)^2 + 2\tilde{X}_2 s_2 A_2 \tilde{X}_3 A_3 s_3 +$$
$$2\tilde{X}_2 s_2 A_2 \tilde{X}_4 s_4 A_4 + \cdots + 2\tilde{X}_2 s_2 A_2 s_{m_j} \tilde{X}_{m_j} A_{m_j} +$$

$$\vdots$$

$$+ (s_{m_j} \tilde{X}_{m_j} A_{m_j})^2 \} \tag{7}$$

Since, by assumption, X_i is independent of X_j where
$i, j \in \{1, 2, \cdots, m_j\}$ and $i \neq j$, hence

$$E\{X_i X_j\} = E\{X_i\} E\{X_j\} \tag{8}$$
$$E\{X_i^2\} = Var\{X_i\} + E\{X_i\}^2 \tag{9}$$

Substitute equations 1, 3, 4, 8, and 9 into equation 7 and we obtain

$$MSE = (c_j - \sum_{i=1}^{m_j} s_i P_i)^2 - 2(c_j - \sum_{i=1}^{m_j} s_i P_i)(E(X_1) - P_1)s_1 A_1 -$$

$$2(c_j - \sum_{i=1}^{m_j} s_i P_i)(E(X_2) - P_2)s_2 A_2 - \cdots -$$

$$2(c_j - \sum_{i=1}^{m_j} s_i P_i)(E(X_{m_j}) - P_{m_j})s_{m_j} A_{m_j} +$$

$$(Var(X_1) + E(X_1)^2 - 2P_1 E(X_1) + P_1^2)s_1^2 A_1 +$$
$$2E(X_1 - P_1)E(X_2 - P_2)s_1 s_2 A_1 A_2 +$$
$$2E(X_1 - P_1)E(X_3 - P_3)s_1 s_3 A_1 A_3 + \cdots +$$
$$2E(X_1 - P_1)E(X_{m_j} - P_{m_j})s_1 s_{m_j} A_1 A_{m_j} +$$
$$(Var(X_2) + E(X_2)^2 - 2P_2 E(X_2) + P_2^2)s_2^2 A_2 +$$
$$2E(X_2 - P_2)E(X_3 - P_3)s_2 s_3 A_2 A_3 +$$
$$2E(X_2 - P_2)E(X_4 - P_4)s_2 s_4 A_2 A_4 + \cdots +$$
$$2E(X_2 - P_2)E(X_{m_j} - P_{m_j})s_2 s_{m_j} A_2 A_{m_j} +$$

$$\vdots$$

$$(Var(X_{m_j}) + E(X_{m_j})^2 - 2P_{m_j} E(X_{m_j}) + P_{m_j}^2)s_{m_j}^2 A_{m_j} \tag{10}$$

Substitute the sample mean and sample variance into equation 10 to yield

$$
\begin{aligned}
MSE \;=\; & (c_j - \sum_{i=1}^{m_j} s_i P_i)^2 - 2(c_j - \sum_{i=1}^{m_j} s_i P_i)(\overline{X}_1 - P_1)s_1 A_1 - \\
& 2(c_j - \sum_{i=1}^{m_j} s_i P_i)(\overline{X}_2 - P_2)s_2 A_2 - \cdots - \\
& 2(c_j - \sum_{i=1}^{m_j} s_i P_i)(\overline{X}_{m_j} - P_{m_j})s_{m_j} A_{m_j} + \\
& (\hat{\sigma}_{X_1}^2 + \overline{X}_1^2 - 2P_1\overline{X}_1 + P_1^2)s_1^2 A_1 + \\
& 2(\overline{X}_1 - P_1)(\overline{X}_2 - P_2)s_1 s_2 A_1 A_2 + \\
& 2(\overline{X}_1 - P_1)(\overline{X}_3 - P_3)s_1 s_3 A_1 A_3 + \cdots + \\
& 2(\overline{X}_1 - P_1)(\overline{X}_{m_j} - P_{m_j})s_1 s_{m_j} A_1 A_{m_j} + \\
& (\hat{\sigma}_{X_2}^2 + \overline{X}_2^2 - 2P_2\overline{X}_2 + P_2^2)s_2^2 A_2 + \\
& 2(\overline{X}_2 - P_2)(\overline{X}_3 - P_3)s_2 s_3 A_2 A_3 + \\
& 2(\overline{X}_2 - P_2)(\overline{X}_4 - P_4)s_2 s_4 A_2 A_4 + \cdots + \\
& 2(\overline{X}_2 - P_2)(\overline{X}_{m_j} - P_{m_j})s_2 s_{m_j} A_2 A_{m_j} + \\
& \quad\vdots \\
& (\hat{\sigma}_{X_{m_j}}^2 + \overline{X}_{m_j}^2 - 2P_{m_j}\overline{X}_{m_j} + P_{m_j}^2)s_{m_j}^2 A_{m_j}
\end{aligned}
\tag{11}
$$

Equation 11 is a function of the A_i's. There are two methods to find its minimum solution. The first is zero-one implicit enumeration. The other method is complete enumeration. If the number of dischargers is small, then the quickest and the easiest way is to calculate all the possible combinations for A_{M_j}, i. e., 0 or 1, in equation 11 and pick the minimum value. The number of calculations needed is 2^{m_j}.

Let the solution of the integer program be the vector **A**, and is defined as

$$
\mathbf{A} \triangleq \begin{pmatrix} A_1 \\ A_2 \\ \vdots \\ A_{m_j} \end{pmatrix}
$$

The sum of A_is, $\sum_{i \in M_j} A_i$, gives a fixed number of suspected dischargers that minimize equation 1! For example, the solution may look like this,

$$A = \begin{pmatrix} A_1 \\ A_2 \\ A_3 \\ A_4 \\ A_5 \end{pmatrix} \begin{pmatrix} 0 \\ 1 \\ 0 \\ 0 \\ 1 \end{pmatrix}$$

in which case 2 dischargers are to be checked.

3 Procedure for model justification

Two methods are designed to serve as bases for comparison to the MSE method. They are named the completely random sampling method and the conditional random sampling method. In each case, the number of samples collected, i. e., dischargers checked, will be the same as called for by the MSE method. The difference is in the timing: in the completely random method, the samples will be collected randomly over the entire time scale; in the conditional method, they will be collected randomly only when a stream violation has been predicted.

The method needs complete and detailed sets of data to justify it. However no actual data exist. Therefore we generated all sets of time series data by computer program. The data generated were realistic. This was done by choosing carefully the parameters of the equations that generated the time series data. Other necessary data, such as flow, dilution, and degradation constants were also chosen in response to realistic situations.

We generated n data points for each discharge time series and let all the n point time series be in time interval T. Then we transformed all the time series of the dischargers into the time series for the receiving water body. Assume the time interval T includes past, present, and future. That means, having all the data generated in T, we assumed only the portion of past and present, say $\frac{T}{4}$, data set in the receiving water body is available. Then we applied the proposed method to the time interval $(\frac{T}{4}, T)$. In the end, we compared the results from the proposed method and the results from the random sampling methods.

3.1 The simulation

In our simulation, the time series in the receiving water body are stationary, because the raw data (the dischargers' time series) are generated from the assumed independent stationary models. We used **Fortran** as the simulation language, and **IMSL** [4] as the main library to assist computation. Since there is only a difference in computing effort but no theoretical differences between the number of dischargers and pollutants that are selected for simulation, we programmed at most 10 dischargers that contribute to the receiving water body, and only one conservative pollutant is considered.

The simulation procedure was divided into three steps. The first step was to generate the necessary data. The second step was to apply the method to find the illegal dischargers. The third step was to justify the proposed method by comparing the result with the random sampling methods.

Due to the capacity limitation of the computer used, we did not simulate the performance of the method when the number of time points for which data are generated and the number of dischargers are more than approximately 10000 and 5,respectively.

4 Discussion and Conclusions

This research is focussed on the problem of finding suspected violators in the future so that enforcement of the standard is possible. Since the goal is directed to the future events, we find that analytical techniques are not suitable in this particular problem due to the complexity of the required models. Thus statistical model is preferred in the sense of simplicity. We generate the dischargers' raw data from the assumed autoregressive models; then transform these data into the time series in the receiving water body through the use of stream functions. Based on this synthesized data, we predict the future concentrations by the Yule-Walker equation which is proper to predict the autoregressive processes.

Once the future event shows a possible violation, the second step of the methodology is triggered. The method we used is based on minimizing the mean square error between the surpluses of predicted concentration and discharger's concentration.

The parameter updating procedures are different for approaches 1 and 2. In approach 1, parameters are updated only when it is comfirmed that a violation has actually happened, as predicted. In other words, no updating is necessary when no violation in the receiving water body. However, in the second approach the available data are always taken into consideration regardless whether there is a violation or not.

Since the two approaches give different solutions in the MSE equation, the final simulation statistics are different. For example, in a typical simulation, approach 1 would have 100 successful checkings and 30 failures; whereas, approach 2 would have 200 successes and 100 failures. The question then arises as to which method is better. The decision maker can evaluate and put these successes, failures and associated environmental damages onto the same scale of measure. For the specific weights that selected in the simulation, the second approach is superior.

In order to justify our methodology, we have to prove that it is better than the random sampling procedure. Two methods for comparison are proposed, one is the completely random sampling method, the other is the conditional random sampling method. The former assumes the number of checkings is known and the sampling time and dischargers are chosen randomly. The latter is more like a semi-MSE method, because we assume the predicted time of violation is known and also the number of samples, from the output of the MSE solution, is available. Hence this method is more competitive, since it takes the strategy of prediction and then only checks dischargers randomly. The results of the simulation show that the proposed methodology is better than either of these two methods, and that the conditional random sampling method is better than the completely random sampling method.

References

[1] M.B. Priestley. *Spectral Analysis and Time Series*. Academic Press, 1982.

[2] George E. P. Box, Gwilym M. Jenkins. *Time Series Analysis: forecasting and control*. Holden-Day, 1976.

[3] Bovas Abraham, and Johannes Ledolter. *Statistical Methods for Forecasting*. John Wiley & Sons, 1983.

[4] User's Manual. *IMSL Problem-Solve Software Systems*. Fortran Subroutines for Statistical Analysis, Version 1.0, April 1987.

[5] Peter J. Brockwell and Richard A. Davis. *Time Series: Theory and Methods*. Springer-Verlag, 1987.

[6] Pao–Hsing Chang. *A Statistical Method to Determine Pollutant Sources*. Ph. D. Dissertation. Department of Systems, University of Pennsylvania, Philadelphia, PA, 1990.

CHESS – Chernobyl Simulation System

A.A. Morozov, N.D. Chepurnoy, N.N. Buka, V.S. Chabanjuk,
J.A. Chernaja, V.A. Dutchak, A.I. Grinenko, S.L. Kivva,
V.L. Kosolapov, N.I. Linnik, G.B. Lyashenko, S.V. Pashko,
I.A. Popiv, P.V. Shevelo, Yu.A. Beletsky
V. Glushkov Institute of Cybernetics, Academy of Science, Kiev, USSR

Descriptor: Risk Analysis, Decision Making, Simulation, Dispersion of Radionuclides

Development of technology in the second half of the 20th century that is primarily directed to the improvement of the welfare of a man as a biological species has utterly undesirable aspect. The effective economical development results in concentration of population on the small territories that are closely related to the intensive production processes and therefore very vulnerable in case of technogenic accidents. Such way of development substantially changes the paradigm of the biological safety both for a man as an individual and society as a whole. In such a world it is not sufficient to protect a man against diseases, caprices of the nature and direct risk during his work. A new source of risk appears that is technogenic by its origin, global by the scale and depth of its consequences, unpredictable and, unfortunately, possible.

Thus the question arises as to the danger of the accidents at the installations of energetics, chemical enterprises, storehouses with toxic substances and so on. It is difficult to present the complete list of the catastrophes but even those that have already got in the focus of the world public opinion, such as the methyl–hydrargyrum throw–off into the Bay of Minamata (Japan, 1956), the accident at the second block of the nuclear power station on Three–Mile Island (USA, 1979), the explosion at the storehouse in San–Juan Iksuatepeck (Mexico, 1984), the leakage of methyliso-cyonate at the chemical enterprise in Bhopal (India, 1984), the explosion of the 4th Reactor's active zone in Chernobyl (USSR, 1986), force to put the questions. Are such events inevitable? And do their frequences and scales increase? Our conclusion is as follows. The development will be in the way of intensification and the mankind will not be able to create completely safe technology in the near decades. Hence, new technogenic accidents and catastrophes will be possible.

This conclusion compels to analyze the following problems. What strategy should the modern world meet and what adequate means of man protection should be available. The danger of the technogenic catastrophes requires actions for the following two aspects:

    (a) reducing the risk arising and

    (b) minimizing the consequences.

The first aspect is the raising of safety of potentially dangerous objects, the optimal (as to risk criterion) locating of technological and social structure, including optimal placing of new objects in the existing infrastructure, and creation of reserves (technological, transport, resource, etc.) in case of the accident. The second one supposes the creation of organization structure for solution realizations in extreme situations, sufficient information basis (providing operative control and data gathering) and system for working out the effective solutions.

One should underline that it is a new risk. Raising of safety in traditional aspects, protection against biological factors (medicine, sanitation) and unfavourable conditions of life (improvement of nourishment and communal environment) and labour protection do not solve the risk problems arising from the technogenic accidents.

Therefore, new paradigm of man safety must take into account the technological risk and mini-mize the consequences of the unfavourable events. Naturally, the solutions of these problems are not the subject of a single professional sphere. We discuss only the system-information aspect of the problems that is given below.

The solutions of such problems in informatics entail the design of decision support systems (DSS). The concepts of these systems for ecology, economical planning and control and solutions of more particular problems are under discussion in literature for a long time [1-6, 9]. In the context of the technogenic accident problems it is more correct to name them Risk Analysis & Decision Making Information Support Systems (RADMIS-Systems).

According to the approach in [9], the RADMIS-Systems are hybrid ones where the elements of artificial intelligence are coupled with more usual techniques of information processing and methods of operation research and applied systems analysis. In such case the computer system is not only a vehicle for analysis and data processing; more important is the fact that it is a tool for learning, experimentation and communication.

The objective features of the RADMIS-Systems allow a decision-making person: (a) to have variety of solutions, (b) to estimate and compare them, (c) to forecast the consequences, (d) and to use the knowledge of experts both separately and as "self-coupled" team.

The paper presents the four-years results of the design and development of the special RADMIS-type system – we have named it CHESS (CHErnobyl Simulation System) – being integrated set of software tools based on information data management and situation models support. For more detail description of some subsystems see [10].

The accident at the Chernobyl Nuclear Power Station caused a great deal of problems concern-ing the analysis of risk and decisions making in a short period of time. The unique nature and scale of the catastrophe caused the urgent changes in technology of information background. It should be recalled that very soon after the accident (July-August 1986), when the earliest predic-tions on radionuclides contamination had been made, it was realised the necessity of special tools which allow to the following three main problems to be decided simultaneously:

   a) mathematical models verification and development;

   b) contamination data comparision and verification;

   c) decision design and estimation.

Obviously, the arised problems have their own users: applied mathematicians, non-technical scientists and decision-making persons. It was the very beggining of the CHESS design and fur-hter development of the system based on the concept of a team of experts, coordinated by a system analyst.

Although the history of the CHESS design and development is instructive in many aspects, we de-scribe the state of the system's framework and functional structure for 1990, realizing that only first steps have been made in the way to practical implementation of the whole design of RAD-MIS-type system.

The information core of the system is an integrated data bank (IDB) that stores and system-atizes information about radioecological situation in all controllable environments within 60-km zone around the Chernobyl nuclear power station from the first days after the accident, information about ecological situation and food-stuff contamination in the Ukraine and in a number of regions around it, information about population density, and so on.

The block of the simulation models (SM) of CHESS includes models describing the main physical and chemical processes of radionuclide migrations in soil and water. In particular, the model of vertical radionuclide and heavy metal migration in soil of zone of aeration (TRANSION) and the model of radionuclide runnings off the soil surface (RUNOFF). Besides, the block includes models describing processes of filtrations through dams and dikes, setting of chemical equilibriums in solutions, doze characteristics of radionuclide mixtures, etc.

The next key component of CHESS is a block of expert subsystems (ES) and corresponding knowledge bases. The block includes expert subsystems for estimations of risk both in social infrastructure (RISK-S) and technical one (RISK-T, RISK-E) and bio- and ecosystem stabilities (BIOSTAB, ECOSTAB). The expert estimates are processed by means of the special hypotheses generation system (VIBOR) based on the GUHA methodology [11]. These are used in a decision support block together with the simulation models and optimization techniques.

The decision making support (DMS) block connects all above-mentioned blocks and is controlled by the graphic intelligent interface. The block allows system analysis of a problem, scenario synthesis of the problem solution and its economical and medical-social estimation, comparison of variants of problem solution and optimization of parameter varieties to be carried out.

All the components of CHESS are imbedded into special tools medium (STM) that contains software libraries of scientific analysis, some application subsystems where the methods of operations and statistical analyses, stochastic optimization methods and the theory of differential games are used. Fig. 1 shows the functional structure of CHESS.,

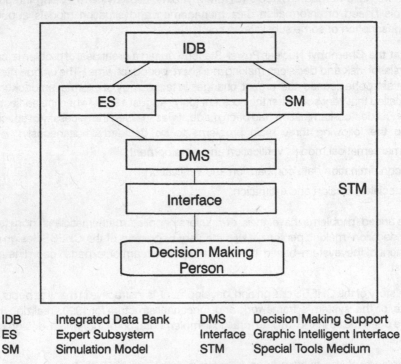

IDB	Integrated Data Bank	DMS	Decision Making Support
ES	Expert Subsystem	Interface	Graphic Intelligent Interface
SM	Simulation Model	STM	Special Tools Medium

Figure 1: Functional Structure of CHESS

Moreover graphical applied system (NGAS) and report generators (DOK, COMAP) are imbedded into STM.

Now let's consider some components of the CHESS subsystems.

Integrated Data Bank

The frame of IDB is a database called 'classifier' that contains all codes for the fields of the bank, allows the process of data gathering and analysis to be unified as well as increases the processing speed and the error immunity. Fig. 2 shows the structure of IDB.

It is worth underlining that database of cartographic information is the most significant one. It contains a complete description of geographical and geological situations in a zone of an accident, information about landscapes, inland reservoirs, etc. This all information provides the perfect factographic support and verification for the block of simulation models.

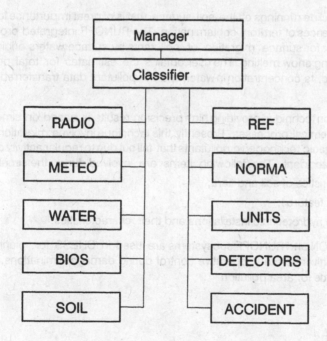

Figure 2:
The Structure of the Integrated Data Bank

Besides the above mentioned data, IDB includes the extensive reference information and a block of situational decisions that contains information about experts' and designers' propositions concerning a number of projects, information about experience in organization and control of liquidation of the accident consequences and so on.

Simulation Models

The specific feature of all main simulation models is a cartographic presentation of input and output data that reflects our approach to the problem. We dwell on two of them.

Vertical migration of radionuclides, heavy metals and other ion substances in soil of aeration zone are described by the TRANSION subsystem.

The TRANSION integrated program subsystem is designed to forecast ions transmission in aeration zone of soils, including the various pollutants (radionuclides, heavy metals, nitrates, phosphates and so on). The unique character of the mathematical model lies in unification of the equations of equilibrium thermodynamics for ion complexes and hydrodyna- mics, that makes it suitable for different types of soils and farming systems. TRANSION affords an opportunity to take into account specific characters of soils as much as possible.

The model of radionuclide runnings off the soil surface that is of great importance for correct estimation of conse- quences of territory contamination. The RUNOFF integrated program subsystem provides forecast for surface migration of pollutants by surface waters originating due to heavy rains and spring snow melting. The user obtains the estimates for total pollutant runoff from the area analyzed, its concentration in water, and the pollutant data transferred from the specified surfaces.

The numeric estimation technique providing high precision results is based on simulation of surface physical and chemical processes. Presently, this technique involves migration processes of wide range of nonorganic technogenic pollutants that fall out due to regular activity of industial enterprises or after an accident. The following items are involved during the simulation:

- characteristics of soil and flora;
- pollutant features;
- available hydrotechnic installations and their characteristics.

Besides, the TRANSION and RUNOFF subsystems are used in CHESS for: planning industrial development on the given territory, operative control during damage eliminations, definition and forecast of critical value for area pollution.

Expert Subsystems

There are some expert subsystems which allow the knowledge of team of scientists, politicians, experts and managers to be used to estimate the negative ecological, medical, economical, technical and social consequences, including political risk, for decision making.

The RISK–S subsystem allows the successive registration of nonformalized features of social consciousness and behaviour of separate groups of population in extreme situations to be performed. It has the social–political situation operative analysis feature (implementing the "eight wheels" society model) which operates for the whole event participants hierarchy (professional, social, economic, political groups, etc.) and their power relations. RISK–S is implemented as a separate subsystem. Its user obtains modern informational technique compatible with any expert system for social and political analysis.

The results of expert estimation are used by the VIBOR hypotheses generation system to form (in interactive mode) the variants of solutions for the problems that do not have (or do not admit) the simple formal descriptions.

The VIBOR software system for mathematical analysis of empirical and expert data allows the analysis process of object set features to be automatized. Scaling, prediction and expert analysis of generated hypotheses are performed with the account of an application domain.

The VIBOR system provides a choice of statistically significant features that depend on the objectives defined by a researcher, construction causally–consequent models of empirically analysed problem, getting combinations of signs being significant characteristics for a given object class, solution of a prediction problem on the basis of detected causally–consequent relationships, classification on the basis of the generated sets of hypotheses, processing the objects with incomplete descriptions

The VIBOR is used in CHESS for variety of purposes: extracting risk–factors associated with any kind of activity and predicting the effect of "treatment methods", extracting indicators from empiric data that appreciably influence on ecological balance, forecasting negative consequences on the basis of the indicated relations, logical–statistical approach to the structure of the causally–consequent models predicting and interpolating qualitative features.

Decision Making Support

The results of simulations and expert estimates are used in special software tool for system analysis of a box–type – problems PSAI and above mentioned VIBOR. The modified version of VIBOR is used for scenario synthesis of the problem in question and its ecological, technical, economical and social estimation. The comparison of variants of problem solution and optimization of parameter varieties is carried out by the APOOS subsystem.

Special Tools Media

STM contains variety of software libraries and some applied subsystems where the methods of operations analysis, stochastic optimization methods and the theory of differential games are used.

The important feature of CHESS is the graphical output of information. The graphical techniques of communication make it easy for users to incorporate the uncertainty in initial data, results of simulations and their interpretations. One of the special tool is NGAS – graphical applied system that provides simulation models with internal exchange and any user with information media according to his personality.

CHESS is IBM PC/AT, AT/386 and PS/2 based system. It provides useful and convenient background for users all the way through (initial data input – simulation – expert estima– tion – decision making – graphical output).

The last version of CHESS has been designed on the base of transputer technology. The IMPULS 2400 system is used as the main processor. It allows the speed of interpolation program running and graphical output for some simulation problems to be increased by two orders.

CHESS has been verified for radionuclides forecast at the Chernobyl nuclear station and widely accepted by the users. Its forecast methodology has been estimated to be rather universal. Using the system flexibility and initial data input technology, a user can easily install the system for specified problems, pollutants and areas.

Bibliography

1. Simon H.A., Newell A.
   Heuristic problem solving: The next advance in operations research
   Operat. Res. 1958. N 6.

2. Radford K.J.
   Information systems for strategic decisions
   Reston, 1978.

3. Zadeh L.A.
   Outline of a new approach to the analysis of complex systems and decision processes
   IEEE Trans. Syst., Man and Cybern. 1973. Vol. SMC-3. P. 28–44.

4. Vlek C., Stallen P.
   Rational and personal aspects of risk
   Proc. VII res. conf. on subjective probability, utility and decision making. Geteborg, 1979.

5. Mechitov A.I.
   Problemy opredelenia dopustimogo urovnia riska
   Problemy i procedury priniatia rescheniy pri, mnogih kriteriyah.
   M.: 1982. P 42–51 (in Russian)

6. Legasov V.
   Problemy bezopasnogo razvitia technosfery
   Kommunist 1987, N 8, P. 92–101 (in Russian)

7. Sol H.G.
   Processes and tools for decision support.
   Amsterdam: North Holland, 1983.

8. Risk analysis and decision processes
   Ed. H. Kunreuther, J. Linnerouth. Springer, 1983.

9. Fedra K.
   Advanced Decision–oriented Software for Management of Hazardous Substances.
   Parts I & II. International Institute for Applied Systems Analysis, 1985.

10. Sistemniy analiz i metody matematicheskogo modelirovania v ekologii
    Ed. A.A.Morozov. V. Glushkov Institute of Cybernetics. Kiev, 1990. (in Russian)

11. Hajek P., Havranek T.
    Mechanizing hypothesis formation – Mathematical Foundations for a Great Theory.
    Berlin: Springer–Verlag, 1978.

OECOSYS – ein Computersimulationsmodell zur Prognose der Bevölkerungsdosis im Falle einer großräumigen radioaktiven Verstrahlung

Martin Suda, Martin Gerzabek, Heinrich Humer,
Barnabas Kunsch, Wolfgang Loibl, Konrad Mück, Rudolf Orthofer
Österreichisches Forschungszentrum Seibersdorf Ges.m.b.H., A-2444 Seibersdorf

Deskriptoren: Simulation, Radioaktivität, Deposition, Bevölkerungsdosis, GIS

Zusammenfassung

Im Falle einer großräumigen Verstrahlung nach der Freisetzung von Radionukliden, z.B. nach einem Unfall in einem Kernkraftwerk, läßt sich mit Hilfe von OECOSYS rasch eine Prognose für die Beiträge der drei Expositionspfade Inhalation, Ingestion und externe Bestrahlung zur Bevölkerungsdosis erstellen. Gezielte Maßnahmen zur Dosisreduktion werden daher möglich. OECOSYS basiert auf dem radioökologischen Modell ECOSYS-87 der GSF München, das für österreichische Verhältnisse adaptiert wurde, wobei eine Differenzierung bis auf Bezirksebene vorgenommen wurde. Mit einer retrospektiven Validierung anhand der Meßdaten nach dem Tschernobyl-Fallout wurde die Praktikabilität des Modells getestet. OECOSYS ist seit 1989 im ÖFZS einsatzfähig.

1. Einleitung

Die bei großen kerntechnischen Unfällen – wie dies der Reaktorunfall in Tschernobyl 1986 war – großräumig freigesetzten Radionuklide können zu einer Belastung des Menschen und damit zu einer Gesundheitsgefährdung durch Strahlung von außen (Wolke und Boden), durch Inhalation und durch Aufnahme über kontaminierte Lebensmittel in den Körper führen. Während die Dosis durch externe Strahlung und Inhalation mit geeigneten Meßmethoden gut erfaßt werden kann, ist eine Abschätzung und eine Steuerung der anfänglich in der Regel viel höheren Ingestionsdosis durch kontaminierte Nahrungsmittel wesentlich schwieriger. Dies resultiert vor allem aus dem komplexen Kontaminations- und Transferverhalten der Radionuklide in der Kette Boden-Pflanze-Tier-Mensch.

Die Berechnung der Ingestionsdosis ist ohne Computerunterstützung wegen der Länge mancher Nahrungsmittelketten, aber vor allem wegen deren Interdependenzen, nicht praktikabel, insbesondere dann, wenn die Auswirkungen bestimmter Maßnahmen oder Maßnahmenpakete zur Dosisreduktion geprüft werden sollen.

Erschwerend kommt hinzu, daß alle Maßnahmen auf die jeweilige regionale Situation Rücksicht nehmen und entsprechend aufeinander abgestimmt und optimiert werden müssen. Dies nicht nur wegen der von Ort zu Ort verschieden großen Depositionen, sondern vor allem wegen der für Österreich typischen regional unterschiedlichen Vegetationszeiten und landwirtschaftlichen Produktionsstrukturen bzw. Fütterungsgewohnheiten.

In den letzten Jahren wurden spezielle Computersimulationsprogramme entwickelt, mit denen Prognosen über Auswirkungen großräumiger Radionukliddepositionen in vergleichsweise kurzer Zeit gemacht werden können. Die Chancen, die eine Computer-Simulation des Transfers der Nuklid-ablagerungen in Futter- und Nahrungsmittel sowie der zu erwartenden Dosisbelastung der Bevölke-rung bietet, hat die Gesellschaft für Strahlen- und Umweltforschung (GSF, Neuherberg/München) mit dem Programm ECOSYS demonstriert. Aufbauend auf den Erfahrungen nach Tschernobyl wur-de ECOSYS in den letzten Jahren weiterentwickelt und wird als ECOSYS-87 in der BRD und und der Schweiz für die Maßnahmenplanung bei Verstrahlungsfällen eingesetzt (Müller et al 1989, Pröhl i.V.).

Ende 1987 wurde das Österreichische Forschungszentrum Seibersdorf vom Bundeskanzleramt, Sektion VII/7 beauftragt, auf Basis der Vorarbeiten in der BRD (ECOSYS/GSF) ein praktikables Prog-nosesystem für die Auswirkungen großräumiger Radionukliddepositionen zu erstellen, das auf re-gionale Besonderheiten Österreichs Rücksicht nimmt. Es sollte dadurch die Möglichkeit geschaffen werden, die durch eventuelle großräumige Verstrahlungen zu erwartende regionale mittlere Gesamt-belastung der Bevölkerung frühzeitig abschätzen und damit rechtzeitig erkennen zu können, wieweit Gegenmaßnahmen zur Dosiseinsparung notwendig sind bzw. wieweit diese optimiert werden kön-nen. Diese für Österreich spezifische und erweiterte Programmversion wurde zur Abgrenzung OECOSYS genannt (Gerzabek et al 1989).

2. Das Prognosemodell OECOSYS

2.1 Ereignisunabhängige Parameter

In die Modellierung des Transfers der Radionuklide in den Nahrungsketten bis hin zum Menschen sowie in die Dosisberechnung geht eine Reihe von Parametern ein. Die wichtigsten dieser Parameter sind:

o   Wachstums- und Erntezeiten der verschiedenen Pflanzen
o   Transferfaktoren Boden - Pflanze
o   Transferfaktoren Futter - Tierprodukte
o   Futterzusammensetzung und -menge für die einzelnen Tierarten
o   Verzehrsmengen und Inhalationsraten des Menschen
o   Aufenthaltsgewohnheiten des Menschen
o   Dosisfaktoren

Für die einzelnen Tierprodukte können gleichzeitig verschiedene Fütterungsarten berücksichtigt werden, was das Erkennen eventueller kritischer Expositionspfade erleichtert.

Es ist praktisch unmöglich, alle Nahrungsmittel in ihrer Vielfalt gesondert zu behandeln. Daher wer-den Nahrungsmittel, die ein ähnliches Kontaminationsverhalten zeigen, in Gruppen zusammenge-faßt und als ein Nahrungsmittel behandelt (z.B. Blattgemüse statt Salat, Spinat, Kraut, etc.). Das für solche Nahrungsmittelgruppen mitunter gegebene unterschiedliche Interzeptionsverhalten wird durch geeignete Mittelung oder bei den Verzehrsraten berücksichtigt.

Nahrungsmittel mit geringen Verzehrsraten, deren Beitrag zur Ingestionsdosis unbedeutend ist, wer-den im Prognosemodell nicht berücksichtigt.

OECOSYS ist für den Anwender sehr flexibel. Die Modellparameter für verschiedene Regionen kön-nen leicht geändert werden, sodaß das Rechenmodell an die jeweiligen Bedingungen angepaßt werden kann. Deshalb werden alle in das Modell eingehenden Parameter in veränderbaren Dateien vorgegeben. Weiters ist das Programmsystem modular aus verschiedenen Einzelprogrammen aufge-baut. Die Zwischenergebnisse werden in Dateien abgelegt, von wo sie vom folgenden Programmodul aus weiterverarbeitet werden. Dies hat für den Anwender den Vorteil, daß er das Programmsystem für seine Fragestellungen durch eigene Programme erweitern kann, die auf die zwischengespeicherten Dateien zugreifen bzw. solche Zwischen–Dateien erzeugen.

2.2 Ereignisabhängige Eingabegrößen

Ausgangspunkt für die Rechnungen sind diejenigen Daten, die eine bestimmte Depositionssituation beschreiben:

o   Nuklide: Es können in einem Rechengang bis zu 5 Nuklide berücksichtigt werden; zur Auswahl stehen ^{129}J, ^{131}J, ^{134}Cs, ^{137}Cs, ^{103}Ru, ^{106}Ru, ^{90}Sr und ^{239}Pu.
o   Für jedes Nuklid das Zeitintegral über die Aktviitätskonzentration in der bodennahen Luft [Bq.h/m^3].
o   Für jedes Nuklid die mit dem Niederschlag deponierte Aktivität [Bq/m^2].
o   Die Niederschlagsmenge [mm] oder [l/m^2] falls nasse Deposition stattgefunden hat.
o   Der Zeitpunkt der Deposition (Datum).

Für die rasche Erstellung von Erst–Inputdaten für die Deposition von Radionukliden wurde unter Verwendung von Tschernobyl–Daten ein Modell entwickelt, das solche Depositionswerte aus den Anzeigen des österreichischen Strahlenfrühwarnsystems näherungsweise berechnet (Bundeskanzleramt 1988).

Aus den Depositionsdaten werden die Zeitverläufe der Aktivität in den Futter– und Nahrungsmitteln sowie die resultierenden Strahlenexpositionen berechnet.

2.3 Deposition und Interzeption

Die Kontamination des Bodens ist die Summe aus der gesamten (trocken und naß) deponierten Aktivität.

Eingangsgrößen für die Berechnung der trockenen Deposition sind die nuklidspezifischen, integralen Aktivitätskonzentrationen in der bodennahen Luft sowie die chemisch–physikalische Form der Radionuklide (aerosolgebundene Radionuklide, elementares Jod, organisch gebundenes Jod).

Die Abschätzung der trockenen Deposition erfolgt aus der integralen Aktvitätskonzentration der bodennahen Luft unter Berücksichtigung der Grenzfläche, wobei zwischen Boden, Gras, Bäumen und sonstigen Pflanzen unterschieden wird. Die Pflanzenentwicklung wird durch den Blattflächenindex charakterisiert.

Die Anfangskontamination der Pflanzen ergibt sich als Summe der auf dem Pflanzenbestand trocken deponierten Aktivität und desjenigen Teiles der naß deponierten Aktivität, der am Pflanzenbestand zurückgehalten wird, ohne abgewaschen zu werden (Interzeption). Die Interzeption von Radionukliden, die mit Niederschlägen deponiert werden, ergibt sich aus dem Blattflächenindex, der Wasserspeicherkapazität von Pflanzen und der Regenmenge des Niederschlagsereignisses. Für die Wasserspeicherkapazität der Pflanzen wird zwischen Gräsern (Getreide, Gras, Mais) und allen sonstigen Pflanzen differenziert. Bestimmungsgrößen für die Interzeption sind die Rauhigkeit der Blattoberfläche, die Kutikula als Kationenaustauscher und die Wertigkeit und Ladung des Radionuklids.

In der weiteren Folge kommt zur Kontamination der Pflanzen durch Aufnahme von Radionukliden über die Blätter jene über die Wurzeln aus dem Boden hinzu.

2.4 Kontamination von Nahrungsmitteln

Für die Abschätzung der Aktivität in geernteten Produkten nach einer Deposition von Radionukliden auf den Blättern ist zwischen Pflanzen zu unterscheiden, die vollständig (Blattgemüse, Silomais, Gras usw.) bzw. von denen nur Teile als Futter- oder Nahrungsmittel verwertet werden (Getreide, Kartoffel usw.)

Im ersten Fall ergibt sich die Aktivitätskonzentration aus der Anfangsaktivität der Pflanzen, den Aktivitätsverlusten durch Abwitterung (Ab- bzw. Auswaschen von Radionukliden von bzw. aus Blättern, Aktivitätsverluste durch Translokation in nicht verwertete Pflanzenteile) sowie dem Massenzuwachs der Pflanzen zwischen Radionuklidablagerung und Ernte. Für Blattgemüse, Silomais und Rübenblatt wird der Zuwachs implizit dadurch berücksichtigt, daß die Deposition auf den Blättern dem Ertrag zur Ernte zugeordnet wird. Aufgrund der kontinuierlichen Nutzung von Grünland wird für Gras der Ertrag zum Zeitpunkt der Deposition eingesetzt. Der Zuwachs wird dann durch eine Abnahmekonstante berücksichtigt. Ferner wird für Gras berücksichtigt, daß phloemmobile Elemente in den Wurzelbereich verlagert werden und bei späteren Aufwüchsen remobilisiert werden.

Im zweiten Fall, also für Pflanzen, die nur zum Teil geerntet werden, muß die unterschiedliche Phloemmobilität der Elemente berücksichtigt werden. Mobile Elemente wie Cäsium oder Jod werden nach Kontamination des Blattwerks u.a. in die ernährungsrelevanten Pflanzenteile transloziert. Das Ausmaß der Translokation ist abhängig vom Entwicklungszustand der Pflanze; dieser Prozeß wird mit Hilfe der Translokationsrate beschrieben, die in Abhängigkeit von der Zeitspanne zwischen Deposition und Ernte angibt, welcher Anteil der auf den Blättern deponierten Aktivität in den verwertbaren Pflanzenteil transloziert wird. Bei phloemimmobilen Elementen findet diese Verlagerung nicht statt. In diesem Fall ist nur die direkte Ablagerung der Radionuklide auf den verwertbaren Teilen der Pflanze von Bedeutung.

Die Aufnahme von Radionukliden aus dem Boden ergibt sich aus der Aktivitätskonzentration des Bodens und experimentell bestimmten Transferfaktoren, die als Konzentrationsverhältnis Pflanze/Boden definiert sind. Die Aktivitätskonzentration des Bodens wird aus der gesamten, also trocken und naß deponierten Aktivität, der Mächtigkeit der Wurzelzone, der Dichte des Bodens sowie der Abnahme der Bodenaktivität durch Auswaschung und radioaktiven Zerfall berechnet.

Die Aktivität in tierischen Produkten resultiert aus der täglich mit dem Futter aufgenommenen Aktivität und der Kinetik der betreffenden Radionuklide im Tierkörper. Die tägliche Aktivitätsaufnahme der Tiere wird aus den Aktivitätskonzentrationen der Futtermittel und den jeweiligen Futtermengen berechnet. Transferfaktoren geben das Verhältnis der Radionuklidkonzentration im betreffenden Produkt und der täglich dem Tier zugeführten Aktivität im Gleichgewicht wieder.

Veränderungen der Aktivitätskonzentration durch Lagerung und Verarbeitung werden in OECOSYS berücksichtigt. Die Aktivitätskonzentrationen in Nahrungs- und Futtermitteln nehmen während der Lagerung entsprechend dem radioaktiven Zerfall ab. Während der Verarbeitung von Nahrungs- und Futtermitteln kann die Aktivität im Endprodukt gegenüber dem Ausgangsprodukt an- oder abgereichert werden. Die Veränderung der Aktivitätskonzentration wird durch den Verarbeitungsfaktor beschrieben, der sich aus dem Verhältnis der Aktivitätskonzentrationen im Endprodukt und im Ausgangsprodukt ergibt.

Der für die Berechnung der Ingestionsdosis wichtige Güteraustausch zwischen den einzelnen Bezirken wurde unter der Annahme modelliert, daß die Bevölkerung primär lokal produzierte Lebensmittel konsumiert, die nur bei Unterversorgung mit bezirksfremden Produkten mit Aktivitätskonzentrationen entsprechend dem Landes- bzw. Bundesdurchschnitt ergänzt werden.

2.5 Ingestionsdosis

Die Verzehrsraten werden altersabhängig vorgegeben – und zwar für die Lebensalter 0 Jahre (Neugeborene), 1, 5, 10, 15 und 20 Jahre. Zwischen diesen Werten wird linear interpoliert; für ein Lebensalter größer als 20 Jahre wird mit den Werten für 20–Jährige gerechnet. Eine weitere Variabilität in den Verzehrsraten resultiert daraus, daß für einzelne Nahrungsmittel und bestimmte Zeitintervalle Reduktionsfaktoren angegeben werden können, mit denen sich zeitlich befristete Abweichungen vom regulären Konsumverhalten (z.B. befristete Nahrungsmittelverbote oder Ersatz bestimmter Lebensmittel durch andere) berücksichtigen lassen.

Die im Modell verwendeten altersabhängigen Dosisfaktoren geben die 50–Jahre–Folgedosis an, d.h. jeder Aktivitätsaufnahme wird diejenige Dosis zugeordnet, die durch die Aufnahme im Verlauf der folgenden 50 Jahre entsteht. Die Dosisfaktoren werden ebenso wie die Verzehrsraten für die Lebensalter 0, 1, 5, 10, 15 und 20 Jahre vorgegeben; für zwischenliegende Lebensalter wird interpoliert. Ab dem 20. Lebensjahr wird konstant mit diesem Wert gerechnet.

2.6 Inhalation und externe Exposition

Die Inhalationsdosis wird aus dem Zeitintegral der Aktivitätskonzentration in der Luft, den altersabhängigen Werten von Inhalationsrate und Inhalationsdosisfaktor sowie einem Reduktionsfaktor, der die verminderte Aktivitätskonzentration der Luft in Häusern berücksichtigt, berechnet. Den Rechnungen wird der Anteil der Zeit zugrundegelegt, während dem man sich beim Durchzug der radioaktiven Wolke in verschiedenen Umgebungen aufhält. Erstreckt sich die Dauer der Wolkenpassage über mehrere Tage, so wird für jeden Tag die kumulierte, d.h. seit dem 1. Tag insgesamt erhaltene Inhalationsdosis berechnet.

Bei der Berechnung der externen Exposition wird die Gamma–Strahlung aus der Wolke und die Gamma–Strahlung der am Boden deponierten Radionuklide berücksichtigt. Zur Berechnung der Dosis durch Wolkenstrahlung wird angenommen, daß die Aktivitätskonzentration in der Wolke konstant und mit derjenigen in bodennaher Luft ident ist (halbunendliche homogene Aktivitätsverteilung).

Bei der Bodenstrahlung wird von einer homogenen Verteilung der deponierten Aktivität auf der Bodenoberfläche ausgegangen. Ein Reduktionsfaktor für den Aufenthalt in verschiedenen Umgebungen berücksichtigt die Abschirmung der γ–Strahlung durch diese Umgebungen sowie den Anteil der Zeit, den man langfristig in Häusern verbringt.

3. Programmbeschreibung

Das Programmsystem ist modular aus einer Reihe von Einzelprogrammen aufgebaut (vgl.Bild 1). Diese legen ihre Ergebnisse jeweils in Dateien ab, welche von einem oder mehreren der folgenden Programme gelesen und weiterverarbeitet werden. Diese Vorgangsweise wurde gewählt, um bei Parametervariationen nicht für jeden Einzelfall alle Nahrungsketten durchrechnen zu müssen.

Sehr häufig werden nur die der Rechnung zugrundeliegenden Depositionswerte (d.h. Aktivität in Luft und Niederschlag) geändert, während an den Modellparametern, welche den Transfer in Nahrungsketten beschreiben, keine Änderungen notwendig sind. Deshalb wird der Zeitverlauf der spezifischen Aktivität in tierischen und pflanzlichen Produkten, normiert auf eine Einheits–Deposition, zwischengespeichert. Solange man an den dabei zugrundeliegenden Modellparametern nichts än-

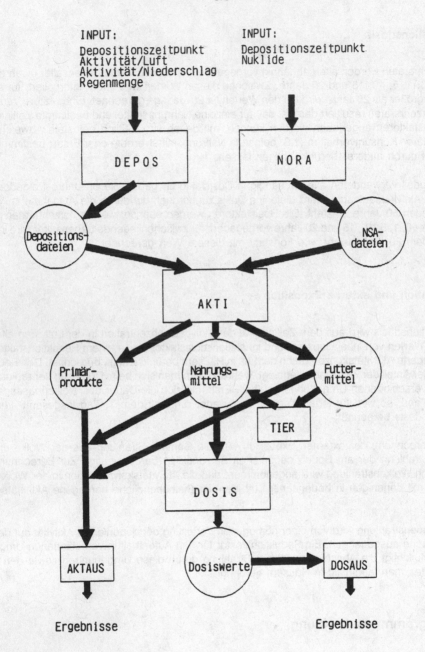

Bild 1: Programmstruktur OECOSYS (für Ingestionsdosis bei ausschließlicher Versorgung
aus lokaler Produktion). Erläuterungen im Text.

dert, läßt sich für einen aktuellen Fall die Kontamination dieser tierischen und pflanzlichen Produkte durch Multiplikation der normierten Werte mit den aktuellen Depositionswerten berechnen.

Die normierten spezifischen Aktivitäten werden für jeweils ein Nuklid und einen Depositionszeitpunkt in einer sogenannten NSA-Datei (= Normierte Spezifische Aktivitäten) abgespeichert.

Die Berechnung der NSA-Dateien erfolgt mit dem Programm NORA (=NORmierte Aktivitäten). Es rechnet in einem Durchgang die Zeitverläufe aller im Modell berücksichtigten Pflanzen und Tierprodukte für jeweils ein Nuklid und einen Depositionszeitpunkt.

Im Programm DEPOS werden die ereignisabhängigen Paramter (vgl. Kap. 2.2) interaktiv für jedes Nuklid eingegeben und das Programm berechnet daraus die Deposition auf die Blätter der verschiedenen Pflanzenarten sowie auf den Boden.

Um für den aktuellen Fall einer vorgegebenen Deposition den Zeitverlauf der Aktivität in Futter- und Nahrungsmitteln zu berechnen, werden für jedes Produkt die Werte der Deposition mit den normierten spezifischen Aktivitätsverläufen der entsprechenden Primärprodukte multipliziert. Bei Depositionen, welche sich über mehrere Tage erstrecken, werden die daraus resultierenden Aktivitäten summiert. Dies geschieht im Programm AKTI. Das Programm AKTI bezieht alle seine Informationen aus vorhandenen Dateien.

Die Berechnung der Dosis für alle Expositionspfade (Ingestion, Inhalation, externe Exposition) erfolgt mit dem Programm DOSIS. Dafür benötigt das Programm Informationen, für welche Personengruppe die Dosis (d.h. Alter zum Depositionszeitpunkt) und ob die effektive Äquivalenzdosis und eine Organdosis (zur Auswahl stehen Schilddrüse, Lunge, Knochenoberfläche und unterer Dickdarm) berechnet werden soll; diese Informationen werden im Dialog eingegeben.

Die Ausgabe-Programme AKTAUS (Ausgabe von Aktivitätsverläufen) bzw. DOSAUS (Ausgabe von Dosiswerten) erlauben eine gewünschte Untermenge an Resultaten auszuwählen, als Tabellen auf dem Bildschirm darzustellen und in Dateien zur Weiterverarbeitung mit Grafikprogrammen abzuspeichern.

Die Standard-Fütterung, die im Programm NORA zugrundegelegt wird, besteht für jede Tierart nur aus jeweils einem Futterpaket. Bei komplexeren Futterpaketen (d.h. mit mehreren Futterpflanzen bzw. mit Futtermengen, die vom Lebensalter des Tieres abhängen) verwendet man das Programm TIER. Damit können mehrere Futterpakete pro Tierart berücksichtigt werden, d.h. es können für die einzelnen Tierarten verschiedene Fütterungsarten hinsichtlich ihrer radiologischen Auswirkungen miteinander verglichen werden.

4. Ergebnisse

Die mit den Tschernobyl-Daten (errechnete Bodendeposition aus dem Strahlenfrühwarnsystem, fiktives Datum für die Deposition 1. Mai, gemessenes Luftaktivitätsintegral) gerechneten Aktivitätskonzentrationen entsprechen in ihrem zeitlichen Verlauf und ihrer Größenordnung weitgehend den gemessenen Werten. Insbesondere bei den Werten für die Kontamination der wichtigsten Nahrungsmittel stimmen die Österreich-Durchschnittswerte der OECOSYS-Prognosen und der Meßwerte gut überein.

Bild 2 zeigt dies am Beispiel der ^{137}Cs-Konzentration der Milch. Die Abweichung im Bereich des ersten Maximums ist eine Folge der Nichtberücksichtigung des behördlichen Weideverbotes bei der Simulation, da der Grad der Befolgung dieses Verbots nicht bekannt ist.

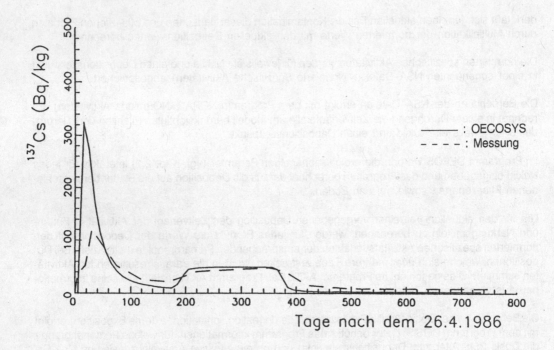

Bild 2: *Vergleich der OECOSYS-Prognose mit Messungen für Milch (österreichischer Durch-schnittswert nach Tschernobyl). Prognose ohne Berücksichtigung von Weide- und Fütterungsverboten. Das erste scharfe Maximum der Aktivitätskonzentration stammt aus der Verfütterung von frischkontaminiertem Gras, das zweite breite Maximum im Herbst und Winter von kontaminiertem Heu.*

Die Verteilung der regionalen Ingestionsdosis nach Bezirken (Bild 3) zeigt, daß die depositionsmäßig begünstigten Gebiete im Osten aufgrund des fortgeschrittenen Wachstumsstadiums der Pflanzen höher belastet waren. Damit wird die Bedeutung der Berücksichtigung der phänologischen Verhält-nisse zum Zeitpunkt der Deposition deutlich. Die prognostizierte Ingestionsdosis für Österreich im ersten Folgejahr zeigt insgesamt jedoch eine geringe regionale Differenzierung und liegt im Bereich 1,0 mSv ± 25 %.

Bild 4 zeigt die nach Nukliden und Belastungspfaden aufgeschlüsselte effektive 50–Jahres–Bevölke-rungsdosis ohne Berücksichtigung der behördlichen Maßnahmen zur Dosisreduktion. Die hervorra-gende Rolle von ^{137}Cs ist deutlich erkennbar. Das Diagramm zeigt auch, daß langfristig die externe Bestrahlung durch am Boden liegendes Cs der Ingestionsdosis, die im wesentlichen bereits im er-sten Jahr nach dem Unfall erhalten wurde, nahekommt. Die Dosiswerte dieses Beispiels beziehen sich auf hochbelastete alpine Regionen.

5. Nutzung

OECOSYS ist im ÖFZS seit März 1989 voll ablauffähig und für einen Anlaßfall einsetzbar. Für die weitere Nutzung von OECOSYS, insbesondere jedoch für die laufende Wartung des Programms und die ständige Weiterentwicklung erscheint zur Zeit folgende Organisation am sinnvollsten: In

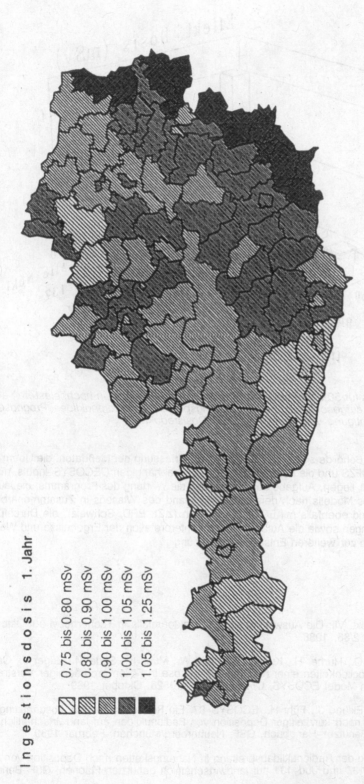

Ingestionsdosis 1. Jahr

	0.75 bis 0.80 mSv
	0.80 bis 0.90 mSv
	0.90 bis 1.00 mSv
	1.00 bis 1.05 mSv
	1.05 bis 1.25 mSv

Bild 3: *Regionale Ingestionsdosis nach Bezirken für das erste Folgejahr nach Tschernobyl in Österreich. Berechnung unter der Annahme einer Versorgung mit lokalen Nahrungsmitteln, die gegebenenfalls aus der Landes– bzw. Bundesproduktion ergänzt wird. Prognose ohne Berücksichtigung von Maßnahmen zur Dosisreduktion durch die Behörden.*

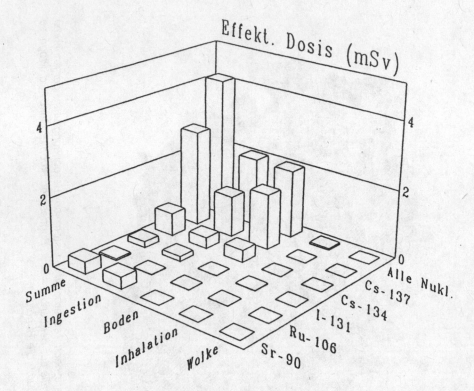

Bild 4: *Folgedosis für 50 Jahre nach Tschernobyl für Erwachsene in hochbelasteten alpinen Regionen, aufgeschlüsselt nach Belastungspfaden und Radionukliden. Prognose ohne Berücksichtigung von Maßnahmen zur Dosisreduktion.*

der Zuständigkeit der Behörde sollte die österreichweite Erfassung der Meßdaten, die Übermittlung dieser Daten in das ÖFZS und die Festlegung des ereignisabhängigen OECOSYS-Inputs, mit dem gerechnet werden soll, liegen. Aufgabe des ÖFZS wäre die Wartung des Programms, die laufende Weiterentwicklung des Modells nach dem jeweiligen Stand des Wissens in Zusammenarbeit mit Stellen, die im Ausland ebenfalls mit ECOSYS arbeiten (z.Zt. BRD, Schweiz), die Durchführung von Prognoserechnungen sowie die Aufarbeitung und Interpretation der Ergebnisse und Weiterleitung an die Behörden zur weiteren Entscheidungsfindung.

6. Literatur

Bundeskanzleramt Sekt. VII: Die Auswirkungen des Reaktorunfalls in Tschernobyl auf Österreich, Forschungsbericht 2/88, 1988

Gerzabek M., Horak O., Humer H., Kunsch B., Loibl W., Mück K., Suda M., Züger J., Cabela E., Orthofer R.: Möglichkeiten einer regionalen Prognose in Fällen großräumiger Verstrahlung basierend auf dem Model ECOSYS, ÖFZS-Bericht A 1526, Oktober 1989

Müller, H., Pröhl G., Eklund J., Führ H.: ECOSYS-87. Ein Rechenmodell zur Abschätzung der Strahlenexposition nach kurzzeitiger Deposition von Radionukliden auf landwirtschaftlich genutzten Flächen. Benutzer-Handbuch, GSF, Neuherberg/München, Februar 1989

Pröhl G.: Modellierung der Radionuklidausbreitung in Nahrungsketten nach Deposition von Strontium-90, Cäsium-137 und Jod-131 auf landwirtschaftlich genutzten Flächen, GSF-Bericht in Vorbereitung

Simulation des Ausbreitungsverhaltens von Flugzeugabgasen

Volker Kühn

Technische Hochschule Darmstadt

Fachbereich Informatik, Fachgruppe Graphisch Interaktive Systeme

Wilhelminenstraße 7, 6100 Darmstadt, BR Deutschland

Telefon ++49-6151-1000-52   Telefax ++49-6151-1000-99

E-Mail kuehn@agd.fhg.de   Telex 4197367 agd d

Deskriptoren: Computergraphik und Visualisierung, Modellbildung und Simulation, Computer Animation, Partikel-basierte Modellierung

Zusammenfassung

Flugzeuge durchqueren die für das Leben auf der Erde bedeutenden Atmosphären-schichten. Dabei stoßen sie Abgase aus, die ein unterschiedliches Reaktionsverhal-ten in den verschiedenen Schichten aufzeigen. Die Auswirkungen dieser Emis-sionen sind bekanntlich gravierend: vermehrte künstliche Wolkenbildung und eine damit einhergehende Verstärkung des Treibhauseffektes, Umweltschädigung durch Ozon in unteren Atmosphärenschichten, und das Aufzehren von Ozon in oberen Schichten. Unterschiedliche Wetterbedingungen wirken sich auf das Ausbreitungs-verhalten und die ablaufenden Reaktionen mit Aerosolen der Luft aus. Mit Hilfe von Simulationen auf Partikel-Basis und meteorologischen Modellen läßt sich das Verhalten von Abgasemissionen in den verschiedenen Atmosphärenschichten aufzeigen. Partikel beinhalten feststehende Parameter, die die Interaktion mit anderen Partikeln und mit Festkörpern steuern und Statusvariablen, die während einer Simulation modifiziert werden. Jedes Partikel wird durch eine Menge von "Nachbarn" direkt und durch weiter entfernte Partikel beeinflußt. Diese Beeinflußung läßt sich in Gesetzen und Regeln ausdrücken. Hinzu kommt das Regelwerk, daß die Ausbreitungseigenschaften der Schadstoffpartikel beschreibt. Die Wetter- und Umweltbedingungen ergänzen das Regelwerk der Simulation und erhöhen den Realitätsgrad. Die Auswertung des umfassenden Regelsystems erfolgt auf der Basis der momentan definierten Umgebung. Dadurch kann man Klarheit über die Reaktionspartner und die anfallenden Schadstoffmengen gewin-nen und in Animationen auf der Basis hoch-qualitativer Bilder verdeutlichen.

1. Einführung

Die Atmosphäre ist ein essentieller Bestandteil der Erde und breitet sich bis in eine Höhe von mehreren hundert Kilometern aus. Die Luft nahe der Erdoberfläche ist dicker als in höheren Schichten. Man nimmt an, daß die Luft in höheren Atmosphärenschichten die Wetterbedingungen direkt oder indirekt beeinflußt. Wolken bilden sich normalerweise in Höhen von 9 bis 12 Kilometern aus und erreichen nur bei Wirbelstürmen selten eine Höhe von 25 km. Deshalb bleiben meteorologische Untersuchungen und Messungen beschränkt auf diese Höhe (Blair 1967).

Das Wetter ist eines der Hauptelemente des menschlichen Lebensraumes und beeinflußt sein Leben stark. Die Atmosphäre ist ein komplexes System aus einer relativ stabilen Zusammensetzung verschiedener Gase. Erster Bestandteil sind chemische Elemente, die unter natürlichen Bedingungen permanent in gasförmigem Zustand verharren. Zweiter Bestandteil ist Wasserdampf. Unter bestimmten Umständen läßt sich auch flüssiges oder gefrorenes Wasser in der Luft finden. Als Letztes enthält die Luft eine große Anzahl Partikel in festem Aggregatzustand verschiedenster Natur, zusammengefaßt unter Staub. Den Hauptanteil des gasförmigen Bestandteils machen Stickstoff und Sauerstoff aus (AMS 1974, Blair 1967, Cadle 1966).

In Abhängigkeit von der momentanen Flugphase, der Höhe, und den Aerosolen der Atmosphärenschicht, in dem sich das Flugzeug gerade befindet, zeigen die emitierten Abgase ein unterschiedliches Reaktionsverhalten in den verschiedenen Schichten auf. Durch den weiter zunehmenden Flugverkehr und trotz verbesserter Triebwerke und modernster Flugtechnik steigen die durch Flugzeuge emitierten Schadstoffe an. Die Majorität dieser Schadstoffe wird bei Start- und Landevorgängen freigesetzt und beeinflußt dadurch direkt die Atemluft des Menschen. Das messtechnische Erfassen der anfallenden Emissionen ist angesichts der großen natürlichen Wolkenbewegung, der Wirkungen von Kondensstreifen, Ruß und photochemischem Smog nicht ausreichend durchgeführt worden.

Kapitel 2 beschäftigt sich mit dem Einfluß der Abgasemissionen von Flugzeugen auf die Umwelt und diskutiert deren Auswirkungen. Kapitel 3 beschreibt einen Lösungsansatz zur Simulation solch komplexer Ausbreitungsverhalten auf der Basis von Partikeln als Simulationsprimitive und von physikalischen Gesetzen, die die Interaktion zwischen den Simulationsobjekten steuern. In Kapitel 4 wird die Schnelle Multipole Methode vorgestellt, ein Verfahren, daß in der Lage ist, Systeme mit großer Partikelanzahl und deren Interaktionen untereinander mit linearem Zeitaufwand zu evaluieren. Dieses Verfahren bildet die Grundlage für das Simulationsmodul des in Kapitel 5 diskutierten Modellierungs-, Simulations-, und Visualisierungs-Software-Systems. Kapitel 6 zeigt das Anwendungsprofil eines solchen Systems auf und geht auf deren Komplexität und damit verbundenem Realitätsgrad ein.

2. Schädigung der Umwelt

2.1. Belastung durch Abgase

Die chemische Zusammensetzung der Verbrennungsrückstände eines Flugzeugs hängt von der Konstruktion der Turbine und der Flugphase ab. Der Treibstoff wird von der Turbine nur unvollständig verbrannt. Es werden Kohlenwasserstoffe, Kohlenmonoxid, Schwefeldioxid und Rußteilchen ausgestoßen. Bei den hohen Verbrennungstemperaturen in einer Turbine von bis zu 2400 Grad Celsius entsteht aus Stickstoff Stickoxid. Bei Start-, Steigflug und Landung emitiert eine Boing 747 0.7 Kg Kohlenwasserstoffe und 6.4 Kg Kohlenmonoxid. In den Flugphasen "Start" und "Steigflug" werden vor allem Stickoxide freigesetzt, da die Triebwerke mit vollem Schub betrieben werden (Bucher 1988). Das Emissionsgemisch setzt sich aus sehr unterschiedlichen Gasen und Partikeln zusammen. Das Verhalten des Gemisches ist so komplex, daß dies mit klassischen Simulationsmethoden nicht handhabbar ist und die Ergebnisse nicht genügend genau sind. Unterschiedliche Wetterbedingungen wirken sich auf das Ausbreitungsverhalten und die ablaufenden Reaktionen mit Aerosolen der Luft aus. Sie können das Reaktionsverhalten und die -komponenten beeinflußen. Entscheidende Wettereinflußfaktoren sind Wind, Temperatur, Bewölkung, Niederschlag, Luftfeuchtigkeit, Luftdruck, und Luftströmung (Bucher 1988).

2.2. Auswirkungen

Die von Verbrennungsmaschinen abgegebenen Sulfate und Nitrate haben den Säureniederschlag erheblich erhöht. Neben den Abgasen emitieren Flugzeuge unverbrannten Treibstoff, der zu Boden regnet. Dessen tatsächliche Menge ist unbekannt. Durch Triebwerke ausgestoßener Wasserdampf gefriert in oberen Atmosphärenschichten und trägt zu künstlicher Wolkenbildung bei. Schätzungen besagen, daß diese sogenannten Kondensstreifen die Wolkenbedeckung der Erde um zwei bis drei Prozent erhöht. Dadurch wird der Treibhauseffekt auf der Erde wesentlich verstärkt. Zur Umweltschädigung trägt Ozon bei. Es fällt in unteren Atmosphärenschichten an und regnet als Pflanzengift ab. In den oberen Schichten zehren die chemischen Reaktionen der Flugzeugabgase das Ozon auf. Die Folge ist der verstärkte Abbau des vor ultravioletter Sonnenbestrahlung schützenden Ozongürtels (Pielke 1984, Rogers 1976, Sproul 1970).

3. Partikel-basierte Simulation

Partikel und Partikelsysteme eignen sich für die Simulation solcher Verhaltensweisen in der Atmosphäre. Man definiert mirkoskopische Interaktionen zwischen den Partikeln und erhält ein makroskopisches Verhalten des gesamten Partikelsystems. Die Interaktionen sind von einfacher mathematischer Struktur. Sie approximieren das Verhalten der in der Natur vorkommenden, zu simulierenden, Objekte, daß durch Schwingungssysteme und komplizierte Differenzialgleichungen beschrieben wird. Die Partikel stellen die Simulationsprimitve dar und werden als atomare, diskrete Objekte im Raum mit einer Position, einer Masse, und Materialeigenschaften definiert. Ein Partikel beinhaltet feststehende Parameter, die die Interaktion mit anderen Partikeln und mit Festkörpern steuern. Darüberhinaus hat ein Partikel Statusvariablen, die während einer Simulation modifiziert werden. Regeln in Form von mathematischen Funktionen steuern die Veränderung der Statusvariablen über die Zeit und die Beeinflußung durch andere Partikel. Ein Partikel wird durch eine Menge von "Nachbarn" direkt und durch weiter entfernte Partikel durch einen globalen Informationsaustausch beeinflußt. Es ist entscheident für die Korrektheit der Simulation, daß die Nachbarschaftsinformation immer auf dem neuesten Stand ist. Die Menge der Nachbarn zu einem Partikel kann sich während der Simulation ändern. Eine solche Änderung muß festgestellt werden. Ereignisgesteuert sind daraufhin die Nachbarschaftsinformationen zu aktualisieren. Das Regelsystem ist zu überprüfen und gegebenenfalls zu korrigieren. Mit partikel-basierten Simulationsmethoden lassen sich Interaktionen auf der Basis von Momenten und Massen (Dynamik), Potentialenergien und elektromagnetischen Kräften, bis hin zu Entropie beschreiben.

Liegen variierende Bodencharakteristika und/oder topographische Eigenschaften vor, kann die Komplexität des resultierenden meteorologischen Strömungsfeldes steigen. Asphaltierung, Bebauung, und die Reduzierung der Vegetation verändert den Wärmehaushalt der Erde und die Wärmeströmung der Luft markant. Eine Simulation in der Atmosphäre stützt sich auf die Interaktion der Luftchemie mit der Meteorologie ab. Die vordringlichsten Interaktionen sind (Pielke 1984):

1.) Die Eingangs-, Transport-, Diffusionsrate, und Verschmutzungsausfall, sowie die Typen und Geschwindigkeiten der chemischen Reaktionen hängen von der meteorologischen Dynamik und Thermodynamik ab.

2.) Die meteorologischen Zirkulationen werden durch Veränderungen der Strahlungscharakteristika beeinflußt. Verantwortlich sind Veränderungen der Atmosphäre durch verschmutzende Gase und Aerosole.

Diese unter Wetter- und Umwelteinflüssen zusammengefaßten Einflußgrößen gehen als Rand- und Rahmenbedingungen in die Simulation ein. Sie resultieren in geometrischen Veränderungen der Szenerie oder ergänzen das Regelsystem zur Steuerung der Interaktionen zwischen den unterschiedlichen Partikeltypen.

Als erste Testumgebung diente *The Clockworks*, ein objekt-orientiertes Modellierungs-, Animations- und Simulations-Software-System, daß am Rensselaer Design Research Center, Troy, New York State, USA, entwickelt wurde. Es erlaubt interaktives Modellieren. Der Anwender ist in der Lage im Dialog mit dem Computer sein Szenario zu spezifizieren. Landschaften, Gewässer, Gebirge, Täler, Bodenbeschaffenheiten, usw. sind über eine Vielzahl graphischer Darstellungselemente beschreibbar. Die interaktiven Möglichkeiten von *The Clockworks* lassen Eingriffe des Anwenders in die

Simulation bei jedem Iterationsschritt zu. Die Interaktionsregeln werden in Form von Funktionen definiert. Es können neue Rahmenbedingungen hinzugefügt oder bestehende modifiziert werden. Die Auswertung erfolgt auf der Basis der momentan definierten Umgebung. Dem Simulationsobjekt liegt ein $O(n^2)$ Algorithmus zugrunde. Die Folge ist eine Limitierung in der Komplexität der durchführbaren Simulationen, damit die Berechnungszeit nicht ins Unermeßliche steigt (Breen 1987, Breen 1989, Kühn 1988).

4. Schnelle Multipole Methode

Die Schnelle Multipole Methode ist ein neues Verfahren zur Berechnung und Steuerung der Interaktionen in einem Partikelsystem mit einer Laufzeitcharakteristik von $O(n)$ mit n gleich Anzahl der Partikel. Es dient der Evaluierung des Potential-feldes über einer Menge n von elektrisch geladenen Partikeln im Raum. Die Partikel spannen eine berechenbare Zelle auf. Sie werden in Gruppen zusammengefaßt, die voneinander einen wohldefinierten Abstand haben und sich nicht überlagern. Dieser Unterteilung liegt eine hierarchische Datenstruktur zugrunde. Die Evaluierung des Potetialfeldes über der gesamten Partikelmenge wird aufgeteilt in die Auswertung der Nachbarschaftsinformationen, dem Naheffekt, einem globalen Informationsaustausch zwischen weiter entfernten Partikeln, dem Ferneffekt, und der Summe aller externen Kräfte, siehe Gleichung 4.1.

$$\Phi = \Phi_{Nah} + \Phi_{Fern} + \Phi_{Extern}$$

Gleichung 4.1: Potential über einer Menge von Ladungen.

Der Naheffekt, daß heißt die Evaluierung der Interaktionen zwischen benachbarten Partikeln, wird direkt ausgeführt. Die Partikelinteraktionen des Ferneffektes sind von coulombscher Natur. Man benutzt die Multipole Expansion, um die Kräfte zwischen den Partikelgruppen zu bestimmen.

Der erste Schritt des Algorithmus ist, die Partikel in eine Zelle einzuschließen. Im weiteren wird diese Zelle in immer kleinere Zellen unterteilt bis sich nicht mehr als eine feste Anzahl von k Partikeln in einer Zelle befindet. Die Konstante k kann vom Benutzer festgelegt werden und beeinflußt die Effizienz des Algorithmus. Wenn eine Zelle mehr als k Partikel enthält, wird sie in acht gleiche Zellen geteilt und die Partikel dieser Zelle auf die neuen Zellen verteilt. Das Resultat ist eine adaptive Unterteilung des kartesischen Koordinatenraumes, dem die Zelle mit allen Partikeln zugrunde liegt und wird durch einen Octree repräsentiert, siehe Bild 4.1. In den Blättern des Octrees befinden sich die Partikel. Man bestimmt nun für jedes Blatt die Multipole Expansion, die in der Ebene durch eine Taylor-Reihe und im Raum durch Legendre-Polynome approximiert wird, siehe Theorem 4.1. Die Multipole Expansionen für die Vaterknoten bis hin zur Wurzel des Baumes erhält man, indem man die Expansionen der

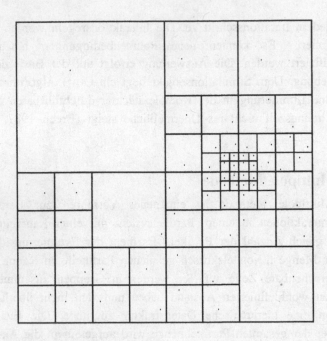

*Bild 4.1: Adaptives Unterteilen der Zelle in der Ebene mit einem Partikel pro Blatt
und ungleichmäßiger Partikeldistribution.*

*Angenommen, es liegen n Ladungen der Stärken $\{q_i, i = 1, ..., n\}$ an den Positionen $\{z_i, i = 1, ..., n\}$, mit $|z_i| < r \in \mathbf{R}$ vor. Dann gilt für jedes $z \in \mathbf{C}$ mit
$|z| > r$, daß das durch die Ladungen induzierte Potential $\Phi(z)$ gegeben ist durch*

$$\Phi(z) = Q \cdot log(z) + \sum_{k=1}^{\infty} \frac{a_k}{z^k},$$

wobei

$$Q = \sum_{i=1}^{n} q_i \quad und \quad a_k = \sum_{i=1}^{n} \frac{-q_i \cdot z_i^{\,k}}{k}.$$

Theorem 4.1: Multipole Expansion in der Ebene (Greengard 1987).

Sohnknoten bzw. Blätter in das Zentrum des Vaterknotens verschiebt und die Ergebnisse aufsummiert. Im weiteren werden die Multipole und lokalen Expansionen manipuliert, wobei eine detaillierte Beschreibung in (Greengard 1987) zu finden ist. Dieser Berechnungsteil resultiert im Ferneffekt und läßt sich mit ein Aufwand von O(n) durchführen. Die Interaktionen zwischen den Partikeln von benachbarten Blättern werden direkt berechnet und bilden den Naheffekt. Da kein Blatt mehr als k Partikel enthält und mehr als acht Nachbarn hat ist der Aufwand für diesen Berechnungsteil proportional zu der Anzahl der Blätter des Octree's, die durch n begrenzt ist.

Abschließend werden die Zentren der Expansionen der Vaterknoten zu den Zentren ihrer Sohknoten verschoben. Das Potential über jedem Blatt berechnet sich aus der Summe der zugehörigen Expansionen, deren Evaluierung an jeder Partikelposition und der Summation des Resultates mit dem bereits bestimmten Naheffekt für dieses Blatt. Das Potential über der gesamten Partikelmenge ergibt sich aus der Summe aller Einzelpotentiale und den extern-definierten Kräften. Der Gesamtaufwand beträgt somit O(n) und erlaubt es, sehr große Partikelsysteme in der Größenordnung 10^6 bis 10^{10} in akteptabler Zeit zu handhaben (Greengard 1987, Humphries 1986). Ausgangsbasis für das Verfahren sind elektromagnetische Kräfte und Gravitationskräfte zwischen elektrisch geladenen Partikeln. Deshalb muß eine Anwendung aus einem fremden Interessensgebiet an die Bedürfnisse und Rahmenbedingungen des Verfahrens angepaßt werden.

5. Konfiguration des Simulationssystems

Zur Realisierung und Erfüllung der Anforderungen an die durchzuführenden Simulationen wurde ein Software-Systems bestehend aus den Modulen Modellierung, Simulation, und Visualisierung definiert. Die Systemspezifikation ist in Bild 5.1 zu sehen.

5.1. Beschreibung des Modelliermoduls

Der Modellierer enthält ein Geometrie-Modellierungstool, ein Partikel-Modellierungstool und ein Verteilungs-Modellierungstool. Der Geometrie-Modellierer erstellt Festkörper. Der Partikel-Modellierer transformiert Festkörper in eine Partikelverteilung oder Voxel-Repräsentation. Aufgrund dessen kann die Kollisionserkennung zwischen einem Festkörper und einem Partikel von dem Greengard-Algorithmus übernommen werden, der in dem Simulationsmodul enthalten ist. Darüberhinaus lassen sich mit dem Partikel-Modellierer Partikel in einen vordefinierten Bereich verteilen. Schmelz- und Abkühlungsprozesse werden dadurch unterstützt. Ein Partikelsystem läßt sich zum Schmelzen bringen, in einen Festkörper tropfen und wieder abkühlen. Das Ergebnis einer solchen Vor-Simulation ist physikalisch korrekt (Aarts 1989). Im Kontrast dazu generiert der Verteilungs-Modellierer eine zufällige Partikelverteilung, um "verschwommene" Objekte wie Wolken, Rauch, und Feuer zu approximieren. Hilfreich ist die Anbindung des gesamten Modellierers an eine Datenbank, damit einmal Erzeugtes später wiederverwendet werden kann.

5.2. Beschreibung des Simulationsmoduls

Der Simulator beinhaltet den Greengard-Algorithmus, um auf der Basis der Partikelverteilung die Baumstruktur zu generieren und das Potentialfeld zu bestimmen. Die System-Interaktionsregeln beinhalten Gesetze nach denen die Partikel in Interaktion untereinander und mit Festkörpern treten. Desweiteren regeln die Gesetze Reaktionen auf Kollisionen und beziehen extern-definierte Kräfte mit ein. Während eine

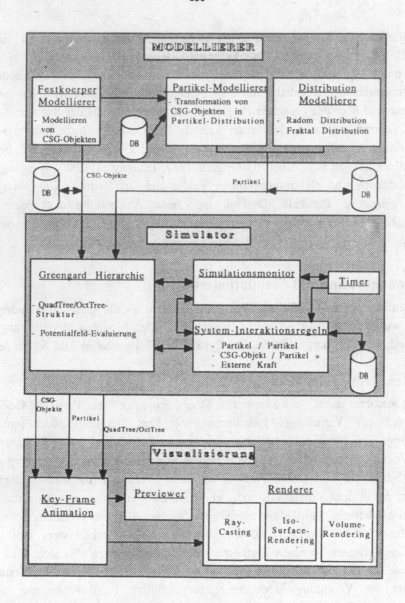

Bild 5.1: Spezifikation des Simulations-Software-Systems.

Simulation abläuft, prüft der Monitor die Konsistenz des Gesetzessystems. Desweiteren kontrolliert er die Homogenität des Partikelsystems, um zu entscheiden, ob Partikel neu erzeugt werden müssen. Ein Timer kontrolliert den zeitlichen Ablauf der Simulation. Auch hier ist die Anbindung an eine Datenbank sinnvoll zur Speicherung der Gesetzmäßigkeiten.

5.3. Beschreibung des Visualisierungsmoduls

Das Visualisierungsmodul beinhaltet ein Keyframe-Animations-System, einen Previewer, und einen Renderer. Das Animationssystem hat die Aufgabe, die Objekte und Partikel der Szene auf der Basis der Simulationsergebnisse zu bewegen. Der Previewer stellt die Szene in niedriger Auflösung mit reduzierter Bildqualität für schnelle und kostengünstige Animationen dar. Sobald zufriedenstellende Ergebnisse erreicht wurden, kann der Renderer hochqualitative Bilder produzieren. Dazu stehen Volumen- und Dichte-Rendering sowie Ray-Tracing-Verfahren zur Verfügung. Eine Dichteverteilung wird mit einem Strahl gescannt. In Abhängigkeit von der Partikelanzahl auf dem Strahl wird dem zugehörigen Bildschirmpixel ein Farbwert aus einer Look-Up-Table zugewiesen.

6. Anwendungen

Ein Abgasgemisch enthält die verschiedensten Reagenzientypen, denen man für die Simulation unterschiedliche Partikeltypen zuweißt. Freigesetzt werden unvollständig verbrannte Treibstoffe, Kohlenwasserstoffe, Kohlenmonoxid, Schwefeldioxid, Rußteilchen und bei den hohen Verbrennungstemperaturen Stickoxid. Jeder Typ hat sein individuelles Verhaltensmuster und reagiert mit anderen Typen in verschiedenen Umgebungen unterschiedlich. In der Mitte des Abgasausstoßes ist beim Flugzeugtriebwerk die Temperatur und Dichte höher als am Rand. Die Partikel am Rand gehen Bindungen mit anderen Reagenzien ein als die Partikel in der Mitte des Ausstoßes. Durch die Abkühlung der Schadstoffe über die Zeit wird das Reaktionsverhalten sich ändern. Bild 6.1 verdeutlicht die Wirkungsweise eines Flugzeugtriebwerks.

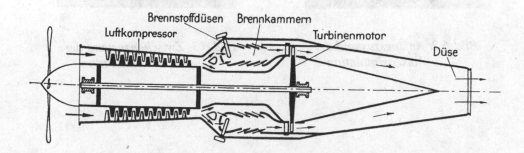

Bild 6.1: Schema eines Turbinentriebwerks für Flugzeugantrieb (Dorn 1975).

Für die Verifikation des Modells wurde die Anzahl der Partikeltypen begrenzt und deren Interaktionen so einfach wie möglich gehalten. Bei der Abgasemission spielen

Kondensstreifen beziehungsweise künstliche Wolkenbildung eine wichtige Rolle. Deshalb wurde für die erste Simulation das vereinfachte Modell einer Wolke, die ausschließlich aus Wasserpartikeln besteht, ausgewählt. Es kommt also nur ein Partikeltyp, nämlich Wasser, vor. *The Clockworks* wurde herangezogen, um das Bewegungsverhalten einer solchen Wolke, die über einen Berg treibt, zu modellieren. Die Wasserpartikel, aus denen die Wolke besteht, sind weiße, transparente Körper. Die Färbung der Wolke ergibt sich aus der Vielzahl Partikel und deren Anordung im Raum. Die Wolke folgt einem vordefinierten Windfeld über den Berg (Pielke 1984). Leichte Turbulenzen werden durch das Einbeziehen eines Zufallszahlengenerators in die Berechnung der Beschleunigung für jedes Partikel erreicht. Ein relativ starker Abwind am Hang sorgt zusätzlich für ein Auseinanderdriften der Partikel. Zur Visualisierung der Partikel wurden *Iso-Surfaces* benutzt, eine Methode, bei der die Partikelpositionen Kontrollpunkte im Raum sind und eine Fläche definieren. Diese Visualisierungsmethode eignet sich auch zur Darstellung von Verschmelzungsprozessen. Bild 6.2 zeigt den Anfangszustand, Bild 6.3 zeigt ein Zwischenergebnis, und Bild 6.4 stellt den Endzustand der Simulation dar. Die Dichteverteilung der Partikel wird visualisiert und die Farbwerte den entsprechenden Dichten angepaßt (Aarts 1989, Breen 1989, Masion 1971, Rogers 1976).

Bild 6.2: Anfangszustand der Wolkensimulation

Bild 6.3: Zwischenzustand der Wolkensimulation

Bild 6.4: Endzustand der Wolkensimulation mit The Clockworks

Für die zweite Simulation wurde der Komplexitätsgrad erhöht. Sie demonstriert Wolkenbildung, das Verhalten der Wolkenpartikel und deren Interaktionen unter dem Einfluß eines Windmodells. Der Wind wird in zwei Komponenten aufgeteilt, eine horizontale und eine vertikale Komponente. Die vertikale Windbewegung stetzt sich aus der Schwerkraft und der Druckgradientkraft zusammen. Die Reibungskraft bleibt unberücksichtigt. Daraus ergibt sich eine von der Dichte der Umgebung und der Dichte des Luftpaketes abhängige vertikale Beschleunigung dv_p/dt (Marnier 1971):

$$\frac{dv_p}{dt} = a_p = g \cdot \frac{\rho_u - \rho_p}{\rho_p},$$

mit Gravitationskonstante g,
Dichte der Luft $\rho_u = 1.25 \cdot 10^{-3}$ gr/cm^{-3}, und
Dichte ρ_p des Luftpaketes.

Die horizontale Windbewegung basiert auf der Druckgradientkraft G, der Corioliskraft C, und der Zentrifugalkraft Z. Aus $G + C + Z = 0$ ergibt sich die horizontale Windgeschwindigkeit v_h (Marnier 1971):

$$v_h = |\, \Omega \cdot r_B \cdot \sin\phi + \sqrt{(\Omega \cdot r_B \cdot \sin\phi)^2 + \frac{r_B}{\rho} \cdot \frac{dp}{dn}}\,|,$$

mit Winkelgeschwindigkeit der Erde $\Omega = 7.29 \cdot 10^{-5}$ sec^{-1},
Krümmungsradius $r_B = \dfrac{1}{(\Omega \cdot \sin\phi)^2 \cdot \rho} \cdot |\, \dfrac{dp}{dr}\,|$,
geographischer Breite ϕ (für Frankfurt = 50°),
Druckdifferenz dp, Isobarenabstand dn, und Dichte ρ.

Die Dichte der Partikelmenge berechnet sich aus der Anzahl der Partikel und dem Volumen eines Ellipsoids, der das Volumen der Partikelmenge approximiert. Eine zu simulierende Luftmasse steigt vor allem durch thermische Veränderungen auf bzw. ab. Ist die Umgebungstemperatur höher als die Temperatur der Luftmasse, steigt sie auf. Tritt durch verändertes Druck- und Temperaturniveau eine Sättigung der Luftmasse mit Wasserdampf ein, setzt Kondensation ein. Zu diesem Zeitpunkt entspricht die vorherrschende Temperatur T dem Taupunkt τ und die erreichte Höhe h_k der Untergrenze der Wolke (Marnier 1971):

$$h_k = 120 \cdot (T_0 - \tau_0) \text{ in Metern.}$$

Die Temperatur der Luft ändert sich adiabatisch in Abhängigkeit vom Temperaturgradienten für trockene Luft Γ (Marnier 1971):

$$\Gamma = \frac{dT}{dz} = \frac{g}{c_p} \cdot \frac{T}{T^*},$$

mit Gravitationskonstante g,
spezifischer Wärme bei konstantem Druck $c_p = 1.0078 \cdot 10^7$ erg·g^{-1}·grad^{-1},
Temperatur T und Umgebungstemperatur T^*.

Somit ergibt sich die Änderung der Lufttemperatur mit der Höhe (Marnier 1971):

$$T(z) = T_0 - z \cdot \Gamma.$$

Der Taupunkt ändert sich adiabatisch in Abhängigkeit vom Temperaturgradienten für feuchte Luft γ_f (Marnier 1971):

$$\gamma_f = \frac{dT}{dz} = \frac{\left[\dfrac{L \cdot s}{R_L \cdot T} + 1\right] \cdot g}{\dfrac{L \cdot s}{E} \cdot \dfrac{dE}{dT} + c_p},$$

mit Verdampfungswärme L, spezifischer Feuchte s,
Gaskonstante für trockene Luft $R_L = 2.87 \cdot 10^6 \ erg \cdot g^{-1} \cdot grad^{-1}$,
Temperatur T, Gravitationskonstante g,
Partialdruck des Wasserdampfes bei Sättigung E, und
spezifischer Wärme bei konstantem Druck c_p.

Somit ergibt sich die Änderung des Taupunktes mit der Höhe (Marnier 1971):

$$\tau(z) = \tau_0 - z \cdot \gamma_f.$$

Am Anfang wird die zu simulierende Luftmenge definiert, deren Feuchtegehalt vorgegeben und dann die Simulation gestartet. Sobald Kondensation eintritt, werden Wasserpatikel erzeugt, die im Folgenden in Interaktion miteinander treten. Kommt es zur Kollision zwischen zwei Partikeln ist die realtive Geschwindigkeit $v_{rel} = |v_1 - v_2|$ und deren Radien r_1 und r_2 ausschlaggebend für ihr weiteres Verhalten, siehe Definition 6.1.

1.) Gilt $r_1 = r_2$ und $v_{rel} \rightarrow 0$, dann bleiben die zwei Partikel zusammen und bilden eine Wasserblase mit Radius $r_{neu} = r_1 + r_2$ und Masse $m_{neu} = m_1 + m_2$.

2.) Gilt $r_1 = r_2$ und $v_{rel} \gg 0$, dann stoßen die zwei Partikel sich ab.

3.) Gilt $r_1 \neq r_2$ und $v_{rel} \rightarrow 0$, daß bedeutet eines der an der Interaktion beteiligten Objekte ist eine Wasserblase aus einer Menge Partikel, dann wird das Partikel in die Wasserblase aufgenommen, deren Radius auf $r_{neu} = r_{Blase} + r_{Partikel}$ und Masse auf $m_{neu} = m_{Blase} + m_{Partikel}$ anwächst.

4.) Gilt $r_1 \neq r_2$ und $v_{rel} \gg 0$, daß bedeutet eines der an der Interaktion beteiligten Objekte ist eine Wasserblase aus einer Menge Partikel, dann wird die Wasserblase von dem Partikel zerrissen und in ihre Einzelpartikel zerlegt.

Definition 6.1: Interaktionsgesetze der Partikel.

Erreicht eine Waserblase während ihres Falls mindestens den Durchmesser 0.5 mm, verdampft sie nicht mehr und fällt als Regentropfen aus. Die Partikel, die die Wasserblase bilden, gehen der Simulation verloren. Erreicht eine Wasserblase während ihres Falls den Durchmesser 7 mm, zerreißt sie durch die auf sie wirkenden Kräfte, da die Oberflächenspannung des Wassers zu gering geworden ist. Sie wird in ihre Partikel zerlegt. Wasserblasen oder einzelne Partikel, deren Durchmesser kleiner sind als 0.5 mm, verdampfen und werden der Simulation als neuer Wasserdampf zugeführt. Ein Kreislauf entsteht, dem stetig Partikel entzogen werden. Deshalb muß überprüft werden, ob nach einem Simulationsschritt der Fehler zu groß geworden ist. In diesem Fall muß die Simulation entweder terminieren oder es müssen dem System neue Partikel in Form von Wasserdampf zugefügt werden.

Diese Simulation wurde anfangs in *The Clockworks* realisiert und soll an die schnelle Multipole Methode angepaßt werden. Die Anzahl der Partikeltypen wird erhöht, sodaß ein Partikeltyp eine Reagenzie aus dem Abgas einer Flugzeugturbine und deren Verhalten wiederspiegelt. Die Summation der Interaktionsregeln zwischen Partikeln des gleichen Typs und Partikeln unterschiedlicher Typen ergeben das Regelwerk der Simulation.

7. Schlußbemerkung

Schadstoffemissionen und die daraus resultierenden chemischen Reaktionen, die Ausbreitung gasförmiger Stoffe bei unterschiedlichen Rahmenbedingungen, sich über die Zeit verändernde Volumina, usw. sind simulierbar. Die angestrebte, an der Simulation beteiligte Anzahl Objekte bewegt sich in der Größenordnung von 10^6 im Ausbau auf zukünftige Rechnerarchitekturen bis zu 10^{10}. Die Partikel werden als Punkte im Raum mit einer Position, Ladung, Masse, und Materialeigenschaften definiert. Die Ausbreitungseigenschaften lassen sich über ein Regelwerk, zugeschnitten auf die Rahmenbedingungen, definieren. Mit Hilfe der implementierten Algorithmen sind die Reaktionen auf Nachbarn bestimmbar. Nach jedem Simulationsschritt kann eine Visualisierung der aktuellen Situation erfolgen. Ist die Homogenitätsbedingung verletzt, kann eine Modellangleichung über das Hinzufügen neuer oder Skalieren existierender Partikel vorgenommen werden. Ein Katalysator für die Reaktionsgeschwindigkeit ist die vorherrschende Temperatur in der Atmosphärenschicht und die Sonneneinstrahlung. Solche äußeren Einflüsse ergänzen das Regelwerk der Simulation und erhöhen den Realitätsgrad. Die Auswertung des umfassenden Regelsystems erfolgt auf der Basis der momentan definierten Umgebung (Blair 1967, Cadle 1966, Kühn 1988, Breen 1989).

X. Literatur

Aarts E., Korst J.: Simulated Annealing and Boltzmann Machines, John Wiley & Sons, Chichester, New York, ..., 1989.

American Meteorological Society: Conference On Cloud Physics, Pergamon Press, 1974.

Blair T. A., Fite R. C.: Weather Elements, Prentice-Hall, Inc. Englewood Cliffs, New York, 1967.

Bobrow D., DeMichiel L., Gabriel R., Keene S., Kiczales G., Moon D.: Common Lisp Object System Specification, X3J13 Document 88-002R, 1988.

Breen D. E., Getto P. H., Apodaca A. A., Schmidt D. G., Sarachan B. D.: The Clock-works: An Object-Oriented Computer Animation System, Eurographics '87 Proceedings (Elsevier Science Publishers B.V., Amsterdam, The Netherlands, August 1987), pp. 275-282.

Breen D. E., Kühn V.: Message-Based Object-Oriented Interaction Modeling, Eurographics '89 Proceedings (Elsevier Science Publishers B.V., Hamburg, FRG, September 1989), pp. 489-503.

Bucher K.: Über den Wolken leben Schadstoffe länger, Frankfurter Allgemeine Zeitung (Natur und Wissenschaft), Ausgabe vom 20.01.1988.

Cadle R. D.: Particles In The Atmosphere And Space, Reinhold Publishing Corporation, New York, 1966.

Dorn A.: Physik, Schroedel Verlag KG, Hannover, 1975.

Greengard L. F.: The Rapid Evaluation of Potential Fields in Particle Systems, The MIT Press, Cambridge, MA, 1987.

Humphries S. (Jr.): Principles Of Charged Particle Acceleration, John Wiley & Sons, Chichester, New York, ..., 1986.

Kühn V.: Message-Based Object-Oriented Interaction Modeling, Diplomarbeit (Technische Hochschule Darmstadt, Fachbereich Informatik, Fachge-biet Graphisch-Interaktive Systeme, 1988).

Manier G.: Einführung in die Meteorologie, Vorlesungsskriptum, Technische

Hochschule Darmstadt, 1970 - 71.

Mason B. J.: The Physics Of Clouds, Clarendon Press, Oxford, 1971.

Pielke R. A.: Mesoscale Meteorological Modeling, Academic Press, 1984.

Rogers R. R.: A Short Course in Cloud Physics, Pergamon Press, Oxford, New York, Toronto, 1976.

Sproull W. T.: Air Pollution and Its Control, Exposition Press, New York, 1970.

Steele G. L.: Common LISP: The Language, Digital Press, 1984.

MODELLBILDUNG UND SIMULATION DES
WALDSTERBENS IM SIMULATIONSSYSTEM HYBSYS

F. Breitenecker
Technische Universität Wien, Wiedner Haupstr.8-10, A-1040 Wien
und
Wissenschaftliche.Landesakademie für Niederösterreich
Projektzentrum Wr.Neustadt, Adlergasse 3, A-2700 Wr.Neustadt

DESKRIPTOREN: Simulation, Modellbildung, Simulationssoftware, Waldsterben, Sensitivitätsanalyse

ZUSAMMENFASSUNG

Dieser Beitrag stellt das Simulationssystem HYBSYS und seinen Einsatz in Modellbildung und Simulation für den Umweltschutz an Hand eines Modelles für das Waldsterben vor. Nach einer Einleitung über die Bedeutung der Simulation wird das Simulationssystem HYBSYS vorgestellt. Diese im Rahmen eines Forschungsprojektes entwickelte Simulationssoftware ist sehr flexibel und erlaubt Oberflächen verschiedenster Art, z.B. Bedienungs- und Simulationsoberflächen für Umweltmodelle. In der Folge wird ein besonderer Modul von HYBSYS vorgestellt: automatische Modellbildung mit Hilfe von System Dynamics. Es folgt eine Darstellung des Modelles für Waldwachstum und Waldsterben (Bossel-Modell). Gezeigt wird überblicksmäßig die Implementation in HYBSYS. Abschließend werden Simulationsergebnisse des Modells im Simulationssystem HYBSYS vorgestellt. Von Interesse sind dabei insbesondere die verschiedenen Möglichkeiten von HYBSYS zur Sensitivitätsanalyse.

EINLEITUNG

Simulation gewinnt immer mehr an Bedeutung: anstatt an realen Prozessen zu experimentieren, wird ein Modell des Prozesses am Rechner erstellt, an dem verschiedene Änderungen am Prozeß ausgetestet werden können. Besonders in der Umweltproblematik kann daher die Simulation ein wesentliches Mittel zur Entscheidungsfindung darstellen.
Zur Durchführung von Rechnersimulationen wird heute eine Menge von Software angeboten; allgemeine Simulationssprachen bieten den Vorteil der hohen Flexibilität verbunden mit dem Nachteil der oft mühsamen "händischen" Modellerstellung, spezielle Simulatoren (Simulationsprogramme) bieten zwar die Annehmlichkeit der Unterstützung bei der Modellerstellung, sind aber zuwenig flexibel; beiden Arten von Software bieten meist nur einfache Analysemethoden an, üblicherweise die Simulation im Zeitbereich. In der Umwelttechnik wird allerdings oft einerseits häufig zumindest eine Unterstützung der Modellbildung verlangt, andererseits werden Anforderungen an die Flexibilität und Analyse gestellt (Modelländerungen, Datenanalyse, Parameterstudien, Sensitivitätsanalyse, etc.).

An der Technischen Universität Wien wurde und wird das Simulationssystem HYBSYS entwickelt, das die Vorteile der angeführten Software-Arten verbinden soll, ohne ihre Nachteile zu übernehmen. In einer Weiterführung dieses Projektes (unterstützt vom Fonds zur Förderung der Wissenschaftlichen Forschug - FFWF) werden auch Module zur automatischen Modellerstellung in HYBSYS implementiert, unter anderem Module zur automatischen Modellgenerierung basierend auf dem Konzept von System Dynamics. Im Rahmen dieses Moduls werden auch Modelle von Umweltprozessen implementiert (werden).

DAS SIMULATIONSSYSTEM HYBSYS

HYBSYS basiert auf einem neuen Grundkonzept für Simulationssoftware. Zusätzlich zur üblichen Trennung von Modell und Experiment arbeitet HYBSYS mit **Methoden**: Methoden sind Module zur Analyse von Modellen. HYBSYS betrachtet ein Experiment (E) als Anwendung einer Methode (ME) auf ein Modell (MO); Bild.1 zeigt diese Struktur (Breitenecker et al., 1986).

Dieser Methodenbegriff ist nun sehr weit gefasst. Einerseits erlaubt er den Einbau komplexer Algorithmen zur Analyse des Modelles: Simulation im Zeitbereich, Parameterstudien, Sensitivitätsanalyse, Berechnung stationärer Werte, Stabilitätsuntersuchungen, etc. Andererseits können Methoden auch Modelle verändern bzw. erzeugen, wodurch HYBSYS leicht Modelle menügeführt oder automatisch erzeugt kann.

Zudem erleichtert dieser Aufbau auch wesentlich die Modellerstellung: Modelländerungen und Modellvergleiche erlauben ein einfaches Arbeiten im Modellbildungs- und Simulationskreislauf (Bild 2).

Eigenschaften des Simulationssystems HYBSYS

Mit seiner Konzeption ist das SIMULATIONSSYSTEM HYBSYS eine Software, die folgende Ebenen der Modellbildung und Simulation durchführt bzw. unterstützt:

* Modellbildung
* Modellidentifikation
* Modellanalyse

* Modellvalidierung
* Simulation
* Sensitivität (u.a.)

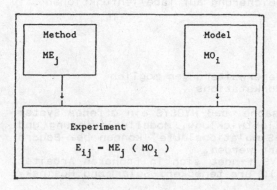

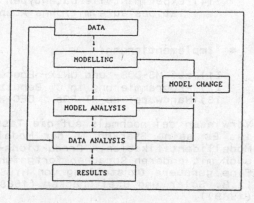

Bild 1: Modell-Methode-Experiment

Bild 2: Modellbildungskreislauf

Die Grundlagen für das Simulationssystem sind die folgenden Eigenschaften, die allgemeine Konzepte, spezielle Eigenschaften und Implementierungsfragen betreffen:

* **Allgemeine Eigenschaften:**

  A1) Strikte Trennung zwischen Modell, Methode und Experiment
  A2) Interaktive Modellerstellung und Modelländerung (Modelldatenbasen) mit Teilmodellen und Modellbibliotheken
  A3) Verwendung von geeigneten Datentypen, die eine konsistente Modellbeschreibung ermöglichen
  A4) Verwendung verschiedener Sprachebenen für Modell-, Methoden- und Experiment-Ebene
  A5) Offenes System (beliebig erweiterbare Methodenbank, etc.)

* **Spezielle Eigenschaften:**

  S1) Modellbeschreibung auch mit Vektor- und Matrizenoperationen, auch für Tabellenfunktionen
  S2) Schnittstellen der Modelldatenbasis zu anderen Simulationssprachen
  S3) Methoden zur (automatischen) Generierung spezieller Modelle (über Bondgraphen, Compartements, Übertragungsfunktionen, System Dynamics etc.)
  S4) Verwendung moderner Integrationsalgorithmen (auch implizite)
  S5) Möglichkeiten zur Behandlung von Unstetigkeiten
  S6) Möglichkeit zur Skalierung des Systems
  S7) Optimierungsmethoden (Rückführung auf Parameteroptimierung)
  S8) Unterschiedliche Methoden zur Dokumentation von Simulationsergebnissen (2D-Plots, 3D-Plots, Tabellen, Plots mit Schichtenlinien) basierend auf der Ergebnisrepräsentation in Tabellenfunktionen
  S9) Eigenwertanalyse mit Linearisierung
  S10) Frequenzbereichsanalyse mit numerischen und analytischen Methoden)
  S11) Sensitivitätsanalyse
  S12) Erweiterungsmöglichkeiten für den Benutzer durch Einbindung eigener spezieller Methoden
  S13) Auf Experimentebene komplexe Kontrollstrukturenm wie Befehlsschleifen und bedingte Befehle zu Aufbau komplexer Experimente u.a. mit Hilfe von Tabellenfunktionen
  S14) Experimentelle Datentypen mit Durchführung implizierter Simulationsläufe mit/ohne Abspeicherung auf Tabellenfunktionen

* **Implementierung:**

  I1) auf MS-DOS- und UNIX- Ebene
  I2) Programmierung in C, Benutzererweiterungen möglich
  I3) Hardware: ab XT-PCs , DEC-Workstations

Verwiesen sei nochmals auf die Tatsache, daß HYBSYS ein offenes System ist Es seine Stärken in der Modellentwicklung, Modellvalidierung und Modellidentifikation, "Produktions-Simulationsläufe" können bei Bedarf auch mit anderen Sprachen fortgeführt werden.
Eine genauere Darstellung von HYBSYS findet sich in früheren Arbeiten (z.B. Solar und Breitenecker (1988), Breitenecker, Solar und Husinsky (1989)).

Das Tabellenfunktionen-Konzept im Simulationssystem HYBSYS

Eine der wesentlichen Neuheiten im SIMULATIONSSYSTEM HYBSYS ist sein Tabellenfunktionen-Konzept. Tabellenfunktionen stellen selbst aktive Teile des Modelles und der Modellbeschreibung dar. Sie erlauben das Vergleichen von Modellen, das Analysieren von Modellen durch unterschiedliche Ergebnisrepräsentationen, eine Sensitivitätsüberprüfung von Parametern und vieles andere mehr. Tabellenfunktionen können auch rasch geändert und umgerechnet werden, was insbesondere bei Modellen mit sehr vielen Eingangsdaten zum Tragen kommt wie z.B. im folgenden dargestellten Modell des Waldsterbens.
Üblicherweise verwenden Simulationssprachen Tabellen (-funktionen) auf der Ebene der Modellbeschreibung. In HYBSYS haben Tabellenfunktionen auch auf der Experimentierebene wesentliche Bedeutung und einen sehr großen Anwendungsbereich. Ferner begründen sie die Technik der implizierten Simulationsläufe, die die Basis zum einfachen Aufbau komplexer Experimente sind (Solar und Breitenecker, 1988).

Automatische Modellbildung in HYBSYS

Wie bereits kurz angedeutet unterstützt HYBSYS durch seine Struktur, Modell-Methode-Experiment das automatische Erstellen von Modellen. Implementiert wurden und werden dazu Module, die auf verschiedenen Algorithmen zur automatischen Modellgenerierung basieren: Bondgraphen, Kompartments, Übertragungsfunktionen, System Dynamics, etc.
Insbesondere System Dynamics erlaubt Modellbildung auf interdisziplinären Gebieten, wie sie vor allem auch bei Umweltprozessen vorkommen. Zudem ermöglicht die genormte Struktur der eine fast vollständige Automatisierung der Modellerzeugung. Im Rahmen der Module für automatische Modellerzeugung wird HYBSYS auch System Dynamics als eine Möglichkeit dazu anbieten.
Eine Teilversion diese Moduls wurde bereits implementiert, er wird **EASIM** genannt, wobei dieser Name für Easy Simulation steht. Grundlage für die Modellbeschreibung vollständige System Dynamics- Beschreibung des Modelles, d.h. Zustandsgrößen, Ratengrößen, Hilfsgrößen und ihre kausalen Zusammenhänge. EASIM verwendet dabei eine spezielle Notation für Level und Ratengleichungen: jeder Level, also jede Zustandsgröße, hat eine Eingangsrate und eine Ausgangsrate, die dann in der entsprechenden Bilanz automatisch als Differntialgleichung erzeugt wird. Eingangrate und Ausgangsrate können dabei beliebige komplexe algebraische Ausdrücke sein, oder aber selbst wiederum Hilfsgrößen.
Zur Modellbeschreibung bietet EASIM drei "Pages" (Bildschirmseiten) an, die vom Benützer interaktiv erfragt werden. Auf der ersten Seite (Page) werden die Levelgrößen erfragt, der Benutzer hat sie namentlich vorzugeben; ebenso werden auf dieser Page in einem separaten Fenster die Hilfsgrößen namentlich festgelegt. Eine zweite Seite, die "Constant Page", legt alle vorkommenden Parameter fest; dazu gehören alle Systemparameter, Verstärkungsfaktoren etc. sowie alle Tabellenfunktionen und alle Anfangswerte für die Zustandsgrößen. Auf der dritten Seite, der "Model Page", werden die kausalen Zusammenhänge angegeben: automatisch werden für jeden definierten Level Eingangsrate und Ausgangsrate erfragt, sowie für alle auf der "Level Page" (Page 1) definierten Hilfsvariablen der kausale Zusammenhang zu allen anderen vorkommenden Größen.
Bild 3 zeigt ein einfaches Beispiel für diese Modellbeschreibung mit dem HYBSYS Modul EASIM. Als Beispiel wurde ein Modell aus der Sozioökonomie gewählt , nämlich das "War Model" von Richardson, ein Modell das den Konflikt zwischen zwei wett- bzw. aufrüstenden Konfliktpotentialen beschreibt. Dieses Modell kann auch für die Entwicklung in Umweltprozessen eingesetzt werden.

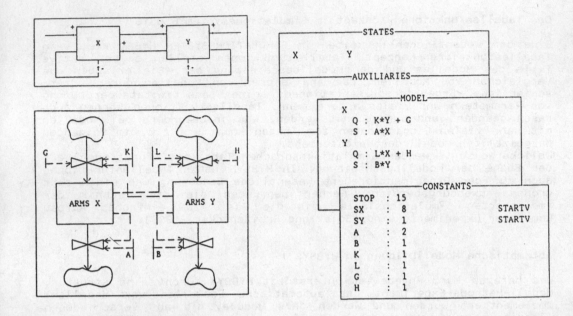

Bild 3: Modellbeschreibung mit dem System-Dynamics-Modul in HYBSYS am Beispiel des "War-Model" von Richardson

Nach Definition von Levels, Konstanten und des Modelles über die Rategleichungen erzeugt EASIM nun automatisch ein Modell in der üblichen HYBSYS-Syntax. Der Benutzer braucht, es sei ausdrücklich erwähnt, keine Ahnung von Differentialgleichungen zu haben. Das Ergebnis dieser Modellerzeugung sind eben die modellbeschreibenden Differentialgleichungen.

Erwähnt sei zudem, daß EASIM auch auf die Simulationssprache ACSL abbildet, eine sehr weitverbreitete Simulationssprache, die auf nahezu allen Rechnern implementierbar ist. Im Rahmen der Weiterentwicklung des HYBSYS Projektes werden vorkonfigurierte EASIM Modelle für spezielle Anwendungsbereiche im Umweltbereich entwickelt werden.

MODELL FÜR DAS WALDSTERBEN

Mit seinen Fähigkeiten kann nun HYBSYS vorteilhaft zur Simulation und Analyse von Umweltprozessen eingesetzt werden, was in einem Teilprojekt des vorher erwähnten Forschungsprojektes untersucht wurde.
Augenmerk wurde dabei vor allem auf die Modellanalyse gelegt, die die Aussagekraft der Modelle (die einzelnen Szenarios) in ihrer Gültigkeit näher abgrenzen sollte.

System-Dynamics-Modell für das Waldsterben

Ausgangspunkt bildete das Modell über das Waldsterben von H.Bossel et al. (1985). Dieses dynamische Modell wird oft in der System Dynamics

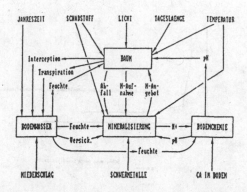

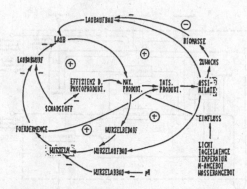

Bild 4: Gesamtmodell "Waldsterben"   Bild 5: Teilmodell BAUM

Notation formuliert, die auch dem mathematisch Ungeschulten tiefen
Einblick in die Dynamik der Wachstumsvorgänge gibt. Diese Notation
wurde und wird in HYBSYS als Methode implementiert, wodurch automatisch dynamische Modelle für derartig beschriebene Prozesse erzeugt
und verglichen werden können.

Das Gesamtmodell für die Dynamik des Waldsterbens besteht aus vier
Teilen (Bild 4). Das Teilmodell BAUM beschreibt die Dynamik des Baum-
wachstumes an sich. Das zweite Teilmodell BODENWASSER beschreibt den
Wasseraustausch im Boden, das Teilmodell BODENCHEMIE die chemischen
Reaktionen im zur Verfügung stehenden Boden, und das Teilmodell
MINERALISIERUNG den Austausch der Mineralstoffe.
Das wesentliche Modell ist das Teilmodell Baum, das mit System Dyna-
mics relativ einfach beschrieben werden kann (Bild 5). Man erkennt
bereits die positiven und negativen Rückkopplungen die zu einer Stabi-
lisierung bzw. zu einer Destabilisierung des Prozesses führen können.

Die Modellannahmen und Hypothesen für dieses Modell sind aus der Lite-
ratur bekannt. Das Baumsterben ist eine Funktionsstörung bzw. ein
Funktionszusammenbruch durch Schadstoffeinwirkung auf Blätter und auf
Wurzeln. Dementsprechend spricht man vom Wurzelpfad und vom Blattpfad.
Über den Wurzelpfad erfolgt eine Versäuerung des Bodens, die zu einer
Beschleunigung des Feinwurzelabbaues führt. Über den Blattpfad bewirkt
eine Erhöhung der Luftschadstoffe eine Herabsetzung der Photosyn-
theseleistung. Am Gesamtmodell ist feststellbar, daß keine biothischen
Schaderreger berücksichtigt wurden.
Betrachtet man das Teilmodell BAUM näher, so sieht man, daß die Baumfunktion selbst durch die Assimilatproduktion beschrieben wird. basierend auf Fotosynthese, Laubmenge , Feinwurzelmenge und Wasser- und
Nährstoffversorgung. Das Modell berücksichtigt ferner die jahreszeitliche Dynamik.
In den folgenden Untersuchungen und Simulationen wird das Modell BAUM
eigenständig betrachtet. Die übrigen Teilmodelle können nämlich vernachlässigt werden, wenn man davon ausgeht, daß genügend Feuchtigkeit
und genügend N-Angebot vorhanden ist.
Bild 6 zeigt nochmals das Teilmodell BAUM als Wirkungsdiagramm, in dem
näher die Baumfunktion in der Modellbeschreibung zu ersehen ist.

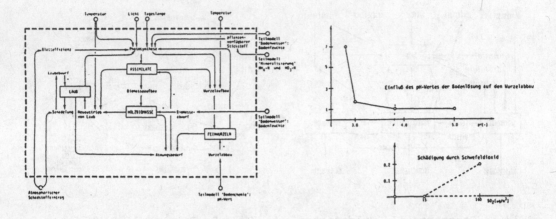

Bild 6: Wirkungsdiagramm   Bild 7: Wesentliche Wirkungstabellen

Implementation des Modelles BAUM in HYBSYS

Das eben vorgestellte Modell wurde in der Simulationssprache HYBSYS implementiert, teilweise unter Verwendung des Modellgenerators EASIM; komplexere Modellteile mußten in HYBSYS direkt implementiert bzw. nachimplementiert werden, vor allem kompliziertere Zusammenhänge bei Tabellenfunktionen, die in diesem Modell im Übermaß vorkommen.
Es ist bekannt, daß die Datenerfassung eines der wesentlichen Probleme bei Umweltprozessen ist, denn sie quantifizieren den kausalen Zusammenhang, der oft viel leichter zu entdecken ist. Die Daten sind es, die erst eine Identifikation des Modelles und ein Arbeiten mit dem Modell ermöglichen. Daten sind daher mehr als wesentlich für die Ergebnisse.
Bild 7 zeigt zwei wesentliche Tabellenfunktionen, die noch untersucht werden: der Einfluß des pH-Wertes der Bodenlösung auf den Wurzelabbau, also die Schädigung über den Wurzelpfad und die Schädigung durch Schwefeldioxyd, also die Schädigung über den Blattpfad.

Simulationsergebnisse des Ist-Zustandes mit HYBSYS

Ausgehend von den Arbeiten Bossels wurden für dieses Modell Daten aus dem Linzer Raum in das Modell mitverarbeitet. Die Simulationsergebnisse entsprechen den Erwartungen und zeigen den Ist-Zustand und die bekannten Phänomene des Prozesses.
Für die folgenden Ergebnisdarstellungen wurden die Variablen **Biomasse**, **Assimilate**, **Laub** und **Wurzeln** gewählt, wobei die erste Variable die allgemeinste und gesamt-räpresentativste ist. Bild 8 zeigt ein Simulationsergebnis mit normalem Baumwachstum, d.h. eine Simulation des Baumwachstums ohne den Einfluß von Schadstoffen, über einen Verlauf von zwanzig Jahren.
Simulation erlaubt das Experimentieren an einem Modell eines Prozesses. Entsprechend ist in Bild 8 das Verhalten des Baumwachstums bei unterkritischer SO_2-Belastung zu sehen, nach fünf Jahren wird eine SO_2-Belastung in der Höhe von 90 µg vor gegeben: der Baumbestand entwickelt sich zwar nicht mehr weiter dennoch stabilisiert er sich. Zu erwähnen ist, daß das Oszilieren der Variablen Assimilate, Laub und Wurzeln von der jahreszeitlichen Schwankung herrührt.
Erhöht man allerdings diese Belastung nur um 10 µg, so wird aus der unterkritischen eine überkritische Belastung: das Wachstum des Waldes bleibt zunächst stehen und scheint sich zu stabilisieren, allerdings

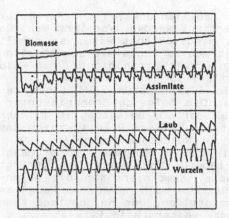

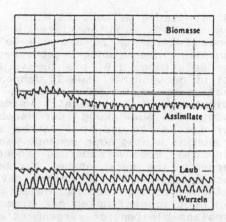

Bild 8: Normales Baumwachstum

Bild 9: Baumwachstum mit unterkritischer SO₂-Belastung

stirbt der Wald nach etwa 15 Jahren aus (Bild 10). Bereits dieses
Simulationsergebnis zeigt, daß das Modell und damit auch der Prozeß
(?) sehr parametersensitiv sein muß.
Dasselbe Verhalten kann bei der Schädigung über den Wurzelpfad
beobachtet werden. Eine unterkritische Bodenversäuerung ensteht z.B.
durch Herabsetzung des ph-Wertes auf 3 ab dem fünften: die Biomasse
wächst zwar nicht weiter, dennoch bleibt sie stabil. Senkt man diesen
pH-Wert nur weiter um 0,01 ab, so stirbt der Wald innerhalb kurzer
Zeit vollständig aus.

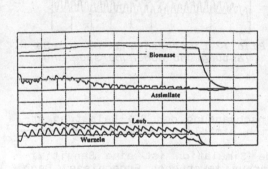

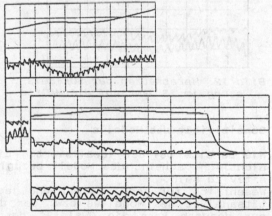

Bild 10: Baumwachstum bei über-
kritischer SO2-Belastung

Bild 11: Absetzen der SO2-Belastung
im 13. bzw. 15.Jahr

Gegenmaßnahmen in der Simulation mit HYBSYS

Einer der großen Vorteile der Simulation ist es auch, geplante Maßnahmen auf ihre Wirksamkeit und Tauglichkeit hin untersuchen zu
können, so auch hier bei der Dynamik des Waldsterbens: welche Gegenmaßnahmen sind sinnvoll, welche sind vertretbar, welche sind machbar?
Mit dem im Simulationssystem HYBSYS implementierten Modell wurden nun
einige Gegenmaßnahmen untersucht. Eine idealistische Gegenmaßnahme ist
die totale Einschränkung der SO₂-Belastung. Bild 11 zeigt ein derartiges Szenario: die nach 5 Jahren einsetzende SO₂-Belastung wird im 13.
Jahr wiederum auf Null reduziert. Der Baumbestand erholt sich und

wächst stetig weiter. In HYBSYS können Tabellenfunktion und Parameter
sehr einfach in automatisierter Form variiert werden. Variiert man nun
jenen Zeitpunkt, zu dem die Belastung eingeschränkt wird, so erhält
man sehr interessante Ergebnisse:.wartet man zu lange mit dem Absetzen
der Belastung, z.B. bis zum 15.Jahr, so erreicht man nichts,.der Wald
stirbt dennoch mit etwa 25 Jahren ab (Bild 11).
Realistischer ist die Annahme, daß die SO₂-Belastung auf einen bestimmten Wert herabgesetzt werden kann. Das folgende Szenario untersucht die Auswirkung der Herabsetzung der SO₂-Belastung im 13.Jahr
auf die Hälfte des im 5.Jahres aufgesetzten Wertes. Bild 12 zeigt das
Ergebnis: stetig aber dennoch kann sich der Waldbestand erholen.
Für die Bodenversäuerung können ähnliche Ergebnisse vorhergesagt
werden. Eine Herabsetzung der Bodenversäuerung ab dem 13.Jahr bringt
auch wiederum ein Ansteigen der Biomasse. Kombiniert man die Gegenmaßnahmen, durch welche legistische Maßnahmen auch immer, so kann man
ein deutliches Erholen der Biomasse feststellen, der Waldbestand kann
erhalten bleiben, er vergrößert sich sogar weiter (Bild 13).

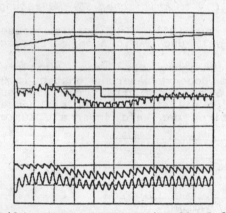 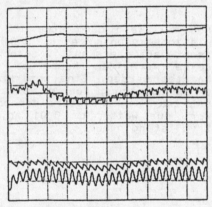

Bild 12: Herabsetzen der SO₂-Bela-
stung im 13.Jahr auf die Hälfte

Bild 13 Einschränkung von SO2-Be-
lastung und Bodenübersäuerung

Sensitivität des Modells

Wie bereits bei der idealisierten Einschränkung der SO₂-Belastung ersichtlich, scheint das Modell bezüglich einzelner Parameter sehr sensitiv zu sein.
Wesentlich für jedes Modell und jede Simulation ist eine Sensitivitätsanalyse des Modelles bzw. der daraus gewonnenen Ergebnisse. Denn
nur dadurch kann die Qualität der Vorhersagen richtig eingeschätzt
werden. HYBSYS erlaubt nun durch seine Methodenstruktur (Parameter-
variation, etc.) eine Sensitivitätsanalyse des Modelles. Dabei werden
Eingangsparameter bzw. Eingangsfunktionen (eben gemessene oder anders
ermittelte Werte) gestört und beobachtet, wie sich die Ergebnisse verändern. Verändern sie sich nur geringfügig in quantitativer Form, so
kann man von einer hinreichenden stabilen Situation sprechen; verändern sie sich hingegen qualitativ so ist das Modell sensitiv gegenüber diesem Parameter. Zum Simulationsergebnis ist dann unbedingt
diese Sensitivität mitzuvermerken.
Im Rahmen der Experimente mit dem Modell stellte sich heraus, daß es
besonders sensitiv gegenüber den bereits erwähnten Tabellenfunktionen,
die den Einfluß des pH-Wertes auf den Wurzelabbau und die Schädigung
durch Schwefeldioxyd beschreiben, ist. Verändert man nämlich diese Tabellenfunktionen nur um 10 % nach oben bzw. unten (Bild 14) - was unter der Meßgenauigkeit liegt -, so ändert sich das simulierte Verhal-

ten wesentlich: bei gleichen anderen Parametern erholt sich der Wald nicht, sondern der Wald stirbt trotz der Reduktion der kombinierten Belastungen nach etwa 20 Jahren vollständig aus. Bild 15 zeigt dieses sehr interessante Ergebnis.

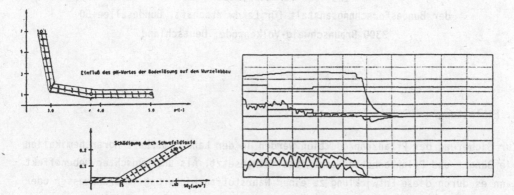

Bild 14: Variation der Wirkungstabellen um 10%

Bild 15: Sensitivität: Absterben des des Waldes (gleiche Werte wie Bild 13)

ZUSAMMENFASSUNG

Simulation stellt sich als wesentliches Hilfsmittel zur Problemanalyse und auch zur Vorhersage von Gegenmaßnahmen für Umweltprozesse bzw. Umweltschädigungen dar. Simulationssysteme wie HYBSYS erleichtern hier wesentlich die Arbeit. Die Unterstützung von Simulationssystemen allerdings muß auch so weit gehen, daß wie im gezeigten Fall, auch die Güte des Modelles abgeschätzt werden (z.B. Sensitivitätsanalyse). Das Simulationssystem HYBSYS wird, wie bereits erwähnt, im Rahmen von Forschungsprojekten weiterentwickelt bzw. in bestimmten Anwendungssparten ,u.a. auch in der Umwelttechnik, eingesetzt werden. Das vorgestellte modifizierte Bossel-Modell für das Waldsterben wird ebenfalls weiterentwickelt und für spezifische österreichische Verhältnisse modifiziert werden, wobei allerdings das Hauptaugenmerk auf in der Simulationstechnik liegt, d.h. auf der Untersuchung der Sensibilität des Modelles an sich und auf der Suche nach stabilen Parametern bzw. stabileren Beschreibungsformen.

LITERATUR

Bossel H, Metzler W., Schäfer H.: Dynamik des Waldsterbens. Fachberichte Simulation Bd.4 (Hrsg.B.Schmidt,D.Möller), Springer (1986).
Breitenecker F., Solar D.: Models, methods, experiments - modern aspects of simulation langages. Proc.2nd European Simulation Conference, Antwerpen, Sept.1986, SCS-Publishing, 195-199.
Breitenecker F., Solar D., Husinsky I: HYBSYS - a new simulation system. Proc.3rd European Simulation Conference, Edinburgh, Sept. 1989, SCS-Publishing
Solar D., Breitenecker F.: The simulations system HYBSYS. Proc. European Simulation Multiconference, Nizza, Juni 1988 (SCS-Publishing).
Solar D., Breitenecker F.: Das Simulationssystem HYBSYS und sein Tabellenfunktionenkonzept. Informatik-Fachberichte 150, Springer (1987), 187-196.

Stochastische Modelle für den Stofftransport in der wasserungesättigten Bodenzone

Ernst Witte

Institut für Biosystemtechnik

der Bundesforschungsanstalt für Landwirtschaft, Bundesallee 50

3300 Braunschweig-Völkenrode, Deutschland

1. Einleitung

Zur Sicherung der Pflanzenproduktion werden in der Landwirtschaft Agrarchemikalien
wie Dünger und Pflanzenbehandlungsmittel eingesetzt. Als unerwünschter Nebeneffekt
kann es durch diese Entwicklung zu einer Nährstoffanreicherung im Grundwasser oder
zu einer Kontamination des Grundwassers mit Pflanzenbehandlungsmitteln kommen.
Durch bessere Kenntnisse der sich im Boden abspielenden Grundprozesse Transport,
Speicherung und Umwandlung können sowohl die Nutzwirkungen verbessert als auch die
negativen Folgen für die Umwelt vermindert werden. Einen wichtigen Beitrag dazu können Simulationsmodelle [1, 2] liefern.
Ein Hauptproblem bei der Verwendung von Transportmodellen im Feldmaßstab besteht in
der großen räumlichen, aber auch zeitlichen Variabilität der physikalischen, chemischen und biologischen Eigenschaften des Systems Boden-Wasser-Luft-Biota, durch das
die ungesättigte Zone gekennzeichnet ist. In den letzten Jahren wurden daher verstärkt Anstrengungen unternommen, dieser Variabilität der Parameter durch Entwicklung
stochastischer Modelle [3] Rechnung zu tragen.

2. Elemente deterministischer Modelle

Das Schicksal der gelösten Stoffe in der ungesättigten Bodenzone wird durch eine große Anzahl von physikalischen, chemischen und biologischen Vorgängen bestimmt. Im
folgenden werden zunächst die wichtigsten Prozesse für deterministische Modelle zusammengestellt. Diese deterministischen Modelle bilden dann im weiteren den Zugang zu
einer stochastischen Modellauffassung.

2.1 Konvektion

Der wichtigste Mechanismus, der eine Bewegung von im Wasser gelösten Stoffen im Boden verursacht, ist der konvektive Transport mit dem in den Boden einsickernden Wasser. Dabei ist Höhe der transportierten Stoffmenge proportional dem Wasserfluß der Versickerung

$$u_C = qC \tag{1},$$

wobei $u_C(kg/m^2s)$ der konvektive Stofffluß, $q(m/s)$ der Wasserfluß und $C(kg/m^3)$ die Konzentration des gelösten Stoffes ist.

2.2 Dispersion

Neben der Konvektion ist als weiterer Vorgang die molekulare Diffusion für den Transport von gelösten Stoffen im Boden verantwortlich. Bei der Diffusion tritt immer eine thermische Zufallsbewegung der Moleküle auf, unbeschadet dessen, ob eine Bewegung der entsprechenden Phase stattfindet oder nicht. Dadurch wird ein Ausgleich zwischen den Konzentrationsunterschieden in den verschiedenen Bereichen bewirkt. Wenn der Boden von Wasser durchströmt wird, tritt als dritter eine Bewegung verursachender Vorgang die hydrodynamische Dispersion in Erscheinung. Sie wird durch die im mikroskopischen Maßstab auftretende ungleichförmige Wasserbewegung im Boden verursacht. In großen Poren ist die Strömungsgeschwindigkeit größer als in kleinen, und in Porenmitte schneller als in Wandnähe. Weiterhin weicht die Strömungsrichtung in den einzelnen Poren von der Hauptströmungsrichtung ab. Die Modellierung dieser Vorgänge ist im einzelnen kaum möglich. Deshalb werden sie im makroskopischen Maßstab durch einen ähnlichen Prozess wie die molekulare Diffusion dargestellt, die dem Fickschen Gesetz gehorcht. Folglich ist der durch die Dispersion beschriebene Fluß eines gelösten Stoffes $u_D(kg/m^2)$ proportional dem Konzentrationsgradienten

$$u_D = -D\frac{\partial C}{\partial x} \tag{2},$$

worin $D(m^2/s)$ den Dispersionskoeffizienten bezeichnet.

Dieser Dispersionskoeffizient umfaßt die molekulare Diffusion, die geschwindigkeitsunabhängig ist, und die hydrodynamische Dispersion, die von der Wassergeschwindigkeit abhängt. Deshalb kann der Ansatz

$$D = D_M + D_0 v \tag{3}$$

gemacht werden, worin $D_M(m^2/s)$ der molekulare Diffusionskoeffizient, $D_0(m)$ die Dispersivität und $v(m/s)$ die mittlere Porenwassergeschwindigkeit ist, die nach

$$v = q/\theta \tag{4}$$

berechnet werden kann, wobei $\theta\,(m^3/m^3)$ den volumetrischen Wassergehalt bedeutet. In der Praxis kann die molekulare Diffusion meist vernachlässigt werden, außer wenn die Versickerung sehr langsam erfolgt.

2.3 Adsorption/Desorption

Während des Durchfließens der ungesättigten Zone sind die gelösten Stoffe zahlreichen Wechselwirkungen mit den Bodenteilchen ausgesetzt, die sich unter dem allgemeinen Begriff Adsorption/Desorption zusammenfassen lassen. Die verschiedenen Adsorptionsvorgänge hängen sowohl von den chemischen Eigenschaften der gelösten Stoffe als auch von der Oberfläche der Bodenteilchen ab und sind so komplex, daß eine detaillierte Modellierung gegenwärtig unmöglich erscheint. Es wurden jedoch verschiedene Modelle vorgeschlagen, in denen alle Adsorptionsvorgänge in einer einzigen empirischen Gleichung zusammengefaßt werden. Das einfachste und am meisten benutzte Modell ist die lineare Gleichgewichtsisotherme

$$S = K_D C \tag{5},$$

worin $S(kg/kg)$ die adsorbierte Konzentration und $K_D(m^3/kg)$ der Teilungskoeffizient ist.

2.4 Degradation

Der Abbau oder die Umwandlung der gelösten Stoffe in der wasserungesättigten Bodenzone wird durch zahlreiche Vorgänge bewirkt. Im einzelnen sind es vor allem die physikalisch-chemischen Prozesse wie der Photozerfall, die Hydratation und die Oxidation und die biologischen Prozesse wie der biologische Abbau und die Aufnahme durch die Pflanzen. Auch hier sind die Prozesse so zahlreich und verschieden, daß ihre vollständige und detaillierte Modellierung unmöglich ist. Häufig wird deshalb zur Beschreibung dieser Vorgänge ein kinetisches Modell erster Ordnung benutzt, in dem alle Prozesse in einem einzigen Koeffizienten zusammengefaßt sind. Dieser Koeffizient kann folglich nur experimentell bestimmt werden und wird durch eine Vielzahl anderer Parameter wie pH-Wert, Temperatur, Wassergehalt, mikrobielle Aktivität usw. beeinflußt. Das Modell kann durch

$$W = -\nu(\theta C + \rho S) \tag{6}$$

dargestellt werden, worin $W(kg/m^3s)$ der Abnahmegrad, $\rho(kg/m^3)$ die Haufwerksdichte und $\nu(s^{-1})$ der Abbaukoeffizient ist. Dieser Koeffizient wird bisweilen durch die Halbwertzeit gemäß nachstehender Beziehung ausgedrückt

$$t_{1/2} = \ln 2/\nu \tag{7}$$

2.6 Transportmodelle

Für eine Modellierung des Stofftransportes im Boden können die vorstehend beschriebenen Prozesse miteinander kombiniert werden. Als allgemeinster Fall ergibt sich so das Konvektions-Dispersions-Adsorptions-Degradations-Modell

$$\frac{\partial \theta C}{\partial t} + \frac{\partial \rho K_D C}{\partial t} = \frac{\partial}{\partial x}\left[\theta D \frac{\partial C}{\partial x}\right] - \frac{\partial q C}{\partial x} - \nu C(\theta + \rho K_D) \tag{8}$$

Diese Gleichung vereinfacht sich, wenn man durch θ teilt und θ, D, q, ρ, K_D und ν als konstant annimmt zu

$$R \frac{\partial C}{\partial t} = \frac{\partial^2 C}{\partial x^2} - \nu \frac{\partial C}{\partial x} - \nu R C \tag{9}$$

mit dem Retardationsfaktor $R = 1 + \rho K_D/\theta$.

Wenn man die Adsorption und Degradation außer acht läßt, erhält man schließlich das klassische Konvektions-Dispersions-Modell

$$\frac{\partial C}{\partial t} = D \frac{\partial^2 C}{\partial x^2} - \nu \frac{\partial C}{\partial x} \tag{10}$$

Diese beiden Modelle werden im weiteren als Grundlage für die stochastische Modellierung dienen.

3. Räumliche Variabilität der Modellparameter

Während die räumliche Variabilität der physikalischen und hydraulischen Eigenschaften des Bodens schon seit längerem Gegenstand ausführlicher Untersuchungen war [4, 5] wurde den chemischen Eigenschaften erst seit kurzem die notwendige Beachtung geschenkt [6]. Ebenso wurden bisher die außerordentlich wichtigen Korrelationen zwi-

schen den einzelnen variablen Parametern kaum untersucht. Trotzdem sind zahlreiche
Arbeiten zur Charakterisierung der räumlichen Variabilität der Parameter, die das
Schicksal eines gelösten Stoffes in der ungesättigten Zone bestimmen, veröffentlicht
worden, deren wichtigste Ergebnisse in einer kürzlich erschienenen Übersicht [7] zusammengefaßt wurden und sich gemäß **Tafel 1** darstellen. Ein wichtiger Bestandteil dieser Tafel ist der Variationskoeffizient Vk, der sich als Quotient aus Standardabwei-
chung und Mittelwert ergibt und ein repräsentativer statistischer Parameter für den
Grad der beobachteten räumlichen Variabilität ist.

Parameter	Anzahl der Arbeiten	Bereich der Mittelwerte	Bereich des Variations-koeffizienten
Haufwerksdichte ρ	12	1200-1650 (kg/m^3)	0,03-0,26
Porosität n	7	0,367-0,530 (m^3/m^3)	0,06-0,13
Durchlässigkeitskoeffizient K_{Sat}	17	0,000084-0,038 (m/s)	0,46-6,27
Rückhaltekapazität θ_R	5	0,078-0,450 (m^3/m^3)	0,04-0,54
Welkepunkt θ_W	5	0,041-0,193 (m^3/m^3)	0,14-0,51
Teilungskoeffizient K_D	3		0,29-0,45
Halbwertszeit $t_{1/2}$	3		0,07-0,31

Tafel 1. Zusammenstellung über die räumliche Variabilität der Modellparameter
in verschiedenen Arbeiten.

Nach Tafel 1 können die Parameter gemäß ihrer Variabilität in drei Klassen eingeteilt
werden:
  wenig variable Parameter (Vk<0,2)
  - Haufwerksdichte
  - Porosität
  mittelmäßig variable Parameter (0,2<Vk<0,5)
  - Rückhaltekapazität
  - Welkepunkt
  - Teilungskoeffizient
  - Halbwertszeit
  stark variable Parameter (Vk>0,5)
  - Durchlässigkeitskoeffizient

Dabei zeigen die wenig oder mittelmäßig variablen Parameter eine symmetrische, die
stark variablen Parameter hingegen eine mehr oder weniger unsymmetrische Verteilungs-
dichtefunktion.

4. Stochastische Modelle

4.1 Vorhandene stochastische Modelle

Im folgenden wird eine kurze Übersicht über die bisher veröffentlichten gängigen Modellansätze für eine stochastische Betrachtungsweise dargeboten. Eine gemeinsame Annahme dieser stochastischen Methoden ist, daß alle oder auch nur bestimmte Systemparameter im Feldmaßstab zufällige Variable mit bestimmten Wahrscheinlichkeitsverteilungen sind. Die räumliche Variabilität erstreckt sich dabei nur über die horizontale Fläche, während in vertikaler Richtung die Parameter als konstant angenommen werden. Man kann sich das Feld daher auch als aneinandergereihte homogene Bodensäulen vorstellen, für die jeweils ein anderer Satz von Systemparametern gilt.

4.1.1 Scaling-Methode

Die Scaling-Methode stellt einen der ersten Versuche dar, die Heterogenität eines Bodens zu modellieren [8]. Dazu werden die Unterschiede in einem heterogenen Boden als Maßstabsänderungen eines hypothetischen Referenzbodens aufgefaßt. Ein einfacher Längenparameter oder Maßstabsfaktor λ charakterisiert dabei die relative Vergrößerung des betreffenden Feldbereiches relativ zu dem Referenzboden. Bei der Anwendung der Scaling-Methode auf Transportprobleme im Feldmaßstab wird dann λ als eine Zufallsvariable mit einer bestimmten Häufigkeitsverteilung angenommen.

4.1.2 Transfer-Funktionen-Methode

Übertragungsfunktionen werden zur Beschreibung von Systemen benutzt, deren innerer Mechanismus weitestgehend unbekannt ist und deshalb als Blackbox aufgefaßt werden muß. Es liegt wegen der in der ungesättigten Zone vorherrschenden komplexen Verhältnisse nahe, diese Methode auch auf den Stofftransport anzuwenden [9]. Die Übertragung der Bodenlösung in eine vorgegebene Tiefe wird dabei als eine stochastische Funktion des an der Bodenfläche eindringenden Wassers betrachtet. Diese auch Lebenszeitdichtefunktion genannte Übertragungsfunktion beinhaltet alle Effekte der im Boden ablaufenden Prozesse wie Konvektion, Dispersion, Adsorption und Degradation. Für sie wird in der Regel ebenfalls eine logarithmisch normale Häufigkeitsverteilung angenommen.

4.1.3 Monte-Carlo-Methode

Bei Monte-Carlo-Simulationen [10] wird nach der zufälligen Wahl eines Parametersatzes aus den kennzeichnenden Häufigkeitsverteilungen mit Hilfe des Transportmodells ein Konzentrationswert berechnet. Dieser Vorgang wird solange wiederholt, bis eine hinreichend große Anzahl von möglichen Ausgabewerten vorliegt. Mit diesen Ausgabewerten kann dann der Mittelwert, die Varianz oder aber auch durch Klassierung die Häufigkeitsverteilung berechnet werden. Dabei wird angenommen, daß diese statistischen Größen die Eigenschaften des stochastischen Transportprozesses repräsentieren.

Die Scaling-Methode kann als Sonderfall der Monte-Carlo-Methode aufgefaßt werden, bei der alle physikalischen Eigenschaften des Bodens in einem vorgegebenen Punkt aufgrund ihrer Darstellung durch einen gemeinsamen Maßstabsfaktor vollkommen miteinander korrelieren.

4.2. Spezifische Eigenschaften stochastischer Modelle

Mit einem einfachen Beispiel sollen nun im weiteren die wesentlichen Eigenheiten der stochastischen Modellierung deterministischen Modellaussagen gegenübergestellt werden. Dazu wird auf das klassische Konvektions-Dispersions-Modell, Gl.(10) zurückgegriffen. Mit den Anfangs- und Randbedingungen

$$C(x, 0) = 0$$

$$C(0, t) = C_0 \tag{11}$$

$$\frac{\partial C}{\partial x}(\infty, t) = 0$$

erhält man dafür die analytische Lösung [11]

$$C(x,t) = \frac{C_0}{2} \left\{ \text{erfc}\left[\frac{x - vt}{2(Dt)^{1/2}} \right] + \exp(\frac{vx}{D}) \, \text{erfc}\left[\frac{x + vt}{2(Dt)^{1/2}} \right] \right\} \tag{12}.$$

Für die Monte-Carlo-Simulation wird der Modellparameter Porenwassergeschwindigkeit v zufällig aus einer logarithmischen Normalverteilung, gekennzeichnet durch Mittelwert μ und Varianz σ, gezogen. Der weitere Modellparameter D wird vermittels Gl.(3) zu v in funktionale Beziehung gesetzt, wobei die molekulare Diffusion D_M gegenüber der hydrodynamischen Dispersion vernachlässigt wird.

Als erstes Ergebnis sind in **Bild 1** die Mittelwerte der relativen Konzentration C/C_0 über der Bodentiefe für zwei verschiedene Variationskoeffizienten gegenübergestellt, wobei Vk = 0 einem deterministischen Modell entspricht. Besonders eindrucksvoll ist, wie das im deterministischen Fall sigmaförmige Konzentrationsprofil im stochastischen Fall in einen mehr oder weniger hyperbolischen Verlauf übergeht. In größeren Bodentiefen ergibt sich dadurch eine höhere Konzentration, während diese in der Nähe der Bodenoberfläche kleiner wird. Dies wird in erster Linie durch eine große Variabilität der Porenwassergeschwindigkeit verursacht, die in Bereichen mit großen Geschwindigkeitswerten den Stoff tief in den Boden einträgt, während andererseits die sehr kleinen Geschwindigkeiten den Stoff nicht weit in die Tiefe eindringen lassen, und als Konsequenz daraus ergibt sich für den mittleren Profilbereich eine kleinere Konzentration als für das deterministische Modell. Wichtig ist zu bemerken, daß keine einzelne Geschwindigkeit so gewählt werden kann, daß sie den Verlauf des Mittelwertes der stochastischen Modellierung hervorbringt. Das bringt noch einmal die Notwendigkeit der stochastischen Modellbildung zum Ausdruck

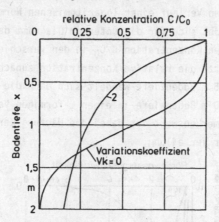

Bild 1. Einfluß des Variationskoeffizienten auf das Konzentrationsprofil;
t = 50 d, μ_V = 2 cm/d, D_0 = 7,5 cm, N = 500

Die Auswirkung der Dispersion auf die Konzentrationsverteilung wird in **Bild 2** dargestellt.

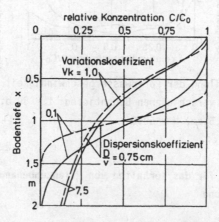

Bild 2. Einfluß des bezogenen Dispersionskoeffizienten auf das Konzentrationsprofil; t = 50 d, μ_V = 2 cm/d, N = 500

Während für einen Variationskoeffizienten Vk = 0,1 die Änderung der Dispersität um
den Faktor 10 noch einen wesentlichen Einfluß auf den Konzentrationsverlauf ausübt,
ist er für Vk = 1,0 schon vernachlässigbar klein.

Diese Beobachtung steht im Einklang mit verschiedenen Untersuchungen [12, 13], in
denen festgestellt wurde, daß bei einer stochastischen Modellierung die Dispersion an
Bedeutung verliert und unbeachtet bleiben kann.

Die in **Bild 3** gezeigten Häufigkeitsverteilungen wurden durch Klassierung der entsprechenden Werte aus 5000 Simulationsläufen in 20 Klassen gewonnen. Die oben im Diagramm dargestellte Häufigkeitsverteilung des Modellparameters Porenwassergeschwindigkeit zeigt den gewünschten Verlauf einer logarithmischen Normalverteilung. Ein interessantes Ergebnis ergibt sich für die unten im Diagramm dargestellten Häufigkeitsverteilungen der relativen Konzentration C/C_0 in den verschiedenen Bodentiefen. An
der Bodenoberfläche besitzt die relative Konzentration zunächst den Wert 1. Von einem
J-förmigen Verlauf in 0,5 m Bodentiefe wandelt sich dann die Verteilung über einen
U-förmigen Verlauf in 1,0 m Bodentiefe in einen L-förmigen Verlauf in 1,5 und 2,0 m
Bodentiefe. Besonders bemerkenswert ist dabei die Häufung der Werte an der unteren
und oberen Begrenzung der Verteilung.

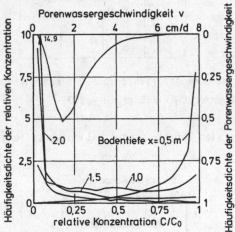

Bild 3. Häufigkeitsverteilung der Porenwassergeschwindigkeit und der relativen
Konzentration in verschiedenen Bodentiefen; t = 50 d, μ_v = 2 cm/d,
Vk = 0,5, D_0 = 7,5 cm, N = 5000

5. Stochastisches Modell für das Verhalten von Pflanzenbehandlungsmitteln in der wasserungesättigten Zone

Im folgenden soll ein einfaches stochastisches Modell für die Simulation des Verhaltens von Pflanzenbehandlungsmitteln in der wasserungesättigten Bodenzone entwickelt
werden.

Den Kern des Modells bildet das Konvektions-Dispersions-Adsorptions-Degradations-Modell Gl.(9), das für die Anfangs- und Randbedingungen

$$C(x,0) = 0$$

$$(-D \frac{\partial C}{\partial x} + vC)\Big|_{x=0} = \begin{cases} vC_0 & 0 < t \leqq t_0 \\ 0 & t > t_0 \end{cases} \tag{13}$$

$$\frac{\partial C}{\partial x} (\infty,t) = 0$$

die deterministische Lösung [11]

$$C(x,t) = \begin{cases} C_0 \ F(x,t) & 0 < t \leqq t_0 \\ C_0 \left[F(x,t) - F(x,t - t_0)\right] & t > t_0 \end{cases} \tag{14}$$

mit

$$F(x,t) = \frac{v}{(x+u)} \exp \left[\frac{(v-u)x}{2D}\right] \mathrm{erfc} \left[\frac{Rx - ut}{2(DRt)^{1/2}}\right]$$

$$+ \frac{v}{(x+v)} \exp \left[\frac{(v+u)x}{2D}\right] \mathrm{erfc} \left[\frac{Rx + ut}{2(DRt)^{1/2}}\right]$$

$$+ \frac{v^2}{2vD} \exp \left[\frac{vx}{D} - \frac{vt}{R}\right] \mathrm{erfc} \left[\frac{2R + vt}{2(DRt)^{1/2}}\right] \tag{15}$$

und

$$u = v(1 + 4 v D/v^2)^{1/2} \tag{16}$$

besitzt.

Für die Monte-Carlo-Simulation wird angenommen, daß die Porenwassergeschwindigkeit einer logarithmischen Normalverteilung gehorcht, während für das zweite Glied des Retardationsfaktors $R = 1 + \rho/(\theta K_D)$ und für die Abbaurate v eine Normalverteilung vorausgesetzt wird.
Die Anfangskonzentration C_0 ergibt sich aus der Annahme, daß eine auf der Bodenoberfläche ausgebrachte Menge $M(kg/m^2)$ während des Zeitraumes $0 \leqq t \leqq t_0$ mit der Porenwassergeschwindigkeit v in das Bodenprofil eingewaschen wird, zu

$$C_0 = M/(vt_0) \tag{17}.$$

Zur Berücksichtigung der wichtigsten klimatischen Bedingungen sind für das Modell monatliche Werte des Niederschlages und der Evapotranspiration bereitzustellen, die einen Durchschnittswert für die Infiltrationsrate liefern. Ausgehend von diesem Wert, wird dann eine durchschnittliche Porenwassergeschwindigkeit in Abhängigkeit von der Bodendurchlässigkeit und -porosität berechnet.

Als Ergebnis liefert das Modell die in **Bild 4** als Beispiel dargestellten stochastischen Durchbruchkurven für verschiedene vorgegebene Überschreitungswahrscheinlichkeiten in einer Bodentiefe von 1,5 m. Besser noch als Konzentrationswerte gibt jedoch die Stoffmenge oder der Stofffluß, der das Grundwasser erreicht und von der Wanderungsgeschwindigkeit abhängt, Auskunft über den Grad der Grundwasserkontamination. Diese Größen können ebenfalls vermittels der Beziehungen

$$u_S = vC(x, t) \tag{18}$$

und

$$M' = \int_o^\infty u_S \, dt \tag{19}$$

berechnet werden.

Damit ist ein Werkzeug gegeben, mit dem das Risiko einer möglichen Grundwasserverunreinigung durch Agrochemikalien auf der Grundlage einer stochastischen Modellierung, die den heterogenen Charakter der Bodeneigenschaften ins Kalkül zieht, wirklichkeitsnah geschätzt werden kann.

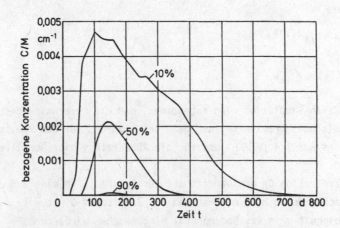

Bild 4. Durchbruchkurven für verschiedene Überschreitungswahrscheinlichkeiten.

Literatur

[1] Nielsen, D.R., M. Th. Van Genuchten u. J.W. Biggar: Water flow and solute transport processes in the unsaturated zone.
Water Resour. Res. 22 (1986) S. 89S-108S.

[2] Van Genuchten, M.Th. u. W.A. Jury: Progress in unsaturated flow and transport modeling.
Reviews of Geophysics 25 (1987) S. 135-140.

[3] Sposito, G., W.A. Jury u. V.K. Gupta: Fundamental problems in the stochastic convection-dispersion model of solute transport in aquifers and field soils.
Water Resour. Res. 22 (1986) S. 255-262.

[4] Nielsen, D.R., J.W. Biggar u. K.T. Erh: Spatial variability of field measure soil-water properties.
Hilgardia 42 (1973) S. 215-259.

[5] Dahiya, I.S., J. Richter u. R.S. Malik: Soil spatial variability: A review
Intern. J. Trop. Agr. 2 (1984) S. 1-102.

[6] Rao, P.S.C., K.S.V. Edvardsson, L.T. Ou, R.E. Jessup, P. Nkedi-Kizza u. A.G. Hornsby: Spatial variability of pesticide sorption and degradation.
In: Garner, W.Y., R.C. Honeycutt u. H.N. Nigg (Hrsg.): Evaluation of pesticide in ground water.
American Chemical Society Symposium Series No. 315, Washington D.C., 1986.

[7] Jury, W.A.: Spatial variability of soil physical parameters in solute movement. A critical literature review.
Electric Power Research Institute, Rep. No. EPRI EA-4228, Pablo Alto, Calf., 1985.

[8] Curtis, A.A., K.K. Watson u. M.J. Jones: The numerical analysis of water and solute movement in scale heterogeneous profiles.
Transport in Porous Media 2 (1987) S. 479-496.

[9] Jury, W.A., G. Sposito u. R.E. White: A transfer function model of solute transport through soil. 1. Fundamental concepts.
Water Resour. Res. 22 (1986) S. 243-247.

[10] Amoozegar-Fard, A., D.R. Nielsen u. A.W. Warrick: Soil solute concentration for spatially varying pore-water velocities and apparent diffusion coefficients.
Soil Sci. Soc. Am. J. 46 (1982) S. 3-9.

[11] Van Genuchten, M.Th. u. W.J. Alves: Analytical solutions of the one-dimensional convective-dispersive solute transport equation.
U.S. Depart. of Agr., Agric. Res. Serv., Techn. Bull. No. 1661, 1982.

[12] Dagan, G. u. E. Bresler: Solute dispersion in unsaturated heterogeneous soil at field scale.
Soil. Sci. Soc, Am. J. 43 (1979) S. 461-467.

[13] Simmons, C.S.: A stochastic-convective transport representation of dispersion in one-dimensional porous media systems.
Water Resour. Res. 18 (1982) S. 1193-1214.

Abfallmengenstöme von Städten und Regionen

Entwicklung eines EDV-unterstützten Modells zur
Darstellung der Abfallmengenströme in Städten und Regionen

Johann Mayr
Büro G. Vogel
1030 Wien, Weyrgasse 5/15A

Deskriptoren: Abfallmengenströme, Städte und Regionen, Grafische Darstellung, Abfallwirtschaftskonzepte, Abfallwirtschaftsplanung, EDV-unterstütztes Planungsmodell

Zusammenfassung:
Die vorgestellte Arbeit hatte das Ziel, ein EDV-unterstütztes, grafisches Mengenflußbild für die Abfallwirtschaft von Städten oder Regionen zu erstellen. Es ist für Abfallwirtschaftsfachleute gedacht und soll eine übersichtliche grafische Darstellung der Abfallmengen und -ströme als Diskussions- und Planungsgrundlage für Politiker, Planer und Bürger liefern. Das Programm ist in der Programmiersprache C geschrieben und läuft unter dem Betriebssystem MS-Windows.

1. ZIELSETZUNG

Das Ziel des Forschungsprojektes bestand in der Entwicklung eines EDV-unterstützten Modells zur Darstellung der Abfallmengen- ströme in Städten und Regionen und zur Simulation der Auswirkungen abfallwirtschaft- licher Maßnahmen auf diese Massenströme.

Zunächst wird der fachliche Hintergrund er- klärt, der diese Entwicklung notwendig machte. Anschließend wird auf den Aufbau des Modells und die technischen EDV-Details eingegangen.

2. HINTERGRUND DER PROGRAMM-ENTWICKLUNG

In der modernen Abfallwirtschaft geht es vor allem darum, die Abfälle, die aus den Produk- tions-, Distributions- und Konsumprozessen an das Ökosystem zurückgegeben werden, in Menge und Schadstoffgehalt möglichst zu minimieren. Die Zielhierarchie lautet demge- mäß, Abfälle zu vermeiden, zu verwerten und die Reststoffe umweltgerecht zu entsorgen.

Unter Abfallvermeidung ist sowohl die qualita- tive Vermeidung (Abfälle mit geringeren Gefährdungspotential) als auch die quantita- tive Vermeidung (weniger Abfälle) zu verste- hen. Abfallverwertung umfaßt die stoffliche Verwertung (z. B. Altpapier), die biogene Verwertung (Kompostierung) oder die thermi- sche Verwertung (z. B. Abfallverbrennung mit

Abwärmenutzung). Die umweltgerechte Entsorgung schließt die Konditionierung, Immobilisierung, Inertisierung und geordnete Deponierung von inerten Stoffen ein.

2.1 Die Unsichtbarkeit der Abfälle

Ein grundlegendes Problem des öffentlichen Verständnisses für abfallwirtschaftliche Zusammenhänge, liegt in der "Unsichtbarkeit" der Abfälle.

Wurden früher die Abfälle irgendwo in der Landschaft abgelagert oder vergraben (Schottergruben, Mulden, Gräben, etc.), so sah zumindest derjenigen, der sich der Abfälle entledigen wollte, unweigerlich, wie der Berg wuchs und das "Loch" immer voller wurde.

Mit Einführung einer organisierten Müllabfuhr verlor der Abfallerzeuger den unmittelbaren Bezug dazu, welche Abfallmengen tatsächlich anfallen. Der Müllbehälter wird ohnehin jede Woche oder alle vierzehn Tage regelmäßig entleert und kann dann wieder angefüllt werden. Hier herrscht die Maxime "Aus den Augen aus dem Sinn".

Nur ganz wenige befaßte "Fachleute" vor Ort, Müllarbeiter und Anrainer der Deponien, können laufend beobachten, wie die Müllberge wachsen und wie rasch Deponien dem Ende ihrer Nutzungsdauer entgegengehen.

Will man Verhaltensänderungen bei der Produktgestaltung und Produktion, in Distribution und Konsum induzieren, um Abfälle quantitativ und qualitativ zu verringern, muß der Regelkreis über die ökologisch-abfallwirtschaftlichen Folgewirkungen bei den Abfallerzeugern geschlossen werden.

Das Problem ist dabei weniger die relative Steigerung oder Abnahme der zu behandelnden Müllmenge, sondern das absolut hohe Niveau des Abfallaufkommens, das jedes Jahr in der beschränkten Ressource Boden untergebracht werden muß und sich dort kontinuierlich akkumuliert.

Es scheint daher entscheidend, der gesamten betroffenen Bevölkerung - Wirtschaft und Konsumenten, Politikern und Beamten - den Ist-Zustand und die Tendenzen zu veranschaulichen, die Komplexität der Zusammenhänge zwischen Produktions- und Entsorgungswirtschaft und innerhalb der Abfallwirtschaft selbst sichtbar und verständlich zu machen.

Die individuelle Perspektive des Konsumenten beschränkt sich oft noch auf den eigenen Mistkübel und sein subjektives Problemempfinden. Die technisch-organisatorische Leistung des Managements von mehreren 100.000 oder Millionen Tonnen Abfall, die jährlich in Entsorgungsregionen anfallen können, bleibt im Dunkeln.

Die Bilder von Streiks der Müllabfuhr aus Großstädten sind mit allen damit verbundenen hygienischen, ökonomischen und sozialen Folgen bekannt. Die Ereignisse im Fernsehen sind jedoch sehr weit weg und scheinen auf den ersten Blick und scheinbar verwöhnt durch den Standard der Entsorgung für Österreich undenkbar. Der Entsorgungsdruck entsteht hier auch von einer anderen Seite: Aus der Schwierigkeit, technisch geeignete und politisch akzeptierte Standorte für Abfallbehandlungsanlagen - sogar für Verwertungsanlagen - zu finden.

Der verantwortungsvollen Umgang mit dem knappen Gut, das Deponiekapazität darstellt, ist daher dringend geboten. Eine Veranschaulichung des Abfallproblems einer Region kann nur dadurch erfolgen, daß man folgende Fragen zu einer Massenbilanz stellt und zu beantworten versucht:

- Welche Abfälle fallen an ?
- Wieviel Abfall gibt es ?
- Woraus bestehen diese Abfälle ?
- Wer verursacht wo diese Abfälle ?
- Wie und wohin werden sie transportiert ?
- Wie und wo werden die Abfälle behandelt ?
- Welche Rückstände entstehen bei der Behandlung ?
- Wo werden die Reststoffe abgelagert ?

2.2   Abfallwirtschaftliche Datenlage

Die letzte Veröffentlichung des Umweltberichtes Teil Abfall (Hodecek, Schäfer 1989) zeigt, daß man in Österreich bei der Erfassung von Abfällen nach wie vor vielfach auf Schätzungen angewiesen ist. Nicht einmal alle Deponien in Österreich verfügen über eine Waage zur Bestimmung der abgelagerten Mengen.

Dieser Zustand bessert sich nun zusehends: Nach dem Altlastensanierungsgesetz sind u. a. Aufzeichnungen über Art und Menge der deponierten Abfälle zu führen, auf deren Grundlage eine Abgabe abzuführen ist.

Wie jede technische Planung muß auch ein Abfallwirtschaftskonzept von einem konkreten Mengengerüst ausgehen, soll es zu keinen Überkapazitäten oder Engpässen kommen.

Dies betrifft alle Maßnahmen von der Bereitstellung der Abfälle zur Verwertung oder Behandlung über Sammlung und Transport bis zu den Abfallbehandlungsanlagen, seien es Kompostwerke oder Sortieranlagen, Müllverbrennungsanlagen, CP-Anlagen oder schließlich Deponien.

In vielen Fällen sind abfallwirtschaftliche Belange nicht unter einer verwaltungstechnischen Einheit subsummiert. Die relevanten Daten liegen dann nicht bei einer einzigen, sondern bei einer Vielzahl von Stellen auf, seien es Unternehmen, Verbände oder Behörden. Für einen Gesamtüberblick über die abfallwirtschaftlichen Massenströme einer Stadt oder Region müssen daher alle diese Stellen kontaktiert und die Zahlen systematisch zusammengefaßt und auf Plausibilität und Kongruenz überprüft werden.

Fehlende Angaben werden zumeist nicht dezidiert ausgewiesen. Wenn etwa keine Angaben über die Bauschuttmenge einer Stadt vorliegen und diese Zahlen in der Übersicht daher nicht aufscheinen, so entsteht der irreführende Eindruck, als ob es in der Stadt kein Bauschuttaufkommen gäbe. In Wirklichkeit kann diese Menge, wie das Beispiel Wien zeigt, sogar weitaus größer sein als die der Haushaltsabfälle.

Für Planungen zur Abfallwirtschaft, die auf einem derart lückenhaften Mengengerüst aufbauen, ergeben sich eine falsche Problembeurteilung und Prioritäten und damit Voraussetzungen, die zu entsprechend teuren Fehlplanungen führen können.

Um dies zu vermeiden, müssen in einer abfallwirtschaftlichen Mengenstromanalyse auch die vorläufig nicht mit Zahlen belegbaren Teilbereiche enthalten sein. Dazu ist eine vollständige und systematische Checkliste aller möglichen Abfallarten notwendig.

2.3 Umweltpolitische Entwicklungen in der Abfallwirtschaft

Nur wenige Regionen sind derzeit in der glücklichen Situation, mittel- bis langfristig für ihre Abfälle genügend geeigneten Deponieraum zur Verfügung zu haben.

Immer mehr Deponien in Österreich stehen vor dem Ende ihrer Nutzungsdauer. Die Verantwortlichen werden dadurch gezwungen, neue Möglichkeiten der Abfallwirtschaft zu eröffnen. Vielfach wird die Forderung nach Abfallvermeidung und Abfallverwertung erhoben und als Lösung aller abfallwirtschaftlichen Probleme gepriesen.

Auch wenn Abfallverringerung und Abfallvermeidung voll greifen und nur mehr eine geringere Menge von Abfällen mit veränderter Zusammensetzung anfällt, so werden aus thermodynamischen Zusammenhängen immer noch Deponien für Reststoffe erforderlich sein.

Einem ressourcenorientierten Umgang mit den verfügbaren Deponiekapazitäten kommt dabei vorrangige Bedeutung zu: Welche Anlagen sind für welche Abfälle geeignet und wie kann man das ökologische Gefährungspotential durch die Behandlung der Abfälle und die technische Auslegung der Anlagen selbst minimieren?

Die politische Situation der letzten Jahre hat in Österreich dazu geführt, daß sich bei vielen geplanten neuen Großprojekten Bürgerwiderstand regte. Insbesondere ist dies im Bereich der Abfallwirtschaft der Fall, wo die Verunsicherung und Angst der Bevölkerung vor zusätzlichen Umweltbelastungen den Widerstand schürte.

In der Abfallwirtschaft herrscht in der öffentlichen Diskussion nach wie vor das St. Floriansprinzip vor: "St. Florian schon' mein Haus, zünd' das des Nachbarn an." In der Praxis heißt dies, daß die Mehrheit der Bevölkerung zwar für eine neue Abfallbehandlungsanlage ist, die von der jeweiligen Standortentscheidung betroffene Minderheit hingegen wehrt sich dagegen.

Die emotional geführte Diskussion führt auch aus politischen Beweggründen zu einem Planungs- und Handlungsdefizit. Engpässe bei der Entsorgung steuern die Produktionswirtschaft systematisch auf einen Müllnotstand zu. Verschiedentlich wird dieser Notstand auch gefordert, damit endlich die Produktions- und Konsumprozesse auf abfallärmere Alternativen umgestellt werden.

Die Planer leiden vielfach darunter, daß sie die Problemstellung einerseits und die Inhalte der Planungsvorhaben andererseits der betroffenen und emotionalisierten Bevölkerung und den Entscheidungsträgern nicht ausreichend verständlich machen können.

Sie benötigen ein Instrument, das Ist-Zustand, Verfahrensvarianten und Planungsüberlegungen veranschaulicht und eine gemeinsame sachliche Gesprächsbasis zu liefern imstande ist. Alle Betroffenen sollen damit eine schnellen Überblick über die Problemlage erhalten können.

3. ERSTELLUNG DES EDV-MODELLS

Die Beweggründe für das Projekt,

- Visualisierung der abfallwirtschaftlichen Massenströme jenseits des eigenen Müllbehälters,
- die zerstreute und lückenhafte Datenbasis der Abfallwirtschaft und
- der Bedarf nach einem anschaulichen Planungs- und Kommunikationsinstrument für Abfallwirtschaft

führten zu der Konzeption, ein derartiges Planungsinstrument als EDV-gestütztes Modell zu erarbeiten.

3.1 Entstehungsgeschichte und Zielgruppe

Die Erfahrungen, die im Büro Prof. Vogel im Zuge der Erarbeitung von Abfallwirtschaftskonzepten und in der fachspezifischen Primärforschung (Graz, Wien, St. Pölten, Salzburg, Oberösterreich) gewonnen wurden, sind in die Entwurfsgrundlagen eingeflossen.(Vogel 1983, Vogel 1988, Vogel 1989, Vogel 1990)

Im Rahmen eines Forschungsauftrages des BMWF, des Magistrats der Landeshauptstadt St. Pölten und der Magistratsabteilung 48 der Stadt Wien wurde dieses EDV-Programm für die automatisierte grafische Darstellung von Abfallströme entwickelt.

Das Paket richtet sich an den abfallwirtschaftlichen Fachmann einer Region oder einer Stadt. Er verfügt damit über eine Checklist für alle relevanten Abfallströme und ist in der Lage, nach einer einmaligen Erstellungsphase eine schnelle jährliche Fortschreibung der abfallwirtschaftlichen Daten vornehmen zu können.

Es können verschiedene Modellvarianten durchgerechnet, dargestellt und verglichen werden, die rasch Auskunft über die Veränderungen der Strömungsgrößen, den Bedarf und die Kapaziäten von Anlagen geben.

Die Politiker und Bürger haben mit den ausgedruckten Grafiken dieses Modells eine anschauliche Diskussionsgrundlage für die regionale Abfallwirtschaft.

3.2 Beschreibung des EDV-Modells

3.2.1 Gliederung des Modells

Für einen überschaubaren Überblick über alle Abfallmengenströme einer Stadt oder Region sollten die relevanten Ströme nach ihrer zahlenmäßigen Bedeutung grafisch dargestellt werden. Angelehnt an eine Systembeschreibung aus der EDV besteht die Darstellung der Abfallströme aus Elementen, die in mehrfacher Hinsicht zueinander in Beziehung stehen. Die Elemente der Grafik sind:

- Ebenen
- Compartments und
- Stoffströme

Die Ebenen gliedern den Bildschirm horizontal. Sie entsprechen von oben nach unten der Logik Input - Verarbeitung - Output und haben je nach Notwendigkeit noch Unterebenen. Diese werden am Rande des Bildschirms / der Grafik durch Text bezeichnet.

Die Compartments sind symbolische Darstellungen der verschiedenen Elemente des Abfallwirtschaftssystems wie Abfallerzeuger oder Anlagen. Sie enthalten eine Bezeichnung und eine Mengenangabe.

Die Stoffflüsse sind die Verbindungen zwischen den verschiedenen Compartments. Sie werden als Pfeile dargestellt. Dahinter verbirgt sich eine bis zu 10 Stoffgruppen umfassende Zusammensetzung, die nach ihrer mengenmäßigen Bedeutung in unterschiedlicher Strichstärke ausgeführt sind.

3.2.1.1 Ebenen

Die Darstellung gliedert sich in folgende Ebenen:

- Abfallquellen
- Abfallbehandlungsanlagen
- Outputstöme der Behandlungsanlagen

3.2.1.1.1 Abfallquellen

Abfallquellen werden auf dem Bildschirm mit rechteckigen Kästchen dargestellt. In der Abfallwirtschaft einer Stadt oder Region können die Unterebenen entsprechend den Abfallkategorien beispielsweise lauten:

- Abfall aus privaten Haushalten
- Abfall aus Gewerbe- und Industriebetrieben
- Abfall aus öffentlichen Einrichtungen und Anstalten
- Abfall aus Land- und Forstwirtschaft
- Abfall aus dem Umland

Die Elemente der Unterebenen könnten z. B. jeweils sein:

- Grünabfälle
- Altstoffe
- Hausmüll
- Gewerbe- und Industriemüll
- Sperrmüll
- Gefährliche Abfälle
- Klärschlamm
- krankenhausspezifische Abfälle
- Straßenkehricht
- Bauschutt und Aushubmaterial
- Sonstige Abfälle

3.2.1.1.2 Abfallbehandlungsanlagen

Abfallbehandlungsanlagen sind grafisch als Rauten dargestellt und gliedern sich beispielhaft in folgende Typen bzw. Unterebenen:

- Sortieranlagen
- Kompostieranlagen
- chemisch-physikalische Behandlungsanlagen (CP/A und CP/O)
- Kläranlagen
- Aufbereitungsanlagen (z. B. für Bauschutt)
- Abfallverbrennungsanlagen

Die einzelnen Abfallbehandlungsanlagen können mit ihren Durchsatz- und Verwertungsleistungen vom Programmnutzer mengenmäßig bearbeitet werden.

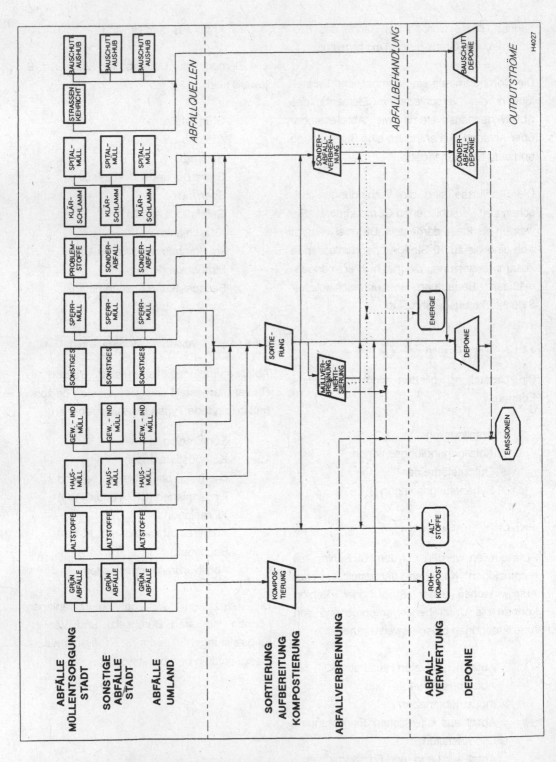

Abb. 1: Beispiel einer Abfallmengenstromdarstellung

3.2.1.1.3 Output der Behandlungs- anlagen

Die Outputströme werden als Compartments mit abgerundeten Ecken dargestellt, soweit sie feste Stoffe betreffen, und mit abge- schrägten Ecken, soweit sie sonstige Emissionen betreffen.

Die Unterebenen der Outputströme sind fol- gende:

- Emissionen in die Abluft
- Emissionen in das Abwasser
- Energetischer Output
- Altstoffe zur stofflichen oder biologischen Verwertung
- Abfälle zur weiteren Behandlung
- Deponierbare Abfälle

Abb. 1 gibt ein Beispiel für mögliche Abfall- mengenflüsse in einer Stadt oder Region wieder.

Die grafische Darstellung stellt im ersten Schritt die einzelnen Elemente eines Abfall- wirtschaftssystems und ihre Interdependen- zen im Ist-Zustand dar. Das dazugehörende Mengengerüst gibt einen klaren Überblick über die bestehende Ist-Situation. Damit steht eine wesentliche Grundlage für die weitere Erarbeitung eines Abfallwirtschaftskonzepts für ein Entsorgungsgebiet zur Verfügung.

3.2.1.2 Stoffströme

Die Stoffströme sind die Verbindungen der einzelnen Compartments und entsprechen den materiellen bzw. energetischen Bezie- hungen der Systemelemente untereinander. Sie bilden ab, wohin welche Stoffströme im System Abfallwirtschaft gehen; ob etwa Grünabfall in einer Kompostanlage kompostiert, ob Gewerbe- und Industriemüll in einer Sortieranlage aufbereitet oder ob Klärschlamm in einer Verbrennungsanlage verbrannt wird.

Hinter den summarischen Stoffflüssen kann die Zusammensetzung des einzelnen Mengenstroms in bis zu zehn Stoffgruppen angeführt werden.

Daraus ergibt sich, daß bei den einzelnen Behandlungsanlagen nicht nur die einzelnen Mengen aggregiert werden müssen, sondern auch die Teilmengen in den einzelnen Stoffgruppen.

So entsteht ein System einer doppelten Buchhaltung: Für jede Anlage muß die Input- menge und Inputzusammensetzung sowie die Outputmenge und ihre Zusammensetzung abgespeichert werden. Für jeden Anlagen- input muß ein vorgelagertes Compartment entlastet werden, jeder Anlagenoutput muß eine nachfolgende Stufe im selben Ausmaß belasten.

3.3 Technische Details

Das Entwicklungsvorhaben wurde in einzelne Phasen zerlegt:

- Voruntersuchung
- Pflichtenhefterstellung
- Algorithmenentwicklung
- Programmierung
- Testen
- Implementierung
- Dokumentation

In der *Voruntersuchung* wurden die Möglichkeiten der grafischen Darstellung von Mengenströmen auf einem Personal-Computer geprüft, die Entwicklungsumgebung und die Grobstruktur festgelegt.

Weiters wurde qualifiziertes Personal für die Entwicklung des geplanten Programmpaketes gebrieft, das bereits über Erfahrung in der Programmierung von grafischen Oberflächen aufwies.

Als Entwicklungsumgebung wurde das MS-Windows Programmers-Toolkit gewählt, da hier das Problem der einzelnen Ausgabeeinheiten bereits standardmäßig mit Bildschirmtreibern gelöst ist und man auf eine Vielzahl von Funktionen und Routinen zurückgreifen kann.

Das Programm MS - Windows ist eine Standard-Software, die von allen IBM-kompatiblen Personal-Computern hardware-mäßig unterstützt wird, sodaß keine großen Probleme bei der Implementierung eines grafischen Programmes gegeben schienen.

Als Programmiersprache wurde die relativ maschinennahe Programmiersprache C gewählt, da sie einen sehr schnell ablaufenden Maschinencode erzeugt.

Mit der Software X-Windows und einer neuerlichen Compilierung des Programms kann sogar eine Portierung des Programmes auf eine UNIX-Umgebung erreicht werden, sodaß man nicht nur auf die PC-Welt beschränkt ist, wenn man das Paket in Zukunft um speicher- und rechenintensive Funktionen ergänzen wollte. Diese offene Programmierumgebung

ist für eine mittelfristige Planung notwendig. Die Entwicklung auf dem Gebiet der elektronischen Datenverarbeitung unterliegt einem derart raschen Wandel, daß sogar während der Projektphase Anpassungen vorgenommen werden mußten.

Bei der *Pflichtenhefterstellung* wurden die notwendigen Darstellungsebenen, die Anzahl der maximal möglichen Darstellungseinheiten sowie ihre Parameter festgelegt. Neben der Speicherstruktur, in der die Daten auf Platte bzw. im Arbeitsspeicher abgespeichert werden, wurde eine Versionsnumerierung entwickelt, die eine jahreweise Fortschreibung des Mengenflusses ermöglicht.

LITERATUR

Hodecek, P., Schäfer, E.: Umweltbericht Abfall, Österreichisches Bundesinstitut für Gesundheitswesen (Hrsg.), Wien 1989

Vogel, G.: Abfallkonzept Graz '83, Endbericht, im Auftrag der steiermärkischen Landesregierung über den Landeshygieniker Univ. Prof. Dr. J. R. Möse, Schriftenreihe des Institutes für Technologie und Warenwirtschaftslehre der Wirtschaftsuniversität Wien, Bd. 3 /1983, Wien 1983

Vogel, G.: Entscheidungsgrundlagen zur Fortschreibung des Wiener Abfallwirtschaftskonzeptes, (Diskussionspapier), Version 4.1, Wien 1988

Mayr, J., Vogel, G.: Entwicklung von integrierten Abfallwirtschaftskonzepten für Städte am Beispiel der Landeshauptstadt St. Pölten, Erster Zwischenbericht, Forschungsprojekt im

Auftrag des Bundesministeriums für Wissenschaft und Forschung und dem Magistrat der Landeshauptstadt St. Pölten, Wien 1989

Scharff, C., Vogel, G.: Projekt Biotonne Salzburg, Teil 1, Planungsgrundlagen und Ergebnisse der Salzburger Müllanalysen 1988 - 1990, Endbericht, Ein Forschungsprojekt der Salzburger Landesregierung, Wien 1990

Lärmbelastungsanalyse und Lärmminderungsplanung mit Hilfe eines Lärmberechnungsprogrammes beim Umlandverband Frankfurt (UVF)

Joachim Wempe

Umlandverband Frankfurt

Am Hauptbahnhof 18, 6000 Frankfurt am Main 1

1. Allgemeine Problemlage

Nach wie vor sind große Teile der Bevölkerung stark durch Lärm betroffen. Umfragen zufolge fühlte sich z.B. 1986 jeder 4. Bürger der Bundesrepublik Deutschland stark durch Straßenverkehrslärm betroffen. (1)

Abb. 1: Ergebnisse der Repräsentativbefragung zur Lärmbelastung durch verschiedene Geräuschquellen

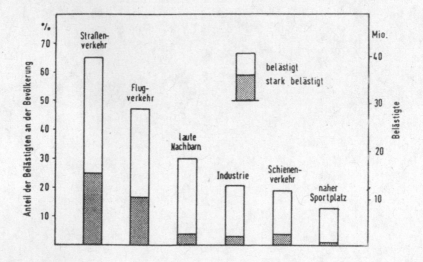

Die bekannten kritischen Belastungen durch Lärm müssen systematisch abgebaut werden bzw. von vornherein vermieden werden. Dazu ist ein geplantes und zielgerechtes Vorgehen notwendig. Hier bietet sich die Erstellung von Lärmvorsorge- und Lärmminderungsplänen an.

2. Anforderungen an Lärmminderungspläne

Lärmvorsorgepläne sollten dann erstellt werden, wenn die Gefahr besteht, daß sich in einem Gebiet durch bestimmte Faktoren (z.B. Neutrassierung einer Straße, Industrieansiedlung) die Beeinträchtigung durch Lärm wesentlich erhöht. Dabei ist besonders auf die Erhaltung der nur noch wenig vorhandenen Ruhegebiete zu achten.

Mit Lärmminderungsplänen will man erreichen, daß in Gebieten mit besonders hohen Lärmbelastungen Bedingungen geschaffen werden, die Gesundheitsgefahren durch Lärm ausschließen. Die Aufstellung von Lärmminderungsplänen ist in der Bundesrepublik Deutschland mit der zum 01. September 1990 in Kraft getretenen Neufassung des Bundes-Immissionsschutzgesetzes (BImSchG) (2) nun auch gesetzlich verankert:

"§ 47 a Lärmminderungspläne

(1) In Gebieten, in denen schädliche Umwelteinwirkungen durch Geräusche hervorgerufen werden oder zu erwarten sind, haben die Gemeinden oder die nach Landesrecht zuständigen Behörden die Belastung durch die einwirkenden Geräuschquellen zu erfassen und ihre Auswirkungen auf die Umwelt festzustellen.

(2) Die Gemeinde oder die nach Landesrecht zuständige Behörde hat für Wohngebiete und andere schutzwürdige Gebiete Lärmminderungspläne aufzustellen, wenn in den Gebieten nicht nur vorübergehend schädliche Umwelteinwirkungen durch Geräusche hervorgerufen werden oder zu erwarten sind und die Beseitigung oder Verminderung der schädlichen Umwelteinwirkungen ein abgestimmtes Vorgehen gegen verschiedenartige Lärmquellen erfordert. Bei der Aufstellung sind die Erfordernisse der Raumordnung und Landesplanung zu beachten.

(3) Lärmminderungspläne sollen Angaben enthalten über
1. die festgestellten und die zu erwartenden Lärmbelastungen,
2. die Quellen der Lärmbelastungen und
3. die vorgesehenen Maßnahmen zur Lärmminderung oder zur Verhinderung des weiteren Anstieges der Lärmbelastung."

Wie diese Lärmminderungspläne im einzelnen auszusehen haben, regelt das
BImSchG nicht. Der Bund und die Länder haben allerdings schon 1986 im Länder-
ausschuß für Immissionsschutz (LAI) einen Bericht erarbeitet (3), in dem die
Zielvorstellungen von Lärmminderungsplänen genannt und das methodische Vorgehen beschrieben werden.

Zusammenfassend sieht die Konzeption der Lärmminderungspläne dabei folgende
Verfahrensschritte vor (4):

"- Immissionsanalyse	Sie beinhaltet die Ermittlung der Belastung der Wohnbereiche, getrennt nach den einwirkenden Quellen.
- Betroffenheitsanalyse	Sie gibt Auskunft über die Zahl der Betroffenen und den Grad der Betroffenheit unter Berücksichtigung örtlicher Parameter, z.B. Mehrfachbelastung, Bebauungsstruktureinflüsse.
- Emissionsanalyse	Sie dient der Ermittlung der wichtigsten Geräuschquellen und der Höhe ihrer Emissionen.
- Technische Lärmminderungsmöglichkeiten	Hier sollen Lärmminderungsmaßnahmen an den Geräuschquellen aufgezeigt, der Minderungseffekt und die Realisierungschance benannt werden.
- Ermittlung des Lärmminderungserfolgs	Die Zahl der nach Durchführung der Lärmminderungsmaßnahme(n) nicht mehr erheblich gestörten Personen soll festgestellt werden.
- Kostenermittlung	Aufgrund der Kostenermittlung soll ein Kosten-Nutzen-Vergleich durchgeführt werden.
- Maßnahmenplan	Er enthält den tatsächlich durchzuführenden (Stufen-) Plan.
- Erfolgskontrolle	Überprüfung der erreichten Immissionsentlastung."

Zuerst müssen bei der Aufstellung von Lärmminderungsplänen die besonders stark
durch Lärm belasteten Bereiche (Lärmbelastungsgebiete) ermittelt und die
Priorität von Abhilfemaßnahmen festgestellt werden. Für die Erstellung der
Prioritäten ist u.a. die Anzahl der von Lärm Betroffenen und der Grad der Be-
Betroffenheit notwendig.

Die Belastungsbeschreibung kleinerer oder größerer Gebiete sollte dabei zweckmäßigerweise in Lärmkarten erfolgen, in denen durch Messung oder Berechnung
ermittelte Schallimmissionen dargestellt werden. Schallausbreitungsberechnun-
gen erscheinen dabei sinnvoller, weil die Kosten günstiger sind und eine Trennung nach unterschiedlichen Quellen (Verkehr, Industrie, Freizeit) ermöglichen.

Ein EDV-gestütztes Rechnerprogramm für die Lärmkartenerstellung versetzt die Planer in die Lage, in akzeptablen Zeiträumen Lärmkarten zu erstellen bzw. Lärmbelastungen an bestimmten Immissionsorten zu berechnen. Für die Abschätzung der Wirksamkeit verschiedener Lärmminderungsmaßnahmen ist es notwendig, für jede Maßnahme die Lärmbelastung neu zu berechnen, um die erreichbaren Pegelminderungen ermitteln zu können.

3. Das Lärmberechnungsprogramm des UVF und seine Anwendungsmöglichkeiten

Der Umlandverband Frankfurt (UVF) ist laut Gesetz u.a. zuständig für
- die Aufstellung, Änderung und Aufhebung des Flächennutzungsplanes
- die Aufstellung eines Generalverkehrsplanes
- die Abstimmung des überörtlichen Umweltschutzes
- die Aufstellung von Landschaftsplänen
- die überörtliche Abwasserbeseitigung
- die Abfallbeseitigung.

Für die ersten drei der in der Auflistung genannten Aufgaben wurde Anfang der 80er Jahre ein Programm beschafft (und fortlaufend weiterentwickelt), das die flächendeckende Berechnung von Schallimmissionen ermöglicht. Es wurde (und wird) eingesetzt bei Stellungnahmen zu Planungen innerhalb des Hauses (Verkehrsplanung, Ausweisung von Flächen im FNP) und für Stellungnahmen zu Vorhaben anderer Planungsträger. "Nebenbei" wird die flächendeckende Schallimmissionsberechnung den verbandsangehörigen Kommunen als "Service-Leistung" für deren Planungen zur Verfügung gestellt.

Beim Programm zur flächendeckenden Schallimmissionsberechnung handelt es sich eigentlich um mehrere Programme: Routinen und Programme zur Eingangsdatenaufbereitung, zur Lärmberechnung und grafischen Darstellung der Berechnungsergebnisse bzw. Verschneidung dieser Ergebnisse mit anderen Informationen.

Das Kernstück, also das Lärmberechnungsprogramm, ermöglicht die Berechnung der durch Verkehr (Straßen, Schienenstrecken) Industrie, Gewerbe und Freizeit verursachten Immissionen. Dem Programm liegen die RLS-90, die Schall 03, die DIN 18005 und die VDI 2714 zugrunde.

Über die zu berechnende Fläche (in der Regel 1 qkm) wird ein Netz von Aufpunkten (Immissionspunkten) gelegt. Die Maschenweite des Netzes beträgt im allgemeinen 10 m, ist aber - je nach Aufgabenstellung - frei wählbar. Zusätzlich können spezielle Immissionspunkte, die nicht auf den Maschenknoten liegen, eingeführt werden. Die Schallquellen (Straßen, Schienenstrecken,

Industrie- und Freizeitflächen) werden durch Linien (Segmente) charakterisiert. Jedem Segment sind Emission (Schalleistungspegel) und/oder Bebauung (Häuser, aber auch Schallschutzeinrichtungen, Böschungen, Stützmauern usw.) zugeordnet. Im Programm wird für jeden Immissionspunkt die von jedem Segment erzeugte Schallimmission berechnet. Die auf dem Weg von der Schallquelle zum Aufpunkt auftretende Schallminderung durch Hindernisse, Luft, Boden und Meteorologie wird dabei berücksichtigt.

Die für die Berechnung notwendigen Daten werden in drei Dateien zur Verfügung gestellt:

1. Die "Emissionsdatei" enthält die Schalleistungspegel für jedes Segment bzw. die für Berechnung dieses Pegels notwendigen Informationen bei Straßen- und Schienenverkehrslärm. Bei überörtlichen Straßen kann auf eine beim UVF vorhandene Verkehrsdatenbank zurückgegriffen werden. Ansonsten werden von der Gemeinde zur Verfügung gestellte oder von Ingenieurbüros gefertigte Verkehrszählungen benutzt. Im ungünstigsten Fall werden Schätzwerte zugrunde gelegt. Die Daten für die Berechnung des Schienenlärms kommen von der Bundesbahn oder vom Frankfurter Verkehrsverbund. Die Pegel von Industrie-, Gewerbe- und/oder Freizeitanlagen sind von anderen Institutionen oder Büros ermittelte Meßwerte oder Werte aus der einschlägigen Literatur.

2. Die "Topographie-Datei" enthält die Gauß-Krüger-Koordinaten von Anfangs- und Endpunkten der Segmente, sowie Angaben zu Abmessungen von Schallhindernissen an diesen Segmenten und Abstand von Segmenten zu Hindernis und Höhe von Segment und Hindernis. Je nachdem welche Genauigkeitsanforderungen gestellt werden, können diese Daten aus beim UVF vorhandenen Ortofotos oder topografischen Karten herausgezogen und in Dateiform eingegeben oder aber aus digitalisierten Katasterkarten automatisch ermittelt werden.

3. Die "Aufpunkthöhendatei" enthält die Gauß-Krüger-Koordinaten der Immissionspunkte und deren Höhen über NN. Alle Punkte haben dabei die gleiche Höhe über dem Gelände. Die Höheninformation für die Aufpunkte, die Segmente und deren Bebauung wird über ein Programm aus der digitalen Höhenkarte des UVF ermittelt.

Am Ende des Rechenlaufs liegt für jeden Immissionspunkt ein dB(A)-Wert vor. Diese Werte können dann über ein Grafikprogramm in farbige Isophonenkarten umgesetzt werden. Über diese Karten kann dann mit dem gleichen Grafikprogramm die (in digitaler Form vorliegende) Realnutzung gelegt und auf dem Bildschirm oder als Plot ausgegeben werden. Abbildung 2 zeigt eine solche Isophonenkarte, die hier aus reproduktionstechnischen Gründen in schwarz/weiß wiedergegeben ist.

Dargestellt werden können so die Ist-Belastung in einem Gebiet und die durch Neuplanungen oder Schallschutzmaßnahmen veränderte Situation.

Um ein aufwendiges Vergleichen von Bestands- und Planungsvarianten zu vermeiden und einen schnellen Überblick über mögliche Be- oder Entlastungen durch Neuplanungen zu schaffen, werden mit einem weiteren Programm die Ist- und die Planungssituation miteinander verglichen und wiederum grafisch in Isolinienform dargestellt. (s. Abbildung 3)

Für den Planer ist es aber nicht genug, zu wissen wie laut es in einem bestimmten Gebiet ist und wie hoch die Lärmbelastung durch bestimmte planerische Eingriffe sein könnte. Für ihn ist es außerdem wichtig, schnell erkennen zu können, ob und gegebenenfalls wo Richt- oder Grenzwerte (z.B. der Verkehrslärmschutzverordnung (5)) überschritten werden, um Lärmsanierungsmaßnahmen einleiten zu können. Um diese Informationen zur Verfügung stellen zu können, wurde ein kleines Programm erarbeitet, das die errechneten dB(A)-Werte mit dem digitalen FNP und den für die verschiedenen Gebietsnutzungsarten gültigen Grenzwerten vergleicht und als Karte zur Verfügung stellt. Abbildung 4 zeigt eine solche Karte.

Mit den hier vorgestellten Möglichkeiten können die gegenwärtige und zukünftige Lärmbelastung, deren Unterschiede und deren Ausmaß berechnet und grafisch dargestellt werden. Häufig muß aber eine Kommune gerade aufgrund solcher Berechnungen und Karten feststellen, daß die Lärmbelastung recht hoch ist und nicht nur an einer Stelle gültige Grenzwerte überschritten werden. Da es im allgemeinen an den nötigen Mitteln (personell und finanziell) fehlt, in allen Lärmsanierungsgebieten Sofortmaßnahmen zu ergreifen, bietet sich die Aufstellung von Prioritätenlisten an. Ein sinnvoller Parameter für solche Listen ist wie schon in Kapitel 1 erwähnt - die Anwohnerbetroffenheit. Diese zeigt auf, wie viele Anwohner in welchem Ausmaß von Lärm betroffen sind.

Für diesen Zweck hat der UVF ein zusätzliches Programm entwickelt, das die Verschneidung von Teilen der Einwohnerplanungsdateien (in der Regel bei den Meldeämtern vorliegend) und allen hier dargestellten Karten erlaubt. Anzahl der Betroffenen und Grad der Betroffenheit (dB(A)-Wert) können in grafischer Form (Kreisdiagramm) oder in Listenform ausgegeben werden.

Die hier am Beispiel des Straßenverkehrslärms beschriebenen Möglichkeiten zur Berechnung und Darstellung gelten ebenso für den Schienenverkehrs-, Freizeit-,

Industrie- und Gewerbelärm. Alle durch diese unterschiedlichen Quellen verursachten Schallimmissionen können einzeln oder, wo es sinnvoll erscheint, auch zusammen in einer (in einem Rechenlauf ermittelten) Karte dargestellt werden.

Es soll an dieser Stelle deutlich gemacht werden, daß die eigentlichen Berechnungsprogramme F77-Programme sind, die auf jedem Rechner mit Fortran-Compiler laufen können. Der UVF ist in der glücklichen Lage, über eine Vielzahl digitaler Daten und Karten sowie ein umfangreiches Grafik-Softwarepaket zu verfügen. Die Aufarbeitung der Eigangsdaten und die grafische Umsetzung der Berechnungsergebnisse können aber auch in anderer Form und mit anderen grafischen Softwareprodukten erfolgen, so daß das Lärmberechnungsprogramm auch für andere Kommunen oder Kommunalverbände interessant ist.

4. Ausblick

Mit dem Programm zur flächendeckenden Schallimmissionsberechnung steht dem Umlandverband Frankfurt ein nützliches und vielseitiges Instrument für die Lärmschutzplanung zur Verfügung. Es kann im Rahmen der Wahrnehmung von Verbandsaufgaben in den Bereichen Flächennutzungsplanung, Generalverkehrsplanung und Landschaftsplanung zur Aufstellung von Lärmvorsorgeplänen genutzt werden. Damit ist die Möglichkeit gegeben, schon im frühen Planungsstadium spätere "schalltechnische Katastrophen" zu vermeiden und die wenigen noch vorhandenen Ruhegebiete in Ballungsgebieten zu erhalten. Durch die Kombination von Programmen und flächendeckend vorliegenden Informationen können auch den verbandsangehörigen Kommunen unverzichtbare Bestandteile für die Lärmminderungsplanung in die Hand gegeben werden und somit die Voraussetzung für eine "leisere Zukunft" geschaffen werden. Durch die Einbindung des Lärmberechnungsprogrammes in das Umweltinformationssystem des UVF (UMWISS), auf das in einem anderen Beitrag ausführlich eingegangen wird, ist auch eine übersektorale Betrachtungsweise von Umweltauswirkungen bestimmter Planungen (z.B. Luft-, Lärm- und Bodenproblematik bei Neutrassierung von Straßen) gewährleistet, so daß insgesamt eine effiziente Umweltplanung ermöglicht wird, die wiederum positive Auswirkungen auf die Planungen des UVF hat.

(1) 4. Immissionsschutzbericht der Bundesregierung an den Deutschen Bundestag; Drucksache 11/2714
(2) Gesetz zum Schutz vor schädlichen Umwelteinwirkungen durch Luftverunreinigungen, Geräusche, Erschütterungen und ähnliche Vorgänge (Bundes-Immissionsschutzgesetz - BImSchG) vom 22. Mai 1990
(3) Lärmminderungspläne; Ziele und Maßnahmen; Der Minister für Umwelt, Raumordnung und Landwirtschaft des Landes Nordrhein-Westfalen;1986

(4) Lärmbekämpfung `88, Tendenzen - Probleme - Lösungen; Materialien zum 4. Immissionsschutzbericht der Bundesregierung an den Deutschen Bundestag nach § 61 Bundes-Immissionsschutzgesetz; Umweltbundesamt, 1989

(5) Sechzehnte Verordnung zur Durchführung des Bundes-Immissions-schutzgesetzes (Verkehrslärmschutzverordnung - 16. BImSchV) vom 12. Juni 1990

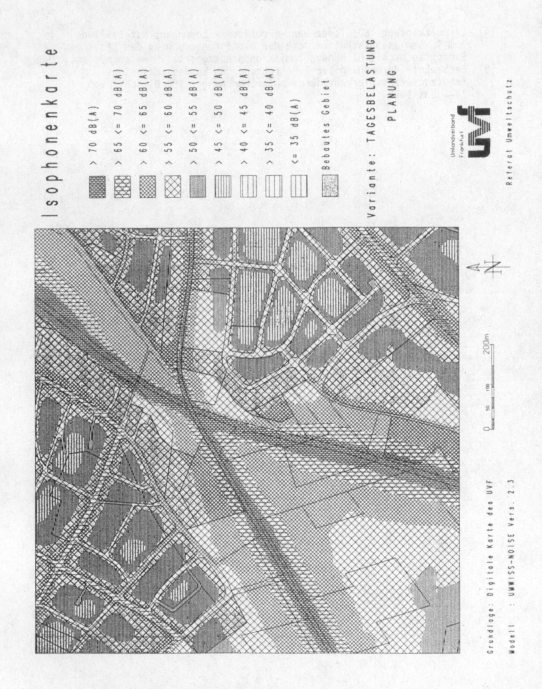

Isophonenkarte

> 70 dB(A)	
> 65 <= 70 dB(A)	
> 60 <= 65 dB(A)	
> 55 <= 60 dB(A)	
> 50 <= 55 dB(A)	
> 45 <= 50 dB(A)	
> 40 <= 45 dB(A)	
> 35 <= 40 dB(A)	
<= 35 dB(A)	
Bebautes Gebiet	

Variante: TAGESBELASTUNG
PLANUNG

Umlandverband
Frankfurt

Referat Umweltschutz

200m

0   50 100

N

Grundlage: Digitale Karte des UVF

Modell : UMWISS-NOISE Vers. 2.3

Abb. 2: Isophonenkarte für ein 1 qkm großes Gebiet. Dargestellt ist die durch Straßenverkehr verursachte Lärmbelastung unter Berücksichtigung einer geplanten Umgehungsstraße (Von oben nach unten durch das Gebiet verlaufend)

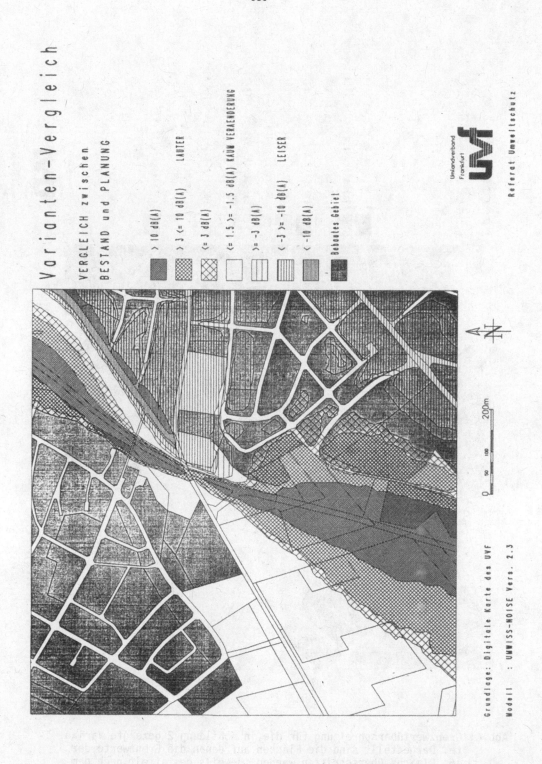

Abb. 3: Vergleichskarte. Dargestellt sind die Unterschiede in der
Lärmbelastung zwischen der Ist-Situation und der in Abbildung 2
dargestellten Planungsvariante.

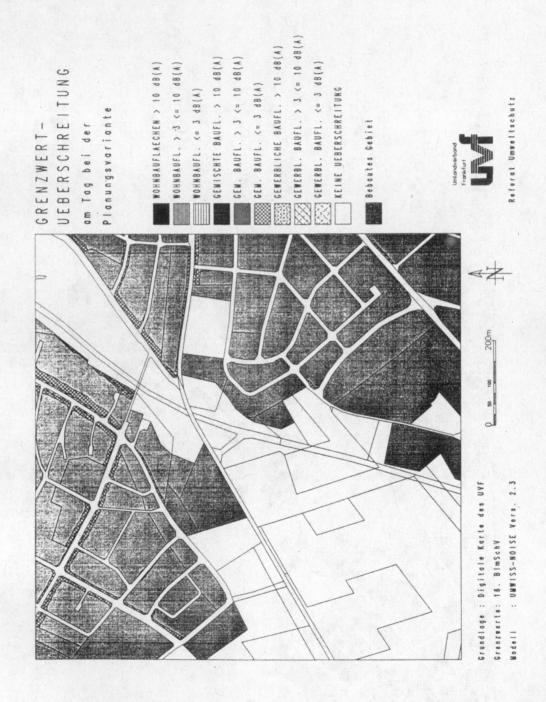

Abb.4: Grenzwertüberschreitung für die in Abbildung 2 gezeigte Variante. Dargestellt sind die Flächen auf denen die Grenzwerte der
16. BImSchV überschritten werden, jeweils gestaffelt nach dem
Ausmaß der Überschreitung.

Grundlagen, Möglichkeiten und Grenzen der künstlichen Intelligenz und anderer DV-gestützter Umweltsysteme

Jürgen Seggelke

Umweltbundesamt

Bismarckplatz 1, 1000 Berlin 33

Deskriptoren: Künstiche Intelligenz, Expertensysteme, Umwelt-Informationssysteme, Wissensaquivisition, Partizipation, Prototyping, Benutzerschalen, Benutzeroberflache, Softwareengineering, Koordinatorsystem.

Zusammenfassung

Die Abschätzung von Möglichkeiten und Grenzen innovativer DV-Systeme erfordert eine Ausweitung des theoretischen Rahmens der Informatik. Die Kritikdiskussion insbesondere die künstliche Intelligenz und Überlegungen zur weiteren DV-Endwicklung werden behandelt. Grundlagen hierzu werden durch die Theorie lebender Systeme von Maturana und die Arbeiten von Heidegger gegeben. Daneben muß sozialwissenschaftliche Systemtheorie einbezogen werden. Es werden Schlußfolgerungen für den Entwurf von Expertensystemen, Benutzeroberflachen, Partizipation, Softwareengineering und Prototyping ausgeführt.

1. Ausgangslage und Abgrenzung des Themas

DV-gestützte Umweltsysteme haben entsprechend der immer mehr wachsenden Bedeutung von Umweltproblemen und Umweltaufgaben einen rasanten Aufschwung genommen. Ein Ende dieser Entwicklung für den DV-Einsatz im Umweltbereich ist bislang nicht abzusehen. Im Gegenteil: Z.T. kann eine geradezu euphorische Einschatzung der Möglichkeiten von DV-Sytemen und kunstlicher Intelligenz - hier insbesondere der Expertensysteme - beobachtet werden. Der ungebrochene Optimismus hat dabei sowohl den universitären Bereich erfaßt, in dem das Hauptaugenmerk vor allem den Expertensystemen und allen Formen der künstlichen Intelligenz gilt, als auch den praktischen Bereich bei Bund, Landern und Gemeinden. Bei den Landern werden z.B. mit erheblichem Aufwand an Personal und Sachmitteln ergeizige und weittragende Projekte vorangetrieben: Beispielhaft seien hier das Umweltinformationssystem/UIS mit der

Komponente des Umweltführungssystems/UFIS in Baden-Württemberg, das System DIM in Nordrhein-Westfalen und das System NUMIS in Niedersachsen genannt. Auf Bundesebene werden das Umweltplanungs- und Informationssystem UMPLIS beim Umweltbundesamt, das Landschaftsinformationssystem LANIS bei der Bundesforschungsanstalt für Naturschutz und Landschaftsökologie sowie das System IMIS für die radioaktive Überwachung bei der Bundesanstalt für Strahlenschutz aufgebaut. Mit Expertensystemen und anderen Bereichen der künstlichen Intelligenz wird zwar an verschiedenen Stellen experimentiert, ein praktischer Einsatz auf dem Umweltsektor ist jedoch bisher nur in Ansätzen erkennbar.

Es fragt sich nun, ob die im Bereich der universitären und außeruniversitäten Forschung gegenwärtig geplanten oder im Aufbau befindlichen Systeme der künstlichen Intelligenz für spätere praktische Anwendungen Bedeutung erlangen werden. Auch im theoretischen Bereich melden sich zunehmend radikale Kritiker zu Wort, die wie etwa Winograd und Flores anerkannte Fachleute der Informatik sind und daher nicht einfach als innovationsfeindlich abgetan werden können. Beim praktischen Einsatz sind herbe Enttäuschungen und erhebliche Fehlinvestitionen nicht ausgeblieben.

Es besteht daher ein immer dringender werdender Bedarf, die Möglichkeiten und Grenzen dieser neuartigen DV-Systeme zu analysieren und aufzuarbeiten. Dabei kommt der Frage der menschlichen im Verhältnis zur möglichen künstlichen Intelligenz eine Schlüsselbedeutung zu. DV-Systeme haben den Charakter von Werkzeugen für die Aufgaben des Umweltschutzes. Vergleicht man aber diese DV-Werkzeuge mit anderen seit langem bekannten Hilfsmitteln des Menschen (z.B. Hammer, Hobel, Bohrer oder auch Pkw oder Fernsehgerät) so wird deutlich, daß die Handhabbarkeit und Einfachheit der Benutzung zum Teil ganz erheblich zu wünschen übrig läßt. Nicht umsonst wird den Fragen der leichten Bedienbarkeit und benutzerfreundlichen Systemoberflächen in letzter Zeit immer mehr Aufmerksamkeit gewidmet.

2. Erweiterung der theoretischen Grundlagen für das gestellte Thema

Im folgenden sollen nun einige uns wichtig erscheinende theoretische Grundlagen, die in neuerer Zeit entstanden sind, dargelegt werden. Auf der Basis des sich hieraus ergebenden Rahmens sollen dann die wichtigen gegenwärtigen Fragen, die mit der künstlichen Intelligenz moderner DV-Systeme zusammenhängen, behandelt werden. Es kann dabei nicht das Ziel sein, die theoretischen Grundlagen in allen Einzelheiten vollständig auszubreiten. Es muß vielmehr sorgfältig nach den Aspekten ausgewählt werden, die für das hier gestellte Thema bedeutsam sind.

Im Mittelpunkt der Überlegungen sollen die Arbeiten von Winograd und Flores stehen (Winograd 1989), die sich wiederum wesentlich auf die neueren Ergebnisse von Maturana (Maturana 1985) und auch auf die Arbeiten von Heidegger (Heidegger 1979) stützen. Weiterhin sollen wichtige Aspekte der von Luhmann vorgelegten Theorie sozialer Systeme (Luhmann 1988), die im übrigen selbst unter Soziologen nicht allgemein bekannt sind, behandelt werden.

2.1 Wesentliche Aussagen Maturanas

Nach Maturana muß die Vorstellung, es gebe eine reale Welt, die dann entdeckt werden kann, aufgegeben werden. Tatsache sei vielmehr, daß die Phänomenbereiche des Beobachtenden und die des Beobachteten unterschieden seien und daher nicht im Sinne von Subjekt und Objekt behandelt werden dürften. Entsprechend folgt daraus, daß das Paradigma, ein DV-System sei ein Abbild der realen Welt, nicht sinnvoll ist.

Es müsse weiterhin die Vorstellung aufgegeben werden, daß der Organismus mit Reprasentationen einer Umwelt operiert und hiermit sein Verhalten steuert. Das, was als adäquates Verhalten beobachtbar sei, ergebe sich durch wechselseitige Verkopplung der Struktur des Organismus mit der Struktur des Mediums (Milieu oder Umwelt). Das Nervensystem entnehme also keine Informationen aus der Umwelt, um damit das erforderliche Verhalten zu errechnen. Das Nervensystem operiere vielmehr als strukturdeterminiertes Netzwerk, das durch Interaktionen mit seinem Medium (Umwelt) Zustandsveränderungen lediglich auslöse, aber nicht festlege.

Maturana konstatiert: Es gibt bislang keine adäquate Theorie der Organisation lebender Systeme individueller autonomer Einheiten. Als Charakteristikum lebender Systeme wird der Begriff der Autopoesie eingeführt.

Dieser bisherige Mangel ist erstaunlich und von ganz erheblicher Bedeutung. Negative Auswirkungen müssen bei der Analyse psychischer und sozialer Systeme unausweichlich sein. Auch im Bereich der Mensch-Maschine-Systeme oder gar der künstlichen Intelligenz kann ohne eine Theorie lebender Systeme nicht sinnvoll gearbeitet werden. Lebende autonome Systeme, eine Theorie neuronaler Netze sowie eine fundierte Theorie von Intelligenz, Sprache, Erkennen usw., sind von entscheidender Bedeutung, wenn es um die Ausarbeitung der Grenzen und Möglichkeiten der künstlichen Intelligenz geht. Wie kann man über künstliche Intelligenz theoretisch oder praktisch arbeiten, wenn nur eine diffuse und vage Vorstellung über die menschliche Intelligenz besteht?

Wesentlich sei, daß die Beobachtung als eigenständiger Vorgang beim Beobachtenden erzeugt werde. Sein eigenes Denkraster sei damit zwangsläufig seine Sicht und sein

Verstandnis der Welt. Nach Maturana ist Verstehen wesentlich über Konsens zu erzielen. Der Konsens entstehe dadurch, daß die gekoppelten intelligenten Systeme in der Kommunikation eine ahnliche Sicht und Verstehensweise der Welt haben. Dies sei schon deshalb plausibel, weil ein intelligentes System unterstellen können, daß ein anderes ähnlich operiere und damit die Gegenstandsbereiche der Beobachtung und Kommunikation ähnlich erkannt, gesehen und bedacht werden.

Das Modell, es gebe eine Übermittlung von objektiven Informationen über die reale Welt von Sender zum Empfänger ist damit im Sinne Maturanas für die menschliche Kommunikation weitgehend unbrauchbar.

2.2 Kritik und Ansätze von Winograd und Flores

Viele Prognosen über den Computereinsatz, insbesondere für die künstliche Intelligenz, haben sich als völlig überzogen erwiesen. Winograd und Flores setzen unter anderem bei dieser Tatsache an und bezeichnen den rationalistischen Ansatz der Informatik als eine wesentliche Ursache: "Die rationalistische Tradition ist durch die enge Fixierung auf ganz bestimmte Gesichtspunkte von Rationalitat charakterisiert, und das wiederum führt zu Standpunkten und Handlungen, die in einer umfassenden Perspektive nicht rational sind". Daraus muß also geschlossen werden, daß eine neue erweiterte Rationalität erforderlich ist, die insbesondere beim wirklich Wesentlichen von Denken, Kommunizieren, Planen und Fuhren ansetzt. Dabei ist es nicht allein das Ziel, eine kritische Diskussion über moderne Computeransätze, insbesondere über künstliche Intelligenz, zu führen. Es soll vielmehr versucht werden, ein neues Verständnis für den Entwurf von Computerwerkzeugen zu erarbeiten und zur Verfügung zu stellen.

Die Autoren basieren in wesentlichen Teilen auf den Arbeiten von Heidegger, weil diese im Bereich der Gegenwartsphilosophie die gründlichste, tiefestgehende und radikalste Analyse von Zeitlichkeit und Alltäglichkeit geleistet hätten. Weiterhin wird auf Maturana aufgebaut der, wie bereits ausgeführt, Wesentliches über das Verstandnis der physischen Welt und über das Verständnis von uns selbst beigetragen habe. Da vielen Informatikern diese Gedankengänge und Ansätze bislang unbekannt oder verschlossen waren, kann den Autoren gefolgt werden, daß die bisherige Rationalität zu eng und einseitig sein muß.

Mit diesen Grundlagen kann besser verstanden, abgeschätzt und geplant werden, was Computer und welche Aufgaben sie in Zukunft übernehmen können.

Der bisherige rationalistische Ansatz und die daraus abgeleiteten Entscheidungstheorien sind bis jetzt für wirklich wichtige Bereiche nicht erfolgreich gewesen. Lediglich bei der Spieltheorie und bei wissenschaftlichen Anwendungen seien gewisse Fortschritte zu verzeichnen. Mathematisch werde dabei ein Raum der möglichen Alternativen festgelegt, in dem die Suche nach dem Optimum stattfindet. Dieser Problemraum sei jedoch gerade das Grundproblem des Ansatzes selbst, denn wenn er einmal festgelgt sei, sei damit auch die Hauptarbeit bereits getan. Die wesentliche Aufgabe ist also die Analyse der Managmententscheidungen oder der politischen Planung, und hierauf müsse die Hauptarbeit gerichtet werden. Hier liege aber der "Blinde Fleck" der Informatik.

Die Autoren betonen, daß bei einer naiven Sichtweise nach dem rationalistischen Weltbild die Sprache lediglich als Transportmittel für Informationen über die objektive Realität verstanden werde, und daß dies völlig unzureichend sei. Sprache und Verstehen als wesentliche Elemente der menschlichen Intelligenz seien vielmehr in einem schöpferischen Akt des Zuhörens möglich, der durch wechselseitige verstehende Kommunikation zu einem Konsens führen könne.

Wesentlich für die Sprache sei darüber hinaus, daß die Dimension des Hintergrundes und des Vorverständnisses als maßgeblich einbezogen werden. Kontextunabhängige Sätze, deren Bedeutung wahr oder unwahr sein können und die Grundlage der meisten Computerprogramme sind, treten aber in der Realität der Kommunikation selten auf und haben meist eine geringe Bedeutung. Demgegenüber begründen die neuen Forschungsergebnisse, daß die soziale Interaktion als Handlungssystem im Mittelpunkt stehen muß.

Daraus abgeleitet kann die zukünftige Rolle des Computers klarer herausgearbeitet werden. Benutzerfreundlichkeit ist danach von zentraler Bedeutung für die vermittelnde Rolle des Computers zwischen kommunizierenden Personen. Der Computer ist demnach Werkzeug der Kommunikation, er sollte die Eigenschaften des "Zuhandenen" von Heidegger aufweisen und nicht zum Zusammenbruch der Kommunikation führen. Zentrale Aussagen von Winograd und Flores sind daher, daß die Bedeutung der Sprache beim Zuhören erwachse und letztlich nichts außer der Sprache existiere.

Ein Werkzeug muß so gut "in der Hand liegen", daß man es kaum merkt. Erst beim "Zusammenbruch" im Sinne von Heidegger wird das Werkzeug bewußt, wie auch das Nichtfunktionieren von Computersystemen diese eigentlich erst bewußt machen. In diesem Sinne ist der Informatiker der Werkzeugmacher für die Werkzeuge der Kommunikation und Interaktion.

Für die Autoren ist von grundlegender Bedeutung, daß die Repräsentationshypothese, die immer noch wesentlicher Kern der theoretischen Informatik sei, überwunden wurde. Der Ansatz, es gäbe Objekte und Eigenschaften in der Welt, die durch Wissen und Relationen repräsentiert werden können, sei unzureichend und könne damit bei dem Entwurf von Computersystemen schädlich sein. Sie führe zur Euphorie in Sachen Wissensbasis und

Entscheidungssystemen und verdecke zwangsläufig die eigentlichen Führungs-, Planungs-
und Managementaufgaben.

Wesentlicher Ansatz der künstlichen Intelligenz ist die Behauptung, daß Computersysteme
lernfähig seien. Lernfähigkeit bedeutet, aus Erfahrung lernen zu können. Die Autoren
unterscheiden hierbei drei Gruppen von Programmtypen:

1. Veränderung von Parametern bei feststehender Struktur des Gesamtsystems.
   Die Gewichtungen werden dabei aufgrund des durchlaufenden Prozesses
   verschoben und verändert.

2. Die zweite Form des Lernens besteht im Begriffsbilden durch Kombination.
   Es wird dabei eine Repräsentation aufgestellt und nach Kombinationen
   gesucht, die durch vorher eingegebene Kriterien festgelegt sind. Die
   Annahmen für die Repräsentation können jedoch niemals überschritten
   werden, so daß auch hier enge Grenzen gesetzt sind.

3. Hierbei werden Strukturen entwickelt, die in der Ausgangslage noch nicht
   vorhanden waren. Derartige Ansätze hätten jedoch nach einer gewissen
   Blüte in den frühen 60iger Jahren keine Fortsetzung gefunden und auch
   keine relevanten Ergebnisse erzielt.

Ein weiterer wesentlicher Aspekt der Autoren ist die Abhängigkeit von Kontext und
Vorverständnis bei jeder Aktion menschlicher Intelligenz. Zentraler Ansatz der
künstlichen Intelligenz ist demgegenüber das Gegenteil: Die Bedeutung der Worte und der
aus ihnen gebildeten Sätze ist kontextunabhängig. Individuelle Interpretationen sind
damit nicht zugelassen: "Streichen wir nämlich beim Verstehen die Rolle der Interaktion,
so stehen wir nicht vor dem Bedeutungskern, sondern halten Hülsen ohne Inhalt in der
Hand". Auch die Einbeziehung des sogenannten Beschreibungsrahmens sei ein untaugliches
Mittel, die Kontextbezogenheit zu erfassen.

Die Autoren kommen zu einer kritischen Einschätzung für die Zukunft der künstlichen
Intelligenz. Wesentliche Zukunftaufgaben für DV-Systeme lägen vielmehr beim Einsatz für
Kommunikationsnetze und Koordinatorsysteme. In Zukunft seien DV-Systeme weniger für
den einsam arbeitenden Menschen wichtig, sondern für kooperierende und
kommunizierende Gruppen.

2.3 Theorie sozialer Systeme von Luhmann

Die erweitere Systemtheorie, die vor allem die sozialen Systeme wie Organisationen,
Interaktionen und Gesellschaften umfaßt, hat durch Arbeiten von Luhmann in den letzten

Jahren eine beachtliche Weiterentwicklung erfahren. Da DV-Systeme immer auch in soziale Systeme eingebettet sind, kommt dem Verständnis der letzteren eine erhebliche Bedeutung zu.

Zentraler Ansatz ist die Beziehung von System und Umwelt, die nicht mit der ökologischen Umwelt verwechselt werden darf. Es geht um die Differenz von System und Umwelt, wobei Systeme ohne Umwelt nicht bestehen können. Die Systemgrenzen sind daher für den Systemerhalt unbedingt erforderlich und dienen zur Regulierung dieser Differenz. Systemgrenzen haben insbesondere für Informationsaustausch mit der Umwelt eine Bedeutung.

Durch die Systemgrenze wird die überwältigende Komplexität der Umwelt selektiert und reduziert. Auf diese Weise ist innerhalb des Systems eine gewisse Ordnung möglich, die zum Überleben erforderlich ist. In einem evolutionären Prozeß entwickeln sich dabei die Systeme zu größerer Komplexität und werden damit leistungsfähiger und lebensfähiger in einer sich verändernden Umwelt. Kann die aus der Umwelt durch die Systemgrenzen in das System gelangende Komplexität nicht mehr absorbiert und verarbeitet werden, so muß das System zugrunde gehen.

3. Schlußfolgerungen für den Entwurf und die Realisierung innovativer DV-Systeme

Aus den theoretischen Grundlagen ergibt sich, daß mit dem verengten rationalistischen Ansatz, für innovative Systeme nicht sinnvoll vorgegangen werden kann. Die ökologische, soziale und psychische Umwelt der durch DV zu stützenden Vorgänge hat eine überwältigende Komplexität. Relevanz, Kontext und Hintergrundsbezug einer Modellierung sind deshalb keine einfach zu lösenden Probleme, die als Rahmen und Ausgangslage für die Aufgaben der Informatik wirksam sind, sondern sie sind ein Hauptproblem insbesondere für anspruchsvolle innovative DV-Systeme. Da eine objektive Realität, die im DV-System abzubilden ist, nicht existiert bzw. nicht als sinnvolles Paradigma angenommen werden kann, sind viele Probleme des Software-Engineerings in einem neuen Licht zu sehen.

Nur wer erweiterte rationale Ansätze für Denken, menschliche Intelligenz, Sprache, Kommunikationsprozeß und soziale Interaktion einbezieht, wird für die schwierigen Aufgaben der zukünftigen angewandten Informatik auf dem Gebiet des Umweltschutzes gerüstet sein.

Es ist nicht realistisch davon auszugehen, daß bei der Wissensaquisition für den Aufbau von Expertensystemen das Wissen in einfacher Weise gewonnen werden kann. Zum einen macht sich der für den Experten selbst nicht erkennbare Hintergrundsbezug seines eigenen Wissens bemerkbar, so daß hier zwangsläufig Grenzen der Kommunikation zwischen Wissensingenieur und Experten auftauchen müssen. Jeder Ansatz, daß das Wissen fertig und abrufbereit wie in einem elektronischen Speicher beim Experten vorliege, ist dabei unzureichend.

Ähnliche Gedankengange sind auch für den Software-Entwurf anzustellen. Es ist heute Stand des Wissens, daß für innovative komplexe Systeme das Phasenmodell nicht geeignet ist. Es ist nämlich nicht möglich, die Anforderungen und Spezifikationen im vorhinein bis in alle Einzelheiten festzulegen, so daß anschließend die Programmierung und Realisierung durchgeführt werden kann. Die Software und das Gesamtsystem mussen vielmehr partizipativ in einem evolutionären Prozeß von Benutzern und Entwicklern erarbeitet werden. Aus diesem Grunde kommt dem Prototyping eine zentrale Bedeutung zu.

Da sich durch das DV-System die Kommunikationsstruktur und der Arbeitsprozeß selbst verandern, kann ein gutes System niemals in einem einzigen Iterationsschritt erzielt werden. Beim Prototyping ist zu fordern, daß die vorhandenen Werkzeuge verhindern, daß es zu "Wegwerfversionen" kommt. Vielmehr muß der Prototyp als Null-Version des Systems bereits den wichtigen Kern von Funktionalität und Benutzeroberfläche umfassen. Systmentwickler und Benutzer müssen daher im ersten Schritt einen Reduktionsprozeß von Komplexität durchlaufen, um das Kernsystem abgrenzen zu können, das in Form eines Prototyps zu realisieren ist. Im folgenden ist dann durch Variation und Selektion die nötige Komplexität und Differenziertheit zu erzielen, wobei eine praxisnahe Benutzung des Systems Voraussetzung ist.

Bedeutsam ist dabei, daß die verschiedenen Benutzer in bezug auf Relevanz, Kontext und Hintergrundsbezug ebenfalls differieren und keineswegs davon ausgegangen werden kann, daß sie ein nur annähernd gleiches Modell von der "Realität" haben. Auch hier sind also konsensuale Prozesse zu durchlaufen, um das neu zu entwickelnde System abzugrenzen und auszudifferenzieren.

Von großer Bedeutung ist die Verarbeitungskapazität von Komplexität bei den verschiedenen Benutzern, die zu Benutzergruppen zusammenzufassen sind. Erinnert sei hier beispielsweise an die im Umweltbundesamt (Seggelke 1987) gefundene Lösung von drei verschiedenen Benutzerschalen, die unterschiedliche Komplexität aufweisen: Einsteiger, gelegentliche Benutzer und häufige Benutzer bzw. Profis.

Ein DV-System muß als Werkzeug im Sinne von Heidegger die Eigenschaften der "Zuhandenheit" aufweisen. Das Werkzeug muß also einfach und unkompliziert in der Hand liegen und genau auf die entsprechende Aufgabe zugeschnitten sein. Herkömmliche

Werkzeuge wie Hobel, Hammer oder Bohrer haben sich in einem langen Evolutionsprozeß zu ihrer heutigen Form herausentwickelt.

Der Systementwickler ist also der "Werkzeugmacher" von DV-Werkzeugen. Es handelt sich hierbei vor allem um Hilfsmittel für die Kommunikation der am Arbeitsprozeß beteiligten Menschen. Winograd und Flores halten daher den DV-Ansatz für Kommunikationszwecke und deren Koordinierung für eine zentrale zukünftige Aufgabe des DV-Einsatzes.

Die Systemgrenze von DV-Systemen und intelligenten psycho-sozialen Systemen, also die Mensch-Maschine-Schnittstelle, haben zentrale Bedeutung für alle Online-Systeme. Ob ein phantasievoller Denk- und Strukturierungsprozeß des Benutzers vor dem Datensichtgerät gelingt, hängt damit ganz entscheidend von dieser Schnittstelle ab. Insofern ist der Beriff "Benutzeroberfläche" nicht unbedingt glücklich gewählt. Er unterstellt nämlich, daß das System mit seiner Funktionalität bereits fertig ist, und daß dann nur noch eine angemessene Benutzeroberfläche darauf gesetzt werden muß. Eine derartige Sichtweise kann durch die Zentrierung des Informatikers auf das System entstehen, ist aber aus der Sicht des Benutzers, der schließlich das Werkzeug zu handhaben hat, ungeeignet. Ein Werkzeug muß so beschaffen sein, daß es die Fähigkeit dessen, der es benutzt, voll zum Zuge kommen läßt und Lernprozesse für Feinheit und Differenzierung der Handhabung zuläßt. Gute Arbeitsergebnisse können darüber hinaus nur erreicht werden, wenn es Freude macht, mit dem Werkzeug umzugehen und es zu benutzen. Dies gilt umso mehr, je kreativer und komplizierter die vom Anwender durchzuführende Arbeit ist. Entsteht durch das DV-Werkzeug Agressivität, Langeweile, Verbitterung oder Frustration, so ist es unmöglich, befriedigende Ergebnisse zu erzielen.

Der Umang mit einem Werkzeug muß von dem zukünftigen Benutzer erlernt werden. Daher kommt der Schulung und Ausbildung eine große Bedeutung zu, die auf keinen Fall vernachlässigt werden kann. Keiner wird erwarten, daß selbst ein so einfaches Werkzeug wie eine Feile ohne intensive, wiederholte Übung sinnvoll benutzt werden kann. Wieviel wichtiger ist es, komplexe Applikationssysteme Schritt für Schritt zu erlernen. Wie Lernpsychologen wissen, sind für die einzelnen Lernschritte Belohnungen von großer Wichtigkeit. Durchlaufende Lernschritte müssen abgesichert und gefestigt werden, bevor neue angegangen werden können. Bei mangelnder Motivation oder Angst ist es nicht nur unmöglich, neue Lernschritte zu vollziehen, sondern es kann sogar geschehen, daß bereits Gelerntes wieder durcheinandergerät und nicht mehr zur Verfügung steht.

DV-gestützte Entscheidungssysteme basieren überwiegend auf der Festlegung eines Lösungsraums, in dem eine Optimierung durchgeführt werden kann. Aus dem Gesagten ergibt sich, daß das Auffinden und Eingrenzen dieses Lösungsraums aus der überwältigenden Komplexität eine zentrale Aufgabe von hoher Schwierigkeit ist. Gleiches gilt für die Erarbeitung der Regelbasis bei einem Expertensystem, wenn es sich nicht um triviale Anwendungsfälle handelt. Derartige Aufgaben können nur in einem interaktiven Denkprozeß von Benutzer und Informatiker erarbeitet werden. Da Faktenaussagen nur einen kleinen Anteil der Relevanz von Sprache und Denken ausmachen, sind hier entsprechend enge Grenzen gesetzt.

Führungsinformationen bestehen ebenfalls nur zu einem bestimmten Anteil aus Fakteninformationen. Wichtig sind vor allem Aspekte der Aufforderung zum Tun und Unterlassen, der Erzielung von Konsens und der anschließenden Folgeaktivitäten.

Eingehende Untersuchungen haben ergeben, daß Führungsentscheidungen selten im "abgeschiedenen Zimmer" gefällt, sondern in einem intensiven Interaktions- und Abstimmungsvorgang gewonnen werden. Wenn also versucht werden soll, die DV für Führungsaufgaben einzusetzen, so muß es darum gehen, diese Kommunikations- und Abstimmungsprozesse zu unterstützen. In der Tat können hier gut handhabbare Systeme in Zukunft eine erhebliche Bedeutung erlangen.

Um Applikations-Software evolutionär und partizipativ entwickeln zu können, müssen wiederum geeignete Software-Werkzeuge für die Benutzerprogramme entwickelt und bereitgestellt werden. Diese Entwicklungstools sind also als Werkzeug für die Erstellung von Werkzeugen einzustufen. Durch diese Zweigliedrigkeit des Entwicklungsprozesses wird eine erhebliche Leistungsfähigkeit und Komplexität gewonnen. Daß die Programmiersprachen der dritten und weitgehend auch die der vierten Generation bislang in diesem Zusammenhang problematisch sind, ist dabei bedauerlicherweise anzumerken.

4. Literatur

Winograd, T., Flores, F.: Erkenntnis Maschinen Verstehen. Zur Neugestaltung von Computersystemen, Berlin 1989

Maturana, H.R.: Erkennen: Die Organisation und Verkörperung von Wirklichkeit, Braunschweig 1985

Heidegger, M.: Sein und Zeit, Tübingen 1979

Luhmann, N.: Soziale Systeme, Grundriß einer allgemeinen Theorie, Nördlingen 1988

Seggelke, J.: Ein Schalenmodell für den Einfachdialog verschiedener Benutzergruppen beim Umweltinformationssystem UMPLIS. In: Jaeschke, A., Page, B.: Informatikanwendungen im Umweltschutz, Kernforschungszentrum Karlsruhe, KfK 4223, 1987.

Environmental Gaming Simulation Network

Takeshi Utsumi
Global University in the U.S.A. (GU/USA)
A Divisional Activity of GLObal Systems Analysis and Simulation Association
in the U.S.A. (GLOSAS/USA)
43-23 Colden Street, Flushing, NY 11355-3998, U.S.A.
SprintMail: [TUTSUMI/ASSOCIATES.TNET] TNET.TELEMAIL
BITNET: utsumi@cunixf.cc.columbia.edu

Philip S. Gang
Educational Philosophy Committee (GU/USA)
Institute for Educational Studies
4202 Ashwoody Trail, Atlanta, GA 30319, U.S.A.
SprintMail: [PGANG/ASSOCIATES.TNET] TNET.TELEMAIL
BITNET: daslink!dasnet!dcjcon!gang@sun.com

ABSTRACT

This paper describes construction of an infrastructure for **global peace gaming** -- specially on the issue of "Development and Sustainable Development" in third world countries. The gaming is to train "would-be decision makers" on crisis management, conflict resolution, and negotiation techniques.

Experience shows that the expertise necessary to participate in **peace games** does not exist in many parts of the world. To help educate future participants, and to promote the cause of peace by enhancing exchanges of education and joint research, **GLObal Systems Analysis and Simulation (GLOSAS) Project** is attempting to create a **Global (electronic) University (GU)** consortium.

This paper provides a brief account of the steps taken over the past dozen years which have led to the development of the **Global University** that is being organized to meet the challenge of the global issues both today and in the twenty-first century.

I. INTRODUCTION

The need to understand economic, social and environmental issues that are being faced in different regions of the planet and the need for peoples of the whole planet to learn to communicate and to cooperate has never been more urgent. Economic, ecological and political issues today are global. Global warming, acid rain, the diminished ozone layer, famine, poverty, deforestation, are economic and political issues and they must be faced in all of their complexity. It is imperative to develop an authentic sense of planetary citizenship and to confront planetary issues that endanger the life of our species and life with which our species is in symbiotic relationship.

To support the struggle for the preservation of our ecological heritage, we propose to establish a worldwide telecommunications network for education and non-profit purposes, a partnership of universities and businesses; of governmental, non-governmental and community organizations; of students, workers and individual citizens, **Global (electronic) University (GU) Consortium**. GU can facilitate existing distance educational enterprises by developing a cooperative and worldwide infrastructure and by bringing the powers and resources of telecommunications to ordinary citizens around the world. The quality of education for those unable to attend conventional universities in disadvantaged countries could be greatly enhanced.

Connections between departments of economics, sociology and political science in various countries are being established to explore conflict resolution and for new world-order alternatives to war, with the use of global teleconferencing. Faculties, researchers, would-be decision-makers, and students of those departments of colleges and universities can be the players of the **global peace gaming**.

II. ENVIRONMENT AND SUSTAINABLE DEVELOPMENT ISSUES

In view of the global environmental change previously unknown to humankind, world leaders are now taking unprecedented actions to bring global sustainable development to the top of the agenda of international affairs. Environmental issues are industrial and energy issues; and are, therefore, economic and political issues which must be handled with wisdom, understanding the diversity of the world cultures on our finite, closed planet.

Development is necessary to reduce the economic inequity that contributes to environmental destruction; and environmental restoration, conservation, and preservation are necessary if development is to be sustainable. If world poverty is to be reduced there must be development; but if sustainable growth is to occur, the environment must be preserved. Economic growth without environmental preservation is global suicide (Utsumi and Clements 1989).

This task is too large for government regulation, aid agencies or development banks alone. Restoration of the environment must engage all citizens of the globe; yet sustainable development is ultimately a local activity. People, not governments, do development and preserve the environment or destroy it. A political system that secures effective citizen participation in decision is required. So global education and knowledge is a prerequisite for human survival on earth. Each country has its own role to play. **GU** therefore seeks to facilitate communication for the clarification of issues through global study.

III. BACKGROUND

A. **GLOSAS** Project

In 1972, Takeshi Utsumi initiated the **GLObal Systems Analysis and Simulation (GLOSAS) Project** for **global peace gaming** (a term coined by Utsumi in 1971) (Rossman and Utsumi 1986; Utsumi, Mikes, and Rossman 1986). With computer simulations and a combination of advanced telecommunication channels, such gaming will enable experts in many countries to collaborate in finding new solutions to the problems that have heretofore been causes of war.

B. Establishment of Infrastructure

Over the past dozen years, **GLOSAS** played a major role in making possible the extension of U.S. data communication networks to other countries, particularly to Japan. **GLOSAS** helped the expansion of American and Japanese information industries to foreign markets and the deregulation of Japanese telecommunication policies for the use of electronic mail and computer conferencing through U.S.-Japan public packet-switching lines. **GLOSAS** also helped achieve a de-monopolization of Japanese telecommunication industries, thus enabling various private terrestrial and satellite communication service companies to emerge. This easing of restrictions included a statutory provision allowing the entry of foreign enterprises into Japanese telecommunication markets, thus enabled cost reduction of telecommunications; and the European Economic Community (EEC) and Latin American countries have followed suit. Japanese initiatives were a model for the world. The way has thus been paved for the global educational exchange with experiential learning via various telecommunication media in the service of better understanding of global issues.

C. A Series of Demonstrations

GLOSAS/USA has conducted many demonstrations of a "Global Lecture Hall," where participants in several countries can hear, talk, and see the other with inexpensive methods, such as: uplinking to satellites combined with audio and slow-scan teleconferencing, global computer conferencing as well as facsimile for question-and-answer exchanges. The most ambitious demonstration had fourteen sites linked together, from the East Coast of the United States to Korea, Alaska, and Australia, spanning fourteen time zones and two calendar dates! Participating lecturers on "Global Education in the 21st Century" were Robert Muller, Glenn Olds, Hazel Henderson, James Grier Miller, Parker Rossman, and many other prominent distance educators.

Again, a World Future Studies Federation conference in Nagoya, Japan, was connected with Wassily Leontief (Nobel Economic Laureate) of New York University to discuss "Environment and Development" via a slow-scan TV (SSTV) teleconference over ordinary overseas telephone lines.

Such **GLOSAS** projects have clearly demonstrated how people can be linked across various boundaries for discussion, debate, research and political action.

They have also helped foster a participatory spirit and sense of transnational identity among participants and have helped **GLOSAS** discover technical, regulatory, economic and marketing impediments to the creation of a **Global (electronic) University** system, while showing how a global educational exchange via international telecommunications is a feasible endeavor.

IV. GLOBAL UNIVERSITY

A. Organization

GLOSAS/USA is a non-profit, educational SERVICE organization dealing with the issues of the quality and availability of <u>international educational exchange</u> through the use of computer, telecommunication and information technologies. To help educate future participants of **peace games**, and to promote the cause of peace by enhancing exchanges of education and joint research, **GLOSAS** is attempting to create **Global/Pacific University (GPU)** and **Global/Latin American University (GLAU)** consortia. These, along with a **Global/Indian University** (Charp 1988), can become part of a true **Global University**. These three strong network regions are determined partly by geography, cultural history and by the footprints of communication satellites. Similar consortia are being created in Canada, Japan, Australia, Sri Lanka, and other countries. The **GU**, in each country and region, may consist of a federation cf consortia, each invited to have an authorized, cooperative, and collaborative relationship with the **GU/USA**.

GU will facilitate global telecommunications to make possible the exchange of information, experience, and educational opportunities for all the world's learners. The goal is to empower under-served people of third world countries by giving them access to the educational excellence of other countries. The **GU** will come into existence in three ways: working with the existing educational delivery systems; creating an educational infrastructure to identify needs and courses to be offered; and serving as a coordinating, financial, and promotional organization. Member schools of the Association of Christian Universities and Colleges in Asia (ACUCA) indicated their interest in working with **GU/USA**. The Latin American Network for the Development of Distance Education (REDLAED) with more than 100 members of prominent colleges and universities, has decided to give highest priority to four topics: Environmental problems, literacy, women's issues, and teacher training. **GLOSAS/USA** is requested to provide their activities with inexpensive international telecommunication networks. ACUCA and REDLAED can become the core of **GPU** and **GLAU**, respectively.

B. Educational Philosophy

One goal: restoring the environment and resolving the economic and political crisis depend on public understanding, the development of a conservation ethic, and public discussion based on accurate information to identify and clarify local priorities of environment and development. **GU** intends to transcend cultural barriers and to encourage the development of a global society, by coordinating educational programs of universities, business corporations, professional associations, government agencies, and voluntary agencies. It is hoped that a balance between many such structures can help preserve true academic freedom and cultural diversity.

C. Benefits

As a new global educational institution, the **GU** can offer courses by satellite and other advanced telecommunication media to help bring quality education to serve students anywhere in the world where it did not exist before. By participating in **GU**, institutions that currently are limited to one country will be able to extend their services to learning centers and learners in regions where there may be a shortage both of trained faculty and of resources in technical and other fields of study. Quality international education from universities can be provided to students in almost any location who, because of constraints on time, resources, or available options, are unable to go to other countries to study at regularly scheduled campus-based classes. Students could access with a far greater variety of educational philosophies, courses and instructional styles than they could ever encounter on single campus.

A university, of course, is much more than courses. Efforts are being continued in **GLOSAS** to facilitate international research electronically. The vast amount of electronic collaboration on research projects, from continent to continent, is another evidence of the emergence of the "global electronic university" quite beyond and outside the efforts of all organizations and agencies. The exchange of knowledge among/between countries can make major contributions to world peace, helping to ease frictions, to promote joint research and development and mutual exchange and understanding. An example of such joint effort was our global gaming simulation reported below.

V. ELECTRONIC DELIVERY SYSTEM

GU will seek to provide at nominal cost a "technology package" for participating colleges, universities, community associations, and local governments to use for accessing educational resources via various telecommunication media. For example, a joint effort of **GU**s in various countries/regions to lease international telecommunications lines and/or satellite transponders will make it possible for members of **GU** to obtain discounted telecommunications costs. Consortia in any country can thus unite their strengths so that international information and educational exchange can readily become attainable. Some other examples are:

(1) Computer Conferencing Systems. Electronic mail or computer conferencing (such as the Electronic Information Exchange System [EIES] of the New Jersey Institute of Technology, etc.) can become the basis of communication among students and instructors on a global basis. In contrast to electronic mail, EIES provides interactive dialogue among participants independent of time and space constraints. Their dialogue can be retrieved at any time from almost anywhere on the world. Thereby, all participants, however far apart they may be, "congregate as in a room." Or it can be considered as a shared file cabinet for them to use as they participate in various projects. EIES has been used to offer education to Singapore, Scandinavia, and middle eastern countries with teachers in Tokyo, Venezuela, and elsewhere around the globe.

(2) Packet-Radio and -Satellite Systems. The Big Sky Project in the state of Montana uses packet-radio for transmission of audio, text and ani-

mated color graphics in a 50 miles range. The packet-satellite technique, developed at the University of North Texas, has already been tested for the connection of personal computers linked together in Texas, Florida, Hawaii, American and Western Samoa, and Tonga via NASA's Applied Technology Satellite (ATS) free of charge.

(3) Slow-Scan TV (SSTV) Teleconference Systems. A slow-scan (or freeze-frame) TV unit is now at the International University of Japan (IUJ) -- thanks to NHK's donation. It can be used for real-time demonstrations between American and Japanese schools, and for other joint research in various fields. Such connections with SSTV can be an effective supplement to distance education with electronic mail or computer conferencing, the so-called "Virtual Classroom" or "Global Classroom."

(4) Full-Color, Full-Motion Video Teleconference Systems. Although the uplinking charges to international satellites from the United States are not too expensive, the downlinking cost is currently prohibitive due to the various PTT (Post, Telegraphy, Telephony) agencies which regulate the charges for information received into a country. **GLOSAS/USA** is currently working toward deregulating Japanese telecommunication policies for the use of receive-only antennas to receive signals directly from INTELSAT satellites for educational and non-profit purposes. Once this policy is cleared, we can expect inexpensive U.S.-Japan educational exchange. This is precisely what a million students of the Chinese TV University do, in the People's Republic of China, with their 5,000 receive-only antennas. We hope that other countries will follow the Japanese suit.

VI. GLOBAL PEACE GAMING

The **global peace gaming** of **GLOSAS** is a computer gaming simulation to help decision makers construct a Globally Distributed Decision Support System for positive sum/win-win alternatives to conflict and war. The idea involves interconnecting experts in many countries via global Value Added Networks (VANs) to collaborate in discovering new solutions for world crises such as the deteriorating ecology of our globe and to explore new alternatives for a world-order capable of addressing the problems and opportunities of an interdependent globe (Mische 1988, 18).

A. Ground Works

This is possible because, as mentioned above, **GLOSAS** has so far accomplished the extension of U.S. data communication networks to overseas countries, and subsequent deregulation of telecommunication policies for the use of electronic mail and computer conferencing for asynchronous communication between instructors and students; two-way slow-scan TV teleconferencing via inexpensive audio grade overseas telephone lines; many demonstrations of "Global Lecture Hall"; one-way, inexpensive video teleconferencing via INTELSAT satellite; initiative to establish **Global University** network system which can provide players for **global peace gaming** from around the world.

B. Systems Analysis for Environment and Development Issues

This provides an infrastructure foundation for systems analysis for environment and development issues. The Gaia Hypothesis postulated by J. E. Lovelock proposes that the physical and chemical conditions of the surface of the earth, of the atmosphere and of the oceans has been and is actively made fit and comfortable by the presence of life itself. Our globe, our planet, may be alive and if we let it die we may die with it. This is in contrast to the conventional wisdom which held that life adapted to the planetary conditions as it and they evolved their separate ways.

Now that the waste products of human life on our planet are changing the comfortable fit, the principle of life is to recycle, and to reuse. The principle of death is to throw away into the air, into the sea, into rivers and into lakes poisons, chemical wastes that are not biodegradable and that return to us in the food we eat, the air we breathe and the water we drink.

Global peace gaming can apply new methodologies for delivering the global and ecological paradigm in education to incorporate empowerment strategies for human responsibility, and with gaming strategies based on Gaia hypothesis (Gang 1989). Through a systemic approach, materials will demonstrate how all of the components of Gaia can work together in perfect harmony to clarify humanity's role as part of the interconnected web of life -- a tremendous potential for constructing computer simulation models.

C. Previous Demonstration of Global Gaming Simulation

Of several demonstrations organized by Takeshi Utsumi, the largest and perhaps most successful was held at the "Crisis Management and Conflict Resolution" conference of the World Future Society in July, 1986. Nearly 1500 persons took part, in New York, Tokyo, Honolulu, and Vancouver. Parker Rossman was principal collaborator; Fred Campano of the United Nations wrote a game scenario, and Akira Onishi of Soka University supplied his FUGI model of the world economy.

For communication, the demonstration used the EIES for computer conferencing; slow-scan video; graphic image telecommunication; and audio. Large screen projectors showed text and images to the audiences. The FUGI model, with economic statistics and some political and social data from 140 nations, had been used by the United Nations and various governments for economic forecasting. In the demonstration, questions of U.S.-Japan trade were explored by teams of negotiators in New York and Tokyo. The teams included William Nordhaus, Lester Thurow, and Keith Johnson.

Several hypothetical policies were examined. One question raised by Donald Straus was the effect of raising military expenditures in Japan to the American level while lowering those of the USA to the present Japanese level. Simulation predicted that the balance of trade would thus be even by the year 2000, with necessity of cooperation, rather than competition, of both countries in the future.

D. Projects with Globally Distributed Gaming Simulation

(1) U.S.-Japan and Around the Pacific Rim

The establishment of a U.S.-Japan Shadow Cabinet was proposed to **GLOSAS/ USA** by Soppei Nakayama, Special Advisor of the Industrial Bank of Japan and the founder of the IUJ, to ease the two countries' trade and economic frictions by daily electronic conversations among their echelons. This project may include the construction and use of a <u>Distributed Decision Support System</u> as splitting the U.S.-Japan integrated econometric and input/output model to pertinent researchers of both countries. This project may also be extended for similar gaming among Asian and Pacific countries.

(2) Latin American Countries

The countries of Latin America and the Caribbean have experienced environmental deterioration, ecosystem destruction and species loss. The United Nations Development Program (UNDP) decided to support developing countries' efforts to articulate a point of view on the interface between environment and development, poverty, and the sustainable management of natural resources.

The UNDP plans to establish a "Latin American Environmental NGO Network," a subproject of their "Environment and Development" Project. It is to strengthen the non-governmental organizations (NGOs) to address critical issues of environment and development in support to Latin American Government efforts and priorities. It will support cooperative problem-solving by facilitating dialogue and exchange of information among NGOs, government agencies, private businesses, academic institutions and the general public.

The specific objectives **GLOSAS/USA** proposed to the UNDP are: (1) to organize the operation of telecommunication networks for sharing experiences and reporting regional issues; (2) to build databases on environmental issues in distributed mode; (3) to implement training and educational courses; and (4) to construct a "<u>Globally Distributed Decision Support System</u>" with distributed interactive computer gaming simulation system for problem analysis, policy formulation, and assessment, which will be used for training of "would-be decision makers" on conflict resolution and negotiation.

These are to be done with distributed computer conferencing, database and simulation systems among several Latin American countries -- **globally distributed peace gaming simulation** focusing on environmental issues. The several systems will be interconnected to form a "<u>global neural computer network</u>" (a term coined by Utsumi in 1981) in such a way that the total system will act as if a single system with parallel processing of those sub-systems in individual countries.

(3) Distribution of FUGI model

The aforementioned FUGI world economic forecasting model has now been incorporating various sectors of resources, population, environment, energy, etc. **GLOSAS** has a basic agreement with Akira Onishi to distribute the submodels of those sectors to individual countries where they belong, as soon as **GLOSAS** and **GUs** can accommodate them.

E. Technological Outlines of Distributed Gaming Simulation

(1) Need of Open Modelling Network

A major difficulty standing in the way of the further improvement of global modeling is that of gathering data that some countries considered proprietary. The advocated solution was to have each nation develop a model of its own country in which sensitive data could be used, but "hidden" -- only inputs from other national models, and outputs to the global model, would be needed. Obviously there would have to be a global "shell" that would establish requirements for the characteristics of the national models, and to develop that would indeed be quite an undertaking, but it should entail difficulties at least an order of magnitude smaller than those presented by gathering data from foreign countries concerned about their national security. Furthermore, many nations already have national models which could possibly be modified to fit the global shell (McLeod 1990).

A comprehensive model of global resources, ecology and economy is needed for the rational management of ecology and for economic cooperation between nations and economic blocs. As a solution to the dilemma between the need for a unified model and a diversity of views and the special interests of diverse groups, we propose a public Open Modeling Network (OMN) which will consist of models developed by local experts interconnected by global VANs (Utsumi, Mikes, and Rossman 1986).

(2) Globally Distributed Computer Simulation System

The complementary models written by experts of various disciplines and countries, with their preferred simulation languages, methodologies and geographically dispersed dissimilar computers will be interfaced and executed interactively and cooperatively, as parts of the total simulation required. A "distributed" computer system with databases and simulation submodels will be implemented by interconnecting subsystems in individual countries via telecommunication to act jointly as a single system. In this way NGOs, rather than a single group of experts, can directly communicate with their colleagues in other regions of the world, thus providing credibility and accuracy for the databases and models which will be updated and maintained autonomously by them.

(3) Interconnection of Dissimilar Computers and Models

For peace gaming on energy, resources and environmental (ERE) systems, architectures for linking heterogenous computers were outlined in the reference (Utsumi and DeVita 1982) with the use of protocols of the International Standards Organization's (ISO) Open Systems Interconnection (OSI) reference model (the palindromic acronym ISO-OSI) over global public data communication networks, and with the use of Transmission Control Protocol (TCP) and Internet Protocol (IP) over Internet network which interconnects over 150,000 computers in academic, research and government fields around the world. The reference also described communication procedures through multi-party gaming simulation.

Because of inevitable time difference among participants scattered around the world, it is necessary to devise asynchronous scheduling for the parallel execution of distributed simulation submodels, with the use of rollback mechanism based on the Time Warp method (Utsumi, Mikes and Rossman 1986).

(4) Postulated Example

The outline of the hierarchical structure and distributed components of the integrated interactive **peace gaming** simulation system for the energy, economics, foreign trade, etc. on the United States and the Japanese sides was depicted as in Figure 1 (Utsumi 1974). Each block in the figure represents dissimilar computers of the public VANs in those countries. Those computers include simulation models designated in each block. All models will be executed simultaneously and concertedly via satellite and terrestrial telecommunication links.

The world dynamics model here will provide a common area through which the information of variables will be exchanged among the models of both countries. Accordingly, the flow of petroleum from oil producing countries will be regulated by their own decisions as well as by decisions made by game players (pseudo-decision-makers) of both countries. The information of petroleum flow will be cascaded down from the foreign trade model to the petroleum industry model, which will be supplemented with a petrochemical industry model. The communication linkages are also shown in the figure. These include (1) display units for showing simulation results to experts and pseudo-decision-makers in each field, and (2) display units for information exchange among them with the computer conferencing system.

After the simulation progresses for a time period, results will be shown on the display units. For example, suppose if pollution in Japan exceeded a certain allowable level, say, around 1977 on Figure 2 (Utsumi 1974), the Japanese expert watching it on his display unit will stop the entire simulation. All participants, wherever they are located, will then try to find, with the use of the conferencing system, a consensus on a new set of pseudo-alternative-policy parameters which will be executed until a new crisis appears, say, around 1984 on the figure. The process will be repeated for rational policy analysis basing on "facts and figures" with international cooperation of experts in both countries.

(5) Use of Global Gaming

The purpose of an interactive gaming mechanism is to help finding appropriate alternative policies by establishing consensus among participating parties. It is suggested here that globally distributed computer simulation be tested interactively with man (game player) in-the-loop for inserting pseudo-policy-parameters to the models whenever necessary, during the execution of simulation. This is the so-called "**peace gaming**" simulation (Utsumi 1977) similar to the "war games" practiced by military strategists (Schram, et al 1971). Global modelling and simulation studies have been conducted by various groups and institutions since early 1970s for enhancing the usefulness of international modelling (and policy-making) activities. However, with the advent of global VANs and standard interface protocols for interconnecting various dispersed, dissimilar host computers, the potential exists for ensuring the coordination of international efforts by providing more frequent communications and an environment for shared development, enabling more credible simulation study than ever before.

It is now possible to combine existing technologies to make sophisticated and more holistic explorations of various scenarios for solving global social problems. Many small computers in different countries can be interconnected, through globally distributed network processing, and information processing, into modeling and simulation instruments for playing **"peace games"** on the scale of Pentagon war games (McLeod 1987).

F. Scenarios of New World-Order Alternatives

Twenty-five international organizations, with Global Education Associates as principal coordinator, are initiating Project Global 2000 to write, publish, promote and use global-frame monographs. Their purpose is to re-conceptualize security and sovereignty within the context of ecological and economic interdependence. They believe that ecological, economic, and military security are only facets of the integral security that should be the goal of all people. The Project's goal is to develop a common framework for analysis and public policy development to resolve such global-scale problems as ecological degradation, Third World debt, world hunger and poverty, international drug-trafficking, and interstate conflict. The monographs will hopefully provide **global peace gaming** with basic scenarios.

VII. CONCLUSION

Global education via telecommunication media is the way of the future toward the twenty-first century, the Age of Knowledge, laying a social infrastructure for global citizenship of the global village. Developments in global electronic education can transform education at all levels around the world, and can enrich and transform human society.

GU is an evolutionary concept with no global precedent. It can now take shape gradually through parallel steps and many kinds of initiatives in many regions, encouraging a sense of universally shared responsibility, a spirit of participation, and of genuine collaboration, in an enterprise truly global in scope.

Seen in a global context, the proposal of a global university consortium may be understood as one of the ways that mankind is responding to the critical challenges that confront us at this time in the history of humanity. Global education is a major key to sustainable survival. The world is "shrinking" in the electronic sense and all people and all educational programs are becoming increasingly interconnected and more and more dependent upon one another. With this interconnection, however, there comes the potential for escalating regional conflicts, so the need for global education with **global peace gaming** has never been greater. Senator Fulbright once said that learning together and working together are the first steps toward world peace.

The time is ripe for global education. Technology is now available. What we need now are people who are eager to face the challenges of our time and to forge ahead toward the twenty-first century education.

VIII. REFERENCES

Charp, S. 1988. "Editorial." T.H.E. Journal, 8 August.

Gang, P. 1989. "Educating for Human Responsibility." Private note.

McLeod, J. 1987. "TAK is TICKING." Simulation, December, 1987: 273-4.

McLeod, J. 1990. "Toward Internationally Distributed Models." Simulation, May, 1990: 295.

Mische, G. 1988. "Partners for World-Order Alternatives." Breakthrough, 9 (1-3): 18

Mische, G. 1989. "GEA Report." Breakthrough, Winter/Spring: 89

Rossman, P., and T. Utsumi. 1986. "Waging peace with globally-interconnected computers." In Challenges and Opportunities: From Now to 2001, ed. H. F. Didsbury, Jr. Bethesda, MD: World Future Society.

Schram, S., H. Marks, W. Behrens, G. Levin, and J. McLeod, et al. 1971. "Macro-System Simulation." Panel Discussion Session at the 1971 Summer Computer Simulation Conference (SCSC) (Appeared on pp. 1491 to 1502 of 1972 SCSC Proceedings).

Utsumi, T. 1974. "Joint US/JAPAN Project on Global Systems Analysis and Simulation (GLOSAS) of Energy, Resources and Environment (ERE) Systems." Proceedings of the Conference on Energy Modelling and Forecasting, Berkeley, California, June 28 to 29: 121-144.

Utsumi, T. 1974. "Japan Petrochemical Industry Model for the GLOSAS Project." Proceedings of SCSC, 318-325.

Utsumi, T. 1977. "Peace Game." Simulation, November: 135.

Utsumi, T., and J. DeVita. 1982. "GLOSAS Project." Computer Networks and Simulation II, ed. S. Schoemaker, 279-326. Amsterdam: North-Holland Publishing Co.

Utsumi, T., P. O. Mikes, and P. Rossman. 1986. "Peace games with open modeling network." Computer Networks and Simulation III, ed. S. Schoemaker, 267-98. Amsterdam: North-Holland Publishing Co.

Utsumi, T., and M. Clements. 1989. "Proposal for Global/Pacific (electronic) University." Paper presented at the Pacific-Basin Conference of World Future Studies Federation/"Linking Long-Range Visions to Short-Range Decisions in the Pacific-Basin Networking Community," Nagoya, Japan, November 20-23.

Figure 1

Structure

of

Integrated Models and Communication Network

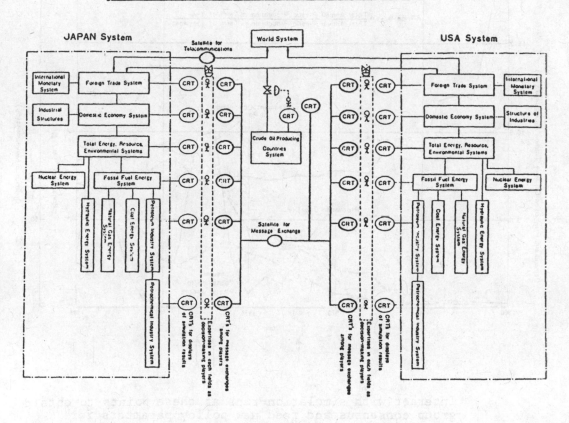

Figure 2

Growth of Japanese Petrochemical Industry

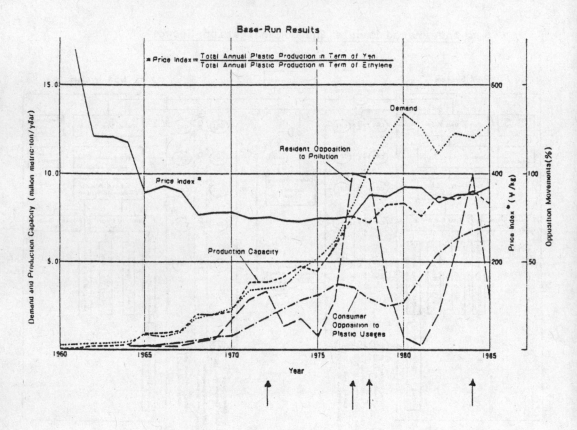

Interact with simulation runs at these points to obtain
group consensus and feed new policy paramters for
subsequent executions.

AUTHOR BIOGRAPHIES

Takeshi Utsumi, Ph.D., P.E., is President of Global Information Services, a firm which assists businesses in various countries, and especially Japan, to access computer information via global Value Added Networks (VANs). He is Technical Director of the **GLOSAS/Japan** Association, responsible for using advanced computers, telecommunications, systems analysis, and simulation technology to seek solutions to world wide problems. Among his over a hundred related scientific papers are many presentations, for example, to the Summer Computer Simulation Conferences which he created and named. He is a member of Japanese and American societies for computer simulation, as well as other scientific groups, and is now completing a technical book in the area of this proposal.

Philip S. Gang, Ph.D., is an author and leading international proponent for holistic approaches in education. He is Director of The Institute for Educational Studies and has extensive experience as an international lecturer, workshop leader, consultant and school head. Gang has been instrumental in organizing a world-wide network of global-holistic educators. He is Associate Director of the US-USSR Global Thinking Curriculum Project. The focus of Gang's work is to provide people with the knowledge and experiences that empower them to take responsibility for the welfare of our planet. His book, "Rethinking Education: OUR PLANET, OUR HOME," is being used throughout the world to assist people in developing deep ecological awareness and recognizing humanity's responsibility to our planet. Gang serves on the advisory boards of the Joyful Child Press, the Heartland Peace Institute and the World Community Foundation. He is a Contributing Editor for Holistic Education Review. He has been active in creating a Global Empowerment seminar for young adults and has been an advisor to the Partners Project, a plan to develop an earth curriculum for secondary students all over the world. Gang has presented his work at national and international conferences in many countries. In the summer of 1990 Gang was invited by the Soviet Academy of Pedagogical Sciences to present his work at a special conference focusing on "Ecology and Education" in Irkutsk, Siberia. Leading educators from all over the Soviet Union and Eastern Europe were present.

Mailboxnetzwerke als Werkzeug im Umweltschutz

Wolfgang Schröder
Mensch Umwelt Technik (M.U.T.) e.V.
Im Winkel 3, 2000 Hamburg 20

Deskriptoren: Datenfernübertragung, GreenNet, Mailboxen, Netzwerke, Telekommunikation, Vernetzung.

Zusammenfassung

Die Datenfernübertragung bietet ein Hilfsmittel, das auch in der Umweltbewegung mehr und mehr an Bedeutung gewinnt. Der Zugang zu diesen Werkzeugen und ihre Weiterentwicklung bereiten vielen Umweltorganisationen jedoch Schwierigkeiten. Der Verein Mensch Umwelt Technik e.V. hat es sich deshalb zur Aufgabe gemacht, Verbände bei der Nutzung von Telekommunikation zu unterstützen. Dieser Bericht aus der Sicht eines Anwenders gibt einen Überblick über einige gegenwärtige Entwicklungen und Anwendungen sowie einige Aspekte, die für ihre Nutzung sprechen bzw. die bei ihrer Nutzung berücksichtigt werden sollten.

1. Gründe für die Nutzung von Mailboxnetzwerken

1.1. Allgemeine Entwicklungen

Nach einer Phase der Anprangerung der Verursacher muß die Umweltbewegung jetzt Konzepte für die Schaffung von Alternativen entwickeln. Es kommt heute in erster Linie nicht mehr darauf an, auf die Probleme hinzuweisen. Vielmehr richtet sich die Arbeit mehr und mehr auf die exakte Ermittlung der Verursacher, die fundierte Erarbeitung der Zusammenhänge. Hierzu werden auf der einen Seite immer speziellere Arbeiten mit interdisziplinären Forschungsaufträgen über lange Zeiträume nötig. Auf der anderen Seite wird uns immer deutlicher bewußt, daß wir auch von den Umweltproblemen in anderen Teilen der Welt beeinflußt werden. Die Zukunft wird uns hier vor Aufgaben stellen, deren Lösungen uns bisher sehr schwer fallen. In jedem Fall kommt es aber darauf an, die Vorgehensweise durch fundierte Informationen abzusichern.

1.2 Entwicklungen des Fachwissens

Der Weg in die Informationsgesellschaft beschert uns bereits heute eine Verdoppelung des Fachwissens innerhalb weniger Jahre. Immer schnellere Veralterung der Information bei gleichzeitiger Überhäufung mit redundant/wertlosen Daten macht das Auffinden der richtigen Informationen immer schwieriger. Diese Entwicklung macht auch vor der Umweltbewegung nicht halt.

1.3. Zunehmende Akzeptanz

Für die zunehmende Akzeptanz sprechen aber auch noch andere Faktoren. Die anfänglichen Schwierigkeiten, die mit der Nutzung der EDV verbunden waren, sind heute zumindest gemildert. War es, wie bei der Entwicklung des Autos, nicht anders, zunächst nur einer elitären Schar von Experten vorbehalten, die Systeme zu warten oder auch nur zu nutzen, was ihren Preis in die Höhe trieb, so können heute selbst "Laien" die Systeme zumindest nutzen. Der Preisverfall und die Entwicklung anwenderfreundlicherer Systeme machen es heute bereits Schülern möglich, eine Mailbox zu betreiben.

Die mangelnde Anwenderfreundlichkeit ließ wohl bisher die Nutzung von Netzwerken zu kompliziert erscheinen, abgesehen von den Kosten, die kommerzielle Systeme verursachen.

Die im folgenden vorgestellten Netzwerke werden nicht in erster Linie von Computerexperten betrieben. Es sind vielmehr Umweltschützer, die ihren Aufbau wesentlich vorangetrieben haben.

1.4. Hilfe für die tägliche Arbeit

In der täglichen Arbeit der Umweltorganisationen müssen viele Informationen nicht nur von mehreren Personen/Gremien zumindest gelesen, sondern auch möglichst bequem weiterverarbeitet werden können. Hier bietet electronic mail über Mailboxen einen Vorteil gegenüber dem Telefax: Mit nahezu jeder Software können die übertragenen Texte sofort eingelesen und weiterverarbeitet werden.

Abgesehen davon, daß die Text-Übertragung mit den entsprechenden Geräten sehr günstig wird, lassen sich ohne größere Kosten auch Kopien herstellen und problemloser an Einzelpersonen oder Verteiler versenden, als es bei den herkömmlichen Medien der Fall ist. Damit wird es selbst über größere Entfernung leichter, Ergebnisse gemeinsam zu bewerten und in einer Gruppe zu diskutieren.

Hier liegt der entscheidende Vorteil dieser Technik. Herkömmliche Datenbanken bieten eine riesige Informationsmenge. In vielen Fällen lassen sich diese Informationen jedoch nur von Experten erschließen und aktualisieren, was mit erhöhtem Aufwand verbunden ist. Natürlich können Mailboxen in diesem Bereich nicht konkurrieren. Ihre Stärke liegt vielmehr in der Flexibilität, in der Unterstützung unterschiedlicher Anforderungen und ihrer Geschwindigkeit. So wurde zum Beispiel, während dieser Text in Hamburg entstand, ein Teil in Hannover ergänzt. Nach wenigen Stunden war die redigierte Fassung bereits zurück.

Ein größeres Netzwerk bietet nicht nur reine Information, sondern auch die Möglichkeit der gegenseitigen Beratung, des Austausches von Erfahrungen. Treten Fragen auf, so findet sich in dem Verbund von Benutzern des Netzes fast immer jemand, der eine Antwort geben kann.

2. GreenNet - Dial Locally, Act Globally

Für den europäischen Raum bietet GreenNet weltweite Verbindungen und Nachrichten aus der ganzen Welt. Durch den APC-Verbund (=Association for progressive communications) hat GreenNet Kontakt zu anderen Netzen. Es sind dies nicht nur die Schwesterorganisationen EcoNet und PeaceNet, andere Netze ähnlicher Ausrichtung wie z.B. Web (Kanada), Nicarao (Nicaragua), Pegasus (Australien) und Alternex (Brasilien), sondern auch kommerzielle Anbieter wie z.B. Geo2 im Geomail-Verbund. Über Gateways bestehen auch Verbindungen zu BITNET, UUCP und FidoNet. Die Strategie sieht vor, durch einen Anruf über möglichst kurze Distanz Nachrichten aus aller Welt zu erhalten. In Deutschland wird dies durch einen Gateway zum Zerberus-System realisiert. Einzelne Konferenzen aus GreenNet können über eine Zerberus-Mailbox von den Interessenten zum Ortstarif gelesen werden.

Der Service des APC-Verbundes reicht weit über das Angebot weltweiter elektronischer Konferenzen hinaus. Bei Bedarf können sich Organisationen auch eigene geschlossene Konferenzen einrichten. Die Teilnehmer können natürlich nicht nur private Nachrichten versenden, es besteht auch die Möglichkeit, diese als Fax oder Telex ausgeben zu lassen. Somit ist es Organisationen, die über geringe finanzielle Mittel verfügen, möglich, diese Medien zu günstigen Bedingungen zu benutzen, ohne eigene Geräte anschaffen zu müssen.

Das Themenangebot der weit mehr als 600 Konferenzen reicht von der Organisation von Veranstaltungen über Energie und Klimaänderungen bis zu Menschenrechts- und Abrüstungsdiskussionen. Im weltweiten APC-Verbund sind 7000 Personen aus über 1000 Organisationen sowie Journalisten und Einzelaktivisten zusammengeschlossen.

So nutzt z.B. die weltweite Regenwaldbewegung das Netz zur Abstimmung von Aktionen, zur Organisation von Kampagnen, um Hintergrundberichte und wichtige Informationen, z.B. über aktuelle Zerstörungen des Regenwaldes, zu verbreiten. Ein Beispiel für die konkrete Nutzung ist der Verein "Rettet den Regenwald e.V." in Hamburg. Über GreenNet bezieht er die jeweils aktuellen Informationen. Sie werden über einen Gateway in Hannover an die lokale Mailbox in Hamburg geschickt. Dort kann sie der Verein je nach Interesse abrufen. Die erhaltenen Informationen werden dann z.B. in der Zeitschrift "Regenwald Report" veröffentlicht und in Aktionen umgesetzt.

Die Anbindung an GreenNet über lokale Mailboxen ist der neueste Trend. Umweltorganisationen können so weltweite und lokal wichtige Informationen vom gleichen lokalen System abrufen.

Die Technik:

GreenNet läuft derzeit auf einem 386er unter UNIX V. Jeden Tag werden ca. 1 MB Daten mit anderen Systemen ausgetauscht. Der Zugang kann sowohl per Telefon als auch über Datennetze (DATEX/PSS) erfolgen. Derzeit erfolgt der Zugang über vier Telefonleitungen und 8 Zugänge über einen eigenen PSS-PAD. Die einzelnen Systeme tauschen einnmal pro Stunde die jeweils aktuellen Nachrichten aus. Die Oberfläche mit einigen wenigen relativ leicht verständlichen Befehlen ermöglicht es, ohne längere Einarbeitungszeiten mit dem System zu arbeiten. Die Befehle sind auf Einzelbuchstaben reduziert.

3. Das Zerberus Mailboxprogramm

3. 1. Flexible Vernetzung mit geringem Aufwand

Nicht nur der weltweite Informationsaustausch läßt sich durch Datenfernübertragung verbessern, auch und gerade bei lokalen Aktivitäten können Mailboxen und Mailboxnetzwerke unterstützend wirken. In der Umweltbewegung beginnt derzeit das Mailboxprogramm Zerberus Einzug zu erhalten.

Die Benutzerfreundlichkeit, aber auch das persönliche Interesse der Programmierer, die ihr Produkt Umweltgruppen mit Finanzproblemen manchmal auch kostenlos zur Verfügung stellen, fördern diesen Trend.

Die Technik

Der Erfolg des Programms übertraf bei weitem die Erwartungen seiner Entwickler. Durch ständig erweiterte Ansprüche und neue Anforderungen seiner Benutzer wurden dezentral verschiedene Ergänzungen und Utilities geschaffen. Das Programm wurde sowohl für den ATARI ST als auch für den IBM PC geschrieben.

Das Zerberus-Konzept bietet verschiedene hilfreiche Möglichkeiten:

• Die Software kann zunächst als "ganz normale" Einzelmailbox betrieben werden.

- Der gesamte Inhalt der Mailbox, oder auch nur bestimmte Bretter, können mit anderen Mailboxen ausgetauscht werden.
- Die Kommunikation mit anderen Boxen läßt sich beliebig variieren, egal, ob es sich um ein Reihen-, Stern-, Ringnetzwerk oder noch komplexere Strukturen handelt. Die Software schickt die komprimierten Nachrichten automatisch an die jeweils angegebenen Systeme. Im Normalfall werden die Nachrichten gesammelt und über mehrere Boxen "geroutet", um Verbindungsgebühren zu sparen.
- In die als "hacksicher" eingestufte Mailbox lassen sich auch externe Datenbankprogramme einbinden. So können dann z.B. Abfragen von Meßwerten, Adressen usw. sehr bequem realisiert werden.
- Zur Erleichterung der Arbeit läßt sich die Mailbox auf den Schreibtisch holen. Dazu kann man eine komplette Mailbox oder auch nur eine "Terminalversion" installieren. Sie kann automatisch die individuell gewünschten Bretter von der nächsten Serverbox abholen, Nachrichten verschicken und hält die interessanten Meldungen, solange wie gewünscht, unter der jeweiligen Brettstruktur bereit. Natürlich lassen sich auch private Ablagefächer einrichten.

Durch die den GeoStandard noch übertreffende Oberfläche läßt sich der Nachrichtenversand und -empfang sehr leicht abwickeln.

Zerberus wird mittlerweile sehr unterschiedlich genutzt. Es gibt bereits mehrere verschiedene Netze, die die Software mit dem Namen des dreiköpfigen Wolfshundes aus der griechischen Mythologie verwenden. Sie können beliebig miteinander kombiniert werden.

Eigene Zerberus-Boxen gibt es zum Beispiel beim Öko-Institut Freiburg, beim BUND (Bund für Umwelt und Naturschutz Deutschland e.V.), bei der Grünen Liga, die in der DDR an einem eigenen Netz arbeitet. Sie werden genutzt von verschiedenen anderen Verbänden und interessierten Einzelpersonen. Auch DIE GRÜNEN, die als erste Partei bereits seit Jahren ihre Informationen in Mailboxen veröffentlichen, verfügen über ein eigenes System.

3.2. Anwendungen

COMPOST - Computerpost für Frieden, Umwelt, Menschenrechte

Unter dem Namen COMPOST hat sich ein Netz von Zerberus-Mailboxen zusammengeschlossen. Sie führen gemeinsam verschiedene Bretter mit umweltrelevanten Themen. Teilweise bieten sie die Umweltbretter neben technischen oder politischen Themen aus anderen Netzen an. Teilweise handelt es sich um Systeme, die sich nur mit Umweltfragen beschäftigen. Die oben genannten Organisationen speisen ihre Informationen in das Netz ein und nehmen an den Diskussionen teil. In einigen Boxen können auch Meßwerte aus der Umgebung abgerufen werden. Die Nachrichten des gesamten über die Bundesrepublik hinaus entstehenden Netzes sind in der Regel nicht länger als einen Tag unterwegs. Die Zahl der angebotenen Themen nimmt auch aufgrund ständig neu hinzukommender Organisationen zu. Besonders interessant und vielversprechend ist auch der Bezug der GreenNet/APC-Konferenzen über COMPOST-Systeme.

GRÜNE LIGA

Bereits während des Gründungskongresses der GRÜNEN LIGA, einem Zusammenschluß von Umweltorganisationen in der DDR (unabhängig, parteiübergreifend), wurden erste Versuche zum Betrieb einer Mailbox durchgeführt und Berichte über Ostberlin an die westlichen Medien und auf die Grüne Woche in WestBerlin versandt. Seitdem richtet die GRÜNE LIGA im Zusammenhang mit dem westdeutschen COMPOST-Netz ein eigenes Netzwerk ein. Gerade in den Anfangszeiten der Wende - als Handbücher noch abgeschrieben wurden, weil es kein Papier gab und Disketten mit dem Trabbi "verschickt" wurden - wirkte diese Technik verlockend. Wegen der schlechten Übertragungsqualität durch die Leitungen und der Besonderheiten des DDR-Telefonnetzes sind die Übertragungsgeschwindigkeiten jedoch begrenzt. So konnten bereits nach kurzer Zeit Veröffentlichungen aus dem Haus der Demokratie in Ostberlin, die wegen Papiermangels nicht gedruckt werden konnten, in Mailboxen in der Bundesrepublik gelesen werden.

BUND

Der BUND nutzt gegenwärtig Zerberus, um ein eigenes verbandsinternes Mailboxnetzwerk aufzubauen. Auf vier Ebenen soll hier die Kommunikation zwischen Einzelpersonen, Orts- und Kreisgruppen (über 2000) und der Öffentlichkeit unterstützt werden. Bisher ist es für eine Kreisgruppe im Norden schwierig, ihre Erfahrungen mit einer aus dem Süden auszutauschen. Diese Kommunikation ist ein wichtiges Anliegen im Zusammenhang mit der Paragraph-29 (Bundesnaturschutzgesetz) Beteiligung. Hier geht es um die Genehmigung von Eingriffen in die Natur wie z.B. Bauvorhaben. In vielen Fällen wird im Verband möglicherweise Doppelarbeit geleistet, die in Zukunft vermieden werden soll.

4. Schluß

Die Telekommunikation wird in den nächsten Jahren unser Leben stark verändern. Die Nutzung von Mailboxnetzen - nicht nur durch Umweltverbände - wird mit Sicherheit zunehmen. In welchem Ausmaß sie eine wirkliche Hilfe sein kann, muß sich noch herausstellen. Ihre Qualität läßt sich nicht beliebig durch größere Rechenleistung und höhere Speicherkapazität steigern. Nur wenn die Anwenderfreundlichkeit vorangetrieben wird, wenn statt der Quantität die Qualität in den Vordergrund tritt, kann der Informationsflut entgegengetreten werden. Die hier genannten Techniken sind nur ein Werkzeug. Sie wecken die Hoffnung, den Umgang mit Informationen zu erleichtern. Eine Lösung unserer Probleme bieten sie nicht, sie helfen uns höchstens bei der Suche nach dieser Lösung. Entscheidend ist für uns, daß diese Technik uns die Interpretation der Fakten nur sehr begrenzt abnehmen kann, daß die Entscheidung, Konsequenzen zu ziehen, die Entscheidung zu handeln, von uns kommen muß.

5. Literatur

Dürr, Prof. H.P.: Geleitwort zu "Verdatet und vernetzt", Fischer (1988)
Frechinger u. Glattau GmbH: Das phoenix-Mailboxhandbuch, Wien, (1989)
Gengle, D.: The Netweavers's Sourcebook, Addison-Wesley (1984)
Mensch Umwelt Technik e.V.: Telekommunikation im Umweltschutz -
Nutzungsmöglichkeiten und Probleme, 2. Auflage, Hamburg, (1990)
Poppel, H. L.: Information Technology, McGraw-Hill
Vester, F.: Neuland des Denkens, S. 479-489, dtv, (1985)

Rechnerunterstützung für die UVP

Ausgewählte Resultate einer Fragebogenaktion

Rainer Waschkowski

Universität Dortmund, Lehrstuhl Informatik VI

Postfach 500 500

D - 4600 Dortmund 50

Deskriptoren: Umweltinformationssysteme, Computereinsatz für UVP, Anwendungsbereiche von Software-Systemen

Zusammenfassung

Der folgende Artikel gibt einen Überblick über die Ergebnisse einer Fragebogenaktion zur Rechnerunterstützung für die Umweltverträglichkeitsprüfung (UVP). Schwerpunktmäßig werden dabei zwei Bereiche betrachtet: Die qualitative Auswertung der Studie faßt die Stellungnahmen von Praktikern zu Möglichkeiten und Grenzen des Rechnereinsatzes für eine so komplexe Aufgabenstellung wie eine UVP zusammen. Die quantitative Auswertung der Angaben über den derzeitigen und künftigen Rechnereinsatz für umweltplanerische Fragestellungen bietet- nach Anwendungsfeldern gegliedert-einen Überblick über die eingesetzten Programme. Ergänzend dazu werden Verbesserungsvorschläge und Anforderungen an künftige Systeme dargestellt, die auf den praktischen Erfahrungen von Anwendern aus dem Bereich der Umweltplanung beruhen.

1. Einführung

Ausgangspunkt der Fragebogenaktion zur Rechnerunterstützung für die Umweltverträglichkeitsprüfung (UVP) war das Interesse des GI-Arbeitskreises "Integration von Methoden und Werkzeugen für die UVP", einen Überblick über den tatsächlichen Einsatz von Computern zur Unterstützung der Umweltplanung, insbesondere der UVP zu bekommen. Darüber hinaus sollte der Kontakt zu Anwendern hergestellt werden, die mit Systemen für die Umweltplanung schon Erfahrungen besitzen. Ziel dabei war es, Aussagen von Praktikern über sinnvolle und typische Verwendung von Rechnern zu erhalten und bestehende Probleme und mögliche Grenzen für den Computereinsatz festzustellen. Denn es ist von großer Bedeutung für die Qualität und Akzeptanz der Systeme der nächsten Generation, die Erfahrungen und Anforderungen der Anwender frühzeitig in den Entwicklungsprozeß einzubeziehen.

Ein Teil der Fragen richtete sich daher nicht nur an Computeranwender, sondern auch an Planer/innen, die auf den Einsatz von Rechnern bei der UVP verzichten. Gerade bei der zweiten Gruppe ist es interessant, die Gründe ihres Verzichts bzw. ihrer Ablehnung zu erfahren: ob es sich um grundsätzliche Bedenken gegen einen Rechnereinsatz oder vorwiegend um technische und organisatorische Hindernisse handelt. Auf diese Fragestellungen geht Kapitel 3.3 genauer ein.

Über die Fragebogenaktion selbst informiert das folgende Kapitel 2. Die qualitative Auswertung der Stellungnahmen von Praktikern zum sinnvollen und typischen Einsatz von Rechnern und möglichen Grenzen für den Computereinsatz wird in Kapitel 3 dargestellt. Im vierten Kapitel beginnt die quantitative Auswertung der Studie: Einstellungen und Entwicklungstrends zur Computerunterstützung, Analyse von Typ und Verbreitung der verwendeten Maschinen. Um die eingesetzte Software geht es im fünften Kapitel: Gegliedert nach Anwendungsfeldern wie Textverarbeitung, Datenbanken und geografische Informationssystemen wird dargestellt, welche Anwendungsprogramme genutzt werden und wie verbreitet sie sind. In Kapitel 6 werden technische und organisatorische Probleme beim Rechnereinsatz und der Integration verschiedener Systeme betrachtet und daraus Aufgaben für die weitere Entwicklung der Computerunterstützung abgeleitet.

Ebenso wichtig wie die Informationssammlung aber war das Feedback für die Teilnehmer an der Fragebogenaktion. Sie erhielten mit dem Bericht über die Ergebnisse der Studie einen Überblick über die vielfältigen Möglichkeiten der Rechnerunterstützung für ihre Arbeit. Vielleicht noch wichtiger ist die Information über die Einstellungen ihrer Kolleginnen und Kollegen zum Rechnereinsatz und über deren Arbeitsgrundlagen. Auf diese Weise den Erfahrungsaustausch unter UVP-Praktiker/inne/n zu fördern, war ein Ziel der Studie.

2. Die Fragebogenaktion

Die Befragung von UVP-Praktiker/inne/n sollte den Kontakt zu Anwendern herstellen, eine Informationsgrundlage für Forschung und Entwicklung von über den Stand des Computersystemen für die UVP liefern und gezieltere Untersuchungen vorbereiten. Sie wurde nicht mit dem Anspruch durchgeführt, einen exakten repräsentativen Querschnitt der UVP-Praxis wiederzugeben. Im Vordergrund der Auswertung stehen eine allgemeine Orientierung über den Rechnereinsatz bei der UVP und qualitative Aussagen.

Über einhundert Fragebögen wurden an potentielle Anwender in der ganzen Bundesrepublik Deutschland verteilt (Ämter, Behörden, Institute und Büros, die im Bereich der Umweltplanung arbeiten). Mit 45 Antworten liegt die Rücksendequote bei 40 %. Ämter und Behörden stellen mit 31 Antworten gut zwei Dritteln der Rücksender, Büros machen mit 12 Antworten mehr als ein Viertel der Teilnehmer aus, dazu kommen noch zwei Institute.

Von den Teilnehmern an der Fragebogenaktion führen zur Zeit 35 Institutionen UVPen durch, sechs weitere planen die Durchführung von UVPen mit Rechnerunterstützung für die nahe Zukunft. Damit gehören über 90 % der Rücksender zur Zielgruppe der Studie: UVP-Bearbeiter, für die eine Rechnerunterstützung ihrer Arbeit in Frage kommt. Die im folgenden dargestellten Befragungsergebnisse basieren auf den Antworten dieser 41 Institutionen. Die übrigen vier Rücksender (alle gehören zur Gruppe Behörden) führen keine UVPen durch und machten auch keine Angaben zur Rechnerunterstützung im Bereich der Umweltplanung. Sie wurden daher nicht in die Auswertung der Studie einbezogen. Dadurch ergeben sich für die eigentliche Auswertung der Fragebögen folgende Anteile dTimeser Anwendergruppen:

Behörden:	27	(66%)
Institute:	2	(5%)
Büros:	12	(29%)

Tabelle 1: Anwender-Gruppen

3. Stellungnahmen zu Möglichkeiten und Grenzen des Rechnereinsatzes

Um den Umfang sinnvoller Rechnerunterstützung gemäß den Wünschen und Vorstellungen von Planer/inne/n zu bestimmen, lassen sich mit zwei grundlegenden Fragen Einsatzbereiche und Grenzen ermitteln:

1. Für welche Fragestellungen bzw. Aufgabenbereiche halten Sie den Rechnereinsatz für sinnvoll?
2. Für welche Fragestellungen bzw. Aufgabenbereiche kommt ein Rechnereinsatz für Sie überhaupt nicht in Frage?

3.1. Einsatzbereiche für eine Computerunterstützung

Alle Teilnehmer an der Fragebogenaktion antworteten auf die Frage (1). Ihre Antworten sind- nach Häufigkeit geordnet- in der folgenden Tabelle dargestellt:

Darstellung und Verarbeitung von Daten mit Raumbezug	17	(41 %)
Bereitstellen der Informationsgrundlagen	14	(34 %)
Modelle, Simulationen	13	(32 %)
Präsentation der Resultate (Textverarbeitung, Graphik)	10	(24 %)
Bewertung	9	(22 %)
Unterstützung des Verwaltungsvollzug	6	(15 %)
Datenerfassung, automatisierte Datenaufnahme	6	(15 %)
Bestandsaufnahme, Ist-Analyse	4	(10 %)
Vergleich von Alternativen	3	(7%)
numerische, statistische Berechnungen	3	(7%)
Fernerkundungsdaten	1	(2 %)

Tabelle 2: Einsatzbereiche für Computerunterstützung

An erster Stelle steht für die UVP-Bearbeiter/innen die Behandlung von Daten mit Raumbezug (Repräsentation und Verwaltung von Geometrie-Daten). Die Erstellung thematischer Karten, ihre Überlagerung und Verschneidung und Flächenbilanzen, letztlich die Nutzung eines geographischen Informationssystem wurde als wichtigster Bereich für einen Rechnereinsatz gewertet.

Den zweiten Schwerpunkt bildet die Bereitstellung von Informationsgrundlagen. Das reicht vom Biotop- und Altlastenkataster über Grenz-, Richt- und Orientierungswerte, über Gesetzestexte und Verordnungen bis hin zur Dokumentation einschlägiger Studien, Gutachten und sonstiger Literatur über den Untersuchungsgegenstand. Zum weiteren Bereich "Bereitstellung von Informationsgrundlagen" lassen sich auch die Punkte "Datenerfassung" (speziell genannt: die automatisierte Erfassung umweltrelevanter Parameter), "Bestandsaufnahme" und "Fernerkundungsdaten" zählen. Große Bedeutung wird auch der rechnergestützten Modellierung und Simulation (z. B. im Bereich der Hydrologie, der Lärm- und Schadstoffausbreitung) beigemessen. Erst an vierter Stelle folgen Textverarbeitung und Graphik zur Präsentation der Untersuchungsergebnisse.

Einige Aufmerksamkeit verdient der Punkt "Bewertung". Bei sieben von neun dieser Angaben (rd. 80%) wird die Bewertung präzisiert und darauf eingeschränkt, daß es sich um rein numerische Vergleiche mit ökologischen Eckwerten handelt, daß die Bewertung auf sich auf Einzelaspekte bezieht und ein standardisiertes Verfahren voraussetzt. In engem Zusammenhang hierzu steht auch der seltener genannte Punkt "Vergleich von Alternativen".

Speziell Behörden sehen die Ablaufunterstützung der UVP durch Rechnereinsatz als interessanten Anwendungsbereich. Dabei wurden Hilfe bei der Festlegung des Untersuchungsrahmens, die Erstellung von Checklisten, Ablaufunterstützung sowie Anhörungs- und Beteiligungsverfahren genannt. Der Durchführung numerischer und statistischer Berechnungen (außerhalb von Modellrechnungen) kommt, gemessen an der Häufigkeit der Nennungen, keine große Bedeutung zu.

3.2. Grenzen für Computerunterstützung

Die Grenzen, die Planer/innen für einen Computereinsatz ziehen, sind in der folgenden Übersicht zusammengestellt. Dabei ist festzuhalten, daß 10 Einsender (**24 %**) **keine Einschränkungen** angegeben haben. Die Prozentangaben in Klammern beziehen sich auf alle 41 beteiligten Institutionen.

Bewertung (Gesamtbeurteilung, Aggregation von Einzelaspekten)	13	(32 %)
Beurteilung, Interpretation, Abwägung	6	(15 %)
Ortsbegehung, Geländeerfassung, Bestandsaufnahme	6	(15 %)
Entscheidung	5	(12 %)
innovativer Planungsbereich, kreative Lösungsfindung, Ausgleichsmaßnahmen	3	(7 %)
verbindliche Festlegung des Untersuchungsrahmens	1	(2 %)
Modelldefinition	1	(2 %)
Wertsetzung, Grundeinheiten der Bewertung	1	(2 %)
Projektbeschreibung	1	(2 %)

Tabelle 3: Grenzen für einen Computereinsatz

Besondere Bedeutung kommt dem Punkt "Bewertung" zu. Ohne die Resultate der Befragung überzuinterpretieren, läßt sich annehmen, daß es sich in den Tabellen 2 und 3 um unterschiedliche Arten von Bewertungen handelt. In Tabelle 2 ging es vorwiegend um Grenzwertvergleiche und Behandlung von Einzelaspekten. Die automatisch ermittelten Werte bedürfen aber noch einer Interpretation und Beurteilung durch UVP-Bearbeiter/innen. In Tabelle 3 handelt es sich bei "Bewertungen" dagegen wohl um wertende Beurteilungen. Die Aggregation von Einzelbewertungen zu einer Gesamtbeurteilung wird nicht dem Rechner überlassen, hier ziehen die UVP-Bearbeiter/innen eine deutliche Grenze. Entsprechend halten sie bei Abwägungen und Entscheidungen den Rechnereinsatz unangebracht. Auch die weiter unten aufgeführte verbindliche Festlegung des Untersuchungsrahmens gehört zu dieser Klasse von Aufgaben.

Die nächsten Punkte betreffen die Datenerhebung "vor Ort", die ein Computer nicht durchführen kann. Auch im innovativen Planungsbereich ist sein Einsatz nicht angebracht, wenn es darum geht, Ausgleichsmaßnahmen festzulegen und kreativ andere Lösungen zu finden.

Die drei letzten Punkte entziehen sich ebenfalls einer starren Formalisierung: Modelldefinition, Festlegung der Bewertungsgrundlagen und die Projektbeschreibung kann nach Meinung der UVP-Bearbeiter/innen nicht vom Rechner übernommen werden.

3.3. Gründe für einen Verzicht auf rechnergestützte UVP

In erster Linie waren bei dieser Frage die UVP-Bearbeiter/innen angesprochen, die auf einen Einsatz von Computern verzichten. Insgesamt äußerten sich 22 Teilnehmer zur diesem Punkt, diese Zahl wurde auch den nachfolgend angegebenen Prozentzahlen zu Grunde gelegt.

Der mit 9 Nennungen (41 %) häufigste Grund war, daß keine ausreichende Datengrundlage vorhanden ist, achtmal (36 %) wurde das Fehlen einer allgemein anerkannten Methode für die UVP genannt. Mit dem Fehlen eines geeigneten Systems für computergestützte UVP begründeten sechs Teilnehmer (27 %) ihren Verzicht, zu hohe Kosten spielten in fünf Fällen (23 %) eine Rolle. Bei zwei Behörden (9 %) erwiesen sich Organisation und Entscheidungsstrukturen als Hinderungsgrund. Grundsätzliche Bedenken gegenüber einer Rechnerunterstützung aufgrund der Besonderheiten einer UVP äußerte nur ein Teilnehmer (5 %).

4. Stand des Rechnereinsatzes für die UVP

In diesem Kapitel geht es um die Einstellung der befragten Institutionen zum Rechnereinsatz, um derzeitigen Stand des Computerunterstützung sowie Tendenzen zum Ausbau bzw. Einführung. Die aktuelle Rechnerausstattung wird sowohl im Hinblick auf die Anwendergruppen (Behörden, Büros und Institute), als auch auf die verwendete Hardware analysiert.

4.1. Bedeutung der Rechnerunterstützung

Gefragt nach der Bedeutung der Rechnerunterstützung für die eigene Arbeit, stuften fünf Institutionen (12%) sie als unwichtig oder nahezu unwichtig ein; eine mittlere Bedeutung maßen ihr neun Institutionen (22 %) bei. Wichtig oder sogar unverzichtbar ist die Computerunterstützung der UVP für zwei Drittel der Teilnehmer der Fragebogenaktion (27 Nennungen, 66 %).

Die Frage, ob in den nächsten Jahren Computer-Unterstützung wichtiger wird, beantworteten sogar 83 % (36 Nennungen) mit Ja, niemand nahm an, daß die Bedeutung abnehmen werde. Daß die Bedeutung gleichbleibe, meinten sechs Teilnehmer (15 %).

Daß sich bei der starken Befürwortung der Rechnerunterstützung für die UVP nicht nur um ein Lippenbekenntnis handelt, sondern daß sie auch realisiert wird, zeigen die Antworten auf die Frage nach Einführung bzw. Ausbau der Computer-Unterstützung.

Zur Erinnerung: 15 Teilnehmer führen bislang UVPen ohne Rechner durch, fünf weitere planen eine rechnergestützte UVP. Von diesen 20 Institutionen werden drei (15 %) auch künftig auf den Einsatz von Computern bei der UVP verzichten. Neun Institutionen (45 %) wollen dagegen ihre Pläne im kommenden Jahr , weitere acht (40 %) in zwei bis fünf Jahren in die Tat umsetzen.

Bei den derzeitigen Computernutzern zeichnet sich ein ähnlicher Trend ab: Den Ausbau im kommenden Jahr planen sechs Institutionen (29 %), weitere sieben (33 %) werden in zwei bis fünf Jahren die computergestützte UVP ausbauen. Drei Teilnehmer (15 %) sind unentschieden, nur einer (5 %) will auf weiteren Ausbau verzichten.

Daß ein Computereinsatz nicht ausschließlich eine Hilfe darstellt, zeigen die Angaben von sechs der 28 Computerbesitzer (21 %): Neben einer Entlastung geben sie eine geringe bis hohe Belastung an, insbesondere während der Einführungsphase. Insgesamt wird der Rechnereinsatz aber deutlich positiv beurteilt: Ein Viertel der Computerbesitzer empfand den Rechner als geringe Hilfe, die Hälfte gab sogar eine große Entlastung an.

4.2. Eingesetzte Computer

Die Rechnerausstattung bei Behörden (63% der Rücksender besitzen Computer) etwas niedriger als bei Büros, die zu 75% über einen Rechner verfügen. Berücksichtigt man allerdings die Art der Computer (Großrechner, Workstation bzw. PC), so ergibt sich ein differenzierteres Bild:

vorhandene Rechner-Ausstattung	Behörden		Büros		Institute	
PC	3	(18%)	7	(78%)	2	(100%)
PC+Großrechner	4	(24%)	-		-	
PC+Workstation+Großrechner	7	(41%)	1	(11%)	-	
PC+Workstation	2	(12%)	-		-	
Workstation	-		1	(11%)	-	
Großrechner	1	(6%)	-		-	
	17		9		2	

Tabelle 4: Rechnerausstattung

Mehr als drei Viertel der Anwender in Büros und Instituten benutzen PC's als Basis für die Rechnerunterstützung der UVP. Nur ein Büro verfügt über die komplette Palette von Großrechner, Workstation und PC, ein weiteres besitzt eine Workstation, plant damit aber erst den Einstieg in die UVP-Arbeit.

Bei zwei Dritteln der Behörden dagegen bildet die Kombination Großrechner/PC das Rückgrat der Arbeit, zum Teil kommen noch Workstations hinzu. Reine PC-Lösungen gibt es bei weniger als einem Fünftel der Anwender in dieser Gruppe . Dabei kann man allerdings davon ausgehen, daß der Großrechner schon vor den Umweltanwendungen vorhanden war, und die UVPen als weitere Anwendung hinzukamen. Bei der Rechnerausstattung ist ein Zusammenhang mit der Größe der jeweiligen Institution festzustellen. Während Büros meist eine kleine bis mittlere Personalzahl haben, weisen Behörden mittlere bis große Mitarbeiterzahlen auf. Auffallend ist aber, daß Büros wie Behörden meistens etwa 3 Mitarbeiter/innen für die UVP einsetzen.

26 Teilnehmer der Fragebogenaktion, also rund 93% besitzen Personalcomputer. In diesem Bereich gibt es mit der Rechnerfamilie AT / 286 / 386 der Hersteller IBM, Compaq , Escom u. a. einen deutlichen Spitzenreiter. Andere Rechner werden nur vereinzelt genannt.

Im Bereich der Großrechner und Workstations gibt es bei 16 Besitzern zu einen eine Vielzahl an Systemen, zum anderen lückenhafte Angaben, so daß auf eine detaillierte Auflistung verzichtet wird.

5. Anwendungsbereiche und Programme

5.1. Überblick

Ergänzend zur Rechnerausstattung, die Gegenstand des letzten Kapitels war, werden nun- gegliedert nach Anwendungsbereichen- die eingesetzten Programme und ihre Verbreitung betrachtet. Die folgende Übersicht gibt an, wieviele Teilnehmer ein Programm des jeweiligen Anwendungsbereichs nutzen. Die in Klammern angegebenen Prozentzahlen beziehen sich auf alle 28 Rücksender, die über Computer verfügen, auch wenn (noch) nicht alle ihre Rechner speziell für die UVP heranziehen.

Textverarbeitung	25	(89 %)
Datenbank	24	(86 %)
Grafik (ohne Kartografie)	20	(71 %)
geographisches Informationssystem	17	(61 %)
Modelle, Simulation	14	(50 %)
numerische Berechnungen	13	(46 %)
Bewertungsverfahren	7	(25 %)
Expertensysteme	2	(7 %)
Andere Systeme	5	(18 %)

Tabelle 5: Anzahl eingesetzter Programme nach Anwendungsbereichen

In der obigen Tabelle nimmt im Vergleich zur Tabelle 2 (Kap 3.1. - mögliche Anwendungsbereiche für eine Rechnerunterstützung) die Textverarbeitung einen deutlich höheren Stellenwert ein als geographische Informationssysteme und Modelle. Das liegt sicher an mehreren Gründen: Zum einen hat die Kartographie aus Sicht der UVP-Bearbeiter wohl einen höheren Stellenwert als Texte, zum anderen sind Programme zur Textverarbeitung wesentlich preisgünstiger zu haben und damit verbreiteter als solche für die Handhabung geometrischer Daten. Im Falle der Datenbanken dagegen decken sich Wünsche der UVP-Bearbeiter nach Rechnerunterstützung wesentlich besser mit den Realisierungsmöglichkeiten: Sowohl in der Tabelle 2 als auch in der Tabelle 5 stehen Datenbanken auf dem zweiten Platz der Rangliste.

5.2. Anwendungsbereiche

Im Bereich der **Textverarbeitung** ist eine große Vielfalt an Systemen festzustellen: Die 24 Anwender setzen dreizehn verschiedene Programme ein, wobei nur vier Programme bei mehreren Anwendern vorzufinden sind.

Im Bereich der **Datenbanken** (vor allem für die Verwaltung alphanumerischer Daten) kommen auf 24 Anwender 20 verschiedene Systeme. Auf dem PC-Sektor gibt es neben einem recht weit verbreiteten Programm zahlreiche Einzelnennungen, darunter ein selbstentwickeltes Produkt. Auf dem Sektor der Workstations und Großrechner ist die Auswahl begrenzter- relationale Datenbanksysteme führen deutlich das Feld an.

Sehr vielfältig ist auch das Spektrum der für **graphische Darstellungen** genutzten Programme: 18 Anwender nutzten 16 verschiedene Produkte, wobei nur wenige Mehrfachnennungen auftraten. Hinzu kommt ein selbstprogrammiertes System.

Dreizehn verschiedene Systeme zur **Verarbeitung von Daten mit Raumbezug** sind bei 17 Anwendern vorhanden, darunter eine Selbstentwicklung auf der Basis eines CAD-Systems. Mit fünf Nennungen (29 %) hebt ein System sich etwas von den anderen, meist nur einmal genannten Systemen ab. Gemeinsam ist den Anwendungen die Darstellung geometrischer Daten. Allerdings weisen nicht alle Systeme sämtliche Funktionen eines geographischen Informationssystems wie die Überlagerung und Verschneidung von Flächen, Flächenbilanzen und die Verknüpfung mit alphanumerischen Daten auf.

Vierzehn Anwender beantworteten die Frage nach Programmen für **"Modellbildung und Simulation"**. Sechs verwenden Eigenentwicklungen (43 %), fünf weitere beschränkten sich auf allgemeine Angaben. Nur in drei Fällen wurde das verwendete System konkret benannt. Verglichen mit anderen Einsatzbereichen der Computerunterstützung können Anwender bei Modellrechnungen und Simulationen am wenigsten auf Standard-Software zurückgreifen; in diesem Bereich sind besonders stark eigene Entwicklungs- und Programmierarbeit erforderlich.

Dreizehn Anwender machten zum Bereich **"Numerische Berechnungen"** Angaben. 16 verschiedene Systeme wurden genannt, darunter fünf Eigenentwicklungen. Dieser recht hohe Anteil an eigenen Programmierarbeiten weist darauf hin, daß Standardsoftware in diesem Bereich nicht alle Wünsche befriedigt. Zum Teil werden auch Datenbank- oder Statistik-Programme für Berechnungen eingesetzt.

Nur fünf der 28 Computerbesitzer ziehen Programme für **Bewertungen** heran. Neben zwei Eigenentwicklungen ist dies in zwei Fällen ein Programm zur Verarbeitung geometrischer Daten und in einem Fall ein Datenbank-Programm. Das läßt darauf schließen, das es sich hierbei um Vergleiche und Standard-Auswertungen handelt und nicht um Bewertungen im Sinne von wertenden Beurteilungen und Entscheidungen.

Außer den oben angeführten Programmen sind **Expertensysteme und andere Systeme** genannt worden, die deutlich machen, welche vielfältigen Einsatzmöglichkeiten von Computern es für die Bearbeitung von UVPen noch gibt: ein digitales Geländemodell, Systeme zur Bildverarbeitung und routinemäßigen Auswertung von Klimameßstationen.

Bemerkenswert ist in allen Anwendungsbereichen die große Vielfalt der eingesetzten Programme. Meistens sind sie nur bei jeweils einem Anwender in Gebrauch, selbst "Spitzenreiter" erreichen nur einen "Marktanteil" von etwa 40 %.

6. Probleme und Verbesserungsvorschläge

Außer nach den eingesetzten Programmen selbst fragten wir auch nach der Zufriedenheit mit der eingesetzten Software, ob Anpassungen und Erweiterungen durchgeführt wurde und welche Probleme außerdem auftraten.

Siebzehn der 28 Computernutzer (61 %) sahen keinen Bedarf, Standard-Software zu verändern. Knapp ein Drittel ergänzten die von ihnen benutzen Programme: Ein- und Ausgabe, Programmierung von Schnittstellen zwischen verschiedenen Programmen und Modifikationen bei Berechnungen in einem geographischen Informationssystem und einem Ausbreitungsmodell wurden genannt.

Ein Viertel der Teilnehmer verzichtete auf Standard-Software für die UVP. Drei Teilnehmer bemängelten, daß es keine Standard-Software für alle inhaltlichen Teilschritte der UVP (und die vorhandenen Computer) gebe, für zwei weitere waren die zu hohen Kosten ausschlaggebend. Ein Teilnehmer gab an, daß die Eigenprogrammierung problemangepaßter und flexibler sei und auf die vorhandene Daten besser zugreifen könne. Schlechte Erfahrungen mit nicht kompatiblen Anwendungsprogrammen hatten ein Büro auf Standard-Programme verzichten lassen und den weiteren Ausbau einer rechnergestützten UVP in Frage gestellt.

Relativ wenig Probleme gibt es mit dem Datentransfer. Für fünf Anwender (18 %) stellt sich gar nicht die Aufgabe, Daten zwischen verschiedenen Programmen auszutauschen. Die Hälfte der Befragten (14 Nennungen) hat keine Probleme. Etwa ein Drittel der Anwender berichtet von Schwierigkeiten, die in geringer Kompatibilität der eingesetzten Programme begründet sind und in mehreren Fällen dazu führen, daß Schnittstellen zwischen den Programmen selbst programmiert werden. Aus den Resultaten der Umfrage geht hervor, daß nicht die Anzahl der eingesetzten Programme das Problem darstellt, sondern die Auswahl. Schon bei der Anschaffung der Software ist darauf zu achten, daß die Programme miteinander kombinierbar sind und mit kompatiblen Datenformaten arbeiten. Obwohl die meisten Anwender keine Probleme mit dem Datenaustausch haben, wünschten sich 57 % eine bessere Abstimmung der eingesetzten Systeme; nur zwei Anwender (7 %) verneinten die entsprechende Frage.

Die Hälfte der Computernutzer beteiligte sich an der Sammlung von Verbesserungsvorschlägen. Die Fragebogenaktion soll dazu beitragen, praktische Erfahrungen und Anwenderwünsche zu sammeln und zu artikulieren und daraus- wie von einem Teilnehmer vorgeschlagen- "klare Anforderungsprofile für Anbieter" ableiten. Die eingegangenen Vorschläge lassen sich zu einem aussagekräftigen Arbeitsprogramm zur Weiterentwicklung der Rechnerunterstützung für die UVP zusammenstellen. Die Schwerpunkte sind:

1. **Benutzerfreundlichkeit** erhöhen, Oberflächengestaltung verbessern, Bedienung vereinfachen
2. **Datenaustausch** zwischen verschiedenen Programmen verbessern, bessere Standardisierung
3. **Baukastensystem** entwickeln im Sinne eines modularen Systems, dessen Bestandteile einfach zusammenfügbar und erweiterbar sind und damit eine gute Anpassung an die eigenen Ansprüche ermöglichen
4. **Anlagenunabhängigere Software** entwickeln, die für den dezentralen Einsatz von PCs erforderlich ist
5. **Beratung vor** der Softwareanschaffung verbessern, stärker auf die Anforderungen der Anwender bzw. des Aufgabengebietes UVP eingehen
6. **Schulungsangebot** verbessern und stärker auf das Arbeitsgebiet der Anwender ausrichten

7. Zusammenfassung

Die qualitative Auswertung läßt sich zusammenfassen, daß Planer/innen von der Computerunterstützung die Bereitstellung der Entscheidungsgrundlagen, von Sachdaten und Karten erwarten, eine Prüfung von Alternativen anhand von Modellen und Simulationen und schließlich eine Dokumentation der UVP mittels Textverarbeitung, Graphiken und Karten. Beim Ausbau der Computerunterstützung und der Entwicklung neuer Programme sollte auf diese Gebiete besonderes Gewicht gelegt werden.

Die Festlegung der Rechenmodellen und Bewertungsmaßstäbe läßt sich dagegen nicht durch Computer leisten, ebensowenig wie Bewertungen, die über zahlenmäßige Vergleiche hinausgehen, oder die Interpretation von Werten und die Gesamtbeurteilung der UVP-Resultate. Diese Aufgaben machen das eigentliche Arbeitsfeld der UVP-Bearbeiter/innen aus. Computereinsatz in diesen Bereichen vorantreiben zu wollen, dürfte nicht nur auf grundsätzliche methodische Probleme, sondern auch auf mangelnde Akzeptanz der Anwender stoßen. Aus den Antworten auf die Fragebogenaktion geht insgesamt eine klare Befürwortung der Rechnerunterstützung hervor, die in eine breite Einführung bzw. weiterem Ausbau der rechnergestützten UVP mündet.

Bemerkenswert ist die große Programmvielfalt in allen Anwendungsbereichen (Textverarbeitung, Datenbanken, Grafik und Kartographie, Simulation und einfache Bewertungsverfahren). Klare Präferenzen für ein Produkt zeichnen sich im allgemeinen nicht ab; erst im Erfahrungsaustausch der verschiedenen Anwender wird sich herausstellen, welche Programme für welche Aufgaben besonders geeignet sind. Da es keine Standard-Software gibt, die alle Teilaufgaben der UVP unterstützt, kommt der Integration und dem problemlosen Datentransfer zwischen vorhandenen Programmen besonders große Bedeutung zu. Hier sollte ein Schwerpunkt der Entwicklung einer verbesserten Rechnerunterstützung für die UVP liegen. Über technische Verbesserungen und Standardisierung hinaus kommt es darauf an, stärker die Wünsche und Erfahrungen der (potentiellen) Anwender zu berücksichtigen sowie Beratung und Schulung zu verstärken, um die Möglichkeiten einer Rechnerunterstützung für die UVP voll zu entfalten. Eine weitere wesentliche Vorbedingung ist es, die notwendigen Datengrundlagen "auf den Rechner zu bringen"- der Arbeitsaufwand hierfür sollte nicht unterschätzt werden.

An den Schluß der Fragebogenauswertung sei ein Zitat aus einem der Fragebögen gestellt, das den Stellenwert des Rechnereinsatzes bei der UVP noch einmal verdeutlicht:

"Computerunterstützung ist für alle Fragestellungen sinnvoll, sofern sie von Fachleuten mit entsprechender Sachkenntnis eingesetzt wird. Sie sollte jedoch gründliche Ortsbesichtigungen nicht ersetzen. Außerdem darf nicht vergessen werden, daß die Arbeitsergebnisse nicht von dem Computer (= Werkzeug), sondern von der Qualität der vorhandenen Daten bzw. der daraus abzuleitenden Folgerungen abhängen."

8. Danksagung

An dieser Stelle möchte ich Frau Baumewerd-Ahlmann, die maßgeblich an der Fragebogenstudie beteiligt war, sowie allen Mitgliedern des GI-Arbeitskreises InMeWerkUm für ihre kritischen Stellungnahmen zu früheren Fragebogen-Versionen und ihre Unterstützung bei der Versandaktion herzlich danken.

Besonderer Dank aber gebührt all den Teilnehmern, die sich die Mühe gemacht haben, den Fragebogen zu beantworten und ohne deren Mitwirkung diese Umfrage zum Scheitern verurteilt gewesen wäre.

Die Janusköpfigkeit von "Informatik und Ökologie"

Arno Rolf

Universität Hamburg

Fachbereich Informatik

Projektbereich "Angewandte &Sozialorientierte Informatik"

Rothenbaumchaussee 67/69

D-2000 Hamburg 13

Die noch recht junge Umweltinformatik kann auf eine umfangreiche und erfolgreiche Forschungstätigkeit zurückblicken; sie ist anerkannt und befindet sich, anders als verschiedene Technikwissenschaften, in keinem Rechtfertigungsnotstand. Im Gegenteil, die Akzeptanz in der Öffentlichkeit ist eher hoch.

Ihre Forschungsschwerpunkte haben sich ausdifferenziert und umfassen mittlerweile eine beachtliches Spektrum an Aktivitäten. Im Mittelpunkt steht das *intelligente Sammeln und Aufbereiten von Daten mit den neuesten Methoden der Datenverarbeitung*. Sie nutzt dabei vor allem Methoden der Prozeßdatenverarbeitung, der Prozeßkontrolle und der Non-Standard-Datenbanktechnik und setzt Modelle und Methoden der Bilddatenverarbeitung, Modellbildung, Simulation und Expertensysteme ein. Ihre Zielsetzung besteht wie Page, Jaeschke und Pillmann jüngst im Informatik-Spektrum formulierten, in der Nutzanwendung der Informatik zur Erarbeitung von Informationsgrundlagen und Maßnahmen zur Lösung komplexer Fragen der Belastungsminderung und Schadensbekämpfung im Umweltschutz (vgl. 1).

Aber nicht nur die Anwendungen der Informatik-Systeme, -Modelle und -Methoden für den Umweltschutz können positiv bewertet werden. Der Einsatz von Mikroelektonik und Computern hat auch zur *Ressourcenschonung, Energieeinsparung und Schadstoffreduzierung* bei der Konstruktion von Maschinen und Anlagen, in der Verfahrenstechnik oder Energieversorgung geführt. Ihre Bedeutung wird erst dadurch deutlich, indem man sich klarmacht, daß Mikroelektronik in die Rolle der Schlüsseltechnolgie schlechthin hineingewachsen ist : Mikroelektronik ist heute die Grundlage nicht nur für Büro- und Produktionstechniken, ohne sie sind Verkehrs-, Sicherheits-, Medizinsysteme oder Konsum- und Unterhaltungsprodukte undenkbar. Ich vermute, daß heute erst ein kleiner Teil der Möglichkeiten ausgeschöpft ist.

1. Chipproduktion und Computerschrott - die ungeliebten Kinder der Umweltinformatik ?

Die Möglichkeiten der Ressourcenschonung, Energieeinsparung und Schadstoffreduzierung durch den Einsatz von Mikroelektronik und IuK-Techniken sind unumstritten. In diese Bilanz müssen die Umweltprobleme, die bei der *Chipproduktion* und der Entsorgung des sog. *Computerschrotts* entstehen, als Negativposten mitaufgenommen werden. Welche Substanzen in den über hundert Fertigungschritten beim fotografischen und galvanischen Beschichten, Imprägnieren, Laminieren, Ätzen, Reinigen, Aufdampfen etc. eingesetzt werden, ist bis ins letzte wohl nur wenigen Insidern bekannt. Es wird von über dreitausend verschiedenen Chemikalien darunter Arsen, Phosphin oder Schwermetallen wie Cadmium und Blei gesprochen; die Langzeitwirkungen vieler Stoffe sind bislang nicht bekannt.

Gerechterweise muß allerdings hinzugefügt werden, daß zumindest die europäischen Chipproduzenten sich dieser Problematik heute bewußt sind und einiges in die Vermeidung und Entsorgung investiert haben. Leichtfertigkeiten oder grobe Fahrlässigkeiten, wie sie sie in Silicon

Valley offensichtlich lange an der Tagesordnung waren und zu Vergiftungen und Belastungen von Mensch und Umwelt geführt haben, sind in unseren Regionen nur schwer vorstellbar.

Diese Umweltproblematik, die allerdings auch noch nicht als gelöst eingestuft werden kann, soll hier ebenso wenig im Mittelpunkt stehen wie die *Entsorgung des Computerschrotts*. Derzeit fallen in der Bundesrepublik laut der Wochenzeitung "Die Zeit" vom 30.6.89 jährlich etwa 25000 Tonnen Elektronikschrott und 6500 Tonnen Computerschrott an, bei ca elf Millionen genutzten Rechnern und einer geschätzten Zuwachsrate von fünf bis zehn Prozent. Neben lohnenswerten wiederverwertbaren Stoffen wie Kupfer, Gold, Silber, Palladium und Platin fallen in Leiterplatten und Gehäusen Kunststoffe an, denen flammenhemmende Stoffe beigemischt sind. Werden diese in herkömmlichen Müllverbrennungsanlagen verbrannt, so entstehen hochgiftige bromierte Dioxine und Furane. Umweltschützer und Entsorgungsexperten streiten sehr heftig darüber, ob durch Pyrolyse-Verfahren und Temperaturen von über 1200 Grad, Dioxine und Furane ausreichend zerstört werden. Unstrittig scheint lediglich zu sein, daß bislang nur ein geringer Prozentsatz des anfallenden Schrotts auf diese Weise entsorgt wird.

2. Sisyphusarbeit Umweltinformatik ?

Ich möchte vielmehr die Frage ins Blickfeld rücken, ob und wieweit Informatik und Informatik-Produkte beteiligt sind an der zunehmenden *Beschleunigung und Globalisierung* industrieller Wirtschafts- und Lebensweisen, die wie Klaus Meyer-Abich befürchtet, das ökologische Grundkapital unseres Planeten schneller verbraucht, als es je wieder hergestellt werden kann.

Diese Fragestellung ist nicht so ganz neu, bereits bei der denkwürdigen, von Bossel und Simon veranstalteten Tagung "Computer und Ökologie" im Jahre 1985, wurde diese Thematik aufgeworfen. Exemplarisch dafür steht ein Diskussionsbeitrag von Ebbinghaus (vgl. 2):

"Die zentrale Frage ist : Wie wirkt sich die Computerisierung insgesamt ökologisch aus ? Wenn wir uns einmal umsehen, wo denn die Computer hauptsächlich eingesetzt werden, dann finden wir an erster Stelle Betriebswirtschaft, Finanzwesen, Management-Informationssysteme, Datenbanken, Bürokommunikation,Textverarbeitung, Robotertechnik usw. Hier geht es überall um Rationalisierung, und das heißt: Die menschliche Arbeitskraft wird effizienter gemacht und mehr oder weniger ersetzt. Dabei lohnen sich Computer offensichtlich eher als bei der Optimierung der Nutzung von natürlichen Ressourcen. Der Computer ist das Steuerungsinstrument für den Wirtschaftsprozeß, der von der Ausbeutung der Natur lebt. Dieser Prozeß ... wird mit Hilfe von Computern immer effizienter. Damit beschleunigt sich die industrialisierung aller Lebensbereiche mit all ihren Folgen. Das Kernproblem ist, wie wir dem entgegenwirken können."

Es ist unbestritten und wohlbekannt, daß Mikroelektronik und Informatiksysteme wichtiges zu unserem heutigen ökonomischen Wohlstand beigetragen haben. Aus der Perspektive der Ökologie ziehen die durch die Informatik mitverursachten Produktivitätssteigerungen in der geltenden Logik der Wachstumsorientierung neue Nachfrage nach sich, es werden also immer mehr und neue Produkte und Dienstleistungen erzeugt. Informatik und Ökonomie verknüpfen sich wie Michael Müller und Klaus Meyer-Abich es formulieren zum Credo des "schneller, höher, weiter" : diese Beziehung hat zur Entfaltung der Produktivkräfte in einem Ausmaß beigetragen, das in der Tat nur in Visionen vorausgeahnt worden war, mit der Folge immer weiterer "Entgrenzungen" in der Nutzung von Zeit und Raum und zur "Grenzenlosigkeit" im Gebrauch von Energie, Rohstoffen und Landschaft. Dem entspricht, was heute Alltagserfahrung ist : die rastlose Erzeugung neuer Produkte und Verfahren, das industrielle Eindringen in die letzten Zonen der Natur, die Ausbeutung verbliebener Zeitreservate (vgl. 3).

Dieser Prozeß ist begleitet von einem im letzten Jahrzehnt, in kaum vorstellbarem Maße erweiterten Umweltbewußtsein sowie finanziellen Anstrengungen, die nicht zuletzt darauf ausgerichtet sind, durch massiven Einsatz von Umwelttechnik die voranschreitenden Umweltzerstörungen unter Kontrolle zu bringen. Die Erfolge sind selbst in unseren nationalen Grenzen begrenzt, wohl nicht zuletzt auch deshalb, weil der Wettlauf zwischen der ökologieorientierten Informatikwissenschaft auf der einen Seite und den Beschleunigungen und Globalisierungen der Volkswirtschaften, mitermöglicht durch Informatikforschungen und -produkte, nicht zu gewinnen ist. Die Globalisierung der Volkswirtschaften werden unterstützt durch weltweite Vernetzungen von Computersystemen; die IuK-Techniken übernehmen hier die Funktion des Trend- und Strukturverstärkers vorhandener ökonomischer Zielsetzungen und Leitbilder. Insbesondere Globalisierungen haben unsere Wohlstandsentwicklung mitgetragen, zugleich haben sie die unter ökologischen Aspekten besonders bedenklichen Transportnotwendigkeiten und

Energiebedarfe in Riesenschritten vorangetrieben.

Wie können Informatiker mit der "Janusköpfigkeit" der Beziehung Informatik und Ökologie umgehen? Der Politiker Peter Glotz empfiehlt, die ökologischen Schäden, die durch die ökonomische Nutzung der modernen Technik angerichtet worden sind und werden, angesichts der Weltwirtschaftslage im ausgehenden 20. Jahrhundert, primär durch noch modernere Techniken zu beheben, jedenfalls den Versuch zu wagen, sie auf diese Weise einzugrenzen. In diesem Verständnis spricht einiges für das Fortbestehen der vorhandenen Arbeitsteilung : hier Informatiker, die sich ganz auf die Forschung und Entwicklung für Beschleunigung und Globalisierung konzentrieren, dort Umweltinformatiker, die vielleicht auch einen Teil Sisyphusarbeit leisten.

3. "Wir brauchen eine andere Art wissenschaftlicher Methoden !"

Ein anderer Weg, wenn auch noch verschwommen, wurde von dem Physiker Jochen Benecke auf der eingangs erwähnten Konferenz "Computer und Ökologie" aufgezeigt; in einem Diskussionsbeitrag sagte er : "Ich sehe das so, daß wir mit der Wissenschaft, die wir haben, und der daraus abgeleiteten Technik die ganzen Belastungen geschaffen haben, unter denen wir jetzt leiden. Und Sie wollen mit derselben Art Wissenschaft an die Probleme im Sinne einer Milderung oder Akzeptanzforschung herangehen. Ich bin überzeugt, daß wir mit den üblichen fachspezifischen wissenschaftlichen Methoden gar nicht dazu in der Lage sind, die Fragen zu stellen, die gestellt werden müßten, um die Probleme wirklich zu lösen. Wir brauchen vielmehr eine andere Art wissenschaftlicher Methoden, die es zulassen, andere Fragestellungen mit einzubeziehen und genauso ernst zu nehmen, wie irgendwelche Fragestellungen aus Chemie und Physik" (vgl. 2).

Ich schlage den Weg vor, sich mit der Janusköpfigkeit des Verhältnisses auseinanderzusetzen und die Beziehung zu einem Teil der Umweltinformatik zu machen, ihre bisherige Orientierung also um diesen Strang zu erweitern. Sie wird dann vermutlich auch zu Fragen kommen, wie Komplexität, Beschleunigung und Globalisierung der Ökonomie unter ökolgischer Perspektive zu beherrschen sind. Sie wird dann vielleicht auch, wie der Berliner Informatiker und Logiker Dirk Siefkes es vorschlägt, kleine, dezentrale und eher regionale Systeme diskutieren (vgl. 4).

Indem sie diesen Weg wählt, öffnet sich die Informatik für Fragen der Ethik und Verantwortung. Daraus werden sich vermutlich neue Gestaltungsorientierungen, Werte und Leitbilder entwickeln.

Literatur :

(1) Page, B./ Jaeschke, A./Pillmann, W. : Angewandte Informatik im Umweltschutz, Teil 1 und 2, in : Informatik-Spektrum, Heft 1, Februar 1990, S. 6 - 16, sowie Heft 2, April 1990, S. 86 - 97

(2) Bossel, H. / Simon, K.-H. (Hrsg.) : Computer und Ökologie - Eine prblematische Beziehung, Karlsruhe 1986

(3) Müller, M./Meyer-Abich, K.M. : Kommt die Öko-Diktatur ?, in : Die Zeit, Nr 15-6 April 199o, S.45

(4) Siefkes, D. : Kleine Systeme, TU Berlin, Bericht-Nr. 82-14, 47 pp.

Computer und Umwelt

Schadstoffbelastungen bei der Herstellung, Anwendung und Entsorgung von Neuer Technologie

Ditz Schroer
Forum InformatikerInnen für Frieden
und gesellschaftliche Verantwortung e.V.
Reuterstr. 44   D–5300 Bonn 1

Suchbegriffe:

Arbeitsstoffe in der Chip–Produktion, Gesundheitsgefahren in der Chip–Produktion, Arbeitsplatzbelastungen, Arbeitsschutzbestimmungen, Soziotechnische Zusammenhänge der Computertechnik, Schadstoffbelastungen am Bildschirmarbeitsplatz, Entsorgungsprobleme

Zusammenfassung:

Diese Dokumentation wurde in Kooperation mit dem Deutschen Volkshochschulverband Pädagogische Arbeitsstelle Frankfurt, der Münchner Volkshochschule und dem Forum InformatikerInnen für Frieden und gesellschaftliche Verantwortung erarbeitet.

Es werden verschiedene Untersuchungen beleuchtet, die den Computer in soziotechnische Zusammenhänge stellen und zeigen, daß es bei der zu erwartenden großen Anzahl von Computerinstallationen auf folgenden Gebieten zu negativen Folgen für Mensch und Umwelt kommen kann:

- Bei der Entwicklung, Produktion und Einführung von Computern
  ungünstige Arbeitsbedingungen in Reinsträumen,
  toxikologische und arbeitshygienische Aspekte
- Bei der Computeranwendung:
  Schadstoffbelastung am Bildschirmarbeitsplatz,
  ionisierende Strahlung,
  Giftausdünstungen (PCB) aus Monitoren,
  Verdacht auf erhöhtes Risiko von Fehlgeburten, ausgelöst durch die Arbeit am Bildschirm.
- Entsorgung von Computern:
  In der Bundesrepublik Deutschland 6500 Tonnen Computerschrott im Jahr 1990,
  geschätzt: 25 000 Tonnen im Jahr 2000.
  Bisher kein Konzept zum gefahrenlosen, umweltverträglichen Recycling des Computer–Sondermülls.

Computereinsatz sollte nicht ohne Kenntnis des Entstehungs- und Verwendungszusammenhangs beurteilt werden. Die Folgen von Computerherstellung und –einsatz dürfen nicht nur nach technisch – wissenschaftlichen Kriterien bewertet werden, sondern müssen sich auch an ethisch–politischen Forderungen messen lassen. Die Entwicklung derartiger Maßstäbe sollte nicht alleine WissenschaftlerInnen und TechnikerInnen überlassen werden, sondern bedarf der Mitwirkung aller Beteiligten und Betroffenen.

Der Schwerpunkt dieses Papiers liegt auf dem Bereich der Schadstoffbelastungen bei der Chip–Produktion, während gesundheitliche Gefahren bei Anwendung und Entsorgung von Computern zusammenfassend dargestellt werden.

1. Einführung

Im vorigen Jahrhundert kam die industrielle Revolution mit Rauch und Ruß. Sie hat die ganze Welt verändert, Natur und Agrarlandschaften in Grau getaucht, unwirtliche Industrieräume geschaffen. Lange Zeit wurde technischer Fortschritt mit Vernichtung von Lebensraum und gravierenden Umweltschäden erkauft. Als Symbole des Fortschritts haben Stahlwerke und Hochöfen in der Gegenwart ausgedient. Sie gelten als Zeichen einer überwundenen industriellen Vergangenheit.

Als neues Zentrum und Symbol einer weiteren, rauch- und rußfreien industriellen Revolution wird das Silicon Valley in den USA und die High-Tech Metropole München (Silicon Valley of Bavaria) in der Bundesrepublik Deutschland angesehen. Der Vorstellung einer sauberen, ungefährlichen Technik widersprechen allerdings solche Meldungen aus Silicon Valley:
"Das Grundwasser ist ernsthaft bedroht, weil ungesicherte Chemikalientanks von Chip-Herstellern ausliefen." (1)
"Die Luft ist belastet, weil Säuren und Gase ungehindert ausströmen konnten." (1)

Das umweltfreundliche Image des Computers wird in Frage gestellt.

Bild 1:   Dynamischer 1 MBit Chip (original Größe)   Umweltmodellbildung

2. Wirtschaftraum Silicon Valley und die weltgrößten Chip-Hersteller

Wie lebt es sich im goldenen Westen der "postindustriellen Gesellschaft", der sogenannten "Informationsgesellschaft"?

Der Traum von Glück und Wohlstand in einer schönen neuen Welt erfüllt sich nur für wenige. Im Jahr 1983 stellten 203 500 ArbeitnehmerInnen in 1600 High-Tech-Unternehmen im Silicon Valley neben Chips und Computern auch Prüfgeräte, Klinik- und Laborausrüstung und Büroautomaten her. Von diesen High-Tech-Unternehmen wurden in 121 Fabriken Chips produziert. Dort waren 40 000 Menschen, meist Frauen angestellt. (1)

Aus entsprechender Dokumentation ergab sich für das Jahr 1984 folgende Umweltbilanz:
Es wurden mehr als 100 Lecks in Chemikalientanks der Chip-Hersteller bekannt. 80% der Tanks waren bei einer Überprüfung undicht. Rund 100 verschiedene giftige Chemikalien wurden im Grundwasser aufgespürt. 23 öffentliche und 43 private Tinkwasserbrunnen wurden verseucht. 13 öffentliche und 38 private Brunnen mussten für immer geschlossen werden. Dennoch wurden noch in den späten achziger Jahren Chemikalien und Schwermetalle in so hoher Konzentration ins Abwasser eingeleitet, daß die Kläranlagen versagten. Dieser Sachverhalt geht aus Berichten von Lenny Siegel hervor. Lenny Siegel ist Direktor des amerikanischen Pacific Studies Center, das seit Jahren die Entwicklung der Chip-Industrie in den Vereinigten Staaten beobachtet. (1)

2.1 Psychosoziale Untersuchungen im Silicon Valley

Werner Rügemer (3) faßt, wie folgt, die Erfahrungen seines Aufenthalts in Silicon Valley zusammen:

"Während meines längeren Aufenthalts in Silicon Valley konnte ich mich davon überzeugen, daß die Studie von Judth Larsen und Carol Gill vom Center for Self-Reliant Education Palo Alto, der Wirklichkeit vollkommen gerecht wird.

Ausgangspunkt für jede psychosoziale Untersuchung des Lebens in Silicon Valley ist die Existenz zweier verschiedener Welten:
"Ingenieure, Wissenschaftler, Designer und höhere Entscheidungsträger haben die beste Ausbildung, sind vornehmlich männlichen Geschlechts, weißer Hautfarbe und wohlhabend. Die unteren Ränge werden von Produktionsarbeitern eingenommen, die im allgemeinen weiblichen Geschlechts sind, eine geringere Ausbildung haben und aus einem niedrigen sozioökonomischen Milieu kommen. Diejenigen auf den niedrig bezahlten Arbeitsplätzen haben keinen Anteil am Glanz der hochfliegenden Silicon-Valley-Ingenieure. Ihre Lebensbedingungen ähneln vielmehr den Lebensbedingungen von Menschen, die auch anderswo der Armut ausgesetzt sind." (3)

Es gibt keine Industrieregion in den USA, wo die Löhne und Gehälter so weit auseinanderklaffen wie in Silicon Valley, wo die Arbeitsintensität so hoch ist. Arbeitstage von 14 Stunden sind bei den IngenieurInnen, WissenschaftlerInnen und anderen Führungskräften keine Seltenheit. Die durchschnittliche Verweildauer in einem Betrieb beträgt zwischen zwei und drei Jahren. Gesucht werden extreme FachspezialistInnen; vielfältige Kenntnisse sind nicht gefragt.

Robert Jungk berichtet in seinem Buch "Menschenbeben: Der Aufstand gegen das Unerträgliche" von dieser Tatsache:
"Aber hätten die dich denn nicht umschulen können? ... Tun sie nicht. Anfänger sind billiger. Erfahrene Leute kosten zuviel. Und Erfahrung zählt in diesem Business gar nicht. Man muß ständig was Neues lernen. Product development nennen sie das: die technischen Erzeugnisse werden immer weiter entwickelt; immer intelligenter und effizienter. Weiterentwicklung von Menschen würde nur die Budgets belasten."

Die weltgrößten Halbleiterlieferanten

Angaben in Milliarden Dollar 1988/1989

Bild 2: Chip-Weltmarkt bleibt weiter fest in japanischen Händen.

2.2. Silicon Valley, ein schöner Traum?

"Der Mythos von Silicon Valley ist ein Traum. Der Anteil der Menschen, für die der Traum gegenwärtig Wirklichkeit wird, ist winzig. Die Opfer des Ethos von Silicon Valley übertreffen die Zahl der Erfolgreichen wahrscheinlich um das Zehnfache ... Vielleicht der tiefstgehende Effekt ist der Verfall der zwischenmenschlichen Beziehungen ... Die selben Kräfte, die die erfolgreiche mikroelektronische Industrie hervorgebracht haben, können auch Menschen mit beschränkter menschlicher Erfahrung und zwergenhafter Lebensqualität hervorbringen." (3)

Diese Beurteilung ist vernichtend. Man muß davon ausgehen, daß Silicon Valley gegenwärtig die Spitze einer Entwicklung ist, die zur ersehnten (?) "Informationsgesellschaft" führt. Larsen und Gill, die die erwähnte Studie erarbeitet haben, drehen trotz ihrer wissenschaftlichen Erkenntnisse im Schlußwort die Dinge wieder in ihr Gegenteil um, wenn sie feststellen:
"Am Anfang einer neuen Gesellschaft überwogen eben die dunklen Seiten, aber die Dynamik der einmal eingeschlagenen Entwicklung werde irgendwann einmal schon alles zum Besseren wenden..." (3)

3. Die heutige Situation im Spiegel der Presse

3.1. Frankfurter Rundschau, Oktober 1984

"Das Elend von Anita und Judy!
Sie sehen aus wie mindestens 50. Nach ihrem Paß aber sind sie nicht älter als 30 Jahre. Anita Zimmermann und Judy Washington haben beide lange Zeit in der mikroelektronischen Industrie gearbeitet, beide sind durch die gesundheitsschädigenden Produktionsbedingungen krank geworden."

In ihrer Auseinandersetzung um Ansprüche auf Entschädigung und Wiedergutmachung mit ihrem Arbeitgeber bzw. der Krankenversicherung, einer Betriebskrankenkasse des Arbeitgebers, wurden sie abgewiesen. "Das sind lauter faule Geschichten", sagte die zuständige Arbeitsdirektorin. "Wir werden alle Prozesse gewinnen."

"Diese Schicksale sind keine Einzelfälle. Amanda Hawes, Rechtsanwältin in San Jose, vertritt zur Zeit mehr als 50 Menschen, überwiegend Frauen, die entweder aufgrund von Chemikalien am Arbeitsplatz oder von Wasserverseuchung krank geworden sind."

Nach Veröffentlichungen der kalifornischen Regierung sind 6,4% der ArbeitnehmerInnen durch ihre Arbeit in der Chip-Produktion krank geworden. Die Erhebung ergab eine dreimal häufigere Krankheitsrate der Chip-ArbeitnehmerInnen als in anderen Industrien. 46,9% aller Berufskrankheiten in der Chip-Produktion rühren von Arbeit mit giftigen Materialien her. Laut der kalifornischen Sozialversicherungsstatistik von 1980 bis 1984 waren bei den Chip-ArbeitnehmerInnen 19,9% aller Unfälle und Erkrankungen, die zu Arbeitszeitverlusten führten, berufsbedingt, in der übrigen Industrie lediglich 6,5%. (1)

3.2. Die Zeit, Februar 1987

"...Schon wieder eine Fehlgeburt.
Eine bei der University of Massachusetts geordnete Untersuchung bestätigte schließlich die vagen Vermutungen.... Der große amerikanische Hersteller AT&T sah sich zu einer ungewöhnlich drastischen Reaktion veranlaßt. Er zog sämtliche schwangeren Frauen aus der Chip-Produktion ab. Hierzulande werden neuerdings bei der Siemens AG und bei IBM Mitarbeiterinnen auf Wunsch auf andere Arbeitsplätze versetzt."

3.3. Süddeutsche Zeitung, Februar 1988

"Große Sicherheitsmaßnahmen dringend nötig. Wie giftig sind Chips? Münchens Umweltschutzreferent Rüdiger Schweikl rauft sich die Haare: Das hat uns noch gefehlt. Wir haben schon in der Stadt selbst ungefähr 1800 Betriebe, die hier ihren Sondermüll abladen.... In der Mülldeponie Großlappen ... sind Fälle von Arsenvergiftung aufgetreten. ... Stammen sie aus der Halbleiterfertigung?"

3.4. Computerwoche, Februar 1990

"Intels Exodus aus Silicon Valley!
Wegen verschärfter Umweltbestimmungen wird die Intel Corp. nun auch ihre letzte Chip–Produktion im Silicon Valley schließen. Nach Intels Auszug aus der berühmten High–Tech–Schmiede bleibt dort nur noch National Semiconductor als Halbleiter–Hersteller übrig."

4. Thesen zur Situation in den deutschen Zentren der Chip–Produktion

Auf einer Betriebsversammlung im Juni 1990 in München berichtet eine Arbeiterin aus der Leiterplatten- bestückung über ihren Arbeitsplatz: "Bei einer Normalleistung von 100 % verdiene ich 12,04 DM (unterste Lohngruppe) in der Stunde. Jede Mark mehr muß im Akkord erarbeitet werden. Beim Bestücken der Leiterplatten muß ich in 8 Stunden 4300 Lichtpunkte erkennen. Sie werden mit einem Diaprojektor auf die Leiterplatte gewor- fen. Jeder der 4300 Lichtpunkte bezeichnet die Position eines Bauteils. Am Tag bestücke ich 4o Leiterplatten mit 4300 Bauteilen. Die Bauteile werden in 18340 Bohrungen eingesetzt. Gleichzeitig bei dieser Arbeit drücke ich 1380 mal einen Fußschalter, der die Bauteilebehälter weiterschiebt. Wir arbeiten gleichzeitig mit den Augen, mit den Händen, mit den Füßen. Wir brauchen unsere volle Konzentration, um alle Bauteile in der richtigen Lage, Höhe und Abstand einzubauen. Ich frage Sie – ist das keine Belastung? Oder ist das Schwerstarbeit für die Sinne und Nerven? Eine der Folgen ist, daß ich in 5 Jahren 7 neue Brillen brauchte."

Im Jahrbuch 1989 des Statitischen Bundesamts Wiesbaden wurde angegeben, daß 12 759 500 Leiterplatten für Computer und weitere 412 819 000 Leiterplatten für elektronische Geräte in der Bundesrepublik Deutschland, überwiegend automatisch gefertigt wurden. Dabei wird mit so giftigen Arbeitsstoffen wie Antimon, Arsen, Cad- mium, Quecksilber, bei Lötungen mit Zinn, Blei, Indium usw. umgegangen. Bei der Lötung wurden Dämpfe aus bromierten Dioxine, bromierten Furane und Schwermetallen festgestellt.

Die Situation in München faßt Dr. Rüdiger Schweikl, Umweltschutzreferent der bayrischen Landeshauptstadt auf einer Fachtagung "Umweltwirkungen der Telematik" des Umweltbundesamtes und des Deutschen Instituts für Urbanistik im April 1989 wie folgt zusammen:

These 1:

Die Informations – und Kommunikationstechnik muß sich bei zunehmender Miniaturisierung verstärkt chemischer Verfahren bedienen und verwendet dabei auch umweltkritische Stoffe, die im Normalbetrieb und besonders im Störfall teilweise erhebliche Umweltrisiken mit sich bringen können.

These 2:

Insbesondere bei der Chip–Produktion können lufthygienische Belastungen durch teilweise hochtoxische Stoffe zumindest in geringen Konzentrationen entstehen.

These 3:

Trotz nur geringer Schadstoffkonzentration ist ohne die Weiterentwicklung und den Einsatz von besseren als den derzeit verwendeten Abgasentgiftungs– und –entsorungssystemen nicht auszuschließen, daß die Menge der freigesetzten teilweise hochtoxischen Stoffe mit zunehmender Produktion zumindest an besonders belasteten Produktionsstandorten bedenkliche Größenordnungen erreichen könnte.

These 4:

Der Energieverbrauch vor allem bei der Chip–Herstellung wird als erheblich höher eingeschätzt als bei vergleichbaren Produktionsbetrieben.

These 5:

Der Rohstoffverbrauch und die Entsorgungsprobleme sind besonders kritisch zu würdigen.
(Stichworte: Computer– und Satellitenschrott, Batterien u. a., Chip–Sondermüll, Altlasten von morgen).

These 6:

Über etwaige sonstige Umweltgefahrenpotentiale der Telematik (einschließlich etwaiger Strahlenrisiken) liegen kaum gesicherte Erkenntnisse vor.

These 7:

Die stark expansive Entwicklungstendenz im Bereich der Telematik führt möglicherweise zu einer Verschärfung der Umweltnachteile, die mit der Produktion und der Anwendung von Informations– und Kommunikationstechnik verbunden sind. Ihnen stehen die unbestreitbaren Vorteile gegenüber, die der Einsatz der Telematik vor allem bei der Umweltüberwachung erwarten läßt.

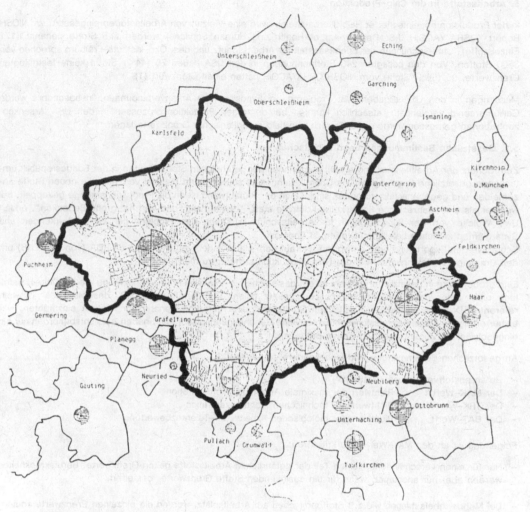

Teilbereiche

Elektronikgüter
Elektronik, Elektro-
nische Bauelemente
Geräte und Anlagen

Computer-Hardware
Computer, DV-Anlagen
und EDV-Zubehör
TV-Automaten

Computer-Software
Datenverarbeitung,
Computer-Software u.
-beratung, Textverar-
beitung, Rechenzentren

Kreisfläche entspricht Anzahl
der Betriebe nach Postzustell-
bezirk; die Sektorenflächen entsprechen den Anteilen der Teilbereiche

200
100
50
20
10
5

Größen-Verteilung von Stadtgebiet und Umland für 1984 und
1988 (abs. Anzahl in Klammern)
mit Anteilen der Teilbereiche
(Durchschnitt)

Stadtgebiet   Umland

84   88   84   88
(801) (1143)   (246) (435)

Bild 3: Betriebe des Elektronikbereiches in München 1984–1988
(Statistisches Amt der Landeshauptstadt München)

5. Arbeitsstoffe in der Chip-Produktion

In der Produktion hochintegrierter Halbleiterbausteine wird eine Vielzahl von Arbeitsstoffen eingesetzt. Im NIOSH Report (OSHA /ACGIH U.S. Department of Health and Human Services) werden 245 Stoffe genannt (171 Einzelstoffe). Untersuchungen der Bundesanstalt für Arbeitsschutz und des Öko–Instituts–Freiburg sprechen von 3500 Stoffen. Von den besagten 245 Stoffnennungen in den USA haben 76 (44%) Stoffe keine festgelegten Grenzwerte. 95 (56%) Stoffe vom NIOSH/OSHA/ACGIH hatten einen Grenzwert.(1)

Messungen in den USA ergaben z.B. Probleme bei Exposition mit Arsenverbindungen. Insbesondere wurde Galliumarsenid verwendet. Tatsächlich konnten bei derartigen Produktionsprozessen in den USA Arsenkonzentrationen gemessen werden, die deutlich oberhalb amerikanischer Grenzwerte lagen.

5.1. Gesetzliche Bestimmungen beim Arbeitschutz

Zum Schutz der Arbeitnehmer und Arbeitnehmerinnen vor gefährlichen Stoffen gelten in der Bundesrepublik umfassende gesetzliche Regelungen. Das Chemikaliengesetz schreibt zum Beispiel vor, daß alle neuen Stoffe anzumelden und gegebenenfalls zu prüfen sind. Doch der Prüfaufwand ist an die Produktionsmenge gekoppelt. Bei weniger als einer Jahrestonne findet keine Kontrolle statt, "es sei denn, das Amt hat große Bedenken", erklärt Uwe Wölcke von der Bundesanstalt für Arbeitsschutz.(1) Auch das Problem der Langzeitwirkungen und Synergismen zwischen beteiligten Stoffen ist ungelöst.
Schon werden Expertensysteme entworfen und auf dem Markt angeboten, wie etwa SIGEDA (von SIEMENS) um den Umgang mit Gefahrstoffen bei der Chip–Produktion sicherer zu machen.

Eine große Lücke in gesetzlicher Hinsicht ist es, das so chemie–intensive Produktionszweige wie die Chip–Herstellung nicht unter das Bundesimmissionsschutzgesetz fallen. Die Bemühungen z.B. des Münchner Umweltreferenten Dr.Schweikl und des Deutschen Städtetags, eine derartige Genehmigungspflicht einzuführen, war bisher erfolglos. Da eine immissionsschutzrechtliche Genehmigungspflicht fehlt, haben Aufsichtsbehörden nur ein eingeschränktes Zugangsrecht zu diesen Betrieben.

An gesetzlichen Bestimmungen sind insbesondere zu nennen:

- Gefahrenstoffverordnung (GefStoffV)
- Der MAK–Wert: Richtwert der maximale Arbeitsplatzkonzentration
- Der TRK–Wert: Richtwert der technischen Richtkonzentration
- Der BAT–Wert: Richtwert der biologischen Arbeitsstoff–Toleranzbewertung

Folgendes ist an den MAK–Werten zu kritisieren:

- Nur für einen verschwindend kleinen Teil der gefährlichen Arbeitsstoffe gelten Grenzwerte. Berufskrankheiten werden aber nur anerkannt, wenn für die auslösenden Stoffe Grenzwerte bestehen.

- Bei Mehrfachbelastungen wie z.B Stoffgemischen am Arbeitsplatz, werden die einzelnen Grenzwerte addiert, obwohl die tatsächlichen Gefahren sich meist nicht linear summieren.

- Die Bestimmung der Zumutbarkeitsgrenzen erfolgt in der Regel nach Kriterien der technischen Anlagenkapazität, nicht aber nach der tatsächlichen Schädlichkeit.

Spezifisch aufgeführte Berufskrankheitsstatistiken aus der Chip-Herstellung wurden nicht veröffentlicht. Ein Beispiel aus den allgemeinen Zahlen der Berufsgenossenschaft wird folgendermaßen angegeben:

Berufskrankheitsliste Atemwegserkrankungen (Ziffer 4301)

1975	angezeigt:	781 Fälle,
	davon wurden anerkannt und entschädigt:	108 Fälle (13,8%)
1986	angezeigt:	2963 Fälle
	davon wurden anerkannt und entschädigt:	138 Fälle (4,7%)

Die Differenz zwischen angezeigten und entschädigten Krankheitsfällen ist insbesondere darauf zurückzuführen, daß die potenzierende Wirkung von Mehrfachbelastungen nach heutiger Gesetzgebung nicht berücksichtigt wird.

Für eine Reihe toxischer Stoffe, die bei der Chip-Fertigung eingesetzt werden, weisen weder die MAK-Liste noch die TA-Luft gesonderte Werte aus. Stoffe wie Bortrichlorid, Bortrifluorid und Siliciumtetrafluorid sind zwar hochtoxisch, werden aber in der TA-Luft nicht gesondert aufgeführt.

Tabelle I: Gesundheitsgefahren in der Chip-Produktion: Auszug aus Economic Notes 1984

Art der Arbeit	Benutzte Chemikalien	Gesundheitsgefährdungen
Entfetten	Methylenchlorid	Dermatitis, Übelkeit, Augenschäden
Säuren	Methylethylketon	Betäubung, Bewußtlosigkeit
	Trichlorethylen	Kopfweh, Betäubung, Nervenschäden, Krebs
Chipherstellung	Germaniumdioxid Siliciondioxid	Silicose
Dotierung der Siliziumscheiben	Arsen Antimon Phosphor	Gelbsucht, Leber-, Herzschäden Ermattung Knochenschwund
Chipdiffusion	Phosphin	Erbrechen, Durchfall
Lichtätzen	Hydroflursäure Phosphorsäure Hydrochlorsäure Nitricsäure	Verbrennungen an Haut und Augen Verbrennungen Verbrennungen Verbrennungen
Verkapseln	flüssige Epoxyharze Polyurethan Chloronaphtalen PCB	Hautreizungen Haut- und Atemwegreizungen Krebs vermutet Chlorakne, Hautkrankheit, Leber- und Nierenschäden
Galvanisieren	Nickeloxyd	Dermatitis Lungen- und Nebenhöhlenkrebs
	Zyanidsalze	Dermatitis, Augen- und Atemwegreizung, Ohnmacht, Erbrechen, Mattigkeit
	Chromsäure	Krebs vermutet
	Cadmium	Wasserstau in der Lunge
Bohren, Abscheren	Faserglas	Dermatitis, Schäden der Atemwege
Verkleben, Löten	Cadmiumoxyd	Schäden der Atemwege Leber und Nieren
	Bleioxyd	Anämie, Gehirnschädigung
	Zinkoxyd	Schädigung der Atemwege
	Zinkchlorid	Schädigung der Atemwege

5.2. Messungen am Arbeitsplatz zur Einhaltung der gesetzlichen Bestimmungen

Nach Angaben der Bundesanstalt für Arbeitsschutz liegen Untersuchungen aus den USA zu Arbeitsplatzmessungen in der Chip-Produktion vor, wobei die Konzentrationswerte meist unterhalb der Grenzwerte liegen.

Untersuchungen für Arbeitsplätze in der Bundesrepublik Deutschland liegen in ausrechendem Umfang noch nicht vor (laut Bundesanstalt für Arbeitsschutz). So berichtet auch Frau Prof. Lehmann von der Bundesanstalt: "Über den Stand der Sicherheitstechnik in der Mikrotechnik haben wir keine verläßlichen Studien."

Die Zusammensetzung der verwendeten chemischen Substanzen wird von den meisten Produzenten als Betriebsgeheimnis streng gehütet. Dennoch sickert durch, daß Stoffe benutzt werden, die nachweisbar Krebs erzeugen, das zentrale Nervensystem schädigen oder genetische Strukturen verändern.

Eine Folge: Bei Einstellungsuntersuchungen in den USA werden seit langem gentechnische Untersuchungen (Genomanalysen) bei BewerberInnen durchgeführt, um im Vorfeld gegebenfalls Personen, die arbeitsmedizinische Auffälligkeiten aufweisen, gar nicht erst an den für sie gefährlichen Arbeitplatz kommen zu lassen.

6. Gefahrenstoffe und ihre Wirkungen

Im Handbuch der International Metalworkers Federation: "Health Hazards in the Electronics Industry" sind auf ca. 176 Seiten Gefahrenstoffe in der Elektroindustrie zusammengefaßt.

6.1. Ergebnisse in den USA

Seit 20 Jahren untersucht Josef LaDou, Wissenschaftler an der medizinischen Fakultät der Universität von San Francisco, Krankheitsbilder in der Chip-Fertigung. Seine Ergebnisse decken sich mit obiger Tabelle I. Die Krankheitsfälle waren schockierend, sagte er. Nach der Veröffentlichung seiner Ergebnisse wurde er auf die Reaktion der Hersteller befragt:
"Die Industrie weiß einfach nicht, worauf sie sich eingelassen hat. Oder sie weiß es und stellt sich dumm."(1)
Er befürchtet das Auftreten von Arbeitsunfällen schwerwiegenden Ausmaßes, beispielsweise, wenn eine Gasflasche mit Arsin explodiert, im Clean Room, oder auf dem Weg dorthin. Arsin ist hundertmal giftiger als das Bhopal-Gift Methyl-Isocyanat. Eine Ahnung hiervon liefert ein Unfall, geschehen im Juli 1987 in Regensburg, bei der Lieferung von 10 000 Litern Arsen-Wasserstoff. Es trat eine nur geringe Menge giftiges Arsengas aus. Der Fahrer atmete eine lebensgefährliche Dosis ein und mußte ins Krankenhaus gebracht werden. Reaktion des Chip-Herstellers: "Der Betreiber ist an dem ganzen Vorfall unschuldig. Die Lieferfirma hatte vergessen, bei den Stahlflaschen eine Dichtigkeitsprüfung durchzuführen."(1)

In diesem Zusammenhang seien zwei Zitaten gestellt:

Umweltschutzbeauftragter eines deutschen Chip-Herstellers:

"In stillen Stunden stellt man sich die Frage, ob ein neuer Stoff nicht in zehn Jahren vergleichbare Gefahren birgt wie PCB."(1)

Umweltschutzbeauftragter eines amerikanischen Chip-Herstellers in Deutschland:

"Da muß ich ganz ehrlich sagen, da kann ich in meiner Position im Unternehmen nichts machen. Ich kann ein Schreiben mit einer Warnung verfassen. Dann wird es heißen: Der Mann ist clever; der durchschaut das! Und dann legen sie es ab. Denn umweltrelevant wird es erst in zehn Jahren."(1)

6.2. Ergebnisse in der Bundesrepublik Deutschland

Die beiden deutschen Untersuchungen aus dem Jahr 1989 von Sartorie/Pahlmann und Szadkowski/Roos sprechen von einer Palette von beteiligten Substanzen, die zum Teil als humankanzerogen gelten, sowie als fruchtschädigend eingestuft werden müssen.
Beide Arbeiten ergeben, daß das arbeitsmedizinische Risikopotential dieser neuen Technologie bisher noch schwer einschätzbar ist. Szadkowski und Roos stellen in ihrer Arbeit die hinsichtlich einer gesundheitlichen Überwachung durchgeführten Meßprogramme und Untersuchungen in einem großen Halbleiter produzierenden Werk vor und werten sie aus.

Aus ihrer Zusammenfassung:
"Gewisse Probleme hat jedoch in dem erfaßten Überwachungszeitraum anfangs eine Exposition mit Arsenverbindungen aufgeworfen.... Dabei ist die Tatsache bemerkenswert, daß die im biologischen Material nachgewiesenen Belastungen durch ein technisches Monitoring nicht verifizierbar waren."(1)

In der zweiten Untersuchung (Sartorie/Pahlmann) wurde eine Befragung der Chip-Produzenten durchgeführt. Bei einem Rücklauf von 70% wurden schließlich 60 Proben von 20 Stoffen an 22 Arbeitsplätzen in 4 Betrieben der Forschung, Entwicklung und Produktion abgenommen.

Insgesamt zeigte sich dabei, daß hinsichtlich einer Belastung sowohl der äußeren als auch der inneren Körperorgane sich eine arbeitsmedizinisch zufriedenstellende Situation manifestierte.

Bei dieser Untersuchung wurde die im NIOSH-Report aufgeführten Stoffe auf mehr als das Doppelte, auf 359 Einzelstoffe, erweitert. Gegenüber der ersten Nennung im NIOSH-Report nahm die Zahl der Stoffe für Wafer-Materialien um 10 (150%) für Polier- und Schneidemittel um 1 (13%) Ätz- und Oxidationsätzmittel um 25 (74%), Reinigungs- und Spülmittel um 7 (47%), Oxidationsmittel um 6 (67%), Photolithographiemittel um 14 (78%), Dotiermittel um 23 (61%), Material für die Epitaxie um 34 (117%), Metallierung 6 (35%), Kontaktierung 4 (17%), Verkapselung unverändert und Lösemittel 10 (56%) zu.(1)

Die Feststellung, daß die körperlichen und physikalisch-chemischen Belastungen bei der industriellen Produktion zurückgegangen seien, ist so nicht haltbar. Es ist zu einer Verlagerung gekommen. Die "klassischen" Arbeitsbelastungen wie Schichtarbeit, Lärm, Hitze, Zwangshaltung, Augenbelastung usw. spielen weiterhin eine entscheidende Rolle. Neue Gefahren durch chemischen Arbeitsstoffe, die es früher noch nicht gab, sind hinzugekommen. Insgesamt kann also eher von einer simultanen Akkumulation von "klassischen" und "neuen" Arbeitsbelastungen gesprochen werden.

7. Gesundheitsbelastung bei Computeranwendungen (4)

Das Problem der Schadstoffbelastung bei der Anwendung von Computern wird erst seit wenigen Jahren erforscht. Aus der Vielzahl der behandelten Fragen sei hier nur das Problemfeld der Bildschirmarbeit genannt. Aus der Dokumentation (1) ergeben sich folgende gesundheitliche Auswirkungen:
Hautreizungen und Ausschläge, Zahnschmerzen durch Elektroempfindlichkeit von metallischen Füllungen, schwache ionisierende elektromagnetische und Röntgendauerstrahlung, Ultraschall, giftige Ausdünstungen (polychlorierte Biphenyle, PCB) aus den Monitoren usw.

8. Schadstoffbelastung bei der Entsorgung von Computern (1)

Rund 6500 Tonnen Computerschrott – so eine Schätzung, landen jährlich in der Bundesrepubik Deutschland meistens im Hausmüll. Da aber Computerschrott überwiegend Sondermüll ist, ist eine spezielle Entsorgung erforderlich.

Firmen wie Nokia, IBM, Nixdorf, Appel und Commodore nehmen die Geräte gegen einen Preisaufschlag von DM 50 – DM 4200 pro Gerät zurück. Bei der Entsorung wird Eisenschrott und Metall aufbereitet und verhüttet, verbleibender Sondermüll wie Kondensatoren und Batterien werden in Untertagelagern deponiert, Öle und Fette recycelt, ebenso alle direkt wiederverwendbaren Teile. Das gefahrlose Recycling von Computerschrott, z.B. das Einschmelzen von Leiterplatten ist noch nicht umweltfreundlich gelöst. Ein besonderes Problem sind u.a. Dioxine und Furane bei der Müllverbrennung.

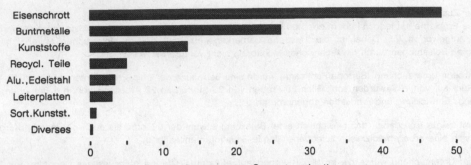

Angaben in Prozent des gesamten Computerschrotts
Bild 4: Materialzusammensetzung von Computern nach IBM

9. Zusammenfassung

Der Computer gilt bei seinen AnwenderInnen immer noch als "saubere", "weiße" Technologie. Sein sehr geringer Energieverbrauch beim Betrieb, seine kleinen Ausmaße und besonders die Fähigkeit, mit computerisierten Steuerungsprozessen den Ressourcenverbrauch wirksam zu minimieren, sprechen für diese These.

Der Computer kann als informationstechnisches Werkzeug zur Bewältigung von Umweltaufgaben z.B. in Umweltinformationssystemen, Umweltmodellbildung und Umweltsimulation eingesetzt werden. Der Einsatz zur Lösung von Umweltproblemen macht den Computer unter Technikfolgenaspekten d.h. Umweltverträglichkeitprüfung und Sozialverträglichkeitsprüfung aber nicht per se zum "guten" Werkzeug.

Es wäre für die Zukunft wünschenswert, daß Bewertungskriterien zur soziotechnischen Gesamtbeurteilung der Computertechnik geschaffen bzw. nach K.F.Müller–Reismann (5) weiterentwickelt und zur Anwendung kommen. Die Frage der Umwelt–Interdependenz der Computertechnik ist öffentlich zu diskutieren.
Bei der Zusammenstellung dieser Unterlage wurde von den unterschiedlichsten Stellen Gründe des Datenschutzes, der Amtsverschwiegenheit und des Schutzes von Betriebs– und Geschäftsgeheimnissen bzw. der internationalen Konkurrenzlage als Argumente benutzt, Daten zurückzuhalten.

Ich möchte mit einem Zitat von Ulrich Beck (6) enden:
"Im Schatten dieser Großtechnik blüht das naturwissenschaftliche Dogma: "Probleme, Folgen und Fehler bei Projekten, in die Milliarden investiert wurden, können nicht mehr diskutiert bzw. eingestanden werden."

10. Literatur:

(1) Deutscher Volkshochschulverband,
     Dokumentation: Computer und Umwelt. Arbeitsplätze der Zukunft, 1990
(2) Peter Schille
     Die dreckige Arbeit am sauberen Chip
     Der Spiegel Nr. 33/1985
(3) Werner Rügemer
     Neue Technik – Alte Gesellschaft Silicon Valley
(4) Ute Bolkat
     Gesundheitliche Wirkungen von Bildschirmarbeit
     Werkstatt-Bericht Nr. 12 1986 SoTech NRW
(5) K.F.Müller–Reißmann, K.Bohmann, J.Schaffner
     Kriterien der Sozialverträglichkeit
     Werkstatt-Bericht Nr. 73 1989 SoTech NRW
(6) Ulrich Beck
     Risikogesellschaft. Auf dem Weg in eine andere Moderne 1986

11. Bildnachweis:

Bild 1: COM – Siemens Magazin 1/90 Seite 6

Hypermedien für den Umweltschutz — Ein Fallbeispiel

Hans-Martin Adorf

Bund Naturschutz in Bayern e.V., Ortsgruppe Garching

Bürgerplatz 8

D-8046 Garching bei München

Hypertext-/Hypermedien-Systeme — Öffentlichkeitsarbeit — Stadt-Umland-Beziehungen — Umweltinformationssysteme

Zusammenfassung

Die Ortsgruppe Garching im bayerischen Bund Naturschutz hat den von den Vereinten Nationen für den 5. Juni weltweit ausgerufenen "Tag der Umwelt" zum Anlaß genommen, eine Ausstellung zur Stadt-Umland-Problematik zu erarbeiten. Die dabei behandelten Themen umfassen Bereiche wie Luft, Wasser, Boden, Verkehr, Abfall, Siedlungs- und Gewerbeentwicklung, Erholung usw. Aus Attraktivitätsgründen haben wir die Form einer Hypertext-/Hypermedien-Schau gewählt und nutzen dabei die Möglichkeit, die komplexen Zusammenhänge der Stadt-Umland-Thematik unmittelbar auf eine Hypertext-Netzstruktur abzubilden. Der folgende Beitrag beschreibt Zielsetzung und Werdegang unserer Arbeit sowie einige Erfahrungen von den beiden Präsentationen in München und Garching.

1. Einführung

Die bayerische Landeshauptstadt München und ihr Umland sind infolge forcierter wirtschaftlicher Aktivitäten und des damit verbundenen immensen Bevölkerungszustroms vielfältigen Umweltbelastungen und bereits auch Gefährdungen ausgesetzt. Kommunale und regionale Planungsträger scheinen mit den anstehenden Planungsaufgaben und -entscheidungen teilweise überfordert. Probleme ergeben sich hierbei — neben einer historisch bedingten Verantwortlichkeitsverteilung, die den politischen Notwendigkeiten dieser Region im Umbruch offenbar nicht mehr entspricht — vor allem aus der Komplexität der Stadt-Umland-Problematik selbst. Umfassende Analysen zu dieser Thematik existieren entweder nicht oder sind (wie z.B. das "Gutachten Münchener Norden") bei der schnellen Entwicklung mangels Fortschreibung bereits kurz nach ihrer Fertigstellung wieder veraltet. Auch innerhalb des Bund Naturschutz (BN) manifestieren sich solche Probleme, z.B. wenn zu öffentlichen Planungen Stellungnahmen abzugeben sind.

Auf diesem Hintergrund hat unsere Ortsgruppe nun einen ersten Versuch unternommen, durchaus vorhandene, aber verstreute Informationen über unsere Region zusammenzutragen und sich somit eine Gesamtschau der vernetzten Stadt-Umland-Probleme zu erarbeiten. Anlaß für dieses Unterfangen war ein an die Bevölkerung gerichteter Aufruf des Münchner Umweltschutzreferats, sich an dem von den Vereinten Nationen weltweit für den 5. Juni proklamierten "Tag der Umwelt" zu beteiligen. Gesucht wurden für die geplante Veranstaltung im Zentrum Münchens vor allem bürgernahe und originale Ausstellungsbeiträge mit geringem Platzbedarf.

Unsere Ortsgruppe beschloß an dieser Veranstaltung mit einer experimentellen Ausstellung auf Hypermedien-Basis teilzunehmen. Eine Untergruppe stellte sich der Aufgabe, eine Darstellung der Stadt-Umland-Beziehungen unter dem Arbeitstitel *"München gibt, München nimmt — Das Beispiel Garching"* zu erarbeiten. Sie verfolgte dabei die Idee, die komplexe Netzstruktur des ökologischen Gesamtsystems durch die Netzstruktur eines Hypertext-Systems (Adorf 1989; Conklin 1987; Halasz 1988; Smith & Weiss 1988; Yankelovitch et al. 1988) zu modellieren. Eine Nebenabsicht war, bei der Zusammenstellung des Exponats die universellen Möglichkeiten eines modernen Computersystems (Textverarbeitung, Datenbank, Graphik etc:) für den praktischen Natur- und Umweltschutz zu erproben.

2. Konzeption des Hypermedien-Exponats

Bei der vorherrschenden "Informationsüberfrachtung" des Publikums muß selbst ein Hypermedien-Exponat sehr attraktiv sein, um überhaupt wahrgenommen zu werden. Wir haben bei der Konzeption unseres Exponats deswegen folgende Ansätze verfolgt, die der modernen Museumsdidaktik (s. z.B. Staatliches Museum für Naturkunde, Stuttgart; Römisch-Germanisches Museum, Köln) entlehnt sind:
— ein, bei aller gebotenen *Konzentration* auf Interessantes und Wesentliches, *breites Themenspektrum*, um möglichst viele Ausstellungsbesucher anzusprechen,
— *reiches Anschauungsmaterial*, d.h. Farbbilder und Graphiken, dagegen eher wenig Text,
— Nutzung der speziellen *Verzweigungs-, Selektions-* und *Animations-Möglichkeiten* eines Hypertext-Systems, sowie
— Nutzung der Möglichkeiten von *Frage und Antwort*.

Um die Nachhaltigkeit der Ausstellung zu steigern, wurde vorgesehen, das Hypermedien-System mit einem Drucker abzurunden, um einen Benutzer besonders interessierende Informationen gezielt ausdrucken zu können. Auch die Herausgabe eines das ganze Ausstellungsmaterial umfassenden *Heftes* (nach dem Vorbild "Was Sie schon immer über Auto und Umwelt wissen wollten") war vorgesehen, zunächst zum Zwecke der Dokumentation für alle Beteiligten, dann aber auch als Nachschlagewerk für später.

3. Erstellung des Exponats

3.1 Teambildung

Eine nicht ganz einfache Aufgabe bestand in der Bildung eines für die Zusammenstellung des Exponats benötigten, effizienten Arbeitsteams. Glücklicherweise brachten fast alle Mitglieder der Projektgruppe zum Teil detaillierte Vorkenntnisse über Einzelaspekte der Stadt-Umland-Thematik mit. Allerdings verfügt nur einer der Mitarbeiter (ich selbst) über hinreichende Computerkenntnisse.

Mit einer kurzen Vorführung der Möglichkeiten, die ein modernes Computersystem bietet, wurde das Interesse der BN-Gruppenmitglieder stimuliert und gleichzeitig die vorhandene Scheu vor dem Computer und dem Medium Hypertext abgebaut. Bereits die erste Sitzung der Projektgruppe "Tag der Umwelt" war überraschend produktiv und bestätigte den eingeschlagenen Weg. Im Verlauf von vier Monaten wurden dann die für unser Exponat notwendigen Informationen teils in gemeinschaftlichen Sitzungen, teils in "Heimarbeit" zusammengetragen und aufbereitet.

3.2 Technische Voraussetzungen

Vor der eigentlichen Konzeption des Ausstellungsbeitrags waren die *technischen Voraussetzungen* für eine Hypertext-/Hypermedien-Schau abzuklären, wobei die Aufbereitung des Ausstellungsmaterials offenbar eine andere Maschinenkonfiguration als die Ausstellung selbst erforderte.

Für die vorbereitende Organisation des eigentlichen Exponats wurden eingesetzt: zwei Computer der PC-Klasse (Apple Macintosh SE und IIci), ein Laserdrucker, sowie eine Farb-Videokamera zum einscannen von Bildern. An Software kamen zum Einsatz: ein Oganisationsprogramm (More II), ein Tabellenkalkulations-Programm (Excel), ein Graphikprogramm (Cricket Graph) und ein Seitenumbruch-Programm (PageMaker). Ein Prototyp des Systems wurde mit dem Apple-Standardprogramm *HyperCard* (Williams 1987) erstellt. Für die eigentliche Ausstellung wurde dann aber *SuperCard* eingesetzt, um auch große Bildformate und vor allem Farbe verarbeiten zu können.

Der "Arbeitsplatz" für den Ausstellungstag schließlich bestand aus einem Computer der PC-Klasse (Apple Macintosh) mit einem großformatigen (19", 8 bit) Farbbildschirm, dem Hypermedien-Programm und einem Laserdrucker.

Hard- und Software-Konfigurationen wie soeben beschrieben stehen derzeit den Naturschutzgruppen in Deutschland üblicherweise (noch?) nicht zur Verfügung. Wir erhielten jedoch großzügige Unterstützung durch drei Vertragshändler des Computerherstellers in Form zeitweiliger Leihgaben.

Abb. 1: Eine "Karte" des Hypermedien-Exponats

4. Das Exponat

Dem "Paradigma" von SuperCard folgend, war der gesamte Ausstellungsstoff in Form von über 50 bildschirmfüllenden Karteikarten organisiert (Abb. 1). Die Karten enthielten neben dem Text 14 eingescannte Bilder und 5 Graphiken, zusammen 3.1 Mbyte Information.

Die Steuerung der gesamten Hypermedien-Schau ließ sich alleine über die Maus bewerkstelligen; eine Eingabe von Texten über die Tastatur war nicht erforderlich. Zur Navigation dienten die üblichen Knöpfe (buttons): "rückwärts", "vorwärts", "an den Anfang", "ans Ende" und "vorherige Karte", dazu die spezifischen Knöpfe "Index", "graphische Übersicht" und "Quiz" (s.u.). Auf jeder Karte gab außerdem jeweils vier maussensitive Stichworte, die in engem Zusammenhang mit dem auf der Karte dargestellten Wissen standen.

Ein textlicher, maussensitiver Index mit den Hauptstichworten des Exponats sowie eine maussensitives Netzwerk (Abb. 2) mit der Beziehungsstruktur der Stadt-Umland-Thematik sollten dem Benutzer helfen, das ihn interessierende Thema zu finden. Einen speziellen "Hilfe"-Knopf gab es nicht, weil BN-Mitglieder für eine persönliche Systemeinführung und zur Beantwortung von Fragen bereitstanden. (Für ein standalone-System müßte man eine solche Hilfe selbstverständlich vorsehen.)

5. Erfahrungen bei den Präsentationen

5.1 "Tag der Umwelt" in München

Das Exponat wurde am 31. Mai in München das erse Mal der Öffentlichkeit vorgestellt. Vollkommen überrascht wurden wir von dem großen Interesse der Fachleute: Münchner Kommunalpolitiker, Vetreter des kommunalen Umweltreferats, des kommunalen Planungsreferats und des regionalen Planungsverbandes sowie Vertreter lokaler Bürgerinitiativen — also Leute, die bereits ein profundes Vorinteresse an der Stadt-Umland-Problematik mitbrachten — hielten sich längere Zeit an unserem Stand auf und informierten sich z.B. über die Möglichkeiten einer Öffentlichkeitsarbeit auf Hypermedienbasis. Auch die Aussicht einer Computervernetzung mit Zugriff auf in- und ausländische Umweltdatenbanken kam zur Sprache. Das Fachpublikum bestellte durchweg unser Ausstellungsmaterial in gedruckter Form.

Neben diesen kommunalpoitisch interessierten Experten kamen in geringerer Zahl auch Besucher, die an dem Medium Hypertext oder einfach an Rechnern allgemein interessiert waren, darunter einige Computerspezialisten aus Osteuropa.

Bei der Münchner "Normalbevölkerung" hingegen konnten wir praktisch kein Interesse feststellen. Insbesondere Jugendliche, die wir ja ursprünglich besonders hatten ansprechen wollen, kamen praktisch nicht an unseren Stand, und wenn, dann zumeist wiederum aus Interesse an Computern. Neben all den vielfältigen bunten, lauten oder schmackhaften Attraktionen des Umwelttages war unsere Hypermedien-Austellung viel zu intellektuell und kopflastig! Die angebotene Information war doch zu umfangreich, enthielt (noch) zu wenige Bilder und verlangte ein Maß an Muße, die das vorbeiströmende Publikum einfach nicht hatte.

5.2 Bürgerfest Garching 1990

Die ursprünglich für den "Tag der Umwelt" in München konzipierte Ausstellung wurde in Garching wiederholt, um auch der Garchinger Bevölkerung eine Besuchsgelegenheit zu geben. Auf Grund unserer Münchner Erfahrungen entschlossen wir uns dabei, das Text- und Bildmaterial um ein *Quiz* (Abb. 3) zu erweitern und für Kenner des Münchner Nordens kleine Preise auszuloben.

Das Quiz bestand zunächst aus 10 Fragen, deren Stoff dem Textmaterial der Ausstellung entnommen worden war. Zu jeder Frage gab es drei oder vier mögliche Antworten (multiple choice), von denen man jeweils eine durch anklicken auswählen konnte. Bei einer fehlerhaften Wahl wurde eine richtigstellende Erklärung gegeben. Jede richtige Antwort erbrachte einen Punkt, und am Ende des Fragespiels bekam jeder Spieler auf Grund seiner Punktsumme eine von drei möglichen Beurteilungen seiner Kennerschaft.

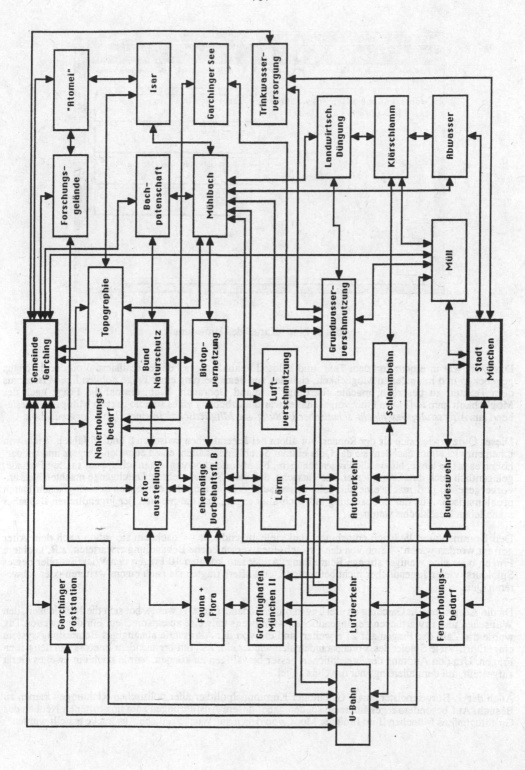

Abb. 2: Das Begriffsnetz der Stadt-Umland-Thematik als maussensitiver Index

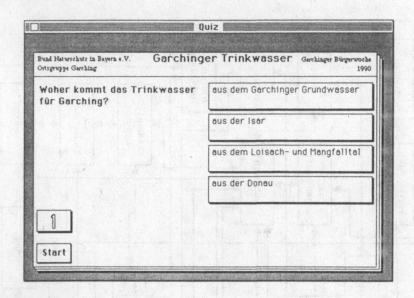

Abb. 3: Eine "Karte" des Umweltquiz

Das Quiz war in einem von dem Text- und Bildteil unabhängigen Fenster realisiert. Von der durchaus gegebenen und intendierten Möglichkeit, sich das zur Beantwortung einer Frage notwendige Wissen aus dem Textteil zu besorgen, machte allerdings niemand Gebrauch. Nicht einmal die Frage nach der Möglichkeit kam auf! Dem Quiz vorgeschaltet war die Erhebung eines soziologischen Miniprofils bestehend aus *Altersstufe, Geschlecht, schulischer Bildung* und *Mitgliedschaft in einer Umweltorganisation.*

Dieses Quiz erwies sich als der Renner, vor allem bei Jugendlichen zwischen 8 und 16 Jahren. Viele von ihnen entwickelten, nachdem sie das Quiz einmal durchlaufen hatten, einen enormen Ehrgeiz und wiederholten es oft so lange, bis sie alle Fragen fehlerfrei beantworten konnten. Dann schleppten sie ihre Freunde, gelegentlich auch ihre Eltern herbei. Die Tatsache, daß viele Spieler mehrere Durchgänge machten, war unvorhergesehen und macht eine sinnvolle statistische Auswertung der erhobenen soziologischen Daten problematisch. Aus der Beobachtung läßt sich aber sagen, daß die meisten der jugendlichen Besucher männlichen Geschlechts waren.

Den Kommentaren ließ sich entnehmen, daß viele Jugendliche — nachdem sie schon nach dem Alter gefragt worden waren — eine von den Erwachsenen verschiedene Behandlung erwarteten, z.B. leichtere Fragen oder eine weniger strenge Beurteilung. Außerdem konnten 10 Fragen den Wissens- oder besser Spieldurst vieler Jugendlicher nicht befriedigen, und öfters fragten sie nach einem weiteren oder schwereren Quiz.

Da die Ausstellung in Garching an drei Tagen hintereinander gezeigt wurde, bot sich die Möglichkeit, den Wünschen und Erwartungen der Jugendlichen wenigstens teilweise zu entsprechen. Für den zweiten Tag wurde die Zahl der Fragen auf 21 erweitert und ein von der Altersstufe abhängiges Beurteilungssystem eingeführt. Viele Spieler des Vortags fanden sich wieder ein, z.T. mit brennendem Interesse an den neuen Fragen. Um den Andrang der Jugendlichen besser bewältigen zu können, wurde noch ein zweites Gerät aufgestellt, auf dem allerdings nur das Quiz ablief.

Auch der 1. Bürgermeister sowie Garchinger Kommunalpolitiker aller politischen Richtungen kamen zu Besuch. Auf besonders reges Interesse stießen dabei unsere Ausführungen zum umstrittenen Neubau des Großflughafens München II im Erdinger Moos, von denen auf Wunsch etliche Ausdrucke erstellt wurden.

6. Die Lehren

Welchen Effekt unsere Ausstellung letztendlich auf uns und unser Publikum hatte, wird sich mit einiger Sicherheit erst im zeitlichen Abstand von den Ausstellungsterminen sagen lassen. Einige einfache, durch unser Experiment gewonnenen Erfahrungen, das Publikum und das Ausstellungsmedium betreffend, lassen sich jedoch bereits jetzt angeben:

1. Die mit unserem Exponat erreichte Zielgruppen besteht aus den zwei disjunkten Untergruppen "Jugendliche" und "Experten".
2. Eine direkte Wissensvermittlung durch die Präsentation von Texten und Bildern ist illusorisch; die spielerische Wissensvermittlung (durch ein Quiz) hingegen funktioniert über alle Erwartungen gut.
3. Zum Einstieg reicht ein einfaches Spiel, aber man sollte für stärker Interessierte wenigstens eine "Zugabe" vorbereitet haben.
4. Ein Hypermedienexponat ist eine "intensive" Ausstellungsform, bei der der Besucher stark und länger mit dem Exponat wechselwirkt. Es entstehen daher bei unregelmäßigem Besucherandrang leicht Engpässe.
5. Die HyperTalk-Programmiersprache ist für solche Ausstellungszwecke im Großen und Ganzen als ausreichend. Probleme werden allerdings hervorgerufen durch die unklare Semantik und dem Mangel an geeigneten Datenstrukturen. Als besonders hinderlich erwies sich außerdemdas Fehlen eines automatischen Indexierungsmechanismus, und so die Konstruktion der Querverweise des Hypertext-Teils weitestgehend zu automatisieren.
6. Der Wert der Hardware erfordert gegenüber einer normalen Ausstellung stark erhöhte Sicherungsmaßnahmen gegen Diebstahl, was erheblichen organisatorischen Aufwand mit sich bringt.

Wie würde nun ein für Ausstellungszwecke ideales Hypermedien-Programmiersystem der näheren Zukunft aussehen? Nach den Erfahrungen mit SuperCard würde ich mir ein System wünschen, das (a) die Einfachheit der Konstruktion von Benutzeroberflächen, wie sie in HyperCard/SuperCard gegeben ist, verbindet mit der klaren Semantik, dem reichhaltigen Satz an Datenstrukturen und der Kompilationsmöglichkeit von LISP, das (b) einen automatischen Indexierungs-Mechanismus für die Erstellung von Querverweisen besitzt und das (c) portabel ist und (d) entweder im Public Domain oder billig.

7. Schluß

Mit unserer Ausstellung wollten wir Bürger des um Eigenständigkeit und Identität ringenden Münchner Nordens uns direkt an interessierte Bürger der Landeshauptstadt München wenden und Verständnis für die Probleme des Umlands wecken. Die von uns geplante Ausstellung wollte weniger anklagen, als *informieren*. Unsere Ausstellung hatte daher eher dokumentarischen Charakter. Sie sollte eine Zusammenschau der untereinander vernetzten Probleme ermöglichen und befördern; sie wollte zum Nachdenken anregen und Meinung ermöglichen und zur Aufarbeitung des latenten Stadt-Umland-Konflikts beitragen.

Der auf politischer Ebene bereits als notwendig erkannte "ökologischen Umbau unserer Industriegesellschaft" wird durch eine breite und tiefgründige Öffentlichkeitsarbeit vorbereitet werden müssen, in der vermehrt Menschen mit unterschiedlichen Fähigkeiten interdisziplinär zusammenwirken. Wir hoffen, mit unserem Beitrag ein Beispiel gegeben zu haben, wie sich in der umweltbezogenen Bildungsarbeit Computer bzw. ein Hypermediensystem sinnvoll einsetzen lassen, um langfristig notwendige Verhaltensänderungen der Bevölkerung zu bewirken.

8. Literatur

Adorf, H.-M.: 1989, ``Hypertext and Hypermedia Systems", *Space Information Systems Newsl.* **1**, 7—14

Conklin, J.: 1987, ``Hypertext: An Introduction and Survey", *Computer* **20**, No. 9, 17—41

"Gutachten Münchener Norden", Bayerisches Staatsministerium für Landesentwicklung und Umweltfragen, München, März 1988

Halasz, F.G.: 1988, ``Reflections on Notecards: Seven Issues for the Next Generation of Hypermedia Systems", *Comm. ACM* **33**, No. 7, 836—855

Smith, J.B., Weiss, S.F.: 1988, ``An Overview of Hypertext", *Comm. ACM* **31**, No. 7, 816—819

Special Issue: Hypertext: 1988, *Comm. ACM* **31**, No. 7

"Was Sie schon immer über Auto und Umwelt wissen wollten", Bundesminister für Umwelt, Naturschutz und Reaktorsicherheit, Verlag W. Kohlhammer, 1987

Williams, G.: 1987, ``HyperCard'', *Byte* **12**, No. 14, 109—117

Yankelovich, N., Haan, B.J., Meyrowitz, N.K., Drucker, S.M.: 1988, ``Intermedia: The Concept and Construction of a Seamless Information Environment'', *IEEE Computer* **21**, No. 1, 81—96

Computergestützte Wissensverarbeitung und Theoriebildung in der Umweltforschung*

Andreas Ninck
Universität Bern, Institut für
Informatik und angewandte Mathematik
Länggassstr. 51, CH-3012 BERN

Deskriptoren: *Pragmatische Umweltforschung, Modellierung von Umweltwissen, Systemtheorie, Strukturalistisches Theorienkonzept, Wissensverarbeitung, Objektorientierte Wissensrepräsentation.*

Zusammenfassung

Zur Bearbeitung von drängenden Umweltproblemen mit komplexem, fächerübergreifendem Charakter soll eine Form der Forschungstätigkeit evaluiert werden, die sowohl den Ansprüchen der Komplexitätsbewältigung wie auch der Forderung nach einer interdisziplinären Praxisorientierung gerecht wird. Es wird gezeigt, dass die Informatik mit ihren modernen Methoden der Wissensverarbeitung in Kombination mit einem strukturalistischen Theorienkonzept die notwendigen Grundlagen für einen entsprechenden Forschungsansatz liefern kann.

1. EINLEITUNG

Ausgangspunkt der vorliegenden Studie ist die Annahme, dass die Menschheit in ihrer Entwicklung an einem Punkt angelangt ist, wo ihre Lebensgrundlagen ernsthaft gefährdet sind und wo ihr die Geschehnisse aus der Hand zu gleiten drohen. Wie die jüngsten Tendenzen im ökologischen Bereich bestätigen, können die unserer Umwelt zugrundeliegenden Systeme durch menschliche Einflüsse rascher als erwartet aus dem Gleichgewicht geraten. Schlagworte wie "vernetztes Denken" oder "interdisziplinäre Forschung" sind in diesem Zusammenhang populär und erscheinen durch deren vielfältige Verwendung schon beinahe abgegriffen und bedeutungsleer. Bei einer objektiven Beurteilung der Sachlage wird man aber trotzdem zum Schluss kommen, dass eine Lösung der anstehenden fächerübergreifenden Probleme durch einen einzigen Fachbereich kaum mehr möglich ist. Man wird ebenfalls anerkennen müssen, dass die Probleme im Umweltbereich wegen des vorhandenen Zeitdrucks vermehrt mit pragmatischen Forschungsansätzen angegangen werden müssen.

Bei der Suche nach Methoden zur theoretischen Bearbeitung von Wissen im Umweltbereich drängt sich unweigerlich die Evaluation von Informatik-Werkzeugen auf. Die Tatsache, dass der Computer in jüngster Zeit zusehends einen Funktionswandel von einem Rechner oder 'number cruncher' zu einem eigentlichen "Denkzeug" (HAEFNER et al. 1987) vollzieht und dass er nicht mehr bloss zur elektronischen Datenverarbeitung, sondern immer häufiger auch zur Wissensverarbeitung eingesetzt wird, lässt nämlich

* Diese Arbeit wurde im Rahmen des Projekts MOSAIK verfasst, welches vom Schweizerischen Nationalfonds zur Förderung der wissenschaftlichen Forschung unter der Nummer 12-27710.89 unterstützt wird.

vermuten, dass die Informatik auch über adäquate Hilfsmittel zur Bewältigung von komplexem Umweltwissen verfügt. Dabei muss bereits an dieser Stelle vor übersteigerten Erwartungen gewarnt werden. Begriffe wie 'Wissensverarbeitung' oder 'Artificial Intelligence' (AI) scheinen beim Laien zu implizieren, dass die zugrundeliegenden Konzepte so mächtig sind, dass damit komplexe Probleme mit wenig Aufwand seitens des Anwenders gelöst werden können. Der Fachmann weiss jedoch, dass die Verwendung eines AI-Hilfsmittels nicht automatisch den Denkaufwand reduziert, dass derartige Werkzeuge jedoch Kognitionshilfen zum besseren Umgang mit Komplexität darstellen können.

Bei der Evaluation von Kognitionsmitteln zur Bearbeitung von komplexem Wissen über Umweltzusammenhänge muss eine Form der Theoretisierung des Gegenstandsbereichs angestrebt werden, die sowohl dem Anspruch der Wissenschaftlichkeit, als auch der Forderung nach einer interdisziplinären Praxisorientierung gerecht werden kann. Dabei ist zu berücksichtigen, dass eine wissenschaftliche Tätigkeit nicht nur im Aufstellen und Testen von Hypothesen besteht, sondern auch verschiedenste Formen der wissenschaftlichen Deskription und Kognition umfasst. Eine Unterstützung dieser Aspekte seitens der Informatik kann aber offensichtlich nur dann erwartet werden, wenn wir adäquate Werkzeuge wählen, und wenn diese in einer dem Problem angepassten Weise eingesetzt werden. Im Rahmen dieses Beitrags geht es uns deshalb einerseits darum, die wissenschaftstheoretischen Prämissen zu diskutieren, welche ein entsprechendes Informatikwerkzeug erfüllen muss, andererseits soll ein Informatik-Ansatz vorgestellt werden, welcher diesen Prämissen entgegenkommt.

2. GRUNDLAGEN DER WISSENSCHAFTLICHEN DESKRIPTION UND THEORIEBILDUNG

Die wissenschaftstheoretische Forschungstätigkeit hat sich im Zusammenhang mit dem Theoriebegriff bisher praktisch ausschliesslich auf Fragen der nomologischen Erklärung und Voraussage oder der Theoriendynamik konzentriert. Auf den Ergebnissen dieser Tätigkeit basiert die heute in breiten Kreisen anerkannte Auffassung, wonach eine Theorie ein System von Axiomen ist, aus welchen weitere Aussagen, beziehungsweise widerspruchsfreie und empirisch gehaltvolle Hypothesen logisch abgeleitet werden können. Im genannten Kontext hat man sich kaum um die theoretischen Grundlagen der wissenschaftlichen Deskription gekümmert, sondern hat vielmehr die Deskription als Bestandteil der heuristischen Vorstufe der Theoriekonstruktion und damit als wissenschaftstheoretisch uninteressant klassiert. Im Zusammenhang mit dem Aufkommen systemwissenschaftlicher und kybernetischer Problemstellungen gewinnen nun aber ganzheitlichere Original-Repräsentationen immer mehr an Bedeutung; damit treten vermehrt Fragen bezüglich der theoretischen Grundlagen der wissenschaftlichen Deskription in den Vordergrund. Im Zusammenhang mit der Konstruktion von Kognitionsmodellen stellt sich insbesondere die Frage, inwiefern bei der Deskription von komplexen, Sachverhalten eine Bindung an deduktive Satzsysteme im klassischen Sinne notwendig ist. Zur Klärung dieser Fragen möchten wir im folgenden, ohne uns auf einen umfassenden wissenschaftstheoretischen Diskurs einzulassen, dem klassischen Aussagenkonzept eine jüngere Sichtweise des Theoriebegriffs gegenüberstellen, um daraus verschiedene Ueberlegungen bezüglich der pragmatischen Verwendung von Modellen und Theorien abzuleiten.

2.1. Das strukturalistische Theorienkonzept

Als Ergebnis der Anerkennung der beschränkten Möglichkeiten des axiomatischen Theorienkonzepts hat SNEED (1971) mit seiner Arbeit über die logische Struktur der mathematischen Physik einen eigentlichen Paradigmenwechsel vollzogen und die wesentlichen Grundlagen für ein neuartiges Theorienkonzept geliefert. SNEED bricht mit der Tradition, Theorien als Systeme von satzartigen Gebilden aufzufassen und bezeichnet seine Position als *'non-statement view'* von Theorien. Sein Konzept wurde seither insbesondere durch die Autoren BALZER (1982) und STEGMÜLLER (1986) weiterentwickelt und ist in der deutschsprachigen Literatur unter dem Namen *strukturalistisches Theorienkonzept* bekannt. Damit wird angedeutet, dass Theorien nicht als Satzsysteme, sondern als Gebilde gedeutet werden, deren wichtigster Bestandteil aus Strukturen im mathematischen Sinne besteht. Eine mathematische Struktur ist eine beliebige Menge von Elementen, auf welcher eine oder mehrere Relationen, Operationen oder Funktionen definiert sind.

Beim strukturalistischen Ansatz können gewisse Analogien zu den initialen Ideen des Bourbaki-Programms in der Mathematik festgestellt werden. Ebenso wie die Bourbaki-Leute sehen die in der SNEED'schen Tradition stehenden Wissenschaftstheoretiker die Grundlagen des neuen Konzepts in einer mengentheoretischen Axiomatisierung. Die Methode besteht darin, dass man eine Theorie durch Definition eines mengentheoretischen *Prädikates* axiomatisiert. Wenn man zum Beispiel eine 'Systemtheorie' axiomatisieren will, steht man vor der Aufgabe, das mengentheoretische Prädikat "ist ein System" zu definieren (vgl. Kap. 2.3.). Was man üblicherweise Axiome nennt, ist jetzt Bestandteil der Definition des eingeführten Prädikates. Das eingeführte mengentheoretische Prädikat ist damit von höherer Ordnung als die Axiome; diese beschreiben jene Gesetzmässigkeiten, welche für alle Anwendungen der entsprechenden Theorie erfüllt sein müssen. Somit wird also eine axiomatische Satzmenge, unabhängig von einem logiksprachlichen Symbolismus, sozusagen "makrologisch" zu einem einzigen Prädikat zusammengefasst.

Ein wesentlicher Punkt ist die Tatsache, dass die Gesetze keinen empirischen Inhalt haben, also reine Definitionen sind. Um den empirischen Bezug zu schaffen, müssen wir *Modelle* der Theorie als Beispiele angeben. Modelle sind in diesem Zusammenhang Entitäten, welche alle Bedingungen des Begriffsgerüstes erfüllen (real existierende Gegebenheiten oder deren Abbild). Ist die Uebereinstimmung mit den Bedingungen noch nicht gesichert, aber möglich, so sprechen wir von *potentiellen Modellen* oder *intendierten Anwendungen*.

Es stellt sich grundsätzlich die Frage, ob es Methoden gibt, um potentielle Modelle der Theorie auszuzeichnen. Vom logischen Standpunkt aus müsste man notwendige und hinreichende Bedingungen angeben, welche für potentielle Modelle gelten müssen. Da dies in der Praxis kaum möglich ist, wählt SNEED hier die Methode der *paradigmatischen Beispiele*. Dabei werden in einem ersten Schritt paradigmatische Bespiele von Modellen angegeben. Es handelt sich dabei um eine Klasse empirischer Systeme, auf welche die Gesamtstruktur der Theorie erfolgreich angewendet wurde. In einem zweiten Schritt werden alle Entitäten als potentielle Modelle angesehen, welche mit den Beispielen hinreichend ähnlich sind. Diese sogenannte *Menge der intendierten Anwendungen* ist also nicht von vornherein klar umrissen, sie ist einzig durch die Anführung der paradigmatischen Beispiele festgelegt.

Insgesamt wird eine Theorie somit als geordnetes Paar <K,I> gesehen, welches aus einem Theoriekern (K) und der Menge der intendierten Modelle (I) besteht. Dabei besteht K aus den Definitionen der theoretischen Grundstrukturen und aus allfälligen Nebenbedingungen. Der Theoriekern kann möglicherweise erweitert werden, wird aber selber nicht verändert. I soll eine offene Menge sein, in welcher neue Modelle hinzugefügt und alte entfernt werden können, vorausgesetzt, dass die paradigmatische Beispielmenge (I_0) nicht verändert wird.

2.2. Epistemologischer Zusammenhang zwischen Modell und Theorie

Gemäss dem strukturalistischen Theorienkonzept wird also das empirische Wissen bezüglich einer Theorie in Form von Modellen oder potentiellen Modellen dargestellt. Wir machen hier somit eine deutliche Trennung zwischen Modell und Theorie. Im Zusammenhang mit dem von uns intendierten pragmatischen Forschungsansatz zur Theoriebildung im Umweltbereich stellt sich nun offensichtlich die Frage nach dem genaueren epistemologischen Zusammenhang zwischen Modell und Theorie: Sind Modelle durch Theorien bestimmt oder werden Theorien schrittweise durch die Verfeinerung von Modellen entwickelt? In der Literatur finden wir diesbezüglich im wesentlichen zwei sich widersprechende Positionen, welche sich entsprechend dem klassischen Huhn-Ei-Problem darin unterscheiden, dass die eine die Entwicklung von der Theorie zum Modell und die andere umgekehrt die Entwicklung vom Modell zur Theorie postuliert:

- Position a: Es existiert bereits eine anerkannte Theorie. Das Modell wird auf dieser Theorie basierend erstellt. Mit anderen Worten, zu einer gegebenen Theorie wird eine Anwendung konstruiert, beziehungsweise der Anwendungsbereich der Theorie wird erweitert (vgl. z.B. MAYNTZ 1967: 30).

- Es existiert noch keine gefestigte Theorie. Das Modell wird in einem Spiralprozess schrittweise zu einer Theorie ausgebaut. Als Endprodukt sind Modell und Theorie identisch (vgl. z.B. DÖRNER 1984: 340-344, WINSTON 1977: 259).

Offensichtlich kann im umweltwissenschaftlichen Bereich keine der beiden Positionen in dieser extremen Formulierung aufrecht erhalten werden. Einerseits müssen wir die Tatsache akzeptieren, dass die Umweltwissenschaften kaum über allgemein anerkannte Theorien verfügen, welche die formalen Strukturen von Modellen so vorgeben, dass spezielle Modelle daraus abgeleitet werden können. Andererseits scheint klar, dass ein wissenschaftlicher Anspruch an die erstellten Modelle nur dann erhoben werden kann, wenn die Deskriptionsstrukturen der Modelle dem Gegenstandsbereich angepasst sind. Eine angepasste Deskription verlangt aber bereits ein gewisses Ausmass an Theoretisierung des Gegenstandsbereichs (vgl. MÜLLER 1981: 25).

Wir glauben, mit Hilfe des strukturalistischen Theorienkonzepts einen Ausweg aus diesem Modell-Theorie-Dilemma aufzeigen zu können. Angenommen, wir haben zu unserem Untersuchungsgegenstand die theoretischen Prämissen geklärt und strukturiert und damit den Theoriekern bzw. die theoretischen Grundstrukturen freigelegt, so können wir in zwei verschiedene Richtungen weiterarbeiten:

- Im ersten Fall gehen wir von *intendierten Anwendungen* bezüglich der theoretischen Grundstrukturen aus und setzen diese gemäss deren theoretischen Vorgaben in Modelle um. Indem wir ein theoriebrasiertes Modell konstruieren, versuchen wir, das potentielle Modell mit Hilfe der theoretischen Grundstrukturen im wissenschaftstheoretischen Sinne zu *erklären*. Das Adjektiv 'intendiert' verweist dabei auf die Tatsache, dass die Erklärungen zielgerichtet und subjektiv angestrebt werden.

- Im zweiten Fall beabsichtigen wir (auch hier wieder subjektiv) eine *Weiterentwicklung der Theorie*, indem wir durch Zusatzhypothesen eine Erweiterung der theoretischen Strukturen vornehmen und diese, zusammen mit den Grundstrukturen, in einem Modell darstellen. Die Hypothesen können anhand des Modells zwar nicht direkt getestet werden, es können aber Fragen bezüglich der Plausibilität und der Konsistenz der verwendeten Annahmen untersucht werden. Erst eine weitergehende empirische Ueberprüfung der Resultate kann zu einer Erhärtung der Hypothesen und zu einem Ausbau des theoretischen Kerns führen und damit letztlich zu einer eigentlichen Theoriebildung beitragen.

Mit der Wahl des skizzierten Ansatzes eröffnet sich also quasi ein Mittelweg zwischen den genannten Positionen: Einerseits können auf der Basis der theoretischen Grundstrukturen Modelle als Anwendungen konstruiert werden, andererseits können diese Grundstrukturen mittels hypothetischen Modellannahmen erweitert und allenfalls validiert werden. Gemäss dieser Sichtweise sind also Modelle weder völlig unabhängig von einer Theorie, noch identisch mit einer Theorie. Modelle sind abstrakte, abbildungsmässige Anwendungen von Theorien. Abgebildet wird nicht die Theorie selber, sondern bloss deren Struktur, zusammen mit den speziellen Randbedingungen der intendierten Anwendung.

2.3. Systemmodelle, ein objekt-orientierter Ansatz

Wenn es uns letztlich darum geht, ein computerbasiertes Kognitionsmittel zu evaluieren, mit welchem Modelle von ökologischen Systemen erstellt und bearbeitet werden können, so müssen wir nun gemäss den vorangegangenen Ueberlegungen vorerst die theoretischen Grundstrukturen erarbeiten. Das heisst aber mit den Worten des strukturalistischen Theorienkonzepts, dass wir zuerst das Prädikat "ist ein System" definieren müssen.

Bei der Suche nach einer geeigneten Repräsentationsform für Systeme stossen wir in der Literatur im Wesentlichen auf drei unterschiedliche Konzepte, welche mit den Begriffen funktionales, strukturales und hierarchisches Systemkonzept umschrieben werden können, und welche der Reihe nach eher die prozessualen, relationalen oder organisatorischen Aspekte in den Vordergrund rücken. Ohne hier näher auf diese Konzepte einzugehen, definieren wir im folgenden ein 'objekt-orientiertes' Systemkonzept, welches die Merkmale aller drei genannten Konzepte umfasst. Gemäss dem allgemeinen mathematischen Systembegriff definieren wir ein System S als eine endliche, geordnete Menge von Elementen, zwischen welchen gewisse Beziehungen bestehen. Die Menge S soll sich aus drei disjunkten Teilmengen {A,R,O} zusammensetzen, wobei A die Menge der Attribute, R die Menge der Relationen und O die Menge der Objekte darstelle.

Die *Attribute* sind Variablen, welche quantitative oder qualitative *Werte* aus einem diskreten oder kontinuierlichen Definitionsbereich annehmen können. Somit werden durch die Attributwerte die deskriptiven Merkmale eines Systems repräsentiert. Die Verhaltens-Merkmale eines Systems werden dagegen durch sogenannte *Relationen* beschrieben. Eine Relation ist eine Art "Transformator", welcher zu einer Menge von Eingabewerten ('input') gewisse Ausgabewerte ('output') bestimmt. Im einfachsten Fall ordnet eine Relation R einem bestimmten Wert $x(t)$ des Attributs A_1 den Wert $y(t) = R(x)$ eines Attributs A_2 zu; im allgemeineren Fall wird den Werten $x_i(t)$ der Attribute A_i ($i=1,...,m$) ein n-Tupel von Werten der Attribute A_j ($j=1,...,n$) zugeordnet. Mit der Angabe der Grösse t wird angedeutet, dass der Wert des Attributs zeitabhängig ist. Die von einer Relation verarbeiteten Werte $x_i(t)$ werden als *Argumente* bezeichnet. Als Argumente kommen sowohl die Werte von internen (systemeigenen) Attributen, wie auch von externen (systemfremden) Attributen in Frage. Damit haben wir impliziert, dass zu jedem System auch eine *Umgebung*, oder genauer ein umgebendes System existiert. Umgekehrt verfügt ein System möglicherweise über verschiedene Untersysteme. Wir bezeichnen ein Untersystem von S als *Objekt* und demzufolge die Menge aller Untersysteme mit O. Dabei wird ein Objekt selber rekursiv als System definiert. Während die Mengen A und R sinnvollerweise nicht-leere Mengen sind, ist die Menge O möglicherweise leer. Dies ist genau dann der Fall, wenn S nicht in weitere Untersysteme aufgegliedert ist.

Zusammenfassend können wir sagen, dass ein System eine Menge ist, welche aus Relationen, Attributen und Objekten besteht. Dabei gilt:

- Durch die *Attribute* wird der momentane Systemzustand beschrieben.
- Durch die *Relationen* wird das Systemverhalten definiert; ebenso werden dadurch die Beziehungen zwischen den Attributen hergestellt, und es werden deren Zustände pro Zeitschritt neu bestimmt.
- Als *Objekte* verstehen wir Subsysteme, welche selber wieder die Systemmerkmale erfüllen. Jedes System kann umgekehrt Objekt und damit Untersystem einer Umgebung sein. Falls wir uns auf der untersten Ebene eines hierarchischen Systems befinden, so ist die Menge der Objekte leer.
- In einer mengenalgebraischen Form kann die umgangssprachliche Definition des Systembegriffs wie folgt präzisiert werden. S ist ein System, wenn gilt:

(i) $S = \{A,R,O\}$;   *(ii)* $A = \{A_i \mid i \in \mathbb{N}; A_i = \{x_k(t)\} \}$;

(iii) $R \subset A_1 \times A_2 \times ... \times A_n$;   *(iv)* $O = \{O_j \mid O_j \text{ ist ein System}; j \in \mathbb{N}\}$ oder $O = \emptyset$

3. INFORMATIKMITTEL ZUR WISSENSVERARBEITUNG

Wenn wir bis hierher die theoretischen Strukturen von Systemmodellen geklärt haben, so geht es nun um die Evaluation von Informatikmitteln, welche eine Modellrepräsentation gemäss diesen Strukturen unterstützen. In einem ersten Teil machen wir uns Ueberlegungen zum Einsatz des Computers als Kognitionsinstrument. Anschliessend zeigen wir, dass im heutigen Zeitpunkt vor allem Methoden aus dem Bereich der 'Artificial Intelligence' unseren Ansprüchen bezüglich der computergestützten Wissens-verarbeitung und Theoriebildung gerecht werden.

3.1. Der Computer als 'Denkzeug'

Wenn wir von computergestützter Wissensverarbeitung sprechen, so verstehen wir den Computer in einem umfassenden Sinn als ein Instrument zur Erfassung, Strukturierung und Bearbeitung von Wissen. Unserer Ansicht nach kann und soll der Computer als Hilfsmittel auf *allen* Kognitionsstufen der theore-tischen Arbeit verwendet werden, vom Moment der vagen Vermutungen bis zur theoretischen oder praktischen Verwendung von Modellen. Die Idee einer umfassenderen Verwendung des Computers ist nicht revolutionär, sondern liegt im Trend eines eigentlichen Funktionswandels: waren die Computer zunächst "reines Werkzeug (Rechner), wurden sie zunehmend auch zum Medium (Informations-System) und neuerdings zum 'Denkzeug', welches die Leistung des Gehirns im Hinblick auf Verarbeitung und Speicherung von Informationen ergänzen kann" (HAEFNER et al. 1987: ii). Mit diesem Funktionswandel geht auch ein Begriffswandel einher. Sprach man früher von Elektronischer Datenverarbeitung (EDV) und hat sich heute der Begriff Informatik eingebürgert, so stösst man neuerdings vermehrt auf die Begriffe 'Wissensverarbeitung' oder 'wissensbasierte Systeme'.

Der Computer kann allerdings nicht alleine, sondern erst in Kombination mit Software-Werkzeugen oder 'tools', wie sie im Jargon genannt werden, sinnvoll als "Denkzeug" eingesetzt werden. Aus diesem Grund fordert KREUTZER (1988: 43) denn auch, dass computergestützte Methoden der Modellbildung anzustreben seien, welche die Möglichkeit unterstützen, rasch einen Prototypen eines Modells erstellen zu können, um ein besseres Verständnis für dessen Struktur zu gewinnen: "We should be able to specify, design, implement and experiment with a model, interleaving these activities in a way similar to the workstyle people typically use at their desks". Aehnlich sehen HUT et al. (1987: 126) den modernen Com-puterarbeitsplatz: "Um Computer in der Wissenschaft wirksamer einzusetzen, reichen allmähliche Ver-besserungen der Hardware und der Algorithmen nicht aus. Die experimentelle Ausbeute muss verbessert werden, indem man den Forscher mit einer Art Computer-Werkzeugkiste ausstattet. Sie sollte Werkzeuge für das Erstellen und Abändern von Rechenmodellen enthalten, damit die Forscher ihre Computerexpe-rimente exakt auf die Art der untersuchten Phänomene ausrichten können."

Offensichtlich könnte die Verwendung einer derartigen "Werkzeugkiste" die von uns angestrebte, pragmatisch orientierte Forschungstätigkeit wesentlich unterstützen. Dabei sehen wir den hauptsächlichen Nutzen eines solchen Kognitionsinstruments in der Ergründung oder theoretischen Aufarbeitung von Systemstrukturen. Derartige Methoden haben also weniger die empirische Bestätigung wissenschaftlicher Aussagen, sondern vielmehr den Konstruktionsprozess selber im Auge, das heuristische Erkunden des Modells, das Verbessern der Intuition über das Systemverhalten oder das Ergründen der wesentlichen Aspekte und Sensitivitäten. Wie wir im nächsten Abschnitt zeigen werden, sind derartige Verfahren im Bereich der Artificial Intelligence zu finden, und es scheint uns, dass insbesondere die Methoden des Knowledge Engineering unseren Intentionen entgegenkommen.

3.2. Artificial Intelligence und Knowledge Engineering

In der Informatik existiert wohl kaum ein Begriff, welcher derart facettenreich definiert worden ist wie der Begriff der *Artificial Intelligence* (AI). Für unsere Zwecke scheint vor allem die Definition von KERCKHOFFS et al. (1986: 20) adäquat, in welcher der kognitive Aspekt hervorgehoben wird: "AI can be defined as the subfield of computer science concerned with the use of computers in tasks, which are normally considered to require knowledge, perception, reasoning, learning, understanding and similar cognitive abilities." Offensichtlich handelt es sich hier um Problembereiche, welche nicht eindeutig bestimmt sind, sondern zunächst als komplex und schwach strukturiert erscheinen. In dieser Situation, in der sich das Verständnis für den bearbeiteten Gegenstandsbereich laufend verändert, wäre es völlig unrealistisch, eine vollständige Problem-Spezifikation zu fordern, wie dies im Rahmen von Informatikprojekten üblich ist. Angemessen scheint hier vielmehr eine approximierende Vorgehensweise, wie sie in Kap. 2.2. bereits dargestellt worden ist. Man geht von einem theoretischen Kern aus, sammelt, klassifiziert und systematisiert Einzelbeobachtungen und versucht entweder die Theorie durch Abstraktion und Hypothesenbildung zu erweitern oder die realen Phänomene mittels der theoretischen Strukturen zu erklären. Eine derartige schrittweise Annäherung des Modells an reale Phänomene durch ständiges Erweitern und Verfeinern steht bereits seit den Anfängen der AI im Vordergrund methodischer Ueberlegungen und hat dazu geführt, dass der explorative, teils improvisatorische Charakter der Softwareentwicklung betont und Werkzeuge zur Unterstützung eines entsprechenden Programmierstils entwickelt worden sind.

Im Zusammenhang mit Methoden der explorativen Modellbildung und der wissenschaftlichen Deskription ist der Begriff des *Knowledge Engineering* oder der Wissensverarbeitung von besonderer Bedeutung. Laut LEHMANN (1987: 197) wird in dieser Begriffsbildung versucht, zwei Grundtendenzen bei der Gestaltung von Softwaresystemen Rechnung zu tragen, nämlich einerseits dem Streben nach Deskriptivität und Modularität und andererseits der Notwendigkeit, problemspezifische Sachverhalte und Beziehungen in einer problemunabhängigen, realitätsnahen Wissensbasis verfügbar zu machen. "Ein wissensbasiertes System ist in dieser Sicht ein Softwaresystem mit starkem Anteil symbolischer, deskriptiver Informationsdarstellung, bei dem das Streben nach möglichst expliziter Modellierung und begrifflicher Charakterisierung der zu berücksichtigenden Gegebenheiten als strukturprägendes Bauprinzip hervortritt" (ebenda). Dabei soll der Begriff 'Wissen' den Unterschied zum Begriff 'Daten' in konventionellen Programmen kennzeichnen, wobei die Uebergänge fliessend sind. Wissen umfasst nicht nur Einzelfakten, sondern auch komplexe Objekte mit deren Eigenschaften oder Relationen bezüglich anderer Objekte oder Regeln zur Bearbeitung des Wissens oder zur Ableitung von neuem Wissen aus bereits vorhandenem Wissen.

Offensichtlich besteht eine enge Verwandtschaft zwischen den beiden Begriffen 'Wissen' und 'Modell'. Bei einer Modellkonstruktion wird, ebenso wie bei der Repräsentation von Wissen, eine subjektive Abbildung vorgenommen. In unserem spezifischen Fall handelt es sich dabei um eine Abbildung von einem realen System in ein gedachtes System. Sowohl bei der Darstellung von Systemen, als auch bei der Wissensrepräsentation steht eine Strukturierung und Modularisierung der Sachverhalte im Vordergrund und beide Ansätze bezwecken auf diese Weise eine Offenlegung der zugrundeliegenden theoretischen bzw. kognitiven Strukturen. Der erarbeitete objekt-orientierte Systembegriff gibt uns dabei einen Anhaltspunkt, in welcher Weise das vorhandene Wissen bezüglich Umweltsystemen gegliedert werden kann. Es stellt sich also bloss noch die Frage, welche AI-Konzepte sich für eine entsprechende Abbildung eignen.

3.3. Semantische Netze, Frames und objekt-orientierte Programmierung

Ein wichtiges Konzept im Zusammenhang mit der Repräsentation von Wissen ist der Begriff des *semantischen Netzes*. Der Begriff gründet auf Ergebnissen der kognitiven Psychologie, genauer auf Konzepten zur Darstellung der menschlichen Gedächtnisstruktur. Dabei ist die wichtigste Erkenntnis, dass das menschliche Gedächtnis kein 'random access'-Speicher ist, welcher einen wahlfreien Zugriff auf einzelne Elemente erlaubt, sondern dass das Gedächtnis nach Art eines Assoziativspeichers organisiert ist, wobei hierarchische Bedeutungsklassen gebildet werden, deren Elemente durch assoziative Relationen verbunden sind. Ein semantisches Netz ist von seiner Struktur her ein gerichteter Graph, der eine Menge von Knoten enthält, die ihrerseits Objekte, Konzepte oder Ereignisse repräsentieren. Die Knoten sind durch benannte Kanten verbunden, wodurch die binären Relationen zwischen ihnen beschrieben werden. Die Struktur soll Assoziationen zwischen den Knoten widerspiegeln und den direkten Zugriff auf semantisch benachbartes Wissen ermöglichen.

Greift man aus einem semantischen Netz einen Knoten heraus und sucht nach einer geeigneten Darstellungsart, die eine Beschreibung der hierarchischen Beziehungen und der Eigenschaften einschliesst, so bietet sich das Konzept der *'frames'* an. Dieses Konzept geht auf Marvin MINSKY (1975) zurück und kann sinngemäss wie folgt charakterisiert werden: 'Frames' sind Strukturen in Form von Objekten, welchen eine Menge von sogenannten 'slots' zugeordnet sind, in welchen wiederum das Wissen abgelegt ist. Diese 'slots' können durch Typen definiert werden und können nicht nur Werte im Sinne eines Variabelwertes enthalten, sondern sie können auch Zeiger auf andere Frames, Regeln in Form von logischen Ausdrücken oder Prozeduren enthalten. Die sogenannte Wissensbasis enthält also nicht nur Einzelfakten, sondern auch komplexe Daten- und Programm-Strukturen oder Regeln zur Verarbeitung von Wissen und zur Ableitung von neuem Wissen durch logisches Folgern.

In einem engen Zusammenhang mit dem Frame-Konzept der Wissensrepräsentation steht das Paradigma der *objekt-orientierten Programmierung* (OOP). Obwohl die OOP bereits vor rund zwanzig Jahren im Zusammenhang mit der Programmiersprache SIMULA eingeführt worden ist, ist sie eigentlich erst im jüngerer Zeit im Zusammenhang mit Werkzeugen zur explorativen Erstellung von Wissensbasen populär geworden. Bei der OOP wird, im Gegensatz zur prozessorientierten oder datenorientierten Programmierung, nicht unterschieden zwischen Datenstruktur und Ablaufstruktur. Ein Programm setzt sich aus verschiedenen Objekten zusammen, diese enthalten eine Menge von 'slots'. Wie bereits gesagt, können 'slots' Daten enthalten, sie können aber auch Prozeduren, sogenannte 'methods' beinhalten. Datenslots enthalten somit die deskriptiven Attribute des Objekts, in einem 'method slot' dagegen kann einem Objekt ein bestimmtes Verhalten gegeben werden. Jedes Objekt ist eine Einheit mit privaten Daten und mit öffentlichem 'interface'. Objekte kommunizieren mit anderen Objekten durch Uebermittlung von 'messages', wobei der Sender einer 'message' nicht zu wissen braucht, wie der Empfänger die Nachricht intern verarbeitet. Das angesprochene Objekt kann seinen internen Zustand ändern, es kann eine Nachricht oder ein Resultat zurückgeben und es kann andere Objekte in den Prozess miteinbeziehen. Objekt-orientierte Programmierumgebungen unterstützen die Möglichkeit, Objekte nach Aehnlichkeiten zu gruppieren, deren Gemeinsamkeiten in einem sogenannten Gattungsobjekt zu definieren und diese auf die untergeordneten Objekte zu vererben. Bei der Modellkonstruktion kann also wie folgt vorgegangen werden: Die Vielzahl der Objekte auf der Mikroebene wird nach Strukturähnlichkeit gegliedert; Objekte vom selben Typ werden als Gattungsobjekte definiert und erhalten durch die Vererbung die selbe Struktur (= Variablen + Prozeduren); Variablen vererbter Objekte erhalten individuelle Werte zugewiesen.

4. COMPUTERGESTÜTZTE WISSENSVERARBEITUNG UND THEORIEBILDUNG

Wenn wir bis hier einerseits das strukturalistische Theorienkonzept zusammen mit einem objekt-orientierten Systembegriff und andererseits verschiedene Konzepte und Methoden zur computergestützten Wissensverarbeitung dargelegt haben, so geht es nun um eine Synthese und Beurteilung der gewählten Ansätze. Wie aus den Darlegungen ersichtlich wird, stimmen die verschiedenen Konzepte in idealer Weise miteinander überein. Mit dem strukturalistischen Theorienkonzept wird geklärt, in welcher Weise ein bestimmter Gegenstandsbereich einer theoretischen Bearbeitung zugänglich gemacht werden kann; mit der objekt-orientierten Systemrepräsentation wird die strukturalistische Idee aufgenommen und es wird präzisiert, in welcher Weise Systeme erfasst und analysiert werden können; die Methoden der Wissensverarbeitung ermöglichen schliesslich eine direkte Operationalisierung des strukturierten Wissens. Der objekt-orientierte Systembegriff erscheint dabei als integrierender Faktor zwischen den Konzepten der Theorienkonstruktion, den Hilfsmitteln der Informatik und den Denkstrategien zur Analyse von komplexen Zusammenhängen. Die Gliederung und Darstellung eines Modells in Modell-Objekte bzw. eines Computerprogramms in Programm-Objekte orientiert sich an den realen Objekten und kommt damit unseren Denkstrukturen in adäquater Weise entgegen. Modellbildung heisst demzufolge nichts anderes, als das Erkennen und Umsetzen von realen Objekten. Dass dabei die Auswahl und Beschreibung der Objekte subjektiv ist, wird nochmals mit der Definition des Abbildungsprozesses bei MINSKY (1965: 46) hervorgehoben: "An object 'A' is a model of an object 'B' for an observer 'C' if the observer can use 'A' to answer questions that interest him about 'B'."

Wenn im strukturalistischen Theorienkonzept der definitorische Charakter von Theorien betont und von jeder wissenschaftlichen Tätigkeit eine strukturierte Offenlegung der Prämissen gefordert wird, so wird durch die Wissensrepräsentation mit dem Computer die strukturierte Deklaration des Wissens bezüglich des bearbeiteten Gegenstandsbereichs erzwungen. Die Offenlegung der verwendeten Wissensstrukturen erfordert aber eine Präzisierung bezüglich der verwendeten Sprache. Durch die Einführung eines Prädikats und durch dessen mengentheoretische Erweiterung gemäss dem strukturalistischen Theorienkonzept wird in gewisser Weise die Objektsprache L der Theoriedarstellung durch eine Gesamtheit sprachunabhängiger Strukturen ersetzt. Diese leisten für metatheoretische Betrachtungen, um die es uns letztlich geht, nicht nur dasselbe wie die Objektsprache L, sondern sie bieten darüber hinaus den Vorteil, dass die Untersuchungen unabhängig von sprachlichen Zufälligkeiten durchgeführt werden können. Damit gewinnen wir einerseits eine grössere Flexibilität bezüglich der Deskriptionssprache, ohne dabei aber andererseits jene Präzision in der Beschreibung aufzugeben, welche letztlich für die Umsetzung der beschriebenen Modelle in eine computergerechte Form notwendig ist.

Computergestützte, wissensbasierte Theoriebildung kann nun gemäss dem strukturalistischen Theorienkonzept so verstanden werden, dass vorerst auf der Basis von einigen auf breiterer Ebene anerkannten Tatsachen ein Theoriekern in Form einer strukturierten Menge von Objekten und Slots definiert wird. Dieser Kern wird während der weiteren Arbeit nicht verändert. Der wissenschaftliche Fortschritt wird nun entweder in der *Erweiterung des Theoriekerns* oder in der *Vergrösserung des Anwendungsbereichs* gesucht. Eine Kernerweiterung ergibt sich durch Hinzunahme von speziellen Zusatzhypothesen, in Abhängigkeit von den je intendierten Modellen. Eine Vergrösserung des Anwendungsbereichs bedeutet dagegen, die vorhandenen Slots mit anwendungsspezifischen Methoden und Werten zu versehen. Durch das festhalten an einem stabilen Theoriekern wird es möglich, selbst in einem grösseren interdisziplinären Team über die selbe Theorie "zu verfügen" und somit in einer gewissen gegenseitigen Unabhängigkeit an dieser Theorie zu arbeiten. Durch die klare Trennung von Theorie und Anwendung wird der Forscher zudem mit dem Entscheidungsanteil seiner wissenschaftlichen Tätigkeit konfrontiert und seine Forschung wird mit politisch und ethisch zu begründenden Zwecken in Verbindung gebracht.

Trotz der vorwiegend theoretisch ausgefallenen Präsentation der Konzepte (für eine Anwendung vgl. NINCK/SOTTAS 1989), sollte klar geworden sein, dass die strukturalistische Deutung der Modell-Theorie-Relation als Basis für eine computergestützte Theoriebildung in anwendungsorientierten, zweckgerichteten Forschungsprogrammen adäquat ist: Erstens legen wir durch die Deklaration der theoretischen Grundstrukturen offen, dass die Modelle in jedem Fall theorienbasiert und damit von subjektiven Intentionen geprägt sind; zweitens erzwingt die Deklaration eine Klärung der Prämissen und damit die Schaffung einer theoretischen Basis, was wiederum verhindert, dass die Modelle rein spekulativen Charakter annehmen; und drittens wird ein Wandel des Gültigkeitsbereichs der Theorie bei einem gleichzeitigen Festhalten an einem harten, konstant gehaltenen Kern ermöglicht, was bewirkt, dass ein Forscherteam in vielfältiger, unabhängiger Weise forschen und trotzdem über die selbe Theorie verfügen kann. Wir sind davon überzeugt, dass wir mit dem vorgestellten Begriffskonzept sowohl innovativen wie auch konservativen Tendenzen in der Forschung gleichermassen gerecht werden können: Einerseits kommen wir der Forderung nach einer zweckorientierten Vorgehensweise und nach einem permanenten Theoriewandel nach, andererseits anerkennen wir aber trotzdem die Notwendigkeit einer theoretisch fundierten Forschung. Liberalität und wissenschaftliche Strengeanforderungen erweisen sich also durchaus als kompatibel und wir hoffen, dass diese Einsicht zu einer vermehrten Berücksichtigung pragmatisch orientierten Forschungsprogramme führen kann.

Bibliographie

BALZER, W. 1982. Empirische Theorien: Modelle - Strukturen - Beispiele. Vieweg, Braunschweig.

DÖRNER, D. 1984. Modellbildung und Simulation. In: E. Roth (Hrsg.), Sozialwissenschaftliche Methoden, Oldenbourg, München: 337-350.

HAEFNER, K., EICHMANN, E.H., HINZE, C. 1987. Denkzeuge. Birkhäuser, Basel.

HUT, P., SUSSMAN, G.J. 1987. Computer in der Naturwissenschaft. Spektr. d. Wiss. 12: 118-126.

KERCKHOFFS, E.J.H., VANSTEENKISTE, G.C. 1986. The impact of advanced information processing on simulation - An illustrative review. Simulation 46:1, 17-26.

KREUTZER, W. 1988. A modeller's workbench - Simulation based on the desktop metaphor. In: Artificial Intelligence and Simulation: The diversity of applications (T. Henson, ed.), SCS, San Diego.

LEHMANN, E. 1987. Wissensbasierte Systeme - eine neue Entwicklungstechnologie für Anwendungssoftware? In: Künstliche Intelligenz und Expertensysteme (H. Bunke, H. Mey, Hrsg.), Verlag H.Lang, Bern.

MAYNTZ, R. (Hrsg.) 1963. Formalisierte Modelle in der Soziologie. Luchterhand, Berlin.

MINSKY, M. 1965: Matter, Mind and Models. In: Proceedings of IFIP Congress, Vol.1, 45-49.

MINSKY, M. 1975. A framework for representing knowledge. In. P.H.Winston (Ed.), The psychology of computer vision, Mcgraw-Hill, New York.

MÜLLER, N. 1981. Einige Funktionsmechanismen sozialer Systeme und ihre Bedeutung für die Beschreibbarkeit regionaler Systeme. In: L.Albertin und N.Müller (Hrsg.), Umfassende Modellierung regionaler Systeme. Verlag TüV Rheinland, Köln.

NINCK, A., SOTTAS, B. 1989. Risk-avoidance through reciprocity? Micro-analytic modelling of an East-African rural area by means of object-oriented programming. Proceedings of the third European Simulation Concress, Edinburgh, 5-8 Sept.89.

ROPOHL, G. 1978. Einführung in die allgemeine Systemtheorie. In: H.Lenk und G.Ropohl (Hrsg.), Systemtheorie als Wissenschaftsprogramm, Athenäum, Königstein.

SNEED, J.D. 1971. The logical structure of mathematical physics. Reidel, Dordrecht.

STEGMÜLLER, W. 1986. Probleme und Resultate der Wissenschaftstheorie und analytischen Philosophie, Band II: Theorie und Erfahrung, Dritter Teilband: Die Entwicklung des neuen Strukturalismus seit 1973. Springer, Berlin.

WINSTON, P.H. 1977. Artificial Intelligence. Addison-Wesley, Reading.

Orientierungswissen in Umweltinformationssystemen

Jürgen Pietsch
TU Hamburg-Harburg
Stadtökologie
Kasernenstr. 10
D-2100 Hamburg 90

Umweltinformationssysteme, Wissensrepräsentation
Umweltplanung, Umweltvorsorge, Umweltqualitätsziele
Umweltsemiotik

Zusammenfassung

Umweltinformationssysteme können in ihrer Funktionalität durch Wissen über die enthalten Daten nachhaltig verbessert werden, wenn es gelingt, geeignete Repräsentationsformen zu finden. Vorgestellt werden Probleme, Techniken und Lösungsansätze zur kontextbezogenen Repräsentation von Orientierungswissen in unterschiedlichen Typen von Umweltinformationssystemen.

1 Orientierungsbedarf

Die allerorts im Aufbau befindlichen Umweltinformationssysteme (UIS), seien es solche auf Landes- oder kommunaler Ebene, fach-, medien- und branchenspezifische UIS, bis hin zu betrieblichen Ökocontrollingsystemen, weisen in ihrer Funktionalität durch eine mangelnde Repräsentation von Kenntnissen über den Bedeutungszusammenhang der in ihnen enthaltenen Informationen (Daten) generell Einschränkungen auf. Solche Kenntnisse werden im Folgenden als "Wissen" bezeichnet. Da eine anerkannte Klassifikation von Umweltinformationssystemen aussteht, wird an dieser Stelle auf eine die Bandbreite der Ansätze einschränkende Definition verzichtet.

Millionenschwere Forschungsprogramme werden aufgelegt, um Wissen über Wirkungszusammenhänge in einzelnen Umwelt- und Handlungsbereichen zu erlangen, Wissen, von dem nicht wenige annehmen, es habe integraler Bestandteil eines UIS zu sein. Zu den interessanten Ergebnissen bei der Erarbeitung von Anforderungsprofilen für kommunale UIS zählen divergierende Vorstellungen über die möglichen Nutzen eines UIS. Die Anwender in den Ämtern erhoffen sich aus systematisierten Umweltdaten direkt, quasi automatisiert neue wissenschaftliche Erkenntnisse, während Vertreter der Umwelt- und Planungswissenschaften eher Problembewußtsein und vorsorgeorientierte Handlungskonzepte transportiert sehen wollen [Pietsch 1990].

Unter dem Begriff "Umwelt" verbergen sich sich so zahlreiche und komplexe Inhalte, daß sie sich auch durch ein gut strukturiertes Informationssystem nicht ohne weiteres erschließen lassen:

Bestehende Zusammenhänge zwischen stetigen Belastungen, Umweltrisiken, reversiblen oder irreversiblen Wirkungen können durch die Bereitstellung von Meßdaten allein nicht deutlich werden [MURL 1990]. Bereits Konzentrationswerte von Schadstoffen (z.B. mg/m^3) sind, um sie als Immissions- oder Wirkungsgrößen bedeutungsgerecht interpretieren zu können, einem geeigneten Repräsentationsprozeß zu unterziehen, d.h. Aggregationen von Info-Atomen mindestens zu "Makro-Molekülen" zu ermöglichen.

Den erprobten Kennzahlen im ökonomischen Bereich (Mikro- und Makroebene) stehen nur sehr begrenzt entsprechende Umweltindikatoren gegenüber. Dieser Mangel an Aggregaten wird gegenwärtig beim Aufbau von "Umweltführungsinformationssystemen" (Vgl. Beispiel UFIS-BW) oder beim Aufbau des "Statistischen umweltökonomischen Berichtsystems Stubs" offenbar. Er erschwert eine Strukturierung des vorhandenen Faktenwissens.

Nicht unterschätzt werden darf, daß Informationen über "Umwelt" Modelle, ein Bild derselben voraussetzen. Schon die möglichen schulen- und paradigmenbedingten Zugänge zur "Umwelt", die von Sphärenmodellen (z.B. Bio- und Technosphäre) über mediale und aufgabenbezogene Gliederungen oder ökosystemare Zuordnungen reichen und ihre Abbildung in UIS sind auch für die meist disziplinär ausgerichteten Fachleute erklärungsbedürftig. Ein Ausschnitt der Umwelt, umgangssprachlich als Boden bezeichnet, kann als Produktionsfaktor oder Ressource, als Baugrund oder Lebensgrundlage, als Filter oder Deponie gesehen werden. Jede der Sichtweisen bedingt andere Wertemuster. Der Begriff der "Altlast" hat in den vergangenen 10 Jahren eine Ausweitung und Ausdifferenzierung erfahren, der identischen Meßdaten gegensätzliche Bedeutungen zuweisen kann.

Erste konzeptionelle UIS- Ansätze wie das im Errichtungsgesetz des Umweltbundesamtes 1974 geforderte Umweltplanungs- und Informationssystem "Umplis" zeigen, daß ein über Datenverwaltung hinausgehender Orientierungsbedarf früh gesehen und als technisch leistbar erachtet wurde. Das Entwickeln (Repräsentieren) und Offenlegen möglicher Wahrnehmung (-smuster) von Umwelt und ihre Übersetzung für unterschiedliche Nutzer - von Planern und Entscheidungsträgern bis hin zu Lösungen für speziell aufbereiteten Bürgerinformationen -, in der Umweltberichterstattung im Allgemeinen und in UIS im Besonderen, harrt dennoch angemessener Lösungen.

Die Bandbreite der vorhandenen und möglichen UIS-Anwendungen, vom Umweltmanagement über Vollzugskontrollen bis hin zu Umweltberatungsinformationssystemen erfordert aufbereitetes, strukturiertes Wissen. In der Praxis der kommunalen (Umwelt-) Administration und Planung zeigt sich immer deutlicher, daß notwendiges ökologisches Wissen weder durch einzelne Personen (Ämter) noch durch herkömmliche Informationsträger in der erforderlichen Qualität und Geschwindigkeit repräsentiert werden kann. Vorhandene Kriterien des Informationsmanagements sind daher durch ein Wissensmanagement zu ergänzen.

2 Grundlagen

Die zur Erzeugung von Orientierungswissen zu bedenkenden Sach- und Informatikaspekte bedürfen der Zusammenarbeit von Informatikern, des Anwenderspektrums von UIS und Natur- bzw. Umweltwissenschaftlern. Neben wissenschaftstheoretischen Implikationen (Welche Ökologie?) sind Gefahren aus einer unreflektierten Anwendung von notwendig beschränktem Orientierungswissen ebenfalls zu beachten. Der Ausweg, Informationssysteme so auf Nutzer hin zu spezifizieren bzw. zu sektoralisieren, daß Hintergrundwissen als bekannt vorausgesetzt werden kann, trägt nur begrenzt, da so weder ein Verständnis von Umwelt entstehen noch bestehende Aufgaben angemessen erfüllt werden können.

Zieschank [Zieschank 1989] fordert die Ausgestaltung des Umweltberichterstattungsprozesses mit deskriptiven, interpretativen und normativen Komponenten, um die Erfassung und Bewertung gesellschaftlich geprägter Umwelt in ihrer biologisch-ökologischen Grundlage sowie die Berücksichtigung ihrer sozialen Bedeutungsgehalte zu ermöglichen. Am Beispiel des Umweltgutachtens 1987 [SRU

1988], dessen Inhalte in UIS zu transportieren wären, entsprechende Strukturen, etwa ein generalisierbarer Thesaurus aber fehlen, werden weitere Defizite deutlich. Solange kein anerkanntes Paradigma von "Umwelt" vorliegt, selbst die Ökologie als "Leitwissenschaft" [Trepl 1987] keines bereithält, müssen alternative Sichten repräsentiert werden. Richtige Sichten lassen sich nur ermöglichen, wenn vor einem UIS liegende Wahrnehmungsfilter erkannt und berücksichtigt werden.

Mit Orientierungswissen als integralem UIS-Bestandteil, oder über Datenbanken und Expertensysteme aufgesetzt, sollen komplexe Informationsmuster (von naturwissenschaftlichen Grundlagen über Planungserfahrungen und Referenzsituationen bis hin zur spezifischen örtlichen Umweltgeschichte) kontextbezogen verfügbar gemacht werden. Damit verbunden ist die Relativierung scheinbar exakter, harter Daten. Orientierungswissen hilft auch, Scheingenauigkeiten bzw. Pseudoobjektivitäten in UIS zu verhindern und Informations- bzw. Wissenslücken aufzuzeigen.

Mit dem Einsatz solchermaßen systematisierter "Hintergrundinformationen", im Falle von Stoffdatenbanken u.a.

- stofftypische Ein- und Austragspfade,

- Vorkommen in der Umwelt,

- An- bzw Verwendung des Stoffes,

- Emissions-Tendenzen

- Toxidität und Abbauraten,

- nationale und internationale Grenz- und Richtwerte

können die Funktionalität von UIS erhöht und kurzfristig Verbesserungen und Erleichterungen bei der Umweltvorsorge und -planung erzielt werden.

Die Verarbeitung von Informationen aus dem selten in UIS abgedeckten urban-industriell überformten Boden-Bereich liefert Beispiele: Die Einschätzung von Meßverfahren, Kenntnisse systematischer Schwankungsbreiten, Aussagen zur Nutzungseignung oder biologischer Verfügbarkeit von Schadstoffen kann jeweils nur kontextabhängig erfolgen. Was bedeutet ein gewonnener Wert im regionalen Kontext, für spielende Kinder, für den Anbau von Gartengemüse?

Schon indem angestrebte Qualitäten von Umwelt in UIS statt auffüllbarer Grenzwerte die Beurteilungsbasis bilden, kann die Umweltwahrnehmung zu einer neuen Orientierung finden. Die Darstellungen von Umweltqualitätszielen leiten sich aus wissenschaftlicher Erkenntnis und gesellschaftlichen Werthaltungen ab, verbinden also unterschiedliche Welten der Wahrnehmung. Die Darstellung medienübergreifender Zusammenhänge, etwa als Wechselwirkungen im Rahmen von Umweltverträglichkeitsprüfungen, erfordert die situative Einbindung von Fakten in den Kontext ihrer Gewinnung und Aussagemöglichkeiten.

3 Repräsentationsformen von Orientierungswissen

Zur Repräsentation von Orientierungswissen bestehen inhaltlich und technisch große Bandbreiten, die hier nur durch Beispiele veranschaulicht werden. Neben nutzerspezifischen Orientierungen, bei denen Erklärungen optional, als Angebot im System enthalten sind, sind eigenständige Module (Kontextmonaden) vorstellbar, in denen explizit zwischen gesichertem und ungesichertem Wissen unterschieden wird. Erklärungen zur Verknüpfung von Umweltbereichen, aber auch bereichsspezifische Sichten für den täglichen Gebrauch oder zur Schulung neuer Nutzer können unterschiedliche Technologien bedingen.

3.1 Orientierungswissen in Fachdatenbanken

Gefahrstoff-Datenbanken (z.B. INFUCHS des Umweltbundesamtes) sind als sektoraler und anwendungsspezifischer Weg zum Aufbau von Orientierungswissen zu begreifen, in denen über Anwenderschalen notwendige Zusammemhänge repräsentiert werden, denn den Feuerwehrmann interessiert das Verhalten eines Gefahrstoffes auf Deponien im Fall eines Brandes wenig, seine Eigenschaften in Verbindung mit Löschwasser dagegen zentral.

Im Vorschlag für ein Länderübergreifendes Bodeninformationssystem [Umweltministerium Niedersachsen 1989] wird eine "übergeordnete Datenbasis", bestehend aus allgemeinen Regeln und Konventionen (gesetzliche Bestimmungen, technische Regeln etc.) sowie allgemeinen inhaltlichen Listen (gefährliche Stoffe, gefährdete Arten etc) und eine zusätzliche Wissenskomponente im Methodenbereich vorgesehen.

3.2 Orientierungsdatenbanken

Als handlungsunterstützendes Instrument werden an der TUHH Orientierungsdatenbanken mit dem Ziel entwickelt, Entscheidungsträgern, Planern und Bürgern Informationen zu Umweltbereichen und -zusammenhängen als selbständiges UIS-Modul nachvollziehbar, transparent und ohne größeren Aufwand zugänglich zu machen.

Im Gegensatz zu den verfügbaren und eingesetzten Umweltdatenbanken, die dem Anwender überwiegend für ihn zusammenhanglose Fakten (Meßdaten, Literatur, Nachweise) vermitteln, ergibt sich die Struktur der Orientierungsdatenbanken für UIS aus den querschnittsorientierten Aufgaben des Umweltplaners, bei denen oft "Angrenzendes Wissen" nachgefragt wird. So benötigt der Planer für die angemessene Einschätzung von unterschiedlichen Meßdaten aus den einzelnen Umweltbereichen nicht nur Angaben über mögliche und evtl. vorhandene genormte Meßverfahren, sondern auch Informationen über korrespondierende Grenz- und Richtwerte bzw. die Bandbreite von Empfehlungen, die aus der Wirkungsforschung stammen. Ob der Komplexität der darin zu berücksichtigenden Regeln und der kontextbedürftigkeit der Informationen besteht eine Ähnlichkeit zu XPS-UIS-Modulen.

3.3 Wissensbasen

Vom Aufbau der Orientierungsdatenbanken her kann ein fließender Übergang zu den regelhaft strukturierten "Wissensbasen" festgestellt werden. Wissensbasen, in denen ökologisches Wissen planungsverfügbar aufbereitet wird, werden z.B. gegenwärtig zur Unterstützung von Verfahren der Umweltverträglichkeitsprüfung im Except-Projekt am Beispiel der Umweltbewertung entwickelt (Vgl. [Hübner et al. 1990]). Die gemeinsame generische Repräsentation unterschiedlicher Methoden, ergänzt durch Erklärungskomponenten schafft dabei neues, dem Anwender so bisher nicht verfügbares Wissen.

3.4 Technologische Aspekte

Bereits beim UIS-Aufbau ist Orientierungswissen einzusetzen. Ein dazu geeignetes Werkzeug können Metadatenbanken darstellen, die Informationen über UIS enthalten. Relationale Ansätze sind zunächst "dumm", erschweren die Wissensrepräsentation. Ein objektorientiertes Sichtenkonzept wäre möglicherweise weiterführend. UIS für den wissenschaftlichen Einsatz können wiederum Umwelt-Wissenschaften erleichtern, Zusammenhänge transportieren.

Schnittstellen von UIS-integriertem Orientierungswissen sind zu Methodenmodulen (wie Simulationsmodelle, Statistikpakete) und Methodenbanken darzustellen, doch ist strukturiertes Orientierungswissen kein Ersatz, sondern eine notwendige Ergänzung von diesen. Neben der selbstverständlich zu nennenden Grafikunterstützung (nicht nur alpha-numerische Darstellungen, sondern Visualisierung durch Skalen, Diagramme, Bilder) sind Möglichkeiten von Multi-Media-Datenbanken in die Überlegungen einzubeziehen.

4 Ausblick

Die Wissensakquisition für verschiedene Systeme zeigt, daß die Wissenserzeugung selbst im Umweltbereich noch zu systematisieren ist. Mit herkömmlichen Datenbanken allein, selbst wenn sie Orientierungsdaten, Aggregate und Methodenansätze wie Umweltindikatoren oder Bewertungsverfahren enthalten, können die Defizite der Umweltwahrnehmung und die bestehenden Verwirrungen nicht hinreichend aufgehoben werden. Während bei Bewertungsverfahren Wertmaßstäbe als gegeben unterstellt werden, liegen Umweltwahrnehmungsprobleme häufig darin, zur Interpretation von Meßergebnissen erst Wertmaßstäbe entwickeln, oder zu vorhandenen Wertmaßstäben und -urteilen die angemessenen Sachinformationen finden zu müssen. Da Wahrnehmung in allen informationsverarbeitenden Prozessen Bedeutungszuweisung ist, wird ein zur Wahrnehmung von Umwelt geeignetes *Zeichensystem* erforderlich, da herkömmliche (Wissenschafts-)Sprachen und Zahlen für die argumentative Vermittlung der darzustellenden Komplexität offensichtlich nicht hinreichen.

Vorgeschlagen wird eine **ökologische** oder **Umwelt-Semiotik** [Pietsch 1989]. Das Beziehungsdreieck wahrzunehmende Umwelt, wahrgenommene Umwelt und angestrebte Umwelt markiert die Pole, zwischen denen Wahrnehmungsfilter, typische Beurteilungsmuster und Quellen von Zielkonflikten einem rationalen Diskurs offen zugänglich lägen. Darzustellen sind die syntaktischen, semantischen und pragmatischen Aspekte von Informationen über "Umwelt". Im zukünftigen Kommunikationsmodell hätte räumliche Identität (Heimat) ebenso ihren codierbaren Stellenwert wie Bodenqualitäten und Artenreichtum.

Literatur

[Umweltministerium Niedersachsen 1989] *EXPERT: Vorschlag für ein länderüber-greifendes Bodeninformationssystem.* Hannover, 1989.

[Hübner et al. 1990] Martin Hübner, Kai v. Luck, Ulrike Weiland. Ein Experten-system zur Unterstützung der Bewertung in Umweltverträglichkeitsprüfun-gen. In W. Pillmann (Hrsg.), *5. Symposium Informatik für den Umweltschutz*, Wien, Springer-Verlag, Sept. 1990.

[MURL 1990] *Informationssysteme im Umweltschutz - Beiträge zur Bewältigung der Aufgaben im Umweltbereich?* Düsseldorf, 1990. Thesenpapier.

[Pietsch 1989] Jürgen Pietsch. Umweltqualitätsziele - Methodische Anmerkungen zu einer normativen Basis von Umweltwahrnehmung. In Leipert, Zieschank (Hrsg.), *Perspektiven der Wirtschafts- und Umweltberichterstattung*, Berlin, 1989.

[Pietsch 1990] Jürgen Pietsch. *Prototyp eines kommunalen Umweltinformations-systems - Umweltbereich Boden.* unveröffentlicht, TU Hamburg-Harburg, 1990.

[SRU 1988] SRU. *Umweltgutachten 1987.* Rat von Sachverständigen für Umwelt-fragen, Wiesbaden, 1988.

[Trepl 1987] Ludwig Trepl. *Geschichte der Ökologie.* Fischer, Frankfurt/Main, 1987.

[von Weizsäcker 1974] Ernst Ulrich von Weizsäcker. *Offene Systeme I.* Stuttgart, 1974.

[Zieschank 1989] R. Zieschank. Die zweite Umwelt: Natur- und sozialwissenschaft-liche Aspekte der Umweltberichterstattung. In Leipert, Zieschank (Hrsg.), *Perspektiven der Wirtschafts- und Umweltberichterstattung*, Berlin, 1989.

GEMIS

Ein effizientes Computerinstrument zur Analyse von Umweltfolgen von Energiesystemen

Karl-Heinz Simon, Lothar Rausch

Gesamthochschule Kassel - WZ III / FG Umweltsystemanalyse

Mönchebergstr. 21a, D-3500 Kassel

U. Fritsche

Öko-Institut, Büro Darmstadt

Prinz-Christians-Weg 7, D-6100 Darmstadt

Deskriptoren: Umweltauswirkungen; Energiesysteme; computer-gestützte Bilanzierung; Entscheidungsunterstützung; Umweltverträglichkeitsprüfung;

Zusammenfassung

Im Rahmen eines Projektes für den Hessischen Minister für Wirtschaft und Technik wurde ein PC-gestütztes Computerinstrument entwickelt, welches dazu dient, die wichtigsten Umweltbelastungen, die mit dem Einsatz von Energieanlagen verbunden sind, zu bilanzieren und den Vergleich zwischen verschiedenen Versorgungsalternativen zu unterstützen. Dazu wurden nicht nur die wichtigsten Luftschadstoffe erfaßt, sondern darüber hinaus eine breite Palette von weiteren Auswirkungen mit in die Betrachtung einbezogen. Das Programm ist nahezu vollständig in TURBO-Pascal (5.5) programmmiert und wird mit Dateien zu Verfügung gestellt, die Informationen über die wichtigsten energetischen Anlagen enthalten.

Die Basiselemente

GEMIS erlaubt es den Benutzer, verschiedene alternative Versorgungssysteme zu modellieren und die Umweltwirkungen zu analysieren. Als Basis dient zum einen die Beschreibung elementarer energietechnischer Anlagen und Prozesse (verschiedene Kraftwerke, Heizanlagen, Anlagen zur Nutzung regenerativer Energieträger, Primärenergiegewinnung, Übertragungseinrichtungen usw.) sowie zugeordnete Algorithmen (z.B. zur Durchführung einer Verbrennungsrechnung).

In dem Programm werden 6 Anlagentypen unterschieden. Dabei sind die Verbrennungsanlagen (a) von besonderem Interesse. Diese repräsentieren Anlagen, die Brennstoffe unter Entstehung von Abgas und ggf. Anfallen von Reststoffen nutzen. Kraftwerke, Verbrennungsmotore und die meisten

Heizanlagen sind diesem Typus zuzuschlagen. Unter die Rubrik Umwandlungsanlagen (b) fallen alle Raffinerien und Brennstoffkonditionierungseinrichtungen, sowie die Elektroheizung. Eine dritte Gruppe faßt alle Transportanlagen zusammen, also sowohl den Transport über Tanker und LKW (z.B. bei Rohöl), als auch leitungsgebundene Transportvorgänge (Pipelines, Stromnetz).

Von besonderer Wichtigkeit ist eine weitere Gruppe (d) Förderprozesse. Diese bilden die Bereitstellung der (Primär-) Energieträger ab und stehen somit am Anfang der verschiedenen Nutzungsketten.

Darüber hinaus gibt es zwei "künstliche" Prozeßtypen: Dispatcher und Aggregationen, die lediglich für den Modellaufbau benötigt werden. Die sogenannten Dispatcher verteilen eine Energienachfrage prozentual auf verschiedene Kanäle (z.B. auf verschiedene Erdöllieferanten oder auf verschiedene Stromnetze). Aggregationen dienen dazu, bereits vorher ausgewertete Prozeßstrukturen zu aggregieren und in der Folge wie eine einzelne Anlage zu behandeln.

Die Anlagen sind werden über einen Satz von Attributen beschrieben, wobei die unterschiedlichen Typen z.T. durch unterschiedliche Eigenschaften abgebildet werden. Ganz allgemein stellt eine Anlage (oder allgemeiner ein Prozeß) die "Verarbeitung" eines (energiebezogenen) Inputs in einen (wiederum energiebezogenen) Output dar, unter Nachfrage nach benötigten Vorleistungen (z.B. Hilfsenergie zum Betrieb der Anlage, Materialvorleistungen zur Herstellung der Anlage usw.) und Anfallen von "Nebenwirkungen", das sind z.B. die Emissionen von Luftschadstoffen, die Abfall- und Reststoffe, aber auch der Flächenbedarf und Kostengesichtspunkte.

Prozeßketten als Grundlage für die Bilanzierung

Diese elementaren Anlagen können zu sogenannten Prozeßketten zusammengefügt werden, wobei z.B. der gesamte Pfad der Kohlenutzung (Bergbau, Aufbereitung, Verstromung im Kraftwerk, Stromnutzung beim "Endverbraucher") einbezogen werden kann (vgl. Abb. 1). Diese einzelnen Pfade werden vernetzt und können so ein Energieversorgungssystem auf nahezu beliebigen Bezugsebenen (örtliches Energiekonzept, nationale Energiebilanz) und mit unterschiedlichen Detaillierungsgrad abbilden.

Die Idee bei der Bilanzierung ist folgende: Am Ende der Kette steht eine Energienachfrage in einer bestimmten Höhe (z.B. eine real nachgefragte Menge an einem bestimmten Ort, oder aber ein fiktiver Normwert, z.B. 10 MWh). Ausgehend von dieser Nachfrage wird nun die benötigte Primärenergie berechnet, indem von Stufe zu Stufe unter Einbeziehung des Wirkungs- bzw. Nutzungsgrades die jeweils bereitzustellende Energiemenge ermittelt wird.

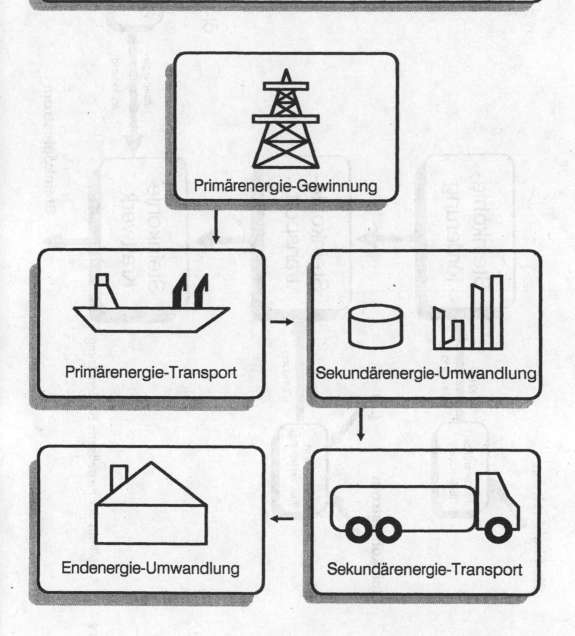

Abbildung 1:   Schema Prozeßkette Ölnutzung

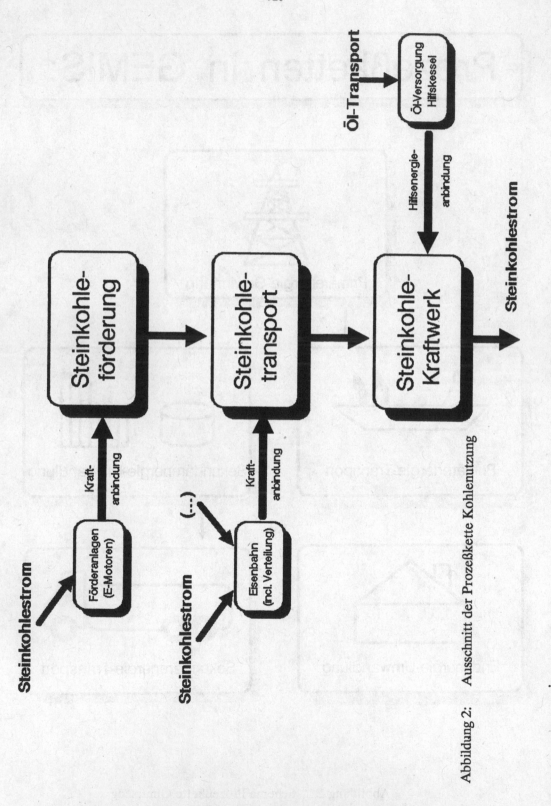

Abbildung 2: Ausschnitt der Prozeßkette Kohlenutzung

Auch die Formulierung einer noch vergleichsweise einfachen Nutzungskette wie in Abb. 1 führt automatisch zu komplizierten Strukturen, da die einzelnen Anlagen meist auf zusätzliche Hilfsenergie angewiesen sind, die in unserem Ansatz ausdrücklich mit bilanziert wird, wobei eine iterative Auswertung der Verknüpfungsstruktur erfolgt. Ein kleines Beispiel mag das veranschaulichen (Abb. 2 mit einem Ausschnitt aus dem "Anlagenbaum"): Zum Betrieb der Bergbauanlagen wird Strom benötigt. Wird dieser Strom durch ein Kohlekraftwerk bereitgestellt, dann ist die Bereitstellung des Primärenergieträgers direkt abhängig von seinem Folgeprodukt, nämlich dem aus der Kohle gewonnenen Strom.[1] Eine Erhöhung der Stromproduktion würde mehr Kohle voraussetzen und würde damit den Bedarf an Hilfsenergie erhöhen und damit zu einer höheren Energienachfrage führen, und, dies ist der wichtige Punkt, auch zu einer Erhöhung der Umweltbelastung. Die Rückkopplung wird dann unterbrochen, wenn die Zuwächse unter einen bestimmten Wert gefallen sind. Eine zusätzliche Bemerkung ist zur Behandlung von gekoppelten Anlagen (Strom- und Wärmeproduktion gleichzeitig) angebracht. Hierbei wird das jeweilige Koppelprodukt (z.B. Wärme bei der Stromproduktion) als zusätzlicher Ertrag mit negativen Vorzeichen, also als Gutschrift, weitergereicht. Eine damit einhergehende Umweltentlastung wird ebenfalls mit in die Bilanz der Umweltauswirkungen einbezogen, so daß z.T. negative Umweltauswirkungen ausgewiesen werden.

Szenarien und vergleichende Bewertung von Energieversorgungsalternativen

Schließlich stehen als weitere Betrachtungsebene die sogenannten Szenarien zur Verfügung unter denen Versorgungsalternativen (von der einzelnen Anlage bis hin zum Versorgungssystem eines Landes) gegenübergestellt und einer vergleichenden Bewertung unterzogen werden können. In den folgenden Tabellen sind jeweils vier einfache Szenarien angesprochen, die alle mit Heizungsanlagen zu tun haben und deshalb entweder als allgemeiner Vergleich von Heizungstechnologien (Fichtner 1986) oder aber bereits als Versorgungsvarianten für eine konkrete Anlagenplanung angesehen werden können. In dem Vergleich werden eine moderne Ölheizung, eine Gasheizung und zwei Elektroheizungen (mit unterschiedlichen Kraftwerkspark im Hintergrund) miteinander verglichen.

Lieferumfang

Das Programmpaket enthält bereits standardmäßig verschiedene Anlagen- und Strukturdatensätze, mit denen unterschiedliche Umweltanforderungen abgebildet werden können. So ist z.B. den Emissionserfordernissen nach geltendem Umweltrecht ein Anlagensatz BEST gegenübergestellt, in dem der Entwicklungsstand (beste verfügbare Techniken) unter Umweltgesichtspunkten wiedergeben ist. Die derzeitigen Standarddatensätze sind auf die Verhältnisse in der Bundesrepublik Deutschland zugeschnitten; es sind aber Arbeiten in gang, die eine Anpassung an US-amerikanische Verhältnisse und an DDR-Standards zum Inhalt haben.

---

[1] Daß es nie dieselbe Kohlemenge ist, ist in dem Ansatz, der weitgehend auf eine zeitliche Betrachtung (Simulation) verzichtet, uninteressant.

Da sich die Anlagenstandards ständig ändern, aber auch eine Anwendung auf andere Bezugsräume (USA, Osteuropa) möglich sein sollte, mit sicherlich anderen Anlagentypen und Anlagenstandards, ist dafür Sorge getragen, daß der Benutzer effektive Hilfmittel an die Hand bekommt, eigene Anlagendatensätze zu definieren und zu verknüpfen. Dazu wird z.B. auf das "Klonen" von Anlagen zurückgegriffen, so daß Strukturen und Teilwerte aus bereits vorhandenen Anlagen übernommen werden können und durch gezielte Änderungen schnell neue Varianten erzeugt werden können. Man denke hier nur an identische Feuerungsanlagen, die sich hinsichtlich der Filtertechnologien, die zur Reduzierung der emittierten Schadstoffmengen eingesetzt werden, unterscheiden. Hierzu würden, ausgehend von einer einheitlichen Anlagenbeschreibung, unterschiedliche Einzelanlagenbeschreibungen erzeugt und in vergleichenden Rechnungen eingesetzt.

Vergleichsrechnungen

Das hier dokumentierte Beispiel stellt einen Standardfall einer Untersuchung mit GEMIS dar. Es sollen vier verschiedene Heizsysteme miteinander verglichen werden. Das sind jeweils eine Öl- und eine Gasheizung, sowie zwei verschiedene Elektroheizungen. Da es einen Streit zwischen den Autoren und der Versorgungswirtschaft gibt, wurden zwei verschiedene Systeme für die Elektroenergiebereitstellung angenommen. Das eine unterstellt einen Elektroenergieanteil aus Kernenergie von 20 %, während das andere System einen Anteil von 50 % Atomstrom berücksichtigt. Demgegenüber gehen die Autoren davon aus, daß selbst diese 20 % nicht zutreffend sind, da kein Atomkraftwerk im Sommer, wenn keine Heizungen betrieben werden, zurückgefahren wird.

Im Zentrum des Ansatzes steht die vergleichende Bewertung von Versorgungsstrategien. Als Grundlage für ein solche Bewertung liefert das Programm die Energienachfrage auf den verschiedenen Prozeßstufen über die dann die jeweiligen "Umweltauswirkungen" ermittelt werden können. Neben der Berechnung der wichtigsten Luftemissionen (SO_2, CO_2, NO_x), werden noch weitere Aspekte quantitativ erfaßt, so z.B. der Reststoffanfall und der Flächenbedarf. Darüberhinaus sind aber weitere Aspekte, die nicht direkt quantifizierbar sind, im Rahmen einer qualitativen Bewertung mit aufgenommen (z.B. das Risiko, die Beeinträchtigung von Ökosystemen) und ein sog. "Sonderaspekt", der einzigartige, mit dem Gebrauch einer bestimmten Energieart verbundene Auswirkungen benennen soll (z.B. die Möglichkeit von Tankerunfällen beim Öltransport, das besondere Risiko im Umgang mit radioaktivem Material).

Zur Ermittlung dieser Wirkungen werden die einzelnen Energienutzungssysteme, die als Szenarien mit einer bestimmten Energienachfrage definiert sind, durchgerechnet. Als erstes Ergebnis werden die auf den unterschiedlichen Prozeßstufen nachgefragten Energiemengen ermittelt, so daß z.B. bei der Gasheizung (vgl. Tab. 1) bei einem Nutzenergiebedarf von 10 MWh eine Primärenergiemenge an Gas in Höhe von ca. 13,7 MWh nachgefragt wird. Durch den Bedarf an Hilfsenergien (z.B. Strom für Pumpen) sind aber auch andere Pfade betroffen (wenn auch mit merklich geringerer Energienachfrage), z.B. die Kernenergie und die Kohlenutzung, was auf den Kraftwerkmix zurückzuführen ist, der an dem Verbundnetz beteiligt ist, so daß insgesamt eine Primärenergie in Höhe von 14,6 MWh benötigt wird.

AKW-Leichtwasser	0.098	BalStK-Kraftwerk	0.026
BrK-Förderung BRD	0.158	BrK-Kraftwerk	0.057
Gas-Aufbereitung	12.412	Gas-Aufkommen	13.785
Gas-Förd.Ausl-Onsh.	6.204	Gas-Förd.Offshore	2.757
Gas-Förderung BRD	4.825	Gas-GT-IHKW-th/GL	0.053
Gas-Hzg Gebläse	10.000	Gas-Pipeline interk.	3.446
Gas-Pipeline kontin.	2.757	Gas-Pipeline Offsh.	2.757
Gas-Transport BRD	11.988	Gas-Transport lokal	11.782
Gas-Verdichter GT	0.128	Grundlaststrom-Netz	0.034
Heizöl-S-Bahntransp.	0.028	Öl-Aufkommen	0.031
Öl-Hochseetanker	0.015	Öl-Nordsee-Aufk.	0.015
Öl-OPEC-Aufkommen	0.015	Öl-Pipeline	0.015
Raffinerie	0.031	StK-Aufkommen	0.124
StK-Bahntransport	0.062	StK-Förderung BRD	0.181
StK-Kraftwerk	0.046	StK-Schiff	0.062
Stk-Strom-Mix-BRD	0.067	StK-Transport BRD	0.123
Strom-Grundlastpark	0.035	Strom-KW-Park	0.223
Stromnetz 0,4 kV	0.200	Stromnetz 110 kV	0.222
Stromnetz 20 kV	0.221	Stromnetz 380 kV	0.223
U-Anreicherung	0.287	U-Anreicherung-Diff	0.086
U-Anreicherung-Zent.	0.201	U-Brennelem.Fabrik	0.287
U-Konversion	0.287	Uranförderung	0.287

Tabelle 1: Ermittlung der Energienachfrage auf den verschiedenen Prozeßstufen für die Gasheizung bei Nachfrage nach 278 MWh (alle Angaben in MWh)

Auf der zweiten Stufe können nun die verschiedenen Umweltauswirkungen dokumentiert werden. Dazu können je nach Anwendungsfall unterschiedliche Informationen gebündelt werden. In der Tab. 2 ist dies für die vier Beispielszenarien für die Emissionen von SO_2, HCl, HF und NO_x dargestellt. Das Instrument bietet nun die Möglichkeit, detaillierte Informationen über das Zustandekommen der Emissionen zu erhalten. In Tab. 3 ist eine Aufteilung auf verschiedene Bezugsebenen vorgenommen, einerseits der Standort der Heizanlage selbst (s), die global anfallenden Emissionen (bei der Gasgewinnung und dem Transport (g)) und die Emissionen, die über die Materialvorleistungen hinzukommen (m).

Nr	Szenario	Prim-En. [MWh]	Schadstoff [kg] SO2	HCl	HF	NOx	Staub	CO2
1	Öl-Hzg	13.845	3.714	0.011	0.001	2.697	0.106	3503.187
2	Gas-Hzg-Gebl	14.469	0.124	0.009	0.001	1.380	0.020	2595.586
3	E-Hzg-neu20	30.716	7.604	0.679	0.022	5.838	0.764	7919.821
4	E-Hzg-neu50	30.626	4.629	0.412	0.014	3.910	0.482	4952.870

Tabelle 2: Primärenergienachfrage und ausgewählte Luftschadstoffe von vier Beispielszenarien

```
Schadstoffbilanz Standort <s>, global <g>, Material <m> und Total <t>

              Prim-En.  Schadstoff [kg]
 Nr Szenario   [MWh]     SO2      HCl      HF      NOx    Staub     CO2
  1 Öl-Hzg    s          3.163   0.000   0.000   1.694   0.042 3089.198
             g 13.845    0.551   0.011   0.001   1.003   0.063  413.989
             m  0.549    0.223   0.000   0.000   0.412   0.039  200.277
             t 14.395    3.937   0.011   0.001   3.109   0.144 3703.463
  2 Gas-Hzg-Gebls        0.013   0.000   0.000   0.847   0.004 2345.125
             g 14.469    0.111   0.009   0.001   0.533   0.016  250.460
             m  0.332    0.132   0.000   0.000   0.249   0.024  120.525
             t 14.801    0.256   0.009   0.001   1.629   0.044 2716.111
  3 E-Hzg-neu20 s        0.000   0.000   0.000   0.000   0.000    0.000
             g 30.716    7.604   0.679   0.022   5.838   0.764 7919.821
             m  0.272    0.326   0.000   0.000   0.876   0.063  122.718
             t 30.988    7.930   0.679   0.022   6.714   0.827 8042.539
  4 E-Hzg-neu50 s        0.000   0.000   0.000   0.000   0.000    0.000
             g 30.626    4.629   0.412   0.014   3.910   0.482 4952.870
             m  0.244    0.327   0.000   0.000   0.895   0.064  113.719
             t 30.870    4.957   0.412   0.014   4.805   0.546 5066.589
```

Tabelle 3:   Aufteilung der Emissionen auf unterschiedliche Bezugsebenen

In der Tabelle 4 sind weitere Informationen über die vier betrachteten Systeme zusammengestellt, der Flächenbedarf und anfallende Reststoffe, ebenfalls Quellen für vielfältige Umweltbelastungen und damit unbedingt in eine umfassende Abschätzung der möglichen Umweltwirkungen mit einzubeziehen. In GEMIS wird versucht, wichtige Informationen für einen umfassenden Vergleich und eine Bewertung von energetischen Anlagen zu geben. Die einzelnen "Dimensionen", die hierzu wichtig sind (die verschiedenen Luftschadstoffe, der Flächenbedarf, die anfallenden Reststoffe) werden von dem Instrument jedoch nicht weiter aggregiert und bereits mit Gewichtungen versehen; diese wäre eine Aufgabe, die im Zusammenhang mit konkreten Entscheidungen von den Beteiligten unter Verwendung der von GEMIS gelieferten Informationen noch zu leisten wäre.

```
Andere Belastungen
                Fläche   REA-Rest    Asche  Reststoffe
 Nr Szenario    [m^2]      [kg]       [kg]     [kg]
  1 Öl-Hzg      0.120     3.751      8.595   428.446
  2 Gas-Hzg-Gebl 0.368    2.259      6.968   396.202
  3 E-Hzg-neu20 1.217   161.400    492.495  2537.226
  4 E-Hzg-neu50 0.765    97.911    299.726  3044.090
```

Tabelle 4:   Zusammenstellung zusätzlicher umweltrelevanter Größen

In der Tab. 5 sind als weitere Auswertung die klimarelevanten Emissionen zusammengestellt. Dies hat sich aufgrund der derzeit intensiv geführten Diskussionen über die langfristigen Klimaveränderungen und der Suche nach Strategien für eine Gegensteuerung und den Abbau der klimagefährdenden Emissionen als nützlich erwiesen.

```
Klimarelevante Emissionen
                      CO2         CO      CH4      NMVOC      N20    CO2-Äquiv.
 Nr Szenario          [kg]       [kg]     [kg]     [kg]      [kg]     [kg]
  1 Öl-Hzg         3703.463     1.514    4.715     1.077    0.002   3753.221
  2 Gas-Hzg-Gebl   2716.111     1.013    7.691     0.427    0.004   2794.976
  3 E-Hzg-neu20    8042.539     2.532   37.144     0.688    0.011   8419.107
  4 E-Hzg-neu50    5066.589     1.631   22.661     0.439    0.008   5296.591
```

Tabelle 5:   Beispiel für die Analye spezieller Fragestellungen, hier zur Klimarelevanz der
               betrachteten Systeme

Schließlich werden einige weitere Informationen geliefert, mit denen der Bereich der quantifi-
zierbaren Aspekte verlassen wird. Abhängig von den eingesetzten Primärenergien werden zusätzliche Hinweise gegeben, die Gefährdungspotentiale und Besonderheiten der eingesetzten Energieträger benennen, ohne hierfür eine Quantifizierung zu versuchen. Ausgangspubnkt ist eine Zusammenstellung der beteiligten Primärenergien mit ihren jeweiligen Anteilen. Die qualitativen
Aspekte werden nämlich nur dann einem Szenario geordnet, wenn die Energieträger auch in einer
bestimmten Größenordnung an der Versorgung beteiligt sind. In unseren Beispielszenarien sind
z.B. die 2. Primärenergieträger allesamt von untergeordneter Bedeutung (vgl. Tab. 7; die Prozent-
anteile sind immmer als bezogen auf den 1. Primärenergieträger zu lesen), so daß in der qualitativen Bewertung diese nicht berücksichtigt zu werden brauchen.

```
Die wichtigsten Primärenergien

Szenario        1.Primärenerg. Ant[%] 2.Primärenerg.  Ant[%] 3.Primärenerg.  Ant[%]
Öl-Hzg          Rohöl           100 Erdgas               8 Uran               3
Gas-Hzg-Gebl    Erdgas          100 Uran                 2 Steinkohle         1
E-Hzg-neu20     Steinkohle      100 Uran                28 Erdgas             2
E-Hzg-neu50     Uran            100 Steinkohle           92 Erdgas             6
```

Tabelle 7:   Zusammenstellung der Primärenergieanteile in den Szenarien

```
Vergleich der Qualitativen Effekte

Szenario        Rest-     Unfall-   Mikro-     Flächen-  Sonder-
                stoff     gefahr    ökologie   verzehr   aspekt
Öl-Hzg          -|        --|       --|        -|        Tankerunfälle
Gas-Hzg-Gebl    -|        -|        -|         -|        Explosion
E-Hzg-neu20     ---|      --|       ---|       ---|      Halogene
E-Hzg-neu50     ----|     --|       ---|       ---|      Gefahr Supergau, Proliferation
```

Tabelle 8:   Zusammenfassender qualitativer Vergleich der Szenarien

In Tab. 8 ist eine Zusammenstellung der qualitativen Aspekte für die vier Szenarien zu finden.
Hiermit sollen Aspekte abgedeckt werden, die nicht quantifizierbar sind. So wird z.B. beim Flä-
chenaspekt und bei den Reststoffen der tatsache Rechnung getragen, daß die absolut anfallenden
Mengen (vgl. Tab. 4) als Information für eine abschließende Bewertung nicht ausreichen, da auch
die Intensität der Flächenbeanspruchung (z.B. versiegelt vs. lediglich durch Freileitungen über-
spannt) und Art der Reststoffe (z.B. Abraum vs. toxische Filterstäube) berücksichtigt werden muß.
Alle vier Szenarien lassen durchweg negative Umweltauswirkungen erwarten. Dies ist vor allem

darauf zurückzuführen, daß in allen vier Anlagen keine Koppelproduktion stattfindet und so keine Gutschriften zu erzielen sind. Trotzdem sind auch Unterschiede zu verzeichnen, die im vorliegenden Fall noch eine ähnliche Tendenz aufweisen, wie die weiter oben dokumentierte Auswertung auf quantitativer Basis. Das E-Hzg-neu50-Szenario (welches stark auf Strom aus Kernenergie fußt) ist z.B. hinsichtlich der Reststoffe als besonders problematisch einzustufen; beide Elektroheizsysteme weisen zudem eine hohe Flächeninanspruchnahme aufgrund der Bergbauaktivitäten, die sowohl bei Kohle- als auch der Urangewinnung anfallen.

Perspektiven

Nach Meinung der Autoren kann GEMIS als ein Bestandteil einer umfassenderen Werkzeug-Konzeption verstanden werden, die ein Instrument zur Unterstützung der Planung in den Bereichen Energiekonzepte, der Ökosystemforschung und der Wirkungsanalyse politischer Maßnahmen (im Zusammenhang mit der Umweltgesetzgebung) darstellen. Die ersten Anwendungen in der Praxis haben gezeigt, daß GEMIS den geforderten Aufgaben gerecht wird und eine schnelle Bewertung auch sehr komplexer Energiesysteme möglich ist. Darüber hinaus besteht Bedarf nach Bewertungsmethoden etwa bei der Bilanzierung von (Rest-) Stoffen um etwa eine Abschätzung verschiedener Müllentsorgungspfade oder alternativer Kunststoffproduktionslinien zu ermöglichen. Weitere Programmergänzungen können die Basis für ein allgemeines Stoff- und Energiebilanzierungssystem bilden. Daneben sind noch Erweiterungen denkbar, die u.a. eine Anwendung von Techniken der angewandten Wissensverarbeitung nahelegen.

Literatur:

Fichtner (1986): Schadstoffbewertung der Heizsysteme. Örtliche und regionale Energiekonzepte Bd. 10, Bonn.

Fritsche U. / Kohler S. (1990): CO_2-Reduktionsstrategie: Atomstrom vs. Effizienz. In: Öko-Mitteilungen 1/1990.

Fritsche, U. / Rausch L. / Simon, K.-H. (1989): Umweltwirkungsanalyse von Energiesystemen (GEMIS) - Endbericht -. ISBN 3-89205-072-4 Darmstadt/Kassel.

Fritsche, U. / Rausch L. / Simon, K.-H. (1989): Environmental Analysis of Energy Systems: The Total-Emission-Model for Integrated Systems - Summary and Major Findings. Darmstadt/Kassel.

Interactive Environmental Software:

Integration, Simulation and Visualization

Kurt Fedra

Advanced Computer Applications (ACA)

International Institute for Applied Systems Analysis (IIASA)

A-2361 Laxenburg, AUSTRIA

Keywords: Interactive simulation, expert systems, computer graphics; air quality, surface and groundwater quality, environmental impact assessment

Abstract

Environmental planning and management require comprehensive and interdisciplinary information as the scientific and technical information basis for what are, ultimately, political decisions. The volume and complexity of this information, uncertainty in the data and the understanding of processes, as well as the often very large number of alternatives to be considered require specific data processing tools.

Electronic data processing and in particular, the simulation and analysis of environmental problems and possible measures of environmental management require the development and implementation of the required data and numerical models, but also of appropriate user interfaces.

The user interface allows interactive control of the software, the graphical display and visualization of results, and the integration of models and data bases, multiple models, or expert systems components. It also facilitates customization of the system for specific institutional applications.

Important components are graphical and symbolic user interaction, the graphical display of results that are dynamic or spatially distributed, the integration of geographical information systems as a source of data, but also as a tool for further analysis, and the use of AI components that allow efficient systems behavior and easy, error-free use of the software.

The role of integrated systems is not only to model selected aspects of the environment, but to offer a broader view of the overall problems, and to provide tools and methods of analysis that distill the most critical features of decision-oriented information bases and explicit decision support.

Using a number of practical examples from application domains such as air quality, ground and surface water, hazardous chemicals, technological risk and environmental impact assessment, a number of interactive and integrated information and decision support systems, implemented in a number of countries for environmental planning and management, are described and discussed together with the architecture of their implementation and the basic approach.

1   Introduction

Human activities, and in particular large scale industrial, energy, construction, or agricultural projects adversely and considerably affect the natural environment. Consumption of natural resources, including space, water, air, and biota, and the generation of wastes, including the dissipation of energy, usually lead to a degradation of the natural environment. Environmental problems, including climatic change and ozone depletion, acid rain and forest die-off, marine pollution and eutrophication, groundwater contamination, or regional and local air pollution, are increasingly reaching alarming proportions.

Environmental considerations are, however, becoming important components of planning with many countries introducing legislation calling for the explicit consideration of environmental impacts in the planning and decision making process for large projects. More and more national and international legislation and agreements are designed to revert past and stop current environmental degradation.

The basic components of Environmental Impact Assessment (EIA) as the basis for the design and evaluation of any management or control options are a description of the current environment, of the proposed project or activity, and a description of the expected impacts. Obviously, the prediction of future impacts is the most difficult part. Approaches range from purely qualitative checklist-based matrix approaches (for a recent overview see Fedra, 1989a), and any combination of these approaches. However, most of the accepted and routinely used tools of EIA, and environmental planning and management in general, are not based on the use of computers, but on rather more-or-less formalized qualitative assessment procedures.

The availability of increasingly powerful and affordable computers is rapidly increasing (Fedra and Loucks, 1985; Loucks and Fedra, 1987), and so has computer literacy among technical professionals. New technologies such as expert systems, interactive modeling and dynamic computer graphics allow more powerful, more accessible and more directly useful environmental models to be built.

2   Integration, Interaction and Visualization

The new approach to modeling environmental impacts, made possible by these advances in computer technology, is based on the concepts of integration, interaction, and visualization (Figure 1). To make complex simulation models and tools of analysis more accessible and easy to use, models can be integrated with data and knowledge bases that provide input data, parameters, but also domain-specific knowledge, by integrating expert systems technology in simulation models.

Clearly, a model that "knows" about the limits of its applicability, what kind of input data it needs, how to estimate its parameters from easily available information, how to format its inputs, how to run it, and how to interpret its output will require not only less computer expertise from its user, it will also make less demands on his domain expertise. Environmental impact assessment usually deals with rather complex problems that touch upon many disciplines, and rarely will an individual have all the necessary expertise at his disposal. The expert systems component of an EIA system can help to fill this gap and at the same time take over the role of a tutor. For recent surveys of the role and potential of expert systems technology in environmental planning and assessment see Ortolano and Steineman, 1987; Gray and Stokoe, 1988; Beck, 1990; Fedra 1989b.

The same line of argument holds for data base integration. A forecast of likely consequences and impacts has to be based on some kind of model. Whether that is a mental model, a set of "rules of thumb" or heuristics an expert might use, or a formal mathematical model, the necessary informa-

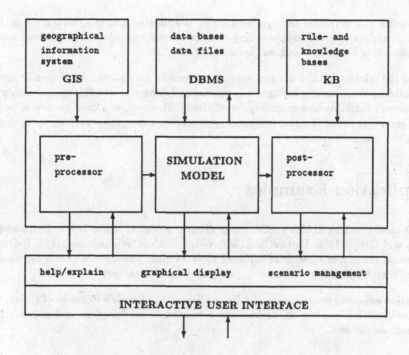

Figure 1: *Interactive simulation modeling in an integrated framework*

tion must be inserted in the (mental or mathematical) procedure somehow. If no specific data are available, one looks for similar problems for which information or experience exists and extrapolates and draws upon analogies. This role is usually filled by the expert's knowledge, or by handbooks and similar sources of information. Such information, however, can also be incorporated in a model or its interface, or be made available through dedicated data bases connected to the models for the automatic downloading of parameters required.

The analysis of environmental impacts is by definition a complex procedure that draws on numerous disciplines. This interdisciplinary nature also calls for an array of related tools, simulation models, information systems, and decision support components. At the same time, the subjective and discretionary human element must also be given due weight, in particular, where æsthetic or cultural values are concerned that are difficult or impossible to express in monetary terms or measure reliably on any cardinal scale. This necessary subjective element calls for the direct and interactive involvement of users, allowing them to exert discretion and judgement wherever formal methods are insufficient.

At the core of this interactive approach, developed by the ACA group at IIASA, is an integrated set of modular software tools, building on existing models and computer-assisted procedures. It is intended for a broad class of users and provides them with easy access to methods of analysis and information management which previously had been restricted to a small group of experts.

By providing a coherent user interface, the interactions between different models, their data bases and auxiliary software become more transparent to the user. Extensive use of symbolic representation with high-resolution color graphics and menu-driven operations aids this transparency and makes the systems user friendly. Visualization by displaying dynamic and often spatially distributed modeling results in a graphical and symbolic form, as animated graphics, topical maps, or graphs and diagrams, supports direct understanding of large amounts of information without complicated and time-consuming post-processing and interpretation.

Customizing the information and decision support systems for only a small set of specific applications, and then building the necessary background, context and expertise into this special-purpose system means trading off flexibility and generality for efficiency. However, as a consequence, a very efficient and largely error-free use of complex computer systems becomes possible even for users that have no expertise in the use of computers.

3 Application Examples

The R & D carried out by IIASA's ACA group (Fedra, 1985a, 1986a,b; 1989a; Fedra and Diersch, 1989; Fedra and Otway, 1986; Fedra et al., 1987; Weigkricht and Winkelbauer, 1987; Reitsma, 1990) concentrates on integrated systems of software tools to make the scientific basis for planning and management directly available to planners, policy and decision makers.

The application examples from Europe, the United States, the People's Republic of China, India and Thailand discussed below cover air, surface and groundwater modeling, as well as general environmental impact assessment.

3.1 Air quality models

A number of atmospheric simulation models, including several Gaussian models for buoyant or heavy gases and dust, local Lagrangian and box models, and diffusion models with dynamic and spatially distributed wind fields have been developed and implemented in several case studies.

As one example for the regional to local scale, and for continuous rather than accidental emissions, EPA's Industrial Source Complex (ISC) model, a Gaussian air quality model for multiple point and area sources, was adapted (Figure 2). Implementations have been designed for industrial centers in the People's Republic of China, a version including a deposition model for particulates, was implemented for the Pollution Control Research Institute (PCRI), Hardwar, India, and the model was also implemented in a version for the City of Vienna.

The model input defining a pollution scenario comes from three distinct sources:

- A site-specific library of data files, each characterizing for one location (industrial installation or zone, urban area) the location of the individual sources as well as the default values of emission characteristics, ie., an emission inventory for point and area sources. These include the yearly amount of fuel burned for each source, fuel characteristics, boiler and emission control parameters, stack height or height above ground for area sources, stack diameter, exit velocity, and exit temperature. Where available, a background map from an appropriate Geographical Information System (GIS) is used;

- Embedded in the code, the definition of a (generic) weather scenario (wind speed and direction, ambient air temperature, vertical mixing height, stability class); parameters such a mixing height can in turn be estimated from easily available data such as location and date, cloud cover, and wind speed;

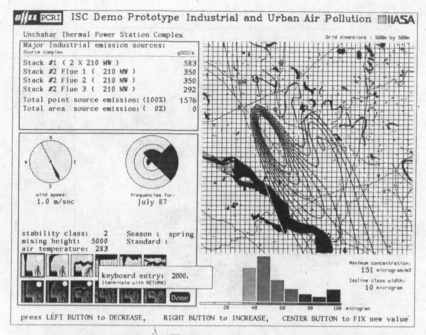

Figure 2: *Model output of the modified short-term ISC model*

- The interactive user interface allows modification of several of the above default or input values, such as the amount of fuel burned for each source, source location (which can be interactively set on the map by dragging and positioning a source symbol), and technical characteristics such as fuel properties, stack data, potential pollution control equipment and its efficiency, etc., wind speed and direction, air temperature, or global weather characteristics, by selecting one of 12 distinct weather patterns that translate into different stability classes used by the model.

Model results are shown as a color-coded overlay on the background map, a histogram (using the same color code) of the frequency distribution of concentration values, and the maximum concentration value computed. The user can zoom into the map display for better local resolution, select an isoline display rather than the color-coded translucent overlay, redefine isoline boundaries or the color coding, and display the concentration field as a 3D display over the rotated and tilted map background (Figure 3).

3.2 Surface water quality models

Several water quality models, for example EPA's SARAH (Ambrose and Vandergrift, 1986), a back-calculating toxic waste reduction model or a simple dynamic river water quality model for toxic substances, extracted from the generic screening level USEPA model system TOXSCREEN (Hetrick and McDowell-Boyer, 1984), were implemented in an interactive graphics framework.

The near-field surface water model SARAH calculates the maximum allowable hazardous waste effluent concentrations based on predicted exposure to humans or aquatic life from contaminated surface water. Acceptable leachate or industrial waste contaminant concentrations are computed by a back-calculation procedure from chemical safety criteria in surface water, drinking water, or fish. As an alternative to the back-calculating scheme of SARAH, the river model component of

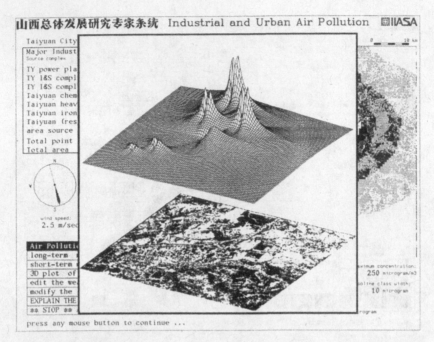

Figure 3: *A 3D interpretation of a long-term yearly average concentration field*

TOXSCREEN, a system of dynamic simulation models, was adapted as part of an environmental risk assessment system (Fedra, 1985a).

The river model component of TOXSCREEN simulates pollutant dispersion in an arbitrary river segment. The model implementation features a graphical user interface, extensive interactive input modification based on predefined default values as well as the animated graphical display of model results (Figure 4). The model is connected to a hazardous substances data base, so that the parameters for specific substances can be loaded from this data base after identifying a substance by one of the data base access mechanisms.

4 Groundwater quality modeling

The prototype groundwater contamination model system FEMCAD (Fedra and Diersch, 1989) consists of the following basic components:

- the user interface, based on interactive color graphics and a completely menu-driven dialog system with its component knowledge bases;

- the problem selection and data base management system;

- the interactive problem definition and editor module;

- and the 2D finite-element simulation model.

The user interface is always menu driven ie., the user is prompted to select options from menus of possible options the system offers. Wherever possible, the options are specified in a symbolic format, and can be edited by, for example, setting sliders.

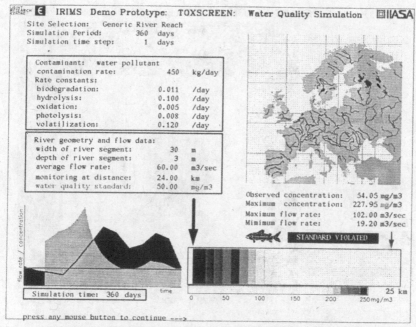

Figure 4: *TOXSCREEN river water quality simulation model*

Changes are only allowed in a certain range fixed by the input data, and possibly modified by other changes specified by the user. In other words, the system maintains context-dependent bounds on input and control variables to guarantee consistent and feasible problem descriptions.

For site-specific problems, reference to a background map, either in the form of a raster map (LAND-SAT or SPOT), or a vector-based map (in a binary version of the USGS DLG (digital line graph) format), is stored together with the problem description. This graphical background information may be loaded to provide a geographical reference for the problem in question.

The Problem Editor module allows the user to edit a problem description, or define a new problem from scratch, by sketching its geometry on the screen and editing initial and boundary conditions on this graphical problem representation. Model output is displayed dynamically as a color-coded concentration field over the background map; display parameters and styles can be chosen interactively (Figure 5).

To support the experimental features of the system, each of the control variables determining a problem situation can be modified independently. For example, once a certain problem is defined, the user can run it for several different amounts of substances, or different substances. Pumping rates may be changed, a hydraulic barrier may be introduced, or the dump site can be sealed off. The interactive problem editor with its graphical problem definition tools provides a convenient and efficient means of problem specification with immediate visual feedback.

Using the same interface style and philosophy, a finite-difference model developed at the University of Hannover (Meier and Mull, 1989) was implemented as part of an environmental information system for the City of Hannover (Figure 6).

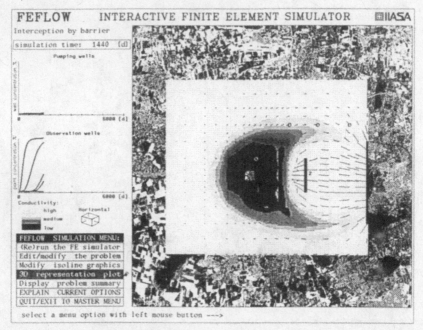

Figure 5: *Simulation of a hydraulic barrier to contain a contaminant plume from a land deposit*

4.1 Expert systems

Expert systems, or *Knowledge Based Systems*, are a loosely defined class of computer software within the more general area of AI, that go beyond the traditional procedural, algorithmic, numerical, and mathematical representations or models, in that they contain largely empirical *knowledge* eg., in the form of rules or heuristics, and inference mechanisms for utilizing this form of information to derive results by logical operations. They are fashioned along the lines of how an expert would go about solving a problem, and are designed to provide expert advice. Like any other model, they are sometimes extreme simplifications and caricatures of the real thing, ie., the human expert. In summary, a very short description of AI would be *the art or science of making computers smart*, and expert systems could be described as *smart problem-solving software*.

The expert system for environmental screening MEXSES was designed for the early assessment and screening of projects. It allows evaluation of a project in terms of its potential environmental impacts at an early stage of appraisal with a minimum of project-specific information. The system provides a model of environmental impacts of a given development project; however, this model is not based on mass and energy conservation, on transport and diffusion equations: it is based on expert knowledge, experience and heuristic rules, represented in production rules and decision tables, largely using qualitative, symbolic descriptors (Figure 7).

The system draws on extensive knowledge and data bases on project characteristics, based on generic project profiles and a hierarchical classification scheme. It also uses data and background information on the specific environmental conditions of the application area.

At the top level, the expert system establishes a number of strategic goals or questions for the overall environmental review that the analyst will need to answer for a specific project. Examples of such questions might be: *Will the project cause losses in irreplaceable natural resources? Will the project cause hazards to endangered species?*

The assessment is based on an adaptive checklist approach, ie., specific to the project type. Project

Figure 6: *User interface to the finite difference groundwater model*

types covered in the prototype are, eg., reservoirs and dams, hydropower projects including transmission lines, irrigation projects, fisheries and aquaculture, and could also include infrastructure projects (roads and highways, sewerage, water supply, etc.), navigation, erosion control, etc. The checklists are designed to elicit more detailed information about the project and its expected environmental impacts, in an attempt to deduce answers which can ultimately be aggregated into the top-level questions. The analyst can start a forward-chaining inference procedure, where the system will reason from the available data to arrive at a classification of effects. Missing information, that cannot be deduced by the system, will have to be supplied by the analyst in a question–answer dialog. Alternatively, the analyst can choose/set an impact value and then ask the system to check his "hypothesis". This triggers a backward chaining inference system, that will attempt to establish all the necessary preconditions to the specifications formulated by the analyst as the hypothesis. Again, if the required "facts" can not be confirmed, the inference procedure will ask the user the necessary questions. As a final result, the user's assessment will either be confirmed or rejected.

At any stage, the system will attempt to satisfy the initial strategic goals and questions, and indicate where information is still missing for a complete and satisfactory answer. It is also able to explain how answers at the various levels were deduced, if they have not been entered directly by the analyst. Auxiliary software includes basic data manipulation, analysis, and display facilities, including topical map drawing and processing for overlay analysis techniques.

5   Discussion

Although they differ widely in their degree of sophistication, detail, and complexity, all of the above application examples have a common structure:

The systems are built around one or more coupled simulation models and feature:

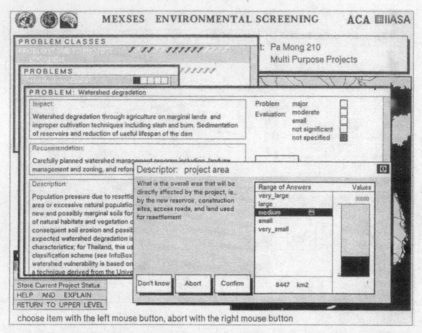

Figure 7: *Setting a descriptor value in the expert system's user dialog*

- an interactive, menu-driven user interface, that guides the user with prompt and explain messages through the application. No command language or special format of interaction is necessary, the computer assists the user in its proper use;

- dynamic color graphics for the model output and a symbolic representation of major problem components, that allow for easy and immediate understanding of basic patterns and relationships. Rather than emphasizing the numerical results, symbolic representations and the visualization of complex patterns and time and space support an intuitive understanding of complex systems behavior;

- the coupling to one or several data bases that provide necessary input information to the models. The user's choice or definition of a specific scenario can be expressed in an aggregated and symbolic, problem-oriented manner without concern for the technical details of the computer implementation;

- embedded AI components such as specific knowledge bases allow user specifications in allowable ranges to be checked and constrained and ensure the consistency of an interactively defined scenario.

In summary, the models are designed for easy and efficient use, even in data-poor situations, and do not require specific technical expertise of their user. The "intelligent" interface and its pre- and post-processing functions free the user from the time-consuming and error-prone tasks of data file preparation, the mechanics of model runs, and finally the interpretation and translation of numerical results into meaningful and problem-adequate terms. This not only allows the user to employ the models more freely in a more experimental and interesting way, it also allows the analyst to concentrate on the more important tasks he can do best, ie., the recognition of emerging patterns, the comparative evaluation of complex alternatives, and the entire institutional aspects of any environmental impact assessment rather than its technicalities.

6 References

Ambrose, R.B. and Vandergrift, S.B. (1986) SARAH, A Surface Water Assessment Model for Back Calculating Reductions in Abiotic Hazardous Wastes. EPA/600/3-86/058. Environmental Research Laboratory, Office of Research and Development, U.S. Environmental Protection Agency. Athens, GA 30613. 95p.

Beck, M.B. (1990) Expert Systems in Environmental Systems Analysis and Control. Dept. of Civil Engg., Imperial College, London. Draft Expert Tutorial submitted to WHO. Forthcoming.

Diersch, H.J. (1980) Finite-Element-Programmsystem FEFLOW. (Finite-Element Program Description FEFLOW). Institute for Mechanics. Academy of Sciences of the GDR. Berlin. In German.

Fedra, K. (1989a) Simulation Modeling in Environmental Impact Assessment. Presented at the International Conference on Environmental Impact Analysis for Developing Countries. November 28–December 2, 1988. New Delhi, India. Organized by Pollution Control Research Institute, Bharat Heavy Electricals Limited. Hardwar, India.

Fedra, K. (1989b) Expert Systems in Water Resources Simulation and Optimization. Presented at NATO Advanced Study Institute on Stochastic Hydrology in Water Resources Systems: Simulation and Optimization. Peniscola, Spain. September 18–29, 1989.

Fedra, K. and Diersch, H.J. (1989) Interactive Groundwater Modelling: Color Graphics, ICAD, and AI. In A. Sahuquillo, J. Andreu and T. O'Donnell [eds.] Groundwater Management: Quantity and Quality. International Association of Hydrological Sciences (IAHS) Publication No. 188. pp.305–320.

Fedra, K., Li, Z., Wang, Z. and Zhao, C. (1987) Expert Systems for Integrated Development: A Case Study of Shanxi Province, The People's Republic of China. SR-87-001. International Institute for Applied Systems Analysis. A-2361 Laxenburg, Austria. 76p.

Fedra, K. (1986a) Advanced Decision-oriented Software for the Management of Hazardous Substances. Part II: A Demonstration Prototype System. CP-86-10. International Institute for Applied Systems Analysis. A-2361 Laxenburg, Austria. 98p.

Fedra, K. (1986b) Decision Making in Water Resources Planning: Models and Computer Graphics. In Arne J. Carlsen [ed.] Proceedings of a UNESCO Symposium on Decision Making in Water Resources Planning Vol.2. Norwegian National Committee for Hydrology. Oslo, Norway. pp.451-468.

Fedra, K. (1985a) Advanced Decision-oriented Software for the Management of Hazardous Substances. Part I: Structure and Design. CP-85-18. International Institute for Applied Systems Analysis. A-2361 Laxenburg, Austria. 61p.

Fedra, K. and Otway, H. (1986) Advanced Decision-oriented Software for the Management of Hazardous Substances. Part III. Decision Support and Expert Systems: Uses and Users. CP-86-14. International Institute for Applied Systems Analysis. A-2361 Laxenburg, Austria. 44p.

Fedra, K. and Loucks, D.P. (1985) Interactive Computer Technology for Planning and Policy Modeling. Water Resources Research, 21/2, 114-122.

Gray, A. and Stokoe, P. (1988) Knowledge-based or Expert Systems and Decision Support Tools for Environmental Assessment and Management. Their Potential and Limitations. School for Resource and Environmental Studies. Dalhousie University. Nova Scotia.

Hetrick, D.M. and McDowell-Boyer, L.M. (1984) User's Manual for TOXSCREEN: A Multimedia Screening-level Program for Assessing the Potential Fate of Chemicals Released to the Environment. ORNL-6041. Oak Ridge National Laboratory and EPA-560/5-83-024. USEPA. Washington, D.C. 301p.

Loucks, D.P. and Fedra, K (1987) Impact of Changing Computer Technology on Hydrologic and Water Resource Modeling. In Review of Geophysics, 25:2, March.

Meier, W. and Mull, R. (1989) Nitrate in Groundwater. In A. Sahuquillo, J. Andreu, and T. O'Donnell [eds.] Groundwater Management: Quantity and Quality. Proceedings of the Benidorm Symposium, International Association of Hydrological Sciences (IAHS) Publication No. 188. pp.181–190.

Ortolano, L. and Steineman, A.C. (1987) New Expert Systems in Environmental Engineering. Proceedings of the American Society of Civil Engineers. Computing in Civil Engineering, 1(4), pp.298-302.

Reitsma, R.F. (1990) Functional Classification of Space. Aspects of Site Suitability Assessment in a Decision Support Environment. RR-90-2. International Institute for Applied Systems Analysis. A-2361 Laxenburg, Austria. 300p.

Weigkricht, E. and Winkelbauer, L. (1987) Knowledge-based Systems: Overview and Selected Examples. WP-87-101. International Institute for Applied Systems Analysis. A-2361 Laxenburg, Austria. 102p.

"Indem wir also Technik entwerfen
... bestimmen wir nicht nur, was wir
tun, sondern auch wer wir sind."
/Capurro 1987/

Umweltinformationssystem — UIS
- Technisches Konzept -

Dieter Viefhues, Alfons Hanewinkel
Hochschule Bremerhaven, Studiengang Systemanalyse

Deskriptoren: Umweltinformationssystem, Informations-Retrieval-System, Softwarentwicklungs-
methoden, Beratung, Datenbankanwendung, Online-Datenbank, verteilte Datenbank,
Scanner- und OCR-Softwarenutzung zur Datenpflege

Zusammenfassung:

Eingebettet in eine sozialwissenschaftliche Untersuchung wurden verschiedene computergestützte
Werkzeuge für ein Netz bremischer Umweltberatungsinstitutionen konzeptioniert und realisiert. Den
Kern dieser Ansätze bildet ein Umweltinformationssystem (UIS), das als Informations-Retrieval-
System ausgelegt und über verschiedene Nutzungsverfahren online verwendbar ist. Daneben wurde ein
verteiltes Datenhaltungskonzept entwickelt. Die sozialwissenschaftlichen Arbeiten fundieren sowohl
den inhaltlichen und konzeptionellen wie auch organisatorischen Rahmen des technischen Systems.

1. Grundlegung

Unübersehbar ist die Notwendigkeit, schonungsvoller mit den verfügbaren Umweltressourcen umzugehen.
Umweltvor- und nachsorge hat dabei unzweifelhaft eine zentrale Aufgabe in Gegenwart und Zukunft. Diese
Aufgaben effektiv wahrnehmen zu können, ist in entscheidendem Maße abhängig von der Verfügbarkeit und
Qualität umweltrelevanter Informationen und umweltbezogenen Wissens.

Im informationstechnischen Aufgabenbereich werden seit Jahren unterschiedlichste Anwendungen erarbeitet, die zu einer Unterstützung der informationellen Grundlagen umweltbezogenen Handelns dienen. /Page
1986, Page 1990a, Page 1990b/

Trotz dieses Bemühens lassen sich ein Reihe Defizite und Probleme ausmachen, z.B.

* ungestüme und unkoordinierte Entwicklungsarbeiten auf dem Gebiet kommunaler und regionaler
  Umweltinformationssysteme,/u.a. Pietsch 1988/
* Informations- und Instrumentendefizite auf Seiten unterschiedlicher gesellschaftlicher Gruppen,
  /u.a. Schiller 1984/,
* unzureichende öffentlich zugängige Umweltinformationssysteme im Blick auf Inhalt (Literaturhin-

746

weise, Abstrakts statt Volltextinformationen, umweltdaten- statt umweltinformationsorientierte Informationsbestände), Preis und Zugang, /u.a. Becker 1980/

die es in der Zukunft gilt, konstruktiv zu lösen.

Neue technische und wirtschaftliche Rahmenbedingungen eröffnen in der Zwischenzeit neue Möglichkeiten, innovative Beiträge zu den oben bezeichneten Defiziten zu erbringen.
In diesen Rahmen bindet sich das Forschungs- und Entwicklungsprojekt (UBIS - Umweltinformationssystem für Umweltberater) des Landes Bremens ein, dessen Entwicklungsziel in der Konzeptionierung und Realisierung eines Umweltinformationssystems für die Umweltberatung besteht. Dabei sollten sozial- und nutzungsverträgliche Rahmenbedingungen sowohl bei der Entwicklung als auch im Nutzungszusammenhang Berücksichtigung finden.

Neben systemtechnischen Anforderungen, die weiter unten entfaltet werden, sollen dabei die entwickelten informationstechnischen Instrumente:

* einen Beitrag zur Stützung einer informierten und kritischen Öffentlichkeit leisten,
* neben Faktenwissen auch Orientierungswissen vermitteln,
* nicht störend auf den Interaktionszusammenhang in der Beratung einwirken.

Um diese Zielvorgaben einzulösen, ist das Entwicklungsprojekt in ein sozialwissenschaftliches Projekt eingebettet, in dessen Rahmen wichtige Grundlagen für die intendierte sozialorientierte Technikentwicklung erarbeitet wurden.

Im folgenden Beitrag soll im Anschluß an eine skizzenhafte Darstellung ausgewählter sozialwissenschaftlicher Befunde das wohl wichtigste technische Teilprojekt des Vorhabens, das "Umweltinformationssystem - UIS ", vorgestellt werden.

Die innovativen informationstechnischen Beiträge dieses Ansatzes beziehen sich auf:

- einen neuartigen Online-Ansatz auf PC-Basis,
- die Realisierung eines verteilten Datenbanksystems auf PC-Basis,
- die Umsetzung eines PC-orientierten, hoch effektiven Informations-Retrieval-Systems und
- den Einsatz von OCR-Erkennungssystemen zur Datenbankpflege als integrativer Bestandteil des Gesamtinformationsansatzes.

2. Konzeptioneller und empirischer Hintergrund

Dem Forschungs- und Entwicklungsprojekt "Umweltinformationssystem - Bremen" unterliegen die folgenden Arbeitsprämissen /Hanewinkel 1989/:

1. Der Einsatz informationstechnischer Instrumente hat letztlich das Ziel, eine Informationsvermittlung, und damit zugleich einen Verstehensprozeß zwischen Sender und Empfänger unter Beachtung sozial- und umweltbedingter Rahmenbedingungen zu unterstützen.

2. Das Einbringen technischer Artefacte in soziale Prozesse bedarf einer sorgfältigen folgenantizipie-

renden Gestaltung des technischen und sozialen Systems.

Diese Prämissen aufgreifend wurde im Rahmen eines Forschungs- und Entwicklungsprojektes der Versuch unternommen, ein sozialverträgliches Informationssystem für den Bereich der Umweltberatung zu konzeptionieren.

Eingebunden in sozialwissenschaftlich orientierte Begleit- und Gestaltungsarbeiten wurden dabei diverse technische Konzepte entworfen und umgesetzt. Die gestaltungskonzeptionellen Überlegungen weisen Ähnlichkeit mit den theoretischen Aussagen von Winograd und Flores auf und sind in einigen zentralen Ansatzpunkten durch deren theoretische Arbeiten bestimmt. /Winograd 1989/

Die technische Beschreibung des Systems vorwegnehmend, sollen daher im folgenden zusammenfassend und stichwortartig die Gestaltungs- und Begründungsaspekte beschrieben werden./eine umfassende Darstellung erfolgt in Viefhues 1990 und im Abschlußbericht des Projekts UBIS/

These 1:
Informationen sind niemals wertfrei. Sie unterliegen im Entstehungs-, Verwendungs-, Informationsspeicherungs- und Vermittlungszusammenhang vielfältigen Werteinflüssen. Die wertbezogene Einfärbung von Informationen kann u.a. zu Macht- und Beeinflussungszwecken genutzt werden. Dem Wertbezug ist nicht zu entgehen, so daß eine offensive Aufnahme des Problems der stets vorhandenen wertmäßigen Einfärbung von Informationen angebracht erscheint.

These 2:
Den Wertbezug von Informationen nicht zu ignorieren, sondern ihn offensiv aufzunehmen, mündet in den Entwurf wert- und diskursorientierter Informationssysteme, denen wir provozierend den Begriff "Tendenzdatenbanken" zuweisen. Bei diesem Konzept wird der Versuch unternommen, über eine Reihe software- und hardwaretechnischer Voraussetzungen

- den Wertbezug zu explizieren (Herkunft, Quelle),
- den Wertbezug durch Hinzufügung von Kommentaren zu relativieren,
- den Nutzern die Möglichkeit zur direkten Beeinflussung der Datenbestände in Umfang und Inhalt zu geben (Konzept "Datenbank von Unten") und
- im Nutzungszusammenhang explizit bestimmte Wertorientierungen und Wertbezüge ausschließen zu können.

These 3:
Sozialorientierte Technikgestaltung erfordert neben der unmittelbaren Einbeziehung der Betroffenen den Entwurf von Visionen des sozialen Interaktionszusammenhanges, um daran verstehend und antizipierend den Technikeinsatz zu diskutieren und sowohl technische als auch organisatorische Gestaltungsansätze zu erarbeiten.

Diese Forderung einlösend wurde ein gestaltungsorientierter "Projektionsansatz" entwickelt und praktisch erprobt. Den Kernpunkt dieses Ansatzes bildet der Entwurf einer wünschenswerten "Utopie" sozialer Interaktion, hier die Utopie eines Beratungsgesprächs./zur Beratung vgl. u.a. Ban 1984/ In einem zweiten Schritt wurde dieser wünschenswerten Utopie die real-existierende Praxis der Beratung gegenübergestellt. Der Gestaltungsdiskurs bezog sich dabei auf die Frage:

Verhindert, behindert, erschwert oder unterstützt die Einbringung eines spezifischen Informationssystems die Entwicklung des realen, in Richtung auf den utopischen bzw. idealen Ansatz?

Im Rahmen dieser Projektion wurden unterschiedliche Gestaltungskonzepte (technischer und organisatorischer Art) diskursiv eingebracht und bewertet. Der Bewertungsprozeß wurde argumentativ, ohne Instrumenteneinsatz angelegt.

Neben der konkreten Gestalt des Informationssystems wurde im Rahmen dieses Prozesses als eine der wichtigsten organisatorischen Gestaltungsempfehlungen herausgearbeitet:

Ein Informationssystem hat während des Beratungsgespräches keinen Platz auf dem Schreibtisch der Beratungskraft. Eine Vielzahl störender Einflüsse lassen sich antizipieren, die eine negative Wirkung auf die Güte des Beratungsprozesses haben werden, z.B.:

* Stichwortorientierung des Beratungsgespräches auf Seiten der Beratungskraft, wodurch die Gefahr einer unvertretbar großen Einengung des Beratungsinhaltes hervorgerufen wird;

* erhebliche Störungen entstehen aufgrund des technischen Instruments auf dem Schreibtisch des Beraters, da Geräusche, die Orientierung des Bildschirms in Richtung der Beratungskraft etc., aber auch ein vorschneller, routinisierter Instrumenteneinsatz wichtige für den Erfolg der Beratung erforderliche Gesprächsmomente konstitutiv gefährden, wie v.a.: die ablenkungsfreie ungeteilte Aufmerksamkeit und Zuwendung des Beraters auf den Ratsuchenden und sein häufig sehr persönlich begründetes Anliegen, die klientenorientierte Problemerfassung und Problemlösung im Rahmen einer auf Partizipation angelegten Gesprächsführung, die in besonderem Maße beziehungsförderliche Grundhaltung der Gesprächsteilnehmer untereinander;

* es besteht die Gefahr, daß das Beratungsgespräch eine zu große Faktenorientierung erfährt, die zu einer Informationsüberlastung des Ratsuchenden führt, wodurch das Einlösen wichtiger Beratungsziele, wie gemeinsames Problemlösen und Problemerörtern, behindert wird.

These 4:
Der Entwurf informationstechnischer Systeme erfordert aus vielfältigen Gründen den Einsatz partizipativer Systementwicklungsansätze. Bei neuartigen Anwendungen, die in einem hohen Maße innovativ sind bzw. in hohem Grad das Einbringen von Erfahrungen und Wissen auf Seiten der zukünftigen Nutzer erforderlich machen, ist in besonderem Maße ein intensiver Erfahrungsaustausch zwischen Entwickler und Nutzer erforderlich, der im vorliegenden Projekt im Rahmen eines evolutionären Prototypingverfahrens realisiert wurde. /Floyd 1990/

Informationssystem und (Umwelt-)Beratung:

These 5:
Beratung ist ein kommunikativer Akt zum Zwecke einer Meinungs-, Bewußtwerdungs- und Entscheidungsfindung in bezug auf ein wahrgenommenes Problem. Beratung heißt zuhören, gemeinsam diskutieren, strukturieren und umstrukturieren, informieren und befähigen. /auch Hoffmann, S. 31/
Informationsvermittlung ist dabei nur ein Moment der Beratung.

Der informationstechnische Einsatz hat sich an diese relativierende Standortbestimmung im Rahmen von

Beratungsdienstleistungen zu orientieren.

These 6:
Umweltberatung soll letztlich einen Beitrag zur Verhaltensänderung bzw. -modifikation leisten. Diese Standortbestimmung bildet den zentralen Hintergrund für die entworfene Vision des Beratungsmodells "Umweltberatung".

These 7:
Systematisierte und aktuelle Informationen werden in der Umweltberatung zunehmend benötigt. Eine Informationspotential- und Bedarfsanalyse auf Seiten der Umweltberatung hat dabei u.a. folgende Ergebnisse erbracht:

* Bei fünf Bremer Umweltberatungsstellen lag in Fachordnern, persönlichen Ordnern und Fachbüchern im Arbeitsbereich der Umweltberatungskräfte ein Gesamtinformationsvolumen von ca. 680 MB vor. Der Überschneidungsgrad hinsichtlich gleicher Informationen betrug überraschenderweise bei Monografien 10%, hinsichtlich des Gesamtinformationsbestandes lag die Überdeckung in einer Größenordnung bei 2,5%.

* Die inhaltlich Analyse ergab, daß in jeder Beratungsstelle eine fachspezifische Auswahl der Literatur vorgenommen wurde.

* Die Ablage- und Ordnungsstruktur der Informationsbestände war höchst unterschiedlich (nach unterschiedlichen Fachkriterien, alphabetisch, Zeitschriftenbezug etc.). Interessanterweise wurde bei einer detaillierteren Analyse erkennbar, daß sogar mehrere Ordnungsstrukturen pro Beratungsstelle existierten, wodurch nach Auskunft der Beratungskräfte erhebliche Zugangsschwierigkeiten entstehen.

* In Umfang und inhaltlicher Ausrichtung weisen die Informationssammlungen im zeitlichen Raster erhebliche Diskontinuitäten auf. Hierfür war im wesentlichen die personelle Situation der Beratungsinstitutionen verantwortlich, da - entsprechend der bundesweiten Situation - zum größten Teil mit ABM-Kräften gearbeitet werden muß. Bei Intensivbefragungen wurde erkennbar, daß die ABM-Beratungskräfte zumeist zu Beginn (ca. 6 Monate) ihrer Beschäftigung eine intensive Informations- und Sammelarbeit aufnehmen, diese jedoch nach Erreichen eines gewissen, persönlich als ausreichend empfundenen Informationsstandes abbrechen oder erheblich reduzieren.

* Wie zu Beginn der Untersuchungen vermutet, wurden die aktuellsten und beratungsrelevantesten Informationen von den Beratungskräften in persönlichen Ordnern gesammelt. Die Analyse dieser Bestände zeigte, daß keinerlei inhaltliche Überdeckung der Informationsbestände im Vergleich zu anderen Ordnern oder zum allgemein zugänglichen Informationspool bestand.

* Sowohl in der Literatur /Prognos 1989, Graeßner 1989/ als auch im Blick auf die eigenen Erhebungen wird erkennbar, daß in der Beratungsarbeit ein sehr breites inhaltliches Themenspektrum abgedeckt werden muß. Die Analyse der Recherchetätigkeiten zeigte, daß viele Beratungsfälle aus Auskunftstätigkeiten (Kontakte, Produktinformationen etc.) bestehen, die die Vermittlung konkreter Sachinformationen erforderlich machten.

* Unbestritten ist überdies, daß Umweltinformationen einem hohen Aktualisierungsgrad unterworfen sind.

Die Ergebnisse der Informationspotential- und Nutzungsanalyse, die theoretisch fundierte Erkenntnis, daß Verhaltsänderungen durch neue Informationen initiiert werden, die Analyse der Defizite, die fehlende Aktualisierung und die unzureichenden Ordnungsstrukturen in der Bremer Umweltberatung führen abschliessend zu der Feststellung, daß dringend ein einheitlich strukturiertes und auf einem aktuellen Stand befindliches Informationssystem im Bereich der Umweltberatung benötigt wird.

These 8:

Orientierungswissen versus Faktenwissen

Die ungeheure Vielzahl verfügbarer und auf uns eindringender Fakteninformationen birgt die Gefahr, daß dies zu einem Informationskollaps bzw. zu einer Desorientierung beim Nutzer führt. Daneben entsteht die besondere Schwierigkeit, "wichtige" und "handlungsleitende" Informationen auszusondern und dienstbar zu machen. Um die Problematik zu entschärften, erscheint eine Stärkung von Filterfunktionen der Rezipienten und eine Stützung der Einordungsfertigkeiten durch das Einbringung systemischen und wertbezogenen Orientierungswissens erforderlich. Da im Kern der Beratung die Vermittlung und intrasubjektive Einbettung neuer Informationen in den Wissens- und Verstehenshintergrund des Ratsuchenden steht, wird in besonderem Maße Orientierungswissen benötigt. Um die Pluralität der Orientierungsfokusse zu erhöhen und fehlende Orientierungshintergründe bereitzustellen, wurden explizit inhaltliche, technische und organisatorische Vorkehrungen getroffen, Orientierungswissen in das Informationssystem UIS einzubringen. Dies wird u.a. dadurch erreicht, daß spezifische Orientierungstexte im UIS-System eingebracht und kategorial kenntlich gemacht werden. Besonders ausgeprägt wurde dieser Aspekt im Programmansatz "Produkttestdatenbank" durch die Einbindung autorisierter Kommentatoren realisiert. Es sei abschließend darauf hingewiesen, daß wir damit in einem pragmatischen Sinne die Überlegungen u.a. von Winograd und Flores zur Sprachtheorie aufgriffen haben./Winograd 1989 S. 132/

These 9:

Es wird ein Synergieeffekt durch die dezentrale Sammlung von Informationen fachlich spezialisierter Mitarbeiter verschiedener umweltbezogener Beratungsorganisationen erwartet.

Der Grundansatz des Informationssystems war darauf gerichtet, daß autorisierte Nutzer eigenständig die Datenpflege in eigener Verantwortung durchführen ("Datenbank von Unten"). Die besondere Struktur der Umweltberatung im Lande Bremen, in der unterschiedlich spezialisierte Organisationen (Abfall-, Ernährungs-, Naturschutz-, produktorientierte Beratungsorganisationen usw.) zusammenwirken, führte zu dem Ansatz, daß den einzelnen Organisationen jeweils eine besondere fachliche Zuständigkeit zugewiesen wurde. Durch das realisierte dezentralisierte Datenpflegekonzept und das Zusammenwirken unterschiedlich spezialisierter Mitarbeiter wird ein Synergieeffekt im Blick auf die zu errichtende fachliche Informationsbasis erwartet.

These 10:

Vorhandene öffentliche Datenbanksysteme sind teuer, schwerfällig zu handhaben und halten für den Bereich der unmittelbaren Nutzung in der Beratung eine äußerst begrenzt nutzbare Datenbasis vor.

Eigene Erfahrung, Befragungen und aus der Literatur entnommene Diskussionen /u.a. Stichmann 1990, Becker 1982/ zeigen, daß die heute existierenden öffentlich zugängigen Daten- und Informationsbanken aufgrund der Nutzungskosten, der Inhalte und des Zugangs nicht für die Beratungsarbeit vor Ort genutzt werden können. Die Rechercheanalysen im sozialwissenschaftlichen Teil des UBIS-Projektes beschreiben, daß in der Beratungspraxis detaillierte Volltext-Fachinformationen benötigt werden, wobei die fachwissenschaftliche Tiefe schwankt zwischen Übersichts-, Basis- und Fachinformationen. In ein und demselben Recherchegang wurde u.a. die Nachfrage nach sämtlichen Informationstypen erkennbar. Öffentliche Fachdatenbanken führen in der Regel Literaturverweise und Abstrakts zumeist auf einem hohen fachwissenschaftlichen Niveau. Diese Struktur kontrastiert deutlich zur Informationsbedarfsstruktur der realen Umweltberatung. Die Entwicklungsanforderung war daher auf ein Online-Informationssystem gerichtet, welches Volltexte in unterschiedlicher fachwissenschaftlicher Tiefe vorhält.

3. Das informationstechnische Gesamtkonzept

Im Zusammenhang mit dem Forschungs- und Entwicklungsprojekt UBIS wurde eine Vielzahl unterschiedlichster computergestützter "Werkzeuge" für die Beratung entwickelt und realisiert.

Eingebunden in sieben Anwendungsfelder:

- textorientiertes Umweltinformationssystem (UIS)
- Produkttestdatenbank (PRODTEST)
- algorithmische Informationssysteme (AIS)
- Literaturdatenbank (ULIT)
- Nachrichtensystem (UNA)
- Vortrags-, Folien- und Material-
  verwaltungssystem (UMVOS)
- On-line-Datenbank-Recherchesystem (UMOLDAT)

bildet das UIS-Informationssystem (textorientiertes System) den Kern des Gesamtansatzes "UBIS".

Das volltextorientierte Informationssystem (Informations-Retrieval-System) hat das Ziel, Umweltfachleuten und Umweltberatern eine breite Palette aktueller Umweltinformationen zur Verfügung zu stellen. Dabei handelt es sich um Informationen, die unterschiedlichste Qualitäten in Hinblick auf wissenschaftliche, ingenieurwissenschaftliche Tiefe bzw. auf allgemeine Verständlichkeit und Breitenwissen aufweisen.

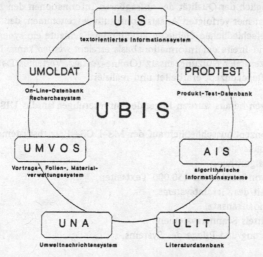

Bild 1: Computergestützte Anwendungen im Umweltberatungsbereich

Da die Umweltberatung einen umfassenden Fachinformationsrahmen abzudecken hat (z.B. Haushaltschemikalien, Energieverbrauchsinformationen, Umweltinformationen, Produktinformationen, Gefahrstoffe, Verhaltenshinweise), wurde unter Rückbezug auf die Informationspotentialerhebung und auf fachinhaltsbezogene Befragungen die Anforderung formuliert, daß das System UIS eine Verarbeitungskapazität von maximal 150.000 Textseiten aufzuweisen hat.

Bezüglich der Nutzerseite wird vorausgesetzt, daß das Informationssystem nicht in wissenschaftlichen Arbeitszusammenhängen, sondern primär in Beratungsstellen eingesetzt wird, die einen Transfer von fachinhaltlichen Informationen in Richtung auf Nichtfachleute vorzunehmen haben, so daß die Grundprämisse formuliert wurde, daß das Umweltinformationssystem in Abgrenzung zu den bereits existierenden Online-Umweltdatenbanksystemen, in denen in der Regel Literaturhinweise und Abstrakts geführt werden, Volltexte unterschiedlicher inhaltlicher und fachlicher Breite und Tiefe verwalten soll.

Die Betreiber und Nutzer des Informationssystems sind Laien im Umgang mit einem Computer. Daraus ergeben sich erhöhte Anforderungen an die Handhabung der Programmsysteme (Mensch-Maschinen-Schnittstelle bzw. Benutzerschnittstelle).

Die Annahme eines Informationssystems durch die Nutzer ist entscheidend davon abhängig, ob die gewünschten Informationen auch unmittelbar im Zeitpunkt des Bedarfs zur Verfügung stehen. Es muß davon ausgegangen werden, daß mehrfache erfolglose Abfrageversuche zunehmend die Bereitschaft zur Nutzung des Informationssystems schwinden lassen. Daraus wurde die Anforderung formuliert, daß eine möglichst umfangreiche Datenbasis aufgebaut werden sollte. Die Pflegearbeiten für ein entsprechend umfassendes Informationssystem auf der Basis manueller Eingaben war angesichts der geringen personellen Kapazitäten in den Institutionen der Bremer Umweltberatung nicht realisierbar, so daß das Ziel formuliert wurde, ein technisch gestütztes Datenpflegekonzept zu entwickeln und zu erproben.

Eine zentrale Gestaltungsprämisse was darauf gerichtet, ein dezentral nutzbares Informationssystem zu errichten, das durch die Nutzer in eigener Verantwortung gepflegt werden kann. Dieser Ansatz verfolgt das Ziel, die Verantwortung bezüglich der Qualität der abfragbaren Informationen den Nutzern zu übertragen. Darüber hinaus wurde für den hier verfolgten Ansatz konstitutiv angenommen, daß mittels einer Zusammenarbeit mehrerer, auf unterschiedlichen Gebieten arbeitender Fachleute ein synergetischer Effekt hinsichtlich Umfang, Qualität und Breite der Informationsbasis erreicht werden kann. Diese Anforderung einlösend, wurde sowohl ein dezentraler Nutzungsansatz (Online-Ansatz, Verteiltes Datenbankkonzept) als auch ein dezentrales Datenpflegekonzept erarbeitet und realisiert.

Aus diesen Grundüberlegungen heraus wurden folgende Anforderungen an das UIS gestellt:

- technisches Konzept ausschließlich auf der MS-DOS- Betriebssystemebene,
- Volltextdatenbanksystem,
- einfacher Suchalgorithmus,
- Verfügbarkeit von mindestens 150.000 Textseiten,
- Online-Fähigkeit des Gesamtsystems,
- verteilter Datenbankansatz,
- Datenpflege mittels Scannersystemen,
- dezentrale Nutzung und Pflege des Systems.

Sämtliche Anforderungen wurden im UIS-Datenbankansatz erfüllt. Durch die konsequente PC-Orientierung konnte hinsichtlich der notwendigen Investitionskosten (Soft- und Hardwarekosten auf der Seite des

Host/PC's ca. 25.000 DM, ohne Scannersystem) ein äußerst preiswertes Informationssystem mit einem hohen Leistungspotential realisiert werden. Die öffentliche Resonanz und das bisher bekundete Nutzungsinteresse verweisen inzwischen auf eine hohe Nutzungsperspektive des Online-Ansatzes.

Im Folgenden wird das volltextorientierte Informationssystem UIS in seinen technischen Details beschrieben.

4. Das informationstechnische Konzept des Umweltinformationssystems - UIS

4.1 Das Basiskonzept

UIS besteht im Kern aus einem Informations-Retrieval-System, in dem sämtliche volltextbezogenen Informationen verwaltet werden. Das Datenbanksystem ist eingebettet in ein Quellenverwaltungs- und ein Schlüsselwortzuweisungssystem. Über einen Transaktionsansatz wird ein verteiltes Datenbanksystem realisiert. / siehe dazu u.a. Zehnder 1989/ Mit Hilfe eines Online-Moduls wird die Online-Fähigkeit des Gesamtsystems sichergestellt.

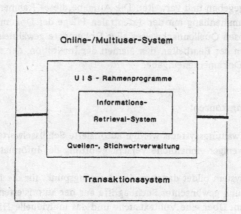

Bild 2: technisches Basiskonzept UIS

Besonderes Augenmerk wurde bei den Entwicklungsarbeiten auf einen benutzerfreundlichen Entwurf der Mensch-Maschinen-Schnittstelle gelegt. Über den evolutionären Entwicklungsansatz (40 Versionen) wurden sukzessiv die Benutzerwünsche hinsichtlich der Dialogschnittstellen eingebracht.

4.2 Das Informations-Retrieval-System

Das Informations-Retrieval-Datenbanksystem verwaltet die Volltext-Informationen auf der Basis verschiedenster Textmodi (ASCII, Word-Textformat etc.). Im Rahmen der Datenpflege werden die Volltexte mit einem Verweis- und Stichwort-Kopf versehen und vom Datenbanksystem verwaltet. /siehe zu den Grundkonzepten u.a. Salton 1987, Harter 1986/

Unter Nutzung invertierter Indexlisten werden die Schlüsselwörter und sämtliche Wörter des Volltextes verarbeitet. In den invertierten Dateien wird die Zuordnung der Wörter pro Informationssegment (Datei, Dokument), die Häufigkeit und die Position der Wörter innerhalb eines Informationssegmentes festgehalten.

Bei der späteren Volltextsuche kann

- sowohl ausschließlich über die autorisierten Stichwörter (Schlagworte, Schlüsselworte im Kopf der Texte [Dokumente]),
- als auch nach jedem Wort, unterstützt durch Platzhalter etc., recherchiert werden.

Dieser Ansatz ermöglicht die Informationssuche sowohl einzugrenzen, indem ausschließlich nach den Schlüsselwörtern bzw. nach einer Kombination der Schlüsselwörter (autorisierte Stichwörter) gefahndet wird, als auch zu erweitern. Im letzteren Fall geschieht dies, indem jedes Wort bzw. jede Wortkombination einschließlich Platzhalter als Suchbegriff Verwendung finden kann.

4.3 Das Quellenverwaltungssystem

Das Quellenverwaltungsmodell rahmt das Informations-Retrieval-System ein. In diesem Teilsystem werden die Fundstellen der Texte eingegeben und verwaltet. Die Aufgabe dieses Rahmenprogramms ist eine Dublettenprüfung, die im Zusammenhang mit der dezentralen Pflege der Dokumentenbasis benötigt wird und das Führen eines lückenlosen Quellennachweises aller Dokumente gewährleistet. Daneben erfassen weitere Kenndaten z.B. die Namen der Bearbeiter, den Namen der Institution, der sich der Bearbeiter zugehörig fühlt, und das Datum der Dokumenteneingabe.

4.4 Das Schlüsselwortverwaltungskonzept

Mit Hilfe des Schlüsselwortverwaltungssystems werden autorisierte Schlüsselwortsammlungen erstellt. Sie dienen dazu, eine mehr oder weniger einheitliche Verschlagwortung der Informationsbasen zu ermöglichen.

Das Schlüsselwortverwaltungssystem bildet daneben den Ausgangspunkt für die Informationssuche, indem mit Hilfe einer Zusammenstellung gewünschter Suchbegriffe aus der autorisierten Schlüsselwortliste die Recherche begonnen werden kann. Über eine Volltextsuche und das individuelle Hinzufügen von weiteren Suchbegriffen kann die Recherche stufenweise auf die gesamten Volltexte erweitert werden.

Das Gesamtsystem besteht aus mehreren Informationsteilsegmenten, die jeweils zwei Verwaltungsebenen aufweisen. Die einzelnen Segmente enthalten Informationen eines abgeschlossenen Beratungsbereiches (z.B. Abfallberatung, Produktberatung, Naturschutz, Kontakte). Über eine Brückenfunktion ist auch die Suche über ein einzelnes Teilsegment hinaus auf die übrigen möglich.

Die Schlüsselwortsysteme sind entsprechend nach Teilsegmenten differenziert aufgebaut. Es besteht eine inhaltliche Hierarchie des Schlüsselwortsystems. Die erste Ebene (Hauptebene) umfaßt texttypisierende Schlüsselworte wie Produkt-, Orientierungs-, Fach-, Übersicht-, Rechts-Informationen. Die zweite Ebene beinhaltet die fachinhaltlichen Schlüsselworte.

Teilsegment	Verwaltungsebene	
	Hauptebene	Unterebene
	texttypisierende Schlüsselwörter	fachspezifische Schlüsselwörter
1	Haushalt	Freizeit Körperpflegemittel Lebensmittel Putzen Wohnen Wäsche
2	Belastungsfaktoren	Lärm Schadstoffe Strahlen

Bild 3: Ebenenkonzept UIS

Die Schlüsselworte der Hauptebene betreffen sämtliche Informationen auf der Unterebene. Die Schlüsselworte auf der Unterebene beziehen sich ausschließlich auf die Text-Informationen im jeweiligen inhaltlich gegliederten Segement (Pfad).

Neben einigen datenverarbeitungstechnischen Gründen (z.B. maximaler Umfang speicherbarer Dateien (1500) pro Indexliste, Pflege und Datensicherung) wurde das gestufte Schlüsselwortebenenkonzept aus Gründen einer besseren Übersichtlichkeit und thematischen Zuordnung eingeführt.

4.5 Das Abfragekonzept

Ausgehend von der Eingabe diverser Stichworte aus der Schlüsselwortliste kann eine Informationssuche über einen jeweils inhaltlich ausgewählten Kategorialbegriff der Hauptebene (z.B. Belastungsfaktoren) erfolgen. Über die Bedienung einer weiteren Funktionstaste kann die Informationssuche auf die Volltexte ausgedehnt und durch zusätzlich frei gewählte Schlüsselwörter ergänzt werden.

Es sind unterschiedlichste Volltextoperatoren (und, oder, Abstandsfunktion, Operatorenverschachtelungen etc.) verfügbar, die in Kombination miteinander Anwendung finden können.

Obwohl das Datenbanksystem keine Feldbezüge erlaubt, wird mit Hilfe der Abstandsfunktion eine Feldorientierung bezüglich der Schlüsselworte simuliert, so daß ausschließlich ein Informations-Retrieval über die autorisierten Schlüsselworte durchgeführt werden kann.

Auf der ersten Präsentationsebene werden die Anzahl der Fundstellen, auf der zweiten Ebene die Kurzbezeichnungen der Fundstellen und auf der dritten Ebene, nach Anwahl einer Fundstelle, der Volltext präsentiert. Innerhalb der Volltexte kann jedes Schlüsselwort angesprungen und gesucht werden, besonders interessante Textstellen können in eine Datei ausgelagert oder über einen Drucker ausgegeben werden. Es ist jederzeit möglich, die Suche neu zu beginnen oder sie über die Veränderung der Suchbegriffe, der Operatoren und über zusätzliche Kombinationen zu erweitern.

4.6 Das Datenpflegekonzept

Die Grundanforderung an den Datenpflegeansatz bestand darin, durch technische Mittel die Datenpflege erheblich zu vereinfachen. Die Datenpflege wurde in der Form konzipiert, daß sie von den Nutzern des Systems selbstverantwortlich bewerkstelligt wird und zwar

- dezentral und
- unter Zuhilfenahme eines OCR-Erkennungssystems.

Daraus ergeben sich eine Reihe wichtiger Anforderungen wie: Sicherstellung einer übergreifenden Datenkonsistenz, Austausch und Aktualisierung der Informationsbestände, einfache Dialogschnittstellen usw..

Die Datenpflege erfolgt grundsätzlich in vier Schritten:

1. Schritt - Aufnahme des Quellenkopfes
2. Schritt - Eingabe der (autorisierten) Schlüsselwörter
3. Schritt - Eingabe der Textinformationen
   über
   a) manuelle Eingabe über ein Textsystem
   oder
   b) Eingabe über ein Scanner, OCR-Erken-
   nungssystem, Nachkorrektur in einem
   Textsystem
   oder
   d) Importierung von ASCII-Texten
4. Schritt - Automatische Verwaltung und Indexierung
   im Kerndatenbanksystem.

Die dezentral eingegebenen Informationen werden in Aktualisierungslisten verwaltet und in den Nachtstunden auf den zentralen Rechner übermittelt.

4.7 Das Transaktionskonzept

Das Gesamtsystem besteht aus sieben Unterstationen und einer Hauptstation, die über ein Postnetz via Modem miteinander in Verbindung stehen. Aus Kostengründen wurden die dezentral eingesetzten Computer mit einem beschränkten Plattenspeicher ausgerüstet (90 MB). Um die Übermittlungskosten möglichst gering zu halten, wurde ein verteiltes Datenbankkonzept entwickelt und realisiert.

Der Grundansatz besteht darin, daß auf dem dezentralen Rechner lediglich Teile des Gesamtinformationsbestandes lokal gespeichert sind, und zwar diejenigen, die besonders häufig vor Ort nachgefragt werden.

Informationstechnisch wird die Teildatenbestandshaltung über eine von dem Benutzer festgelegte Prioritätsliste und durch Eingabe eines maximal verfügbaren Speichervolumens bestimmt. Das Transaktionssystem löscht automatisch bei Erreichen des festgelegten Speicherplatzes, entsprechend der zuvor bestimmten Prioritätsfolge, die Informationen mit der niedrigsten Priorität.

Wird nun eine Information abgefragt, die sich auf dem lokalen Rechner befindet, so wird sie unmittelbar von dem lokalen System präsentiert. Wird jedoch eine Information recherchiert, die sich nicht auf dem lokalen Rechner befindet, wird automatisch über Modem und Telefonleitung ein "Netcall" in Richtung auf den Hauptrechner ausgelöst. In diesem Fall kann der Nutzer die gewünschten Informationen auf dem Hauptrechner recherchieren. Durch dieses Verfahren sind sämtliche Informationen bzw. Dokumente über einen Online-Zugriff auf den Hauptrechner für alle Nutzer des Informationsverbundes und, falls gewünscht, auch öffentlich verfügbar.

Ein entsprechend dezentrale Datenhaltung und -pflege erfordert ein hohes Maß an technischen Vorkehrungen für den Datenaustausch und die Konsistenzhaltung. Grundsätzlich werden sämtliche Informationen auf dem Hauptrechner abgespeichert. Der Hauptrechner steuert zentral über ein Transaktionsmodul die Datenaustauschprozesse. Um möglichst hohe Nutzungsgrade zu erreichen, ist dieser Rechner als MS-DOS-Multiuser-Multi-tasking-System ausgelegt worden.

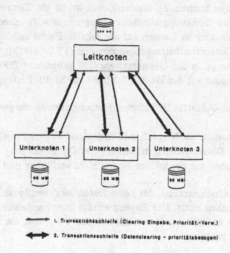

1. Transaktionsschleife (Clearing Eingabe, Priorität.-Verw.)

2. Transaktionsschleife (Datenclearing - prioritätsbezogen)

Bild 4: Transaktionsverwaltung

Die Datenfernübertragung bezüglich der Abfragen und des nächtlichen Datenclearings erfolgen über ein eigens dazu programmiertes Transaktionsprogramm.

Gesteuert über dieses Modul (Ebene Leitsystem) erfolgt in zwei zeitlich versetzten Transaktionsschleifen während jeder Nacht mittels Modem und Telekommunikationssystem der Deutschen Bundespost der Datenausgleich.

Transaktionsschleife 1: vom Hauptrechner werden zunächst sämtliche neuen Informationen von den lokalen Rechnern abgefragt und in Austauschlisten, in Abhängigkeit von den einzelnen Prioritätslisten für jede Station, zusammengestellt. Anschließend verarbeitet der zentrale Rechner alle neuen Daten im eigenen System.

Transaktionsschleife 2: Der Hauptrechner verteilt in der zweiten Schleife die Daten auf die lokalen
Rechner, löst eine Verarbeitungsprozedur aus und setzt gleichzeitig eine Ausschaltzeit für den
lokalen Rechner in Abhängigkeit zu der voraussichtlich benötigten Verarbeitungszeit fest. Nach
Ablauf dieser Zeit schalten sich die lokalen Rechner softwaregestützt selbständig aus. Hierfür
werden eigens entwickelte Hardwarezusätze eingesetzt.

Die lokalen Rechner erhalten nur diejenigen Informationen, die entsprechend der Prioritätsliste zugelassen
und durch die anderen Eingabestellen in Bezug auf den zugelassenen Prioritätsbereich zur Verfügung gestellt werden.

4.8 Das Online-System

Ein zentraler informationstechnischer Beitrag des Projekts besteht in der Umsetzung eines Online-System-
ansatzes für eine MS-DOS-Betriebssystemumgebung. Realisiert wurde eine spezifische PC/Host-PC-Ver-
bindung, mit dessen Hilfe nunmehr sämtliche DOS-Programme online gestartet und auf den lokalen Kno-
tenrechnern online genutzt werden können. Zu diesem Zweck wurde ein Terminal-Emulations-System entworfen, welches neben der Online-Bedienung sämtlicher Programme auch einen Netto-Daten-Transfer sowohl auf den lokalen Drucker als auch in Dateien auf der lokalen Ebene erlaubt. Die Terminalemulation
läßt sich wahlweise von einem Datenfernübertragungsprogramm (PROCOMM, TELIX etc.) starten oder
wird über ein spezifisch entworfenes, in das Gesamtsystem UIS integriertes DFÜ-Programm genutzt. Die
software-technologische Basis bildet auf der Host/PC-Ebene ein Multi-Tasking-Multi-user-System.

Das Nutzungskonzept des Online-Ansatzes ist auf zwei Nutzungsformen ausgerichtet:

- Nutzung durch die "autorisierten Nutzer", d.h. diejenigen, die im Projekt Teildatenbestände halten
und bei der Pflege der Datenbestände mitwirken. Der Online-Zugang erfolgt automatisch, falls die
abgefragten Informationen auf der lokalen Ebene nicht verfügbar sind.

- Nutzung durch einen Teilnehmerkreis, der keine Daten lokal verfügbar hat und die Informationsbestände ausschließlich online nutzt. Der Zugang erfolgt über handelsübliche DFÜ-Programme unter
Nutzung der spezifisch entwickelten Terminalemulation oder über ein vom Projekt entwickeltes integriertes DFÜ-Nutzerprogramm.

Selbstverständlich ist der Zugang zu dem Host über ein Paßwortsystem geschützt.

5. Organisatorische Einbettung des UIS-Systems und Ausblick

Abschließend sei auf die organisatorischen Rahmenüberlegungen verwiesen, die im Verlauf des evolutionären Entwicklungsverfahrens, und besonders prägend, durch den diskursiven Gestaltungsansatz "Projektions-
verfahren" herausgearbeitet wurden.

Es wurden folgende organisatorische Bedingungen grundgelegt:

- Vor dem Hintergrund einer Vielzahl störender Einflüsse auf Verlauf, Inhalt und Form der Beratungsgespräche erscheint es zwingend notwendig, den Rechner im Rahmen der persönlichen Beratung nicht auf dem Schreibtisch der Beratungskraft zu plazieren. Denkbar wäre in diesem Zuammenhang lediglich eine Nutzung, bei der der Rechner an einer abgesonderten Stelle im Raum plaziert ist. Die Beratungskraft muß in diesem Fall bei einer notwendigen Recherche den Arbeitsplatz verlassen und führt die Recherche außerhalb der Beratungsinteraktion durch. Diese Arbeitsform der Informationsbeschaffung entspricht der beobachteten Recherchepraxis, bei der die Berater Bücher, Zeitschriften oder andere Quellen aus Regalen entnehmen und häufig gleich dort die Informationen recherchieren.

- Da wesentliche Momente der Beratung in telefonischen Beratungssituationen fehlen und diese Form der Beratung sehr deutlich auf Auskunftstätigkeiten bezogen ist, erscheint es sinnvoll, bei dieser Interaktionsform den Rechner direkt im Beratungszusammenhang (auf dem Schreibtisch des Beraters) einzubringen.

- Der zentrale Einsatzort des Informationssystems sollte jedoch außerhalb des konkreten Beratungsgespräches liegen, indem die vor- und nachgelagerte Recherchearbeiten durch Nutzung des Systems unterstützt werden.

Weitere Überlegungen zum Vermittlungszusammenhang "Berater, Ratsuchender und Computer" führen letztlich zu der Feststellung, daß durch das Einbringen eines computergestützten Informationssystems von der Beratungskraft weitaus größere didaktische Kompetenzen abverlangt werden, als ohne den Einsatz informationstechnischer Instrumente. Eine unzureichende Beratungsdidaktik kann vor dem Hintergrund umfassender Informationsbasen zu erheblichen Informationsüberlastungen auf Seiten des Ratsuchenden führen und damit die Beratungsintention (Aufklärung, Vermittlung etc.) erheblich negativ belasten.

Die Überlegungen verweisen zudem auf die Notwendigkeit, ausreichende Schulungen durchzuführen. Im Rahmen des Projektes sind neben den Vermittlungsaktivitäten im Zusammenhang mit dem evolutionären Prototypingverfahren in zwei Schulungszyklen (je eine Woche) EDV-Basis- und Systemnutzungswissen vermittelt worden.

Die Rahmenüberlegungen und der sozialorientierte Gestaltungsdiskurs konnten an dieser Stelle nicht ausreichend beschrieben und begründet werden. Jedoch erschien es uns wichtig, die soziale, konzeptionelle und organisatorische Eingebundenheit des technischen Konzepts zumindest angedeutet zu haben. Die Entwickler des Systems erhoffen sich, mit diesen Arbeiten einen konstruktiven Beitrag zu den oben bezeichneten Defiziten real existierender Informationssysteme und dabei gleichzeitig einige konzeptionelle Anregungen im Blick auf Methoden und Grenzen der Softwareentwicklung geleistet zu haben.

6. Literatur

Ban, A.W. van den; Wehland, W. , (Ban 1984); Einführung in die Beratung; Hamburg/Berlin 1984

Becker, J., Mettler-Meibom, B., Mathiesen, J., Sommer-Becker, I., (Becker 1980); Individuelle Informationsstrategien im Bereich der Fachkommunikation unter besonderer Berücksichtigung automatisierter Verfahren; Bonn, BMFT 1980

Capurro, R. , (Capurro 1987); Die Informatik und das hermeneutische Forschungsprogramm; in: Informatik-Spektrum, 1987, 10, S. 329-333

Floyd, Chr., Mehl, W.-M., Reisin, F.-M., Wolf, G. , (Floyd 1990); Partizipative Entwicklung transparenz-schaffender Software für EDV-gestützte Arbeitsplätze - Projekt PEtS - Endbericht; Manuskript, Berlin 1990

Graeßner, G.; Obladen, H.-P.; Schmithals, F. , (Graeßner 1989); Die Umweltberatung für Verbraucher der Verbraucher-Zentrale NRW e.V., Kontaktstelle Wissenschaftliche Weiterbildung, Universität Bielefeld, Februar 1989

Hanewinkel, A., Viefhues, D. , (Hanewinkel 1989); Informationstechnik in der Umweltberatung?; im Druck

Harter, St.P. , (Harter 1986); Online Information Retrieval -Concepts, Principles and Techniques; Orlando u.a. 1986

Hoffmann, V., (Hoffmann 1985); Beratungsbegriff und Beratungsphilosophie im Feld des Verbraucherhandelns -eine subjektive Standortbestimmung und Abrenzung, in: Lübke, V., Schoenheit, I. (Hrsg.), Die Qualität von Beratung für Verbraucher, Frankfurt, New York 1985, S. 26-47

Page, B. , (Page 1986); Informatik im Umweltschutz; München, Wien, 1986

Page, B., Jaeschke, A., Pillmann, W. , (Page 1990a); Angewandte Informatik im Umweltschutz - Teil 1; in: Informatik-Spektrum, 1990, 13, S. 6-16

Page, B., Jaeschke, A., Pillmann, W. , (Page 1990b); Angewandte Informatik im Umweltschutz - Teil 2; in: Informatik-Spektrum, 1990, 13, S. 86-97

Pietsch, J. , (Pietsch 1988); Kommunale Umweltinformationssysteme - Anforderungsprofile - Inhalte - Beiträge der Umweltplanung; in: Valk, R. (Hrsg.); GI - 18. Jahrestagung I, Vernetzte komplexe Informatik-Systeme, Hamburg, Oktober 1988; Berlin, Heidelberg, New-York 1988, S. 243-258

Prognos , (Prognos 1989); Modellprojekt Umweltberatung für Haushalte und Gemeinden. Abschlußbericht; Basel 1989

Salton, G.; McGill, M. , (Salton 1987); Information Retrieval - Grundlegendes für Informationswissenschaftler; Hamburg, New York 1987

Schiller, H.I. , (Schiller 1984); Die Verteilung des Wissen: Information im Zeitalter der großen Konzerne; Frankfurt/Main, New York 1984

Stichmann, S. (Hrsg.) , (Stichmann 1990); Computer in der Umweltberatung - Nutzungsbedarf und Qualifikationsanforderung; Dokumentation einer Fachtagung, Wissenschaftsladen Bonn e.V., Mai 1990

Viefhues, D.; Hanewinkel, A. , (Viefhues 1990); Reflektionen und Perspektiven zum Einsatz von Informationssystemen in der Umweltberatung; Vortragsmanuskript - 5. Symposium "Informatik für den Umweltschutz", 19.-21.9.1990

Winograd, T.; Flores, F. , (Winograd 1989); Erkenntnis Maschinen Verstehen; Berlin 1989

Zehnder, C.A. , (Zehnder 1989); Informationssysteme und Datenbanken; Stuttgart 1989

Zum Informationsfluß in DESSTERR -
einem Entscheidungsberatungssystem
zur Gestaltung abfallarmer Territorien

Jörg-Ronald Strehz
Institut für Geographie und Geoökologie der AdW der DDR
Rudower Chaussee 5, Berlin, DDR - 1199

Deskriptoren: Abfallwirtschaft, Region, Entscheidungsvorbereitung,
Wissensverarbeitung

Zusammenfassung

Es wurde ein interaktives wissensbasiertes Entscheidungsberatungssystem zur Gestaltung abfallarmer Territorien (DESSTERR)
konzipiert. Zielgruppen für die Anwendung sind Entscheidungsträger in der Regionalplanung. Aber auch branchenspezifische Lösungen im Sinne der Steuerung zur Vermeidung, Verminderung, Verwertung oder Beseitigung produktionsverursachter Abfälle sind vorgesehen. Dabei wird angestrebt, regional wirksame Lösungen zu
erarbeiten. Ziel ist die Umsetzung des technologisch-ökologi-
schen Koexistenzkonzeptes, d.h. die erarbeiteten Lösungen sollen
technologisch realisierbar und für die Umwelt akzeptabel sein.
Sie müssen aber auch Ansprüchen der Wirtschaftlichkeit genügen.
Für DESSTERR werden in diesem Beitrag Aspekte der Problemfelder
Problemerkennen und Problemlösen besprochen sowie Ansätze für
ein Informationsflußkonzept vorgestellt.

1.Einleitung

Abfall entsteht in allen Sphären des täglichen Lebens. Ein großer
Teil dieses Abfalls wird durch die Produktion verursacht. Er belastet
die Luft, den Boden und die Gewässer und er übt Schadwirkungen auf die
Menschen sowie auf die Tier- und Pflanzenwelt aus.

Diesen produktionsbedingten Abfall zu reduzieren, ist eine wesentliche Aufgabe. Zahlreiche Maßnahmen zielen auf die Vermeidung, Verminderung, Verwertung bzw. Beseitigung des Abfalls ab. Bei der Durch-
setzung dieser Maßnahmen wird in der Regel das Verursacherprinzip
angewendet, das denjenigen für den Abfall, von der Entstehung bis zur
Beseitigung, verantwortlich macht, der ihn auch produziert hat.

Sowohl bei vorsorgenden als auch bei nachsorgenden Maßnahmen geht es
in erster Linie darum, wirksame Ergebnisse für die Entlastung der
Umwelt zu erreichen. Das von vornherein zu berücksichtigen, erfordert
ein umfangreiches Fachwissen verschiedenster Wissensgebiete. Um dieses Wissen zu subsummieren und zu repräsentieren sind entsprechende
Instrumentarien erforderlich. Das Entscheidungsberatungssystem zur
Gestaltung abfallarmer Territorien DESSTERR (DEcision Support System
on low waste TERRitories) stellt ein solches Instrumentarium dar. Es
ermöglicht, im Vorfeld der Entscheidungsfindung, erforderliches
Wissen zu sammeln, zu verarbeiten und in Abhängigkeit vom zu lösenden
Problem Lösungsvarianten vorzubereiten, über die dann der Nutzer im
eigentlichen Entscheidungsprozeß befindet. Der Nutzer ist somit in
der Lage, die von ihm erwartete Entscheidung qualifizierter und fun-
dierter zu fällen.

Die Bearbeiter des Projektes DESSTERR gehen davon aus, daß das Entscheidungsberatungssystem ein Hilfsmittel zur Entscheidungsfindung
darstellt und keine fertigen Lösungen liefern kann. Die Verantwortung
liegt beim Entscheidungsträger (Lausch et al. 1989).

2. Grundanliegen von DESSTERR

Das Grundanliegen von DESSTERR wird in Bild 1 deutlich. Es ist unter
zwei sich gegenseitig bedingenden Aspekten zu sehen:

a) dem inhaltlichen Aspekt

b) dem organisatorischen Aspekt.

Unter inhaltlichem Aspekt geht es um das Sichtbarmachen und die Objektivierung von Stofffluß-Analysen auf dem Pfad Umwelt-Produktion-Umwelt
mit dem Ziel, regionale Aspekte in der Entscheidungsvorbereitung

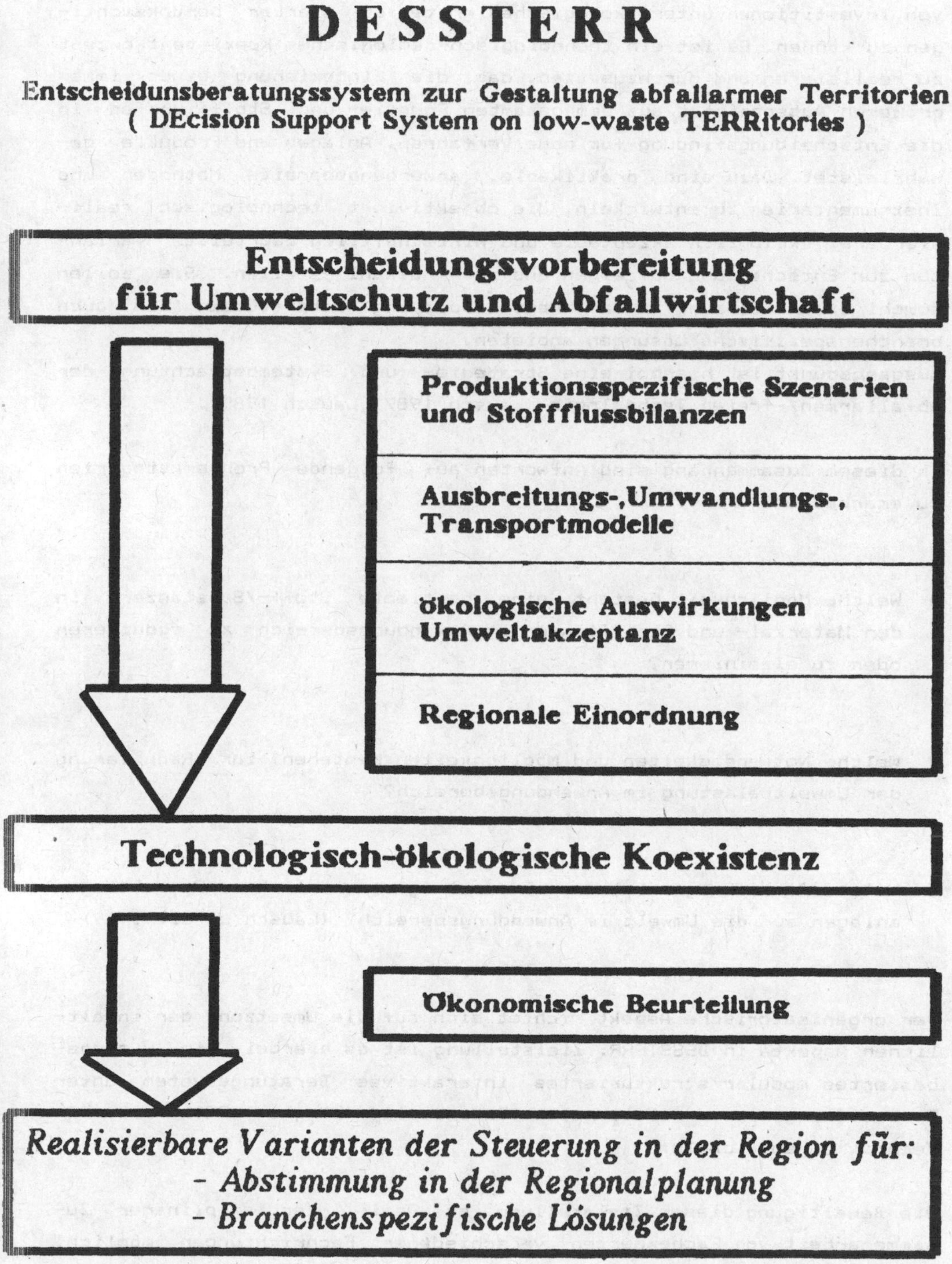

DESSTERR

Entscheidunsberatungssystem zur Gestaltung abfallarmer Territorien
(DEcision Support System on low-waste TERRitories)

**Entscheidungsvorbereitung
für Umweltschutz und Abfallwirtschaft**

> **Produktionsspezifische Szenarien
> und Stoffflussbilanzen**
>
> **Ausbreitungs-,Umwandlungs-,
> Transportmodelle**
>
> **ökologische Auswirkungen
> Umweltakzeptanz**
>
> **Regionale Einordnung**

Technologisch-ökologische Koexistenz

> **Ökonomische Beurteilung**

*Realisierbare Varianten der Steuerung in der Region für:
- Abstimmung in der Regionalplanung
- Branchenspezifische Lösungen*

Bild 1: Grundanliegen von DESSTERR

von Investitionen unter ökologischen Kriterien stärker berücksichtigen zu können. Es ist ein technologisch-ökologisches Koexistenzkonzept
zu realisieren und durchzusetzen, das die Einbeziehung eines immer
größeren Ausschnittes aus dem gesamten Energie- und Stoffflußpfad in
die Entscheidungsfindung für neue Verfahren, Anlagen und Produkte gewährleistet. Dazu sind praktikable, anwendungsbereite Methoden und
Instrumentarien zu entwickeln, die objektiviert technologisch realisierbare, ökologisch akzeptable und wirtschaftlich beurteilte Varianten zur Entscheidung aufzeigen und zur Auswahl stellen. Sie sollen
sowohl die Abstimmung in der Regionalplanung unterstützen als auch
branchenspezifische Lösungen anbieten.
Ausgangspunkt ist hierbei eine Strategie- und Systembetrachtung der
Abfallarmen/-freien Technologie (Lausch 1987, Lausch 1989).

In diesem Zusammenhang sind Antworten auf folgende Problemkategorien
zu erarbeiten:

A   Welche Möglichkeit besteht, eine bestimmte Stoff-/Substanzart in
    den Material- und Stoffflüssen im Anwendungsbereich zu reduzieren
    oder zu eleminieren?

B   Welche Notwendigkeiten und Möglichkeiten bestehen zur Reduzierung
    der Umweltbelastung im Anwendungsbereich?

C   Welche Auswirkungen hat die Errichtung zusätzlicher Produktions-
    anlagen auf die Umwelt im Anwendungsbereich? (Lausch et al. 1989)

Der organisatorische Aspekt richtet sich auf die Umsetzung der inhaltlichen Aspekte in DESSTERR. Zielstellung ist es hierbei, ein wissensbasiertes modular strukturiertes interaktives Beratungssystem unter
Einbeziehung einer relationalen Datenbasis (Strehz 1990) mit PC-
Technik zu entwickeln.

Die Bewältigung dieser Zielstellung ist nur in interdisziplinärer Zusammenarbeit von Fachexperten verschiedener Fachrichtungen möglich,
wie sie in dem Forscherkollektiv realisiert wird, dem der Autor dieses
Beitrages angehört.

3. Problemerkennen und Problemlösen in DESSTERR

Für den Aufbau eines KI-Systems sind drei wesentliche Schritte erforderlich:

1. Definition des Problems
2. Analyse des Problems
3. Auswahl der (des) besten Verfahren(s) und Anwendung auf das Problem
   (vgl. Rich 1988).

Der erste Schritt beinhaltet die Bestimmung der Anfangssituation sowie akzeptierbarer Lösungen als Endsituationen.
Im zweiten Schritt werden die wichtigsten Funktionen ermittelt, die Einfluß auf die Problemlösung haben und es werden mögliche Verfahren zur Lösung gesucht. Aus diesen Verfahren werden dann im dritten Schritt ein oder mehrere Verfahren ausgewählt, die am besten auf das Prblem angewendet werden können (ebenda).
Diese drei Schritte wurden für DESSTERR umgesetzt, wobei der dritte Arbeitsschritt erst als beendet angeshen werden kann wenn das System fertiggestellt ist. (vgl. u.a. Lausch 1987, Lausch et al. 1989, Strehz 1990).

Zwei wichtige Problemfelder, die bei der Realisierung der drei Schritte in Bezug auf den Aufbau von KI-Systemen parallel zu entwickeln sind, betreffen das Problemerkennen und das Problemlösen. In der Phase des Problemerkennens muß das vom Nutzer an das System herangetragene Problem erkannt und spezifiziert werden. Dem folgt in der Phase des Problemlösens die Suche nach einer oder mehreren Lösungen für das Problem (Brookes 1986).

Aspekte für die Entwicklung der beiden Problemfelder Problemerkennen und Problemlösen im System DESSTERR werden im Bild 2 dargestellt. Ihre Entwicklung ist eng verknüpft mit dem für die Arbeit mit DESSTERR erforderlichen Informationsfluß. Ansätze für ein Informationsflußkonzept in DESSTERR werden in diesem Zusammenhang dargestellt.

Nach dem Benennen des Themenbereiches , durch den der Nutzer des Systems DESSTERR über den Leistungsbereich des Entscheidungsberatungssystems informiert wird, werden zwei wesentliche Teile des Problemerkennens erarbeitet. Durch Auswahl einer Problemkategorie aus den genannten drei Kategorien A, B und C (vgl. Abschnitt 2.) kann der

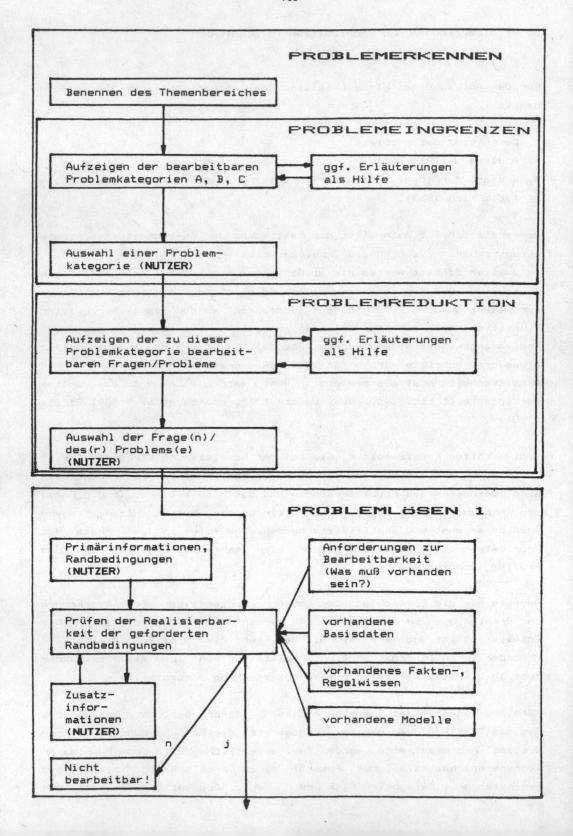

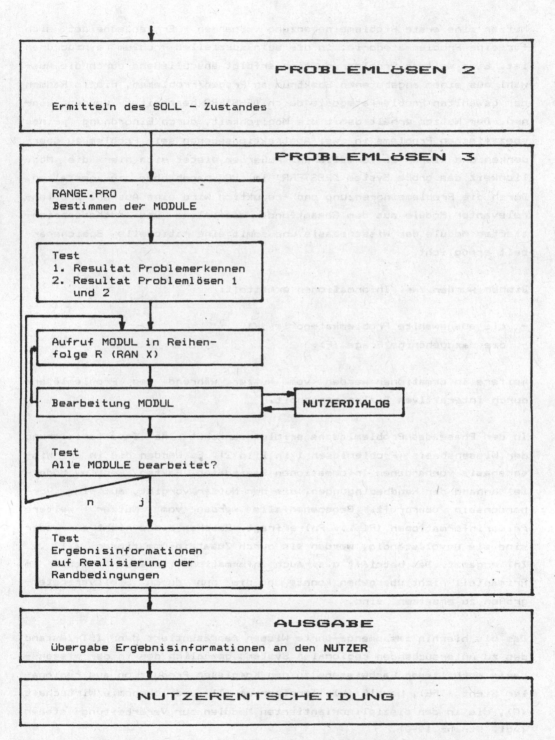

Bild 2: Problemerkennen und Problemlösen in DESSTERR

Nutzer eine erste Problemeingrenzung vornehmen. Er entscheidet sich
für eine Problemkategorie, in die sein spezielles Problem einzuordnen
ist. Eine weitere Problemreduktion erfolgt anschließend durch die Auswahl aus einem angebotenen Spektrum an Fragen/Problemen, die im Rahmen
der gewählten Problemkategorie durch DESSTERR bearbeitet werden können. Der Nutzer erhält damit die Möglichkeit, durch Einordnung seines
spezifischen Problems in zwei Abstraktionsebenen sein Problem zu über-
denken und klarer zu formulieren. Außerdem bietet sich hier die Möglichkeit das große System DESSTERR im PC handhabbar zu gestalten.
Durch die Problemeingrenzung und -reduktion wird eine Auswahl problem-
relevanter Module aus dem Gesamtfonds disziplin- und methodenorien-
tierter Module der Wissensbasis und somit eine rationelle Speicherar-
beit ermöglicht.

Bisher wurden zwei Informationen ermittelt:

- die ausgewählte Problemkategorie (K)
- die dazugehörige Frage (F).

Weitere Informationen werden vom Nutzer während des Problemlösens
durch interaktiven Dialog eingeholt.

In der Phase des Problemlösens erfolgt zunächst eine Inventarisierung
der Wissensbasis (Problemlösen 1 in Bild 2). Es werden die in der Wissensbasis vorhandenen Informationen Basisdaten, Fakten, Regeln, Modelle) anhand der Randbedingungen, die der Nutzer vorgibt, auf ihr Vorhandensein überprüft. Gegebenenfalls werden vom Nutzer weitere
Primärinformationen (P1 ... Pn) erfragt. Reichen diese nicht aus oder
sind sie unvollständig, werden sie durch Zusatzinformationen (Z1 ...
Zn) ergänzt. Das betrifft u.a. auch Informationen, die der Nutzer im
Primärteil nicht übergeben konnte und die nun durch Stellvertreter-
größen zu ersetzen sind.

Das bis hierhin zusammengeführte Wissen repräsentiert den IST-Zustand
des zu untersuchenden regionalen Systems bezüglich des in der Wissensbasis enthaltenen Fachwissens zu den Komplexen Produktion aus regionaler Sicht (TPE), Umwelt (U), Territorium (T) und Ökonomie/Wirtschaft
(O), die in den disziplinorientierten Modulen zur Verarbeitung stehen
(vgl. Strehz 1990).

Im zweiten Teil der Problemlösung wird anhand der Problemkategorie
(K), der Frage (F) und der Randbedingungen sowie weiterer Nutzerinfor-

mationen der SOLL-Zustand des zu untersuchenden Systems ermittelt, der dann, neben dem IST-Zustand, die Grundlage für die weitere Arbeit bildet (vgl. Bild 3).

$$\text{FR}$$
$$\Downarrow$$

$$Z^{IST}(Z^{IST}_{TPE}, Z^{IST}_{U}, Z^{IST}_{T}) \longrightarrow Z^{SOLL}(Z^{SOLL}_{TPE}, Z^{SOLL}_{U}, Z^{SOLL}_{T})$$

$$\Downarrow$$

$$\Delta Z_X(\Delta Z_{TPE,X}, \Delta Z_{U,X}, \Delta Z_{T,X}) = Z^{SOLL}_{X} - Z^{IST}_{X}$$

$$\Downarrow$$

$$L_X(S_X, W_X, ME_X, T_X, O_X)$$

Bild 3: Grundstrukturen der im System zu verarbeitenden Informationen (Gesamtsystem)

FR	- vom Nutzer vorgegebene Zielgröße (Frage, Randbedingungen)	S - Lösung im Sinne der Steuerung (Maßnahmen)
Z^{IST}	- vorgefundener Zustand	W - Wirkung der Lösung
Z^{SOLL}	- zu erreichender Zustand	
TPE	- Territoriale Produktionseinheit	T - Veränderungen im Territorium
U	- Umwelt	ME - Modellierungsergebnisse
T	- Territorium	
L	- erzeugte Lösungsvarianten	O - zugehörige wirtschaftliche Beurteilung
X	- 1...n (Variantenzahl)	

Im dritten Teil des Problemlösens, dem Generieren von alternativen Lösungen, werden die Module der Wissensbasis in der Reihenfolge (R), wie sie zur Bearbeitung der jeweiligen Frage heranzuziehen sind, aufgerufen und bearbeitet (Bild 2).

Abschließend werden die erzeugten Lösungsvarianten L_x (Bild 3) auf die Realisierung der anfangs vom Nutzer vorgegebenen Randbedingungen überprüft. Nach Ausgabe der L_x entscheidet dann der Nutzer über die zu realisierende Lösungsvariante.

4. Konzeptrealisierung

Das aufgezeigte Konzept für den Aufbau des Entscheidungsberatungssystems zur Gestaltung abfallarmer Territorien (DESSTERR) sowie die dargestellten Aspekte der Problemfelder Problemerkennen und -lösen sind in der weiteren Arbeit anhand konkreter Problembearbeitungen zu regionalen Konzepten und branchenspezifischen Lösungen schrittweise zu realisieren und weiter zu untersetzen. Das betrifft auch die hier skizzierten ersten Gedanken zum Informationsfluß in DESSTERR.
Hierbei sind besonders die folgenden Aspekte weiter auszubauen:

- Zugriff auf die relationale Datenbasis innerhalb der Wissensbasis
- Informationsübergabe zwischen den Modulen der Wissensbasis
- Informationskopplung zwischen der Wissensbasis und den anderen Bestandteilen von DESSTERR
- regionale Dimensionierung erforderlicher Informationen.

Diese Aufgaben ordnen sich in die laufenden Forschungen an dem am Institut für Geographie und Geoökologie der AdW der DDR bestehenden Forschungsprojekt zum System DESSTERR ein. Über eine im Zusammenhang damit erarbeitete Prinzip- und Demonstrationslösung wurde in (Lausch et al. 1989) berichtet.

5. Literatur

BROOKES,C.H.P.
Requirements elicitation for knowledge based Decision Support
Systems., in: McLEAN,E.R.,SOL,H.G.: Decision Support Systems: A decade
in perspective.
Amsterdam, ...: 1986, S.129-144

LAUSCH,W.
Abproduktarme/-freie Technologie - Strategie zur Nutzung, Gestaltung
und zum Schutz der Umwelt.
Berlin: AdW der DDR. Diss. B 1987

LAUSCH,W.
Abproduktarme Territorien als Entscheidung für Technologie und
ökologie.
Zeitschrift für angewandte Umweltforschung, Berlin 2(1989)2,
S.167-178

LAUSCH,W.,ACKERMANN,R.,STREHZ,J.-R.
DESSTERR - ein Entscheidungsberatungssystem für technologisch-ökolo-
gische Koexistenz im Territorium., in: JAESCHKE,A.,GEIGER,W.,PAGE,B.:
Informatik im Umweltschutz., 4. Symposium, Karlsruhe, November 1989.
Proceedings.
Berlin, ... 1989 (Informatik-Fachberichte Bd. 228)

LAUSCH,W.,ACKERMANN,R.,HORAK,A.,STREHZ,J.-R.,...
Erkundung, Entwicklung und Anwendung wissenschaftlicher Grundlagen der
Abproduktarmen/-freien Technologie im Territorium.
Berlin: IGG der AdW der DDR, Studie 1989

RICH,E.
KI - Einführung und Anwendungen.
Hamburg, ...: 1988

STREHZ,J.-R.
Methodische Aspekte für den Aufbau eines Entscheidungsberatungssystems
zur Gestaltung abproduktarmer Territorien (DESSTERR)., in: Wissenschaftliche Tagungen der TU Karl-Marx-Stadt, Karl-Marx-Stadt (1990)6
(im Druck)

STREHZ,J.-R.
Zur Integration einer raumbezogenen Datenbasis im Entscheidungsberatungssystem zur Gestaltung abfallarmer Territorien (DESSTERR).,Vortrag
und Veröffentlichung auf dem 3. Treffen des GI-Arbeitskreises "Umwelt-
datenbanken", 1990 (im Druck)

Haupterfolgsfaktoren bei der schrittweisen Implementierung komplexer Informationssysteme

Christoph Weiss
McKinsey & Company, Inc.
Birkenwaldstrasse 157
D-7000 Stuttgart 1

Zusammenfassung

Die Entwicklung eines landesweiten Informationssystems ist eine hochkomplexe Aufgabe: Eine Vielzahl von Einzelsystemen ist zu integrieren, gewaltige Datenmassen sind zur Sicherstellung eines lückenlosen Informationsflusses zu koordinieren. Die sorgfältige Planung eines solchen Vorhabens ist unabdingbar, alleine angesichts der damit verbundenen Investitionssummen. Die folgende kurze Vorgehensbeschreibung am Beispiel des Umweltinformationssystems Baden-Württemberg soll denjenigen eine Hilfe sein, die eine ähnlich komplexe Aufgabe übernommen haben und sie zum Erfolg führen wollen.

Einleitung

Beim bloßen Durchblättern der Tagungsbände zu den bisherigen GI-Symposien "Informatik für den Umweltschutz" wird deutlich, welche Fülle von Systemansätzen es inzwischen im Bereich der Umweltinformatik gibt - alle durchaus mit sehr vielversprechenden Perspektiven. Dies ist die erfreuliche Seite der technologischen Entwicklungen. Auf der anderen Seite aber sind zunehmend Klagen über "Datenfriedhöfe", "Systeminseln" und große Informationslücken zu hören; gerade auch von seiten der Entscheidungsträger in den Umweltverwaltungen.

Daraus wird eines deutlich: Technik alleine kann komplexe Probleme im öffentlichen Sektor nicht lösen. Was dringend benötigt wird, um die Errungenschaften der Technik für Politik und Verwaltung effektiv nutzen zu können, sind Rahmenkonzepte. Die Entwicklung von Einzelkomponenten ohne übergreifende Ausrichtung führt sonst zu suboptimalen Lösungen und birgt das Risiko, daß in entscheidenden Momenten dringend benötigte Informationen nicht zur Verfügung stehen. Diese Erkenntnis hat das Land Baden-Württemberg dazu veranlaßt, einen Beratungsauftrag zu vergeben, in dem die wesentlichen Eckpfeiler für ein integriertes Umweltinformationssystem (UIS) bestimmt werden sollten.

Im Rückblick auf die knapp dreijährige enge Zusammenarbeit mit dem Umweltministerium Baden-Württemberg lassen sich aus Sicht des Beraters sechs wichtige Schritte ableiten, von deren Beachtung die erfolgreiche Implementierung eines landesweiten Informationssystems weitgehend abhängt.

Haupterfolgsfaktoren

1. Entwicklung einer durchgängigen und ressortübergreifenden Entwicklungsstrategie

Jährlich werden in Baden-Württemberg Millionenbeträge in die Entwicklung und Pflege des Umweltinformationssystems investiert. Zur Vermeidung von Fehlinvestitionen war eine einheitliche Rahmenkonzeption für das System unabdingbar: Ohne klare Vorgaben für Anwendungssystemstrukturen und Hardwarestrukturen und ohne eindeutige Regeln für Entwicklung, Wartung und Betrieb der Systeme wären technische wie auch logische System-Inkompatibilitäten nicht zu vermeiden. Folgerichtig war der erste Schritt bei der Entwicklung des UIS die Formulierung einer Entwicklungsstrategie. Im Idealfall ist für eine solche Strategie ein Kompromiß zwischen einer "zentralistischen" Entwicklungsstrategie (Gefahr der Überorganisation) und einer "dezentralen" Strategie (Gefahr der "organisierten Anarchie") anzustreben. Diesem Ziel dient die Formulierung von Regeln und Standards für die unterschiedlichen Systementwicklungsebenen, nämlich:

- Benutzeroberfläche
- Anwendungssysteme
- Betriebssystem

- Datenstrukturen und Datenhaltung
- Netzwerkschnittstellen
- Rechner, Speicher- und Peripheriegeräte.

Die dezentralen Entwicklungseinheiten erhalten auf diese Weise greifbare Entwicklungsvorgaben, die jedoch ihre Kreativität nicht unnötig einschränken und die Nähe zum Anwender bestehen lassen (Schaubild 1). Gleichzeitig ermöglichen es die Regeln und Standards, daß auf eine Zentralinstitution verzichten werden kann.

Schaubild 1

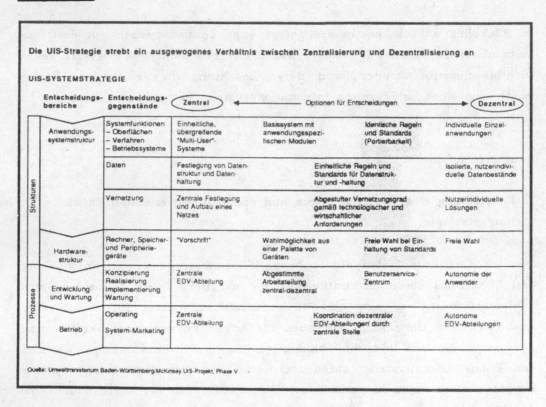

Die UIS-Strategie strebt ein ausgewogenes Verhältnis zwischen Zentralisierung und Dezentralisierung an

UIS-SYSTEMSTRATEGIE

Entscheidungs-bereiche		Entscheidungs-gegenstände	Zentral	Optionen für Entscheidungen		Dezentral
Strukturen	Anwendungs-systemstruktur	Systemfunktionen – Oberflächen – Verfahren – Betriebssysteme	Einheitliche, übergreifende "Multi-User"-Systeme	Basissystem mit anwendungsspezi-fischen Modulen	Identische Regeln und Standards (Portierbarkeit)	Individuelle Einzel-anwendungen
		Daten	Festlegung von Daten-struktur und Daten-haltung		Einheitliche Regeln und Standards für Datenstruk-tur und -haltung	isolierte, nutzerindivi-duelle Datenbestände
		Vernetzung	Zentrale Festlegung und Aufbau eines Netzes		Abgestufter Vernetzungsgrad gemäß technologischer und wirtschaftlicher Anforderungen	Nutzerindividuelle Lösungen
	Hardware-struktur	Rechner, Speicher- und Peripherie-geräte	"Vorschrift"	Wahlmöglichkeit aus einer Palette von Geräten	Freie Wahl bei Ein-haltung von Standards	Freie Wahl
Prozesse	Entwicklung und Wartung	Konzipierung Realisierung Implementierung Wartung	Zentrale EDV-Abteilung	Abgestimmte Arbeitsteilung zentral-dezentral	Benutzerservice-Zentrum	Autonomie der Anwender
	Betrieb	Operating System-Marketing	Zentrale EDV-Abteilung		Koordination dezentraler EDV-Abteilungen durch zentrale Stelle	Autonome EDV-Abteilungen

Quelle: Umweltministerium Baden-Württemberg/McKinsey UIS-Projekt, Phase V

Im Fall des UIS wurden die formulierten Regeln und Standards aus der Zielphilosophie des baden-württembergischen Landessystemkonzeptes abgeleitet, nach der das UIS sowohl vertikalen Datenaustausch (von der Amtsebene bis zum Ministerium) als auch horizontalen Datenaustausch (zwischen Dienststellen derselben Ebene) ermöglichen soll (Schaubild 2). Das heißt, mit Hilfe des Systems sollen einerseits Führungsinformationen bereitgestellt werden, die zur Entscheidungsvorbereitung dienen; andererseits sollen vorgangsbezogene Informationen zwischen den bearbeitenden Instanzen ausgetauscht werden, um so Effizienzreserven in der Verwaltung erschließen zu können.

Schaubild 2

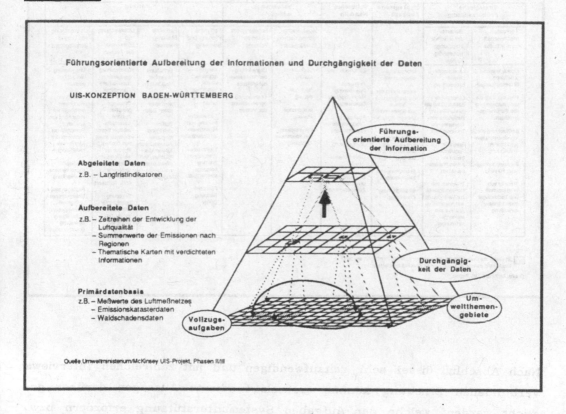

2. Identifikation zu unterstützender Verwaltungsaufgaben und Synchronisation des Systemeinsatzes

Um die in Form von Regeln und Standards festgelegte Entwicklungsstrategie konkretisieren zu können, müssen in einem zweiten Arbeitsschritt die in einer Umweltverwaltung anfallenden Aufgaben systematisch erfaßt und beschrieben werden. Hierzu empfiehlt es sich, ein "Geschäftssystem" der Umweltverwaltung aufzustellen, das einen Überblick über alle wesentlichen Aufgaben gibt (Schaubild 3). Gleichzeitig sind die Erfolgsfaktoren zu ermitteln, von deren Ausgestaltung die Qualität der Leistungserbringung abhängt.

Schaubild 3

Erfassung aller relevanten Verwaltungsaufgaben mit Umweltbezug

AUFGABEN MIT UMWELTBEZUG

Strategische Früherkennung		Strategische Konzept-entwicklung	Politisches Handeln	Verwaltungs-mäßige Umsetzung		Vollzug			
Technisch wissenschaft-liche Impulse	Bedarfs-erkennung/ Handlungs-notwendig-keiten			Ausformung der politischen Zielvorgaben	Regelung des laufenden Vollzugs	Fachliche Planung und Beratung	Fachliche Stellung-nahmen	Überwachung von Elementen der Techno-sphäre	Überwachung von Umwelt-Schutzgütern
0	1	2	3	4	5	6/7	8-12	13-17	18-20
• Eigene wissen-schaftliche Grundlagenarbeit • Planung, Vergabe und Überwachung von Forschungs-projekten • Beobachtung der technischwissen-schaftlichen Entwicklung • Beratung strategi-sche Führung • Transfer von Wissenschaft und Technologie in die Landes-verwaltung	• Landesweite Umwelt-beobachtung • Landesweite Beobachtung des Bestandes und Zustandes von Elementen der Technosphäre • Erkennen von Regulierungs-bedarf in neuen Problem-bereichen • Erkennen von Notwendigkeiten zur Veränderung von Vorschriften • Analyse von Meinungs-strömungen	• Informations-management • Bestimmung der Gefährdung u. der Schutz-würdigkeit von Umwelt-Schutz-gütern • Langfristige Entwicklungs-und Nutzungs-planung • Erarbeitung von Empfehlungen Strategisches Controlling	• Zielformulierung • Politische Priorisierung/ Nachrangigkeit/ Durchsetzung • Festlegung Ordnungsrahmen (Gesetze etc.) • Budgetierung • Öffentlichkeits-arbeit • Länderüber-greifende Zusammenarbeit	• Operationali-sierung • Regional-sierung • Mittelfristige Planung • Bereitstellung von Hilfsmitteln für Vollzug	• Überwachung der "Wirksamkeit" des Vollzugs • Überwachung der Abwicklung des Vollzugs	• Identifikation regionaler lokaler Handlungs-notwendig-keiten • Technische Planung von Maßnahmen an Schutzgüter • Technische Planung von Ent-/Ver-sorgungs-maßnahmen • Fachliche Beratung Dritter	• Einhaltung bindender Vorschriften • Abgleich mit konzeptio-nellen Zielen • Berück-sichtigung möglicher Auswirkungen für den Natur-haushalt, UVP (überörtliche und fachbe-zogene)	• Überwachung geregelter Sachverhalte • Planmäßige Ausführung • Ordnungs-gemäßer Zustand • Vorschrifts-mäßiger Betrieb • Eigenschaften von Stoffen/ Produkten/ Abfällen/Luft/ Abwässern • Geregelte Prozesse (z.B. Transport) • Ermittlung unbekannter umweltrele-vanter Tat-bestände	• Überwachung von Schutz-gebieten • Beobachtung von Umwelt-Schutzgütern in der Nähe von bzw. an Elementen der Technosphäre (Emittenten-meßstellen) • Flächen-deckende Umw.-Überwachung • Festlegen Meß-/ Untersuchungs-programme Datenerhebung Aufbereitung/ Bewertung Dokumentation

▨ Systeme zur Unterstützung der Aufgaben konnten identifiziert werden
Die Nützlichkeit der Systeme muß im Einzelfall beurteilt werden

Quelle: McKinsey UIS-Projekt,

Nach Abschluß dieser sehr zeitaufwendigen und mit zahlreichen Interviews verbundenen Erhebung können erstmals fundierte Aussagen darüber ge-macht werden, welche der Aufgaben Systemunterstützung erfordern bzw. wie diese Unterstützung konkret zu gestalten ist.

3. Setzen von Entwicklungsschwerpunkten

Nachdem die Aufgabenübersicht vorliegt, müssen im nächsten Schritt ein-deutige Entwicklungsprioritäten gesetzt werden. Dazu sind insbesondere Kosten und Nutzen jedes Einzelprojektes zu bewerten; aber auch Synergie-effekte, die durch die Integration von einzelnen Systemen entstehen, dürfen nicht außer acht gelassen werden. Interessant ist, daß das Nutzenpotential überproportional zunimmt, je flächendeckender die Systemlandschaft über das gesamte Geschäftssystem aufgebaut wird (Schaubild 4). Diese Potentiale können allerdings nur erschlossen werden, wenn die in Schritt 1 definierten Regeln und Standards konsequent eingehalten werden.

Schaubild 4

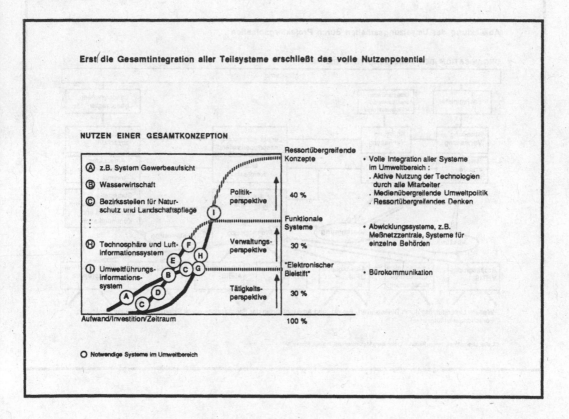

4. Synchronisation des Technikeinsatzes mit organisatorischen Maßnahmen

Um zu gewährleisten, daß die in Schritt 3 definierten Schwerpunktprojekte nicht im Tagesgeschäft "untergehen", muß eine durchdachte und in sich stabile Projektorganisation geschaffen werden.

Bei der Umsetzung des UIS Baden-Württemberg hat es sich bewährt, dem Referat IuK (Informations- und Kommunikationstechnik) des Umweltministeriums eine achtköpfige Projektgruppe zu unterstellen, die, losgelöst von der Tagesroutine, in erster Linie die Entwicklung von UIS-Schwerpunktprojekten voranzutreiben und zu koordinieren haben (Schaubild 5).

Schaubild 5

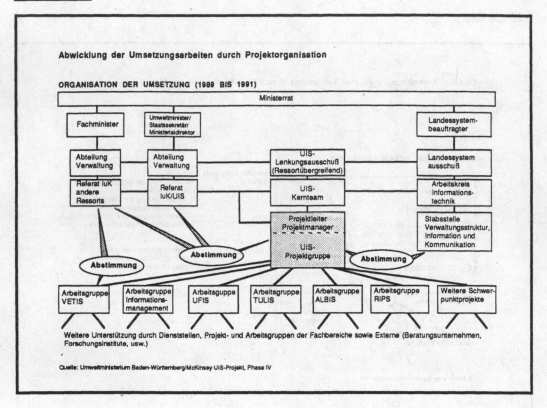

Quelle: Umweltministerium Baden-Württemberg/McKinsey UIS-Projekt, Phase IV

Den Mitgliedern dieser Projektgruppe wurden nun die Projekte so zugeteilt, daß jeweils zwei für ein Projekt zuständig sind und jeder Mitarbeiter wiederum mindestens zwei Projekte betreut. Für jedes Projekt wurden - unterschiedlich stark besetzte - gemischte Arbeitsgruppen gebildet, in die außer den "Betreuern" die künftigen Systemnutzer (Mitarbeiter der Fachverwaltungen, wie etwa Gewerbeaufsichtsämtern, Landesanstalt für Umweltschutz, Chemischen Landesuntersuchungsämtern) sowie externe Experten (Berater und Entwicklerteams) einbezogen sind. So können ohne aufwendige Administration, und unter Wahrung der Regeln und Standards, zahlreiche Entwicklungsvorhaben parallel vorangetrieben werden (Schaubild 6).

Die Federführung und Entwicklungsverantwortung (Inhalte und Budgets) für jedes Einzelprojekt haben jeweils die beiden zuständigen Projektgruppenmitglieder.

Schaubild 6

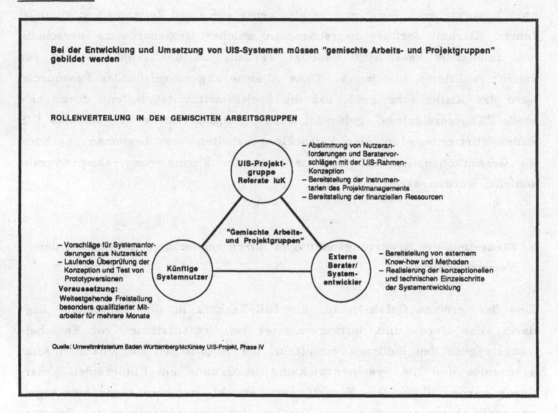

Bei der Entwicklung und Umsetzung von UIS-Systemen müssen "gemischte Arbeits- und Projektgruppen" gebildet werden

ROLLENVERTEILUNG IN DEN GEMISCHTEN ARBEITSGRUPPEN

UIS-Projektgruppe Referate IuK
– Abstimmung von Nutzeranforderungen und Beratervorschlägen mit der UIS-Rahmen-Konzeption
– Bereitstellung der Instrumentarien des Projektmanagements
– Bereitstellung der finanziellen Ressourcen

"Gemischte Arbeits- und Projektgruppen"

– Vorschläge für Systemanforderungen aus Nutzersicht
– Laufende Überprüfung der Konzeption und Test von Prototypversionen
Voraussetzung:
Weitestgehende Freistellung besonders qualifizierter Mitarbeiter für mehrere Monate

Künftige Systemnutzer

Externe Berater/Systementwickler
– Bereitstellung von externem Know-how und Methoden
– Realisierung der konzeptionellen und technischen Einzelschritte der Systementwicklung

Quelle: Umweltministerium Baden Württemberg/McKinsey UIS-Projekt, Phase IV

Voraussetzung für die weitgehende Delegation der Projektverantwortung auf einzelne Projektgruppenmitglieder ist die Bereitstellung von Instrumenten des Projektmanagements. Hierzu wurde gemeinsam mit dem Umweltministerium ein UIS-Projekthandbuch entwickelt, das konkrete Vorgaben zur Projektplanung sowie inhaltliche Beschreibungen der einzelnen Entwicklungsstufen eines IuK-Systems enthält. Daneben werden "Standard-Verträge", Checklisten, Budgetplanungsübersichten u.ä. herangezogen. Das Projektmanagement wurde ergänzt um ein Projektcontrolling, angesiedelt im Referat IuK des Umweltministeriums, das den Stand der einzelnen Projekte - Einhaltung der zeitlichen Meilensteine wie auch Budgetausschöpfung - periodisch überprüft.

5. Bestimmung der langfristig benötigten Ressourcen

Die Entwicklung eines ressortübergreifenden Umweltinformationssystems ist eine Generationsaufgabe: Bis das Schwerpunktprojekt mit der geringsten Priorität seine vorgesehene Ausbaustufe erreicht hat, wird das Jahr 2000 kurz bevorstehen. Somit muß bereits heute auf einen Zeitraum von rund 10 Jahren Klarheit darüber herrschen, in welcher Größenordnung personelle und finanzielle Ressourcen benötigt werden, um das Projekt Schritt für Schritt realisieren zu können. Ohne Absicherung ausreichender Ressourcen wäre das Risiko sehr groß, daß die Projektkontinuität laufend durch aktuelle "Tagesereignisse" gefährdet wäre. Folglich wurde im Falle des UIS Baden-Württemberg mit den Entwicklungsarbeiten erst begonnen, nachdem die Gesamtkonzeption und ein entsprechender Finanzierungsrahmen verabschiedet worden waren.

6. Steuerung der Erwartungshaltungen durch regelmäßige Information der Verantwortlichen

Eine der größten Gefahren für die IuK-Technik in der Verwaltung liegt darin, daß Hard- und Softwareanbieter bei Präsentationen vor Entscheidungsträgern den Eindruck vermitteln, die technischen Möglichkeiten seien grenzenlos und die Systementwicklung im Grunde ein Kinderspiel. Hierdurch werden überzogene Erwartungen geweckt, zuweilen sogar eine regelrechte Euphorie ausgelöst - die Gefahr, daß daraus wenig später Frustration entsteht (bis hin zur totalen Ablehnung der IuK-Technik) ist damit um so größer. Um dies zu vermeiden, empfiehlt es sich, von vornherein gezieltes "Erwartungsmanagement" zu betreiben; insbesondere aber ist es hilfreich, kurzfristige Etappen für jedes Projekt zu definieren, nach denen den Entscheidungsträgern der aktuelle Stand der Arbeiten vorgeführt wird. In diesem Zusammenhang hat sich das Verfahren des "Rapid Prototyping" bei der UIS-Entwicklung voll bewährt: Für jedes Schwerpunktprojekt konnte nach sechs bis acht Monaten eine erste lauffähige Version des künftigen Systems vorgeführt werden; auf diese Weise konnten den Entscheidungsträgern die Entwicklungsfortschritte in den Projekten sehr anschaulich gemacht werden, und gleichzeitig wurden sie mit den Möglichkeiten und Grenzen der Technik vertraut.

Literatur

Umweltministerium Baden-Württemberg/McKinsey & Company, Inc.:
Konzeption des ressortübergreifenden Umweltinformationssystems (UIS) im
Rahmen des Landessystemkonzeptes Baden-Württemberg, Bände 1-9, 1987-1989

CORINE: Ein Umweltinformationssystem für die Europäische Gemeinschaft

Hans-Werner Koeppel

Bundesforschungsanstalt für
Naturschutz und Landschaftsökologie
Fachgebiet Informationstechnik/Fachinformation, Kartographie
Konstanstinstraße 110
5300 Bonn 2

Kurzfassung

CORINE (COoRdinated INformation on the Evironment in der EG) ist ein Versuchsvorhaben der EG-Kommission, daß zum Ziel die Sammlung und die Harmonisierung von Informationen über den Stand der Umwelt und der natürlichen Ressourcen unter Einsatz eines integrierten GIS hat.

Der Beitrag enthält eine kurze Darstellung der Ziele, Aufgaben und Inhalte sowie der Organisationsstruktur von CORINE.

CORINE ist Vorläufer eines EG-weiten Umweltinformationssystems, das in der, im Jahre 1990 gegründeten Europäischen Umweltagentur verwirklicht werden soll.

1. Einleitung

Schon im November 1974 hat der Rat der EG im Aktionsprogramm Umweltschutz die Kommission aufgefordert "Arbeiten für eine Klassifizierung des Territoriums der Gemeinschaft auf der Grundlage seiner Umweltcharakterstiken durchzuführen". Diese Arbeiten, u.a. auch die "Ökologische Kartierung der EG" (EG-Kommission, GDXI 1594-617(82-DE) führten schließlich zu dem Programm CORINE im Jahre 1985.

Intensive Methodendiskussionen und erhebliche Koordinierungs- und Abstimmungsprobleme sind der Entscheidung vorausgegangen und haben sie positiv im Sinne des Umwelt- und Naturschutzes beeinflußt. Diese EG-Entscheidung stellte ein Arbeitsprogramm für die Kommission auf zur Durchführung eines "Versuchsvorhabens für die Zusammenstellung, Koordinierung und Abstimmung der Informationen über den Zustand der Umwelt und der natürlichen Ressourcen in der Gemeindschaft" (85/338/EWG).

"CORINE" wurde der Arbeitsname des Programms und ist die Abkürzung von dem engl. Titel: "COoRdination of INformation on the Evironment".

Das Arbeitsprogramm wurde für 4 Jahre von 1985-1988 festgelegt. 1988 konnte es durch einen Ratsbeschluß um 2 Jahre bis 1990 verlängert werden. Die Durchführung lag bei der Generaldirektion XI für Umwelt, nukleare Sicherheit und Verbraucherschutz.

2. Das Programm CORINE

Die Ratsentscheidung definiert die Ziele des Versuchsvorhabens, setzt Prioritäten, legt die zur Verfügung stehenden Mittel fest und bestimmt das Arbeitsprogramm.

2.1 Ziele

Für das Versuchsvorhabens CORINE stehen zwei wesentliche Ziele im Vordergrund:

1. Bereitstellen von Daten und Informationen über die Umwelt für die aktuelle Umweltpolitik der EG und den Mitgliedsländern.

2. Untersuchung und Entwicklung eines umfassenden Umweltinformationssystems auf EG-Ebene.

Weitere Ziele sind:
- einen Überblick über die Datenlage in der EG und den Mitgliedsländern zu erhalten,
- die zur Verfügung stehenden Daten in vergleichbarer Form aufzubereiten,
- Erfassung von räumlichen Daten und damit Aufbau eines geographischen Informationssystems,
- Erhebung von CORINE vergleichbaren Aktivitäten auf nationaler, Gemeinschafts- und internationaler Ebene.

2.2 Aufgaben - Inhalte

Der Rat nennt in seiner Entscheidung drei gemeinschaftsweite Probleme, die vorrangig zu bearbeiten sind:
a. Biotope von vorrangiger Bedeutung für den Naturschutz
b. Saure Niederschläge
c. Schutz der Umwelt im Mittelmeerraum.

Diese drei Problembereiche haben in den ersten Jahren die zu bearbeitenden Inhalte bestimmt, doch während der jetzt im sechsten Jahr laufenden Arbeiten wurde die Datenerhebung wesentlich erweitert und an neu hinzugekommenen Aufgaben orientiert. Die Tabelle 1 gibt einen Überblick über die zur Zeit erfaßten Daten im CORINE-Informationssystem.

Neben den zu bearbeitenden Umweltproblembereichen hat der Rat die Kommission aufgefordert "eine Verbesserung der Vergleichbarkeit und des Zuganges zu den Daten sowie der Methoden zur Analyse der Daten mit dem Ziel, die Kohärenz der Ergebnisse auf Gemeinschaftsebene zu gewährleisten".

2.3 Organisation

Die Organisationsstruktur zur Durchführung dieses sehr komplexen Projektes basiert auf einer Arbeitsteilung in Gruppen, die weitgehend unabhängig voneinander tätig sind und spezifische Aufgaben zu erfüllen haben.
Drei Hauptgruppen wurden gebildet:

1. Die Projektgruppen
   Für die verschiedenen Arbeitsprojekte (ca. 10) wurde jeweils eine Projektgruppe eingerichtet, die aus einem Projektleiter mit einem Team von Experten aus den Mitgliedsländern besteht. In diesen Gruppen werden die Grundlagen erarbeitet, d.h. die Methoden für die Datenerhebung und -interpretation bestimmt, die Inhalte festgelegt, die Erhebung und Interpretation durchgeführt.

2. Das zentrale technische CORINE-Team
   Diese Gruppe wurde direkt in Brüssel in der GDXI aufgebaut. Sie ist für die gesamte Koordinierung zuständig und unterstützt die Projektleiter bei administrativen, technischen und wissenschaftlichen Problemen. Später wurde auch das GIS in Brüssel eingerichtet und räumliche Daten erfaßt und verarbeitet (siehe Abb.1).

3. Gruppe der nationalen Experten
   Auf Wunsch der Mitgliedsländer wurde in die Ratsentscheidung die Bildung einer projektbegleitenden Gruppe von nationalen Experten aufgenommen.
   Die Aufgabe dieser Gruppe war und ist es, daß CORINE-Team und die Projektleiter zu beraten und Verbindungen zu den Datenquellen in dem jeweiligen Mitgliedsland herzustellen.

Overview of the contents of the CORINE Information System

Theme	Nature of the information	Volume of information Description	Mbytes	Resolution/scale
Biotopes	Location and description of biotopes of major importance for nature conservation in the Community	5600 biotopes described, according to approx. 20 characteristics	20.0	Location of the centre of the site
		Boundaries of 440 biotopes computerised (Portugal, Belgium)	2.0	1/100 000
Designated Areas	Location and description of areas classified under various types of protection	13 000 areas described according to approx. 11 characteristics (file being completed) Computerized record of the limits of the areas designated in compliance with article 4 of the EEC/409/79 directive on conservation of wild birds	6.5	Location of the centre of the site 1/100.000
Emissions into the air	Tons of pollutants (SO2,NOx,VOC) emitted in 1985 per category of source: power stations, industry, transport, nature, oil refineries, combustion	1 value per pollutant, per category of source and per region, plus data for 1400 point sources i.e. +/- 200.000 values in total	2.5	Regional (NUTS III) and location of large emission sources
Water resources	Location of gauging station, drainage basin area, mean and minimum discharge, period:1970-1985, for the southern regions of the EC	Data recorded for 1061 gauging stations, for 12 variables	3.2	Location of gauging station
Coastal erosion	Morpho-sedimentological characteristics (4 categories), presence of constructions, characteristics of coastal evolution: erosion, accretion, stability	17 500 coastal segments described	25.0	Base file: 1/100 000 Generalisation: 1/1 000 000
Soil erosion risk	Assessment of the potential and actual soil erosion risk by combining 4 sets of factors: soil, climate, slopes, vegetation	180 000 homogeneous areas (southern regions of the Community)	400.0	1/1 000 000
Important land resources	Assessment of land quality by combining 4 sets of factors: soil, climate, slopes, land improvements	170 000 homogeneous areas (southern regions of the Community)	300.0	1/1 000 000

Tabelle 1: Überblick der in CORINE gespeicherten Daten, aus: GDXI, EG-Kommission (1990)

Theme	Nature of the information	Volume of information Description	Mbytes	Resolution/scale
Natural potential vegetation	Mapping of 140 classes of potential vegetation	2288 homogeneous areas	2.0	1/3 000 000
Land cover	Inventory of biophysical land cover, using 44 class nomenclature	Vectorised database for Portugal, Luxembourg	51.0	1/100 000
Water pattern	Navigability, categories (river, canals, lake, reservoirs)	49 141 digitised river segments	13.8 / 0.3	1/1 000 000 / 1/3 000 000
Bathing water quality	Annual values for up to 18 parameters, 113 stations, for 1976-1986, supplied in compliance with EEC/76/160 Directive	2650 values	0.2	Location of station
Soil types	320 soil classes mapped	15.498 homogeneous areas	9.8	1/1 000 000
Climate	Precipitation and temperature (other climatic variables : data incomplete)	Mean monthly values for 4773 stations	7.4	location of station
Slopes	Mean slope per km2 (southern regions of the Community)	1 value per km2, i.e. 800.000 values	150.0	1/100 000
Administrative units	EC NUTS regions (Nomenclature of Territorial Units for Statistics) 4 hierarchical levels	470 NUTS digitised	0.7	1/3 000 000
Coasts and countries	Coastline and national boundaries (Community and adjacent territories)	62.734 km	0.3 / 3.2	1/3 000 000 / 1/1 000 000
Coasts and countries	Coastline and boundaries (planet)	196 countries	1.5	1/25 000 000
ERDF regions	Eligibility for the Structural Funds	309 regions classified	0.01	Eligible regions
Settlements	Name, location, population of urban centres > 20.000 inhab.	1542 urban centres	0.1	Location of centre
Socio-economic data	Statistical series extracted from the SOEC-REGIO database.	Population, transport, agriculture, etc.	40.0	Statistical Units NUTS III
Air traffic	Name, location of airports, type and volume of traffic (1985-87).	254 airports	0.1	Location of airport
Nuclear power stations	Capacity, type of reactor, energy production.	97 stations, update 1985	0.03	Location of station

Tabelle 1: Fortsetzung

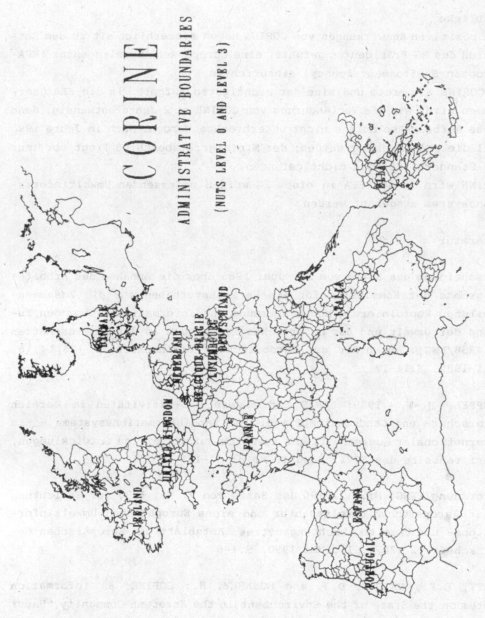

Abbildung 1: Plot der administrativen Grenzen der EG auf Bezirksebene,
Auszug aus der GIS-Flächendatenbank

3. Ausblicke

Die positiven Auswirkungen von CORINE haben sicherhlich mit zu dem Entschluß des EG-Präsidenten geführt, eine Europäische Umweltagentur (EEA-European Environment Agency) einzurichten.

Da CORINE als erste und eine der wichtigsten Aufgaben in die EEA übernommen wird, war die Verlängerung von CORINE um 2 Jahre notwendig, denn diese Aufbauphase durfte nicht unterbrochen werden. Noch im Jahre 1990 soll die EEA gegründet werden; der Ministerratsbeschluß liegt vor, nur der Standort ist noch nicht gefunden.

CORINE wird in der EEA zu einem EG-weiten umfassenden Umweltinformationssystem ausgebaut werden.

Literatur

Entscheidung des Rates vom 27. Juni 1985 über die Annahme des Arbeitsprogramms der Kommission für ein Versuchsvorhaben für die Zusammenstellung, Koordinierung und Abstimmung der Informationen über den Zustand der Umwelt und der natürlichen Ressourcen in der Gemeinschaften (85/338/EWG). Amtsblatt der Europäischen Gemeinschaft, L 176/14, 6. Juli 1985, S.14-17

KOEPPEL, H.-W., 1989: LANIS und andere GIS-Aktivitäten im Bereich Naturschutz und Landschaftspflege. In: Landinformationssysteme - Ein internationaler Querschnitt und Ausblick auf zukünftige Entwicklungen, Schriftenreihe des BDVI, Band 1, Köln: 82-101

Verordnung (EWG) Nr. 1210/90 des Rates vom 7. Mai 1990 zur Errichtung einer Europäischen Umweltagentur und eines Europäischen Umweltinformations- und Uwmeltbeobachtungsnetzes. Amtsblatt der Europäischen Gemeinschaft, L 120/1, 11. Mai 1990, S.1-6

WYATT, B.K., BRIGGS, D.J. and MONNSEY, H.: CORINE: An Information System on the State of the Environment in the European Community, Paper presented at the IGU Global Database Planning Project, 1988

Chancen des Einsatzes öffentlicher Datennetze bei der umweltverträglichen Steuerung des Personennahverkehrs

Perspektiven am Beispiel des Fernwirkdienstes TEMEX

Zoche, Peter   König, Rainer

Fraunhofer-Institut für Systemtechnik und Innovationsforschung (ISI),
Abteilung Telematik,
Breslauer Straße 48, D-7500 Karlsruhe 1

Deskriptoren: Leit- und Steuerungssysteme im Verkehr, öffentliche Datennetze, Datenübertragung, Fernwirken, TEMEX, Fahrgastinformationssysteme; Verkehrsstruktur, Verkehrsreduktion, Luftverschmutzung, Lärmbelästigung, Energieverbrauch, NO_x, CO_2, externe Kosten.

Zusammenfassung

Angesichts einer Entwicklung überproportionalen Verkehrsaufkommens und einer Verkehrsstruktur, die sich zunehmend zulasten öffentlicher Verkehrsmittel verschiebt, kommt es zu einer drastischen Steigerung der negativen Umwelteffekte. Maßnahmen zur Attraktivitätssteigerung des Öffentlichen Personennahverkehrs (ÖPNV), die eine veränderte Verkehrsmittelwahl bewirken, haben somit einen hohen Stellenwert bei der Verbesserung der Umweltsituation. In diesem Zusammenhang leisten Informations- und Kommunikationstechniken einen zentralen Beitrag. Am Beispiel eines neuen Fernwirkdienstes (TEMEX) werden Erfahrungen aus Pilotprojekten in einigen deutschen Städten aufgegriffen, aus denen die Wirksamkeit und Wirtschaftlichkeit schnell greifender Möglichkeiten zur Verbesserung der Umweltsituation im Verkehrssektor hervorgehen.

1. Entwicklung der Verkehrsstruktur

Dem Verkehr kommt in unserem dichtbesiedelten und hochindustrialisierten Raum eine wichtige Rolle zu. Gekennzeichnet ist dies auch durch eine weit überproportionale Entwicklung des Verkehrsaufkommens der letzten Jahre, sowohl im Personen- wie auch im Güterverkehr, und zwar meist zulasten des öffentlichen Verkehrs. So stieg von 1960 bis 1988 das Verkehrsaufkommen im Personenverkehr von ca. 239 auf ca. 660 Milliarden Personenkilometer. Dies entspricht fast einer Verdreifachung des Verkehrsaufkommens, während die Einwohnerzahl nur um 10,3 % zunahm (Statistisches Jahrbuch 1988; Teufel et al. 1989). Bild 1 veranschaulicht die Entwicklung der verschiedenen Verkehrsträger.

In besonderem Maße sind die Städte von dieser Entwicklung betroffen, so hat sich beispielsweise in Düsseldorf die Zahl der in die Stadt ein- und ausfahrenden Kfz von 1960 bis 1988 verzehnfacht (Bróg 1989b).

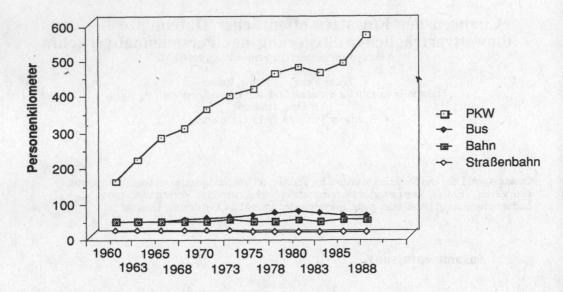

Bild 1: Entwicklung des Personenverkehrs in der BRD

Prognosen über die zukünftige Verkehrsentwicklung in der Bundesrepublik ergeben unter Beibehaltung der heutigen verkehrspolitischen Rahmenbedingungen eine weitere starke Zunahme des PKW-Verkehrs um ca. 25 % allein bis zum Jahr 2000 (Rothengatter 1989); diese verkehrs- wie umweltpolitisch bedenkliche Entwicklung wird sich nach dem Zusammenschluß der beiden deutschen Staaten zusätzlich verschärfen. Für den öffentlichen Personennahverkehr wird dagegen eine Abnahme der Nachfrage (Fahrten pro Person) um 11 % und dadurch eine drastische Zunahme der Kostenunterdeckung prognostiziert (Hahn et al. 1989).

2. Auswirkungen und Problemfelder des Verkehrs

Der beschriebene Entwicklungsprozeß bringt einerseits positive Mobilitäts- und Wirtschaftseffekte hervor aber andererseits auch gravierende Nachteile:
- zunehmende Luftverschmutzung,
- hohen Energie- und Rohstoffverbrauch,
- steigende Lärmbelästigung,
- hohe Unfallschäden,
- Kostenunterdeckung der öffentlichen Verkehrsunternehmen.

Der Verkehr ist einer der Hauptverursacher der **Luftverschmutzung**. So werden die im Hinblick auf die Klimaentwicklung wichtigen Kohlendioxidemissionen zu fast einem Fünftel durch den Verkehr verursacht.

Die Stickoxidemissionen und die in den Sommermonaten dadurch mitverursachten Ozonkonzentrationen werden überwiegend vom Verkehr hervorgerufen. Kritisch zu beurteilen sind auch die vom Verkehr verursachten kanzerogenen Schadstoffemissionen (u. a. Benzol, Dieselruß). In den Städten werden in zunehmendem Maße die Schadstoffgrenzwerte überschritten.

Ein Vergleich der wesentlichen Schadstoffemissionen zeigt, daß der Straßenverkehr wesentlich höhere Emissionen erzeugt als der Schienenverkehr, auch die Einführung geregelter Katalysatoren bringt nur eine geringe Abhilfe (vgl. Bild 2).

Der Verkehrsanteil am **Endenergieverbrauch** macht mehr als ein Viertel aus. Während in Industrie und Haushalten der Energieverbrauch und somit die Kohlendioxidemissionen leicht rückläufig oder stabil sind, steigt der Energieverbrauch des Verkehrssektors weiter an. Diese Entwicklung ist fast ausschließlich auf den erhöhten Treibstoffumsatz im motorisierten Individualverkehr zurückzuführen (Verkehr in Zahlen 1989). Zur Verhinderung des Treibhauseffektes (verursacht durch Energieumsatz und Kohlendioxidemissionen) ist den Einsparmöglichkeiten im Verkehrsbereich größere Beachtung beizumessen.

Einen Vergleich der Umweltbelastung der verschiedenen Verkehrsmittel relativ zum PKW zeigt Bild 2 (Teufel et al. 1989).

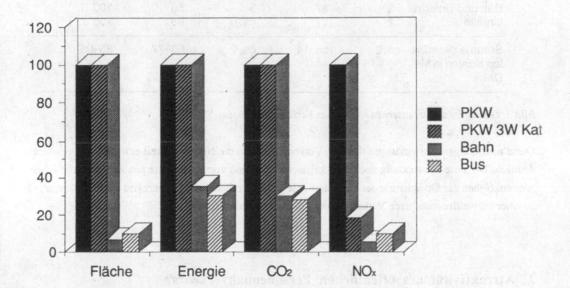

Bild 2: Verkehrsmittel - Umweltbelastung (relativ zu PKW=100)

Der **Lärm** wird, wie aus zahlreichen Untersuchungen hervorgeht, von den meisten Bürgern als das Hauptproblem im Umweltbereich angesehen. Dabei spielt der Straßenverkehr mit 65 % die weitaus größte Rolle, gefolgt vom Flugverkehr (Daten zur Umwelt 1987). Totz zahlreicher Maßnahmen zur Lärmdämpfung schwillt der Lärmpegel immer weiter an und führt neben gesundheitlichen Schäden auch zu einer Verschlechterung des Wohnumfeldes.

Trotz aller Bemühungen im Bereich Verkehrssicherheit sind die **Unfallzahlen** im Jahre 1988 erneut gestiegen (Verkehr in Zahlen 1989): Sie haben mit über 2 Millionen einen neuen Höchststand erreicht. Wenn auch die bisherigen Zahlen auf ein leichtes Absinken im Jahre 1989 hindeuten, muß die Zahl von über 8.000 Getöteten und ca. 450.000 Verletzten nachdenklich stimmen.

Nach Schätzungen des Fraunhofer-ISI ergeben sich in der Gesamtbilanz durch Umweltschäden verursachte **externe Kosten** des Straßenverkehrs in Höhe von 68-77 Milliarden DM (Grupp 1986). Dies bedeutet einen Anteil von ca. 4 % am Bruttosozialprodukt der BRD - Kosten die mehr und mehr am Wirtschaftswachstum zehren werden (vgl. Bild 3).

Schadensart	Luftverkehr	Eisenbahn	Binnen-schiffahrt	Straßen-verkehr	Summe
Luftschadstoffe	2	4	3	91	100
Lärmbelastung	26	10	ca. 0	64	100
Landverbrauch	1	7	1	91	100
Bau und Unterhalt	2	37	5	56	100
Unfälle	1	1	ca. 0	98	100
Summe der sozialen Kosten in Mrd. DM/a	ca. 2	ca. 14	ca. 2	68–77	85–95

Bild 3: Gesamtbilanz der externen Kosten des Verkehrs in Prozent

Diese nachteiligen Auswirkungen des Kfz-Verkehrs machen die Notwendigkeit einer Abhilfe besonders deutlich. Da diese Entwicklung noch zu eskalieren droht, sind vorrangig Lösungen zu finden die schnell greifen. Neben der Optimierung der Verkehrsflüsse auf der vorhandenen Infrastruktur werden Anreize, die zu einer umweltfreundlicheren Verkehrsmittelwahl führen, diskutiert.

3. Attraktivität des öffentlichen Personennahverkehrs?

Vor diesem Hintergrund ist es interessant einen Blick auf Probleme zu richten, die in der Vergangenheit zu einem wachsenden Attraktivitätsverlust des öffentlichen Personennahverkehrs (ÖPNV) geführt haben und bis heute nicht als überwunden angesehen werden können (z. B. Angebotseinschränkungen in Räumen und Zeiten schwacher Verkehrsnachfrage, lange Reisezeiten, Benachteiligungen im Verkehrsablauf, hohe Tarife). Gleichzeitig erwirtschaften die Verkehrsbetriebe meist Defizite, die sich aufgrund der schlechten

Finanzsituation insbesondere in den Kommunen nachteilig auswirken. So sind die betriebswirtschaftlichen Ergebnisse der Verkehrsunternehmen davon geprägt, daß der Aufwand nicht durch die Fahrgeldeinnahmen gedeckt werden kann; dies nicht zuletzt wegen der vielfachen, nicht vergüteten gemeinwirtschaftlichen Leistungen. Der durchschnittliche Kostendeckungsgrad lag 1988 bei etwa 68 %, was jährliche Fehlbeträge von ca. 2,5 Milliarden DM bedeutet (VÖV 1990).

Somit ist der Blick auf kostengünstige Lösungen zu richten, die zu einer Attraktivitätssteigerung des ÖPNV führen und eine Veränderung des "Modal-Split", der Verkehrsmittelwahl, bewirken:

- Verknüpfung der Verkehrsträger zu integrierten Verkehrssystemen mit entsprechenden Umsteigemöglichkeiten,
- Steigerung von Leistungsfähigkeit und Angebot des ÖPNV,
- Abbau direkter und subjektiver Zugangshemmnisse (Informationsdefizite),
- Realisierung bedarfsgerechter Bedienungsformen beim ÖPNV in der Fläche.

Indikatoren für die Wirksamkeit solcher attraktivitätssstiegernder Maßnahmen, die zu einer veränderten Verkehrsmittelnutzung beitragen, sind beispielsweise:

- Die positiven Erfahrungen mit dem leicht zu realisierenden Modell eines übertragbaren Monatsfahrscheins, dem sogenannten "Umweltabo" im Zusammenhang mit einem Verkehrsverbund z.B. in Basel und Freiburg im Breisgau (FIFAS 1986);
- eine Zunahme des ÖPNV-Anteils in vier Jahren um etwa 25 % durch die konsequente und integrierte Förderung des ÖPNV in Zürich (Brög 1989a).

Auch das gewachsene Umweltbewußtsein in der Bevölkerung läßt eine breite Akzeptanz solcher Maßnahmen erwarten, so würden sich nach neuesten Untersuchungen im Falle eines Konfliktes in der Verkehrsplanung etwa drei Viertel der Bevölkerung für den ÖPNV entscheiden, auch wenn Nachteile für den PKW-Verkehr in Kauf genommen werden müßten (Brög 1989b).

4. Verkehrssteuerung durch Informations- und Kommunikationstechnik

4.1 Aktueller Stand

Einen nicht zu unterschätzenden Beitrag zur Lösung der skizzierten Probleme vermag die Informations- und Kommunikationstechnik (IKT) zur Übernahme von Verkehrsleitfunktionen im Personennahverkehr liefern:

- Im öffentlichen Verkehr werden im Rahmen der dispositiven und operativen Leittechnik Betriebsleit- und -informationssysteme weiterentwickelt, die eine Situationsdarstellung, Standorterkennung und eine Betriebsleitung von zentraler Stelle aus ermöglichen. Neben einer Steuerung und Planung lassen sich die gewonnen Informationen auch für eine Fahrgastinformation sowie zur Anschlußsicherung mit anderen Verkehrsträgern nutzen (Mildner 1985); dies erlaubt einen schnelleren und bequemeren Wechsel des Beförderungsmittels und einen zügigen Verkehrsfluß (MVG 1988). Dadurch lassen sich auch differenzierte, bedarfsgerechte Bedienungsformen (z.B. Rufbusse) realisieren, die eine kostengünstige und attraktive Verkehrsbedienung in der Fläche ermöglichen.

- Im **Individualverkehr** werden unter dem Stichwort der intelligenten Straße bzw. des intelligenten Autos Leitsysteme entwickelt, die den Verkehrsfluß beschleunigen, Umwege ersparen und Standzeiten verringern sollen. Grundlegendes Prinzip dieser Systeme ist das längs und quer geführte Automobil, wobei die Abstandsinformationen aus einem straßen- oder satellitengestützten Kommunikationsnetz und vor allem aus einem Abstandsradar kommen sollen (Wright 1990, Gerhardt 1988).

Trotz zahlreicher technischer, organisatorischer und rechtlicher Probleme werden die einzelnen Ansätze in zwei EG-weiten Forschungsprojekten (Prometheus und Drive) weiter ausgebaut. Wenig Augenmerk wurde dabei bisher auf umweltrelevante Aspekte solcher Systeme, wie Geschwindigkeitskontrolle, Parkraummanagement und Verbundbetrieb mit dem ÖPNV gewidmet. Herkömmliche Verkehrsleitsysteme werden nach Prognosen des amerikanischen Büros für Technikfolgenabschätzung (OTA) die Straßennutzung um 10 bis 20 % verbessern - ein Spielraum den der Verkehrszuwachs in wenigen Jahren wieder auffrißt (Wright 1990). Darüber hinaus ist darauf zu verweisen, daß aus der Sicht einer umweltfreundlichen und stadtverträglichen Verkehrsgestaltung die Risiken der beschriebenen Optimierungssysteme einer Festschreibung der verkehrspolitischen Priorität zugunsten des Straßenverkehrs gleichkommt, aus deren eigener Logik eine sprunghafte Zunahme des motorisierten Individual- und Straßengüterverkehrs abzuleiten ist (Bracher 1990).

Zusammenfassend ist hervorzuheben, daß neben der geringen Beachtung des Umweltschutzes die fehlende Integration von Leitsystemen des Individualverkehrs und des öffentlichen Verkehrs sowie die fehlende Nutzung (kostengünstiger) öffentlicher IKT-Infrastrukturen besonders augenfällig ist.

4.2 Perspektiven des Einsatzes öffentlicher Datennetze am Beispiel von TEMEX

Der Einsatz öffentlicher Datennetze ist vielfach auf festgeschaltete Standleitungen begrenzt und bedingt durch hohe Investitionskosten und Gebühren sind breite Einsatzmöglichkeiten nur bedingt vorhanden. In diesem Zusammenhang verdient die relativ neue TEMEX-Technik der Deutschen Bundespost TELEKOM besondere Beachtung, indem sie universell einsetzbare, kostengünstige Übermittlung kleinerer und mittlerer Datenmengen ermöglicht (Link/Dinges 1989).

4.2.1 Datenübertragung mit TEMEX

Die Produktbezeichnung TEMEX für einen neu zu entwickelnden Datendienst der Bundespost wurde 1984 festgelegt; der Name leitet sich aus den beiden englischen Begriffen "telemetry" und "exchange" (Austausch von Fernwirkdaten) ab. Mit TEMEX wird ein Datenübermittlungsdienst zur Verfügung gestellt, der es ermöglicht, Daten zwischen Fernwirkendeinrichtungen (FWEE) und Fernwirkleitstellen (FWLST) auszutauschen. Das Einsatzspektrum dieser Netzdienstleistung ist äußerst vielfältig, da grundsätzlich das gesamte Feld der Fernwirkmöglichkeiten genutzt werden kann: Jeder Informationsaustausch zwischen Außenstelle und Leitplatz kann als Überwachungs- bzw. Steuerungsfunktion (Melde- bzw. Befehlsrichtung) genutzt werden. Jede dieser Fernwirkfunktionen kann sowohl in der Melde- als auch in der Befehlsrichtung zweiwertige Informationen oder auch diskrete Werte übermitteln. Die Stationen einer Fernwirkanwendung werden unterschieden in Anbieter- und Nutzerstationen. Dem Anbieter einer Fernwirkanwendung stellt die Post einen Anbieteranschluß, dem Nutzer einen Nutzeranschluß zur Verfügung. Die Übertragung der Fernwirkinformationen und damit die Verknüpfung vieler, räumlich entfernt liegender Leitstellen und Endeinrichtungen wird durch die Zusatznutzung einer vorhandenen Telefonanschlußleitung realisiert. Die gleichzeitige Nutzung der Fernsprechleitung für das Telefonieren und Fernwirken wird dadurch möglich, daß TEMEX-Signale in dem bisher ungenutzten höheren Frequenzbereich mit Hilfe eines Frequenzmultiplexverfahrens übermittelt werden. Während Telefongespräche auf einen Bereich von 300 - 3400 Hz beschränkt sind (bei analoger Signaldarstellung), werden TEMEX-Informationen nun bei ca. 40 kHz parallel, also ohne Störung des normalen Telefonverkehrs, übermittelt. Die Konzeption des TEMEX-Dienstes ergibt zwei charakteristische Vorteile, es kann zu keiner Besetztsituation kommen und da die Signalübertragung über virtuelle, logisch fest eingerichtete Verbindungswege erfolgt, ist eine ständige Überwachung der Übertragungswege sichergestellt (Zoche et al. 1989).

4.2.2 Pilotanwendungen von TEMEX zur Verkehrssteuerung

Die Einsatzmöglichkeiten von TEMEX wurden in ausgedehnten Betriebsversuchen während der Jahre 1987 und 1987 bis 1989 intensiv erprobt. Die Analyse dieser Erprobungsphase durch das Fraunhofer-ISI ergab, daß ein künftiger Einsatz schwerpunktmäßig bei Sicherheitsanwendungen, bei der Fernablesung von Verbrauchsdaten und haustechnischen Anwendungen liegen dürfte. Einzelne Pilotanwendungen im Umfeld des Einsatzes von Verkehrsleittechnik weisen jedoch auch darauf hin, daß TEMEX in der Verkehrssteuerung ein Innovationspotential darstellt.

Die Großstadt Dortmund, Oberzentrum im östlichen Ruhrgebiet, realisierte ein auf dem TEMEX-System basierendes **Parkleitsystem**. Das Ziel dieses Pilotvorhabens wurde darin gesehen, den Verkehr - 76 % der Fahrzeuge kommen mit dem Zweck zum Einkaufen und 12 % um eine Dienstleistung in Anspruch zu nehmen - gezielter zu den Parkhäusern und -plätzen zu führen um
- zu einer effektiven Auslastung vorhandener Stellplätze,
- zu einer Entlastung des vorhandenen Straßenraums und
- zu einer Verringerung der Straßenverkehrsunfälle zu gelangen sowie
- eine zusätzliche Entlastung der Umwelt durch Lärm und Abgase des Suchverkehrs zu erreichen (Merkel 1988 a).

Die Kraftfahrer werden von den Radialstraßen durch eine spezielle Beschilderung auf Hauptverteilerstraßen geführt. Information an Kreuzungen und Einmündungen informieren sie darüber, wie eine optimale Fahrtroute zu freien Stellflächen weitergeführt werden sollte; dies ermöglichen integrierte flexible Signalgeber und Schriftmasken (grün/frei; rot/besetzt). Die technische Funktionsweise dieses Parkleitsystems wird wie folgt zusammengefaßt:

"Die ein- und ausfahrenden Fahrzeuge werden durch Induktionsschleifen in den Parkierungsanlagen erfaßt. Diese geben die entsprechenden positiven und negativen Zählimpulse an eine Zähleinrichtung weiter. Für jedes Parkhaus sind acht Belegungsgradzustände vorgesehen. Diese Werte werden einem Codierer als statistisches Signal potentialfrei gemeldet. Für die Übertragung der Meldungen aus den Parkhäusern und später noch zu behandelnden Befehle zu den Hinweisschildern, werden die bereits vorhandenen Hauptanschlußleitungen als normale Fernsprechkupferleitungen mitbenutzt. Über die für die Sprachfrequenz (...) genutzte Bandbreite wird einem Träger von 40 kHz die Signalinformation aufmoduliert, die dann gleichzeitig übertragen werden kann. In der TEMEX-Zentrale werden 1 Bit-Informationen zu einem Telegramm zusammengesetzt und über eine angemietete Standleitung, einem sogenannten Hauptanschluß für Direktruf, mit 1.200 bit/s asynchron an die städtische Fernwirkleitstelle übertragen. In der Nähe der Hinweisschilder sind in separatem Gehäuse ebenfalls ein TNA (TEMEX-Netzabschluß; d.V.) installiert, der die Befehle aufnimmt und über je zwei Befehlsausgänge das Signal an ein Lampensteuergerät weitergibt. (...) Das Rechnersystem beinhaltet ein Bedien- und Informationsprogramm, das Übersichten über das Verkehrsgeschehen gleichzeitig zu mehreren Ein-/ und Ausgabegeräten ausgeben kann." (Merkel 1988 b)

Gemessen an den beabsichtigten Zielsetzungen war die Erprobung des TEMEX-Parkleitsystems Dortmund erfolgreich. Auch unter finanziellen Aspekten sind - besonders wenn in den Kommunen noch keine Standleitungen vorhanden sind, die für solche Anwendungen mitgenutzt werden können - TEMEX-Leitsysteme die weitaus billigste Lösung zur Übertragung der Leitinformationen (Zoche et al.1989).

In Hamburg wurde TEMEX eingesetzt, um Störungsmeldungen von Belüftungsanlagen und die Grenzwertüberschreitungen der **Kohlenmonoxidbelastung in Straßentunneln** sicher zu übertragen. Dieser Fernwirkeinsatz ermöglicht die effiziente Einleitung von Gegenmaßnahmen; etwa die an eine Grenzwertverletzung gekoppelte Sperrung von Straßenabschnitten und die automatisierte Umleitung des motorisierten Verkehrs. Erstmals kann so eine direkt an die Emissionswerte gekoppelte verkehrspolitische Maßnahme eingeleitet werden.

Andere Konzepte der Anwendung von TEMEX sind auf die **Fahrzeugortung und Steuerung des ÖPNV** gerichtet. Sie ermöglichen eine Standortverfolgung und erlauben durch eine Anbindung an Fahrgastinformationssysteme eine nutzerfreundliche Anschlußsicherung zwischen verschiedenen Verkehrsmitteln. Ebenfalls kann das System durch eine automatische Abfrage von Fahrkartenautomaten (z.B. Füllstands- und Funktionskontrolle) erweitert werden (Wagner 1986; Korn 1989)

4.3 Resümee und Ausblick

Die aufgezeigten Umweltschäden machen deutlich, daß vorrangig schnell greifende Möglichkeiten zur Verbesserung der Umweltsituation erforderlich und politisch erwünscht sind. Die angeführten TEMEX-Pilotvorhaben zeigen eine Perspektive auf, wie die mangelnde Beachtung des Umweltschutzes und die fehlende Integration von Leitsystemen des Öffentlichen und des Individualverkehrs, wie sie kennzeichnend für den heute verbreiteten Einsatz von Leitsystemen ist, auf vergleichsweise kostengünstigem Preisniveau überwunden werden kann. Aus technischer Sicht sollte es möglich sein, jede der drei einzelnen Anwendungsmöglichkeiten auf Basis der vorhandenen Infrastruktur zusammenzuführen; auf diesem Wege wäre insbesondere eine Verknüpfung verschiedener Verkehrsträger. Bild 4 veranschaulicht die

Komponenten und das Zusammenwirkens verschiedener Verkehrsträger in einem integrierten Gesamt-
verkehrssystem (Götz 1989). Auf dieser Grundlage ist es möglich, die emissionsabhängige Steuerung des
Verkehrsflusses sowie den Abbau von Zugangshemmnissen zum ÖPNV durch verbesserte Fahrgast-
auskunfts- und -informationssysteme zu realisieren. Insofern enthält der neue TEMEX-Dienst eine Chance
durch praktische Entwicklungen und Erprobungen in Feldversuchen die im Zukunftskonzept Informationstechnik des Bundesministers für Forschung und Technologie dargelegten Maßnahmen zu realisieren
(BMFT 1989).

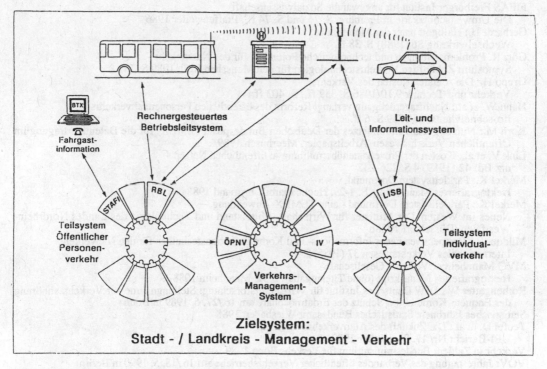

Bild 4: Beispiel eines integrierten Gesamtverkehrssystems

X. Literatur

BMFT Bundesministerium für Forschung und Technologie/- für Wirtschaft: Zukunftskonzept Informationstechnik. S. 131-134. Bonn 1989

Bracher T.: Verkehrsoptimierung im Güterverkehr
Deutsches Institut für Urbanistik: Telematik und Umwelt. S.148-165, Berlin 1990

Brög W.: Mobilität in Zürich, Sonderauswertung der "KONTIV-Schweiz 1984"
Socialdata München 1989a

Brög W.: Public Awareness des ÖPNV, Studie im Auftrag des VÖV
Socialdata München 1989b

Daten zur Umwelt: Umweltbundesamt Berlin 1987

FIFAS Freiburger Institut für angewandte Sozialwissenschaft
Die Umweltschutzkarte in Freiburg. S. 26 und S. 74 ff., Pfaffenweiler 1986

Gerhardt H.: Halbgott unter der Motorhaube
Wechselwirkung 36 (1988) S. 38 ff.

Götz R. Problemstellungen und technologische Potentiale für den Nahverkehr
Symosium Zukünftige Verkehrstechnologien für den Menschen Köln 1989 S. 151 ff.

Grupp H.: Die sozialen Kosten des Verkehrs
Verkehr und Technik 9,10/1986 S. 359 ff., S. 403 ff.

Hahn W. et al.: Nachfragerückgang verlangt Reform des öffentlichen Personennahverkehrs
ifo-schnelldienst 16/1989 S. 6 ff.

Korn M.: Nutzung des Telefonnetzes der Deutschen Bundespost (TEMEX) für die Datenübertragung im Öffentlichen Verkehrswesen. Arbeitspapier. Meerbusch 1989

Link V. et al.: Kosten der Prozeßdatenübermittlung in öffentlichen Netzen
ntz Bd. 42 (1989) 4 S. 226-232

Merkel K.: Parkleitsystem Dortmund.
Hektografiertes Manuskript, S. 1-29. Hochbauamt Dortmund 1988a

Merkel K.: Parkleitsystem Dortmund - eine TEMEX-Anwendung.
Neues im Westen. Der Minister für Wirtschaft, Mittelstand und Technologie des Landes Nordrhein-Westfalen. Düsseldorf 1988b

Mildner R.: Perspektiven neuer Informations- und Kommunikationstechniken für den Nahverkehr
Internationales Verkehrswesen 37 (1985) 2

MVG Mannheimer Verkehrs Gesellschaft.
Hektografiertes Manuskript (ohne Titelangabe), S.52, Mannheim 1988

Rothengatter W., DIW Deutsches Institut für Wirtschaftsforschung: Stellungnahme zur Verkehrsanhörung der Enquête-Kommission Schutz der Erdatmosphäre am 16./27. 6. 1989 in Bonn

Statistisches Jahrbuch: Statistisches Bundesamt Wiesbaden 1988

Teufel D. et al.: Die Zukunft des Autoverkehrs
UPI-Bericht Nr. 17, September 1989

Verkehr in Zahlen: Bundesministerium für Verkehr Bonn 1989

VÖV: Jahrestagung des Verbandes öffentlicher Verkehrsbetriebe am 16./18. 5. 1990 in Berlin

Wagner E.: TEMEX-Betriebsversuch in Mannheim
nachrichten elektronik + telematik (net) Sondernummer 3/1986, S. 54-57

Wright K.: Pkw 2000 Trends in der Automobiltechnik
Spektrum der Wissenschaft 7/1990 S. 44 ff.

Zoche P. et al.: Begleitforschung zu den TEMEX-Betriebsversuchen der Deutschen Bundespost. Band 1
Fraunhofer-Institut für Systemtechnik und Innovationsforschung. S. 2 ff. und 245 ff. Karlsruhe 1989

Visualisierung von Umweltdaten

Hans Hagen   Rolf van Lengen   Thomas Schreiber

Universität Kaiserslautern
FB Informatik
Postfach 3049
D–6750 Kaiserslautern

Deskriptoren: Datenreduktion, Scattered Data Verfahren, Visualisierungstechniken, Schadstoffverteilung

Zusammenfassung

Das Problem der Interpolation bzw. Approximation großer völlig unstrukturierter Datenmengen stellt sich in vielen technisch-wissenschaftlichen Bereichen. Ohne geeignete Aufarbeitung bleibt der Informationsgehalt der Daten weitgehend verborgen. Im Rahmen dieser Publikation wird ein Verfahren vorgestellt, das aus zwei Teilen besteht. Zunächst wird ein Algorithmus entwickelt, der durch iterative, verallgemeinerte Dirichlet Zerlegungen zu einer erheblichen Datenreduktion und einer guten Repräsentantenmenge führt. Aufbauend auf dieser Repräsentantenmenge werden dann Scattered Data Algorithmen an realistischen Datensätzen aus dem Umweltbereich getestet.

1. Datenreduktion durch eine Repräsentantenmenge

Zur effizienten Darstellung großer weitgehend unstrukturierter Datenmengen bietet sich die Berechnung einer geeigneten Repräsentantenmenge in einem Vorverarbeitungsschritt an. Unter einer solchen Menge soll eine erheblich kleinere Punktmenge $\{\widetilde{x}_j, \widetilde{y}_j, \widetilde{f}_j\}_{j=1}^m$ verstanden werden, die die ursprüngliche Datenmenge $\{x_i, y_i, f_i\}_{i=1}^n$ in einem gewissen Sinne gut repräsentiert.

Eine gute Repräsentation liegt in diesem Zusammenhang bei Umweltschutzfragestellungen vor, wenn die Summe der Abstände der Datenpunkte zu ihren nächsten Repräsentanten minimal ist.

Ziel der Bestimmung von $\{\widetilde{x}_j, \widetilde{y}_j, \widetilde{f}_j\}_{j=1}^m$ ist daher die Minimierung von:

$$GN^2 := \sum_{i=1}^n \min_{j \in \{1,\dots,m\}} \left[(x_i - \widetilde{x}_j)^2 + (y_i - \widetilde{y}_j)^2 + (f_i - \widetilde{f}_j)^2 \right] \tag{1.1}$$

Zur Berechnung eines Minimums wird zunächst eine geeignete Wahl von Repräsentanten $\{\widetilde{x}_j, \widetilde{y}_j, \widetilde{f}_j\}_{j=1}^m$ getroffen. Die dreidimensionale Dirichlet Zerlegung dieser Punkte liefert eine Unterteilung des Parameterraumes in Regionen, die hier als Dirichlet Polyeder bezeichnet werden sollen. Jeder Region ist genau ein Repräsentant zugeordnet. Die innerhalb einer Region gelegenen Punkte haben jeweils den zugehörigen Repräsentanten als nächsten Nachbarn.

Die Differentiation von GN^2 nach $\tilde{x}_j$, $\tilde{y}_j$ und $\tilde{f}_j$ zeigt, daß das Minimum in jedem Dirichlet Polyeder angenommen wird, falls der zugehörige Repräsentant im Zentrum der Datenpunkte des jeweiligen Polyeders liegt.

Für Details und Algorithmen bezüglich Dirichlet Zerlegungen siehe (Preparata, Shamos 1985).

1.1 Datenreduktionsalgorithmus

Daraus ergibt sich folgender Algorithmus zur Bestimmung einer Repräsentantenmenge:

1. Starte mit einer ersten Wahl von Repräsentanten $\{\tilde{x}_j, \tilde{y}_j, \tilde{f}_j\}_{j=1}^m$ und bestimme die zugehörige Dirichlet Zerlegung.

2. Schiebe die Repäsentanten in die Zentren der zugehörigen Datenpunkte und bestimme die neue Zerlegung.

3. Iteriere solange, bis zwei aufeinanderfolgende Schritte die gleichen Repräsentanten ergeben.

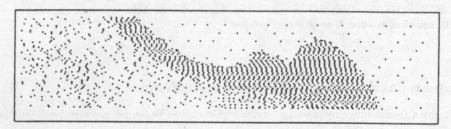

Bild 1: 1669 *Datenpunkte (Monterey-Bay/USA)*

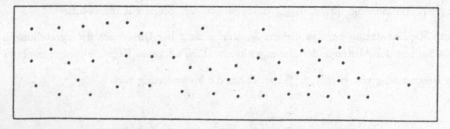

Bild 2: 50 *Repräsentanten der 1669 Datenpunkte*

2. Scattered Data Algorithmen

Die im ersten Kapitel konstruierte Repräsentantenmenge der ursprünglichen Datenpunkte ist weitgehend unregelmäßig verstreut und darüberhinaus für herkömmliche Interpolations- bzw. Approximationsverfahren im Regelfall auch zu groß. Im Rahmen dieses Kapitels werden effiziente Algorithmen vorgestellt, die dieser Situation angepaßt sind.

Die Grundfrage läßt sich im allgemeinen wie folgt formulieren:

> Zu einer gegebenen Stützpunktmenge $\{x_k, y_k, f_k\}_{k=1}^{n}$ wird eine bivariate Funktion $F(x, y)$ gesucht mit $F(x_k, y_k) = f_k$, wobei die Stützpunkte beliebig im Raum verteilt sein dürfen. In vielen Bereichen sind die Meßwerte f_k zusätzlich mit Fehlern behaftet.

Im weiteren werden drei wesentliche Scattered Data Verfahren näher vorgestellt.

2.1 Verallgemeinerte Shepard Verfahren

Verfahren dieses Typs werden auch als *Inverse Distance Weighted Methods* bezeichnet und sind im Prinzip Verallgemeinerungen von Shepard's Grundidee:

$$F(x, y) := \frac{\sum_{k=1}^{n} w_k(x, y) \cdot f_k}{\sum_{k=1}^{n} w_k(x, y)} \tag{2.1.1}$$

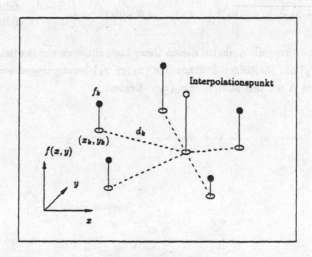

Bild 3: *Shepard Verfahren*

Die Gewichtsfunktionen $w_k(x, y)$ werden dabei so konstruiert, daß der Einfluß eines Stützpunktes mit zunehmender Entfernung vom Interpolationspunkt abnimmt. Mit dieser Überlegung lassen sich die $w_k(x, y)$ beispielsweise folgendermaßen berechnen:

$$w_k := \frac{1}{((x - x_k)^2 + (y - y_k)^2)^{m_k} + a_k} \tag{2.1.2}$$

oder

$$w_k := e^{-a_k(x-x_k)^2 - b_k(y-y_k)^2} \tag{2.1.3}$$

oder

$$w_k := \frac{1}{\cosh a_k(x - x_k)^2 + \cosh b_k(y - y_k)^2} \tag{2.1.4}$$

Eine gewisse Steuerung der Einflußbereiche der einzelnen Stützpunkte kann über die jeweiligen konstanten Parameter $m_k, a_k, b_k \in R$ erfolgen.

Eine unerwünschte Eigenschaft des Verfahrens ist die Existens eines Flachpunktes an jeder Stütz-stelle der resultierenden Fläche. Durch zusätzliche Interpolation der Tangentialebene in jedem Stützpunkt läßt sich dieser Effekt beseitigen.

Allgemein haben Inverse Distance Weighted Methods die Form:

$$F(x,y) := \frac{\sum_{k=1}^{n} w_k(x,y) \cdot L_k(x,y)}{\sum_{k=1}^{n} w_k(x,y)} \tag{2.1.5}$$

wobei L_k eine Approximation von F mit $L_k(x_k, y_k) = f_k$ ist.

Dieses globale Verfahren läßt sich durch die von Franke und Little eingeführten Gewichtsfunktionen:

$$w_k(x,y) := \left[\frac{(R - d_k)_+}{R \cdot d_k} \right]^2 \tag{2.1.6}$$

$$d_k := \sqrt{(x - x_k)^2 + (y - y_k)^2} \quad \text{mit} \quad (R - d_k)_+ := \begin{cases} R - d_k & \text{falls } R > d_k \\ 0 & \text{falls } R \leq d_k \end{cases}$$

in eine lokale Methode umwandeln, da bei diesen Gewichtsfunktionen zur Bestimmung des Interpo-lationspunktes $F(x,y)$ nur diejenigen Stützpunkte (x_k, y_k, f_k) herangezogen werden, die in einem Kreis mit dem Radius R um den Mittelpunkt (x,y) liegen.

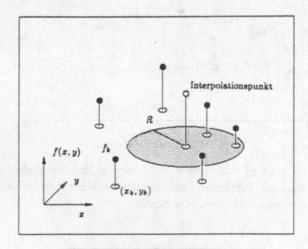

Bild 4: *Franke und Little*

2.2 Hardy's Multiquadriken Methoden

Diese Verfahren stammen aus der Klasse der sogenannten *Kernel Methods*:

$$F(x,y) := \sum_{j=1}^{n} \alpha_j \cdot R_j(x,y) + \sum_{j=1}^{m} \beta_j \cdot P_j(x,y) \tag{2.2.1}$$

Die bivariaten Blending- bzw. Basisfunktionen $R_j(x,y)$ sind im allgemeinen radiale positive Funktionen. Eine oft benutzte Wahl ist:

$$R_j(x,y) := (d_j + r)^m \tag{2.2.2}$$

wobei m und r beliebige Konstanten sind. $\{P_j\}$ ist eine Menge von Polynomen vom Grad kleiner m, die als Stabilitätsfaktoren dienen.

Als Koeffizientengleichung erhält man das lineare Gleichungssystem:

$$\sum_{j=1}^{n} \alpha_j R_j(x_k, y_k) + \sum_{j=1}^{m} \beta_j P_j(x_k, y_k) = \dot{f}_k \qquad k = 1, \ldots, n \tag{2.2.3}$$

mit der physikalischen Gleichgewichtsbedingung (Summe aller Kräfte bzw. Momente gleich Null):

$$\sum_{j=1}^{m} \beta_j P_j(x_k, y_k) = 0 \qquad k = 1, \ldots, n \tag{2.2.4}$$

Die Existenz und Eindeutigkeit der Lösung dieses Interpolationsproblems ist gesichert.

Bei geeigneter Wahl der Basisfunktionen $R_j(x,y)$ bilden Hardy's Multiquadriken eine Approximation der Lösung einer Integralgleichung, die Potentialstörungen bei Gravitätsschwankungen beschreibt. Dieses Verfahren liefert im allgemeinen sehr zufriedenstellende Lösungen.

2.3 Franke Verfahren

Die sogenannten *Thin Plate Splines* sind Lösungen des Variationsproblems minimaler Biegungsenergie einer dünnen elastischen Platte, die in den Interpolationspunkten aufliegt. Die radialen Basisfunktionen der Lösung des Variationsproblems sind die Fundamentallösungen der Laplace-Differentialgleichung: $\Delta^2 R = c \cdot \delta$ und ergeben sich zu:

$$R(d_i) = d_i^2 \cdot \log(d_i) \tag{2.3.1}$$

Die TPS-Methode hat lokalen Charakter.

$$F(x,y) := \sum_{i=1}^{m} \sum_{j=1}^{n} w_{ij}(x,y) \cdot q_{ij}(x,y) \tag{2.3.2}$$

Die w_{ij} sind Gewichtsfunktionen und die q_{ij} lokal approximierende Funktionen von $F(x,y)$. Sie lassen sich folgendermaßen berechnen:

(1) Zerlege das Parametergebiet in Abhängigkeit von der Verteilung der gegebenen Daten in Regionen R_{ij} ($i = 1, \ldots, m$; $j = 1, \ldots, n$). Dabei beschreibt der Parameter NPPR die ungefähre Anzahl von Stützstellen pro Region.

(2) Konstruiere Gewichtsfunktionen $w_k(x,y) := w_i(x) \cdot w_j(y)$ mit lokalem Träger, die die Bedingungen:

$$w_k(x,y) \geq 0 \quad \text{und} \quad \sum_k w_k(x,y) = 1$$

erfüllen.

(3) Stelle die Menge der zu interpolierenden Daten zusammen, die zu R_{ij} gehören und definiere:

$$q_{ij}(x,y) := \sum_{k \in I} \left[\alpha_k d_k^2(x,y) \cdot \log d_k(x,y) \right] + a + bx + cy$$

Aus den Koeffizientengleichungen:

$$q_{ij}(x_k, y_k) = f_k$$

und den Regularitätsbedingungen:

$$\sum_{k \in I} \alpha_k = 0; \quad \sum_{k \in I} \alpha_k x_k = 0; \quad \sum_{k \in I} \alpha_k y_k = 0$$

erhält man die Koeffizienten α_k, a, b und c.

Je lokaler die Funktion $F(x,y)$ sein soll, desto kleiner muß NPPR gewählt werden. Je kleiner allerdings NPPR ist, desto weniger glatt ist die daraus resultierende Fläche.

Dieses Konzept läßt sich um Tension-Parameter erweitern (Franke 1985).

In dieser kurzen Übersicht fehlen die *Minimum Norm Networks* von G. Nielson (Nielson 1983). Diese Verfahrensklasse hat ihre Hauptanwendungsgebiete in den Problemstellungen der Visualisierung von Druck- und Hitzebelastungen an Tragflächen und setzt so eine andere Art von Daten voraus.

3. Anwendungen

In diesem Kapitel werden die oben beschriebenen Verfahren auf einen Datensatz von 281 SO_2-Jahresmittelwerten angewendet. Die Daten stammen aus dem Jahr 1988. Sie liegen unregelmäßig verteilt über dem Gebiet der Bundesrepublik Deutschland vor (siehe Bild 5).

Die Interpolationsflächen wurden aus zwei vorher erzeugten Repräsentantenmengen berechnet (siehe Bild 6 und 7). Sie wurden anschließend über einem regelmäßigen Gitter ausgewertet und angezeigt. Zur besseren Orientierung ist jedem Bild zusätzlich die Grenze der BRD unterlegt worden.

Bild 5: 281 SO_2 *Meßpunkte*   Bild 6: 25 *Repräsentanten*   Bild 7: 75 *Repräsentanten*

3.1 Shepard Verfahren

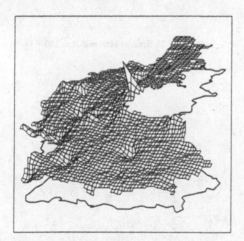 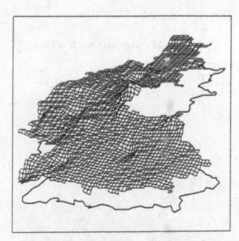

Bild 8: 75 *Stützpunkte mit* $a_k = 0.0$ *und* $m_k = 2.0$ Bild 9: 75 *Stützpunkte mit* $a_k = 500.0$ *und* $m_k = 2.0$

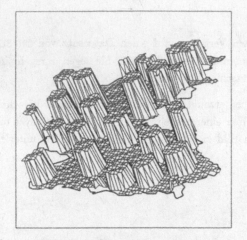

Bild 10: 25 *Stützpunkte mit R = 50*

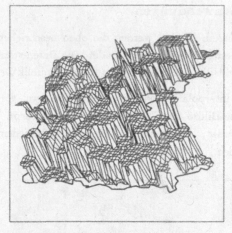

Bild 11: 75 *Stützpunkte mit R = 50*

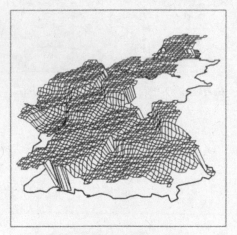

Bild 12: 25 *Stützpunkte mit R = 125*

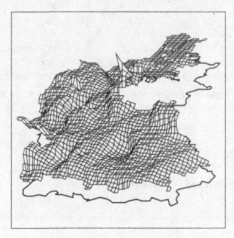

Bild 13: 75 *Stützpunkte mit R = 150*

3.2 Hardy Methoden

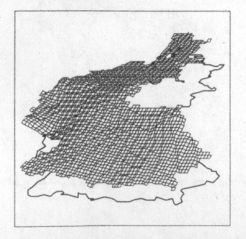

Bild 14: 25 *Stützpunkte mit r = 1.5 und m = 2*

Bild 15: 75 *Stützpunkte mit r = 1.5 und m = 2*

3.3 Franke Verfahren

Bild 16: 25 *Stützpunkte mit NPPR = 1*   Bild 17: 75 *Stützpunkte mit NPPR = 6*

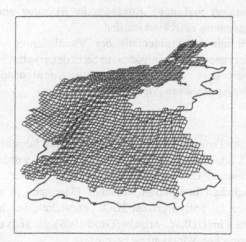
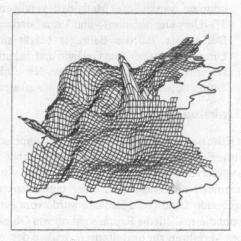

Bild 18: 25 *Stützpunkte mit NPPR = 10*   Bild 19: 75 *Stützpunkte mit NPPR = 10*

Die Autoren danken den Herren Dr. Fischer und Dr. Garber (beide Umweltbundesamt, Berlin) und Prof. Dr. Franke (Naval Postgraduate School Monterey, California) für die Bereitstellung der Daten.

Literatur

Franke, R.: Thin Plate Splines with Tension CAGD 2 (1985), 87-95

Nielson, G.: A Method for Interpolating Scattered Data Based Upon a Minimum Norm Network Mathematics of Computation 40 / 161 (1983), 253-271

Preparata, Shamos: Computational Geometry Springer New York (1985)

Ein integriertes Visualisierungs- und Simulationssystem für den Umweltbereich

Markus Groß
Zentrum für graphische Datenverarbeitung
Wilhelminenstraße 7, 6100 Darmstadt

Deskriptoren: Geländemodell, Sichtbarkeitsanalyse, Visualisierungstechniken, Rendering, Benutzerschnittstelle, Umweltverträglichkeit, Landschaftsplanung, Ausbreitungssimulation

Zusammenfassung

Der Nutzen fortschrittlicher Methoden der graphischen Datenverarbeitung im Umweltschutz ist unumstritten. Insbesondere Visualisierungtechniken erweisen sich als sehr effizientes Hilfsmittel bei der Beurteilung umweltrelevanter baulicher Planungen im Gelände oder auch bei der Darstellung von Simulations- und Meßergebnissen.

Im ersten Teil des Beitrages wird ein Softwarepaket zur Beurteilung der optischen Wirksamkeit von Objekten im Gelände beschrieben und dessen Arbeitsweise anhand eines Anwendungsbeispiels dokumentiert. Aufgrund der Erfahrungen mit dieser Entwicklung konnten wesentliche Methoden verallgemeinert und neue Konzepte in Richtung eines 3D-Umweltsimulations- und Visualisierungssystems erarbeitet werden.

Der zweite Teil des Beitrages befaßt sich mit der Problematik der Visualisierung von Umweltdaten über dem Gelände und diskutiert neue Lösungsansätze aus Sicht der graphischen Datenverarbeitung. Dabei werden inbesondere die an Bedeutung gewinnenden Simulationstechniken mit in den Visualisierungsprozeß integriert.

1. Einleitung

Mit Hilfe neu entwickelter Methoden der graphischen Datenverarbeitung ist in den letzten Jahren ein weites Feld von Anwendungen realitätsnaher Darstellungen am Bildschirm eröffnet worden. Andererseits stellt sich, bedingt durch das wachsende Umweltbewußtsein in der Bevölkerung, zunehmend die Frage nach einer umweltverträglichen Integration baulicher Planungen in die umgebende Landschaft. Deshalb wurde vom Autor das Softwarepaket 3DOG entwickelt, welches sowohl die realistische Repräsentation von Objekten im Gelände erlaubt (Groß 1988), als auch ein neues Verfahren zur quantitativen Analyse der optischen Wirksamkeit bereitstellt.

Der Nutzen von Methoden der graphischen Datenverarbeitung im Umweltschutz wurde bereits ausführlich in (Page 1990) belegt. Fortschrittliche Visualisierungsverfahren erlauben dabei eine benutzerfreundliche Aufbereitung von Simulations- und Meßergebnissen. Da derartige Datensätze insbesondere bei Schadstoffausbreitungsbetrachtungen in großer Zahl anfallen und diese durch den Einsatz leistungsfähiger Rechner in Verbindung mit Genehmigungsfragen, Störfallmanagement, Betriebssicherheit oder auch bei versicherungsrechtlichen Fragen von großem Interesse sind, liegt eine Übertragung von Visualisierungstechniken verbunden mit einer anwenderfreundlichen Simulationsumgebung und Datenaufbereitung nahe. Dies führte zur Entwicklung allgemeiner

Konzepte einer Integration von Simulation und Visualisierung, welche nach der Beschreibung bisheriger Erfahrungen vorgestellt werden.

2. Beurteilung baulicher Neuplanungen

2.1 Konzeption und Arbeitsweise von 3DOG

Bild 1 zeigt die Konzeption des Softwarepaketes 3DOG (= 3-dimensionale Darstellung von Objekten im Gelände).

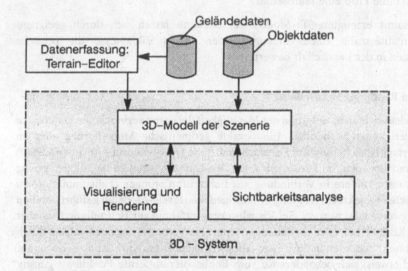

Bild 1: Konzeption des Softwarepaketes 3DOG

Ausgehend von den beiden Hauptzielen, nämlich dem Rendering geplanter und bestehender Objekte in der Landschaft sowie der Analyse der Sichtbarkeit ergab sich eine funktionelle Aufteilung des Systems in vier im folgenden zu beschreibende Komponenten.

2.1.1 Der Terrain-Editor

Ein Basistool bei der Landschaftspräsentation und -analyse ist ein Terrain-Editor, welcher sowohl die Erfassung als auch die Modifikation topographischer Informationen aus gegebenem Kartenmaterial (TK-Serien) erlaubt. Weiterhin muß das System sämtliche Informationen über Bewuchs und Bodennutzung sowie über die Bebauung enthalten. Dazu können auch bestehende Datenbasen wie z.B. EURODB hinzugezogen werden. Im allgemeinen Anwendungsfall wird die erforderliche Datenbasis durch Digitalisierung einer TK 25 generiert und die Höhenlinieninformation in ein Geländeraster umgeformt. Dazu eignen sich verschiedene Triangulations- oder Interpolationsverfahren (Groß 1988), wobei oftmals die gewichtete Interpolation erster Ordnung favorisiert wird.

Der Terrain-Editor übergibt die Geländegeometrie sowie die übrige vektorielle Information aus der Karte an das 3D-System.

2.1.2 Die Rekonstruktion einer Szenerie

Diese Komponente rekonstruiert aus den mittels des Terrain–Editors erzeugten Daten ein Modell der Szenerie. Dabei muß jedoch die Geometrie einzelner nicht alorithmisch generierbarer Objekte wie z.B. Bebauung über externe Files zur Verfügung gestellt werden.

Neben der geometrischen polygonalen Beschreibung der Szenerie enthält das Modell auch für Visualisierungs– und Simulationszwecke notwendige Attribute wie z.B. Farbe, Reflexionseigenschaften, Transparenz. Aufgrund der gewählten Datenstruktur zur Beschreibung der Szene, welche das Polygon als kleinste geometrische Einheit ansieht, ist auch eine differenzierte Attributierung unter Berücksichtigung physikalischer Parameter wie Oberflächenbeschaffenheit oder Reibungsbeiwerten ohne Probleme realisierbar.

Ausgehend von dem somit erzeugten 3D–Modell der Szenerie lassen sich durch geeignete Rendering–Verfahren realitätsnahe Bilder erzeugen oder mittels Bildanalyse die optische Auffälligkeit von Objekten in der Landschaft bewerten.

2.1.3 Visualisierung und Rendering von Gelände

Das Rendern von Geländeansichten ist aufgrund der Mächtigkeit der damit verbundenen Datensätze mit prinzipiellen Schwierigkeiten verbunden. Eine exakte geometrische Modellierung aller im Gelände befindlicher Details ist nicht möglich. Dennoch muß diese Detailauflösung (level-of-detail) im Nahbereich des Betrachers hoch, im Fernbereich, um den Datenaufwand zu begrenzen, gering sein. Dieser Aspekt hat insbesondere in Verbindung mit Echtzeitforderungen (Fahrsimulation) zu Verfahren mit hierarchischer Objektbeschreibung in verschiedenen levels-of-detail geführt (Amkun 1986), welche mit Erfolg verwendet werden. Bei Visualisierungverfahren zur Beurteilung baulicher Planungen wie Straßen, Kraftwerken oder Freileitungen kann eine Verbesserung der Realistik durch Einbeziehen von Fernerkundungsdaten in die Präsentation erfolgen. Diese wird dann als Textur auf das Gelände gelegt und erweist sich besonders für vom Beobachter entfernte Punkte als günstig (Nishita 1989). Andere Verfahren verwenden zusätzlich Fotos der Szenerie als Kulissen (Nishita 1986), was aber die Freiheit des Betrachers einschränkt. Für die Modellierung von Einzelbewuchs (Bäume usw.) kann prinzipiell auf fraktale Modelle zurückgegriffen werden (Viennot 1989).

Zur Generation schneller Bilder wird bei 3DOG für das Gelände eine einfache Gouraud–Schattierung verwendet und die Bebauung mit Hilfe von Standardmodellen präsentiert, was zu guten Ergebnissen führt (vgl. Bild 2). Die Eingabe von Beobachterstandpunkt und Blickrichtung erfolgt dabei interaktiv in der zuvor digitalisierten Karte des Geländes.

2.1.4 Sichtbarkeitsanalyse

Zur Berechnung der optischen Wirksamkeit von Objekten im Gelände wird in (Groß 1988) ein neues an objektiven physiologischen und physikalischen Kriterien orientiertes Bildanalyseverfahren vorgestellt und seine Arbeitsweise gezeigt. Deshalb seien an dieser Stelle nur die zum Verständnis von Bild 3 notwendigen Grundbegriffe erläutert:

Die **Sichtbarkeitsbedeckung** S" [sr/m^2] ist ein Maß für die optische Auffälligkeit eines Objektes im Gelände von einem bestimmten Beobachterstandpunkt aus. Sie ist auf das dem Beobachter zugordnete Flächenelement von $1m^2$ bezogen.

Die **Sichtbarkeit** S [sr] beschreibt die gesamte optische Wirksamkeit des Objektes. Sie ergibt sich als Flächenintegral der Sichtbarkeitsbedeckung über alle möglichen Beobachterstandpunkte, gegebenenfalls mit einer Aufenthaltswahrscheinlichkeit von Beobachtern gewichtet.

Der **Tarnungswirkungsgrad** eta" [%] ergibt sich durch Bezug der aktuellen Sichtbarkeitsbedeckung S" auf den Wert S"$_{max}$ für die gleiche Anordnung, jedoch vor freiem Himmel und ohne Sichtbehinderung ("worst case").

2.2 Erfahrungen im praktischen Einsatz

Die innerhalb von 3DOG bereitgestellten Verfahren wurden am realen Beispiel einer baulichen Neuplanung auf der Schäbischen Alb ausgetestet. Dabei soll eine bestehende 30–kV–Freileitung durch eine 110–kV–Freileitung ersetzt werden, was aufgrund der Isolationsbemessung jedoch zu größeren Mastformen führt. Bild 2 zeigt zunächst eine Visualisierung der geplanten Leitung, wie sie sich beim Blick eines Beobachters auf den Hohen Staufen (links im Bild) darstellt. Zur Berechnung des Geländemodells wurde dabei ein ca. 8300m x 4700m großes Areal digitalisiert und in einer Auflösung von 200 x 100 Rasterfeldern interpoliert. Das Bild zeigt deutlich die Eignung fortschrittlicher Visualisierungstechniken als Hilfsmittel bei der Präsentation von Neuplanungen.

Bild 2: Visualisierung der Leitung im Bereich des Hohen Staufen / Schwäbische Alb

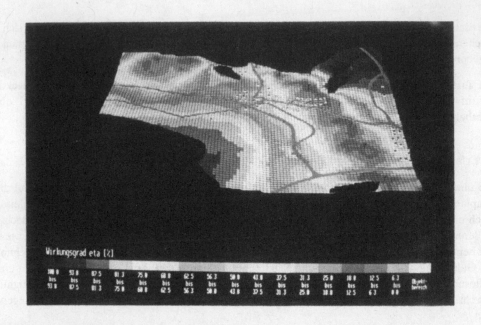

Bild 3: Verteilung der Tarnungsverhältnisse einer Variante in einem sensiblen Geländeabschnitt

Innerhalb dieser Pilotanwendung, welche auch in (Groß 1990) näher dokumentiert ist, wurden detaillierte Sichtbarkeitsanalysen und Umtrassierungen in sensiblen Trassenabschnitten simuliert. Bild 3 zeigt anhand der Verteilung des Tarnungswirkungsgrades einer Variante exemplarisch die Arbeitsfähigkeit des Verfahrens. Eta" ist dabei insbesondere in Geländemulden und in Verbindung mit Sichtbehinderungen vergrößert.

Das zugrunde gelegte Visualisierungsverfahren bildet den Wertebereich der Simulationsdaten auf eine Falschfarbenverteilung ab. Zur Darstellung der topographischen Information sind die Geländeraster zusätzlich hervorgehoben. Weiterhin erleichtert die Einbeziehung der übrigen Geometrieinformation eine Orientierung und schnelle Verifikation betroffener Areale (Wohngebiete usw.) in der Szenerie.

Dieses Verfahren eignet sich insbesondere zur Visualisierung zweidimensionaler skalarer Datensätze über Geländearealen, wie z.B. bodennahe Luftschadstoffkonzentrationen, Bodenbelastungen oder auch Schadensstatistiken.

813

3. Neue Konzepte

3.1 Übersicht

Aufgrund der Anwendbarkeit dargestellter Techniken auf Umweltdaten konnten ausgehend von den bisherigen Erfahrungen die im folgenden beschriebenen neuen Konzepte für ein Umweltinformationssystem entwickelt werden. Dabei standen insbesondere folgende Anforderungen im Vordergrund des Interesses:

- Generation realitätsnaher Bilder zur Beurteilung baulicher Neuplanungen
- Generation topographischer und geometrischer Modelle als Grundlage für Schadstoffausbreitungssimulationen in der Luft
- Aufbereitung von Simulations- und Meßdaten über dem Gelände
- Anwenderfreundliche Benutzerschnittstellen auf Basis von Standards (X–Windows).

Ausgangspunkt weiterer Spezifikationen war dabei das Konzept aus Bild 4, welches es ermöglicht, bereits existierende oder aktuell simulierte Umweltdaten so aufzubereiten, daß sie einerseits die Untersuchungen eines Umweltexperten unterstützen, aber auch andererseits dem Nichtexperten und damit einem breiten Anwenderkreis Ergebnisse in übersichtlicher Form präsentieren.

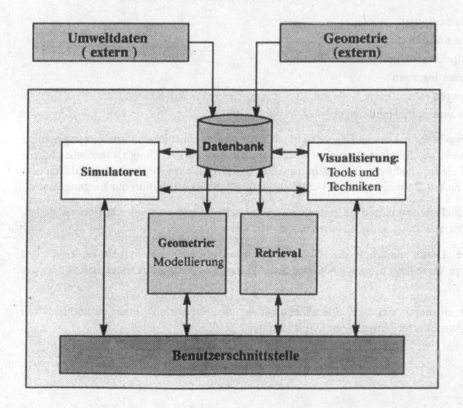

Bild 4: Konzept eines Visualisierungs- und Simulationspaketes für den Umweltbereich

Externe Umweltdaten können dabei sowohl Meßwerte, Satellitenbilder und bereits vorliegende Simulationsergebnisse sein.

Zur Simulation und Visualisierung werden desweiteren geometrische Modelle, wie z.B. für Gelände, Bewuchs, Emissionsquellen und Bebauung benötigt, welche sowohl extern vorliegen, als auch interaktiv vom Benutzer modifiziert oder neu erstellt werden. Die Verwaltung der relevanten Daten übernimmt dabei ein fortschrittliches, graphisch interaktives Datenbankkonzept auf der Basis von Hyper–Link, welches optische Speichermedien verwendet (Kirste 90).

Die Simulation der Ausbreitung von Luftschadstoffen kann durch verschiedene Verfahren erfolgen (Bloch 86). Wesentliches Merkmal des Systems ist jedoch, daß der entsprechende Simulator als Teil des Konzeptes in die Gesamtarchitektur als Datenquelle integriert ist.

3.2 Visualisierungskonzepte für Umweltdaten

Umweltdaten über einen bestimmten geographischen Bereich, wie z.B. Schadstoffkonzentrationen, Temperaturverteilungen, Bodenbelastungen oder Strömungsfelder sind im allgemeinen als mehrdimensionale Datensätze in Abhängigkeit von Ort und Zeit aufzufassen.

Da diese Datensätze auch für den Experten oft schwer interpretierbar sind, ist eine graphische Aufbereitung oftmals von großem Nutzen. Der Vorteil derartiger Visualisierungssysteme wird z.B. in (Papathomas 1988) ausführlich belegt. Zu den typischen Visualisierungstechniken zählen dabei:

- Isoflächendarstellungen
- Voxelwolken und 3D–Bildverarbeitung
- Trajektorienpräsentationen einzelner Partikel
- Falschfarbenauflegungen
- 3D–Pfeilmengen
- 2D–Schnitt– und Profildarstellungen.

Ein wesentliches Merkmal des im folgenden beschriebenen fortschrittlichen Visualisierungssystems für Umweltdaten, welches dem Anwender über allgemein übliche Erstellung thematischer Karten hinaus sowohl die topgraphische Geländeinformation als auch das aktuelle Datenmaterial über eine der oben erwähnten Darstellungen zur Verfügung stellt, ist die Klassifikation der Eingangsdaten:

- Geometrische Daten enthalten die gesamte topographische Information, wie z.B. Geländemodell, Bewuchs oder Bebauung sowie entsprechende Attribute.

- Thematische Daten enthalten die eigentlichen Informationen und stehen als orts– und zeitabhängige Verteilungen über eindeutige Koordinatenzuordnungen in fester Relation zu der Geometrie.

Bild 5 zeigt in einer weiteren Spezifikationsstufe die Architektur eines fortschrittlichen Visualisierungssystems für Umwelt– und Geländedaten.

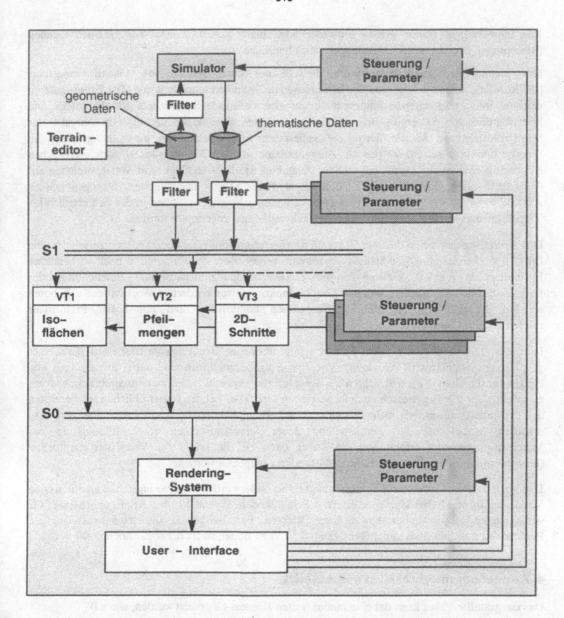

Bild 5: Architektur eines Visualisierungssystems für Umwelt– und Geländedaten

Zunächst wird die zu betrachtende Szenerie über einen Terrain–Editor erfaßt und die gesamte geometrische Information für den Simulator und die Visualisierung bereitgestellt. Dabei übernehmen entsprechende Filtersätze eine Selektion der für die einzelnen Systeme relevanten Informationen (z.B. Resampling des Geländerasters mit geringerer Auflösung). Diese Filtersysteme werden innerhalb des dargestellten Konzeptes als Daten–zu–Daten–Konverter betrachtet, wobei jedoch die Semantik der Daten erhalten bleibt.

Die thematischen Daten werden entweder von einem Simulator oder aus externen Quellen (Messungen, statistische Untersuchungen usw.) bereitgestellt.

Das eigentliche Visualisierungssystem besteht aus einer Anzahl von Visualisierungstools (VT1...VTn), welche jeweils eine der beschriebenen Techniken repräsentieren. Die Eingangsdaten werden über entsprechende Filtersysteme auf eine definierte Schnittstelle S1 abgebildet. Die Spezifikation von S1 ergibt sich durch die erwähnte Datenklassifikation. Die Aufgabe der Visualisierungstools besteht darin, die gelieferten Eingangsdaten in eine der gewünschten Geometrien umzusetzen, welche als Ausgangsdaten an der Schnittstelle S0 zum eigentlichen Rendering–System zur Verfügung stehen. Aufgaben wie das Abbilden von Wertebereichen auf Geometrie oder Attribute werden ebenfalls in dieser Schicht übernommen. Dagegen müssen Aufgaben der Datenselektion aus Performanzgründen möglichst weit oben in der sich ergebenden Visualisierungspipeline ausgeführt, also den Filtersystemen zugeordnet werden.

Das Renderingsystem liest die über S0 gelieferten Daten und bildet sie über die Benutzerschnittstelle für den Anwender ab. Diese Schicht übernimmt insbesondere die Elimination noch vorhandener Freiheitsgrade wie z.B. Viewing–Parameter, Farbzuordnung, Schattierung, Beleuchtung oder Hidden–Surface, wobei die erwähnten Graphikfunktionen von modernen Workstations angeboten werden, so daß sich die Renderingfunktionen komfortabel und mit hoher Performanz implementieren lassen.

Die gesamte Interaktion mit dem System erfolgt über eine Benutzerschnittstelle auf Basis eines graphischen Standards (X–Windows). Wichtige Eingabefunktionen sind dabei Steuerungen und Parametereingaben in allen Schichten des Visualisierungssystems bis hin zu dem Simulator, welcher ebenfalls über die Benutzerschnittstelle betrieben wird, aber bei den bisher üblichen Rechenzeiten den Visualisierungsprozeß nicht blockieren darf. Eine Ankopplung kann dabei über Prozesse erfolgen, wobei bei der Bereitstellung neuer Simulationsdaten eine Meldung an das Visualisierungssystem erfolgt und die Daten dann bei Bedarf in die Visualisierungspipeline (bestehend aus Filter–Visualisierungstool–Renderer) gegeben werden.

Der Vorteil dieses Visualisierungssystems liegt insbesondere in der Erweiterungsfähigkeit durch neue Visualisierungstools bei klar spezifizierten Schnittstellen S0 und S1, der Konfigurierbarkeit für verschiedene Applikationen sowie einer leichten Portabilität, da die hardwareabhängigen Funktionen ausschließlich in der Rendering–Schicht zu finden sind oder sogar noch tiefer liegen.

4. Anwendungsmöglichkeiten und Ausblick

Das dargestellte Paket kann dabei in einem weiten Kontext eingesetzt werden, wie z.B.
- Genehmigungsverfahren großtechnischer Anlagen
- Sanierung überalterter Industriekonzepte
- Auswertung von Fernerkundungsdaten
- Beurteilung von Versicherungsansprüchen bei industriellen Störfällen
- Beurteilung der Betriebssicherheit bei industriellen Störfällen
- Frühwarnsysteme für den Katastrophenschutz.

Weitere Arbeiten befassen sich insbesondere mit der Bereitstellung und Integration neuer Visualisierungtools sowie mit neuen Konzepten zur Interaktion mit dem System.

5. Literatur

B. Page, A. Jaeschke, W. Pillmann, "Angewandte Informatik im Umweltschutz", Teil 1 und 2, Informatik Spektrum, Springer–Verlag, (1990)

X. G. Viennot, et al., "Combinatorial Analysis of Modified Patterns and Computer Imaging of Trees", ACM Computer Graphics, Volume 23, Number 3, (1989)

M. Groß, H.-J. Koglin, "Representation of planned Overhead–Lines – the Optical Impression on the Landscape", IEE Conference Publication No. 297, London, (1988)

M. Groß, H.-J. Koglin, "Computergestützte Freileitungsplanung unter Berücksichtigung der Sichtbarkeit", Informatik Fachberichte, Band 184, Springer–Verlag, (1988)

M. Groß, "Graphische Datenverarbeitung in der Freileitungsplanung – Innovative Methoden mittels Sichtbarkeitsanalyse", Elektrizitätswirtschaft, Heft 6, (1990)

T. V. Papathomas, et al., "Applications of Computer Graphics to the Visualization of Meteorological Data", ACM Siggraph '88 proceedings, Volume 22, Number 4, (1988)

T. Nishita, et al., "Three Dimensional Terrain Modelling and Display of Environmental Assessment", ACM Siggraph '89 proceedings, Volume 23, Number 3, (1989)

T. Nishita, et al., "A Montage Method: The Overlaying of the Computer Generated Images onto a Background Photograph", ACM Siggraph '86 proceedings, Volume 20, Number 4, (1986)

M. Zyda, et al., "Surface Construction from Planar Contours", Computers and Graphics, Volume 11, Number 4, (1987)

P. Amkun, et al., "Managing Geometric Complexity with Enhanced Procedural Models", ACM Siggraph '86 proceedings, Volume 20, Number 4, (1986)

T. Kirste, W. Hübner, "Hyperpicture – ein Archivierungs- und Retrievalsystem auf optischen Speichermedien", Hypertext/Hypermedia '90, Informatik Fachberichte, Springer Verlag, in Vorbereitung

H.-J. Block, "Numerische Ausbreitungsmodelle", Informatik im Umweltschutz: Anwendungen und Perspektiven, Oldenburg Verlag, (1986)

6. Acknowledgement

Das Softwarepaket 3DOG wurde am Lehrstuhl für Energieversorgung der Universität des Saarlandes in Kooperation mit der Siemens AG entwickelt. Der Autor dankt Herrn Prof. Dr.-Ing. H.-J. Koglin für die Betreuung der Arbeit sowie Herrn Dr. B. Gollan für seine freundliche Unterstützung während der Kooperation.

Ein stochastisches Verfahren
zur Erzeugung von Konturlinien
aus verstreut liegenden Datenpunkten

Dieter Schadach
Institut für Informatik
Universität Kiel
D-2300 Kiel 1

Fred Wichmann
d'ART Computer GmbH
Fleethörn 23
D-2300 Kiel 1

1. Einleitung

Um für endlich viele Meßwerte $z_i = f(x_i, y_i)$ in der (x,y)-Ebene eine interpolierende Funktion zu finden und diese durch Isolinien darzustellen, d.h. durch Linien gleichen Funktionswertes, gibt es viele Verfahren. Die jeweils entstehenden Isolinien (Konturlinien) können sich bei gleichen Meßwerten je nach dem gewählten Verfahren sehr stark unterscheiden.

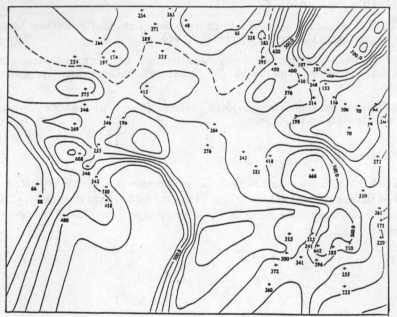

Abbildung 1: Durchlässigkeitswerte in einem Ölfeld (mit GPCP)

Die Abbildung 1 zeigt Isolinien, die von GPCP ("General Purpose Contouring Program" der Firma Calcomp) erzeugt wurden: Die Isolinien sind zwar "attractive and smooth" [Schagen 1982] und nicht durch simple, aber noch häufig verwendete lineare Interpolation entstanden, entbehren aber im linken unteren Teil des Bereiches jeder Information durch Meßdaten. Ferner scheint zumindest die gestrichelte Linie inkonsistent mit den Meßdaten zu sein ("... it is possible for the contours so drawn to be inconsistent with the original data" [Schagen 1982]). Ein völlig anderes Bild bietet die Abbildung 2 für denselben Datensatz:

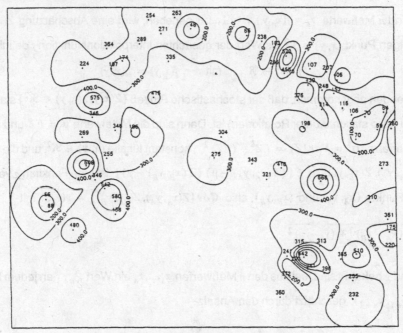

Abbildung 2: Durchlässigkeitswerte in einem Ölfeld

Das dieses Bild erzeugende Programm ist eine Weiterentwicklung eines Verfahrens von I.P. Schagen [1982]. Es verwendet einen statistischen Ansatz und benutzt dabei kein Gitter (viele Verfahren müssen rechenaufwendige Funktionswerte in Gitterpunkten berechnen). Die gegebenen Daten werden exakt interpoliert; zu jedem anderen Punkt wird ein statistischer Schätzwert geliefert. Eine Drift in den Meßdaten kann durch eine 2-Stufen-Methode erfaßt werden. Das Programm ist in C auf einem Atari-ST implementiert. Wie Abb. 2 zeigt, liefert das Verfahren nur dort Isolinien, wo in der Nähe Meßdaten vorhanden sind; Bereiche wie im unteren Teil des Bildes bleiben weiß (unbekanntes Territorium) und werden nicht mit fiktiven Kurven ausgefüllt, wie dies viele Verfahren tun (z.B. bei Niederschlagsmengen über Ozeanen).

2. Mathematisches Modell

Das Verfahren von Schagen ähnelt dem Kriging-Verfahren in der Geostatistik, es behandelt Meßwerte als Realisationen eines zweidimensionalen Zufallsprozesses (Zufallsfeldes).

Sei $\{Z(x, y): (x, y) \in \mathfrak{R}^2\}$ eine Familie von Zufallsvariablen mit der Parametermenge $\mathfrak{R}^2$ (reelle Ebene). Sind n Meßwerte $z_i = f(x_i, y_i)$, $i = 1, ..., n$ gegeben, wird eine Abschätzung $\hat{Z}(x, y)$ für einen beliebigen Punkt $(x, y) \in \mathfrak{R}^2$ als Wert der gesuchten Interpolationsfunktion f definiert, also

$$f: \mathfrak{R}^2 \rightarrow \mathfrak{R} \qquad \text{mit} \qquad f(x, y) = \hat{Z}(x, y)$$

Sei im folgenden angenommen, daß der stochastische Prozeß $\{Z(x, y): (x, y) \in \mathfrak{R}^2\}$ stationär und isotropisch (also stationär unter Rotationen) ist. Dann sind die Mittelwerte $\mu = EZ$ und EZ^2, also auch die Varianz $\sigma^2 = Var[Z] = EZ^2 - (EZ)^2$, konstant für alle $(x, y) \in \mathfrak{R}^2$, und die Kovarianz $Cov[Z(x_A, y_A), Z(x_B, y_B)] = E[(Z(x_A, y_A) - \mu)(Z(x_B, y_B) - \mu)]$ ist eine Funktion g von dem Abstand der Punkte (x_A, y_A) und (x_B, y_B), also $Cov[Z(x_A, y_A), Z(x_B, y_B)] = g(r_{AB})$ mit

$$r_{AB} = \sqrt{(x_A - x_B)^2 + (y_A - y_B)^2}$$

Wenn μ und g bekannt sind, sei aus den n Meßwerten $z_1, ..., z_n$ ein Wert $\hat{Z}_{n+1}$ an jedem beliebigen Punkt (x_{n+1}, y_{n+1}) geschätzt durch den Ansatz

$$\hat{Z}_{n+1} = \mu + \sum_{i=1}^{n} b_i(z_i - \mu)$$

$$= \mu + \vec{b}^T(\vec{z} - \vec{\mu})$$

$$\text{mit} \qquad \vec{z} = \begin{bmatrix} z_1 \\ \vdots \\ z_n \end{bmatrix}, \qquad \vec{\mu} = \begin{bmatrix} \mu \\ \vdots \\ \mu \end{bmatrix}, \qquad \text{und} \qquad \vec{b} = \begin{bmatrix} b_1 \\ \vdots \\ b_n \end{bmatrix}$$

Optimale Koeffizienten b_i, $(i = 1, ..., n)$ werden durch die Methode der kleinsten Fehlerquadrate berechnet: Sei

$$M = E[(z_{n+1} - \hat{Z}_{n+1})^2] \qquad (z_{n+1} = \text{exakter Wert})$$

Dann ist

$$M = E\left[\left(z_{n+1} - \mu - \sum_{i=1}^{n} b_i(z_i - \mu)\right)^2\right]$$

$$= E\left[(z_{n+1} - \mu)^2 - \left(2(z_{n+1} - \mu)\left(\sum_{i=1}^{n} b_i(z_i - \mu)\right)\right) + \left(\sum_{i=1}^{n} b_i(z_i - \mu)\right)^2\right]$$

$$= E[(z_{n+1} - \mu)^2] - 2\sum_{i=1}^{n} E[(z_{n+1} - \mu)b_i(z_i - \mu)] + \sum_{i=1}^{n}\sum_{j=1}^{n} b_i b_j(E[(z_i - \mu)(z_j - \mu)])$$

$$= \sigma^2 - 2\sum_{i=1}^{n} b_i Cov[z_{n+1}, z_i] + \sum_{i=1}^{n}\sum_{j=1}^{n} b_i b_j(Cov[z_i, z_j])$$

$$= \sigma^2 - 2\vec{b}^T\vec{c} + \vec{b}^T S\vec{b},$$

wobei $\vec{c}$ ein Spaltenvektor der Kovarianzen $c_i = Cov[z_{n+1}, z_i]$ für $i=1,...,n$ ist und

$S = (s_{ij})_{1 \le i, j \le n}$ die Kovarianzmatrix mit $s_{ij} = Cov[z_i, z_j]$. Ist S positiv definit, wird M minimal

bei $\vec{b} = S^{-1}\vec{c}$.

Dann ist

$$\hat{Z}_{n+1} = \mu + \vec{c}^T(S^{-1})^T(\vec{z} - \vec{\mu})$$

$$= \mu + \vec{c}^T\gamma$$

$$\text{mit} \quad \gamma = (S^{-1})^T(\vec{z} - \vec{\mu})$$

Also

$$f(x_{n+1}, y_{n+1}) = \hat{Z}_{n+1} = \mu + \vec{c}^T\gamma$$

Als Kovarianzfunktion $g(r)$ sei die schon von Schagen benutzte Funktion

$$g(r) = e^{-\frac{1}{2}\frac{r^2}{\rho^2}} \quad \text{mit einer Konstanten} \quad \rho \ne 0$$

gewählt. Damit ist

$$s_{ij} = g(r_{ij}) = e^{-\frac{1}{2}\frac{r_{ij}^2}{\rho^2}}$$

und S positiv-definit.

3. Bestimmung der Parameter μ und ρ

μ und ρ bestimmen das Verhalten des Zufallsprozesses und beeinflussen sich gegenseitig. μ kann aus den Meßdaten geschätzt werden, ρ kann mit zusätzlichem Expertenwissen über die jeweiligen Messungen und Meßbereiche festgelegt werden.

3.1 Bestimmung von ρ bei gegebenem μ

Sei μ gegeben. Um ρ zu schätzen, seien aus den n gegebenen Meßpunkten n räumlich benachbarte Punktepaare $\{(x_i,y_i), (x_{j_i},y_{j_i})\}$ für $i = 1,...,n$ mit $j_i \neq i$ gebildet. Für jedes Paar werde ein Korrelationsabstand $\hat{\rho}_i$ $(i = 1,...,n)$ geschätzt und für ρ dann der Mittelwert der $\hat{\rho}_i$ - Werte genommen. Betrachtet seien die Punkte (x_1,y_1) und (x_2,y_2), ihr Abstand sei r. Abkürzend sei $\alpha = \dfrac{1}{2\hat{\rho}_1^2}$. Für α (und damit für $\hat{\rho}_1$) soll nach der Maximum-Likelihood-Methode ein Schätzwert

bestimmt werden. Die reduzierte Kovarianzmatix lautet $\bar{S} = \begin{bmatrix} 1 & e^{-\alpha r^2} \\ e^{-\alpha r^2} & 1 \end{bmatrix}$.

Mit $D = det\bar{S} = 1 - e^{-2\alpha r^2}$ ist $\bar{S}^{-1} = \dfrac{1}{D}\begin{bmatrix} 1 & -e^{-\alpha r^2} \\ -e^{-\alpha r^2} & 1 \end{bmatrix}$, und unter der Annahme einer zweidimen-

sionalen Normalverteilung für $\vec{Z} = \begin{bmatrix} z_1 \\ z_2 \end{bmatrix}$ und $\vec{\mu} = \begin{bmatrix} \mu \\ \mu \end{bmatrix}$ ist die Likelihood-Funktion

$$L(\alpha) = \frac{1}{2\pi\sqrt{D}}e^{-\frac{1}{2}(\vec{Z}-\vec{\mu})^T\bar{S}^{-1}(\vec{Z}-\vec{\mu})}$$

$$ln\,(L(\alpha)) = -ln(2\pi) - \frac{1}{2}ln\,(D) - \frac{1}{2}(\vec{Z}-\vec{\mu})^T(\bar{S}^{-1}(\vec{Z}-\vec{\mu}))$$

$$\frac{\partial}{\partial\alpha}[ln\,(L(\alpha))] = -\frac{1}{2}\frac{1}{D}\frac{\partial D}{\partial\alpha} - \frac{1}{2}\frac{\partial}{\partial\alpha}[(\vec{Z}-\vec{\mu})^T\bar{S}^{-1}(\vec{Z}-\vec{\mu})].$$

Setzt man diese Ableitung gleich 0, folgt

$$\frac{\partial D}{\partial\alpha} = -D \cdot (\frac{\partial}{\partial\alpha}[(\vec{Z}-\vec{\mu})^T\bar{S}^{-1}(\vec{Z}-\vec{\mu})])$$

$$= -D \cdot \left(\frac{\partial}{\partial\alpha}\left[(z_1-\mu,z_2-\mu)\frac{1}{D}\begin{bmatrix} 1 & -e^{-\alpha r^2} \\ -e^{-\alpha r^2} & 1 \end{bmatrix}\begin{pmatrix} z_1-\mu \\ z_2-\mu \end{pmatrix}\right]\right).$$

Sei abkürzend $z'_1 = z_1 - \mu$ und $z'_2 = z_2 - \mu$.

Damit

$$\frac{\partial D}{\partial \alpha} = -D \cdot \left(\frac{\partial}{\partial \alpha} \left[(z'^2_1 - 2z'_1 z'_2 e^{-\alpha r^2} + z'^2_2) \frac{1}{D} \right] \right)$$

$$= -D \left[\frac{D (2z'_1 z'_2 r^2 e^{-\alpha r^2}) - (z'^2_1 - 2z'_1 z'_2 e^{-\alpha r^2} + z'^2_2) \frac{\partial D}{\partial \alpha}}{D^2} \right]$$

$$= -2z'_1 z'_2 r^2 e^{-\alpha r^2} + \frac{1}{D} (z'^2_1 - 2z'_1 z'_2 e^{-\alpha r^2} + z'^2_2) \frac{\partial D}{\partial \alpha}$$

Sei weiterhin $u = e^{-\alpha r^2}$. Da $D = 1 - e^{-2\alpha r^2} = 1 - u^2$ und $\frac{\partial D}{\partial \alpha} = 2r^2 e^{-2\alpha r^2} = 2r^2 u^2$, folgt

$$2r^2 u^2 = -2z'_1 z'_2 r^2 u + \frac{1}{1 - u^2} (z'^2_1 - 2z'_1 z'_2 u + z'^2_2) (2r^2 u^2)$$

$$u^3 - z'_1 z'_2 u^2 + (z'^2_1 + z'^2_2 - 1) u - z'_1 z'_2 = 0$$

Wird eine Nullstelle u^* aus dem Intervall $(0,1)$ gefunden (z.B. nach dem Verfahren von Cardano), ist

$$u^* = e^{-\alpha^* r^2} \Leftrightarrow ln(u^*) = -\alpha^* r^2 \Leftrightarrow \alpha^* = -\frac{ln(u^*)}{r^2}$$

$$\hat{\rho}^2_1 = \frac{1}{2\alpha^*} = -\frac{r^2}{2ln(u^*)}, \qquad \hat{\rho}_1 = r \sqrt{-\frac{1}{2ln(u^*)}}$$

(wegen $u^* \in (0,1)$ ist $ln(u^*) < 0$).

Führt man dies für alle n Punktepaare durch und erhält $r \leq n$ entsprechende Nullstellen, ergibt sich ρ zu

$$\rho = \frac{1}{r} \sum_{i=1}^{r} \hat{\rho}_i$$

3.2 Berechnung von μ bei gegebenem ρ

Sei ρ gegeben und damit S^{-1}. Entsprechend 3.1 erhält man durch eine Maximum-Likelihood-Methode den Schätzwert

$$\mu = \frac{\sum_{i=1}^{n} \sum_{j=1}^{n} s^{-1}_{ij} z_i}{\sum_{i=1}^{n} \sum_{j=1}^{n} s^{-1}_{ij}},$$

wobei s^{-1}_{ij} das (i,j)-te Element der Matrix S^{-1} ist.

4. Eigenschaften der Interpolationsfunktion

Die aus dem vorherigen entwickelte Interpolationsfunktion f nimmt die n gegebenen Werte exakt an, d.h. $f(x_i, y_i) = z_i$ für $i = 1,...,n$, und sie ist beliebig oft stetig differenzierbar, wie man leicht zeigen kann.

5. Implementation

Das oben beschriebene Verfahren wurde in C in folgender Form implementiert. Das Unterprogramm UP-1 behandelt die interaktive Erfassung und Aufbereitung von Meßdaten.

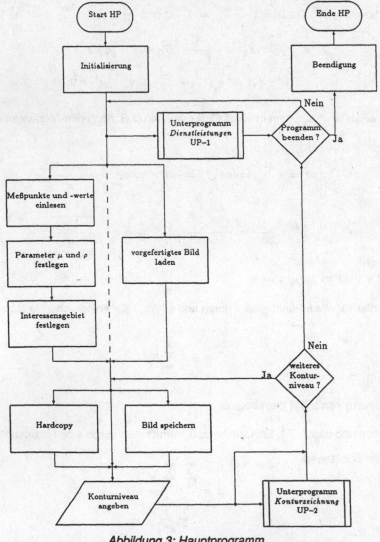

Abbildung 3: Hauptprogramm

Im Unterprogramm UP-2 werden Konturlinien gezeichnet. Hierbei wird kein Gitter benötigt, sondern es werden, ausgehend von den gegebenen Meßpunkten, in einer bestimmten, hier nicht näher ausgeführten Weise Referenzpunkte konstruiert. Konturpunkte und damit Konturlinien werden nach einer Idee von K.G.Suffern [1984] mit Hilfe von Krümmungskreisen konstruiert.

6. Anwendung: Höhenmessung in der Bornhöveder Seenplatte

Die Abbildungen 4a und 4b zeigen Höhenlinien (Meßwerte vom Landesvermessungsamt Kiel), die mit dem Interpolationsverfahren ARC/INFO eines Geographischen Informationssystems erzeugt wurden. 4a ist durch lineare, 4b durch biquintische Interpolation entstanden. In beiden

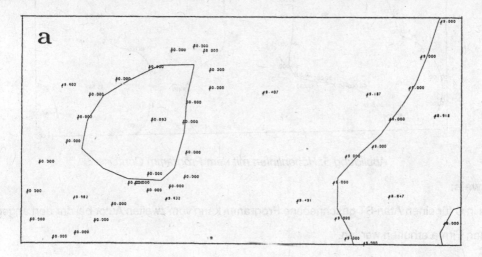

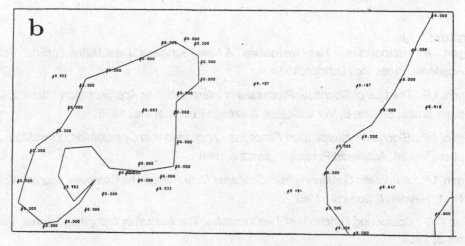

Abbildung 4: Höhenlinien mit einem Geographischen Informationssystem

Bildern weichen die Linien zum Konturniveau 50.0 stark von den Meßwerten ab, die Bilder sind kaum brauchbar.

Man betrachte jetzt die Abbildung 5, wo dieselben Daten wie in Abb. 4 mit dem geschilderten Programm, genannt ContLine, verarbeitet wurden.

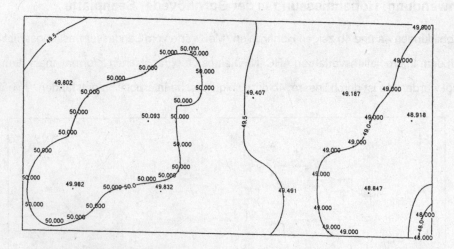

Abbildung 5: Höhenlinien mit dem Programm ContLine

Hinweis:

Das in C für einen Atari-ST geschriebene Programm kann vom zweiten Autor bei der dort angegebenen Firma erhalten werden.

Literatur:

Schagen, I.P.: *Interpolation in Two Dimensions - A New Technique*, J.Inst.Maths.Applics., Vol.23, Academic Press Inc., London, 1979

Schagen, I.P.: *The Use of Stochastic Processes in Interpolation an Approximation*, Intern. J. Computer Math., Section B, Vol.8, Gordon & Breach Publisher Inc., 1980

Schagen, I.P.: *Stochastic Interpolation Functions - Applications in Optimization*, J.Inst.Math.Applics., Vol.26, Academic Press Inc., London 1980

Schagen, I.P.: *Automatic Contouring from Scattered Data Points*, The Computer Journal, Vol.25, No.1, Heyden & Son Ltd., 1982

Suffern, K.G.: *Contouring Functions of Two Variables*, The Australian Computer Journal, Vol.16, No.3, 1984

Wichmann, F.: *Konturlinien aus verstreut liegenden Datenpunkten*, Diplomarbeit an der Universität Kiel, Institut für Informatik und Praktische Mathematik, 1990

Einflüsse digitaler Bildsegmentierungstechniken auf die quantitative Analyse fluoreszierenden mikrobiellen Planktons

Detlef Schröder, Christiane Krambeck, Hans-Jürgen Krambeck
Max-Planck-Institut für Limnologie
Postfach 165, D-2320 Plön

Deskiptoren: Digitale Bildanalyse, Gewässerüberwachung, Epifluoreszenzmikroskopie

Zusammenfassung

Um Reaktionen von Plankton auf Umwelteinflüsse zu verfolgen, werden auf Filtern angereicherte und gefärbte Zellen (zunächst Bakterien einer Breite von 0.2 µm - 1 µm) unter dem Epifluoreszenzmikroskop mittels Videokamera und bildanalytischer Algorithmen beobachtet. Die Grundlage für eine möglichst exakte Zellvermessung bildet eine sorgfältige Berechnung der Bakterienkonturen, die im wesentlichen von der Zellbeschreibung im digitalen Bild - d.h. der Grauwertverteilung in ihren Randzonen (Kanten) und im Zellinneren abhängt. Verschiedene Formen möglicher Kantenübergänge von Bakterien wurden modelliert, um Wirkungen verschiedener Kantenerkennungsverfahren beschreiben zu können. Ein realitätsnahes Modell fluoreszierender Kunststoffkugeln diente der Klärung, wie genau die Vermessung von Bakterienzellen erfolgen kann. Eine erfolgreiche Segmentierung eines digitalisierten Mikroskopbildes in Objekt/Hintergrund setzt den Zuschnitt bildanalytischer Algorithmen auf gegebene Kantenmerkmale und/oder innere Strukturen abgebildeter Objekte voraus. Ansätze zur Behandlung größerer Planktonorganismen befinden sich zur Zeit noch in der Entwicklung. Die automatisierte Auswertung von Planktonmischproben läuft auf mehrstufige Verfahren hinaus, um den grundsätzlich unterschiedlichen digitalen Objektbeschreibungen gerecht zu werden.

1. Anwendungsbereich und Rechnerumgebung

Anthropogene Einträge in Gewässer verändern die Lebensgemeinschaft des mikroskopisch kleinen Planktons. Nährstoffe, toxische und abbaubare organische Stoffe beeinflussen Wachstum und Zusammensetzung der Biozönose. Um deren komplexe Reaktionen zu verfolgen und zu verstehen, ist es zweckmäßig, auch das Bakterioplankton zu erfassen, das eine Schlüsselposition in dem System einnimmt (Odum 1980). Neben im Reagenzglas relativ schnell meßbaren, chemischen Reaktionen sind weiter direkte Informationen über Zellzahl und -größe gefragt. Die eingebürgerten Erfassungsmethoden laufen auf Messungen an einzelnen, auf Filtern angereicherten und mit Fluoreszenzfarbstoffen (DAPI oder Acridinorange) gefärbten Zellen unter einem Epifluoreszenzmikroskop hinaus. Die Fluoreszenzmikroskopie eröffnet weiter neue Möglichkeiten der Zelldifferenzierung, z.B. mittels Kopplung von Farbstoffen an Immunreagenzien. Mit Hilfe solcher, zur Zeit noch in der Entwicklung befindlichen Techniken könnten dann auch einzelne, ökologisch relevante Bakterien (z.B. für den Stickstoffhaushalt oder für Schadstoffabbau) verfolgt werden, oder das Schicksal von in Gewässer verfrachteten Fremdorganismen (pathogene oder genetisch manipulierte Bakterien) (Höfle et al. 1988). Die zunehmende Komplexität der Fragestellungen bedingt eine detaillierte und eindeutige Objektbeschreibung im digitalen Bild und/oder

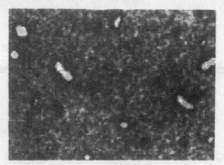 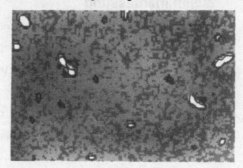

Bild 1: Videobildausschnitt von fluoreszierendem Bakterioplankton
Links: digitales Grauwertbild   Rechts: berechnete Konturen

```
pixel length = 0.0892
CLASS = 1-1-14   [pixel]                                    LENGTH
            1   2   3   4   5   6   7   8   9  10  11  12  13  14 >14  sum
WIDTH
        1  56  82   8   1   0   0   0   0   0   0   0   0   0   0   0  147
        2   0  38  57  11   1   3   1   1   1   0   0   1   1   0   3  118
        3   0   0  43  37  15  10   4   2   1   1   0   0   0   0   5  118
        4   0   0   0  21  40  17  10   3   4   2   1   3   0   0   6  107
        5   0   0   0   0  23  36  25  12  12   2   4   4   5   3   7  133
        6   0   0   0   0   0  11  11  11  16   3   7   0   3   6   3   71
        7   0   0   0   0   0   0   4   3   3   5   2   7   0   1   4   29
        8   0   0   0   0   0   0   0   7   7   1   1   1   2   2   4   25
        9   0   0   0   0   0   0   0   0   2   2   3   0   1   0   6   14
       10   0   0   0   0   0   0   0   0   0   2   1   1   0   0   2    6
       11   0   0   0   0   0   0   0   0   0   0   0   0   0   0   1    1
       12   0   0   0   0   0   0   0   0   0   0   0   0   0   0   1    1
       13   0   0   0   0   0   0   0   0   0   0   0   0   0   0   1    1
       14   0   0   0   0   0   0   0   0   0   0   0   0   0   0   3    3
      >14   0   0   0   0   0   0   0   0   0   0   0   0   0   0   2    2
      sum  56 120 108  70  79  77  55  39  46  18  19  17  12  12  48  776
        %   8  16  15  10  11  11   8   5   6   2   3   2   2   2
    vol %   0   0   2   3   7  10  10  11  16   9  10   9   7   8  63
```

Tabelle 1: Zusammensetzung einer Bakterioplanktonprobe:
Die Matrix enthält die Anzahl der Zellen der Breiten (1..14 Pixel) (Zeilen),
der Längen (1..14 Pixel) (Spalten) sowie die prozentualen Anteile der einzelnen
Längenklassen an der Gesamtzellzahl und des berechneten Gesamtbiovolumens.

Mischen von Informationen - z.B. können Analyseergebnisse mehrerer Bilder von demselben Probenausschnitt unter verschiedenene Fluoreszenzbedingungen zusammengetragen werden, um etwa kleine Algen von großen Bakterien zu unterscheiden. Wir haben zunächst an einer Automatisierung der Bakterioplanktonauswertung gearbeitet, und zwar mittels restlichtverstärkender SIT-Videokamera (Hamamatsu 2400) und PC (Tandon AT/386), um die zeitraubende und mit subjektiven Fehlern behaftete Arbeit am Mikroskop (Krambeck et al. 1990) zu beschleunigen und zu objektivieren. Eine Bildverarbeitungskarte (LVSP-AT, Leutron vision) konvertiert das Mikroskopbild in Echtzeit in ein digitales Grauwertbild mit 256 Graustufen (0= schwarz, 255= weiß), das aus 512 x 640 quadratischen Bildpunkten (Pixel) besteht. Bei 2000- facher Vergrößerung entspricht die Länge eines Pixel 0.089 µm und die mikroskopischen Bilder von typischen Gewässerbakterien bestehen dann aus 5 - 50 Bildpunkten.

Computergestützte Ansätze zur Vermessung von Bakterioplankton wurden bereits im Laufe der letzten zehn Jahre vorgestellt (Krambeck et al. 1981, Björnsen 1986, Fry 1988, Sieracki et al. 1989, David & Paul 1989, Krambeck et al. 1990). Wir haben uns zum Ziel gesetzt, Bakterienproben vollautomatisch - d.h. ohne interaktiven Eingriff - auszuwerten, um die Vorgänge Bildaufnahme (Mikroskopieren) und Bildanalyse zeitlich voneinander zu trennen, wodurch eine Steigerung der Informationsdichte über Biomassenveränderungen erreicht werden kann. Die Beschleunigung der Zählung und vor allem die Ausmessung einzelner Zellen im mikroskopischen Bild ist vor allem auch deswegen wichtig, weil die kurzen Generationszeiten von Bakterien eine Dichte an Information erfordern, die ohne Automatisierung praktisch nicht zu bekommen ist.

Eine möglichst korrekte digitale Größenbestimmung der Bakterien hängt im wesentlichen davon ab, wie genau ihre Kanten (= Übergangszone zwischen Hintergrund und Okjekt) detektiert werden können. Bild 1 zeigt den Ausschnitt eines digitalen Bildes mit den berechneten Konturen, auf deren Basis die Größenverteilung einer Population bestimmt wird (Tabelle 1).

2. Kantenmodelle und Kantendetektion

Voraussetzung einer erfolgreichen Bildsegmentierung ist eine ausgewogene Farbstoffkonzentration in der Probe - einerseits sollen auch die kleinsten Bakterien (um 0.2 µm) sichtbar sein und andererseits sollte nicht zuviel Farbstoff verwendet werden, damit fluoreszierende Objekte an der Obergrenze des Meßbereiches (1 µm) nicht überstrahlen und zu groß wirken. Lichtdurchlässigkeit der Mikroskopoptik und die Lichtempfindlichkeit der Videokamera sind die bestimmenden Parameter. In unserer Bildanalyseumgebung hat sich eine Farbkonzentration von 5.1 µg DAPI/ml (Bild 1) als optimal herausgestellt.

Die disjunkte Einteilung eines digitalen Bildes in Objekt- und Hintergrundpixel stellt das Hauptproblem für eine erfolgreiche Zellerkennung und -vermessung dar. Einfache Schwellwertverfahren, die einen Bildpunkt aufgrund seines Grauwertes klassifiziert, sind nicht geeignet, eine

Bildsegmentierung zufriedenstellend durchzuführen, da Grauwerte fluoreszierender Objekte auch im Hintergrund anzutreffen sind (s. Bild 1). Daher haben wir unser Augenmerk auf Gradienten-verfahren gerichtet, mit deren Hilfe über lokale Grauwertdifferenzen im Bild Kanten detektiert werden können. Gradientenverfahren bedienen sich Faltungen (Filterung) kleiner Umgebungen eines Bildpunktes mit Masken.

Definition: Sei **I** ein digitales Grauwertbild, so ist die Faltung eines (n x n)- Bildausschnittes um den Bildpunkt (x,y) mit einer (n x n)- Maske **M** wie folgt definiert: (Haberäcker 1985)

$$I'(x,y) = \sum_{k=-n/2}^{+n/2} \sum_{l=-n/2}^{+n/2} I(x+k,y+l) * \mathcal{M}(k,l)$$

Faltungen wirken je nach Belegung der Maske **M** glättend oder differenzierend. Während der Filterung wird der Grau-wert jedes Bildpunktes durch eine gewichtete Summe sei-ner Nachbarpunkte ersetzt. Die Filterung mit Differenzen-operatoren (= Masken, deren Gewichte symmetrisch und wohl balanciert - d.h. Summe der Gewichte=0 - angeordnet sind,) (Bild 2) überführt das digitale Bild in seine zweite räumliche Ableitung, die im folgenden kurz als Gradienten-bild bezeichnet wird.

Der Laplace-Operator (Haberäcker 1985) verstärkt lokale kurzfrequente Grauwertschwankungen (Rauschen) - ver-ursacht durch die Optik oder die Bildsignalverstärkung der Videokamera. Als Folge werden diese mitunter irrtümlicher-weise als Kanten interpretiert. Da sich Kanten fluoreszieren-der Zellen über mehrere Pixel erstrecken, sind Differenzen-operatoren zweckmäßig, die kontinuierliche Grauwertver-änderungen in einer etwas größeren (z.B. 5x5) Umgebung eines Bildpunktes registrieren. Anwendungen des "Mexican Hat" von Marr & Hildreth (Smith et al. 1988) oder unseres selbst entworfenen Operators **D** führen zu einer Glättung des 3x3-Zentrums und einer Differenzenberechnung zur Randzone der lokalen Umgebung. Die Operatoren **G** und **D** agieren wie der Laplace-Operator richtungsunabhängig, stellen ebenfalls ein diskretes Analogon zur zweiten räumli-chen Ableitung dar und unterscheiden sich lediglich in der unterschiedlichen Akzentuierung des Maskenzentrums (Operator **G** ist ein wenig rauschempfindlicher).

$$\mathcal{L} = \begin{pmatrix} 0 & -1 & 0 \\ -1 & 4 & -1 \\ 0 & -1 & 0 \end{pmatrix}$$

Laplace-Operator (L)

$$G = \begin{pmatrix} -1 & -2 & -3 & -2 & -1 \\ -2 & -2 & 4 & -2 & -2 \\ -3 & 4 & 24 & 4 & -3 \\ -2 & -2 & 4 & -2 & -2 \\ -1 & -2 & -3 & -2 & -1 \end{pmatrix}$$

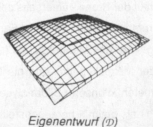

"Mexican Hat" (G)

$$\mathcal{D} = \begin{pmatrix} -2 & -1 & -1 & -1 & -2 \\ -1 & 2 & 2 & 2 & -1 \\ -1 & 2 & 4 & 2 & -1 \\ -1 & 2 & 2 & 2 & -1 \\ -2 & -1 & -1 & -1 & -2 \end{pmatrix}$$

Eigenentwurf ($\mathcal{D}$)

Bild 2: *Differenzenoperatoren*

Wirkungen von Filterungen mit Differenzenoperatoren wurden anhand verschiedener Kantenmodelle überprüft - zunächst an im Bildspeicher nachgebildeten Kantenprofilen theoretischer Art (verschieden stark ausgeprägte lineare, sinusförmige, binomiale und e-funktionale Übergänge von Hintergrund zu Objekt). Bild 3 zeigt stellvertretend für alle anderen getesteten Modelle, daß Änderungen im Kantenanstieg innerhalb der Maskenbreite von 5 Pixel durch Peaks im Gradientenbild quittiert werden - zunehmende Steigungen mit negativen und abnehmende mit positi-

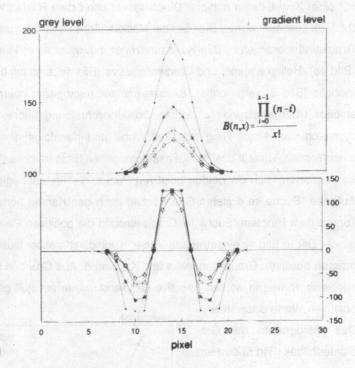

$$B(n,x) = \frac{\prod_{i=0}^{x-1}(n-i)}{x!}$$

Bild 3: Binomiales Kantenmodell:
Oben: Kantenprofile
Unten: Gradientenprofile ($\mathcal{D}$-gefiltert)

ven. Diese Filtereigenschaft, den Übergang zu homogenen Bildbereichen innerhalb einer 5x5 - Umgebung durch positive Gradientenpeaks anzuzeigen wurde in einem Modell fluoreszierender Kunststoffkugeln bestätigt, von denen wir annehmen, daß ihre Kantencharakteristik und Fluoreszenzeigenschaft der Realität unserer gefärbten Bakterienproben recht nahe kommen. Bild 4 zeigt den Ausschnitt eines digitalen Bildes in 3D-Darstellung (Z-Achse entspricht der Helligkeit)

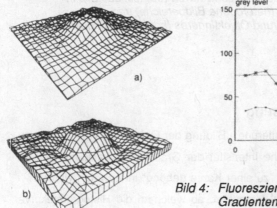

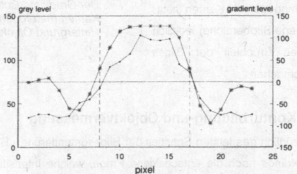

Bild 4: Fluoreszierende Latex-Kugel im Grauwertbild (a) und Gradientenbild (b). Rechts: Profil über Originalbild (—) und Gradientenbild (*); "wahre" Objektgrenzen (--)

mit einer Kugel, deren mittlerer Durchmesser unter dem Rasterelektronenmikroskop (SEM) mit 0.82 µm bestimmt wurde. Die über der Maskenfläche von 5 x 5 Pixel registrierten kontinuierlichen Grauwertänderungen in den Kugelrandzonen bewirken eine "Hügelbildung" im Gradientenbild (Bild 4b). Helligkeitsprofil und Gradientenkurve (Bild 4c) sind mit denen des binomialen Kanten- modells (Bild 3) vergleichbar. Bildbereiche mit homogener interner Grauwertverteilung sowie stetiger Übergangszone (= digitale Objektbeschreibung fluoreszierender Bakterien) werden demnach von einem Ring positiver Werte und nachfolgender "Gräben" im Gradientenbild umschlossen. Umfaßt das Profil eines homogenen Bildbereiches ("Plateau") weniger als 5 Pixel, so überlagern sich die beiden positiven Peaks, die Plateaubeginn und -ende markieren. Die Aufgabe "Suche im digitalen Grauwertbild nach den Kanten homogener Bereiche (Bakterien)" kommt dem Problem "Suche im Gradientenbild die positiven Peaks einer Mindestausprägung" gleich. Der in Bild 4c eingetragene "reale" Kugeldurchmesser illustriert die Deckung von ausge- prägten positiven Gradientenpeaks und Kugelrand. Aus Gründen der rechnerinternen Wertebe- reichsvergrößerung werden negative Gradientenwerte auf null gesetzt und nur die relevanten positiven Werte dargestellt.

Das Histogramm des Gra- dientenbildes (Bild 5) illustriert die disjunkte Zweiteilung der Bildpunktemenge. Der Haupt- anteil eines Bildes entfällt auf die Menge der Bildpunkte, in deren 5x5- Umgebung nur geringe Grauwertschwankun- gen registriert werden (Hinter- grund, Bakterieninneres), wohingegen die Kanten (hete- rogene Bildbereiche) lediglich einen Bruchteil der Bildes ausmachen.

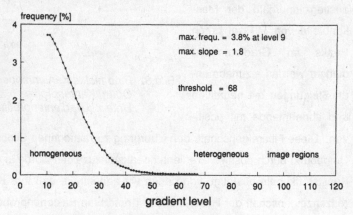

Bild 5: Histogramm eines Gradientenbildes:
Der Gradientenschwellwert (68) teilt das Bild in
Kanten (heterogene Bildbereiche) und
Hintergrund/Objektinneres (homogene Bildbereiche)

3. Konturbildung und Objektvermessung

Bezüglich des letzten Schrittes der Bildsegmentierung - Bildung der Objektkonturen - stellt sich allerdings noch die entscheidende Frage, welche Intensität der Grauwertschwankung, d.h. ab welchem Gradientenlevel soll ein Bildpunkt als "zu einer Kante gehörig" interpretiert werden? Als Schwellwert wird derjenige Gradientenlevel festgelegt, ab welchem die Histogrammkurve nahezu parallel zur X-Achse verläuft. Je besser sich die Objekte vom Hintergrund abheben, desto kleiner ist der Schwellwert. Eine variierende Schwellwertfestlegung im Gradientenbild übt bei weitem nicht solch einen starken Einfluß auf die Konturbildung und somit auf die Zellvermessung aus wie eine auch nur leicht veränderte Schwellwertfestlegung im Originalbild. Die Genauigkeit der Zellvermessung wurde am Modell fluoreszierender Kunstoffkugeln (Bild 6) überprüft.

Aufgrund ihrer Form- und Größenkonsitenz bei der Präparation für das Rasterelektronenmikroskop (SEM) konnte die Größenverteilung dreier Proben verschieden großer Latexkugeln bestimmt werden. Bild 6 zeigt Profile über Kugeln der Größen 0.27 µm bzw. 0.82 µm im

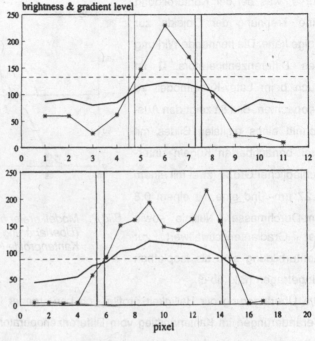

Bild 6: —— Grauwertprofile über Kugeln der Größe 0.27 µm (oben) und 0.82 µm (unten)
– Gradientenkurven
––– Gradientenschwellwert
| | "realer" Kugeldurchmesserbereich

Orlginal- und Gradientenbild. Die per SEM ermittelten mittleren Kugeldurchmesser sind mit Abweichung als Balken und die aus den Gradientenhistogrammon abgeleiteten Schwellwerte für die Konturbildung sind gestrichelt eingetragen. Die im Originalprofil undeutlichen Kugeln - ihre Kantenübergänge sind recht flach - treten nach der Differenzierung sichtbar hervor. Die Kantenpeaks im Gradientenprofile überlagern sich. Die Kugeldurchmesser von 3 bzw. 9-10 Pixel wurden korrekt berechnet. Aufgrund des relativ groben Pixelrasters (die realen Kugelgrößen betragen kein Vielfaches der Pixellänge 0.089 µm) wird ein Fehler von 1 - 2 Bildpunkten gemacht, mit dem man in der Praxis der Bakterioplanktonauswertung leben muß und kann.

4. Trennung zusammenliegender Objekte

Die in Kapitel 2 vorgestellte Eigenschaft des Differenzenoperators **D**, Veränderungen im Kantenanstieg (Übergang zu einem "Plateau") zu registrieren, trägt zur Möglichkeit bei, zusammenliegende Zellen zu trennen. Drei in Reihe liegende Objekte unterschiedlicher Helligkeit wurden im Bildspeicher durch Überlagerung ihrer Helligkeitsprofile mit binomialen Kantenübergängen modelliert (Bild 7). Die relativ kurzen Unterbrechungen (bei Pixel 7-8 und 17-18) der ansonsten kontinuierlich steigenden bzw. fallenden Kanten führen zu den drei Peaks in der Gradientenkurve, was bei der Konturbildung eine Trennung der Objekte zur Folge hätte. Die trennende Wirkung des Differenzenoperators **D** ist auch beim Latex-Kugelmodell zu beobachten. Bild 8a zeigt den Ausschnitt eines digitalen Bildes mit drei benachbarten Kugeln unterschiedlicher Größe (zwei mit einem 0.27 µm- und eine mit einem 0.8 µm-Durchmesser. Nullinie sowie der Gradientenschwellwert zur Konturbildung sind als Isoplethen eingetragen (Bild 8b-c).

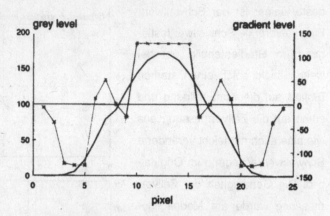

Bild 7: Modell dreier hintereinanderliegender Objekte (Überlagerung der binomialen Kantenübergänge): Kantenprofile (——)- und Gradientenprofile (∗)

Die Überlagerung der Helligkeitsprofile sich berührender Objekte hat jedoch zur Folge, daß Veränderungen im Kantenanstieg vom Differenzenoperator nicht rechtzeitig aus der Richtung erkannt werden, die durch den Nachbarn verdeckt ist und somit die Objekte zu klein erscheinen. In einem Haufen zusammenliegende Kugeln können so wohl noch gezählt, ihre Größe jedoch nicht mehr exakt bestimmt werden.

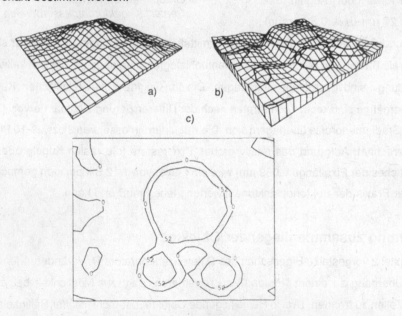

Bild 8: Trennung dreier benachbarter fluoreszierender Kugeln
(a) digitales Grauwertbild
(b) Gradientenbild mit Nullinien und Konturen (Gradientenschwellwert = 52)
(c) Isoplethendarstellung des Gradientenbildes (Nulllinien und Gradientenschwellwert)

5. Variierende digitale Objektbeschreibungen in heterogenen Proben

Eine anzuwendende Bildsegmentierungstechnik muß der speziellen Objektbeschreibung im digitalen Bild (z.B. einer speziellen Grauwertverteilung) angepaßt sein. Zur Detektion von Objekten mit internen Grauwertstrukturen - wie z.B. größeren Zellen im Plankton - wäre die vorgestellte differenzierende und trennende Filtereigenschaft nicht geeignet, da die einzelnen kurzfrequenten homogenen Bestandteile der Struktur auseinanderdividiert würden. Sollte der Kantenanstieg von Objekten zu gering sein (diffuse Übergänge) werden diese auch nicht korrekt erkannt. Bild 9 zeigt den Ausschnitt eines digitalen Bildes mit großen (>1.5 µm), unterschiedlich strukturierten Kulturbakterien, die im See kontrolliert frei gesetzt wurden, um ihr Schicksal in natürlicher Umgebung zu verfolgen. Die linke Zelle mit homogener Grauwertverteilung wird erwartungsgemäß korrekt vermessen (Bild 9 obere Reihe), da der Differenzenoperator **D** auf ihre Beschreibung abgestimmt ist. Die feiner strukturierte Zelle rechts daneben wird hingegen nicht als zusammengehöriges Objekt akzeptiert, da ihre Kantenübergänge so schwach ausgeprägt sind, daß sie an Grauwertschwankungen im Hintergrund erinnern. In diesem Fall sind alternative Bildsegmentierungsalgorithmen gefragt. Ein Vorschlag besteht in der Filterung des digitalen Bildes (Bild 9 untere Reihe) mit einer glättenden Maske, gefolgt von einer gewichteten Gradientenberechnung, wobei der Kontrast der (n x n)- Umgebung eines Bildpunktes (= mittlere quadratische Abweichung vom Mittelwert der Umgebung) unterstützend wirken kann. Mit dieser kurz angerissenen Segmentierungsmethodik lassen sich heterogene Planktonproben in zwei Stufen analysieren: zunächst werden Objekte aufgrund ihrer Größe und/oder ihrer schwach ausgeprägten Kanten mittels Glättungsstrategie und kontrastunterstützter Differenzierung entdeckt und während der zweiten Iteration (Suche nach Bakterien mit Differenzenoperator **D**) ausgeblendet,

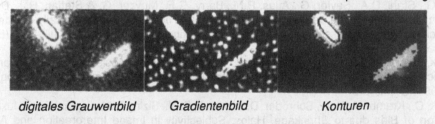

digitales Grauwertbild   Gradientenbild   Konturen

geglättetes Grauwertbild   kontrastiertes Differenzenbild   **Konturen**

Bild 9: Bildsegmentierung mit Glättung und kontrastunterstützter Differenzierung bei größeren Bakterien (untere Reihe).
Obere Reihe: Wirkung des Differenzenoperators 𝒟

damit die kleinen Bakterienzellen ohne Störung durch Bruchstücke größerer strukturierter Zellen analysiert werden können. Um auch noch z.B. Algen in einer Probe anzusprechen, können weitere Methoden hinzugezogen werden, z.B. die der digitalen Formbeschreibung (Schröder & Krambeck 1990) und/oder der Mischung von Fluoreszenzeigenschaften.

Dadurch, daß Wirkungen spezieller Bildsegmentierungsverfahren (z.B. mittels Differenzen-operatoren) einschätzbar - berechenbar - werden, können diese gezielt in der Bildanalyse eingesetzt werden. Das Ziel "Automatisierte Gewässerüberwachung mit Fluoreszenztechniken" ist näher gerückt. Sein Erreichen wird über eine wohl strukturierte Mixtur bildanalytischer Information möglich sein, die durch das Zusammenspiel definierter Bildsegmentierungstechniken entsteht. Mit der vollautomatischen Bestimmung des Biovolumens und der Populationszusam-mensetzung (hinsichtlich Größe und Form) von Bakterioplankton ist ein Anfang gemacht.

Wir danken der "Deutschen Forschungsgemeinschaft", die unser Projekt "Limnologische Bild-analyse" (DFG II B1-Kr971/1-1) fördert.

6. Literatur

Björnsen, P.K.: Automatic Determination of Bacterioplankton Biomass by Image Analysis. Applied and Environmental Microbiology, 51, No. 6 (1986)

David, A.W. & Paul, J.H.: Enumeration and sizing of aquatic bacteria by use of a silicon-inten-sified target camera linked - image analysis system. Journal of Microbiological Methods, 9 (1989) S 257-266

Fry, D.C.: Determination of Biomass. In: Methods in Aquatic Bacteriology, B. Austin (Ed.), John Wiley & Sons Ltd., (1985) S 27-72

Haberäcker, P.: Digitale Bildverarbeitung.
Hanser, Wien, (1985)

Höfle, M.G., Stahl, D.A., Sayler, G., Atlas, R.M., Barry, G.F., Muyzer, G. & Steffan, R.J.: Detec-tion Methods including Sequencing and Probes. In: The Release of Genetically-engineered Micro-organisms. Sussman, M., Collins, C.H., Skinner, F.A. & Stewart-Tull, D.E. (Eds.). Academic Press, (1988)

Krambeck, C., Krambeck, H.-J. & Overbeck, J.: Microcomputer-Assisted Biomass Plankton Bacteria on Scanning Electron Micrographs. Applied and Environmental Microbiology, 42 (1981) S 142-149

Krambeck, C., Krambeck, H.-J., Schröder, D. & Newell, St.Y.: Sizing bacterioplankton: a Juxtapo-sition of Bias due to Shrinkage, Halos, Subjectivity in Image Interpreation and Asym-metric Distributions. Binary Computing in Microbiology, 2 (1990) S 11-20

Marr, D. & Hildreth, E.: Theory of edge detection. Proc. R. Soc. Lond., B 207 (1980) S 187-217

Odum, E.P.: Grundlagen der Ökologie. Band 1: Kapitel 3 (Prinzipien und Konzepte zur Energie in ökologischen Systemen). Band 2: Kapitel 15 (Perspektiven der Mikrobenökologie). Georg Thieme Verlag (1980) Stuttgart, New York

Schröder, D. & Krambeck, H.-J.: Advances in digital image analysis of bacterioplankton with epifluorescence microscopy. Verh. Internat. Verein. Limnol. (1990) in press

Sieracki, M., Reichenbach S. & Webb, K.: Evaluation of Automated Threshold Selection Methods for Accurately Sizing Microscopic Fluorescent Cells by Image Analysis. Applied and Environmental Microbiology, 55, No. 11 (1989) S 2762-2772

Smith, T., Marks, W., Lange, G., Sherief, W. & Neale, E.: Edge detection in images using Marr-Hildreth filtering techniques. Journal of Neuroscience Methods, 26 (1988) S 75-82

Rechnergestützte optische Vermessung
des Bioindikators *Parmelia sulcata*

LENA BONSIEPEN   WOLFGANG COY
Universität Bremen Informatik
Postfach 330 440 • 2800 Bremen 33

1. Integraler Bioindikator Flechte

Flechten als spezielle Bioindikatoren werden seit über fünfzehn Jahren erfolgreich eingesetzt (vgl. z.B. [11]). Irregularitäten des flächenhaften Wachstum der Flechte und Verfärbungen dienen als qualitatives und quantitatives Maß der Streßfaktoren (Kombinationseffekte) der Flechte; Messungen von Wachstum und Verfärbung im zeitlichen Verlauf (Biomonitoring) lassen interpretierende Rückschlüsse auf die Qualität der Umwelt und die Belastung anderer Organismen zu. Um dieses Bioindikationsverfahren massenhaft einsetzen zu können, ist es notwendig, den Meßvorgang in starkem Maße maschinell zu unterstützen. Dies ist mit Hilfe eines bildverarbeitenden Rechnersystems ([2, 5]) preisgünstig möglich. Die Grundlagen für ein solches Bildverarbeitungssystem werden im Rahmen eines vom Senat der Freien Hansestadt Bremen geförderten Projekts erarbeitet. Zurückgreifend auf das biologische Projekt BIOINDIKATIONSKATASTER (Prof. K. H. Kreeb, Universität Bremen) zu diesem Themenkreis wird das Bildverarbeitungssystem, breit verfügbare Standardhardware (Rechner, Bildwandler, Kamera) nutzend, aufgebaut.

2. Indikations- und meßtechnische Eigenheiten von Flechten als Bioindikatoren

Flechten gehören zu den niederen Pflanzen. Jede Flechte besteht aus einem Pilz und Algen, die in Form einer Symbiose zusammenleben. Obwohl Flechten gewöhnlich unter extrem harten natürlichen Belastungen leben, reagieren sie sehr empfindlich auf anthropogen verursachte Belastungen, insbesondere Luftverunreinigungen. Zu den hauptsächlichen Streßfaktoren zählen saure Immissionen, darunter v. a. Schwefeldioxid. Flechten als Bioindikatoren wurden intensiv untersucht, sowohl unter natürlichem Vorkommen, als auch — wegen der weitgehenden Flechtenverarmung in bewohnten Gebieten — unter Transplantationsbedingungen.

Untersucht werden zwei verschiedene Flechtenarten: *Parmelia sulcata* und *Hypogymnia physodes*, die beide wegen ihrer Indikationseigenschaften und ihres flächenhaften Wachstumsverhaltens als Bioindikatoren gut geeignet sind. Zur Flächenvermessung der Flechtenthalli wird angenommen, daß das zweidimensionale Abbild des Flächenwachstums dem materiellen dreidimensionalen Volumenwachstum hinreichend nahe kommt. Dies hat sich bei der *Parmelia sulcata* im langjährigen Einsatz des Bioindikationsverfahrens bewährt. In Abb. 1 wird eine Zeitreihe einer *Parmelia sulcata* gezeigt, die zwischen den Aufnahmen im Bremer Stadtgebiet ausgebracht war. Dem geübten Betrachter zeigt sich sich eine krankhafte Verkleinerung der Flechte, die mit Austrocknungen einhergeht. Dies ist durch Messung der zweidimensionalen Fläche wie durch Einbrüche an den Rändern erkennbar.

Schon vor dem Nachweis signifikanter Wachstumsirregularitäten reagieren die untersuchten Flechtenarten durch physiologische Veränderungen auf Umweltbelastungen, z. B. durch charakteristische Farbveränderungen. Eine Verfärbung der im gesunden Zustand graugrünen *Parmelia sulcata* in den rotbraun Bereich weist auf äußere Streßfaktoren hin; bei anderen Flechtenarten zeigt sich das Absterben der Pflanze durch eine weißliche Verfärbung des Thallus. In der 24-bit tiefen farbig aufgenommenen Abbildung sind krankhafte braunrote Verfärbungen erkennbar, die in der Grauwertwiedergabe nur andeutungsweise zu sehen sind. Der Zusammenhang zwischen äußeren Einflußfaktoren und Verfärbung der Indikatorpflanzen ist auf biologischer Seite weitgehend bekannt, so daß die quantitative und qualitative Auswertung des Indikators „Verfärbung" durch einen geeigneten Einsatz von Farbbild-Analyseverfahren möglich ist.

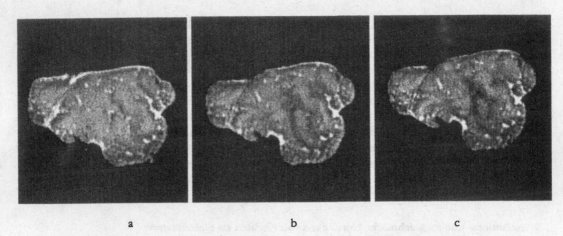

a   b   c

Abb. 1: Zeitreihe einer *Parmelia sulcata:* Aufnahmen am a) 8. 2. 90, b) 26. 2. 90, c) 12. 3. 90

Zu den problematischen Aspekten der optischen Vermessung gehört wie bei anderen Flechten auch die Abhängigkeit der geometrischen Ausdehnung und der Farbe vom Grad der Luftfeuchtigkeit und ihrer Wasseraufnahme. Für die mittel- und langfristige Beobachtung (mehr als 10-20 Beobachtungen) ist dies interpretativ ohne wesentliche Bedeutung, da sich diese Differenz nur als Devianz einer statistischen Entwicklung zeigt. Abbildung 2 zeigt Bilder der gleichen Flechte in trockenem und angefeuchtetem Zustand sowie die Überlagerung der beiden Bilder, wobei zwischen den Aufnahmen nur die kurze Zeit der Anfeuchtung (etwa 30 Min.) vergangen ist.

3. Hauptfunktionen des Bildverarbeitungssystems

Die rechnergestützte Erfassung und Messung quantitativer Aspekte umfaßt drei Hauptaufgaben:

• Erfassung bildlicher Meßdaten, Speicherung der Meßreihen,
• automatische Messung der Indikation Flächenwachstum,
• automatische Messung der Indikation Verfärbung.

Die Bilder werden über eine CCD Videokamera mit einer Farbtiefe von 24 Bit aufgenommen und z. Zt. mit der vollen Farbtiefe auf externen Speichermedien gespeichert. Beabsichtigt ist eine Reduktion der Farbinformation, die eine Reduktion der Bildgröße von etwa 500 KB pro Bild erlaubt. Die Erfassung des Flächen-wachstums der Flechten erfolgt durch Bildvorverarbeitung (Filterung, Segmentierung) des Farbbildes und der Überlagerung mit einer Binärmaske, die automatisch vermessen werden kann. Dazu wurden sowohl Standardverfahren aus der Bildverarbeitung programmiert und in das Gesamtsystem integriert, z. T. für die Verarbeitung von Farbinformation modifiziert, als auch v. a. im Fall der Segmentierung mittels Farbinfor-mation neue für den speziellen Anwendungsfall geeignete Verfahren entwickelt und mittels umfangreicher Reihenuntersuchungen evaluiert.

Zur Vermessung des Indikators Verfärbung wurde ein Verfahren entwickelt, das die interaktive Auswahl von Farbbereichen ermöglicht, durch die die Bilddaten in signifikante Farbregionen aufgeteilt werden können.

Die Hauptfunktionen sind in einem Bildverarbeitungssystem integriert, das im bisherigen Projektzeitraum als Prototyp-Version entwickelt wurde. Das System ist als „Baukastensystem" zum Einsatz an einem Biologie-Arbeitsplatz konzipiert, d. h. die Systemfunktionen sind speziell für die Analyseanforderungen des Arbeits-platzes und des untersuchten Materials entwickelt und zusammengestellt, sämtliche Bildverarbeitungs-komponenten sind einzeln interaktiv nutzbar, alle Systemparameter müssen vom Benutzer eingestellt werden. Besonderer Wert wird auf die Gestaltung der intuitiven Benutzbarkeit und durchschaubaren Funk-tionsweise des Systems gelegt, um dem Ziel des Baukastensystems gerecht zu werden. Mit dieser Konzeption soll der Gefahr einer irreversiblen Automatisierung von Analyseschritten begegnet werden, die im sensiblen Grenzgebiet zweier kooperierender Wissenschaften — hier der Biologie und der Informatik — stets berück-sichtigt werden muß, und die zusätzlich dadurch vergrößert wird, daß der Gegenstandsbereich, Bioindikator Flechte, aktives biologisches Forschungsgebiet ist.

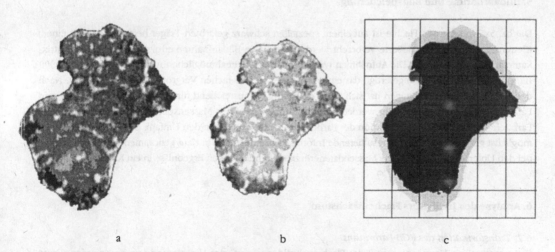

a   b   c

Abb. 2: Auswirkung von Feuchtigkeit auf Größe und Form der Flechten
a) *Parmelia sulcata* (angefeuchtet), b) dieselbe *P. sulcata* im trockenen Zustand,
c) Überlagerung der gefilterten und segmentierten Bilder

4. Hardware-Konfiguration

Kern der Bildverarbeitungsanlage ist ein Macintosh IIcx mit 8 MB Hauptspeicher und einer 80 MB Festplatte. Der Rechner ist mit einer NuVista-4MB-Karte zur AD-Wandlung sowie einer 24-Bit Video-Karte zur farbtreuen Darstellung der aufgenommenen Bilder ausgestattet. Die Aufnahme der Bilddaten erfolgt mit einer JVC CCD-Matrixkamera, an die über die NuVista-Karte ein analog arbeitender Kontrollmonitor angeschlossen ist. Die Ausgabe der Bilder auf Papier erfolgt z.Zt. über einen Farbdrucker mit einem Darstellungsvermögen von 330 verschiedenen Farben.

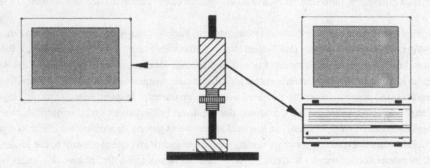

Abb. 3: Aufnahmeeinheit: Rechner mit Bildwandler, Kamera und Objektträger und analogem Kontrollbildschirm

5. Bildaufnahme und Bildspeicherung

Die ca. 5×5 mm² große Flechte ist auf einem speziellen schwarz gefärbten Träger befestigt, der mit einem Klettenverschluß an die Meßorte verbracht werden kann. Die Bildaufnahme erfolgt mit einer CCD-Matrixkamera mit Makroobjektiv. Die Aufnahmen werden mit der maximal möglichen Auflösung von ca. 300×300 Bildpunkten pro Flechte angefertigt, das entspricht einer ca. 200-fachen Vergrößerung (vgl. Abb. 4). Nach den bisherigen Untersuchungen hat sich diese Auflösung als ausreichend für eine gute Segmentierung und Farbanalyse erwiesen. Die Bilder werden z. Zt. auf einem externen Massenspeicher mit der vollen 24-bit Farbtiefe gespeichert; eine Reduktion der Farbtiefe ist beabsichtigt, um den Umfang der anfallenden Daten möglichst gering zu halten. Der resultierende Informationsverlust muß in Kauf genommen werden, da es sich bei den Untersuchungen um eine Massendatenerhebung handelt, deren Ergebnisse in ein Kataster eingehen.

6. Analyse des Indikators Flächenwachstum

6.1. Transformation des RGB-Farbraums

Zur quantitativen Vermessung muß das Flechtenabbild zunächst vom Hintergrund separiert werden. Diese Segmentierung ist im Farbbereich einerseits schwieriger als im Grauwertbereich, bei dem im wesentlichen eine einfache Schwellwertoperation ausgeführt wird, andererseits besteht die Hoffnung, durch die Verdreifachung der Bildinformation (durch die drei Farbkanäle) bessere Segmentierungsergebnisse zu erzielen. Die 24-bit Farbinformation der Bilder verteilt sich zu je 8 bit auf die drei Farbkanäle (rot, grün, blau). Abb. 5 zeigt die Intensitätsverteilung der drei Grundfarben rot, grün, blau entlang einer horizontalen Schnittlinie durch die Flechtenabbildung.

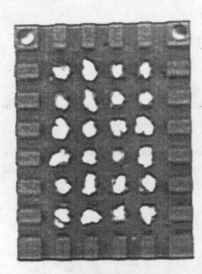 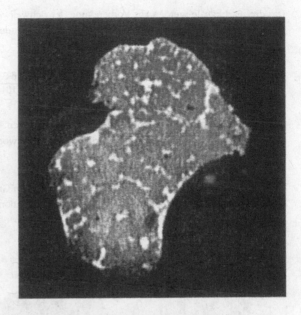

Abb. 4: Flechtenträger in Originalgröße und einzelner Flechtenthallus in maximaler Auflösung

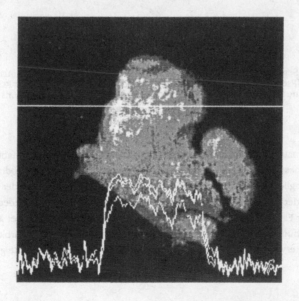

Abb. 5: Intensitätsverteilung der Farben rot, grün, blau entlang einer horizontalen Schnittlinie bei einer Flechte *Hypogymnia physodes* (angefeuchtet). Die Reihenfolge der Farben ist von oben: Grün, Rot, Blau.

Die drei Farbkanäle werden zur Vorbereitung der Schwellwertoperation gemischt, der dreidimensionale RGB-Farbraum wird damit in einen eindimensionalen (Pseudo–) Grauwertraum transformiert (vgl. [6, 8, 9]). Die Farbmischung κ berechnet sich nach der Formel

$$\kappa_{\alpha\beta\gamma}(R,G,B) = \frac{\alpha \cdot R + \beta \cdot G + \gamma \cdot B}{|\alpha| + |\beta| + |\gamma|}$$

wobei die Parameter α, β und γ ganze Zahlen sein können. Gegenüber der Verarbeitung von Grauwertbildern wird eine wesentlich stärkere Variabilität erreicht, wodurch eine genauere Anpassung der Segmentierung an das untersuchte Material möglich ist.

Vergleichende Untersuchungen über Segmentierungen im Grauwertbereich ergaben deutlich schlechtere Ergebnisse als die Segmentierung über die RGB-Transformation (vgl. Abb. 6), was die Erwartungen über die Vorteile der Farbbild-Segmentierung bestätigt.

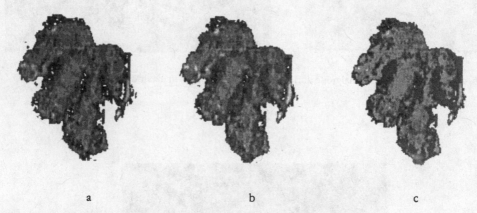

a   b   c

Abb. 6: Verschiedene Segmentierungen einer *Parmelia sulcata*. Transformationen aus dem RGB-Raum in den 1 dimensionalen (Pseudo-) Grauwertraum durch: a) Intensität (Durchschnitt der RGB-Werte, entspricht dem Grauwert), b) Value (Maximum der RGB Werte), c) Transformation des RGB-Raums $\kappa_{1\ 16\ -4}$

6.2. Filterung

Die Filterung des Bildmaterials gehört als Vorverarbeitungsschritt zu den Standardverfahren in der Bildverarbeitung, durch die insbesondere lokale Störungen des Bildes, die bei der Aufnahme oder der Digitalisierung entstanden sind, ausgeglichen werden. Es wurden zwei Filterungen implementiert, der lokale Durchschnitt (*local average*) sowie der Median-Filter (vgl. z.B. [1]). Der *local-average*-Filter setzt jeden Bildpunkt auf den Durchschnittswert der Farbintensität seiner Umgebung, beim Median-Filter wird der Mittelwert der Farbintensitäten der Umgebung berechnet. Die Berechnung wird getrennt für die drei Farbkanäle durchgeführt. Für die Segmentierung erwies sich insbesondere der *local-average*-Filter als qualitätssteigernd.

6.3. Segmentierung

Der eigentlichen Segmentierung gehen die beschriebenen Schritte der Filterung und der Berechnung der RGB-Transformation voraus (vgl. Abb. 7). Das hierdurch erzeugte Pseudo-Grauwertbild wird dann durch eine Schwellwertoperation segmentiert. Hierzu wird eine Binärmaske mittels eines (von den verwendeten

RGB-Parametern abhängigen) Schwellwertes erzeugt und dem Originalbild überlagert, wobei die Bildpunkte des Hintergrundes im segmentierten Bild auf maximale Intensität (entspricht weiß) gesetzt werden. Aus der Binärmaske wird die Fläche des vermessenen Objekts berechnet und zusammen mit dem segmentierten Bild gespeichert. Das Ergebnis der Flächenmessung kann auf dem Bildschirm angezeigt werden.

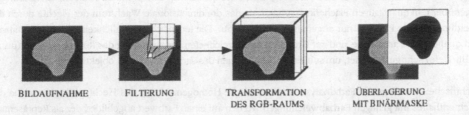

| BILDAUFNAHME | FILTERUNG | TRANSFORMATION DES RGB-RAUMS | ÜBERLAGERUNG MIT BINÄRMASKE |

Abb. 7: Einzelschritte der Segmentierung

Die Segmentierungsergebnisse hängen stark ab von der Wahl der Systemparameter (RGB-Parameter, Schwellwert) und diese wiederum von der Art des untersuchten Materials. Um subjektive (Fehl–) Bewertungen zu vermeiden und gute Segmentierungsergebnisse zu erzielen, wurden umfangreiche Reihenuntersuchungen durchgeführt, die zur Ermittlung optimaler Systemparameter führten.

Grundlage der Untersuchungen waren Zeitreihen der beiden Flechtenarten *Parmelia sulcata* und *Hypogymnia physodes*. Zwölf verschiedene Flechtenthalli jeder Art wurden innerhalb einer Woche im Abstand von 24 Stunden aufgenommen, jeweils im trockenen und angefeuchteten Zustand. Für die Auswertung der jeweils 168 Aufnahmen pro Flechtenart wurden die Parameter α, β und γ für die RGB-Transformation $\kappa_{\alpha\beta\gamma}$ sowohl über ganze Zahlen aus dem Wertebereich $D = [-6, 6]$ als auch über Zweierpotenzen aus $B = [-2^5, 2^5]$ variiert. Es wurden rund 160 (für die *Hypogymnia physodes*) und rund 60 (für die *Parmelia sulcata*) optimale Parameter-Kombinationen ermittelt, die allerdings für die beiden Arten nicht übereinstimmen. Dies ist v. a. auf die in der untersuchten Zeitreihe zu beobachtenden starken Farbveränderungen der *Parmelia sulcata* zurückzuführen. Suboptimale Ergebnisse lassen sich jedoch mit identischen Parametern für beide Arten erzielen. Die Ergebnisse wurden anhand von Bildmaterial derselben Flechtenarten einer zweiten Zeitreihe, die im Bremer Stadtgebiet ausgebracht war und im Abstand von etwa 14 Tagen aufgenommen wurde, verifiziert.

Insgesamt ergaben die Reihenuntersuchungen eine sehr gute Stabilität des Segmentierungsverfahrens gegenüber farblichen Veränderungen der untersuchten Objekte, sofern die Segmentierungsparameter dem spezifischen Objekt angepaßt sind.

6.4. Überlagerung von Bildern

Bei der Flächenvermessung wird außer dem absoluten Flächenwachstum auch die „Formtreue" bewertet. Zur Vermessung der Formtreue zweier Abbildungen werden die optischen Flächenschwerpunkte der zweidimensionalen Abbildungen bei der Segmentierung identifiziert und die Abbildungen so gegeneinander gedreht, daß eine optimale Überdeckung errechnet wird. Damit können im zeitlichen Monitoring Wachstumsirregularitäten, die durch Verletzungen oder Krankheiten entstehen, von gleichförmigen Wachstumsstörungen unterschieden werden.

7. Analyse des Indikators Verfärbung

Die Auswertung von Farbindikationen ist ein neues Bearbeitungsfeld für die rechnergestützte Bioindikation der *Parmelia sulcata*, das bisher biologisch noch wenig erschlossen ist. Verfärbungen der Flechtenthalli aufgrund von Umwelteinwirkungen zeigen sich sehr viel früher als signifikant nachweisbare Wachstums-irregularitäten. Ein weiterer Vorteil ist die Möglichkeit der qualitativen Interpretation von Farbveränderungen gegenüber rein quantitativen Flächenmessungen, da das dreidimensionale Wachstum der Flechte durch das zweidimensionale Pixelbild nur angenähert werden kann. Die technischen Möglichkeiten der quantitativen und qualitativen Farbanalyse sind auf Grund der ausgezeichneten Farbauflösung des Rechnersystems (bis zu 24 Bit Tiefe) sehr gut geeignet, um subjektive Schätzungen des Farbverhaltens zu objektivieren.

Technische Grundlage der Farbanalyse ist die farbliche Homogenisierung des Flechtenbilds: Bereiche des Flechtenthallus mit geringen Farbabweichungen werden auf einen Farbwert abgebildet, der als Repräsentant des Bereichs in der Farbtabelle CW (vgl. Abb. 8) auf dem Bildschirm angezeigt wird. Zu einem Bereich gehö-rende Farben liegen innerhalb eines Unterwürfels des RGB-Farbraums (vgl. Abb. 8), dessen Lage und Größe vom Benutzer interaktiv bestimmt wird. Es sind beliebig viele verschiedene Bereiche definierbar. Diese Einfärbung des Flechtenbilds geht über die z. B. im Color-Manager des Macintosh-Betriebssystems program-mierbaren Farbpaletten hinaus, da Größe und Lage der Bereiche individuell eingestellt werden können.

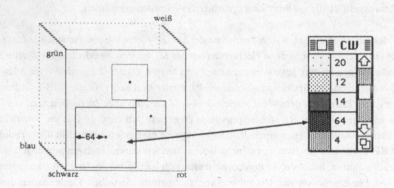

Abb. 8: Zusammenhang von Farbtabelle und RGB-Farbraum

Als Ergebnis der Einfärbung erhält man ein in den Farbwerten reduziertes Bild. Größe und Farbwert der ein-zelnen Bereiche könne vermessen und im zeitlichen Monitoring einer Flechte ausgewertet werden. In Abb. 9 sind drei Aufnahmen einer *Parmelia sulcata*, die im Abstand von 48 Stunden entstanden, mit einer 8 Einträ-ge umfassenden Farbtabelle eingefärbt worden. Die Farbveränderungen sind näherungsweise durch Grau-wertschattierungen wiedergegeben. In einem Protokollfenster werden die wesentlichen Indikationseigen-schaften der Messungen (absolute Fläche, Flächenschwerpunkt, Trägheitsachsen, Größe der Farbbereiche) angezeigt.

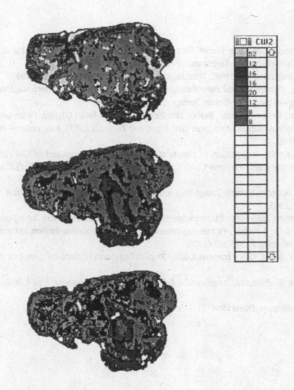

Abb. 9: Einfärbung der Zeitreihe einer *Parmelia sulcata* mit einer 8-zeiligen Farbtabelle

8. Zusammenfassung und Ausblick

Um ein Bioindikationsverfahren in großem Umfang einsetzen zu können, ist es notwendig, den Meßvorgang in starkem Maße maschinell zu unterstützen. Die Grundlagen für ein Bildverarbeitungssystem werden, breit verfügbare Standardhardware nutzend, aufgebaut. Die rechnergestützte Erfassung und Messung quantitativer Aspekte umfaßt drei Hauptaufgaben: die Erfassung und Speicherung bildlicher Meßdaten, die automatische Messung der Indikation Flächenwachstum sowie die automatische Messung der Indikation Verfärbung. Das Gesamtsystem ist als „Baukastensystem" zum Einsatz an einem Labor-Arbeitsplatz für Biologen konzipiert, wobei besonderer Wert auf die Gestaltung der intuitiven Benutzbarkeit und der durchschaubaren Funktionsweise des Systems gelegt wird. Die Auswertung der Verfärbung von Flechtenthalli als Maß ihrer Belastung ist ein neues Arbeitsfeld für die rechnergestützte Bioindikation, die im Grenzgebiet zweier kooperierender Wissenschaften — hier Biologie und Informatik — angesiedelt werden muß.

Uwe Pirr hat unsere Konzepte in Programme umgesetzt. Dr. Tielong Chen hat uns die Biologie und Ökologie der Flechten nahegebracht. Wir danken beiden für ihre Geduld und Ausdauer.

Literatur

[1] Boyle, R. D. & R. C. Thomas, *Computer Vision: First Course*. Oxford: Blackwell Scientific Publications, 1988.

[2] Coy, W., A Look at Optoelectronic Document Processing, in: Y. N. Denisyuk & T. H. Jeong (Hrsg.): Proc. Holography '89 Varna (Bulgarien Mai 1989). Washington: SPIE Volume 1183, 532-537, 1990.

[3] Coy, W. & L. Bonsiepen, *Erfahrung und Berechnung — Kritik der Expertensystemtechnik*. Informatik Fachberichte 229. Berlin—Heidelberg—New York—Tokio: Springer, 1989.

[4] Coy, W. & L. Bonsiepen, Expert Systems: Before The Flood?, in: G.X. Ritter (Hrsg.): *Information Processing 89* — Proc. of the IFIP11th World Computer Congress (San Francisco 28.8.-1.9.1989). Amsterdam—New York—Oxford—Tokio: North Holland, 1989.

[5] Coy, W. & U. Hönisch, Cyclic Recognition of simple industrial scenes composed of CAD-objects, in: Proc. IIIrd Computer Analysis of Images and Patterns Conf. CAIP '89 (Leipzig Sept. 1989), Berlin(DDR): Akademie Verlag, 1989.

[6] Haralick, R. M. & L. G. Shapiro, Survey: Image Segmentation Techniques, *Computer Vision Graphics and Image Processing* **29**, 100-132 (1985).

[7] Neumann, B., *Bildverstehen*, Informatik Fachberichte 59, Springer, Berlin-Heidelberg New York, 1982.

[8] Ohlander, R., K. Proce & D. R. Reddy, Picture Segmentation Using a Recursive Region Splitting Method, *Computer Graphics and Image Processing* **8**, 313-333 (1978).

[9] Ohta, Y., T. Kanade & T. Sakai, Color Information for Region Segments, *Computer Graphics and Image Processing* **10**, 222-241 (1980).

[10] Page, B., A. Jaeschke & W. Pillmann, Angewandte Informatik im Umweltschutz, Teil 1 & 2, *Informatik Spektrum* **13:1** & **13:2** (1990).

[11] VDI-Bericht 609, *Bioindikation*, Düsseldorf: VDI-Verlag, 1987.

User-Interfaces für die Visualisierung von Umweltdaten - Anforderungen und Architektur

Ralf Denzer

Kernforschungszentrum Karlsruhe
Postfach 3640, 7500 Karlsruhe 1

Deskriptoren: User Interfaces, Objektorientierung, Visualisierung, Umweltinformationssysteme

Zusammenfassung

Softwaresysteme, die im Umweltbereich eingesetzt werden, arbeiten in der Regel mit großen Datenmengen und auf komplexen Problembereichen. Die Methoden, die auf Fragen der Beurteilung oder Planung angewandt werden, sind oft ebenso komplex. Daten und Wissen der unterschiedlichsten Art sind zu visualisieren: Meßdaten sind z.B. von anderer semantischer Qualität als Daten, die von einem Diagnosesystem generiert werden.

Softwaresysteme, die im Umweltbereich eingesetzt werden, werden darüberhinaus in Zukunft die Fähigkeit besitzen müssen, sich über die Zeit hinweg zu ändern: neue Erkenntnisse über eine bestimmte Situation machen es unter Umständen notwendig, neue Methoden in das System zu integrieren, z.B. neue Visualisierungsmethoden.

Für den Entwurf von graphischen Oberflächen in diesem Bereich sind zwei grundlegende Fragen zu beantworten: Wie kann man den Benutzer auf komfortable Weise durch ein komplexes System führen? und Welche Möglichkeiten gibt es, komplexe Applikationen im User-Interface und in der darunterliegenden Softwarearchitektur handhabbar zu machen?

Dieser Beitrag stellt eine mögliche Antwort auf die beiden Fragen vor, wobei versucht wird, die Aspekte der Bedienung, des Entwurfs und die Notwendigkeit einer überschaubaren internen Softwarearchitektur zu berücksichtigen. Es wird eine neuartige User-Interface-Architektur vorgestellt. Dabei kann man sich als Zielrichtung zukünftige Umweltinformationssysteme vorstellen, die u.U. hochgradig verteilt und parallel aufgebaut sein werden, um vorhandene Ressourcen optimal zu nutzen.

1. Einführung

Als typische Informatikanwendungen im Umweltbereich betrachten wir Meßnetze, Datenbanken oder Umweltinformationssysteme. Für diesen Beitrag kann man sich also Umweltinformationssysteme als Zielrichtung vorstellen.

Diese Systeme haben gemeinsam, daß sie

- mit großen Datenmengen arbeiten, die sich über die Zeit ändern

- die Daten von unterschiedlichster Art, Qualität und Bedeutung sein können

- die Zusammenhänge der Daten untereinander von komplexer Natur sein können.

Visualisierungsmethoden (Foley, Van Dam 1984) sind notwendige Werkzeuge, um die beteiligten Gruppen mit Informationen zu versorgen, die aufgrund der puren Daten unverständlich sind. Visualisierungsverfahren erhöhen also das Verständnis von Umweltproblemen durch graphische Mittel.

Es ist bekannt, daß der Erfolg von Softwaresystemen mit guten User-Interfaces steht und fällt. Dies ist auch und insbesondere bei Softwaresystemen der Fall, die im Bereich Umwelt eingesetzt werden.

Aus diesem Grund sollten Visualisierungsverfahren in komfortable User-Interfaces eingebettet werden, deren Hauptaufgabe es ist, den Endbenutzer durch eine komplexe Applikation hindurch zu begleiten und ihm die jeweils benötigten Informationen in der jeweils sinnvollsten Weise anzubieten. Die dadurch entstehenden besonderen Anforderungen werden in der Folge dargestellt.

2. Anforderungen

Wie oben erwähnt treten besondere Randbedingungen auf: große Datenmengen, unterschiedliche Aussagekraft der Daten und komplexe semantische Beziehungen. Endbenutzer benötigen vor allem eine intelligente Hilfe, Softwaredesigner vor allem mächtige Hilfsmittel für den Entwurf von Oberflächen. Diese Fragen versuchen wir durch eine neue Softwarearchitektur zu lösen.

2.1 Unterstützung der Endbenutzer

Im Fall von Umweltinformationssystemen oder ähnlichen Systemen ist der Endbenutzer z.B. ein Spezialist, der Aussagen über spezifische Situationen macht. Solche Entscheidungsprozesse sollten nicht durch mangelhafte Oberflächen erschwert werden, im Gegenteil, das User-Interface sollte dabei helfen, Zusammenhänge klarer zu machen. Die Hauptaufgaben des User-Interfaces sind also

- komfortable Navigation durch das System

- Unterstützung des Endbenutzers mit einer intelligenten Hilfe

- Hilfe bei der Handhabung komplexer Problemräume

- Verdeutlichung der Beziehungen untereinander, z.B. kausaler Abhängigkeiten, aufgrund des "Wissens" des Systems.

Dadurch soll es einfacher werden, ein solches System zu bedienen und die Akzeptanz im Umgang mit Softwaresystemen soll gesteigert werden.

2.2 Unterstützung beim Entwurf

Menschen, die z.B. Umweltinformationssysteme oder Ausbreitungsrechnungen entwickeln, sind auf ihrem Gebiet hochspezialisierte Fachleute. Ihre Zeit ist in der Regel nicht den Fragen des User-Interface-Entwurfs gewidmet und soll es eigentlich auch nicht sein. Die Programmierung von graphischen Oberflächen ist allerdings immer noch eine zeitraubende Angelegenheit. Hier werden neue mächtigere Methoden benötigt, um effizient den Entwurf der Benutzerschnittstelle in den Entwurf des Gesamtsystems besser mit einzubeziehen.

2.3 Notwendigkeit der Integration

Da sich mit der Zeit die Notwendigkeit ergeben kann, daß neue Methoden in ein System aufzunehmen sind, ist die Frage der Integrationsfähigkeit von Systemen entscheidend für deren Durchsetzungsvermögen auf lange Sicht. Neue Daten, neues Wissen und neue Methoden sind hiervon betroffen. Auch das User-Interface muß daher eine schnelle Wandlung vollziehen können.

Hier wird noch ein Stück weiter gegangen: da ein gutes User-Interface sich ohnehin in einer einheitlichen, also integrierenden Art präsentieren muß, liegt der Gedanke nahe, das User-Interface-System als die intergrierende Komponente des Gesamtsystems vorzuschlagen; denn dort werden die Informationen ohnehin zusammengeführt. Dieser Weg wird bei der in Kap. 3 vorgeschlagenen Architektur auch beschritten.

2.4 Verteilte und parallele Umgebungen

Zukünftige Umweltinformationssysteme werden verteilte und unter Umständen auch parallele Systeme sein; verteilt, weil die Daten und Aufgaben an sich schon verteilt sind, also externe Datenressourcen zu verarbeiten sind (außerdem erscheint es sinnvoll, über die Integration externer Methodenbanken nachzudenken); parallel, weil es u.U. notwendig ist, mehrere Abläufe parallel zu visualisieren, z.B. eine Reihe von Echtzeitsimulationen. Dadurch wird das Gesamtsystem und die Benutzerschnittstelle potentiell komplexer.

2.5 Offene Systeme

Da die Aufgaben von unterschiedlichster Art sein können, von Ausbreitungsrechnungen über Bildverarbeitung bis hin zur Verarbeitung von Expertenwissen, erscheint es schwierig wenn nicht sogar unmöglich, in einem monolithischen System sämtliche Methoden zu realisieren.

Ein vielversprechender Weg ist hingegen der Aufbau von offenen Systemen, in denen jedes Teilproblem in der für das jeweilige Problem optimalen Umgebung gelöst werden kann. Hierfür ist allerdings eine offene und standardisierte Architektur des Gesamtsystems vonnöten, welche es ermöglicht, den Austausch der interessierenden Informationen so effizient und einfach wie möglich zu gestalten.

2.6 Abbildung des Softwaresystems in die Benutzerschnittstelle

Ein System, das den genannten Anforderungen genügt, hat Vor- und Nachteile. Die Vorteile liegen in einer besseren Nutzung vorhandener Kapazitäten und Ressourcen durch die Verwendung einer verteilten, parallelen und offenen Architektur. Die Nachteile liegen zunächst klar in der wachsenden Komplexität. Eine graphische Benutzerschnittstelle integriert daher sinnvollerweise das Wissen über das System an sich, also Wissen über Datenquellen und Methoden, um dem Benutzer Hilfestellung bei der Navigation durch das System zu geben.

2.7 User-Centered Design

Der Entwurf von guten Benutzerschnittstellen ist direkt gekoppelt mit der Einbeziehung von Benutzern in den Entwurfsprozeß; aus dem Entwurfsprozeß wird ein iterativer Prozeß, in dem der Benutzer das regelungstechnische Korrekturglied darstellt. Der Benutzer steht im Mittelpunkt des Entwurfsprozesses, daher der Begriff user-centered design.

Neuere Methoden wie das user-goal based design (Cato 1990) verwenden eine formale Analyse der Ziele des Benutzers, um den Entwurfsprozeß zu unterstützen. Die Architektur eines User-Interface-Systems sollte die Einbettung solcher Entwurfsmethoden unterstützen.

3. Grundlagen einer verteilten, offenen User-Interface-Architektur

Eine Architektur für User-Interfaces komplexer Systeme kann auf zwei Grundkonzepten aufgebaut werden: Objektorientierung und wissensbasierte Methoden. Eine Hauptaufgabe ist die Fähigkeit, verteilte Systeme in das User-Interface aufnehmen zu können. Das User-Interface-System ist eine Wissensbasis, die Objekte, Wissen über Objekte, Wissen über deren Fähigkeiten und über deren Beziehungen untereinander aufnimmt und in die Benutzerschnittstelle einbringt.

Wegen der geschilderten Anforderungen werden hierfür allerdings neue Konzepte benötigt. Ein solches neues Konzept wird in der Folge vorgestellt.

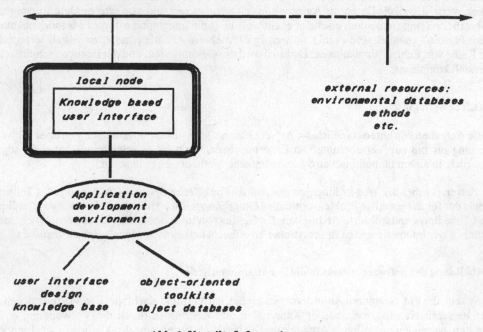

Abb. 1: Verteilte Informationssysteme

3.1 Das Objektsystem

In Abb. 1 wird ein System - z.B. ein lokales Umweltinformationsystem - dargestellt, welches Ressourcen anderer Systeme mitverwendet. Diese Ressourcen können Daten, Wissen oder Methoden sein. In der folgenden Darstellung werden allerdings Methoden ausgenommen. Jedes Teilsystem kann Daten visualisieren, die von ihm oder von anderen Teilnehmern zur Verfügung gestellt werden.

Die Hauptannahmen für die User-Interface-Architektur sind

- Jeder der Teilnehmer ist ein Daten-Server für die Daten, die er generiert.

- Andere Teilnehmer können diese Daten über Anfragen (requests) mitverwenden.

- Das Kommunikationssystem ist verteilt (kein zentrales Management, daher auch keine konstruktiven Beschränkungen beim Aufbau eines Gesamtsystems) und standardisiert.

- Das Kommunikationssystem ist unabhängig von speziellen Umgebungen, Sprachen und Werkzeugen.

- Es werden nur Informationen ausgetauscht, wenn sich Zustände signifikant ändern. Für die Signifikanz existieren Kriterien.

- Objekte beinhalten Wissen über sich selbst und die graphische Repräsentation; sie beinhalten also Eigenschaften wie Meßwerte, Beschreibungen (Zeichenketten,Pläne) als auch graphische Eigen-

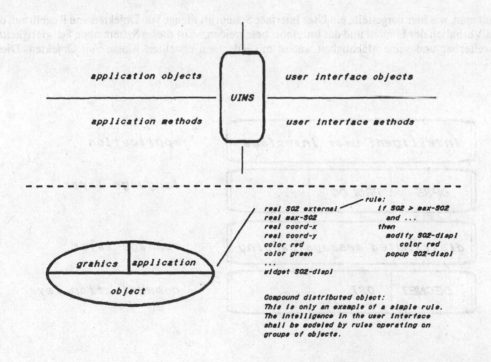

Abb. 2: UIMS vs. Objektorientierung

schaften - von einfachen Graphikprimitiven bis hin zu hochwertigen Interaktionsobjekten (Menus etc.).

- Objekte können externe Attribute besitzen, also Informationen verwenden, die in einem anderen System vorhanden sind.

- Reaktionen auf Ereignisse (Änderungen der Daten, Aktionen im User-Interface) können durch Regeln ausgedrückt werden. Während die Attribute der Objekte deren Aussehen, die Eigenschaften der interessierenden Phänomene ausdrücken, drücken die Regeln deren Verhalten aus - und die Beziehungen von Objekten untereinander. Auf diese Art und Weise ist es möglich, das Verhalten der Oberfläche an spezifische Situationen anzupassen.

- Die graphische Anzeige ist von der Wissensbasis entkoppelt, da sonst die Wissensbasis bei Wartezuständen bei der Benutzereingabe blockiert wäre.

Der steigenden Komplexität wird durch eine streng uniforme interne Darstellung von Objekten und Regeln begegnet. Selbst wenn das System erweitert wird, bleibt doch die interne Basisstruktur immer gleich. Dies läßt sich mit prozeduralen Sprachen nicht erreichen; objektorientierte bzw. symbolische Sprachen bieten hier klare Vorteile, z.B. durch Metaprogrammiertechniken.

Mittels Objekten und ihnen zugeordneten Regeln wird die Realität und deren graphische Darstellung auf den Rechner abgebildet - im Gegensatz zu den herkömmlichen User Interface Management Systemen (Prime 1990), die den application part (Algorithmus) vom presentation part (Darstellung) trennen; die Limitierungen dieser Techniken können in (Coutaz 1989) nachgelesen werden. Ein Hauptproblem ist, daß das UIMS an sich i.d.R. für den Programmierer verschlossen bleibt und damit jede Erweiterung größte Schwierigkeiten mit sich bringt.

Faßt man, wie hier vorgestellt, ein User Interface System als Menge von Objekten und Regeln auf, die das Verhalten der Umwelt und des Interfaces beschreiben, so ist dieses System ohne Schwierigkeiten erweiterbar und seine Mächtigkeit wächst mit jeder neu erstellten Klasse von Objekten. Diese

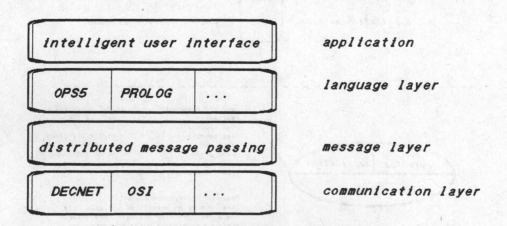

Abb. 3: Schichtenmodell des Kommunikationsystems

Erweiterbarkeit und Wiederverwendbarkeit ist einer der entscheidenden Vorteile der Objektorientierung.

3.2 Verteiltes und offenes Objektsystem

Wie schon erwähnt können Objekte Informationen anderer Objekte verwenden (sharing); dabei soll a priori nichts über die Implementierungsumgebung irgendeines Teilsystems ausgesagt werden (Offenheit). Es soll also möglich sein, beliebige Informationen zwischen Anwendungen auszutauschen, die in beliebigen Programmiersprachen implementiert worden sind.

Dies lösen wir durch ein verteiltes message-passing-Konzept, welches in C geschrieben ist und beliebige Informationen prioritätsgesteuert überträgt. Dieses System besteht aus mehreren Schichten (Abb. 3), wobei nicht festgelegt wird, wie die Anwendungsschicht arbeitet. Daher ist jeder Implementator eines Teilsystems frei in der Wahl seiner Mittel, er muß sich lediglich an die Konventionen halten, wie über die Sprachschnittstelle Informationen ausgetauscht werden.

Darüber hinaus wurde ein Modell für den Informationsaustausch entwickelt, welches es gestattet, alleine durch die Definition einer externen Information automatisch auch über diese Information zu verfügen.

4. Stand des Projektes

Die vorgestellte Methode wurde im Rahmen des TAMARA/TPAS-Projektes des KfK entwickelt (Denzer 1989). Da die Anforderungen bei technischen Prozessen und z.B. bei Umweltinformationssystemen bzgl. Verteiltheit, Offenheit etc. nahezu identisch sind, liegt der Gedanke nahe, diese Methode auch bei Umweltinformationssystemen einzusetzen.

Nach einer Pilotimplementierung in PROLOG, die die prinzipielle Tauglichkeit des Konzeptes zeigte, wurde das verteilte message-passing-System mit Sprachschichten für PROLOG und OPS5 entwickelt. Anschließend wurde daran gegangen, ein verteiltes OPS5-Objektsystem und eine Graphikschnittstelle zu Xtoolkit/DECwindows zu implementieren.

5. Literatur

Foley,J.D.,Van Dam,A., Fundamentals of Interactive Computer Graphics, Addison-Wesley, 1984

Cato,J., Issues in Object Oriented Design of the User Interface, in: OOPS-30, "The next step", Meeting of the Britisch Computer Society OOPS group on object-oriented programming, 9.3.1990, Strand Palace Hotel, London

Prime, M., User Interface Management Systems - A current Product Review, Computer Graphics Forum, Vol. 9 (1990), No. 1, März 1990, North-Holland, Amsterdam

Coutaz,J. ,UIMS:Promises, Failures and Trends, in: Sutcliffe,A., Macaulay,L. (eds.), People and Computers V, Proc. of the 5. Conf. of the Britisch Computer Society Human-Computer Interaction Specialist Group, 5.-8.9.1989, Nottingham, BCS Workshop Series, Cambridge University Press, pp. 71-84

Denzer,R., Informatikeinsatz im prozeßnahen Bereich an einer Anlage zur schadstoffarmen Müllverbrennung, in: Jaeschke,A., Geiger,W., Page,B. (eds.), 4. Symposium Informatik im Umweltschutz, 6.-8.11.1989, Karlsruhe, Informatik-Fachberichte 228, Springer-Verlag, Heidelberg, pp. 329-337

Register

Autorenverzeichnis
Stichwortregister

Autorenverzeichnis

Stichwortregister

Neben dem Sachgebiet und der Seite des Beginns eines Beitrages wurde auch die Sachgruppe angegeben. Damit liegt zu jedem Stichwort ein zusätzliches Merkmal zur thematischen Charakterisierung einer Arbeit vor.

Abkürzungen:
DB   Datenbanken
IS   Informationssystem
UIS   Umweltinformationssystem
UVP   Umweltverträglichkeitsprüfung

Printed in the United States
By Bookmasters